# Schuldrecht Besonderer Teil II

## Gesetzliche Schuldverhältnisse

# Schuldrecht Besonderer Teil II

## Gesetzliche Schuldverhältnisse

**Geschäftsführung ohne Auftrag**
**Eigentümer-Besitzer-Verhältnis**
**Ungerechtfertigte Bereicherung**
**Unerlaubte Handlungen**

von

**Prof. Dr. jur. Rolf Schmidt**

**Hochschule für Angewandte Wissenschaften**
**Hamburg**

**13. Auflage 2019**

Schmidt, Rolf: Schuldrecht Besonderer Teil II – Gesetzliche Schuldverhältnisse
13. völlig neu bearbeitete und aktualisierte Auflage – Grasberg bei Bremen 2019
ISBN 978-3-86651-233-7; Preis 23,50 EUR



Autor: Prof. Dr. Rolf Schmidt c/o Verlag Dr. Rolf Schmidt GmbH
Druck: Pinkvoss GmbH, 30519 Hannover
Verlag: Dr. Rolf Schmidt GmbH, Wörpedorfer Ring 40, 28879 Grasberg bei Bremen
Tel. (04208) 895 299; Fax (04208) 895 308; www.verlag-rolf-schmidt.de
E-Mail: info@verlag-rolf-schmidt.de

Für Verbraucher erfolgt der deutschlandweite Bezug über den Verlag versandkostenfrei.

# Vorwort

Das vorliegende Buch in seiner 13. Auflage befasst sich mit den gesetzlichen Schuldverhältnissen. Dazu zählen

⇨ die Geschäftsführung ohne Auftrag (§§ 677 ff. BGB),
⇨ das Recht der ungerechtfertigten Bereicherung (§§ 812 ff. BGB),
⇨ das Recht der unerlaubten Handlungen (insb. §§ 823 ff. BGB)
⇨ und – trotz seines systematischen Standpunkts im Sachenrecht (vgl. §§ 987-1003 BGB) – das Eigentümer-Besitzer-Verhältnis.

Die Darstellung der Materie ist so gewählt, dass – wie man es auch in der Fallbearbeitung zu tun hat – zunächst die Anwendbarkeit des jeweiligen Rechtsinstituts und dessen Verhältnis zu anderen Rechtsinstituten geklärt wird, bevor die Voraussetzungen und schließlich die Rechtsfolgen untersucht werden.

Besonderes Augenmerk gilt neben dem Recht der unerlaubten Handlungen dem Bereicherungsrecht und dort den Dreipersonenverhältnissen. Denn gerade in der bereicherungsrechtlichen Rückabwicklung im Dreipersonenverhältnis liegt häufig der Schwerpunkt der Fallbearbeitung.

Im Übrigen ist die Konzeption des Buches gegenüber den Vorauflagen unverändert geblieben. Da sich das Recht nicht beliebig vereinfachen lässt, hat sich der Verfasser zum Ziel gesetzt, den Stoff so aufzubereiten, dass die Darstellung den Anforderungen, die an einen Leistungsnachweis gestellt werden, gerecht wird. Gleichzeitig soll sie – trotz der Komplexität der Materie – den Bedürfnissen des studentischen Lesers gerecht werden und zu einem umfassenden Verständnis der genannten gesetzlichen Schuldverhältnisse führen. Zur Konkretisierung und Veranschaulichung werden zahlreiche Beispielsfälle mit Lösungsvorschlägen formuliert. Dabei sind die Lösungsvorschläge auf Vollständigkeit ausgerichtet. Denn bei einer examensnahen Betrachtung macht es wenig Sinn, beispielsweise bei einem bereicherungsrechtlichen Fall dem Leser aus Vereinfachungsgründen zu verschweigen, dass es unter Umständen auch einen Vindikationsanspruch oder Schadensersatzanspruch wegen unerlaubter Handlung geben kann. Auch sind stets Ansprüche aus dem Eigentümer-Besitzer-Verhältnis zu beachten, die den bereicherungsrechtlichen Anspruch möglicherweise sogar ausschließen! Nur wer einen nach dem Sachverhalt in Betracht kommenden Anspruch unter allen denkbaren Gesichtspunkten prüft, erstellt ein vollständiges und überzeugendes Rechtsgutachten.

Zusammenfassungen, Prüfungsschemata, hervorgehobene Lerndefinitionen und Klausurhinweise runden die Darstellung ab und erleichtern die Prüfungsvorbereitung erheblich.

Mein Mitarbeiter, Herr Marc Bieber, hat zuverlässig Korrektur gelesen. Dafür danke ich ihm sehr herzlich.

Kritik und Verbesserungsvorschläge sind weiterhin willkommen und werden unter *rs@jura-institut.de* erbeten.

Hamburg, im März 2019 *Prof. Dr. jur. Rolf Schmidt*

# Inhaltsverzeichnis

# Abkürzungsverzeichnis

| | |
|---|---|
| a.A. | anderer Ansicht |
| a.a.O. | am angegebenen Ort |
| Abs. | Absatz |
| AcP | Archiv für die civilistische Praxis |
| a.E. | am Ende |
| a.F. | alte Fassung |
| AG | Aktiengesellschaft, in Zitaten Amtsgericht |
| AGB | Allgemeine Geschäftsbedingungen |
| AKB | Allgemeine Bedingungen für die Kraftfahrtversicherung |
| Alt. | Alternative |
| AMG | Arzneimittelgesetz |
| AO | Abgabenordnung |
| Art. | Artikel |
| AT | Allgemeiner Teil |
| AtomG | Atomgesetz |
| Aufl. | Auflage |
| | |
| BAG | Bundesarbeitsgericht |
| BB | Der Betriebsberater |
| BFH | Bundesfinanzhof |
| BGBl | Bundesgesetzblatt |
| BGH(Z) | Bundesgerichtshof (Entscheidungen des Bundesgerichtshofs in Zivilsachen) |
| BinnSchiffG | Binnenschifffahrtsgesetz |
| BundesPolG | Bundespolizeigesetz |
| BUrlG | Bundesurlaubsgesetz |
| BVerfG | Bundesverfassungsgericht |
| BWaldG | Bundeswaldgesetz |
| bzw. | beziehungsweise |
| | |
| c.i.c. | culpa in contrahendo |
| | |
| d.h. | das heißt |
| | |
| DAR | Deutsches Autorecht |
| DB | Der Betrieb |
| DNotZ | Deutsche Notar-Zeitschrift |
| DSGVO | Datenschutz-Grundverordnung |
| | |
| EBV | Eigentümer-Besitzer-Verhältnis |
| EFZG | Entgeltfortzahlungsgesetz |
| EGBGB | Einführungsgesetz zum Bürgerlichen Gesetzbuch |
| EMRK | Europäische Menschenrechtskonvention |
| ErbbauRG | Erbbaurechtsgesetz |
| etc. | et cetera (lat.: und so weiter) |
| EV | Eigentumsvorbehalt |
| | |
| f. | folgende (r/s) |
| FamRZ | Zeitschrift für das gesamte Familienrecht |
| ff. | fortfolgende |
| Fn | Fußnote |
| FS | Festschrift |
| FZV | Fahrzeugzulassungsverordnung |

| | |
|---|---|
| G | Gesetz |
| GBO | Grundbuchordnung |
| GbR | Gesellschaft bürgerl. Rechts (BGB-Gesellschaft nach §§ 705 ff. BGB) |
| GentechnikG | Gentechnikgesetz |
| GewO | Gewerbeordnung |
| GF | Geschäftsführer |
| GG | Grundgesetz |
| GH | Geschäftsherr |
| GK | Grundkurs |
| GmbH | Gesellschaft mit beschränkter Haftung |
| GmbHG | Gesetz über die Gesellschaft mit beschränkter Haftung |
| GoA | Geschäftsführung ohne Auftrag |
| grds. | grundsätzlich |
| GWB | Gesetz gegen Wettbewerbsbeschränkungen |
| | |
| HaftpflG | Haftpflichtgesetz |
| Halbs. | Halbsatz |
| HandwO | Handwerksordnung |
| HGB | Handelsgesetzbuch |
| h.L. | herrschende Lehre |
| h.M. | herrschende Meinung |
| | |
| i.d.F. | in der Fassung |
| i.d.R. | in der Regel |
| i.H.v. | in Höhe von |
| InsO | Insolvenzordnung |
| i.S.d. | im Sinne des/der |
| i.S.v. | im Sinne von |
| i.V.m. | in Verbindung mit |
| | |
| JA | Juristische Arbeitsblätter (Zeitschrift) |
| JR | Juristische Rundschau (Zeitschrift) |
| Jura | Juristische Ausbildung (Zeitschrift) |
| JuS | Juristische Schulung (Zeitschrift) |
| JW | Juristische Wochenschrift (Zeitschrift) |
| JZ | Juristen-Zeitung (Zeitschrift) |
| | |
| KfzPflVV | Kraftfahrzeug-Pflichtversicherungsverordnung |
| KG | Kammergericht (das für Berlin zuständige Oberlandesgericht); auch Kommanditgesellschaft |
| KO | Konkursordnung (jetzt: Insolvenzordnung) |
| KUG | Kunsturhebergesetz |
| | |
| LG | Landgericht |
| LM | Lindenmaier-Möhring, Nachschlagewerk des Bundesgerichtshofs in Zivilsachen |
| LPartG | Gesetz über die Eingetragene Lebenspartnerschaft |
| LuftVG | Luftverkehrsgesetz |
| | |
| MDR | Monatsschrift für Deutsches Recht |
| m.E. | meines Erachtens |
| M.M. | Mindermeinung |
| m.w.N. | mit weiteren Nachweisen |
| | |
| n.F. | neue Fassung |
| NJW | Neue juristische Wochenschrift (Zeitschrift) |
| NJW-RR | NJW-Rechtsprechungsreport Zivilrecht (Zeitschrift) |
| Nr. | Nummer |

| | |
|---|---|
| NZV | Neue Zeitschrift für Verkehrsrecht |
| o.Ä. | oder Ähnliche(s) |
| OHG | Offene Handelsgesellschaft |
| OLG(Z) | Oberlandesgericht (Entscheidungen der OLGe in Zivilsachen) |
| PflVG | Pflichtversicherungsgesetz |
| PresseG | Pressegesetz |
| ProdHaftG | Produkthaftungsgesetz |
| pVV | positive Vertragsverletzung |
| r+s | Recht und Schaden (Zeitschrift) |
| RG(Z) | Reichsgericht (Entscheidungen des Reichsgerichts in Zivilsachen) |
| Rn | Randnummer |
| Rspr. | Rechtsprechung |
| S. | Seite oder Satz |
| SchwarzArbG | Schwarzarbeitsbekämpfungsgesetz |
| s.o./u. | siehe oben/unten |
| sog. | so genannt (-e), (-er) |
| StGB | Strafgesetzbuch |
| StPO | Strafprozessordnung |
| str. | streitig |
| StVG | Straßenverkehrsgesetz |
| StVO | Straßenverkehrsordnung |
| TierSchG | Tierschutzgesetz |
| TMG | Telemediengesetz |
| u.a. | unter anderem |
| UmwHaftG | Umwelthaftungsgesetz |
| UrhG | Urheberrechtsgesetz |
| u.U. | unter Umständen |
| UWG | Gesetz gegen den unlauteren Wettbewerb |
| v. | von/vom |
| Var. | Variante |
| VersR | Versicherungsrecht (Zeitschrift) |
| vgl. | vergleiche |
| VSP | Verkehrssicherungspflichten |
| VuR | Verbraucher und Recht (Zeitschrift) |
| VVG | Versicherungsvertragsgesetz |
| VwGO | Verwaltungsgerichtsordnung |
| VwVfG | Verwaltungsverfahrensgesetz |
| WE | Willenserklärung(en) |
| WG | Wegegesetz |
| WGG | Wegfall der Geschäftsgrundlage |
| WHG | Wasserhaushaltsgesetz |
| WM | Wertpapiermitteilungen (Zeitschrift) |
| WpHG | Wertpapierhandelsgesetz |
| z.B. | zum Beispiel |
| zfs | Zeitschrift für Schadensrecht |
| ZGS | Zeitschrift für das gesamte Schuldrecht |
| ZIP | Zeitschrift für Wirtschaftsrecht |
| ZPO | Zivilprozessordnung |
| z.T. | zum Teil |

## Lehrbücher, Grundrisse und Kommentare

Brox, Hans/Walker, Wolf-Dietrich: Allgemeiner Teil des BGB, 42. Auflage 2018

Brox, Hans/Walker, Wolf-Dietrich: Besonderes Schuldrecht, 42. Auflage 2018

Deutsch, Erwin/Ahrens, Hans-Jürgen: Deliktsrecht, 6. Auflage 2014

Erman, Walter: Handkommentar zum BGB, 15. Auflage 2017

Hütte, Felix/Hütte, Marlena: Sachenrecht I (Mobiliarsachenrecht), 8. Auflage 2019

Jacoby, Florian/von Hinden, Michael: Studienkommentar BGB, 16. Auflage 2018

Jauernig, Othmar: Bürgerliches Gesetzbuch. Kommentar, 17. Auflage 2018

Kötz, Hein/Wagner, Gerhard, Deliktsrecht, 13. Auflage 2016

Larenz, Karl/Canaris, Claus-Wilhelm: Lehrbuch des Schuldrechts, Band II, Halbband 2, 13. Auflage 1994

Medicus, Dieter/Petersen, Jens: Allgemeiner Teil des BGB, 11. Auflage 2016

Medicus, Dieter/Lorenz, Stephan: Schuldrecht II: Besonderer Teil, 18. Auflage 2018

Medicus, Dieter/Petersen, Jens: Bürgerliches Recht, 26. Auflage 2017

Münchener Kommentar zum BGB: 5. Auflage 2006 ff.; 6. Auflage 2012 ff.; 7. Auflage 2015 ff.; 8. Auflage 2018 ff.

Musielak, Hans-Joachim/Hau, Wolfgang: Grundkurs BGB, 15. Auflage 2017

Palandt, Otto: Bürgerliches Gesetzbuch. Kommentar, 78. Auflage 2019

Schellhammer, Kurt: Schuldrecht nach Anspruchsgrundlagen samt BGB Allgemeiner Teil, 10. Auflage 2018

Schmidt, Rolf: Allgemeiner Teil des BGB, 18. Auflage 2019

Schmidt, Rolf: Sachenrecht II (Immobiliarsachenrecht), 9. Auflage 2018

Schmidt, Rolf: Schuldrecht Allgemeiner Teil, 13. Auflage 2019

Soergel: Bürgerliches Gesetzbuch. Kommentar, 13. Auflage 1999 ff.

Staudinger: J. v. Staudingers Kommentar zum BGB, 13. Auflage 1993 ff.

Wandt, Manfred: Gesetzliche Schuldverhältnisse, 9. Auflage 2019

Wenzel, Henning/Wilken, Christiane: Schuldrecht Besonderer Teil I, 7. Auflage 2015

Weitere Literatur, insbesondere Aufsatzliteratur, ist in den Fußnoten angegeben.

# 1. Kapitel – Aufbau eines zivilrechtlichen Gutachtens

Der grundsätzliche Aufbau eines zivilrechtlichen Gutachtens ist zwar bei *R. Schmidt*, BGB AT, Rn 1588 ff., ausführlich erläutert, aufgrund der Relevanz gerade aber für die gesetzlichen Schuldverhältnisse soll er im Folgenden – wenn auch modifiziert – nochmals aufgezeigt werden. 1

Der Aufbau eines zivilrechtlichen Gutachtens richtet sich nach der zumeist am Ende des Sachverhalts gestellten Fallfrage. Ist diese Frage auf ein konkretes Ziel gerichtet (Beispiel: Ist der von K geltend gemachte Anspruch auf Schadensersatz begründet?), muss der Fallbearbeiter nach einer Anspruchsgrundlage suchen, die dem Anspruchsteller den gewünschten Anspruch gewährt. Kommen mehrere Anspruchsgrundlagen in Betracht, müssen diese in eine Ordnung gebracht und deren Konkurrenzverhältnis zueinander bestimmt werden. Denn es macht wenig Sinn, einen Schadensersatzanspruch nach § 823 I BGB zu prüfen, wenn das gesamte Normengefüge der §§ 823 ff. BGB bspw. wegen Vorliegens eines Eigentümer-Besitzer-Verhältnisses gem. §§ 987 ff. BGB schon nicht anwendbar ist (vgl. § 993 I BGB). 2

Häufig beschränkt sich die Fallfrage jedoch nicht auf ein bestimmtes Anspruchsziel, sondern ist darauf gerichtet, was der Anspruchsteller alles vom Anspruchsgegner verlangen kann. Hier ist dann anhand der jeweiligen Rechtsfolgen der in Betracht kommenden Anspruchsgrundlagen zu prüfen, welche Rechtsfolge für den Anspruchsteller am sinnvollsten ist und bei welcher Anspruchsgrundlage er sich die wenigsten Einreden/Einwendungen[1] des Anspruchsgegners entgegenhalten lassen muss. 3

**Beispiel:** Ist der Käufer einer Sache vom Verkäufer arglistig getäuscht worden, steht ihm selbstverständlich das Recht zu, seine diesbezüglichen Willenserklärungen gem. § 123 I Var. 1 BGB anzufechten. Da eine Anfechtung aber gem. § 142 I BGB zur Folge hat, dass das erfolgreich angefochtene Rechtsgeschäft rückwirkend nichtig ist, schneidet er sich unter Umständen weitergehende vertragliche Sachmängelansprüche gem. §§ 434 ff. BGB ab (diese setzen gerade einen wirksamen Kaufvertrag voraus). So kann der Käufer nur dann, wenn er auf die Anfechtung verzichtet, gem. § 437 BGB

**(1)** nach § 439 BGB **Nacherfüllung** verlangen,

**(2)** nach §§ 440, 323, und 326 V BGB von dem Vertrag **zurücktreten** oder nach § 441 BGB den Kaufpreis **mindern** *und*

**(3)** nach §§ 440, 280, 281, 283 und 311a BGB **Schadensersatz** oder nach § 284 BGB **Ersatz vergeblicher Aufwendungen** verlangen.

Sind mehr als zwei Personen beteiligt, wird regelmäßig ganz allgemein nach der **Rechtslage** gefragt. Dann empfiehlt sich folgende Vorgehensweise[2]: 4

**I.** Gliederung des Sachverhalts in **Zweipersonenverhältnisse**

**II.** Auffinden der jeweiligen **Anspruchsziele**

**III.** Suche nach den geeigneten **Anspruchsgrundlagen**

**IV.** **Prüfung** der **Ansprüche**

---

[1] Zu den Einwendungen vgl. einführend und grundsätzlich *R. Schmidt*, BGB AT, Rn 97, 915 ff., 1622 ff.

[2] Vgl. *Brox/Walker*, BGB AT, Rn 834 ff.; *Medicus/Petersen*, BR, Rn 6.

5 Hinsichtlich der ersten drei Prüfungsschritte hat sich allgemein folgende Fragestellung durchgesetzt:

**Wer** (Bestimmung des Gläubigers bzw. Anspruchstellers)
**will was** (Bestimmung des Anspruchsinhalts/der erstrebten Rechtsfolge)
**von wem** (Bestimmung des Schuldners bzw. Anspruchsgegners)
**woraus** (Bestimmung der Anspruchsgrundlage)?

6 Die Frage „*Wer von wem*" betrifft also den ersten Schritt, die Bestimmung des Zweipersonenverhältnisses. Das „*Was*" betrifft das Anspruchsziel des Gläubigers, und das „*Woraus*" betrifft die Frage nach der Anspruchsgrundlage. Im Einzelnen gilt:

## I. Gliederung des Sachverhalts in Zweipersonenverhältnisse

7 Wird nach der Rechtslage gefragt, ist in einem ersten Schritt der Sachverhalt dahingehend zu untersuchen, welche darin genannte Person von einer anderen Person überhaupt etwas verlangen könnte.[3] In diesem Schritt sind also der jeweilige Anspruchsteller und der Anspruchsgegner zu ermitteln. Sind zwei Personen beteiligt, kommen zwei Anspruchsrichtungen in Betracht, bei drei Personen sind es bereits sechs usw.

**Beispiel:** In einem Sachverhalt sind Adelheid, Brunhilde und Caroline beteiligt. Als mögliche Anspruchsrichtungen kommen daher in Betracht:

| | | |
|---|---|---|
| **1. A ⇒ B** | **3. A ⇒ C** | **5. B ⇒ C** |
| **2. B ⇒ A** | **4. C ⇒ A** | **6. C ⇒ B** |

8 Die Bestimmung der maximal möglichen Anspruchsrichtungen bedeutet nicht, dass auch alle in der Fallbearbeitung separat auszugliedern und zu prüfen sind. Denn hat eine Person gegen eine andere offensichtlich keinen Anspruch, erübrigt sich eine Erörterung. Allenfalls ist mit einem kurzen Satz festzuhalten, dass „gegen C keine Ansprüche in Betracht kommen".

## II. Auffinden der Anspruchsziele der Beteiligten

9 Sind die Zweipersonenverhältnisse/Anspruchsrichtungen bestimmt, ist sodann nach den jeweils in Betracht kommenden Anspruchszielen der Parteien zu fragen. Richtet sich die Fallfrage nicht auf ein konkretes Anspruchsziel, sondern wird ganz allgemein nach der Rechtslage gefragt, ist nun zu prüfen, was (z.B.) A von B verlangen kann. Diese Prüfung ist wiederum in zwei Schritte zu untergliedern[4]:

- Ermittlung der in Betracht kommenden **Anspruchsziele** der A gegenüber B,
- Konkretisierung dieser Ziele zu juristischen **Rechtsfolgen**.

10 Die wichtigsten und am häufigsten zu prüfenden Anspruchsziele sind:

- Erfüllungsanspruch aus dem Vertrag (sog. Primäranspruch), etwa Anspruch auf Übereignung und Übergabe der Kaufsache gem. § 433 I S. 1 BGB; Anspruch auf Kaufpreiszahlung gem. § 433 II BGB
- Herausgabeanspruch, etwa aus § 985 BGB oder aus § 812 BGB
- Anspruch auf Nutzungs- oder Verwendungsersatz, etwa aus §§ 987, 988 BGB bzw. aus §§ 994, 996 BGB
- Schadensersatzanspruch, etwa aus §§ 122 I, 823 I, II, 826, 832, 833, 989, 280-283 BGB
- Unterlassungs- oder Beseitigungsanspruch, etwa aus § 1004 I BGB

---

[3] *Medicus/Petersen*, BR, Rn 6.
[4] *Medicus/Petersen*, BR, Rn 5.

## III. Einschlägige Anspruchsgrundlage

In einem dritten Schritt sind Anspruchsgrundlagen zu suchen, die das erstrebte Ziel zur Rechtsfolge haben. Kommen mehrere Anspruchsgrundlagen in Betracht, müssen diese nach den **materiell-rechtlichen Regeln über die Anspruchskonkurrenz** in eine Ordnung gebracht werden. Es wäre ein methodischer und nicht mehr wiedergutzumachender Fehler, den Anspruch auf eine Anspruchsgrundlage zu stützen, die von einer anderen, speziellen, Anspruchsgrundlage verdrängt, möglicherweise sogar in ihrer Anwendung gesperrt wird. 11

**Beispiel:** Liegt ein wirksames Auftragsverhältnis zwischen dem Auftraggeber A und dem Auftragnehmer B vor (vgl. §§ 662 ff. BGB), kann B nicht von A Aufwendungsersatz nach den Regeln der berechtigten Geschäftsführung ohne Auftrag (§§ 677, 683 S. 1 BGB) verlangen, obwohl diese ebenfalls auf § 670 BGB verweisen. Denn es liegt gerade keine Geschäftsführung „ohne" Auftrag vor.

Zweckmäßigerweise und unter Umständen sogar zwingend sollte beim Prüfungsaufbau daher folgende allgemein anerkannte **Reihenfolge der möglichen Anspruchsgrundlagen** eingehalten werden: 12

1. Ansprüche aus Vertrag
2. Vertragsähnliche (quasivertragliche Ansprüche - *culpa in contrahendo* gem. § 311 II BGB[5]; GoA gem. §§ 677 ff. BGB; Schadensersatzpflicht des Anfechtenden gem. § 122 I BGB; Schadensersatzpflicht des Vertreters ohne Vertretungsmacht gem. § 179 BGB)
3. Dingliche (= sachenrechtliche) Ansprüche (insbesondere §§ 861, 862, 985, 987 ff., 888, 894, 1007, 1065, 1147, 1227 BGB)
4. Ansprüche aus ungerechtfertigter Bereicherung (§§ 812 ff. BGB)
5. Ansprüche aus unerlaubter Handlung (§§ 823 ff. BGB)

### 1. Ansprüche aus Vertrag

Nach den materiell-rechtlichen Regeln über die Anspruchskonkurrenz sind bei jeder Fallbearbeitung zunächst **Ansprüche aus Vertrag zu prüfen** oder zumindest auszuschließen. Dem liegt folgende Überlegung zugrunde[6]: 13

- Die GoA bspw. setzt voraus, dass der Geschäftsführer vom Geschäftsherrn nicht beauftragt worden ist (vgl. § 677 BGB). Liegt also ein vertragliches Auftragsverhältnis (etwa gem. §§ 662 ff. BGB) vor, ist der Geschäftsführer *gerade* beauftragt. Ansprüche aus GoA scheiden also zwingend aus. Daher müssen vertragliche Ansprüche stets vor Ansprüchen aus GoA geprüft werden.
- Im Verhältnis zu den Ansprüchen aus §§ 985 ff. BGB sind vertragliche Ansprüche vorrangig, sofern sie ein Recht zum Besitz verleihen (vgl. § 986 BGB; das Recht zum Besitz kann sich bspw. aus einem Miet- oder Leihvertrag ergeben).
- Im Verhältnis zum Bereicherungsrecht (§§ 812 ff. BGB) ist zu beachten, dass dort der Bereicherungsschuldner etwas *ohne rechtlichen Grund* erlangt haben muss. Da ein Vertrag gerade Rechtsgrund für die Vermögensverschiebung sein kann, müssen auch hier stets vertragliche Ansprüche vorrangig geprüft werden.
- Im Verhältnis zur unerlaubten Handlung (§§ 823 ff. BGB) sind vertragliche Ansprüche vorrangig zu prüfen, da ein Vertrag die *Widerrechtlichkeit* einer Handlung ausschließen

[5] Das Institut der *culpa in contrahendo* hat mit der Schuldrechtsreform in § 311 II BGB seine Grundlage gefunden. Bei der Verletzung vorvertraglicher Sorgfaltspflichten durch den Verkäufer können dem Käufer damit Rechte wie z.B. Schadensersatz gem. § 280 I BGB i.V.m. §§ 311 II, 241 II BGB entstehen. Aufgrund der Neuregelung des auf c.i.c gestützten Anspruchs auf sofortige Vertragsaufhebung im Falle des Vorliegens eines behebbaren Mangels besteht aber die Gefahr, dass der den Vorrang genießende Nacherfüllungsanspruch umgangen wird.

[6] Vgl. *Medicus/Petersen*, BR, Rn 8.

kann. Außerdem besteht immer die Möglichkeit, dass bestimmte vertragliche Haftungsprivilegien bestehen, die z.B. im Deliktsrecht zu berücksichtigen sind und zur Folge haben, dass die deliktische Haftung nicht weiterreichen darf als die vertragliche.

14 Auch für den Fall, dass der mit dem Vertrag bezweckte Erfolg nicht eintritt oder **Leistungsstörungen** (Nichtleistung, Schlechtleistung oder sonstige Pflichtverletzungen) auftreten, darf nicht sofort auf die genannten Institute zurückgegriffen werden. Denn häufig enthalten entweder die Vorschriften über die vertragliche Sonderverbindung oder die Vorschriften des allgemeinen Schuldrechts auch Regelungen hinsichtlich begangener Pflichtverletzungen (sog. **vertraglicher Sekundäranspruch**). Auch diese Anspruchsgrundlagen sind (insbesondere mit Blick auf unterschiedliche Verjährungsfristen oder spezielle Tatbestandsvoraussetzungen, die nicht durch andere Institute einfach unterlaufen werden dürfen) vorrangig vor denen der §§ 677 ff., 985 ff., 812 ff. und 823 ff. BGB zu prüfen.

15 ▪ So kann der **Käufer** gem. § 437 BGB nach § 439 BGB **Nacherfüllung** verlangen, nach den §§ 440, 323 und 326 V BGB von dem Vertrag **zurücktreten** oder nach § 441 BGB den Kaufpreis **mindern** *und* nach den §§ 440, 280, 281, 283 und 311a BGB **Schadensersatz** oder nach § 284 BGB **Ersatz vergeblicher Aufwendungen** verlangen. Es stellt sich also stets die Frage, ob der Käufer (weitergehende) Rechte nach Bereicherungsrecht und/oder Deliktsrecht geltend machen kann.

16 **Zum Bereicherungsrecht:** Durch die Gleichstellung des Sachmangels in § 434 III BGB mit dem aliud (= andere Sache) entsteht, ähnlich wie im Handelsrecht, nunmehr auch im Kaufrecht die Frage nach dem Verhältnis von Gewährleistungsrecht und Leistungskondiktion nach § 812 I S. 1 Var. 1 BGB. Dieses Problem stellt sich bei einer Mengenabweichung nicht mehr, da § 434 III BGB die Zuviellieferung nicht erfasst. Nach wie vor bleibt es bei der Beurteilung, dass die Lieferung eines aliud die Lieferung einer nicht geschuldeten Sache darstellt.
Die Zulassung der Leistungskondiktion hinsichtlich des Geleisteten führt auch bei der Lieferung eines wertvolleren aliud nicht zu einer Umgehung der Gewährleistungsregeln, da der Käufer weder mindern noch Schadensersatz verlangen kann, sofern bei Letzterem ein Vertretenmüssen gegeben ist.
Liefert der Verkäufer hingegen ein weniger wertvolles aliud, stehen dem Käufer die Gewährleistungsrechte zu. Er muss aber dem Verkäufer eine Frist zur Nacherfüllung setzen. Die Nacherfüllung wird meist in Form einer Neulieferung erfolgen, wobei der Käufer das aliud zurückgeben wird, § 439 I Var. 2, IV BGB. Fordert der Verkäufer nun vor Ablauf der Nacherfüllungsfrist den Käufer zur Rückgabe der Kaufsache auf und bietet er zugleich die geschuldete Ware an, entzieht sich der Verkäufer nicht der Gewährleistung, sondern realisiert nur sein „Recht zur zweiten Andienung".

Würde man nur die Rückforderung zulassen, ohne dass der Verkäufer gleichzeitig die geschuldete Leistung anbietet, hätte das die Beseitigung der Fristsetzung mit der Möglichkeit, das Minderungsrecht auszuüben, zur Folge. In diesem Fall könnte der Käufer nur hinsichtlich des Erfüllungsanspruchs eine Frist nach §§ 280 I, III, 281 I oder § 323 BGB setzen und nach fruchtlosem Fristablauf nur Schadensersatz statt der Leistung verlangen oder vom Vertrag zurücktreten; Voraussetzung dafür ist aber, anders als bei der Minderung, ein Vertretenmüssen des Verkäufers.[7] Mit Ablauf der Nacherfüllungsfrist endet das Recht des Verkäufers zur zweiten Andienung, weil der Käufer, dessen Nacherfüllungsanspruch weiter bestehen geblieben ist, die Wahl zwischen den Rechtsbehelfen des § 437 BGB hat. Wegen der Möglichkeit der Umgehung des Wahlrechts bei Zulassung der Leistungskondiktion würde dies bedeuten, dass sich der Verkäufer dem Gewährleistungsrecht entziehen könnte. Gleiches gilt auch dann, wenn die Nachfristsetzung aus anderen Gründen entbehrlich ist und der Käufer sich unmittelbar und frei zwischen den Rechtsbehelfen des Gewährleistungsrechts entscheiden kann.[8]

---

[7] *Lorenz/Riehm*, Lehrbuch zum neuen Schuldrecht, 2002, Rn 574.
[8] *Lorenz/Riehm*, Rn 504 ff.

**Zum Deliktsrecht:** Die Streitfrage, ob ein deliktischer Anspruch i.S.d. § 823 I BGB auch dann gegeben ist, wenn eine mangelhafte Kaufsache geliefert worden ist, bei der der Mangel zunächst nur ein Teilstück betrifft, dann aber nach der Eigentumsübertragung einen weiteren Schaden an der gesamten Sache hervorruft (sich sozusagen innerhalb der Sache „weiterfrisst"), ist durch das Schuldrechtsmodernisierungsgesetz 2002 nicht entschieden worden.[9] Daher muss nach wie vor auf die einst vom BGH entschiedenen Fälle eingegangen werden ⇨ vgl. dazu Rn 623 ff. **17 -24**

Unabhängig davon besteht jedenfalls stets die Möglichkeit der Haftung des Herstellers nach dem **Produkthaftungsrecht** (Rn 1029 ff.). **25**

Auswirkungen könnten sich aber auch mit Blick auf die **Verjährungsregelungen** ergeben. Denn wie sich aus §§ 437, 438 BGB ergibt, fallen Ansprüche aus § 823 BGB wegen Eigentumsverletzung nicht unter die zweijährige Verjährungsfrist des § 438 BGB, sondern unterliegen der Regelverjährung nach §§ 195, 199 BGB, die grds. drei Jahre, nach § 199 III BGB für den deliktischen Schadensersatzanspruch wegen Eigentumsverletzung sogar zehn Jahre beträgt. Für den **vertraglichen Schadensersatzanspruch** beträgt die Verjährungsfrist jedoch gem. § 438 I Nr. 3 BGB **zwei Jahre** (wohingegen die Verjährung der **deliktischen Ansprüche** aus § 823 BGB gem. § 195 BGB grds. **drei Jahre** beträgt). **26**

Gerade in den Fällen, in denen ein Sachmangel und eine Eigentumsverletzung vorliegen, besteht also auch künftig ein Interesse daran, den Anwendungsbereich des Deliktsrechts auszuweiten. Darüber hinaus darf auch der **unterschiedliche Fristbeginn** nicht unberücksichtigt bleiben: Nach § 438 II BGB beginnt die zweijährige Verjährung objektiv im Zeitpunkt der Ablieferung der Sache, wohingegen die Regelverjährungsfrist des § 195 BGB gemäß § 199 BGB erst mit Kenntnis vom schädigenden Ereignis und von der Person des Schädigers, also einem subjektiven Element, zu laufen beginnt. Eine Ausnahme hierzu enthält § 199 III BGB für die Eigentumsverletzung: Die zehnjährige Verjährungsfrist ist, ebenso wie die kaufrechtliche Verjährungsfrist, eine objektiv beginnende Frist und hat ihren Anfang im Zeitpunkt der Entstehung des Anspruchs. **27**

- Auch dem **Besteller eines Werkes** i.S.d. § 633 BGB können bestimmte Rechte zustehen, nach §§ 634 Nr. 1, 635 BGB vorrangiger Anspruch auf Nacherfüllung, nach §§ 634 Nr. 2, 637 BGB Selbstvornahme durch den Besteller und Aufwendungsersatzanspruch, nach §§ 634 Nr. 3, 636, 323, 326 V BGB Rücktritt vom Vertrag, nach §§ 634 Nr. 3, 638 BGB Minderung der Vergütung, nach §§ 634 Nr. 4, 636, 280 ff. BGB Schadensersatz nach den Vorschriften des allgemeinen Leistungsstörungsrechts, Aufwendungsersatz nach §§ 634 Nr. 4, 284 BGB. Ein Aufwendungsersatzanspruch nach Bereicherungsrecht ist mithin ausgeschlossen. Dagegen sind Ansprüche aus Delikt neben den §§ 634 ff. BGB anwendbar[10], wenn durch die fehlerhafte Ausführung des Werkes zugleich ein absolutes Recht des Bestellers im Sinne des § 823 I BGB verletzt wird. **28**

**Beispiele:** **29**

**(1)** Durch den Mangel werden schon vorhandene – bis dahin unversehrte – Teile des zu behandelnden Gegenstands beschädigt.[11]

**(2)** Durch den Einbau eines (durch Verwendung untauglicher Schlösser mangelhaften) Fensters wird eine Statue umgeworfen und beschädigt.

Die Ansprüche aus §§ 823 ff. BGB unterliegen nicht der Vorschrift des § 634a BGB, sondern verjähren gem. §§ 195, 199 I-III BGB (unter Umständen erst nach dreißig Jahren). Es kann also für den Besteller günstiger sein, sich auf einen deliktischen Anspruch zu berufen. Das Problem ist dabei aber, dass §§ 823 ff. BGB – im Gegensatz zu §§ 633 ff. BGB - nicht das Äquivalenzinteresse, sondern allein das Integritätsinteresse schützen. Wenn also „nur" ein mangelhaftes Werk erstellt wurde, liegt darin noch keine Rechtsgutverletzung, die einen deliktischen Anspruch auslösen könnte.

[9] Vgl. dazu auch *Zimmermann/Leenen/Mansel/Ernst*, JZ 2001, 684, 692.

[10] BGH NJW-RR 1996, 1121.

[11] BGHZ 96, 221, 223 ff.

**Beispiel:** Im „Fensterfall" kann der Besteller keinen Schadensersatz aus § 823 I BGB wegen der Wertlosigkeit der Schlösser verlangen. Sein Eigentum wurde nicht beschädigt, weil er bereits mangelhaftes Eigentum erhalten hat.

### 2. Vertragsähnliche (quasivertragliche) Ansprüche

30 Aufgrund ihrer (systematischen) Nähe zu den vertraglichen Ansprüchen sind sodann die vertragsähnlichen Ansprüche zu prüfen. Dazu zählen:

- Schadensersatz nach erklärter Anfechtung, § 122 I BGB
- Schadensersatz wegen nicht vorhandener Vertretungsmacht, §§ 177, 179 BGB
- Anspruch des Geschäftsherrn gegen den Geschäftsführer auf Schadensersatz, §§ 677, 678, 280 I BGB
- Aufwendungsersatzanspruch des Geschäftsführers, §§ 677, 683 S. 1, 670 BGB
- Anspruch auf Herausgabe des Erlangten, §§ 677, 681 S. 2, 667 BGB
- Wertersatz (Aufwendungsersatz) bei unberechtigter GoA, §§ 677, 684 S. 1 BGB
- Wertersatz (Aufwendungsersatz) bei angemaßter Eigengeschäftsführung, §§ 687 II S. 2, 684 S. 1 BGB
- Schadensersatz wegen der Verletzung vorvertraglicher Pflichten, § 311 II BGB

### 3. Dingliche (sachenrechtliche) Ansprüche

31 Die dinglichen (sachenrechtlichen) Ansprüche schützen dingliche Rechte vor Beeinträchtigungen und richten sich gegen jeden, der diese Rechte beeinträchtigt.

Zu diesen dinglichen Ansprüchen gehören insbesondere die **Herausgabeansprüche**:

- §§ 985, 1065, 1227 BGB: Anspruch des Eigentümers, Nießbrauchers, Pfandgläubigers gegen den unrechtmäßigen Besitzer i.S.v. § 986 BGB
- § 861 I BGB: Anspruch desjenigen, dem der Besitz durch verbotene Eigenmacht (§ 858 I BGB) entzogen wurde gegen denjenigen, der fehlerhaft besitzt (§ 858 II BGB)
- § 1007 I BGB: Anspruch des früheren Besitzers einer beweglichen Sache gegen deren jetzigen Besitzer, wenn dieser beim Besitzerwerb bösgläubig war
- § 1007 II BGB: Anspruch des früheren Besitzers einer beweglichen Sache gegen deren jetzigen Besitzer, wenn die Sache dem früheren Besitzer gestohlen, verloren gegangen oder sonst abhandengekommen ist

Darüber hinaus zählen auch **Unterlassungs- und Beseitigungsansprüche** zu den dinglichen Ansprüchen:

- §§ 1004[12], 1065, 1227 BGB: Anspruch des Eigentümers, Nießbrauchers, Pfandgläubigers gegen den Störer
- § 862 BGB: Anspruch des Besitzers gegen denjenigen, der den Besitzer durch verbotene Eigenmacht (§ 858 I BGB) im Besitz stört

32 Von besonderer Bedeutung sind auch die **Nebenansprüche aus den §§ 987 ff. BGB**. Diese begründen trotz ihrer systematischen Stellung im 3. Buch des BGB (Sachenrecht) ein **gesetzliches Schuldverhältnis**. Sie betreffen das Rechtsverhältnis zwischen dem Eigentümer und dem Besitzer einer Sache, wobei sowohl das Eigentum als auch der Besitz zumindest in der Vergangenheit bestanden haben müssen. Hinsichtlich der in Betracht kommenden Ansprüche muss zwischen den genannten Vorschriften folgendermaßen differenziert werden:

- Die §§ 987 bis 993 BGB regeln Nebenansprüche des Eigentümers auf **Nutzungsherausgabe** und/oder **Schadensersatz**.

---

[12] Beachte auch die Spezialvorschrift des § 894 BGB im Verhältnis zu § 1004 BGB.

- Gegenansprüche des Besitzers werden in den §§ 994 bis 1003 BGB (**Verwendungsersatz**) geregelt.

Grundgedanke der §§ 987 ff. BGB ist die **Privilegierung des unverklagten und redlichen Besitzers**, also desjenigen Besitzers, der sich in den Grenzen seines vermeintlichen (tatsächlich jedoch nicht bestehenden) Besitzrechts gehalten hat. Um diese Privilegierung nicht zu unterlaufen, stellt das EBV innerhalb seines Regelungsbereichs auch grundsätzlich eine **abschließende Regelung** dar. Andere Ansprüche des *Eigentümers* bezüglich **Schadensersatz** (etwa aus §§ 823 ff. BGB) und **Nutzungsherausgabe** (etwa aus §§ 812 ff. BGB) sind neben denen aus §§ 987 ff. BGB also grundsätzlich ausgeschlossen („**Sperrwirkung des EBV**" – das ergibt sich aus §§ 992, 993 I a.E. BGB). Umgekehrt kann der *Besitzer* **Verwendungsersatz** ausschließlich nach §§ 994 und 996 BGB verlangen; ein Anspruch aus §§ 812 ff. BGB scheidet insoweit auch hier aus. Daher sind Ansprüche aus §§ 987 ff. BGB zwingend vor solchen aus dem Bereicherungs- und/oder dem Deliktsrecht zu prüfen! 33

## 4. Ansprüche aus ungerechtfertigter Bereicherung

Ist das Bereicherungsrecht nicht durch vertragliche Ansprüche oder durch Ansprüche aus dem Eigentümer-Besitzer-Verhältnis ausgeschlossen, sind sodann die §§ 812 ff. BGB zu prüfen. Diese Vorschriften erfüllen die Funktion, einen materiell nicht gerechtfertigten Zuwachs an Vermögenswerten an den Berechtigten zurückzuführen. Mithin geht es um den **Ausgleich ungerechtfertigter Vermögensverschiebungen**, der insbesondere dann in Betracht kommt, wenn ein zunächst rechtswirksamer Vermögenserwerb vorliegt, dieser aber mit der materiellen Gerechtigkeit nicht im Einklang steht (Kondiktionsrecht ist Billigkeitsrecht), vgl. dazu, sowie zum dem **Trennungs- und Abstraktionsprinzip**, ausführlich Rn 196 ff. 34

Die Vorschriften der §§ 812 ff. BGB gehen auf das römische Recht zurück; deshalb spricht man auch heute noch von Kondiktionen. Da man schon frühzeitig erkannt hat, dass es nicht möglich ist, einen einheitlichen Tatbestand der ungerechtfertigten Bereicherung aufzustellen und dass insbesondere das Merkmal „ohne rechtlichen Grund" nicht für die verschiedenen in Betracht kommenden Fallgruppen einheitlich bestimmt werden kann, unterscheidet folgerichtig auch das Gesetz zwischen verschiedenen Arten von Leistungskondiktionen und Nichtleistungskondiktionen. Besonders deutlich wird diese Unterscheidung bei § 812 I S. 1 BGB, der zwei Grundtatbestände enthält, nämlich Bereicherung „durch die Leistung eines anderen" (= **Leistungskondiktion**) und Bereicherung „in sonstiger Weise" (= allgemeine **Nichtleistungskondiktion** in Form von Eingriffs-, Rückgriffs- und Verwendungskondiktion). Insgesamt unterscheidet das Gesetz für das Nichtbestehen bzw. den Wegfall des rechtlichen Grundes für die Vermögensverschiebung fünf Leistungskondiktionen und vier Nichtleistungskondiktionen: 35

**Leistungskondiktionen**[13]**:**

- § 812 I S. 1 Var. 1 BGB (**fehlender Rechtsgrund von Anfang an** – *condictio indebiti*)
- § 812 I S. 2 Var. 1 BGB (**späterer Wegfall des Rechtsgrundes** – *condictio ob causam finitam*)
- § 812 I S. 2 Var. 2 BGB (**Nichteintritt des mit der Leistung verfolgten Zwecks** – *condictio ob rem*)

[13] Teilweise wird in der Literatur auch § 813 I S. 1 BGB als Leistungskondiktion angesehen (so etwa von *Wandt*, § 9 Rn 22). Das ist abzulehnen, da § 813 I S. 1 BGB lediglich eine Erweiterung der Kondiktion nach § 812 I S. 1 Var. 1 BGB darstellt (dazu Rn 295 ff.).

- § 817 S. 1 BGB (**Empfänger verstößt mit der Leistungsannahme gegen ein gesetzliches Verbot oder die guten Sitten** – *condictio ob turpem vel iniustam causam*)
- § 822 BGB (**Herausgabepflicht Dritter**)[14]

**Nichtleistungskondiktionen:**

- § 812 I S. 1 Var. 2 BGB (**allgemeine Nichtleistungskondiktion**)
- § 816 I S. 1 BGB (**entgeltliche**, dem Berechtigten gegenüber wirksame Verfügung eines **Nichtberechtigten**)
- § 816 I S. 2 BGB (**unentgeltliche**, dem Berechtigten gegenüber wirksame Verfügung eines **Nichtberechtigten**)
- § 816 II BGB: (**Leistung des Schuldners an einen Nichtberechtigten**)

### 5. Ansprüche aus unerlaubter Handlung

36 Schließlich sind Ansprüche aus unerlaubter Handlung („Delikt") zu prüfen (wobei zwischen dem Bereicherungsrecht und dem Deliktsrecht nicht wirklich ein Vorrangverhältnis besteht). Die §§ 823 ff. BGB sehen auf Rechtsfolgenseite Schadensersatz vor. Es sollen Schäden ersetzt werden, die durch ein rechtswidriges und schuldhaftes Verhalten des Schädigers entstanden sind.

## IV. Anwendungsfall

37 **Sachverhalt**[15]**:** Jurastudent Willi hat sich von seiner Kommilitonin Emelie deren *Schmidt, Schuldrecht BT II* geliehen, um sich – wie er sagt – für die nächste BGB-Klausur, die von gesetzlichen Schuldverhältnissen handeln soll, vorzubereiten. Doch weil er lieber ins Kino gehen möchte, veräußert er das Buch an den wissbegierigen Kommilitonen Konrad für 10,- €. Objektiv war das Buch jedoch aufgrund relativ geringer Gebrauchsspuren noch 14,- € wert. Als E am nächsten Tag zufällig bei K ihren *Schmidt* sieht, erfährt sie den Sachverhalt und überlegt, ob sie das Buch nicht herausverlangen soll. Da sie andererseits aufgrund der Lektüre des Buches die Klausur bereits mit 14 Punkten bestanden hat, wäre sie auch dem Verkaufserlös gegenüber nicht abgeneigt. K verweigert die Herausgabe des Buches, weil er meint, dieses gehöre nun ihm. Dagegen sieht W zwar ein, dass das mit dem Buch nicht in Ordnung war, meint aber, E stünden lediglich 10,- € zu. Wie ist die Rechtslage?

**Vorbemerkung:** Lautet wie vorliegend die Fallfrage „Wie ist die Rechtslage", empfiehlt sich folgende Vorgehensweise:

I. Gliederung des Sachverhalts in **Zweipersonenverhältnisse**
II. Auffinden der jeweiligen **Ansprucksziele**
III. Suche nach den geeigneten **Anspruchsgrundlagen**
IV. **Prüfung** der **Ansprüche**

Vorliegend sollte gem. der Interessenlage (das Buch befindet sich bei K) mit Ansprüchen E gegen K begonnen werden. Erst dann sollten Ansprüche E gegen W, und schließlich (soweit das überhaupt in Betracht kommt) Ansprüche K gegen W geprüft werden.

**Lösungsgesichtspunkte:**

**1. Ansprüche E gegen K**

**a. Herausgabeanspruch aus § 604 IV BGB bzw. § 985 BGB**

E könnte gegen K einen Anspruch auf Herausgabe des Buches gem. **§ 604 IV BGB** haben. Ein Leihvertrag (§§ 598 ff. BGB) zwischen E und W liegt vor. Des Weiteren ist Voraussetzung, dass W das Buch K „überlassen" hat. W hat das Buch an K veräußert. Ob auch eine Veräußerung ein „Überlassen" i.S.d. § 604 IV BGB ist, kann dahinstehen, wenn dem Herausgabeanspruch der E bereits die Gutgläubigkeit des K entgegensteht. Glaubt der Erwer-

[14] Nach a.A. handelt es sich um eine Nichtleistungskondiktion; vgl. dazu Rn 409.
[15] *R. Schmidt*, BGB AT, Rn 1630.

ber einer beweglichen Sache, diese stehe im Eigentum des (tatsächlich nichtberechtigten) Veräußerers, erwirbt er – sofern er nicht grob fahrlässig die Eigentumsverhältnisse verkennt – Eigentum daran, §§ 929 S. 1, 932 BGB. Der bisherige Rechtsinhaber verliert also sein Eigentum. Vorliegend hat W dem K das Buch verkauft (§ 433 BGB) und ihm übereignet (§ 929 S. 1 BGB). Zwar war er zu diesen Geschäften nicht befugt, aufgrund der Regelung des § 932 BGB konnte K gleichwohl Eigentum an dem Buch erwerben, wenn er gutgläubig an die Eigentümerstellung des W glaubte. Das kann angenommen werden. E kann das Buch daher weder nach § 604 IV BGB noch nach **§ 985 BGB** herausverlangen (E ist – wie gesagt – wegen der wirksamen Übereignung keine Eigentümerin mehr und K hat aufgrund des Gutglaubenserwerbs ein Recht zum Besitz). Etwas anderes hätte nur dann gegolten, wenn das Buch gestohlen oder sonst wie abhandengekommen wäre (§ 935 BGB). Doch das ist nicht der Fall. E hat das Buch freiwillig weggegeben, wenn auch nur vorübergehend im Rahmen einer Leihe.

**b. Herausgabeanspruch aus § 1007 BGB**

Zwar ist stets auch an einen petitorischen Herausgabeanspruch aus **§ 1007 BGB** zu denken, doch vorliegend war K beim Erwerb des Besitzes zum einen in gutem Glauben (§ 1007 I BGB i.V.m. § 932 BGB) und zum anderen war das Buch auch nicht abhandengekommen (§ 1007 II BGB i.V.m. § 935 BGB).

**c. Herausgabeanspruch aus § 869 BGB i.V.m. § 861 BGB**

Auch ein possessorischer Herausgabeanspruch aus **§ 869 BGB i.V.m. § 861 BGB** liegt nicht vor, weil K den Besitz am Buch nicht durch verbotene Eigenmacht erlangt, sondern von W im Rahmen eines Kaufvertrags freiwillig übergeben bekommen hat.

**d. Herausgabeanspruch aus § 816 I S. 2 BGB**

Möglicherweise hat E jedoch einen Herausgabeanspruch aus **§ 816 I S. 2 BGB**. Jedenfalls steht der Anwendung dieser Vorschrift nicht der Gutglaubenserwerb auf Seiten des K entgegen, da bei § 816 I S. 2 BGB das Eigentum aufgrund der Unentgeltlichkeit des Erwerbs kondizierbar ist (Schwäche des unentgeltlichen Erwerbs). Auf seiner Tatbestandsseite setzt § 816 I S. 2 BGB zunächst eine wirksame Verfügung eines Nichtberechtigten voraus. W war nichtberechtigt; auch war seine Verfügung gegenüber E wirksam, weil K wegen § 932 BGB Eigentum an dem Buch erwerben konnte. Im Gegensatz zu § 816 I S. 1 BGB tritt an die Stelle der Entgeltlichkeit aber die Unentgeltlichkeit der Verfügung (d.h. des Kausalgeschäfts). Vorliegend bestand eine Unentgeltlichkeit jedenfalls hinsichtlich des Differenzbetrags von 4,- €. Hinsichtlich des überwiegenden Teils des Geschäfts bestand jedoch eine Gegenleistung, nämlich die Zahlung von 10,- €. Allein aufgrund dieses Unterschieds kann kaum von einer Unentgeltlichkeit des Geschäfts zwischen W und K ausgegangen werden. Zudem ging auch der Parteiwille kaum von einer gemischten Schenkung aus. E hat daher auch nicht aus § 816 I S. 2 BGB einen Herausgabeanspruch.

**e. Gesamtergebnis:** E hat gegen K keine Ansprüche.

**2. Ansprüche E gegen W**

**a. Schadensersatzanspruch aus §§ 604, 275 I, 280 I, 283 BGB**

Gegen W könnte E einen Anspruch auf Schadensersatz unter dem Gesichtspunkt der Verletzung der Pflichten aus dem Leihvertrag haben (**§§ 604, 275 I, 280 I, 283 BGB**). Ein wirksamer Leihvertrag liegt vor. Auch ist W die Rückgabe des Buches aufgrund des gutgläubigen Erwerbs auf Seiten des K unmöglich geworden. Diese Pflichtverletzung in Form der Unmöglichkeit hat W auch zu vertreten (vgl. § 280 I S. 2 BGB). W hat der E daher Schadensersatz i.H.v. 14,- € zu leisten.

**b. Schadensersatz aus §§ 687 II i.V.m. 678 BGB**

Möglicherweise hat E auch einen Schadensersatzanspruch wegen angemaßter Eigengeschäftsführung (**§§ 687 II i.V.m. 678 BGB**). Bei dieser behandelt der Geschäftsführer ein fremdes Geschäft als eigenes, obwohl er weiß, dass er dazu nicht berechtigt ist. Er maßt sich die Geschäftsführung an. Vorliegend hat W in seinem Namen und unter Vortäuschung, Eigentümer zu sein, das Buch an K veräußert. Dieses Geschäft stand ihm nicht zu. Er hat daher unter dem Aspekt des Übernahmeverschuldens der E Schadensersatz zu leisten. Die Höhe beträgt ebenfalls 14,- €.

**c. Herausgabeanspruch aus §§ 687 II i.V.m. 681 S. 2 i.V.m. 667 BGB**

E könnte gegen W auch einen Anspruch auf Herausgabe des durch die angemaßte Geschäftsführung Erlangten haben (**§§ 687 II i.V.m. 681 S. 2 i.V.m. 667 BGB**). W hat etwas erlangt, nämlich einen Kaufpreis von 10,- €. Diesen Kaufpreis hat er auch im Rahmen einer angemaßten Geschäftsführung erhalten. Aufgrund des Verweises auf § 667 BGB muss er der E diesen Kaufpreis herausgeben.

**d. Schadensersatzanspruch aus §§ 990 I, 989 BGB**

Möglicherweise hat E auch einen Schadensersatzanspruch aus **§§ 990 I, 989 BGB**. Dazu müsste zunächst ein EBV vorliegen. Dies setzt eine Vindikationslage im Zeitpunkt der Verletzungshandlung voraus. E müsste im Zeitpunkt der Veräußerung des Buches an K also Eigentümerin gewesen sein und W hätte in diesem Zeitpunkt kein Recht zum Besitz haben dürfen. W hatte jedoch aufgrund des Leihvertrags ein Recht zum Besitz. Dass er dabei lediglich zum Besitz und nicht zur Veräußerung berechtigt war (sog. Nicht-so-Berechtigter), ändert daran nichts. E hat also keinen Schadensersatzanspruch aus §§ 990 I, 989 BGB.

**e. Herausgabeanspruch aus § 816 I S. 1 BGB**

Fraglich ist, ob E einen Herausgabeanspruch aus **§ 816 I S. 1 BGB** hat. Dazu müsste W als Nichtberechtigter eine gegenüber E wirksame Verfügung getroffen haben.
W war zur Veräußerung (= Verfügung) nicht berechtigt, da er das Buch lediglich geliehen hatte (§ 598 BGB) und von E auch nicht zur Veräußerung ermächtigt wurde (§ 185 I BGB). Da K gutgläubig hinsichtlich der Eigentumsverhältnisse war (er durfte berechtigterweise davon ausgehen, W sei Eigentümer des Buches), konnte er gem. §§ 929 S. 1, 932 BGB Eigentum an dem Buch erwerben (s.o.). E kann also nicht von K gem. § 985 BGB das Buch vindizieren. Die Verfügung des W ist mithin wirksam. Da der Gutglaubensschutz im Hinblick auf § 816 I S. 1 BGB (aber auch mit Blick auf § 812 I S. 1 Var. 2 BGB) kondiktionsfest ist, kann E von K Eigentum und Besitz am Buch auch nicht kondizieren. Um den Eigentumsverlust zumindest zu mildern, kann E von W gem. § 816 I S. 1 BGB den erlangten Kaufpreis (also 10,- €) kondizieren.

**f. Schadensersatz aus § 823 I BGB, § 823 II BGB i.V.m. § 246 StGB, § 826 BGB**

Selbstverständlich ist W der E auch zum Schadensersatz wegen unerlaubter Handlung verpflichtet. Die Voraussetzungen der genannten Vorschriften liegen vor. Die Höhe des Anspruchs beträgt 14,- €.

**g. Gesamtergebnis**

E hat gegen W einen Anspruch auf Herausgabe des von K erlangten Kaufpreises i.H.v. 10,- € aus §§ 687 II i.V.m. 681 S. 2 i.V.m. 667 BGB und aus § 816 I S. 1 BGB. Daneben hat sie (alternativ) einen Anspruch auf Schadensersatz i.H.v. 14,- € aus §§ 604, 275 I, 280 I, 283 BGB, aus §§ 687 II i.V.m. 678 BGB und aus §§ 823 I BGB, 823 II BGB i.V.m. 246 StGB, 826 BGB.

# 2. Kapitel – Geschäftsführung ohne Auftrag

## A. Überblick

Besorgt jemand die Angelegenheiten (im Folgenden: Geschäfte) eines anderen, werden die Beteiligten zumeist diesbezügliche Vereinbarungen hinsichtlich der Art und Weise der Geschäftsbesorgung und des Ausgleichs für die geleistete Geschäftsbesorgung getroffen haben. Fehlen entsprechende Vereinbarungen, greifen die gesetzlichen Regelungen ein, wie z.B. bei der unentgeltlichen Geschäftsbesorgung die Bestimmungen über den Auftrag (§§ 662 ff. BGB), bei der entgeltlichen Geschäftsbesorgung neben einzelnen Auftragsregeln und dem Dienst- und Werkvertragsrecht (vgl. §§ 611 ff., 631 ff., 675 I BGB) oftmals noch Sonderregeln, etwa diejenigen des Überweisungs-, Zahlungsdienste- oder Girovertrags (§§ 675c ff. BGB) und die im HGB getroffenen Regelungen für Kommissionäre (§§ 383 ff. HGB), Spediteure (§§ 453 ff. HGB) und Handelsmakler (§§ 93 ff. HGB). Ohne Vertrag entstehen besondere Geschäftsführungsverhältnisse etwa bei der Vormundschaft (§§ 1773 ff. BGB), der Betreuung (§§ 1896 ff. BGB) und der Testamentsvollstreckung (§§ 2197 ff. BGB), aber auch beim Fund (§§ 965 ff. BGB). 38

Gelegentlich besorgt jedoch jemand fremde Angelegenheiten, ohne dazu von dem Geschäftsherrn beauftragt zu sein oder die Befugnis dazu aus einem anderen Rechtsgrund ableiten zu können. Dass auch in einem solchen Fall Regeln erforderlich sind, um die Interessen der Beteiligten in einen gerechten Ausgleich zu bringen, liegt auf der Hand. Eine solche Regelung kann – da es an einer Parteiabsprache ja gerade fehlt – nur das Gesetz treffen. Die entsprechende Regelung findet sich in den §§ 677 ff. BGB. Nach der Legaldefinition in § 677 BGB handelt es sich um eine Geschäftsführung ohne Auftrag (im Folgenden: GoA), wenn jemand (Geschäftsführer) ein Geschäft für einen anderen (Geschäftsherr) führt, **ohne von ihm beauftragt** oder sonst dazu **berechtigt zu sein**. Die notwendige fehlende Beauftragung oder sonstige Berechtigung liegen nach Auffassung des BGH auch dann vor, wenn das Geschäft aufgrund eines Vertrags geführt worden ist, der sich **später als nichtig** erweist (Rn 64 ff.). 39

Der **Zweck** der §§ 677 ff. BGB besteht darin, einen Interessenausgleich dafür zu schaffen, dass jemand eine Handlung vornimmt, die in die Rechtssphäre eines anderen gehört. Sofern das Vorgehen des Handelnden dem Inhaber der Rechtssphäre erwünscht bzw. dienlich ist, ist es angebracht, den Handelnden zu privilegieren, die Lasten und Risiken des Geschäfts also dem Begünstigten aufzubürden. Andererseits muss der Betroffene vor „Weltverbesserern" geschützt werden, denn jeder hat grds. das Recht, selbst über seine Angelegenheiten zu entscheiden. 40

Strukturell muss zwischen „echter" und „unechter" GoA unterschieden werden. Eine „**echte**" GoA liegt vor, wenn jemand für einen anderen ein Geschäft führt. Diesbezüglich unterscheidet das Gesetz – entsprechend der geschilderten Interessenlage – zwischen **berechtigter** und **unberechtigter** GoA. 41

- Eine **berechtigte GoA** liegt gem. § 677 BGB vor, wenn jemand bei Vorliegen der in den §§ 677 ff. BGB genannten Berechtigungsgründe ein Geschäft für einen anderen besorgt, ohne von diesem beauftragt oder sonst zur Geschäftsführung berechtigt zu sein. In diesem Fall entsteht unstreitig ein gesetzliches Schuldverhältnis, bei dem der Geschäftsherr dem Geschäftsführer diejenigen Aufwendungen zu erstatten hat, die dieser den Umständen nach für erforderlich halten durfte (§§ 683 S. 1, 670 BGB). In Fällen des § 679 BGB steht der genannte Aufwendungsersatzanspruch dem Geschäftsführer selbst dann zu, wenn die Übernahme der Geschäftsführung zu dem Willen des Geschäftsherrn in Widerspruch steht (§ 683 S. 2 BGB).

- Bei der **unberechtigten GoA** müssen zwar auch die Voraussetzungen des § 677 BGB vorliegen, sie unterscheidet sich von der berechtigten GoA aber dadurch, dass ein Berechtigungsgrund fehlt; sie stellt eine ungebetene Einmischung in einen fremden Rechtskreis dar. Alle anderen Voraussetzungen der berechtigten GoA müssen aber auch hier vorliegen. Ein Berechtigungsgrund fehlt, wenn die Übernahme des Geschäfts nicht dem wirklichen oder mutmaßlichen Willen des Geschäftsherrn entspricht, § 679 BGB nicht eingreift und auch eine Genehmigung nicht vorliegt. Rechtsfolge der unberechtigten GoA sind jedenfalls Ansprüche des Geschäftsherrn aus ungerechtfertigter Bereicherung (§§ 812 ff. BGB), unerlaubter Handlung (§§ 823 ff. BGB) und dem Eigentümer-Besitzer-Verhältnis (§§ 987 ff. BGB). Nach einer im Vordringen befindlichen Auffassung, wonach auch durch die unberechtigte GoA ein gesetzliches Schuldverhältnis zwischen dem Geschäftsherrn und dem Geschäftsführer entstehe mit der Folge, dass auch die §§ 677, 681 BGB anwendbar seien, soll der Geschäftsführer zusätzlich zur Anzeige der Übernahme der Geschäftsführung (§ 681 S. 1 BGB), zur Herausgabe des durch die Geschäftsführung Erlangten (§§ 681 S. 2, 667 BGB), zur Rechenschaftslegung (§§ 681 S. 2, 666 BGB) sowie zum Schadensersatz (§ 677, ggf. § 280 BGB) verpflichtet sein. Für diese Auffassung spricht, dass anderenfalls der unberechtigte Geschäftsführer besser stehen würde als der berechtigte. Andererseits ist es dem Geschäftsherrn unbenommen, jederzeit durch Genehmigung (§ 684 S. 2 BGB) die unberechtigte GoA zu einer berechtigten zu machen, um die ihm günstigen Rechtsfolgen des § 681 S. 2 BGB herbeizuführen.
  Selbstständig neben diesen Ansprüchen gewährt § 678 BGB – da die unberechtigte GoA einen rechtswidrigen Eingriff in die Rechtssphäre des Geschäftsherrn darstellt – unter den dort genannten Voraussetzungen dem Geschäftsherrn einen Schadensersatzanspruch.
  Da der Geschäftsführer keinen Anspruch auf Aufwendungsersatz hat, wäre es unbillig, wenn der Geschäftsherr die Vorteile der Geschäftsführung – soweit solche vorhanden sind – behalten dürfte. Um dem geforderten Interessenausgleich gerecht zu werden, ordnet § 684 BGB daher für den Geschäftsherrn die Pflicht an, dem Geschäftsführer alles durch die Geschäftsführung Erlangte nach den Vorschriften über die ungerechtfertigte Bereicherung herauszugeben (Gefahr der Entreicherung, § 818 III BGB!). Hierbei handelt es sich nach h.M. zumindest im Zweipersonenverhältnis um eine Rechtsfolgenverweisung; die Voraussetzungen der §§ 812 ff. BGB sind somit nicht gesondert zu prüfen.

42 Die in der Überschrift des § 687 BGB verwendete Bezeichnung „**unechte**“ GoA ist missverständlich. Gemeint ist – da hier beim Geschäftsführer der Fremdgeschäftsführungswille (FGW) fehlt – die Behandlung eines objektiv fremden Geschäfts als *eigenes* (sog. **Eigengeschäftsführung**). Hinsichtlich der inneren Tatseite unterscheidet § 687 BGB die **irrtümliche** Eigengeschäftsführung (I) von der **angemaßten** (d.h. unerlaubten) Eigengeschäftsführung (II).

- Bei der **irrtümlichen Eigengeschäftsführung** glaubt der Handelnde, er besorge ein (in Wirklichkeit) fremdes Geschäft als sein eigenes. Da hier das Bewusstsein und demzufolge auch der Wille fehlen, das Geschäft als fremdes, d.h. für einen anderen, zu besorgen, handelt es sich nicht wirklich um eine GoA. Folgerichtig stellt § 687 I BGB klar, dass in einem solchen Fall die Vorschriften der §§ 677 bis 686 BGB keine Anwendung finden. Vielmehr ist der Interessenausgleich zwischen dem Eigengeschäftsführer und demjenigen, dem das Geschäft objektiv zuzurechnen ist, über die allgemeinen Vorschriften, insbesondere über die der unerlaubten Handlungen und der ungerechtfertigten Bereicherung, herbeizuführen. Ob der Irrtum verschuldet war, ist unerheblich. Vgl. dazu die Ausführungen und das Beispiel bei Rn 117.

- Auch bei der **angemaßten (d.h. unerlaubten) Eigengeschäftsführung** (kurz: Geschäftsanmaßung) handelt es sich nicht um eine GoA. Anders als bei der irrtümlichen Eigengeschäftsführung behandelt der Geschäftsführer hier aber ein fremdes Geschäft als eigenes, obwohl er weiß, dass er dazu nicht berechtigt ist. Er maßt sich die Geschäftsführung an. Auf der Rechtsfolgenseite werden bei der Geschäftsanmaßung daher häufig Ansprüche des Geschäftsherrn wegen unerlaubter Handlung und aus Eingriffskondiktion bestehen. Zur Verbesserung seiner Rechtsstellung gewährt ihm das Gesetz darüber hinaus die sich aus den §§ 677, 678, 681 (der seinerseits auf §§ 666 bis 668 BGB verweist), 682 BGB ergebenden Ansprüche (§ 687 II S. 1 BGB). Macht er einen solchen Anspruch geltend, ist er nach dem Wortlaut des § 687 II S. 2 BGB, der auf § 684 S. 1 BGB verweist, umgekehrt dem Geschäftsführer gegenüber verpflichtet, diesem alles, was er durch dessen Geschäftsführung erlangt hat, gem. den Vorschriften über die ungerechtfertigte Bereicherung herauszugeben. Diese Konsequenz ist offensichtlich widersinnig und scheint in ein „juristisches Karussell" zu führen. Die Vorschrift des § 687 II S. 2 BGB kann daher nur so verstanden werden, dass wenn der Geschäftsherr vom Geschäftsführer dessen Gewinn aus der Geschäftsführung herausverlangt, er umgekehrt dem Geschäftsführer dessen Aufwendungen nach Bereicherungsrecht ersetzen muss. Der Geschäftsführer hat also in diesem Fall einen Anspruch aus Aufwendungskondiktion. In der Regel wird dieser Anspruch aber nur einen Abzug von dem herauszugebenden Gewinn bedeuten.[16] Davon unabhängig besteht unter den Voraussetzungen des § 994 II BGB, der bzgl. notwendiger Verwendungen wiederum auf die Vorschriften der GoA verweist, auf Seiten des Geschäftsführers ein Verwendungsersatzanspruch, wenn die Verwendungen dem Interesse und dem Willen des Geschäftsherrn entsprechen. Vgl. dazu die Ausführungen und das Beispiel bei Rn 118.

Aus den vorstehenden Ausführungen sollte deutlich geworden sein, dass insgesamt 43
vier Tatbestände der GoA zu unterscheiden sind:

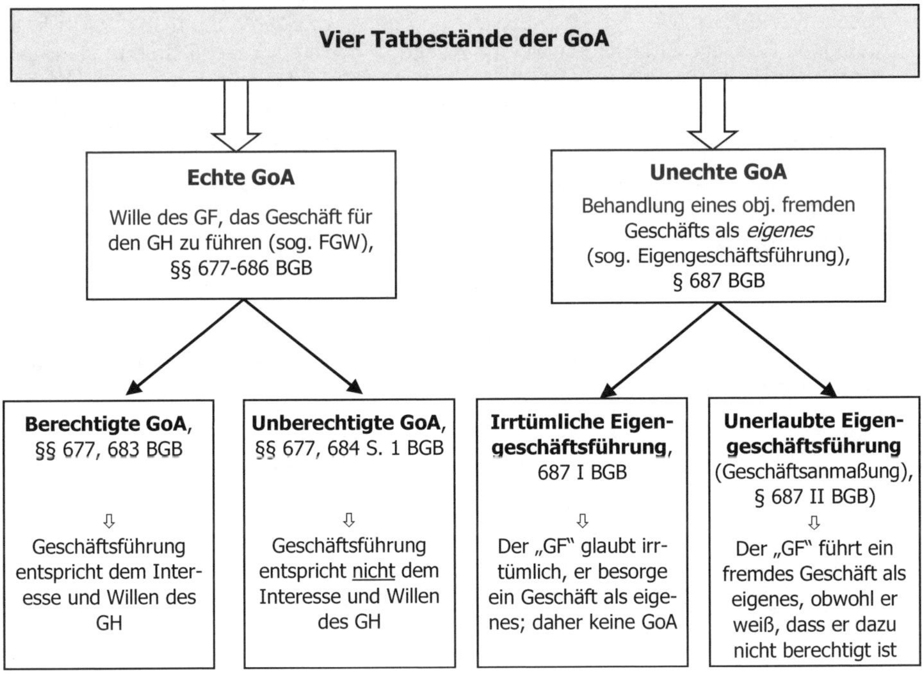


Eine **Übersicht** über die in Betracht kommenden **Ansprüche** des Geschäftsführers und des Geschäftsherrn befindet sich bei Rn 119.

[16] *Medicus/Petersen*, BR, Rn 419.

## B. Anwendbarkeit der §§ 677 ff. BGB

44 Bevor man mit der Prüfung der GoA beginnt, sollte man zunächst klären, ob die §§ 677 ff. BGB überhaupt **anwendbar** sind. Es wäre ein methodischer Fehler, die Anspruchsvoraussetzungen und Rechtsfolgen der GoA zu prüfen, wenn ihre anspruchsbegründenden Vorschriften schon nicht anwendbar sind.

- So ist im Falle der **irrtümlichen Eigengeschäftsführung** (§ 687 I BGB) das gesamte Normengefüge der §§ 677 ff. BGB **unanwendbar**.

- Im Falle der **angemaßten Eigengeschäftsführung** (§ 687 II BGB) sind nur einzelne Bestimmungen der §§ 677 ff. BGB anwendbar.

- **Schließt** das Gesetz jegliche Ansprüche (auch gesetzliche) **aus**, kommt auch ein Aufwendungsersatzanspruch wegen (an sich berechtigter) GoA nicht in Betracht. Das betrifft insbesondere den Fall des **Zusendens unbestellter Ware** durch einen Unternehmer an einen Verbraucher (§ 241a BGB).

  **Beispiel:** Durch die Lieferung unbestellter Sachen oder durch die Erbringung unbestellter sonstiger Leistungen durch einen Unternehmer an einen Verbraucher wird ein Anspruch gegen diesen nicht begründet (§ 241a I BGB). Würde nun Unternehmer U die Zuwege von privaten Hausbesitzern ohne deren Wissen im Winter von Eis und Schnee befreien und anschließend Vergütung verlangen, stellt sich die Frage, ob er damit Erfolg hat.

  Als Anspruchsgrundlage kommen §§ 677, 683 S. 1, 670 BGB in Betracht. An sich liegen auch die Voraussetzungen vor: Das Räumen der Gehwege ist ein Geschäft der Anwohner und damit für U objektiv-fremd. U war auch nicht beauftragt oder sonst berechtigt, dieses für die Anwohner objektiv nützliche und daher von deren mutmaßlichen Willen getragene Geschäft zu besorgen. Auch handelte er mit Fremdgeschäftsführungswillen. Allerdings liegt ein Fall des § 241a I BGB vor, der jedwede Ansprüche des U, und damit auch solche aus berechtigter GoA, ausschließt. Insbesondere greift § 241a II und III BGB vorliegend nicht, sodass U im Ergebnis keinen Vergütungsanspruch hat.

- Auch bei reinen **Gefälligkeiten** (des täglichen Lebens) sind Ansprüche aus GoA ausgeschlossen, sofern sie (wie regelmäßig) dem gesellschaftlichen, d.h. außerrechtlichen Bereich zuzuordnen sind (siehe dazu Rn 56).

- **Gesetzliche Sonderregelungen** des Verhältnisses zwischen Geschäftsherrn und Geschäftsführer schließen die Anwendbarkeit der §§ 677 ff. BGB aus.

  **Beispiele:** §§ 965 ff. BGB im Verhältnis Finder-Eigentümer; § 93 BinnSchiffG für Bergung und Hilfeleistung; § 89 ZPO für den vollmachtlosen Prozessbevollmächtigten

- Auch **öffentlich-rechtliche** Sonderverbindungen zwischen Verwaltungsträgern und Privatpersonen schließen die Anwendbarkeit der Vorschriften über die GoA grundsätzlich aus.

  **Beispiel**[17]**:** Bauer B, der auch einen Viehhandel betreibt, ließ durch den bei ihm angestellten A drei ihm gehörende Jungrinder zum Schlachter S transportieren. Beim Abladen des Viehtransporters riss sich eines der Rinder los, rannte weg und gelangte auf die Autobahn, wo es einen Unfall mit einem Pkw verursachte. Anschließend lief das Rind in die umliegenden Felder, kehrte aber nach kurzer Zeit wieder auf die Autobahn zurück. Als die herbeigerufene Polizei eintraf, befand sich das Rind auf der Autobahn im Bereich der Mittelleitplanke. Die beiden Polizeibeamten versuchten zunächst, das Tier von der Autobahn zu vertreiben. Als dies nicht gelang, schoss der Polizeihauptwachmeister P mehrfach mit seiner Dienstpistole aus dem geöffneten Fenster der Beifahrerseite des Dienstfahrzeugs auf das Rind, bis dieses tödlich getroffen zusammenbrach. P erlitt hierbei ein Knalltrauma an beiden Ohren. Er war wegen dieser Verletzung drei

[17] Nach BGH NJW 2004, 513, 514 f.

Wochen arbeitsunfähig und krankgeschrieben. Das Land L (Dienstherr und Anstellungskörperschaft des P) macht – obwohl das Polizeigesetz für den Fall der unmittelbaren Ausführung einer Maßnahme bzw. der Ersatzvornahme eine lückenlose Regelung des Rückgriffs der Polizei auf den Störer enthält und B bei der Auswahl des A und damit mittelbar bei der Beaufsichtigung des Rindes die erforderliche Sorgfalt beobachtet hat – gegen B Erstattungs- bzw. Schadensersatzansprüche aus Geschäftsführung ohne Auftrag und aus unerlaubter Handlung in Höhe aufgewandter Heilbehandlungskosten geltend.

Der vom Land L geltend gemachte Erstattungsanspruch gegen B könnte sich aus §§ 683 S. 1, 670 BGB ergeben. Dazu müsste das Institut der GoA zunächst jedoch im Verhältnis zwischen Verwaltungsträgern und Privatpersonen anwendbar sind.

⇨ Nach der früheren Rechtsprechung des BGH ist dies grundsätzlich zu bejahen. Die Annahme einer GoA der Verwaltung für den Bürger verbiete sich nicht einmal dann ohne weiteres, wenn die öffentliche Hand bei dem betreffenden Vorgang hauptsächlich zur Erfüllung öffentlich-rechtlicher Pflichten tätig geworden sei.[18]

⇨ Gegen diese Rechtsprechung wird von einem erheblichen Teil des Schrifttums insbesondere eingewandt, dass soweit eine Behörde eine eigene gesetzlich zugewiesene Aufgabe (Pflicht zum Tätigwerden) nach öffentlichem Recht wahrnehme, sich ihre Handlungsweise ausschließlich nach diesem Recht bestimme und nicht zugleich privatrechtlicher Natur sein könne.[19]

  ⇨ So fehle es an der für § 677 BGB erforderlichen *„Fremdheit"* des Geschäfts, wenn und soweit eine öffentlich-rechtliche Handlungspflicht bestehe.

  ⇨ Auch schließe das Vorliegen einer öffentlich-rechtlichen Handlungspflicht den gemäß § 677 BGB erforderlichen *„Fremdgeschäftsführungswillen"* aus.

  ⇨ Des Weiteren verhindere das Bestehen einer öffentlich-rechtlichen Handlungspflicht die von § 683 BGB vorausgesetzte *Unterordnung unter den Willen des Geschäftsherrn*.

  ⇨ Daneben sei der aufgrund einer öffentlich-rechtlichen Handlungspflicht tätig werdende Verwaltungsträger dem Geschäftsherrn gegenüber gemäß § 677 BGB auch ohne Auftrag *„sonst zur Geschäftsführung berechtigt"*.

  ⇨ Schließlich müsse eine *Umgehung der öffentlich-rechtlich geregelten Kostenerstattungsregeln* vermieden werden.

⇨ In einer jüngeren diesbezüglichen Entscheidung schließt der BGH jedoch die Vorschriften der GoA jedenfalls dann durch die bestehenden polizeirechtlichen Eingriffs- und Kostenerstattungsnormen aus, wenn diese eine **lückenlose Regelung des Rückgriffs der Polizei auf den Störer** enthalten. Unabhängig davon schließt der BGH eine GoA in der Person des handelnden Polizeibeamten definitiv aus. Da dieser in dienstlicher Eigenschaft hoheitlich tätig werde, könne er nicht zugleich eine privatrechtliche Geschäftsbesorgung vorgenommen haben.[20]

Danach scheidet auch im obigen Beispiel ein Erstattungsanspruch aus §§ 683 S. 1, 670 BGB aus, da das Polizeigesetz für den Fall der unmittelbaren Ausführung einer Maßnahme bzw. der Ersatzvornahme eine lückenlose Regelung des Rückgriffs der Polizei auf den Störer enthält.

---

[18] Vgl. BGHZ 40, 28, 31; 63, 167, 169 f. (jeweils für den Einsatz der Feuerwehr); BGH NJW 1969, 1205, 1206 und BGHZ 65, 384, 387 (jeweils zur Bergung von einem Schiff verloren gegangener, für die Schifffahrt gefährlicher Gegenstände durch den Eigentümer der öffentlichen Wasserstraße); BGHZ 65, 354, 357 ff. (zur Beseitigung von Straßenverschmutzungen, die von einem Anlieger herrühren, durch die Straßenbaubehörde). Zu diesem sog. auch-fremden Geschäft vgl. Rn 51.

[19] Vgl. *Medicus/Petersen*, BR, Rn 412 a.E.; *Brox/Walker*, § 36 Rn 12; *Bergmann*, in: Staudinger, Vorbem §§ 677 ff. Rn 662; *Scherer*, NJW 1989, 2724, 2728 f.

[20] BGH NJW 2004, 513, 514 f.

Ein ggf. von P auf L übergegangener Schadensersatzanspruch gegen B aus § 831 BGB kommt nicht in Betracht, weil B bei der Auswahl des A die erforderliche Sorgfalt hat walten lassen.[21]
Auch tritt eine Tierhalterhaftung gem. § 833 S. 1 BGB nicht ein, weil es sich bei dem entlaufenen Rind um ein Haustier handelte, das dem Erwerb zu dienen bestimmt war, und B die erforderliche Sorgfalt wahrte (§ 833 S. 2 BGB).

- Im **Werkvertragsrecht** sind Ansprüche aus GoA im Anwendungsbereich der §§ 631 ff. BGB ausgeschlossen. Etwas anderes gilt nur für Leistungen des Unternehmers ohne Auftrag. Entsprechendes gilt für das **Dienstvertragsrecht** (§§ 611 ff. BGB), aber auch für Verträge mit Auftrags- und Geschäftsbesorgungscharakter. Auch hier sind die Vorschriften der GoA nicht anwendbar, weil insoweit der Verpflichtete gerade *mit* Auftrag handelt.[22]

- Umgekehrt scheiden bei Vorliegen einer *berechtigten* GoA Ansprüche des Geschäftsherrn aus **ungerechtfertigter Bereicherung** (§§ 812 ff. BGB) aus, weil diese – solange sich der Geschäftsführer in ihrem Rahmen bewegt – den Rechtsgrund für Leistungen und Eingriffe bildet.[23] Ansprüche aus berechtigter GoA sind – sofern der Klausursachverhalt dies nahelegt – also stets vor solchen des Bereicherungsrechts zu prüfen. Liegt aber eine *unberechtigte* GoA oder gar eine *angemaßte Eigengeschäftsführung* vor, sind Ansprüche des Geschäftsherrn aus ungerechtfertigter Bereicherung neben solchen aus GoA anwendbar, da in diesen Fällen kein Rechtsgrund i.S.d. § 812 I BGB vorliegt. § 684 S. 1 BGB stellt dies klar.[24]

  **Beispiel:** A „leiht" sich das Schifferklavier des B ohne dessen Wissen und Wollen und musiziert damit in der Fußgängerzone. Bis zum Abend haben Passanten in den offenen Instrumentenkasten Münzen im Wert von insgesamt 350,- € geworfen.

  Neben Schadensersatzansprüchen aus § 823 I BGB kommen Ansprüche aus § 687 II i.V.m. §§ 678 bzw. 667 BGB in Betracht. A müsste dem B dann die Einnahmen herausgeben. Da der Anspruch aus § 687 II BGB auf Seiten des Geschäftsherrn die Anwendbarkeit von Ansprüchen aus ungerechtfertigter Bereicherung nicht ausschließt, wäre zusätzlich ein Anspruch aus § 812 I S. 1 Var. 2 BGB bzw. § 816 I S. 1 BGB (hier: Eingriff in den Zuweisungsgehalt eines fremden Rechts) zu prüfen.

  Soweit es jedoch um Ansprüche des Geschäftsführers gegen den Geschäftsherrn geht, enthält § 687 II BGB eine abschließende Regelung, neben der andere Ansprüche ausgeschlossen sind.

- Da die *berechtigte* GoA nicht rechtswidrig ist, kommt ein Schadensersatzanspruch des Geschäftsherrn gegen den Geschäftsführer wegen **unerlaubter Handlung** nach §§ 823 ff. BGB insoweit nicht in Betracht. Das gilt allerdings nur, soweit es um eine durch die **Geschäftsübernahme** verursachte Rechtsgutverletzung geht. Verletzt der Geschäftsführer im Rahmen der **Geschäftsausübung** schuldhaft seine Pflichten aus § 677 oder § 681 BGB und entsteht aus dieser Pflichtverletzung ein adäquat kausaler Schaden des Geschäftsherrn, haftet der Geschäftsführer nach den allgemeinen Regeln (§§ 280 ff., 823 ff. BGB) auf **Schadensersatz** (sog. Ausführungsverschulden).[25] Im umgekehrten Verhältnis ist ein Schadensersatzanspruch des Geschäftsführers gegen den Geschäftsherrn aus § 823 I BGB durch die GoA nicht ausgeschlossen. Die Ansprüche aus §§ 677, 683 S. 1, 670 BGB (die auch Schäden umfassen, sofern sie typische Folge der Geschäftsübernahme sind, siehe Rn 56 und 99 f.) stehen dann in Anspruchskonkurrenz zu denen aus § 823 I BGB.

---

[21] Zur Haftung des Geschäftsherrn für unerlaubte Handlungen seiner Verrichtungsgehilfen vgl. Rn 852 ff.
[22] Vgl. bereits die 1. Aufl. 2002; später auch *Hey*, JuS 2009, 400, 401 und *Lorenz*, JuS 2016, 12, 15.
[23] BGH NJW 1993, 3196; *Sprau*, in: Palandt, Einf v. § 677 Rn 10.
[24] Sieht man entgegen der hier vertretenen Auffassung auch die unberechtigte GoA als spezielles gesetzliches Schuldverhältnis an (so etwa *Seiler*, in MüKo, Vor § 677 Rn 15), gehen die §§ 677 ff. BGB den §§ 812 ff. BGB systematisch vor. Die §§ 812 ff. kommen nach dieser Auffassung somit nur insoweit zur Anwendung, als § 684 S. 1 BGB auf sie verweist.
[25] Vgl. nur BGHZ 29, 46, 49; *Sprau*, in: Palandt, Einf v § 677 Rn 5.

- Die *unberechtigte* GoA ist dagegen kein Rechtfertigungsgrund i.S.d. § 823 BGB. Daher besteht zwischen dem Schadensersatzanspruch aus § 678 BGB und einem solchen aus §§ 823 ff. BGB grds. Anspruchskonkurrenz. Liegt allerdings ein Fall des § 680 BGB vor (Privilegierung des Notgeschäftsführers), sind die §§ 677 ff. BGB vorrangig, um nicht die Privilegierung leerlaufen zu lassen.

- Liegt ein Fall der *irrtümlichen Eigengeschäftsführung* vor, sind gem. § 687 I BGB die Vorschriften der GoA unanwendbar. Daher können sie auch keine Konkurrenz zu den Regeln Deliktsrechts darstellen.

- Bei *angemaßter Eigengeschäftsführung* ist § 687 II BGB neben den §§ 823 ff. BGB anwendbar.[26]

- Hinsichtlich der Vorschriften über die ungerechtfertigte Bereicherung und die unerlaubten Handlungen ist zu beachten, dass umgekehrt nur *diese* anwendbar sind, sofern der Geschäftsführer **geschäftsunfähig** oder in seiner Geschäftsfähigkeit **beschränkt** ist (§ 682 BGB).

- Die Vorschriften über das **Eigentümer-Besitzer-Verhältnis** (EBV - §§ 987 ff., 994 ff. BGB) sind – solange sich der Geschäftsführer im Rahmen einer *berechtigten* GoA bewegt – nicht anwendbar, weil die §§ 677 ff. BGB dem Geschäftsführer insoweit ein Recht zum Besitz verleihen.[27] Daher kann der Eigentümer in der Rolle des Geschäftsherrn nicht über § 985 BGB die Herausgabe der Sache verlangen (§ 986 BGB). Die Abwicklung erfolgt über §§ 677 ff. BGB (d.h. über § 677, 681 S. 2, 667 BGB). Handelt es sich um einen unrechtmäßigen Besitzer, hält die Rechtsprechung die Vorschriften der §§ 987 ff., 994 ff. BGB für eine Sonderregelung, die im Falle einer *unberechtigten* GoA die Anwendung der §§ 677 ff. BGB weitgehend ausschließt.[28] Vgl. dazu das Beispiel bei Rn 117. Liegt ein Fall der *irrtümlichen Eigengeschäftsführung* vor, sind gem. § 687 I BGB die Vorschriften der GoA unanwendbar. Daher können sie auch keine Konkurrenz zu den Regeln des EBV darstellen. Bei *angemaßter Eigengeschäftsführung* ist § 687 II BGB neben den §§ 987 ff., 994 ff. BGB anwendbar.[29]

- Ein Problem bereitet die Frage, ob und inwieweit ein **nichtiger Vertrag** zwischen dem Geschäftsführer und dem Geschäftsherrn (etwa infolge Minderjährigkeit oder Sittenwidrigkeit) der Anwendbarkeit der GoA entgegensteht. Da die Problematik andererseits den Fremdgeschäftsführungswillen betrifft und damit eine Frage der Tatbestandsvoraussetzungen und nicht der Anwendbarkeit der GoA ist, soll sie auch vorliegend im richtigen Kontext bei Rn 57 ff. behandelt werden.

**Hinweis für die Fallbearbeitung:** Wie im Rahmen der Behandlung der Problematik, die mit dem nichtigen Vertrag verbunden ist, noch zu sehen sein wird, ist der Rückgriff auf die GoA insbesondere dann weitgehend eingeschränkt, wenn man hinsichtlich der Rückabwicklung fehlgeschlagener Verträge vorrangig und abschließend das (eigens für die Rückabwicklung fehlgeschlagener Verträge entwickelte) Bereicherungsrecht heranzieht. Da dies auch die nunmehr gängige Linie der Instanzgerichte darstellt, kommt der GoA in der Praxis keine allzu große Bedeutung (mehr) zu. Im Rahmen der universitären Ausbildung (und Prüfung) spielt die GoA dagegen nach wie vor eine große Rolle, weil sie sich hervorragend dazu eignet, das dogmatische Verständnis zu prüfen. Daher müssen deren Voraussetzungen sicher beherrscht werden. Eine **Übersicht über die einzelnen Ansprüche** befindet sich bei Rn 119.

---

[26] *Schäfer*, in MüKo, Vor § 677 Rn 16 f.
[27] *Gehrlein*, in: Bamberger/Roth, 3. Aufl. 2012, § 677 Rn 21; *Sprau*, in: Palandt, Einf v. § 677 Rn 12.
[28] BGHZ 41, 157, 162; *Gehrlein*, in: Bamberger/Roth, 3. Aufl. 2012, § 677 Rn 21; *Sprau*, in: Palandt, Einf v. § 677 Rn 12 jeweils m.w.N. Nach der Gegenauffassung, die auch die unberechtigte GoA als spezielles gesetzliches Schuldverhältnis ansieht (so etwa *Schäfer*, in MüKo, Vor § 677 Rn 18; vgl. *Ebbing*, in: Erman, Vor § 994 Rn 45), gehen die §§ 677 ff. BGB den §§ 987 ff., 994 ff. BGB generell vor.
[29] BGHZ 39, 186, 188; *Herrler*, in: Palandt, Vorb v. § 987 Rn 18; a.A. *Schäfer*, in MüKo, Vor § 677 Rn 18.

## C. Die berechtigte GoA

45 Eine **berechtigte GoA** liegt gem. § 677 BGB vor, wenn jemand bei Vorliegen der in den §§ 677 ff. BGB genannten Berechtigungsgründe willentlich ein Geschäft für einen anderen besorgt, ohne von diesem beauftragt oder sonst zur Geschäftsführung berechtigt zu sein. Ein Berechtigungsgrund ist dann gegeben, wenn die Übernahme des Geschäfts dem objektiven Interesse des Geschäftsherrn sowie dessen wirklichem oder mutmaßlichem Willen entspricht, § 679 BGB eingreift oder eine Genehmigung durch den Geschäftsherrn vorliegt.

46

### Voraussetzungen und Rechtsfolgen einer berechtigten GoA

#### I. Geschäftsbesorgung

Der Begriff der Geschäftsbesorgung entspricht dem des Auftrags (§ 662 BGB). Er ist daher weit zu verstehen und umfasst Tätigkeiten aller Art, also sowohl Rechtsgeschäfte als auch tatsächliche Dienstleistungen und sonstige Handlungen. Bloßes Unterlassen, Dulden, Gewährenlassen oder Geben genügen jedoch nicht.

#### II. Fremdgeschäftsführungswille

Eine echte GoA liegt nur dann vor, wenn der Geschäftsführer mit dem Bewusstsein und dem Willen handelt, ein fremdes Geschäft zu führen (sog. **Fremdgeschäftsführungswille**).

- Bei einem **objektiv-fremden Geschäft**, also bei einem Geschäft, das schon nach seinem äußeren Erscheinungsbild nicht zum Rechts- und Interessenkreis des Geschäftsführers gehört, wird dieser Wille widerlegbar vermutet. „Widerlegbar vermutet" bedeutet, dass schon besondere (dem Sachverhalt zu entnehmende) Umstände vorliegen müssen, um den Fremdgeschäftsführungswillen in Zweifel zu ziehen.
- Bei **objektiv eigenen** und **neutralen Geschäften**, also bei solchen Geschäften, die ihrem Inhalt nach keinen fremden Rechtskreis betreffen, muss der FGW äußerlich erkennbar in Erscheinung treten, damit von einem fremden Geschäft i.S. einer echten GoA gesprochen werden kann. Man spricht insoweit von einem **subjektiv-fremden Geschäft**: Vom äußerlich erkennbaren Fremdgeschäftsführungswillen wird auf das Vorliegen eines fremden Geschäfts geschlossen.
- Ein fremdes Geschäft liegt auch dann vor, wenn die Geschäftsübernahme zugleich im eigenen und im fremden Interesse liegt (sog. **auch-fremdes Geschäft**). Hier wird vom BGH der Fremdgeschäftsführungswille wie beim objektiv-fremden Geschäft widerlegbar vermutet. Allerdings ist das Vorliegen des Fremdgeschäftsführungswillens dann zweifelhaft, wenn sich das Doppelinteresse aus einer gesetzlichen (d.h. öffentlich-rechtlichen) oder vertraglichen Verpflichtung des Geschäftsführers ergibt.

#### III. Ohne Auftrag oder sonstige Berechtigung

Weiterhin setzt die GoA voraus, dass gegenüber dem Geschäftsherrn weder ein Auftragsverhältnis noch ein sonstiges Rechtsverhältnis bestehen dürfen, aus denen sich eine Berechtigung zur Übernahme des Geschäfts herleiten lässt (§ 677 BGB). Diese Voraussetzung grenzt die GoA von den Auftrags- oder sonstigen Berechtigungsverhältnissen ab.

#### IV. Berechtigung zur Geschäftsführung

Die Berechtigung zur Geschäftsführung liegt nur dann vor, wenn einer der drei im Gesetz genannten Berechtigungsgründe vorliegt:

- Die Geschäftsführung entspricht dem objektiven Interesse und dem wirklichen oder mutmaßlichen Willen des Geschäftsherrn (§ 683 S. 1 BGB).
- Die Geschäftsführung erfolgt zwar im Widerspruch zum wirklichen oder mutmaßlichen Willen des Geschäftsherrn, liegt aber in dessen objektivem Interesse und dient der Erfüllung einer im öffentlichen Interesse liegenden Pflicht oder einer gesetzlichen Unterhaltspflicht des Geschäftsherrn (§§ 683 S. 2, 679 BGB). Möglicherweise ist die GoA auch hinsichtlich der Rettung eines Suizidenten berechtigt.
- Die Geschäftsführung erfolgte unberechtigt, wurde dann aber vom Geschäftsherrn genehmigt (§ 684 S. 2 BGB).

Es reicht nicht, wenn der Geschäftsführer nur glaubt, eine dieser Voraussetzungen liege vor.

**V. Geschäftsfähigkeit /-unfähigkeit der Beteiligten**

Eine geschäftsunfähige oder in der Geschäftsfähigkeit beschränkte Person (vgl. §§ 104 ff. BGB) kann ohne weiteres **Geschäftsherr** sein. Ist dies der Fall, entscheidet nicht sein Wille, sondern der seines Vertreters. Das betrifft in erster Linie die §§ 677-679, 681 S. 1, 683, 684 S. 2 BGB. Ist der **Geschäftsführer** geschäftsunfähig bzw. in der Geschäftsfähigkeit beschränkt, haftet er nach der hier vertretenen Auffassung ausschließlich nach § 682 i.V.m. §§ 823 ff. bzw. 812 ff. BGB. Umgekehrt hat der minderjährige Geschäftsführer jedenfalls einen Aufwendungsersatzanspruch nach § 683 BGB.

**VI. Rechtsfolgen der berechtigten GoA**

- Wie der Beauftragte muss auch der Geschäftsführer der berechtigten GoA **das aus der Geschäftsführung Erlangte herausgeben** (§ 681 S. 2 i.V.m. § 667 BGB; ggf. trifft ihn auch eine Verzinsungspflicht, § 681 S. 2 i.V.m. § 668 BGB). Das Erlangte muss gerade eine Folge seiner Tätigkeit gewesen sein. Zwischen der Ausführung des Geschäfts und dem Erhalt des „Erlangten" muss ein **innerer Zusammenhang** bestehen. Besteht dieser innere Zusammenhang, muss der Beauftragte auch das Erlangte herausgeben, das sich als Mehrleistung („**Gewinn**") darstellt.
- Hinsichtlich eines möglichen **Schadensersatzes** ist zu differenzieren: Da die berechtigte GoA nicht rechtswidrig ist, kommt ein Schadensersatzanspruch nach §§ 823 ff. BGB nicht in Betracht. Das gilt allerdings nur, soweit es um eine durch die **Geschäftsübernahme** verursachte Rechtsgutverletzung geht. Verletzt der Geschäftsführer im Rahmen der **Geschäftsausübung** schuldhaft seine Pflichten aus § 677 oder § 681 BGB und entsteht aus dieser Pflichtverletzung ein adäquat kausaler Schaden des Geschäftsherrn, haftet der Geschäftsführer nach den allgemeinen Regeln (§§ 280 ff., 823 ff. BGB) auf **Schadensersatz** (sog. Ausführungsverschulden).
- Durch die Übernahme einer berechtigten GoA entsteht zwischen dem Geschäftsführer und dem Geschäftsherrn ein gesetzliches Schuldverhältnis, das inhaltlich weitgehend dem Auftrag (§§ 662 ff. BGB) entspricht. § 683 S. 1 BGB stellt dies klar. Der Geschäftsführer kann also diejenigen **Aufwendungen** erstattet verlangen, die er für **erforderlich** halten durfte (§ 683 S. 1 i.V.m. § 670 BGB). **Aufwendungen** sind Vermögensopfer, die der Geschäftsführer zum Zweck der Ausführung des Geschäfts freiwillig macht. Aber auch solche Vermögensopfer (z.B. **Schäden**), die sich als notwendige Folge der Ausführung ergeben und nicht auf dem allgemeinen Lebensrisiko beruhen, sind erfasst. Die getätigten Aufwendungen sind **erforderlich**, wenn sie ein verständig handelnder Dritter in der Rolle des Geschäftsführers nach sorgfältiger Prüfung der ihm bekannten Umstände des Falls vernünftigerweise aufzuwenden hatte. Dagegen ist nach h.M. ein Aufwendungsersatz für erbrachte Arbeitsleistungen (**Vergütung**) oder für einen Verdienst- oder Gewinnausfall grds. nicht vom Begriff der Aufwendung umfasst. Etwas anderes gelte lediglich dann, wenn die Tätigkeit zum **Beruf oder Gewerbe** des Geschäftsführers gehöre oder wenn der Geschäftsführer einen **Verdienstausfall** oder **Gewinnverlust** erleide. Dann bestehe ein Vergütungsanspruch analog § 1835 III BGB (problematisch, vgl. Rn 103).

## I. Geschäftsbesorgung

Der Begriff der Geschäftsbesorgung entspricht dem des Auftrags (§ 662 BGB). Er ist daher weit zu verstehen und umfasst Tätigkeiten aller Art, also sowohl Rechtsgeschäfte als auch tatsächliche Dienstleistungen und sonstige Handlungen.[30] Bloßes Unterlassen, Dulden, Gewährenlassen oder Geben genügen jedoch nicht.[31] 47

**Hinweis für die Fallbearbeitung:** Da nach dem Wortlaut des § 677 BGB der Geschäftsführer ein Geschäft *für einen anderen* besorgen muss, ging die bisherige h.M. davon aus, dass es sich um ein **fremdes Geschäft** handeln müsse, das der Geschäftsführer besorgt. Demzufolge wäre die *Fremdheit* des Geschäfts bereits im

[30] Allgemeine Auffassung, vgl. nur BGH NJW 1978, 1258, 1259; *Schäfer*, in: MüKo, § 677 Rn 2; vgl. auch *Lorenz*, JuS 2016, 12.

[31] Vgl. BGHZ 38, 270, 275; 56, 204, 207; *Sprau*, in: Palandt, § 677 Rn 2; *Medicus/Lorenz*, SchuldR II, Rn 416; siehe auch BGH NJW 2015, 2880 f. und *Schäfer*, in: MüKo, § 677 Rn 31.

Prüfungspunkt „Geschäftsbesorgung" zu prüfen. Das Erfordernis der *Fremdheit* des Geschäfts wird jedoch zunehmend in Frage gestellt mit dem Argument, dass der *Fremdheit* des Geschäfts neben dem Fremdgeschäftsführungswillen keine wesentliche Bedeutung zukomme, was insbesondere beim sog. subjektiv-fremden Geschäft offenbar werde.[32] Folgt man dieser überzeugenden Überlegung, sind sämtliche Aspekte der Fremdheit des Geschäfts im Rahmen des „Fremdgeschäftsführungswillens" zu prüfen.[33]

## II. Fremdgeschäftsführungswille (FGW)

48 Wie sich aus §§ 677 und 687 BGB ergibt, liegt eine echte GoA nur dann vor, wenn der Geschäftsführer mit dem Bewusstsein und dem Willen handelt, ein Geschäft „für einen anderen" zu führen (sog. **Fremdgeschäftsführungswille**). Das wird jedenfalls bei einem objektiv-fremden Geschäft ohne weiteres anzunehmen sein.

### 1. Objektiv-fremdes Geschäft

49 Von einem **objektiv-fremden Geschäft** spricht man bei einem Geschäft, das schon nach seinem äußeren Erscheinungsbild nicht zum Rechts- und Interessenkreis des Geschäftsführers gehört.[34]

**Beispiele:** Beauftragung eines Klempners, damit dieser den Wasserrohrbruch im Haus des sich auf einer Urlaubsreise befindlichen Nachbarn behebt; Durchführung eines Ausweichmanövers im Straßenverkehr, um einen Minderjährigen nicht zu verletzen; Hilfeleistung gegenüber einem Verletzten; Tilgung fremder Schulden; Veräußerung fremder Sachen; Einfangen und Versorgen freilaufender Katzen[35] etc.

49a Wie sich aus § 686 BGB ergibt, ist es jedenfalls beim objektiv-fremden Geschäft gleichgültig, ob der Geschäftsführer den Geschäftsherrn kennt. Entscheidend ist allein, dass der Geschäftsführer für einen anderen handeln will. Daher ist auch ein Irrtum des Geschäftsführers über die Person des Geschäftsherrn unbeachtlich. Berechtigt und verpflichtet wird stets der wirkliche Geschäftsherr (§ 686 BGB).[36] Man spricht daher auch von „Geschäftsführung für den, den es angeht".[37] Der Fremdgeschäftsführungswille muss sich also nur auf das zu besorgende Geschäft beziehen.

49b Bei einem objektiv-fremden Geschäft werden das Bewusstsein und der Wille, ein fremdes Geschäft zu führen, **widerleglich vermutet**.[38] „Widerleglich vermutet" bedeutet in diesem Zusammenhang, dass der nachgewiesene äußere Geschehensablauf aufgrund der Lebenserfahrung typischerweise auf ein Handeln für einen anderen deutet. Es müssen also schon besondere (dem Sachverhalt zu entnehmende) Umstände vorliegen, um den Fremdgeschäftsführungswillen in Zweifel zu ziehen.[39] In der Praxis bedeutet das, dass derjenige, der das Bestehen eines Fremdgeschäftsführungswillens bestreitet, den Gegenbeweis führen muss.

**Beispiel** eines objektiv-fremden Geschäfts, bei dem der FGW widerleglich vermutet wird: A sieht, dass sich durch einen schweren Sturm das Wurzelwerk eines auf dem Nachbargrundstück stehenden Baums gelockert hat, wodurch der Baum auf das Haus

---

[32] *Beuthien*, in: Soergel, § 677 Rn 3; *Sprau*, in: Palandt, § 677 Rn 3; *Brox/Walker*, § 36 Rn 6.
[33] Vgl. bereits die 1. Aufl. 2002; wie hier nun auch *Anzinger*, JA 2013, 650, 651. Die Rspr. umgeht i.d.R. das Problem, indem sie die Geschäftsführung und den Fremdgeschäftsführungswillen undifferenziert gemeinsam prüft und dabei schlicht von „Fremdgeschäftsführung" oder von „Geschäftsführung für einen anderen" spricht (vgl. BGH NJW 2000, 72).
[34] St. Rspr. seit RGZ 97, 61, 65. Vgl. auch *Dornis*, in: Erman, § 677 Rn 7; *Schäfer*, in: MüKo, § 677 Rn 36; *Lorenz*, JuS 2016, 12.
[35] VGH Kassel NJW 2018, 964, 965. Siehe auch *R. Schmidt*, AllgVerwR, 21. Aufl. 2018, Rn 1344.
[36] BGHZ 1, 57, 62; 43, 188, 192; *Seiler*, in: MüKo, § 677 Rn 7; *Wandt*, § 4 Rn 34. Vgl. dazu das Beispiel bei Rn 113 sowie die Fallbearbeitung von *Homeier/Kleemann*, JA 2012, 96.
[37] *Martinek/Theobald*, JuS 1997, 612, 615 („abstrakter Geschäftsführungswille").
[38] BGHZ 181, 188, 195; BGH NJW 2012, 1648, 1650; NJW 2007, 63, 64; *Medicus/Petersen*, BR, Rn 409.
[39] Vgl. BGHZ 98, 235, 240 f.; BGH DB 2000, 1560, 1561; NJW-RR 2005, 639, 641.

des gerade verreisten Nachbarn zu stürzen droht. Kurzerhand entschließt sich A, den Baum zu fällen.

**Gegenbeispiel:** Veräußert der Dieb die gestohlene Sache an einen Dritten, liegt zwar ebenfalls ein fremdes Geschäft vor (das Veräußern der Sache steht grds. nur dem Berechtigten zu), es fehlt aber der FGW, da der Dieb die Sache nicht für den Berechtigten veräußert, sondern ausschließlich im eigenen Interesse handelt.

## 2. Subjektiv-fremdes Geschäft

Auch ein **objektiv eigenes** oder **neutrales Geschäft**, also ein Geschäft, das seinem Inhalt nach keinen fremden Rechtskreis betrifft, kann zu einem „fremden" Geschäft i.S. einer echten GoA werden. Voraussetzung ist aber, dass der FGW äußerlich erkennbar in Erscheinung tritt. Der intern gebliebene Wille reicht nicht aus.[40] Kommt aber der innerlich gebildete Wille zur Führung des Geschäfts äußerlich zum Ausdruck, spricht man von einem **subjektiv-fremden Geschäft**: Vom äußerlich erkennbaren Fremdgeschäftsführungswillen wird auf das Vorliegen eines fremden Geschäfts geschlossen.[41] Die Beweislast trägt der Geschäftsführer.[42] 50

**Beispiel:** A weiß von seinem Freund B, dass dieser alte Perry-Rhodan-Kriminalromane sammelt. Als er eines Tages auf einem Flohmarkt zufällig ein besonders gut erhaltenes Exemplar erblickt, entschließt er sich kurzerhand, dieses für B zu kaufen.

Hier steht der Erwerb des Romans objektiv in keiner Beziehung zu einem fremden Rechts- oder Interessenkreis. Wenn A aber den Roman erkennbar deshalb erwirbt, weil er ihn für B zur Vervollständigung von dessen Sammlung erwirbt, liegt ein fremdes Geschäft vor. Freilich trägt A die Beweislast.

## 3. Auch-fremdes Geschäft (Handeln im Doppelinteresse)

Fraglich ist, ob ein fremdes Geschäft auch dann angenommen werden kann, wenn die Geschäftsbesorgung nicht nur im fremden, sondern auch (oder gerade) im *eigenen* Interesse liegt (sog. **auch-fremdes Geschäft**).[43] Hier wird vom BGH – zumindest in seinen meisten Entscheidungen – ein Handeln im Doppelinteresse und damit der Fremdgeschäftsführungswille wie beim objektiv-fremden Geschäft jedenfalls dann widerleglich vermutet, wenn das Geschäft nach seiner äußeren Erscheinung nicht nur dem Handelnden, sondern auch dem anderen zugutekommt und dabei die Wahrnehmung fremder Interessen gegenüber der Wahrnehmung eigener Interessen nicht von untergeordneter Bedeutung ist.[44] 51

**Beispiel 1:** M ist Mieter eines Einfamilienhauses mit eingebauter Küche nebst Elektrogeräten. Als aufgrund eines Kurzschlusses im Herd die Küche zu brennen beginnt, löscht M sofort den Brand, um einerseits seinen eigenen Hausrat zu retten, andererseits aber auch, um das Haus vor Zerstörung zu retten.

Hier handelt M im Doppelinteresse, nämlich seinen Hausrat sowie das Gebäude zu retten. Dass das Gebäude nicht ausschließlich, sondern lediglich *auch* gerettet wird, genügt für die Bejahung des erforderlichen Fremdgeschäftsführungswillens.

---

[40] BGHZ 82, 323, 331; 114, 248, 249 f.; 138, 281, 286; 181, 188, 195; BGH NJW-RR 2004, 81.

[41] BGHZ 32, 332, 337; 40, 28, 30; 62, 186, 189; 82, 323, 329 ff.; 138, 281, 286 f.; 181, 188, 195; BGH DB 2000, 1560, 1561; NJW 2007, 63; *Czeguhn*, JA 2002, 769, 774.

[42] BGHZ 40, 28, 31.

[43] Vgl. näher *Thole*, NJW 2010, 1243 ff. Vgl. auch *Anzinger*, JA 2013, 650, 651; später auch *Lorenz*, JuS 2016, 12.

[44] Vgl. BGHZ 16, 12, 16; 54, 157, 160; 110, 313; BGH DB 2000, 1560, 1561; NJW 2000, 422 f.; NJW 2007, 63, 64; NJW 2009, 2590, 2591; NJW 2015, 2880 f. sowie die klassischen Judikate des BGH: BGHZ 37, 258 ff. (Wirtschaftsberaterfall); 38, 270 ff. (Radfahrerfall); 40, 28 ff. (Waldbrandfall). Von dieser Rspr. eine Ausnahme machend BGH NJW 2000, 72 f. (Erbensucherfall – dazu ausführlich Rn 60). Vgl. auch OLG Oldenburg ZGS 2005, 33 (Haftung von Kindern im Straßenverkehr – ausführlich dazu Rn 720 ff.). Nicht auf das auch-fremde Geschäft zurückgegriffen hat der BGH indes in BGHZ 181, 188 ff. (Schönheitsreparatur); zurückhaltend auch BGHZ 179, 157 ff. (Pflegebetten).

**Beispiel 2:** Auch der Fall, dass der Mieter oder Eigentümer eines Kfz-Stellplatzes oder eines Parkplatzes einen Abschleppunternehmer beauftragt, um ein widerrechtlich abgestelltes Kfz entfernen zu lassen[45], gehört hierher. Das fremde Interesse besteht darin, dass an sich der Störer zum Entfernen des Pkw aus §§ 862 I, 862 I S. 1, 1004 I S. 1 BGB verpflichtet ist. Dass der Berechtigte dabei durchaus eigennützig handelt, schadet nicht. Denn um die Rechtsfolgen einer berechtigten GoA auszulösen, genügt es, dass das Geschäft nach seiner äußeren Erscheinung nicht nur dem Handelnden, sondern *auch* dem anderen zugutekommt. Zum unbeachtlichen entgegenstehenden Willen des Falschparkers vgl. Rn 78.

Allerdings ist das Vorliegen des Fremdgeschäftsführungswillens dann zweifelhaft, wenn sich das Doppelinteresse aus einer gesetzlichen (d.h. öffentlich-rechtlichen) oder (vermeintlich) vertraglichen Verpflichtung des Geschäftsführers ergibt. Hier ist zu unterscheiden:

### a. Allgemeine öffentlich-rechtliche Pflicht

52 Besteht für den Geschäftsführer eine **allgemeine öffentlich-rechtliche Pflicht**, für einen anderen tätig zu werden (etwa die allgemeine Hilfspflicht gem. § 323c I StGB), sollte man den Fremdgeschäftsführungswillen bejahen.[46]

**Beispiel:** G geht im Park spazieren. Als er plötzlich bemerkt, dass in dem im Park gelegenen See ein Kind zu ertrinken droht, springt er in den See und rettet das Kind. Später verlangt er die Kosten der Reinigung seiner algenbeschmutzten Kleidung ersetzt.

Der geltend gemachte Anspruch ist gem. §§ 677, 683 S. 1 BGB gegeben. Zunächst ist festzuhalten, dass G kaum aus eigenem Interesse in den See gesprungen ist. Zudem sind keine sonstigen die Kostenerstattungsansprüche regelnden Vorschriften ersichtlich, die durch die Anwendung der §§ 677, 683 S. 1 BGB umgangen werden könnten. Lediglich, wenn G einen Körperschaden und damit verbunden eine Erwerbsminderung davongetragen hätte, wäre der Ausschluss der GoA zu diskutieren gewesen. Denn für einen solchen Fall sieht die gesetzliche Unfallversicherung (vgl. § 2 I Nr. 13a SGB VII) eine abschließende Regelung vor, in der ein Anspruch gegen den Träger der gesetzlichen Unfallversicherung besteht.

### b. Spezielle öffentlich-rechtliche Pflicht

53 Handelt der Geschäftsführer hingegen, um einer **speziellen öffentlich-rechtlichen Pflicht** nachzukommen, liegt die Annahme eines Fremdgeschäftsführungswillens entgegen der bisweilen festzustellenden Auffassung des BGH eher fern. Folgende klassische Judikate des BGH werden genannt[47]:

**Beispiele:**

**(1)** Die Polizei lässt auf öffentlicher Verkehrsfläche widerrechtlich geparkte oder liegengebliebene oder verunglückte Kraftfahrzeuge abschleppen.[48]

**(2)** Die öffentliche Feuerwehr löscht einen Brand, der durch Funkenflug aus einer Dampflokomotive der Bahn verursacht wurde.[49]

**(3)** Der auf einer Bundesstraße fahrende Autofahrer A will den am Straßenrand fahrenden Radfahrer R überholen. Als er sich auf nahezu gleicher Höhe mit diesem befindet, muss R nach links ausweichen, um einem plötzlich auf die Fahrbahn springen-

---

[45] Vgl. *Lorenz*, NJW 2009, 1025 (Erstattung der Abschleppkosten aus GoA; Aufwendungsersatzanspruch; Zurückbehaltungsrecht; Herausgabe Zug um Zug); *Koch*, NZV 2010, 336; *Gesell*, zjs 2009, 572; *Huneke*, Jura 2010, 852. Der BGH (NJW 2014, 3727) hat lediglich einen Schadensersatzanspruch aus §§ 823 II BGB i.V.m. § 858 I BGB (Besitzstörung als Fall der verbotenen Eigenmacht) bejaht und ist auf Ansprüche aus GoA nicht eingegangen.

[46] Vgl. bereits die 1. Aufl. 2002; wie hier auch *Hörnig*, JA 2015, 893, 894.

[47] Vgl. nur *Medicus/Petersen*, BR, Rn 410 f.; *Musielak/Hau*, GK, Rn 682 ff.; *Brox/Walker*, § 36 Rn 11.

[48] Vgl. dazu BGHZ 156, 394 ff.

[49] Vgl. BGHZ 40, 28 ff. (ähnlich BGHZ 63, 167 ff.).

den Hund auszuweichen. Um R nicht zu überfahren, weicht A aus und schleudert mit seinem Wagen in den gegenübergelegenen Straßengraben.[50]

**(4)** Ein Motorschiff verliert auf dem Rhein zwei Anker. Diese werden von der Wasserstraßenverwaltung geborgen, die die Bergungskosten von dem Schiffseigner ersetzt verlangt.[51]

**(5)** Ein Unternehmer fördert Bims aus einer neben einer Bundesstraße gelegenen Bimsgrube. Bei Regenfällen kommt es im Bereich der Bimsgrube zu Überschwemmungen und Verschmutzungen der Straße, die von der Straßenbaubehörde (der die Aufgabe zukommt, für einen ordnungsgemäßen und verkehrssicheren Zustand der Straße zu sorgen) beseitigt werden. Die Behörde fordert vom Unternehmer Ersatz der Kosten.

Nach wohl einhelliger Auffassung in der Rechtsprechung sind die Regelungen der GoA auch im öffentlichen Recht anwendbar, sofern keine speziellen Vorschriften des öffentlichen Rechts (wie z.B. § 25 SGB XII, § 8 VwVfG oder die Regelungen über die Erstattung von Kosten und Auslagen nach den Polizei- bzw. Gefahrenabwehrgesetzen) greifen.[52] Voraussetzung ist nur, dass eine planwidrige Regelungslücke besteht, die die (analoge) Anwendung der §§ 677 ff. BGB rechtfertigt. In der Regel enthalten die gesetzlichen Bestimmungen aber abschließende Regelungen. Handelt also der Amtswalter aufgrund gesetzlicher Ermächtigung, ist er dem Bürger „sonst berechtigt" i.S.v. § 677 BGB. Außerdem fehlt in diesem Fall der Fremdgeschäftsführungswille. Eine Anwendung der GoA-Regeln verbietet sich dann. Wendete man hier die §§ 683, 670 BGB entsprechend an, würde man zudem die gesetzliche Kostenregelung unterlaufen. In den o.g. Beispielen (2) bis (5) hat der BGH die Auffassung vertreten, dass der Geschäftsführer trotz Erfüllung eigener Pflichten (auch) ein fremdes Geschäft besorgt und somit mit Fremdgeschäftsführungswillen gehandelt habe. Konsequenz dieser Rechtsprechung ist, dass der Geschäftsführer, der ja gesetzlich verpflichtet ist, die Aufgabe wahrzunehmen bzw. eine bestimmte Folge abzuwenden, und daher an sich im Eigeninteresse handelt, die Kosten der Maßnahme gem. §§ 677, 683 S. 1, 670 BGB von dem anderen erstattet bekommt. Diese Konsequenz wird besonders virulent, wenn man bedenkt, dass § 683 S. 1 BGB selbst die Erstattung nutzloser Aufwendungen (also solcher, die den Geschäftsherrn nicht bereichert haben) zulässt. Gegen diese Rechtsprechung sind daher im Schrifttum Bedenken erhoben worden, die sich insbesondere dagegen richten, dass auf diese Weise der Anwendungsbereich der §§ 677 ff. BGB (insbesondere der des § 683 S. 1 BGB) erheblich ausgedehnt wird.

Schließlich ist zu bedenken, dass bei einer Geschäftsführung durch die öffentliche Hand deren Kosten teilweise bereits durch Steuern abgegolten sind, sodass der Geschäftsherr allenfalls für solche Kosten aufkommen muss, die nicht bereits durch Steuern abgegolten sind. Da aber auch hier das Kosten- und Gebührenrecht eine Erstattungspflicht vorsieht, würden die Annahme eines Fremdgeschäftsführungswillens und damit die Bejahung des Aufwendungsersatzanspruchs aus §§ 677, 683 S. 1 BGB noch nicht einmal der Lückenfüllung dienen. Es bestünde sogar die Gefahr, dass, wenn das Gebührenrecht eine Erstattung nicht vorsieht, diese (an sich abschließende) Regelung durch die Anwendung der §§ 677 ff. BGB umgangen wird.[53]

Begrüßenswert ist daher eine jüngere – bei Rn 44 erläuterte – Entscheidung des BGH[54], bei der er es zwar vermieden hat, auf die genannten Einwände gegen die Anwendbarkeit der §§ 677 ff. BGB einzugehen, jedoch die Vorschriften der GoA jedenfalls dann durch die bestehenden polizeirechtlichen Eingriffs- und Kostenerstattungsnormen aus-

---

[50] Vgl. BGHZ 38, 270 ff.

[51] Vgl. BGH NJW 1969, 1205, 1206.

[52] Vgl. etwa BVerfGE 18, 429, 436; BVerwGE 48, 279, 285; 18, 429, 436; 80, 170, 172 f.; BVerwG NVwZ 2000, 433; DÖV 2003, 732; BGHZ 156, 394, 397 ff.; BGH NJW 2004, 513, 514; NVwZ 2008, 349 f. Vgl. auch *Wolff*, JA 2008, 669, 670; *Dahm*, NVwZ 2005, 172 ff.

[53] Vgl. BGHZ 65, 384, 387 f.; *Medicus/Petersen*, BR, Rn 412 a.E.; *Brox/Walker*, § 35 Rn 12; *Bergmann*, in: Staudinger, Vorbem zu §§ 677 ff. Rn 662.

[54] BGH NJW 2004, 513, 514 f.

schließt, wenn diese eine **lückenlose Regelung des Rückgriffs der Polizei auf den Störer** enthalten.

**54** Vor nicht allzu langer Zeit ist darüber entschieden worden, ob ein **Fahrzeugführer**, der einem sich verkehrswidrig verhaltenden Kind ausweicht und dabei zu Schaden kommt, Ersatz seiner Schäden und damit Aufwendungen gem. §§ 677, 683 S. 1, 670 BGB verlangen kann. Die Frage ist deshalb interessant, weil das Kind nicht verschuldensfähig i.S.v. § 828 II BGB und ein Ersatzanspruch aus Delikt daher nicht gegeben war. Deshalb versuchte der Geschädigte unter dem Aspekt der Fremdgeschäftsführung (er habe sich **selbst aufgeopfert**, um einen Schaden beim Kind zu vermeiden, und damit auch dessen Geschäft getätigt, was einen Ersatzanspruch aus berechtigter GoA begründe), einen Schadensersatz durchzusetzen.[55] Selbstverständlich konnte er mit seinem Anliegen nicht durchdringen, da anderenfalls die Wertung des § 828 II BGB und der damit verbundene Schutz des Minderjährigen unterlaufen worden wären.[56]

### c. Renovierungsfälle

**54a** Auch hinsichtlich der sog. **Renovierungsfälle**, also in Fällen, in denen der Mieter bei Auszug aus der Mietwohnung eine Endrenovierung vornimmt, obwohl die ihn hierzu verpflichtende AGB-Klausel unwirksam ist, verneint der BGH das auch-fremde Geschäft. Dabei besteht jedoch das Grundproblem, ob die GoA bei einem nichtigen Vertrag oder einem nichtigen Vertragsteil überhaupt das richtige Institut ist oder ob nicht die Vorschriften des Bereicherungsrechts die sachgerechteren Ergebnisse herbeizuführen vermögen. Während die Rechtsprechung ohne weiteres die GoA anwendet[57], wird dies von der h.L. abgelehnt, weil anderenfalls bestimmte Wertungen des Bereicherungsrechts (§§ 814, 817 S. 2, 818 III BGB) ausgehebelt würden. Die §§ 812 ff. BGB seien speziell für die Rückabwicklung rechtsgrundloser Leistungen geschaffen worden und verdrängten daher die §§ 677 ff. BGB[58]. Vgl. dazu näher Rn 57 ff. Auf diese Kontroverse kommt es aber nicht an, wenn eine gesetzliche Vorschrift aus dem Gebiet, in dem die Störung aufgetreten ist, auf das Institut der GoA verweist.

**Fall[59]:** M hat von V eine renovierungsbedürftige Wohnung gemietet. In dem zwischen ihnen geschlossenen Formularmietvertrag sieht eine Klausel vor, dass der Mieter laufende Schönheitsreparaturen vorzunehmen habe. In der Annahme der Wirksamkeit dieser Klausel renoviert M die Räume. Zwei Wochen später entscheidet der BGH unter (teilweiser) Aufgabe seiner bisherigen Rechtsprechung, dass die formularmäßige Verpflichtung des Mieters zur Vornahme laufender Schönheitsreparaturen einer ihm unrenoviert oder renovierungsbedürftig überlassenen Wohnung mit der gesetzlichen Regelung in § 535 I S. 2 BGB nicht vereinbar und gem. § 307 II Nr. 1 BGB unwirksam ist, sofern nicht der Vermieter dem Mieter einen angemessenen Ausgleich (etwa mietfreies Wohnen für einen angemessenen Zeitraum) gewährt.[60] Da vorliegend ein solcher Ausgleich nicht gewährt wurde, ist die fragliche Klausel unwirksam. M fragt daher nach einem Aufwendungsersatzanspruch.

Der von M geltend gemachte Aufwendungsersatzanspruch könnte sich zunächst in Form eines Schadensersatzanspruchs aus §§ 280 I, 241 II, 311 II BGB ergeben. Ein Vermieter hat nämlich gegenüber dem Mieter auch die vorvertragliche Rücksichtnahmepflicht, keine unwirksame Renovierungsklausel zu verwenden. Die objektive Pflichtverletzung des V war vorliegend auch kausal für den Schaden des M, der in den Aufwendungen für die Renovierung liegt. Allerdings ist vorliegend die Verschuldens-

---

[55] Vgl. OLG Oldenburg ZGS 2005, 33 (Haftung von Kindern im Straßenverkehr – ausführlich Rn 720 ff.).
[56] Wohl anders wäre das Ergebnis, wenn man die Auffassung des BGHZ 38, 270 ff. zugrunde legte (vgl. Rn 53 Bsp. 3).
[57] Vgl. exemplarisch BGHZ 55, 128; 101, 393, 399; 111, 308, 311; 157, 168; 181, 188, 196 f.
[58] Vgl. exemplarisch *Seiler*, in: MüKo, § 677 Rn 48; *Mansel*, in: Jauernig, § 677 Rn 6; *Brox/Walker*, § 36 Rn 21.
[59] Nach BGH NJW 2015, 1594 ff. Grundlagenfall war BGHZ 181, 188 ff., dargestellt auch bei *Wandt*, § 4 Rn 15a.
[60] BGH NJW 2015, 1594, 1596 unter teilweiser Aufgabe seiner bisherigen Rspr.

vermutung des § 280 I S. 2 BGB widerlegt, wenn man davon ausgeht, dass es auch für V nicht absehbar war, dass der BGH seine Rechtsprechung ändert.

M könnte gegen V aber einen Aufwendungsersatzanspruch aus § 539 I i.V.m. §§ 677, 683 S. 1, 670 BGB haben. Dazu müssten die Vorschriften der GoA aber zunächst anwendbar sein. § 539 I BGB verweist hinsichtlich Aufwendungen des Mieters auf die Mietsache, die der Vermieter nicht nach § 536a II BGB zu ersetzen hat, auf die Vorschriften der GoA. Die Renovierungsbedürftigkeit der Mietwohnung fällt nicht unter § 536a II BGB, sodass § 539 I BGB anwendbar ist. Die dort formulierte Verweisung auf die Vorschriften der GoA stellt eine Rechtsgrundverweisung dar, d.h., dass auch die Voraussetzungen der GoA vorliegen müssen.

Die Renovierung der Mietwohnung ist „ein Geschäft" i.S.v. § 677 BGB. Fraglich ist aber, ob es sich dabei um ein „fremdes" oder zumindest um ein auch-fremdes Geschäft handelt. Dies könnte zu verneinen sein, da M aufgrund einer von ihm für wirksam gehaltenen Vertragsklausel die Mieträume renovierte. Insoweit könnte man also ein reines „Eigengeschäft" des M annehmen. Man könnte sich allerdings auch auf den Standpunkt stellen, die Renovierung sei zugleich ein Geschäft des V, weil Renovierungsmaßnahmen an einer unrenovierten oder renovierungsbedürftigen Wohnung zu einer Verbesserung der Mietsache führen und damit dem Vermögen des Vermieters zugutekommen. Gleiches würde gelten, wenn man unter Verweis auf § 535 I BGB die Verpflichtung zum Erhalt der Mietsache als eine Pflicht des Vermieters ansähe. Dann würde zumindest ein auch-fremdes Geschäft vorliegen, das Ansprüche des Mieters aus GoA auslöst.

Der BGH hat entschieden, dass ein Mieter, der aufgrund einer unerkannt unwirksamen Endrenovierungsklausel Schönheitsreparaturen in der Mietwohnung vornimmt, damit kein Geschäft des Vermieters ausübe, sondern nur im eigenen Rechts- und Interessenkreis tätig werde, weil er eine Leistung erbringen wolle, die rechtlich und wirtschaftlich Teil des von ihm für die Gebrauchsüberlassung an der Wohnung geschuldeten Entgelts sei.[61]

Diese Rechtsauffassung überzeugt aber nicht, da die Erhaltung bzw. die Herstellung eines vertragsgemäßen Zustands der Mietobjekte eine vertragliche Hauptpflicht des Vermieters darstellt (vgl. § 535 I BGB). Diese dem Vermieter obliegende Pflicht hatte V vorliegend über die Vertragsklausel auf M abwälzen wollen, was ihm jedoch nicht gelang. Daher bleibt es bei der Regelung des § 535 I BGB und M hat damit sogar ein objektiv fremdes Geschäft (hier: eines des V) besorgt.

Gleichwohl scheitert ein Anspruch des M aus GoA, weil man bei ihm den Fremdgeschäftsführungswillen verneinen muss. Denn er dachte ja gerade, er sei aufgrund der von ihm für wirksam gehaltenen Vertragsklausel zur Renovierung verpflichtet und führe daher ein eigenes Geschäft. Fehlt das Wissen, dass das Geschäft ein fremdes ist, liegt kein Fremdgeschäftsführungswille und damit kein Geschäft i.S.d. § 687 I BGB vor.

Damit hat M im Ergebnis keinen Anspruch auf Aufwendungsersatz nach den Vorschriften der berechtigten GoA.[62]

Da M aber infolge der unwirksamen Vertragsklausel die Renovierungsarbeiten ohne vertragliche Verpflichtung und damit ohne Rechtsgrund erbracht hat, hat er gegen V einen bereicherungsrechtlichen Anspruch auf Wertersatz gem. §§ 812 I S. 1 Var. 1, 818 II BGB (zu diesem Anspruch vgl. Rn 272 ff.).

### d. Vertragliche Pflicht gegenüber einem Dritten

Wieder anders zu beurteilen sind die Fälle, in denen der Geschäftsführer ein Geschäft besorgt, wozu er **aufgrund eines Vertrags mit einem Dritten** diesem gegenüber verpflichtet ist. 55

[61] BGHZ 181, 188, 194 f.
[62] *Wandt*, § 4 Rn 15a; a.A. *Lange*, NZM 2007, 785, 787.

**Beispiel:** Den aus dem Verwaltungsvollstreckungsrecht her bekannten **Abschleppfällen** liegt folgende Konstruktion zugrunde: Die öffentliche Verwaltung schließt mit einem privaten Abschleppunternehmer einen privatrechtlichen Werkvertrag, in dem dieser sich verpflichtet, auf Abruf widerrechtlich abgestellte Fahrzeuge abzuschleppen.[63] Schleppt nun der Abschleppunternehmer A das im Halteverbot stehende Fahrzeug des F ab, führt er einerseits ein objektiv-fremdes Geschäft, da das Entfernen des Fahrzeugs aus der Halteverbotszone dem Pflichtenkreis des F angehört. Da A aber auch aufgrund seiner vertraglichen Verpflichtung gegenüber der Behörde tätig wird, führt er gleichzeitig ein eigenes Geschäft.

⇨ Auch in Fällen dieser Art nimmt der BGH einen Fremdgeschäftsführungswillen und damit eine GoA im Verhältnis zum Geschäftsherrn (vorliegend F) an, sofern der Geschäftsführer (vorliegend A) auch für den Geschäftsherrn handelt.[64]

⇨ Die Literatur steht auf dem Standpunkt, dass es zwar durchaus möglich sei, dass ein durch Vertrag pflichtgebundener Geschäftsführer zugleich im Rahmen einer GoA für einen Dritten tätig werde. Dies komme aber dann nicht in Betracht, wenn die Tätigkeit nach dem Vertrag zu vergüten sei. In einem solchen Fall sei es nämlich unbillig, dem Geschäftsführer neben seinem vertraglichen Vergütungsanspruch gegen seinen Vertragspartner noch einen Aufwendungsersatzanspruch gegen den Dritten aus GoA zuzugestehen. Das gelte selbst dann, wenn der Vertrag nichtig sei.[65] Diese überzeugende Auffassung fußt auf folgender Überlegung: Für die Rückabwicklung nichtiger Verträge stellt das Bereicherungsrecht die sachgerechte Lösung dar (s.o.). Die in ihm vorgenommenen Einschränkungen (Vorrang der Leistungskondiktion gegenüber dem Vertragspartner; nur subsidiäre Kondiktion wegen Bereicherung in sonstiger Weise gegenüber dem Dritten) würden umgangen, folgte man der Auffassung des BGH. Daher haben die §§ 812 ff. BGB in Bezug auf die Rückabwicklung nichtiger Verträge Vorrang vor den §§ 677 ff. BGB.

Im vorliegenden Fall liegt keine Nichtigkeit des Werkvertrags zwischen A und dem Träger der Verwaltungsbehörde vor. Demzufolge kann A seine Vergütung aus eigenem Recht nur von dem Träger der Verwaltungsbehörde fordern (vgl. §§ 631, 632, 641 BGB), nicht aber über §§ 677, 679, 683 S. 1, 670 BGB von F.

### e. Kein fremdes Geschäft bei reinen Gefälligkeiten

**56** Kein fremdes Geschäft i.S.v. § 677 BGB liegt vor, wenn es sich bei der fraglichen Tätigkeit um eine Gefälligkeit handelt, die sich im rein gesellschaftlichen, d.h. außerrechtlichen Bereich abspielt, sodass Aufwendungsersatzansprüche aus §§ 677, 683 S. 1, 670 BGB ausscheiden.[66]

**Beispiel**[67]**:** Die Enkelin der K spielte in der Mädchen-Fußballmannschaft des Vereins V. Die Mannschaft nahm an der Hallenkreismeisterschaft teil. K, die ihre Enkelin zu dieser Veranstaltung bringen wollte, verunfallte auf der Fahrt dorthin mit ihrem Pkw und zog sich dabei erhebliche Verletzungen zu. Sie nahm daraufhin den Verein auf Ersatz ihres materiellen und immateriellen Schadens in Anspruch (Sachschaden am Pkw, Heilbehandlungskosten, Schmerzensgeld).

Wie stets im Zivilrecht wäre zunächst eine Anspruchsgrundlage erforderlich. Ein Anspruch aus § 670 BGB scheidet von vornherein aus, da mangels Einigung kein Auftrag i.S.v. § 662 BGB angenommen werden kann. In Betracht kommt aber ein Schadens- bzw. Aufwendungsersatzanspruch nach den Grundsätzen GoA gem. §§ 677, 683 S. 1,

---

[63] Vgl. etwa OLG Hamm NJW 2001, 375, 376; BGHZ 121, 161, 165 f. sowie ausführlich *R. Schmidt*, Polizei- und Ordnungsrecht, 20. Aufl. 2018, Rn 978 ff.
[64] BGHZ 37, 258, 262 f.; 40, 28, 30 f.; 63, 167, 169; 101, 393, 399; BGH NJW 1997, 47, 48.
[65] OLG Koblenz NJW 1992, 2367; *Brox/Walker*, § 36 Rn 21; *Medicus/Petersen*, BR, Rn 414; *Schäfer*, in: MüKo, § 677 Rn 48; *Musielak/Hau*, GK, Rn 705; *Pfeifer*, JA 2008, 17.
[66] Ganz h.M., vgl. nur BGH NJW 2015, 2880 f. Zu den Gefälligkeiten vgl. *R. Schmidt*, BGB AT, Rn 282 ff.
[67] Nach BGH NJW 2015, 2880 f.

670 BGB. Dabei ist aber bereits zweifelhaft, ob überhaupt ein „Geschäft" i.S.v. § 667 BGB vorliegt. In jedem Fall problematisch ist der von § 677 BGB geforderte Fremdgeschäftsführungswille; K müsste zumindest *auch* im Interesse des Vereins gehandelt, d.h. einen Fremdgeschäftsführungswillen bzw. „Geschäftsübernahmewillen" gehabt haben. Diese Fragen können jedoch offenbleiben, wenn eine reine Gefälligkeit im außerrechtlichen Bereich vorlag, aus der Ansprüche nicht geltend gemacht werden können.

Der BGH hat entschieden, dass der Transport von Kindern zu Auswärtsspielen durch Personen aus ihrem persönlichen Umfeld nicht auf der Grundlage eines mit wechselseitigen Rechten und Pflichten ausgestalteten Schuldverhältnisses erfolge. Vielmehr handele es sich, wenn minderjährige Mitglieder eines Amateursportvereins von ihren Familienangehörigen oder Angehörigen anderer Vereinsmitglieder zu Sportveranstaltungen gefahren werden, grundsätzlich – auch im Verhältnis zum Sportverein – um eine reine Gefälligkeit, die sich im außerrechtlichen Bereich abspiele. Solange jedenfalls keine gegenteiligen Absprachen getroffen würden, schieden damit Aufwendungsersatzansprüche und Schadensersatzansprüche aus.

Stellungnahme: Die Vorinstanz hatte einen Aufwendungsersatz- und Schadensersatzanspruch aus berechtigter GoA angenommen mit dem Argument, der Verein habe ein Interesse daran, dass sich seine Mitglieder an Meisterschaften oder sonstigen sportlichen Veranstaltungen beteiligten. Sinn und Zweck des Sportvereins sei es nicht nur, dass die Vereinsmitglieder trainierten, sondern auch, dass sie an Turnieren, Meisterschaften und ähnlichen Ereignissen teilnähmen, um sich im sportlichen Wettkampf mit anderen zu messen und über den Sport Kontakte zu anderen Vereinen und Vereinsmitgliedern zu pflegen. Die Übernahme der Geschäftsführung – Transport der Enkelin zur Kreismeisterschaft – habe damit auch im Interesse des Vereins gelegen. Das ist insoweit alles nachvollziehbar. Allerdings darf nicht übersehen werden, dass es sich vorliegend nicht um einen Profi-Fußballverein mit auch kommerziellen Zielen handelt, sondern um einen dem gesellschaftlichen Bereich zuordnenden Verein, der sportliche Freizeitaktivität ermöglicht. Das Fahren von Familienangehörigen zu Sportveranstaltungen des Vereins ist daher ebenfalls dem rein gesellschaftlichen Bereich zuzuordnen. Dem BGH ist daher zu folgen. K stehen die geltend gemachten Ansprüche nicht zu. Für sie hat sich das allgemeine Lebensrisiko verwirklicht.

### f. Nichtiger Vertrag zwischen Geschäftsführer und Geschäftsherrn

Ein besonderes Problem bereitet die Frage, ob und inwieweit ein **nichtiger Vertrag** 57
oder ein **nichtiger Vertragsteil** zwischen dem Geschäftsführer und dem Geschäftsherrn der Anwendbarkeit der GoA bzw. der Annahme eines Fremdgeschäftsführungswillens entgegensteht.

> **Hinweis für die Fallbearbeitung:** Die nachfolgenden Beispielsfälle sind äußerst examensrelevant, weil sie nicht nur (abstrakt) das Verhältnis zwischen GoA und Bereicherungsrecht betreffen, sondern auch ganz konkret verdeutlichen, dass durch die Anwendung eines Rechtsinstituts (hier: die GoA) Wertungen eines anderen Rechtsinstituts (hier: des Bereicherungsrechts, insbesondere § 817 S. 2 BGB, aber auch des Minderjährigenschutzes) unterlaufen werden können. Generell sind Wertungsgesichtspunkte, die bei der Kollision zweier Rechtsinstitute virulent werden, examensrelevant und müssen sicher beherrscht werden.

**Beispiele:**

(1) **Minderjähriger:** Der nicht gesetzlich krankenversicherte 14-jährige S zog sich beim Handballtraining eine Stauchung zu. Auf dem Nachhauseweg entschloss er sich spontan, den Arzt Dr. A aufzusuchen. Als eine Woche später die Arztrechnung einging, weigerten sich die Eltern, die Rechnung zu bezahlen. 58

Ein vertraglicher Anspruch des Dr. A aus einem Behandlungsvertrag liegt nicht vor, da ein entsprechender Vertrag aufgrund der Minderjährigkeit des S und der verweigerten Genehmigung der Eltern (vgl. §§ 107, 108 BGB) nicht wirksam zustande kam. Möglicherweise ergibt sich aber ein Anspruch entweder aus GoA oder aus Bereicherungsrecht.

⇨ Die überwiegende Rechtsprechung stützt sich auf den klaren Wortlaut des § 677 BGB, wo von „ohne Auftrag" gesprochen wird, und wendet insbesondere bei Dienst- bzw. Werkleistungen aufgrund eines nichtigen Vertrags die Vorschriften der GoA an. Die irrige Annahme, aufgrund eines Vertrags tätig werden zu müssen, schließe den Willen, auch ein Geschäft des Vertragspartners mitzubesorgen, nicht aus.[68] Für diese Auffassung spricht zumindest das Postulat, dass derjenige, der aufgrund eines Vertrags, der sich im Nachhinein als unwirksam herausstellt, tätig wird, nicht schlechter stehen darf als derjenige, bei dem jeglicher Vertragsschluss fehlt.
Beachtenswert ist jedoch der Umstand, dass der BGH in einer speziellen Fallkonstellation, in der es um Börsentermingeschäfte ging, von seiner sonstigen Rechtsprechung abgewichen ist.[69] In diesem speziellen Fall hat er auf das Bereicherungsrecht zurückgegriffen, ohne die Regelungen der GoA in Betracht zu ziehen. Auch hat der BGH in einem Fall, in dem es um den Vergütungsanspruch eines „Erbensuchers" ging, das Vorliegen eines fremden Geschäfts bzw. den Fremdgeschäftsführungswillen von vornherein abgelehnt.[70] Vgl. dazu das übernächste Beispiel *Erbensucher*.

⇨ Die Literatur und der andere Teil der Rechtsprechung lehnen die Anwendung der GoA zumindest hinsichtlich der Erstattungsansprüche ab mit dem Argument, dass dadurch das vorrangige gesetzliche Rückabwicklungsverhältnis der §§ 812 ff. BGB (insbesondere die Einschränkungen in §§ 814, 817 S. 2, 818 III BGB) übergangen werde. Außerdem führe die Auffassung der überwiegenden Rechtsprechung dazu, dass die Zuwendung von Sachen infolge eines nichtigen Vertrags nach anderen Regeln abzuwickeln sei als diejenige von Dienst- und Werkleistungen.[71]

Stellungnahme: Der Gesetzgeber hat eigens für die Rückabwicklung fehlgeschlagener Verträge das Bereicherungsrecht in das BGB eingefügt, dessen Zweck es ist, die Interessen von Schuldner und Gläubiger in einen gerechten Ausgleich zu bringen. Ließe man eine Rückabwicklung über die GoA zu, würden die speziellen und sachgerechten Wertungen des Bereicherungsrechts unterlaufen. Denn die Rechtsinstitute der GoA und des Bereicherungsrechts unterscheiden sich hinsichtlich der hier interessierenden Rückabwicklung von Verträgen vor allem bezüglich der Haftung. Das Bereicherungsrecht beschränkt die Haftung durch die Begrenzung der Herausgabepflicht, die in den §§ 817, 818 BGB geregelt ist. Aufgabe des Bereicherungsrechts nach § 812 I S. 1 Var. 1 BGB ist es gerade, nichtige Vertragsverhältnisse rückabzuwickeln, da ein Rechtsgrund für das Behalten des Erlangten nicht vorliegt.[72] Ließe man jedoch eine Abwicklung über die GoA zu, würde die eingeschränkte Haftung der §§ 817, 818 BGB umgangen, ohne dass die Wertungen der §§ 817, 818 BGB berücksichtigt werden könnten.
Hinzu kommt, dass auf der Tatbestandseite der GoA, bei der ja der Geschäftsführer ein Geschäft für einen anderen besorgen muss, das Vorliegen des dafür erforderlichen Fremdgeschäftsführungswillens fraglich ist. Denn bei lebensnaher Betrachtung will der Geschäftsführer – selbst wenn man mit der Rechtsprechung das auch-fremde Geschäft zulässt – wohl ausschließlich *seinen* vertraglichen Verpflichtungen

---

[68] Vgl. BGHZ 101, 393, 399; BGH NJW-RR 1993, 200; BGH NJW 1997, 47; BayObLG NJW 2000, 155; OLG Stuttgart NJW 1996, 665, 666; alle zurückgehend auf BGHZ 40, 28, 30 ff. (Funkenflugfall). Ablehnend *Lorenz*, JuS 2016, 12, 13.
[69] Vgl. BGH NJW 1995, 727.
[70] BGH NJW 2000, 72, 73.
[71] *Seiler*, in: MüKo, § 677 Rn 48; *Beuthien*, in: Soergel, § 677 Rn 16; *Vollkommer*, in: Jauernig, § 677 Rn 6; *Sprau*, in: Palandt, § 677 Rn 7a; *Lorenz*, NJW 1996, 883; *Einsele*, Jus 1998, 401; *Falk*, JuS 2003, 833, 839; OLG Koblenz NJW 1999, 2904; NJW 1996, 665; vgl. auch OLG Köln NJW-RR 1994, 1540, 1541; OLG Koblenz NJW 1999, 2904; OLG Oldenburg MDR 2000, 1373; OLG Hamm DNotZ 2000, 307, 308.
[72] *Einsele*, Jus 1998, 401, 404.

nachkommen, die lediglich rechtlich nicht bestehen. Der Geschäftsführer will damit kein fremdes Geschäft besorgen. Dementsprechend liegt unabhängig von der Anwendbarkeit der GoA auch eine konstitutive Voraussetzung nicht vor.[73]

Für den vorliegenden Fall bietet sich schon aus Gründen des Minderjährigenschutzes die Überlegung an, Ansprüche aus GoA abzulehnen, da S anderenfalls über §§ 683 S. 1, 670, 1835 III BGB analog genauso behandelt würde, als wenn der Vertrag wirksam gewesen wäre. Etwas anderes ergibt sich auch nicht aus dem Umstand, dass wegen des rechtsgeschäftlichen Charakters der GoA nicht auf den Willen des S, sondern auf das Interesse und den mutmaßlichen Willen der Eltern abzustellen ist. Denn das Interesse und der mutmaßliche Wille der Eltern sind objektiv zu bestimmen und zu bejahen, weil die Leistungen des Dr. A ihnen objektiv nützlich sind. Daher sollte man von der Anwendbarkeit der §§ 812 ff. BGB ausgehen. Diese stellen für die Rückabwicklung fehlgeschlagener Verträge mit Minderjährigen die sachgerechtere Lösung bereit. Insbesondere sehen die §§ 818 IV, 819 I BGB keine Haftungsverschärfung des Minderjährigen vor.

(2) **Schwarzarbeit**[74]**:** Fliesenleger Poldi arbeitet nicht nur gelegentlich „schwarz".[75] **59**
Diesmal verlegt er Bodenfliesen im Hause der betuchten Gräfin Anastasia. Als er nach getaner Arbeit einen Lohn i.H.v. 1.500,- € (60 Std. a 25,- €) verlangt, verweist A auf die erheblichen Baumängel. Zudem ist sie der Meinung, dass der Vertrag aufgrund des Verstoßes gegen das SchwarzArbG sittenwidrig sei und dass daher eine Forderung des P nicht bestehe. Mit Recht?

Zumindest hinsichtlich der Sittenwidrigkeit von Schwarzarbeit hat die Gräfin Recht. Solche Geschäfte sind sogar nach § 134 BGB jedenfalls dann nichtig, wenn (wie vorliegend) auf beiden Seiten ein Verstoß gegen das SchwarzArbG vorliegt und die Werkleistung von erheblichem Umfang ist, was bei einem Werklohn von 1.500,- € angenommen werden kann.[76] Daneben liegt eine Nichtigkeit des Vertrags wegen der Steuerhinterziehung (§ 134 BGB i.V.m. § 370 AO) vor. Nach dem OLG Hamm ist eine Nichtigkeit sogar dann anzunehmen, wenn die Parteien zum Zeitpunkt des Vertragsschlusses noch keine „Ohne-Rechnung-Abrede" getroffen und damit zunächst einen wirksamen Vertrag geschlossen hatten, nachträglich jedoch vereinbarten, dass auf das Ausstellen einer Rechnung verzichtet werden soll. Die nachträgliche „Ohne-Rechnung-Abrede" habe den Vertrag geändert und insgesamt unwirksam gemacht. Ein Rechtsverständnis, das die Nichtigkeit auf die nachträgliche Abrede begrenze, liefe der ausdrücklichen Absicht des Gesetzgebers zuwider, die Form der Schwarzarbeit in Gestalt von „Ohne-Rechnung-Abreden" wirkungsvoll zu bekämpfen.[77]

Eine Werklohnforderung des P aus § 631 I BGB besteht wegen Nichtigkeit des Vertrags nicht.[78]

Möglicherweise steht P dann aber ein Aufwendungsersatzanspruch aus Geschäftsführung ohne Auftrag gem. §§ 677, 683 S. 1, 670 BGB zu. Jedoch hat P seine Aufwendungen im Hinblick auf den mit der Ausführung des Geschäfts verbundenen

[73] Wie hier später auch *Lorenz*, JuS 2016, 12, 13.
[74] Vgl. auch *Wolf/Neuner*, AT, § 45 Rn 15; *Köhler*, AT, § 13 Rn 10; *Stadler*, AT, § 26 Rn 9. Ähnliche Fälle wurden auch vom BGH entschieden (BGH NJW 2013, 3167 ff.; NJW 2014, 1805, 1806 f.; NJW 2015, 2406 f.).
[75] Schwarzarbeit ist in § 1 II SchwarzArbG definiert. Danach leistet Schwarzarbeit, wer insbesondere Dienst- oder Werkleistungen erbringt und u.a. dabei keine Sozialversicherungsbeiträge oder Steuern abführt.
[76] Vgl. BGH NJW 2013, 3167, 3168 f. (hier ging es um die Pflasterung einer Einfahrt, für die ein Werklohn von 1.800,- € vereinbart worden war) und AG Frankfurt/M 20.9.2010 – 4.10 OWi 107/10 (Werklohnforderung 1.500,- €).
[77] OLG Hamm NJW-RR 2018, 273, 274.
[78] Argumentativ lässt sich die Nichtigkeit des Werkvertrags wegen Verstoßes gegen das SchwarzArbG mit dem Zweck des Gesetzes begründen, der darin besteht, Schwarzarbeit wegen ihrer sozialschädlichen Auswirkungen zu bekämpfen. Zum einen soll der Arbeitslosigkeit und Steuerausfällen entgegengewirkt werden und zum anderen sollen redliche Handwerker vor der Preisunterbietung durch Schwarzarbeiter und Auftraggeber vor minderwertiger Leistung und unsachgemäßer Verwendung von Rohstoffen geschützt werden. Im Vordergrund dürfte aber die Beeinträchtigung des Beitragsaufkommens der Sozial-, Renten- und Arbeitslosenversicherung stehen.

Verstoß gegen das Verbotsgesetz des § 1 II Nr. 2 SchwarzArbG nicht für erforderlich halten dürfen.[79]

Schließlich kommt ein Ausgleichsanspruch über das Bereicherungsrecht in Betracht. Vorliegend ist an einen Wertersatz in Form eines „Quasi-Vergütungsanspruchs" des P aus § 812 I S. 1 Var. 1 BGB und daneben aus § 817 S. 1 BGB jeweils i.V.m. § 818 II BGB zu denken. Doch einem solchen Anspruch könnte der Ausschlusstatbestand des § 817 S. 2 BGB entgegenstehen. Folge wäre, dass den Schwarzarbeiter das volle Risiko einer Zahlungsverweigerung des Auftraggebers trifft. Dies könnte eine unbillige Privilegierung des Auftraggebers nach sich ziehen. Um daher das Risiko der Schwarzarbeit nicht allein dem Schwarzarbeiter aufzubürden und dem „Auftraggeber" nicht zu kostenfreier Leistung zu verhelfen, wendete der BGH in einer Entscheidung aus dem Jahre 1990 auf der Basis der damals geltenden Fassung des SchwarzArbG den an sich greifenden Ausschlusstatbestand des § 817 S. 2 BGB unter dem Gesichtspunkt von Treu und Glauben (§ 242 BGB) einfach nicht an mit der Folge, dass im Ergebnis gleichwohl ein Anspruch des Schwarzarbeiters auf „Quasi-Vergütung" bestand.[80] Die Höhe bemaß sich nach dem objektiven Wert der Schwarzarbeit.[81] Von diesem „Quasi-Vergütungsanspruch" war ggf. der Minderwert der erbrachten Leistung in Abzug zu bringen, da der Auftraggeber insoweit nicht bereichert war (vgl. § 818 III BGB).

Nunmehr hat der BGH aber entschieden, dass die Grundsätze von Treu und Glauben der Anwendung des § 817 S. 2 BGB nicht entgegenstünden. Die Durchsetzung des vom Gesetzgeber mit dem SchwarzArbG verfolgten Ziels, die Schwarzarbeit effektiv einzudämmen, erfordere eine strikte Anwendung dieser Vorschrift. Insoweit sei eine andere Sicht geboten, als sie vom Senat 1990 auf der Grundlage der alten Fassung des SchwarzArbG vertreten wurde.[82]

Demzufolge hat P keinen Quasi-Vergütungsanspruch gegen A. Diese (vermeintliche) Privilegierung der A mag zwar unbillig erscheinen, erhält diese doch eine „kostenlose Werkleistung", anders aber lassen sich die o.g. Schutzzwecke des SchwarzArbG nicht effektiv durchsetzen. Hinzu kommt, dass A infolge der Nichtigkeit des Vertrags auch keine Mängelrechte gem. §§ 634 ff. BGB geltend machen kann und mitunter das Risiko eines sehr hohen Schadens trägt, was den (vermeintlichen) Vorteil doch spürbar relativiert.

60 (3) **Erbensucher:** E unterhält ein Büro, das sich mit der „Ermittlung von unbekannten Erben für ungehobene Nachlassangelegenheiten" befasst. Als eines Tages die Gräfin A ohne Testament verstarb, ein Vermögen von rund 230.000,- € hinterließ und auch das Nachlassgericht es innerhalb von zwei Jahren nicht schaffte, die gesetzlichen Erben – entfernte Verwandte i.S.v. §§ 1926-1929 BGB – zu ermitteln, wurde E aktiv. Diesem gelang es innerhalb kurzer Zeit, die Erben zu ermitteln. Nachdem er diese über die Erbschaft informiert hatte, stellte er 20% des Nachlasswerts zuzüglich Umsatzsteuer in Rechnung. Als die Erben sich weigerten, die Rechnung zu begleichen, erhob E Klage auf Zahlung.[83]

Ein Vertrag oder ein sonstiges Auftragsverhältnis liegen nicht vor. Möglicherweise ergibt sich der geltend gemachte Anspruch aus §§ 677, 683 S. 1 i.V.m. 670 BGB i.V.m. § 1835 III BGB analog. Dazu müssten die Voraussetzungen einer berechtigten GoA vorliegen, insbesondere müsste es sich um ein für E fremdes Geschäft gehandelt haben.

Das OLG Celle gab der Klage statt. Dass der Erbensucher eigene geschäftliche Interessen verfolge, verbiete keineswegs die Annahme eines auch-fremden Geschäfts. Da ein solches nach der Rspr. des BGH der Annahme eines fremden Geschäfts bzw.

[79] Vgl. BGH NJW 2014, 1805, 1806 f.
[80] BGHZ 111, 308, 311 ff.; vgl. dazu *Ellenberger*, in: Palandt § 134 Rn 22.
[81] Vgl. BGHZ 111, 308, 311 ff. Vgl. dazu ausführlich Rn 305 ff.
[82] BGH NJW 2014, 1805, 1806 f.
[83] Vgl. OLG Celle ZEV 1999, 499 f.; OLG Frankfurt/M OLGR 1998, 375 f.; BGH NJW 2000, 72 f.

des Fremdgeschäftsführungswillens nicht entgegenstehe, sei der von E geltend gemachte Anspruch berechtigt.[84]

Der BGH wies in einem ganz ähnlichen Fall, bei dem der Erbensucher zunächst vergeblich darauf gedrängt hatte, die Erben mögen mit ihm einen Vertrag abschließen, die Klage erstaunlicherweise ab. Auf die problematische Ermittlung des etwaigen Fremdgeschäftsführungswillens komme es nicht an, weil die GoA „nach der Risikozuordnung des Privatrechts" auf derartige Fallgestaltungen schon nicht anwendbar sei. Man verkenne die allgemeinen Grundsätze des bürgerlichen Rechts, wenn man sich auf die Frage einlasse, ob ein auch-fremdes Geschäft vorliege. Denn elementarer Grundsatz des Privatrechts sei, dass jede Partei das Risiko selbst tragen müsse, das aus dem Scheitern ihrer Vertragsbemühungen erwachse. Deshalb müssten Leistungen, die in einem solchen Fall ohne vertragliche Grundlage erbracht würden, unvergütet bleiben. Die Ergebnisse, die mit der Annahme eines auch-fremden Geschäfts und damit eines Fremdgeschäftsführungswillens herbeigeführt würden, seien weder sach- noch interessengerecht. So drohe die Gefahr, dass die Erben durch mehrere Erbensucher gleichzeitig in Anspruch genommen würden.[85] Soweit der *Senat* in seinem Beschluss vom 26.4.1990[86] eine andere Auffassung vertreten (nämlich die traditionelle Linie verfolgt) habe, halte er hieran nicht fest.[87]

Stellungnahme: Unabhängig davon, dass der BGH ständig die Frage nach einzelnen Tatbestandsvoraussetzungen (hier: das fremde Geschäft bzw. der Fremdgeschäftsführungswille) mit der Frage nach der Anwendbarkeit des gesamten Rechtsinstituts (hier: die GoA) vermischt, macht dieser Fall wieder einmal deutlich, wie einzelfallbezogen der BGH entscheidet und wie schwierig es ist, den Ausgang eines Verfahrens vor dem BGH vorherzusagen. Davon abgesehen macht der BGH aber in begrüßenswerter Weise deutlich, dass die Konstruktion des auch-fremden Geschäfts vom BGB nicht vorgesehen ist. Damit scheint er seinen Kritikern Recht zu geben, die schon immer das auch-fremde Geschäft abgelehnt hatten (s.o.). Dennoch hält sich der BGH eine „Hintertür" offen und vermeidet damit einen offenen Bruch mit seiner bisherigen GoA-Rechtsprechung, indem er konstatiert, dass die Rechtslage anders zu beurteilen sei, wenn es um die Vergütung von Leistungen bei der Erfüllung „unerkannt nichtiger" Verträge gehe.[88] Hier seien (anders als im vorliegenden Fall) das auch-fremde Geschäft bzw. der Fremdgeschäftsführungswille und damit Aufwendungsersatzansprüche aus §§ 670, 683 S. 1 BGB regelmäßig zu bejahen. Denn in solchen Fällen entspreche der Leistungsaustausch dem tatsächlich geäußerten, wenn auch rechtlich unwirksamen Willen der Vertragsschließenden.[89]

Diese Differenzierung ist nicht ganz unbedenklich. Immerhin erbringen Erbensucher eine sozial nicht schädliche Leistung, die für ahnungslose Erben von entscheidendem Wert sein kann (vgl. §§ 1964, 1965 BGB). Entscheidend ist aber, dass es den Erbensuchern unmöglich ist, vor dem Tätigwerden einen Vertrag zu schließen; die Erben sollen ja gerade erst gefunden werden. Den Erbensuchern bleibt also keine andere Wahl, als ihre Leistungen *vor* einem möglichen Vertragsschluss zu erbringen. Das unterscheidet die Erbensuche von „normalen" Dienstleistungen, bei denen es fast immer möglich und zumutbar ist, zuerst einen Vertrag zu schließen.[90] Auf der anderen Seite darf nicht verkannt werden, dass die Erbensucher auch vom Nachlassgericht beauftragt werden könnten.[91] Doch dieser Vorschlag löst das Problem nur zum Teil. Zwar handelt das Nachlassgericht ausschließlich im Fremdinteresse und damit mit Fremdgeschäftsführungswillen mit der Folge, dass eine berechtigte GoA des Nachlassgerichts vorliegt. Fraglich ist allerdings, wie zu entscheiden ist,

---

[84] OLG Celle ZEV 1999, 499 f.
[85] BGH NJW 2000, 72.
[86] Vgl. BGHR BGB § 677 Erbensucher 1 sowie BGHR BGB § 687 II Bereicherung 1.
[87] BGH NJW 2000, 72.
[88] BGH NJW 2000, 72, 73.
[89] BGH NJW 2000, 72, 73.
[90] *Falk*, JuS 2003, 833, 838.
[91] So der Vorschlag von *Falk*, JuS 2003, 833, 838 f.

wenn sich ein konkurrierender Erbensucher übergangen fühlt und gegen die Beauftragung des anderen klagt (Konkurrentenklage). Damit verlagert sich die Problematik vom Zivilrecht auf das öffentliche Recht.

61 **Fazit:** Nach alledem bietet sich folgende Lösung an:

- Grundsätzlich steht das auch-fremde Geschäft der Annahme einer berechtigten GoA nicht entgegen.
- Lediglich dann, wenn die Risikoverteilung unterlaufen würde, die in anderen Vorschriften des bürgerlichen oder öffentlichen Rechts vorgesehen ist, sollte das auch-fremde Geschäft nicht zur Annahme einer berechtigten GoA führen.

### g. Besonderheiten bei mehreren Schuldnern

62 Sind **mehrere Schuldner** verpflichtet, den Schaden eines Dritten zu ersetzen, stellt sich die Frage, ob derjenige, der im Außenverhältnis (also im Verhältnis zum Gläubiger) den Schaden ersetzt, die übrigen Schuldner nach den Vorschriften der GoA in Regress nehmen kann. Auch hier ist zu differenzieren:

- Sind die Schädiger *Gesamtschuldner* i.S.d. § 421 BGB, bietet die Vorschrift des § 426 BGB eine abschließende Regelung in Bezug auf den Ausgleich im Innenverhältnis. Ein Rückgriff auf die GoA verbietet sich.[92]
- Auch soweit es sich um eine *unechte Gesamtschuld* handelt, ist die Leistung eines Verpflichteten sicher kein Geschäft auch des anderen.

  **Beispiel:** T verletzt den nicht gesetzlich krankenversicherten Sohn S des V. Dieser zahlt aufgrund seiner gesetzlichen Unterhaltspflicht die Heilbehandlungskosten des S. Nun verlangt V von T den Ersatz der Kosten.

  Ein Anspruch gem. §§ 677, 679, 683 S. 1, 670 BGB kommt nicht in Betracht, weil V kein Geschäft des T geführt hat. Da mit der Zahlung der Heilbehandlungskosten durch V der T auch nicht von seiner Verpflichtung zum Schadensersatz gegenüber S (§ 823 I BGB) befreit wurde, liegt auch eine Rückgriffskondiktion nicht vor. Zudem hat T nichts erlangt. Auch scheidet ein Rückgriffsanspruch aus § 426 BGB aus, weil es an der wechselseitigen Tilgungswirkung fehlt. Da das Gesetz im Übrigen keinen direkten Anspruch gewährt, scheint es sachgerecht, § 255 BGB analog anzuwenden.
  Davon unberührt bleibt das abgetretene Recht aus § 823 I i.V.m. §§ 249, 253 II i.V.m. § 398 BGB. Sollten die Voraussetzungen des § 843 I BGB vorliegen, wird der daraus resultierende Anspruch des S nicht dadurch ausgeschlossen, dass V dem S Unterhalt zu gewähren hat. Auch hier kann das Recht abgetreten werden. Eine Drittschadensliquidation kommt insoweit nicht in Betracht.

63 **Hinweis für die Fallbearbeitung:** Wie die vorstehenden Ausführungen verdeutlicht haben sollten, bildet in einer Klausur regelmäßig das auch-fremde Geschäft den Prüfungsschwerpunkt. Hier sollte zunächst mit dem BGH davon ausgegangen werden, dass auch beim auch-fremden Geschäft der Fremdgeschäftsführungswille widerlegbar vermutet wird. Handelt der Geschäftsführer aber, um einer **speziellen öffentlich-rechtlichen Pflicht** nachzukommen, oder besorgt er ein Geschäft, wozu er **aufgrund eines Vertrags mit einem Dritten** diesem gegenüber verpflichtet ist, sollte – um Wertungswidersprüche zu vermeiden – der Vorrang anderer Institute (etwa des Bereicherungsrechts) herausgearbeitet werden. Das gilt insbesondere für den Fall, dass der Vertrag mit dem Dritten nichtig ist.

---

[92] So *Dornis*, in: Erman, § 677 Rn 22; *Brox/Walker*, § 36 Rn 15; *Medicus/Petersen*, BR, Rn 415.

## III. Ohne Auftrag oder sonstige Berechtigung

Weiterhin setzt die GoA voraus, dass gegenüber dem Geschäftsherrn weder ein Auftragsverhältnis noch ein sonstiges Rechtsverhältnis bestehen darf, aus dem sich eine Berechtigung zur Übernahme des Geschäfts herleiten lässt (§ 677 BGB), vgl. dazu auch bereits Rn 56. Diese Voraussetzung grenzt die GoA von den Auftrags- oder sonstigen Berechtigungsverhältnissen ab. 64

- Unter „**Auftrag**" i.S.d. § 677 BGB ist jedenfalls ein Auftragsverhältnis i.S.v. § 662 BGB zu verstehen.[93] Das gilt nach der Rechtsprechung[94] auch dann, wenn der zwischen dem Geschäftsherrn und dem Geschäftsführer geschlossene Vertrag nichtig ist. Doch wie bereits erläutert, wird durch diese Vorgehensweise das eigens für die Rückabwicklung fehlgeschlagener Verträge entwickelte System der §§ 812 ff. BGB, insbesondere die Einschränkungen in §§ 814, 817 S. 2, 818 III BGB, übergangen. Außerdem führt die Auffassung der Rechtsprechung dazu, dass die Zuwendung von Sachen infolge eines nichtigen Vertrags nach anderen Regeln abzuwickeln wäre als diejenige von Dienst- und Werkleistungen. Schließlich darf bezweifelt werden, ob überhaupt ein Fremdgeschäftsführungswille vorliegt.
- „**Sonstige Berechtigung**" ist zunächst jede gesetzlich eingeräumte Befugnis, die Geschäfte eines anderen zu besorgen. Sie kann sich insbesondere aus Dienst-, Werk- oder Geschäftsbesorgungsvertrag (§§ 611, 631, 675 BGB), aber auch aus anderen vertraglichen oder gesetzlichen Regelungen ergeben.[95] Beispiele: Organ einer juristischen Person (etwa § 35 I GmbHG); Eltern gegenüber ihren Kindern (§ 1629 BGB). Auch die Geschäftsübernahme im Rahmen eines sog. Gefälligkeitsverhältnisses, bei dem ja gerade kein Rechtsbindungswille und damit kein Auftrag (i.S.d.§ 662 BGB) vorliegt, verleiht die „sonstige Berechtigung". Demgegenüber verleiht die bereits genannte allgemeine öffentlich-rechtliche Hilfspflicht (etwa die aus § 323c I StGB) kein sonstiges Berechtigungsverhältnis. Deshalb kommt hier unter dem Gesichtspunkt „ohne Auftrag oder sonstige Berechtigung" eine GoA eher in Betracht. Möglicherweise scheitert diese aber am Fremdgeschäftsführungswillen.

## IV. Berechtigung zur Geschäftsführung

Die Berechtigung zur Geschäftsführung ist immer dann gegeben, wenn einer der drei im Gesetz genannten Berechtigungsgründe vorliegt: 65

- Die Geschäftsführung entspricht dem objektiven Interesse und dem wirklichen oder mutmaßlichen Willen des Geschäftsherrn (§ 683 S. 1 BGB).
- Die Geschäftsführung erfolgt zwar im Widerspruch zum wirklichen oder mutmaßlichen Willen des Geschäftsherrn, liegt aber in dessen objektiven Interesse und dient der Erfüllung einer im öffentlichen Interesse liegenden Pflicht oder einer gesetzlichen Unterhaltspflicht des Geschäftsherrn (§§ 683 S. 2, 679 BGB). Möglicherweise ist die GoA auch hinsichtlich der Rettung eines Suizidenten berechtigt.
- Die Geschäftsführung erfolgt unberechtigt, wird dann aber vom Geschäftsherrn genehmigt (§ 684 S. 2 BGB).

Es genügt nicht, wenn der Geschäftsführer nur glaubt, eine dieser Voraussetzungen liege vor.

---

[93] *Wandt*, § 4 Rn 42; *Brox/Walker*, § 36 Rn 19; *Sprau*, in: Palandt, § 677 Rn 11.
[94] Vgl. BGHZ 37, 258, 262 ff.; 39, 87, 90; BGH BB 1993, 95, 96.
[95] *Wandt*, § 4 Rn 42; *Brox/Walker*, § 36 Rn 19; *Sprau*, in: Palandt, § 677 Rn 11.

### 1. Geschäftsführung im Interesse und mit Willen des Geschäftsherrn

66 Die GoA ist berechtigt, wenn die Geschäftsführung im Zeitpunkt der Übernahme dem objektiven Interesse und dem wirklichen oder mutmaßlichen Willen des Geschäftsherrn entspricht (§ 683 S. 1 BGB).

#### a. Objektives Interesse

67 Die GoA muss dem **objektiven** Interesse des Geschäftsherrn entsprechen. Denn aus der Gegenüberstellung von Wille und Interesse in § 683 BGB ergibt sich, dass das Interesse nicht subjektiv gemeint sein kann. Wäre Interesse hier gleichbedeutend mit dem, was der Geschäftsherr für wünschenswert hält, bestünde im Ergebnis kein Unterschied zwischen Interesse und Wille.

68 Ein **objektives Interesse** des Geschäftsherrn an der Übernahme des Geschäfts durch den Geschäftsführer liegt vor, wenn die Übernahme für den Geschäftsherrn **objektiv nützlich** und von **Vorteil** ist.[96]

69 Bei der Frage nach der Nützlichkeit sind aus der Sicht eines objektiven Betrachters sämtliche Umstände zu beachten, die mit der Person des Geschäftsherrn, der Art der Geschäftsbesorgung und der Person des Geschäftsführers zusammenhängen.[97]

**Beispiel:** Vermieter V ist bei den Stadtwerken mit der Zahlung der Gasrechnung in Verzug. Als diese mit dem „Abdrehen des Gashahnes" drohen, überweist Mieter M schnell den offenen Betrag, um nicht in einer kalten Wohnung sein zu müssen. Kann M das Geld von V zurückverlangen?

Hier hat M ein Geschäft des V besorgt. Um über §§ 677, 683 S. 1, 670 BGB seine Aufwendungen erstattet zu bekommen, müsste die Bezahlung der Gasrechnung (also die Übernahme des Geschäfts i.S.d. § 677 BGB) im objektiven Interesse des V gelegen haben. Dies ist der Fall, weil V dadurch von seiner Verbindlichkeit gegenüber dem „unangenehmen"[98] Gläubiger *Stadtwerke* befreit wurde (vgl. §§ 267 I und II, 362 I BGB). Die objektive Nützlichkeit wäre nur dann zu verneinen gewesen, wenn V die Einrede der Verjährung (§ 214 BGB) gehabt hätte oder wenn er die Aufrechnung hätte erklären können (§§ 387 ff. BGB). Doch zu einer solchen Annahme bietet der Sachverhalt keinen Anlass.

#### b. Wirklicher oder mutmaßlicher Wille des Geschäftsherrn

70 Neben dem objektiven Interesse ist es erforderlich, dass die Übernahme des Geschäfts dem wirklichen oder mutmaßlichen Willen des Geschäftsherrn entspricht. Der Wille des Geschäftsherrn muss darauf gerichtet sein, dass der Geschäftsführer die Besorgung gerade für ihn übernimmt; ein bloßes Dulden bzw. Geschehenlassen genügen nicht.

71 ▪ Zum Schutz vor „Zwangsbeglückung" ist in erster Linie der **wirklich geäußerte Wille** des Geschäftsherrn maßgebend. Der Wille kann ausdrücklich oder konkludent erklärt werden. Die Äußerung muss nicht gegenüber dem Geschäftsführer erfolgen; dieser braucht von ihr keine Kenntnis zu haben. Schließlich ist der geäußerte Wille selbst dann maßgebend, wenn er unvernünftig oder interessenwidrig ist (Autonomieprinzip, Art. 2 I GG)[99] – vgl. aber § 679 BGB.

**Hinweis für die Fallbearbeitung:** Die vorstehende Erläuterung hat zugleich das Verhältnis von Wille und Interesse aufgezeigt: Zwar ist die Geschäftsführung nach dem Wortlaut des § 683 BGB nur dann berechtigt, wenn sie dem Interesse *und* dem

[96] BGH WRP 2010, 258; OLG Köln VersR 1995, 1319; BayObLG NJW-RR 1988, 1013 ff.; *Sprau*, in: Palandt, § 683 Rn 4.
[97] Vgl. BGHZ 47, 370, 371 f.
[98] So BGHZ 47, 370, 372 ff.
[99] BGHZ 138, 281, 287.

Willen des Geschäftsherrn entspricht, wegen des bereits genannten verfassungsrechtlich garantierten Autonomieprinzips muss es zur Berechtigung der GoA aber vorrangig auf den wirklichen bzw. geäußerten Willen des Geschäftsherrn ankommen.[100] Zu § 679 BGB, bei dem etwas anderes gilt, vgl. Rn 75 ff.

Die Vorrangigkeit des geäußerten Willens vor dem objektiven Interesse gilt auch im umgekehrten Verhältnis, also zum Schutz des Geschäftsführers.

**Beispiel**[101]**:** Um für etwas Stimmung zu sorgen, ruft der in der Mitte des Sees schwimmende A zum Scherz laut um Hilfe. B, der ihm mit seinem Motorboot zu Hilfe kommen möchte, beschädigt aufgrund der Eile die Schraube. Diese verlangt er von A nun ersetzt.

Hier läuft die Geschäftsführung zwar dem objektiven Interesse des A zuwider, da sie aber letztlich dem geäußerten Willen entspricht, ist sie berechtigt. B kann Ersatz verlangen, §§ 677, 683 S. 1, 670 BGB.[102]

- Ist ein erklärter Wille nicht erkennbar, d.h. für niemanden festzustellen, entscheidet der **mutmaßliche Wille**. Bei diesem ist danach zu fragen, ob der Geschäftsherr bei objektiver Beurteilung der Gesamtumstände der Geschäftsübernahme zugestimmt hätte.[103] Daher wird der mutmaßliche Wille i.d.R. mit dem objektiven Interesse übereinstimmen. **72**

**Beispiel:** Im obigen „Stadtwerkefall" (Rn 69) hat V keinen entsprechenden Willen geäußert. Da aber die Begleichung einer fremden Schuld aufgrund der in § 267 I und II BGB zum Ausdruck gekommenen gesetzgeberischen Wertung regelmäßig dem Interesse des Schuldners entspricht, sofern dieser keine Einreden bzw. das Recht zur Aufrechnung verliert, ist der mutmaßliche Wille mit dem objektiven Interesse gleichzusetzen. Die GoA des M war somit berechtigt.

**Hinweis für die Fallbearbeitung:** Von der Sonderregelung des § 679 BGB abgesehen, ist der wirkliche oder mutmaßliche Wille des Geschäftsherrn also konstitutiv für die Annahme einer berechtigten GoA. Fehlt es an einem solchen Willen des Geschäftsherrn, liegt ein Fall der *unberechtigten* GoA vor, die auf der Rechtsfolgenseite nicht zu einem Aufwendungsersatzanspruch des Geschäftsführers gegenüber dem Geschäftsherrn führt, sondern umgekehrt eine Schadensersatzpflicht auf Seiten des Geschäftsführers auslöst, sofern dieser den entgegenstehenden Willen des Geschäftsherrn erkennen musste (sog. Übernahmeverschulden, vgl. § 678 BGB und Rn 94 f.). In der Fallbearbeitung ist § 683 BGB folgendermaßen zu prüfen: **73**

- Zunächst ist nach dem **wirklichen** (ausdrücklich oder konkludent geäußerten) **Willen** des Geschäftsherrn zu fragen.
  - ⇨ Entspricht die Übernahme des Geschäfts dem wirklichen Willen des Geschäftsherrn, kommt es nicht darauf an, ob das objektive Interesse davon abweicht. Es liegt eine berechtigte GoA vor.
  - ⇨ Steht die Übernahme im Widerspruch zum wirklichen Willen des Geschäftsherrn, ist § 679 BGB zu prüfen. Unter dessen Voraussetzungen kann der entgegenstehende Wille nämlich unbeachtlich sein.
- Kann der wirkliche Wille nicht festgestellt werden, kommt es auf den **mutmaßlichen Willen** an. Dieser kann regelmäßig aus dem objektiven Interesse gefolgert werden.

---

[100] Vgl. *Medicus/Petersen*, BR, Rn 422; *Medicus/Lorenz*, SchuldR II, Rn 1116; *Brox/Walker*, § 36 Rn 28.

[101] Vgl. *Brox/Walker*, § 36 Rn 1 und 26/28.

[102] Daneben besteht noch ein Schadensersatzanspruch aus § 823 I BGB unter dem Aspekt der psychisch vermittelten Kausalität („Herausforderungsfall"). Vgl. dazu Rn 700 ff.

[103] Vgl. BGH NJW-RR 1998, 1013, 1015.

### c. Maßgeblicher Zeitpunkt

74 Da die Rechtmäßigkeit der GoA nicht von der gesamten, möglicherweise umfangreichen Ausführung der Geschäftsbesorgung abhängen soll, ist bei § 683 S. 1 BGB entscheidend, dass die genannten Voraussetzungen jedenfalls *im Zeitpunkt der Übernahme* vorliegen.[104]

## 2. Geschäftsführung im Widerspruch zum Willen des Geschäftsherrn

75 Widerspricht die Übernahme der Geschäftsführung dem Willen des Geschäftsherrn, obwohl sie in seinem objektiven Interesse liegt, kann sie gleichwohl nach §§ 683 S. 2, 679 BGB berechtigt sein. Drei Fälle sind zu unterscheiden:

- Die Geschäftsführung dient der Erfüllung einer im öffentlichen Interesse liegenden Rechtspflicht des Geschäftsherrn.
- Die Geschäftsführung dient der Erfüllung einer gesetzlichen Unterhaltspflicht des Geschäftsherrn.
- Die Geschäftsführung dient der Verhinderung eines Verstoßes gegen ein gesetzliches Verbot oder ein sittliches Gebot (str.).

76 **Hinweis für die Fallbearbeitung:** Wie bei der bereits genannten unberechtigten GoA gem. § 678 BGB steht zwar auch hier der Wille des Geschäftsherrn der Übernahme der Geschäftsführung entgegen; anders als im Fall des § 678 BGB ist unter den Voraussetzungen des § 679 BGB dieser entgegenstehende Wille des Geschäftsherrn aber unbeachtlich. Dadurch wird die sonst unberechtigte GoA zur berechtigten.

### a. Erfüllung einer im öffentlichen Interesse liegenden Rechtspflicht

77 Dient die Geschäftsführung der Erfüllung einer im öffentlichen Interesse liegenden Rechtspflicht des Geschäftsherrn, ist sie auch dann berechtigt, wenn ihrer Übernahme der Wille des Geschäftsherrn entgegensteht. Voraussetzung ist nur, dass die Pflicht des Geschäftsherrn ohne die GoA nicht rechtzeitig erfüllt würde (§ 679 Var. 1 BGB). Im öffentlichen Interesse liegt die Rechtspflicht nicht bereits dann, wenn sie im *allgemeinen* öffentlichen Interesse, also im Gemeininteresse liegt. Denn die Erfüllung von Rechtspflichten liegt stets im Gemeininteresse. Ein öffentliches Interesse an der Erfüllung der Rechtspflicht besteht vielmehr nur dann, wenn ohne Eingreifen des Geschäftsführers *konkrete* Belange der Allgemeinheit gefährdet oder beeinträchtigt würden.[105] Regelmäßig geht es um die Abwehr von Gefahren für Leben, Gesundheit und Sachgüter.

**Beispiele:**

**(1)** Die Gemeindesatzung sieht eine allgemeine Streupflicht für Hauseigentümer vor (= öffentlich-rechtliche Straßenverkehrssicherungspflicht). A, der von dieser Pflicht betroffen ist, weigert sich kategorisch, der „Obrigkeit" Folge zu leisten. Nachbar B, der ein gutes Herz hat, streut den Gehweg vor dem Haus des A mit. Im Frühjahr verlangt er von diesem die Erstattung der verauslagten Kosten für die Streumittel. Hier ist der der Geschäftsübernahme entgegenstehende Wille des A unbeachtlich, weil ohne die Geschäftsführung durch B die Streupflicht des A, deren Erfüllung im öffentlichen Interesse lag, nicht rechtzeitig hätte erfüllt werden können, §§ 677, 683 S. 2, 679 Var. 1, 670 BGB.

**(2)** Als weiteres Beispiel kann die Pflicht von nahen Angehörigen zur Bestattung von Verstorbenen nach den Landesbestattungsgesetzen genannt werden.[106] Sind nahe Angehörige also nicht erreichbar und wird die Bestattung etwa von einem fernen

[104] BGH NJW 2012, 1648, 1650; OLG Frankfurt a.M. NJW-RR 1996, 1337; *Sprau*, in: Palandt, § 683 Rn 4; *Brox/Walker*, § 36 Rn 23.
[105] *Sprau*, in: Palandt, § 679 Rn 3; siehe auch BSG NJW-RR 2001, 1282, 1284; BGHZ 138, 281, 286 ff.
[106] Vgl. BGH NJW 2012, 1648, 1650.

Angehörigen vorgenommen, hat dieser gem. §§ 677, 683 S. 2, 679 Var. 1, 670 BGB einen Ersatzanspruch.

**(3)** Schließlich dient als Beispiel die Frage nach dem Aufwendungsersatzanspruch in Bezug auf aufgefundene Haustiere in der folgenden Art[107]: F entdeckte auf einem Freigelände des Hamburger Hafens 5 verwilderte Jungkatzen, die stark unterernährt und völlig verwahrlost waren. Es gelang ihm, sie mit einem Fangnetz einzufangen und zwecks Erstbehandlung und Kastration zu einer Tierklinik zu verbringen. Diese stellte die Behandlung der Katzen in Rechnung, die – wegen der Wildheit der Tiere – in Narkose durchgeführt werden musste und eine Ohrreinigung wegen Ohrmilben umfasste sowie die Kastration, die Behandlung des Parasitenbefalls und das Setzen eines Transponders (Chips) zur späteren Identifikation der bereits kastrierten Tiere. Dazu kamen die Kosten für die Unterbringung, da die Katzen vor Vornahme der Behandlung und Kastration erst einige Tage aufgepäppelt werden mussten. Die Gesamtkosten betrugen 1.250 €. F ließ die Tiere auf dem Freigelände des Hamburger Hafens wieder frei. Die Tiere stammten nach Auskunft einer Passantin von Katzen ab, die von einer Familie vor ihrem Wegzug ausgesetzt worden waren. F verlangt von der zuständigen Behörde Kostenerstattung. ⇨ Die öffentlich-rechtliche Pflicht des Trägers einer Fundbehörde (siehe dazu § 5a I EGBGB) besteht in erster Linie im Erhalt der Fundsache. Bei verwahrlosten, abgemagerten und kranken Tieren wird man eine veterinärmedizinische (Erst-)Versorgung dazu zählen können und (gerade wegen Art. 20a GG i.V.m. mit den Vorschriften des TierSchG) auch müssen. Ein etwaiger entgegenstehender Wille des Behördenträgers wäre wiederum wegen § 967 BGB i.V.m. Art. 20a GG unbeachtlich.[108] Allerdings entsteht nach der Rspr. des BVerwG eine Verwahrungs- und damit Erhaltungspflicht der Fundbehörde, die als Grundlage einer GoA in Betracht kommt, grds. erst mit der Ablieferung der Fundsache.[109] Daran fehlte es vorliegend. Hinsichtlich der Kastration und der damit verbundenen Unterbringung sowie des Setzens des Transponders wird man von vornherein keine berechtigte GoA annehmen können, da die Kastration von Fundtieren und das Setzen von Transpondern nicht vom Aufgabenbereich einer Fundbehörde umfasst sind. Daran ändert auch das öffentliche Interesse an einer Begrenzung der Population freilebender Katzen nichts.

Zu beachten ist, dass die Rechtspflicht nicht notwendigerweise eine öffentlich-rechtliche sein muss. Auch die Erfüllung einer privatrechtlichen Pflicht (insbesondere die allgemeine Verkehrssicherungspflicht, aber auch die Pflicht aus § 618 BGB) kann im öffentlichen Interesse liegen. **78**

**Beispiel:** Diesmal hat A eine Grube in seinem Vorgarten, nahe am Straßenrand, angelegt. Da er sich schon lange nicht mehr um die Belange anderer kümmert, hat er auch keine Absperrvorrichtung angebracht. Um zu vermeiden, dass die Nachbarkinder in die Grube stürzen, sichert Nachbar B die Grube ab. Später verlangt er von A die Materialkosten erstattet.

Auch hier ist der der Geschäftsübernahme entgegenstehende Wille des A unbeachtlich, weil ohne die Geschäftsführung durch B die allgemeine Verkehrssicherungspflicht des A, deren Erfüllung im öffentlichen Interesse lag, nicht rechtzeitig hätte erfüllt werden können, §§ 677, 683 S. 2, 679 Var. 1, 670 BGB.

---

[107] In Anlehnung an VGH Kassel NJW 2018, 964 – geändert, um Kernproblem zu verdeutlichen. Zur fundrechtlichen Seite des Falls siehe *Hütte/Hütte*, SachenR I, Rn 607.

[108] Der VGH Kassel entschied hier anders, da die Katzen zwar abgemagert und verwahrlost, nicht aber „verletzt oder akut krank" gewesen seien und es dem „Finder" hauptsächlich um die Kastration gegangen sei (VGH Kassel NJW 2018, 964, 966). Der VGH München (NJW 2016, 1606 ff.) bejahte einen Aufwendungsersatzanspruch einer Tierklinik nach Behandlung einer Fundkatze, nachdem der Finder die Katze wegen der Behandlungsbedürftigkeit nicht in der Fundbehörde, sondern direkt in der Tierklinik abgegeben hatte (die Fundbehörde aber vorab hierüber informiert hatte).

[109] BVerwG NJW 2018, 3128, 3129.

Auch in **Beispiel 2** von Rn 51 wäre der entgegenstehende Wille des Falschparkers unbeachtlich, wenn die Geschäftsführung der Erfüllung einer im öffentlichen Interesse liegenden Rechtspflicht des Geschäftsherrn diente und die Pflicht des Geschäftsherrn ohne die GoA nicht rechtzeitig erfüllt würde (§ 679 Var. 1 BGB). Die Beseitigungspflicht des Falschparkers ist gem. §§ 861 I, 862 I S. 1, 1004 I S. 1 BGB sofort zu erfüllen. Fraglich ist allenfalls, ob sie im öffentlichen Interesse liegt.
Bei der Frage, ob die Erfüllung einer Rechtspflicht im öffentlichen Interesse liegt, empfiehlt sich eine Orientierung an dem Verwaltungsrecht, speziell an dem Gefahrenabwehrrecht. So besteht nach der Rspr. des BVerwG an der Beseitigung der Störung der öffentlichen Sicherheit und Ordnung, die durch jeden Verstoß gegen die objektive Rechtsordnung hervorgerufen wird, generell ein öffentliches Interesse.[110] Überträgt man diese überzeugende Wertung auf die GoA, kann auch vorliegend ein öffentliches Interesse angenommen werden. Dementsprechend ist der entgegenstehende Wille des Falschparkers unbeachtlich. Der Geschäftsführer hat einen Aufwendungsersatzanspruch wegen der Abschleppkosten aus GoA (§§ 677, 683 S. 1, S. 2, 670 BGB).

### b. Erfüllung einer gesetzlichen Unterhaltspflicht des Geschäftsherrn

79 Gesetzliche Unterhaltspflichten (deren Erfüllung nicht im öffentlichen Interesse liegen muss!) sind solche des Erb- und Familienrechts (vgl. §§ 1969, 1360 f., 1901 ff. BGB). Dabei schadet es nicht, wenn diese Pflichten durch Vertrag konkretisiert werden. Werden sie jedoch erst durch Vertrag begründet, kommen sie nicht als „gesetzliche Unterhaltspflichten" in Betracht.

### c. Die Geschäftsführung dient der Verhinderung eines Verstoßes gegen ein gesetzliches Verbot oder ein sittliches Gebot (str.)

80 Umstritten ist, ob die Verhinderung eines Verstoßes gegen ein gesetzliches Verbot oder ein sittliches Gebot (§§ 134, 138 BGB) eine berechtigte GoA darstellt und somit Erstattungsansprüche des Helfers auch dann auslöst, wenn der Geschäftsherr nicht genehmigt (§ 684 S. 2 BGB). Das betrifft insbesondere die Verhinderung eines **Suizids** (Selbstmordes).

81 **Beispiel:** Jurastudent S hat die BGB-Klausur schon wieder nicht über 3 Punkte gebracht. Um sich das Leben zu nehmen, springt er von einer Brücke in die Elbe. Der zufällig vorbeikommende Repetitor R erkennt die Sachlage und springt – nicht zuletzt, um einen zahlenden Kunden nicht zu verlieren – dem S nach. Er kann diesen zwar noch retten, ruiniert dabei aber seinen teuren Armani-Anzug. Später verlangt er von S Ersatz. Doch dieser denkt nicht daran. R sei selber schuld gewesen, wenn er gemeint habe, in die Elbe springen zu müssen. Zudem habe R das ganze Desaster verursacht, weil er ihn nur unzureichend auf die Klausur vorbereitet habe.

R könnte einen Anspruch auf Aufwendungsersatz gem. §§ 677, 683 S. 2, 679, 670 BGB haben.
Dazu müsste er ein Geschäft des S geführt haben. Ein solches mag bezweifelt werden, denn R oblag ohnehin die allgemeine Hilfspflicht aus § 323c I StGB, das Leben des S zu retten, solange er nur sein eigenes Leben nicht gefährdete. Ein fremdes Geschäft i.S.d. § 677 BGB liegt nach Auffassung des BGH aber auch dann vor, wenn die Geschäftsübernahme zugleich im eigenen und im fremden Interesse liegt (sog. auch-fremdes Geschäft). Besteht für den Geschäftsführer eine allgemeine öffentlich-rechtliche Pflicht, für einen anderen tätig zu werden (etwa wie vorliegend für R die allgemeine Hilfspflicht aus § 323c I StGB), sollte man den Fremdgeschäftsführungswillen auch bei einem auchfremden Geschäft bejahen. Denn bei einer lebensnahen Betrachtungsweise wird es dem Pflichtigen kaum darum gehen, ausschließlich eigene Interessen zu verfolgen.

---

[110] BVerwGE 58, 326, 331.

R hat gegenüber S auch ohne Auftrag oder sonstige Berechtigung gehandelt. Insbesondere besteht die Hilfspflicht aus § 323c I StGB – soweit man diese vorliegend annimmt – nur gegenüber der Allgemeinheit. Die Rettungsaktion lag mithin im objektiven Interesse des S.
Fraglich ist jedoch, wie es sich auswirkt, dass die Rettungsaktion dem Willen des S widersprach. Das Vorliegen der Voraussetzungen des § 679 BGB ist nicht ohne weiteres ersichtlich. Es könnte somit ein Fall des § 678 BGB vorliegen mit der Folge, dass R der von ihm geltend gemachte Aufwendungsanspruch nicht zusteht.[111]
Im Ergebnis ist man sich einig, dass einem Lebensretter die Aufwendungen, die er zur Rettung eines anderen macht, erstattet werden sollen. Fraglich ist nur die rechtliche Konstruktion des Anspruchs. Teilweise wird vorgeschlagen, § 679 BGB direkt anzuwenden.[112] Dagegen sprechen aber zum einen der klare Wortlaut des § 679 BGB, zum anderen aber auch die Tatsache, dass eine Rechtspflicht des Suizidenten zum Weiterleben wohl kaum angenommen werden kann. Es gibt keine allgemeine Pflicht, im öffentlichen Interesse am Leben zu bleiben. Es handelt sich hier allenfalls um eine sittliche Pflicht, die jedoch für § 679 BGB nicht genügt. Daher scheidet § 683 BGB zur Begründung eines Ersatzanspruchs aus. Deshalb wird verbreitet erwogen, § 679 BGB analog heranzuziehen. Wieder andere qualifizieren den entgegenstehenden Willen des Suizidenten für sittenwidrig und damit nichtig (§ 138 BGB).[113] Schließlich wird vertreten, den Willen des Suizidenten analog §§ 104 Nr. 2, 105 BGB für unbeachtlich zu erklären.[114] Im Ergebnis sind alle Auffassungen vertretbar. Je nach Auffassung hat R gegen S einen Anspruch gem. §§ 677, 683 S. 2, 679, 670 BGB oder nicht.
Unabhängig von diesem Meinungsstreit steht R jedenfalls ein Schadensersatzanspruch nach § 823 I BGB unter dem Gesichtspunkt der „Herausforderung" zu (vgl. dazu die Ausführungen zum Deliktsrecht bei Rn 700).

Weiterführender Hinweis: Anders hätte der Fall gelegen, wenn S bereits bewusstlos gewesen wäre, als R ihn entdeckte. Dann wäre auf den mutmaßlichen Willen abzustellen gewesen. Bei diesem ist danach zu fragen, ob der Geschäftsherr bei objektiver Beurteilung der Gesamtumstände der Geschäftsübernahme zugestimmt hätte. Wenn man davon ausgeht, dass es im objektiven Interesse liegt, das Menschenleben zu erhalten, und dass der mutmaßliche Wille zur Geschäftsübernahme i.d.R. mit dem objektiven Interesse übereinstimmt, ist der mutmaßliche Wille des S gegeben. Aber auch wenn man mit der neueren Suizidforschung davon ausgeht, dass ein ursprünglich ernsthafter Selbsttötungswille nach Beendigung des Suizidversuchs häufig entfällt[115], ergibt sich nichts anderes. Es liegt eine berechtigte GoA vor. R kann Ersatz seiner Aufwendungen verlangen, §§ 677, 683, 670 BGB. 82

## 3. Genehmigung durch den Geschäftsherrn

Schließlich kann eine unberechtigte GoA zu einer berechtigten GoA werden, wenn der Geschäftsherr die GoA genehmigt (§ 684 S. 2 i.V.m. §§ 182, 184 BGB – Rückwirkung). Die Erklärung ist gegenüber dem Geschäftsführer abzugeben und kann ausdrücklich oder konkludent (meist durch das Herausgabeverlangen gem. § 681 S. 2 i.V.m. § 667 BGB) erfolgen.[116] Da sich § 684 S. 2 BGB lediglich auf die Ansprüche aus § 683 BGB bezieht, ersetzt er lediglich *dessen* Voraussetzungen, nicht aber die des § 677 BGB.[117] Dies hat zur Folge, dass eine Genehmigung einer irrtümlichen oder angemaßten Eigengeschäftsführung (§ 687 I und II BGB) nicht in Betracht kommt. 83

Die Genehmigung der GoA im Innenverhältnis (also im Verhältnis Geschäftsherr/Geschäftsführer) hat rechtsdogmatisch nicht notwendigerweise zur Folge, dass damit auch die bereits 84

[111] Wie hier nun auch *Medicus*, JuS 2005, 289, 292.
[112] Vgl. zum Problem *Martinek/Theobald*, JuS 1998, 27, 31.
[113] *Bergmann*, in: Staudinger, § 679 Rn 10; *Vollkommer*, in: Jauernig, § 679 Rn 2.
[114] *Schäfer*, in: MüKo, § 679 Rn 13; *Dornis*, in: Erman, § 679 Rn 3; *Brox/Walker*, § 36 Rn 35.
[115] BGHSt 32, 367, 376.
[116] Vgl. BayObLG WM 1999, 1878, 1879.
[117] *Schäfer*, in: MüKo, § 684 Rn 14.

im Außenverhältnis (also im Verhältnis Geschäftsführer/Dritter) getätigten Geschäfte des Geschäftsführers (insbesondere im Rahmen einer Stellvertretung) genehmigt werden. Diese Genehmigung beurteilt sich nach §§ 177, 185 II BGB, fällt mit der anderen Genehmigung jedoch praktisch zusammen.[118]

## V. Geschäftsfähigkeit /-unfähigkeit der Beteiligten

**85** Eine geschäftsunfähige oder in der Geschäftsfähigkeit beschränkte Person (vgl. §§ 104 ff. BGB) kann ohne weiteres **Geschäftsherr** sein. Ist dies der Fall, entscheidet nicht sein Wille, sondern der seines gesetzlichen Vertreters. Das betrifft in erster Linie die §§ 677-679, 681 S. 1, 683, 684 S. 2 BGB.[119]

**Beispiel:** Im **Flugreisefall** (dazu ausführlich Rn 266/281) erschleicht sich ein Minderjähriger eine Flugreise nach Amerika. Dort angekommen, wird er bemerkt und von der Lufthansa wieder nach Hause geflogen. Diese verlangt für den Rückflug Aufwendungsersatz.

Hier greift der Anspruch nach §§ 677, 683 S. 1, 670, 1835 III BGB analog, da die GoA berechtigt war. Der Rücktransport entspricht dem mutmaßlichen Willen der gesetzlichen Vertreter.

**86** Hinsichtlich der nicht vorhandenen Geschäftsfähigkeit des **Geschäftsführers** ist zu differenzieren: § 682 BGB betrifft nach seinem Wortlaut nur die *Rechtsfolgen* der Geschäftsführung eines geschäftsunfähigen oder in der Geschäftsfähigkeit beschränkten Geschäftsführers: Dieser haftet dem Geschäftsherrn nur nach den Vorschriften des Delikts- und Bereicherungsrechts (§§ 823 ff., 812 ff. BGB). Ansprüche des Geschäftsherrn (etwa aus §§ 677, 678, 681 S. 2 BGB) gegen ihn könnten demzufolge also nicht geltend gemacht werden. Diese Schlussfolgerung ist zumindest hinsichtlich des geschäftsunfähigen Geschäftsführers überzeugend. Ist der Geschäftsführer hingegen nur in der Geschäftsfähigkeit beschränkt, wird diskutiert, bei Einwilligung bzw. Genehmigung durch den gesetzlichen Vertreter (vgl. §§ 107, 108, 182-184 BGB) die Vorschrift des § 682 BGB nicht anzuwenden.[120] Folgt man dieser Auffassung, sind die §§ 677, 678, 681 S. 2 BGB anwendbar mit der Folge, dass der Geschäftsherr die sich aus diesen Vorschriften ergebenden Ansprüche gegen den Geschäftsführer geltend machen kann. Nach der hier vertretenen Auffassung sind – da es sich bei der GoA in erster Linie nicht um ein Rechtsgeschäft, sondern um ein tatsächliches Geschäft handelt – die §§ 104 ff. BGB auf die Übernahme der GoA nicht anwendbar. Daher haften sowohl der geschäftsunfähige als auch der in der Geschäftsfähigkeit beschränkte Geschäftsführer nur nach § 682 i.V.m. §§ 823 ff. bzw. 812 ff. BGB (dazu sogleich).

**87** Von diesem Meinungsstand unberührt hat der Geschäftsführer jedenfalls einen Aufwendungsersatzanspruch nach § 683 BGB.

## VI. Rechtsfolgen der berechtigten GoA

### 1. Pflichten des Geschäftsführers

**88** § 677 BGB statuiert die (Haupt-)Pflicht des Geschäftsführers zur **ordentlichen Geschäftsführung**, also das Geschäft so zu führen, wie das Interesse des Geschäftsherrn es mit Rücksicht auf dessen wirklichen oder mutmaßlichen Willen erfordert (zu den Begriffen siehe Rn 48 f.). Durch die berechtigte GoA entsteht also ein gesetzliches Schuldverhältnis.

---

[118] *Sprau*, in: Palandt, § 684 Rn 2.
[119] *Kulke*, JuS 2001, L 9, 12.
[120] Vgl. zum Meinungsstand *Schäfer*, in: MüKo, § 682 Rn 2-4; *Bergmann*, in: Staudinger, § 682 Rn 2.

Darüber hinaus hat der Geschäftsführer gem. § 681 S. 1 BGB die (Neben-)Pflicht, dem Geschäftsherrn die Geschäftsübernahme **anzuzeigen**, sobald es tunlich ist, und die Entschließung des Geschäftsherrn **abzuwarten**, soweit nicht Gefahr in Verzug ist. 89

§ 681 S. 2 i.V.m. § 666 BGB verpflichten den Geschäftsführer, dem Geschäftsherrn die erforderlichen **Nachrichten** und **Auskünfte** zu geben sowie nach Ausführung des Geschäfts **Rechenschaft** abzulegen. Diese Regelung verfolgt den Zweck, dem Geschäftsherrn die notwendigen Informationen zukommen zu lassen, die er braucht, um seine geänderte Rechtsstellung beurteilen und Folgerungen daraus ziehen zu können. 90

Wie der Beauftragte muss auch der Geschäftsführer der berechtigten GoA **das aus der Geschäftsführung Erlangte herausgeben** (§ 681 S. 2 i.V.m. § 667 BGB; ggf. trifft ihn auch eine Verzinsungspflicht, § 681 S. 2 i.V.m. § 668 BGB). Das Erlangte muss gerade eine Folge seiner Tätigkeit gewesen sein. Zwischen der Ausführung des Geschäfts und dem Erhalt des „Erlangten" muss ein **innerer Zusammenhang** bestehen. Besteht dieser innere Zusammenhang, muss der Beauftragte auch das Erlangte herausgeben, das sich als Mehrleistung („**Gewinn**") darstellt.[121] Gegenstand der Herausgabe können Rechte und tatsächliche Positionen sein, so z.B. obligatorische oder dingliche Rechte.[122] 91

Ist der Geschäftsführer geschäftsunfähig oder in der Geschäftsfähigkeit beschränkt, ist zu beachten, dass er gem. § 682 BGB nur nach den Vorschriften der §§ 823 ff. und 812 ff. BGB haftet. Die bisher genannten Pflichten nach §§ 681 i.V.m. 666-668 BGB finden daher auf ihn keine Anwendung. Hinsichtlich der Verweisung in § 682 BGB auf das Bereicherungsrecht (§§ 812 ff. BGB) ist zu beachten, dass es sich nach h.M.[123] um eine **Rechtsgrundverweisung** handelt. Damit ist gemeint, dass auch die Voraussetzungen eines bereicherungsrechtlichen Anspruchs erfüllt sein müssen, damit die Herausgabepflicht (§ 818 BGB) eintritt. Gleiches gilt hinsichtlich des Schadensersatzanspruchs: Es müssen die Tatbestandsvoraussetzungen eines Haftungstatbestands der §§ 823 ff. BGB vorliegen sowie die Deliktsfähigkeit gem. §§ 827, 828 BGB (freilich mit der Möglichkeit der Billigkeitshaftung nach § 829 BGB). 92

Neben dem Herausgabeanspruch auf Seiten des Geschäftsherrn besteht – wie gesagt – **kein Bereicherungsanspruch**, da die berechtigte GoA insoweit einen Rechtsgrund i.S.d. § 812 BGB darstellt. Bei Rückabwicklung nichtiger Verträge steht der BGH aber auf dem Standpunkt, §§ 812 ff. BGB neben §§ 677, 683, 670 BGB anzuwenden (s.o.). Auch die Vorschriften über das **Eigentümer-Besitzer-Verhältnis** (EBV, §§ 987 ff., 994 ff. BGB) sind – solange sich der Geschäftsführer im Rahmen einer berechtigten GoA bewegt – nicht anwendbar, weil die §§ 677 ff. BGB dem Geschäftsführer insoweit ein Recht zum Besitz (vgl. § 986 BGB) verleihen. 93

Hinsichtlich eines möglichen **Schadensersatzes** ist zu differenzieren: Da die berechtigte GoA nicht rechtswidrig ist, kommt ein Schadensersatzanspruch nach §§ 823 ff. BGB nicht in Betracht. Das gilt allerdings nur, soweit es um eine durch die Geschäftsübernahme verursachte Rechtsgutverletzung geht (sog. **Übernahmeverschulden**). Verletzt der Geschäftsführer im Rahmen der Geschäftsausübung schuldhaft seine Pflichten aus § 677 oder § 681 BGB und entsteht aus dieser Pflichtverletzung ein adäquat kausaler Schaden des Geschäftsherrn, haftet der Geschäftsführer nach den allgemeinen Regeln (§ 677 i.V.m. §§ 280 ff.; §§ 823 ff. BGB) auf **Schadensersatz** (sog. **Ausführungsverschulden**).[124] 94

---

[121] OLG Hamburg MDR 1982, 670.

[122] Zu Einzelfragen siehe ausführlich *Seiler*, in: MüKo, § 667 Rn 12 ff.

[123] *Sprau*, in: Palandt, § 682 Rn 2; *Brox/Walker*, § 36 Rn 50; *Musielak/Hau*, GK, Rn 714.

[124] Vgl. auch *Zimmermann/Neideck*, JuS 2011, 1100 ff.; *Homeier/Kleemann*, JA 2012, 96, 101.

95 Wichtigste **Anspruchsgrundlage** ist **§ 280 I BGB**, der nun auch die frühere ungeschriebene pVV der berechtigten GoA umfasst. Ist dem Geschäftsführer z.B. die Herausgabe des Erlangten unmöglich geworden, haftet er bei Verschulden auf Schadensersatz gem. §§ 283 S. 1, 280 I BGB.

Denkbar sind auch Fälle, in denen der Geschäftsführer ohne Verstoß gegen seine Pflichten aus §§ 677, 681 BGB ein Rechtsgut des Geschäftsherrn beschädigt. Allgemein wird das Beispiel genannt, in dem der Geschäftsführer ein Fenster am Haus des abwesenden Geschäftsherrn einschlagen muss, um einen Wasserschaden zu verhindern. In Fällen dieser Art ist umstritten, ob die berechtigte GoA einen eigenständigen Rechtfertigungsgrund im Rahmen der §§ 823 ff. BGB darstellt oder unter dem Aspekt des rechtfertigenden Notstands gem. § 904 BGB zu diskutieren ist.[125] Ein Schadensersatzanspruch des Geschäftsherrn wird in aller Regel jedenfalls mangels Schadens (Vorteilsausgleichung) scheitern.[126] Im Übrigen gilt die bereits mehrfach genannte Haftungsprivilegierung von geschäftsunfähigen und in der Geschäftsfähigkeit beschränkten Geschäftsführern auch hinsichtlich der Pflichtverletzung. Der minderjährige Geschäftsführer haftet also nur nach §§ 823 ff. BGB, wobei aufgrund der Rechtsgrundverweisung in § 682 BGB auch die (haftungsbegründenden) Tatbestandsvoraussetzungen und die Verschuldensfähigkeit nach den §§ 827, 828 BGB gegeben sein müssen.[127]

96 Bezüglich des **Verschuldensmaßstabs** gilt § 276 BGB, wonach der Schuldner **Vorsatz** und jede Form von **Fahrlässigkeit** zu vertreten hat. Bezweckt die Geschäftsführung aber die Abwendung einer dem Geschäftsherrn drohenden **dringenden Gefahr** (d.h. in Notfällen), hat der Geschäftsführer nur **Vorsatz** und **grobe Fahrlässigkeit** zu vertreten (§ 680 BGB). Hintergrund dieser Haftungsprivilegierung ist, dass der Geschäftsführer in Fällen, in denen sofortiges Handeln geboten ist, i.d.R. nur wenig Zeit zum Überlegen hat. Daher soll der Geschäftsherr leichte und „normale" Fahrlässigkeit des Geschäftsführers hinnehmen und den daraus entstandenen Schaden selbst tragen. Die Haftungsprivilegierung des § 680 BGB gilt im Übrigen – um die Vorschrift nicht leerlaufen zu lassen – für alle anwendbaren Anspruchsgrundlagen, auch für konkurrierende Ansprüche (etwa aus §§ 823 ff. BGB) und sowohl für das Übernahmeverschulden als auch das Ausführungsverschulden. Schließlich ist zu beachten, dass § 680 BGB nur im Verhältnis zum Geschäftsherrn, nicht gegenüber Dritten, gilt.
Eine drohende dringende Gefahr liegt vor, wenn der Eintritt eines Schadens mit großer Wahrscheinlichkeit unmittelbar bevorsteht und die Hilfeleistung daher keinen Aufschub duldet. Die Gefahr muss nicht tatsächlich bestanden haben. Es genügt, wenn der Geschäftsführer eine solche Gefahr ohne grobe Fahrlässigkeit irrtümlich annimmt. Das folgt aus der Formulierung „Bezweckt" in § 680 BGB.[128] Für professionelle Nothelfer gilt nach h.M. das Haftungsprivileg des § 680 BGB allerdings nicht.[129]

97 **Hinweis für die Fallbearbeitung:** Anhand der in Rn 88 ff. dargestellten Inhalte wird noch einmal das Konkurrenzverhältnis der berechtigten GoA zu anderen Haftungsinstituten deutlich. Dieses kann nicht oft genug wiederholt werden: Da die Übernahme einer berechtigten GoA nicht rechtswidrig ist, kann sie keine unerlaubte Handlung i.S.d. § 823 BGB sein; da sie ähnlich wie ein Vertrag wirkt, stellt sie einen Rechtsgrund i.S.d. § 812 BGB dar; da sie ein Recht zum Besitz verleiht, kommen Ansprüche aus EBV (§§ 987 ff. BGB) nicht in Betracht.

[125] Vgl. *Brox/Walker*, § 36 Rn 49.
[126] *Brox/Walker*, § 36 Rn 49.
[127] Vgl. bereits die 1. Aufl. 2002; wie hier nun auch *Looschelders*, BT, Rn 868.
[128] Wie hier *Bergmann*, in: Staudinger, § 680 Rn 5; *Sprau*, in: Palandt, § 680 Rn 2; differenzierend nach berechtigter/unberechtigter GoA *Martinek/Theobald*, JuS 1997, 612, 618.
[129] *Sprau*, in: Palandt, § 680 Rn 1; *Mansel*, in: Jauernig, § 680 Rn 1; a.A. *Gehrlein*, in: Bamberger/Roth, 3. Aufl. 2012, § 680 Rn 2; *Seiler*, in: MüKo § 680 Rn 6.

Ein häufiges Klausurproblem besteht auch darin, zu erkennen, dass die Haftungsprivilegierung des § 680 BGB auch hinsichtlich konkurrierender Ansprüche (insb. §§ 823 ff. BGB) besteht, damit die Vorschrift nicht leerläuft.

## 2. Aufwendungsersatzanspruch des Geschäftsführers

Durch die Übernahme einer berechtigten GoA entsteht zwischen dem Geschäftsführer und dem Geschäftsherrn ein gesetzliches Schuldverhältnis, das inhaltlich weitgehend (bis auf die Unentgeltlichkeit) dem Auftrag (§§ 662 ff. BGB) entspricht. § 683 S. 1 BGB stellt dies klar. Der Geschäftsführer kann also diejenigen **Aufwendungen** erstattet verlangen, die er für **erforderlich** halten durfte (§ 683 S. 1 i.V.m. § 670 BGB). 98

**Aufwendungen** sind Vermögensopfer, die der Geschäftsführer zum Zweck der Ausführung des Geschäfts freiwillig macht. Aber auch solche Vermögensopfer, die sich als notwendige Folge der Ausführung ergeben und nicht auf dem allgemeinen Lebensrisiko beruhen (z.B. **Schäden**), sind erfasst.[130] 99

Die Ersatzfähigkeit auch von Schäden ergibt sich aus der Ratio der §§ 677 ff. BGB, die darin besteht, dem Geschäftsführer die Nachteile zu ersetzen, die diesem durch die Übernahme des Geschäfts entstanden sind. Daher ist der Begriff der „Aufwendungen" auch auf Schäden zu erweitern, bei denen sich das spezifische Risiko der übernommenen Tätigkeit realisiert hat.[131] Ausgenommen sind aber Schäden, die sich lediglich als Verwirklichung des allgemeinen Lebensrisikos darstellen (vgl. bereits Rn 56).

**Beispiel:** Bei der Rettung eines Kindes aus einem Badesee wird die Kleidung des Retters beschädigt. ⇨ Hier hat sich nicht nur das allgemeine Lebensrisiko verwirklicht, sondern der Schaden steht im engen Zusammenhang mit der Rettung und stellt daher eine typische Folge dar. Sofern ein Schadensersatzanspruch auch aus § 823 I BGB besteht, liegt Anspruchskonkurrenz vor (vgl. bereits Rn 44).

Erleidet der Geschäftsführer einen **Körper-, Gesundheits- oder Sachschaden**, sind folgende Besonderheiten zu beachten: 100

- Als Helfer bei Unglücksfällen, gemeiner Gefahr oder Not oder als Retter eines anderen aus erheblicher gegenwärtiger Gefahr für seine Gesundheit ist der Geschäftsführer kraft Gesetzes unfallversichert, § 2 I Nr. 13a SGB VII. Im Falle eines Körper- bzw. Gesundheitsschadens hat er daher gem. §§ 26 ff. SGB VII gegen den Versicherungsträger einen Anspruch auf Heilbehandlung (d.h. Kostenübernahme). Sind während der Hilfeleistung oder Rettung Schäden an seinen Sachen entstanden, hat er gem. § 13 S. 1 SGB VII einen Anspruch gegen den Versicherungsträger auf Schadensersatz. Auch hat er gem. § 13 S. 1 SGB VII einen Anspruch auf Ersatz der Aufwendungen, die er den Umständen nach für erforderlich halten durfte, soweit kein anderweitiger öffentlich-rechtlicher Ersatzanspruch besteht. Selbstverständlich können diese Ansprüche den Geschäftsherrn nicht entlasten. Bei Bestehen eines Schadensersatzanspruchs (wegen eines Körper-, Gesundheits- oder Sachschadens) greift der gesetzliche Forderungsübergang gem. § 116 I SGB X. Das bedeutet: Der Versicherungsträger übernimmt zunächst die Kosten der Heilbehandlung bzw. den Schadensersatzanspruch und nimmt anschließend den Geschäftsherrn aus übergegangenem Recht in Regress (§§ 677, 683 S. 1, 670 BGB i.V.m. § 116 I SGB X). Lediglich die Kosten, die nicht vom Sozialversicherungsträger

[130] BGHZ 8, 222, 229; *Sprau*, in: Palandt, § 670 Rn 3 ff.; *Schäfer*, in: MüKo, § 670 Rn 6 ff. Vgl. auch BGH NJW 2015, 2880 f. (dazu oben Rn 56). Zu der Ersatzfähigkeit von Schäden als unfreiwillige Vermögensopfer vgl. auch OLG Oldenburg ZGS 2005, 33 (Haftung von Kindern im Straßenverkehr – ausführlich dazu Rn 720 ff.). Vgl. auch *Lorenz*, JuS 2016, 12, 14.

[131] Vgl. auch *Schäfer*, in: MüKo § 683 Rn 18, der allerdings den Rechtsgedanken aus § 110 HGB heranzieht. Das ist aus rechtsmethodischer Sicht abzulehnen, da es sich beim HGB um Sonderprivatrecht handelt und daher eine Übertragung von Rechtsgedanken auf das allgemeine BGB problematisch ist.

übernommen werden, können und müssen direkt vom Geschäftsführer gegenüber dem Geschäftsherrn geltend gemacht werden.[132]

- Verliert der Geschäftsführer bei der Geschäftsbesorgung sein Leben, wendet die h.M. § 844 II BGB analog an.[133] Nach dieser Vorschrift hat der Ersatzpflichtige im Fall der Tötung eines Menschen denjenigen Schadensersatz zu leisten, die einen Unterhaltsanspruch gegen den Getöteten hatten. Würde man § 844 II BGB nicht anwenden, träte anderenfalls das sinnwidrige Ergebnis ein, dass der Geschäftsführer zwar in leichteren Fällen, in denen er „nur" seine Gesundheit aufopfert, Ersatz verlangen könnte, dass aber seine Angehörigen leer ausgingen, wenn er dabei sein Leben verlöre.[134]

**101** Der Geschäftsführer muss die Aufwendungen für erforderlich gehalten haben. Die Erforderlichkeit ist anhand eines subjektiv-objektiven Maßstabs zu bestimmen.[135]

**102** Die getätigten Aufwendungen sind **erforderlich**, wenn sie ein verständig handelnder Dritter in der Rolle des Geschäftsführers nach sorgfältiger Prüfung der ihm bekannten Umstände des Falles vernünftigerweise aufzuwenden hatte.[136]

**103** Ob ein Aufwendungsersatz für erbrachte Arbeitsleistungen (**Vergütung**) oder für den Zeitaufwand vom Begriff der Aufwendung umfasst ist, wird unterschiedlich gesehen. Die h.M. verneint dies, weil eine Vergütung schon terminologisch keine Aufwendung sein könne. Zudem verweise § 683 BGB auf § 662 BGB, der eine Unentgeltlichkeit formuliere. Daher sei auch die Arbeitszeit bei einer GoA grds. unentgeltlich.[137] Lediglich, wenn die Tätigkeit zum **Beruf oder Gewerbe** des Geschäftsführers gehöre oder wenn der Geschäftsführer einen **Verdienstausfall** oder **Gewinnverlust** erleide, sei analog **§ 1835 III BGB** die übliche Vergütung zu leisten.[138]

**Beispiel:** Der stark suizidgefährdete S ist gerade dabei, sich das Leben zu nehmen, als er von dem zufällig vorbeikommenden Arzt Dr. A gerettet und behandelt wird.

Hier ist analog § 1835 III BGB ein Vergütungsanspruch trotz der allgemeinen Hilfspflicht aus § 323c I StGB gegeben. Wäre A aber kein professioneller Helfer gewesen, hätte ihm nach h.M. ein Vergütungsanspruch nicht zugestanden.

Diese von der h.M. vorgenommene Unterscheidung kann im Einzelfall unbillig sein. Daher kann es angebracht sein, generell einen Vergütungsanspruch anzuerkennen. Für einen generellen Vergütungsanspruch spricht auch der Umstand, dass der Geschäftsführer, der fremde Hilfe herbeiholt, um das Geschäft zu führen, die Kosten für die Fremdleistungen als Aufwendungsersatzanspruch geltend machen kann. Warum der (nicht professionelle) Geschäftsführer den Ersatz für *eigene* Arbeit nicht erstattet bekommen soll, ist nicht einsichtig. Des Weiteren sprechen historische Gründe für die Anerkennung eines generellen Vergütungsanspruchs. Nach dem ersten Entwurf des BGB war der Auftrag (§§ 662 ff. BGB), auf dessen Bestimmungen § 683 S. 1 BGB verweist, keineswegs ausschließlich unentgeltlich konzipiert. Daher konnte der erste Entwurf des BGB im Rahmen der GoA einfach auf die Regeln des Auftrags verweisen und damit einen Vergütungsanspruch des Geschäftsführers gegen den Geschäftsherrn anordnen. Dann aber wurden im weiteren Gesetzgebungsverfahren die Regeln über den Auftrag geändert und es wurde ausschließlich auf die Unentgeltlichkeit des Auftrags abgestellt. Jedoch hatte es der Gesetzgeber sodann versäumt, diese Änderung bei dem Verweis in § 683 S. 1 BGB zu berücksichtigen. Es muss daher als Redaktions-

---

[132] Vgl. BGHZ 92, 270, 271; *Seiler*, in: MüKo, § 683 Rn 21; *Sprau*, in: Palandt, § 683 Rn 9; *Brox/Walker*, § 36 Rn 57.
[133] Vgl. *Musielak/Hau*, GK, Rn 715; *Sprau*, in: Palandt, § 844 Rn 12.
[134] *Musielak/Hau*, GK, Rn 715.
[135] *Schäfer*, in: MüKo, § 670 Rn 9.
[136] BGHZ 95, 375, 388; 143, 9, 16.
[137] Vgl. nur *Seiler*, in: MüKo, § 683 Rn 24.
[138] Vgl. BGHZ 65, 384, 390; 69, 34, 36; 143, 9, 16; *Dornis*, in: Erman, § 683 Rn 11 ff.; *Brox/Walker*, § 36 Rn 54. Vgl. auch *Medicus/Petersen*, BR, Rn 430.

versehen angesehen werden, dass der Gesetzgeber nach Streichung der Vergütungsregel im Auftragsrecht keine Vergütungsregel in das Recht der GoA eingefügt hat.[139] Entgegen der h.M. ist daher ein genereller Vergütungsanspruch des Geschäftsführers gegen den Geschäftsherrn gegeben. Um aber auch den Interessen des Geschäftsherrn an einer Reduzierung der Kosten für die Geschäftsführung gerecht zu werden, sollte der Vergütungsanspruch analog §§ 612 I, 632 I BGB auf die Fälle beschränkt werden, in denen nach den Umständen ein Entgelt zu erwarten gewesen wäre.

## D. Die unberechtigte GoA

Widerspricht die Übernahme der Geschäftsführung dem objektiven Interesse des Geschäftsherrn oder dessen Willen (vgl. § 683 S. 1 BGB) und ist die Geschäftsführung auch weder nach § 679 BGB berechtigt noch nach § 684 S. 2 BGB genehmigt, handelt der Geschäftsführer unberechtigt und rechtswidrig. Alle anderen Voraussetzungen einer GoA müssen allerdings auch hier vorliegen. **104**

**105**

**Voraussetzungen und Rechtsfolgen einer unberechtigten GoA**

**I. Geschäftsbesorgung**

**II. Fremdgeschäftsführungswille**

**III. Ohne Auftrag oder sonstige Berechtigung**

**IV. Geschäftsfähigkeit/-unfähigkeit der Beteiligten**

**V. GoA unberechtigt**

Der GF handelt unberechtigt und rechtswidrig, wenn die Übernahme der GoA weder dem objektiven Interesse des GH noch dessen Willen entspricht (vgl. § 683 S. 1 BGB). Ist die Geschäftsführung darüber hinaus weder nach § 679 BGB berechtigt noch nach § 684 S. 2 BGB genehmigt, ist sie insgesamt unberechtigt.

**VI. Rechtsfolgen der unberechtigten GoA**

Der GH hat dem GF alles, was er durch die Geschäftsführung erlangt hat, nach den Vorschriften über die **ungerechtfertigte Bereicherung** (§§ 812 ff. BGB) herauszugeben, § 684 S. 1 BGB. Umgekehrt haftet der GF dem GH auf **Schadensersatz** gem. § 678 BGB für ein Übernahmeverschulden, d.h. allein die Übernahme einer unberechtigten GoA löst die Haftung nach § 678 BGB aus; darauf, dass der GF bei der späteren Ausführung des Geschäfts eine Pflicht schuldhaft verletzt, kommt es nicht an. Der GF kann dem GH auch auf **Schadensersatz statt der Leistung** haften (§§ 677, 681 S. 2, 667, 280 I, III, 283 S. 1 BGB). Daneben kann sich der GF auch allgemein nach den §§ 823 ff. BGB schadensersatzpflichtig machen, da die unberechtigte GoA auch gegenüber dem Deliktsrecht keine Sperrwirkung entfaltet. I.Ü. ist der GF dem GH nach den Vorschriften über die **ungerechtfertigte Bereicherung** (§§ 812 ff. BGB) zur Herausgabe des durch die Geschäftsführung Erlangten verpflichtet, da die unberechtigte GoA auch gegenüber dem Bereicherungsrecht keine Sperrwirkung entfaltet. Das Gleiche gilt hinsichtlich der Ansprüche aus dem **EBV** (§§ 987 ff., 994 ff. BGB).

### I. Ansprüche des Geschäftsführers

Wegen des mit der unberechtigten GoA verbundenen rechtswidrigen Eingriffs in die Rechtssphäre des Geschäftsherrn sind die Rechtsfolgen selbstverständlich andere als bei der berechtigten GoA. Die Interessen des Geschäftsführers einer unberechtigten GoA müssen hier gegenüber den Interessen des Geschäftsführers einer berechtigten GoA zurückstehen. **106**

- So hat der Geschäftsführer einer unberechtigten GoA natürlich **keinen Aufwendungsersatzanspruch** gem. §§ 683 S. 1, 670 BGB. Da es aber unbillig wäre, wenn der Geschäftsherr umgekehrt die Vorteile der Geschäftsführung behalten dürfte, hat er dem **107**

[139] Vgl. auch *Schäfer*, in: MüKo, § 683 Rn 25; *Otto*, JuS 1984, 684, 685.

Geschäftsführer daher alles, was er durch die Geschäftsführung erlangt hat, nach den Vorschriften über die **ungerechtfertigte Bereicherung** (§§ 812 ff. BGB) herauszugeben, § 684 S. 1 BGB. Insoweit handelt es sich nach h.M. zumindest im Zweipersonenverhältnis um eine **Rechtsfolgenverweisung**, da die Voraussetzungen für den Rechtsgrund bereits in § 684 BGB begründet seien.[140] Folgt man dieser Auffassung, sind die Voraussetzungen des § 812 BGB also nicht zu prüfen. Man gelangt sofort in die Rechtsfolge des § 818 BGB mit der Gefahr der Entreicherung (§ 818 III BGB) sowie zu den Ausschlusstatbeständen der §§ 814, 817 S. 2 BGB (der Geschäftsherr soll nicht stärker in Anspruch genommen werden, als er dies bei einer rein bereicherungsrechtlichen Betrachtungsweise würde). Sofern die GoA aber im Dreipersonenverhältnis (Beispiel: Geschäftsführer erfüllt neben der GoA noch seine Vertragspflichten mit einem anderen) anwendbar ist, sollte man in jedem Fall eine Rechtsgrundverweisung annehmen.[141]

108 ▪ Da durch eine unberechtigte GoA ein Rechtsgrund für Vermögensverschiebungen zwischen Geschäftsherrn und Geschäftsführer nicht geschaffen wird, ist der Geschäftsherr dem Geschäftsführer unabhängig von der Rechtsfolgenverweisung in § 684 S. 1 BGB auch allgemein zur Herausgabe des Erlangten gem. den Vorschriften über die **ungerechtfertigte Bereicherung** (§§ 812 ff. BGB – vgl. auch hier den möglichen Einwand der Entreicherung!) verpflichtet. Insbesondere entfaltet die unberechtigte GoA keine Anwendungssperre bezüglich des Bereicherungsrechts.

## II. Ansprüche des Geschäftsherrn

109 ▪ Genehmigt der Geschäftsherr die unberechtigte GoA (was – wie sich aus § 684 S. 2 BGB ergibt – möglich ist), gelten die Vorschriften über die berechtigte GoA.[142] Anderenfalls bleibt der Eingriff in die Rechtssphäre des Geschäftsherrn rechtswidrig. Für diesen Fall gewährt § 678 BGB dem Geschäftsherrn einen **selbstständigen Schadensersatzanspruch**: Nach dieser Vorschrift hat der Geschäftsführer dem Geschäftsherrn den durch die Übernahme der unberechtigten GoA verursachten Schaden zu ersetzen, sofern er wusste oder fahrlässig[143] nicht erkannte, dass er sich durch die Übernahme der unberechtigten GoA in Widerspruch zum Willen des Geschäftsherrn setzen würde (sog. **Übernahmeverschulden**). Dieser Schadensersatzanspruch besteht daher selbst dann, wenn der Geschäftsführer bei der *Durchführung* der Geschäftsbesorgung die gebotene Sorgfalt beachtete (vgl. § 678 BGB).

110 ▪ Der Geschäftsführer kann dem Geschäftsherrn auch auf **Schadensersatz statt der Leistung** haften (§§ 677, 681 S. 2, 667, 280 I und III, 283 S. 1 BGB). Daneben kann sich der Geschäftsführer auch allgemein nach den §§ 823 ff. BGB **schadensersatzpflichtig** machen, da die unberechtigte GoA auch gegenüber dem Deliktsrecht keine Sperrwirkung entfaltet.

111 ▪ Im Übrigen ist der Geschäftsführer dem Geschäftsherrn nach den Vorschriften über die **ungerechtfertigte Bereicherung** (§§ 812 ff. BGB) zur Herausgabe des durch die Geschäftsführung Erlangten verpflichtet, da die unberechtigte GoA auch gegenüber dem Bereicherungsrecht keine Sperrwirkung entfaltet.

112 ▪ Das Gleiche gilt hinsichtlich der Ansprüche aus dem **Eigentümer-Besitzer-Verhältnis** (§§ 987 ff., 994 ff. BGB).

113 ▪ Da für die unberechtigte GoA noch nicht abschließend geklärt ist, ob durch sie – wie auch durch die berechtigte GoA – ein gesetzliches Schuldverhältnis zwischen dem Geschäftsherrn und dem Geschäftsführer begründet wird oder nicht, ist auch die Frage of-

---

[140] BGH WM 1976, 1056, 1060; *Sprau*, in: Palandt, § 684 Rn 1; *Brox/Walker*, § 37 Rn 8; *Musielak/Hau*, GK, Rn 720; a.A. *Schäfer*, in: MüKo, § 684 Rn 4 (Rechtsgrundverweisung).

[141] *Brox/Walker*, § 37 Rn 8.

[142] Vgl. *Medicus/Petersen*, BR, Rn 432.

[143] Es genügt insoweit leichte Fahrlässigkeit. Lediglich, wenn die Geschäftsübernahme die Abwehr einer dem Geschäftsherrn drohenden dringenden Gefahr bezweckte (vgl. § 680 BGB), muss der Geschäftsführer mindestens grob fahrlässig gehandelt haben.

fen, ob §§ 677, 681 BGB (mit den für den Geschäftsherrn günstigen Rechtsfolgen) anwendbar sind. Für eine solche Annahme spricht der Umstand, dass anderenfalls der unberechtigte Geschäftsführer besser stehen könnte als der berechtigte. Andererseits ist es dem Geschäftsherrn unbenommen, jederzeit durch Genehmigung (§ 684 S. 2 BGB) die unberechtigte GoA zu einer berechtigten zu machen, um die ihm günstigen Rechtsfolgen des § 681 S. 2 BGB herbeizuführen. Folgt man also der zuerst genannten Auffassung oder genehmigt der Geschäftsherr die unberechtigte GoA, ist der Geschäftsführer neben der Folgeleistung der bereits genannten Ansprüche (§§ 812 ff., 823 ff. BGB) auch zur Anzeige (§ 683 S. 1 BGB), zur Herausgabe des aus der Geschäftsführung Erlangten (§§ 681 S. 2, 667 BGB), zur Rechenschaftslegung (§§ 681 S. 2, 666 BGB) sowie zum Schadensersatz (§ 678, ggf. § 280 I BGB) verpflichtet.

**Beispiel**[144]**:** Student S nimmt vom Paketzusteller ein Paket entgegen, wobei er – infolge unsorgfältiger Beachtung des Adressatenstickers auf dem Paket – annimmt, es sei für den Hausmitbewohner A. Als S später feststellt, dass das Paket an den mit ihm verfeindeten B gerichtet ist, der sich derartige Hilfeleistungen seitens des S schon früher verbeten hat, wirft er das Paket weg. B verlangt von S Schadensersatz.

Da kein Vertrag besteht, kommt auch ein vertraglicher Schadensersatzanspruch nicht in Betracht.

Möglicherweise besteht aber ein Schadensersatzanspruch gem. §§ 677, 280 I BGB. Die Entgegennahme und Aufbewahrung des an B gerichteten Pakets stellt für S ein objektiv-fremdes Geschäft dar. S müsste auch mit Fremdgeschäftsführungswillen gehandelt haben. S weiß nicht nur, dass es sich bei der Entgegennahme um die Angelegenheit eines anderen handelt, sondern er will auch ein fremdes Geschäft führen. Dass er es für A führen will und er sich über den Geschäftsherrn irrt, lässt die Geschäftsbesorgung gegenüber B nicht entfallen. Denn ein Irrtum über die Person des Geschäftsherrn ist unbeachtlich. Nach § 686 BGB entsteht das Rechtsverhältnis der GoA mit dem wirklichen Geschäftsherrn. Auch ist unbeachtlich, dass der Fremdgeschäftsführungswille nach Entdeckung des Irrtums wegfällt, weil bereits entstandene Ansprüche des Geschäftsherrn durch den Wegfall des Fremdgeschäftsführungswillens nicht beeinträchtigt werden. Ein Auftrag oder eine sonstige Berechtigung fehlt. Es kommt für §§ 677, 280 I BGB nicht darauf an, ob die Übernahme des Geschäfts dem Interesse und dem Willen des B entspricht (ob eine berechtigte oder unberechtigte GoA vorliegt). Indem S aber das Paket wegwirft, handelt er entgegen dem Interesse des B und begeht damit schuldhaft eine Pflichtverletzung i.S.d. § 677 BGB (§ 280 I BGB). Deshalb haftet S gem. §§ 677, 280 I BGB dem B auf Schadensersatz (§ 249 II BGB).

Weiterhin ist zu prüfen, ob S ein Übernahmeverschulden i.S.d. § 678 BGB trifft. Die Übernahme der Geschäftsführung durch den verfeindeten S widerspricht dem tatsächlichen Willen des B. S trifft diesbezüglich auch ein Verschulden (Übernahmeverschulden), weil er (fahrlässig) den Adressaten des Pakets aus Unachtsamkeit nicht richtig erkannt hat. Deshalb haftet S wegen aller Schäden, die mit der Übernahme in ursächlichem Zusammenhang stehen, also auch für die Vernichtung des Pakets.

S könnte auch auf Schadensersatz statt der Leistung haften (§§ 677, 681 S. 2, 667, 280 I und III, 283 S. 1 BGB). Der Grundtatbestand der GoA ist erfüllt (s.o.) Deshalb ist S zur Herausgabe des Pakets verpflichtet. Diese Verpflichtung macht er sich schuldhaft (§ 280 I S. 2 BGB) unmöglich (§ 275 I BGB) und deshalb haftet er aus §§ 280 III, 283 BGB auf Schadensersatz statt der Leistung.

Ein Schadensersatzanspruch aus EBV (§§ 989, 990 I BGB) kommt nicht in Betracht, weil B kein Eigentümer ist (das Paket wurde ihm weder übergeben noch übereignet).

Ein Schadensersatzanspruch aus § 823 I BGB besteht nicht. Zwar ist vorliegend Eigentum verletzt worden, aber keines des B, da dieser ja nicht Eigentümer ist. Daher scheidet auch ein Schadensersatzanspruch aus § 823 I BGB aus.

[144] *Wandt*, § 5 Rn 66.

## E. Eigengeschäftsführung (unechte GoA)

114 Die in der Überschrift des § 687 BGB verwendete Bezeichnung „**unechte**" GoA ist missverständlich. Gemeint ist – da hier beim Geschäftsführer der Fremdgeschäftsführungswille (FGW) fehlt – die Behandlung eines *objektiv fremden* Geschäfts als *eigenes* (sog. **Eigengeschäftsführung**).

115 Die Begrenzung auf das *objektiv fremde* Geschäft hat den Hintergrund, dass das *neutrale* Geschäft ja erst durch den (äußerlich in Erscheinung tretenden) Fremdgeschäftsführungswillen zu einem Geschäft i.S.d. § 677 BGB wird. Bei § 687 BGB fehlt der Fremdgeschäftsführungswille aber gerade.

116 Hinsichtlich der inneren Tatseite unterscheidet § 687 BGB die **irrtümliche** (I) von der **angemaßten** (d.h. unerlaubten) Eigengeschäftsführung (II).

### I. Irrtümliche Eigengeschäftsführung, § 687 I BGB

117 Bei der irrtümlichen Eigengeschäftsführung glaubt der Handelnde, er besorge ein (in Wirklichkeit) fremdes Geschäft als sein eigenes. Da hier das Bewusstsein und demzufolge auch der Wille fehlt, das Geschäft als fremdes, d.h. für einen anderen, zu besorgen, handelt es sich nicht wirklich um eine GoA. Folgerichtig stellt § 687 I BGB klar, dass in einem solchen Fall die Vorschriften der §§ 677 bis 686 BGB keine Anwendung finden (daher ist auch keine Genehmigung gem. § 684 S. 2 BGB möglich!). Vielmehr ist der Interessenausgleich zwischen dem Eigengeschäftsführer und demjenigen, dem das Geschäft objektiv zuzurechnen ist, über die allgemeinen Vorschriften, insbesondere über die der **unerlaubten Handlungen** (§§ 823 ff. BGB), der **ungerechtfertigten Bereicherung** (§§ 812 ff. BGB) und des **Eigentümer-Besitzer-Verhältnisses** (§§ 987 ff. BGB) herbeizuführen. Ob der Irrtum verschuldet war, ist unerheblich.

**Beispiel:** D stiehlt das Fahrrad des E und verkauft es an den gutgläubigen G. Dieser lässt die defekte Gangschaltung reparieren. Als der Diebstahl aufgeklärt wird, gibt G das Fahrrad an E zurück, verlangt von diesem aber die Erstattung der Reparaturkosten. Zu Recht?

Die geforderte Erstattung der Reparaturkosten könnte einen Aufwendungsersatzanspruch darstellen und sich aus §§ 677, 683 S. 1, 670 BGB ergeben.

Die Reparatur des Fahrrads stellt eine Geschäftsbesorgung i.S.d. § 677 BGB dar. Da G aufgrund der Regelung des § 935 I BGB trotz seiner Gutgläubigkeit nicht gem. §§ 929 S. 1, 932 BGB Eigentum am Fahrrad erwerben konnte und somit E Eigentümer geblieben ist, handelte es sich bei der Reparatur um ein objektiv-fremdes Geschäft, weil die Instandhaltung und Reparatur von Sachen Aufgaben des Eigentümers sind (vgl. §§ 903, 994 ff. BGB). G ist also Geschäftsführer und E Geschäftsherr.

Da G allerdings davon ausging, Eigentümer zu sein und *sein* Fahrrad reparieren zu lassen, fehlte ihm das Bewusstsein und auch der Wille, das Geschäft als fremdes, d.h. für einen anderen, zu besorgen. Es liegt eine irrtümliche Eigengeschäftsführung vor, da G glaubte, er besorge ein (in Wirklichkeit) fremdes Geschäft als sein eigenes (§ 687 I BGB). Ansprüche aus GoA sind daher nicht gegeben (§ 687 I BGB).

Zu prüfen ist daher, ob sich ein Ersatzanspruch aus einem anderen Rechtsinstitut ergibt. In Betracht kommt ein Anspruch aus § 994 I BGB. Danach kann der Besitzer von dem Eigentümer für die auf die Sache gemachten notwendigen Verwendungen Ersatz verlangen. E ist nach wie vor Eigentümer; G ist Besitzer des Fahrrads. Hinzu kommen muss, dass der Besitzer kein Recht zum Besitz hat, da § 994 BGB eine Vorschrift aus dem EBV ist und ein Recht zum Besitz voraussetzt. Daher sind die Vorschriften über das EBV – solange sich der Geschäftsführer im Rahmen einer *berechtigten* GoA bewegt – nicht anwendbar, weil die §§ 677 ff. BGB dem Geschäftsführer insoweit ein Recht zum Besitz verleihen. Handelt es sich aber – wie vorliegend – um eine Eigengeschäftsführung und damit bei dem Besitzer um einen unrechtmäßigen Besitzer, hält die Rechtsprechung die Vorschriften der §§ 987 ff. BGB für anwendbar. Da G im Übrigen gutgläubig war, kann er daher gem. § 994 I BGB Verwendungsersatz verlangen. Jedoch erlischt dieser Anspruch nach Herausgabe an den Eigentümer mit Ablauf eines Monats (§ 1002 I BGB).

Der tatbestandlich zwar ebenfalls gegebene Anspruch aus § 812 I S. 1 Var. 2 BGB (Verwendungskondiktion) wird durch die vorrangigen Regelungen der §§ 994 ff. BGB ausgeschlossen (vgl. § 993 I a.E. BGB).

## II. Angemaßte Eigengeschäftsführung, § 687 II BGB

Auch bei der **angemaßten Eigengeschäftsführung** (kurz: Geschäftsanmaßung) handelt es sich nicht um eine GoA. Anders als bei der irrtümlichen Eigengeschäftsführung behandelt der Geschäftsführer hier ein fremdes Geschäft als eigenes, obwohl er weiß, dass er dazu nicht berechtigt ist. Er maßt sich die Geschäftsführung an und greift dabei vorsätzlich und unberechtigt in einen fremden Rechtskreis ein. Es fehlt der Fremdgeschäftsführungswille. Typischer Fall ist die eigenmächtige Vermietung fremder Sachen, weil die Vermietung ein „Geschäft" des Eigentümers/Berechtigten ist.[145] Auch die Unterschlagung und anschließende Veräußerung fremder Sachen gehört hierher. Des Weiteren ist die Verletzung fremden Urheber-, Patent- oder Markenrechts eine angemaßte Eigengeschäftsführung. Auch die Verletzung des allgemeinen Persönlichkeitsrechts (etwa durch unbefugte Bildaufnahmen und -verwertung) ist ein Fall des § 687 II BGB. 118

Auf der Rechtsfolgenseite steht dem Geschäftsherrn eine Wahlmöglichkeit zur Verfügung: Er kann nach den allgemeinen Vorschriften vorgehen oder die Ansprüche aus GoA geltend machen.

- Ansprüche nach allgemeinen Vorschriften: Bei der Geschäftsanmaßung stehen dem Geschäftsherrn Ansprüche wegen **unerlaubter Handlung** (§§ 823 ff. BGB), aus **Eingriffskondiktion** (§ 812 I S. 1 Var. 2 BGB; § 816 I S. 1 BGB) und aus dem **Eigentümer-Besitzer-Verhältnis** (§§ 987 ff. BGB) zu.[146] So kann bei einer Urheber-, Patent- oder Markenrechtsverletzung der Geschäftsherr (der Verletzte) vom Geschäftsführer (dem Verletzer) den Gewinn herausverlangen, den dieser durch die unerlaubte Verwertung des geschützten Immaterialguts erwirtschaftet hat. Der bereicherungsrechtliche Anspruch ist auf die Zahlung einer angemessenen Lizenzgebühr beschränkt.[147]
- Ansprüche aus GoA: Zur Verbesserung seiner Rechtsstellung gewährt ihm das Gesetz darüber hinaus die sich aus den §§ 677, 678, 681 (der seinerseits auf §§ 666 bis 668 BGB verweist), 682 BGB ergebenden Ansprüche (§ 687 II S. 1 BGB). Dazu gehören insbesondere der Anspruch auf **Schadensersatz** (§§ 678, 687 II S. 1 i.V.m. §§ 249 ff. BGB) sowie auf **Herausgabe des Erlangten** (§§ 678, 687 II S. 1, 681 S. 2, 667 BGB).[148] Die Beschränkungen der §§ 679, 680 BGB geltend nicht, da sie vom Verweis des § 687 II S. 1 BGB gerade ausgenommen sind.

Entscheidet sich der Geschäftsherr für die Ansprüche aus GoA, ist er nach dem Wortlaut des § 687 II S. 2 BGB, der ja auf § 684 S. 1 BGB verweist, dem Geschäftsführer gegenüber verpflichtet, diesem alles, was er durch dessen Geschäftsführung erlangt hat, gemäß den Vorschriften über die ungerechtfertigte Bereicherung herauszugeben. Diese Konsequenz ist offensichtlich widersinnig und scheint in ein „juristisches Karussell" (*Medicus/Petersen*, BR, Rn 419) zu führen: Verlangt er das Erlangte heraus, muss er das Erlangte herausgeben. Die Vorschrift des § 687 II S. 2 BGB kann daher nur so

---

[145] Etwas anderes gilt für die Untervermietung. Denn diese ist kein „Geschäft" des Vermieters (vgl. BGHZ 59, 51, 58; 131, 297, 306). Vgl. dazu den Fall bei Rn 444.

[146] Innerhalb dieser Anspruchsgruppe ist wiederum das Vorrangverhältnis der §§ 987 ff. BGB vor §§ 812 ff. und 823 ff. BGB zu beachten (vgl. §§ 992, 993 BGB).

[147] BGHZ 20, 353; 44, 372, 374; 57, 116, 118; 60, 206, 208; *Wandt*, § 6 Rn 9.

[148] Vgl. *Pajunk*, JuS 2001, 42, 43.

verstanden werden, dass wenn der Geschäftsherr vom Geschäftsführer dessen *Gewinn* aus der Geschäftsführung herausverlangt, er umgekehrt dem Geschäftsführer dessen *Aufwendungen* nach Bereicherungsrecht ersetzen muss. Der Geschäftsführer hat also einen Anspruch aus Aufwendungskondiktion. I.d.R. wird dieser Anspruch aber nur vom herauszugebenden Gewinn abgezogen (Medicus/Petersen, BR, a.a.O.). Möchte der Geschäftsherr also vermeiden, dem Geschäftsführer einen Aufwendungsersatzanspruch gewähren zu müssen, sollte er den Weg über die allgemeinen Vorschriften wählen. Dennoch überwiegen i.d.R. die Vorzüge, die ihm zustehen, wenn er den Weg über die GoA wählt: Denn steht das Übernahmeverschulden (§ 678 BGB) des Geschäftsführers fest, kann der Geschäftsherr vom Geschäftsführer Schadensersatz auch dann fordern, wenn diesem bei der Ausübung des Geschäfts kein Verschulden trifft (§§ 687 II S. 1, 678). Ein Anspruch aus § 823 I BGB ist hingegen nicht nur auf die Verletzung bestimmter Rechtsgüter beschränkt, sondern gewährt dem Geschäftsherrn auch nur dann einen Schadensersatz, wenn den Verletzter ein Verschulden trifft.

Davon unabhängig besteht unter den Voraussetzungen des § 994 II BGB, der bzgl. notwendiger Verwendungen wiederum auf die Vorschriften der GoA verweist, auf Seiten des Geschäftsführers ein Verwendungsersatzanspruch, wenn die Verwendungen dem Interesse und dem Willen des Geschäftsherrn entsprechen (§§ 994 II, 683 S. 1, 670 BGB). Anderenfalls kommt ein Anspruch aus §§ 994 II, 684 S. 1, 818 II BGB in Betracht mit der Gefahr der Entreicherung des Geschäftsherrn gem. § 818 III BGB.

**Beispiel:** D stiehlt das Fahrrad des E und verkauft es an den G, der von dem Diebstahl Kenntnis hat. Da die Gangschaltung defekt ist, lässt G sie reparieren. Als der Diebstahl aufgeklärt wird, gibt G das Fahrrad an E zurück, verlangt von diesem aber die Erstattung der Reparaturkosten. Zu Recht?

Zu denken ist auch hier an einen Aufwendungsersatzanspruch aus §§ 677, 683 S. 1, 670 BGB. Die Reparatur des Fahrrads stellt eine Geschäftsbesorgung i.S.d. § 677 BGB dar. Fraglich ist allerdings, ob bei G ein Fremdgeschäftsführungswille vorliegt. G hat zwar ein Fremdgeschäftsführungsbewusstsein, da er weiß, dass er nicht der Eigentümer ist und mit der Reparatur ein objektiv-fremdes Geschäft führt. Allerdings ist für eine berechtigte GoA auch der Wille erforderlich, die Ergebnisse der Geschäftsführung dem anderen zukommen zu lassen. Dieser Wille fehlt bei G, weil er davon ausging, das Fahrrad behalten zu können, und er daher die Reparatur aus Eigeninteresse durchführen ließ. Ein Aufwendungsersatzanspruch aus §§ 677, 683 S. 1, 670 BGB ist daher nicht gegeben. Vielmehr liegt eine angemaßte Eigengeschäftsführung i.S.d. § 687 II BGB vor.

In einem solchen Fall gewährt § 687 II S. 2 BGB dem Geschäftsführer einen Anspruch auf Aufwendungsersatz nach Bereicherungsrecht (§§ 687 II S. 2, 684 S. 1, 818 ff. BGB), wenn zuvor der Geschäftsherr Ansprüche aus § 687 II S. 1 BGB geltend gemacht hat. Mit „Ansprüche aus § 687 II S. 1 BGB" sind Ansprüche auf Herausgabe des Gewinns gemeint, nicht die Herausgabe der Sache selbst. Da E lediglich das Fahrrad zurückerlangte und keinen „Gewinn", kann G keine Aufwendungen nach § 687 II S. 2 BGB ersetzt verlangen.

Ein sodann zu prüfender Verwendungsersatzanspruch aus § 994 I BGB scheitert an der Bösgläubigkeit des G, denn dieser weiß ja, dass er nicht zum Besitz berechtigt ist.

In Betracht kommt aber ein Verwendungsersatzanspruch aus § 994 II BGB, der bzgl. notwendiger Verwendungen wiederum auf die Vorschriften der GoA verweist, wenn die Verwendungen dem Interesse und dem Willen des Geschäftsherrn entsprechen (§§ 994 II, 683 S. 1, 670 BGB). Zweifellos stellt die Reparatur der Gangschaltung eine notwendige Verwendung i.S.d. § 994 BGB dar. Auch ist G bösgläubig i.S.d. §§ 994 II, 990 I BGB, da er ja zum Zeitpunkt der Reparatur von dem Diebstahl wusste. Auf der Rechtsfolgenseite verweist § 994 II BGB auf die Vorschriften über die GoA. Bei dieser Verweisung handelt es sich um eine Rechtsgrundverweisung. Bei der Frage nach dem Aufwendungsersatzanspruch sind also auch die Voraussetzungen der anspruchsbegründenden Vorschriften der GoA zu prüfen. G erhält also für die gemachten notwendigen Aufwendungen (Reparatur der Schaltung) Ersatz der Reparaturkosten nach §§ 683 S. 1, 670 BGB, wenn die Verwendungen dem Interesse und Willen des Geschäftsherrn E entsprechen. Das wäre der Fall, wenn E das Fahrrad weiterhin nutzen möchte. Sollte E das Fahrrad sofort veräußern, sind die Reparaturkosten nur nach §§ 684 S. 1, 818 II BGB ersatzfähig, also wenn E „etwas" erlangt hätte. Unter „etwas" ist jeder vermögenswerte Vorteil zu verstehen. Wenn man davon ausgeht, dass E aufgrund der reparierten Schaltung einen höheren Verkaufspreis erzielt, ist das der Fall.

Ein originärer Anspruch aus § 812 I S. 1 Var. 1 BGB (Leistungskondiktion) kommt dagegen von vornherein nicht in Betracht, weil G nicht „geleistet", also nicht ziel- und zweckgerichtet das Vermögen des E vermehrt hat, denn er hat die Verwendung im eigenen Interesse gemacht. Die dann in derartigen Fällen grds. in Betracht kommende Verwendungskondiktion aus § 812 I S. 1 Var. 2 BGB wird durch die vorrangigen Regelungen der §§ 994 ff. BGB ausgeschlossen.[149]

Schließlich ist zu beachten, dass der Geschäftsherr die angemaßte Eigengeschäftsführung genehmigen und damit die Rechtsfolgen der GoA herbeiführen kann. Eine Genehmigung wird der Geschäftsherr stets dann in Betracht ziehen, wenn er Interesse an dem vom Geschäftsführer erzielten Gewinn hat oder Schadensersatz begehrt. Anspruchsgrundlage wäre dann §§ 687 II, 681 S. 1, 667 BGB in Bezug auf die Herausgabe des Erlangten bzw. §§ 687 II, 678 BGB in Bezug auf den Schadensersatz.

## Voraussetzungen und Rechtsfolgen einer Geschäftsanmaßung

**I. Besorgung eines objektiv-fremden Geschäfts**
Der Begriff der Geschäftsbesorgung entspricht der berechtigten GoA.

**II. Kenntnis über das Vorliegen eines objektiv-fremden Geschäfts**
Der Geschäftsführer muss wissen, dass er ein objektiv-fremdes Geschäft als eigenes führt.

**III. Eigengeschäftsführungswille**
Eine angemaßte Eigengeschäftsführung liegt nur dann vor, wenn der Geschäftsführer mit dem Willen handelt, ein objektiv-fremdes Geschäft als eigenes zu führen.

**IV. Ohne Auftrag oder sonstige Berechtigung**
Es darf gegenüber dem Geschäftsherrn weder ein Auftragsverhältnis noch ein sonstiges Rechtsverhältnis bestehen, aus denen sich eine Berechtigung zur Übernahme des Geschäfts herleiten lässt (§ 677 BGB).

**V. Rechtsfolgen der Geschäftsanmaßung**
Dem **Geschäftsherrn** steht grds. eine Wahlmöglichkeit zur Verfügung: Er kann nach den allgemeinen Vorschriften vorgehen oder die Ansprüche aus GoA geltend machen:

- Ansprüche nach allgemeinen Vorschriften: Bei der Geschäftsanmaßung stehen dem Geschäftsherrn Ansprüche wegen **unerlaubter Handlung** (§§ 823 ff. BGB), aus **Eingriffskondiktion** (§ 812 I S. 1 Var. 2 BGB; § 816 I S. 1 BGB) und aus dem **Eigentümer-Besitzer-Verhältnis** (§§ 987 ff. BGB) zu.
- Ansprüche aus GoA: Alternativ gewährt ihm das Gesetz die sich aus den §§ 677, 678, 681 (der seinerseits auf §§ 666 bis 668 BGB verweist), 682 BGB ergebenden Ansprüche (§ 687 II S. 1 BGB). Dazu gehören insbesondere der Anspruch auf **Schadensersatz** (§§ 678, 687 II S. 1 i.V.m. §§ 249 ff. BGB) sowie auf **Herausgabe des Erlangten** (§§ 678, 687 II S. 1, 681 S. 2, 667 BGB).[150] Die Beschränkungen der §§ 679, 680 BGB geltend nicht, da sie vom Verweis des § 687 II S. 1 BGB gerade ausgenommen sind).

Auch dem **Geschäftsführer** stehen trotz angemaßter Eigengeschäftsführung Rechte zu:

[149] BGHZ 41, 157, 159; a.A. *Medicus/Petersen*, BR, Rn 895 ff. Vgl. dazu unten Rn 131.
[150] Vgl. *Pajunk*, JuS 2001, 42, 43.

- Entscheidet sich der Geschäftsherr für die Ansprüche aus GoA und verlangt den Gewinn (das Erlangte) aus der Geschäftsführung heraus, hat der Geschäftsführer einen Anspruch aus **Aufwendungskondiktion** (§ 687 II S. 2 BGB, der ja auf § 684 S. 1 BGB und damit auf § 818 BGB verweist). In der Regel wird dieser Aufwendungsersatzanspruch aber nur einen Abzug von dem herauszugebenden Gewinn bedeuten.
- Entscheidet sich der Geschäftsherr für die Ansprüche aus den allgemeinen Vorschriften, hat der Geschäftsführer zwar keinen Aufwendungsersatzanspruch aus §§ 687 II S. 2 684 S. 1, 818 BGB, allerdings hat er unter den Voraussetzungen des § 994 II BGB, der bzgl. notwendiger Verwendungen wiederum auf die Vorschriften der GoA verweist, einen **Verwendungsersatzanspruch**, wenn die Verwendungen dem Interesse und dem Willen des Geschäftsherrn entsprechen (§§ 994 II, 683 S. 1, 670 BGB). Anderenfalls kommt ein Anspruch aus §§ 994 II, 684 S. 1, 818 II BGB in Betracht mit der Möglichkeit der Entreicherung des Geschäftsherrn gem. § 818 III BGB.

## F. Übersicht über die möglichen Ansprüche

119

| | **Ansprüche des GH** | **Ansprüche des GF** |
|---|---|---|
| **Berechtigte GoA** (§§ 677, 683 BGB) | ⇨ Bei Ausführungsverschulden Anspruch auf Schadensersatz, § 280 BGB<br>⇨ Anspruch auf Herausgabe des Erlangten, §§ 681 S. 2, 667 BGB | ⇨ Aufwendungsersatz, §§ 677, 683 S. 1, 670 BGB |
| **Unberechtigte GoA** (§§ 678, 684 BGB) | ⇨ Anspruch auf Herausgabe des Erlangten, §§ 812 ff. BGB<br>⇨ Ansprüche aus EBV, §§ 987 ff., 994 ff. BGB<br>⇨ bei Übernahmeverschulden Schadensersatzanspruch, § 678 BGB<br>⇨ allgemeiner Schadensersatzanspruch, §§ 823 ff. BGB | ⇨ Herausgabe des Erlangten, §§ 684 S. 1, 812 ff. BGB |
| **Irrtümliche Eigengeschäftsführung** (§ 687 I BGB) | ⇨ Da wegen § 687 I BGB die Vorschriften über die GoA (überhaupt) nicht gelten, können sich Ansprüche nur aus anderen Instituten ergeben, also aus §§ 987 ff., 812 ff. und/oder 823 ff. BGB. | ⇨ hier gilt dasselbe wie für den GH |
| **Angemaßte Eigengeschäftsführung** (§ 687 II BGB) | ⇨ Schadensersatzansprüche, §§ 823 ff. BGB<br>⇨ Ansprüche aus Eingriffskondiktion, §§ 812 I S. 1 Var. 2, 818 BGB<br>⇨ Ansprüche aus EBV, §§ 987 ff., 994 ff. BGB<br>⇨ Anspruch auf Herausgabe des Erlangten, §§ 681 S. 2, 667 BGB<br>⇨ Anspruch auf Schadensersatz (§§ 678, 687 II S. 1 i.V.m. §§ 249 ff. BGB) | ⇨ Anspruch auf Aufwendungsersatz, §§ 687 II S. 2, 684 S. 1, 812 ff. BGB<br>⇨ Ggf. Anspruch auf Ersatz der gemachten Verwendungen, § 994 II BGB |

## G. Abschlussfall zur GoA

**Ausgangsfall:** E ist Eigentümer eines Segelbootes. Das Boot liegt während des Sommers (zwischen Anfang Mai und Mitte September) in einem Yachthafen an der deutschen Nordsee. 120

Anfang Juni begibt sich E für 2 Monate auf eine Rundreise durch Osteuropa. Bereits drei Wochen nach der Abreise wird sein Boot, welches er zuvor ordnungsgemäß verzurrt hatte, während eines heftigen Sommersturmes losgerissen und vom Hafenbecken weggetrieben.

A, der ebenfalls Eigentümer eines Segelbootes ist und sich deshalb während des Sturmes im Yachthafen aufhält, alarmiert die Hafenaufsicht, als er das Boot umhertreiben sieht. Das Boot wird zurückgeholt und wieder an seinem Platz verankert.

Die Hafenaufsicht lässt sich die Kosten des Einsatzes i.H.v. 1.500,- € von A erstatten. Als E wieder zurück ist, verlangt A von diesem den „verauslagten" Betrag nebst Zinsen erstattet. Zu Recht?

**Abwandlung:** E hatte vor seiner Abreise dem A mitgeteilt, das Boot sei schon recht alt und nicht mehr viel wert. Falls das Boot bei einem Sturm losgerissen werde, solle nichts unternommen werden. Er, E, werde sich bei seiner Rückkehr selbst darum kümmern.

A alarmiert dennoch die Hafenaufsicht, damit das Boot des E geborgen wird und keinen Schaden an anderen Rechtsgütern verursacht.

Kann A die von ihm gezahlten 1.500,- € für die Bergung des Bootes von E zurückverlangen?

### I. Lösungsgesichtspunkte Ausgangsfall:

Vertragliche Ansprüche kommen nicht in Betracht. A könnte gegen E aber einen Aufwendungsersatzanspruch i.H.v. 1.500,- € nebst Zinsen aus berechtigter Geschäftsführung ohne Auftrag haben, §§ 677, 683 S. 1, 670 BGB.

#### 1. Besorgung eines Geschäfts

Dazu müsste A zunächst ein Geschäft des E besorgt haben, § 677 BGB. Unter Geschäft i.S.d. § 677 BGB ist jedes rechtsgeschäftliche oder tatsächliche Handeln mit wirtschaftlichen Folgen außer bloßes Unterlassen, Dulden oder Geben zu verstehen.

A hat die Hafenaufsicht alarmiert, also zumindest tatsächlich gehandelt. Daraufhin hat diese das Boot des E kostenpflichtig zurückgeholt. Das Handeln des A hatte somit auch wirtschaftliche Folgen. Weiterhin müsste das Geschäft für A auch fremd gewesen sein. Ein fremdes Geschäft liegt insbesondere dann vor, wenn es nach dem äußeren Erscheinungsbild schon nicht zum Rechts- und Interessenkreis des Geschäftsführers gehört (sog. objektiv fremdes Geschäft). Vorliegend ist es Sache des E, für die Rückholung seines durch den Sturm losgerissenen und auf dem Wasser herumtreibenden Bootes zu sorgen. Das Geschäft des A war somit auch (objektiv) fremd.

#### 2. Fremdgeschäftsführungswille des A

A müsste auch mit Fremdgeschäftsführungswillen gehandelt haben. Erforderlich sind dazu das Bewusstsein, ein fremdes Geschäft zu führen, sowie der Wille, das Geschäft für einen anderen zu führen. Beim objektiv fremden Geschäft wird dies widerlegbar vermutet. Vorliegend ergeben sich aus dem Sachverhalt keine entgegenstehenden Anhaltspunkte. A handelte somit auch mit Fremdgeschäftsführungswillen.

#### 3. Ohne Auftrag oder sonstige Berechtigung

Zwischen dem Geschäftsherrn E und dem Geschäftsführer A dürfte weder ein Auftragsverhältnis noch ein sonstiges Rechtsverhältnis bestanden haben, aufgrund dessen A zur Führung des Geschäfts des E berechtigt war.

Vorliegend ist ein Auftragsverhältnis oder ein sonstiges Rechtsverhältnis zwischen A und E nicht ersichtlich. Insbesondere stellte die allgemeine Hilfspflicht des § 323c I StGB, wenn sie E gegenüber bestünde, keine solche Berechtigung dar, da diese Verpflichtung nur der Allgemeinheit gegenüber besteht.

**4. Objektives Interesse des E**
Die Geschäftsführung des A müsste im objektiven Interesse des E gestanden haben. Ein objektives Interesse an der Übernahme des Geschäfts liegt vor, wenn sie für den Geschäftsherrn objektiv nützlich ist.
E ist es objektiv nützlich, dass sein Boot zurückgeschleppt wird, da anderenfalls ein Totalverlust nicht ausgeschlossen scheint oder zumindest ein größerer Schaden zu befürchten ist. Das objektive Interesse an der Benachrichtigung der Hafenaufsicht zwecks Zurückholung des Bootes besteht somit.

**5. Wirklicher oder mutmaßlicher Wille des E**
Maßgeblich ist grundsätzlich der wirkliche, d.h. der ausdrücklich oder konkludent geäußerte Wille des Geschäftsherrn. Der Geschäftsführer muss diesen Willen nicht notwendigerweise erkennen, und er ist auch grundsätzlich dann beachtlich, wenn er unvernünftig und interessenwidrig ist. Vorliegend kann der wirkliche Wille des E zum Zeitpunkt der Geschäftsführung nicht ermittelt werden. E ist auf einer zweimonatigen Rundreise durch Osteuropa. In einem solchen Fall kann aber auch der mutmaßliche Wille des Geschäftsführers zugrunde gelegt werden. Der mutmaßliche Wille ist gegeben, wenn der Geschäftsherr bei objektiver Betrachtung der Umstände im Zeitpunkt der Übernahme der Geschäftsführung zugestimmt hätte. Maßgeblich ist, dass der mutmaßliche Wille bei Fehlen besonderer Anhaltspunkte aus dem objektiven Interesse geschlossen wird.

Das objektive Interesse des E an der Benachrichtigung der Hafenaufsicht, damit diese das Boot zurückholt, wurde bereits bejaht. Gestützt auf den mutmaßlichen Willen des E liegt somit eine berechtigte Geschäftsführung des A i.S.d. §§ 677, 683 S. 1 BGB vor.

**6. Rechtsfolgen der berechtigten Geschäftsführung ohne Auftrag**
Vorliegend möchte der Geschäftsführer A vom Geschäftsherrn E die 1.500,- € erstattet bekommen, die er der Hafenaufsicht für das Zurückholen des Bootes bezahlt hat. Daneben macht er einen Zinsanspruch geltend.

Geltend gemachte Erstattungsansprüche folgen aus der berechtigten Geschäftsführung und richten sich nach §§ 677, 683 S. 1, 670 BGB. Danach sind die Aufwendungen zu erstatten. Aufwendungen sind Vermögensopfer, die der Geschäftsführer zum Zweck der Ausführung des Geschäfts freiwillig macht, ferner solche Vermögensopfer, die sich als notwendige Folge der Ausführung ergeben.

A konnte die Zurückholung des Bootes nur über die Hafenaufsicht erreichen. Dass diese ihre eigenen Aufwendungen erstattet haben möchte, ergibt sich entweder aus einer gesetzlichen Vorschrift oder aus dem Vertrag zwischen ihr und A. Zumindest ist der Betrag von 1.500,- € ein Vermögensopfer, das sich als notwendige Folge der Einschaltung der Hafenaufsicht ergab, mithin eine Aufwendung i.S.d. § 670 BGB. Der Anspruch auf Verzinsung ergibt sich aus § 256 BGB.

**7. Ergebnis**
A kann von E die Erstattung der 1.500,- € nebst Zinsen aus berechtigter Geschäftsführung ohne Auftrag verlangen, §§ 677, 683 S. 1, 670 BGB i.V.m. § 256 BGB.

**II. Lösungsgesichtspunkte Abwandlung:**
Möglicherweise hat A gegen E auch in diesem Fall einen Anspruch auf Erstattung gemäß §§ 677, 683 S. 1, S. 2, 679, 670 BGB.

A hat ein objektiv fremdes Geschäft geführt, nämlich das des E. Er hatte auch den Fremdgeschäftsführungswillen, da er das Bewusstsein hatte, ein Geschäft des E zu führen, und den Willen besaß, das Geschäft für diesen zu führen. A handelte auch ohne Auftrag oder sonstige Berechtigung. Die Geschäftsführung müsste aber auch berechtigt gewesen sein. Die Geschäftsführung des A widerspricht dem ausdrücklichen Willen des E. Gemäß § 679 BGB ist unter den dort genannten Voraussetzungen aber auch ein entgegenstehender Wille des Geschäftsherrn unbeachtlich. In Betracht kommt vorliegend die Erfüllung einer im öffentlichen Interesse liegenden Pflicht auf Seiten des Geschäftsherrn. Eine solche Pflicht besteht, wenn ohne Eingreifen des Geschäftsführers konkrete Belange der Allgemeinheit

gefährdet oder beeinträchtigt würden. Vorliegend treibt das Boot des E auf dem Wasser umher. Es besteht für E eine im öffentlichen Interesse liegende Verkehrssicherungspflicht, von seinem umhertreibenden Boot ausgehende Gefährdungen zu unterbinden. Die Bergung des Bootes liegt daher in der Erfüllung einer im öffentlichen Interesse liegenden Pflicht des E. Ferner hätte diese Pflicht durch E nicht rechtzeitig erfüllt werden können. Das ist der Fall, wenn anzunehmen ist, dass der Verpflichtete entweder überhaupt nicht oder so spät die Pflicht erfüllt hätte, dass das öffentliche Interesse gefährdet worden wäre, während durch den Geschäftsführer diese Gefährdung vermieden worden ist. E selbst hätte erst nach seiner Rückkehr Ende August Maßnahmen zur Bergung des Bootes ergreifen können. Der Schiffsverkehr wäre dann für mehrere Wochen beeinträchtigt bzw. gefährdet gewesen. Die Pflicht des E wäre also nicht rechtzeitig erfüllt worden. Dagegen ist durch das sofortige Tätigwerden des A die Gefährdung vermieden worden.
Damit sind die Voraussetzungen des § 679 BGB erfüllt. Der entgegenstehende Wille des E ist mithin unbeachtlich. Gemäß §§ 677, 683 S. 1, S. 2, 679 BGB besteht die gleiche Rechtsfolgeanordnung wie bei der oben geprüften berechtigten Geschäftsführung. A kann gemäß § 670 BGB die Erstattung von 1.500,- € nebst Zinsen (§ 256 BGB) von E verlangen.

# 3. Kapitel – Eigentümer-Besitzer-Verhältnis (EBV)

## A. Einführung und Verhältnis zu anderen Instituten

121 Die §§ 987 bis 1003 BGB begründen trotz ihrer systematischen Stellung im 3. Buch des BGB (Sachenrecht) ein **gesetzliches Schuldverhältnis**. Sie betreffen das Rechtsverhältnis zwischen dem Eigentümer und dem unrechtmäßigen Besitzer einer Sache, wobei sowohl das Eigentum als auch der Besitz zumindest in der Vergangenheit bestanden haben müssen. Hinsichtlich der in Betracht kommenden Ansprüche muss zwischen den genannten Vorschriften folgendermaßen differenziert werden:

- § 985 BGB gewährt zwar keinen Anspruch aus einem gesetzlichen Schuldverhältnis, stellt aber einen dinglichen Anspruch des Eigentümers dar, vom Besitzer, der gem. § 986 BGB kein Recht zum Besitz hat, die **Herausgabe der Sache** zu verlangen, sog. **Vindikationsanspruch**.
- Die §§ 987 bis 993 BGB regeln Nebenansprüche des Eigentümers auf **Nutzungsherausgabe** und/oder **Schadensersatz**.
- Gegenansprüche des Besitzers werden in §§ 994 bis 1003 BGB (**Verwendungsersatz**) geregelt.

122 Grundgedanke der §§ 987 ff. BGB ist die **Privilegierung des unverklagten und redlichen**, wenn auch unrechtmäßigen **Besitzers**, also i.d.R. desjenigen Besitzers, der sich in den Grenzen seines vermeintlichen (tatsächlich jedoch nicht bestehenden) Besitzrechts gehalten hat. Um diese Privilegierung nicht zu unterlaufen, stellt das EBV innerhalb seines Regelungsbereichs auch grundsätzlich eine **abschließende Regelung** dar. Andere Ansprüche des *Eigentümers* wegen **unerlaubter Handlung**[151] und **ungerechtfertigter Bereicherung**[152] sind neben denen aus §§ 987 ff. BGB daher **grundsätzlich ausgeschlossen** („**Sperrwirkung des EBV**"). Das ergibt sich aus §§ 992, 993 I a.E. BGB. Umgekehrt kann auch der *Besitzer* **Verwendungsersatz** ausschließlich nach §§ 994 und 996 BGB verlangen; ein Anspruch aus §§ 812 ff. BGB scheidet insoweit auch hier aus. **Daher sind Ansprüche aus dem EBV zwingend vor solchen aus dem Bereicherungsrecht und dem Deliktsrecht zu prüfen**.

123 Hinweis zum Umgang mit diesem Kapitel: Das Verhältnis zwischen dem EBV und anderen Rechtsinstituten gehört zu dem Kompliziertesten, was das BGB zu bieten hat. Möglicherweise fühlt sich daher gerade der Anfänger beim Lesen der nachfolgenden Darstellung zum Verhältnis des EBV zu den anderen Instituten überfordert, weil hier Kenntnisse vorausgesetzt werden, die erst im späteren Verlauf näher vermittelt werden. Auf der anderen Seite muss im Rahmen einer klausuraufbauorientierten Darstellung zuerst die Anwendbarkeit eines Rechtsinstituts geklärt werden. Gegebenenfalls ist daher zu empfehlen, zunächst die Erläuterungen zu B. und C. zu studieren und dann auf A. zurückzukommen. Hier gilt im Einzelnen:

### I. Verhältnis zu den §§ 823 ff. BGB

124 Würde man im Regelungsbereich des EBV dem Eigentümer einer Sache gegenüber dem **redlichen und unverklagten Besitzer** einen (weitergehenden) Schadensersatzanspruch aus unerlaubter Handlung zugestehen, unterliefe man die in den §§ 987 ff. BGB vorgenommene Privilegierung. § 993 I a.E. BGB stellt dies klar. Bestand während des schadensbegründenden Ereignisses also ein EBV, sind die **§§ 823 ff. BGB** (mit Ausnahme des § 826 BGB, s.o.) in ihrer Anwendbarkeit **grundsätzlich gesperrt**.[153]

---

[151] Etwa aus §§ 823 ff. BGB, nicht aber aus § 826 BGB (hier ist der Schädiger in keiner Weise schützenswert).
[152] §§ 812 ff. BGB – insbesondere Nutzungsherausgabe.
[153] Vgl. BGH NJW 1980, 2353, 2354; NJW 1990, 242, 244; *Roth*, JuS 2003, 937; *Lorenz*, JuS 2013, 495, 496.

**Beispiel:** Die redliche Ruth kauft beim Gebrauchtwagenhändler Henrik einen gestohlenen Pkw. Eine Woche nach Übergabe erleidet der Wagen bei einem von R fahrlässig verursachten Verkehrsunfall einen Totalschaden. Im Rahmen der Schadensabwicklung wird der Sachverhalt aufgeklärt. Eigentümer Emil (dieser konnte wegen § 935 I BGB niemals Eigentum an dem Wagen verlieren) verlangt von R Schadensersatz.[154]

Insbesondere für einen nichts ahnenden Besitzer, der eine gestohlene Sache kauft und diese fahrlässig zerstört, scheint die Schadensersatzpflicht als nicht gerechtfertigt. Denn er glaubt ja, er sei Eigentümer und könne letztlich mit der Sache nach Belieben verfahren (vgl. § 903 BGB) und müsse nicht (etwa wie ein Mieter) sorgfältig mit der Sache umgehen. Diesem Umstand tragen die §§ 990 I, 989 BGB Rechnung. Danach haftet für verschuldeten Untergang nur derjenige Besitzer, der **bei Besitzerwerb nicht in gutem Glauben** war, der also den Mangel seines Besitzrechts kannte oder (nach Maßgabe des § 932 II BGB) grob fahrlässig nicht kannte (zum verklagten Besitzer sogleich). Diese Rechtsfolge wird gem. **§ 992 BGB** für denjenigen Besitzer noch **verschärft**, der sich den Besitz durch **verbotene Eigenmacht** (vgl. § 858 BGB) oder eine **Straftat** (insbesondere Diebstahl - § 242 StGB) verschafft hat, und zwar unabhängig von dessen Verschulden bei der Schadensverursachung. Zu seinen Lasten eröffnet § 992 BGB über die Haftung nach §§ 990 I, 989 BGB hinaus ausdrücklich den Anwendungsbereich des **Deliktsrechts** (Rechtsgrundverweisung), sodass ihn sogar die **Zufallshaftung** nach § 848 BGB trifft. **125**

R ist dagegen redlich i.S. des EBV. Zu ihren Gunsten stellt § 993 I a.E. BGB ausdrücklich klar, dass die §§ 990 I, 989 BGB für sie keine Haftung begründen und dass sie auch nicht nach § 823 I BGB belangt werden kann. Das ist sachgerecht.

Ist der Besitzer zwar redlich, aber **verklagt** (§§ 261 I, 253 I ZPO), wird er gem. § 989 BGB so behandelt, als wäre er unredlich. Das hat seinen Grund darin, dass er seit Rechtshängigkeit des Herausgabeanspruchs mit dem Verlieren des Prozesses rechnen muss und daher Anlass hat, mit der Sache sorgfältig umzugehen. **126**

Wäre R vor dem Unfall von E auf Herausgabe des Wagens verklagt worden, müsste sie diesem den Schaden nach §§ 990 I, 989 BGB ersetzen. Und wegen § 992 BGB wäre sie auch nach § 823 I BGB schadensersatzpflichtig. Hätte sie zudem den Besitz durch verbotene Eigenmacht oder durch eine Straftat erlangt, würde sie sogar dann haften, wenn sie den Unfall unverschuldet verursacht hätte (§ 848 BGB).

Eine weitere Ausnahme zu der Haftungsprivilegierung des redlichen und unverklagten Besitzers wird im Fall des sog. **Fremdbesitzerexzesses** gemacht. Hier wendet die h.M. die §§ 823 ff. BGB neben den §§ 987 ff. BGB (teilweise sogar an deren Stelle) an.[155] Ein Fremdbesitzerexzess liegt vor, wenn ein (unverklagter bzw. redlicher) unberechtigter Besitzer das von ihm gutgläubig angenommene Besitzrecht (bspw. Miete oder Leihe) überschreitet, etwa, indem er eine unerlaubte Handlung begeht. Dass hier die §§ 823 ff. BGB neben oder anstelle des EBV angewendet werden, liegt daran, dass der Besitzer nicht schutzwürdig ist. Denn er würde ja auch nach §§ 823 ff. BGB hafte, wenn das vermeintliche Besitzrecht tatsächlich bestünde.[156] **127**

**Beispiel:** Der 17-jährige Lars hat sich ohne Zustimmung seiner Eltern von seinem Freund Fridolin das Moped ausgeliehen. Nachdem es dann zu einem heftigen Streit zwischen den beiden gekommen ist, schubst L das Moped einen Abhang hinunter. F verlangt Schadensersatz. **128**

---

[154] Der an sich wegen § 935 BGB bestehende Herausgabeanspruch aus § 985 BGB macht für E keinen Sinn, da der Wagen praktisch wertlos ist. Daher macht er ihn auch nicht geltend.

[155] Vgl. nur BGHZ 46, 140, 146; *Herrler*, in: Palandt, Vorbem v § 987 Rn 3-5; *Lorenz*, JuS 2013, 495, 496.

[156] *Lorenz*, JuS 2013, 495, 496.

In Betracht kommt zunächst ein Schadensersatzanspruch wegen Verletzung des Leihvertrags (§§ 598, 280 I BGB). Doch wegen der verweigerten Zustimmung der Eltern ist der Leihvertrag unwirksam, sodass im Ergebnis auch kein vertraglicher Schadensersatzanspruch angenommen werden kann.
Möglicherweise hat F aber einen Schadensersatzanspruch aus §§ 990 I, 989 BGB. Dazu müsste zunächst ein EBV vorliegen. F ist nach wie vor Eigentümer des Mopeds und L war im Zeitpunkt der Verletzungshandlung Besitzer. Er hatte aufgrund des unwirksamen Leihvertrags auch kein Recht zum Besitz. Ein EBV liegt damit vor. Ein Schadensersatzanspruch aus §§ 990 I, 989 BGB setzt weiterhin voraus, dass der Besitzer hinsichtlich des Besitzrechts unredlich war. L war jedoch redlicher Besitzer, sodass im Ergebnis auch ein Schadensersatzanspruch aus §§ 990 I, 989 BGB ausscheidet. Da der redliche Besitzer im Übrigen aufgrund der Regelung in § 993 I a.E. BGB auch nicht nach §§ 823 ff. BGB haftet, käme an sich auch kein Schadensersatzanspruch des F wegen unerlaubter Handlung (§§ 823 ff. BGB) in Betracht. L würde im Ergebnis somit überhaupt nicht haften. Dass diese Rechtsfolge trotz der Minderjährigkeit des L unbillig erscheint, liegt auf der Hand. Wäre der Leihvertrag wirksam gewesen, hätte F gegen L sowohl einen vertraglichen als auch einen deliktischen Schadensersatzanspruch gehabt. Dass L nun als unrechtmäßiger Besitzer besser stehen soll, als wenn er im Rahmen eines wirksamen Vertrags rechtmäßiger Besitzer gewesen wäre, ist nicht einzusehen. Daher ist trotz der Regelung des § 993 I a.E. BGB in Fällen der vorliegenden Art § 823 BGB anwendbar. Da auch dessen Voraussetzungen vorliegen, hat F gegen L im Ergebnis einen Anspruch auf Schadensersatz.

Weiterführender Hinweis: Das Problem hätte sich nicht gestellt, wenn L berechtigter Besitzer gewesen wäre. Denn in diesem Fall hätten kein EBV und damit keine Konkurrenzsituation vorgelegen. Auch wenn ein **Dreipersonenverhältnis** bestanden hätte, hätte sich das Problem so nicht gestellt, denn dann wäre die Lösung über **§ 991 II BGB** vorzunehmen gewesen (vgl. dazu Rn 180 f.).

129 **Zusammenfassung:** Die §§ 987 ff. BGB **privilegieren** den **unverklagten** und **redlichen Besitzer**, also i.d.R. denjenigen Besitzer, der sich in den Grenzen seines vermeintlichen (tatsächlich jedoch nicht bestehenden) Besitzrechts gehalten hat. Um diese Privilegierung nicht zu unterlaufen, stellt das EBV innerhalb seines Regelungsbereichs auch grundsätzlich eine **abschließende Regelung** dar. Andere Ansprüche des *Eigentümers* wegen **unerlaubter Handlung** und **ungerechtfertigter Bereicherung** sind neben denen aus §§ 987 ff. BGB daher **grundsätzlich ausgeschlossen** („**Sperrwirkung des EBV**"). Das ergibt sich aus §§ 992, 993 I a.E. BGB.

Eine Ausnahme von der Haftungsprivilegierung ist nur in zwei Fällen zu machen:

- **§ 992 BGB** erklärt §§ 823 ff. BGB neben dem EBV für anwendbar, wenn sich der Besitzer die Sache durch **verbotene Eigenmacht** (vgl. § 858 BGB) oder durch eine **strafbare Handlung** (etwa Diebstahl) verschafft hat.
- Auch im Fall des sog. **Fremdbesitzerexzesses** wendet die h.M. §§ 823 ff. BGB neben §§ 987 ff. BGB (teilweise sogar an deren Stelle) an. Ein Fremdbesitzerexzess liegt vor, wenn derjenige, der eine Sache für einen anderen besitzt (bspw. Miete oder Leihe), sein Besitzrecht bspw. dadurch überschreitet, dass er eine unerlaubte Handlung begeht.

## II. Verhältnis zu den §§ 812 ff. BGB

130 Ansprüche aus EBV (§§ 987 ff. BGB) stellen innerhalb ihres Regelungsbereichs grds. eine **abschließende Regelung** dar und gehen daher auch den §§ 812 ff. BGB grds. vor. Hintergrund ist, dass der redliche Besitzer durch Gewährung von verschiedenen Haftungsprivilegien vor deliktischen und bereicherungsrechtlichen Ansprüchen geschützt werden soll. § 993 I a.E. BGB stellt dieses klar (s.o.). Da die Haftungsprivilegierung aber nur so weit gehen kann, wie der Anwendungsbereich reicht, betrifft die

Sperrwirkung die Herausgabe von Nutzungen oder den Wertersatz (vgl. §§ 987 f., 990 BGB), den Schadensersatz (§§ 989, 990 BGB) und den Verwendungsersatz (§§ 994 ff. BGB), und gilt, sobald eine Vindikationslage besteht. Andere Anspruchsgrundlagen, die auf Herausgabe von Nutzungen, Wertersatz, Schadensersatz oder Verwendungsersatz gerichtet sind, sind insoweit grds. ausgeschlossen. Wenn es also um die **Herausgabe von gezogenen Nutzungen** (vgl. §§ 100, 99 III BGB) nach den §§ 812 ff. BGB geht, stellen die Vorschriften der §§ 987 ff. BGB innerhalb ihres Regelungsbereichs grds. eine abschließende Regelung dar.[157]

**Beispiel:** Bevor R des Beispiels von Rn 124 den Wagen zerstörte, hatte sie ihn ein paar Tage für 100,- € an M vermietet. Kann E von R wenigstens (oder auch) den vereinnahmten Mietzins (§§ 100, 99 III BGB) herausverlangen?

Wäre R **unredlich** i.S.d. EBV gewesen, müsste sie die Nutzungen nach §§ 990 I S. 1, 987 I BGB herausgeben. Und wäre sie zudem die Autodiebin (oder verklagt) gewesen, müsste sie nach §§ 992, 823 I, 252 BGB sogar die Nutzungen ersetzen, die nur der Eigentümer hätte ziehen können, z.B. weil dieser noch günstiger als der Dieb hätte vermieten können.

R war aber **redlich** und fällt daher nicht unter §§ 992, 823 I, 252 BGB. Und wegen § 993 I a.E. BGB darf E die Nutzungen auch nicht über die tatbestandlich gegebene Eingriffskondiktion der §§ 812 I S. 1 Var. 2, 818 I BGB herausverlangen. Vielmehr verbleiben sie bei dem redlichen Besitzer (vorliegend bei R).[158]

Im umgekehrten Verhältnis richtet sich der **Ersatz von Verwendungen** ebenfalls ausschließlich nach den §§ 994 und 996 BGB; ein Anspruch aus §§ 812 ff. BGB scheidet insoweit auch hier aus.[159] Hinsichtlich der Frage, welche Ansprüche dem Besitzer im konkreten Fall zustehen, ist wiederum zwischen Unredlichkeit und Redlichkeit zu unterscheiden. Der **unredliche Besitzer** hat weder einen Anspruch aus § 994 I BGB noch aus § 996 BGB. Denn § 994 I BGB setzt – wie § 996 BGB – Redlichkeit voraus, wie sich aus dem Umkehrschluss zu § 994 II BGB ergibt. Ob ein Anspruch aus § 994 II BGB, der einen Verwendungsersatzanspruch eines verklagten oder unredlichen Besitzers regelt und auf die Vorschriften über die GoA verweist, besteht, muss differenziert betrachtet werden: 131

- Ein Anspruch aus §§ 994 II, 683 S. 1, 670 BGB kommt nur dann in Betracht, wenn das Handeln des Besitzers dem Interesse und dem Willen des Eigentümers (Geschäftsherrn) entspricht.
- Über § 684 S. 1 BGB i.V.m. § 818 II BGB kann Verwendungsersatz nur verlangt werden, wenn der Eigentümer bereichert ist.[160] Bei Entreicherung greift § 818 III BGB. Vgl. dazu auch das Beispiel bei Rn 118.

Dagegen kann der **redliche Besitzer** nach den §§ 994 und 996 BGB Ersatz für seine Verwendungen verlangen und ist andererseits auch nicht zum Wertersatz bzw. Nutzungsersatz verpflichtet. 132

**Beispiel:** Der 13-jährige Kevin ist allein zu Hause. Er hat seinen gleichaltrigen Freund Frederik eingeladen. Als dieser die *Playstation 4* entdeckt, die K erst vor einer Woche von seinen Eltern zum Geburtstag geschenkt bekommen hat, bietet er K 10,- € für das Gerät. Da K das Ding ohnehin langweilig findet, nimmt er das Angebot an. Doch bereits am nächsten Tag muss F das Gerät von einer Reparaturwerkstatt für 50,- € instand setzen lassen. Als die Eltern des K den Verkauf des Geräts bemerken, verlangen sie dieses

[157] Vgl. nunmehr auch *Lorenz*, JuS 2012, 777, 781.
[158] Vgl. *Roth*, JuS 2003, 937. Dem sich anschließend *Schmolke*, JA 2007, 101, 106 f.
[159] BGHZ 41, 157, 159; a.A. *Medicus/Petersen*, BR, Rn 895 ff.
[160] Vgl. *Roth*, JuS 2003, 937, 938. Dem sich anschließend *Schmolke*, JA 2007, 101, 106 f.

sofort heraus. F sieht ein, dass ihm das Gerät nicht wirklich zusteht, will aber neben dem Kaufpreis auch die Reparaturkosten erstattet bekommen.

**Abwandlung:** Die Eltern verlangen auch einen Ersatz für die von F gezogenen Nutzungen (F konnte das Gerät ja unentgeltlich benutzen).

Wie ist die jeweilige Rechtslage?

**Zum Ausgangsfall:** Da sowohl der Kaufvertrag zwischen K und F als auch die Übereignung des Geräts zumindest an der Minderjährigkeit des K scheiterten (vgl. §§ 106 ff. BGB – durch das Herausgabeverlangen haben die Eltern konkludent erklärt, dass sie beide Geschäfte nicht genehmigen), ist K Eigentümer der Playstation geblieben. F hat auch kein Recht zum Besitz. Daher können K´s Eltern in dessen Namen die Herausgabe des Geräts gem. § 985 BGB verlangen. Da insoweit ein EBV vorliegt, richtet sich umgekehrt der Anspruch des F auf Ersatz seiner **Verwendungen** nach §§ 994 und 996 BGB. Für einen bereicherungsrechtlichen Aufwendungsersatzanspruch besteht insoweit also gar kein Bedürfnis. Es ist von einer diesbezüglichen **abschließenden Regelung der §§ 987 ff. BGB** auszugehen. Einer Abwicklung über das Bereicherungsrecht bedarf es lediglich hinsichtlich der Kaufpreiserstattung, da das EBV hierfür keine Regelung enthält.

**Zur Abwandlung:** Fraglich ist aber, wie hinsichtlich des geltend gemachten **Nutzungsherausgabeanspruchs** zu verfahren ist.[161] Zur Beantwortung dieser Frage dient folgende Überlegung: Wäre das vorliegende Übereignungsgeschäft zwischen K und F wirksam gewesen, so wäre das Eigentum an der Playstation auf F übergegangen; es hätten keine Vindikationslage und somit kein Herausgabeanspruch aus § 985 BGB bestanden. K hätte aber aufgrund des nichtigen Kausalgeschäfts das Eigentum kondizieren können (§ 812 I S. 1 Var. 1 BGB – Anspruch aus Leistungskondiktion auf Rückübereignung der Sache). Dieser Anspruch umfasst nach § 818 I BGB auch die von F gezogenen Nutzungen. Da vorliegend aber ein EBV vorliegt und F – das sei unterstellt - gutgläubig hinsichtlich des Besitzerwerbs war, ist dieser aufgrund der Regelung in § 993 I a.E. BGB an sich nicht zum Nutzungsersatz verpflichtet. Ein solcher kommt zwar bereicherungsrechtlich in Betracht, doch sollen die §§ 812 ff. BGB innerhalb des EBV zugunsten des redlichen Besitzers ja gerade ausgeschlossen sein. Aus dieser Überlegung ergibt sich folgender Befund: K kann die Playstation von F zwar vindizieren, nicht aber einen Nutzungsersatzanspruch geltend machen, da F gutgläubig war. Damit steht K schlechter, als wenn er zuvor sein Eigentum verloren hätte. Zur Korrektur dieses Wertungswiderspruchs werden zwei Lösungen vertreten:

- ⇨ Der **BGH** erkennt das Problem, hält dennoch an der Sperrwirkung des EBV fest. Um dennoch zu keinen unbilligen Ergebnissen zu kommen, stellt er den **rechtsgrundlosen Besitzer dem unentgeltlichen Besitzer gleich** und gelangt so zu einem Nutzungsersatzanspruch des Eigentümers gem. **§ 988 BGB analog.**[162] Vorliegend war F infolge der Nichtigkeit des Kausalgeschäfts zwar rechtsgrundloser, nicht aber unentgeltlicher Besitzer, da er zuvor den Kaufpreis i.H.v. 10,- € entrichtet hatte. Analog § 988 BGB (der auf die Rechtsfolgen des Bereicherungsrechts verweist) können die Eltern des K somit in dessen Namen eine Nutzungsausfallentschädigung geltend machen. Über § 818 III BGB wird dieser Anspruch noch nicht einmal mit den Ansprüchen des F saldiert, da anderenfalls die Privilegierung des Minderjährigen unterlaufen würde.[163]

- ⇨ Die **Literatur** lässt zum Schutz des gutgläubigen, die Gegenleistung erbringenden Besitzers eine **Leistungskondiktion** als **Ausnahme zu § 993 I a.E. BGB** zu.[164] Demzufolge steht K – da dieser insoweit „geleistet" hat – ein Nutzungsausfallent-

---

[161] Unter Nutzungen (vgl. § 100 BGB) fallen auch Gebrauchsvorteile, die etwa – wie vorliegend – durch den unentgeltlichen Gebrauch einer Sache entstehen.

[162] Vgl. BGHZ 14, 7, 9; 32, 76, 94; 41, 157, 161 ff.; BGH NJW 1993, 389, 392; 1995, 454.

[163] Zur Saldotheorie und der Ausnahme im Minderjährigenrecht vgl. Rn 557.

[164] Etwa *Herrler*, in: Palandt, § 993 Rn 3; *Medicus/Petersen*, BR, Rn 600; *Baldus*, in: MüKo, § 988 Rn 9; *Roth*, JuS 1997, 897, 900. Im Regelungsbereich des EBV ist ein Bereicherungsanspruch wegen erlangter Nutzungen demzufolge also nur für den Fall der Eingriffskondiktion ausgeschlossen.

schädigungsanspruch aus §§ 812 I S. 1 Var. 1, 818 I, II BGB gegen F zu, der ebenfalls gem. der Zweikondiktionentheorie besteht und nicht über § 818 III BGB mit den Ansprüchen des F zu saldieren ist.

Da aber auch § 988 BGB auf die Rechtsfolgen des Bereicherungsrechts verweist, besteht auch rechtsdogmatisch im Ergebnis kein Unterschied zur Lösung des BGH. Eine Entscheidung kann daher (wie generell im **Zweipersonenverhältnis**) dahinstehen. Die Ergebnisse fallen aber auseinander, wenn der Besitzer den Besitz durch die Leistung eines Dritten (**Dreipersonenverhältnis**) erlangt hat. Dann bedarf es einer Entscheidung.

**Beispiel**[165]**:** Dorit hat das Notebook von Eigennutz gestohlen und an den gutgläubigen Gottfried verkauft. Dieser Kaufvertrag stellt sich nun als nichtig heraus.

⇨ Würde man § 988 BGB analog anwenden, könnte E von G nach § 988 BGB Nutzungsersatz verlangen, ohne dass G dem E den (an D) gezahlten Kaufpreis entgegenhalten könnte.

⇨ Folgt man der Gegenauffassung, kann E von G die gezogene Nutzung nicht kondizieren, da zwischen E und G kein Leistungsverhältnis vorliegt. *Nur D* kann die Nutzung von G über § 818 I BGB herausverlangen, weil G den Besitz durch Leistung *der D* erhalten hat. Diesem Anspruch der D kann G aber den gezahlten Kaufpreis entgegenhalten. E seinerseits kann von D die Nutzungen, die er selbst gezogen hätte, gem. §§ 992, 823, 249 BGB ersetzt verlangen. Soweit E die Nutzungen nicht gezogen hätte, kann er sie von D zumindest nach § 687 II BGB fordern. Im Ergebnis kommen die Nutzungen also doch E zu, allerdings auf dem „Umweg" über D. Dieser Umweg ist nötig, um G die Verrechnung seines Vermögensopfers nicht unmöglich zu machen (**Kondiktion grds. nur übers Eck**; eine konstruktiv mögliche Nichtleistungskondiktion im Verhältnis E-G scheidet aus, da die Nichtleistungskondiktion gegenüber der Leistungskondiktion hinsichtlich desselben Bereicherungsgegenstands subsidiär ist, vgl. dazu Rn 205 und 428). Demzufolge bleibt es im Dreipersonenverhältnis bei der abschließenden Regelung der §§ 987 ff. BGB.[166]

Fraglich ist, ob die Sperrwirkung des EBV hinsichtlich der **Verwendungen** i.S.d. §§ 994, 996 BGB auch dann gilt, wenn der unrechtmäßige Besitzer zwar Verwendungen macht, diese aber **außerhalb des Verwendungsbegriffs** der §§ 994, 996 BGB stehen. **133**

**Beispiel:** Pedro ist Pächter eines dem Vinzenz gehörenden Grundstücks. Ständig von der Angst vor einer Invasion Außerirdischer verfolgt, errichtet er eines Tages auf dem von V gepachteten Grundstück einen unterirdischen Bunker aus Beton. Da man mittlerweile an der Zurechnungsfähigkeit des P zweifelt, wird er psychiatrisch untersucht und für geisteskrank erklärt. Dabei wird festgestellt, dass P sich bereits im Zeitpunkt des Abschlusses des Pachtvertrags mit V im Zustand des § 104 Nr. 2 BGB befand. Als V nun die Rückgabe des Grundstücks verlangt (§ 985 BGB), macht der Betreuer des P (vgl. §§ 1896, 1901 BGB) die Erstattung der Kosten für den Bau geltend. **134**

Der geltend gemachte Verwendungsersatzanspruch könnte sich auf §§ 994, 996 BGB stützen. Ein EBV liegt vor, da P infolge des nichtigen Pachtvertrags kein Recht zum Besitz hatte (vgl. § 986 I S. 1 BGB). Fraglich ist aber, ob P Verwendungen auf das Grundstück des V gemacht hat. **Verwendungen** liegen nach der Rechtsprechung des BGH vor bei einer willentlichen Vermögensaufwendung, die der Sache zugutekommen soll, indem sie sie wiederherstellt, erhält oder verbessert[167], sie aber nicht grundlegend verändert (**enger Verwendungsbegriff**).[168] Vorliegend ist das Grundstück des V durch

---

[165] Nach *Medicus/Petersen*, BR, Rn 600.
[166] Vgl. dazu auch *Roth*, JuS 2003, 937, 942.
[167] BGHZ 131, 220, 222.
[168] BGHZ 10, 171, 177 ff.; 41, 157, 160; vgl. aber auch BGH NJW 2015, 229, 230, wo der BGH eine Änderung seiner (bisherigen) Auffassung anzudeuten scheint: „... kommt es ... weder darauf an, ob die errichteten Baulichkeiten und die

den Bau des Bunkers grundlegend verändert worden, sodass P nach Auffassung des BGH keine Verwendungen i.S.d. §§ 994, 996 BGB gemacht hat. Die Frage, ob der Bunker dem Grundstück zugutekam, kann somit dahinstehen.

Möglicherweise kann ein Verwendungsersatzanspruch dann aber auf § 951 I BGB gestützt werden. P hat infolge der Regelung des § 946 i.V.m. § 94 BGB einen Rechtsverlust erlitten, der gem. § 951 I BGB nach den §§ 812 ff. BGB (vorliegend Verwendungskondiktion nach § 812 I S. 1 Var. 2 BGB) zu kompensieren ist. Ein solcher Anspruch ist aber ausgeschlossen, wenn von dem Verwendungsersatzanspruch des EBV auch dann eine Sperrwirkung ausgeht, wenn (lediglich) die Voraussetzungen der §§ 994, 996 BGB nicht gegeben sind.

⇨ Nach Auffassung des BGH entfalten die §§ 994 ff. BGB auch dann eine Sperrwirkung gegenüber Vorschriften, die denselben Sachverhalt regeln, wenn ihre Voraussetzungen nicht vorliegen (**Theorie von der absoluten Sperrwirkung**). Dieser Ausschluss beschränke sich nicht nur auf die Vorschriften der GoA und des Bereicherungsrechts, sondern erstrecke sich auch auf den Ersatzanspruch aus § 951 I BGB (der ja letztlich auf das Bereicherungsrecht verweist). Anderenfalls werde das in den §§ 994, 996 BGB enthaltene sorgfältig abgestufte und ausgewogene Ausgleichssystem unterlaufen. Eine Zulassung des Ausgleichsanspruchs gem. § 951 I BGB werde zudem dazu führen, dass selbst ein bösgläubiger unrechtmäßiger Besitzer für Maßnahmen, die nicht unter den Verwendungsbegriff fallen, Ersatz verlangen könnte.[169] Danach hätte P keine Verwendungen i.S.d. §§ 994 bzw. 996 BGB gemacht und könnte auch nicht über § 951 BGB Ersatz für seine Maßnahmen verlangen. Zu denken wäre in einem solchen Fall allenfalls an einen „Quasi-Verwendungsersatzanspruch" aus dem Grundsatz von Treu und Glauben (§ 242 BGB).

⇨ Die die Gegenauffassung bildende h.L. lehnt zwar die vom BGH vertretene Einschränkung des engen Verwendungsbegriffs ab (zählt also auch **Umgestaltungsaufwendungen** zu den Verwendungen i.S.d. §§ 994 ff. BGB)[170], geht aber ebenfalls vom **abschließenden Charakter** der §§ 994 ff. BGB aus und gelangt so bei Vorliegen einer Vindikationslage zum vollständigen Ausschluss von Ansprüchen aus Bereicherungsrecht in sonstiger Weise.[171] Sollte P danach Verwendungen i.S.d. §§ 994 bzw. 996 BGB gemacht haben, könnte er Verwendungsersatz verlangen. Sollte man hierin eine Unbilligkeit auf Seiten des V sehen, hilft auch hier (allerdings in umgekehrter Richtung) § 242 BGB.

⇨ Wieder andere befürworten zwar den engen Verwendungsbegriff des BGH, lehnen aber die vom BGH vertretene weit reichende Ausschlusswirkung der §§ 994 ff. BGB ab. Die **Ausschlusswirkung** der §§ 994, 996 BGB gelte nur dann, wenn **auch die Voraussetzungen** dieser Vorschriften vorlägen. Demzufolge steht dem Besitzer für solche Aufwendungen, die nicht den §§ 994, 996 BGB unterfallen, durchaus ein Wertersatzanspruch aus § 951 BGB zu. Zur Begründung dieses Ergebnisses wird angeführt, dass die Auffassung des BGH zu Unbilligkeiten führe. Diese Unbilligkeiten bestünden darin, dass der Besitzer für Umgestaltungsmaßnahmen niemals Ersatz verlangen könne, auch wenn diese eine wesentliche Wertsteigerung des Grundstücks bewirkt hätten. Insbesondere stelle die Regelung des § 997 BGB (Wegnahmerecht) keinen wirklichen Ausgleich dar, weil die Realisierung dieses Rechts zumeist (wegen der hohen Kosten) unverhältnismäßig sei. Schließlich komme hinzu, dass durch die Rechtsprechung der besitzende Verwender wesentlich schlechter ge-

---

ergriffenen landschaftsgärtnerischen Maßnahmen auf der Grundlage des von dem Senat bislang vertretenen engen Verwendungsbegriffs ausnahmsweise als Verwendung anzusehen sind ... noch darauf, ob die von der Revision aufgegriffene Kritik an dieser Rechtsprechung ... berechtigt ist."

[169] BGHZ 41, 157, 162; 131, 220, 222 ff.

[170] *Herrler*, in: Palandt, § 994 Rn 4; *Gursky*, in: Staudinger, vor § 994 Rn 8; beide m.w.N.

[171] Vgl. *Gursky*, in: Staudinger, vor §§ 994 Rn 39; *Reuter/Martinek*, Ungerechtfertigte Bereicherung, 1983, 699 ff.; *M. Wolf*, AcP 166 (1966), 199 ff.

stellt werde als der nichtbesitzende Verwender, da für Letzteren mangels Anwendbarkeit der §§ 994, 996 BGB auch keine Sperrwirkung eintrete.[172]

Stellungnahme: Die Argumente der zuletzt genannten Auffassung überzeugen. Der besitzende Verwender (im vorliegenden Fall P) kann also grds. Verwendungsersatz gem. § 951 BGB i.V.m. § 812 I S. 1 Var. 2 BGB (hier: Verwendungskondiktion) geltend machen. Sollte dies im Einzelfall zu unbilligen Ergebnissen führen, etwa dadurch, dass der Grundstückseigentümer für die Umgestaltung seines Grundstücks, die er gar nicht wünscht, die für ihn sogar einen Schaden bedeutet, sogar noch „bezahlen" muss, helfen die Grundsätze über die **„aufgedrängte Bereicherung"**. Danach entfällt ein Bereicherungsanspruch (der im vorliegenden Fall ja über die Verweisung in § 951 BGB in Betracht kommt), wenn jemandem die Bereicherung aufgedrängt wird. Insgesamt bleibt aber festzuhalten, dass auch die anderen beiden Auffassungen Korrektive enthalten, sodass sich letztlich nach allen Auffassungen eine sachgerechte Lösung herbeiführen lässt.

Da der **Verbrauch** oder die **Veräußerung** einer Sache keine Nutzungen i.S.v. § 100 BGB sind, ist folgerichtig auch der Anwendungsbereich der §§ 990 I, 989 BGB nicht eröffnet. § 993 I a.E. BGB ist damit ebenfalls nicht einschlägig. Der redliche Besitzer, der die Sache verbraucht oder veräußert, ist daher Bereicherungsansprüchen aus §§ 812 ff. BGB ausgesetzt. In der Regel handelt es sich bei Wertersatz im Falle des Verbrauchs um die allgemeine Eingriffskondiktion nach §§ 812 I S. 1 Var. 2, 818 II BGB oder im Falle der Veräußerung um die besondere Eingriffskondiktion des § 816 I S. 1 BGB.[173] Bei Fahrlässigkeit des Besitzers könnte auch daran gedacht werden, Verbrauch und Veräußerung der Sache zugunsten des Eigentümers im Wege des Schadensersatzes zu erfassen. Doch scheitert die Anwendbarkeit der §§ 990 I, 989 BGB an der Redlichkeit des Besitzers und auf § 823 I BGB kann wegen § 993 I a.E. BGB nicht zurückgegriffen werden. 135

## III. Verhältnis zum Vertrag und zu den §§ 677 ff. BGB

Die Vorschriften über das EBV können umgekehrt auch ausgeschlossen sein. Das ist insbesondere dann der Fall, wenn andere Rechtsinstitute dem Besitzer ein Recht zum Besitz verleihen. 136

- Das betrifft zunächst den Fall, dass ein **wirksamer Vertrag** zwischen den Parteien besteht, der dem Besitzer ein Recht zum Besitz verleiht. Zu nennen wären insbesondere sog. Gebrauchsüberlassungsverträge wie Miete, Pacht und Leihe.
- Die Vorschriften über das EBV sind – solange sich der Geschäftsführer im Rahmen einer ***berechtigten*** **GoA** bewegt – nicht anwendbar, weil die §§ 677 ff. BGB dem Geschäftsführer insoweit ein Recht zum Besitz verleihen.[174] Daher kann der Eigentümer in der Rolle des Geschäftsherrn nicht über § 985 BGB die Herausgabe der Sache verlangen (§ 986 BGB). Die Abwicklung erfolgt über §§ 677 ff. BGB (d.h. über § 677, 681 S. 2, 667 BGB). Handelt es sich um einen unrechtmäßigen Besitzer, hält die Rspr. die Vorschriften der §§ 987 ff., 994 ff. BGB für eine Sonderregelung, die im Falle einer ***unberechtigten*** **GoA** die §§ 677 ff. BGB weitgehend ausschließt.[175] Vgl. dazu das Beispiel bei Rn 117. Liegt ein Fall der ***irrtümlichen Eigengeschäftsführung*** vor, sind gem. § 687 I BGB die Vorschriften der GoA unanwendbar. Daher können sie auch keine Kon-

[172] *Medicus/Petersen*, BR, Rn 897; *Larenz/Canaris*, BT II 2, § 74 I 3.
[173] Vgl. *Roth*, JuS 2003, 937, 941.
[174] *Gehrlein*, in: Bamberger/Roth, 3. Aufl. 2012, § 677 Rn 21; *Sprau*, in: Palandt, Einf v. § 677 Rn 12.
[175] BGHZ 41, 157, 162; *Gehrlein*, in: Bamberger/Roth, 3. Aufl. 2012, § 677 Rn 21; *Sprau*, in: Palandt, Einf v. § 677 Rn 12 jeweils m.w.N. Nach der Gegenauffassung, die auch die unberechtigte GoA als spezielles gesetzliches Schuldverhältnis ansieht (so etwa *Seiler*, in MüKo, Vor § 677 Rn 18; vgl. *Ebbing*, in: Erman, Vor 994 Rn 45), gehen die §§ 677 ff. BGB den §§ 987 ff., 994 ff. BGB generell vor.

kurrenz zu den Regeln des EBV darstellen. Bei ***angemaßter Eigengeschäftsführung*** ist § 687 II BGB neben den §§ 987 ff., 994 ff. BGB anwendbar.[176]

## B. Herausgabeanspruch gem. § 985 BGB

137 Gemäß § 985 BGB kann der Eigentümer von dem Besitzer die Herausgabe der Sache verlangen. Dieser sog. **Vindikationsanspruch** besteht jedoch nicht, wenn der Besitzer dem Eigentümer Einreden oder Einwendungen entgegenhalten kann. Die wichtigste Einwendung ist § 986 BGB zu entnehmen. Hat der Besitzer **ein Recht zum Besitz**, ist ein Vindikationsanspruch ausgeschlossen. Eigentum und Besitz fallen in diesem Fall auseinander. Nach Auffassung des BGH[177] gewähren auch die Zurückbehaltungsrechte aus §§ 273 und 1000 BGB ein Recht zum Besitz i.S.v. § 986 BGB. Ferner unterliegt der Anspruch aus § 985 BGB der **Verjährung** (vgl. § 197 I Nr. 2, § 200 BGB). Dann fallen Eigentum und Besitz sogar dauerhaft auseinander.

138 **Hinweis für die Fallbearbeitung:** Näherer Erläuterung bedarf § 986 BGB. Diese Vorschrift muss stets zusammen mit § 985 BGB gelesen werden. Es stellt sich lediglich die Frage, warum der Gesetzgeber das Nichtbestehen eines Besitzrechts nicht als Tatbestandsvoraussetzung in § 985 BGB formuliert hat. Offenbar wollte der Gesetzgeber in einer Art „Beweislastumkehr" erreichen, dass der Besitzer sein Recht zum Besitz aktiv im Prozess darlegen und beweisen muss. Prozessrechtlich sieht die h.M.[178] das Weigerungsrecht aus § 986 BGB (entgegen dem Wortlaut) jedenfalls als **Einwendung** des zum Besitz berechtigten Besitzers gegenüber dem Anspruch aus § 985 BGB. Das Besitzrecht muss also nicht (wie bei einer Einrede) geltend gemacht werden, sondern ist von Amts wegen zu berücksichtigen, wenn es sich nur aus dem Klägervortrag ergibt. Es führt zur Abweisung der Herausgabeklage. In der Fallbearbeitung ist der geltend gemachte Herausgabeanspruch gem. § 985 BGB also wie folgt zu prüfen:

**I.** Der Anspruchsteller muss zumindest Miteigentümer der Sache sein

**II.** Der Anspruchsgegner muss unmittelbarer oder zumindest mittelbarer Besitzer sein

**III.** Der Anspruchsgegner darf kein Recht zum Besitz haben

**IV.** Rechtsfolge: Verschaffung des unmittelbaren Besitzes

Hinsichtlich der in den Punkten I.-III. genannten Voraussetzungen kann oftmals die eine Voraussetzung nicht ohne inzidente Prüfung einer anderen geprüft werden. Das vorgestellte Schema kann daher lediglich die Grundidee widerspiegeln, die hinter den §§ 985, 986 BGB steht.

### I. (Mit-)Eigentum des Anspruchstellers an der Sache

139 Der Anspruchsteller muss im Zeitpunkt des Herausgabeverlangens **Eigentümer** oder zumindest **Miteigentümer** der Sache sein. Ist die Eigentümerstellung bzgl. einer *beweglichen* Sache streitig, muss das Gericht die Regelung des **§ 1006 BGB** beachten. Nach dessen Abs. I wird zugunsten des unmittelbaren Besitzers vermutet, dass dieser auch Eigentümer der Sache ist. Dies führt zu einer erheblichen Beweislasterleichterung auf Seiten des unmittelbaren Besitzers. Dagegen nützt die Regelung des § 1006 II BGB dem Anspruchsteller. Bei *unbeweglichen* Sachen gilt die Beweisregelung des § 891 BGB.

---

[176] BGHZ 39, 186, 188; *Herrler*, in: Palandt, Vorb v. § 987 Rn 18; a.A. *Seiler*, in MüKo, Vor § 677 Rn 18.

[177] BGHZ 64, 122, 125; BGH NJW-RR 1986, 282; BGH NJW 1995, 2627, 2628. Anders die h.L., vgl. *Hütte/Hütte*, SachenR I, Rn 627; *Wieling*, SachenR, 5. Aufl. 2007, § 12 I 3 a); *Baldus*, in: MüKo, § 986 Rn 17; *Gursky*, in: Staudinger, § 986 Rn 16.

[178] BGHZ 82, 13, 18; BGH NJW 1999, 3716, 3717; *Herrler*, in: Palandt, § 986 Rn 1; *Baldus*, in: MüKo, § 986 Rn 25.

**Hinweis für die Fallbearbeitung:** In der Fallbearbeitung ist häufig eine Veräußerungskette anzutreffen: A leiht B eine (unter Eigentumsvorbehalt[179] erworbene) Sache. B verkauft und übereignet die Sache an den gutgläubigen C. A (oder im Fall des Eigentumsvorbehalts der Vorbehaltsverkäufer) verlangt die Sache von C heraus. In derartigen Fällen ist zunächst der ursprüngliche Eigentümer zu benennen. Sodann sind chronologisch anhand des sog. **historischen Aufbaus** die jeweiligen Erwerbstatbestände hintereinander durchzuprüfen, bis der jetzige Eigentümer feststeht. Hierbei bietet sich folgende Einstiegsformulierung an: „Ursprünglich war ... Eigentümer der Sache. Er könnte sein Eigentum aber aufgrund ... an ... verloren haben (...)". 140

Der Anspruch aus § 985 BGB kann – da er die notwendige *Folge* aus dem Erwerb des Eigentums ist und daher nicht als Vollzugsmittel zum Erwerb des Rechts dienen kann – nach h.M.[180] **nicht abgetreten** werden. Abgetreten werden können i.S.d. § 931 BGB lediglich andere (gesetzliche) Herausgabeansprüche wie § 812 BGB, § 823 BGB oder aus §§ 677 ff. BGB oder solche aus Besitzrecht (namentlich § 861 BGB). 141

Unter **Sachen** sind nach der Legaldefinition in § 90 BGB alle körperlichen Gegenstände zu verstehen, und zwar unabhängig von deren Aggregatzustand, solange sie von der Außenwelt (räumlich) abgrenzbar sind. Da in einer Prüfungsarbeit kaum die Sacheigenschaft etwa eines Grundstücks, Autos, Mopeds oder Fahrrads zu problematisieren sein wird, soll vorliegend lediglich auf einige Besonderheiten eingegangen werden: 142

- Fehlt es an der **räumlichen Abgrenzbarkeit** des Objekts (Wasser, Luft etc.), scheidet die Sacheigenschaft aus. 143
- Da sich die Sacheigenschaft auf *körperliche* Gegenstände beschränkt, sind konsequenterweise **Daten**, **Forderungen** und andere **Rechte** keine Sachen. Ein körperlicher Gegenstand ist aber das **Medium**, mit dem die Daten oder die Rechte verkörpert werden (etwa das Papier, auf dem die Forderung oder das sonstige Recht verbrieft sind, die Girocard, mit deren Hilfe Geld vom Geldautomaten entnommen werden kann, oder die CD, auf der das Computerprogramm gespeichert ist, welches das Ergebnis einer geistigen Leistung darstellt). 144
  Zu verneinen ist auch die Körperlichkeit der **elektrischen Energie**. Die Sacheigenschaft ist aber zu bejahen, sofern es um das Speichermedium (etwa Batterie) geht.
- Unstreitig ist der lebende **menschliche Körper** *keine* Sache. Denn die verfassungsrechtlich garantierte Menschenwürde (Art. 1 I GG) verbietet es, den lebenden Menschen zu einem bloßen Objekt „herabzustufen". Das gilt auch hinsichtlich des noch **ungeborenen Menschen** (*Nasciturus*)[181] und des außerhalb des Mutterleibs befindlichen **Embryos**. 145
- Demgegenüber ist bei einer **Leiche** nach h.M. die Sachqualität zu bejahen (hier greift das Argument der Menschenwürde nicht mehr). Fraglich ist aber, ob eine Leiche eigentumsfähig ist und im Rahmen einer Erbschaft gem. § 1922 BGB in das Eigentum der Erben übergehen kann. Die Eigentumsfähigkeit ist insbesondere bei solchen Leichen zu verneinen, die zur Bestattung bestimmt sind und damit der Pietätsbindung unterliegen (*res extra commercium*; es fehlt in diesem Fall an einem Aneignungsrecht nach § 958 II BGB). Ist eine Leiche aber nicht zur Bestattung, sondern zu Anatomiezwecken bestimmt oder stellt sie eine Mumie oder ein Skelett dar, ist die Eigentumsfähigkeit ausnahmsweise zu bejahen. 146

---

[179] Zum Eigentumsvorbehalt vgl. ausführlich *Hütte/Hütte*, SachenR I, Rn 846 ff./887 ff.

[180] Vgl. BGH NJW 1983, 112; *Herrler*, in: Palandt, § 985 Rn 1; *Gursky*, in: Staudinger, § 985 Rn 3; kritisch *Medicus/Petersen*, BR, Rn 445.

[181] BVerfGE 39, 1, 41 (Schwangerschaftsabbruch I); 88, 203, 251 (Schwangerschaftsabbruch II) – dazu *R. Schmidt*, Grundrechte, 24. Aufl. 2019, Rn 50 ff.

147 ▪ Hinsichtlich vom Körper **abgetrennter Körperteile** (Gliedmaßen, Organe, Blut etc.) muss die Sacheigenschaft wohl bejaht werden. Abgetrennte Körperteile sind keine Träger von Menschenwürde und können daher ohne weiteres unter den Begriff des körperlichen Gegenstands i.S.d. § 90 BGB fallen. Eine Besonderheit besteht jedoch, wenn der Körperteil (etwa Blut) zu dem Zweck entnommen wurde, es anschließend wieder dem Körper zuzuführen (etwa Eigenblutspende). Für den Bereich des Schadensersatzrechts nimmt der BGH in Zivilsachen in derartigen Fällen an, dass nur *vorübergehend* entnommene Körperbestandteile auch während der Lagerung außerhalb des Körpers mit diesem eine funktionale Einheit bilden. Ihre Beschädigung oder Vernichtung sei daher Körperverletzung i.S.d. § 823 BGB und begründe einen Schadensersatzanspruch.[182]

148 ▪ Schließlich ist die Frage zu beantworten, ob **Implantaten** (künstliches Hüftgelenk, Herzschrittmacher, Zahnprothese etc.) Sachqualität zukommt. Eine Auffassung steht auf dem Standpunkt, dass sämtliche Implantate mit Einpflanzung in den menschlichen Körper ihre Sachqualität verlieren. Die Gegenauffassung unterscheidet zwischen Substitutiv-Implantaten und Supportiv-Implantaten.[183] Das Implantat sei nur dann ein fester Bestandteil des Körpers (und damit sei die Sacheigenschaft zu verneinen), wenn es als *Ersatz* für einen defekten Körperteil fungiere. Sei das Implantat dagegen nur ein *Hilfsmittel*, bleibe die Sacheigenschaft bestehen. Wenn aber der Körper verstirbt und dadurch zur Sache wird, werden konsequenterweise auch Körperimplantate (wieder) zur Sache.[184]

149 ▪ **Tiere** sind nach § 90a BGB keine Sachen. Sie stehen aber im Ergebnis den Sachen weitgehend gleich, da auf das Rechtsobjekt *Tier* die für Sachen geltenden Vorschriften entsprechend anzuwenden sind (vgl. § 90a S. 3 BGB).

## II. Anspruchsgegner ist zumindest mittelbarer Besitzer

150 Schuldner des Vindikationsanspruchs sind der unmittelbare oder mittelbare Eigen- oder Fremdbesitzer unabhängig von der Art ihres Besitzerwerbs. Hinsichtlich der Besitzarten ist zu unterscheiden:

- **Besitz** ist die nach der Verkehrsauffassung zu bestimmende tatsächliche Sachherrschaft einer Person über eine Sache.

  **Beispiel:** Im Bücherregal des B steht der neue Palandt. Hier übt B nach der Verkehrsauffassung eine tatsächliche Sachherrschaft über das Buch aus.

- Besitzt der Besitzer die Sache als ihm gehörend, spricht das Gesetz von **Eigenbesitz** (§ 872 BGB). Dabei ist es nicht erforderlich, dass die Sache dem Besitzer tatsächlich gehört.

  **Beispiel:** Der Dieb, der sich anmaßt, mit der von ihm gestohlenen Sache wie ein Eigentümer zu verfahren, übt Eigenbesitz aus.

- Besitzt der Besitzer die Sache für einen anderen, liegt **Fremdbesitz** vor.

  **Beispiel:** Der Mieter, der die dem Vermieter gehörende Wohnung bewohnt, übt Fremdbesitz aus.

- **Unmittelbarer Besitzer** ist derjenige, der die tatsächliche Sachherrschaft über die Sache selbst ausübt.

  **Beispiele:** B des obigen Beispiels übt unmittelbaren Besitz am Palandt aus. Das Gleiche gilt für den Dieb, der selbst Sachherrschaft über die gestohlene Sache ausübt.

---

[182] Vgl. BGHZ 124, 52, 54 f.

[183] Substitutiv-Implantate sind Implantate, die als Ersatz für Körperteile eingepflanzt werden (Beispiele: künstliches Hüftgelenk; künstliche Zähne); Supportiv-Implantate sind Implantate, die defekten Körperteilen als Zusatz bzw. Hilfsmittel beigefügt werden (Beispiele: Herzschrittmacher, Zahnfüllungen).

[184] Zu den Nachweisen vgl. *R. Schmidt*, StrafR BT II, 20. Aufl. 2018, Rn 10.

- **Mittelbarer Besitzer** ist derjenige, der den Besitz durch einen anderen, den Besitzmittler, ausübt (§ 868 BGB).

  **Beispiel:** Der Vermieter, der die Wohnung dem Mieter überlässt, übt mittelbaren Besitz an der Wohnung aus. Der Mieter ist also Besitzmittler und übt zugleich Fremdbesitz aus. Daher wird er auch als **unmittelbarer Fremdbesitzer** bezeichnet.

  Weitere Beispiele von unmittelbaren Besitzern sind Nießbraucher (vgl. §§ 1030 ff. BGB), Pfandgläubiger (vgl. §§ 1204 ff.; 1223 I, 1253, 1273 ff., 1278 BGB), Pächter (§§ 581, 535 ff. BGB), Verwahrer (§§ 688-700 BGB) und derjenige, der in einem ähnlichen Verhältnis steht, vermöge dessen er einem anderen gegenüber auf Zeit zum Besitz berechtigt oder verpflichtet ist (vgl. § 868 BGB). Dazu zählen insbesondere der Entleiher (§§ 598 ff. BGB) und der Werkunternehmer (§§ 631 ff. BGB).

## III. Kein Recht zum Besitz seitens des Anspruchsgegners

Der Vindikationsanspruch ist weiterhin nur dann begründet, wenn der Anspruchsgegner, d.h. Besitzer, **kein Recht zum Besitz hat** (§ 986 BGB). Strukturell unterscheidet § 986 I BGB zwischen dem **eigenen Besitzrecht** nach § 986 I S. 1 Halbs. 1 BGB und dem von einem Dritten **abgeleiteten Besitzrecht** nach § 986 I S. 1 Halbs. 2 BGB. 151

Das **eigene Besitzrecht** muss gegenüber dem Eigentümer bestehen. Es kann ein dingliches, aber auch ein obligatorisches sein. 152

**Dingliche Rechte**, die ein Recht zum Besitz begründen können, sind etwa die in den §§ 1036 I, 1093, 1205 BGB genannten (beim Gutglaubenserwerb nach § 932 BGB wird der Empfänger bereits Eigentümer, sodass schon deshalb ein Anspruch aus § 985 BGB nicht in Betracht kommt). Ob das Anwartschaftsrecht des Vorbehaltskäufers ein Recht zum Besitz gegenüber dem Vorbehaltsverkäufer begründet, ist streitig.[185] Verneint man diese Frage, hilft zumindest die Dolo-facit-Einrede. Auch bei der Frage, ob ein Zurückbehaltungsrecht nach §§ 273, 1000 BGB ein Recht zum Besitz gibt, gehen die Meinungen auseinander. Während die h.L.[186] das Recht auf Besitz mit dem Argument verneint, ein Zurückbehaltungsrecht verhindere nur die Vollstreckung des Herausgabeanspruchs, behandelt der BGH[187] das Zurückbehaltungsrecht als Besitzrecht. Da aber nach beiden Auffassungen bei Bestehen eines Zurückbehaltungsrechts eine Herausgabeklage nicht abgewiesen wird, sondern lediglich die Verurteilung Zug um Zug gegen Ersatz der Verwendungen (§ 274 BGB) erfolgt, besteht im Ergebnis kaum ein Unterschied. 153

**Obligatorische Rechte**, die ein Recht zum Besitz begründen können, sind diejenigen, die auf vertraglicher oder gesetzlicher schuldrechtlicher Beziehung zum Eigentümer beruhen. Dazu zählt insbesondere das Besitzrecht aufgrund eines Leih-, Miet-, Werk-, Kauf-, Verwahrungs- oder eines sonstigen Besitzüberlassungsvertrags. 154

Das Kriterium des eigenen Besitzrechts **gegenüber dem Eigentümer** kann insbesondere in Dreipersonenverhältnissen problematisch werden, da in derartigen Konstellationen Eigentümer und Vertragspartner personenverschieden sein können. 155

> **Beispiel 1 (kein Vindikationsanspruch):** Adelheid leiht sich von ihrer Freundin Brunhilde deren Mountainbike, um ins Kino zu fahren. Auf dem Nachhauseweg begegnet sie dem redlichen Norbert, dem sie unter Vorspiegelung, Eigentümerin des Fahrrads zu sein, das Fahrrad für 100,- € verkauft und übergibt. 156

---

[185] Dafür: *Herrler*, in: Palandt, § 929 Rn 41; *Baur/Stürner*, SachenR, § 59 Rn 47; *Henssler*, in: Soergel, § 929 Rn 68; *Lorenz*, JuS 2011, 199, 200; dagegen: BGHZ 10, 69, 71; *Gursky*, in: Staudinger, § 986 Rn 10; *Baldus*, in: MüKo, § 986 Rn 9; *Medicus/Petersen*, BR, Rn 465.

[186] *Herrler*, in: Palandt, § 986 Rn 4; *Ebbing*, in: Erman, § 986 Rn 17 ff.; *Baldus*, in: MüKo, § 986 Rn 17; *Gursky*, in: Staudinger, § 986 Rn 28.

[187] BGHZ 64, 122, 125; BGH WM 1985, 1421 f.; NJW 1995, 2627, 2628.

Hier war A zur Veräußerung nicht berechtigt, da sie das Fahrrad lediglich geliehen hatte (§ 598 BGB) und von B auch nicht zur Veräußerung ermächtigt wurde (§ 185 I BGB). Da N gutgläubig hinsichtlich der Eigentumsverhältnisse war (er durfte berechtigterweise davon ausgehen, A sei Eigentümerin des Fahrrads), konnte er gem. §§ 929 S. 1, 932 BGB Eigentum an dem Fahrrad erwerben. B kann also nicht von N gem. § 985 BGB das Fahrrad vindizieren. Die Verfügung der A ist mithin wirksam. Da der Gutglaubensschutz im Hinblick auf § 816 I S. 1 BGB (aber auch mit Blick auf § 812 I S. 1 Var. 2 BGB) kondiktionsfest ist, kann B von N Eigentum und Besitz am Fahrrad auch nicht kondizieren. Um den Eigentumsverlust zumindest zu mildern, kann B von A gem. § 816 I S. 1 BGB den erlangten Kaufpreis kondizieren. Selbstverständlich ist A der B auch zum Schadensersatz verpflichtet (vertraglich aus §§ 598, 280 BGB; deliktisch aus § 823 I BGB, aus § 823 II BGB i.V.m. § 246 StGB und aus § 826 BGB; und nach § 687 II BGB - Geschäftsanmaßung). Dagegen kommt ein sachenrechtlicher Anspruch aus §§ 989, 990 BGB wegen Nichtbestehens einer Vindikationslage nicht in Betracht (A hatte im maßgeblichen Zeitpunkt der Verletzungshandlung aufgrund des Mietvertrags ein Recht zum Besitz).

157 **Beispiel 2 (Vindikationsanspruch gegeben):** Adelheid hat sich von ihrer Freundin Brunhilde das Mountainbike nicht geliehen, sondern es ihr gestohlen, bevor sie es dem redlichen Norbert unter Vorspiegelung, Eigentümerin des Fahrrads zu sein, für 100,- € verkauft und übergibt.

Hier konnte N trotz seiner Gutgläubigkeit kein Eigentum am Fahrrad erwerben (§§ 929 S. 1, 932 I, 935 I BGB). B kann das Fahrrad also bei N vindizieren (§ 985 BGB). Sollte das Fahrrad inzwischen aber beschädigt oder nicht mehr auffindbar sein, macht der Vindikationsanspruch regelmäßig keinen Sinn. Das Gleiche gilt, wenn B eher Interesse an den 100,- € hat (etwa weil das Fahrrad einen geringeren Wert hat). In Fällen dieser Art ist ihr zu empfehlen, das Geschäft zwischen A und N zu genehmigen (§ 185 II S. 1 BGB). Die Genehmigung hat zur Folge, dass die Verfügung der A wirksam wird und diese den Verkaufserlös gem. § 816 I S. 1 BGB an B herausgeben muss. Da eine Genehmigung auch konkludent erfolgen kann, genügt die schlichte Aufforderung gegenüber A, das Geld herauszugeben. Selbstverständlich ist A der B auch in diesem Fall zum Schadensersatz verpflichtet (deliktisch aus § 823 I BGB, aus § 823 II BGB i.V.m. § 242 StGB und aus § 826 BGB; sachenrechtlich aus §§ 989, 990 BGB und nach § 687 II BGB - Geschäftsanmaßung).
Im Verhältnis zu N ist jedoch zu beachten, dass B durch die Genehmigung selbstverständlich den Vindikationsanspruch aus § 985 BGB verliert.

158 **Beispiel 3 (Vindikationsanspruch gegeben):** Adelheid hat ihrer Freundin Brunhilde deren Mountainbike gestohlen und es dem redlichen Norbert unter Vorspiegelung, Eigentümerin des Fahrrads zu sein, für 5,- € pro Tag vermietet. Als B das Fahrrad bei N erblickt, verlangt sie es heraus.

Der von B geltend gemachte Herausgabeanspruch könnte sich auf § 985 BGB stützen. B ist selbstverständlich Eigentümerin geblieben. Auch ist N unmittelbarer Fremdbesitzer des Fahrrads. Fraglich ist allein, ob der Mietvertrag mit A ihm ein Recht zum Besitz gegenüber B verleiht. Da der Mietvertrag als obligatorischer, d.h. schuldrechtlicher Vertrag nur zwischen den Vertragsparteien (vorliegend also zwischen A und N) wirkt, § 985 BGB aber als ein aus dem Eigentum abgeleiteter dinglicher Anspruch gegenüber jedermann wirkt, hat N im Ergebnis kein Recht zum Besitz des Fahrrads gegenüber B. Der von B geltend gemachte Anspruch aus § 985 BGB ist also begründet.

159 Das Besitzrecht gegenüber dem Eigentümer kann gem. § 986 I S. 1 Halbs. 2 BGB auch ein **abgeleitetes** sein. Abgeleitet ist das Besitzrecht, wenn es sich aus einem Rechtsverhältnis zwischen dem Eigentümer und einem Dritten (dem mittelbaren Besitzer) ergibt, von dem der unmittelbare Besitzer sein Besitzrecht ableitet, soweit der Dritte zur Besitzweitergabe befugt war.

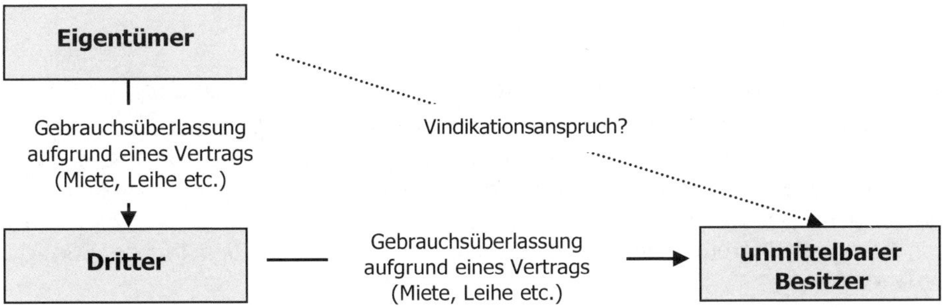


**Beispiel:** Adelheid (= Dritter) hat von ihrer Freundin Brunhilde (= Eigentümer) deren Mountainbike geliehen. Dabei gingen beide stillschweigend davon aus, dass eine Weiterverleihung nicht in Betracht kommt. Gleichwohl verleiht A das Fahrrad weiter, und zwar an den redlichen Norbert (= unmittelbarer Besitzer). Als B das Fahrrad bei N erblickt, verlangt sie es heraus. Mit Recht?
Der von B geltend gemachte Herausgabeanspruch könnte sich auf § 985 BGB stützen. B ist selbstverständlich Eigentümerin. Auch ist N unmittelbarer Fremdbesitzer des Fahrrads. Fraglich ist allein, ob der Leihvertrag zwischen N mit A dem N ein Recht zum Besitz gegenüber B verleiht.

Im Gegensatz zum letzten Beispiel besteht hier die Besonderheit, dass A das Fahrrad von B nicht gestohlen, sondern geliehen hat. Dieser Leihvertrag gibt der A ein Recht zum Besitz, das bei einem Diebstahl gerade nicht besteht. Wäre es A nun gestattet gewesen, das Fahrrad an N weiterzuverleihen, hätte B auch kein Recht gehabt, das Fahrrad herauszuverlangen (N hätte also gem. § 986 I S. 1 Halbs. 2 BGB aufgrund des Leihvertrags zwischen ihm und der A ein abgeleitetes Recht zum Besitz gehabt). Vorliegend war der A die Weiterverleihung aber gerade nicht gestattet. Die Voraussetzungen des § 986 I S. 1 Halbs. 2 BGB zugunsten des N liegen also nicht vor. Gleichwohl kann B grds. nicht die Herausgabe des Fahrrads an sich selbst verlangen, sondern gem. § 986 I S. 2 Halbs. 1 BGB lediglich an den mittelbaren Besitzer, vorliegend also an A. Nur für den Fall, dass diese sich weigert, den unmittelbaren Besitz zu übernehmen, kann B gem. § 986 I S. 2 Halbs. 2 BGB die Herausgabe des Fahrrads an sich selbst verlangen.

Schließlich kann der Besitzer einer (**beweglichen**![188]) Sache, die nach § 931 BGB 160
durch Abtretung des Herausgabeanspruchs veräußert worden ist, dem neuen Eigentümer die Einwendungen entgegenhalten, welche ihm gegen den abgetretenen Anspruch zustehen (§ 986 II BGB – **obligatorisches Besitzrecht gegenüber dem Voreigentümer**).

**Beispiel:** Adelheid hat von ihrer Freundin Brunhilde deren Mountainbike geliehen. Wäh- 161
rend sich das Bike bei A befindet, verkauft B es an den (redlichen) Norbert und sagt diesem, er könne es bei A abholen. Als N das Fahrrad bei A abholen möchte, verweigert diese die Herausgabe unter Berufung auf den Leihvertrag. Mit Recht?

B stand es frei, das Fahrrad an N zu veräußern. Die zur Übertragung des Eigentums erforderliche Übergabe nach § 929 S. 1 BGB kann dadurch ersetzt werden, dass der Eigentümer dem Erwerber den Anspruch auf Herausgabe der Sache abtritt. Dies ist vorliegend durch die Aussage, N könne das Fahrrad bei A abholen, geschehen.
Fraglich ist allein, ob A sich unter Berufung auf den Leihvertrag mit B weigern kann, das Fahrrad an den neuen Eigentümer N herauszugeben. Ein Besitzrecht aus dem Leihvertrag mit B kommt nicht in Betracht, da dieses Recht nur ein relatives Recht darstellt und somit auch nur gegenüber dem Vertragspartner gilt. Auch ein abgeleitetes Besitzrecht

[188] Der Herausgabeanspruch bzgl. einer unbeweglichen Sache kann nicht nach § 931 BGB abgetreten werden, da sich die §§ 929 ff. BGB nur auf bewegliche Sachen beziehen.

aus § 986 I BGB liegt nicht vor, weil B gegenüber N nicht zum Besitz berechtigt ist. A kann sich jedoch auf § 986 II BGB berufen.

### IV. Rechtsfolge: Verschaffung des unmittelbaren Besitzes

162 Liegen die Voraussetzungen des Vindikationsanspruchs gem. § 985 BGB vor, wird die „Herausgabe der Sache" geschuldet. Mit „Herausgabe" i.S.d. § 985 BGB ist die **Verschaffung des unmittelbaren Besitzes** gemeint. Ist der Pflichtige mittelbarer Besitzer, kann – sofern kein Fall des § 986 I S. 2 Halbs. 1 BGB vorliegt – der Eigentümer von diesem die Abtretung des Herausgabeanspruchs gegen den unmittelbaren Besitzer verlangen.[189]

163 Der Herausgabeanspruch kann sich sowohl auf **bewegliche** als auch auf **unbewegliche Sachen** beziehen. Das ergibt sich aus § 90 BGB. Auch der **Besitz** kann vindiziert werden, sodass der Anspruch aus § 985 BGB neben dem Grundbuchberichtigungsanspruch aus § 894 BGB steht. Bei **Geld** ist zu differenzieren: Im Eigentum des Gläubigers stehendes Bargeld, das sich vom Geld des Schuldners unterscheiden lässt, kann vindiziert werden.[190] Ist das Geld jedoch durch Einbringung in eine Kasse oder einen Geldbeutel mit dem Geld des Schuldners vermengt, liegt ein Fall des gesetzlichen Erwerbstatbestands der §§ 948 I, 947 II BGB vor. Erwirbt der Schuldner auf diese Weise Eigentum an den Geldscheinen und -münzen des Gläubigers, scheidet ein Vindikationsanspruch aus. Zu denken wäre dann zwar an einen Anspruch auf Herausgabe der Wertsumme (beliebige Scheine und Münzen in Höhe der geschuldeten Summe), eine solche sog. **Geldwertvindikation** wird heute ganz überwiegend aber **nicht** mehr vertreten, da sonst Geldeigentümer gegenüber Sacheigentümern im Rahmen eines Insolvenzverfahrens (vgl. § 47 InsO) oder einer Zwangsvollstreckung (vgl. § 771 ZPO) unangemessen bevorzugt würden.[191] Erst recht scheidet eine Geldwertvindikation aus, wenn es gewechselt oder auf ein Konto eingezahlt wurde. Hier gelten ausschließlich die §§ 989, 990 und 812 ff. BGB.

### V. Konkurrenz zu anderen Instituten

164 Da der Anspruch aus § 985 BGB als dinglicher Anspruch unmittelbar der Sache selbst anhaftet, besteht nach h.M.[192] eine echte Anspruchskonkurrenz zu vertraglichen Rückgewähr- bzw. Rückabwicklungsansprüchen (etwa aus § 546 oder aus §§ 346 ff. BGB) sowie zu gesetzlichen Herausgabeansprüchen (etwa aus §§ 812 ff., §§ 823 ff. mit 249, 861, 1007, 2018 BGB).

## C. Nebenansprüche gem. §§ 987 ff. BGB

### I. Maßgeblicher Zeitpunkt

165 Zu Sinn und Zweck der Nebenansprüche gem. §§ 987 ff. BGB wurde bereits ausführlich Stellung genommen (vgl. Rn 122). Alle setzen das Bestehen einer **Vindikationslage im Zeitpunkt der Verwirklichung einer der Tatbestände der §§ 987 ff. BGB** (also des schädigenden Ereignisses bzw. der Nutzungsziehung oder der Verwendung) voraus. War der Besitzer zu dieser Zeit also Eigentümer und verlor das Eigentum später ohne Rückwirkung (z.B. durch Eintritt des Nacherbenfalls), sind die §§ 987 ff. BGB folgerichtig nicht anwendbar.[193] Hiervon unberührt bleiben selbstverständlich die bereits genannten vertraglichen Rückgewähr- bzw. Rückabwicklungsansprüche

---

[189] Vgl. BGHZ 53, 29, 30 ff.; *Herrler*, in: Palandt, § 985 Rn 11; *Baldus*, in: MüKo, § 985 Rn 10 f.

[190] Allgemeine Auffassung, vgl. nur *Strohe*, JuS 2002, 858, 859; *Ebbing*, in: Erman, § 985 Rn 3; *Wiegand*, in: Staudinger, § 929 Rn 78.

[191] Vgl. *Medicus*, JuS 1983, 897; *Herrler*, in: Palandt, § 985 Rn 10. Zur gutachterlichen Prüfung einer Geldwertvindikation vgl. auch *Strohe*, JuS 2002, 858 ff.

[192] *Baldus*, in: MüKo, § 985, 27 f.; *Herrler*, in: Palandt, § 985 Rn 3.

[193] Vgl. BGH NJW 1981, 1517 f.; *Herrler*, in: Palandt, Vorbem v § 987 Rn 2; *Schmolke*, JA 2007, 101 ff.

(etwa aus § 546 oder aus §§ 346 ff. BGB) sowie die gesetzlichen Herausgabeansprüche (etwa die aus §§ 812 ff., §§ 823 ff. mit §§ 249, 861, 1007, 2018 BGB).

**Hinweis für die Fallbearbeitung:** Kommt ein Nebenanspruch aus dem EBV in Betracht, empfiehlt sich folgende Einstiegsformulierung: „Der von ... geltend gemachte Anspruch auf ... (Herausgabe der gezogenen Nutzungen oder Schadensersatz) setzt das Bestehen einer Vindikationslage im Zeitpunkt der Verwirklichung des Tatbestands der ... (§§ 987, 988 BGB bzw. §§ 990, 989 BGB bzw. §§ 994-996 BGB) voraus". Sodann müssen folgende Schritte geprüft werden: 166

- Der Anspruchsteller muss **im Zeitpunkt der Tatbestandsverwirklichung** durch den Anspruchsgegner zumindest **Miteigentümer** der Sache gewesen sein.
- Der Anspruchsgegner muss in diesem Zeitpunkt unmittelbarer oder zumindest mittelbarer **Besitzer** gewesen sein.
- Der Anspruchsgegner durfte im maßgeblichen Zeitpunkt **kein Recht zum Besitz** haben.
- Rechtsfolge: **Herausgabe der gezogenen Nutzungen** (bei §§ 987, 988 BGB), **Schadensersatz** (bei §§ 990, 989 und 992 BGB) oder **Verwendungsersatz** (bei §§ 994-996 BGB).

## II. Kein Recht zum Besitz

Insbesondere das Kriterium ***Kein Recht zum Besitz*** birgt gewisse Schwierigkeiten in sich, die man bei der schlichten Lektüre des Gesetzestextes nicht unbedingt erkennt. Das betrifft den *nicht-so-berechtigten Besitzer*, den *nicht-mehr-berechtigten Besitzer* und das *Aufschwingen des berechtigten Fremdbesitzers zum unberechtigten Eigenbesitzer*. 167

- **Nicht-so-berechtigter Besitzer:** Überschreitet der Besitzer sein Besitzrecht (etwa indem er als Mieter unberechtigt untervermietet oder die Mietsache beschädigt), ist er aufgrund des wirksamen Mietvertrags zwar eigentlich zum Besitz berechtigt, aber nicht so, wie er ihn ausübt. Hier kann der Eigentümer nur dann Ansprüche aus §§ 987 ff. BGB geltend machen, wenn man den nicht-so-berechtigten Besitzer als nicht berechtigten Besitzer ansieht. Die h.M. verneint diese Möglichkeit mit der Folge der Unanwendbarkeit der §§ 987 ff. BGB.[194] Da dieses Problem bereits oben beim sog. **Fremdbesitzerexzess** (Rn 127 f.) sowie im Beispiel zur unberechtigten Untervermietung (Rn 444) behandelt wird, sei insoweit auf diese Ausführungen verwiesen. 168
- **Nicht-mehr-berechtigter Besitzer:** War der Besitzer ursprünglich zum Besitz berechtigt und ist diese Berechtigung ohne Rückwirkung (also etwa wegen Kündigung mit Ex-nunc-Wirkung) weggefallen, sind die §§ 987 ff. BGB jedenfalls dann anwendbar, wenn das Abwicklungsrecht auf sie verweist (z.B. § 292 BGB). Im Übrigen ist zu differenzieren: 169
  - ⇨ Verwirklicht der Anspruchsgegner einen der Tatbestände der §§ 987 ff. BGB **vor Besitzrechtsende**, war er berechtigter Besitzer, sodass die §§ 987 ff. BGB nicht anwendbar sind.[195]
  - ⇨ Verwirklicht der Anspruchsgegner einen der Tatbestände der §§ 987 ff. BGB **nach Besitzrechtsende**, wendet die Rechtsprechung teilweise nur die §§ 987 ff. BGB an[196], teilweise nur das Abwicklungsrecht (etwa § 546 oder §§ 346 ff. BGB)[197] und

---

[194] Vgl. dazu *Roth*, JuS 2003, 937, 939; *Herrler*, in: Palandt, Vorbem v § 987 Rn 3; *Schmolke*, JA 2007, 101.
[195] A.A. BGHZ 34, 122, 131 f.
[196] BGH NJW 1995, 2627 (Nutzungen nach Ende des Mietvertrags).
[197] Vgl. BGHZ 44, 241, 244 ff.; 54, 34, 36 f. (Nutzung bzw. Beschädigung nach Ende des Mietvertrags).

teilweise beide Normengruppen nebeneinander[198]. Auch die Literatur ist uneinheitlich. Während einige Stimmen die §§ 987 ff. BGB überhaupt nicht für einschlägig erachten und ausschließlich das Abwicklungsrecht sowie die §§ 823 ff. und 812 ff. BGB anwenden[199], wollen andere die genannten Normengruppen nach folgender Maßgabe anwenden: Regele das Abwicklungsrecht den Sachverhalt abschließend, sei auch nur Abwicklungsrecht anwendbar; daneben seien die §§ 987 ff. BGB nur dann anwendbar, wenn sie den Eigentümer begünstigen.[200] Dem ist zuzustimmen. Denn es ist nicht einzusehen, dass der dem Anspruch aus § 985 BGB unterfallende Besitzer von einer weitergehenden Haftung aus §§ 987 ff. BGB verschont bleiben soll.

170 ▪ **Aufschwingen des berechtigten Fremdbesitzers zum unberechtigten Eigenbesitzer:** War der Besitzer zunächst berechtigter Fremdbesitzer, hat dann aber nichtberechtigt Eigenbesitz über die Sache begründet (Beispiel: Entleiher veräußert die geliehene Sache an einen Dritten), sind die §§ 987 ff. BGB nach Auffassung der h.L.[201] nicht anwendbar, weil ihre Tatbestandsverwirklichung *vor* dem Ende des Besitzrechts erfolgt sei bzw. mit ihr zusammentreffe. Denn in diesem Zeitpunkt sei der Besitzer für eine logische Sekunde noch zum Besitz berechtigt gewesen. Folgt man dieser Auffassung, bestehen Ansprüche des Eigentümers (nur) nach §§ 598, 604, 280 I, 283 und §§ 823 ff. BGB, nicht aber aus §§ 990 I S. 1, 989 BGB. Demgegenüber bewerten der BGH[202] und der andere Teil des Schrifttums[203] das Aufschwingen vom berechtigten Fremdbesitzer zum unberechtigten Eigenbesitzer als Besitzerwerb i.S.d. § 990 I BGB und bejahen auch den diesbezüglichen Schadensersatzanspruch.

## III. Gutgläubigkeit/Bösgläubigkeit des Besitzers

171 Da der Grundgedanke der §§ 987 ff. BGB darin besteht, einerseits den **unverklagten** und **redlichen Besitzer**, also i.d.R. denjenigen Besitzer, der sich in den Grenzen seines vermeintlichen (tatsächlich jedoch nicht bestehenden) Besitzrechts gehalten hat, **zu privilegieren**, andererseits aber auch den **bösgläubigen Besitzer** stärker zur **Verantwortung zu ziehen** (vgl. nur § 990 I S. 1 BGB), muss zwingend zwischen Gutgläubigkeit (Redlichkeit) und Bösgläubigkeit (Unredlichkeit) des Besitzers unterschieden werden.

Der Begriff der Gutgläubigkeit wird negativ bestimmt. Danach ist der Besitzer stets dann gutgläubig, wenn er nicht bösgläubig ist. Die **Bösgläubigkeit** wird in **§ 990 I BGB** vorausgesetzt. Danach haftet der Besitzer, der beim Erwerb des Besitzes nicht in gutem Glauben hinsichtlich des Besitzrechts war, dem Eigentümer nach den §§ 987, 989 BGB. Inhaltlich bedeutet Bösgläubigkeit, dass der Besitzer **im Zeitpunkt des Besitzerwerbs** das **fehlende Besitzrecht** entweder **positiv kannte** oder infolge **grober Fahrlässigkeit nicht kannte** (vgl. § 990 I S. 1 i.V.m. § 932 II BGB analog). Erfährt der Besitzer später, dass er zum Besitz nicht berechtigt war, haftet er in gleicher Weise von dem Zeitpunkt an, in dem er Kenntnis von der Nichtberechtigung erlangt hat (§ 990 I S. 2 BGB).

172 Die Frage der Bösgläubigkeit ist immer dann schwierig zu beantworten, wenn **Dritte** eingeschaltet werden. Bedient sich der Besitzerwerber eines **Besitzdieners** (§ 855 BGB), ist der Erwerber jedenfalls dann bösgläubig, wenn er selbst nicht in gutem Glauben hinsichtlich des Besitzrechts war oder das fehlende Besitzrecht infolge eigener

---

[198] BGH NJW 1968, 197 (Nutzung nach Ende des Pachtvertrags); BGH NJW 1982, 2304 (Verzugsschaden bei Nichtherausgabe).

[199] *Baur/Stürner*, Sachenrecht, § 11 Rn 30; *Baldus*, in: MüKo, vor § 987 Rn 19; *Roth*, JuS 1997, 518, 522; *Ebenroth/Zeppernick*, JuS 1999, 209, 215.

[200] *Gursky*, in: Staudinger, vor § 987 Rn 18; *Kindl*, JA 1996, 115, 118; *Herrler*, in: Palandt, Vorbem v § 987 Rn 12.

[201] *Herrler*, in: Palandt, Vorbem v § 987 Rn 13; *Roth*, JuS 1997, 518, 521. Vgl. auch *Baur/Stürner*, Sachenrecht, § 11 Rn 27.

[202] BGHZ 31, 129, 132 ff.

[203] *Gursky*, in: Staudinger, § 990 Rn 28; *Ebenroth/Frank*, JuS 1996, 794, 801.

grober Fahrlässigkeit nicht kannte. Besteht die Bösgläubigkeit nur auf Seiten des Besitzdieners, ist fraglich, ob sich der Erwerber die Bösgläubigkeit seines Besitzdieners zurechnen lassen muss.

**Beispiel:** Kapitalist K schickt seine Hausangestellte A zum Nachbarn N, damit sie bei diesem die zuvor gekaufte Skulptur abholt. Doch was K nicht weiß ist, dass N die Skulptur zuvor von E gestohlen hatte. Über alles informiert ist aber A, die ein Liebesverhältnis zu N hat. Als A mit der Skulptur das Haus des K betritt, stolpert sie in äußerst ungeschickter Weise über die Türschwelle; die Skulptur zerschellt auf dem Marmorboden. Nachdem E den Sachverhalt in Erfahrung gebracht hat, verlangt er von K Schadensersatz. Mit Recht? **173**

E könnte seinen Schadensersatzanspruch auf §§ 990 I, 989 BGB stützen. Dies setzt zunächst eine Vindikationslage im Zeitpunkt der Verletzungshandlung voraus. E ist bzw. war Eigentümer der Skulptur (wegen des Diebstahls konnte niemand Eigentum erwerben, vgl. § 935 I BGB). K war Besitzer (§ 855 BGB). Auch hatte K kein Recht zum Besitz. Er müsste aber auch bösgläubig hinsichtlich seines Besitzrechts gewesen sein. Er selbst hatte keine Kenntnis von dem nicht bestehenden Besitzrecht. Auch eine grob fahrlässige Unkenntnis, die ebenfalls zur Bösgläubigkeit führt, liegt nicht vor. Bösgläubig war aber A. Fraglich ist daher, ob ihre Bösgläubigkeit dem K zugerechnet werden kann bzw. muss. Hätte es sich vorliegend um einen Eigentumserwerb nach §§ 929, 932 BGB gehandelt, wäre § 166 I BGB anwendbar gewesen. Dann wäre das Wissen der A dem K zugerechnet worden. Vorliegend geht es aber lediglich um den Besitzerwerb. Darüber, dass auch hier eine Zurechnung erfolgen muss, besteht Einigkeit. Streitig ist nur die dogmatische Begründung.

⇨ Eine Zurechnung über **§ 278 BGB** (Haftung für das Verschulden des Erfüllungsgehilfen) scheidet jedenfalls aus. Zum einen geht es nicht um die Zurechnung eines fremden Verschuldens, und zum anderen bestand vor dem Besitzerwerb auch nicht die erforderliche Sonderverbindung.

⇨ Teilweise wird mit Hinweis auf die Deliktsähnlichkeit des § 990 BGB stets **§ 831 BGB** (Haftung für eigenes Verschulden bei der Auswahl oder Überwachung eines Verrichtungsgehilfen, wenn dieser eine unerlaubte Handlung begeht) analog angewendet.[204]

⇨ Überwiegend wird jedoch eine Zurechnung über **§ 166 I BGB** analog zumindest dann favorisiert, wenn der Besitzdiener im Zeitpunkt der Besitzbegründung **vertreterähnlich** auftritt *und* auch eine dem rechtgeschäftlichen Vertreter vergleichbare Entscheidungsfreiheit **eingeräumt bekommen hatte**.[205] Eine Zurechnung über § 831 BGB analog kommt demzufolge auch nach dieser Auffassung nur dann in Betracht, wenn der Besitzdiener weisungsgebunden und ohne eigene Entscheidungsfreiheit auftritt.

Stellungnahme: Stellt man auf § 831 BGB analog ab, ist zu beachten, dass man dem Geschäftsherrn damit auch die Möglichkeit des Entlastungsbeweises (Exkulpation) gem. § 831 I S. 2 BGB einräumen muss. Der Eigentümer könnte dann benachteiligt sein, weil er sich ggf. nur an den (mitunter mittellosen) Besitzdiener halten kann (§ 823 I BGB). Hat der Geschäftsherr dem Besitzdiener aber gewisse Handlungsspielräume eingeräumt, die denen der Vertretungsmacht ähneln, spricht gerade diese Ähnlichkeit dafür, auch § 166 I BGB analog anzuwenden. Schließt man sich dieser Überlegung an, muss auch vorliegend K sich das Wissen der A zurechnen lassen, sofern diese „vertreterähnlich" auftrat. Da K bereits zuvor die rechtsgeschäftlichen Handlungen selbst durchführte und seine Angestellte nur losschickte, um die Skulptur abzuholen, kann von einem „vertreterähnlichen" Auftreten nicht die Rede sein. Daher ist § 831 BGB analog anzuwenden. Sollte K der Entlastungsbeweis nicht gelingen, muss er sich das Verhalten der A zurech-

---

[204] So von *Baldus*, in: MüKo, § 990 Rn 12; *Roth*, JuS 1997, 710, 711; vgl. auch BGHZ 16, 259, 263 f.

[205] So BGHZ 32, 53, 55 ff.; 41, 17, 21; BGH NJW 1997, 1917; *Herrler*, in: Palandt, 990 Rn 6; dem sich anschließend *Schmolke*, JA 2007, 101, 103.

nen lassen. Mithin wäre er dann dem E gem. §§ 990 I, 989 BGB zum Schadensersatz verpflichtet.[206]

174 Ist der Besitzer **minderjährig**, stellt sich dem Grunde nach dieselbe Frage, nämlich die, ob auf seine Kenntnis oder auf die Kenntnis des gesetzlichen Vertreters abzustellen ist. Hier stellt die h.M.[207] – in insoweit zur Besitzdienerschaft inkonsequenter Weise – unter Berufung auf die Deliktsähnlichkeit der §§ 990, 989 BGB auf die Einsichtsfähigkeit und Reife des Minderjährigen gem. § 828 III BGB analog ab. Besteht beim Minderjährigen also die Einsicht, dass er den Besitz unberechtigt begründet, ist im Rahmen des Schadensersatzanspruchs nach §§ 990 I, 989 BGB auf seine Kenntnis abzustellen und die Bösgläubigkeit i.S.d. § 990 I BGB zu bejahen. Sollte es jedoch nicht um Schadensersatz gehen, sondern um Nutzungsersatz gem. §§ 990 I, 987 BGB, kann das Argument der Deliktsähnlichkeit nicht herangezogen werden. Hier besteht vielmehr eine Rechtsgeschäftsähnlichkeit mit der Folge, dass gem. § 166 I BGB analog auf die Kenntnis des gesetzlichen Vertreters abzustellen ist.

## IV. Nutzungsherausgabeanspruch gem. §§ 987-988 BGB

175 Liegen die (für alle Nebenansprüche aus dem EBV gleichermaßen geltenden) Voraussetzungen

- Anspruchsteller war **im Zeitpunkt der Nutzungsziehung** durch den Anspruchsgegner zumindest **Miteigentümer** der Sache
- Anspruchsgegner war in diesem Zeitpunkt unmittelbarer oder zumindest mittelbarer **Besitzer**
- Anspruchsgegner hatte in diesem Zeitpunkt **kein Recht zum Besitz**

vor, kann der Eigentümer vom Besitzer **nach Rechtshängigkeit**[208] bzw. **bei dessen Bösgläubigkeit** hinsichtlich des Besitzrechts die **Herausgabe der tatsächlich gezogenen Nutzungen** verlangen (§§ 990 I, 987 I, 988 BGB). Das sind nach § 100 BGB die Früchte einer Sache oder eines Rechts sowie Gebrauchsvorteile, soweit sie wirtschaftlich nutzbar sind.[209]

- **Früchte einer Sache** (§ 99 I BGB) sind zum Beispiel Tier- und Bodenprodukte. Hat der Besitzer als Besitzrecht bspw. den Besitz an Hühnern erlangt, muss er nicht nur die Hühner, sondern auch die gelegten Eier herausgeben. Können die Eier nicht herausgegeben werden (etwa weil sie konsumiert worden sind), ist diesbezüglich Wertersatz gem. § 818 II BGB zu leisten (die Sperrwirkung des EBV reicht nur so weit, wie der Anwendungsbereich der §§ 987 ff. BGB geht).
- **Früchte eines Rechts** (§ 99 II BGB) sind zum Beispiel Zinserträge von Spar- und Kontoguthaben, Forderungen etc.[210]
- Herauszugeben sind auch **mittelbare Sach- und Rechtsfrüchte** (§ 99 III BGB). Mittelbare Sachfrüchte sind bspw. Zinserträge von Vermietungen und Verpachtungen. Zu den mittelbaren Rechtsfrüchten gehören bspw. Gebühren für die Überlassung einer Lizenz oder eines sonstigen Rechts.

176 **Zieht** der verklagte bzw. bösgläubige Besitzer die Nutzungen **nicht**, die er nach den Regeln einer ordnungsgemäßen Wirtschaft ziehen könnte, ist er dem Eigentümer zum **Wertersatz** verpflichtet, soweit ihn ein **Verschulden** trifft (§ 987 II BGB).

---

[206] Vgl. BGH NJW 1980, 2353 f.; NJW 1990, 242, 244.
[207] *Herrler*, in: Palandt, § 990 Rn 8; vgl. auch *Schmidt*, in: MüKo, v § 104 Rn 28 ff.
[208] Die Rechtshängigkeit beurteilt sich nach §§ 253, 261 ZPO und beginnt mit Erhebung der (auf Herausgabe der Sache gerichteten) Klage.
[209] Vgl. BGH NJW 1998, 2529, 2530.
[210] Vgl. BGH NJW 2000, 1637, 1638.

Dagegen ist der **unverklagte** und **redliche** Besitzer gegenüber dem Eigentümer weder zur Herausgabe von **Nutzungen** noch zum **Schadensersatz** verpflichtet. § 993 I a.E. BGB stellt dies klar. Aus Billigkeitsgründen ist er gem. § 993 I BGB aber nach den Vorschriften des Bereicherungsrechts (Rechtsfolgenverweisung) zur Herausgabe solcher gezogener Früchte verpflichtet, die nach den Regeln einer ordnungsmäßigen Wirtschaft nicht als Ertrag der Sache anzusehen sind (sog. **Übermaßfrüchte**). 177

Hat der gegenüber dem Eigentümer nicht zum Besitz berechtigte unverklagte und gutgläubige Besitzer den Besitz **unentgeltlich** erlangt, ist er dem Eigentümer gleichwohl zur Herausgabe der Nutzungen gem. den Vorschriften des Bereicherungsrechts verpflichtet (vgl. § 988 BGB mit der Rechtsfolgenverweisung auf das Bereicherungsrecht). Zu der kontrovers diskutierten Frage, ob der **rechtsgrundlose** Erwerb dem **unentgeltlichen gleichgestellt** werden kann, vgl. obiges Beispiel zur Playstation bei Rn 132. 178

### V. Schadensersatz gem. §§ 990 I, 989 BGB

#### 1. Unverklagter und redlicher Besitzer

Wie bereits im Rahmen des Nutzungsherausgabeanspruchs nach § 987 BGB gesagt, ist der **unverklagte** und **redliche**, aber unrechtmäßige Besitzer gegenüber dem Eigentümer (bis auf die Übermaßfrüchte) weder zur Herausgabe von Nutzungen noch zum Schadensersatz verpflichtet (§ 993 I BGB). Dieser Ausschluss bezieht sich selbstverständlich auch auf die Nutzungsherausgabe nach §§ 812 ff. BGB sowie auf den Schadensersatz nach §§ 823 ff. BGB. Anderenfalls würde die durch die §§ 987 ff. BGB bezweckte Privilegierung des zwar unrechtmäßigen, aber unverklagten und redlichen Besitzers unterlaufen. 179

#### 2. Fremdbesitzerexzess im Dreipersonenverhältnis

Ein Fremdbesitzerexzess liegt vor, wenn derjenige, der eine Sache für einen anderen besitzt (bspw. Miete oder Leihe), sein Besitzrecht bspw. dadurch überschreitet, dass er eine unerlaubte Handlung begeht. An sich könnte dann zwar an einen Schadensersatz nach §§ 823 ff. BGB gedacht werden, nicht aber, wenn das EBV eine Sperrwirkung hinsichtlich der §§ 823 ff. BGB entfaltet. Das ist im Fall des Zweipersonenverhältnisses problematisch (vgl. Rn 124 ff.). Im Dreipersonenverhältnis kann sich das Problem nicht stellen, da insoweit **§ 991 II BGB** eine Regelung trifft. 180

**Beispiel:** Adelheid hat ihrer Freundin Brunhilde deren Mountainbike gestohlen und dem redlichen Norbert unter Vorspiegelung, Eigentümerin des Fahrrads zu sein, für 5,- € pro Tag vermietet. N beschädigt das Fahrrad durch eine Nachlässigkeit so stark, dass sich eine Reparatur kaum lohnt. Als B den Sachverhalt erfährt, verlangt sie von N Schadensersatz. 181

Der von B geltend gemachte Schadensersatzanspruch könnte sich aus §§ 990 I, 989 BGB ergeben. Dazu hätte zunächst eine Vindikationslage im Zeitpunkt der Verletzungshandlung bestanden haben müssen. B ist selbstverständlich Eigentümerin geblieben. Auch ist N unmittelbarer Fremdbesitzer des Fahrrads. Fraglich ist aber, ob der Mietvertrag mit A ihm ein Recht zum Besitz gegenüber B verleiht. Da der Mietvertrag als obligatorischer, d.h. schuldrechtlicher Vertrag nur zwischen den Vertragsparteien (vorliegend also zwischen A und N) wirkt, § 985 BGB aber als ein aus dem Eigentum abgeleiteter dinglicher Anspruch gegenüber jedermann wirkt, hat N im Ergebnis kein Recht zum Besitz des Fahrrads gegenüber B. Eine Vindikationslage liegt somit vor. Gleichwohl helfen die §§ 990 I, 989 BGB der B nicht weiter, weil N weder verklagt wurde noch bösgläubig hinsichtlich des Besitzrechts war. Wegen § 993 I a.E. BGB besteht auch keine Schadensersatzpflicht aus §§ 823 ff. BGB. Um Personen wie N gleichwohl nicht zu privilegieren (immerhin hat dieser schuldhaft fremdes Eigentum beschädigt), hat der Gesetzgeber mit § 991 II BGB eine Regelung getroffen, dass der Eigentümer doch noch seinen Schaden ersetzt verlangen kann. Nach dieser Vorschrift hat der Besitzer, der bei dem Erwerb des Besitzes in gutem Glauben war (und somit weder nach §§ 990 I, 989 BGB noch wegen § 993 I a.E. BGB nach §§ 823 ff. BGB haftet), gleichwohl dem Eigentümer Schadensersatz zu leisten, wenn er in gleicher Weise dem mittelbaren Besitzer verantwortlich ist.

Vorliegend bestand zwischen A und N ein Besitzmittlungsverhältnis (§ 868 BGB). N haftet der B also nur insoweit, als er auch der A haften würde. Enthielte der Mietvertrag zwischen A und N bspw. eine Beschränkung der Haftung auf grobe Fahrlässigkeit, wäre N auch B gegenüber nicht zum Schadensersatz verpflichtet. Da eine solche Beschränkung vorliegend jedoch nicht besteht, haftet N der B im Ergebnis auf Schadensersatz gem. §§ 991 II, 989 BGB.

### 3. Verklagter oder bösgläubiger Besitzer

182 Bis auf den eben behandelten Fall des Fremdbesitzerexzesses kommt eine Schadensersatzpflicht seitens des unrechtmäßigen Besitzers also nur dann in Betracht, wenn dieser entweder **verklagt** (§§ 261 I, 253 I ZPO) wurde oder **bösgläubig** war (§§ 990 I, 989 BGB). Dazu muss neben den (insoweit für alle Nebenansprüche aus dem EBV gleichermaßen geltenden) Voraussetzungen

- Anspruchsteller war **im Zeitpunkt der schädigenden Handlung** durch den Anspruchsgegner zumindest **Miteigentümer** der Sache
- Anspruchsgegner war in diesem Zeitpunkt unmittelbarer oder zumindest mittelbarer **Besitzer**
- Anspruchsgegner hatte in diesem Zeitpunkt **kein Recht zum Besitz**

auch eine **schuldhaft begangene Rechtsgutverletzung** auf Seiten des verklagten bzw. bösgläubigen Besitzers vorliegen. Der Verschuldensmaßstab richtet sich nach § 276 BGB. Ohne Verschulden haftet der Besitzer nur dann, wenn er sich in **Verzug** befindet (§§ 990 II, 287 S. 2 BGB). Allerdings beschränkt sich die Vorschrift des § 990 II BGB auf den bösgläubigen, aber unverklagten Besitzer. Hinsichtlich des **Umfangs des Schadensersatzes** gelten **§§ 249 ff. BGB** einschließlich des § 252 BGB (entgangener Gewinn).

### 4. Deliktischer Besitzer

183 Hat sich der Besitzer durch verbotene Eigenmacht oder durch eine Straftat den Besitz verschafft, haftet er dem Eigentümer nach den Vorschriften über den Schadensersatz wegen unerlaubter Handlung (§ 992 i.V.m. §§ 823 ff. BGB – Rechtsgrundverweisung).

- Besitzverschaffung durch **verbotene Eigenmacht** liegt vor, wenn der Besitzer die Voraussetzungen des § 858 I BGB erfüllt (Besitzentziehung oder -störung ohne den Willen des Berechtigten, sofern nicht gesetzlich gestattet).
- Besitzverschaffung durch eine **Straftat** liegt vor, wenn der Besitzer bspw. einen der Straftatbestände der §§ 240, 242, 249, 253, 263 StGB verwirklicht. Die Verwirklichung des § 246 StGB oder des § 266 StGB führt nur dann zu einer Schadensersatzpflicht nach § 992 BGB, wenn die Tat mittels unbefugter Besitzverschaffung verwirklicht wird. Das ist z.B. bei einer Fundunterschlagung der Fall, nicht aber bei bloßer Umwandlung von Eigen- in Fremdbesitz.[211]

184 Eine Schadensersatzpflicht nach **§§ 990 I, 989 BGB** bleibt hiervon unberührt.

[211] Vgl. *Herrler*, in: Palandt, § 992 Rn 3; *Gursky*, in: Staudinger, § 992 Rn 14; *Roth*, JuS 1997, 897, 900.

Bei Sachentziehung greift die verschärfte Haftung nach **§ 848 BGB**, wonach auch für **Zufallsschäden** gehaftet wird. 185

## VI. Verwendungsersatzanspruch gem. §§ 994-1003 BGB

Macht der Besitzer *im Zeitpunkt des Bestehens eines EBV* Verwendungen auf die Sache, die er anschließend dem Eigentümer gem. § 985 BGB herausgeben muss, ist es nachvollziehbar, dass er (freilich unter bestimmten Voraussetzungen) wenigstens einen Ausgleich für seine gemachten Aufwendungen erhalten soll. Da bei diesem sog. Verwendungsersatzanspruch nicht unberücksichtigt bleiben darf, ob der Besitzer verklagt/unverklagt bzw. redlich/unredlich ist und ob er notwendige, nützliche oder gar nur Luxusverwendungen gemacht hat (zu den Begriffen vgl. Rn 453 ff.), muss auch die vorliegende Darstellung entsprechende Unterscheidungen vornehmen. 186

- **Notwendige Verwendungen** sind solche Verwendungen, die einer Sache bei objektiver und wirtschaftlich vernünftiger Betrachtungsweise zugutekommen, indem sie sie wiederherstellen, erhalten oder verbessern, ohne sie jedoch grundlegend zu verändern[212] (Beispiel: Bei einem – nicht gerade schrottreifen – Auto wird ein Getriebeschaden behoben). ⇨ Hier richtet sich der Erstattungsanspruch nach **§ 994 BGB**. 187
- **Nützliche Verwendungen** sind solche Verwendungen, die zwar nicht notwendig sind, gleichwohl den Wert der Sache objektiv erhöhen oder deren Gebrauchsfähigkeit steigern[213] (Beispiel: Das Auto wird neu lackiert). ⇨ Hier richtet sich der Erstattungsanspruch nach **§ 996 BGB**. 188
- **Luxusverwendungen** sind solche Verwendungen, die weder den Wert der Sache objektiv erhöhen noch dem Eigentümer von Nutzen sind (Beispiel: Anbau eines Spoilers an ein Kfz). ⇨ Hier besteht – im Umkehrschluss aus §§ 994, 996 BGB – überhaupt kein Erstattungsanspruch nach den §§ 994 ff. BGB.[214] 189

Ist (in der Fallbearbeitung) nach der Art der Verwendung unterschieden worden, ist des Weiteren danach zu unterscheiden, ob der Besitzer im Zeitpunkt der Verwendung **verklagt/unverklagt** bzw. **redlich/unredlich** war. 190

- War der Besitzer **redlich und unverklagt** und hat im Zeitpunkt des EBV ***notwendige* Verwendungen** gemacht, hat er gegenüber dem Eigentümer einen Verwendungsersatzanspruch gem. **§ 994 I S. 1 BGB**. Dagegen kann er die gewöhnlichen Erhaltungskosten (Fütterung eines Tieres, Wartung einer Maschine) gem. **§ 994 I S. 2 BGB** nur dann ersetzt verlangen, wenn er nicht die Nutzungen behalten darf (regelmäßig also nur in den Fällen des § 988 BGB). 191
- War der Besitzer **redlich und unverklagt** und hat im Zeitpunkt des EBV ***nützliche* Verwendungen** gemacht, hat er gegenüber dem Eigentümer einen Verwendungsersatzanspruch gem. **§ 996 BGB**. Im Gegensatz zum Verwendungsersatzanspruch gem. § 994 I S. 1 BGB ist hier der Anspruch jedoch nur bis zur Höhe der bei Wiedererlangung gegebenen Wertsteigerung möglich. 192
- War der Besitzer **redlich und unverklagt** und hat im Zeitpunkt des EBV ***Luxusverwendungen*** gemacht, hat er keinen Ersatzanspruch nach den §§ 994 ff. BGB (s.o.). Unter den Voraussetzungen des **§ 997 BGB** kann er sie aber abtrennen und sich aneignen. Das gilt auch für Zubehör i.S.d. § 97 BGB (Beispiel: Spoiler am Auto). Ist eine Abtrennung aufgrund einer **Verbindung** mit der Sache nicht möglich, liegt regelmäßig ein Fall des gesetzlichen Erwerbstatbestands der **§§ 946, 947 II BGB** vor. In diesem 193

[212] Vgl. nur BGHZ 41, 157, 160; 41, 341, 346; 131, 220, 222 f.; *Herrler*, in: Palandt, § 994 Rn 2; *Gursky*, JZ 2005, 385, 394 f.
[213] Vgl. BGHZ 75, 288, 295; *Herrler*, in: Palandt, § 996 Rn 2; *Baldus*, in: MüKo, § 996 Rn 5; *Ebbing*, in: Erman, § 996 Rn 5 f.; dem sich anschließend *Schmolke*, JA 2007, 101, 106.
[214] *Herrler*, in: Palandt, § 996 Rn 3.

Fall steht dem Verwender ein Verwendungsersatzanspruch gem. **§ 951 I S. 1 BGB** zu, der auf das Bereicherungsrecht verweist (Rechtsgrundverweisung). Diesbezüglich besteht aber stets die Gefahr der **Entreicherung** (§ 818 III BGB) auf Seiten des Eigentümers (etwa unter dem Aspekt der aufgedrängten Bereicherung oder wegen der ihm nicht nützlichen Luxusverwendung).

Ob bis auf den genannten Fall der Luxusaufwendungen die Vorschriften der §§ 994 ff. BGB einen Anspruch aus § 951 I BGB generell ausschließen, ist fraglich. Bei einem Ausschluss des Aufwendungsersatzanspruchs nach § 951 I BGB würde nämlich der Besitzer in bestimmten Fällen schlechter gestellt als jemand, der als Nichtbesitzer Verwendungen macht. Andererseits hat der Gesetzgeber nicht ohne Grund mit den §§ 994 ff. BGB eine differenzierte und nach seinem Willen abschließende Regelung getroffen. Noch problematischer ist es, ob die Sperrwirkung des EBV hinsichtlich der Verwendungen i.S.d. §§ 994, 996 BGB auch dann gilt, wenn der unrechtmäßige Besitzer Verwendungen macht, die außerhalb des Verwendungsbegriffs der §§ 994, 996 BGB stehen. Da diese Problematik bereits im Rahmen der Einführung bei Rn 133 ff. behandelt wurde, sei insoweit darauf verwiesen.

194 ▪ War der Besitzer ***unredlich*** **oder** ***verklagt*** und hat im Zeitpunkt des EBV **notwendige Verwendungen** gemacht, kann er gegenüber dem Eigentümer nur unter den Voraussetzungen der **GoA** einen Verwendungsersatzanspruch geltend machen (**§ 994 II i.V.m. §§ 677 ff. BGB**). Liegt also die Verwendung im objektiven Interesse und dem wirklichen oder mutmaßlichen Willen des Eigentümers, besteht ein Verwendungsersatzanspruch gem. §§ 994 II, 677, 683 S. 1, 670 BGB. Anderenfalls besteht ein Anspruch gem. §§ 994 II, 677, 684 S. 1 BGB, der auf das Bereicherungsrecht verweist (Rechtsfolgenverweisung). Hier besteht aber stets die Gefahr der Entreicherung gem. § 818 III BGB.

195 ▪ War der Besitzer ***unredlich*** **oder** ***verklagt*** und hat im Zeitpunkt des EBV **nützliche Verwendungen** gemacht, kann er nur nach § 997 BGB vorgehen (dazu oben). Ansprüche aus §§ 683, 684 BGB kommen nicht in Betracht, da nur in § 994 II BGB bzgl. notwendiger Verwendungen auf die GoA-Vorschriften verwiesen wird.

# 4. Kapitel – Ungerechtfertigte Bereicherung

## A. Überblick

### I. Funktion des Bereicherungsrechts

Das in §§ 812 ff. BGB normierte Bereicherungsrecht erfüllt die Funktion, materiell nicht gerechtfertigte Vermögenswerte, die der Empfänger erhalten hat, an den Berechtigten zurückzuführen. Mithin geht es um den **Ausgleich ungerechtfertigter Vermögensverschiebungen**, der insbesondere dann in Betracht kommt, wenn ein zunächst rechtswirksamer Vermögenserwerb vorliegt, dieser aber (etwa wegen Unwirksamkeit des dem Vermögenserwerb zugrunde liegenden Vertrags) mit der materiellen Gerechtigkeit nicht im Einklang steht (Kondiktionsrecht ist Billigkeitsrecht). 196

**Beispiel:** Der minderjährige M kauft ohne Einverständnis seiner Eltern auf Rechnung ein Fahrrad und bekommt es übereignet. Als die Eltern später die Rechnung nicht bezahlen wollen, verlangt der Verkäufer das Fahrrad zurück. Mit Recht? 197

Da der Kaufvertrag aufgrund der Minderjährigkeit und der verweigerten Genehmigung durch die Eltern unwirksam ist (vgl. § 107 BGB), bestehen keine vertraglichen Ansprüche. Auch ein Rückgewährschuldverhältnis über §§ 346 ff. BGB kommt daher nicht in Betracht, da dieses lediglich eine Fortwirkung des bisherigen Schuldverhältnisses darstellt. Die Voraussetzungen des Herausgabeanspruchs gem. § 985 BGB liegen ebenfalls nicht vor, da das Übereignungsgeschäft für M lediglich rechtlich vorteilhaft war und es somit zu seiner Gültigkeit nicht der Zustimmung der Eltern bedurfte. In Betracht kommt daher lediglich ein bereicherungsrechtlicher Anspruch auf Rückübereignung und Herausgabe der Sache. M hat „etwas" erlangt, nämlich das Eigentum und den Besitz an dem Fahrrad. Dieser Eigentums- und Besitzerwerb erfolgte „ohne Rechtsgrund", da das Kausalgeschäft – der Kaufvertrag – nichtig ist.

M muss also das Fahrrad zurückübereignen und herausgeben (§ 812 I S. 1 Var. 1 BGB).

Man mag sich fragen, warum es hinsichtlich der Rückgängigmachung fehlgeschlagener Verträge *überhaupt* eines Bereicherungsrechts bedarf. Die Antwort auf diese Frage ist im bereits angedeuteten **Trennungs- und Abstraktionsprinzip** des BGB zu finden. Das **Trennungsprinzip** besagt, dass zwischen dem Verpflichtungs- und dem Verfügungsgeschäft strikt zu trennen ist, dass also neben der Erfüllung des Verpflichtungsgeschäfts (das Kausalgeschäft) noch ein weiteres Rechtsgeschäft (das Verfügungs- bzw. Erfüllungsgeschäft) erforderlich ist. 198

**Beispiel:** Verkäufer V und Käufer K schließen einen Kaufvertrag über ein Auto (§ 433 BGB). Durch dieses **Verpflichtungsgeschäft** erlangt K (nur) einen schuldrechtlichen *Anspruch* auf Übereignung und Übergabe des Fahrzeugs. V erlangt (nur) einen schuldrechtlichen *Anspruch* auf Übereignung und Übergabe des Kaufpreises. Zur *Erfüllung* dieses Geschäfts müssen noch zwei weitere Rechtsgeschäfte (**Verfügungsgeschäfte**) getätigt werden: V und K müssen sich darüber einig sein, dass das Eigentum an dem Auto auf K übergeht (dingliche Einigung), und V muss K das Auto übergeben (§ 929 S. 1 BGB). Darüber hinaus müssen K und V sich darüber einig sein, dass das Eigentum an dem Geld auf V übergeht, und K muss V das Geld übergeben (§ 929 S. 1 BGB). 199

Das **Abstraktionsprinzip** baut auf dem Trennungsprinzip auf und führt es weiter. Es besagt, dass das Fehlen der Wirksamkeit des Verpflichtungsgeschäfts die Wirksamkeit des Verfügungsgeschäfts im Grundsatz ebenso wenig berührt, wie dies umgekehrt der Fall ist. Ist also das Verpflichtungsgeschäft unwirksam, so berührt diese Unwirksamkeit grundsätzlich nicht die Wirksamkeit des Verfügungsgeschäfts. Der Leistende kann also nicht einfach die Sache herausverlangen. Dazu bedarf es einer gesetzlichen Grundlage, die die Folgen des Abstraktionsprinzips wieder rückgängig macht. Eine solche bietet das Bereicherungsrecht. 200

201 **Beispiel:** K will von V einen antiken Kompass kaufen und macht ihm ein schriftliches Angebot in Höhe von 250,- €, wollte aber eigentlich 150,- € schreiben. V ist über dieses Angebot erfreut und übereignet K am nächsten Tag den Kompass. Dabei vereinbaren sie, dass K mit der Zahlung des Kaufpreises (wobei in diesem Zeitpunkt über die Höhe nicht gesprochen wird) noch eine Woche warten kann, da dieser gerade „knapp bei Kasse" ist. Als V dann die 250,- € verlangt, stellt sich der Irrtum des K heraus. Dieser ficht seine Erklärung sofort nach § 119 I Var. 2 BGB wegen eines Erklärungsirrtums wirksam an.

Gemäß § 142 I BGB ist der Kaufvertrag als von Anfang an nichtig anzusehen, sodass das der Verfügung zugrunde liegende Verpflichtungsgeschäft nicht mehr existiert. Dennoch bleibt K Eigentümer des Kompasses, da das Verfügungsgeschäft von der (Un-) Wirksamkeit des Verpflichtungsgeschäfts unberührt bleibt. § 985 BGB als Anspruchsgrundlage für die Herausgabe ist daher nicht einschlägig. Auch Ansprüche aus §§ 1007, 861 und 823 BGB scheiden aus. Es ist aber nicht gerechtfertigt, dass K den Kompass behalten darf, ohne dafür bezahlen zu müssen. Hier hilft das Bereicherungsrecht: Da K durch die Leistung des V das Eigentum und den Besitz am Kompass ohne rechtlichen Grund (der Kaufvertrag ist nichtig) erlangt hat, ist er V zur Herausgabe verpflichtet. V kann also je nach Auffassung gem. § 812 I S. 1 Var. 1 BGB oder gem. § 812 I S. 2 Var. 1 BGB[215] Eigentumsübertragung und Besitzverschaffung verlangen.

202 Die Vorschriften der §§ 812 ff. BGB gehen auf das römische Recht zurück; deshalb spricht man auch heute noch von Kondiktionen. Da man schon frühzeitig erkannt hat, dass es nicht möglich ist, einen einheitlichen Tatbestand der ungerechtfertigten Bereicherung aufzustellen, und dass insbesondere das Merkmal „ohne rechtlichen Grund" nicht für die verschiedenen in Betracht kommenden Fallgruppen einheitlich bestimmt werden kann, unterscheidet folgerichtig auch das Gesetz zwischen verschiedenen Arten von Leistungskondiktionen und Nichtleistungskondiktionen.[216] Besonders deutlich wird diese Unterscheidung bei § 812 I S. 1 BGB, der zwei Grundtatbestände enthält, nämlich Bereicherung „durch die Leistung eines anderen" (= **Leistungskondiktion**) und Bereicherung „in sonstiger Weise" (= allgemeine **Nichtleistungskondiktion** in Form von Eingriffs-, Rückgriffs- und Verwendungskondiktion). Insgesamt unterscheidet das Gesetz für das Nichtbestehen bzw. den Wegfall des rechtlichen Grundes für die Vermögensverschiebung fünf Leistungskondiktionen und vier Nichtleistungskondiktionen:

203 **Fünf Leistungskondiktionen**[217]**:**

- § 812 I S. 1 Var. 1 BGB (**fehlender Rechtsgrund von Anfang an** – *condictio indebiti*)
- § 812 I S. 2 Var. 1 BGB (**späterer Wegfall des Rechtsgrundes** – *condictio ob causam finitam*)
- § 812 I S. 2 Var. 2 BGB (**Nichteintritt des mit der Leistung verfolgten Zwecks** – *condictio ob rem*)
- § 817 S. 1 BGB (**Empfänger verstößt mit der Leistungsannahme gegen ein gesetzliches Verbot oder die guten Sitten** – *condictio ob turpem vel iniustam causam*)
- § 822 BGB (**Herausgabepflicht Dritter**)[218]

---

[215] Zum Streit, ob im Fall der Anfechtung wegen der mit ihr verbundenen Rückwirkungsfiktion (vgl. § 142 I BGB) § 812 I S. 1 Var. 1 BGB (*condictio indebiti*) oder § 812 I S. 2 Var. 1 BGB (*condictio ob causam finitam*) greift, vgl. Rn 374 ff.

[216] Wie hier die ganz herrschende Auffassung, vgl. etwa BGHZ 40, 272 ff.; *Sprau*, in: Palandt, Einf v § 812 Rn 1, 2; *Medicus/Petersen*, BR, Rn 665; *Musielak/Hau*, GK, Rn 703 ff.; *Brox/Walker*, § 39 Rn 1; *Lorenz*, JuS 2012, 777, 778; kritisch und für einen Einheitstatbestand plädierend *Schwab*, in: MüKo, § 813 Rn 3 ff. m.w.N.

[217] Teilweise wird in der Literatur auch § 813 I S. 1 BGB als Leistungskondiktion angesehen (so etwa von *Wandt*, § 9 Rn 22). Das ist abzulehnen, da § 813 I S. 1 BGB lediglich eine Erweiterung der Kondiktion nach § 812 I S. 1 Var. 1 BGB darstellt (dazu Rn 295 ff.).

[218] Nach a.A. handelt es sich um eine Nichtleistungskondiktion; zur Begründung vgl. Rn 409.

**Vier Nichtleistungskondiktionen:** 204

- § 812 I S. 1 Var. 2 BGB (**allgemeine Nichtleistungskondiktion**)
- § 816 I S. 1 BGB (**entgeltliche**, dem Berechtigten gegenüber wirksame Verfügung eines **Nichtberechtigten**)
- § 816 I S. 2 BGB (**unentgeltliche**, dem Berechtigten gegenüber wirksame Verfügung eines **Nichtberechtigten**)
- § 816 II BGB (**Leistung des Schuldners an einen Nichtberechtigten**)

Hinsichtlich des Verhältnisses zwischen Leistungs- und Nichtleistungskondiktion ist anzumerken, dass sich beide Kondiktionsarten im **Zweipersonenverhältnis** gegenseitig ausschließen. Wer „durch die Leistung" eines anderen „etwas" erhält, kann dieses „etwas" von dem anderen nicht gleichzeitig „in sonstiger Weise" erhalten. Im **Mehrpersonenverhältnis** ist dieses begriffslogische Exklusivitätsverhältnis nicht gegeben. Dort hat die Leistungskondiktion hinsichtlich desselben Bereicherungsgegenstands grds. Vorrang vor der Bereicherung „in sonstiger Weise" und ist daher auch stets zuerst zu prüfen (**Subsidiarität der Nichtleistungskondiktion**).[219] Eine Rückabwicklung des gescheiterten Schuldverhältnisses über die Nichtleistungskondiktion kommt i.d.R. also nur dann in Betracht, wenn keine Leistung an den Bereicherungsschuldner vorliegt. Damit soll gewährleistet werden, dass die Rückabwicklung nur im jeweiligen Schuldverhältnis („übers Eck") stattfindet und Einwendungen des Bereicherungsschuldners nicht unterlaufen werden. Vgl. dazu Rn 428. 205

## II. Leistungskondiktion / Nichtleistungskondiktion

Bei der **Leistungskondiktion** geht es darum, eine **Leistung**, d.h. eine bewusste und zweckgerichtete Mehrung fremden Vermögens, die **ohne gültiges Kausalgeschäft** erbracht oder die **sonst fehlgeschlagen** ist, wieder rückgängig zu machen. Zu den einzelnen Arten der Leistungskondiktion vgl. ausführlich Rn 270 ff. 206

Die Leistungskondiktion ist somit die unmittelbare Antwort auf das bereits beschriebene **Trennungs- und Abstraktionsprinzip** des BGB, infolgedessen es nämlich vorkommen kann, dass das Verfügungsgeschäft (etwa die Übereignung einer Sache) wirksam ist, während es an einem wirksamen Kausalgeschäft (etwa dem Kaufvertrag) fehlt. Hier können die aufgrund des wirksamen Übereignungsgeschäfts empfangenen Leistungen zurückverlangt bzw. ausgeglichen werden. 207

Entsteht die Bereicherung nicht durch Leistung eines anderen, kann sie in **sonstiger Weise** erfolgen. Das Gesetz unterscheidet diesbezüglich die Kondiktionstatbestände (s.o.). Die Bereicherung in sonstiger Weise kann durch den Bereicherten sowie den Entreicherten, aber auch durch einen Dritten und sogar ohne menschliches Zutun entstanden sein. 208

> **Beispiel:** Jim Beam, ein ausgewiesener Whiskey-Kenner, hat eine Kiste Devil´s Cut bestellt. Aufgrund eines Versehens des Paketdienstes wird das Paket beim Nachbarn, dem John Beam, abgegeben. Dieser glaubt, es handele sich um ein Geschenk des Jim, und konsumiert den Whiskey nach und nach. 209
>
> Hier hat Jim nicht an John geleistet, da von seiner Seite keine bewusste und zweckgerichtete Mehrung des Vermögens des John ausging. Auch der Paketdienst hat nicht an John geleistet, da er keine Leistung an John erbringen, sondern nur den Auftrag, die Kiste an Jim zu liefern, ausführen wollte. Mithin liegt eine Bereicherung des John in sonstiger Weise vor. Diese liegt darin, dass er durch den Verzehr des Whiskeys „in den Zuweisungsgehalt eines fremden Rechts" eingegriffen und sich somit einen Vermögens-

[219] Vgl. BGHZ 40, 272, 278; 56, 228, 240.

vorteil (ersparter Kaufpreis) verschafft hat. Jim kann gem. §§ 812 I S. 1 Var. 2, 818 II BGB von John den Wert des Whiskeys kondizieren.

210 Einen wichtigen **Sondertatbestand** der Bereicherung in sonstiger Weise (hier: **Eingriffskondiktion**) enthält § 816 I S. 1 BGB (**Verfügung eines Nichtberechtigten**): Trifft ein Nichtberechtigter über einen Gegenstand entgeltlich eine Verfügung, die dem Berechtigten gegenüber wirksam ist, so ist er dem Berechtigten gegenüber zur Herausgabe des dabei Erlangten verpflichtet.

211 **Beispiel:** Arnold leiht dem Barnabas sein Fahrrad (§ 598 BGB). Doch weil dieser stets eine günstige Gelegenheit sucht, um schnell an Geld zu kommen, verkauft und übereignet er das Fahrrad für 50,- € an den Dankwart, der B für den Eigentümer des Fahrrads hält.
Hier erwirbt D Eigentum an dem Fahrrad (§§ 929 S. 1, 932 I S. 1 BGB). A kann es also von ihm nicht nach § 985 BGB herausverlangen. Ihm steht ein Bereicherungsanspruch auf Zahlung der 50,- € gegen B zu (§ 816 I S. 1 BGB). Daneben hat er gegen diesen Schadensersatzansprüche wegen Pflichtverletzung des Leihvertrags (§§ 598, 280 BGB), wegen unerlaubter Handlung (§ 823 I BGB, § 823 II BGB i.V.m. § 246 StGB und aus § 826 BGB) und wegen angemaßter Eigengeschäftsführung (§ 687 II BGB). Dagegen kommt ein sachenrechtlicher Anspruch aus §§ 989, 990 BGB wegen Nichtbestehens einer Vindikationslage nicht in Betracht (B hatte im maßgeblichen Zeitpunkt der Verletzungshandlung aufgrund des Leihvertrags ein Recht zum Besitz).

## III. Bereicherungsrecht im Zwei- und Dreipersonenverhältnis

212 Um die nachfolgenden Ausführungen besser verstehen zu können, müssen zunächst einige Grundlagen erläutert werden, ohne deren Kenntnis eine Klausuraufgabe, die Bereicherungsrecht zum Gegenstand hat, kaum gelöst werden kann.

### 1. Rückabwicklung im Zweipersonenverhältnis

213 Das Zweipersonenverhältnis stellt den Ausgangspunkt für das bereicherungsrechtliche Ausgleichsverhältnis dar.

**Beispiele:**

214 **(1) Irrtumsanfechtung**

A verkauft und übereignet an B ein Gemälde. Später stellt sich heraus, dass A sich hinsichtlich des Malers geirrt hat. Er kann seine Willenserklärung bzgl. des Kaufvertrags wegen Eigenschaftsirrtums erfolgreich anfechten (§§ 119 II, 142 I BGB).

Hier bezog sich der Irrtum nur auf das Kausalgeschäft, nicht auch auf das Verfügungsgeschäft (= Erfüllungs- bzw. Übereignungsgeschäft). Diesbezüglich lag auch gar kein Anfechtungsgrund vor. B konnte also Eigentum an dem Gemälde erwerben. Ein Vindikationsanspruch des A aus § 985 BGB kommt daher nicht in Betracht.
In Betracht kommt aber ein bereicherungsrechtlicher Anspruch auf Rückübereignung und Herausgabe des Gemäldes. B hat „etwas" erlangt, nämlich Eigentum und Besitz an dem Gemälde. Bezüglich dieses Eigentums- und Besitzerwerbs ist der rechtliche Grund für das Behaltendürfen aufgrund der Anfechtung des Kausalgeschäfts (des Kaufvertrags) später weggefallen. A kann also Eigentum und Besitz am Gemälde gem. § 812 I S. 2 Var. 1 BGB von B kondizieren.[220] Gemäß § 122 BGB ist er aber zum Ersatz des Vertrauensschadens verpflichtet. Umgekehrt hat B einen Kondiktionsanspruch gegen A hinsichtlich des Kaufpreises.

---

[220] Zum Streit, ob im Fall der Anfechtung wegen der mit ihr verbundenen Rückwirkungsfiktion (vgl. § 142 I BGB) § 812 I S. 1 Var. 1 BGB (*condictio indebiti*) oder § 812 I S. 2 Var. 1 BGB (*condictio ob causam finitam*) greift, vgl. Rn 374 ff.

**(2) Anfechtung wegen arglistiger Täuschung oder Drohung** 215

A des obigen Beispiels ist von B über die Herkunft des Gemäldes arglistig getäuscht worden.

Unterstellt, dass sich sein Irrtum und damit seine Anfechtungserklärung auch auf die Willenserklärung bzgl. des Übereignungsgeschäfts erstreckten (sog. **Fehleridentität**[221]), wird A aufgrund der Rückwirkungsfiktion des § 142 I BGB so behandelt, als sei er Eigentümer geblieben. Er kann also das Gemälde gem. § 985 BGB vindizieren. Daneben hat er auch einen Kondiktionsanspruch gem. § 812 I S. 2 Var. 1 BGB, da B Besitz an dem Gemälde erlangt hat. B hat ebenfalls einen entsprechenden Kondiktionsanspruch gem. § 812 I S. 2 Var. 1 BGB hinsichtlich des Kaufpreises.

**(3) Nichtigkeit des Geschäfts wegen Geschäftsunfähigkeit** 216

A ist sowohl im Zeitpunkt des Kaufvertrags als auch in dem der Übereignung geschäftsunfähig (vgl. § 104 BGB).

In diesem Fall ist nicht nur der Kaufvertrag, sondern auch die Übereignung des Gemäldes nichtig (vgl. § 105 BGB).[222] A bleibt also Eigentümer und kann von B das Gemälde gem. § 985 BGB vindizieren. Daneben steht ihm auch ein Kondiktionsanspruch gem. § 812 I S. 1 Var. 1 BGB auf Herausgabe des Gemäldes zu. Dasselbe würde gelten, wenn A **beschränkt geschäftsfähig** gewesen wäre und der gesetzliche Vertreter nicht eingewilligt bzw. die Genehmigung verweigert hätte (vgl. §§ 106-108 BGB - beide Geschäfte sind nicht lediglich rechtlich vorteilhaft). Selbstverständlich kann umgekehrt auch B einen entsprechenden Kondiktionsanspruch gem. § 812 I S. 1 Var. 1 BGB gegen A hinsichtlich des Kaufpreises geltend machen.

**(4) Nichtigkeit des Geschäfts aus sonstigen Gründen** 217

Die Nichtigkeit eines Geschäfts kann sich auch aus sonstigen Gründen ergeben: Dazu zählen insbesondere der **geheime Vorbehalt** (§ 116 BGB), das **Scheingeschäft** (§ 117 BGB), der **Mangel der Ernstlichkeit** (§ 118 BGB), der **Formmangel** (§ 125 BGB – etwa bei der **Schenkung**, § 516 BGB, oder der **Grundstücksübertragung**, § 311b BGB), der **Gesetzesverstoß** (§ 134 BGB) und der **Sittenverstoß** (§ 138 BGB). Hinsichtlich der Rechtsfolge ist wie folgt zu differenzieren:

⇨ Sofern ein solcher Mangel vorliegt und sich auf das Kausalgeschäft beschränkt, ist die Rechtsfolge die gleiche wie bei der Nichtigkeit wegen Irrtumsanfechtung: Zwar kommt kein Vindikationsanspruch nach § 985 BGB in Betracht, wohl aber ein Kondiktionsanspruch gem. § 812 I S. 1 Var. 1 BGB, gerichtet auf Rückübereignung und Übergabe des Gegenstands (vorliegend des Gemäldes). Umgekehrt kann auch B einen Kondiktionsanspruch gem. § 812 I S. 1 Var. 1 BGB hinsichtlich des Kaufpreises geltend machen.

⇨ Sollte sich der Mangel auch auf das Verfügungsgeschäft erstrecken (sog. Doppelmangel), gilt wiederum dasselbe wie bei der Nichtigkeit wegen Geschäftsunfähigkeit: A bleibt also Eigentümer und kann das Gemälde gem. § 985 BGB vindizieren. Daneben steht ihm auch ein Kondiktionsanspruch gem. § 812 I S. 1 Var. 1 BGB zu, der auf die Verschaffung des unmittelbaren Besitzes gerichtet ist. Selbstverständlich kann umgekehrt auch B einen entsprechenden Kondiktionsanspruch gem. § 812 I S. 1 Var. 1 BGB gegen A hinsichtlich des Kaufpreises geltend machen.

## 2. Rückabwicklung im Dreipersonenverhältnis

Aufbauend auf den Kenntnissen über das bereicherungsrechtliche Ausgleichsverhältnis im Zweipersonenverhältnis sollten sich die Probleme der besonders prüfungsrelevanten Rückabwicklung bei Dreipersonenverhältnissen relativ leicht erschließen. 218

---

[221] Vgl. dazu aus etwa *Strohe*, JuS 2002, 858, 859.

[222] In allen Beispielen ist davon auszugehen, dass kein Geschäft i.S.v. § 105a BGB vorliegt.

**Beispiele:**

219 **(1) Irrtumsanfechtung**

A verkauft und übereignet an B ein Gemälde. B verkauft und übereignet dieses weiter an den gutgläubigen C. Später stellt sich heraus, dass A sich hinsichtlich des Malers geirrt hat. Er kann seine Willenserklärung bzgl. des Kaufvertrags mit B wegen Eigenschaftsirrtums erfolgreich anfechten (§§ 119 II, 142 I BGB).

Hier bezog sich der Irrtum nur auf das Kausalgeschäft, nicht auch auf das Verfügungsgeschäft (= Erfüllungs- bzw. Übereignungsgeschäft). Diesbezüglich lag auch gar kein Anfechtungsgrund vor. B konnte also Eigentum an dem Gemälde erwerben und berechtigterweise an C veräußern. Ein Vindikationsanspruch des A gegen C aus § 985 BGB kommt daher nicht in Betracht.

In Betracht kommt aber ein bereicherungsrechtlicher Anspruch auf Rückübereignung und Herausgabe des Gemäldes gegen B. B hat „etwas" erlangt, nämlich Eigentum und Besitz an dem Gemälde. Bezüglich dieses Eigentums- und Besitzerwerbs ist der rechtliche Grund für das Behaltendürfen aufgrund der Anfechtung des Kausalgeschäfts (des Kaufvertrags) später weggefallen. A könnte also an sich Besitz am Gemälde gem. § 812 I S. 2 Var. 1 BGB von B kondizieren. Doch da B das Bild weiter an C veräußert hat und diese Veräußerung wirksam ist, ist B hinsichtlich des Eigentums entreichert. A steht demzufolge lediglich ein Wertersatzanspruch gegen B gem. § 818 II BGB zu. Gemäß § 122 BGB ist er aber zum Ersatz des Vertrauensschadens verpflichtet. Umgekehrt hat B einen Kondiktionsanspruch gegen A hinsichtlich des Kaufpreises.

220 **(2) Anfechtung wegen arglistiger Täuschung oder Drohung**

A des obigen Beispiels ist von B über die Herkunft des Gemäldes arglistig getäuscht worden. B verkauft und übereignet das Gemälde weiter an den gutgläubigen C.

Hier ist zu differenzieren:

⇨ **Vindikationsanspruch gem. § 985 BGB:**
A könnte gegen C einen Herausgabeanspruch gem. § 985 BGB haben. Dazu müsste er Eigentümer des Gemäldes sein und C dürfte kein Recht zum Besitz haben. Ursprünglich war A Eigentümer. Dieses Eigentum könnte er aber durch die Übereignung an B verloren haben. Allerdings konnte er das Übereignungsgeschäft mit B erfolgreich anfechten mit der Folge der Rückwirkung gem. § 142 I BGB. A wird diesbezüglich also so behandelt, als wäre er Eigentümer geblieben. Folge ist, dass B nachträglich zum Nichtberechtigten i.S.d. § 816 I S. 1 BGB wird. In dieser Funktion hat er das Gemälde an C veräußert. Da dieser wiederum gutgläubig hinsichtlich der Eigentümerstellung des B war, konnte er gem. §§ 929 S. 1, 932 I BGB Eigentum an dem Gemälde erwerben. A hat im Ergebnis also keinen Vindikationsanspruch.

⇨ **Kondiktionsanspruch gem. § 812 I S. 2 Var. 1 BGB**
Fraglich ist, ob A wenigstens das Eigentum an dem Gemälde kondizieren kann. Gegen B kommt ein Kondiktionsanspruch, der auf die Rückübertragung des Eigentums gerichtet ist, nicht in Betracht, da B insoweit wegen des Gutglaubenserwerbs durch C entreichert ist. Auch gegen C besteht ein solcher Anspruch nicht. Der Gutglaubenserwerb ist (zumindest hinsichtlich des entgeltlichen Erwerbs vom Nichtberechtigten) kondiktionsfest.
Damit ist zu prüfen, ob ein bereicherungsrechtlicher Wertersatzanspruch gegen B angenommen werden kann. An sich wäre § 818 II BGB einschlägig. Da B aber als Nichtberechtigter verfügt hat, ist er gem. *§ 816 I S. 1 BGB* zur Herausgabe des durch die Verfügung Erlangten verpflichtet. Er muss also den Kaufpreis, den er von C erhalten hat (nach h.M. auch den Mehrerlös, soweit erzielt), an A herausgeben. Selbstverständlich ist B dem A auch zum Schadensersatz (deliktisch aus § 823 I BGB, aus § 823 II BGB i.V.m. § 263 StGB und aus § 826 BGB; sachenrechtlich aus §§ 989, 990 BGB) und nach § 687 II BGB (Geschäftsanmaßung) verpflichtet.

**(3) Nichtigkeit des Geschäfts wegen Geschäftsunfähigkeit** 221

A ist sowohl im Zeitpunkt des Kaufvertrags mit B als auch in dem der Übereignung geschäftsunfähig (vgl. § 104 BGB). B hat das Gemälde an den nichts ahnenden C weiterverkauft und übereignet.

Im Verhältnis *A-B* ist also nicht nur der Kaufvertrag, sondern auch die Übereignung des Bildes nichtig (vgl. § 105 BGB). A könnte also Eigentümer geblieben sein und nunmehr von C das Bild gem. § 985 BGB vindizieren. Dieser Vindikationsanspruch besteht jedoch nicht, wenn C gutgläubig Eigentum an dem Gemälde erwerben konnte (§§ 929 S. 1, 932 I BGB). Der Gutglaubensschutz greift aber nicht, wenn dem A das Gemälde aufgrund seiner Geschäftsunfähigkeit „abhandengekommen ist" (vgl. § 935 I BGB). „Abhandengekommen" ist eine Sache, wenn der Eigentümer oder sein Besitzmittler den unmittelbaren Besitz ohne (nicht notwendig gegen) seinen Willen verloren hat. Gemeint ist also der unfreiwillige Besitzverlust. Nach der wohl h.M. stellt bei **Geschäftsunfähigkeit** die Weggabe durch den Geschäftsunfähigen wegen der in diesem Fall anzunehmenden Bedeutungslosigkeit eines etwaigen (natürlichen Besitzwillens) einen unfreiwilligen Besitzverlust dar.[223] Folgt man dieser Auffassung, scheitert vorliegend der gutgläubige Eigentumserwerb des C an § 935 I BGB. Stellt man indes darauf ab, dass auch ein Geschäftsunfähiger einen rechtlich relevanten **natürlichen Besitzwillen** bilden kann[224] und bejaht diesen bei A, hat er das Eigentum, da er das Gemälde freiwillig an B herausgab, aufgrund der Gutgläubigkeit des C an diesen verloren. Folgt man dieser inhaltlich überzeugenden Überlegung, gilt dasselbe wie im vorherigen Beispiel: A kann das Gemälde nicht herausverlangen. Er hat aber auch hier gegen B einen Anspruch auf Herausgabe des Verkaufserlöses gem. § 816 I S. 1 BGB. Dasselbe würde erst recht gelten, wenn A **beschränkt geschäftsfähig** gewesen wäre und der gesetzliche Vertreter nicht eingewilligt bzw. die Genehmigung verweigert hätte (vgl. §§ 106-108 BGB - beide Geschäfte sind nicht lediglich rechtlich vorteilhaft). Ob A auch Schadensersatzansprüche (deliktisch aus §§ 823, 826 BGB; sachenrechtlich aus §§ 989, 990 BGB) und Ansprüche aus § 687 II BGB (Geschäftsanmaßung) zustehen, ist eine Tatfrage.

**(4) Nichtigkeit des Geschäfts aus sonstigen Gründen** 222

Liegt einer der genannten sonstigen Nichtigkeitsgründe vor (geheimer Vorbehalt, Scheingeschäft, Mangel der Ernstlichkeit, Formmangel, Gesetzes- oder Sittenverstoß), ist die gleiche Differenzierung vorzunehmen wie im Zweipersonenverhältnis:

⇨ Sofern sich der Mangel auf das Kausalgeschäft *A-B* beschränkt, kommt zwar kein Vindikationsanspruch des A nach § 985 BGB in Betracht (C hat Eigentum erworben), wohl aber ein Wertersatzanspruch gegen B gem. § 818 II BGB. Umgekehrt kann auch B einen Kondiktionsanspruch gem. § 812 I S. 1 Var. 1 BGB hinsichtlich des Kaufpreises geltend machen.

⇨ Sollte sich der Mangel auch auf das Verfügungsgeschäft erstrecken (sog. Doppelmangel), gilt dasselbe wie bei der Nichtigkeit wegen Geschäftsunfähigkeit.

**Hinweis für die Fallbearbeitung:** Die vorstehenden Beispiele sollten verdeutlicht haben, wie eng die Regelungen des Allgemeinen Teils des BGB über die Rechtsgeschäftslehre mit dem Bereicherungsrecht verknüpft sind. Unzureichende Kenntnisse in der Rechtsgeschäftslehre führen unweigerlich zu einer unvollständigen bzw. fehlerhaften Lösung eines bereicherungsrechtlichen Falls. Zu den überaus prüfungs- und examensrelevanten **Zessions-** bzw. **Anweisungsfällen** vgl. Rn 328 ff. 223

[223] *Bayer*, in: Erman, § 935 Rn 3; *Herrler*, in: Palandt, § 935 Rn 5, jeweils unter Berufung auf BayObLG NJW 1991, 2571.

[224] Jedenfalls ist die genannte h.M. inkonsistent, wenn sie a.a.O. zugleich konstatiert, der die Freiwilligkeit bestimmende Wille sei nicht rechtsgeschäftlicher Natur. Wenn er aber nicht rechtsgeschäftlicher Natur ist, kann es auf die Geschäftsfähigkeit i.S.v. § 104 BGB, die ja gerade an die (Un-)Fähigkeit, Rechtsgeschäfte zu schließen, anknüpft, nicht ankommen. Und wenn es danach nicht auf die Geschäftsfähigkeit ankommt, kann nur der natürliche Besitzwille ausschlaggebend sein. Richtig daher wie hier *Hütte/Hütte*, SachenR I, Rn 495; *Baur/Stürner*, SachenR, § 52 Rn 42; *Henssler*, in: Soergel, § 935 Rn 6.

## IV. Verweisungen auf das Bereicherungsrecht

224 Im BGB wird nicht selten auf Bereicherungsvorschriften verwiesen. Dabei stellt sich für den Rechtsanwender regelmäßig die Frage, ob er nur auf den Umfang (die Rechtsfolge) des Bereicherungsrechts verwiesen wird (sog. **Rechtsfolgenverweisung**) oder ob er auch die Voraussetzungen des bereicherungsrechtlichen Ausgleichsanspruchs prüfen muss (**Rechtsgrundverweisung**). In jedem Einzelfall ist durch Auslegung zu ermitteln, welche Art der Verweisung gemeint ist. Als Faustformel kann jedoch gesagt werden, dass es sich in den überwiegenden Fällen um eine Rechtsfolgenverweisung handelt. Lediglich in besonders gewichtigen Fällen ist von einer Rechtsgrundverweisung auszugehen.

225 ▪ So handelt es sich hinsichtlich der Verweisung in **§ 682 BGB** auf das Bereicherungsrecht nach zutreffender h.M.[225] um eine **Rechtsgrundverweisung**. Es müssen also auch die Voraussetzungen eines *bereicherungsrechtlichen* Anspruchs erfüllt sein, damit die Herausgabepflicht eintritt. Gleiches gilt hinsichtlich des **§ 951 I S. 1 BGB**, des **§ 977 S. 1 BGB** und des **§ 531 II BGB**.[226]

226 ▪ Demgegenüber handelt es sich bei **§ 684 S. 1 BGB**, der dem Geschäftsherrn die Pflicht auferlegt, dem Geschäftsführer alles durch die Geschäftsführung Erlangte nach den Vorschriften über die ungerechtfertigte Bereicherung herauszugeben, nach h.M. zumindest im Zweipersonenverhältnis um eine **Rechtsfolgenverweisung**; die Voraussetzungen der §§ 812 ff. BGB sind somit *nicht* gesondert zu prüfen (Rn 107). Das Gleiche gilt hinsichtlich des **§ 547 I S. 2 BGB** und des **§ 628 I S. 3 BGB**. Auch die **§§ 988, 993 I BGB** gehören hierher, da sich die Voraussetzungen für die Herausgabe bereits aus diesen Vorschriften ergeben.

Bei **§ 1301 BGB** wurde früher vertreten, es handele sich um einen Unterfall des Wegfalls der Geschäftsgrundlage, für welchen die Herausgabepflicht nach den Vorschriften über die ungerechtfertigte Bereicherung nur noch einmal klargestellt werde. Da die Störung der Geschäftsgrundlage nun in § 313 BGB gesetzlich normiert ist und die diesbezügliche Rückabwicklung über §§ 346 ff. BGB erfolgt, dürfte hinsichtlich des § 1301 BGB nun die Überlegung zutreffen, dass es sich dabei um einen Sonderfall der Zweckverfehlungskondiktion (*condictio ob rem*) gem. § 812 I S. 2 Var. 2 BGB handelt und die Norm einen selbstständigen Kondiktionstatbestand darstellt.

227 **Hinweis für die Fallbearbeitung:** Die Qualifikation einer Verweisung als Rechtsfolgenverweisung oder Rechtsgrundverweisung übt nicht nur Einfluss auf den Prüfungsumfang aus (Sind zusätzlich die Voraussetzungen des bereicherungsrechtlichen Anspruchs zu prüfen oder sind diese bereits in der Verweisungsnorm enthalten?), sondern ist auch hinsichtlich der Bestimmung der **Anspruchsgrundlage** von Bedeutung. So stellt bei einer Rechtsgrundverweisung die Verweisungsnorm selbst *keine* Anspruchsgrundlage dar; diese ist vielmehr dem Bereicherungsrecht zu entnehmen. Demgegenüber fungiert bei einer Rechtsfolgenverweisung die Verweisungsnorm zugleich als Anspruchsgrundlage für den bereicherungsrechtlichen Ausgleichsanspruch, da ja gerade *nur* auf die Rechtsfolgen verwiesen wird. Praktisch wichtig wird die Unterscheidung zwischen Rechtsgrund- und Rechtsfolgenverweisung immer dann, wenn ein **Ausschlusstatbestand** (etwa §§ 814, 815 oder 817 S. 2 BGB) greift. Nimmt man also eine Rechtsgrundverweisung an und liegen die Voraussetzungen bspw. des § 817 S. 2 BGB vor, ist der Anspruch im Ergebnis unbegründet. Nimmt man dagegen eine Rechtsfolgenverweisung an, spielt – da ja gerade nur auf die Rechtsfolge des Bereicherungsrechts verwiesen wird – § 817 S. 2 BGB keine Rolle. Der Ausgleichsanspruch wäre dann gegeben.

---

[225] *Sprau*, in: Palandt, § 682 Rn 2; *Brox/Walker*, § 36 Rn 50; *Musielak/Hau*, GK, Rn 696.

[226] Wobei hinsichtlich der Rechtsgrundverweisung in § 951 BGB auf das Bereicherungsrecht streitig ist, ob sich die Rechtsgrundverweisung lediglich auf die Nichtleistungskondiktion bezieht (so etwa BGHZ 40, 272, 278 f.; 55, 176, 177 ff.; *Sprau*, in: Palandt, Einf § 812 Rn 19) oder auch die Leistungskondiktion erfasst (so etwa *Kindl*, in: Bamberger/Roth, 3. Aufl. 2012, § 951 Rn 2 und wohl auch BGH NJW 2015, 229 f.).

## V. Bereicherungs- und Rücktrittsrecht

Wie die Rücktrittsvorschriften der §§ 346 ff. BGB bezwecken auch die bereicherungsrechtlichen Vorschriften der §§ 812 ff. BGB die Rückgängigmachung von auf mangelhafter schuldrechtlicher Grundlage ausgetauschten Leistungen. Zwischen diesen beiden Rechtsinstituten besteht aber ein rechtskonstruktiver Unterschied.[227] 228

- Bei **§§ 346 ff. BGB** wandelt sich das ursprüngliche Schuldverhältnis in ein **Rückgewährschuldverhältnis**. Dieses Rückgewährschuldverhältnis ist *kein* neues Schuldverhältnis, sondern eine Fortwirkung des bisherigen, jedoch nun in *neuer* Form und mit *neuen* Pflichten.[228] Auf die Vorschriften der §§ 346 ff. BGB wird bspw. in §§ 313 III, 437 Nr. 2 und 634 Nr. 3 BGB verwiesen. Macht aber ein Verbraucher von seinem verbraucherschützenden Widerrufsrecht Gebrauch (etwa im Fall des am 13.6.2014 in Kraft getretenen § 312g I BGB), erfolgt die Rückabwicklung gem. § 355 BGB nach der speziellen Regelung des § 357 BGB; ein Rückgriff auf §§ 346 ff. BGB ist weder erforderlich noch zulässig. 229
- Demgegenüber regelt das Bereicherungsrecht der **§§ 812 ff. BGB** die Rückabwicklung nichtiger oder beendeter Schuldverhältnisse und begründet ein **neues, gesetzliches Schuldverhältnis**. 230

## VI. Verhältnis zu anderen Instituten/Anwendbarkeit der §§ 812 ff. BGB

Bevor man an die Prüfung eines bereicherungsrechtlichen Ausgleichsanspruchs geht, muss zunächst die **Anwendbarkeit der §§ 812 ff. BGB** feststehen. Denn häufig sind auch andere, den Ausgleich ungerechtfertigter Vermögensverschiebungen regelnde Anspruchsgrundlagen einschlägig, die möglicherweise die Anwendbarkeit des Bereicherungsrechts ausschließen oder doch zumindest Einfluss auf den Tatbestand einer bereicherungsrechtlichen Anspruchsgrundlage ausüben. Daher ist es zwingend geboten, sich *vor* der Prüfung einzelner bereicherungsrechtlicher Tatbestände mit Konkurrenzfragen zu beschäftigen. 231

> **Hinweis für die Fallbearbeitung:** Darstellungen, die das Konkurrenzverhältnis zu anderen Instituten erst am Ende der Ausführungen oder überhaupt nicht behandeln, suggerieren eine Einfachheit, werden aber den Anforderungen, die an einen Leistungsnachweis gestellt werden, nicht gerecht. In der vorliegenden Darstellung ist der Aufbau so gewählt, wie man ihn auch in einer Klausur zu wählen hat. Sollte dies dem noch unkundigen Leser Schwierigkeiten bereiten, empfiehlt es sich, den Abschnitt über das Verhältnis zu anderen Instituten vorerst zu überspringen und ihn *nach* der Lektüre des Hauptteils zu studieren. 232

Konkurrierende Regelungen können einem vertraglichen, aber auch einem anderen gesetzlichen Schuldverhältnis entnommen werden. 233

### 1. Verhältnis zu vertraglichen Schuldverhältnissen

Besteht zwischen den Parteien ein wirksamer Vertrag, ist das Bereicherungsrecht unanwendbar; denn der vertragliche Erfüllungsanspruch bildet insoweit die Causa (also den Rechtsgrund) für die Vermögensverschiebung. Das gilt selbst dann, wenn vertragliche Regelungslücken bestehen, diese aber im Wege der **ergänzenden Vertragsauslegung** geschlossen werden können. 234

**Beispiel:** Bertold schließt mit dem Bauunternehmer Umberto einen Werkvertrag über den schlüsselfertigen Bau einer Lagerhalle (vgl. § 631 ff. BGB). In dem Vertragswerk ist 235

[227] *Medicus/Petersen*, BR, Rn 660 f.
[228] *Grüneberg*, in: Palandt, vor § 346 Rn 2; *Medicus/Petersen*, BR, Rn 660.

zwar nicht explizit von der Teerung der Einfahrt die Rede, doch aufgrund der geführten Vorgespräche und des marktüblichen Leistungsumfangs für Aufträge dieser Art war es U an sich klar, dass auch die Teerung der Einfahrt zum Leistungsumfang gehören würde. Als dieser nun das Werk zur Abnahme bereitstellt, wendet B ein, die Teerung der Einfahrt sei nicht vereinbart worden und werde dementsprechend von ihm auch nicht vergütet.
Hier könnte zwar an einen Geldersatz gem. §§ 812 I S. 1 Var. 1, 818 II BGB gedacht werden, ein solcher Anspruch besteht jedoch nicht, wenn sich ein werkvertraglicher Vergütungsanspruch herleiten lässt. Ausdrücklich wurde die Teerung der Einfahrt im Bauvertrag nicht vereinbart. Auch stellt § 632 BGB keine Anspruchsgrundlage für die Vergütung der Teerung dar, da diese Norm nur die Absprache hinsichtlich der Vergütung ersetzt, nicht aber den Leistungsumfang begründet. Da aber Aufträge der vorliegenden Art üblich sind und die Parteien zuvor auch über den Leistungsumfang gesprochen hatten, ist die Lücke im Vertrag (Teerung der Einfahrt) über die Figur der ergänzenden Vertragsauslegung gem. §§ 133, 157 BGB zu schließen. Aber auch wenn man diese Auffassung nicht teilt, ist das Bereicherungsrecht nicht einschlägig, sofern die Voraussetzungen einer berechtigten GoA vorliegen. Denn dann besteht ein Aufwendungsersatzanspruch gem. §§ 677, 683 S. 1, 670 BGB (im Übrigen ist auch die berechtigte GoA Rechtsgrund i.S.d. § 812 BGB).

**236** Die Anwendbarkeit des Bereicherungsrechts kommt auch dann nicht in Betracht, wenn Umstände, die zur Grundlage des Vertrags geworden sind, sich nach Vertragsschluss schwerwiegend verändert haben und die Parteien den Vertrag nicht oder nicht so geschlossen hätten, wenn sie die Veränderung vorausgesehen hätten (**§ 313 BGB – Störung der Geschäftsgrundlage**). Denn in einem solchen Fall kann **Anpassung** des Vertrags verlangt werden, soweit einem Vertragspartner unter Berücksichtigung aller Umstände des Einzelfalls, insbesondere der vertraglichen oder gesetzlichen Risikoverteilung, das Festhalten am unveränderten Vertrag nicht zuzumuten ist (§ 313 I BGB). Kann demzufolge eine Anpassung des Vertrags verlangt werden (etwa durch Änderungsvertrag), ist ein Rückgriff auf das Bereicherungsrecht ausgeschlossen, da insoweit ein Rechtsgrund für die Leistungen besteht. Aber auch für den Fall, dass eine Anpassung nicht möglich oder einem Vertragspartner nicht zumutbar ist, ist die Anwendung des Bereicherungsrechts ausgeschlossen. Denn § 313 III BGB räumt dem benachteiligten Vertragspartner das Recht zum **Rücktritt** ein. Damit ist das Rücktrittsrecht nach §§ 346 ff. BGB gemeint (s.o.).

**237** Hinsichtlich in Vollzug gesetzter **fehlerhafter Arbeitsverträge** hat die Rechtsprechung einen Ausgleichsmodus entwickelt, der dem Bereicherungsrecht ebenfalls vorgeht. Insoweit gilt: Auch der fehlerhafte (ja sogar der nichtige) Arbeitsvertrag ist Rechtsgrund i.S.d. §§ 812 ff. BGB.[229] Der Grund für diese „Sonderbehandlung" liegt darin, dass es bei der Anwendung des Bereicherungsrechts aufgrund der Regelung des § 818 III BGB (Entreicherung) zu unbilligen Ergebnissen kommen kann. Auch umgekehrt wäre die Rückzahlungspflicht in Bezug auf das rechtsgrundlos erhaltene Gehalt äußerst problematisch. Bei fehlerhaften Arbeitsverträgen gilt daher nicht Bereicherungsrecht, sondern Vertragsrecht, das allerdings einige Besonderheiten aufweist.

**238** **Beispiel:** Peppo ist seit einigen Wochen als Paketpacker bei der *Versandhandel GmbH* beschäftigt (vgl. § 611a BGB). Nun stellt sich für alle Beteiligten überraschend heraus, dass er bereits im Zeitpunkt des Abschlusses des Arbeitsvertrags geschäftsunfähig i.S.d. § 104 Nr. 2 BGB war.[230] Für P wird sofort ein Betreuer bestellt, der für ihn einen Ge-

---

[229] Etwas anderes gilt nur für den Fall, in dem der Arbeitnehmer nach der Kündigung des Arbeitsverhältnisses durch den Arbeitgeber für die Dauer des Kündigungsrechtsstreits gegen den Willen des Arbeitgebers weiterbeschäftigt wird, die Kündigung sich aber letztlich als wirksam herausstellt. Hier wird nach wohl überwiegender Ansicht im Grundsatz eine Rückabwicklung über die §§ 812 ff. BGB vorgenommen. Siehe näher dazu sogleich.

[230] § 105a BGB, wonach ein Geschäft des täglichen Lebens, das mit geringwertigen Mitteln bewirkt werden kann, gültig ist, wenn es von einem volljährigen Geschäftsunfähigen getätigt wird, ist vorliegend nicht einschlägig.

haltsanspruch für die verrichtete Arbeit geltend macht (§§ 1896 ff. BGB). Der Geschäftsführer Gisbert, der vor einiger Zeit drei Semester Jura studiert hatte, ist der Auffassung, aufgrund der Nichtigkeit des Arbeitsvertrags nicht zur Lohnzahlung verpflichtet zu sein. Sollte man bereicherungsrechtlich gegen die Gesellschaft vorgehen, werde er den Einwand der Entreicherung einbringen, da P auch im Übrigen ständig falsche Ware eingepackt habe und seine Arbeit daher wertlos gewesen sei.

Hier ist der Arbeitsvertrag von Anfang an nichtig (§ 105 I BGB). Die Rückabwicklung könnte daher über das Bereicherungsrecht gem. §§ 812 ff. BGB vorgenommen werden. Die GmbH hat „etwas erlangt", nämlich die Dienste des P. Diese Dienste kann sie aber nicht herausgeben, sodass insofern ein Wertersatz nach § 818 II BGB in Betracht kommt. Ein solcher Wertersatzanspruch ist möglicherweise aber dadurch ausgeschlossen, dass die Arbeitsleistung des P mangelhaft war und dadurch gem. § 818 III BGB eine Entreicherung auf Seiten der Gesellschaft angenommen werden könnte. Der mit § 104 Nr. 2 BGB zum Ausdruck kommende Schutz des Geschäftsunfähigen würde sich aber dann zum Nachteil verkehren, weil P insoweit „leer" ausgehen würde. Hinzu kommt, dass bei einem solchen Ergebnis der Arbeitnehmer das Produktions- und Absatzrisiko seines Arbeitgebers tragen würde. Um derartige Wertungswidersprüche zu vermeiden, behandelt die Rechtsprechung die Rückabwicklung fehlerhafter, ja sogar nichtiger Arbeitsverträge nicht über die Vorschriften der ungerechtfertigten Bereicherung, sondern über ein **„modifiziertes Vertragsrecht"** („faktisches Arbeitsverhältnis"). Danach wird das fehlerhafte Arbeitsverhältnis nach Beginn der Arbeitsleistung wie ein wirksames, allerdings modifiziertes, behandelt.[231] Daher gelten folgende Regeln:

**1.** Eine **Auflösung des Vertrags** ist nur mit Wirkung für die Zukunft (also *ex nunc*) möglich. Die engen Grenzen der §§ 620 ff. BGB sowie die des Kündigungsschutzgesetzes gelten nicht.

**2.** Der Arbeitnehmer kann **vertragliche Gehaltsansprüche** geltend machen (Anspruchsgrundlage ist § 611a II BGB).

**3.** Im Übrigen kommt eine **Haftung des Arbeitnehmers** nur bei grober Fahrlässigkeit oder Vorsatz in Betracht.

Vorliegend kann der Betreuer im Namen des P also Lohnansprüche gegen die Gesellschaft geltend machen. Umgekehrt ist die Gesellschaft wohl nicht berechtigt, Schadensersatz zu verlangen, da nach obigen Grundsätzen eine Verantwortlichkeit des P nicht vorliegt. Denn selbst wenn man eine grobe Fahrlässigkeit annähme, stünde einem Anspruch der Gesellschaft immer noch die Geschäftsunfähigkeit des P entgegen.

**Weiterführender Hinweis:** Von den eben genannten Grundsätzen des fehlerhaften Arbeitsvertrags macht das BAG aber dann eine Ausnahme, wenn es am Willen an einer (Weiter-)Beschäftigung fehlt. Das gilt insbesondere für die Weiterbeschäftigung im Kündigungsrechtsstreit. In einem solchen Fall sei nach Bereicherungsrecht rückabzuwickeln.[232] 239

**Beispiel:** Peppo ist voll geschäftsfähig. Das hindert ihn aber nicht daran, trotz zwei entsprechender Abmahnungen weiter falsche Ware einzupacken. G kündigt ihm daher. P erhebt sofort Kündigungsschutzklage und hat in erster Instanz auch Erfolg. G wird verurteilt, P weiterzubeschäftigen. Aufgrund der von G erhobenen Berufung wird das Urteil später aber vom LAG aufgehoben und die Kündigung des G für wirksam erklärt. 240

Hier greifen nach Auffassung des BAG die Grundsätze des fehlerhaften Arbeitsvertrags nicht, weil es am Willen des Arbeitgebers zur Weiterbeschäftigung gefehlt habe.[233] Folgt

[231] Vgl. BGHZ 41, 282, 287; BGH NJW 1992, 1501, 1502; BAG DB 1974, 1531 f. (jeweils zu Arbeits- und Gesellschaftsverträgen); *Medicus/Petersen*, BR, Rn 193; *Sprau*, in: Palandt, Einf § 812 Rn 6.
[232] Siehe BAGE 90, 251 ff.
[233] BAG NJW 1987, 2251 f.

man dieser Auffassung, kann Wertersatz gem. § 818 II BGB für die geleistete Arbeit (Tariflohn) gefordert werden.[234]

241 Die Grundsätze des fehlerhaften Arbeitsverhältnisses gelten auch für die **fehlerhafte Gesellschaft**. Tätigt ein vertretungsberechtigter Gesellschafter im Namen der Gesellschaft (z.B. GbR oder OHG) Rechtsgeschäfte im Außenverhältnis, so bindet er die anderen Gesellschafter grds. auch dann, wenn der Gesellschaftsvertrag sich später als nichtig (etwa wegen Anfechtung durch einen Gesellschafter) erweist. Würde man ein anderes Ergebnis zulassen, wäre der handelnde Gesellschafter im Vergleich zu den anderen Gesellschaftern benachteiligt, weil er allein das Risiko der Unwirksamkeit des Gesellschaftsvertrags tragen würde. Der Gesellschaftsvertrag ist dann lediglich *ex nunc* unwirksam, denn die Fehlerhaftigkeit des Gesellschaftsvertrags stellt grds. einen wichtigen Auflösungsgrund i.S.d. § 723 BGB bzw. § 133 HGB dar. Etwas anderes gilt lediglich dann, wenn der Schutzzweck der §§ 104 ff. BGB unterlaufen würde. Dann ist der Gesellschaftsvertrag *ex tunc*, also von Anfang an unwirksam.

242 **Beispiel:** Willi, Domi und Herbert gründen einen Pizzadienst in der Rechtsform einer GbR.[235] Da W und D nicht besonders finanzstark sind und auch das Gesellschaftskapital der GbR bereits investiert ist, bezahlt H den von der GbR verpflichteten Warenlieferanten Ludwig im Namen der GbR aus eigener Tasche. Kurz darauf stellt sich heraus, dass W beim Unterzeichnen des Gesellschaftsvertrags einem Erklärungsirrtum (§ 119 I BGB) unterlegen ist. Er ficht erfolgreich seine Willenserklärung bzgl. des Gesellschaftsvertrags an. Folge dieser Anfechtung ist die rückwirkende Unwirksamkeit des Gesellschaftsvertrags (§ 142 I BGB). Dummerweise wird nun auch noch von Unbekannten in das Lager des Pizzadienstes eingebrochen und es werden sämtliche Warenbestände gestohlen. Da H nicht alleine auf den Kosten sitzen bleiben möchte, verlangt er von W und D je ein Drittel des Betrags, den er L überwiesen hat.
Zwar konnte W durch seine Anfechtung den Gesellschaftsvertrag an sich vernichten, es wäre jedoch unbillig, wenn H das Risiko der Unwirksamkeit des Gesellschaftsvertrags und die Kosten für die bereits erfolgte Warenlieferung nicht anteilig auf W und D abwälzen könnte. Würde man allerdings Bereicherungsrecht anwenden, könnten sich W und D auf Entreicherung berufen. Um dieses unbillige Ergebnis zu vermeiden, wendet die h.M. die Grundsätze der fehlerhaften Gesellschaft an. Danach wird die unwirksame Gesellschaft auch mit Wirkung für die Vergangenheit wie eine wirksame Gesellschaft behandelt. Etwas anderes gilt nur dann, wenn der Zweck der an sich anzunehmenden rückwirkenden Unwirksamkeit unterlaufen würde (etwa Minderjährigen- bzw. Geschäftsunfähigenschutz - §§ 104 ff. BGB).

Vorliegend ist W jedoch nicht geschäftsunfähig und daher nicht schutzwürdiger als H. Im Gegenteil entspricht es der Billigkeit, wenn H die Kosten anteilig auf W und D abwälzen kann. W und D müssen sich daher so behandeln lassen, als sei die Gesellschaft zum Zeitpunkt des Geschäfts mit L wirksam gewesen. Da H in diesem Fall W und D gem. § 426 I und II BGB in Regress hätte nehmen können, gilt diese Folge auch vorliegend. Die Nichtigkeit des Gesellschaftsvertrags ist demnach erst nach dem Zeitpunkt des Geschäfts mit L anzunehmen.

## 2. Verhältnis zu (anderen) gesetzlichen Regelungen

243 Auch (andere) gesetzliche Regelungen können in ihrem Anwendungs- bzw. Regelungsbereich eine **abschließende Regelung** treffen und damit die Anwendbarkeit des Bereicherungsrechts oder doch zumindest die Voraussetzungen eines bereiche-

---

[234] Im Regelfall gleichen sich die entsprechenden Ansprüche aus, da der Arbeitgeber Lohn gezahlt und der Arbeitnehmer gearbeitet und seine Gegenleistung erbracht hat.

[235] Zur Rechtsfähigkeit der GbR vgl. BGHZ 147, 145 ff.; 147, 269 ff. (mit Bespr. von *K. Schmidt*, JuS 2001, 1122); BGH ZIP 2001, 781 ff. (mit Bespr. v. *Löhnig*, JA 2001, 622 ff.); ZIP 2002, 1419; BGHZ 152, 307, 311 ff.; *Lorenz*, JuS 2003, 729, 730.

rungsrechtlichen Ausgleichsanspruchs ausschließen. Das betrifft in erster Linie das Eigentümer-Besitzer-Verhältnis, aber auch die berechtigte GoA.

### a. Sperrwirkung des Eigentümer-Besitzer-Verhältnisses

Die Vorschriften der §§ 987 bis 1004 BGB über das Verhältnis zwischen dem Eigentümer und dem Besitzer einer Sache enthalten bestimmte Schutzvorschriften zugunsten des unrechtmäßigen, aber **redlichen Besitzers**, die durch das Bereicherungsrecht (aber auch durch das Deliktsrecht) nicht einfach unterlaufen werden dürfen. Das gilt insbesondere hinsichtlich des Anspruchs des Eigentümers auf **Nutzungsersatz** (§§ 987, 988 BGB), der einen weitergehenden Anspruch – etwa aus §§ 812 ff. BGB – ausschließt (§ 993 I a.E. BGB). Umgekehrt kann der Besitzer Verwendungsersatz ausschließlich nach §§ 994 und 996 BGB verlangen; ein Anspruch aus §§ 812 ff. BGB scheidet insoweit auch hier aus. Da das Verhältnis EBV-Bereicherungsrecht bereits ausführlich bei Rn 130 ff. beschrieben wurde, sei insoweit darauf verwiesen. **244**

### b. Vorrang der berechtigten GoA

Bei Vorliegen einer *berechtigten* GoA scheiden Ansprüche des Geschäftsherrn aus **ungerechtfertigter Bereicherung** aus, weil jene – solange sich der Geschäftsführer in ihrem Rahmen bewegt – den Rechtsgrund für Leistungen und Eingriffe bildet.[236] Ansprüche aus berechtigter GoA sind – sofern der Klausursachverhalt dies nahelegt – also stets vor solchen des Bereicherungsrechts zu prüfen. Liegt eine *unberechtigte* GoA vor, ist ein Rechtsgrund für die Leistung bzw. den Eingriff nicht vorhanden. Hier findet der bereicherungsrechtliche Ausgleich über §§ 677, 684 S. 1 BGB statt. Liegt sogar eine *angemaßte Eigengeschäftsführung* vor, sind von vornherein originäre Ansprüche des Geschäftsherrn aus ungerechtfertigter Bereicherung neben solchen aus GoA nicht ausgeschlossen. **245**

**Beispiel:** A „leiht" sich das Schifferklavier des B ohne dessen Wissen und Wollen und spielt in der Fußgängerzone. Bis zum Abend haben Passanten in den offenen Instrumentenkasten Münzen im Wert von insgesamt 350,- € geworfen. **246**

Hier kommen neben Schadensersatzansprüchen aus § 823 I BGB und §§ 989, 990 BGB Ansprüche aus § 687 II i.V.m. §§ 678 bzw. 667 BGB in Betracht. A müsste dem B dann die Einnahmen herausgeben. Da der Anspruch aus § 687 II BGB auf Seiten des Geschäftsherrn die Anwendbarkeit von Ansprüchen aus ungerechtfertigter Bereicherung nicht ausschließt, wäre zusätzlich ein Anspruch aus § 812 I S. 1 Var. 2 BGB (hier: Eingriff in den Zuweisungsgehalt eines fremden Rechts) zu prüfen.

Soweit es jedoch um Ansprüche des Geschäftsführers gegen den Geschäftsherrn geht, enthält § 687 II BGB eine abschließende Regelung, neben der andere Ansprüche ausgeschlossen sind.

### c. Verhältnis zu § 179 BGB

Handelt ein Vertreter ohne Vertretungsmacht und ist das so zustande gekommene Vertretergeschäft mangels Genehmigung des Geschäftsherrn oder wegen der Fiktion der Verweigerung gemäß § 177 II S. 2 BGB endgültig unwirksam, haftet der *falsus procurator* dem Geschäftsgegner nach § 179 BGB. Diese Vorschrift begründet eine (verschuldensunabhängige) Garantiehaftung, die auf dem Gedanken beruht, dass der *falsus procurator* Vertrauen veranlasst und enttäuscht hat.[237] Neben dieser Haftung ist eine Abwicklung über das Bereicherungsrecht jedoch nicht ausgeschlossen. **247**

---

[236] Zur Problematik hinsichtlich des konstruierten Fremdgeschäftsführungswillens beim sog. auch-fremden Geschäft, nur um eine berechtigte GoA statt Bereicherungsrecht anzunehmen, vgl. Rn 51 ff.

[237] BGHZ 73, 266, 269.

248 **Beispiel:** Violetta war viele Jahre Chefeinkäuferin für die Boutique der Gunda. In deren Namen schloss sie stets Verträge mit verschiedenen Warenlieferanten. Als sich die beiden Damen wegen einer privaten Angelegenheit überwarfen, widerrief G die Vollmacht der V. Um G „eins auszuwischen", kauft V nun in deren Namen beim Großhändler Ottokar 200 Markenjeans der Größe 42. O liefert die Ware an die Boutique. Als G am nächsten Tag die Rechnung erhält, ist sie entsetzt und fragt nach der Rechtslage.

Da G das Geschäft der V kaum genehmigen wird, bestehen vertragliche Ansprüche O gegen G nur dann, wenn eine Rechtsscheinvollmacht nach §§ 171, 172 BGB oder eine Anscheinsvollmacht angenommen werden kann. Dies ist eine Tatfrage und für den vorliegenden Fall wohl zu verneinen. O hat aber einen Schadensersatzanspruch gegen V aus § 179 I BGB. Gemäß dieser Vorschrift ist der Vertreter dem Geschäftsgegner **nach dessen Wahl** zur **Erfüllung** (wenn und soweit die Erfüllung durch den Vertreter bewirkt werden kann) oder zum **Schadensersatz** (der dem Geschäftsgegner daraus entsteht, dass der Vertrag nicht so, wie er geschlossen worden wäre, wirksam geworden ist) verpflichtet.

Fraglich ist, ob O sich (stattdessen) auch an V halten kann. Unterstellt, dass kein Eigentumsvorbehalt vereinbart wurde und daher § 985 BGB nicht greift, kommt lediglich ein Kondiktionsanspruch in Betracht. Sofern man im Rahmen einer Leistungskondiktion auf die Sicht des Leistenden (also auf die des O) abstellt, kann dieser die erbrachte Leistung gem. § 812 I S. 1 Var. 1 BGB kondizieren. Der Kondiktionsanspruch würde vorliegend dann in der Rückübereignung und der Verschaffung des unmittelbaren Besitzes an den Jeans bestehen. Stellt man hingegen auf den objektivierten Empfängerhorizont (vorliegend also auf den der V) ab, ist danach zu fragen, wen ein verständiger Dritter in der Situation des Leistungsempfängers als Leistenden betrachtet hätte (Argument aus §§ 133, 157 BGB). Da sich hier aber wohl kein anderes Ergebnis ergibt, kann O von G Rückübereignung und Besitzverschaffung verlangen. Macht er diesen Anspruch geltend, mindert sich insoweit sein Anspruch gegen V (der vernünftigerweise nur in einem Schadensersatzanspruch bestehen wird).

### d. Vorrang des § 546a BGB

249 Gibt der Mieter die Mietsache nach Beendigung des Mietverhältnisses nicht zurück, kann der Vermieter für die Dauer der Vorenthaltung als **Entschädigung** den vereinbarten Mietzins oder den Mietzins verlangen, der für vergleichbare Sachen ortsüblich ist (§ 546a I BGB). Nach § 546a II BGB (vgl. für Wohnräume auch § 571 BGB) kann er darüber hinaus **Schadensersatz** verlangen. Ein Schadensersatzanspruch aus dem Gesichtspunkt der allgemeinen Pflichtverletzung (§ 280 BGB) tritt subsidiär hinter den Regelungen der §§ 546a und 571 BGB zurück.

Fraglich ist, ob der Vermieter **Nutzungsersatz** und **Schadensersatz** gem. §§ 987, 989, 990 BGB geltend machen kann. Voraussetzung ist zunächst das Bestehen einer Vindikationslage im Zeitpunkt der Tatbestandsvoraussetzungen (also der Verletzungshandlung). Da dies regelmäßig anzunehmen ist, kommt es weiterhin auf die Frage an, ob die §§ 987 ff. BGB überhaupt anwendbar sind, wenn die Voraussetzungen der vertraglichen Sonderregelung der §§ 546a und 571 BGB gegeben sind. Sollte man dies bejahen, ist schließlich die Frage zu klären, ob die §§ 987 ff. BGB nicht dadurch ausgeschlossen sind, dass der Besitzer zunächst rechtmäßig die Sache besitzen durfte, bevor er das Recht zum Besitz verloren hat (sog. *Nicht-mehr-Berechtigter*, dazu Rn 169). Verneint man die Anwendbarkeit der Vorschriften aus dem EBV (etwa mit dem Argument, dass § 546a BGB eine auf einem Vertragsverhältnis beruhende Sonderregelung enthält, die die §§ 987 ff. BGB ausschließt[238]), können diese auch keine Sperrwirkung gegenüber dem **Bereicherungsrecht** entfalten. Dann aber stellt sich die Frage, ob die *§§ 546a und 571 BGB* eine Sperrwirkung entfalten. Da der in Be-

---

[238] Vgl. dazu *Herrler*, in: Palandt, Vorb v § 987 Rn 11 f.

tracht kommende Bereicherungsanspruch kaum über das hinausgeht, was der Vermieter bereits über §§ 546a, 571 BGB fordern kann (insbesondere ortsübliche Miethöhe, Schadensersatz), besteht gar kein Bedürfnis, das Bereicherungsrecht anzuwenden. Insbesondere sind im Falle der Wohnraummiete die Mehreinnahmen, die sich dadurch ergeben hätten, dass der Vermieter das Mietobjekt zu einem höheren als dem ortsüblichen Mietzins hätte vermieten können, bereits im Rahmen des Schadensersatzes unter dem Aspekt des entgangenen Gewinns hinreichend berücksichtigt.

### e. Vorrang gesetzlicher Rückgewährschuldverhältnisse

Ausgeschlossen ist das Bereicherungsrecht dann, wenn gesetzliche Rückgewährschuldverhältnisse bestehen. Das gilt namentlich für **§§ 346 ff. BGB** (auf die bspw. in §§ 313 III, 437 Nr. 2, 634 Nr. 3 BGB verwiesen wird). Macht ein Verbraucher von seinem verbraucherschützenden Widerrufsrecht Gebrauch (etwa im Fall des § 312g I BGB), erfolgt die Rückabwicklung indes gem. § 355 BGB nach der speziellen Regelung des § 357 BGB, sodass weder §§ 346 ff. BGB noch §§ 812 ff. BGB anwendbar sind. **250**

### f. Vorrang familienrechtlicher Ausgleichsregelungen

Für die Rückabwicklung fehlgeschlagener Ehen gehen im Fall der **Scheidung** die Vorschriften des **Zugewinnausgleichs** (§§ 1372 ff. BGB) dem Bereicherungsrecht vor.[239] Sofern ein anderer Güterstand vereinbart wurde, ist im Falle der Rückabwicklung unentgeltlicher Zuwendungen an § 530 BGB zu denken. Im Übrigen sind die Vorschriften über die **Störung der Geschäftsgrundlage** (§ 313 BGB) einschlägig. Raum für das Bereicherungsrecht besteht also lediglich dann, wenn die genannten Institute den Sachverhalt nicht abschließend klären oder zu schlechthin unangemessenen und unzumutbaren Ergebnissen führen.[240] **251**

Hinsichtlich **Lebenspartnerschaften** nach dem LPartG ist zu beachten, dass diese seit dem 1.10.2017 zwar nicht mehr begründet werden können[241], Partner einer bestehenden eingetragenen Lebenspartnerschaft aber eine mit der Ehe gleichgestellte Verantwortungs- und Einstehungsgemeinschaft bilden.[242] An die Begründung einer solchen Lebenspartnerschaft knüpfen vielfältige Rechtsfolgen im Zivil- und im öffentlichen Recht, die mit denen einer Ehe nahezu identisch sind und sowohl im LPartG als auch im BGB und in zahlreichen Sondergesetzen verankert sind. So haben sich die Partner über ihren Vermögensstand (zu verstehen wie „Güterstand") zu erklären, § 6 S. 1 LPartG. Sollte dies eine Ausgleichsgemeinschaft sein, wird der während der Partnerschaft erzielte Zugewinn wie bei der Ehe (§§ 1371 ff. BGB) nach der Auflösung der Partnerschaft ausgeglichen, siehe § 6 S. 2 LPartG, der auf §§ 1364-1390 BGB verweist. Diese Regelung dürfte (wie bei der Ehe) den Vorschriften über die Störung der Geschäftsgrundlage und dem Bereicherungsrecht grundsätzlich vorgehen und einen Rückgriff nur dann zulassen, wenn unzumutbare Ergebnisse erzielt würden. Vgl. dazu im Einzelnen *R. Schmidt*, FamR, 10. Aufl. 2018, Rn 177 ff./442 ff.

### g. Vorrang des Erstattungsanspruchs bei Zahlungsdiensten

Im Fall eines nicht autorisierten Zahlungsvorgangs hat der Zahlungsdienstleister (d.h. die Bank oder Sparkasse) des Zahlers zwar gegen diesen keinen Anspruch auf Erstat- **252**

---

[239] Vgl. BGHZ 115, 132 ff.; *Tiedtke*, JZ 1992, 334 ff.

[240] Vgl. BGH NJW 2010, 2202 ff.; BGHZ 115, 132, 138 f.; 116, 167, 170; 127, 48 ff.; 142, 300 ff.

[241] Siehe das Gesetz zur Einführung des Rechts auf Eheschließung für Personen gleichen Geschlechts v. 20.7.2017 (BGBl I 2017, S. 2787), wonach seit Inkrafttreten des Gesetzes am 1.10.2017 gleichgeschlechtliche Paare die Ehe, aber nicht mehr die Lebenspartnerschaft eingehen können. Bestehende Lebenspartnerschaften genießen selbstverständlich Bestandsschutz, können aber auf Antrag in eine Ehe umgewandelt werden; dazu eingehend *R. Schmidt*, FamR, 10. Aufl. 2018, Rn 20a ff.

[242] Zwar ist seit dem 1.10.2017 (siehe das Gesetz zur Einführung des Rechts auf Eheschließung für Personen gleichen Geschlechts – BGBl I 2017, 2787) gem. § 1353 I S. 1 BGB n.F. die Eheschließung auch zwischen zwei Personen desselben Geschlechts möglich, jedoch bleiben die bis dahin geschlossenen Lebenspartnerschaften nach dem LPartG bestehen; die Lebenspartner haben gem. § 20a LPartG aber die Möglichkeit, vor dem Standesamt ihre Lebenspartnerschaft in eine Ehe umzuwandeln.

tung seiner Aufwendungen (§ 675u S. 1 BGB), er ist aber umgekehrt verpflichtet, dem Zahler den Zahlungsbetrag unverzüglich zu erstatten und, sofern der Betrag einem Zahlungskonto belastet worden ist, dieses Zahlungskonto wieder auf den Stand zu bringen, auf dem es sich ohne die Belastung durch den nicht autorisierten Zahlungsvorgang befunden hätte (§ 675u S. 2 BGB). Diese Regelung stellt funktionales Bereicherungsrecht dar und ist lex specialis gegenüber der condictio in debiti.[243] Zu den „Anweisungsfällen" vgl. ausführlich Rn 328 ff.

[243] Wie hier *Köndgen*, JuS 2011, 481, 489; *Belling/Belling*, JZ 2010, 708, 710 f.; a.A. *Grundmann*, WM 2009, 1109, 1117.

## VII. Gegenstand des Bereicherungsanspruchs („etwas erlangt")

Die Pflicht des Bereicherungsschuldners zur Herausgabe wird in erster Linie durch die einzelnen Tatbestände des Bereicherungsrechts normiert, die in den §§ 812, 816, 817 und 822 BGB enthalten sind. Danach ist als Bereicherungsgegenstand das „**Erlangte**" anzusehen. Damit ist nach der Rechtsprechung **jeder vermögenswerte Vorteil** auf Seiten des Bereicherungsschuldners gemeint.[244] Folgende Bereicherungsgegenstände kommen in Betracht[245]: 253

### 1. Rechte aller Art

Zu den Rechten i.S. des Bereicherungsgegenstands gehört zunächst der Erwerb eines **dinglichen Rechts** (z.B. Eigentum, Pfandrecht). Dabei braucht es sich nicht um ein Vollrecht zu handeln; auch ein Anwartschaftsrecht oder die bloße Verstärkung eines Rechts (z.B. Vorrangeinräumung für eine Hypothek) stellen einen Vermögensvorteil dar. Zweifelhaft ist, ob auch der Besitz und die Grundbuchstellung dingliche Rechte sind oder lediglich tatsächliche Verhältnisse darstellen. Verneint man die Einstufung als dingliche Rechte, sind sie jedenfalls vom Begriff der vorteilhaften Rechtsstellung umfasst. 254

Auch **persönliche Rechte** (z.B. Forderung, Gutschrift, vertragliches Schuldanerkenntnis gem. § 812 II BGB) gehören zu den Rechten i.S. des Bereicherungsgegenstands.[246] 255

> **Hinweis für die Fallbearbeitung:** Hinsichtlich des § 812 II BGB, wonach die Anerkennung des Bestehens oder Nichtbestehens eines Schuldverhältnisses als Leistung gilt, ist zu beachten, dass diese Vorschrift *keinen* Sonderfall einer Leistungskondiktion und somit *keine* Anspruchsgrundlage für einen Bereicherungsanspruch darstellt. Vielmehr handelt es sich bei § 812 II BGB um eine gesetzliche Erläuterung des Leistungsbegriffs. Es wäre also falsch, in der Klausur von einem „Anspruch aus § 812 II BGB" zu sprechen. Richtige Anspruchsgrundlage ist auch hier § 812 I S. 1 Var. 1 BGB.

Auch **Geldforderungen** gehören ebenfalls hierher, etwa wenn Erstattung des (infolge Anfechtung des Kaufvertrags) rechtsgrundlos gezahlten Kaufpreises verlangt wird. Der Anspruch ist dann auf die Zahlung der Geldsumme gerichtet. 256

### 2. Vorteilhafte Rechtsstellung

Eine vorteilhafte Rechtsstellung mit Vermögensbezug begründet zunächst der **Besitz**, sofern man ihn nicht schon als dingliches Recht qualifiziert. Dabei macht es keinen Unterschied, ob der Besitz unmittelbar (§ 854 I BGB) oder mittelbar (§ 868 BGB) ausgeübt wird. Lediglich die Besitzdienerschaft (§ 855 BGB) stellt keine vorteilhafte Rechtsstellung dar. 257

Hinsichtlich der **Kondiktion** des Besitzes ist zu beachten, dass dieser nach h.M. grundsätzlich nur Gegenstand einer Leistungskondiktion, nicht auch einer Eingriffskondiktion sein kann. Denn ließe man eine Eingriffskondiktion am Besitz zu, bestünde die Gefahr, dass die speziellen Besitzschutzvorschriften der §§ 858 ff. BGB unterlaufen würden.[247] 258

---

[244] Vgl. dazu aus jüngerer Zeit BGH GRUR 2012, 417, 418; WM 2006, 1001; NJW 2006, 1731, 1732. In der Literatur wird überwiegend auf einen Vermögensbezug verzichtet und „jede vorteilhafte Rechtsposition" als ausreichend erachtet, auch wenn sie keinerlei Vermögensbezug hat (so *Wandt*, § 10 Rn 4; *Schwab*, in: MüKo, § 812 Rn 3; *Buck-Heeb*, in: Erman, § 812 Rn 6; *Lorenz*, in: Staudinger, § 812 Rn 65). Das ist abzulehnen, da das gesamte Bereicherungsrecht auf einen Ausgleich ungerechtfertigter Vermögensverschiebungen ausgerichtet ist (wie hier die zitierte Rspr. sowie *Sprau*, in: Palandt, § 812 Rn 8).

[245] Vgl. *Sprau*, in: Palandt, § 812 Rn 8 und 81 ff.

[246] Vgl. BGH ZIP 2002, 1419.

[247] *Sprau*, in: Palandt, § 812 Rn 13 ff.; *Herrler*, in: Palandt, § 861 Rn 12; *Pajunk*, JuS 2001, 42, 45.

**Beispiel:** Angelika hat sich von Barbara das Mofa geliehen, um zu der nahe gelegenen Eisdiele zu fahren. Als sie dort ein Bananensplit genießt, sieht sie plötzlich, dass Widukind gerade im Begriff ist, das Mofa zu stehlen. Noch bevor er davonfahren kann, packt ihn Angelika von hinten und drückt ihn zu Boden.
Unabhängig von der Frage, ob W überhaupt „etwas erlangt" hat, ist ein Herausgabeanspruch unter dem Gesichtspunkt der Eingriffskondiktion gem. § 812 I S. 1 Var. 2 BGB schon deshalb ausgeschlossen, weil das Besitzrecht für diesen Fall eine abschließende Wertung enthält. Liegen die Voraussetzungen der Besitzkehr (§ 859 II BGB) vor, darf diese Wertung nicht über die Vorschriften des Bereicherungsrechts umgangen werden.

**259** Die Wertungen des Besitzrechts können aber dann nicht umgangen werden, wenn der Besitz nicht mehr vorhanden ist. Das ist bei Verarbeitung oder Vermischung der Fall, aber auch dann, wenn die Sache (wie im obigen „Whisky-Fall") konsumiert worden ist.

**260** Zu den vorteilhaften Rechtsstellungen i.S.d. Bereicherungsrechts gehört schließlich auch die bloße **Buchposition** wie etwa die unrichtige Eintragung als Eigentümer oder Grundpfandinhaber im Grundbuch. Der Vorteil besteht hier darin, dass von dem Grundbuch ein Rechtsschein ausgeht mit der Folge, dass der Eingetragene – auch wenn er nichtberechtigt ist – wirksam über das betreffende Recht verfügen kann (vgl. §§ 891, 892 BGB).[248]

**261** **Hinweis für die Fallbearbeitung:** Die Aufgabe des Bereicherungsrechts besteht in solchen Fällen darin, die mit dem materiellen Recht im Widerspruch stehende formelle Rechtslage abzuändern. Zwar kommt diese Aufgabe an sich dem § 894 BGB zu, diese Anspruchsgrundlage steht aber nur dem Inhaber des dort genannten Rechts zu. Die Vorschriften der §§ 812 ff. BGB stehen dagegen auch solchen Personen zu, die nicht Inhaber des dinglichen Rechts aus § 894 BGB sind. Kommen aber beide Anspruchsgrundlagen in Betracht, steht der bereicherungsrechtliche Grundbuchberichtigungsanspruch aus §§ 812 ff. BGB selbstständig neben dem dinglichen aus § 894 BGB. In der Fallbearbeitung sind also beide Anspruchsgrundlagen nebeneinander zu prüfen (Anspruchskonkurrenz). Eigenständige Bedeutung hat der bereicherungsrechtliche Berichtigungsanspruch aber dann, wenn die Voraussetzungen des § 894 BGB nicht vorliegen.

**262** **Beispiel:** Peppo hat von Nepomuk ein wunderschönes Hausgrundstück erworben und ist auch als Eigentümer im Grundbuch eingetragen. Da er jedoch stets an dem Abschluss eines günstigen Geschäfts interessiert ist und in Ottokar einen zahlungskräftigen Käufer gefunden zu haben glaubt, bestellt er zu dessen Gunsten ein dingliches Vorkaufsrecht (§§ 873, 1094 BGB). Doch schon am nächsten Tag muss er feststellen, dass er von O betrogen worden ist. Daher ficht er wirksam alle Erklärungen an (§§ 123 Var. 1, 142 I BGB). Doch damit nicht genug. Es stellt sich heraus, dass N im Zeitpunkt der Geschäfte mit P geschäftsunfähig i.S.d. § 104 Nr. 2 BGB war. Der für diesen bestellte Betreuer (vgl. §§ 1896, 1901, 1902 BGB) ist aber trotzdem bereit, es bei dem Verkauf an P zu belassen.

Zunächst einmal ist klarzustellen, dass das Haus des vorliegenden Falles nicht Gegenstand besonderer Rechte sein kann, da es wesentlicher Bestandteil des Grundstücks ist, auf dem es errichtet wurde (vgl. §§ 93, 94 BGB). Es kann also nur um die Rückübertragung des Grundstücks gehen.

In Betracht kommt zunächst ein Grundbuchberichtigungsanspruch des P gegen O aus § 894 BGB. „Berechtigter" i.S. dieser Vorschrift ist aber nur derjenige, dem das geltend gemachte Recht materiell zusteht. Vorliegend geht es um das Eigentum an dem Hausgrundstück. Dieses Eigentum konnte wegen der Geschäftsunfähigkeit des N nicht auf P übergehen. Demzufolge ist N nach wie vor der wahre Eigentümer des Grundstücks. P

[248] *Sprau,* in: Palandt, § 812 Rn 9.

kann sich bei dem von ihm geltend gemachten Anspruch gegen O also nicht auf § 894 BGB stützen.

Da jedoch aufgrund der wirksamen Anfechtung des P die zwischen ihm und O getätigten Rechtsgeschäfte allesamt rückwirkend nichtig sind, liegt eine rechtsgrundlose Leistung i.S.d. § 812 I S. 1 Var. 1 BGB vor. Die Leistung besteht in der Verschaffung einer formal-rechtlichen Eigentümerstellung im Grundbuch, obwohl die materiell-rechtliche Rechtslage aufgrund der Anfechtung eine andere ist. P kann von O daher die „Herausgabe" dieser Grundbuchposition verlangen. Formell-rechtlich sieht das so aus, dass P aufgrund der Vorschrift des § 19 Grundbuchordnung (GBO) die (Wieder-) Bewilligung der Eintragung als Eigentümer verlangen muss. Gegenstand der Kondiktion ist also die **Abgabe einer Erklärung**. Sollte O sich weigern, die Bewilligungserklärung abzugeben, ersetzt § 894 ZPO diese Erklärung.

### 3. Befreiung von Schulden und Lasten

Auch die Befreiung von Verbindlichkeiten kann das fremde Vermögen mehren und zu einem bereicherungsrechtlichen Herausgabeanspruch führen. Zu nennen sind etwa Schulderlass (§ 397 I BGB), negatives Schuldanerkenntnis (§ 397 II BGB), Befreiung des Schuldners von einer Verbindlichkeit (vgl. etwa § 267 BGB)[249] oder einer dinglichen Last (z.B. Verzicht des Gläubigers auf sein Pfandrecht) sowie die Befreiung von der gesetzlichen Unterhaltungspflicht oder der Barzahlungspflicht des § 817 IV ZPO. **263**

**Hinweis für die Fallbearbeitung:** Die Befreiung von Schulden und Lasten besteht nicht selten in der rechtswirksamen Leistung eines Dritten auf die Forderung des Gläubigers gegen den Schuldner gem. § 267 BGB (siehe das Beispiel bei Rn 69/72 zur berechtigten GoA). Da in diesen Fällen zumeist eine Fremdtilgungsbestimmung und damit ein Fremdgeschäftsführungswille vorliegen werden, ist von einem Ausgleichsanspruch aus §§ 677, 683 S. 1, 670 BGB auszugehen. Von einer gleichzeitigen Anwendung des Bereicherungsrechts ist abzusehen, da die berechtigte GoA insoweit einen „Rechtsgrund" darstellt. Selbst wenn die Voraussetzungen der *berechtigten* GoA nicht vorliegen, stellen die Vorschriften über die GoA eine abschließende Regelung dar. In diesem Fall richtet sich der Anspruch nach §§ 677, 684 S. 1 BGB lediglich nach der *Rechtsfolge* des Bereicherungsrechts. **264**

### 4. Gebrauchsvorteile und Dienstleistungen/Ersparte Aufwendungen

Jemand kann auch dann einen Vermögensvorteil und damit „etwas erlangt" haben, wenn er ohne die Leistung des anderen Aufwendungen gemacht hätte, um den gleichen Erfolg zu erreichen. Konkret geht es um Fälle, in denen jemand eine Dienst- oder Werkleistung empfängt und dafür an sich eine Entlohnung hätte errichten müssen, der das Entgelt regelnde Vertrag aber (etwa wegen § 142 I BGB oder § 105 BGB) nichtig ist. Generell geht die h.M. davon aus, dass Gebrauchsvorteile sowie geleistete Dienste immer als – nicht gegenständlicher – Vermögensvorteil i.S.d. § 812 I S. 1 Var. 1 BGB anzusehen sind.[250] Ob Aufwendungen erspart wurden, wird dann erst bei der Prüfung des Umfangs des Bereicherungsanspruchs (§ 818 BGB) relevant.[251] **265**

**Beispiel 1 (Flugreisefall)[252]:** Der 17-jährige M erwarb mit Zustimmung seiner Eltern ein Flugticket für einen Flug von München nach Hamburg mit der Fluggesellschaft F. In Hamburg angekommen, gelang es ihm, mit anderen Passagieren das Flugzeug - welches nicht ganz ausgebucht war - erneut zu besteigen und an dem Weiterflug nach New **266**

[249] Vgl. dazu BGH NJW 2000, 3492 f.; *Herbert*, JA 2001, 358, 359 f.
[250] Vgl. BGH NJW 2002, 612, 613 f.; *Voit/Geweke*, JuS 2001, 358, 360 f.; *Brox/Walker*, § 40 Rn 5.
[251] *Brox/Walker*, § 40 Rn 5.
[252] In Anlehnung an BGHZ 55, 128 ff.

York teilzunehmen, ohne dass er im Besitz eines Flugtickets für diese Strecke war.[253] In New York wurde ihm die Einreise in die USA verwehrt, weil er kein Visum hatte. Daraufhin ließ ihn F eine Zahlungsverpflichtung unterschreiben, stellte ihm ein Flugticket für die Rückreise aus und beförderte ihn noch am selben Tag mit einer Linienmaschine zurück nach München. Die Eltern des M verweigerten die Genehmigung für sämtliche Rechtsgeschäfte, die M möglicherweise abgeschlossen hatte.

F verlangt von M die Zahlung des üblichen Flugpreises für den Flug von Hamburg nach New York und für den Rückflug von New York nach München.

Hinsichtlich der geltend gemachten Beförderungskosten ist zwischen dem Hinflug und dem Rückflug zu unterscheiden:

**I. Hinflug**

**1.** Ein Anspruch F gegen M aus **Beförderungsvertrag** (§ 631 I BGB) scheidet aus. Zum einen haben die Parteien (F und M) keine entsprechenden Willenserklärungen abgegeben (§§ 145 ff. BGB), und zum anderen stand einem Vertrag die fehlende Geschäftsfähigkeit des M entgegen (§§ 106-108 BGB).

**2.** Auch ein Anspruch aus **Delikt** liegt im Ergebnis nicht vor. Ein Anspruch aus § 823 I BGB scheitert an der Verletzung eines absoluten Rechts. Hinsichtlich § 823 II BGB i.V.m. § 265 a StGB genügt zwar ein bloßer Vermögensschaden, jedoch hat F einen solchen nicht erlitten. Denn auch wenn M nicht heimlich mitgeflogen wäre, wäre die Vermögenslage der F nicht günstiger gewesen. Insbesondere war die Maschine nicht ausgebucht und F musste keinen zahlungswilligen Fluggast zurücklassen. Hätte F jemanden zurücklassen müssen, weil M - ohne ein Entgelt zu zahlen - einen Sitzplatz blockiert hätte, hätte man von einem Vermögensschaden in Höhe des ausgefallenen Entgelts des weggeschickten Fluggasts ausgehen können.[254] Hier hingegen ist keine Vermögenseinbuße ersichtlich. Ein Schaden lag damit nicht vor.

**3.** Ein ebenfalls in Betracht kommender Anspruch aus **berechtigter GoA** gem. §§ 677, 683 S. 1, 670 BGB i.V.m. § 1835 III BGB analog scheidet desgleichen aus. Zum einen kann mangels Kenntnis der Beförderung der Fremdgeschäftsführungswille kaum angenommen werden, und zum anderen dürfte schon das objektive Interesse der Eltern (als gesetzliche Vertreter) an der Beförderung ihres Sohnes in die USA kaum vorliegen.

**4.** Möglicherweise ist aber ein **bereicherungsrechtlicher** Anspruch gem. § 812 I S. 1 Var. 1 BGB (allgemeine Leistungskondiktion) oder gem. § 812 I S. 1 Var. 2 BGB (allgemeine Nichtleistungskondiktion in Form der Eingriffskondiktion) gegeben.

**a. etwas erlangt:** Dazu müsste K „etwas erlangt" haben. Damit ist jeder vermögenswerte Vorteil auf Seiten des Bereicherungsschuldners gemeint. Der BGH, der bei der Feststellung des Bereicherungsgegenstands § 819 BGB analog anwendet, kommt für den vorliegenden Fall zu dem Ergebnis, dass K schon gar nichts erlangt habe.[255] Demzufolge seien schon die Voraussetzungen eines bereicherungsrechtlichen Anspruchs nicht erfüllt. Die Literatur hält die Rechtsprechung des BGH für verfehlt. Sie steht auf dem Standpunkt, dass die Ersparnis von Aufwendungen kein Problem des Tatbestands des § 812 BGB sei, sondern ein Problem der Rechtsfolgenseite des § 818 III BGB. Anderenfalls vermenge man unzulässigerweise die vom Gesetz vorgegebene Trennung zwischen der Frage der Entreicherung i.S.d. § 818 III BGB und der Bereicherung i.S.d. § 812 BGB miteinander. Darüber hinaus handele es sich bei dem vom BGH gewählten Weg um eine völlig überflüssige Konstruktion.[256] Folgt man dieser überzeugenden Auffassung, hat K die Beförderungsleistung als Vermögensvorteil erlangt.

**b. durch Leistung oder in sonstiger Weise:** Fraglich ist, ob M diesen vermögenswerten Vorteil *durch eine Leistung* (i.S.d. § 812 I S. 1 Var. 1 BGB) der F oder *in sonsti-*

[253] Diese Möglichkeit wird heutzutage wohl ausgeschlossen werden können. Da der Flugreisefall aber zum Standard-Repertoire der juristischen Ausbildung gehört, soll er auch im Rahmen der vorliegenden Bearbeitung dargestellt werden.
[254] BGHZ 21, 319, 335 für die Inanspruchnahme eines Kfz-Stellplatzes.
[255] BGHZ 55, 128, 135 f.
[256] Vgl. *Brox/Walker*, § 40 Rn 5.

*ger Weise* (i.S.d. § 812 I S. 1 Var. 2 BGB) erlangt hat. Leistung ist jede bewusste und zweckgerichtete Mehrung fremden Vermögens.[257] Ob F gegenüber M ein Leistungsbewusstsein hatte, ist zweifelhaft, da sie von dessen Mitflug gar nichts wusste. Ein „generelles Leistungsbewusstsein“, wie das z.B. bei Straßenbahnbetrieben angenommen werden kann, ist bei einer Fluggesellschaft abzulehnen.[258] M hat den Vermögensvorteil damit nicht durch eine Leistung der F erhalten.
Möglicherweise hat er den Vermögensvorteil aber *in sonstiger Weise* erlangt. Unter dem Erhalt eines Bereicherungsgegenstands in sonstiger Weise versteht man eine Bereicherung insbesondere durch den Eingriff in den Zuweisungsgehalt eines fremden Rechts.[259] Der erhaltene Vermögenswert müsste also der Vermögenssphäre eines anderen zugewiesen gewesen sein. Die Entscheidung darüber, ob M durch das Flugzeug transportiert würde, stand allein der F zu. Indem sich M die Leistung ohne das Einverständnis der F erschlich, hat er in die Vermögenssphäre der F eingegriffen. M hat die Beförderung damit in sonstiger Weise erlangt.

**c. ohne Rechtsgrund:** Schließlich müsste die Bereicherung des M ohne Rechtsgrund erfolgt sein. Ein Rechtsgrund ist nicht ersichtlich; insbesondere wurde bereits festgestellt, dass zwischen M und F kein wirksamer Vertrag geschlossen wurde.

**d. Rechtsfolge: Herausgabe des Erlangten bzw. Wertersatz.** Gemäß § 818 I BGB hat der Kondiktionsschuldner das Erlangte selbst, ein gegebenenfalls erlangtes Surrogat und die gezogenen Nutzungen herauszugeben. Ist die Herausgabe aufgrund der Beschaffenheit des Erlangten ausgeschlossen, muss er gem. § 818 II BGB Wertersatz leisten. Die Reise selbst kann als Dienst- bzw. Werkleistung nicht mehr herausgegeben werden. Daher wäre M grundsätzlich verpflichtet, an F den Wertersatz für eine Flugreise nach New York zu leisten. Dieser Ersatz bemisst sich nach dem objektiven Wert und beläuft sich daher mangels näherer Hinweise im Sachverhalt auf das übliche Entgelt (vgl. § 632 II BGB).

Die Herausgabepflicht könnte aber gem. § 818 III BGB ausgeschlossen sein. Das ist der Fall, wenn M nicht mehr bereichert ist.

Teilweise wird vertreten, dass bei der Erlangung fremder Dienste bereits begrifflich ein Wegfall der Bereicherung ausgeschlossen sei. Dafür spreche, dass eine einmal in Anspruch genommene Dienstleistung nicht mehr rückgängig gemacht werden könne, sodass die einmal erlangte Bereicherung auch nicht wieder verloren gehen könne.[260]

Diesem Ansatz ist jedoch entgegenzuhalten, dass derjenige, der fremde Dienste ohne eine Gegenleistung in Anspruch nimmt, sein Vermögen in der Regel vor allem dadurch schont, dass er selbst keine Aufwendungen für die Leistung machen muss.[261] Diese **ersparten Aufwendungen** verbleiben in seinem Vermögen und stellen damit grundsätzlich die Bereicherung dar. Speziell bei **Luxusaufwendungen**, also bei Aufwendungen, die der Bereicherungsschuldner sonst nicht getätigt hätte, ist die Rechtslage aber eine andere, da der Bereicherungsschuldner in diesem Fall keine Aufwendungen erspart hat und demgemäß nicht mehr bereichert ist.[262]

Es ist nicht ersichtlich, dass M ohnehin nach New York fliegen musste und sich den Flug auch gegen das übliche Entgelt verschafft hätte. Die Reise stellte für ihn vielmehr eine Luxusleistung dar, für die er keine Aufwendungen erspart hat, die er ansonsten getätigt hätte. Damit ist M nicht mehr bereichert.

Möglicherweise ist der Entreicherungseinwand aber gem. §§ 819 I, 818 IV BGB ausgeschlossen. Das ist der Fall, wenn der Schuldner (also M) den Mangel des rechtlichen Grundes beim Empfang der Leistung kannte, er also wusste, dass er keinen Anspruch

---

[257] Vgl. zum Leistungsbegriff Rn 277 ff.
[258] Zur Begründung vgl. Rn 281.
[259] Vgl. Rn 440.
[260] So die Annahme des OLG Nürnberg in der Vorinstanz zu der hier aufbereiteten BGH-Entscheidung.
[261] Vgl. BGHZ 55, 128 ff.
[262] Vgl. näher Rn 548.

darauf hatte. Dann haftet er nach den allgemeinen Vorschriften (§§ 292 I, 990 II, 286 I S. 2, IV, 287 S. 2 BGB), sodass die Berufung auf § 818 III BGB ausgeschlossen ist.

Der Ausschluss des Entreicherungseinwands gilt jedoch nicht ohne weiteres für Minderjährige, da anderenfalls der Schutzzweck der §§ 106-108 BGB unterlaufen werden könnte. Denn ließe man uneingeschränkt die Haftung nach den allgemeinen Vorschriften zu, könnte es zu einer Haftung des Minderjährigen kommen, die im Widerspruch zu den §§ 106-108 BGB steht.

Es ist daher fraglich, ob bei der Kenntnis vom Mangel des rechtlichen Grundes tatsächlich auf den Minderjährigen selbst, oder vielmehr auf seinen gesetzlichen Vertreter abzustellen ist.

Stellt man auf die Kenntnis des M ab, würde dieser verschärft haften. Er könnte sich wegen §§ 819 I, 818 IV BGB also nicht auf den Wegfall der Bereicherung gem. § 818 III BGB berufen. Damit würde eine Rechtsfolge eintreten, die von den §§ 106 ff. BGB gerade vermieden werden soll, nämlich die Haftung nach den allgemeinen Vorschriften.

Im Rahmen einer *Leistungskondiktion*, die gerade bei gescheiterten Vertragsansprüchen in Betracht kommt und somit inhaltlich in der Nähe des Vertragsrechts steht, ist daher anerkannt, dass eine verschärfte Haftung des Minderjährigen erst von dem Zeitpunkt an angenommen werden kann, in dem analog §§ 166 I, 106-108 BGB die Eltern Kenntnis von den Geschäften hatten.

Vorliegend besteht aber eine *Nichtleistungskondiktion* in Form der *Eingriffskondiktion*, denn M hat den Vermögensvorteil durch Eingriff in den Zuweisungsgehalt eines fremden Rechts erlangt. Anders als bei der Leistungskondiktion ist bei der Eingriffskondiktion streitig, ob analog §§ 166 I, 106-108 BGB im Rahmen des § 819 I BGB auf die Kenntnis des gesetzlichen Vertreters oder analog § 828 III BGB bei Deliktsfähigkeit des Minderjährigen auf dessen Kenntnis abzustellen ist.[263] Der BGH hat im zu entscheidenden Flugreisefall § 828 III BGB (damals allerdings noch § 828 II BGB) analog zumindest dann bejaht, wenn der Minderjährige den Bereicherungsgegenstand durch eine vorsätzliche unerlaubte Handlung erlangt hat. Folgt man dieser Auffassung, kommt es auch bei M darauf an, ob er bei der Vornahme seiner Handlung die zur Erkenntnis der Verantwortlichkeit erforderliche Einsicht hatte. Das ist wohl anzunehmen.

Zunehmend wird jedoch auch im Fall der Nichtleistungskondiktion vertreten, zum Schutz des Minderjährigen unabhängig von dessen Einsichtsfähigkeit stets die §§ 106 ff. BGB anzuwenden und auf die Kenntnis des gesetzlichen Vertreters abzustellen. Zudem ist die analoge Anwendung des § 828 III BGB schon deshalb zweifelhaft, weil es im Bereicherungsrecht nicht um den Ausgleich von Schäden geht, die der Minderjährige verschuldet hat.

**e. Ergebnis:** Auf der Basis der Rspr. des BGH hat F gegen M einen Anspruch auf Zahlung des üblichen Entgelts für den Hinflug aus § 812 I S. 1 Var. 2 BGB.

**II. Rückflug**

Hinsichtlich des Rückflugs greift der Anspruch nach §§ 677, 683 S. 1, 670 BGB i.V.m. § 1835 III BGB analog, da die GoA berechtigt war. Der Rücktransport entsprach dem mutmaßlichen Willen der Eltern. Da die GoA berechtigt war, kommt ein bereicherungsrechtlicher Anspruch nicht in Betracht (die berechtigte GoA stellt einen Rechtsgrund i.S.v. § 812 BGB dar).

267 **Beispiel 2 (Mietwagenfall):** Der 17-jährige Ratward ist bereits im Besitz der Fahrerlaubnis B (früher Klasse 3). Unter Täuschung des Autovermieters Ehrenfried über sein wahres Alter mietet er von diesem ein Cabriolet (§ 535 BGB), um am Wochenende umherzufahren. Als E anschließend von R den mietvertraglich vereinbarten Mietzins ver-

[263] Der neue § 828 II BGB, der im Bereich des Straßen- und Schienenverkehrs die Deliktsfähigkeit von Kindern nicht mehr mit der Vollendung des siebten, sondern erst mit der Vollendung des zehnten Lebensjahres beginnen lässt, dürfte gerade wegen der Beschränkung auf den Straßen- und Schienenverkehr außerhalb dieses Bereichs keine präjudizierende Wirkung entfalten.

langt, weigert dieser sich unter Berufung auf seine Minderjährigkeit und die fehlende Zustimmung seiner Eltern, den Mietzins zu entrichten.

Hier besteht aufgrund der Regelung der §§ 106 ff. BGB und der verweigerten Zustimmung seitens der Eltern tatsächlich kein vertraglicher Anspruch des E aus § 535 II BGB. Möglicherweise hat E aber einen Nutzungsersatzanspruch aus §§ 987 I, 990 I BGB (EBV), denn selbst wenn Nutzungen (§ 100 BGB) nicht mehr vorhanden sind, ist gem. §§ 987 I, 990 I BGB Geldersatz in Höhe des objektiven Werts zu leisten. § 990 I BGB setzt jedoch die Bösgläubigkeit des Anspruchsgegners voraus. Fraglich ist, ob es vorliegend auf die Bösgläubigkeit des R oder auf die Bösgläubigkeit seiner Eltern analog § 166 BGB ankommt.

⇨ Stellt man auf die *Deliktsähnlichkeit* der Bestimmungen der §§ 987 I, 990 I BGB ab, entscheidet bei einem Minderjährigen die Regelung des § 828 III BGB analog. Danach ist auf die Bösgläubigkeit des Minderjährigen abzustellen, sofern dieser die zur Erkenntnis der Verantwortlichkeit erforderliche Einsichtsfähigkeit (und Reife) hat.[264] Da dies bei R anzunehmen ist, hätte E demzufolge einen Anspruch aus §§ 987 I, 990 I BGB auf Nutzungsersatz, der in der Höhe dem Mietzins entspricht.

⇨ Betont man demgegenüber die *Rechtsgeschäftsähnlichkeit* der §§ 987 I, 990 I BGB, müssen die Wertungen der §§ 104 ff. BGB in jedem Fall stärker berücksichtigt werden. Abzustellen ist dann auf die Gut- bzw. Bösgläubigkeit des gesetzlichen Vertreters. Da die Eltern des R von der „Mietwagenaktion" ihres Sohnes gar nichts wussten, konnten sie auch nicht bösgläubig i.S.d. § 990 I BGB sein. Demzufolge stünde dem E kein Nutzungsersatz zu.

Vertritt man die Rechtsgeschäftsähnlichkeit der §§ 987 I, 990 I BGB und sind die gesetzlichen Vertreter gutgläubig (das Gleiche würde im Übrigen gelten, wenn man die Deliktsähnlichkeit vertreten würde, der Minderjährige aber gutgläubig wäre bzw. dessen Einsichtsfähigkeit fehlte), besteht also kein Nutzungsersatzanspruch seitens des Gläubigers E aus §§ 987 I, 990 I BGB. In einem solchen Fall ist eine analoge Anwendung des § 988 BGB in Betracht zu ziehen, der nach Auffassung des BGH auch auf die rechtsgrundlos erlangte Nutzung anwendbar ist (insoweit gilt nach dem BGH: rechtsgrundlos = unentgeltlich). Grund für die Gleichstellung von rechtsgrundlos und unentgeltlich ist die abschließende Regelung des EBV zugunsten des unrechtmäßigen Besitzers (vgl. § 993 I a.E. BGB, wonach der gutgläubige, aber unrechtmäßige Besitz weder zum Nutzungsersatz noch zum Schadensersatz verpflichtet ist). Würde man also die Rechtsgrundlosigkeit mit der Unentgeltlichkeit nicht gleichsetzen und § 988 BGB nicht analog anwenden, könnte über das EBV kein Nutzungsersatz verlangt werden. Bei Befolgung der Auffassung des BGH hat E somit einen grundsätzlichen Nutzungsersatzanspruch aus §§ 987 I, 990 I BGB i.V.m. § 988 BGB analog (da § 988 BGB auch auf § 818 BGB verweist, stellt sich dann das Problem der Entreicherung, siehe dazu sogleich).

Die Literatur steht mehrheitlich auf dem Standpunkt, dass die Gleichstellung von rechtsgrundlos und unentgeltlich und damit die analoge Anwendung des § 988 BGB auf fehlgeschlagene Leistungsverhältnisse nicht erforderlich sei. Denn der Gesetzgeber habe mit dem Bereicherungsrecht eine ausreichende Regelung für die Rückabwicklung fehlgeschlagener Leistungsverhältnisse geschaffen. Teilt man diesen Standpunkt, werden fehlgeschlagene Leistungsbeziehungen trotz Vorliegens eines an sich abschließenden Eigentümer-Besitzer-Verhältnisses nach den §§ 812 ff. BGB abgewickelt. Fraglich ist dann aber, ob der Minderjährige überhaupt um die rechtsgrundlose Nutzung bereichert ist. Hier ist die o.g. Diskussion im Flugreisefall hinsichtlich der ersparten Aufwendungen übertragbar. Folgt man der Auffassung, die das Problem der ersparten Aufwendungen im Rahmen der Entreicherung gem. § 818 III BGB diskutiert, ist für den vorliegenden Fall zu differenzieren:

⇨ War das Mieten des Autos erforderlich, hat R durch die nicht vorhandene vertragliche Verpflichtung zur Mietzinszahlung Aufwendungen erspart. Dann wäre das Er-

[264] Zu § 828 II BGB vgl. die vorige Fußnote.

langte (die Nutzung) wertmäßig noch in seinem Vermögen vorhanden, sodass er den Wert herauszugeben hat (§ 818 II BGB).

⇨ Hat es sich bei der Nutzung des Autos um eine Luxusaufwendung (also um eine Aufwendung, die er sonst nicht unternommen hätte) gehandelt, hat R keine Aufwendungen erspart. Er wäre mithin entreichert. Eine Haftung des R wäre nur unter den Voraussetzungen der verschärften Haftung gem. §§ 818 IV, 819 I BGB bei Kenntnis des R von der Rechtsgrundlosigkeit der Gebrauchsüberlassung in Betracht gekommen.

Vorliegend handelte es sich um eine Luxusaufwendung, sodass R entreichert und grundsätzlich nicht zum Ersatz der Nutzungen verpflichtet ist. Da er allerdings Kenntnis von der Rechtsgrundlosigkeit der Leistung des E hatte, würde er gem. §§ 818 IV, 819 BGB im Ergebnis doch auf Nutzungsersatz haften. Anders als bei der Eingriffskondiktion, die zumeist auch eine unerlaubte Handlung i.S.d. § 823 BGB darstellt und bei der wegen der damit verbundenen Deliktsnähe auf die Kenntnis des Minderjährigen abzustellen ist (vgl. § 828 III BGB), handelt es sich bei der Leistungskondiktion um eine rechtsgeschäftsähnliche Kondiktionsart, sodass das Abstellen auf die Kenntnis des Minderjährigen dem Minderjährigenschutz der §§ 106 ff. BGB zuwiderlaufen würde. Daher ist im Rahmen der auch vorliegend einschlägigen Leistungskondiktion auf die Kenntnis der Eltern des R gem. § 166 I BGB abzustellen. Da diese keine Kenntnis von dem Mietwagengeschäft ihres Sohnes hatten, ist R im Ergebnis entreichert. E steht der geltend gemachte Anspruch nicht zu (wegen der Entreicherung somit auch nicht nach BGH).

268 **Hinweis für die Fallbearbeitung:** Das vorstehende Beispiel ist ebenso kompliziert wie examenstypisch. Es sollte aber verdeutlichen, dass bei fehlender Kenntnis des gesetzlichen Vertreters der Minderjährige hinsichtlich der Nutzungen, die er aufgrund einer Leistung durch den Bereicherungsgläubiger erhalten hat und die Luxusaufwendungen darstellen, entreichert ist. Generell muss das Verhältnis zwischen dem Minderjährigenrecht, dem EBV und dem Bereicherungsrecht für eine gute Fallbearbeitung sicher beherrscht werden.

269 **Weiterführender Hinweis:** Hätte R den Wagen während der Benutzung beschädigt, wäre zwar an eine Haftung aus §§ 280 I, 311 II, 241 II BGB zu denken gewesen, Ansprüche aus diesen Normen müssen im Ergebnis aber ausscheiden, weil es anderenfalls zu einer quasivertraglichen Haftung des Minderjährigen kommen würde. In aller Regel wird jedoch ein Schadensersatzanspruch aus §§ 989, 990 BGB sowie aus § 823 BGB vorliegen, da insoweit auf die Einsichtsfähigkeit des Minderjährigen (§ 828 III BGB) abzustellen ist.

## B. Die einzelnen Bereicherungstatbestände

270 Das BGB nennt fünf Arten der Leistungskondiktion.[265] Diese sind:

- **Fehlender Rechtsgrund von Anfang an** (§ 812 I S. 1 Var. 1 BGB – *condictio indebiti* – Rn 272 ff.)
- **Späterer Wegfall des Rechtsgrundes** (§ 812 I S. 2 Var. 1 BGB – *condictio ob causam finitam* – Rn 373 ff.)
- **Nichteintritt des mit der Leistung verfolgten Zwecks** (§ 812 I S. 2 Var. 2 BGB – *condictio ob rem* – Rn 382 ff.)
- **Empfänger verstößt mit der Leistungsannahme gegen ein gesetzliches Verbot oder die guten Sitten** (§ 817 S. 1 BGB – *condictio ob turpem vel iniustam causam* – Rn 404 ff.)
- **Herausgabepflicht Dritter** (§ 822 BGB – Rn 409 ff.)[266]

[265] Wie gesagt, wird teilweise in der Literatur auch § 813 I S. 1 BGB als Leistungskondiktion angesehen (so etwa von *Wandt*, § 9 Rn 22). Das ist abzulehnen, da § 813 I S. 1 BGB lediglich eine Erweiterung der Kondiktion nach § 812 I S. 1 Var. 1 BGB darstellt (dazu Rn 295 ff.).

> **Hinweis für die Fallbearbeitung:** Alle Leistungskondiktionen setzen gleichermaßen voraus, dass jemand *durch die Leistung* eines anderen *etwas erlangt* hat. Nur hinsichtlich der *Art des fehlenden bzw. weggefallenen rechtlichen Grundes* für die Vermögensverschiebung unterscheidet das Gesetz mit der Aufnahme verschiedener Leistungskondiktionsarten. Bedeutung erlangt diese Unterscheidung zum einen im Hinblick auf die Haftungsverschärfung gem. §§ 819, 820 BGB, zum anderen aber auch dann, wenn einer der Ausschlusstatbestände der §§ 813 II, 814 oder 815 BGB vorliegt. 271
>
> - So schließen die §§ 813 II und 814 BGB lediglich den Kondiktionstatbestand des § 812 I S. 1 Var. 1 BGB aus, nicht jedoch den des § 812 I S. 2 Var. 1 BGB. Daher verwundert es nicht, dass die Frage, ob im Falle einer Anfechtung die Rückabwicklung des von Anfang an als nichtig geltenden Vertrags (vgl. § 142 I BGB) über § 812 I S. 1 Var. 1 oder über § 812 I S. 2 Var. 1 BGB vorzunehmen ist, heftig umstritten ist; vgl. dazu Rn 374 ff.
> - Eine vergleichbare Situation besteht hinsichtlich des Ausschlusstatbestands des § 815 BGB, der sich nur auf die Zweckkondiktion gem. § 812 I S. 2 Var. 2 BGB bezieht, vgl. dazu Rn 399.
> - Der Erweiterungstatbestand des § 813 I S. 1 BGB bezieht sich nur auf § 812 I S. 1 Var. 1 BGB; vgl. dazu Rn 295 ff.
> - Dagegen beziehen sich die Ausschlusstatbestände der §§ 241a und 817 S. 2 BGB auf alle Arten der Leistungskondiktion; vgl. dazu Rn 322 f. und 305 ff.

## I. Die Tatbestände der Leistungskondiktionen

### 1. *Condictio indebiti* - § 812 I S. 1 Var. 1 BGB

Der Grundtatbestand der Leistungskondiktion (§ 812 I S. 1 Var. 1 BGB) setzt voraus, dass jemand durch die Leistung eines anderen ohne rechtlichen Grund etwas erlangt hat. 272

> **Beispiel:** Wenn in Beispiel (3) von Rn 216 der geschäftsunfähige A das Gemälde an B veräußert, ist nicht nur der Kaufvertrag, sondern auch die Übereignung des Gemäldes nichtig (vgl. § 105 BGB). A bleibt also Eigentümer und kann von B das Gemälde gem. § 985 BGB vindizieren. Daneben steht ihm auch ein Kondiktionsanspruch gem. § 812 I S. 1 Var. 1 BGB auf Herausgabe des Gemäldes zu. Denn B hat „etwas" (= hier: den unmittelbaren Besitz, nicht das Eigentum, da der Eigentumserwerb an der Geschäftsunfähigkeit scheiterte) „ohne rechtlichen Grund" (der Kaufvertrag, der den Rechtsgrund gebildet hätte, ist nichtig) erhalten. 273

**Voraussetzungen und Rechtsfolgen der *condictio indebiti*** 274

**I. Etwas erlangt**

Mit „etwas erlangt" ist **jeder vermögenswerte Vorteil** gemeint. Als Bereicherungsgegenstände kommen nicht nur Rechte aller Art, sondern auch vorteilhafte Rechtsstellungen, Befreiungen von Verbindlichkeiten, Gebrauchsvorteile und Dienstleistungen sowie ersparte Aufwendungen in Betracht.

**II. Durch Leistung eines anderen (d.h. des Bereicherungsgläubigers)**

Leistung ist **jede bewusste und zweckgerichtete Mehrung fremden Vermögens**. Maßgeblich ist die objektivierte Sicht des Leistungsempfängers. Der Leistungszweck besteht i.d.R. in der Erfüllung einer (vermeintlichen) Verbindlichkeit.

**III. Ohne rechtlichen Grund**

Der Gläubiger muss geleistet haben, obwohl **von Anfang an keine Verbindlichkeit** hierzu bestand. Das ist insbesondere dann der Fall, wenn das Verpflichtungsgeschäft **nichtig** ist

[266] Nach a.A. handelt es sich bei § 822 BGB um eine Nichtleistungskondiktion; zur Begründung vgl. Rn 409.

(bspw. wegen §§ 105, 134 oder 138 BGB; bzgl. § 142 I BGB vgl. Rn 374 ff.).

### IV. Erweiterung des Tatbestands durch § 813 I S. 1 BGB

Nach § 813 I S. 1 BGB kann das zum Zwecke der Erfüllung einer Verbindlichkeit Geleistete auch dann zurückgefordert werden, wenn der Anspruch zwar besteht, aber mit einer **dauernden Einrede** (bspw. § 821 oder § 853 BGB) behaftet ist. Zu den dauerhaften Einreden zählt zwar auch die Einrede der Verjährung (§ 214 I BGB), sie bleibt aber gem. § 813 I S. 2 BGB von der Erweiterung durch § 813 I S. 1 BGB unberührt.

### V. Ausschluss des Tatbestands durch § 814 bzw. § 817 S. 2 BGB

Von diesen beiden Ausschlusstatbeständen spielt vor allem **§ 817 S. 2 BGB** eine Rolle. Die h.M. dehnt den Anwendungsbereich des § 817 S. 2 BGB auf **alle Fälle der Leistungskondiktion** aus und lässt es folgerichtig auch genügen, wenn **nur dem Leistenden ein Gesetzes- oder Sittenverstoß zur Last fällt**. Speziell zum sittenwidrigen Kreditvertrag steht der BGH darüber hinaus auf dem Standpunkt, dass das Geleistete i.S.d. § 817 S. 2 BGB anders zu verstehen sei als bei den Leistungskondiktionen, nämlich dergestalt, dass nur das, was **endgültig in das Eigentum des Bereicherungsschuldners übergehe**, als nicht kondizierbare „Leistung" i.S.d. § 817 S. 2 BGB gelte. Beim sittenwidrigen **Ratenkreditvertrag** stellt sich als nicht kondizierbare „Leistung" i.S.d. § 817 S. 2 BGB demnach nur die Nutzungsmöglichkeit des Kapitals für die vereinbarte Zeit dar. Der Gläubiger kann das Darlehen also nach den vereinbarten Zeiträumen zurückfordern; ein Darlehenszinsanspruch besteht jedoch nicht.

Umstritten ist, ob der Ausschlusstatbestand des § 817 S. 2 BGB in seiner Anwendung auf die Fälle der Leistungskondiktion beschränkt ist (so der BGH) oder eine **allgemeine Rechtsschutzversagung** (i.S. einer Strafvorschrift) darstellt mit der Folge, dass er **auch außerhalb des Bereicherungsrechts** (insbesondere auf die §§ 985, 823 und 894 BGB) anwendbar ist (so die h.L.). Da aber auch der BGH im Fall der Sittenwidrigkeit des Verpflichtungsgeschäfts bei Ansprüchen außerhalb des Bereicherungsrechts den Grundsatz von Treu und Glauben (§ 242 BGB) anwendet und einen Herausgabeanspruch trotz proklamierter sittlicher Indifferenz des Erfüllungsgeschäfts verneint, kommt er i.d.R. zu dem gleichen Ergebnis.

Der Grundsatz von Treu und Glauben (§ 242 BGB) kann auch umgekehrt wirken und zur Folge haben, dass die Anwendbarkeit des § 817 S. 2 BGB in Fällen ausgeschlossen ist, in denen diese Vorschrift eigentlich zum Ausschluss des Kondiktionsanspruchs führen würde. Hierzu werden der Schwarzarbeiterfall, der Bordellkauf und der Kauf eines Radarwarngeräts diskutiert.

### VI. Ausschluss des Tatbestands durch § 241a BGB

Die Vorschrift des § 241a BGB dient dem Verbraucherschutz und verhindert das Entstehen eines (vertraglichen oder gesetzlichen) Anspruchs seitens des Unternehmers, wenn dieser an einen Verbraucher unbestellt Waren liefert oder unbestellt sonstige Leistungen erbringt. Nach § 241a II BGB bestehen gesetzliche Ansprüche grundsätzlich nicht, es sei denn, dass die Leistung nicht für den Empfänger bestimmt war oder in der irrigen Vorstellung einer Bestellung erfolgte und der Empfänger dies erkannte oder bei Anwendung der im Verkehr erforderlichen Sorgfalt hätte erkennen können.

Bleibt es aber bei der Grundregel, sind gesetzliche Ansprüche (wie etwa der Herausgabeanspruch aus § 985 BGB oder solche aus §§ 812 ff. BGB) ausgeschlossen.

### VII. Umfang des Bereicherungsanspruchs (Rechtsfolge)

Der Umfang des Bereicherungsanspruchs richtet sich in erster Linie auf das durch die Leistung des anderen „Erlangte". Ergänzt und modifiziert wird dieser Herausgabeanspruch durch § 818 I BGB (Herausgabepflicht auch bzgl. der gezogenen Nutzungen sowie desjenigen, was der Empfänger aufgrund eines erlangten Rechts oder als Ersatz für die Zerstörung, Beschädigung oder Entziehung des erlangten Gegenstands erwirbt). Ist die Herausgabe wegen der Beschaffenheit des Erlangten nicht möglich oder ist der Empfänger aus einem anderen Grund zur Herausgabe außerstande, hat er gem. § 818 II BGB den Wert zu ersetzen. Aber auch ein solcher Wertersatzanspruch ist gem. § 818 III BGB auf die noch vorhandene Bereicherung beschränkt. In diesem Rahmen besteht ein besonderes Problem dann, wenn der Bereicherungsschuldner für das von ihm Erlangte eine Gegenleistung an den Bereicherungsgläubiger erbracht hat, aber die Gegenleistung bei diesem nicht mehr vorhanden ist, vgl. Rn 529 ff.

### a. Etwas erlangt

Zunächst muss der Bereicherungsschuldner „etwas erlangt“ haben. Damit ist **jeder vermögenswerte Vorteil** gemeint (Rn 253). Als Bereicherungsgegenstände kommen nicht nur Rechte aller Art, sondern auch vorteilhafte Rechtsstellungen, Befreiungen von Verbindlichkeiten, Gebrauchsvorteile und Dienstleistungen sowie ersparte Aufwendungen in Betracht. Da diese bereits ausführlich bei Rn 253 ff. beschrieben sind, sei insoweit auf die dortigen Ausführungen verwiesen. **275**

### b. Durch Leistung eines anderen

Des Weiteren muss der Bereicherungsschuldner den vermögenswerten Vorteil durch *eine Leistung* des Bereicherungsgläubigers erlangt haben. Bei allen Tatbeständen der Leistungskondiktion geht es darum, eine im Rahmen einer Leistungsbeziehung erbrachte Leistung, die ohne gültiges Kausalgeschäft erfolgte oder die sonst fehlgeschlagen ist, wieder rückgängig zu machen. Zentrales Merkmal aller Leistungskondiktionen ist somit der Begriff der Leistung. **276**

Die h.M. versteht unter **Leistung** jede bewusste und zweckgerichtete Mehrung fremden Vermögens.[267] **277**

#### aa. Leistungsbewusstsein

Wie sich aus dieser Definition ergibt, liegt eine Leistungskondiktion also nicht vor, wenn dem Leistenden das **Bewusstsein** fehlt, das Vermögen des Leistungsempfängers zu mehren. In Betracht kommt dann nur eine Nichtleistungskondiktion. **278**

> **Beispiel:** Nachbar N wird von E gebeten, deren Rasen zu mähen. Gedankenlos, wie er nun einmal ist, gießt er dabei sein eigenes Benzin in den Tank des der E gehörenden Rasenmähers, denkt aber, es handele sich um das Benzin der E. **279**
>
> Hier hat N unbewusst das Vermögen des E (durch das irrtümliche Verbrauchen des eigenen Benzins) vermehrt, sodass ein Wertersatzanspruch wegen Leistungskondiktion ausscheidet. In Betracht kommt ein Wertersatzanspruch unter dem Gesichtspunkt der Verwendungskondiktion.

Die Feststellung des Leistungsbewusstseins (und somit die **Abgrenzung zwischen Leistungs- und Nichtleistungskondiktion**) stößt immer dann auf Schwierigkeiten, wenn kein individuelles, sondern lediglich ein **generelles Leistungsbewusstsein** angenommen werden kann. Bedeutung erlangt diese Problematik immer dann, wenn der Bereicherungsschuldner **minderjährig** ist. Denn bei diesem ist nach h.M. im Fall der Leistungskondiktion (wegen deren Nähe zum Rechtsgeschäft) auf die Kenntnis des gesetzlichen Vertreters abzustellen (vgl. § 166 I BGB), im Fall der Eingriffskondiktion (wegen deren Deliktsnähe) auf § 828 III BGB. Die Annahme bzw. Verneinung des Leistungsbewusstseins können somit fallentscheidend sein. **280**

> **Beispiel 1:** Im obigen **Flugreisefall** (Rn 266) wurde festgestellt, dass hinsichtlich des Hinflugs K etwas erlangt habe, nämlich die Beförderung in die USA. An dieser Stelle gilt es nun herzuleiten, warum dieser vermögenswerte Vorteil (der Aspekt der Entreicherung wird gutachtentechnisch auf der Rechtsfolgenseite diskutiert) auf sonstige Weise und nicht durch Leistung erbracht wurde. **281**
>
> ⇨ Sofern man die Auffassung teilt, der Bereicherungsgläubiger (vorliegend die Fluggesellschaft) könne gar nicht an den Bereicherungsschuldner leisten, wenn er diesen nicht bemerkt, kommt eine Herausgabe des Erlangten (hier: Wertersatz, § 818 II BGB) nur unter dem Aspekt der **Eingriffskondiktion** in Betracht. Bei dieser ist we-

---

[267] BGHZ 40, 272, 277; 58, 184, 188; BGH ZIP 1999, 435, 437; BGH ZIP 2002, 1419; *Sprau*, in: Palandt, § 812 Rn 14; *Brox/Walker*, § 40 Rn 6; *Messerle*, JuS 2001, 28, 33; *Lorenz*, JuS 2003, 729, 730.

gen deren Nähe zum Deliktsrecht („Eingriff in den Zuweisungsgehalt eines fremden Rechts") auf die Regelung des § 828 III BGB analog und somit auf die Einsichtsfähigkeit des Minderjährigen abzustellen. Ist dieser (was bei einem 17-Jährigen regelmäßig anzunehmen ist) einsichtsfähig, kann er sich *nicht* auf Entreicherung berufen.

⇨ Vertritt man demgegenüber die Auffassung, die Fluggesellschaft habe ein generelles Leistungsbewusstsein gegenüber allen an Bord befindlichen Passagieren, ist eine **Leistungskondiktion** zu bejahen. Wegen deren Nähe zu den Rechtsgeschäften wäre dann im Rahmen der Entreicherung hinsichtlich der verschärften Haftung (§§ 818 IV, 819 I BGB) auf die Kenntnis des gesetzlichen Vertreters (§ 166 BGB) abzustellen. Ist also nur der Minderjährige bösgläubig, nicht aber der gesetzliche Vertreter, ist bei Annahme einer Leistungskondiktion eine Entreicherung anzunehmen, wenn diese auch unabhängig von dem Problem der Minderjährigkeit vorliegen würde. Da es im vorliegenden Fall um ersparte Luxusaufwendungen ging, ist im Ergebnis bei Annahme einer Leistungskondiktion also eine Entreicherung gegeben.

Stellungnahme: Die Auffassung, die bei einer Fluggesellschaft ein Leistungsbewusstsein hinsichtlich aller an Bord befindlichen (also auch blinden) Passagiere annimmt, geht an der Lebenswirklichkeit vorbei. Denn zum einen möchte das Flugpersonal durchaus wissen, welche und wie viele Passagiere an Bord sind (man denke nur an nach der Landung abzugebende Zollformulare oder an Rettungseinrichtungen), und zum anderen ist die Kenntnis der genauen Anzahl der Passagiere wichtig für die Berechnung der Flugzeugbalance (auf diese Aspekte ist der BGH im Originalfall überhaupt nicht eingegangen). Daher ist im Flugreisefall von einer **Eingriffskondiktion** auszugehen. Da bei K die Einsichtsfähigkeit unterstellt werden kann, ist der Anspruch der Fluggesellschaft auf Ersatz der Flugkosten begründet.

282 **Beispiel 2:** Anders stellt sich die Rechtslage beim **Schwarzfahren** dar. Hier kann durchaus von einem Leistungsbewusstsein der Betreibergesellschaft hinsichtlich aller im Zug bzw. in der Straßenbahn befindlichen Fahrgäste ausgegangen werden. Denn die bei der Flugreise geäußerten Bedenken bestehen hier gerade nicht (insbesondere spielt die Anzahl der Passagiere für die Balance des Zugs/der Bahn kaum eine Rolle). Für eine **Leistungskondiktion** spricht darüber hinaus, dass – ebenfalls anders als im Flugreisefall – die Betreibergesellschaft bei lebensnaher Betrachtung ohne individuelle Zugangskontrolle eine Beförderungsleistung gegenüber allen in das Beförderungsmedium einsteigenden Personen erbringen möchte.

### bb. Zweckgerichtetheit

283 Neben dem Bewusstsein der Leistungserbringung muss der Leistende mit seiner Leistung einen **bestimmten Zweck** verfolgen. Durch das Kriterium der Zweckgerichtetheit, unterscheidet sich die Leistung von der bloßen Zuwendung (etwa Schenkung), bei der es sich zwar auch um eine bewusste Mehrung fremden Vermögens handelt, nicht aber um eine zweckgerichtete. Die Zweckgerichtetheit ergibt sich aus der ausdrücklichen oder zumindest konkludenten Tilgungsbestimmung, die am Maßstab des objektiven Empfängerhorizonts (§§ 133, 157 BGB) zu ermitteln ist[268]. Bei der *condictio indebiti* (§ 812 I S. 1 Var. 1 BGB) besteht der Leistungszweck in der Erfüllung einer (vermeintlichen) Verbindlichkeit gegenüber dem Leistungsempfänger.

284 Hinsichtlich der **Rechtsnatur der Zweckbestimmung** (Zwecksetzung) ist fraglich, ob diese ein einseitiges **Rechtsgeschäft** oder doch zumindest eine **rechtsgeschäftsähnliche Handlung** darstellt oder ob zu ihrer Bejahung ein **natürlicher Wille** genügt.

---

[268] Vgl. dazu unten Rn 330 (mit entsprechenden Nachweisen).

- Lässt man einen **natürlichen Willen** genügen, ist zur Bejahung einer Leistung i.S.d. § 812 I S. 1 Var. 1 BGB eine **Geschäftsfähigkeit** des „Leistenden" **nicht** erforderlich. Demzufolge könnte auch ein Geschäftsunfähiger „leisten", sofern er nur einen natürlichen Willen bilden kann. Die Rückabwicklung des nichtigen Geschäfts wäre dann über die Leistungskondiktion vorzunehmen, weil eine Zweckbestimmung zu bejahen wäre.
- Fordert man dagegen einen **rechtsgeschäftlichen Willen**, setzt die Leistung i.S.d. § 812 I S. 1 Var. 1 BGB die **Geschäftsfähigkeit** des „Leistenden" voraus. Ein Geschäftsunfähiger kann demzufolge nicht leisten (woraus folgt, dass nur eine Nichtleistungskondiktion durch den gesetzlichen Vertreter in Betracht kommen kann). Bei einem beschränkt Geschäftsfähigen wäre an eine **Einwilligung des gesetzlichen Vertreters** zu denken. Liegt eine solche vor, ist das „Geleistete" über eine Leistungskondiktion zurückzufordern. Folge dieser Qualifizierung ist ferner, dass die Zweckbestimmung der Anfechtung zugänglich ist (angefochten werden können nicht nur Willenserklärungen, sondern auch rechtsgeschäftsähnliche Handlungen).[269]

Stellungnahme: Richtigerweise ist zu differenzieren: Beruht die Leistungserbringung auf einem Rechtsgeschäft (Beispiel: Zahlung des Kaufpreises), sollte man auch bei ihr zumindest von einer rechtsgeschäftsähnlichen Handlung ausgehen. Beruht die Leistungserbringung dagegen auf einem Realakt (Beispiel: Besitzaufgabe durch einen Geschäftsunfähigen), sollte man auch bei ihr nur von einer tatsächlichen Tathandlung ausgehen und einen natürlichen Willen genügen lassen. Bei Vorhandensein eines solchen ist eine Leistungskondiktion also möglich.

**Hinweis für die Fallbearbeitung:** Die Frage nach der Rechtsnatur der Zweckbestimmung ist also immer dann relevant, wenn der „Leistende" geschäftsunfähig[270] bzw. in der Geschäftsfähigkeit beschränkt ist. Darauf wird bei Rn 387 zurückzukommen sein. 285
Auch der Leistungszweck selbst ist in mehrfacher Hinsicht von Bedeutung. Zunächst kann die Leistung – abgesehen von § 817 S. 1 BGB – nur dann kondiziert werden, wenn der Leistungszweck verfehlt wurde. Darüber hinaus dient die Frage nach dem Leistungszweck zu Ermittlung von Bereicherungsgläubiger und -schuldner. Das zeigt sich etwa im Fall einer „**Leistungskette**"[271]:

**Beispiel:** Adelheid möchte eine ihr gehörende antike Brosche verkaufen. Dazu schaltet sie den Antiquitätenhändler Raff ein und übereignet[272] ihm die Brosche. R verkauft und übereignet die Brosche im eigenen Namen für Rechnung der A (also als mittelbarer Stellvertreter) an Fidelio. Noch bevor F den Kaufpreis entrichtet, stellt sich heraus, dass das Kausalgeschäft zwischen A und R nichtig ist. A verlangt die Brosche von F heraus. 286

Ein Herausgabeanspruch aus § 985 BGB besteht nicht, da lediglich das Kausalgeschäft, nicht aber das Übereignungsgeschäft zwischen A und R nichtig ist. Außerdem muss in Ermangelung entgegenstehender Sachverhaltsangaben von der Gutgläubigkeit des F ausgegangen werden (§ 932 BGB). Möglicherweise besteht aber ein Anspruch A gegen F auf Rückübereignung gem. § 812 I S. 1 Var. 1 BGB. Dazu müsste eine Leistungsbeziehung zwischen A und F bestanden haben. Mit der Übereignung der Brosche von A an R wird der Zweck verfolgt, das Kausalverhältnis zwischen A und R zu erfüllen. Zweck der Übereignung von R an F ist die Erfüllung des zwischen diesen Personen bestehenden Kaufvertrags. Ein „Leistungsverhältnis", das mit der Leistungskondiktion rückgängig gemacht werden könnte, besteht also ausschließlich zwischen A und R sowie zwischen R und F, nicht aber zwischen A und F. Deshalb scheidet eine Leistungskondiktion zwi-

---

[269] Vgl. BGHZ 106, 163, 166; 111, 382, 386; *Larenz/Canaris*, § 67 II 1e; *Brox/Walker*, § 40 Rn 6.
[270] Hinsichtlich der Geschäftsunfähigkeit eines Volljährigen ist der neue, am 1.8.2002 in Kraft getretene § 105a BGB zu beachten, wonach ein Geschäft des täglichen Lebens, das mit geringwertigen Mitteln bewirkt werden kann, bei Bewirkung gültig ist.
[271] *Brox/Walker*, § 40 Rn 7.
[272] Zwar ist eine Übereignung der Sache auf den Beauftragten nicht zwingend, ist vorliegend aber als gegeben hinzunehmen, um die Problematik, um die es hier geht, überhaupt aufwerfen zu können.

schen A und F aus. Eine Nichtleistungskondiktion kann ebenfalls nicht angenommen werden, weil sie gegenüber der Leistungskondiktion subsidiär ist. Der Grundsatz der Rückabwicklung übers Eck ist auch interessengerecht. Jeder Vertragspartner behält seine Einwendungen gegen den jeweils anderen und ist nur dessen Einwendungen ausgesetzt. Jeder trägt das Risiko der Zahlungsunfähigkeit seines gewählten Vertragspartners. Vorliegend ist F schutzwürdig; er darf auf die Wirksamkeit des Kaufvertrags und der Übereignung zwischen ihm und R vertrauen; die Nichtigkeit des Kausalgeschäfts zwischen A und R soll ihn nicht berühren. A muss sich also an R halten. Diesbezüglich sind verschiedene Wege denkbar: Der Anspruch A gegen R kann gem. § 818 I BGB auf Abtretung der Kaufpreisforderung R gegen F oder gem. § 818 II BGB auf den Wert der Brosche gerichtet sein. Auch kommen Ansprüche aus §§ 687 oder 285 BGB in Betracht. § 816 I S. 1 BGB scheidet dagegen aus, weil zum einen R von F den Kaufpreis noch nicht erlangt hat und zum anderen R nicht Nichtberechtigter war, da er von A zuvor Eigentum erwarb. Vgl. dazu auch die weiteren Ausführungen.

287 Weiterführender Hinweis: Wäre im Verhältnis zwischen A und R auch das Übereignungsgeschäft unwirksam gewesen (sog. **Doppelmangel**) und hätte F wegen Abhandenkommens der Brosche auch nicht gutgläubig Eigentum daran erwerben können (vgl. § 935 I BGB), hätte A gegen F einen Herausgabeanspruch aus § 985 BGB gehabt. In einem solchen Fall wäre es auch angebracht, bei A darüber hinaus eine Direktkondiktion gem. § 812 I S. 1 Var. 1 BGB (auf Verschaffung des Besitzes) gegen F zuzulassen, denn aus der Wertung des § 935 BGB folgt, dass F weniger schutzwürdig ist als A.

### cc. Mehrung fremden Vermögens

288 Schließlich muss sich das **Vermögen** des Leistungsempfängers **vermehrt** haben. Das ist immer dann der Fall, wenn sich die Vermögenslage bei einem Vergleich der Situation vor mit der nach der Leistung verbessert hat. Dies kann auf unterschiedliche Weise erfolgen. So können dem Vermögen des Leistungsempfängers Aktivposten hinzugeführt werden, indem er Rechte erwirbt (z.B. Eigentum oder Forderungen), oder es können Passivposten wegfallen (dem Schuldner werden Schulden erlassen; eine gegen den Schuldner gerichtete Forderung wird vom Bereicherungsgläubiger erfüllt, § 267 BGB). Schließlich ist eine Verbesserung der Vermögenslage des Schuldners dann anzunehmen, wenn dieser eigene Aufwendungen erspart.

289 **Zusammenfassung:** Auf der Grundlage des herrschenden Leistungsbegriffs scheidet eine Leistungskondiktion also immer dann aus, wenn die Mehrung fremden Vermögens unbewusst oder ohne Zwecksetzung erfolgt.

## c. Ohne rechtlichen Grund

290 Voraussetzung eines *jeden* Anspruchs wegen ungerechtfertigter Bereicherung ist nicht nur die Bereicherung auf Seiten des Empfängers, sondern auch das Fehlen eines die Vermögensverschiebung rechtfertigenden Rechtsgrundes. Denn nur dann ist die Bereicherung „ungerechtfertigt“.[273]

291 Einen Rechtsgrund für die Vermögensverschiebung kann zum **Beispiel** das Vorliegen einer vertraglichen Verpflichtung (Kaufvertrag etc.) bilden. Ist die Verpflichtung in einem Vertrag begründet und wird dieser erfolgreich angefochten oder ist wegen nicht vorhandener Geschäftsfähigkeit nichtig, ist ein Rechtsgrund für die zuvor erbrachte Leistung weggefallen bzw. nicht vorhanden. Das Erlangte muss nach den Regeln des Bereicherungsrechts von dem Bereicherten herausgegeben werden.

[273] Vgl. dazu etwa BGH ZIP 2002, 1419, 1420.

Zwar wird nach wie vor darüber gestritten, ob das Fehlen des Rechtsgrundes objektiv[274] oder subjektiv[275] zu bestimmen ist, dieser Streit ist für die Falllösung aber regelmäßig nicht ergiebig und daher kaum von Relevanz. Denn folgt man dem bereits ausführlich dargestellten herrschenden Leistungsbegriff, der zum einen auf die *Zweckgerichtetheit*, zum anderen aber auch auf den objektivierten Empfängerhorizont abstellt, muss dies für die Bestimmung des (fehlenden) Rechtsgrundes zwangsläufig bedeuten, dass ebenfalls eine objektiv-subjektive Grundauffassung einzunehmen ist. Maßgeblich ist demnach der mit dem **Schuldverhältnis verfolgte Zweck**[276].

**Beispiel:** Bei einem Kaufvertrag über eine Sache verpflichtet sich der Verkäufer, dem Käufer die vereinbarte Sache mangelfrei zu übergeben und ihm das Eigentum daran zu verschaffen (§ 433 I BGB). Der Käufer verpflichtet sich, den vereinbarten Kaufpreis zu zahlen und die Sache abzunehmen (§ 433 II BGB). **292**

Ist der Kaufvertrag unwirksam (Anfechtung; fehlende Geschäftsfähigkeit; Sittenwidrigkeit; Verstoß gegen ein Gesetz), hat eine Partei aber bereits ihre Verpflichtung erfüllt, ist die Leistungserbringung verfehlt. Mithin liegt nach beiden Auffassungen kein Rechtsgrund für die erbrachte Leistung vor: aus objektiver Sicht, weil der Vertrag nichtig ist, und aus subjektiver Sicht, weil der mit der Leistungserbringung verfolgte Zweck nicht eingetreten bzw. verfehlt ist.

Der vorliegend zu behandelnde Bereicherungstatbestand des § 812 I S. 1 Var. 1 BGB setzt ausdrücklich voraus, dass der Rechtsgrund **von Anfang an fehlen muss** (fällt er erst später weg, kommt § 812 I S. 2 Var. 1 BGB in Betracht). Der Gläubiger hat also geleistet, obwohl keine Verbindlichkeit bestand. **293**

**Beispiele:** **294**

**(1)** Virgilia verkauft und übereignet an Klarissa eine antike Brosche (§§ 433, 929 S. 1 BGB). Als sich später herausstellt, dass Virgilia im Zeitpunkt des Kaufvertragsschlusses (nicht aber im Zeitpunkt der Übereignung) geschäftsunfähig i.S.d. § 105 II BGB[277] war, verlangt sie von Klarissa die Brosche heraus.

Hier hat Virgilia die Brosche in Erfüllung eines nichtigen Kaufvertrags an Klarissa übereignet. Wegen der wirksamen Übereignung kommt ein Herausgabeanspruch aus § 985 BGB nicht in Betracht. Sie kann das Eigentum an der Brosche aber kondizieren, weil der Rechtsgrund (der schuldrechtliche Kaufvertrag) für die Übereignung fehlte.

**(2)** Zacharias hält einen Kampfhund. Entgegen der gesetzlichen Bestimmung lässt er diesen ständig frei herumlaufen. Als nun Eusebia von einem Kampfhund angegriffen und auch gebissen wird, leistet Z sofort Schadensersatz (§§ 823 I, 249 II S. 1, 253 II BGB), weil er glaubt, sein Hund habe E gebissen. Später stellt sich jedoch heraus, dass es der Hund des Gonzo war, der E gebissen hat.

Hier hat E von Z etwas erlangt (namentlich Schadensersatz), ohne dass hierfür ein Rechtsgrund bestand. Z kann den Betrag von E kondizieren.

### d. Erweiterung des Tatbestands durch § 813 I S. 1 BGB

Bei § 813 I S. 1 BGB handelt es sich nicht um eine Leistungskondiktion (vgl. bereits Rn 203). Vielmehr erweitert die Vorschrift den Tatbestand der *condictio indebiti* (und nur diesen!). Nach dieser Vorschrift kann das zum Zwecke der Erfüllung einer Verbindlichkeit Geleistete auch dann zurückgefordert werden, wenn der Anspruch zwar besteht, aber mit einer **dauernden** (nicht einer bloß vorübergehenden) **Einrede** behaftet ist. Zu den dauernden (peremptorischen) Einreden zählen bspw. **295**

---

[274] So BGH LM Nr. 33; *Sprau*, in: Palandt, § 812 Rn 44; *Schwab*, in: MüKo, § 812 Rn 137 ff.; *Schlechtriem*, ZHR 149 (1985), 327, 337.

[275] So *Medicus/Lorenz*, SchuldR II, § 127 V 4; *Larenz/Canaris*, SchuldR II 2, § 67 III 1 a; *Reuter/Martinek*, § 4 II 4 b.

[276] Vgl. BGH ZIP 2002, 1419 f.

[277] Es ist davon auszugehen, dass kein Geschäft des täglichen Lebens i.S.v. § 105a BGB vorliegt.

- die Einrede der Nichtigkeit eines Vertrags (vgl. dazu BGHZ 174, 334 ff.).
- Verjährung (§ 214 I BGB),
- die Einrede des Sach- und Rechtsmangels im Kaufrecht (§ 438 IV S. 2 BGB),
- die Einrede der Bereicherung (§ 821 BGB) und
- die Einrede der unerlaubten Handlung (Arglisteinrede – § 853 BGB).[278]

296 Der Grund für die Erweiterung der *condictio indebiti* besteht darin, dass eine mit einer dauernden Einrede belastete Forderung, wenn der Schuldner die Einrede erhebt, grds. so anzusehen ist, als ob die Forderung rechtlich nie bestanden hätte, der Kondiktionsanspruch aber gleichwohl bestehen soll.

297 Die Erweiterung der *condictio indebiti* durch § 813 I S. 1 BGB gilt gem. § 813 I **S. 2** i.V.m. § 214 II BGB aber dann **nicht**, wenn es sich bei der Einrede um die **Einrede der Verjährung** handelt (Prinzip von Regel – Ausnahme – Gegenausnahme).

298 **Beispiel:** Klara zahlt an Vanessa die aufgrund eines Kaufvertrags geschuldeten 100,- €. Als sich später (nach Eintritt der Verjährung) herausstellt, dass K von V durch Betrug zum Vertragsschluss bewogen worden ist, fordert sie das Geld zurück.

Hier kann K ihren Kondiktionsanspruch nur auf die Begründung stützen, dass V die Forderung durch eine unerlaubte Handlung erlangt habe (§ 813 I S. 1 i.V.m. § 853 BGB). Demgegenüber bleibt die Einrede der Verjährung gem. § 813 I S. 2 i.V.m. § 214 II BGB der V erhalten.

299 § 813 I S. 1 BGB greift ferner nicht bei der Mängeleinrede aus **§ 438 IV S. 2 BGB**. Zwar handelt es sich bei § 438 IV S. 2 BGB um eine dauernde Einrede, dennoch kann sich aus ihr kein Rückforderungsanspruch bzgl. des Kaufpreises ergeben, wenn die Verjährungsfrist gem. §§ 438 IV S. 1, 218 BGB eingetreten ist. Anderenfalls würde man die Wirkung der Verjährung über § 813 BGB weitgehend nivellieren.

300 **Beispiel:** Gudrun hat in Vickys Boutique eine modische Armbanduhr gekauft und sofort bezahlt. Nach einigen Wochen macht sie einen Sachmangel geltend. V meint jedoch, es liege kein Sachmangel vor, und weigert sich, auf Mängelrechte einzugehen. Erst nach Ablauf der Verjährungsfrist des § 438 BGB erhebt G Klage auf Rückerstattung des Kaufpreises.

Hätte G den Kaufpreis noch nicht entrichtet, stünde ihr die Mängeleinrede gem. § 438 IV S. 2 BGB zu mit der Folge, dass sie den Kaufpreis nicht entrichten müsste. Da G die Uhr jedoch bereits bezahlt hat, steht der Rückerstattung des Kaufpreises gem. §§ 437 Nr. 2, 323 BGB i.V.m. §§ 346 ff. BGB die Verjährung gem. §§ 438 IV S. 1, 218 BGB entgegen. Denn auch ein Rücktritt ist nur so lange möglich, wie die Verjährungsfrist hinsichtlich des Primäranspruchs noch nicht verstrichen oder gem. § 204 BGB gehemmt ist.

Diese Rechtsfolge darf nicht dadurch umgangen werden, dass ein Anspruch aus Bereicherungsrecht (hier: § 812 I S. 1 Var. 1 i.V.m. § 813 BGB) gewährt wird. Zwar stellt § 438 IV S. 2 BGB eine dauernde Einrede dar. Würde man diese aber als Einrede i.S.d. § 813 BGB gelten lassen, umginge man die ausdifferenzierte Regelung des Gewährleistungsrechts mit seinen unterschiedlichen Verjährungsfristen. Daher kann § 438 IV S. 2 BGB nicht als Einrede i.S.d. § 813 BGB angesehen werden. G steht somit auch kein Rückerstattungsanspruch aus Bereicherungsrecht zu.

301 Demgegenüber begründet **§ 813 II BGB** hinsichtlich der Erfüllung einer nur betagten Verbindlichkeit vor deren Fälligkeit keine Kondiktion. Mit diesem **Ausschlusstatbestand** soll ein Hin- und Herschieben der Leistung vermieden werden.[279]

---

[278] Vgl. ferner die dauernden Einreden aus §§ 242, 1166, 1973, 1975, 1990, 2083, 2345 BGB. Zu den von § 813 BGB nicht erfassten vorübergehenden (dilatorischen) Einreden gehören bspw. § 320 und § 273 BGB. Auch ist zu beachten, dass die Einreden aus § 214 I BGB und § 438 IV S. 2 BGB nicht von § 813 I S. 1 BGB erfasst werden (vgl. § 813 I S. 2 BGB und die Ausführungen sogleich Rn 297 ff.).

[279] Vgl. *Sprau*, in: Palandt, § 813 Rn 7; *Brox/Walker*, § 40 Rn 25.

### e. Ausschluss des Tatbestands durch § 814 oder § 817 S. 2 BGB

#### aa. Kenntnis der Nichtschuld, § 814 BGB

Trotz Vorliegens der bisher genannten Voraussetzungen ist die *condictio indebiti* (und nur diese![280]) gem. **§ 814 BGB** ausgeschlossen, wenn **302**

- der Leistende im Zeitpunkt der Leistung gewusst hat, dass er zur Leistung nicht verpflichtet war (**Kenntnis der nicht bestehenden Verpflichtung**). Hier verdient der Leistende keinen Schutz, weil er sich durch die Rückforderung in Widerspruch zu seinem früheren Verhalten setzt.[281] Im Einzelnen gilt: **303**

  Die „Kenntnis der nicht bestehenden Verbindlichkeit" ist nicht bereits dann anzunehmen, wenn der Leistende es lediglich für möglich gehalten hat, zur Leistung nicht verpflichtet zu sein. In diesem Fall ist der Kondiktionsanspruch nicht ausgeschlossen. Andererseits genügt zur Bejahung des Ausschlusstatbestands die **laienhafte Vorstellung, zur Leistung nicht verpflichtet zu sein**.

  Bei **Vollmacht** ist auf die Kenntnis des Vertreters abzustellen (Wissenszurechnung gem. § 166 I BGB). Vgl. aber auch § 166 II S. 1 BGB!

  Handelt es sich bei dem Leistenden um einen **Minderjährigen**, ist – wegen der Nähe der Leistungskondiktion zu den Rechtsgeschäften – auf die Kenntnis des gesetzlichen Vertreters abzustellen (§ 166 I BGB analog).

  Eine Besonderheit besteht in dem Fall, dass der Leistende die **Anfechtbarkeit des Geschäfts kennt**. Denn gem. § 142 II BGB steht diese Kenntnis der Kenntnis der Nichtigkeit gleich. Zahlt also bspw. der Käufer einer Sache den Kaufpreis an den Verkäufer (= Leistung i.S.d. Bereicherungsrechts), obwohl er weiß, dass er vom Verkäufer zuvor getäuscht worden ist (er zahlt also in Kenntnis der Anfechtbarkeit), müsste man an sich gem. der Regelung des § 142 II BGB diese Kenntnis mit der Kenntnis der Nichtigkeit gleichsetzen und zu dem Ergebnis gelangen, dass der Käufer in Kenntnis einer nicht bestehenden Verpflichtung geleistet hat und dass sein Kondiktionsanspruch nach § 812 I S. 1 Var. 1 BGB im Fall einer Anfechtung daher gem. § 814 BGB ausgeschlossen ist. Dass dieses Ergebnis unbillig ist, liegt auf der Hand; immerhin war der Anfechtungsberechtigte bis zur Erklärung seiner Anfechtung noch zur Leistung verpflichtet. Der mit dem Ausschlusstatbestand des § 814 BGB verfolgte Zweck (Versagung des Anspruchs wegen treuwidrigen Verhaltens) kann daher nicht greifen. § 814 BGB ist für diesen Fall unanwendbar.
  Allerdings kann sich die genannte Problematik nach der h.M. nicht stellen, da sie den Kondiktionsanspruch nach erfolgter Anfechtung nicht über die *condictio indebiti*, sondern über die *condictio ob causam finitam* abwickelt und für diese Kondiktion § 814 BGB bereits seinem Wortlaut nach nicht anwendbar ist.

- die Leistung einer **sittlichen Pflicht** oder einer auf den **Anstand zu nehmenden Rücksicht** entsprach. **304**

  Diese Variante betrifft (nur) den Fall, dass der Leistende irrig glaubte, zur Leistung verpflichtet zu sein, während die Verpflichtung in Wirklichkeit gar nicht bestand.

  **Beispiele[282]:** Bruderherz B leistet nicht nur Unterhalt an seine mittellose Schwester in der unzutreffenden Annahme, dazu gesetzlich verpflichtet zu sein (*sittliche Pflicht*, da eine rechtliche Unterhaltspflicht zwischen Geschwistern nicht besteht, vgl. § 1601 BGB), sondern gibt bei einem Restaurantbesuch auch der Kellnerin K ein übliches Trinkgeld, weil er meint, eine Rechtspflicht zu erfüllen (es besteht keine Rechtspflicht, ein Trinkgeld zu geben, sondern allenfalls eine *Anstandspflicht*).

---

[280] Vgl. BGHZ 106, 169, 171; 113, 62, 70; BGH ZIP 2002, 1419, 1420.

[281] Die Vorschrift des § 814 BGB ist also eine besondere Ausprägung des Grundsatzes *venire contra factum proprium* (kein Schutz desjenigen, der sich in Widerspruch zu seinem vorherigen Verhalten setzt), vgl. BGH ZIP 2002, 1419, 1420; BGHZ 113, 62, 70.

[282] Vgl. *Brox/Walker*, § 40 Rn 27.

Hätte hier B von vornherein gewusst, dass eine rechtliche Verbindlichkeit nicht besteht, wäre bereits die Variante der „Kenntnis der nicht bestehenden Verbindlichkeit" einschlägig gewesen.

Schließlich ist zu beachten, dass die h.M. die Vorschrift des § 814 BGB auch auf die Fälle des § 813 BGB entsprechend anwendet. Dies bedeutet, dass die Kondiktion ausgeschlossen ist, wenn der Leistende trotz Kenntnis des Bestehens einer dauernden Einrede leistet.

### bb. Beiderseitiger Gesetzes- oder Sittenverstoß, § 817 S. 2 BGB

305 Einen weitaus wichtigeren Ausschlussgrund enthält **§ 817 S. 2 BGB**. Nach dieser Vorschrift ist die Leistungskondiktion ausgeschlossen, wenn dem Leistenden „gleichfalls" ein **Gesetzes- oder Sittenverstoß zur Last fällt**, es sei denn, dass die Leistung in der Eingehung einer Verbindlichkeit bestand. Das zur Erfüllung einer solchen Verbindlichkeit Geleistete kann gemäß der gesetzlichen Formulierung nicht kondiziert werden.

306 Wegen seiner systematischen Stellung und der Formulierung „gleichfalls" müsste man annehmen, dass sich der Ausschlusstatbestand des § 817 S. 2 BGB nur auf die (seltene[283]) Leistungskondiktion nach § 817 S. 1 BGB bezieht. Dennoch dehnt die h.M.[284] den Anwendungsbereich des § 817 S. 2 BGB auf **alle Fälle der Leistungskondiktion** aus und lässt es folgerichtig auch genügen, wenn **nur dem Leistenden ein Gesetzes- oder Sittenverstoß zur Last fällt**. Zur Begründung vgl. das folgende **Beispiel:**

307 **Sittenwidriger Ratenkreditvertrag:** Grimhild ist finanziell am Ende. Ihre Hausbank gewährt ihr keinen Kredit mehr. Da entdeckt sie zufällig das Zeitungsinserat der Kredithai GmbH, in dem diese damit wirbt, dass man Kredite bis zu 10.000,- € ohne Bonitätsprüfung vergebe. Grimhild sieht hierin die einzige Chance, die drohende Zwangsvollstreckung in ihr mittlerweile bescheidenes Vermögen abzuwenden. Deshalb ist sie auch bereit, einen Zinssatz zu akzeptieren, der 200% über dem marktüblichen Zinssatz liegt (dieser liegt bei 8,9% p.a. effektiv für ungesicherte Ratenkredite, Grimhild soll dementsprechend 26,7% p.a. effektiv leisten). Sie unterzeichnet den Darlehensvertrag (§ 488 BGB) über ein Tilgungsdarlehen mit einer Laufzeit von 24 Monaten. Später empfiehlt ihr Freund Friedrich, der Jura studiert und vor kurzem eine Vorlesung über sittenwidrige Kreditverträge besucht hat, sie solle wegen Sittenwidrigkeit des Kreditvertrags die hohen Zinsen nicht zahlen.

Hier könnte der Darlehensvertrag tatsächlich wegen Verstoßes gegen ein Verbotsgesetz (§ 134 BGB i.V.m. § 291 StGB – Wucher) und/oder wegen **Wuchers** gem. § 138 II BGB nichtig sein. Hinsichtlich des § 291 StGB hätte die Kredithai GmbH die G aber **ausgebeutet** haben müssen. Dazu hätte sie subjektiv die Erlangung der durch den hohen Zinssatz ermöglichten Vorteile bezwecken müssen. Hinsichtlich des § 138 II BGB gelten ähnlich hohe subjektive Anforderungen (**zweckgerichtete Ausbeutung einer Zwangslage**).[285] Die Frage, ob diese Voraussetzungen erfüllt sind, kann aber dahinstehen, wenn bereits der Tatbestand des § 138 I BGB (der auf der Rechtsfolgenseite ebenfalls die Nichtigkeit vorsieht) verwirklicht ist.
Zur Sittenwidrigkeit von Ratenkreditverträgen am Prüfungsmaßstab des **§ 138 I BGB** hat der BGH den Rechtsgrundsatz entwickelt, dass ein schuldrechtliches Rechtsgeschäft sittenwidrig und damit nichtig sei, wenn zwischen Leistung und Gegenleistung ein **auffälliges Missverhältnis** bestehe und der Kreditgeber die schwächere Lage des Kreditnehmers bewusst zu seinem Vorteil ausnutze oder sich leichtfertig der Erkenntnis ver-

---

[283] Die Leistungskondiktion nach § 817 S. 1 BGB ist deshalb selten, weil zum einen zumeist allein der *Leistende* gesetzes- bzw. sittenwidrig handelt, und zum anderen wegen der mit der Gesetzes- bzw. Sittenwidrigkeit verbundenen Nichtigkeit des Geschäfts (vgl. §§ 134, 138 BGB) bereits § 812 I S. 1 Var. 1 BGB einschlägig ist.
[284] BGH NJW 2006, 45, 46; BGH NJW 2003, 1860, 1861; *Sprau*, in: Palandt, § 817 Rn 12 ff.; *Brox/Walker*, § 41 Rn 6 ff.; *Falk*, JuS 2003, 833, 834.
[285] Vgl. dazu instruktiv BGH NJW 2003, 1860, 1861.

schließe, dass der Kreditnehmer sich nur wegen seiner schwächeren Lage auf die drückenden Bedingungen einlasse (sog. „**wucherähnliches Geschäft**").[286] Das auffällige Missverhältnis sei i.d.R. zu bejahen, wenn der Vertragszins den marktüblichen Effektivzins relativ um **100%**[287] oder absolut um 12 Prozentpunkte[288] übersteige. Subjektiv sei die Sittenwidrigkeit zu bejahen, wenn der Kreditgeber vorsätzlich oder zumindest grob fahrlässig die schwächere Lage des Kreditnehmers ausnutze, was i.d.R. dann anzunehmen sei, wenn auf der Seite des Kreditgebers ein gewerblicher Kreditgeber stehe und auf Seiten des Kreditnehmers ein Nichtkaufmann. Bei einem **besonders groben Missverhältnis** (Überschreiten des marktüblichen Effektivzinses relativ um **200%**) sei die verwerfliche Gesinnung zu unterstellen; der Kreditgeber müsse dann besondere Gründe vorbringen, den Vorwurf der Sittenwidrigkeit zu entkräften.

**Hinweis für die Fallbearbeitung:** Vergleicht man die vom BGH aufgestellten Grundsätze zum „wucherähnlichen Geschäft" nach § 138 I BGB mit den Voraussetzungen des § 134 BGB i.V.m. § 291 StGB bzw. des § 138 II BGB, ist die Frage berechtigt, warum der BGH nicht gleich den Prüfungsmaßstab des § 134 BGB i.V.m. § 291 StGB bzw. § 138 II BGB heranzieht. Die Antwort ist auf der Rechtsfolgenseite zu suchen: 308

- Liegt ein „wucherähnliches Geschäft" i.S.d. **§ 138 I BGB** vor, ist zwar das **Kausalgeschäft** (der Kreditvertrag) **unwirksam, nicht** aber das **dingliche Erfüllungsgeschäft** (Übertragung des Eigentums an dem Geld sowie die Zinszahlungen), sodass die Leistungen zwar kondizierbar, nicht aber vindizierbar sind. Hier ist dann aber insbesondere der Ausschlusstatbestand des § 817 S. 2 BGB zu beachten.[289]
- Bei § 134 BGB i.V.m. § 291 StGB bzw. **§ 138 II BGB** dagegen schlägt der Mangel auf das **dingliche Erfüllungsgeschäft** durch. Dieses ist **nichtig**. Hier greift dann der Vindikationsanspruch aus § 985 BGB, auf den nach Auffassung des BGH der Ausschlusstatbestand des § 817 S. 2 BGB nicht anwendbar ist (der BGH steht auf dem Standpunkt, bei der Vorschrift des § 817 S. 2 BGB handele es sich um eine Ausnahmevorschrift und wegen ihres Strafcharakters um einen Fremdkörper im BGB, der nicht über das Bereicherungsrecht hinaus angewendet werden dürfe); vgl. dazu sogleich bei Rn 313 ff.

Folgt man dieser Rechtsprechung, ist der Kreditvertrag zwischen der Kredithai GmbH und G nach § 138 I BGB sittenwidrig und damit nichtig. Da aber zum einen *nur* die Kredithai GmbH sittenwidrig handelte und zum anderen wegen der Nichtigkeit des Kreditvertrags der Rechtsgrund für die Vermögensverschiebung fehlte und damit die *condictio indebiti* einschlägig ist, richtet sich der Rückforderungsanspruch der Kredithai GmbH nicht nach § 817 S. 1 BGB, sondern allein nach § 812 I S. 1 Var. 1 BGB. 309

G hat etwas durch Leistung der Kredithai GmbH erlangt, nämlich Eigentum und Besitz am Geld (bzw. im Fall einer Banküberweisung auf das Girokonto das Schuldversprechen der Hausbank gem. §§ 780 i.V.m. 675c ff. BGB). Fraglich ist jedoch, ob ein Kondiktionsanspruch der Kredithai GmbH wegen § 817 S. 2 BGB ausgeschlossen ist.

Wegen seiner systematischen Stellung und der Formulierung „gleichfalls" müsste man annehmen, dass sich der Ausschlusstatbestand des § 817 S. 2 BGB nur auf die Leistungskondiktion nach § 817 S. 1 BGB bezieht. Dennoch dehnt die h.M. den Anwendungsbereich des § 817 S. 2 BGB auf **alle Fälle der Leistungskondiktion** aus und lässt es folgerichtig auch genügen, wenn **nur dem Leistenden ein Gesetzes- oder Sittenverstoß zur Last fällt**. Diese Ausdehnung des Ausschlusstatbestands überzeugt: Denn beschränkte man § 817 S. 2 BGB nur auf die Fälle des § 817 S. 1 BGB,

[286] Vgl. BGHZ 80, 153, 159 f.; 128, 255, 257 f. (st. Rspr.). Vgl. auch BGH NJW 2002, 429 ff. und BGH NJW 2003, 1860, 1861.
[287] BGHZ 104, 102, 105; 110, 336, 338.
[288] BGHZ 110, 336, 338.
[289] Vgl. auch den Fall BGH NJW 2003, 1860 ff.

ergäbe sich das widersinnige Ergebnis, dass der selbst gesetzes- oder sittenwidrig handelnde Empfänger einer Leistung bessergestellt wäre als derjenige, der durch die Annahme nicht gegen ein gesetzliches Verbot oder die guten Sitten verstößt. Denn der sittenwidrig handelnde Empfänger, gegen den ein Anspruch nach § 817 S. 1 BGB besteht, könnte die Leistung aufgrund des Ausschlusstatbestands des § 817 S. 2 BGB behalten, während der „anständige" Empfänger aufgrund einer *condictio indebiti* oder *condictio ob rem* das Geleistete herausgeben müsste, wenn für diese Fälle § 817 S. 2 BGB nicht gelten sollte.[290]

Im Ergebnis muss der Ausschlusstatbestand des § 817 S. 2 BGB daher „erst recht" auch für § 812 I S. 1 Var. 1 BGB anwendbar sein.

**310** Ist die Anwendbarkeit des § 817 S. 2 BGB auf *alle* Fälle der Leistungskondiktion sowie auf den Fall, dass *allein* dem Leistenden ein Gesetzes- oder Sittenverstoß zur Last fällt, geklärt, ist des Weiteren die Frage nach der Rechtsfolge zu beantworten.

**311** Im obigen Beispiel zum **sittenwidrigen Ratenkredit** wurde festgestellt, dass zwar das Kausalgeschäft (also der Kreditvertrag), nicht aber das dingliche Erfüllungsgeschäft (Übereignung des Geldes) nichtig sei. Das führt zu einem grundsätzlichen Kondiktionsanspruch der Kredithai GmbH aus § 812 I S. 1 Var. 1 BGB, der aber wegen der ebenfalls bejahten Anwendbarkeit des § 817 S. 2 BGB ausgeschlossen sein könnte.
Speziell zum sittenwidrigen Kreditvertrag steht der BGH auf dem Standpunkt, dass das Geleistete i.S.d. § 817 S. 2 BGB anders zu verstehen sei als bei den Leistungskondiktionen, nämlich dass nur das, was **endgültig in das Eigentum des Bereicherungsschuldners übergehe**, als **nicht kondizierbare** „Leistung" i.S.d. § 817 S. 2 BGB gelte.[291] Demzufolge muss bei einem Darlehen folgendermaßen differenziert werden:

⇨ Das Darlehenskapital (die Valuta) geht wertmäßig nicht endgültig in das Vermögen des Darlehensnehmers über; vielmehr muss es in Raten oder nach Endfälligkeit zurückgeführt werden. Man kann also sagen, das Kapital werde lediglich vorübergehend zur Nutzung gewährt.

⇨ Endgültig in das Vermögen des Darlehensnehmers soll nach Auffassung des BGH aber die zeitlich begrenzte Nutzungsmöglichkeit des Kapitals übergehen.

Als **nicht kondizierbare „Leistung" i.S.d. § 817 S. 2 BGB** stellt sich demnach nur die **Nutzungsmöglichkeit** des Kapitals für die vereinbarte Zeit dar. Die Kredithai GmbH kann also trotz Nichtigkeit des Darlehensvertrags nicht die sofortige Rückzahlung des Kredits verlangen, sondern ist darauf verwiesen, das Kapital so zurückzufordern, wie sie es auch bei Gültigkeit des Vertrags nur hätte zurückfordern können, vorliegend also in 24 Monatsraten.

**Weiterführender Hinweis:** Würde es sich um ein auf unbestimmte Zeit gewährtes Darlehen handeln, müsste man dem Darlehensgläubiger selbstverständlich ebenso ein Kündigungsrecht einräumen, als wenn der Darlehensvertrag wirksam gewesen wäre.[292] § 488 III BGB wäre dann entsprechend anzuwenden.

Da G sowieso das Kapital hätte zurückzahlen müssen, kann sie sich auch nicht auf den Wegfall der Bereicherung berufen (vgl. §§ 819 I, 818 IV, 276 I BGB). Etwas anderes hätte nur dann gegolten, wenn die Zweckverfolgung bei dem sittenwidrigen Darlehen von vornherein mit einem dem Darlehensgläubiger bekannten Risiko verbunden gewesen wäre, dieses Risiko sich verwirklicht hätte und G deswegen nicht mehr bereichert gewesen wäre.[293] Doch dafür liegen keine Anhaltspunkte vor.

---

[290] Vgl. *Musielak/Hau*, GK, Rn 731.
[291] BGH NJW 1995, 1152 und ZIP 1995, 456, 457 f.
[292] Vgl. BGHZ 99, 333, 338.
[293] Vgl. BGH NJW 1995, 1152.

Damit bleibt noch die Frage nach dem ursprünglich vereinbarten **Darlehenszins** zu beantworten. Aufgrund der Nichtigkeit des Darlehensvertrags besteht ein vertraglicher Zinsanspruch gem. § 488 I S. 2 BGB jedenfalls nicht.

⇨ Nach h.M. besteht ein solcher auch nicht nach Bereicherungsrecht, da dem Anspruch aus §§ 812 I S. 1 Var. 1, 818 I und II BGB insoweit der Ausschlusstatbestand des § 817 S. 2 BGB entgegenstehe.[294]

⇨ *Medicus/Petersen* wollen wenigstens einen angemessenen (wohl marktüblichen) Zinssatzanspruch gewähren[295], sodass sich der Anspruch der Kredithai GmbH auf ca. 4% p.a. effektiv belaufen dürfte.

Stellungnahme: Die zuletzt genannten Auffassung kann für sich beanspruchen, dass nach der von der h.M. favorisierten Auffassung der Vorschrift des § 817 S. 2 BGB ein Strafcharakter beigemessen wird, der mit dem Standpunkt der Vorschrift im BGB (und nicht in einem Strafgesetz) kaum vereinbar ist (dazu sogleich). Andererseits ist der zuletzt genannten Auffassung aber entgegenzuhalten, dass sie zu einer geltungserhaltenden Reduktion führt, die sie im Rahmen des AGB-Rechts aber gerade ablehnt.[296] Zur Vermeidung von derartigen Wertungswidersprüchen ist daher demjenigen, der die Grenzen des Zulässigen überschreitet, das Recht einheitlich zu versagen und es nicht nur in einem Fall vollständig und es in einem anderen Fall auf das noch gerade zulässige Maß zu reduzieren.

Ergebnis: Die Kredithai GmbH kann die Darlehenssumme wie vereinbart in 24 Monatsraten zurückverlangen, allerdings zinslos. F´s Auffassung ist also zutreffend.

**Hinweis für die Fallbearbeitung:** Prüfungstechnisch bleibt lediglich anzumerken, dass aus der Formulierung in § 817 S. 2 BGB „ist ausgeschlossen" folgt, dass es sich bei dem Ausschlusstatbestand des § 817 S. 2 BGB nicht um eine (geltend zu machende) Einrede, sondern um eine (von Amts wegen zu berücksichtigende) **Einwendung** handelt.[297] Daher sind in der Fallbearbeitung die Voraussetzungen des § 817 S. 2 BGB selbst dann zu prüfen, wenn der Anspruchsgegner sie nicht geltend gemacht hat. 312

Umstritten ist, ob der Ausschlusstatbestand des **§ 817 S. 2 BGB** in seiner Anwendung auf die Fälle der **Leistungskondiktion beschränkt** ist oder eine **allgemeine Rechtsschutzversagung** (i.S. einer Strafvorschrift) darstellt mit der Folge, dass er **auch außerhalb der Fälle der Leistungskondiktionen** (insbesondere auf die §§ 985, 823 und 894 BGB) anwendbar ist. 313

Vorüberlegung: Der Streit besteht deshalb, weil im Bürgerlichen Recht das Abstraktionsprinzip gilt. Dieses Prinzip hat zur Folge, dass das sachenrechtliche Erfüllungsgeschäft (etwa Übereignung einer Kaufsache) regelmäßig von der Nichtigkeit des schuldrechtlichen Verpflichtungs- bzw. Kausalgeschäfts (etwa ein Kaufvertrag) unberührt bleibt. Wenn nun aber bspw. wegen Fehleridentität[298] oder wegen § 134 BGB nicht nur das Verpflichtungsgeschäft, sondern auch das Erfüllungsgeschäft nichtig ist, könnte der Verkäufer die Sache vom Käufer nach § 985 BGB herausverlangen, obwohl ihm ein Bereicherungsanspruch wegen § 817 S. 2 BGB nicht zusteht. Dieser Umstand wirft die Frage auf, ob § 817 S. 2 BGB auf alle Ansprüche, zu deren Begründung sich der Gläubiger auf eigenes gesetzes- oder sittenwidriges Verhalten berufen muss, anwendbar ist. 314

- Der BGH und ein Teil des Schrifttums stehen auf dem Standpunkt, bei der Vorschrift des § 817 S. 2 BGB handele es sich um eine **Ausnahmevorschrift** und wegen ihres **Straf-** 315

[294] BGH a.a.O.; *Larenz/Canaris*, § 68 III 3 c; *Sprau*, in: Palandt, § 817 Rn 21.
[295] Vgl. *Medicus/Petersen*, BR, Rn 700.
[296] Vgl. *Medicus/Petersen*, BR, Rn 69.
[297] *Brox/Walker*, § 41 Rn 10.
[298] Zur Fehleridentität vgl. oben Rn 215 und ferner *Strohe*, JuS 2002, 858, 859.

**charakters** um einen Fremdkörper im BGB, der **nicht über die Leistungskondiktionen hinaus angewendet werden dürfe.**[299]

316 ▪ Das wohl herrschende Schrifttum wirft der zuerst genannten Auffassung Ungereimtheiten vor, die aufgrund einer Unterscheidung hinsichtlich der Gültigkeit des Erfüllungsgeschäfts eintreten können, und sieht in der Vorschrift des § 817 S. 2 BGB eine **allgemeine Rechtsschutzversagung**, die **alle Ansprüche ausschließt**, zu deren Begründung sich der Gläubiger auf ein eigenes gesetz- oder sittenwidriges Verhalten berufen muss (*nemo auditur turpitudinem suam allegans*).[300]

**Beispiel:** Anton schenkt und übereignet seiner Frau Wanda ein Hausgrundstück, um sie zur Erhebung der Scheidungsklage zu veranlassen. Die Ehe wird auf Klage der W geschieden. Später fordert A wegen Sittenwidrigkeit die Rückübertragung.

⇨ Geht man von der Unanwendbarkeit des § 817 S. 2 BGB auf Ansprüche außerhalb der Leistungskondiktionen aus und unterstellt die Sittenwidrigkeit sowohl des Verpflichtungsgeschäfts (der Schenkung) als auch des Erfüllungsgeschäfts (der Übertragung des Eigentums am Grundstück), kann A in der Tat das Grundstück nach § 985 BGB vindizieren.

⇨ Erachtet man dagegen lediglich das Verpflichtungsgeschäft für sittenwidrig (mit dem Argument, dass ein dingliches Erfüllungsgeschäft sittlich neutral sei), kommt nur ein Rückübertragungsanspruch nach Bereicherungsrecht (§ 812 I S. 1 Var. 1 BGB) in Betracht. Dann aber muss in jedem Fall der Ausschlusstatbestand des § 817 S. 2 BGB beachtet werden mit der Folge, dass der Anspruch im Ergebnis scheitert.

Der Umstand, dass W für den Fall, dass der Sittenverstoß auch das Erfüllungsgeschäft erfasst, das Grundstück wieder zurückübereignen muss, und für den Fall, dass der Sittenverstoß das Erfüllungsgeschäft unberührt lässt, das Grundstück behalten darf, ist nicht zu rechtfertigen. Daher wird zunehmend in der Literatur vertreten, dass § 817 S. 2 BGB als allgemeine Rechtsschutzversagung aufzufassen sei, die alle Ansprüche ausschließe, zu deren Begründung sich der Gläubiger auf eigenes gesetzes- oder sittenwidriges Verhalten berufen müsse. Nach dieser Auffassung gilt § 817 S. 2 BGB für jede Rückforderung von Leistungen, gleichgültig, ob es sich um eine Vindikation, um einen Anspruch wegen unerlaubter Handlung oder um eine Kondiktion handele. Ob dem zugestimmt werden kann, ist fraglich. Denn § 817 S. 2 BGB ist eine Ausnahmevorschrift und bezieht sich systematisch nur auf die Leistungskondiktionen. Ausnahmetatbestände sind – um nicht vom BGB ungewollte Ergebnisse zu erzielen – nach der juristischen Methodenlehre grds. eng auszulegen und auch nicht außerhalb des Normengefüges, auf das sie sich beziehen, anzuwenden. Daher ist auch **von einer Anwendung des § 817 S. 2 BGB über die Arten der Leistungskondiktion hinaus abzusehen**. § 817 S. 2 BGB ist nicht anwendbar bei Ansprüchen aus Vertrag, aus unerlaubter Handlung, aus GoA, aus EBV und auch nicht beim Nutzungsherausgabeanspruch aus § 987 BGB oder dem Verwendungsersatzanspruch aus § 994 BGB. Allerdings kommt der BGH auch bei Nichtanwendbarkeit des § 817 S. 2 BGB außerhalb der Leistungskondiktionen i.d.R. zu dem gleichen Ergebnis, wenn er im Fall der Sittenwidrigkeit des Verpflichtungsgeschäfts bei Ansprüchen außerhalb des Bereicherungsrechts den Grundsatz von Treu und Glauben (§ 242 BGB) anwendet und einen Herausgabeanspruch trotz proklamierter sittlicher Indifferenz des Erfüllungsgeschäfts verneint.

Vorliegend ist der Rückübertragungsanspruch des A also unbegründet. Nach Auffassung der h.L. wegen § 817 S. 2 BGB und nach Auffassung des BGH wegen § 242 BGB.

317 Der **Grundsatz von Treu und Glauben (§ 242 BGB)** kann auch umgekehrt wirken und zur Folge haben, dass die Anwendbarkeit des § 817 S. 2 BGB in Fällen ausge-

---

[299] BGHZ 35, 103, 109; 39, 87, 90 f.; 44, 1, 3 f.; 63, 365, 369; BGH NJW 1980, 452, 453; 1992, 310; 2000, 1560; BGHZ 152, 307, 311; BGH NJW 2003, 1860, 1861 f.; NJW 2006, 45, 46 (meist unter Bezugnahme auf RGZ 145, 152 ff.; 161, 52, 60); *Sprau*, in: Palandt, § 817 Rn 2; *Falk*, JuS 2003, 833, 834.

[300] *Medicus/Petersen*, BR, Rn 697; *Larenz/Canaris*, § 68 III 3 c; *Herrler*, in: Palandt, vor § 854 Rn 13; *Baur/Stürner*, Sachenrecht, § 5 IV 3a; *Michalski*, Jura 1994, 232 ff.

schlossen ist, in denen diese Vorschrift eigentlich zum Ausschluss des Kondiktionsanspruchs führen würde. Dazu drei **Beispiele** und ein **Gegenbeispiel:**

**Schwarzarbeiterfall**[301]**:** Fliesenleger Poldi arbeitet nicht nur gelegentlich „schwarz".[302] Diesmal verlegt er Bodenfliesen im Hause der betuchten Gräfin Anastasia. Als er nach getaner Arbeit einen Lohn i.H.v. 1.500,- € (60 Std. a 25,- €) verlangt, verweist A auf die erheblichen Baumängel. Zudem ist sie der Meinung, dass der Vertrag aufgrund der „Ohne-Rechnung-Absprache" unwirksam sei und dass daher eine Forderung des P nicht bestehe. Mit Recht? **318**

Hier haben sowohl A als auch P eine Steuerhinterziehung begangen und damit zunächst gegen die Abgabenordnung verstoßen (vgl. §§ 370 AO, 25 II StGB), die ohne weiteres ein Verbotsgesetz i.S.d. § 134 BGB darstellt und die Nichtigkeit des Vertrags zur Folge hat. A und P haben aber auch gegen das Schwarzarbeitsbekämpfungsgesetz verstoßen (vgl. § 1 II Nr. 2 SchwarzArbG). Da die von P erbrachte Werkleistung von erheblichem Umfang war (was bei einer Leistung im Umfang von ca. 1.500,- € angenommen werden kann[303]), liegt ein Verstoß gegen das SchwarzArbG vor, der für *beide Seiten* eine mit Bußgeld sanktionierte Ordnungswidrigkeit darstellt (vgl. § 8 I Nr. 1 und 2 SchwarzArbG). Fraglich ist, ob (auch) dieser Gesetzesverstoß die Nichtigkeit des Werkvertrags zur Folge hat. Zweck des Gesetzes ist die Bekämpfung der Schwarzarbeit wegen ihrer sozialschädlichen Auswirkungen. Zum einen soll der Arbeitslosigkeit und Steuerausfällen entgegengewirkt werden und zum anderen sollen redliche Handwerker vor der Preisunterbietung durch Schwarzarbeiter und Auftraggeber vor minderwertiger Leistung und unsachgemäßer Verwendung von Rohstoffen geschützt werden. Im Vordergrund dürfte aber die Beeinträchtigung des Beitragsaufkommens der Sozial-, Renten- und Arbeitslosenversicherung stehen.[304]
Dieser Zweck lässt sich aber nur dann erreichen, wenn den auf Schwarzarbeit gerichteten Verträgen die Wirksamkeit versagt wird, weil dann beide Vertragsparteien vom Abschluss solcher Verträge abgeschreckt werden.[305] Der BGH nimmt eine Nichtigkeit jedenfalls dann an, wenn der Unternehmer vorsätzlich gegen das gesetzliche Verbot der Schwarzarbeit verstößt und der Besteller den Verstoß des Unternehmers kennt und bewusst zum eigenen Vorteil ausnutzt.[306] Nach dem OLG Hamm ist eine Nichtigkeit sogar dann anzunehmen, wenn die Parteien zum Zeitpunkt des Vertragsschlusses noch keine „Ohne-Rechnung-Abrede" getroffen und damit zunächst einen wirksamen Vertrag geschlossen haben, nachträglich jedoch vereinbarten, dass auf das Ausstellen einer Rechnung verzichtet werden soll. Die nachträgliche „Ohne-Rechnung-Abrede" habe den Vertrag geändert und insgesamt unwirksam gemacht. Ein Rechtsverständnis, das die Nichtigkeit auf die nachträgliche Abrede begrenze, liefe der ausdrücklichen Absicht des Gesetzgebers zuwider, die Form der Schwarzarbeit in Gestalt von „Ohne-Rechnung-Abreden" wirkungsvoll zu bekämpfen.[307]

Der Werkvertrag zwischen A und P ist in zweierlei Hinsicht nach § 134 BGB **nichtig**, weil **beide Parteien** zum einen eine Steuerhinterziehung begangen und zum anderen bewusst gegen das SchwarzArbG verstoßen haben und dabei die erbrachte Werkleistung von erheblichem Umfang war.[308]

---

[301] Vgl. auch *Wolf/Neuner*, AT, § 45 Rn 15; *Köhler*, AT, § 13 Rn 10; *Stadler*, AT, § 26 Rn 9. Ähnliche Fälle wurden auch vom BGH entschieden (BGH NJW 2013, 3167 ff. und NJW 2014, 1805, 1806 f.).

[302] Schwarzarbeit ist in § 1 II SchwarzArbG definiert. Danach leistet Schwarzarbeit, wer insbesondere Dienst- oder Werkleistungen erbringt und u.a. dabei keine Sozialversicherungsbeiträge oder Steuern abführt.

[303] AG Frankfurt/M 20.9.2010 – 4.10 OWi 107/10.

[304] Vgl. auch BGHZ 85, 39, 43; 89, 369, 373 f.; LG Mainz NJW-RR 1998, 48; *Arnold*, in: Erman, § 134 Rn 63.

[305] St. Rspr., vgl. nur BGHZ 85, 39, 44; 89, 369, 372; 111, 308, 311; 176, 198, 201; LG Mainz NJW-RR 1998, 48; zustimmend *Köhler/Lange*, JZ 1990, 466; *Medicus/Petersen*, AT, Rn 651; *Armbrüster*, in: MüKo, § 134 Rn 77.

[306] BGH NJW 2013, 3167, 3168 f. Hier ging es um die Pflasterung einer Einfahrt, für die ein Werklohn von 1.800,- € vereinbart worden war.

[307] OLG Hamm NJW-RR 2018, 273, 274.

[308] Ob nach Auffassung des BGH die Nichtigkeitsfolge auch dann eingetreten wäre, wenn die Werkleistung von nicht erheblichem Umfang gewesen wäre, geht aus der BGH-Entscheidung nicht hervor.

P steht also mangels wirksamen Vertrags keine Werklohnforderung aus § 631 I BGB zu.[309]

Möglicherweise steht P dann aber ein Aufwendungsersatzanspruch aus Geschäftsführung ohne Auftrag gem. §§ 677, 683 S. 1, 670 BGB zu. Jedoch hat P seine Aufwendungen im Hinblick auf den mit der Ausführung des Geschäfts verbundenen Verstoß gegen das Verbotsgesetz des § 1 II Nr. 2 SchwarzArbG nicht für erforderlich halten dürfen.[310]

Schließlich kommt ein Ausgleichsanspruch über das Bereicherungsrecht in Betracht. Vorliegend ist an einen Wertersatz in Form eines „Quasi-Vergütungsanspruchs" des P aus § 812 I S. 1 Var. 1 BGB und daneben aus § 817 S. 1 BGB jeweils i.V.m. § 818 II BGB zu denken. Doch einem solchen Anspruch könnte der Ausschlusstatbestand des § 817 S. 2 BGB entgegenstehen. Folge wäre, dass den Schwarzarbeiter das volle Risiko einer Zahlungsverweigerung des Auftraggebers trifft. Dies könnte eine unbillige Privilegierung des Auftraggebers nach sich ziehen. Um daher das Risiko der Schwarzarbeit nicht allein dem Schwarzarbeiter aufzubürden und dem „Auftraggeber" nicht zu kostenfreier Leistung zu verhelfen, wendete der BGH in einer Entscheidung aus dem Jahre 1990 auf der Basis der damals geltenden Fassung des SchwarzArbG den an sich greifenden Ausschlusstatbestand des § 817 S. 2 BGB unter dem Gesichtspunkt von Treu und Glauben (§ 242 BGB) einfach nicht an mit der Folge, dass im Ergebnis gleichwohl ein Anspruch des Schwarzarbeiters auf „Quasi-Vergütung" bestand.[311] Die Höhe bemaß sich nach dem objektiven Wert der Schwarzarbeit.[312] Von diesem „Quasi-Vergütungsanspruch" war ggf. der Minderwert der erbrachten Leistung in Abzug zu bringen, da der Auftraggeber insoweit nicht bereichert war (vgl. § 818 III BGB).

Nunmehr hat der BGH aber entschieden, dass die Grundsätze von Treu und Glauben der Anwendung des § 817 S. 2 BGB nicht entgegenstünden. Die Durchsetzung des vom Gesetzgeber mit dem SchwarzArbG verfolgten Ziels, die Schwarzarbeit effektiv einzudämmen, erfordere eine strikte Anwendung dieser Vorschrift. Insoweit sei eine andere Sicht geboten, als sie vom Senat 1990 auf der Grundlage der alten Fassung des SchwarzArbG vertreten wurde.[313]

Demzufolge hat P keinen Quasi-Vergütungsanspruch gegen A. Diese (vermeintliche) Privilegierung der A mag zwar unbillig erscheinen, erhält diese doch eine „kostenlose Werkleistung", anders aber lassen sich die o.g. Schutzzwecke des SchwarzArbG nicht effektiv durchsetzen. Hinzu kommt, dass A infolge der Nichtigkeit des Vertrags auch keine Mängelrechte gem. §§ 634 ff. BGB geltend machen kann und mitunter das Risiko eines sehr hohen Schadens trägt, was den (vermeintlichen) Vorteil doch spürbar relativiert.

In diesem Zusammenhang hat der BGH folgerichtig auch entschieden, dass § 817 S. 2 BGB auch einer Rückforderung des bislang Geleisteten entgegensteht. Der Besteller hat also keinen bereicherungsrechtlichen Anspruch auf Rückzahlung der Vergütung (oder eines Teils davon), wenn sich das Werk als mangelhaft herausstellt.[314]

**319** **Bordellkauf:** Der nach wie vor in der Ausbildungsliteratur zu lesende Fall, bei dem ein Bordellbetrieb zu einem überhöhten Preis verkauft wird und der Käufer sich anschließend unter Berufung auf § 817 S. 2 BGB weigert, den Kaufpreis zu bezahlen, ist seit Inkrafttreten des **Prostitutionsgesetzes** am 1.1.2002 (BGBl I 2001 S. 3983) nicht mehr ohne weiteres haltbar. Nach der hier vertretenen Auffassung verstößt die Ausübung der Prostitution nicht mehr gegen § 138 I BGB. Allerdings geht der BGH wohl nach wie vor davon aus, dass die Prostitution sittenwidrig ist. Immerhin hat er entschieden, dass die

---

[309] Vgl. auch BGH NJW 2014, 1805, 1806 mit Verweis auf BGH NJW 2013, 3167, 3168 f. Vgl. auch *Lorenz*, NJW 2013, 3132, 3133 f. Anders wäre es gewesen, wenn nur ein einseitiger Verstoß gegen das SchwarzArbG vorgelegen hätte (etwa, weil A davon ausgegangen wäre, dass P Steuern und Sozialabgaben entrichtet).
[310] Vgl. BGH NJW 2014, 1805, 1806 f.
[311] BGHZ 111, 308, 311 ff.; vgl. dazu *Ellenberger*, in: Palandt § 134 Rn 22.
[312] Vgl. BGHZ 111, 308, 311 ff.
[313] BGH NJW 2014, 1805, 1806 f.; vgl. auch BGH NJW 2015, 2406 f.
[314] BGH NJW 2015, 2406 f.

Vereinbarung zwischen Prostituierten und Kunden über die Vornahme sexueller Handlungen gegen Entgelt nicht mehr dem Verdikt der Sittenwidrigkeit unterfalle.[315]

Jedenfalls folgt daraus, dass entsprechende Entgeltforderungsansprüche der Prostituierten wirksam sind; daraus entstandene (zivilrechtliche) Forderungen (jedenfalls auf Seiten der/des Prostituierten) sind gerichtlich durchsetzbar (§ 1 S. 1 ProstG).

Geht man aber richtigerweise davon aus, dass die Ausübung der Prostitution selbst nicht (mehr) sittenwidrig ist und damit nicht gegen § 138 I BGB verstößt, bedeutet dies, dass Pacht-, Kauf- und Gesellschaftsverträge über Bordelle jedenfalls dann nicht (wegen § 138 I BGB) unwirksam sind, wenn die Betreiber des Bordells nicht gegen § 180a StGB (Ausbeutung der Prostituierten) verstoßen. Verträge über verbotene Bordelle sind dagegen nach wie vor sittenwidrig und nichtig. Das Gleiche gilt hinsichtlich solcher Bordellkaufverträge, in denen der Kaufpreis in einem auffälligen Missverhältnis zum Wert der Leistung steht, da hier der unangemessen hohe Preis, nicht der Bordellbetrieb an sich im Raum steht.

Hinsichtlich der Rückabwicklung eines nichtigen Bordellvertrags ist (ähnlich wie bei dem obigen Scheidungsfall) danach zu fragen, ob die Sittenwidrigkeit sich auch auf das dingliche Übertragungsgeschäft erstreckt. Ist dies der Fall (etwa wenn es sich um einen besonders schweren Sittenverstoß handelt – Prostituierte werden zur Prostitution gezwungen und/oder sind erst 14 Jahre alt), ist gleichzeitig auch § 134 BGB erfüllt mit der Folge der Nichtigkeit auch der Grundstücksübertragung; das Bordellgrundstück ist nach § 985 BGB zurückzuübereignen („große Sittenwidrigkeit"). Erfasst die Nichtigkeit des Grundgeschäfts dagegen nicht das Erfüllungsgeschäft (Prostituierte arbeiten „lediglich" ohne gültige Arbeitsgenehmigung oder sind „bereits" 17 Jahre alt – sog. „kleine Sittenwidrigkeit"), wird der Käufer Eigentümer und der Verkäufer muss über §§ 812 I S. 1 Var. 1, 817 S. 1 BGB kondizieren (Rückübertragung des Grundstücks).

Bei einem Rückübertragungsanspruch aus § 985 BGB ist zu beachten, dass der BGH den Ausschlusstatbestand des § 817 S. 2 BGB nicht anwendet. Diesen wendet er unter dem Gesichtspunkt von Treu und Glauben (§ 242 BGB) aber auch nicht innerhalb des Bereicherungsrechts an, sofern anderenfalls der von § 138 BGB missbilligte Rechtszustand aufrechterhalten würde.
Im Ergebnis kann der Verkäufer eines Bordellgrundstücks also die Rückübertragung verlangen, wenn anderenfalls der sittenwidrige Verstoß aufrechterhalten würde. § 817 S. 2 BGB ist nicht anwendbar.

**Schenkkreis:** S ist vor einiger Zeit einem sog. Schenkkreis beigetreten. Schenkkreise **319a**
sind eine Form des Schneeball- oder Pyramidensystems. Neue Teilnehmer „schenken" nach ihrem Eintritt in die Gruppe Mitgliedern, die bereits länger dabei sind, Geld in der Hoffnung, später, nach einem Aufstieg in der Hierarchie, selbst von Neumitgliedern „beschenkt" zu werden. Meist gibt es vier Hierarchiestufen. Auf der ersten Stufe steht ein Mitspieler, der sich von acht Teilnehmern der vierten Stufe Geld „schenken" lässt. Die Höhe der Schenkbeträge ist von Kreis zu Kreis unterschiedlich. Sie kann in der Summe bis zu 40.000,- € betragen. Der Spieler der ersten Stufe scheidet aus. Die Spieler der ursprünglich zweiten Stufe stehen auf der nun ersten Stufe und lassen sich von den neu angeworbenen acht Teilnehmern auf der vierten Stufe wiederum Geld „schenken". Um den Kreis am Laufen zu halten, müssen immer mehr Teilnehmer angeworben werden (daher auch Schneeballsystem). Nach 10 Runden müssten 4.096 neue Teilnehmer vorhanden sein, damit alle bis dahin gegründeten Kreise neue Teilnehmer auf der vierten Stufe erhalten. Wollen diese 4.096 neuen Teilnehmer irgendwann einmal auf der ersten Stufe stehen, müssten danach schon weitere 32.768 neue Teilnehmer angeworben werden. Die Summe von 40.000,- € errechnet sich aus acht Einsätzen a 5.000,- €. Hintergrund dieser summenmäßigen Begrenzung sind die steuerlichen Schenkungsfreibeträge.

---

[315] BGHZ 168, 314, 318.

Nachdem S dem B, einem Mitglied der „ersten Stufe" 5.000,- € „geschenkt" hat, es ihm aber nicht gelungen ist, die erforderliche Anzahl an Neumitgliedern zu akquirieren, verlangt er nun seinen „Einsatz" zurück und beruft sich auf die Sittenwidrigkeit des „Schenkungsvertrags".

Der von S geltend gemachte Anspruch könnte sich aus § 812 I S. 1 Var. 1 BGB (*condictio indebiti*) ergeben. Der fehlende Rechtsgrund ergibt sich aus der Sittenwidrigkeit des dem „Schenkungsvertrag" zugrunde liegenden Schneeballsystems (§ 138 I BGB).[316]

Ein Ausschluss des Anspruchs nach § 814 BGB kommt nicht in Betracht, da nicht unterstellt werden kann, dass S die Sittenwidrigkeit der Zuwendung kannte.

Fraglich ist jedoch, ob dem Kondiktionsanspruch aus § 812 I S. 1 Var. 1 BGB die Kondiktionssperre des § 817 S. 2 BGB entgegensteht. Denn auch S hat sich an dem sittenwidrigen Geschäft beteiligt. Der BGH hat jedoch entschieden, dass bei sog. Schenkkreisen der bereicherungsrechtliche Rückforderungsanspruch des „Schenkers" gegen den „Beschenkten" nicht an § 817 S. 2 BGB scheitere.[317] Denn griffe die Kondiktionssperre des § 817 S. 2 BGB, würde die Nichtigkeitsfolge „im Ergebnis konterkariert". Dadurch würden die Initiatoren solcher „Spiele" zum Weitermachen geradezu eingeladen, denn sie dürften die mit sittenwidrigen Methoden erlangten Gelder - ungeachtet der Nichtigkeit der das „Spiel" tragenden Abreden - behalten. § 762 I S. 2 BGB finde keine Anwendung, weil die „Spielvereinbarung" nichtig sei.[318] Daher stehe dem „Schenker" gegen den „Beschenkten" ein Anspruch aus § 812 I S. 1 Var. 1 BGB zu.

Stellungnahme: Auf der Basis der vom BGH vorgenommenen Wertung ist der „Beschenkte" bzw. Initiator beim Schenkkreis nicht schutzwürdig. Ihm soll der Anreiz genommen werden, sein sittenwidriges Verhalten fortzusetzen. Dies kann sehr gut dadurch erreicht werden, dass die Rückzahlungsansprüche nicht an § 817 S. 2 BGB scheitern. Denn nunmehr weiß jeder „Schenker", dass er später als „Beschenkter" jederzeit Rückforderungsansprüchen neuer „Schenker" ausgesetzt ist. Die vom Gesetzgeber gewollte generalpräventive Wirkung des § 817 S. 2 BGB ist damit bestens erreicht.

Ergebnis: Auf der Grundlage der Auffassung des BGH ist der von S geltend gemachte Kondiktionsanspruch nicht wegen § 817 S. 2 BGB ausgeschlossen.[319]

**320** **Radarwarngerät:** Raser Roland (R) ist es leid, nun schon zum zweiten Mal ungerechtfertigt „geblitzt" worden zu sein. Daher kauft er bei der Verkehrsrüpel GmbH (V) ein Radarwarngerät zum Preis von 750,- €, um ab sofort zuverlässig vor der lästigen „Wegelagerei" gewarnt zu werden. Doch schon bei der ersten Fahrt mit dem in Betrieb genommenen Gerät stellt sich heraus, dass es defekt ist. R verlangt von V die Erstattung des Kaufpreises.

Besteht ein Sachmangel, bieten die Sachmängelrechte nach §§ 434 ff. BGB eine abschließende Regelung über die Pflichten des Verkäufers. R macht einen Rückerstattungsanspruch geltend. Damit ist der Rücktritt nach §§ 437 Nr. 2, 323, 346 ff. BGB gemeint. Unabhängig vom Vorliegen der dort genannten Voraussetzungen besteht vorliegend die Besonderheit, dass der Kaufvertrag nach Auffassung der Rechtsprechung gem. § 138 I BGB wegen Sittenwidrigkeit nichtig ist.[320] Der Kauf eines Radarwarngeräts diene einzig und allein dem Zweck, sich der Durchsetzung von Geschwindigkeitsüberwachungen und so den von der StVO getroffenen Regelungen zu entziehen.[321] Ein Rücktritt kommt demzufolge nicht in Betracht, da dieser gerade einen wirksamen Vertrag voraussetzt. Ob dieser Rechtsprechung angesichts der Regelung in § 23 Ic StVO (Verbot nur

---

[316] BGH WRP 2009, 322, 323 f.; NJW 2006, 45, 46.

[317] BGH WRP 2009, 322, 323 f.; NJW 2006, 45, 46.

[318] BGH NJW 2006, 45, 46.

[319] Freilich kann die Durchsetzung des Anspruchs aus anderen Gründen (etwa Verjährung) ausgeschlossen sein, vgl. BGH WRP 2009, 322, 323 f. Zu der abweichenden Wertung in den sog. Schwarzarbeitsfällen vgl. Rn 318.

[320] Eine Nichtigkeit wegen Verstoßes gegen ein gesetzliches Verbot (§ 134 BGB) besteht nicht, da keine gesetzliche Vorschrift existiert, die den Erwerb von Radarwarngeräten verbietet. § 23 Ic StVO verbietet lediglich das Mitführen im betriebsbereiten Zustand, nicht aber den Erwerb (das verkennt *Würdinger*, JuS 2012, 234, 237).

[321] Vgl. LG Bonn NJW 1998, 2681. Vgl. nunmehr auch BGH NJW 2005, 1490 f. und BGH NJW 2010, 610 f.

der Benutzung und des Mitführens in Kraftfahrzeugen, nicht des generellen Besitzes von Radarwarngeräten) gefolgt werden kann, ist zu bezweifeln. Sachgerechter erscheint es, den schlichten Kauf eines solchen Geräts als legitim zu betrachten und erst den Betrieb zu sanktionieren.[322]
Geht man gleichwohl mit der Rechtsprechung davon aus, dass der Kauf eines solchen Geräts sittenwidrig ist und der Kaufvertrag somit nichtig, kommen Sachmängelrechte – da diese gerade einen gültigen Kaufvertrag voraussetzen (s.o.) – nicht in Betracht. Ob R dann ein Erstattungsanspruch aus Bereicherungsrecht zusteht, richtet sich danach, ob man § 814 BGB oder § 817 S. 2 BGB anwendet.

Nach § 814 BGB ist ein Rückforderungsanspruch ausgeschlossen, wenn der Fordernde zum Zeitpunkt des Eingehens der Verpflichtung gewusst hat, dass er zur Leistung nicht verpflichtet war. Zwar kann man bei R die Kenntnis der Sittenwidrigkeit, nicht aber die Kenntnis des Nichtbestehens der Kaufpreiszahlung unterstellen. § 814 BGB greift daher im Ergebnis nicht.

Nach § 817 S. 2 BGB ist der Rückforderungsanspruch ausgeschlossen, wenn beiden Parteien ein Verstoß gegen die guten Sitten zur Last fällt. Daher steht auch hier die Rechtsprechung auf dem (zweifelhaften) Standpunkt, der Sittenverstoß gebiete keinen Grund, die Vorschrift des § 817 S. 2 BGB unangewendet zu lassen. Der Ausschluss des Rückforderungsanspruchs treffe R auch unter Berücksichtigung des Umstands, dass V infolge der Anwendung des § 817 S. 2 BGB aus dem sittenwidrigen Vertrieb von Radarwarngeräten wirtschaftliche Vorteile ziehe, nicht unbillig. Denn R habe ebenfalls sittenwidrig gehandelt und stehe dem verbotenen Verhalten noch näher als V, weil er das Radarwarngerät zu dem Zweck erworben habe, es entgegen dem Verbot des § 23 Ic StVO zu verwenden.[323] Zwar untersage § 23 Ic StVO nicht schon den Erwerb eines Radarwarngeräts, sondern erst dessen Betrieb oder betriebsbereites Mitführen im Kraftfahrzeug. Jedoch sei der Erwerb des Geräts eine unmittelbare Vorbereitungshandlung für dessen Betrieb, wenn das Gerät für den Betrieb im deutschen Straßenverkehr erworben werde. Deshalb sei bereits ein solcher Erwerb rechtlich zu missbilligen. Daher verdienten beide Parteien im Hinblick auf das sittenwidrige Geschäft nicht den Schutz der Rechtsordnung. Es müsse daher dabei bleiben, dass die in § 817 S. 2 BGB geregelte Rechtsschutzverweigerung grundsätzlich die Vertragspartei treffe, die aus dem sittenwidrigen Geschäft Ansprüche herleite.[324]

Stellungnahme: Die Rechtsauffassung des BGH ist jedenfalls nicht deshalb bedenklich, weil das Gericht – anders als bei den zuvor genannten Schenkkreis-Entscheidungen – § 817 S. 2 BGB anwendet und so dem Anspruchsteller den Kondiktionsanspruch verwehrt. Denn die generalpräventive Wirkung des § 817 S. 2 BGB ist nicht bereits dadurch erreicht, dass auch die Anbieter von Radarwarngeräten keine Kondiktionsansprüche geltend machen können. Diese liefern nämlich i.d.R. nur gegen Vorkasse. Um also den Handel mit Radarwarngeräten einzudämmen, musste der BGH den Ausschlusstatbestand des § 817 S. 2 BGB auch auf den Käufer ausweiten. Insoweit besteht Kohärenz zu den aktuellen Entscheidungen bzgl. der Schwarzarbeit (Rn 318).

Dennoch überzeugt die Auffassung des BGH aus einem anderen Grund nicht. Denn das Gericht unterstellt dem Käufer eines Radarwarngeräts eine generelle verkehrsfeindliche Gesinnung und unterläuft die gesetzgeberische Wertung, nur den Betrieb und das Mitführen im Kfz, nicht jedoch den bloßen Besitz zu sanktionieren. Aber auch die Auffassung des Gesetzgebers ist nicht frei von Bedenken. Denn offenbar hält auch er es für ausgeschlossen, dass der Erwerb eines Radarwarngeräts auch zu dem Zweck erfolgen kann, sich vor unrichtigen Messungen zu schützen. Denn dass Radarmessungen nicht unerhebliche Fehlerquoten aufweisen, ist allgemein ebenso bekannt wie die Tatsache, dass Einsprüche gegen Bußgeldbescheide kaum Aussicht auf Erfolg haben, selbst wenn die Messungen tatsächlich falsch gewesen sind.

[322] Zur Kritik und zu den Argumenten vgl. *R. Schmidt*, BGB AT, Rn 1259b. Vgl. auch *Faust*, JuS 2010, 442 ff.
[323] Zur Funktionsweise von Radarwarngeräten vgl. *R. Schmidt*, Fälle zum POR, 8. Aufl. 2018, Fall 8 Rn 19a ff.
[324] BGH NJW 2005, 1490, 1491. Vgl. auch BGH NJW 2010, 610 f.

Ergebnis: Auf der Grundlage der Auffassung des BGH hat R keinerlei Rechte gegen die Verkehrsrüpel GmbH.[325]

321 **Hinweis für die Fallbearbeitung:** Die Bejahung eines der bereicherungsrechtlichen Ausschlusstatbestände der §§ 814, 815 und 817 S. 2 BGB verhindert die weitere Prüfung des Ausgleichsanspruchs. Insbesondere zum Umfang des Bereicherungsanspruchs gem. § 818 I, II und III BGB mit den typischen Problemen wie Saldotheorie/Zweikondiktionentheorie, arglistige Täuschung, Minderjährigenschutz, § 819 BGB und aufgedrängte Bereicherung kann man bestenfalls im Rahmen eines Hilfsgutachtens Stellung nehmen. Das ist immer dann problematisch, wenn der Sachverhalt ersichtlich auf die Behandlung derartiger Fragen angelegt ist. In einem solchen Fall sollte man – sofern es um § 817 S. 2 BGB geht – den bereicherungsrechtlichen Anspruch nicht ausschließen. Fragen rund um den Ausschlusstatbestand des § 817 S. 2 BGB stellen dann lediglich Hürden auf dem Weg zur Rechtsfolge dar, die es zu überwinden gilt.

### f. Ausschluss des Tatbestands durch § 241a BGB

322 Die Vorschrift des § 241a BGB dient dem **Verbraucherschutz**. Sie gilt im Verhältnis Unternehmer/Verbraucher und verhindert das Entstehen eines Anspruchs seitens des Unternehmers, wenn dieser unbestellt Waren liefert oder unbestellt sonstige Leistungen erbringt.[326]

323 Die Vorschrift stellt zugunsten von Verbrauchern ausdrücklich fest, dass durch die Lieferung unbestellter Ware durch einen Unternehmer an einen Verbraucher ein **Anspruch** gegen diesen **nicht begründet** wird. Selbst die sonst allgemein anerkannte Möglichkeit, die Annahme eines Vertragsangebots konkludent durch Ingebrauchnahme der Sache oder durch Erbringung der Gegenleistung zu erklären, ist nach h.M. im Anwendungsbereich des § 241a I BGB ausgeschlossen.[327] Diese Auffassung stützt sich maßgeblich auf Wortlaut und Zweck der Vorschrift, den Verbraucher vor unbestellten Waren bzw. unerwünschten Leistungen zu schützen, jedoch setzt sie sich über die Privatautonomie und das Selbstbestimmungsrecht des Verbrauchers, durch Ingebrauchnahme die Annahme des Vertragsangebots zu erklären, hinweg. Entgegen der h.M. ist § 241a I BGB daher teleologisch zu reduzieren und zur Disposition des Verbrauchers zu stellen.[328]

324 Kommt also im Anwendungsbereich des § 241a I BGB nach h.M. niemals ein Vertrag zustande, sind grundsätzlich alle Ansprüche ausgeschlossen, auch die **Kondiktionsansprüche** aus §§ 812 ff. BGB und der **Vindikationsanspruch** aus § 985 BGB; Letzteres ist der Fall, obwohl der Unternehmer Eigentümer bleibt! (Eigentum und der Anspruch aus § 985 BGB fallen also dauerhaft auseinander).[329] **Ausnahmen** gelten nur nach Maßgabe des § 241a II und III BGB. Besteht eine solche Ausnahme nicht, kann der Verbraucher die Sache also z.B. wegwerfen oder verschenken, **ohne sich schadensersatzpflichtig** zu machen.

325 Bleibt es aber bei der Grundregel, sind nicht nur vertragliche, sondern auch gesetzliche Ansprüche ausgeschlossen. Das bedeutet, dass der Empfänger das Erhaltene behalten und sogar zerstören darf, ohne irgendwelchen Ansprüchen seitens des Versenders

[325] Zur Frage, ob R ein Widerrufsrecht gem. § 312g I BGB zugestanden hätte, wenn er das Gerät im Rahmen eines Fernabsatzvertrags (§ 312c BGB) erworben hätte, vgl. *R. Schmidt*, SchuldR AT, Rn 968 ff.

[326] Zum Begriff des Verbrauchers vgl. § 13 BGB sowie ausführlich *R. Schmidt*, SchuldR AT, Rn 968 ff.

[327] *Saenger*, in: Erman, § 241a Rn 15; *Grüneberg*, in: Palandt, § 241a Rn 6; *Mansel*, in: Jauernig, § 241a Rn 6; *Wolf/Neuner*, AT, § 37 Rn 65.

[328] Ähnlich auch *Larenz/Wolf*, AT, 9. Aufl. 2004, § 29 Rn 68; *Casper*, ZIP 2000, 1602, 1607, jeweils zur a.F. des § 241a, die aber insoweit keine andere Formulierung enthielt.

[329] Wie hier *Lorenz*, JuS 2000, 833, 841; *Sosnitza*, BB 2000, 2317, 2321; *Wendehorst*, DStR 2000, 1311, 1116; *Schwarz*, NJW 2001, 1449; *Czeguhn/Dickmann*, JA 2005, 587, 588; *Deutsch*, JuS 2005, 997, 998; *Finkenauer*, in: MüKo, § 241a Rn 25 ff.; a.A. *Casper*, ZIP 2000, 1597; ZIP 2001, 1602, 1607. Vgl. ferner auch *Böttcher/Möritz*, VuR 2005, 46 ff.; *Link*, NJW 2003, 2811 ff.; *Mitsch*, ZIP 2005, 1017 ff.

ausgesetzt zu sein. Dieser kann – obwohl er Eigentümer bleibt – nicht einmal einen Vindikationsanspruch aus § 985 BGB geltend machen, auch wenn er die Ware beim Verbraucher abholt. Ob eine derart weitgehende Beschränkung des Grundrechts aus Art. 14 I S. 1 GG verfassungsgemäß ist, mag bezweifelt werden.

Schickt der Verbraucher die Ware dennoch an den Unternehmer zurück, hat er einen Aufwendungsersatzanspruch aus berechtigter GoA (§§ 677, 683 S. 1, 670 BGB). Denn die Rücksendung solcher Ware steht im objektiven Interesse des Unternehmers und entspricht dessen mutmaßlichen Willen.

Veräußert der Empfänger die Ware jedoch an einen bösgläubigen Dritten (ein gutgläubiger Dritter würde nach §§ 929 S. 1, 932 BGB Eigentum erwerben und von vornherein keinen Herausgabeansprüchen ausgesetzt sein), ist dieser zur Herausgabe verpflichtet, weil er nicht als Verbraucher i.S.d. § 241a BGB anzusehen ist.

Eine unbestellte Leistung liegt gem. § 241a III BGB jedoch nicht vor, wenn dem Verbraucher statt der bestellten eine nach Qualität und Preis gleichwertige Leistung angeboten und er darauf hingewiesen wird, dass er zur Abnahme nicht verpflichtet ist und die Kosten der Rücksendung nicht zu tragen hat. **326**

### g. Umfang des Bereicherungsanspruchs (Rechtsfolge)

Ist der Tatbestand des § 812 I S. 1 Var. 1 BGB erfüllt und liegt auch kein Ausschlusstatbestand nach §§ 814, 817 S. 2 oder 241a BGB vor, ist der Umfang des Bereicherungsanspruchs festzustellen. Dieser richtet sich in erster Linie auf das durch die Leistung des anderen „Erlangte". Ergänzt und modifiziert wird dieser Herausgabeanspruch durch § 818 I BGB, wonach sich die Herausgabepflicht auch auf die gezogenen Nutzungen sowie auf dasjenige erstreckt, was der Empfänger aufgrund eines erlangten Rechts oder als Ersatz für die Zerstörung, Beschädigung oder Entziehung des erlangten Gegenstands erwirbt. Ist die Herausgabe wegen der Beschaffenheit des Erlangten nicht möglich oder ist der Empfänger aus einem anderen Grund zur Herausgabe außerstande, hat er gem. § 818 II BGB den Wert zu ersetzen. Aber auch ein solcher Wertersatzanspruch ist gem. § 818 III BGB auf die noch vorhandene Bereicherung beschränkt. In diesem Rahmen besteht ein besonderes Problem dann, wenn der Bereicherungsschuldner für das von ihm Erlangte eine Gegenleistung an den Bereicherungsgläubiger erbracht hat, aber die Gegenleistung bei diesem nicht mehr vorhanden ist. Da diese Problematik gleichermaßen bei allen Kondiktionsarten auftreten kann, ist die Rechtsfolgenseite des Bereicherungsanspruchs zusammenhängend bei Rn 529 ff. dargestellt. **327**

### h. Leistungsbeziehungen in Mehrpersonenverhältnissen

#### aa. Grundsatz der Rückabwicklung übers Eck („Anweisungsfälle")

Die bereicherungsrechtlichen Rückabwicklungen in Zweipersonenverhältnissen wurden bereits ausführlich bei Rn 213 ff. erläutert. Zudem wurden bei Rn 218 ff. die Grundfälle der bereicherungsrechtlichen Dreipersonenverhältnisse behandelt. Gegenstand der nachfolgenden Darstellung sind Sonderkonstellationen. Gerade in **Mehrpersonenverhältnissen** kommt es nicht selten vor, dass der Leistende einen anderen Zweck verfolgt, als sich dies aus der Sicht des Leistungsempfängers darstellt. Besonders deutlich wird dies bei den sog. „**Anweisungsfällen**". Bei diesen sind (wie bei der **Leistungskette**) mehrere Verträge über denselben Leistungsgegenstand hintereinandergeschaltet: Der Schuldner erbringt die vertragliche Leistung nicht direkt an **328** seinen Gläubiger, sondern mittelbar (i.d.R. auf Anweisung des Gläubigers) an einen Dritten, der wiederum zur Leistung an den Gläubiger verpflichtet ist.[330]

329 **Hinweis für die Fallbearbeitung:** Um von einem Dritten im dargelegten Sinn sprechen zu können, muss es sich bei diesem um eine **selbstständige Mittelsperson** handeln (etwa um ein **Kreditinstitut**, soweit es sich bei dem Geschäft um eine Banküberweisung handelt, einen **mittelbaren Stellvertreter**, der im eigenen Namen und auf eigene Rechnung Waren des Leistenden veräußert, aber auch um einen **Subunternehmer**, der auf eigene Rechnung für den Vertragspartner des Generalunternehmers tätig wird). Denn handelt es sich bei der Hilfsperson um eine **unselbstständige Mittelsperson** (**Stellvertreter**, **Bote** etc.), verfolgt diese kaum einen eigenen Leistungszweck, sodass von vornherein nur Beziehungen zwischen den (vertretenen) Geschäftspartnern in Betracht kommen. Die Frage nach den bereicherungsrechtlichen Leistungsbeziehungen (**Rückabwicklung übers Eck**) stellt sich erst gar nicht.

330 **Beispiel:** Wippo möchte einen „schlüsselfertigen" Wintergarten an sein Haus anbauen lassen. Dazu beauftragt er den Bauunternehmer Bruno. Dieser bestellt im Namen des W (ohne jedoch Vollmacht zu haben) Fenster beim Lieferanten Ludwig und lässt diese durch L direkt zu W liefern. Noch bevor B die Arbeit aufnehmen kann, muss er Insolvenz beantragen. L fordert W auf, die Fenster zu bezahlen, hilfsweise verlangt er die Herausgabe der Fenster.

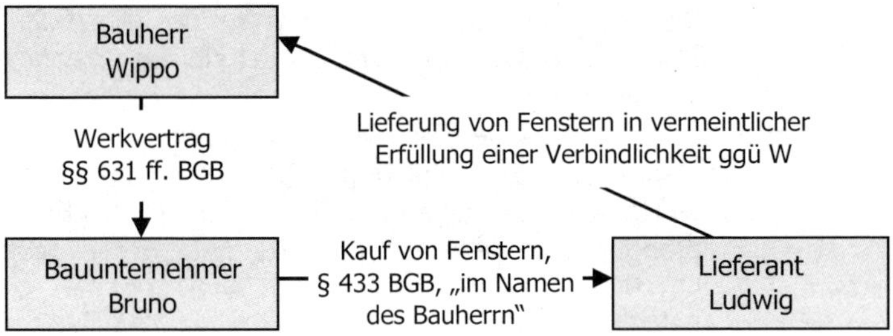


Ein Kaufpreisanspruch gem. § 433 II BGB besteht nicht, da B in Ermangelung einer Vertretungsmacht nicht wirksam für W kontrahieren konnte. Auch kommt ein wirtschaftlich vergleichbarer Anspruch unter dem Gesichtspunkt der GoA nicht in Betracht, da es weder dem objektiven Interesse noch dem mutmaßlichen Willen des W entsprach, die Fenster unter Begründung einer eigenen Schuld gegenüber Lieferanten geliefert zu bekommen. Vielmehr hatte W ausdrücklich eine Komplettlösung mit B vereinbart. Ob ein Herausgabeanspruch aus § 985 BGB hinsichtlich der Fenster besteht, ist fraglich, weil nicht feststeht, ob L unter Eigentumsvorbehalt geliefert hat. Zudem kann nicht gesagt werden, ob W gutgläubig Eigentum erworben hat (§§ 929 S. 1, 932 BGB). Sollte dies der Fall sein, scheidet der Vindikationsanspruch aus § 985 BGB aus.

Möglicherweise besteht der Zahlungsanspruch aber in Form eines Wertersatzanspruchs gem. §§ 812 I S. 1 Var. 1, 818 II BGB. Allerdings kommt ein solcher Anspruch nur dann in Betracht, wenn die Herausgabe des Erlangten wegen dessen Beschaffenheit unmöglich oder der Empfänger aus einem anderen Grund zur Herausgabe außerstande ist (auf die – vorliegend nicht einschlägige – Sonderregelung des § 816 BGB soll hier nicht weiter eingegangen werden). W könnte die Fenster aber noch herausgeben, weil diese noch nicht in das Haus eingebaut wurden und daher noch keine Substanzbeeinträchtigung angenommen werden kann, die zu einem Ausschluss des § 818 I BGB führen könnte. Somit ist zu prüfen, ob L einen Herausgabeanspruch gem. §§ 812 I S. 1 Var. 1,

[330] Vgl. BGHZ 152, 307, 311 f.; 147, 145 ff.; 147, 269 ff. (mit Bespr. von *K. Schmidt*, JuS 2001, 1122); BGH ZIP 2001, 781 ff. (mit Bespr. v. *Löhnig*, JA 2001, 622 ff.); ZIP 2002, 1419; NJW 2004, 1315, 1316; *Lorenz*, JuS 2003, 729, 730. Vgl. nun auch *Würdinger*, JuS 2007, 418 ff.

818 I BGB hat. Dazu müsste W von L das Eigentum und den Besitz an den Fenstern durch dessen Leistung erlangt haben. Unter Leistung ist jede bewusste und zweckgerichtete Mehrung fremden Vermögens zu verstehen. L hat zwar bewusst an W geleistet, fraglich ist jedoch, ob auch zweckgerichtet, denn er ging ja davon aus, als Vertragspartner des W diesem die Fenster in Erfüllung einer Verbindlichkeit zu liefern. Stellt man also auf den Horizont des L ab, liegt eine Leistungsbeziehung zwischen *L und W* und damit eine Leistung i.S.d. § 812 I S. 1 Var. 1 BGB vor. Dagegen ging W davon aus, L würde die Fenster nur deshalb an ihn liefern, um der vertraglichen Verpflichtung gegenüber B nachzukommen. Stellt man also auf den Horizont des W ab, liegt nur eine Leistungsbeziehung zwischen *L und B* vor. L würde dann Ansprüche wegen Leistungskondiktion nur gegen B, nicht aber gegen W geltend machen können.

Daher ist die Frage zu beantworten, auf wessen Sichtweise (auf die des Leistenden oder auf die des Leistungsempfängers) abzustellen ist.

⇨ Für die Maßgeblichkeit der **Sichtweise des Leistenden** spricht die Formulierung des Leistungsbegriffs, Leistung sei jede bewusste und zweckgerichtete Mehrung *fremden* Vermögens. *Fremdes* (also anderes) Vermögen kann nur der Leistende mehren. Zudem geht die Zwecksetzung ja gerade von dem Leistenden aus. Sollten sich bei Befolgung dieses Standpunkts Unbilligkeiten ergeben, kommt eine Korrektur über § 818 III BGB in Betracht.[331]

⇨ Für die Maßgeblichkeit des **(objektivierten) Empfängerhorizonts** spricht die Nähe der Leistungskondiktion zu den Rechtsgeschäften, bei denen ganz herrschend zugunsten des Verkehrsschutzes unter Heranziehung der §§ 133, 157 BGB ebenfalls der objektivierte Empfängerhorizont maßgeblich ist. Demzufolge wäre hinsichtlich der Bestimmung des Leistungsverhältnisses danach zu fragen, wen ein verständiger Dritter in der Rolle und Situation des Leistungsempfängers als Leistenden betrachtet hätte.[332]

Hält man richtigerweise den objektivierten Empfängerhorizont für maßgeblich, besteht im vorliegenden Fall also kein Leistungskondiktionsanspruch des L gegen W. Die in Betracht kommende Nichtleistungskondiktion ist subsidiär. L muss sich an B halten und kann über § 179 I BGB vorgehen. Freilich trägt er das Risiko der Zahlungsunfähigkeit. Schließlich ist zu beachten, dass es keiner Entscheidung zwischen den beiden Standpunkten bedurft hätte, wenn eine Zahlung des Kaufpreises durch W an B erfolgt wäre.

### bb. Fehlerhafte Banküberweisung

Trotz Umstellung des bargeldlosen Zahlungsverkehrs auf das SEPA-System (Single Euro Payments Area), bei dem die Überweisung nach dem SEPA Credit Transfer System erfolgt, hat sich die Problematik der rechtlichen Behandlung von Fehlüberweisungen nicht erledigt. Zwar erfolgt nach der Eingabe von IBAN (International Bank Account Number) und BIC (Business Identifier Code) eine automatische Prüfung der Richtigkeit der Buchstaben-/Zahlenkombination, das schließt jedoch nicht aus, dass bspw. der die Überweisung Tätigende irrtümlich eine (tatsächlich existierende) IBAN eines Dritten eingibt und dadurch eine Fehlüberweisung veranlasst. Hinsichtlich der Frage nach der Rückabwicklung von fehlerhaften Banküberweisungen müssen zunächst die generellen Rechtsbeziehungen der Beteiligten zueinander geklärt werden: Der Anweisende (der „Zahlungsdienstnutzer", vgl. § 675p BGB) erteilt seiner Bank (dem „Zahlungsdienstleister", vgl. §§ 675d, 675f, 675p BGB) einen **Überweisungsauftrag**. Bei diesem sog. **Zahlungsauftrag** (vgl. §§ 675f, 675n ff. BGB), der heutzutage unter Anwendung des bereits erwähnten SEPA-Systems und regelmäßig via Internetbanking („SEPA-Onlineüberweisung") erteilt wird, handelt es sich um eine Weisung 331

[331] Vgl. *Medicus/Petersen*, BR, Rn 688.

[332] Vgl. BGHZ 40, 272, 278; 72, 246, 249; 105, 365, 369; 122, 46, 50 f.; 147, 269, 270 ff.; 152, 307, 311 f.; BGH NJW 2004, 1315, 1316; BGH ZIP 1999, 435, 437; BGH ZIP 2002, 1419; *K. Schmidt*, JuS 2001, 1122; *Brox/Walker*, § 40 Rn 21 f.; *Lorenz*, JuS 2003, 729, 731.

an die Bank (den Zahlungsdienstleister), von dem Kontoguthaben des Anweisenden (des Zahlungsdienstnutzers) einen bestimmten Betrag auf das Bankkonto des Leistungsempfängers (des „Zahlungsempfängers", vgl. § 675f I, IV BGB) zu überweisen. Dieses Überweisungsgeschäft ist Bestandteil des Zahlungsdiensterahmenvertrags (früher: Girovertrags) gem. § 675f II BGB zwischen dem Kontoinhaber (dem Zahlungsdienstnutzer) und der ausführenden Bank (dem Zahlungsdienstleister). Infolge der Ausführung dieses Zahlungsauftrags erlangt der Leistungsempfänger (Zahlungsempfänger) eine Gutschrift auf seinem Konto.[333]

Das Recht des Überweisungs-, Zahlungs- und Girovertrags ist durch das in Folge einer Richtlinienumsetzung Ende 2010 neu geregelte Dienstleistungsrecht (§§ 675c-676c BGB: 28 Paragraphen!) neu gestaltet worden. Spezielle Rückabwicklungsansprüche bei nicht autorisierten Zahlungsvorgängen und widerrufenen SEPA-Lastschriften finden sich in §§ 675u S. 2 und 675x II, IV BGB, die im Rahmen ihrer Anwendungsbereiche den Rückgriff auf das Bereicherungsrecht ausschließen. Im Wesentlichen mit Wirkung zum 13.1.2018 ist durch „Gesetz zur Umsetzung der Zweiten Zahlungsdiensterichtlinie" v. 17.7.2017 das Recht des Überweisungs-, Zahlungs- und Girovertrags abermals geändert worden. Im Folgenden sollen jedoch primär die Vorschriften der ungerechtfertigten Bereicherung nach §§ 812 ff. BGB behandelt werden.

332 **Bereicherungsrechtlich** sind (wie bei der Leistungskette) ebenfalls zwei **verschiedene Leistungsverhältnisse** zu unterscheiden: Zum einen erbringt die angewiesene Bank (der Zahlungsdienstleister) eine Leistung im Verhältnis zu ihrem Kunden (dem Anweisenden bzw. Zahlungsdienstnutzer); zugleich stellt sich die Gutschrift aus der (wegen §§ 133, 157 BGB maßgeblichen) Sicht des Zahlungsempfängers als eine Leistung seines Schuldners (des Anweisenden) dar.[334]

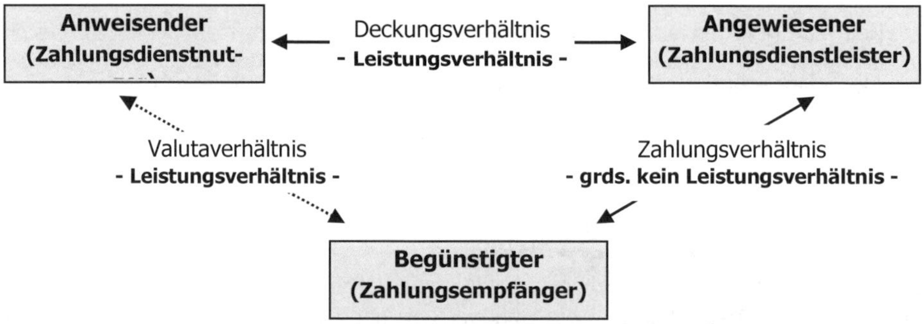


333 **Beispiel:** Kunigunde (= Anweisende) hat bei der Versandhandel GmbH (= Zahlungsempfänger) einen neuen Flachbildschirm für ihren PC gekauft und auch geliefert bekommen. Nun weist sie die B-Bank (= Angewiesener), bei der sie ein Girokonto unterhält, an, den Kaufpreis i.H.v. 1.200,- € auf das ebenfalls bei der B-Bank unterhaltene Geschäftskonto der V zu überweisen. Nach ausgeführtem Zahlungsauftrag stellt sich heraus, dass K sich hinsichtlich der Eigenschaften des Monitors geirrt hat. Sie ficht erfolgreich ihre Willenserklärung hinsichtlich des Kaufvertrags an (vgl. §§ 119 II, 142 I BGB) und verlangt von B, die erfolgte Kontobelastung rückgängig zu machen (zur Lösung vgl. Rn 339).

334 Der **bereicherungsrechtliche Ausgleich** vollzieht sich ebenfalls grundsätzlich nur **innerhalb des jeweils gestörten Leistungsverhältnisses**, also im Deckungsverhältnis zwischen dem **Anweisenden und der angewiesenen Bank** oder im Valuta-

[333] Vgl. (zur alten Rechtslage) BGHZ 147, 269, 273; bestätigt von BGH NJW 2004, 1315, 1316, BGH ZIP 2006, 17, 18 ff. und BGH NJW 2006, 1965.
[334] Vgl. auch *Brox/Walker*, § 40 Rn 15 sowie die st. Rspr., vgl. nur BGHZ 61, 289, 291.

verhältnis zwischen dem **Anweisenden und dem Zahlungsempfänger** (**Abwicklung übers Eck**).[335] Es finden also grds. zwei Kondiktionen statt. Das hat folgende Gründe[336]:

- Die Parteien eines fehlerhaften Kausalverhältnisses sollen ihre **Einwendungen** gegen die jeweils andere behalten und nur deren Einwendungen ausgesetzt sein.
- Die Parteien eines fehlerhaften Kausalverhältnisses sollen vor Einwendungen **geschützt** werden, die ein Vertragspartner aus einem Rechtsverhältnis **zu Dritten** herleitet.
- Jeder soll das **Insolvenzrisiko** (das Risiko der Zahlungsunfähigkeit) seines gewählten Vertragspartners tragen.

Lediglich, wenn die Rückabwicklung innerhalb des Leistungsverhältnisses unbillig wäre, ist ausnahmsweise anhand **wertender Kriterien** zugunsten des Schutzwürdigen eine **Nichtleistungskondiktion** (gem. § 812 I S. 1 Var. 2 BGB) in Form einer **Direktkondiktion** zuzulassen (dazu sogleich). 335

**Hinweis für die Fallbearbeitung:** Bereicherungsrechtliche Dreipersonenverhältnisse sind das wohl Schwierigste, was das Schuldrecht zu bieten hat. Zugleich sind sie äußerst prüfungs- und examensrelevant, da sie in hervorragender Weise eine sog. „Notendifferenzierung" zulassen und daher nicht selten zum Prüfungsgegenstand gemacht werden. Um in der Fallbearbeitung Fehler zu vermeiden, bietet es sich an, in drei Schritten vorzugehen: 336

**Erster Schritt:** In Anlehnung an das bisher Gesagte kommt es in der Fallbearbeitung entscheidend darauf an, zunächst die jeweiligen Beziehungen der Beteiligten zueinander herauszuarbeiten, um damit auf den Zweck der Leistungen zu schließen. Hier ist zu unterscheiden:

⇨ Im **Deckungsverhältnis** zwischen dem Anweisenden (dem Zahlungsdienstnutzer, vgl. § 675f I BGB) und der angewiesenen Bank (dem Zahlungsdienstleister, vgl. § 675f I BGB) besteht ein spezieller Geschäftsbesorgungsvertrag (§ 675 BGB) innerhalb eines Zahlungsdiensterahmenvertrags gem. §§ 675c ff. BGB (konkret: §§ 675, 675f II S. 1, 675n BGB). Diesen Zahlungsauftrag will die Bank durch die Ausführung der Überweisung erfüllen. Der Zweck ihrer Leistungserbringung besteht also in der Erfüllung ihrer vertraglichen Verpflichtung gegenüber dem Anweisenden. Mithin besteht regelmäßig ein **Leistungsverhältnis** zwischen der Bank und dem Anweisenden (⇨ Leistung Bank an Anweisenden).

⇨ Im **Valutaverhältnis** zwischen dem Anweisenden und dem Zahlungsempfänger besteht eine vertragliche Beziehung, etwa in Form eines Kaufvertrags, zu dessen Erfüllung der Anweisende die Bank anweist, den Kaufpreis (§ 433 II BGB) von seinem Girokonto auf das Girokonto seines Vertragspartners zu überweisen. Der Zweck seiner Leistungserbringung besteht also in der Erfüllung einer vertraglichen Verpflichtung gegenüber seinem Vertragspartner. Mithin besteht regelmäßig ein **Leistungsverhältnis** zwischen dem Anweisenden und dem Zahlungsempfänger (⇨ Leistung Anweisender an Zahlungsempfänger). Ein Leistungsverhältnis im Valutaverhältnis besteht selbst dann, wenn der Rechtsgrund für die Verbindlichkeit fehlt (Beispiel: Der Kaufvertrag ist nichtig). Denn das Fehlen einer Verbindlichkeit gegenüber dem Zahlungsempfänger spricht allenfalls für die Rechtsgrundlosigkeit der Leistung, nicht aber für das Fehlen einer solchen.[337]

---

[335] *Brox/Walker*, § 40 Rn 15; vgl. auch BGH NJW 2011, 66, 69; 2011, 1434, 1435; BGH NJW 2008, 2331, 2332 (mit Bespr. v. *Hager*, JA 2008, 733 und *K. Schmidt*, JuS 2008, 1029; Fallbearbeitung von *Hack/Thümmel*, JuS 2009, 46 ff.).

[336] Herausgearbeitet von *Canaris*, in: FS-Larenz, 1973, S. 799, 802 f.; vgl. auch *Medicus/Petersen*, BR, Rn 667 und *Brox/Walker*, § 40 Rn 9.

[337] BGH ZIP 2006, 17, 18.

⇨ Im **Zahlungsverhältnis** zwischen dem Angewiesenen (d.h. dem Zahlungsdienstleister, vgl. § 675f I BGB) und dem Zahlungsempfänger besteht hingegen **grds. kein Leistungsverhältnis** i.S.d. § 812 I S. 1 Var. 1 BGB. Zwar kann ein Rechtsverhältnis zwischen der angewiesenen Bank und dem Empfänger bestehen, wenn dieser ebenfalls Kunde der Bank ist, dieses Rechtsverhältnis muss aber bereicherungsrechtlich außer Betracht bleiben, denn es hat mit der vorliegenden Konstellation nichts zu tun. Es kann bereicherungsrechtlich keinen Unterschied machen, ob der Empfänger ein Girokonto bei derselben Bank wie der Anweisende hat oder bei einer anderen Bank unterhält. Dieses Ergebnis entspricht auch dem bereits als maßgeblich erachteten objektivierten Empfängerhorizont, wonach auf die Sicht des objektiven Dritten in der Rolle und in der Situation des Empfängers abzustellen ist (⇨ keine bereicherungsrechtlich beachtliche Leistung Bank an Empfänger).

**Zweiter Schritt:** Stehen die Beziehungen der Beteiligten zueinander fest, ist in einem zweiten Schritt zu prüfen, in welcher dieser Beziehungen der **Rechtsgrund fehlt**; denn grds. ist nur dort die Rückabwicklung vorzunehmen.

⇨ Liegt der Fehler im **Deckungsverhältnis** (also im Verhältnis Anweisender – Angewiesener) und ist der Fehler z.B. dadurch entstanden, dass die Kausalbeziehung zwischen dem Anweisenden (dem Zahlungsdienstnutzer) und dem Angewiesenen (dem Zahlungsdienstleister) fehlerhaft ist oder dass der Zahlungsauftrag widerrufen worden ist, ist der Angewiesene (die Bank) grds. darauf beschränkt, sich an seinen Vertragspartner zu halten, also von dem Anweisenden zu kondizieren (⇨ **Leistungskondiktion** Bank vom Anweisenden).[338] Im umgekehrten Verhältnis greifen § 675u S. 2 BGB i.V.m. § 675x II, IV BGB bzw. § 675p III BGB (für den Fall, dass ein Zahlungsauftrag widerrufen worden ist) als leges speciales, d.h. der Zahlungsdienstnutzer hat gegen den Zahlungsdienstleister einen Erstattungsanspruch aus den genannten Vorschriften; eines Rückgriffs auf das Bereicherungsrecht bedarf es dann nicht.

⇨ Liegt der Fehler im **Valutaverhältnis** (also im Verhältnis Anweisender – Zahlungsempfänger) und ist z.B. durch einen nichtigen Vertrag, auf den die Zahlung erfolgte, entstanden, muss der Anweisende vom Empfänger kondizieren. Die Bank, die sozusagen als Leistungsmittler auftritt, hat mit dieser Rückabwicklung nichts zu tun. Insbesondere liegt keine Leistungsbeziehung zwischen ihr und dem Empfänger vor, da sie lediglich eine Leistung für ihren Vertragspartner (also den Anweisenden) erbringen möchte (⇨ **Leistungskondiktion** Anweisender vom Zahlungsempfänger).

Ein Anspruch der Bank aus Leistungskondiktion gegen den Empfänger kommt wegen der nicht vorhandenen Leistungsbeziehung also i.d.R. nicht in Betracht. Daher kann allenfalls eine **Nichtleistungskondiktion** (hier: Direktkondiktion) eingreifen. Doch diese ist gegenüber der Leistungskondiktion grds. **subsidiär**, sofern bezüglich desselben Bereicherungsgegenstands eine Leistungsbeziehung vorliegt; anderenfalls ist eine Direktkondiktion des Angewiesenen gegen den Empfänger denkbar (dazu sogleich).

**Dritter Schritt:** Schließlich ist in einem dritten Schritt anhand **wertender Kriterien** das bislang gefundene Ergebnis dahingehend zu überprüfen, ob es der Billigkeit entspricht (zur Erinnerung: Bereicherungsrecht ist Billigkeitsrecht). Es kommt in wertender Ergänzung des Leistungsbegriffs darauf an, ob der Empfänger oder der Anweisende schutzwürdig ist. Nur im letzteren Fall ist in Abweichung vom allgemeinen Grundsatz ein Durchgriff des Leistungsmittlers zuzulassen. Dabei ist in Ermangelung eines Leistungszwecks mit einer **Nichtleistungskondiktion** (gem. § 812 I S. 1 Var. 2 BGB) vorzugehen.[339]

---

[338] Grundlegend BGHZ 152, 307, 311 f.; 147, 269, 273; 88, 232, 237. Vgl. auch BGH NJW 2004, 1169; OLG Hamm ZIP 2003, 662, 663 f.; *Lorenz*, JuS 2003, 729, 732; später auch *Würdinger*, JuS 2007, 418 ff.

[339] Vgl. dazu aus jüngerer Zeit BGH NJW 2015, 1948 und BGH NJW 2015, 2725.

**Beispiele** für die Annahme einer **Direktkondiktion** als **Nichtleistungskondiktion des Angewiesenen gegenüber dem Empfänger** aufgrund **überwiegender Schutzwürdigkeit des Anweisenden**[340]: 337

**(1)** Der Anweisende A (der Zahlungsdienstnutzer) erteilt der B-Bank (dem Zahlungsdienstleister) einen Zahlungsauftrag (§ 675f I BGB), vertippt sich bei der Angabe der Bankdaten (IBAN) des Empfängers E aber, woraufhin die von der B-Bank ausgeführte Zahlung auf das Konto des D, dem die von A angegebene IBAN zugeordnet ist, erfolgt. ⇨ Hier liegt hier eine Leistungsbeziehung zwischen A und B vor, da es bei der Bestimmung des Leistungsbegriffs auf den objektiven Empfängerhorizont ankommt. B war berechtigt, allein aufgrund des wirksamen Zahlungsauftrags (§ 675f I BGB) die Anweisung auszuführen. Denn gibt der Anweisende gültige IBAN und BIC an, darf die Bank auf die Richtigkeit der Anweisung vertrauen (§ 675r I S. 1 BGB); die Anweisung gilt als ordnungsgemäß ausgeführt (vgl. § 675r I S. 2 BGB). Gemäß der Grundregel, wonach nur innerhalb der Leistungsbeziehungen kondiziert werden kann, müsste A also den Betrag bei B kondizieren; B müsste den an A erstatteten Betrag wiederum bei D kondizieren. Solange die bei Rn 334 genannten Gründe gewahrt sind, spricht an sich auch nichts gegen die Beibehaltung dieser Grundregel. Gleichwohl ist nicht einzusehen, B mit der Abwicklung von Kondiktionsansprüchen zu belasten. Denn der Fehler ist ja von A zu verantworten; B hat den Zahlungsauftrag (vgl. § 675f I BGB) ordnungsgemäß ausgeführt (vgl. § 675r I S. 2 BGB). Ein gangbarer Weg, B aus dem „Kondiktionsgeflecht" herauszuhalten, besteht darin, eine Direktkondiktion im Verhältnis A-D zuzulassen. Dem stehen auch nicht etwa Einwendungen des D entgegen, die durch die Direktkondiktion unterlaufen werden könnten, da D keine Einwendungen zustehen.[341] Anders verhielte es sich, wenn B hätte erkennen können und müssen, dass die Zahlung auf ein falsches Konto erfolgt. Dann müsste die Abwicklung übers Eck erfolgen. Denn in diesem Fall wäre B nicht schutzwürdig (§ 675r I S. 1 BGB), sodass die Voraussetzungen für die Durchbrechung des Grundsatzes nicht vorlägen. Zudem bestünde ein gesetzlicher Erstattungsanspruch A gegen B (vgl. § 675r III BGB), was ebenfalls dazu führte, dass ein Direktkondiktionsanspruch A gegen D nicht erforderlich wäre.

**(2)** Der Anweisende A (der Zahlungsdienstnutzer) erteilt der B-Bank (dem Zahlungsdienstleister) einen wirksamen Zahlungsauftrag (§ 675f I BGB) unter korrekter Eingabe von IBAN und BIC des richtigen Zahlungsempfängers E, an den er auch zahlen möchte. Der Zahlungsauftrag soll 3 Tage nach Erteilung ausgeführt werden (sog. Terminüberweisung, § 675n II BGB). Dann aber widerruft A den Zahlungsauftrag einen Tag vor dem vorgesehenen Ausführungstermin ordnungsgemäß (siehe § 675p III BGB). Gleichwohl führt B den Zahlungsauftrag infolge eines bankinternen Fehlers aus und belastet das Konto des A in Höhe des überwiesenen Betrags. ⇨ An sich ist der Zahlungsauftrag mit Eingang beim Zahlungsdienstleister wirksam und kann nicht widerrufen werden (§ 675p I BGB). Bei Terminüberweisungen ist gem. § 675p III BGB jedoch ein Widerruf möglich, wenn der Zahlungsdienstnutzer den Zahlungsauftrag bis zum Ende des Geschäftstags vor dem vereinbarten Tag widerruft. Das ist vorliegend geschehen. Ein Leistungsverhältnis im Deckungsverhältnis besteht daher nicht, da der Zahlungsauftrag, den A der B erteilt hat, infolge Widerrufs unwirksam ist. Damit erfolgte die Ausführung nicht autorisiert i.S.v. § 675j I S. 1 BGB. B ist verpflichtet, A den Zahlungsbetrag unverzüglich zu erstatten, d.h. dessen Zahlungskonto wieder auf den Stand zu bringen, auf dem es sich ohne die Belastung durch den nicht autorisierten Zahlungsvorgang befunden hätte (§ 675u S. 2 BGB). B muss sodann von E kondizieren (Nichtleistungskondiktion auf der Grundlage des § 812 I S. 1 Var. 2 BGB, da B nicht an E „geleistet" hat).

---

[340] Vgl. BGHZ 66, 362 ff.; 66, 372 ff.; 67, 75 ff.; 88, 232, 237; 111, 382, 386 f.; 147, 269, 273; 152, 307, 311 f.; BGH NJW 1987, 185, 186 ff.; NJW 1994, 2357, 2358; NJW 2008, 2331, 2332; NJW 2006, 1965; NJW 2004, 1315, 1316 f.; ZIP 2001, 781 ff.; BGH NJW 2015, 1948; OLG Hamm ZIP 2003, 662, 663 f.; *Lorenz*, JuS 2003, 729, 732; *Larenz/Canaris*, § 70 IV 2a; *Würdinger*, JuS 2007, 418 ff.; *Hack/Thümmel*, JuS 2009, 46 ff.; *Brox/Walker*, § 40 Rn 15 ff.

[341] Das entspricht insoweit der Rspr. des BGH (ZIP 2006, 17, 18) zur alten Rechtslage.

**(3)** Der Anweisende A (der Zahlungsdienstnutzer) ist **nicht geschäftsfähig**, als er der B-Bank (dem Zahlungsdienstleister) einen Zahlungsauftrag (§ 675f I BGB) unter korrekter Eingabe von IBAN und BIC des richtigen Zahlungsempfängers E, an den er auch zahlen möchte, erteilt. ⇨ Infolge der Geschäftsunfähigkeit ist der Zahlungsauftrag unwirksam. Führt die Bank den Zahlungsauftrag gleichwohl aus, geschieht dies nicht autorisiert i.S.v. § 675j I S. 1 BGB. Die Ausführung des Zahlungsauftrags wird A daher nicht zugerechnet. Mithin liegt **keine wirksame Anweisung** vor. B ist verpflichtet, A den Zahlungsbetrag unverzüglich zu erstatten, d.h. dessen Zahlungskonto wieder auf den Stand zu bringen, auf dem es sich ohne die Belastung durch den nicht autorisierten Zahlungsvorgang befunden hätte (§ 675u S. 2 BGB). Im Verhältnis zu E besteht ein Direktanspruch der B aus § 812 I S. 1 Var. 2 BGB[342], vgl. dazu Rn 342 f. Dieses Ergebnis wird man auch auf Fälle übertragen können, in denen der Anweisende **beschränkt geschäftsfähig** ist und eine Zustimmung des gesetzlichen Vertreters fehlt, da hier dieselbe Interessenlage besteht. Das gilt auch für den Fall, dass die Zahlungsanweisung von einem **vollmachtlosen Vertreter** erteilt worden ist und die Zahlung dem vermeintlichen Anweisenden auch nicht unter Rechtsscheingesichtspunkten zuzurechnen ist.[343]

**(4)** Die Bank hat einen Zahlungsauftrag des A **versehentlich ausgeführt.** ⇨ Hier erfolgte die Ausführung **nicht autorisiert** i.S.v. § 675j I S. 1 BGB. B ist verpflichtet, A den unautorisierten Zahlungsbetrag unverzüglich zu erstatten, d.h. dessen Zahlungskonto wieder auf den Stand zu bringen, auf dem es sich ohne die Belastung durch den nicht autorisierten Zahlungsvorgang befunden hätte (§ 675u S. 2 BGB). Im Verhältnis zum Zahlungsempfänger besteht ein Direktanspruch der Bank aus § 812 I S. 1 Var. 2 BGB in Bezug auf die nicht autorisierte Überweisung.[344]

**(5)** Bei **weisungswidriger Erledigung** einer **wirksamen Anweisung** (etwa wenn die Bank einen höheren Betrag als den angewiesenen oder an einen falschen Adressaten überweist) handelt die Bank ebenfalls nicht autorisiert i.S.v. § 675j I S. 1 BGB. Sie ist verpflichtet, dem „Anweisenden" den Zahlungsbetrag unverzüglich zu erstatten, d.h. dessen Zahlungskonto wieder auf den Stand zu bringen, auf dem es sich ohne die Belastung durch den nicht autorisierten Zahlungsvorgang befunden hätte (§ 675u S. 2 BGB). Im Verhältnis zum Zahlungsempfänger besteht ein Direktanspruch der Bank aus § 812 I S. 1 Var. 2 BGB.

**(6)** Dasselbe gilt, wenn die Bank bewusst den Überweisungsauftrag ohne Wissen des Anweisenden **verfälscht**, indem sie etwa das vom Auftraggeber angegebene Konto durch ein anderes ersetzt. Auch in diesem Fall erlangt die Bank durch die Ausführung des verfälschten Auftrags einen unmittelbaren Bereicherungsanspruch gegen den Zahlungsempfänger aus § 812 I S. 1 Var. 2 BGB. Zudem kann in Fällen dieser Art die Zahlung der Bank an den Zahlungsempfänger nicht als Leistung durch den Anweisenden angesehen werden; das Fehlverhalten der Bank kann diesem nicht zugerechnet werden, sodass keine Leistungsbeziehung zwischen diesem und dem Zahlungsempfänger besteht. Der Anweisende hat dann ebenfalls einen Direktanspruch aus § 812 I S. 1 Var. 2 BGB gegen den Empfänger.[345] Dem Anweisenden ist aber zu empfehlen, seinen gegen die Bank gerichteten Anspruch aus § 675u S. 2 BGB geltend zu machen. Es ist dann Sache der Bank, sich an den Zahlungsempfänger zu halten.

**(7)** Dagegen hat der BGH bei ***irrtümlicher* Zuvielüberweisung** durch die Bank eine Direktkondiktion der Bank gegenüber dem Zahlungsempfänger abgelehnt. Denn in diesem Fall stehe der Schuldner (der „Anweisende") dem Fehlverhalten seiner Bank näher als sein Gläubiger.[346] Folgt man dieser Auffassung, muss der „Anweisende" den zu viel geleisteten Betrag von der Bank gem. § 812 I S. 1 Var. 1 BGB kondizie-

---

[342] Nach a.A. (*Lorenz*, JuS 2003, 729, 733) kommt § 822 BGB als Anspruchsgrundlage in Betracht.
[343] Vgl. BGH NJW 2015, 1948 mit Verweis auf BGHZ 147, 145, 149; 152, 307, 311 f. Vgl. auch BGH NJW 2015, 2725.
[344] Vgl. BGH NJW 2015, 2725; NJW 2015, 3093 mit Bespr. v. *K. Schmidt*, JuS 2016, 72 ff.
[345] BGHZ 152, 307, 311 f.; BGH WM 2005, 1564; *Lorenz*, JuS 2003, 729, 733; *Löhnig*, JA 2006, 82 f.
[346] BGH NJW 2008, 2331, 2332 (mit Bespr. v. *Hager*, JA 2008, 733 und *K. Schmidt*, JuS 2008, 1029).

ren. Nach aktueller Rechtslage ist der Fall aber über § 675y I S. 1 und 2 BGB zu entscheiden. Bei fehlerhafter Ausführung des Zahlungsauftrags kann der „Zahler" vom Zahlungsdienstleister die unverzügliche und ungekürzte Erstattung des Zahlungsbetrags verlangen (§ 675y I S. 1 BGB). Wurde der Betrag einem Zahlungskonto des Zahlers belastet, ist dieses Zahlungskonto wieder auf den Stand zu bringen, auf dem es sich ohne den fehlerhaft ausgeführten Zahlungsvorgang befunden hätte (§ 675y I S. 2 BGB). Es ist dann Sache der Bank, sich mithilfe eines Direktanspruchs aus § 812 I S. 1 Var. 2 BGB an den Zahlungsempfänger zu halten.[347]

**(8)** Zum Widerruf einer **SEPA-Lastschrift** (früher: Einzugsermächtigung) vgl. Rn 344 f.

**Hinweis für die Fallbearbeitung:** Insgesamt sei aber angemerkt, dass der BGH stets konstatiert, es verbiete sich jede schematische Lösung; vielmehr komme es immer auf die **Umstände des Einzelfalls** an.[348] Damit gibt sich der BGH den nötigen Freiraum, um die ihm vorliegenden Fälle unterschiedlich zu behandeln, ohne sich dem Einwand der Inkonsequenz bzw. Willkür auszusetzen. Für den Klausurbearbeiter hat dies den Vorteil, dass er kaum etwas falsch machen kann, solange er nur unter Beachtung der gesetzlichen Regelungen interessengerecht und folgerichtig argumentiert. Gleichwohl sollte die hier vorgeschlagene Vorgehensweise wertvolle Hilfe bei der überaus schwierigen Handhabung von bereicherungsrechtlichen Ausgleichsansprüchen in Mehrpersonenverhältnissen geleistet haben. 338

Im **Beispiel** von Rn 333 liegen die Voraussetzungen für einen Direktanspruch der B gegen V nicht vor. Leistungsbeziehungen bestehen nur zwischen **K und V** sowie zwischen **K und B**. Daher kann K von B nicht die Rückgängigmachung der Überweisung verlangen, weil diese bereits ausgeführt wurde und auch kein wirksamer Widerruf der Anweisung vorliegt (ein solcher ist ohnehin nur bis zur Ausführung der Überweisung möglich[349]). K muss sich im Ergebnis also an V halten und den an sie geleisteten Kaufpreis gem. § 812 I S. 1 Var. 1 BGB kondizieren. Der fehlende Rechtsgrund ergibt sich aus der Nichtigkeit des Kaufvertrags (vgl. §§ 119 II, 142 I BGB). Dieses Ergebnis entspricht auch der Billigkeit, sodass es keiner Korrektur anhand wertender Kriterien bedarf. 339

Fraglich ist auch, ob im Falle einer **unentgeltlichen Zuwendung im Valutaverhältnis** unter Wertungsgesichtspunkten eine Direktkondiktion des Angewiesenen gegenüber dem Empfänger zuzulassen ist. 340

**Beispiel[350]:** Der großherzige Friedbald möchte seiner Nichte Nadjeschda zum bestandenen ersten juristischen Staatsexamen ein Geldgeschenk machen (vgl. §§ 516 ff. BGB). Dazu weist er – unter korrekter Eingabe von IBAN und BIC – seine Hausbank B an, von seinem Konto einen Betrag von 10.000,- € auf das Konto der N zu überweisen (§ 675f I BGB). Später stellt sich heraus, dass N das Examen gar nicht bestanden hatte. Um gleichwohl in den Genuss des Geldes zu kommen, hatte sie ihrem Onkel vorgetäuscht, das Examen bestanden zu haben. Nun fordert F von N das Geld zurück. 341

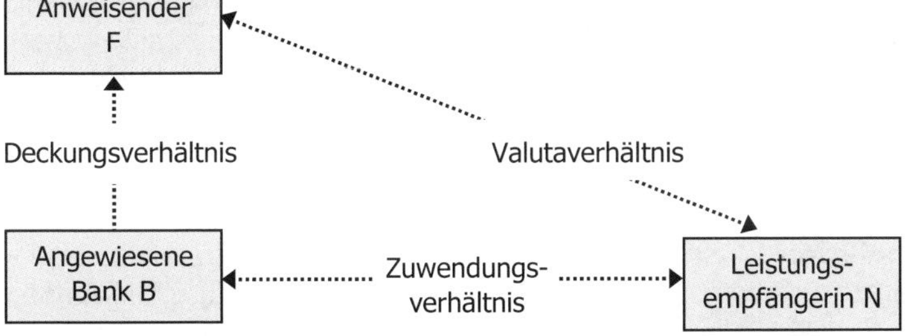


[347] Vgl. bereits die 10. Auflage und nunmehr auch BGH NJW 2015, 3093 f.
[348] Vgl. etwa BGH NJW 2015, 229 f.
[349] Vgl. dazu auch BGH NJW 2015, 3093.
[350] In Anlehnung an BGHZ 88, 232 ff. und BGHZ 147, 269 ff. Vgl. auch BGH NJW 2004, 1315 ff.

Durch die Rückforderung hat F konkludent die Anfechtung wegen Täuschung erklärt mit der Folge, dass die (vollzogene) Schenkung nichtig ist (vgl. § 142 I BGB).

Hinsichtlich der Rückforderung ist F möglicherweise darauf angewiesen, das Geld von N zu kondizieren, statt diese Aufgabe der Bank zu überlassen. Denn nach dem herkömmlichen Leistungsbegriff stellt sich aus der Sicht eines objektiven Betrachters in der Rolle und Situation der N die Überweisung als eine Leistung des F dar. Dieser wollte die Schenkung vollziehen (§ 518 II BGB). Dagegen trat B nur als Leistungsmittler auf; sie wollte nur ihrer vertraglichen Verpflichtung gegenüber F nachkommen, also nur diesem gegenüber eine Leistung erbringen. Leistungsbeziehungen bestehen demzufolge nur zwischen **F und N** sowie zwischen **B und F**. F wäre demzufolge darauf beschränkt, mithilfe einer Leistungskondiktion gem. § 812 I S. 1 Var. 2 BGB bzw. § 812 I S. 2 Var. 1 BGB gegen N vorzugehen. Fraglich ist, ob dieses Ergebnis der Billigkeit entspricht. Denn in §§ 822, 816 I S. 2 BGB kommt der allgemeine Rechtsgedanke zum Ausdruck, dass der unentgeltliche Erwerb weniger schutzwürdig ist als der entgeltliche, sodass für den vorliegenden Fall angenommen werden könnte, eine Direktkondiktion der B gegenüber N zuzulassen (schlichte Rückbuchung vom Konto der N). Jedoch ist eine Direktkondiktion (Nichtleistungskondiktion) gegenüber der Leistungskondiktion subsidiär. Allein die Unentgeltlichkeit des Erwerbs rechtfertigt eine Durchbrechung dieses Grundsatzes nicht.

F muss also gegen N mithilfe einer Leistungskondiktion gem. § 812 I S. 1 Var. 2 BGB bzw. § 812 I S. 2 Var. 1 BGB vorgehen.

342 Eine **Direktkondiktion** ist aber dann zuzulassen, wenn der Anweisende **nicht geschäftsfähig** ist. Denn ein von einem Geschäftsunfähigen veranlasster Rechtsschein kann nicht maßgeblich sein.

343 **Beispiel:** Friedbald ist nach wie vor großherzig. Auch diesmal möchte er seiner Nichte Nadjeschda, die nun das erste juristische Staatsexamen tatsächlich bestanden hat, ein Geldgeschenk machen. Wie beim ersten Mal weist er – unter korrekter Eingabe von IBAN und BIC – seine Hausbank B an, einen Betrag von 10.000,- € auf das Konto der N zu überweisen (§ 675f I BGB). Doch später stellt sich heraus, dass die Geistestätigkeit des F im Zeitpunkt der Anweisung vorübergehend gestört war (vgl. § 105 II BGB). Nun ist F aber wieder ganz der Alte. Gleichwohl will er die Überweisung nicht gelten lassen und verlangt von B, sie solle das Geld zurückbuchen.

Bestimmt man die Leistungsbeziehungen, liegt wie im vorigen Beispiel eine zwischen F und N und eine zwischen B und F vor, denn F verfolgte den Zweck, die Schenkung an N zu vollziehen, und B wollte ihrer Verpflichtung aus dem Zahlungsdiensterahmenvertrag gegenüber F nachkommen. Folge wäre, dass F bei N kondizieren müsste.

Im Gegensatz zum vorherigen Beispiel ist vorliegend der Überweisungsauftrag des F wegen *fehlender Geschäftsfähigkeit* nichtig. Um den Geschäftsunfähigen zu schützen, muss der ansonsten maßgebliche objektivierte Empfängerhorizont (also der Verkehrsschutz) zurücktreten. Im Ergebnis ist also der Geschäftsunfähige aus der Rückabwicklung herauszuhalten. Das Gesetz knüpft an diese Wertung an und sieht vor, dass in Fällen der vorliegenden Art die Ausführung des (unwirksamen) Zahlungsauftrags nicht autorisiert ist (vgl. § 675j I S. 1 BGB). Die Bank ist verpflichtet, F den Zahlungsbetrag unverzüglich zu erstatten, d.h. dessen Zahlungskonto wieder auf den Stand zu bringen, auf dem es sich ohne die Belastung durch den nicht autorisierten Zahlungsvorgang befunden hätte (§ 675u S. 2 BGB). Im Verhältnis zu N besteht ein Direktanspruch der B aus § 812 I S. 1 Var. 2 BGB.

344 Eine **Direktkondiktion** ist schließlich dann zuzulassen, wenn ein Überweisungsauftrag **fehlt** oder der Schuldner eine zuvor dem Gläubiger erteilte **SEPA-Lastschrift widerruft**. Wie in den Fällen, in denen die Bank (der Zahlungsdienstleister) eine **nicht autorisierte** Überweisung (Zahlung) vornimmt (Rn 337 Bsp. 4)[351], kann die

[351] Vgl. BGH NJW 2015, 2725 und NJW 2015, 3093 mit Bespr. v. *K. Schmidt*, JuS 2016, 72 ff.

Bank des Schuldners auch hier direkt beim Gläubiger des Schuldners (gem. § 812 I S. 1 Var. 2 BGB) kondizieren.

**Beispiel**[352]**:** Schuldner S hat seinem Gläubiger G (ein Warenlieferant) ein SEPA-Lastschriftmandat erteilt. G macht davon auch Gebrauch und zieht einen fälligen Rechnungsbetrag ein. Einige Tage später widerruft S bei BS das SEPA-Mandat. BS nimmt G auf Rückzahlung des im SEPA-Lastschriftverfahren eingezogenen Betrags in Anspruch. **345**

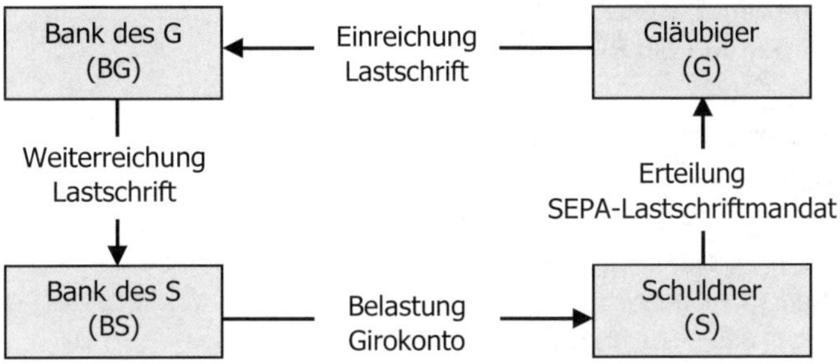


Gemäß § 675x II, IV BGB kann einer SEPA-Basislastschrift innerhalb von acht Wochen nach Kontobelastung widersprochen werden, sodass der Belastungsbetrag wieder gutgeschrieben wird. Bei einer nicht autorisierten Zahlung kann der Zahler innerhalb von 13 Monaten nach Belastung die Erstattung des Lastschriftbetrags verlangen (§ 676b II BGB).

Im vorliegenden Fall hat S gegen BS keinen Erstattungsanspruch aus § 675x I BGB, da dessen Voraussetzungen nicht vorliegen. Es besteht aber ein Erstattungsanspruch aus § 675x II, IV BGB, sofern S und BS vereinbart haben, dass S auch dann einen Anspruch auf Erstattung gegen BS hat, wenn die Voraussetzungen für eine Erstattung nach § 675x I BGB nicht erfüllt sind (vgl. § 675x II BGB).

BS muss den eingezogenen Betrag dem Konto des S gutschreiben und G auf Rückzahlung in Anspruch nehmen. I.d.R. geschieht dies dadurch, dass der Betrag über die Gläubigerbank (BG) dem Gläubigerkonto (also dem des G) rückbelastet wird. Ist dieses Konto aber nicht gedeckt und gewährt die Gläubigerbank keine Kreditlinie, konkretisiert sich das für die Schuldnerbank bestehende Ausfallrisiko.

**Zusammenfassung:** Grundsätzlich ist eine Kondiktion nur innerhalb des Leistungsverhältnisses möglich (**Rückabwicklung „übers Eck"**). Das hat folgende Gründe: **346**

- Die Parteien eines fehlerhaften Kausalverhältnisses sollen ihre **Einwendungen** gegen die jeweils andere behalten und nur deren Einwendungen ausgesetzt sein.
- Die Parteien eines fehlerhaften Kausalverhältnisses sollen vor Einwendungen **geschützt** werden, die ein Vertragspartner aus einem Rechtsverhältnis zu Dritten herleitet.
- Jeder soll das **Insolvenzrisiko** (das Risiko der Zahlungsunfähigkeit) seines gewählten Vertragspartners tragen.

Eine **Direktkondiktion** ist lediglich dann zuzulassen, wenn anderenfalls **unbillige Ergebnisse** erzielt würden. Bei der Prüfung, ob dies der Fall ist, sind die Schutzinteressen der Beteiligten gegeneinander und untereinander abzuwägen. Bei **Überweisungsfehlern** sind aber stets die Regelungen der **§§ 675c ff. BGB** zu beachten.

Mit den Anweisungsfällen eng verwandt sind die **Abtretungsfälle**. Hat bspw. der vermeintliche Gläubiger G seine Forderung gegen den Schuldner S sicherungshalber an den Dritten D abgetreten und stellt sich nach der Zahlung des S an D heraus, dass **347**

[352] Nach BGH NJW 2006, 1965 mit Bespr. v. *Würdinger*, JuS 2007, 418 ff. (zur bisherigen Einzugsermächtigung).

die Forderung des G gegen S überhaupt nicht bestand, richtet sich der Bereicherungsanspruch des S nach einem Teil der Rspr. grundsätzlich gegen G und nicht gegen D.[353] Zur Begründung wird geltend gemacht, dass durch die Abtretung die Stellung des S nicht verschlechtert werden dürfe; S wolle regelmäßig mit der Leistung an D auch seine im Vertrag mit G vermeintlich übernommene Verpflichtung erfüllen. Der BGH fährt jedoch keine einheitliche Linie, sondern hält sich mit der Begründung, dass sich aus Gründen der Einzelfallgerechtigkeit eine schematische Lösung verbiete, den nötigen Spielraum, um im Einzelfall nach seinem Belieben zu entscheiden.[354] Vgl. dazu die ausführliche Bearbeitung bei Rn 363 ff.

### cc. Tilgung fremder Schulden, § 267 BGB

**348** Auch bei der Tilgung fremder Schulden stellt sich die Frage, ob nur eine Rückabwicklung innerhalb der jeweiligen Leistungsbeziehungen oder ob unter bestimmten Umständen auch eine Direktkondiktion möglich ist. Hier ist danach zu unterscheiden, ob die fremde Schuld nicht besteht (Beispiel 1)[355] oder ob sie zwar besteht, der Leistende sich irrtümlich aber selbst für verpflichtet hält (Beispiel 2)[356].

**349** **Beispiel 1:** Onkel O sieht, wie sein Neffe N es trotz größter Anstrengung nicht schafft, seine Miete zu zahlen. Großzügig, wie er nun einmal ist, begleicht er die Mietschuld seines Neffen bei der raffgierigen Vermieterin V, ohne hierzu verpflichtet zu sein. Doch was O nicht weiß, ist, dass N überraschend doch noch zu Geld gekommen ist und die Mietschulden bereits am Vorabend selbst getilgt hatte.

Hier ist fraglich, ob O oder N einen Kondiktionsanspruch gegen V geltend machen können.

⇨ Vertritt man die Auffassung, O verfolge nur gegenüber dem eigentlichen Schuldner N einen eigenen Zweck (etwa mit dem Ziel, diesen zu beschenken oder diesem gegenüber einen eigenen Aufwendungsersatzanspruch unter dem Gesichtspunkt der berechtigten GoA, §§ 677, 683 S. 1, 670 BGB, zu erlangen), sind unter Zugrundelegung des maßgeblichen Empfängerhorizonts Leistungsbeziehungen nur im Verhältnis *O – N* und *N – V* anzunehmen.[357] O müsste dann von N kondizieren.

⇨ Steht man demgegenüber auf dem Standpunkt, dass der nicht zur Leistung verpflichtete Dritte (vorliegend O) einen eigenen Leistungszweck gegenüber dem Gläubiger (vorliegend V) verfolgt, liegt zwischen diesen beiden ein Leistungsverhältnis vor mit der Folge, dass auch die Rückabwicklung innerhalb dieses Verhältnisses erfolgen muss.[358] Allerdings wird man den Schuldner (vorliegend N) dann als Kondiktionsgläubiger anzusehen haben, wenn der Dritte für den Schuldner in berechtigter GoA gehandelt hat (was jedoch – wie im vorliegenden Fall – bei Nichtbestehen der Forderung *N - V* meist ausscheidet).

Stellungnahme: Bezweckt der Dritte mit seiner Zahlung die Tilgung einer fremden Schuld (vgl. § 267 BGB), handelt er dabei aus eigenem Antrieb. Er verfolgt also gegenüber dem Gläubiger einen eigenen Leistungszweck. War dieser Zweck für den Empfänger erkennbar, besteht zwischen dem Dritten und dem Empfänger ein Leistungsverhältnis. Dabei ist es völlig unproblematisch, dass der Zweck der Leistung in der Tilgung einer fremden Schuld besteht. Rechtsgrund der Leistung sollte die Schuld des Schuldners gegenüber dem Empfänger sein. Da sie nicht besteht (also eine unberechtigte GoA vorliegt), kann der Leistende vom Leistungsempfänger den Geldbetrag im Wege der Leistungskondiktion (§ 812 I S. 1 Var. 1 BGB) zurückverlangen.

---

[353] *Brox/Walker*, § 40 Rn 16.
[354] Vgl. BGHZ 122, 46, 50 f.; BGH NJW 2005, 1369.
[355] Vgl. *Medicus/Petersen*, BR, Rn 684.
[356] Vgl. *Brox/Walker*, § 40 Rn 17.
[357] Vgl. *E. Schmidt*, JZ 1971, 601 ff.; *Wieling*, JuS 1978, 801 ff.; *Köndgen*, FS Esser (1975), S. 55, 67.
[358] Vgl. die h.M., etwa *Medicus/Petersen*, BR, Rn 685; *Schwab*, in: MüKo, § 812 Rn 108 f.; *Larenz/Canaris*, § 70 V 3b; *Brox/Walker*, § 40 Rn 17.

War dagegen für den Empfänger nicht erkennbar, dass der Dritte mit der Leistung einen eigenen Zweck verfolgte, ist aus der maßgeblichen Sicht des Empfängerhorizonts nicht der Dritte, sondern der Schuldner Leistender.

Vorliegend übernahm O im Verhältnis zu N eine unberechtigte GoA. Da darüber hinaus davon ausgegangen werden kann, dass für die Empfängerin V die Zahlung durch O als Tilgung einer fremden Verbindlichkeit erkennbar war, kann dieser also den gezahlten Betrag von V gem. § 812 I S. 1 Var. 1 BGB kondizieren.

**Beispiel 2:** Um im Milieu „mitreden" zu können, hält Zacharias einen Kampfhund. Entgegen der gesetzlichen Bestimmung lässt er diesen ständig frei herumlaufen. Als nun Eusebia von einem Kampfhund angegriffen und auch gebissen wird, leistet Z sofort Schadensersatz, weil er glaubt, *sein* Hund habe E gebissen. Später stellt sich jedoch heraus, dass es der Hund des Milieukollegen Gonzo war, der E gebissen hat. **350**

Hier will Z erkennbar eine eigene Verbindlichkeit gegenüber E tilgen, sodass zwischen ihm und E ein Leistungsverhältnis besteht. Da aber der Rechtsgrund für die Leistung fehlt, kann er den an E geleisteten Schadensersatz gem. § 812 I S. 1 Var. 1 BGB kondizieren. Freilich läuft er Gefahr, wegen Entreicherung (§ 818 III BGB) leer auszugehen. Sollte sich diese Gefahr realisieren, wird man ihm aus Billigkeitsgründen einen Anspruch auf Abtretung der Forderung *E gegen G* (§ 398 BGB) zugestehen müssen.
Hinsichtlich des Verhältnisses *Z - G* kommt ein Anspruch des Z gegen G aus berechtigter GoA nicht in Betracht, weil Z ja gerade im Eigeninteresse handelte; es fehlte ihm insoweit der Fremdgeschäftsführungswille. Es könnte dann zwar gem. §§ 684, 818 ff. BGB an eine Rückgriffskondiktion gedacht werden, ein solcher Anspruch scheitert aber daran, dass G nicht bereichert ist, da seine Schuld gegenüber E durch die Leistung des Z nicht getilgt wurde.

### dd. Vertrag zugunsten Dritter

Der Vertrag zugunsten Dritter (vgl. § 328 BGB) ist kein besonderer Vertragstyp. Jeder schuldrechtliche Vertrag kann als Vertrag zugunsten Dritter abgeschlossen werden. **Zweck** des unechten (aber auch des echten) Vertrags zugunsten Dritter ist vielfach, die **Versorgung eines Dritten zu gewährleisten oder zu ihr beizutragen**. Zweck kann aber auch sein, den **Leistungsweg zu verkürzen**, d.h. die doppelte Leistung (Versprechender an Versprechensempfänger; Versprechensempfänger an Dritten) durch eine direkte Leistung des Versprechenden an den Dritten zu substituieren.[359] **351**
Hinsichtlich des Leistungsforderungsrechts des Dritten, zu dessen Gunsten die beiden anderen Personen einen Vertrag schließen, ist zwischen dem unechten Vertrag zugunsten Dritter und dem echten Vertrag zugunsten Dritter zu unterscheiden.

### a.) Unechter Vertrag zugunsten Dritter

Bei einem unechten Vertrag zugunsten Dritter verpflichtet sich der Schuldner (= Versprechender) gegenüber dem Gläubiger (= Versprechensempfänger), die geschuldete Leistung mit befreiender Wirkung an einen Dritten (Begünstigter) zu erbringen.[360] Anders als beim echten Vertrag zugunsten Dritter erlangt der Dritte hier jedoch keinen eigenen Leistungsanspruch gegen den Schuldner. Nur der Gläubiger kann gegen den Schuldner vorgehen und von diesem die Leistung an den Dritten fordern. **352**

---

[359] Vgl. *Grüneberg*, in: Palandt, Einf v § 328 Rn 2.
[360] *Grüneberg*, in: Palandt, Einf v § 328 Rn 1.

353 **Bereicherungsrechtlich** sind (wie bei der Leistungskette und den Anweisungsfällen) ebenfalls verschiedene Rechtsbeziehungen zu unterscheiden:

- Das Verhältnis (der Vertrag) zwischen dem **Versprechenden und dem Versprechensempfänger** bestimmt die zu erbringende Leistung und die Person des Dritten und ist das die **Rechtsbeziehungen prägende Grundverhältnis**. Es wird zugleich als **Deckungsverhältnis** bezeichnet, weil der Schuldner aus ihm Deckung, d.h. den Gegenwert für seine Leistung, erhält.
- Aus der Rechtsbeziehung **zwischen dem Versprechensempfänger und dem Dritten** ergibt sich der **Rechtsgrund** für die Zuwendung an den Dritten. Dieses **Zuwendungs- oder Valutaverhältnis** entscheidet darüber, ob der Dritte die Leistung behalten darf. In der Regel handelt es sich um ein vertragliches Verhältnis; der Gläubiger kann aber auch als Geschäftsführer einer GoA oder in Erfüllung einer gesetzlichen Verpflichtung handeln. Als Rechtsgrund kommen vor allem die Tilgung einer Schuld, aber auch Schenkung in Betracht.
- Das **Vollzugs- oder Drittverhältnis** zwischen dem Versprechenden und dem Dritten ist kein vertragliches Rechtsverhältnis.

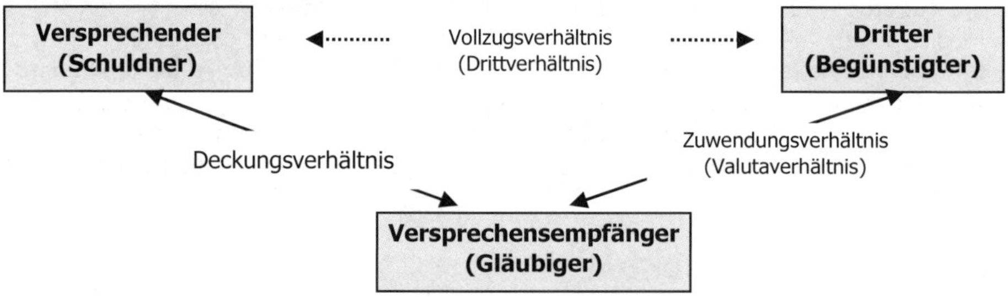


354 Der bereicherungsrechtliche **Ausgleich** vollzieht sich bei Störungen im Deckungsverhältnis, aber auch im Valutaverhältnis, nach den allgemeinen Regeln. Es ist also grds. innerhalb desjenigen Verhältnisses rückabzuwickeln, in dem die Störung aufgetreten ist.[361]

355 **Beispiel:** Lebemann L hat sich wieder einmal kurzfristig entschlossen, eine Party zu geben. Da er jedoch nicht genügend Bier im Hause hat, „leiht" er sich vom Nachbarn N einen Kasten. Am nächsten Tag ruft er von seinem Arbeitsplatz im Einzelhandelsgeschäft des Kaufmanns K an und weist diesen an, einen Kasten Bier an N zu liefern. Die Rechnung wolle er am Abend begleichen. Doch bei der Bestellung verspricht er sich und nennt dem K die falsche Biersorte. Am Abend bemerkt er seinen Fehler und ficht seine Willenserklärung wegen Erklärungsirrtums (§§ 119 I Var. 2, 142 I BGB) wirksam an. Wie ist die Rechtslage?

Ein Herausgabeanspruch aus § 985 BGB kommt nicht in Betracht, da das Eigentum an dem Kasten Bier wirksam auf N übertragen wurde. Hinsichtlich des bereicherungsrechtlichen Ausgleichs sind zunächst die Leistungsverhältnisse zu bestimmen.

⇨ Ein Leistungsverhältnis liegt zwischen **L und K** vor. Denn zwischen den beiden wurde ein Vertrag über den Kauf und die Auslieferung eines Kasten Bieres geschlossen. Bei Heranziehung der Terminologie der obigen Skizze ist K also der Versprechende. Er verspricht L (dem Versprechensempfänger), den Kasten Bier direkt an N zu liefern, um damit die vertragliche Verpflichtung gegenüber L zu erfüllen (**Deckungsverhältnis**).

[361] Vgl. BGHZ 82, 28, 30; 105, 365, 369; BGH ZIP 2002, 1419.

⇨ Ein anderes Leistungsverhältnis besteht zwischen **L und N** (**Valutaverhältnis**). L ist gem. § 607 I S. 2 BGB gegenüber N zur Erstattung einer gleichwertigen Sache verpflichtet.

- Dagegen besteht zwischen K und N kein bereicherungsrechtliches Leistungsverhältnis. K wollte lediglich in Erfüllung seiner Pflicht im Verhältnis zu L den Kasten Bier an N liefern, diesem gegenüber also keine Leistung erbringen.

Da nach den allgemeinen bereicherungsrechtlichen Regeln grds. innerhalb desjenigen Verhältnisses rückabzuwickeln ist, in dem die Störung aufgetreten ist, muss L das Eigentum und den Besitz an dem Kasten Bier von N kondizieren. K kann anschließend von L kondizieren (Kondiktion der Kondiktion). Selbstverständlich kann L den Kondiktionsanspruch gegen N an K abtreten (§ 398 BGB). Jedenfalls verbleibt dem K gegen L daneben ein Anspruch auf Schadensersatz gem. § 122 I BGB.

Eine Korrektur dieses Ergebnisses aus Billigkeitsgründen ist nicht erforderlich.

**Zusammenfassung:** Beim unechten Vertrag zugunsten Dritter besteht ein **Leistungsverhältnis** nur zwischen dem Versprechenden und dem Versprechensempfänger (**Deckungsverhältnis**) und zwischen dem Versprechensempfänger und dem Dritten, also dem Begünstigten (**Valutaverhältnis**). Bei Störungen innerhalb eines dieser Verhältnisse ist dann grds. dort rückabzuwickeln, wo die Störung aufgetreten ist. Für eine **Direktkondiktion** des Versprechenden vom Begünstigten unter dem Aspekt der Billigkeit besteht i.d.R. kein Bedürfnis. 356

### b.) Echter Vertrag zugunsten Dritter

Beim echten Vertrag zugunsten Dritter (§ 328 I BGB) besteht nicht nur die Verpflich- 357
tung des Schuldners (Versprechender) gegenüber dem Gläubiger (Versprechensempfänger), den Vertrag mit diesem zu erfüllen, sondern wegen § 335 BGB hat auch der Versprechensempfänger gegen den Versprechenden einen Anspruch auf Leistung an den Dritten (Begünstigter). Daneben besteht wegen § 328 BGB auch ein eigenes Forderungsrecht des Dritten.

Diese Besonderheit hat bereicherungsrechtlich zur Folge, dass zwischen allen Beteilig- 358
ten jeweils ein Leistungsverhältnis besteht, sodass **drei Leistungsverhältnisse** bestehen. Dabei ist zu beachten, dass der Versprechende im Regelfall wegen § 335 BGB gegenüber dem Versprechensempfänger und wegen § 328 BGB auch gegenüber dem Dritten einen Leistungszweck verfolgt. Bei Unwirksamkeit des Vertrags ist unter Zugrundelegung der allgemeinen Regeln der Bereicherungsausgleich aber auch hier grds. nur im Verhältnis zwischen dem Versprechenden und dem Versprechensempfänger (Abwicklung übers Eck) vorzunehmen.[362]

**Beispiel:** Käufer Konrad vereinbart mit Verkäufer und Eigentümer Viktor in einem ech- 359
ten (Kauf-)Vertrag zugunsten des Dankmar, die Kaufsache (ein antiquarisches Schiffsmodell) dem gutgläubigen D zu liefern, da K die Sache zwischenzeitlich dem D weiterverkauft hat. Später stellt sich heraus, dass K den V über den Wert des Modells getäuscht hat. Tatsächlich ist dieses weitaus wertvoller als K dem V versichert hat. V ficht daher seine Willenserklärung bzgl. des Kaufvertrags zwischen ihm und K erfolgreich an (§§ 123 I Var. 1, 142 I BGB). Kann V von D das Modell herausverlangen?

Ein Herausgabeanspruch aus § 985 BGB besteht nicht, da D gutgläubig Eigentum erwerben konnte. Möglicherweise besteht aber ein entsprechender Herausgabeanspruch aus § 812 I S. 1 Var. 1 BGB. Dazu müsste V Eigentum und Besitz des Modells an D „geleistet" haben. Hier liegt wegen des eigenen Forderungsrechts auf Seiten des D eine Leistungsbeziehung zwischen K und V, zwischen V und D sowie zwischen K und D vor.

[362] *Brox/Walker*, § 40 Rn 19; *Medicus/Petersen*, BR, Rn 681.

Da die Störung innerhalb des Leistungsverhältnisses zwischen V und K auftrat, erfolgt der bereicherungsrechtliche Ausgleich auch grds. nur in diesem Verhältnis. V hat daher einen Bereicherungsanspruch nur gegen K, nicht gegen D. Da D unanfechtbares Eigentum an dem Modell erworben hat, kann V nur einen bereicherungsrechtlichen Wertersatzanspruch gegen K geltend machen.

**360** Lediglich, wenn die Zweckrichtung der Leistung ausschließlich auf den Dritten bezogen ist, kann unter Wertungsgesichtspunkten ein Bereicherungsanspruch gegen den Dritten bestehen. Das ist etwa anzunehmen, wenn der Dritte in engerer Verbindung zu dem mit der Leistung verfolgten Zweck steht als der Versprechensempfänger.

**361** **Beispiel:** Volkmar ist Stellvertreter der Baufirma des Ottomar. In deren Namen schloss er mit dem Bauherrn Bruno einen Bauvertrag über ein Einfamilienhaus. Dabei hatte er ohne Wissen des O mit B eine „Maklerprovision" vereinbart, die deshalb fällig wurde, weil der Bauvertrag zwischen B und O nur infolge der Vermittlungstätigkeit des V zustande gekommen ist. Als O zufällig davon erfährt, entlässt er diesen nicht nur fristlos, sondern verlangt auch die von B erhaltene Provision heraus.

Der Bauvertrag zwischen O und B ist ein echter Vertrag zugunsten Dritter, weil er das Versprechen enthält, V erhalte eine Vermittlungsprovision. Folgte man den allgemeinen Regeln, dürfte auch hier der Bereicherungsausgleich nur im Verhältnis zwischen dem Versprechenden und dem Versprechensempfänger (Abwicklung übers Eck), also zwischen O und B erfolgen (nur zwischen O und B liegt ein Vertrag vor; V war Stellvertreter des O, wenn auch hinsichtlich des konkreten Geschäfts ohne Vertretungsmacht). O müsste dann von B dessen Kondiktions- bzw. Schadensersatzanspruch gegen V (vgl. § 179 I BGB) kondizieren. Wenn man aber mit dem BGH davon ausgeht, dass die Leistung eine auf den Dritten bezogene Zweckrichtung hat, ist gerade dieser Dritte der Leistungsempfänger.[363] O kann also von V die von B erhaltene Provision kondizieren. Daneben hat er selbstverständlich Schadensersatzansprüche wegen Pflichtverletzung des Arbeitsvertrags (§§ 611, 280 I BGB) und wegen unerlaubter Handlung (§ 823 BGB).

**362** **Zusammenfassung:** Beim echten Vertrag zugunsten Dritter besteht zwischen allen Beteiligten jeweils ein Leistungsverhältnis, sodass **drei Leistungsverhältnisse** bestehen. Dabei ist zu beachten, dass der Versprechende im Regelfall wegen § 335 BGB gegenüber dem Versprechensempfänger und wegen § 328 BGB auch gegenüber dem Dritten einen Leistungszweck verfolgt. Nach den allgemeinen Regeln erfolgt bei Unwirksamkeit des Vertrags der Bereicherungsausgleich aber auch hier nur im Verhältnis zwischen dem Versprechenden und dem Versprechensempfänger (**Abwicklung übers Eck**).
Ausnahmsweise kann unter **Wertungsgesichtspunkten** ein Bereicherungsanspruch gegen den Dritten bestehen, wenn die **Zweckrichtung der Leistung ausschließlich auf ihn bezogen ist**. Das ist etwa der Fall, wenn der Dritte in engerer Verbindung zu dem mit der Leistung verfolgten Zweck steht als der Versprechensempfänger.

### ee. Forderungszession („Abtretungsfälle")

**363** Eine Abtretung einer Forderung (Forderungszession) liegt vor, wenn der Inhaber einer Forderung (also der Gläubiger) die Forderung an einen anderen vertraglich überträgt. Mit dem Abschluss des Abtretungsvertrags tritt der neue Gläubiger (Zessionar) an die Stelle des bisherigen Gläubigers (Zedent), § 398 BGB.

Findet eine Abtretung statt, kann der vormalige Inhaber der Forderung diese nicht mehr geltend machen, da er anschließend nicht mehr aktivlegitimiert ist. Vielmehr steht die Forderung dem neuen Gläubiger zu, da er an die Stelle des Zedenten tritt. Hingegen bleibt das Schuldverhältnis zwischen dem Schuldner und dem Zedenten i.Ü. bestehen. Durch die Ab-

[363] BGHZ 58, 184, 187 ff.

tretung wird also lediglich eine abgespaltene Forderung übertragen und nicht etwa das gesamte Schuldverhältnis. Daraus ergibt sich, dass der Zessionar das erworbene Forderungsrecht verliert, wenn der Schuldner gegenüber dem Zedenten anficht oder zurücktritt.

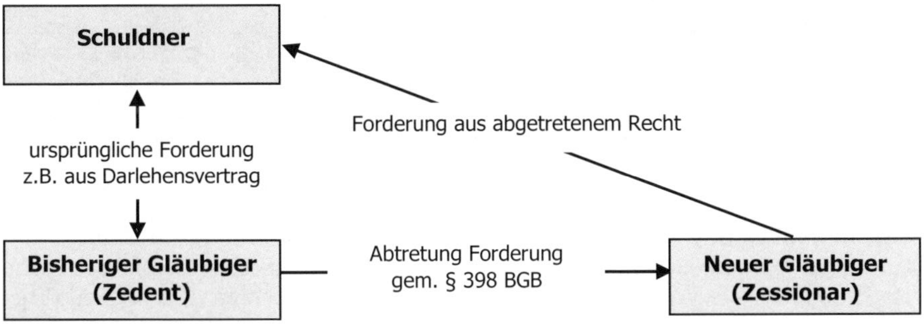


> **Beispiel:** Käthe hat bei Violetta eine Skulptur zum Preis von 1.500,- € gekauft und bereits übereignet bekommen. Der Kaufpreis ist erst in einer Woche fällig. Da V ihrerseits bei Dolores in der Verbindlichkeit steht, tritt sie dieser ihre Kaufpreisforderung gegen K ab.
>
> Wegen § 398 S. 2 BGB tritt D in die Rolle der V und ist nun Inhaberin der Kaufpreisforderung gegen K.

Tritt der Zedent eine in Wirklichkeit nicht bestehende Forderung ab oder ist die Forde- **364**
rung zwar wirksam, aber die Abtretung unwirksam, stellt sich die Frage nach der bereicherungsrechtlichen Rückabwicklung. Die gleiche Frage stellt sich, wenn der Schuldner an den Zessionar zahlt, sich dabei aber über die Person des Zedenten irrt.

## a.) Abtretung einer nicht bestehenden Forderung

Leistet der (Putativ-)Schuldner auf eine abgetretene, in Wirklichkeit nicht bestehende **365**
Forderung, stellt sich die Frage, ob die Rückabwicklung im Verhältnis zwischen Schuldner und Zessionar oder im Verhältnis zwischen Schuldner und Zedenten erfolgen muss.

> **Beispiel:** Im obigen Beispiel, in dem V die Kaufpreisforderung gegen K an D abgetre- **366**
> ten hat, stellt sich nachträglich heraus, dass der Kaufvertrag nichtig ist. Zwischenzeitlich hatte K aber den Kaufpreis an D entrichtet. An wen muss K sich halten, wenn sie den Kaufpreis erstattet bekommen möchte?
>
> Gemäß der in § 398 S. 2 BGB angeordneten Rechtsfolge tritt mit dem Abschluss des Abtretungsvertrags der neue Gläubiger an die Stelle des bisherigen Gläubigers. Der Schuldner ist demzufolge nur noch den Ansprüchen des neuen Gläubigers ausgesetzt. Tilgt er diesem gegenüber seine Schuld, verfolgt er mit seiner Tilgung auch nur diesem gegenüber einen Leistungszweck. Mithin besteht ein Leistungsverhältnis ausschließlich zwischen dem Schuldner und dem Zessionar. Folgt man dem Grundsatz, dass nur innerhalb der Leistungsbeziehungen eine Rückabwicklung vorzunehmen ist, müsste K den Kaufpreis von D kondizieren. D wiederum müsste sich im Rahmen einer Rückgriffskondiktion an V halten.[364]
> Solange D in der Lage ist, den Kaufpreis an K herauszugeben, ist die vorstehende Lösung unproblematisch. Was soll aber gelten, wenn D zahlungsunfähig ist? K hatte sich die D auch nicht als Vertragspartnerin ausgesucht, sondern die (zahlungsfähige) V. Beließe man es also bei der genannten Lösung, würde K mit dem Liquiditätsrisiko der D belastet, obwohl sie sich diese gar nicht als Vertragspartnerin ausgesucht hat. Mithin

[364] So vertreten von *Medicus/Petersen*, BR, Rn 685; *Schmidt-Kessel/Hadding*, in: Soergel, § 812 Rn 129; *Dörner*, NJW 1990, 473 ff.; *Bayer*, JuS 1990, 883, 884 ff.; *Tiedtke*, WM 1999, 517 ff.

wird man sich auf den Standpunkt stellen müssen, dass sich die Stellung des Schuldners durch die Zession nicht verschlechtern darf.[365]

Ergebnis: Aus Wertungsgesichtspunkten ist daher der K das Recht zuzubilligen, entgegen der Grundregel den Kaufpreis von V zu kondizieren.[366]

367 **Hinweis für die Fallbearbeitung:** Dieser Fall hat noch einmal verdeutlicht, dass Bereicherungsrecht Billigkeitsrecht ist, dass also das vom Leistungsbegriff her gefundene Ergebnis „korrigiert" werden muss, wenn es der Billigkeit nicht entspricht. Vorliegend entsprach es deshalb nicht der Billigkeit, weil es das Liquiditätsrisiko ungerechtfertigt dem Schuldner aufbürdete.

368 **Zusammenfassung zur Abtretung einer nicht bestehenden Forderung:** Leistet der (Putativ-)Schuldner auf eine abgetretene, in Wirklichkeit nicht bestehende Forderung, ist aus Wertungsgesichtspunkten dem Schuldner das Recht zuzubilligen, entgegen der Grundregel den Kaufpreis vom Zedenten zu kondizieren.

### b.) Unwirksame Abtretung einer bestehenden Forderung

369 Fraglich ist, ob das Gleiche auch für den Fall gilt, dass der Schuldner in der irrigen Annahme, eine bestehende Forderung sei durch Abtretung oder in anderer Weise übergegangen, an den vermeintlichen Erwerber leistet. Diese Konstellation ist regelmäßig mit Fragen des Minderjährigenrechts verbunden.

370 **Beispiel:** Nachdem die o.g. Sache rückabgewickelt ist und V die Skulptur auch zurückerhalten hat, verkauft sie sie diesmal an die wohlhabende, aber erst 17 Jahre alte Kunigunde. Die Eltern der K haben diesem Geschäft zugestimmt. Zur Begleichung ihrer Schuld tritt sie allerdings ihren Lohnzahlungsanspruch, den sie gegen ihren Arbeitgeber Amadeus hat, ohne Einverständnis ihrer Eltern an V ab. A überweist „wunschgemäß" das Geld an V. Als die Eltern von dieser Abtretung erfahren, berufen sie sich auf die Unwirksamkeit der Abtretung und fordern A auf, K den ihr zustehenden Lohn zu zahlen. Mit Recht?

Hinsichtlich der behaupteten Unwirksamkeit der Abtretung haben die Eltern Recht, weil § 113 I BGB nicht die Abtretung von Lohnzahlungsansprüchen umfasst. Daher können die Eltern den im Namen ihrer Tochter geltend gemachten Lohnzahlungsanspruch gem. § 611 I BGB geltend machen.

Fraglich ist, ob A gegen V über § 812 I S. 1 Var. 1 BGB einen Rückzahlungsanspruch hat. Dazu müsste sich seine Zahlung an V als Leistung dargestellt haben.
Legt man bei der Bestimmung der Leistungsverhältnisse den grds. maßgeblichen objektivierten Empfängerhorizont zugrunde, ist die Zahlung des A an V als Leistung i.S.d. § 812 I S. 1 Var. 1 BGB zu qualifizieren. Denn A glaubte, der Lohnzahlungsanspruch der K sei durch die Abtretung an V auf diese übergegangen, sodass er nun ihr gegenüber verpflichtet sei.
Diese Leistung erfolgte auch ohne Rechtsgrund, weil die Abtretung (die an sich den Rechtsgrund bilden würde) wegen der verweigerten Genehmigung der Eltern unwirksam war (vgl. § 108 I BGB). Daran ändert auch die Regelung des § 409 BGB (Abtretungsanzeige) nichts, da die Abtretungsanzeige ein Rechtsgeschäft darstellt und die Verweigerung der Genehmigung sich einheitlich auf den gesamten Abtretungsvorgang erstreckt. V hatte also gar keine Forderung gegen A.
Da sich die Stellung des Schuldners durch die Zession aber nicht verschlechtern darf, ist fraglich, ob diesem Ergebnis nicht Wertungsgesichtspunkte entgegenstehen. Auf der anderen Seite würde eine Korrektur wiederum zu Lasten des Minderjährigenschutzes

---

[365] Anders *Medicus/Petersen* (BR, Rn 685), nach deren Auffassung das Liquiditätsrisiko des neuen Gläubigers zu den Lasten gehört, welche die §§ 398 ff. BGB dem Schuldner zumuten.
[366] Vgl. auch BGH ZIP 2002, 1419; BGHZ 105, 365, 368 ff.; 122, 46, 49 ff.; 82, 28, 30; *Schwab*, in: MüKo, § 812 Rn 121; *Lorenz*, in: Staudinger, § 812 Rn 41; *Buck-Heeb*, in: Erman, § 812 Rn 36; *Sprau*, in: Palandt, § 812 Rn 77.

gehen. Letztlich besteht ein Spannungsverhältnis zwischen dem Schuldnerschutz (Liquiditätsrisiko nur zu Lasten desjenigen, der sich seinen Vertragspartner zuvor auch selbst ausgesucht hat) und dem Minderjährigenschutz. Wegen der hohen Stellung, die das BGB dem Minderjährigenschutz eingeräumt hat, wird das Spannungsverhältnis stets i.S.d. Minderjährigenschutzes zu lösen sein.[367]

Ergebnis: A hat gegen V gem. § 812 I S. 1 Var. 1 BGB einen Rückzahlungsanspruch.

**Zusammenfassung zur unwirksamen Abtretung einer bestehenden Forderung:** Leistet der Schuldner in der irrigen Annahme, eine bestehende Forderung sei durch Abtretung oder in anderer Weise übergegangen, an den vermeintlichen Erwerber, liegt zwischen ihm und dem vermeintlichen Erwerber eine Leistungsbeziehung vor, innerhalb derer die Rückabwicklung vorzunehmen ist. Zwar kann man anhand von Wertungsgesichtspunkten diskutieren, dem Schuldner das Recht zuzubilligen, entgegen der Grundregel den Kaufpreis vom Zedenten zu kondizieren. Ist der Zedent aber minderjährig und haben die gesetzlichen Vertreter die Abtretung nicht genehmigt, entspricht es dem Minderjährigenschutz, den Minderjährigen aus der Rückabwicklung herauszuhalten. In diesem Fall bleibt es bei der Grundregel, dass innerhalb desjenigen Leistungsverhältnisses abzuwickeln ist, in dem der Rechtsgrund fehlt. **371**

### i. Kritik an dem herrschenden Leistungsbegriff

Der von der h.M. vertretene Leistungsbegriff wird teilweise als zu starr bezeichnet. **372**
Insbesondere bei Mehrpersonenverhältnissen wird kritisiert, mit ihm ließen sich zu viele Probleme nicht interessengerecht lösen.[368] Dieser Auffassung ist zwar zuzugeben, dass sie unter Hinzuziehung materieller Kriterien losgelöst von formalen Zwängen bemüht ist, eine gerechte Einzelfallentscheidung herbeizuführen. Doch fehlt ihr gerade dadurch die Tauglichkeit der Anwendung in der Praxis, wodurch zugleich ein Stück Rechtssicherheit verloren geht. Daher sollte man nach wie vor bei der Lösung eines bereicherungsrechtlichen Falls zunächst von dem von der h.M. verwendeten Leistungsbegriff ausgehen und lediglich bei der Bestimmung der Leistungsverhältnisse bei Mehrpersonenbeziehungen bzw. bei der Beteiligung von Minderjährigen prüfen, ob Korrekturen des Leistungsbegriffs aufgrund gesetzlicher Wertentscheidungen erforderlich sind.

[367] Vgl. dazu auch BGHZ 113, 62, 68 ff.; OLG Düsseldorf VersR 2000, 1529; *Sprau*, in: Palandt, § 812 Rn 77.
[368] Siehe nur *Larenz/Canaris*, § 70 VI 2; *Brox/Walker*, § 40 Rn 9.

## 2. *Condictio ob causam finitam* - § 812 I S. 2 Var. 1 BGB

373 Diese Leistungskondiktion unterscheidet sich von der *condictio indebiti* dadurch, dass der Rechtsgrund für die Leistung zwar im Zeitpunkt der Leistungserbringung bestand, später aber weggefallen wäre, wenn ihn der Leistende nicht schon vorher durch Leistung zum Erlöschen gebracht hätte (**Leistungskondiktion wegen späteren Wegfalls des Rechtsgrundes**).[369] Gründe für den späteren (hypothetischen) Wegfall des Rechtsgrundes sind insbesondere:

- Eintritt einer auflösenden Bedingung (§ 158 II BGB)
- Eintritt eines Endtermins
- Vertragsaufhebung
- Leistungen nur vorläufiger Natur
- Widerruf einer vollzogenen Schenkung nach §§ 530, 531 II BGB
- Anfechtung des Verpflichtungsgeschäfts (str.)

374 Von besonderer Bedeutung ist die Frage, ob in Fällen einer **Anfechtung** (bspw. wegen Irrtums oder arglistiger Täuschung) die *condictio indebiti* oder die *condictio ob causam finitam* einschlägig ist. Wie bereits mehrfach erörtert, ist diese Frage nicht nur akademischer Natur, sondern vor allem dann relevant, wenn der Ausschlusstatbestand des **§ 814 BGB** vorliegt, der sich nur auf den Kondiktionstatbestand der *condictio indebiti* bezieht.

375 - Teilweise wird die Rückabwicklung eines erfolgreich angefochtenen Rechtsgeschäfts wegen der mit der Anfechtung verbundenen rückwirkenden Nichtigkeitsfolge (vgl. § 142 I BGB) über § 812 I S. 1 Var. 1 BGB (*condictio indebiti*) vorgenommen.[370] Diese Auffassung behandelt den Fall also so, als habe der Rechtsgrund von Anfang an nicht bestanden.

376 - Demgegenüber nimmt die Gegenauffassung die Rückabwicklung eines wegen Anfechtung vernichteten Leistungsverhältnisses über § 812 I S. 2 Var. 1 BGB (*condictio ob causam finitam*) vor.[371] Dem ist zuzustimmen. Zwar ist richtig, dass die Anfechtung das Rechtsgeschäft i.d.R. rückwirkend vernichtet, entscheidend ist jedoch, dass zum Zeitpunkt der Leistung der Rechtsgrund nun einmal bestand und das Geschäft daher bis zur Anfechtungserklärung als wirksam zu behandeln ist. Hinzu kommt, dass die Rückwirkung auch rechtsdogmatisch nur eine Fiktion darstellt und zudem noch nicht einmal ausnahmslos gilt. So werden das fehlerhafte Arbeitsverhältnis und die fehlerhafte Gesellschaft bekanntermaßen nur mit Wirkung für die Zukunft (*ex nunc*) korrigiert bzw. vernichtet.[372] Daher scheint es insgesamt angebracht, ein durch Anfechtung vernichtetes Rechtsgeschäft über § 812 I S. 2 Var. 1 BGB rückabzuwickeln.

  Aber auch wenn man die Rückabwicklung eines erfolgreich angefochtenen Rechtsgeschäfts über § 812 I S. 1 Var. 1 BGB vornimmt, ist damit eine Kondiktion trotz Vorliegens der Voraussetzungen des Ausschlusstatbestands des § 814 BGB noch nicht zwangsläufig ausgeschlossen. Zwar ist dieser Ausschlusstatbestand an sich einschlägig, er darf für den Fall der Anfechtung aber nicht angewendet werden. Denn trotz Kenntnis der Anfechtbarkeit ist der Leistende bis zur Erklärung der Anfechtung zur Leistung verpflichtet. Dieser Pflicht kann er sich nicht entziehen. Daher kann die Vorschrift des § 814 BGB als besondere Ausprägung des Verbots widersprüchlichen Verhaltens (*venire contra factum proprium*) ihren Zweck nicht erfüllen; sie muss unberücksichtigt bleiben.

---

[369] Vgl. BGH NJW 2002, 436 ff.

[370] So *Schmidt-Kessel/Hadding*, in: Soergel, § 812 Rn 184, 189; *Wendehorst*, in: Bamberger/Roth, 3. Aufl. 2012, § 812 Rn 63; *Busche*, in: MüKo, § 142 Rn 15; *Lorenz*, in: Staudinger, § 812 Rn 88.

[371] *Sprau*, in: Palandt, § 812 Rn 26; *Musielak/Hau*, GK, Rn 728; *Brox/Walker*, § 40 Rn 30; *Stadler*, in: Jauernig, § 812 Rn 14; *Schwab*, in: MüKo, § 812 Rn 183; *R. Schmidt*, BGB AT, Rn 1268. Die Rspr. legt sich zumeist nicht fest und stützt den Anspruch schlicht auf § 812 I BGB (vgl. z.B. BGH NJW 2002, 612, 613). Das ist aus der Sicht des BGH zwar möglich, sofern der Ausschlusstatbestand des § 814 BGB nicht vorliegt, in der Fallbearbeitung wird aber eine Festlegung erwartet.

[372] Ganz ähnlich nun auch *Conrad*, JuS 2009, 397, 398.

Die Kondiktion ist aber aus einem anderen Grund ausgeschlossen: Wenn der Leistende anfechtungsberechtigt ist und er in Kenntnis dieses Rechts die Leistung erbringt (vgl. § 142 II BGB), wird regelmäßig eine Bestätigung des anfechtbaren Rechtsgeschäfts vorliegen, sodass eine Anfechtung ausgeschlossen ist (§ 144 BGB)[373] und damit ein Bereicherungsanspruch nach allen Auffassungen entfällt.

Zu beachten ist darüber hinaus, dass bei Ausübung eines (vertraglichen oder gesetzlichen) **Rücktrittsrechts** durch Rücktrittserklärung allein die strengeren Vorschriften der §§ 346 ff. BGB eingreifen (vgl. etwa § 437 Nr. 2 BGB). Die Tatbestände der §§ 812 ff. BGB sind *a priori* ausgeschlossen. Bei Ausübung eines *gesetzlichen* Rücktrittsrechts besteht allerdings die Besonderheit, dass in § 346 III S. 2 BGB wiederum auf die *Rechtsfolgen* der §§ 812 ff. BGB verwiesen wird. 377

Liegt eine **Störung der Geschäftsgrundlage** vor, ist der Vertrag grds. an die geänderten Umstände anzupassen (§ 313 I BGB); sollte eine Vertragsanpassung nicht möglich oder für eine Vertragspartei unzumutbar sein, kommt nicht etwa eine Rückabwicklung über § 812 I S. 2 Var. 1 BGB in Betracht, sondern über die Rücktrittsregeln nach §§ 346 ff. BGB. Dies stellt § 313 III BGB klar. 378

Auch im **Scheidungsrecht** ist die Rückabwicklung einer gescheiterten Ehe grds. nicht über § 812 I S. 2 Var. 1 BGB, sondern über die speziellen Regeln des Scheidungsrechts (§§ 1363 ff.; 1564 ff. BGB) vorzunehmen. Das gilt auch für während der Ehe gemachte Zuwendungen (Schenkungen i.S.d. § 516 BGB) oder einen Rechtserwerb nach § 965 BGB. Eine Schenkung liegt vor, wenn die Zuwendung unentgeltlich und freigiebig, insbesondere ohne Erwartung des Fortbestands der Ehe erfolgt. Scheitert die Ehe, sind Schenkungen im Rahmen des späteren Zugewinnausgleichs ausgleichspflichtig. Eine Rückabwicklung kann auch über §§ 528, 530 BGB erfolgen. Soll(te) die Zuwendung aber der ehelichen Lebensgemeinschaft dienen, spricht man von einer sog. ehebedingten oder unbenannten Zuwendung unter Ehegatten. Das gilt selbst dann, wenn keine oder nur eine teilweise Gegenleistung vereinbart wird. Da hier gerade keine Schenkung i.S.d. § 516 BGB vorliegt, kann die Zuwendung auch nicht gem. § 528 BGB zurückgefordert oder gem. § 530 BGB widerrufen werden. Hinsichtlich der Rückabwicklung greifen die güterrechtlichen Regelungen („Zugewinnausgleich") und subsidiär die Grundsätze über die Störung der Geschäftsgrundlage (§ 313 I BGB). Besonders problematisch ist die Frage nach der Rückabwicklung von Zuwendungen, die von den Schwiegereltern erbracht worden sind, solche Zuwendungen meist in der Erwartung erfolgen, dass die Ehe dauerhaft besteht: Nach bisheriger Rechtsprechung hatten Schwiegereltern hinsichtlich der gegenüber ihrem Schwiegerkind gemachten Zuwendungen bei nachträglichem Scheitern der Ehe zwar einen grundsätzlichen Ausgleichsanspruch nach den Grundsätzen über die Störung der Geschäftsgrundlage. Voraussetzung war aber, dass sich die Beibehaltung der geschaffenen Vermögenslage als für den Zuwendenden unzumutbar erwies. Das wiederum hat die bisherige Rechtsprechung verneint, wenn die Ehegatten im gesetzlichen Güterstand der Zugewinngemeinschaft gelebt hatten. Denn dann partizipiere das eigene Kind im Rahmen des Zugewinnausgleichs angemessen an der Zuwendung. Diese Rechtsprechung hat der BGH nunmehr aufgegeben. Er hat entschieden, dass Zuwendungen der Eltern, die um der Ehe ihres Kindes Willen an das (künftige) Schwiegerkind erfolgen, nicht als unbenannte Zuwendungen, sondern als Schenkungen zu qualifizieren seien.[374] Auf derartige Schenkungen sei im Rahmen einer etwaigen Rückabwicklung jedoch nicht das Schenkungsrecht, sondern es seien (wie bei den unbenannten Zuwendungen unter 379

[373] Zur Leistung in Kenntnis der Anfechtbarkeit vgl. *Weishaupt*, JuS 2001, L 89 f.

[374] BGHZ 184, 190 ff. unter Aufgabe seiner bisherigen Rspr. (vgl. etwa BGHZ 129, 259, 263; BGH FamRZ 2006, 394 m.w.N.). Danach galt: Erfolgte die Zuwendung der Eltern zugunsten ihres Kindes als auch zugunsten ihres Schwiegerkindes, wurde die Zuwendung an das Schwiegerkind als ehebezogene Zuwendung, die Zuwendung an das eigene Kind hingegen als Schenkung angesehen.

Ehegatten) die Grundsätze der **Störung der Geschäftsgrundlage** anzuwenden. Lag der Zweck der schwiegerelterlichen Zuwendung darin, dass der Zuwendungsgegenstand (auch) dem eigenen Kind zugutekommt, indem dessen Ehe fortbesteht, ist nach dem Scheitern der Ehe auch ein **bereicherungsrechtlicher Anspruch** aus § 812 I S. 2 Var. 2 BGB (Zweckverfehlung, dazu sogleich Rn 382 ff.) denkbar.[375]

**380** Als **Ausschlusstatbestände** kommen nur die gleichermaßen für alle Leistungskondiktionen geltenden **§§ 817 S. 2 und 241a BGB** in Betracht. Insoweit besteht volle Kongruenz zur *condictio indebiti*.

**381**

**Voraussetzungen und Rechtsfolgen der *condictio ob causam finitam***

**I. Etwas erlangt**
Volle Kongruenz zur *condictio indebiti*

**II. Durch Leistung eines anderen**
Volle Kongruenz zur *condictio indebiti*

**III. Späterer Wegfall des rechtlichen Grundes**
Der Rechtsgrund für die Leistung bestand zwar im Zeitpunkt der Leistungserbringung, wäre später aber weggefallen, wenn ihn der Leistende nicht schon vorher durch Leistung zum Erlöschen gebracht hätte. Gründe für den späteren (hypothetischen) Wegfall des Rechtsgrundes sind insbesondere der Eintritt einer auflösenden Bedingung und die Anfechtung. Hinsichtlich des Rechtsgrundes besteht volle Kongruenz zur *condictio indebiti.*

**IV. Ausschluss des Tatbestands durch § 817 S. 2 oder § 241a BGB**
Volle Kongruenz zur *condictio indebiti*

**V. Umfang des Bereicherungsanspruchs (Rechtsfolge)**
Volle Kongruenz zur *condictio indebiti*

[375] Vgl. dazu BGHZ 184, 190 ff. und ausführlich nebst Beispielsfall *R. Schmidt*, FamR, 10. Aufl. 2018, Rn 226 f.

## 3. *Condictio ob rem* - § 812 I S. 2 Var. 2 BGB

Gemäß dieser Leistungskondiktion, die teilweise auch *condictio causa data causa non secuta* genannt wird, fehlt ein Rechtsgrund für das Behaltendürfen, wenn der **„mit einer Leistung nach dem Inhalt des Rechtsgeschäfts bezweckte Erfolg nicht eintritt"**. 382

383

### Voraussetzungen und Rechtsfolgen der *condictio ob rem*

**I. Etwas erlangt**
Volle Kongruenz zur *condictio indebiti*

**II. Durch Leistung eines anderen**
Volle Kongruenz zur *condictio indebiti*

**III. Nichteintritt des mit der Leistung bezweckten Erfolgs**
Bei dieser Kondiktion fehlt ein Rechtsgrund für das Behaltendürfen, wenn der „mit einer Leistung nach dem Inhalt des Rechtsgeschäfts bezweckte Erfolg nicht eintritt".

- Zunächst muss mit der Leistung ein Erfolg bezweckt sein. Damit ist nicht der Erfolg „Schuldtilgung" gemeint, den jemand bezweckt, wenn er zur Erfüllung einer Verbindlichkeit leistet. Eine solche Leistung erfolgt solvendi causa (= um zu erfüllen). Wird dieser Erfolg nicht erreicht, weil die Verbindlichkeit nicht besteht (Beispiel: Kaufvertrag ist nichtig), greift bereits § 812 I S. 1 Var. 1 BGB ein. Nicht zu einer *condictio ob rem* führt auch der Fall, dass jemand in Erfüllung eines gegenseitigen Vertrags leistet, um die Gegenleistung des Vertragspartners zu erlangen; dieser Tatbestand ist in den §§ 320 ff. BGB speziell geregelt. Ein Bereicherungsanspruch aus § 812 I S. 2 Var. 2 BGB scheidet auch dann aus, wenn jemand zur Erfüllung einer bestehenden Verbindlichkeit leistet und sich herausstellt, dass die Geschäftsgrundlage fehlte oder inzwischen weggefallen ist; denn die Leistung ist mit Rechtsgrund erbracht. In einem solchen Fall sind allein die Regeln über die Störung der Geschäftsgrundlage (§ 313 BGB) anwendbar.
  Raum für einen Bereicherungsanspruch wegen Nichteintritts des bezweckten Erfolgs besteht also nur dort, wo jemand **eine Leistung erbringt, um den Empfänger zu einem bestimmten Verhalten zu bewegen, auf das der Leistende keinen Anspruch hat**, und dieser Erfolg nicht eingetreten ist.
  Eine *condictio ob rem* ist auch dann nicht ausgeschlossen, wenn **die vereinbarte Zweckbestimmung *neben* einen anderen Rechtsgrund tritt**.
- Zur Bejahung der Zweckverfolgung genügt ein einseitiges Motiv des Leistenden nicht. Vielmehr müssen sich *beide Parteien* über den Zweck der Leistung (wenigstens stillschweigend) verständigt haben (sog. Zweckverständigung). Zur Annahme einer stillschweigenden Zweckverständigung reicht es allerdings aus, dass der Empfänger die Erwartung des Leistenden kennt und durch die Annahme zu verstehen gibt, dass er die Zweckbestimmung billigt.

**IV. Ausschluss des Tatbestands durch § 815 BGB**
Trotz Nichteintritts des bezweckten Erfolgs ist die *condictio ob rem* gem. § 815 BGB in zwei Fällen ausgeschlossen:

- Der Erfolgseintritt war von Anfang an unmöglich und der Leistende hat dies gewusst. In diesem Fall ist der Leistende unter dem Gesichtspunkt *venire contra factum proprium* nicht schutzwürdig.
- Der Leistende hat den Erfolgseintritt treuwidrig verhindert. Mit diesem Ausschlusstatbestand hat der Gesetzgeber die gleiche Wertung getroffen wie bei einer unzulässigen Verhinderung des Eintritts einer Bedingung (§ 162 I BGB).

**V. Ausschluss des Tatbestands durch § 817 S. 2 BGB oder § 241a BGB**
Volle Kongruenz zur *condictio indebiti*

**VI. Umfang des Bereicherungsanspruchs (Rechtsfolge)**
Volle Kongruenz zur *condictio indebiti*

### a. Verfolgung eines Zwecks

384 Grundvoraussetzung dieser Kondiktion ist, dass mit der Leistung ein Erfolg bezweckt wurde. Hierbei ist jedoch zu beachten, dass dieser „Zweck" nicht mit der Schuldtilgung verwechselt werden darf, die der Erfüllung einer Verbindlichkeit dient. Eine solche Leistung erfolgt *solvendi causa* (= um zu erfüllen; Beispiel: Bezahlung des Kaufpreises). Wird dieser Erfolg nicht erreicht, weil die Verbindlichkeit nicht besteht (Beispiel: Kaufvertrag ist nichtig), liegt ein Fall des § 812 I S. 1 Var. 1 BGB vor.[376] Zu einer *condictio ob rem* führt auch nicht der Fall, dass jemand in Erfüllung eines gegenseitigen Vertrags leistet, um die Gegenleistung des Vertragspartners zu erlangen; dieser Tatbestand wird speziell von §§ 320 ff. BGB erfasst.[377] Ein Bereicherungsanspruch aus § 812 I S. 2 Var. 2 BGB ist auch dann nicht gegeben, wenn der Gläubiger zur Erfüllung einer bestehenden Verbindlichkeit leistet und sich herausstellt, dass die Geschäftsgrundlage fehlte oder inzwischen weggefallen ist; denn die Leistung ist mit Rechtsgrund erbracht. In einem solchen Fall sind allein die Regeln über die **Störung der Geschäftsgrundlage** (§ 313 BGB) anwendbar.[378]

385 Ein Bereicherungsanspruch wegen Nichteintritts des bezweckten Erfolgs kommt aber in Fällen in Betracht, in denen jemand **eine Leistung erbringt, um den Empfänger zu einem bestimmten Verhalten zu bewegen, auf das der Leistende keinen Anspruch hat, und dieser Erfolg nicht eingetreten ist**. Die Leistung erfolgt *ob rem*.[379]

**Beispiele:**

386 **(1)** Neffe Nepomuk renoviert unaufgefordert das Haus seiner Tante in der Hoffnung, als Erbe eingesetzt zu werden. Als die Tante später stirbt und N „leer" ausgeht, verlangt er vom Erben Fridolin Vergütung (F ist gem. §§ 1922, 1967 BGB in alle Rechte und Pflichten eingetreten – Universalsukzession). Dies kann er gem. § 812 I S. 2 Var. 2 BGB, weil der mit der Leistung verfolgte Zweck nicht eingetreten ist.

**(2)** Verkäufer Valencio überreicht schon einmal dem Käufer Konrad die Quittung in der Erwartung der späteren Kaufpreiszahlung. Bleibt diese aus, kann V die Quittung gem. § 812 I S. 2 Var. 2 BGB herausverlangen.

**(3)** Verkäufer Viktor verkauft und übereignet dem minderjährigen Kevin ein Computerspiel in der Erwartung, dass der Kaufvertrag von den Eltern als gesetzliche Vertreter genehmigt wird (vgl. § 108 I BGB). Erteilen die Eltern die gewünschte Genehmigung nicht, kann V nach h.M. das Spiel gem. § 812 I S. 2 Var. 2 BGB herausverlangen; insb. liege keine *condictio indebiti* vor, weil der Kaufvertrag schwebend unwirksam gewesen sei und V somit nicht aufgrund einer Leistungsverpflichtung gehandelt habe. Nach der hier vertretenen Auffassung geht diese Annahme fehl, weil auch derjenige, der eine Sache an einen Minderjährigen verkauft und an diesen übereignet, i.S.v. § 812 I S. 1 Var. 1 BGB (*condictio indebiti*) leistet.

**(4)** Die nichteheliche Lebensgemeinschaft zwischen M und F wird aufgelöst. Während der Beziehung hatte M ca. 90.000,- € in das Haus der F investiert. Nach der Trennung verlangt M diesen Betrag von F zurück. ⇨ Hier kommt ein Anspruch wegen Schenkungswiderrufs (§§ 530 I, 531 II, 812 I S. 2 Var. 1 BGB) nicht in Betracht, da kein Schenkungsvertrag, sondern nur eine gemeinschaftsbezogene Zuwendung angenommen werden kann. Da auch keine Ehe bestand, kommen des Weiteren auch keine scheidungsrechtlichen Ausgleichsansprüche (Zugewinnausgleich gem. § 1378 BGB) in Betracht. Auch eine analoge Anwendung des § 1378 BGB kommt nicht in Betracht, weil anderenfalls die nichteheliche Gemeinschaft der ehelichen gleichgestellt würde. Ein Partnerschaftsvertrag gem. §§ 311 I, 241 BGB lag nicht

---

[376] *Brox/Walker*, § 40 Rn 31.
[377] Vgl. BGHZ 44, 321, 322 f.; *Sprau*, in: Palandt, § 812 Rn 87; *Brox/Walker*, § 40 Rn 31.
[378] *Brox/Walker*, § 40 Rn 36.
[379] *Brox/Walker*, § 40 Rn 32. Vgl. auch BGH NJW 2004, 512, 513; NJW 2002, 1340 ff.

vor, sodass auch diesbezügliche Ansprüche nicht gegeben sind. In Betracht kommt aber ein Ausgleichsanspruch aus Auflösung einer BGB-Gesellschaft gem. §§ 730 ff. BGB. Das setzt jedoch einen Gesellschaftsvertrag voraus, der auch konkludent geschlossen werden kann. Dazu hätten M und F aber seinerzeit die Absicht verfolgen müssen, mit dem Erwerb eines Vermögensgegenstands – etwa einer Immobilie – einen – wenn auch wirtschaftlichen – gemeinschaftlichen Wert zu schaffen, der von ihnen für die Dauer der Partnerschaft nicht nur gemeinsam genutzt werden, sondern ihnen nach ihrer Vorstellung auch gemeinsam gehören sollte. Dabei können sich Indizien für ein nach gesellschaftsrechtlichen Grundsätzen zu bewertendes Handeln z.B. aus Planung, Umfang und Dauer des Zusammenwirkens ergeben. In die Gesamtwürdigung der in Betracht zu ziehenden Umstände sind ferner die Art des geschaffenen Vermögenswerts, die von den Parteien erbrachten Leistungen und ihre finanziellen Verhältnisse einzubeziehen.[380] Verfolgen die Partner aber einen Zweck, der nicht über die Verwirklichung der nichtehelichen Lebensgemeinschaft hinausgeht, bestehen grds. Zweifel am Vorliegen eines (konkludent geschlossenen) Gesellschaftsvertrags, weil in diesem Fall insbesondere bereits der Rechtsbindungswille fehlt. Nimmt man dies für den vorliegenden Fall an, bestehen keine Ansprüche des M aus §§ 730 ff. BGB. Eine analoge Anwendung der §§ 730 ff. BGB lehnt der BGH in seiner aktuellen Rspr. ausdrücklich ab.[381] Ob letztlich ein Anspruch aus Zweckkondiktion nach § 812 I S. 2 Var. 2 BGB besteht, weil man davon ausgehen darf, dass M die Leistung nur mit Rücksicht auf eine dauerhafte Beziehung erbracht und sich diese Erwartung nicht erfüllt hat, hängt davon ab, ob man einen bereicherungsrechtlichen Ausgleich bei Scheitern einer nichtehelichen Lebensgemeinschaft überhaupt anerkennt. Der BGH hat dies bisher wegen der rechtlichen Unverbindlichkeit der Beziehung kategorisch abgelehnt. Nunmehr aber hält das Gericht einen Ausgleichsanspruch aus Zweckkondiktion für möglich. Angesichts der hohen Scheidungsraten sei es nicht angemessen, nur bei Ehegatten das Vertrauen in die dauerhafte Verbindung rechtlich zu schützen.[382]

Fazit: Während es der BGH bisher stets abgelehnt hat, den Partnern einer nichtehelichen Lebensgemeinschaft wegen der rechtlichen Unverbindlichkeit der Beziehung bereicherungsrechtliche Ausgleichsansprüche zu gewähren, schließt er nunmehr jedenfalls Ansprüche aus Zweckkondiktion nicht von vornherein aus. Das ist zu begrüßen, weil nicht einzusehen ist, warum ein Partner auf Kosten des anderen bereichert aus der Beziehung herausgehen soll. Ist also eine Zweckkondiktion nicht von vornherein ausgeschlossen, hängt das Bestehen eines entsprechenden Ausgleichsanspruchs vom Vorliegen einer Zweckverständigung ab, vgl. dazu sogleich.

## b. Beiderseitige Verständigung über den Zweck der Leistung

Entgegen dem ersten Eindruck, den man bei der Lektüre des § 812 I S. 2 Var. 2 BGB gewinnen könnte, genügt in Wahrheit ein einseitiges Motiv des Leistenden nicht. Vielmehr müssen sich *beide Parteien* über den Zweck der Leistung (wenigstens stillschweigend) verständigt haben (sog. **Zweckverständigung**).[383] Zur Annahme einer stillschweigenden Zweckverständigung reicht es allerdings aus, dass der Empfänger die Erwartung des Leistenden kennt und durch die Annahme zu verstehen gibt, dass er die Zweckbestimmung billigt.[384] 387

**Beispiel:** Emelie ist als Netzwerkadministratorin im Betrieb des Dietwald beschäftigt. Während ihres Sommerurlaubs verdient sie sich ein paar Euro dazu, indem sie für den Graphik-Design-Betrieb des Alois Entwürfe für Buchumschläge erstellt. Als D dies später zufällig erfährt, verlangt er das freiwillig an E gezahlte Urlaubsgeld zurück. Mit Recht? 388

[380] BGH FamRZ 2003, 1542, 1543.
[381] BGHZ 165, 1, 10.
[382] Vgl. BGH NJW 2008, 3277, 3278 ff.
[383] Vgl. BGH NJW 2004, 512, 513; NJW 2001, 3118; *Messerle*, JuS 2001, 28, 33; *Keim*, JuS 2001, 636, 637.
[384] BGH NJW 2004, 512, 513.

In Betracht kommt zunächst ein Anspruch aus § 812 I S. 1 Var. 1 BGB (*condictio indebiti*). Der fehlende Rechtsgrund für die Zahlung des Urlaubsgeldes könnte dann in der Nichtigkeit (§ 134 BGB) der der Zahlung zugrunde liegenden Urlaubsgeldvereinbarung zu sehen sein. Dazu hätte aber ein Verstoß gegen ein Gesetz i.S.d. § 134 BGB vorliegen müssen. Zwar hat E gegen § 8 BUrlG verstoßen, ein solcher Verstoß führt nach Auffassung des BAG aber nicht zur Nichtigkeit der Urlaubsgeldvereinbarung, weil auch bei Beachtung dieser Vorschrift eine Erholung nicht gewährleistet sei[385] (der Arbeitnehmer kann ja bspw. während seines Erholungsurlaubs sein Haus komplett renovieren). Nach Auffassung des LAG Köln gilt dies sogar dann, wenn der Arbeitnehmer von vornherein die Absicht hatte, während seines Erholungsurlaubs anderweitig gegen Bezahlung zu arbeiten.[386]
Hinsichtlich einer ebenfalls denkbaren Zweckkondiktion nach § 812 I S. 2 Var. 2 BGB müsste eine Zweckverfehlung hinsichtlich der Zahlung des Urlaubsgeldes vorliegen. Diese könnte man zwar darin sehen, dass der mit der Zahlung des Urlaubsgeldes verfolgte Zweck – Förderung der Erholung von der Arbeit – nicht eingetreten ist, allerdings erfordert § 812 I S. 2 Var. 2 BGB wenigstens eine stillschweigende Zweckverständigung darüber, dass der Empfänger die Erwartung des Leistenden kennt und durch die Annahme der Leistung zu verstehen gibt, dass er die Zweckbestimmung billigt. Nach Auffassung des BAG liegt eine solche Zweckvereinbarung zwischen D und E aber nicht vor, weil der Zweck des Erholungsurlaubs allein durch Gesetz bestimmt sei.[387] Das ist rechtsdogmatisch höchst bedenklich. Denn § 812 I S. 2 Var. 2 BGB lässt sich nicht entnehmen, dass eine *condictio ob rem* trotz Verfehlung des von den Parteien getroffenen Leistungszwecks ausgeschlossen sein soll, wenn derselbe Leistungszweck gleichzeitig durch ein Gesetz bestimmt wird. Hiervon unberührt stehen dem Arbeitgeber wegen Verletzung arbeitsrechtlicher Nebenpflichten ggf. ein Anspruch auf Schadensersatz (§§ 611, 280 BGB) bzw. ein Kündigungsrecht (§ 626 BGB) zu.

**389** Auch bei einer **Zweckschenkung** kann der Schenker die erwartete Leistung des Beschenkten nicht verlangen. Bleibt diese also aus, ist der Schenkungsvertrag gleichwohl gültig, sodass eine Rückabwicklung jedenfalls unter dem Gesichtspunkt der *condictio indebiti* nicht in Betracht kommt. Möglich ist aber eine *condictio ob rem*.

**390** **Beispiel:** Carlos lässt seiner todkranken Tante Leonore während ihrer letzten Monate „Essen auf Rädern" zukommen. Diese Fürsorglichkeit beruht auf der beiderseitigen Annahme, dass C einen Großteil des Vermögens erben wird. Nach Testamentseröffnung muss C jedoch ernüchtert zur Kenntnis nehmen, dass er nicht bedacht worden ist. Verärgert über die Tatsache, dass sich Mühe und Herzlichkeit nicht mehr lohnen, möchte er vom Erben Emil zumindest die Kosten für die Essen erstattet bekommen.

Da E gem. §§ 1922, 1967 BGB in sämtliche Rechte und Pflichten eingetreten ist, könnte er durchaus verpflichtet sein, C die Kosten zu erstatten. Eine Pflicht gem. § 812 I S. 1 Var. 1 BGB (*condictio indebiti*) besteht aber nicht, weil es nicht am Rechtsgrund für die Leistung (hier: Schenkung der Mahlzeiten) fehlte. Möglicherweise ist er C aber wegen Zweckverfehlung der Schenkung gem. § 812 I S. 2 Var. 2 BGB (*condictio ob rem*) verpflichtet.
C hat in Erfüllung seines Schenkungsvertrags mit L dieser gegenüber eine Leistung erbracht, um diese zu einem bestimmten Verhalten zu bewegen (Erbeinsetzung), auf das er keinen Anspruch hat (L hatte sich nicht entsprechend verpflichtet). Da aber beide davon ausgingen, dass die Bezahlung der Essen auf Rädern nur deshalb erfolgte, weil C mit der Erbeinsetzung rechnete, lag eine Zweckverständigung vor; die Leistung erfolgte *ob rem*.

C kann also von E Wertersatz gem. §§ 812 I S. 2 Var. 2, 818 II BGB verlangen.

---

[385] Vgl. BAG DB 1988, 1554, 1555.
[386] LAG Köln DB 1993, 1931.
[387] BAG DB 1988, 1554, 1555.

Ob in Beispiel (4) von Rn 386 zwischen den Parteien eine Einigung über den Zweck der Leistung des M getroffen wurde, hängt davon ab, ob die Leistung des M deutlich über das hinausging, was die Gemeinschaft Tag für Tag benötigt. M hätte also nach der Vorstellung beider Partner langfristig an dem erworbenen Gegenstand partizipieren sollen. Das wäre zweifelsfrei etwa dann anzunehmen, wenn F dem M, der ja nicht als Miteigentümer im Grundbuch eingetragen ist, zumindest schuldrechtlich ein dauerhaftes Wohnrecht eingeräumt hätte. Kann dies jedoch nicht von M bewiesen werden (im Zivilprozess trägt grds. der Anspruchsteller bzw. Kläger die Darlegungs- und Beweislast), scheidet ein Anspruch aus Zweckkondiktion im Ergebnis aus. Dann aber kann sich ein Ausgleichsanspruch des M nach den Grundsätzen über den Wegfall der Geschäftsgrundlage (§ 346 I BGB i.V.m. § 313 III BGB) ergeben. Voraussetzung ist dann aber nach der aktuellen Rspr. des BGH ebenfalls eine Zuwendung oder Arbeitsleistung, die deutlich über das hinausgeht, was die Gemeinschaft täglich benötigt. Der BGH überträgt dazu die Kriterien, die er bei Ehegatten entwickelt hat, die im Güterstand der Gütertrennung gelebt haben. Dazu zählen die Dauer der Ehe, die Höhe der Zuwendung, die Höhe der eingetretenen und noch vorhandenen Vermögensmehrung, das Maß des eigenen Einsatzes des Begünstigten an der Wertschöpfung, das Alter der Ehegatten bei der Scheidung, das weitere Vermögen der Ehegatten sowie das Bestehen einer Altersabsicherung.[388] Ob M danach der geltend gemachte Ausgleichsanspruch zusteht, ist eine Tatfrage. **390a**

### c. Zweckvereinbarung neben einem anderen Rechtsgrund

Fraglich ist, ob eine *condictio ob rem* auch dann nicht ausgeschlossen ist, wenn **die vereinbarte Zweckbestimmung *neben* einen anderen Rechtsgrund tritt.** **391**

- Nach einer Ansicht führen Tatbestände, in denen der bezweckte, über die Erfüllung hinausgehende Erfolg Vertragsinhalt geworden ist, nicht zu einer *condictio ob rem*. In einem solchen Fall würden beim Nichteintritt des Erfolgs die §§ 280 ff. BGB (Unmöglichkeit wegen Zweckverfehlung) eingreifen. Sofern der Zweck nicht zum Vertragsinhalt gehöre, der Vertrag aber zu einem bestimmten Zweck geschlossen worden sei und dieser Zweck entfalle (z.B. Schenkung bei einer bevorstehenden Heirat, die dann jedoch nicht stattfindet), seien die Regeln über die Störung der Geschäftsgrundlage (§ 313 BGB) heranzuziehen.[389] **392**

- Nach der Gegenauffassung ist es nicht ausgeschlossen, neben dem eigentlichen Erfüllungsgrund eine weitere Causa zu schaffen.[390] Für diese Ansicht spricht die grundgesetzlich garantierte Vertragsfreiheit (Art. 2 I GG), wonach es möglich sein muss, neben einer bestehenden Vertragspflicht weitere Erfüllungsgründe zu vereinbaren, deren Nichteintritt eine Kondiktion begründen. Auch der Wortlaut des § 812 I S. 2 Var. 2 BGB geht davon aus, dass es zwischen vertraglicher Bindung und Störung der Geschäftsgrundlage etwas geben muss, das nur zur Kondiktion führt. Daher kann die Leistung gleichfalls nach Wegfall bzw. Nichteintritt des mit ihr bezweckten Erfolgs zurückgefordert werden, so etwa wenn jemand durch Leistung neben dem eigentlichen Erfüllungsgrund versucht, den Empfänger zu einem bestimmten Verhalten zu veranlassen. **393**

**Beispiele:**

**(1)** Mieter Mirko bebaut das gemietete Grundstück seines Onkels Oskar, ohne hierzu verpflichtet zu sein, in der berechtigten Erwartung, später Eigentum am Grundstück zu erwerben. Nachdem sich diese Erwartung nicht erfüllt hat, verlangt M von O Wertersatz. **394**

Hier erfolgt die Leistung des M außerhalb der bestehenden vertraglichen Verpflichtung zur Mietzinszahlung. Da für einen solchen Fall die *condictio ob rem* nicht ausgeschlossen ist, kann er grds. gem. §§ 812 I S. 2 Var. 2, 818 II BGB Wertersatz

---

[388] Vgl. BGH NJW 2008, 3277, 3278 ff.
[389] *Larenz/Canaris*, SchuldR II, § 68 I 3 d; *Brox/Walker*, § 40 Rn 34.
[390] BGH NJW 2001, 3118; *Sprau*, in: Palandt, § 812 Rn 86 ff.

verlangen, weil der mit der Leistung verfolgte Zweck nicht eingetreten ist.[391] Die Verwendungskondiktion gem. § 812 I S. 1 Var. 2 BGB ist dann subsidiär.[392] Möglich ist es aber auch, statt einer *condictio ob rem* eine Eingriffskondiktion über § 951 i.V.m. § 812 I S. 1 Var. 2 BGB anzunehmen.

395 **(2)** Die Eheleute Müller können sich ihren Kinderwunsch nicht erfüllen. Um dennoch zu einem Kind zu kommen, bezahlen sie die Leihmutter L für eine heterologe Insemination, die Geburt und die Freigabe des Kindes zur Adoption. Als sich später jedoch herausstellt, dass das geborene Kind nicht von Herrn Müller, sondern vom Freund der L gezeugt wurde, platzt nicht nur die vereinbarte Adoption, sondern die Eheleute Müller verlangen auch das Geld zurück.

Unabhängig davon, dass der „Leihmuttervertrag" gegen § 1 I Nr. 7 Embryonenschutzgesetz und damit gegen ein gesetzliches Verbot i.S.d. § 134 BGB verstößt, mit der Folge der Rückabwicklung über § 812 I S. 1 Var. 1 BGB (*condictio indebiti*), können die Eheleute gem. § 812 I S. 2 Var. 2 BGB die Rückübertragung des Geldes fordern, weil der mit der Zahlung verfolgte Zweck nicht erreicht wurde. Möglicherweise greift aber der Ausschlusstatbestand des § 817 S. 2 BGB (dazu Rn 305 ff.).

396 **(3)** Um seine Frau hinsichtlich der missglückten Adoption zu trösten, schenkt Herr Müller ihr einen größeren Geldbetrag, damit diese auf einem ihrer Grundstücke eine Modeboutique errichten kann. Doch Frau Müller lernt einen anderen Mann kennen und lässt sich von Herrn Müller scheiden. Nach der Scheidung verlangt dieser das Geld, das er seiner damaligen Frau zum Zwecke der Errichtung der Boutique geschenkt hatte, zurück.

Auch hier ist an eine *condictio ob rem* zu denken. Allerdings besteht der Anspruch im Ergebnis nicht, weil der mit der Leistung verfolgte Zweck (Errichtung einer Boutique) nicht verfehlt worden ist. Auch unter dem Gesichtspunkt der gescheiterten Ehe ist eine Kondiktion ausgeschlossen, weil die Rückabwicklung einer gescheiterten Ehe grds. nur über die speziellen Regeln des Scheidungsrechts (§§ 1363 ff.; §§ 1564 ff. BGB) vorzunehmen ist. Das gilt auch für während der Ehe gemachte Zuwendungen (Schenkung) oder einen Rechtserwerb nach § 965 BGB. Lediglich in einem Ausnahmefall der vorliegenden Art kommt eine Rückabwicklung über § 812 I S. 2 Var. 1 BGB (Wegfall des rechtlichen Grundes für die Zukunft) in Betracht. Voraussetzung ist aber, dass die Zuwendung zumindest stillschweigend (konkludent) unter der auflösenden Bedingung der Ehescheidung gemacht wurde. Fallen die zugewendeten Mittel jedoch in den Zugewinnausgleich (sofern dieser nicht ausgeschlossen wurde), findet der Ausgleich über §§ 1373 ff. BGB statt. Schließlich ist zu beachten, dass unbenannte Zuwendungen (s.o. zu § 812 I S. 2 Var. 1 BGB) nach den Regeln des § 313 BGB rückabzuwickeln sind.

397 **Hinweis für die Fallbearbeitung:** Die vorstehenden Beispiele sollten verdeutlicht haben, dass die *condictio ob rem* kritische Grenzfälle betrifft. Nahezu in jedem Fall war eine Abgrenzung zu anderen Rechtsinstituten, insbesondere zur vertraglichen Vereinbarung i.S. eines gegenseitigen Vertrags und zur Störung der Geschäftsgrundlage, vorzunehmen. Auf welches Institut man letztlich sein Gutachten stützt, muss unbedingt von den verwertbaren Sachverhaltsangaben abhängig gemacht werden.

- Bietet der Sachverhalt noch weitere Hinweise auf das Bereicherungsrecht wie bspw. das Vorliegen der Voraussetzungen des § 815 BGB, den Untergang oder die Verschlechterung des Bereicherungsgegenstands (Entreicherung; Saldotheorie) oder darauf, dass der Bereicherte mit der Bereicherung nichts anfangen kann (aufgedrängte Bereicherung), ist dies als Indiz dafür zu werten, dass der Aufgabensteller eine Rückabwicklung über das Bereicherungsrecht erwünscht.

[391] Vgl. BGH NJW 2013, 3364 f. Einem solchen Anspruch könnte freilich der Einwand der Entreicherung (Stichwort: „aufgedrängte Bereicherung") entgegenstehen. Vgl. dazu ausführlich Rn 134, 193, 397 und 465.
[392] Vgl. BGH NJW 2001, 3118.

- Liegen solche Indizien nicht vor und kommt als angemessene Rechtsfolge eher eine Vertragsanpassung in Betracht, sollte eine Lösung über die Störung der Geschäftsgrundlage (§ 313 BGB) erfolgen.

**Anwendungsfall**[393]**:** Die B war bei Steuerberater S als Bürovorsteherin tätig. Aufgrund eines zwischen den beiden geschlossenen Gesellschaftsvertrags wollten S und B das Steuerberaterbüro in Zukunft in Sozietät betreiben, wenn B die Steuerberaterprüfung bestanden haben würde und als Steuerberaterin zugelassen würde. In der Folgezeit machte B eine Ausbildung zur Steuerberaterin. Die Ausbildungskosten finanzierte S, ohne aufgrund des Arbeits- und des Gesellschaftsvertrags dazu verpflichtet zu sein. Die Verträge enthielten auch keine Rückzahlungsvereinbarung hinsichtlich der Ausbildungskosten. Als B nach Abschluss der Ausbildung den Arbeitsvertrag kündigte und mit *D* eine Steuerberatersozietät eröffnete, verlangte S von B Rückerstattung der Ausbildungskosten. 398

Der von S geltend gemachte Anspruch könnte sich aus § 812 I S. 2 Var. 2 BGB (*condictio ob rem*) ergeben. Danach ist der Empfänger einer Leistung zur Herausgabe verpflichtet, wenn der mit der Leistung nach dem Inhalt des Rechtsgeschäfts bezweckte Erfolg nicht eintritt. Der „Zweck“ darf einerseits nicht Gegenstand der vertraglichen Bindung oder Bedingung eines Rechtsgeschäfts sein, andererseits darf er auch nicht ein bloßer, wenn auch vom Empfänger erkannter, Beweggrund oder eine einseitige Erwartung des Leistenden geblieben sein. Notwendig und genügend ist vielmehr eine - auch stillschweigend mögliche - Einigung im Sinne der tatsächlichen Willensübereinstimmung zwischen beiden Partnern über den verfolgten Zweck.
Vorliegend hat S die B nicht nur für die Dauer der Lehrgänge im Rahmen der Steuerberaterausbildung von der Arbeitspflicht freigestellt, sondern auch sämtliche Kosten dieser Lehrgänge getragen. Zu diesen Leistungen war S weder aufgrund des Arbeitsvertrags der Parteien noch aufgrund des Gesellschaftsvertrags verpflichtet. Zwar war die Zulassung der B als Steuerberaterin Bedingung für das Wirksamwerden des Gesellschaftsvertrags. Eine Pflicht des S, die damit verbundenen Kosten zu übernehmen, ergab sich daraus jedoch nicht. Andererseits war für B offenkundig, dass S mit der Finanzierung ihrer Ausbildung den Zweck verfolgte, den Gesellschaftsvertrag wirksam werden zu lassen und damit eine Steuerberatersozietät mit ihr zu begründen. Andere Beweggründe waren nicht ersichtlich. B hat auch durch die Annahme der Leistungen des S im Rahmen der Ausbildung zu erkennen gegeben, dass sie die Zweckbestimmung des S billigte. Auch das ergibt sich aus dem vorangegangenen Abschluss des Gesellschaftsvertrags. Damit war für S die Erwartung begründet worden, B erstrebe die Qualifizierung zur Steuerberaterin gerade deshalb, um das Steuerberatungsbüro künftig als Gesellschafterin mit ihm weiter betreiben zu können. Über diese gemeinsame Zielrichtung gab es offenbar keine Zweifel. Ansonsten hätte es für S nahegelegen, im Rahmen des mit B bestehenden Arbeitsvertrags eine Rückzahlungsregelung in Bezug auf die Ausbildungskosten zu vereinbaren.

Ergebnis: Aufgrund der Zweckverfehlung ist B zur Erstattung der Ausbildungskosten aus § 812 I S. 2 Var. 2 BGB verpflichtet.

### d. Ausschlusstatbestand des § 815 BGB

Trotz Nichteintritts des bezweckten Erfolgs ist gem. § 815 BGB die *condictio ob rem* (und nur diese![394]) in zwei Fällen ausgeschlossen[395]: 399

- Der Erfolgseintritt war von Anfang an unmöglich und der Leistende hat dies gewusst. Die Kondiktion scheidet hier deswegen aus, weil Leistende aufgrund seines Verhaltens nicht schutzwürdig ist (Grundsatz des *venire contra factum proprium*).

---

393 Nach BGH NJW 2004, 512 f.

394 So die h.M., vgl. BGHZ 29, 171, 174; BGH NJW 1968, 245; BGHZ 106, 169, 171; *Sprau*, in: Palandt, § 815 Rn 1; *Lorenz*, in: Staudinger, § 815 Rn 3; *Keim*, JuS 2001, 636, 638. Nach der Gegenauffassung (*Schmidt-Kessel/Hadding*, in: Soergel, § 815 Rn 1) greift § 815 BGB auch bei den Fällen des § 812 I S. 2 Var. 1 BGB ein. Doch diese Ansicht ist sowohl mit Blick auf den klaren Wortlaut des § 812 I S. 2 Var. 2 BGB als auch auf dessen Sinn und Zweck abzulehnen.

395 *Brox/Walker*, § 40 Rn 37.

- Der Leistende hat den Erfolgseintritt wider Treu und Glauben verhindert. In diesem Fall lässt sich der Ausschluss der Kondiktion damit begründen, dass der Leistende letztlich den Erfolgseintritt vereitelt. Zur Bejahung dieser Alternative verlangt das Gesetz allerdings nicht, dass der Bereicherungsschuldner sich absichtlich treuwidrig verhält. Es genügt, wenn dieser ohne zwingenden Grund eine Handlung vornimmt, die bewusstermaßen hierzu geeignet ist. In objektiver Hinsicht verhält sich der Bereicherungsschuldner treuwidrig, wenn ein nach den Wertungen der Rechtsordnung anerkannter Grund für die Erfolgsverhinderung nicht besteht. Freilich ist stets eine Einzelfallentscheidung notwendig.

**400** **Beispiel**[396]**:** Vanessa und Klara schließen einen Kaufvertrag über ein Hausgrundstück. Um Grunderwerbsteuern und Notargebühren zu sparen, geben sie bei der notariellen Beurkundung des Kaufvertrags vor dem Notar einen Kaufpreis von 500.000,- € statt der zuvor vereinbarten 700.000,- € an. Noch vor der Änderung des Grundbuchs leistet K an V eine Anzahlung von 50.000,- € und zieht schon einmal in das Haus ein. Später – aber ebenfalls noch vor Änderung des Grundbuchs – wird das Haus durch extremes Hochwasser stark beschädigt und muss abgerissen werden. K zieht aus und verlangt unter Berufung auf die Unwirksamkeit des Kaufvertrags die Anzahlung zurück. Mit Recht?

Ein Rückzahlungsanspruch könnte sich aus § 812 I S. 2 Var. 2 BGB ergeben (die h.M. geht erst gar nicht auf die Möglichkeit des § 812 I S. 1 Var. 1 BGB ein). Dazu müsste der mit einer Leistung nach dem Inhalt des Rechtsgeschäfts bezweckte Erfolg nicht eingetreten sein.

Die von V und K vor dem Notar abgegebenen Erklärungen sind wegen des nur zum Schein angegebenen Kaufpreises nach § 117 I BGB (Scheingeschäft) nichtig. Das verdeckte Rechtsgeschäft (Kauf des Hausgrundstücks zum Preis von 700.000,- €) ist dagegen nach § 117 II BGB wirksam, wenn es den diesbezüglich anwendbaren Vorschriften und Voraussetzungen entspricht.
Nach den allgemeinen Vorschriften ist ein Grundstückskaufvertrag aber nach § 311b I S. 1 BGB formbedürftig. An dieser Form mangelt es vorliegend (es fehlt bzgl. des tatsächlich vereinbarten Preises an der notariellen Beurkundung), sodass der Kaufvertrag nach §§ 125, 311b I S. 1 BGB unwirksam ist. Nach § 311b I S. 2 BGB kann der verdeckte Kaufvertrag aber dadurch geheilt werden, dass Auflassung und Eintragung ins Grundbuch erfolgen. Geschieht dies, wird der gewollte und nicht beurkundete Kaufvertrag gültig. Vorliegend ist eine Heilung aber nicht erfolgt. Es bleibt also bei der Unwirksamkeit des Kaufvertrags. Da K mit der Anzahlung eine Teilerfüllung des schwebend unwirksamen Grundstückskaufvertrags bezweckte und die Heilung des Vertrags ausblieb, wurde der Zweck der Anzahlung im Ergebnis verfehlt.
Ein Kondiktionsanspruch aus § 812 I S. 2 Var. 2 BGB könnte aber wegen § 815 Var. 2 BGB ausgeschlossen sein. Dazu hätte K den Erfolgseintritt treuwidrig verhindert haben müssen. K hat sich auf eine Rechtsfolge berufen, die sich schon aus dem Gesetz ergibt. Ein Berufen auf eine gesetzliche Regelung kann grundsätzlich nicht treuwidrig sein. Etwas anderes ergibt sich auch nicht aus der Tatsache, dass das Haus durch Hochwasser derart stark beschädigt wurde, dass es nun abgerissen werden muss. Denn die Gefahr des zufälligen Untergangs geht bei einem unwirksamen Vertrag eben noch nicht über (der Gefahrübergang gem. § 446 BGB setzt einen wirksamen Kaufvertrag voraus). Daher ist es nicht treuwidrig, wenn bei zufälligem Untergang oder zufälliger Verschlechterung der Kaufsache die Berufung auf die Unwirksamkeit des Kaufvertrags erfolgt.

Ergebnis: K kann sich erfolgreich auf die Unwirksamkeit des Kaufvertrags berufen und die geleistete Anzahlung gem. § 812 I S. 2 Var. 2 BGB von V zurückverlangen.[397]

---

[396] Vgl. BGH NJW 1999, 2829 mit Bespr. v *Keim*, JuS 2001, 636 ff.
[397] Zum Problem des im notariellen Kaufvertrag unrichtig angegebenen Kaufpreises vgl. auch *Keim*, JuS 2001, 636 ff.

**Weiterführende Hinweise:** 401

**(1)** Etwas anderes würde nur dann gelten, wenn K den Untergang bzw. die Verschlechterung des Hauses verschuldet hätte. Denn dann könnte von einem „zufälligen" Untergang oder einer „zufälligen" Verschlechterung nicht die Rede sein.

**(2)** Wie im Beispielsfall wäre ein treuwidriges Verhalten auch zu verneinen gewesen, wenn es sich um den Kauf eines unbebauten Grundstücks gehandelt und K sich vom formnichtigen Kaufvertrag losgesagt hätte, weil die Erwartungen hinsichtlich der Bebaubarkeit des Grundstücks und die damit einhergehende Finanzierungsmöglichkeit fehlgeschlagen waren.

### e. Ausschlusstatbestände der §§ 817 S. 2 und 241a BGB

Ferner ist die *condictio ob rem* (wie auch alle anderen Leistungskondiktionen) ausgeschlossen, wenn die Voraussetzungen der §§ 817 S. 2 oder 241a BGB vorliegen. Insoweit sei auf die Ausführungen zur *condictio indebiti* verwiesen. 402

### f. Umfang des Bereicherungsanspruchs (Rechtsfolge)

Ist der Tatbestand des § 812 I S. 2 Var. 2 BGB erfüllt und liegen auch nicht die Voraussetzungen eines der Ausschlusstatbestände nach §§ 815, 817 S. 2 oder 241a BGB vor, ist der Umfang des Bereicherungsanspruchs festzustellen. Da diesbezügliche Probleme wie Wertersatz, Entreicherung, aufgedrängte Bereicherung, Saldotheorie, Bösgläubigkeit etc. gleichermaßen bei allen Kondiktionsarten auftreten können, ist die Rechtsfolgenseite des Bereicherungsanspruchs zusammenhängend bei Rn 529 ff. dargestellt. 403

### 4. Condictio ob turpem vel iniustam causam - § 817 S. 1 BGB

**404** Die Frage, ob § 817 S. 1 BGB einen eigenständigen Tatbestand der Leistungskondiktion darstellt oder dem § 812 BGB zuzuordnen ist, wird unterschiedlich beantwortet.[398] Mit Blick auf den Wortlaut des § 817 S. 1 BGB, der als Anspruchsgrundlage formuliert ist, darf man davon ausgehen, dass der Gesetzgeber die Vorschrift als eigenständigen Kondiktionstatbestand verstanden haben möchte.

**404a** § 817 S. 1 BGB betrifft den Fall, dass der Empfänger mit der Leistungsannahme gegen ein **gesetzliches Verbot** oder die **guten Sitten verstößt**. Dann soll der Leistende wegen des verwerflichen Empfangs den Bereicherungsgegenstand zurückfordern können. In der Praxis spielt § 817 S. 1 BGB allerdings keine große Rolle. Denn verstößt das einer Leistung zugrunde liegende Kausalgeschäft gegen ein gesetzliches Verbot oder gegen die guten Sitten, ist es in aller Regel nach §§ 134, 138 BGB nichtig. In diesen Fällen greift aber bereits der Kondiktionstatbestand des § 812 I S. 1 Var. 1 BGB (condictio indebiti). Daneben die Kondiktion nach § 817 S. 1 BGB zuzulassen, ist überflüssig.[399]

**Beispiel:** B möchte seine in der Innenstadt befindliche Villa umbauen. Aber nicht nur in der Baubehörde werden Bedenken laut, sondern auch im Amt für Denkmalschutz. Um die Entscheidung des zuständigen Sachbearbeiters T im Bauamt zu „erleichtern", schenkt B ihm ein Kfz. Dennoch lehnt T das Baugesuch ab. B fragt, ob er wenigstens den Wagen zurückfordern kann.

Das sachenrechtliche Verfügungsgeschäft (§ 929 S. 1 BGB) ist wirksam. Daher hat B keinen Herausgabeanspruch aus § 985 BGB. Möglicherweise kann er aber den Besitz kondizieren. In Betracht kommt eine Kondiktion aus § 812 I S. 1 Var. 1 BGB. Unterstellt, dass bei T ein Fall der Vorteilsannahme (§ 331 I StGB) vorliegt, ist dieser als Amtsträger aus der Vorschrift strafbar (nicht aber B). Der Schenkungsvertrag könnte daher nur einseitig gegen §§ 134, 138 BGB verstoßen und somit nicht nichtig sein. § 817 S. 1 BGB wäre anwendbar. Jedoch ist auch B strafbar, und zwar aus § 333 I StGB. Damit liegt ein beiderseitiger Gesetzesverstoß vor. Das Kausalgeschäft ist somit nichtig und es fehlt der Rechtsgrund für die Leistung (die Eigentumsübertragung); § 817 S. 1 BGB ist mithin nicht einschlägig. Anwendbar ist aber § 812 I S. 1 Var. 1 BGB. Zur Frage, ob diesem Anspruch § 817 S. 2 BGB entgegensteht, vgl. Rn 305 ff.

**404b** An eine eigenständige Bedeutung des § 817 S. 1 BGB könnte man aber dann denken, wenn der Bereicherungsanspruch nach § 812 BGB wegen § 814 BGB oder § 815 BGB ausgeschlossen ist (diese Vorschriften stehen einem auf § 817 S. 1 BGB gestützten Anspruch gerade nicht entgegen[400]).

**404c** Auch wenn *nur* der Leistungsempfänger gegen ein Gesetz oder die guten Sitten verstößt (Leistungsannahme ist gesetzes- oder sittenwidrig), kann § 817 S. 1 BGB einen Anwendungsbereich erhalten. Denn nach h.M. greifen §§ 134, 138 BGB nur dann, wenn der Gesetzes- oder Sittenverstoß auf beiden Seiten besteht. Bei nur einseitigem Gesetzes- oder Sittenverstoß des Empfängers ist nach h.M. das Kausalgeschäft daher nicht wegen §§ 134, 138 BGB nichtig, sodass auch § 812 I S. 1 Var. 1 BGB (condictio indebiti) nicht greift. In diesem Fall ist dann Raum für § 817 S. 1 BGB.[401]

**Beispiel:** G betreibt in der Innenstadt eine gut laufende Pizzeria. Allerdings wurde sein Restaurant bereits zweimal von „Schlägern" aufgesucht, die Geschirr und Gläser zerschlugen. Als dann wenig später S auftaucht und G anbietet, er könne für den Schutz des Restaurants sorgen, wird G klar, dass ein Fall von Schutzgelderpressung vorliegt. G

---

[398] Zum Meinungsstand vgl. *Schwab*, in: MüKo, § 817 Rn 4 ff.
[399] *Brox/Walker*, § 41 Rn 2; *Wandt*, § 10 Rn 80.
[400] Vgl. BGHZ 106, 169, 171.
[401] Vgl. *Sprau*, in: Palandt, § 817 Rn 7.

erklärt sich bereit, S einen Betrag i.H.v. 5.000,- € zu zahlen. S „verspricht", für die nächsten 6 Monate „für die Sicherheit des Restaurants zu sorgen". Doch schon am nächsten Abend wird das Restaurant von den Schergen des T heimgesucht. G macht gegenüber S die Rückzahlung des Geldes geltend.

In Betracht kommt ein Kondiktionsanspruch aus § 812 I S. 1 Var. 1 BGB. Dazu müsste der Rechtsgrund für die Leistungserbringung fehlen, was der Fall wäre, wenn der „Schutzvertrag" unwirksam wäre. Jedoch hat sich nur S strafbar gemacht (u.a. § 253 StGB). Der „Schutzvertrag" verstößt daher nur einseitig gegen §§ 134, 138 BGB und ist somit nach h.M. nicht nichtig. § 812 I S. 1 Var. 1 BGB ist mithin nicht anwendbar.

Da nur der Leistungsempfänger S gegen ein Gesetz bzw. die guten Sitten verstößt, greift § 817 S. 1 BGB. Zur Frage, ob auch hier § 817 S. 2 BGB diesem Anspruch entgegensteht, vgl. Rn 305 ff.

Sind aber sowohl das Kausal- als auch das Verfügungsgeschäft unwirksam (was re- **404d**
gelmäßig im Fall von Wucher der Fall sein dürfte), ist der Leistungsgegenstand nicht in das Vermögen des Empfängers übergegangen. In diesem Fall kann der Leistende den Gegenstand über § 985 BGB vindizieren bzw. den Besitz oder Wertersatz über § 812 I S. 1 Var. 1 BGB kondizieren (sofern jeweils § 817 S. 2 BGB nicht entgegensteht).

Da § 817 S. 1 BGB aber nur dann eingreift, wenn der Leistende bezweckt, dass der **404e**
Empfänger gegen ein gesetzliches Verbot oder die guten Sitten verstößt, und der Leistende bei einer solchen Zwecksetzung in aller Regel auch selbst gegen ein gesetzliches Verbot oder gegen die guten Sitten verstoßen wird, ist der Anspruch unabhängig davon, ob man ihn auf § 812 BGB oder auf § 817 S. 1 BGB stützt, unter dieser Voraussetzung gem. **§ 817 S. 2 BGB** ausgeschlossen[402] (dieser Ausschlusstatbestand bezieht sich auf alle Leistungskondiktionen; vgl. dazu ausführlich oben Rn 305 ff.).

Hinsichtlich der **Voraussetzungen** müssen alle sonstigen Tatbestandsmerkmale einer **405**
Leistungskondiktion gegeben sein. Das ergibt sich zwar nicht unmittelbar aus dem Gesetzeswortlaut des § 817 S. 1 BGB, aber aus dem Sinn und Zweck dieser Kondiktion.[403] Der Schuldner muss also eine Leistung des Gläubigers empfangen haben. „Leistung" ist auch hier als bewusste und zweckgerichtete Vermehrung fremden Vermögens aufzufassen. Schließlich muss es Zweck der Leistung gewesen sein, dass der Schuldner durch die Annahme gegen ein gesetzliches Verbot oder gegen die guten Sitten verstößt.

**Beispiel:** Bruno ist Sachbearbeiter bei der Gewerbeaufsichtsbehörde und bearbeitet **406**
den Antrag des Gismund auf Erteilung einer Gaststättenerlaubnis. Um den Antrag „genehmigungsfähig" zu machen, bezahlt G dem B eine Urlaubsreise nach Mallorca. Als B nach der Rückkehr aus dem Urlaub dennoch den Antrag ablehnt, fordert G Wertersatz hinsichtlich der Reisekosten.

Unabhängig von der Frage der Entreicherung (ersparte Aufwendungen; Luxusreise) fehlt es schon an den Voraussetzungen des geltend gemachten Anspruchs. Denn dadurch, dass § 817 S. 1 BGB nur dann eingreift, wenn der Leistende bezweckt, dass der Empfänger gegen ein gesetzliches Verbot oder die guten Sitten verstößt, und der Leistende bei einer solchen Zwecksetzung in aller Regel auch selbst gegen ein gesetzliches Verbot oder gegen die guten Sitten verstoßen wird, ist der Anspruch unabhängig davon, ob man ihn auf § 812 I S. 1 Var. 1 BGB oder auf § 817 S. 1 BGB stützt, unter dieser Voraussetzung gem. § 817 S. 2 BGB ausgeschlossen. Der Gesetzesverstoß liegt vorliegend hinsichtlich des B in der Verwirklichung des § 331 I StGB (Vorteilsannahme) und hinsichtlich des G in der Verwirklichung des § 333 I StGB (Vorteilsgewährung).

---

[402] *Brox/Walker*, § 41 Rn 2.
[403] Vgl. BGH NJW-RR 1998, 1284, 1285.

**407** Unklar ist, ob der Empfänger bei der Annahme auch schuldhaft gehandelt haben muss. Die Rechtsprechung verlangt eine positive Kenntnis des Schuldners vom Gesetzes- oder Sittenverstoß, lässt es aber (wohl aus Gründen von Beweisschwierigkeiten) genügen, wenn der Schuldner hinsichtlich der Gesetzes- bzw. Sittenwidrigkeit leichtfertig die Augen verschließt.[404] Ein Teil des Schrifttums stellt keine Anforderungen an die subjektive Seite mit dem Argument, § 817 S. 1 BGB habe keinen Strafcharakter und wolle nur solche Leistungen zurückgewähren, die der Empfänger nicht hätte annehmen dürfen.[405]

**408**

***condictio ob turpem vel iniustam causam***

**I. Etwas erlangt**
Volle Kongruenz zur *condictio indebiti*

**II. Durch Leistung eines anderen**
Volle Kongruenz zur *condictio indebiti*

**III. Gesetzes- oder Sittenverstoß seitens des Empfängers**
Bei dieser Kondiktion fehlt ein Rechtsgrund für das Behaltendürfen, wenn der Empfänger mit der Leistungsannahme gegen ein **gesetzliches Verbot** oder die **guten Sitten verstößt**. Da in aller Regel aber bereits § 812 BGB einschlägig ist bzw. auch der Leistende gegen ein gesetzliches Verbot oder die guten Sitten verstößt und daher § 817 S. 2 BGB eingreift, kommt der *condictio ob turpem vel iniustam causam* keine allzu große Bedeutung zu.

**IV. Ausschluss des Tatbestands durch § 817 S. 2 BGB oder § 241a BGB**
Volle Kongruenz zur *condictio indebiti*

**V. Umfang des Bereicherungsanspruchs (Rechtsfolge)**
Volle Kongruenz zur *condictio indebiti*

[404] Vgl. BGH NJW 1989, 3217; OLG Celle NJW 1996, 2660; *Sprau*, in: Palandt, § 817 Rn 12.
[405] Vgl. *Schwab*, in: MüKo, § 817 Rn 36; *Brox/Walker*, § 41 Rn 5.

## 5. Herausgabepflicht Dritter, § 822 BGB

§ 822 BGB betrifft den Fall, dass ein Dritter, der von dem berechtigten Verfügenden den Bereicherungsgegenstand rechtswirksam und unentgeltlich erworben hat, dem Bereicherungsgläubiger das Erlangte herausgeben muss, wie wenn er die Zuwendung von dem Bereicherungsgläubiger ohne rechtlichen Grund erhalten hätte. Diese Gesetzesformulierung lässt sich besser verstehen, wenn man die nachfolgende Graphik verinnerlicht sowie die Nichtleistungskondiktionen nach § 816 I BGB (dazu sogleich) kennt. **409**

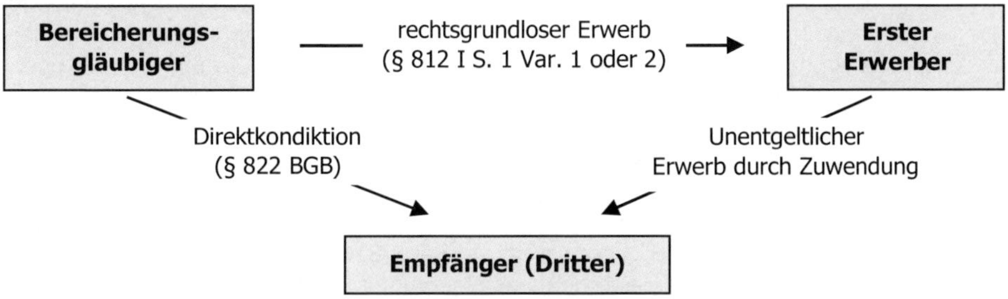


Wie sich anhand der Graphik erkennen lässt, handelt es sich bei der Kondiktion nach § 822 BGB rechtskonstruktiv um eine Direktkondiktion (Kettendurchgriffskondiktion). Daher wird auch vertreten, es handele sich um einen Fall der Nichtleistungskondiktion.[406] Für eine Leistungskondiktion spricht aber, dass der Begriff der „Zuwendung" als „Leistung" interpretiert werden kann. Rechtsdogmatisch handelt es sich bei § 822 BGB also um eine Leistungskondiktion[407]: Der Bereicherungsgläubiger bereichert den Ersterwerber und dieser leistet an den Dritten. § 822 BGB ermöglicht lediglich eine (subsidiäre) Direktkondiktion des Bereicherungsgläubigers gegenüber dem Dritten, da der Ersterwerber durch die rechtswirksame Leistung an den Dritten nicht mehr in der Lage ist, den Bereicherungsgegenstand an den Bereicherungsgläubiger herauszugeben. Es liegt eine Entreicherung i.S.d. § 818 III BGB vor. Daher kann der Bereicherungsgläubiger nur durch Kondiktion gegenüber dem Dritten zu seinem Ziel kommen. Mithin ergibt sich folgender Vergleich zwischen § 816 I S. 1, § 816 I S. 2 und § 822 BGB[408]:

- **§ 816 I S. 1 BGB** betrifft den Fall, dass ein **Nichtberechtigter** über einen Gegenstand **entgeltlich** eine Verfügung trifft, die dem Berechtigten gegenüber **wirksam** ist. Hier ist der Nichtberechtigte dem Berechtigten gegenüber zur Herausgabe des durch die Verfügung Erlangten verpflichtet (Sonderfall der Eingriffskondiktion). **410**

  **Beispiel:** Adelheid leiht sich von ihrer Freundin Brunhilde deren Mountainbike, um ins Kino zu fahren. Auf dem Nachhauseweg begegnet sie dem redlichen Norbert, dem sie unter Vorspiegelung, Eigentümerin des Fahrrads zu sein, das Fahrrad für 100,- € verkauft und übergibt.
  Hier war A zur Veräußerung nicht berechtigt, da sie das Fahrrad lediglich geliehen hatte (§ 598 BGB) und von B auch nicht zur Veräußerung ermächtigt wurde (§ 185 I BGB). Da N gutgläubig hinsichtlich der Eigentumsverhältnisse war (er durfte berechtigterweise davon ausgehen, A sei Eigentümerin des Fahrrads - § 1006 BGB), konnte er gem. §§ 929 S. 1, 932 BGB Eigentum an dem Fahrrad erwerben. B kann also nicht von N gem. § 985 BGB das Fahrrad vindizieren. Die Verfügung der A ist mithin wirksam. Da der Gutglaubensschutz im Hinblick auf § 816 I S. 1 BGB (aber auch mit Blick auf § 812 I S. 1 Var. 2 BGB) kondiktionsfest ist, kann B von N Eigentum und Besitz am Fahrrad

---

[406] *Wandt*, § 8 Rn 48; *Sprau*, in: Palandt, Einf v § 812 Rn 4.
[407] Vgl. *Pajunk*, JuS 2001, 42, 46. Zur Frage nach der Rechtsnatur des § 822 BGB vgl. *Tonikidis*, NJW 2019, 118 ff.
[408] Zu den Kondiktionsansprüchen aus § 816 I und II BGB vgl. ausführlich Rn 480 ff.

auch nicht kondizieren. Um den Eigentumsverlust zumindest zu mildern, kann B von A gem. § 816 I S. 1 BGB den erlangten Kaufpreis kondizieren. Selbstverständlich ist A der B auch zum Schadensersatz (vertraglich aus §§ 598, 280 BGB, deliktisch aus § 823 I BGB, aus § 823 II BGB i.V.m. § 246 StGB und aus § 826 BGB), und nach § 687 II BGB (Geschäftsanmaßung) verpflichtet. Dagegen kommt ein sachenrechtlicher Anspruch aus §§ 989, 990 BGB wegen Nichtbestehens einer Vindikationslage nicht in Betracht (A hatte im maßgeblichen Zeitpunkt der Verletzungshandlung aufgrund des Leihvertrags ein Recht zum Besitz).

411 ▪ **§ 816 I S. 2 BGB** setzt in Übereinstimmung zu § 816 I S. 1 BGB eine **wirksame** Verfügung eines **Nichtberechtigten** voraus; diese muss allerdings **unentgeltlich** erfolgen. Unterschiede bestehen auch hinsichtlich der Person des Kondiktionsschuldners. Anspruchsgegner ist nicht der Verfügende, sondern der Dritte, der aufgrund der unentgeltlichen Verfügung des Nichtberechtigten unmittelbar einen rechtlichen Vorteil erlangt hat. Mit dieser Regelung bringt das Gesetz zum Ausdruck, dass derjenige, der unentgeltlich etwas erworben hat, weniger schutzwürdig ist als derjenige, der für den Erwerb des Gegenstands eine Gegenleistung (zumeist den Kaufpreis) erbracht hat. Daher trifft die soeben bei § 816 I S. 1 BGB genannte Kondiktionsfestigkeit des Gutglaubenserwerbs auf § 816 I S. 2 BGB gerade nicht zu. Bei § 816 I S. 2 BGB ist der Beschenkte zwar Eigentümer der Sache geworden, das Eigentum ist aber kondizierbar.

**Beispiel:** Diesmal leiht sich Adelheid von ihrer Freundin Karla deren Gameboy. Als die gutgläubige Hiltraut das Gerät bei A erblickt und dieser gegenüber den Wunsch äußert, auch einmal ein solches Gerät besitzen zu wollen, bekommt sie ihn kurzerhand von A geschenkt (§§ 516, 518 II BGB).
Auch hier war A zur Eigentumsübertragung selbstverständlich nicht berechtigt. Da H aber gutgläubig hinsichtlich der Eigentumsverhältnisse war, konnte sie gem. §§ 929 S. 1, 932 BGB Eigentum an dem Gameboy erwerben. K kann den Gameboy also nicht gem. § 985 BGB vindizieren. Im Gegensatz zu § 816 I S. 1 BGB ist bei § 816 I S. 2 BGB Bereicherungsschuldner aber nicht der Verfügende (A hat ja auch nichts erlangt), sondern der Dritte, der – wie vorliegend H – aufgrund der Verfügung unmittelbar einen rechtlichen Vorteil erlangt hat. K kann den Gameboy also von H gem. § 816 I S. 2 BGB kondizieren, obwohl diese zuvor gutgläubig Eigentum daran erwerben konnte.

412 ▪ **§ 822 BGB** hat mit § 816 I S. 2 BGB gemeinsam, dass beide Anspruchsgrundlagen von der Prämisse ausgehen, der unentgeltliche Erwerb sei weniger schutzwürdig als der entgeltliche. Gemeinsam ist beiden Vorschriften auch, dass sich der Bereicherungsanspruch gegen einen Dritten richtet, der wirksam etwas durch Leistung, aber unentgeltlich erlangt hat. Der entscheidende Unterschied besteht aber in der **Berechtigung** des Verfügenden: Während § 816 I S. 2 BGB eine wirksame unentgeltliche Verfügung eines *Nichtberechtigten* voraussetzt, verlangt § 822 BGB die wirksame unentgeltliche Verfügung eines *Berechtigten*.

**Beispiel:** Schließlich hat Adelheid von ihrer Freundin Eusebia eine antike Brosche käuflich erworben (§§ 433, 929 S. 1 BGB). Schon am nächsten Tag verschenkt sie sie an Johanna. Als sich nun herausstellt, dass E sich hinsichtlich des Werts der Brosche geirrt hat, ficht sie erfolgreich ihre Willenserklärung bzgl. des Kaufvertrags mit A an und verlangt gleichzeitig von J die Brosche heraus.
Auch in diesem Fall konnte der Dritte – hier J – Eigentum erwerben (§ 929 S. 1 BGB). Dass der Kaufvertrag zwischen A und E rückwirkend nichtig ist, ändert daran nichts. Denn im Zeitpunkt der Übereignung der Brosche an J war A Eigentümerin und zur Eigentumsübertragung berechtigt. Es liegt ein Fall des § 822 BGB vor. Da A an E nichts herausgeben kann (diesen Umstand setzt § 822 BGB vorrangig voraus), kann E Eigentum und Besitz an der Brosche von J kondizieren. Freilich ist sie ggf. gem. § 122 BGB zum Schadensersatz (Vertrauensschaden) verpflichtet.

413 Die vorstehenden Beispiele sollten verdeutlicht haben, dass bei § 822 BGB der Verfügende den Gegenstand zuvor wirksam vom Berechtigten erlangt haben muss und ein

Anspruch des Berechtigten gegen den Dritten nur deshalb in Betracht kommt, weil der Berechtigte gegen den Verfügenden aufgrund der Wirksamkeit der Verfügung gerade keinen Kondiktionsanspruch hat (der Verfügende ist wegen der Unentgeltlichkeit der Verfügung entreichert).[409] Es lässt sich folgender Befund aufstellen:

- § 816 I S. 1 BGB: **Entgeltliche**, dem Berechtigten gegenüber wirksame Verfügung eines **Nichtberechtigten** ⇒ Kondiktionsanspruch des Bereicherungsgläubigers gegen den Verfügenden **414**
- § 816 I S. 2 BGB: **Unentgeltliche**, dem Berechtigten gegenüber wirksame Verfügung eines **Nichtberechtigten** ⇒ Kondiktionsanspruch des Bereicherungsgläubigers direkt gegen den beschenkten Empfänger (den Dritten), obwohl dieser Eigentümer der Sache geworden ist (das Eigentum ist also kondizierbar; der Beschenkte ist nicht schützenswert) **415**
- § 822 BGB: **Unentgeltliche**, dem Gläubiger gegenüber wirksame Verfügung eines **Berechtigten** ⇒ Kondiktionsanspruch des Bereicherungsgläubigers ebenfalls direkt gegen den Empfänger (den Dritten) mit der gleichen Begründung wie bei § 816 I S. 2 BGB. Voraussetzung ist nur eine Entreicherung auf Seiten des Verfügenden. **416**

Wichtigstes Tatbestandsmerkmal des § 822 BGB ist die **unentgeltliche Zuwendung** des Verfügenden an den Dritten. **417**

- Unter **Zuwendung** (d.h. Verfügung) ist ausschließlich der **rechtsgeschäftliche Erwerb** zu verstehen. In Betracht kommen insbesondere der Vollzug einer Schenkung (§§ 516 ff., 929 S. 1 BGB bzw. §§ 516 ff., 873 ff., 925 ff. BGB) und der eines Vermächtnisses (§§ 2147 ff. BGB), nicht jedoch der Fund (§§ 965 ff. BGB), die Ersitzung (§§ 937 ff. BGB) oder die Aneignung (§§ 958 ff. BGB). **418**

- Die Zuwendung (d.h. Verfügung) muss **unentgeltlich** sein (zwar ist eine Zuwendung *per definitionem* unentgeltlich, da aber auch das Gesetz entsprechend formuliert ist und darüber hinaus eine gemischte Schenkung anerkannt ist, wird auch vorliegend begrifflich unterschieden). Unentgeltlich ist die Verfügung, wenn ihr keine Gegenleistung gegenübersteht. Hinsichtlich § 822 BGB sind damit die Verfügung infolge einer Schenkung[410] und das Vermächtnis zu nennen. Bei einer **gemischten Schenkung** ist die Unentgeltlichkeit der Verfügung aber fraglich. **419**

  **Beispiel:** Neffe Nepomuk errichtete unaufgefordert auf dem Grundstück seiner Tante Liesbeth ein kleines Steinhaus in der Hoffnung, als Erbe des Grundstücks eingesetzt zu werden. Jedoch verkaufte und übereignete L ein wenig später das Grundstück an den Neffen Fridolin. Dabei waren sich beide einig, dass sich der Kaufpreis nur auf das Grundstück beziehen solle. Das Steinhaus sollte als „Zugabe" mitübereignet werden. Verärgert und enttäuscht möchte N wenigstens die Kosten für die Errichtung des Steinhauses erstattet bekommen. Mit Recht? Und wenn ja von wem? **420**

  Juristisch sind Grundstück und Steinhaus selbstverständlich nicht trennbar, da es sich bei dem Steinhaus um einen wesentlichen Bestandteil des Grundstücks handelt (vgl. § 94 BGB); dieser kann nicht Gegenstand von besonderen Rechten sein (§ 946 BGB). Es kann sich also nur – wie N auch geltend macht – hinsichtlich des Steinhauses um einen Wertersatzanspruch handeln. Dieser Anspruch könnte sich auf § 822 BGB stützen.

  § 822 BGB setzt die unentgeltliche Verfügung eines *Berechtigten* voraus. L war als Eigentümerin berechtigt, über das Grundstück, das sie auf F übertragen hat, zu verfügen. Wegen der fehlenden Sonderrechtsfähigkeit des Steinhauses ist dieses mit übereignet worden.

---

[409] Vgl. BGH NJW 1999, 1026, 1028; NJW 2004, 1314.
[410] Vgl. BGH NJW 2000, 134.

Die Verfügung müsste aber auch unentgeltlich erfolgt sein. Eine Unentgeltlichkeit kann – wenn überhaupt – nur hinsichtlich des Steinhauses angenommen werden. Doch dieses kann – wie gesagt – als wesentlicher Bestandteil des Grundstücks gerade nicht Gegenstand von Rechten sein. Eine unentgeltliche Verfügung i.S.d. § 822 BGB könnte somit zu verneinen sein. Möglicherweise stellt sich die Rechtslage aber anders dar, wenn man die Grundsätze der gemischten Schenkung anwendet.

Bei der gemischten Schenkung handelt es sich um eine Vermögenszuwendung, bei der sich die Partner darüber einig sind, dass sie teils entgeltlich, teils unentgeltlich erfolgen soll. Da das Gesetz über die rechtliche Behandlung einer solchen Vermögenszuwendung keine Regelung trifft, besteht über die Frage, ob im Streitfall Schenkungsrecht oder das Recht des entgeltlichen Typenvertrags anwendbar ist, naturgemäß Streit.
Vorliegend waren sich L und F darüber einig, dass die Verfügung hinsichtlich des Grundstücks entgeltlich und hinsichtlich des Steinhauses unentgeltlich erfolgen würde. Wendet man also Schenkungsrecht an, wäre die Voraussetzung „unentgeltlich" i.S.d. § 822 BGB erfüllt und N hätte möglicherweise einen Kondiktionsanspruch gegen F. Die zur Bestimmung des anwendbaren Rechts oft herangezogene Trennungstheorie spaltet das Rechtsgeschäft in seine Bestandteile, d.h. in einen entgeltlichen und einen unentgeltlichen Teil auf und wendet dann auf jeden gesondert dessen eigene typische Regeln an.[411] Doch vorliegend kann das Rechtsgeschäft wegen der nicht vorhandenen Sonderrechtsfähigkeit des Steinhauses gerade nicht aufgespalten werden. In einem solchen Fall scheint es sachgerechter, mit dem BGH die beiderseitigen Interessen ebenso zu berücksichtigen wie den wirtschaftlichen Zweck des Rechtsgeschäfts; es ist eine einzelfallbezogene Entscheidung zu treffen (sog. gemilderte Trennungstheorie oder Zweckwürdigungstheorie).[412] Abzustellen ist somit unter Berücksichtigung der Interessen der beiden Vertragsparteien darauf, ob der entgeltliche oder der unentgeltliche Charakter des Vertrags überwiegt.
Vorliegend kommt es also auf das Ergebnis eines Wertvergleichs an. Nur wenn der Wert des Steinhauses den Wert des Grundstücks überwiegt, sind der Schenkungscharakter der Verfügung und damit eine Unentgeltlichkeit der Verfügung i.S.d. § 822 BGB anzunehmen.

**421** Ein besonderes Problem bereitet die Frage, ob eine Unentgeltlichkeit auch dann angenommen werden kann, wenn die Verfügung rechtsgrundlos erfolgt (**Gleichstellung von Unentgeltlichkeit und Rechtsgrundlosigkeit**).

**422** **Beispiel:** Lieselotte hat von ihrer Freundin Edelgard eine russische Ikone käuflich erworben (§§ 433, 929 S. 1 BGB). Doch schon am nächsten Tag verspielt sie sie bei einem verbotenen Glücksspiel an den raffgierigen Raffael. Als sich nun herausstellt, dass E sich hinsichtlich des Werts der Ikone geirrt hat, ficht sie erfolgreich ihre Willenserklärung bzgl. des Kaufvertrags mit L an und verlangt gleichzeitig von R die Ikone heraus.
Hier kommt ein Anspruch aus § 822 BGB in Betracht. Zumindest schadet es nicht, dass der Kaufvertrag zwischen E und L rückwirkend nichtig ist. Denn im Zeitpunkt der Übereignung der Ikone an R war L Eigentümerin und zur Eigentumsübertragung berechtigt. Zweifel an dem Vorliegen der Voraussetzungen eines Herausgabeanspruchs aus § 822 BGB bestehen aber hinsichtlich der Tatsache, dass R die Ikone nicht unentgeltlich von L erworben hat. Die „Entgeltlichkeit" der Verfügung liegt in der Möglichkeit, bei dem Glücksspiel auch zu gewinnen (bei einem „Spielvertrag" handelt es sich um ein entgeltliches aleatorisches Rechtsgeschäft). Dass das Glücksspiel vorliegend illegal und wegen § 134 BGB nichtig war, ändert an der „Entgeltlichkeit" des Geschäfts nichts. Die Voraussetzungen des § 822 BGB sind daher scheinbar nicht erfüllt.

Möglicherweise kann jedoch die aus der Nichtigkeit des Spielvertrags resultierende Rechtsgrundlosigkeit der Verfügung der erforderlichen Unentgeltlichkeit i.S.d. § 822

[411] Vgl. RGZ 54, 107, 110; 68, 326 ff.; 148, 236 ff.; zurückhaltend BGHZ 30, 120 ff.; deutlicher BGH NJW 1992, 2566.
[412] BGHZ 30, 120 ff.; *Larenz/Canaris*, § 63 III 1; *Medicus/Petersen*, BR, Rn 381; *Koch*, in: MüKo, § 516 Rn 38; *Mühl*, in: Soergel, § 516 Rn 21.

BGB gleichgesetzt werden mit der Folge, dass gleichwohl ein entsprechender Herausgabeanspruch der E besteht.

⇨ In Übereinstimmung mit seiner Auffassung hinsichtlich des Nutzungsherausgabeanspruchs aus § 988 BGB (Rn 132) setzt der BGH auch bei § 822 BGB die Rechtsgrundlosigkeit der Unentgeltlichkeit gleich und gelangt zu einer analogen Anwendung des § 822 BGB.[413]

⇨ Das herrschende Schrifttum lehnt die Gleichstellung von Rechtsgrundlosigkeit und Unentgeltlichkeit ab mit dem Argument einer nicht vergleichbaren Interessenlage. Vertrete man das Gegenteil, sei eine Kondiktion möglich, die vom Gesetz so nicht vorgesehen sei. Die vom Gesetzgeber vorgesehenen Direktkondiktionen seien bewusst auf Ausnahmefälle beschränkt und daher nicht analogiefähig.[414]

Stellungnahme: Der BGH ist offenbar darum bemüht, zu einem interessengerechten Ergebnis zu gelangen. Das ist grundsätzlich begrüßenswert. Einer Anwendung des Gesetzes über den Wortlaut hinaus bedarf es aber nicht, wenn andere Möglichkeiten bestehen, die der Interessenlage ebenso gerecht werden. Insbesondere im vorliegenden Fall besteht nämlich unabhängig von der problematischen Frage der Direktkondiktion ein Kondiktionsanspruch der L gegen R aus § 812 I S. 1 Var. 1 BGB (*condictio indebiti* – fehlender Rechtsgrund wegen Nichtigkeit des Spielvertrags). E kann sich also an L halten und von dieser entweder deren Kondiktionsanspruch gegen R abtreten lassen (§ 398 BGB) bzw. den der L zustehenden Kondiktionsanspruch gegen R gem. § 812 I S. 1 Var. 1 BGB kondizieren (sog. Kondiktion der Kondiktion). Diese Lösung entspricht auch der in § 822 BGB statuierten Subsidiarität, wonach eine Direktkondiktion nur dann möglich sein soll, wenn der Berechtigte nicht bereits gegen den Verfügenden kondizieren kann. Ein solcher vorrangiger Kondiktionsanspruch gegen den Verfügenden besteht nach der hier vertretenen Auffassung ja gerade.

**Herausgabepflicht Dritter, § 822 BGB** 423

**I.** Dinglich wirksamer, aber rechtsgrundloser (Vor-)Erwerb des Ersterwerbers

**II.** Dem Bereicherungsgläubiger gegenüber wirksame Verfügung des Ersterwerbers an einen Dritten

**III.** Unentgeltlichkeit dieser Verfügung

**IV.** Nichtbestehen eines Bereicherungsanspruchs des Bereicherungsgläubigers gegen den Verfügenden (wegen Entreicherung i.S.d. § 818 III BGB

**V.** Rechtsfolge: Ausnahmsweise Direktkondiktion des Bereicherungsgläubigers gegenüber dem Dritten (Subsidiarität der Durchgriffskondiktion)

[413] Vgl. BGHZ 37, 363, 368 f. (zur Parallelproblematik bei § 816 I S. 2 BGB).

[414] Vgl. *Medicus/Petersen*, BR, Rn 390; *Schwab*, in: MüKo, § 816 Rn 44 f. u. 52; *Brox/Walker*, § 42 Rn 27 (ebenfalls jeweils zur Parallelproblematik bei § 816 I S. 2 BGB).

### 6. Fazit zu den Tatbeständen der Leistungskondiktion

424 Bei allen fünf Tatbeständen der Leistungskondiktion (zur Übersicht vgl. Rn 203) geht es darum, eine Leistung, die ohne gültiges Kausalgeschäft erbracht oder die sonst fehlgeschlagen ist, wieder rückgängig zu machen. Hinsichtlich der Tatbestandsvoraussetzungen stimmen alle Tatbestände der Leistungskondiktion darin überein, dass der Bereicherungsschuldner **„etwas erlangt"** haben muss, und zwar durch die **Leistung** des Bereicherungsgläubigers, und dass für diese Vermögensvermehrung **kein rechtlicher Grund** besteht.

425 Unterschiede zwischen den verschiedenen Tatbeständen der Leistungskondiktion bestehen lediglich hinsichtlich des Tatbestandsmerkmals, das den Mangel eines rechtlichen Grundes zum Behaltendürfen der Leistung bezeichnet. Je nachdem, ob der rechtliche Grund

- **von Anfang an fehlte** (§ 812 I S. 1 Var. 1 BGB - *condictio indebiti*),
- ob er **später weggefallen ist** (§ 812 I S. 2 Var. 1 BGB - *condictio ob causam finitam*),
- ob der mit der Leistung **bezweckte Erfolg nicht eintritt** (§ 812 I S. 2 Var. 2 BGB - *condictio ob rem*) oder
- ob die Leistung vom Empfänger deshalb nicht behalten werden darf, weil er mit der Annahme der Leistung gegen ein **gesetzliches Verbot** oder die **guten Sitten verstoßen** hat (§ 817 S. 1 BGB - *condictio ob turpem vel iniustam causam*),

ist der Anspruch des Bereicherungsgläubigers auf einen der genannten Tatbestände zu stützen.

- Einen Sonderfall bildet § 822 BGB, der die **Herausgabepflicht Dritter** statuiert.

426 Folgende **Ausschlusstatbestände** sind zu beachten:

- Die *condictio indebiti* ist ausgeschlossen bei positiver Kenntnis des Leistenden von der Nichtschuld oder der dauernden Einrede (§ 814 Var. 1 BGB) und bei bestehender sittlicher Pflicht oder Anstandspflicht zur Leistung (§ 814 Var. 2 BGB).
- Die *condictio ob rem* ist ausgeschlossen bei positiver Kenntnis des Leistenden von der Unmöglichkeit des Erfolgseintritts (§ 815 Var. 1 BGB) oder bei treuwidriger Verhinderung des Erfolgseintritts durch den Leistenden (§ 815 Var. 2 BGB).
- Dagegen bezieht sich der Ausschlusstatbestand des § 817 S. 2 BGB entgegen seinem Wortlaut auf alle Fälle der Leistungskondiktion und lässt es folgerichtig auch genügen, wenn nur dem Leistenden ein Gesetzes- oder Sittenverstoß zur Last fällt.
- Auch der Ausschlusstatbestand des § 241a I BGB gilt für alle Arten der Leistungskondiktion. Nach dieser Norm bestehen gesetzliche Ansprüche grundsätzlich nicht, es sei denn, dass die Leistung nicht für den Empfänger bestimmt war oder in der irrigen Vorstellung einer Bestellung erfolgte und der Empfänger dies erkannte oder bei Anwendung der im Verkehr erforderlichen Sorgfalt hätte erkennen können.

## II. Die Tatbestände der Nichtleistungskondiktionen

### 1. Begriff und Systematik der Bereicherung „in sonstiger Weise"

Unter die Bereicherung „in sonstiger Weise" fallen ganz unterschiedliche Tatbestände. 427
Sie haben gemeinsam, dass die Bereicherung gerade *nicht* auf einer Leistung beruht. Daher werden sie allgemein als Nichtleistungskondiktionen bezeichnet. Die Bereicherung in sonstiger Weise kann durch den Bereicherten sowie den Entreicherten, aber auch durch einen Dritten und sogar ohne menschliches Zutun (etwa durch Naturphänomene) entstanden sein. Ohne rechtlichen Grund hat der Bereicherte den Vermögensvorteil erlangt, wenn er ihn nach der Rechtsordnung gegenüber dem Entreicherten nicht endgültig behalten darf. Das Gesetz unterscheidet folgende vier Tatbestände einer Nichtleistungskondiktion:

- § 812 I S. 1 Var. 2 BGB: **allgemeine Nichtleistungskondiktion** in drei Varianten, der allgemeinen Eingriffskondiktion, der Rückgriffskondiktion und der Verwendungskondiktion (Rn 437 ff.)
- § 816 I S. 1 BGB: **entgeltliche**, dem Berechtigten gegenüber wirksame **Verfügung** eines **Nichtberechtigten** (Rn 481 ff.)
- § 816 I S. 2 BGB: **unentgeltliche**, dem Berechtigten gegenüber wirksame **Verfügung** eines **Nichtberechtigten** (Rn 504 ff.)
- § 816 II BGB: **Leistung des Schuldners an einen Nichtberechtigten** (Rn 513 ff.)

### 2. Grundsätzliche Subsidiarität gegenüber der Leistungskondiktion

Bevor zur Prüfung der Voraussetzungen der einzelnen Nichtleistungskondiktionen 428
übergegangen werden kann, muss zunächst das Verhältnis zur Leistungskondiktion geklärt werden.

- Im **Zweipersonenverhältnis** kann es ein Konkurrenzverhältnis nicht geben: Folgt eine 429
Bereicherung „durch Leistung eines anderen", kann diese Bereicherung nicht auch noch „in sonstiger Weise" erfolgt sein. Diesbezüglich besteht also eine **Exklusivität von Leistungs- und Nichtleistungskondiktion**.

- Im **Mehrpersonenverhältnis** gilt etwas anderes: Bei ihnen kann die Bereicherung 430
durch „Leistung eines anderen" durchaus zugleich auch „in sonstiger Weise" erfolgt sein. Um hier Einwendungen des Dritten zu erhalten, soll grundsätzlich nur in *dem* (Leistungs-) Verhältnis rückabgewickelt werden, in dem die Störung auftrat; jeder soll sich nur an *den* halten, den er sich zuvor als Vertragspartner ausgesucht hat (Rückabwicklung grds. nur „übers Eck"). Grundsätzlich ist daher die Nichtleistungskondiktion (hinsichtlich desselben Bereicherungsgegenstands – dazu Rn 432 ff.) gegenüber der Leistungskondiktion **subsidiär**.[415]

  **Beispiel:** Wippo möchte einen „schlüsselfertigen" Wintergarten an sein Haus anbauen 431
lassen. Dazu beauftragt er den Bauunternehmer Bruno. Dieser bestellt im eigenen Namen und auf eigene Rechnung Fenster beim Lieferanten Ludwig und lässt diese durch L direkt zu W liefern. Nachdem B die Fenster eingebaut, aber noch bevor er diese bei L bezahlt hat, muss er Insolvenz beantragen. L fordert W auf, die Fenster zu bezahlen.
  Ein Kaufpreisanspruch gem. § 433 II BGB besteht nicht, da zwischen W und L kein entsprechender Vertrag geschlossen wurde. Auch konnte B in Ermangelung einer Vertretungsmacht nicht wirksam für W kontrahieren. Zudem kommt ein wirtschaftlich vergleichbarer Anspruch unter dem Gesichtspunkt der GoA nicht in Betracht, da es weder dem objektiven Interesse noch dem mutmaßlichen Willen des W entsprach, die Fenster unter Begründung einer eigenen Schuld gegenüber Lieferanten geliefert zu bekommen. Vielmehr hatte W ausdrücklich eine Komplettlösung mit B vereinbart. Schließlich scheidet auch ein Herausgabeanspruch aus § 985 BGB aus, sofern man davon ausgeht, dass

[415] Vgl. aus jüngerer Zeit auch BGH NJW 2013, 2519, 2520.

eine wirksame Einigung zwischen B und L darüber bestand, dass das Eigentum an den Fenstern von L auf W übergehen solle. Zumindest hat L aber gem. §§ 946 ff. BGB das Eigentum verloren. Schließlich ist der Wille des L nicht auf die Herausgabe der Fenster, sondern auf „Kaufpreiszahlung" gerichtet.
Möglicherweise besteht der Zahlungsanspruch aber in Form eines Wertersatzanspruchs gem. §§ 812 I S. 1 Var. 1, 818 II BGB. Dazu müsste W von L das Eigentum und den Besitz an den Fenstern durch dessen Leistung erlangt haben. Unter Leistung ist jede bewusste und zweckgerichtete Mehrung fremden Vermögens zu verstehen. Unabhängig von der Frage, ob auf die Sichtweise des Leistenden oder des Leistungsempfängers abzustellen ist, liegt vorliegend eine Leistung jedenfalls nicht vor. L hat in Erfüllung einer Verbindlichkeit gegenüber B geleistet, wovon auch W ausging. Die ebenfalls in Betracht kommende Nichtleistungskondiktion ist subsidiär. Denn L hat sich B als Vertragspartner ausgesucht und trägt somit auch das Zahlungsrisiko. Dieses Risiko kann er nicht auf W abwälzen, indem er den Wert der Fenster von diesem kondiziert.

432 Die Nichtleistungskondiktion ist gegenüber der Leistungskondiktion nur **grundsätzlich** und auch nur hinsichtlich **desselben Bereicherungsgegenstands** subsidiär. Diese Erkenntnis ist immer dann wichtig, wenn *verschiedene* Bereicherungsgegenstände (etwa Eigentum und Besitz, wenn diese auseinanderfallen) in Betracht kommen.[416] In einem solchen Fall ist genau zu differenzieren.

433 **Beispiel**[417]**:** Eusebius betreibt eine Hummerfarm. Eines Nachts bricht der halbseidene Dagobert in die Farm ein und stiehlt 50 dieser Schalentiere. Am nächsten Morgen verkauft er sie an den redlichen Feinkosthändler Konrad. Dieser verarbeitet die Hummer zu Crabmeat in Konserven. Nachdem der Diebstahl aufgeklärt worden ist, verlangt E von K Wertersatz.

Bei dem von E geltend gemachten Anspruch könnte zwar an einen Vindikationsanspruch gem. § 985 BGB gedacht werden, unabhängig von § 935 BGB hat E das Eigentum aber durch Verarbeitung der Hummer an K verloren (vgl. § 950 BGB). Als Anspruchsgrundlage dient daher § 951 I S. 1 BGB. Diese Vorschrift verweist auf das Bereicherungsrecht, und zwar in Form einer Rechtsgrundverweisung. E könnte daher einen Wertersatzanspruch gem. §§ 951 I S. 1, 812 I S. 1 Var. 2, 818 II BGB haben. Ein solcher Anspruch ist zumindest nicht durch die Vorschriften über das Eigentümer-Besitzer-Verhältnis (§§ 987 ff. BGB) ausgeschlossen, da diese Vorschriften nicht die Verarbeitung einer Sache betreffen und insoweit auch keine Sperrwirkung entfalten (die Sperrwirkung reicht nur so weit, wie der Regelungsbereich geht). Möglicherweise greift aber der Vorrang der Leistungskondiktion gegenüber der Nichtleistungskondiktion mit der Folge, dass E nicht direkt gegen K vorgehen kann. Um diese Frage zu klären, müssen zunächst die Leistungsbeziehungen und der Bereicherungsgegenstand ermittelt werden.

Eine Leistungsbeziehung liegt nur zwischen D und K vor. Da D die Hummer jedoch zuvor E gestohlen hatte, konnte er wegen der Regelung des § 935 BGB K lediglich den Besitz, nicht aber das Eigentum daran verschaffen. Das Eigentum hat K erst durch die Verarbeitung (§ 950 BGB) erlangt. Demzufolge wäre Bereicherungsgegenstand der Leistungskondiktion D-K also der Besitz; Bereicherungsgegenstand der Eingriffskondiktion E-K das Eigentum. Die Subsidiarität der Nichtleistungskondiktion käme somit nicht zum Tragen. E könnte Wertersatz von K aus Eingriffskondiktion verlangen.

Stellte man dagegen auf die Sicht des K ab, hätte D auch das Eigentum „geleistet". Dann wäre der Bereicherungsgegenstand identisch und die Nichtleistungskondiktion gegenüber der Leistungskondiktion subsidiär. E müsste sich dann an D halten (§ 816 I S. 1 BGB).
Für die Möglichkeit der Eingriffskondiktion E-K spricht letztlich die Wertung des § 935 BGB: Hätte K die Hummer noch nicht verarbeitet, wäre E wegen § 935 BGB Eigentümer

[416] Vgl. dazu auch *Kindl*, JuS 2002, 994, 997.
[417] In Anlehnung an den viel zitierten Jungbullenfall (BGHZ 55, 176 ff.), ausführlich dargestellt bei *Hütte/Hütte*, Sachenrecht I, Rn 578.

geblieben und hätte von K gem. § 985 BGB die Herausgabe verlangen können. Warum K nun besser stehen soll, nur weil er die Hummer verarbeitet hat, ist nicht einzusehen. Zudem wäre er ohnehin einem Bereicherungsanspruch des D gem. §§ 951 I S. 1, 812 ff. BGB ausgesetzt gewesen.[418]

Im Ergebnis lässt sich somit sagen: Selbst wenn man auf die Sicht des K abstellt, darf dieser sich unter Wertungsgesichtspunkten nicht auf die Subsidiarität der Nichtleistungskondiktion berufen. E kann daher im Wege eines Rechtsfortwirkungsanspruchs gem. §§ 951 I S. 1, 812 I S. 1 Var. 2, 818 II BGB von K Wertersatz verlangen. Diesem Anspruch kann K auch nicht den an D gezahlten Kaufpreis entgegenhalten (bzw. in Abzug bringen). Zwar sind derartige Überlegungen im Rahmen der Entreicherung (§ 818 III BGB) einzubringen, vorliegend wirkt der Rechtsfortwirkungsanspruch aber so stark, dass ein Abzug nicht vorgenommen werden kann.[419]

**Hinweis für die Fallbearbeitung:** Das vorstehende Beispiel sollte verdeutlicht haben, dass immer dann, wenn eine Sache gestohlen und anschließend verarbeitet worden ist, trotz der Regelung des § 935 BGB das Eigentum verloren ist. Denn durch die Verarbeitung greift zugunsten des Verarbeitenden der gesetzliche Erwerbstatbestand des § 950 BGB ein. Der Anspruch des Bestohlenen aus § 985 BGB geht unter. Diesen Rechtsverlust des Alteigentümers kompensiert § 951 BGB, der insofern einen Fortwirkungsanspruch des untergegangenen § 985 BGB darstellt. 434

**Zusammenfassung:** Zweck des **Subsidiaritätsgrundsatzes** ist es, den Empfänger einer Leistung zu **schützen**. 435

- Dieser soll darauf **vertrauen** dürfen, dass nur *sein* Vertragspartner (also derjenige, den *er* sich zuvor ausgesucht hat) von ihm kondizieren kann.
- Wäre er Kondiktionsansprüchen Dritter ausgesetzt, bestünde zudem die Gefahr, dass er **Einwendungen**, die ihm gegenüber seinem Vertragspartner zustehen, **verlieren** würde.
- Schließlich ist der **Gutglaubensschutz** (etwa §§ 892, 932 BGB) zu beachten. Dieser darf nicht dadurch gefährdet werden, dass der Dritte direkt von ihm kondizieren könnte.

Der Subsidiaritätsgrundsatz wird jedoch dann durchbrochen, wenn andere Vorschriften eine **Direktkondiktion** fordern. Beispiele: **§ 951 BGB** und **§ 935 BGB**. Auch im Anwendungsbereich des **§ 816 I S. 2 BGB** (unentgeltliche Verfügung eines Nichtberechtigten, die dem Rechtsinhaber gegenüber wirksam ist) gilt der Subsidiaritätsgrundsatz nicht. Dasselbe gilt hinsichtlich des **§ 822 BGB** (Herausgabepflicht des Dritten, der den Bereicherungsgegenstand unentgeltlich vom berechtigt Verfügenden erhalten hat). Schließlich können Wertungsgesichtspunkte eine Direktkondiktion zulassen (näher dazu Rn 336 ff.).

---

[418] Vgl. zu dieser Wertung auch *Brox/Walker*, § 42 Rn 1; *Medicus/Petersen*, BR, Rn 727.

[419] Vgl. *Sprau*, in: Palandt, § 818 Rn 43; *Medicus/Petersen*, BR, Rn 721 ff.

### 3. Allgemeine Nichtleistungskondiktion - § 812 I S. 1 Var. 2 BGB

436 Innerhalb der allgemeinen Nichtleistungskondiktion gem. § 812 I S. 1 Var. 2 BGB, bei der die Bereicherung „in sonstiger Weise" herbeigeführt wird, wird allgemein folgende Unterscheidung vorgenommen:

- **Allgemeine Eingriffskondiktion**
- **Verwendungskondiktion**
- **Rückgriffskondiktion**

#### a. Allgemeine Eingriffskondiktion

437 Den wohl wichtigsten Unterfall der Nichtleistungskondiktion stellt die allgemeine Eingriffskondiktion dar. Sie schafft einen Ausgleich dafür, dass der Bereicherungsschuldner ungerechtfertigt in den Zuweisungsgehalt eines dem Bereicherungsgläubiger zustehenden Rechts eingegriffen und dieses damit verkürzt hat. Der Kondiktionstatbestand zählt vier Tatbestandsvoraussetzungen:

**Voraussetzungen und Rechtsfolgen der allg. Eingriffskondiktion**

**I. Etwas erlangt**

Volle Kongruenz zur *condictio indebiti*. Bei der Eingriffskondiktion besteht die Vermögensmehrung insbesondere in der Nutzung oder im Verbrauch einer fremden Sache.

**II. Durch Eingriff in den Zuweisungsgehalt eines fremden Rechts**

Die Bereicherung muss „in sonstiger Weise" erfolgt sein. Nahezu einhellig wird heute unter einer Bereicherung „in sonstiger Weise" eine Bereicherung durch **Eingriff in den Zuweisungsgehalt eines fremden Rechts** verstanden. Besonders klausurrelevant ist die **unberechtigte Untervermietung**:

- Überlässt der Vermieter die Wohnung dem Mieter aufgrund eines (freiwilligen) Mietvertrags, begibt er sich für die Dauer des Mietvertrags seiner Verwertungs- und Gebrauchsmöglichkeit; diese Möglichkeiten sind nicht mehr ihm, sondern dem Mieter zugewiesen. Nutzt also ein Mieter zweckwidrig die Wohnung zur Gewinnerzielung (unberechtigte Untervermietung), greift er nicht in den Zuweisungsgehalt eines fremden Rechts ein. Er braucht den erlangten Mietzins dem Vermieter daher nicht gem. § 812 I S. 1 Var. 2 BGB herauszugeben.
- Überlässt der Vermieter die Wohnung dem Mieter indes nicht aufgrund autonomer Entscheidung, sondern lediglich aufgrund einer gesetzlichen Verpflichtung, begibt er sich – anders als bei einer freiwilligen Überlassung aufgrund Mietvertrags – *nicht* seiner Verwertungs- und Gebrauchsmöglichkeit; die Nutzung durch Vermietung bleibt ihm als Eigentümer zugeordnet. Nutzt also ein Mieter zweckwidrig die Wohnung zur Gewinnerzielung (unberechtigte Untervermietung), greift er in den Zuweisungsgehalt eines fremden Rechts ein. Er hat den erlangten Mietzins dem Vermieter gem. § 812 I S. 1 Var. 2 BGB herauszugeben.

**III. „Auf dessen Kosten"**

Aufbauend auf dem nahezu einhellig vertretenen Dogma vom Zuweisungsgehalt dient das Merkmal „auf dessen Kosten" lediglich der Bestimmung des Trägers derjenigen Rechtsposition, in die eingegriffen wurde, also desjenigen, dem das Gut von der Rechtsordnung zugewiesen ist.

**IV. Fehlen des rechtlichen Grundes**

Schließlich muss die Bereicherung „ohne rechtlichen Grund" erfolgt sein. Auch hier schlägt das Dogma vom Zuweisungsgehalt durch. Demzufolge ist die Bereicherung ohne rechtlichen Grund erlangt, wenn der erlangte Vermögensvorteil nach der Rechtsordnung einem anderen gebührt. Etwas anderes gilt nur dann, wenn ein besonderer Behaltensgrund besteht, der die Inanspruchnahme als rechtlich begründet erscheinen lässt. Ein solcher Behaltensgrund kann sich aus dem Gesetz oder aus einem vom Berechtigten abgeleiteten Recht ergeben. Beispiel: Gutglaubenserwerb nach § 932 BGB.

**V. Umfang des Bereicherungsanspruchs (Rechtsfolge)**
Volle Kongruenz zur *condictio indebiti*

## aa. Bereicherungsgegenstand: „etwas erlangt"

Da sich das Merkmal „etwas erlangt" in § 812 I S. 1 BGB auf beide Varianten (also sowohl auf die *condictio indebiti* als auch auf die allgemeine Nichtleistungskondiktion) bezieht, kann insoweit auf die Ausführungen bei Rn 253/275 ff. verwiesen werden. Lediglich, wenn die Bereicherung im bloßen Besitz besteht, ist eine Eingriffskondiktion ausgeschlossen, sofern anderenfalls die Besitzschutzvorschrift des § 861 BGB unterlaufen würde. Diese geht der Eingriffskondiktion vor.[420] Bei der Eingriffskondiktion besteht die Vermögensmehrung aber insbesondere in der Nutzung oder im Verbrauch einer fremden Sache. **438**

## bb. „in sonstiger Weise"

Die Bereicherung muss „in sonstiger Weise" erfolgt sein. Was darunter zu verstehen ist, erklärt das Gesetz nicht. Klar ist allein, dass darunter etwas anderes zu verstehen ist als „durch Leistung" eines anderen. **439**

Unter einer Bereicherung „in sonstiger Weise" wird heute nahezu einhellig eine Bereicherung durch **Eingriff in den Zuweisungsgehalt eines fremden Rechts** verstanden.[421] **440**

Der Eingriff kann zunächst auf einem **Handeln des Bereicherten** beruhen. In Betracht kommen insbesondere unerlaubte Handlungen wie Diebstahl, Betrug, usw. Typische Fallgruppen sind die Besitzwegnahme, der Ge- oder Verbrauch einer Sache (z.B. Verbrauch fremden Benzins; Konsumieren von Lebens- oder Genussmittel), der Unerlaubte Gebrauch von Namens- und Firmenrechten, die Entziehung elektrischer Energie und die Werbung mit fremdem Bild ohne Einwilligung des Rechteinhabers.

**Beispiel:** Jim Beam, ein ausgewiesener Whiskey-Kenner, hat eine Kiste Devil´s Cut bestellt. Aufgrund einer Verwechselung des Paketdienstes wird das Paket beim Nachbarn, dem John Beam, abgegeben. Dieser glaubt, es handele sich um ein Dankeschön des Jim, weil er diesem letzte Woche bei der Renovierung des Hauses geholfen hat. John konsumiert den Whiskey. **441**

Hier hat Jim nicht an John geleistet. Auch der Paketdienst hat nicht an John geleistet, da er keine Leistung an John erbringen, sondern nur den Auftrag, die Kiste an Jim zu liefern, ausführen wollte. Mithin liegt eine Bereicherung des John in sonstiger Weise vor. Diese liegt darin, dass er durch den Verzehr des Whiskeys „in den Zuweisungsgehalt eines fremden Rechts" (das Recht am Whiskey ist dem Jim zugewiesen) eingegriffen und sich somit einen Vermögensvorteil (ersparter Kaufpreis) verschafft hat. Jim kann gem. §§ 812 I S. 1 Var. 2, 818 II BGB von John den Wert des Whiskeys kondizieren.

Die Vermögensverschiebung kann auch auf einer **gesetzlichen Regelung** beruhen. Zu nennen sind die Regeln über Verbindung, Vermischung, Verarbeitung (§§ 946 ff. BGB). Zu beachten ist jedoch, dass dem Entreicherten kein Anspruch aus Leistungskondiktion zustehen darf, da die (allgemeine) Nichtleistungskondiktion grds. subsidiär ist. Ferner kommen als Eingriffskondiktionsansprüche auslösende Institute in Betracht der Erwerb von Erzeugnissen und sonstigen Bestandteilen der Sache (§§ 953 ff. BGB), die Ersitzung (§§ 937 ff. BGB) und der Fund (§§ 965 ff. BGB) **441a**

---

[420] *Herrler*, in: Palandt, § 861 Rn 2.
[421] So BGH NJW 2002, 60, 61; NJW 2007, 216 f.; NJW 2012, 2034, 2037; *Brox/Walker*, § 42 Rn 5; *Sprau*, in: Palandt, § 812 Rn 38; *Musielak/Hau*, GK, Rn 738; *Giesen*, Jura 1995, 234, 237 f.

442 Ein Eingriff in den Zuweisungsgehalt eines fremden Rechts muss nicht notwendigerweise durch Menschenhand erfolgen. Auch **Naturereignisse** können einen Kondiktionsanspruch auslösen.

**Beispiel:** Bauer Bertold hat sein Feld gedüngt. Aufgrund extremer Niederschläge und der leicht abschüssigen Hanglage des Grundstücks wird das Düngemittel auf das Nachbarfeld, das dem Bauern Friedhelm gehört, geschwemmt. Dieser ist hocherfreut, da er sein Feld nun nicht mehr selber düngen muss.

Hier kann B gem. §§ 812 I S. 1 Var. 2, 818 II BGB Wertersatz von F verlangen.

443 Der genannte Zuweisungsgehalt kommt allen Rechtspositionen zu, deren wirtschaftliche Verwertung nach der Rechtsordnung dem Gläubiger zusteht. Dazu zählen insbesondere **absolute Rechte** wie das Eigentum und die beschränkt dinglichen Rechte (Nießbrauch, Grunddienstbarkeit etc.).

444 Besonders problematisch ist die Frage nach dem bereicherungsrechtlichen Anspruch bei **unberechtigter Untervermietung**.

**Beispiel**[422]**:** Raff ist Eigentümer zahlreicher Mietwohnungen. Eine der Wohnungen hat er dem Hildbert zu einem monatlichen Mietzins i.H.v. 550,- € vermietet. Im Mietvertrag ist die Untervermietung ausdrücklich nur mit Zustimmung des Vermieters gestattet. Da aber Hildbert immer etwas Geld gebrauchen kann, vermietet er eines der Zimmer für 175,- € monatlich weiter an den Studenten Sigismund. Seinen Vermieter informiert er nicht. Als dieser nach einigen Monaten das Untermietverhältnis in Erfahrung bringt, verlangt er von H den von S empfangenen Mietzins heraus. Mit Recht?

**Variante**[423]**:** Raff hatte dem Hildbert die Wohnung überlassen, weil er gesetzlich dazu verpflichtet war. Er hatte nämlich das Hausgrundstück (ein Grundstück, das im Volkseigentum der früheren DDR stand) von der Treuhandanstalt erworben und dabei noch ein Gesetz der früheren DDR zu beachten. Nach diesem Gesetz war H berechtigt, bis zu einem bestimmten Zeitpunkt die Wohnung zu nutzen. Könnte R (auch) in diesem Fall den erlangten Untermietzins herausverlangen?

**Zum Ausgangsfall:**
**1. Schadensersatzanspruch aus §§ 535, 280 I BGB**
Zunächst könnte ein Schadensersatzanspruch wegen **Verletzung des Mietvertrags angenommen** werden (§§ 535, 549, 553, 280 I BGB).
Eine Pflichtverletzung liegt vor. H hat die erforderliche Zustimmung nicht eingeholt. Er hat auch schuldhaft i.S.d. § 280 I S. 2 BGB gehandelt.
Durch die unberechtigte Untervermietung müsste bei R aber auch ein Schaden entstanden sein. Allein aus der Untervermietung als solche lässt sich noch kein Vermögensnachteil des Vermieters herleiten.[424] Soweit dem Vermieter aber aus der unbefugten Untervermietung ein Vermögensnachteil, bspw. durch erhöhte Abnutzung, entsteht, ist der Mieter ersatzpflichtig. Da dies vorliegend nicht angenommen werden kann, fehlt es somit an einem Schaden i.S.d. § 280 I BGB. Ein diesbezüglicher Ersatzanspruch muss folglich ebenfalls verneint werden.

**2. Anspruch aus §§ 667, 687 II S. 1, 681 S. 2 BGB**
R könnte aber einen Anspruch auf Zahlung der Untermiete wegen **angemaßter Eigengeschäftsführung** nach §§ 667, 687 II S. 1, 681 S. 2 BGB haben.
Dann müsste es sich bei der Untervermietung des H zunächst um ein objektiv fremdes Geschäft handeln. Dies wäre der Fall, wenn die Untervermietung dem Rechts- oder Interessenkreis des R angehörte.

---

[422] Vgl. BGHZ 59, 51; BGH NJW 1964, 1853; BGHZ 131, 297 ff.; BGH NJW 2002, 60 ff.
[423] Vgl. BGH NJW 2002, 60 ff.
[424] Vgl. dazu BGHZ 131, 297, 306.

Nach zutreffender h.M. nimmt der Mieter mit der Untervermietung kein objektiv fremdes Geschäft vor. Denn die Untervermietung ist kein „Geschäft" des Vermieters. Der Mieter, der vertragswidrig untervermietet, übt nur den ihm überlassenen Gebrauch der Mietsache in unzulässiger Weise aus. Ein Anspruch aus angemaßter Eigengeschäftsführung nach §§ 667, 687 II S. 1, 681 S. 2 BGB scheidet folglich aus.[425]

**3. Anspruch gem. §§ 987 I S. 1, 990 I S. 1, 99 III BGB**

Ein Nutzungsherausgabeanspruch des R wegen unberechtigter Untervermietung seitens des H unter dem Gesichtspunkt des **Eigentümer-Besitzer-Verhältnisses** kommt ebenfalls nicht in Betracht. Denn ein solcher Anspruch würde das Bestehen einer Vindikationslage im Zeitpunkt der Untervermietung voraussetzen, also zu dem Zeitpunkt, aus welchem Rechtsfolgen hergeleitet werden sollen. Zur Zeit der Untervermietung war H im Verhältnis zu R nicht ein nichtberechtigter Besitzer. Dies ist jedoch Voraussetzung für die Anwendbarkeit der §§ 987 ff. BGB. H hat lediglich das bestehende Besitzrecht überschritten. Eine Stellung als derartiger „Nicht-so-berechtigter Besitzer" reicht jedoch nicht aus.[426] (Anders sähe es nach Ablauf des Mietverhältnisses aus).[427]

**4. Anspruch gemäß § 823 I BGB**

Auch ein deliktischer Anspruch des R gegen H auf Zahlung der Untermiete scheidet, unabhängig von der Frage, ob die unberechtigte Untervermietung durch H überhaupt eine Eigentumsverletzung darstellte, jedenfalls mangels eines adäquat kausal verursachten Schadens aus.

**5. Anspruch gemäß § 816 I S. 1 BGB**

R könnte aber einen bereicherungsrechtlichen Ersatzanspruch gem. § 816 I S. 1 BGB (**Verfügung eines Nichtberechtigten**) zustehen. Dann müsste H als Nichtberechtigter eine Verfügung getroffen haben. Verfügung bedeutet Inhaltsänderung eines dinglichen Rechts. Als eine solche Verfügung kommt nur die Untervermietung in Betracht, die den Inhalt des Eigentums des R verändert haben könnte. Die Untervermietung besteht vorliegend aus zweierlei: einerseits aus dem Abschluss des Untermietvertrags H-S, andererseits aus der Überlassung des Besitzes an S. Hinsichtlich des Abschlusses des Untermietvertrags kann eine Verfügung nicht angenommen werden. Vielmehr handelt es sich um ein rein schuldrechtliches (obligatorisches) Rechtsgeschäft, welches wegen des Abstraktionsprinzips mit der dinglichen Wirkung nichts gemein hat. Als Verfügung i.S.d. § 816 I S. 1 BGB kommt also lediglich die Besitzüberlassung an S in Betracht. In der Übertragung des unmittelbaren Besitzes auf einen anderen ist grds. eine Verfügung zu erblicken, da der Besitz als dingliches Recht und nicht nur als bloße Tatsache anzuerkennen ist.

Ob auch ein Besitzrecht *aus Miete* ein dingliches Recht darstellt, ist fraglich. Dingliche Rechte zeichnen sich dadurch aus, dass sie einerseits eine Sache i.S.d. § 90 BGB einer bestimmten Person unmittelbar zuordnen, ihr also Sachherrschaft verleihen, andererseits jeden Dritten durch absoluten Klagschutz von der Einwirkung auf die Sache ausschließen. Es scheint bereits zweifelhaft, ob die Mietsache dem Mieter aufgrund des Mietbesitzes unmittelbar zuzuordnen ist. Jedenfalls genießt der Mieter nicht automatisch absoluten Klagschutz gegen jeden Dritten. Zwar verleihen die §§ 571, 823 I BGB in vielen Fällen einen Drittschutz vergleichbar den dinglichen Rechten Eigentum, Pfandrecht etc. Jedoch ist der Schutz nicht durchgängig. Somit ist im Ergebnis davon auszugehen, dass das Recht zum Besitz aus Miete kein dingliches Recht darstellt.

Folglich ist in der Untervermietung seitens des H auch keine Verfügung über das Eigentumsrecht des R zu sehen, da das Recht zum Besitz aus Miete nicht den Inhalt des Eigentums zu ändern vermag. Damit fehlt es an den Voraussetzungen des § 816 I S. 1 BGB. Ein Anspruch des R gegen H auf der Grundlage des § 816 I S. 1 BGB scheidet daher ebenfalls aus.

---

[425] Vgl. dazu BGHZ 59, 51, 58; 131, 297, 306.

[426] Vgl. dazu *Enneccerus, Ludwig/Kipp, Theodor/Wolff, Martin*: Lehrbuch des Bürgerlichen Rechts, Band 3, Sachenrecht, 1957, § 85 A 2 Anm. 34, bearbeitet von Martin Wolff und Ludwig Raiser.

[427] BGH NJW-RR 2009, 1522; *Lorenz*, JuS 2013, 495, 496.

**6. Anspruch aus § 816 I S. 1 BGB analog**

R könnte infolge der unberechtigten Untervermietung seitens des H jedoch ein Herausgabeanspruch aus § 816 I S. 1 BGB analog zustehen.

Eine Analogie setzt zunächst eine planwidrige Regelungslücke des Gesetzes voraus. Bereits dies erscheint fraglich, da R durch die Untervermietung nicht über Gebühr benachteiligt ist.[428] Nimmt man jedoch an, dass die unberechtigte Untervermietung durch das Recht zur fristlosen Kündigung und den Unterlassungsanspruch in den §§ 543, 541 BGB abschließend aufgefangen worden sei, läge durchaus eine Regelungslücke im Rahmen des § 816 I S. 1 BGB vor. Denn der Begriff der Verfügung betrifft nur die Inhaltsänderung von Rechten, nicht schon die schuldrechtliche Vereinbarung wie die Untervermietung durch Besitzüberlassung. In diesem Fall wäre § 816 I S. 1 BGB also analogiefähig.

Auch wenn eine Analogiefähigkeit gegeben ist, liegen dennoch die Voraussetzungen des § 816 I S. 1 BGB auch bei analoger Anwendung nicht vor, weil der Untermietzins keinen Gegenwert darstellt, den der Mieter anstelle des Eigentümers erzielt. Dieser hätte die bereits an den Mieter vermietete Sache nicht mehr selbst an einen Dritten untervermieten können. Hinzu kommt, dass der Untermieter dem Vermieter gegenüber kein Recht zum Besitz erlangt, die Untervermietung also nicht wirksam in dessen Rechtsposition eingreift.[429]

Damit liegen auch die Voraussetzungen für eine analoge Anwendung des § 816 I S. 1 BGB nicht vor. R hat daher auch keinen Anspruch gegen H aus § 816 I S. 1 BGB analog.

**7. Anspruch aus § 812 I S. 1 Var. 2 BGB**

Schließlich kommt ein Anspruch des R aus § 812 I S. 1 Var. 2 BGB (**allgemeine Nichtleistungskondiktion**) in Betracht.

H hat „etwas erlangt", nämlich Eigentum und Besitz an dem von S gezahlten Untermietzins. Diese Bereicherung müsste auch „in sonstiger Weise" erfolgt sein. Was darunter zu verstehen ist, erklärt das Gesetz nicht. Klar ist allein, dass darunter etwas anderes zu verstehen ist als „durch Leistung" eines anderen. Nahezu einhellig wird heute unter einer Bereicherung „in sonstiger Weise" eine Bereicherung durch **Eingriff in den Zuweisungsgehalt eines fremden Rechts** verstanden.[430]

Durch den Abschluss des (Haupt-)Mietvertrags hat nach Auffassung des BGH der Vermieter dem (Haupt-)Mieter die **vollständige Verwertungs- und Gebrauchsmöglichkeit eingeräumt**. Insbesondere könne er selbst die Mietsache einem Dritten gar nicht mehr überlassen.[431] Daher sei die Untervermietung selbst dann, wenn sie unberechtigt erfolge, ein dem Mieter, nicht dem Vermieter zugewiesenes Geschäft. Mithin fehle es am Eingriff i.S.d. § 812 I S. 1 Var. 2 BGB.

**8. Gesamtergebnis zum Ausgangsfall**

Folgt man der Auffassung des BGH, steht R gegen H kein Anspruch auf Zahlung des von S erhaltenen Untermietzinses zu.

**Zur Variante:**

In der Variante liegen die Dinge anders. Die Rechtsprechung zur unberechtigten Untervermietung kann nach Auffassung des BGH hier nicht angewendet werden. Der Vermieter habe sich seiner Verwertungs- und Gebrauchsmöglichkeit nicht vertraglich zugunsten des (Haupt-)Mieters begeben, sondern er habe ihm den Besitz lediglich aufgrund einer gesetzlichen Anordnung überlassen. Das Gesetz fordere die Überlassung der Wohnung – wie dargelegt – nur zur Verwirklichung bestimmter öffentlicher Zwecke. Nur *insoweit* habe es die Verwertungs- und Gebrauchsmöglichkeiten dem Mieter zugewiesen. Die grundsätzliche Möglichkeit der Nutzung durch Vermietung sei also dem R als Eigentümer zugeordnet geblieben. In diese Rechtsposition habe H eingegriffen, als er

---

[428] Vgl. BGHZ 131, 297, 306.
[429] Vgl. BGHZ 131, 297, 306.
[430] So BGH NJW 2002, 60, 61; NJW 2007, 216 f. NJW 2012, 2034, 2037; *Brox/Walker*, § 42 Rn 5; *Musielak/Hau*, GK, Rn 739; *Sprau*, in: Palandt, § 812 Rn 38.
[431] Vgl. BGHZ 131, 297, 306.

die Wohnung zweckwidrig zur Gewinnerzielung genutzt habe. Infolgedessen habe er die damit verbundenen Vermögensvorteile auch auf Kosten des R erlangt.

**Zusammenfassung und Ergebnis zur Variante**
Überlässt der Vermieter die Wohnung dem Mieter lediglich aufgrund einer gesetzlichen Verpflichtung, begibt er sich – anders als bei einer freiwilligen Überlassung aufgrund des Mietvertrags – *nicht* seiner Verwertungs- und Gebrauchsmöglichkeit; die Nutzung durch Vermietung bleibt ihm als Eigentümer zugeordnet. Nutzt also ein Mieter zweckwidrig die Wohnung zur Gewinnerzielung (unberechtigte Untervermietung), greift er in den Zuweisungsgehalt eines fremden Rechts ein. Er hat den erlangten Mietzins dem Vermieter gem. § 812 I S. 1 Var. 2 BGB herauszugeben.

Gegenstand des Eingriffs in den Zuweisungsgehalt eines fremden Rechts können auch **445** **geistige Rechte** wie das Urheberrecht, das Patentrecht, das Markenrecht und das Geschmacksmusterrecht sein. Problematisch ist die Frage nach dem bereicherungsrechtlichen Anspruch bei Eingriffen in das **allgemeine Persönlichkeitsrecht** (Art. 2 I i.V.m. Art. 1 I GG), etwa wenn Bilder eines bekannten Schauspielers ohne dessen Einverständnis vermarktet oder zu Reklamezwecken verwendet werden.

Da das allgemeine Persönlichkeitsrecht und seine besonderen Erscheinungsformen wie das **446** Recht am eigenen Bild und das Namensrecht nicht nur dem Schutz ideeller, sondern auch kommerzieller Interessen der Persönlichkeit dienen[432], stehen dem Träger des allgemeinen Persönlichkeitsrechts hinsichtlich der kommerziellen Verwertung ein Entschädigungsanspruch aus § 823 I BGB, ein Unterlassungsanspruch analog § 1004 I S. 2 BGB und unter Umständen auch ein Bereicherungsanspruch aus § 812 I S. 1 Var. 2 BGB zu, wenn diese vermögenswerten Bestandteile des Persönlichkeitsrechts durch eine unbefugte Verwendung des Bildnisses oder des Namens oder anderer kennzeichnender Persönlichkeitsmerkmale schuldhaft und in schwerwiegender Weise verletzt werden.[433]

Hinsichtlich des **Rechts am eigenen Bild** gilt, dass der Bildnisschutz als spezielles Persön- **447** lichkeitsrecht einfachgesetzlich in den §§ 22, 23 KUG geregelt ist. Dieses Gesetz stellt ein Gesetz i.S.d. des Schrankenvorbehalts des Art. 2 I GG dar, der auch auf das allgemeine Persönlichkeitsrecht anwendbar ist. Die Auslegung und Anwendung des KUG hat aber stets vor dem Hintergrund verfassungsrechtlicher Vorgaben zu erfolgen. So ist bei widerstreitenden Interessen (etwa das allgemeine Persönlichkeitsrecht auf der einen Seite, die Presse-, Meinungsäußerungs- oder Kunstfreiheit auf der anderen Seite) stets eine Abwägung vorzunehmen. Der Konflikt ist dann über die Ausstrahlungswirkung der Grundrechte und über die Figur der praktischen Konkordanz[434] zu lösen. Zum **Kunsturhebergesetz** und zur **Abwägung** zwischen den widerstreitenden Interessen vgl. ausführlich Rn 655 ff.

### cc. „Auf dessen Kosten"

Aufbauend auf dem heute nahezu einhellig vertretenen Dogma vom Zuweisungsgehalt **448** dient das Merkmal „auf dessen Kosten" lediglich der Bestimmung des Trägers derjenigen Rechtsposition, in die eingegriffen wurde, also desjenigen, dem das Gut von der Rechtsordnung zugewiesen ist.

---

[432] Siehe dazu ausführlich Rn 655 ff.
[433] Vgl. BVerfG NJW 2008, 1793 ff.; BGH NJW 2007, 1977 ff.; NJW 2007, 1981 ff.; BGH NJW 2004, 762 ff.; NJW 2004, 596 ff.; BGHZ 143, 214 ff.
[434] Begriff nach *Hesse*, Grundzüge des Verfassungsrechts, Rn 317 ff. (dazu *R. Schmidt*, Grundrechte, 24. Aufl. 2019, Rn 193/384 f.).

### dd. Fehlen des rechtlichen Grundes

449 Schließlich muss die Bereicherung „ohne rechtlichen Grund" erfolgt sein. Auch hier schlägt das Dogma vom Zuweisungsgehalt durch. Demzufolge ist die Bereicherung ohne rechtlichen Grund erlangt, wenn der erlangte Vermögensvorteil nach der Rechtsordnung einem anderen gebührt. Etwas anderes gilt nur dann, wenn ein besonderer Behaltensgrund besteht, der die Inanspruchnahme als rechtlich begründet erscheinen lässt. Ein solcher Behaltensgrund kann sich aus dem Gesetz oder aus einem vom Berechtigten abgeleiteten Recht ergeben.

> **Beispiel:** Hat der Bereicherte gutgläubig Eigentum an einer zuvor dem Bereicherungsgläubiger gehörenden Sache erworben (vgl. §§ 929 S. 2, 932 BGB), besteht ein gesetzlich normierter Behaltensgrund bzgl. der Sache. Der Gutglaubensschutz ist im Hinblick auf § 812 I S. 1 Var. 2 BGB (aber auch im Hinblick auf § 816 I S. 1 BGB, nicht aber im Hinblick auf § 816 I S. 2 BGB) kondiktionsfest. Hinsichtlich des Verhältnisses zur GoA vgl. Rn 245 sowie die Ausführungen sogleich zur Verwendungskondiktion.

## b. Verwendungskondiktion

450 Einen weiteren Unterfall der allgemeinen Nichtleistungskondiktion bildet die Verwendungskondiktion. Sie bezieht sich auf Sachverhalte, in denen jemand eigene Vermögenswerte auf fremdes Gut verwendet, ohne jedoch dem Eigentümer dadurch eine Leistung zu erbringen. Auch diese zählt vier Tatbestandsvoraussetzungen:

451

**Voraussetzungen und Rechtsfolgen der Verwendungskondiktion**

**I. Etwas erlangt**

Volle Kongruenz zur *condictio indebiti*. Bei der Verwendungskondiktion besteht die Vermögensmehrung insbesondere in der Aufwertung des fremden Vermögensgutes.

**II. Verwendung auf ein fremdes Vermögensgut**

Die Bereicherung muss durch die Verwendung auf ein fremdes Vermögensgut erfolgt sein. Eine **Verwendung** i.S. einer Verwendungskondiktion ist ein **bewusstes Vermögensopfer, das einer Sache zugutekommt, ohne jedoch die Sache grundlegend zu verändern**. Einen Spezialfall der Verwendungskondiktion stellt der Ausgleichsanspruch gem. **§ 951 I BGB** dar. Erleidet jemand durch Verbindung, Vermischung oder Verarbeitung einen Rechtsverlust (i.d.R. Eigentumsverlust), kann der bisherige Eigentümer nicht gem. § 985 BGB vindizieren. Diesen Rechtsverlust „mildert" § 951 I BGB, indem er dem früheren Eigentümer zumindest einen bereicherungsrechtlichen Ausgleich gewährt.

**III. „Auf dessen Kosten"**

Parallel zur allg. Eingriffskondiktion dient das Merkmal „auf dessen Kosten" lediglich der Bestimmung des Trägers derjenigen Rechtsposition, in die die Verwendung erfolgte.

**IV. Fehlen des rechtlichen Grundes**

Schließlich muss die Bereicherung „ohne rechtlichen Grund" erfolgt sein. Das ist der Fall, wenn eine Berechtigung bzw. Verpflichtung zur Verwendung eigener Vermögenswerte fehlt.

**V. Umfang des Bereicherungsanspruchs (Rechtsfolge)**

Volle Kongruenz zur *condictio indebiti*

### aa. Bereicherungsgegenstand: „Etwas erlangt"

452 Bei diesem Merkmal besteht volle Kongruenz zur *condictio indebiti*. Bei der Verwendungskondiktion besteht die Vermögensmehrung insbesondere in der Aufwertung des fremden Vermögensgutes.

### bb. Verwendungen auf ein fremdes Vermögensgut

Die Bereicherung muss durch die Verwendung auf ein fremdes Vermögensgut erfolgt sein. 453

Eine **Verwendung** i.S. einer Verwendungskondiktion ist ein **bewusstes Vermögensopfer, das einer Sache zugutekommt, ohne jedoch die Sache grundlegend zu verändern.**[435] 454

- Anders als bei der Leistungskondiktion ist eine Zweckgerichtetheit auf Seiten des Verwenders nicht erforderlich. Es genügt das schlichte **Bewusstsein**, dass er überhaupt eine Vermögensmehrung vollbringt. 455
- Das Vermögensopfer kann durch die **Aufwendung von Sachen** (etwa bei Verbindung oder Vermischung i.S.d. §§ 946 ff. BGB), aber auch durch den Einsatz von **Arbeitsleistungen** erfolgen. 456

Sofern jedoch ein entsprechendes **Vertragsverhältnis** zwischen den Parteien besteht und der Verwender in Erfüllung seiner vertraglichen Verpflichtung handelt, besteht in derartigen Fällen ein Rechtsgrund für die Verwendung, sodass ein Bereicherungsanspruch nicht in Betracht kommt. Als Anspruchsgrundlage kommen insoweit etwa die §§ 459, 601, 536a II und 581 II BGB in Betracht. Selbst wenn der Vertrag nichtig sein sollte, liegt i.d.R. ein Fall der **Leistungskondiktion** vor, die ja bekanntermaßen der Nichtleistungskondiktion hinsichtlich desselben Bereicherungsgegenstands vorgeht. Liegt beim Verwender schließlich ein Fremdgeschäftsführungswille vor, greifen in erster Linie die Vorschriften der **Geschäftsführung ohne Auftrag** ein. Hier ist zu differenzieren: 457

- Bei Vorliegen einer **berechtigten GoA** scheiden Ansprüche des Geschäftsführers aus Verwendungskondiktion aus, weil jene – solange sich der Geschäftsführer in ihrem Rahmen bewegt – den Rechtsgrund für Leistungen und Eingriffe bildet. Ansprüche aus berechtigter GoA sind – sofern der Klausursachverhalt dies nahelegt – also stets vor solchen des Bereicherungsrechts zu prüfen. 458
- Liegt aber eine **unberechtigte GoA** oder gar eine **angemaßte Eigengeschäftsführung** vor, sind Ansprüche des Geschäftsherrn aus ungerechtfertigter Bereicherung neben solchen aus GoA anwendbar. § 684 S. 1 BGB stellt dies klar.[436] 459

  **Beispiel:** A „leiht" sich das Schifferklavier des B ohne dessen Wissen und Wollen und spielt in der Fußgängerzone. Bis zum Abend haben Passanten in den offenen Instrumentenkasten Münzen im Wert von insgesamt 350,- € geworfen.

  Hier kommen neben Schadensersatzansprüchen aus § 823 I BGB Ansprüche aus § 687 II i.V.m. §§ 678 bzw. 667 BGB in Betracht. A müsste dem B dann die Einnahmen herausgeben. Da der Anspruch aus § 687 II BGB auf Seiten des Geschäftsherrn die Anwendbarkeit von Ansprüchen aus ungerechtfertigter Bereicherung nicht ausschließt, wäre zusätzlich ein Anspruch aus § 812 I S. 1 Var. 2 BGB bzw. § 816 I S. 1 BGB (hier: Eingriff in den Zuweisungsgehalt eines fremden Rechts) zu prüfen.

  Soweit es jedoch um Ansprüche des Geschäftsführers gegen den Geschäftsherrn geht, enthält § 687 II BGB eine abschließende Regelung, neben der andere Ansprüche ausgeschlossen sind.

---

[435] Vgl. nur BGHZ 41, 157, 160; BGHZ 131, 220, 222 f.; *Herrler*, in: Palandt, § 994 Rn 2.

[436] Sieht man entgegen der hier vertretenen Auffassung auch die unberechtigte GoA als spezielles gesetzliches Schuldverhältnis an (so etwa *Seiler*, in MüKo, Vor § 677 Rn 15), gehen die §§ 677 ff. BGB den §§ 812 ff. BGB systematisch vor. Die §§ 812 ff. kommen nach dieser Auffassung somit nur insoweit zur Anwendung, als § 684 S. 1 BGB auf sie verweist.

460 ▪ Umgekehrt sind *nur* die Vorschriften über die ungerechtfertigte Bereicherung anwendbar, sofern der Geschäftsführer **geschäftsunfähig** oder in seiner Geschäftsfähigkeit **beschränkt** ist (§ 682 BGB).

461 ▪ Sofern der Verwender einen unberechtigten Besitz an der Sache ausübt, gehen die Vorschriften über das **Eigentümer-Besitzer-Verhältnis** (EBV - §§ 987 ff. BGB) dem Bereicherungsrecht vor. Der Verwendungsersatzanspruch ergibt sich dann aus §§ 994, 996 BGB.[437]

462 **Hinweis für die Fallbearbeitung:** Die vorstehenden Ausführungen sollten verdeutlicht haben, dass der Anwendungsbereich der Verwendungskondiktion relativ gering ist. In der Fallbearbeitung sind also stets andere, gegenüber der Verwendungskondiktion vorrangige, Anspruchsgrundlagen zuerst zu prüfen.

**Beispiel:** Nikodemus und Ortwin sind benachbarte Obstbauern. Als eines Tages O mit seinem Flugzeug Herbizide nicht nur auf seiner Plantage, sondern aus Versehen auch auf der des N versprüht, verlangt er später von diesem Verwendungsersatz. Mit Recht?

Ein Vertragsverhältnis, aus dem sich ein Ersatzanspruch ergeben könnte, liegt nicht vor. Auch kommt ein Anspruch aus EBV (hier: §§ 994 oder 996 BGB) nicht in Betracht, weil O die Plantage des N nicht in Besitz hatte. Ansprüche aus GoA scheiden ebenfalls aus, weil O davon ausging, seine eigene Plantage zu besprühen; es fehlt also am Fremdgeschäftsführungswillen (§ 687 I BGB).
Hinsichtlich des nun denkbaren bereicherungsrechtlichen Ausgleichsanspruchs ist zunächst der Vorrang der Leistungskondiktion zu bedenken. Doch da O weder bewusst noch zweckgerichtet das Vermögen des N vermehrt hat, scheidet ein Anspruch aus § 812 I S. 1 Var. 1 BGB letztlich aus. O kann aber einen Anspruch aus Verwendungskondiktion (§ 812 I S. 1 Var. 2 BGB) geltend machen. Ob dieser dann auch begründet ist, hängt von dem Vorhandensein einer Bereicherung seitens des N ab. Sollte das Herbizid für diesen nutzlos sein, etwa weil er bereits selbst kurz zuvor eigenes versprüht hatte, oder sollte er sogar ökologischen Anbau betreiben, ist unter dem Aspekt der „aufgedrängten Bereicherung" ein Wertersatzanspruch ausgeschlossen. Im letzteren Fall wäre sogar umgekehrt an einen Schadensersatzanspruch des N zu denken.

463 Einen **Spezialfall** der Verwendungskondiktion stellt der Ausgleichsanspruch gem. **§ 951 I BGB** dar. Erleidet jemand durch Verbindung, Vermischung oder Verarbeitung einen Rechtsverlust (i.d.R. Eigentumsverlust), kann der bisherige Eigentümer nicht gem. § 985 BGB vindizieren. Diesen Rechtsverlust „mildert" § 951 I BGB, indem er dem früheren Eigentümer zumindest einen bereicherungsrechtlichen Ausgleich gewährt. Bevor jedoch an die Prüfung der Voraussetzungen des § 951 I i.V.m. §§ 812 ff. BGB gedacht werden kann, ist zunächst der grundsätzliche Vorrang des **Eigentümer-Besitzer-Verhältnisses** zu beachten. Dieses enthält in den §§ 994 und 996 BGB eigene Anspruchsgrundlagen hinsichtlich eines Verwendungsersatzes. Ob diese Vorschriften allerdings einen Anspruch aus § 951 I BGB gänzlich ausschließen, ist fraglich. Bei einem Ausschluss des Verwendungsersatzanspruchs nach § 951 I BGB würde nämlich der Besitzer in bestimmten Fällen schlechter gestellt als jemand, der als Nichtbesitzer Verwendungen macht. Andererseits hat der Gesetzgeber nicht ohne Grund mit den §§ 994 ff. BGB eine differenzierte und nach seinem Willen abschließende Regelung getroffen. Noch problematischer ist es, ob die Sperrwirkung des EBV hinsichtlich der Verwendungen i.S.d. §§ 994, 996 BGB auch dann gilt, wenn der unrechtmäßige Besitzer Verwendungen macht, die außerhalb des Verwendungsbegriffs der §§ 994, 996 BGB stehen.

464 **Beispiel:** Pedro ist Pächter eines dem Vinzenz gehörenden Grundstücks. Ständig von der Angst vor einer Invasion Außerirdischer verfolgt, errichtet er eines Tages auf dem

[437] BGHZ 41, 157, 159; a.A. *Medicus/Petersen*, BR, Rn 895 ff.

von Vinzenz gepachteten Grundstück einen unterirdischen Bunker aus Beton. Da man mittlerweile an der Zurechnungsfähigkeit des P zweifelt, wird er psychiatrisch untersucht und für geisteskrank erklärt. Dabei wird festgestellt, dass P sich bereits im Zeitpunkt des Abschlusses des Pachtvertrags mit V im Zustand des § 104 Nr. 2 BGB befand. Als V nun die Rückgabe des Grundstücks verlangt (§ 985 BGB), macht der Betreuer des P (vgl. §§ 1896, 1901 BGB) die Erstattung der Kosten für den Bau geltend.

Der geltend gemachte Verwendungsersatzanspruch könnte sich auf §§ 994, 996 BGB stützen. Ein EBV liegt vor, da P infolge des nichtigen Pachtvertrags kein Recht zum Besitz hatte (vgl. § 986 I S. 1 BGB). Fraglich ist aber, ob P Verwendungen auf das Grundstück des V gemacht hat. **Verwendungen** liegen nach der Rechtsprechung des BGH vor bei einer willentlichen Vermögensaufwendung, die der Sache zugutekommen soll, indem sie sie wiederherstellt, erhält oder verbessert, sie aber nicht grundlegend verändert (**enger Verwendungsbegriff**). Vorliegend ist das Grundstück des V durch den Bau des Bunkers grundlegend verändert worden, sodass P nach Auffassung des BGH keine Verwendungen i.S.d. §§ 994, 996 BGB gemacht hat.

Möglicherweise kann ein Verwendungsersatzanspruch dann aber auf § 951 I BGB gestützt werden. P hat infolge der Regelung des § 946 i.V.m. § 94 BGB einen Rechtsverlust erlitten, der gem. § 951 BGB nach den §§ 812 ff. BGB (vorliegend Verwendungskondiktion nach § 812 I S. 1 Var. 2 BGB) zu kompensieren ist. Ein solcher Anspruch ist aber ausgeschlossen, sofern von dem Verwendungsersatzanspruch des EBV auch dann eine Sperrwirkung ausgeht, wenn (lediglich) die Voraussetzungen der §§ 994, 996 BGB nicht gegeben sind.

⇨ Nach Auffassung des BGH entfalten die §§ 994 ff. BGB auch dann eine Sperrwirkung gegenüber Vorschriften, die denselben Sachverhalt regeln, wenn ihre Voraussetzungen nicht vorliegen (**Theorie von der absoluten Sperrwirkung**). Dieser Ausschluss beschränke sich nicht nur auf die Vorschriften der GoA und des Bereicherungsrechts, sondern erstrecke sich auch auf den Ersatzanspruch aus § 951 BGB (der ja letztlich auf das Bereicherungsrecht verweist). Anderenfalls werde das in den §§ 994, 996 BGB enthaltene sorgfältig abgestufte und ausgewogene Ausgleichssystem unterlaufen. Eine Zulassung des Ausgleichsanspruchs gem. § 951 BGB führe zudem dazu, dass selbst ein bösgläubiger unrechtmäßiger Besitzer für Maßnahmen, die nicht unter den Verwendungsbegriff fielen, Ersatz verlangen könne.[438] Danach hätte P keine Verwendungen i.S. des § 994 bzw. des § 996 BGB gemacht und kann auch nicht über § 951 BGB Ersatz für seine Maßnahmen verlangen. Zu denken wäre in einem solchen Fall allenfalls an einen „Quasi-Verwendungsersatzanspruch" aus dem Grundsatz von Treu und Glauben (§ 242 BGB).

⇨ Die die Gegenauffassung bildende h.L. lehnt zwar die vom BGH vertretene Einschränkung des engen Verwendungsbegriffs ab (zählt also auch **Umgestaltungsaufwendungen** zu den Verwendungen i.S.d. §§ 994 ff. BGB), geht aber ebenfalls vom **abschließenden Charakter** der §§ 994 ff. BGB aus und gelangt so bei Vorliegen einer Vindikationslage zum vollständigen Ausschluss von Ansprüchen aus Bereicherungsrecht in sonstiger Weise.[439] Sollte P demnach Verwendungen i.S. des § 994 bzw. des § 996 BGB gemacht haben, könnte er Verwendungsersatz verlangen. Sollte man hierin eine Unbilligkeit auf Seiten des V sehen, hilft auch hier (allerdings in umgekehrter Richtung) § 242 BGB.

⇨ Wieder andere befürworten zwar den engen Verwendungsbegriff des BGH, lehnen aber die vom BGH vertretene weit reichende Ausschlusswirkung der §§ 994 ff. BGB ab. Die **Ausschlusswirkung** der §§ 994, 996 BGB gelte nur dann, wenn **auch die Voraussetzungen** dieser Vorschriften vorlägen. Demzufolge steht dem Besitzer für solche Aufwendungen, die nicht den §§ 994, 996 BGB unterfallen, durchaus ein Wertersatzanspruch aus § 951 BGB zu. Zur Begründung dieses Ergebnisses wird

---

[438] BGHZ 41, 157, 162 f.; 131, 220, 222 f.

[439] *Gursky*, in: Staudinger, vor §§ 994 Rn 39; *Reuter/Martinek*, Ungerechtfertigte Bereicherung, 1983, 699 ff.; *M. Wolf*, AcP 166 (1966), 199 ff.

angeführt, dass die Auffassung des BGH zu Unbilligkeiten führe. Diese Unbilligkeiten bestünden darin, dass der Besitzer für Umgestaltungsmaßnahmen niemals Ersatz verlangen könne, auch wenn diese eine wesentliche Wertsteigerung des Grundstücks bewirkt hätten. Insbesondere stelle die Regelung des § 997 BGB (Wegnahmerecht) keinen wirklichen Ausgleich dar, weil die Realisierung dieses Rechts zumeist (wegen der hohen Kosten) unverhältnismäßig sei. Schließlich komme hinzu, dass durch die Rechtsprechung der besitzende Verwender wesentlich schlechter gestellt werde als der nichtbesitzende Verwender, da für Letzteren mangels Anwendbarkeit der §§ 994, 996 BGB auch keine Sperrwirkung eintrete.[440]

**465** Stellungnahme: Die Argumente der zuletzt genannten Auffassung überzeugen. Der besitzende Verwender (im vorliegenden Fall P) kann also grds. Verwendungsersatz gem. § 951 BGB i.V.m. § 812 I S. 1 Var. 2 BGB (hier: Verwendungskondiktion) geltend machen. Sollte dies im Einzelfall zu unbilligen Ergebnissen führen, etwa dadurch, dass der Grundstückseigentümer für die Umgestaltung seines Grundstücks, die er gar nicht wünscht, die für ihn sogar einen Schaden bedeutet, sogar noch „bezahlen" muss, helfen die Grundsätze über die **„aufgedrängte Bereicherung"**. Danach **entfällt** ein Bereicherungsanspruch (der im vorliegenden Fall ja über die Verweisung in § 951 BGB in Betracht kommt), wenn jemand eine „Bereicherung" erhält, die ihm **gar nichts nützt**. Insgesamt bleibt aber festzuhalten, dass auch die anderen beiden Auffassungen Korrektive enthalten, sodass sich letztlich nach allen Auffassungen eine sachgerechte Lösung herbeiführen lässt.

### cc. „auf dessen Kosten"

**466** Parallel zur allgemeinen Eingriffskondiktion dient das Merkmal „auf dessen Kosten" lediglich der Bestimmung des Trägers derjenigen Rechtsposition, in die die Verwendung eingebracht wurde.

### dd. Fehlen des rechtlichen Grundes

**467** Schließlich muss die Bereicherung „ohne rechtlichen Grund" erfolgt sein. Das ist der Fall, wenn eine Berechtigung bzw. Verpflichtung zur Verwendung eigener Vermögenswerte fehlt.

[440] *Medicus/Petersen*, BR, Rn 897; *Larenz/Canaris*, BT II 2, § 74 I 3.

### c. Rückgriffskondiktion

Den dritten und letzten Unterfall der allgemeinen Nichtleistungskondiktion bildet die 468
Rückgriffskondiktion.

Bei einer **Rückgriffskondiktion** handelt es sich zumeist um Sachverhalte, in denen 469
jemand (der Dritte) auf fremde Schuld zahlt, ohne dadurch eine Leistung zu erbringen.[441] I.d.R. handelt es sich um die Fälle des § 267 BGB.

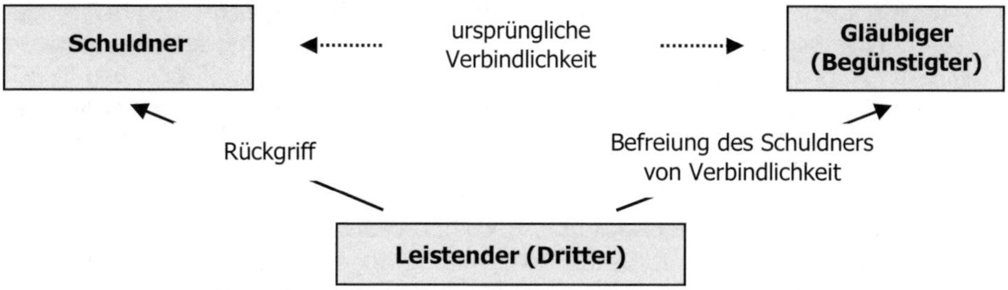


Bevor jedoch zu den einzelnen Voraussetzungen der Rückgriffskondiktion Stellung 470
genommen werden kann, müssen zunächst die Anwendbarkeit dieser Kondiktion und deren Verhältnis zu anderen Rechtsinstituten geklärt werden. Nach den allgemeinen Grundsätzen kommt ein Rückgriff gem. § 812 I S. 1 Var. 2 BGB nämlich nur dann in Betracht, wenn **keine Sonderregelung** besteht, die einen Rückgriffsanspruch vorsieht. Das gilt insbesondere für die Fälle, in denen der Anspruch des Gläubigers gegen den Schuldner kraft Gesetzes auf den Dritten übergeht (*cessio legis* – **Legalzession**). Da in diesen Fällen die Verpflichtung des Schuldners nicht erlischt, hat dieser auch nichts „erlangt" i.S.d. § 812 BGB.

> **Beispiele** von Legalzessionen sind §§ 774 I, 426 II, 268 III, 1143 I, 1150, 1225, 1249, 1584 S. 2, 1607 II S. 2, 1607 III BGB, § 86 VVG, § 6 EFZG, § 116 SGB X.

Besteht eine Übertragung einer Forderung kraft Gesetzes, finden gem. § 412 BGB die 471
Vorschriften der §§ 399 bis 404 und 406 bis 410 BGB entsprechende Anwendung.
Selbstverständlich ist ein Rückgriffsanspruch nach § 812 I S. 1 Var. 2 BGB auch dann ausgeschlossen, wenn ein eigenständiger **gesetzlicher Rückgriffsanspruch** besteht. So hat bspw. der zahlende Gesamtschuldner gegen die anderen Gesamtschuldner nicht nur einen Ausgleichsanspruch gem. § 426 II BGB, sondern daneben auch einen gesetzlichen Ausgleichsanspruch direkt aus § 426 I BGB. Auch wenn der Dritte vom Schuldner im Rahmen eines **Auftragsverhältnisses** (§§ 662 ff. BGB) beauftragt wurde, gegenüber dem Gläubiger zu leisten, besteht ein Anspruch aus § 670 BGB, sodass ein bereicherungsrechtlicher Rückgriffsanspruch ebenfalls nicht in Frage kommt. Das Gleiche gilt, wenn der Dritte im Rahmen einer **berechtigten GoA** handelt (vgl. §§ 677, 683 S. 1, 670 BGB). In diesen Fällen besteht jeweils ein Rechtsgrund für die Vermögensverschiebung. Beim Auftrag liegt dieser in dem Vertragsverhältnis und die berechtigte GoA ist nach ihrer gesetzlichen Regelung Rechtsgrund für die Vermögensmehrung, die durch das Tätigwerden des Geschäftsführers eintritt.

Schließlich ist auch bei diesem Unterfall der allgemeinen Nichtleistungskondiktion der 472
**Vorrang der Leistungskondiktion** zu beachten.

> **Beispiel:** Um im Milieu „mitreden" zu können, hält Zacharias einen Kampfhund. Entge- 473
> gen der gesetzlichen Bestimmung lässt er diesen ständig frei herumlaufen. Als nun Eusebia von einem Kampfhund angegriffen und auch gebissen wird, leistet Z sofort Scha-

[441] *Medicus/Petersen*, BR, Rn 950; *Sprau*, in: Palandt, § 812 Rn 63 a.E.; *Brox/Walker*, § 42 Rn 8.

densersatz, weil er glaubt, sein Hund habe E gebissen. Später stellt sich jedoch heraus, dass es der Hund des Milieukollegen Gonzo war, der E gebissen hat.

Hier will Z erkennbar eine eigene Verbindlichkeit gegenüber E tilgen, sodass zwischen ihm und E ein Leistungsverhältnis besteht. Da aber der Rechtsgrund für die Leistung fehlt, kann er den an E geleisteten Schadensersatz gem. § 812 I S. 1 Var. 1 BGB kondizieren. Freilich läuft er Gefahr, wegen Entreicherung (§ 818 III BGB) leer auszugehen. Sollte sich diese Gefahr realisieren, wird man ihm aus Billigkeitsgründen einen Anspruch auf Abtretung der Forderung *E gegen G* (§ 398 BGB) zugestehen müssen.
Hinsichtlich des Verhältnisses *Z-G* kommt ein Anspruch des Z gegen G aus berechtigter GoA nicht in Betracht, weil Z ja gerade im Eigeninteresse handelte; es fehlte ihm insoweit der Fremdgeschäftsführungswille. Es könnte dann zwar gem. §§ 684, 818 ff. BGB an eine Rückgriffskondiktion gedacht werden, ein solcher Anspruch scheitert aber daran, dass G nicht bereichert ist, da seine Schuld gegenüber E durch die Leistung des Z nicht getilgt wurde.

474 Den wohl wichtigsten Fall der Rückgriffskondiktion bildet die Konstellation, in welcher der Dritte auf eine bestehende Schuld zwar mit Fremdgeschäftsführungswillen leistet, allerdings auch den entgegenstehenden Willen des Schuldners kennt.

475 **Beispiel**[442]**:** Gerda lässt aufgrund einer noch ausstehenden Forderung gegenüber Sigrid deren DVD-Player pfänden. Das Gerät hatte S zuvor bei Dorit gekauft, mit dieser aber Ratenzahlung vereinbart, weshalb D das Gerät auch nur unter Eigentumsvorbehalt geliefert hat (vgl. §§ 449, 929 S. 1, 158 BGB)[443]. Da G weiß, dass D aufgrund ihrer noch vorhandenen Eigentümerstellung eine Vollstreckung im Wege der Drittwiderspruchsklage (§ 771 I ZPO) verhindern könnte, zahlt sie schnell den noch ausstehenden Restkaufpreis an D, sodass *sie* nun Eigentum an dem Gerät erwirbt. G verlangt von S nun auch noch die Erstattung des Kaufpreises. Mit Recht?

Möglicherweise kann G ihren Anspruch auf **berechtigte GoA** (§§ 677, 683 S. 1, 670 BGB) stützen. Da die Zahlung des Kaufpreises an D aber erst die Voraussetzungen für eine Zwangsvollstreckung in das Gerät schafft, entspricht dieses Verhalten weder dem Interesse noch dem (mutmaßlichen) Willen der S. Ein Anspruch aus berechtigter GoA muss daher verneint werden.
Auch der sodann in Betracht zu ziehende Anspruch aus **unberechtigter GoA** (§ 684 S. 1 i.V.m. §§ 818 ff. BGB) scheitert, sofern G mit der Zahlung an D nicht ein Geschäft der S, sondern ein eigenes Geschäft führen wollte. Nimmt man dies an, kommt es im Rahmen der dann einschlägigen **Leistungskondiktion** im Verhältnis G-S darauf an, ob G durch ihre Zahlung eine Leistung an S erbrachte (Mehrung ihres Vermögens durch Befreiung von einer Verbindlichkeit). Geht man aber richtigerweise davon aus, dass G nicht das Vermögen der S, sondern das der D mehren wollte, bleibt ihr neben dem Anspruch aus unberechtigter GoA (der vorliegend auf Wertersatz gem. § 684 S. 1 i.V.m. § 818 II BGB geht) auch eine **Rückgriffskondiktion** gem. § 812 I S. 1 Var. 2 BGB gegen S.

476 **Hinweis für die Fallbearbeitung:** Es war schon ein „gekünstelt" wirkender Sachverhalt erforderlich, damit die Rückgriffskondiktion gem. § 812 I S. 1 Var. 2 BGB sowohl von ihrer Anwendbarkeit als auch von ihren Tatbestandsvoraussetzungen her möglich ist. Dies zeigt, wie eng letztlich der Anwendungsbereich der allgemeinen Rückgriffskondiktion in der Praxis ist. In der juristischen Ausbildung spielt sie dagegen eine große Rolle, weil man mit ihr hervorragend die Fähigkeit, Zusammenhänge zu erkennen, abprüfen kann. Generell kommt der Rückabwicklung in Dreipersonenverhältnissen und den verschiedenen Rückgriffsinstituten große Examensrele-

[442] Vgl. *Medicus/Petersen*, BR, Rn 949; *Musielak/Hau*, GK, Rn 737.
[443] Zum Eigentumsvorbehalt nach der Schuldrechtsreform vgl. auch *Habersack/Schürnbrand*, JuS 2002, 833 ff. und *Schulze/Kienle*, NJW 2002, 2842 ff.

vanz zu. Eine Klausur, die sich nur im Zweipersonenverhältnis bewegt, wird allenfalls in der Anfängerübung anzutreffen sein.

Schließlich werden Fälle diskutiert, in denen der Rückgriff aufgedrängt wird. Zwar ähnelt der „**aufgedrängte Rückgriff**" sowohl der „aufgedrängten Bereicherung" bei der Verwendungskondiktion als auch der soeben bei Rn 474 ff. behandelten Problematik, da er sich von diesen aber auch unterscheidet, bedarf es einer näheren Untersuchung. **477**

**Beispiel**[444]**:** Rudi ist äußerst interessiert an dem Nachbargrundstück, das Ottfried gehört. Dieser will jedoch nicht verkaufen. Als R zufällig in Erfahrung bringt, dass O gegenüber dem Bauunternehmer Ulrich noch Verbindlichkeiten i.H.v. 500.000,- € hat, begleicht er diese Schuld bei U (§ 267 I BGB), damit er gegenüber O später Rückgriff nehmen und im Rahmen des Rückgriffs die Zwangsversteigerung betreiben kann. Kann R mit seinem Vorhaben durchdringen? **478**

Zunächst ist an einen Anspruch aus **berechtigter GoA** (§§ 677, 683 S. 1, 670 BGB) zu denken. Da die Begleichung der Schuld an U gem. § 267 I BGB Erfüllungswirkung i.S.v. § 362 BGB entfaltet[445], aber erst die Voraussetzungen für einen Rückgriff und somit für eine Zwangsvollstreckung in das Grundstück des O schafft, entspricht dieses Verhalten weder dem (objektiven) Interesse noch dem (mutmaßlichen) Willen des O. Ein Anspruch aus berechtigter GoA muss daher verneint werden.

Möglicherweise greifen aber die Grundsätze der **unberechtigten GoA** (§ 684 S. 1 i.V.m. §§ 812 ff. BGB). Denn man wird annehmen können, dass R mit der Zahlung an U ein Geschäft des O führen wollte (die Erfüllung der Verbindlichkeit war ein Geschäft des O), das – wie aufgezeigt – weder dem (objektiven) Interesse noch dem (mutmaßlichen) Willen des O entsprach. Gemäß § 684 S. 1 BGB findet dann der Ausgleich über das Bereicherungsrecht statt. Zwar handelt es sich nach h.M. zumindest im Zweipersonenverhältnis um eine Rechtsfolgenverweisung, sodass insoweit lediglich die bereicherungsrechtlichen Rechtsfolgen aus §§ 818 ff. BGB, nicht auch die Tatbestände der §§ 812 ff. BGB zu prüfen wären. Sofern – wie vorliegend – die GoA aber im Dreipersonenverhältnis anwendbar ist, sollte man jedoch eine Rechtsgrundverweisung annehmen (siehe Rn 107). Es sind also auch die Voraussetzungen eines bereicherungsrechtlichen Ausgleichsanspruchs zu prüfen. Im Rahmen der vorliegend in Betracht kommenden **Leistungskondiktion** im Verhältnis R-O kommt es mithin darauf an, ob R durch seine Zahlung eine Leistung an O erbracht hat (Mehrung von dessen Vermögen durch Befreiung von einer Verbindlichkeit). Geht man aber davon aus, dass R nicht das Vermögen des O, sondern das des U mehren wollte, ist die Leistungskondiktion im Ergebnis jedoch nicht gegeben. Dann aber greift möglicherweise eine **Rückgriffskondiktion** gem. § 812 I S. 1 Var. 2 BGB gegen O (die vorliegend auf Wertersatz gem. § 684 S. 1 i.V.m. § 818 II BGB gerichtet ist).

Anders als bei dem Beispiel bei Rn 475 ist vorliegend aber zu bedenken, dass O die Bereicherung „aufgedrängt" wurde. Zwar ist bei einer Schuldübernahme die Einwilligung des Schuldners nicht erforderlich (vgl. § 267 I S. 2 BGB), sodass man auch den „aufgedrängten Rückgriff" grundsätzlich für möglich halten muss. Allerdings ist vorliegend die „unfaire" Gesinnung des R offensichtlich. Daher stellt sich die Frage, ob es angebracht ist, diesem den Rückgriffsanspruch zu verwehren. Bejaht man dies, ist weiterhin fraglich, auf welche Weise dies geschehen könnte. § 814 BGB greift nicht (auch nicht analog), da dieser Ausschlusstatbestand sowohl vom Wortlaut als auch vom Sinn und Zweck her die (hier abzulehnende) Leistungskondiktion betrifft. Bei der Rückgriffskondiktion handelt es sich aber um einen Unterfall der allgemeinen Nichtleistungskondiktion. Wegen der Funktionsgleichheit des bereicherungsrechtlichen Rückgriffsanspruchs mit dem des Zessionsrechts wird ein sinnvoller Schuldnerschutz aber über §§ 404, 406 ff.

[444] Vgl. *Medicus/Petersen*, BR, Rn 952.
[445] Siehe dazu BGH NJW-RR 2004, 983.

BGB (analog) erwogen.[446] Danach kann der Schuldner dem neuen Gläubiger diejenigen Einreden/Einwendungen entgegenhalten, die er auch dem bisherigen Gläubiger entgegenhalten konnte. Sollten O also Einreden/Einwendungen gegenüber U zugestanden haben, kann er diese auch R entgegenhalten. Anderenfalls ist er R zur Herausgabe der 500.000,- € genauso verpflichtet, wie er es dem U gegenüber war. Das „unfaire" Verhalten des R ist nach der hier vertretenen Auffassung nicht so krass, um ihm den Rückgriff (ggf. über § 242 BGB) gänzlich zu versagen. O darf durch den Gläubigerwechsel auch nicht privilegiert werden. Hatte O also keine Einwendungen gegenüber U, verhält R sich auch nicht rechtsmissbräuchlich, wenn er von seinem „aufgedrängten" Rückgriffsanspruch Gebrauch macht.

[446] *Medicus/Petersen*, BR, Rn 952 mit Verweis auf *Larenz/Canaris*, BT II 2 § 69 III 2 b; vgl. auch *Schwab*, in: MüKo, § 812 Rn 106.

**Weiterführender Hinweis:** Im Gegensatz zur **„aufgedrängten Bereicherung"**, wonach ein Bereicherungsanspruch (der zumeist über die Verweisung in § 951 BGB in Betracht kommt) **entfällt**, wenn jemand eine „Bereicherung" erhält, die ihm **gar nichts nützt**, liegt der Fall eines **„aufgedrängten Rückgriffs"** anders. Dieser ist grundsätzlich zulässig, sofern man dem Schuldner diejenigen Einreden/Einwendungen belässt, die er auch dem bisherigen Gläubiger entgegenhalten konnte. 479

## 4. Sonderfall der Eingriffskondiktion - § 816 BGB

Bei der Vorschrift des § 816 BGB handelt es sich um einen Sondertatbestand der Eingriffskondiktion, der insgesamt drei streng voneinander zu unterscheidende Kondiktionstatbestände enthält: 480

- § 816 I S. 1 BGB: **Entgeltliche**, dem Berechtigten gegenüber wirksame Verfügung eines **Nichtberechtigten** (dazu sogleich)
- § 816 I S. 2 BGB: **Unentgeltliche**, dem Berechtigten gegenüber wirksame Verfügung eines **Nichtberechtigten** (Rn 504 ff.)
- § 816 II BGB: **Leistung des Schuldners an einen Nichtberechtigten** (Rn 513 ff.)

### a. Entgeltliche Verfügung eines Nichtberechtigten - § 816 I S. 1 BGB

Einen wichtigen (und gegenüber der allgemeinen Eingriffskondiktion gem. § 812 I S. 1 Var. 2 BGB vorrangigen) Spezialfall der Eingriffskondiktion enthält § 816 I S. 1 BGB: Diese Vorschrift betrifft den Fall, dass ein Nichtberechtigter über einen Gegenstand eine Verfügung trifft, die dem Berechtigten gegenüber wirksam ist. Hier ist der Nichtberechtigte dem Berechtigten gegenüber zur Herausgabe des durch die Verfügung Erlangten verpflichtet. 481

482

**Entgeltliche Verfügung eines Nichtberechtigten - § 816 I S. 1 BGB**

**I. Verfügung**

**Verfügungen** sind Rechtsgeschäfte, die unmittelbar auf ein Recht durch **Übertragung**, **Aufhebung**, **Belastung** oder **Inhaltsänderung** einwirken.

**II. Eines Nichtberechtigten (nicht Verfügungsbefugten)**

Die Verfügung muss von einem Nichtberechtigten vorgenommen worden sein. **Nichtberechtigt** ist der Verfügende immer dann, wenn er keine Verfügungsmacht über den Verfügungsgegenstand hat, wenn er also weder Inhaber des Rechts ist noch vom Inhaber oder kraft Gesetzes zur Verfügung ermächtigt wurde.

- **Rechtsinhaberschaft:** Der Eigentümer einer Sache oder der Inhaber einer Forderung ist grundsätzlich ermächtigt, durch Übereignung der Sache (§ 929 BGB) oder Abtretung der Forderung (§ 398 BGB) darüber zu verfügen.
- **Zur Verfügung ermächtigt:** Ausnahmsweise können jedoch die Rechtsinhaberschaft und die Verfügungsbefugnis auseinanderfallen. Dies sind Fälle, in denen dem Nichtrechtsinhaber die Verfügungsbefugnis durch Rechtsgeschäft oder Gesetz eingeräumt wurde. Zu nennen wären hier z.B. die **Ermächtigung** gem. § 185 I BGB, der **Testamentsvollstrecker** gem. §§ 2197 ff. BGB und der **Insolvenzverwalter** gem. § 80 InsO.

**III. Wirksamkeit der Verfügung**

Die Verfügung muss gegenüber dem Rechtsinhaber wirksam sein. Das ist in zwei Fällen anzunehmen:

- In einigen Fällen wird der **gute Glaube des Erwerbenden an das Bestehen der Rechtsinhaberschaft** geschützt (vgl. z.B. §§ 892, 932, 1207 BGB).
- Gemäß § 185 II S. 1 BGB führt die **Genehmigung** des Rechtsinhabers zur Wirksamkeit der Verfügung des Nichtberechtigten (selbstverständlich bleibt der Verfügende Nichtbe-

rechtigter; lediglich die Wirksamkeit der Verfügung wird erreicht).

**IV. Erlangtes Etwas/Entgeltlichkeit der Verfügung**

Die Verfügung (besser gesagt: das der Verfügung zugrunde liegende Kausalgeschäft) des Nichtberechtigten muss entgeltlich erfolgt sein. Bei Unentgeltlichkeit ist § 816 I S. 2 BGB einschlägig.

**V. Herausgabe des durch die Verfügung Erlangten**

Auf der Rechtsfolgenseite gewährt § 816 I S. 1 BGB dem Berechtigten (dem Kondiktionsgläubiger) das Recht, vom Nichtberechtigten (dem Kondiktionsschuldner) das durch die Verfügung Erlangte herauszuverlangen. Mit „Erlangtes" ist nach h.M. auch der **Mehrerlös** gemeint, der bspw. durch die Geschäftstüchtigkeit des Verfügenden erzielt worden ist.

### aa. Begriff der Verfügung

483 Zentraler Begriff des § 816 I BGB ist der der Verfügung.

484 **Verfügungen** sind Rechtsgeschäfte, die unmittelbar auf ein Recht durch **Übertragung**, **Aufhebung**, **Belastung** oder **Inhaltsänderung** einwirken.[447]

485 Verfügungs*objekte* sind zumeist **dingliche Rechte** (wie z.B. das Eigentum oder ein Pfandrecht). So erfolgt bspw. die Übertragung des Eigentums an einer beweglichen Sache durch das Verfügungsgeschäft der Übereignung (§ 929 S. 1 BGB). Die Belastung einer Sache mit einem Pfandrecht richtet nach §§ 1204 ff. BGB. Zu beachten ist jedoch, dass auch über **Forderungen** verfügt werden kann. So stellen der Erlass (§ 397 BGB), die Schuldübernahme (§ 414 BGB) und die Abtretung (§ 398 BGB) trotz ihrer jeweiligen systematischen Stellung im Schuldrecht Verfügungen dar. Keine Verfügung stellt es aber dar, wenn sich die Wirkung allein schuldrechtlich darstellt, wie das bspw. bei einer unberechtigten Vermietung der Fall ist, da der Mieter lediglich ein obligatorisches Recht innehat (hier würden dann §§ 988, 993 BGB greifen). Selbstverständlich stellt auch der Abschluss eines Kaufvertrags keine Verfügung dar, da der Kaufvertrag hierzu nur verpflichtet.[448]

486 Für Verfügungen gilt der **Bestimmtheitsgrundsatz** (auch **Spezialitätsprinzip** genannt): Die Verfügung muss sich auf einen konkreten Gegenstand beziehen, damit zweifelsfrei feststeht, bei welchem Objekt die Verfügungswirkung eintreten soll. Erst mit der Konkretisierung wird die Verfügung wirksam. Dagegen kann bei einem Verpflichtungsgeschäft, das eine Geld- oder (andere) Gattungsschuld zum Gegenstand hat, zunächst offengelassen werden, mit welchen konkreten Objekten zu erfüllen ist. Im Gegensatz zum Verfügungsgeschäft wird das Verpflichtungsgeschäft trotz mangelnder Konkretisierung wirksam.

487 Schließlich ist zu beachten, dass für Verfügungen *des Sachenrechts* wegen ihrer Wirkung gegenüber jedermann (*inter omnes*) zudem das **Publizitätsprinzip** gilt. Sachenrechtliche Verfügungen müssen also durch ein Publizitätsmittel nach außen kundgetan werden.

So ist zum **Beispiel** zur Übertragung des Eigentums an beweglichen Sachen i.d.R. die **Übergabe** erforderlich (§ 929 S. 1 BGB), für die Übertragung von Rechten an Grundstücken die **Eintragung** in das Grundbuch (§ 873 BGB).

---

[447] Vgl. etwa BGHZ 1, 294, 304; 75, 221, 226; *Schwab*, in: MüKo, § 816 Rn 9; *Hütte/Hütte*, SachenR I, Rn 30 und 445.

[448] Zum Trennungsprinzip vgl. *R. Schmidt*, BGB AT, Rn 69 ff.

## bb. Durch einen Nichtberechtigten

**a.)** Die Verfügung muss von einem Nichtberechtigten vorgenommen worden sein. **488**

**Nichtberechtigt** ist der Verfügende immer dann, wenn er keine Verfügungsmacht über den Verfügungsgegenstand hat, wenn er also weder Inhaber des Rechts ist noch vom Inhaber oder kraft Gesetzes zur Verfügung ermächtigt wurde.[449] **489**

- **Rechtsinhaberschaft:** Der Eigentümer einer Sache oder der Inhaber einer Forderung ist grundsätzlich ermächtigt, durch Übereignung der Sache (§ 929 BGB) oder Abtretung der Forderung (§ 398 BGB) darüber zu verfügen. **490**

- **Zur Verfügung ermächtigt:** Ausnahmsweise können jedoch die Rechtsinhaberschaft und die Verfügungsbefugnis auseinanderfallen. Dies sind Fälle, in denen dem Nichtrechtsinhaber die Verfügungsbefugnis durch Rechtsgeschäft oder Gesetz eingeräumt wurde. Zu nennen wären hier zum Beispiel die **Ermächtigung** gem. § 185 I BGB, der **Testamentsvollstrecker** gem. §§ 2197 ff. BGB und der **Insolvenzverwalter** nach § 80 InsO. **491**

  ⇨ Bei der Ermächtigung ist die Verfügung eines Nichtberechtigten wirksam, weil sie mit Einwilligung des Berechtigten erfolgt (Einwilligung bedeutet Erteilung der Zustimmung *vor* der Verfügung; die nachträgliche Zustimmung – auch Genehmigung genannt – macht den Verfügenden nicht zum Berechtigten, sondern sanktioniert nur den Erfolg der Verfügung). Daran ist insbesondere im Fall des **verlängerten Eigentumsvorbehalts** zu denken.

  ⇨ Bei der Einrichtung einer **Testamentsvollstreckung** kann nur der Testamentsvollstrecker, nicht aber der Erbe als Inhaber der Rechte über die Erbschaftsgegenstände verfügen. Entsprechendes gilt im Fall der Insolvenz zugunsten des **Insolvenzverwalters** (§ 80 InsO).

Eine Nichtberechtigung kann auch dann vorliegen, wenn zunächst eine Berechtigung vorlag, diese aber aus bestimmten Gründen (etwa Anfechtung) **rückwirkend vernichtet** wurde. **492**

**Beispiel:** Die A hat dem B ein Gemälde verkauft und übereignet (§§ 433, 929 S. 1 BGB). Dabei ist sie von B über die Herkunft des Gemäldes arglistig getäuscht worden (vgl. § 123 I Var. 1 BGB). B verkauft und übereignet das Gemälde weiter an den gutgläubigen C. Später ficht A erfolgreich alle gegenüber B abgegebenen Willenserklärungen (also sowohl hinsichtlich des Kaufvertrags als auch hinsichtlich der Übereignung) an. **493**

⇨ **Vindikationsanspruch gem. § 985 BGB:**
A könnte gegen C einen Herausgabeanspruch gem. § 985 BGB haben. Dazu müsste sie Eigentümerin des Bildes sein und C dürfte kein Recht zum Besitz haben. Ursprünglich war A Eigentümerin. Dieses Eigentum könnte sie aber durch die Übereignung an B verloren haben. Allerdings konnte sie das Übereignungsgeschäft mit B erfolgreich anfechten mit der Folge der Rückwirkung gem. § 142 I BGB. A wird diesbezüglich also **so behandelt, als wäre sie Eigentümerin geblieben**. Folge ist, dass B **nachträglich zum Nichtberechtigten** i.S.d. § 816 I S. 1 BGB wird. In dieser Funktion hat er das Bild an C veräußert. Da dieser wiederum gutgläubig hinsichtlich der Eigentümerstellung des B war und insbesondere die Anfechtbarkeit der Übereignung an B nicht kannte, konnte er gem. §§ 929 S. 1, 932 I BGB Eigentum an dem Gemälde erwerben. A hat im Ergebnis also keinen Vindikationsanspruch.

⇨ **Kondiktionsanspruch gem. § 812 I S. 2 Var. 1 BGB:**
Fraglich ist, ob A wenigstens das Eigentum an dem Gemälde kondizieren kann. Gegen B kommt ein Kondiktionsanspruch, der auf die Rückübertragung des Eigentums

[449] Vgl. *Sprau*, in: Palandt, § 816 Rn 5.

gerichtet ist, nicht in Betracht, da B aufgrund des gutgläubigen Erwerbs des C nicht mehr Eigentümer ist. Auch gegen C besteht ein solcher Anspruch nicht. Der Gutglaubenserwerb ist (zumindest hinsichtlich des entgeltlichen Erwerbs vom Nichtberechtigten) kondiktionsfest.

Damit ist zu prüfen, ob ein bereicherungsrechtlicher Wertersatzanspruch gegen B angenommen werden kann. An sich wäre § 818 II BGB einschlägig. Da B aber als Nichtberechtigter verfügt hat, ist er gem. *§ 816 I S. 1 BGB* zur Herausgabe des durch die Verfügung Erlangten verpflichtet. Er muss also den Kaufpreis, den er von C erhalten hat (nach h.M. auch den Mehrerlös, soweit erzielt), an A herausgeben. Selbstverständlich ist B der A auch zum Schadensersatz (deliktisch aus § 823 I BGB, aus § 823 II BGB i.V.m. § 263 StGB und aus § 826 BGB; sachenrechtlich aus §§ 989, 990 BGB) und nach § 687 II BGB (Geschäftsanmaßung) verpflichtet.

494 Verfügender ist stets nur derjenige, der **im eigenen Namen** eine Verfügung vornimmt. Ein **Stellvertreter**, der im Namen seines Geschäftsherrn handelt (vgl. §§ 164 ff. BGB), verfügt also nicht; Verfügender ist der Vertretene.[450] Bei *mittelbarer Stellvertretung*[451] verhält es sich anders. Hier nimmt jemand ein Rechtsgeschäft zwar im Interesse und für Rechnung eines anderen (namentlich des Geschäftsherrn), allerdings im eigenen Namen vor; er verfügt.

Wichtige **Beispiele** für eine mittelbare Stellvertretung sind im Handelsrecht zu finden: So ist der Kommissionär, der es gewerbsmäßig übernimmt, Waren oder Wertpapiere für Rechnung eines anderen (des Kommittenten) im eigenen Namen zu kaufen oder zu verkaufen (vgl. §§ 383 ff. HGB), mittelbarer Stellvertreter. Dasselbe gilt für den Spediteur, der Güter für einen anderen zu einem bestimmten Ort befördert (vgl. §§ 453 ff. HGB).

### cc. Wirksamkeit der Verfügung

495 Besteht eine soeben beschriebene Verfügungsmacht, ist die Verfügung des Verfügenden nicht unberechtigt und daher im Verhältnis zum Rechtsinhaber wirksam. Aber auch Verfügungen, die von einem **Nichtberechtigten** vorgenommen werden, können wirksam sein (bei § 816 I S. 1 BGB müssen sie es sogar). Das ist in zwei Fällen anzunehmen:

496 ▪ In einigen Fällen wird der **gute Glaube des Erwerbenden an das Bestehen der Rechtsinhaberschaft** geschützt (vgl. z.B. §§ 892, 932, 1138, 1155, 1207 BGB).

**Beispiel:** Adelheid leiht sich von ihrer Freundin Brunhilde deren Mountainbike, um ins Kino zu fahren. Auf dem Nachhauseweg begegnet sie dem redlichen Norbert, dem sie unter Vorspiegelung, Eigentümerin des Fahrrads zu sein, das Fahrrad für 100,- € verkauft und übergibt.

Hier war A zur Veräußerung nicht berechtigt, da sie das Fahrrad lediglich geliehen hatte (§ 598 BGB) und von B auch nicht zur Veräußerung ermächtigt wurde (§ 185 I BGB, vgl. dazu das nächste Bsp.). Da N gutgläubig hinsichtlich der Eigentumsverhältnisse war (er durfte berechtigterweise davon ausgehen, A sei Eigentümerin des Fahrrads), konnte er gem. §§ 929 S. 1, 932 BGB Eigentum an dem Fahrrad erwerben. B kann also nicht von N gem. § 985 BGB das Fahrrad vindizieren. Die Verfügung der A ist mithin wirksam. Da der Gutglaubensschutz im Hinblick auf § 816 I S. 1 BGB (aber auch mit Blick auf § 812 I S. 1 Var. 2 BGB, nicht aber hinsichtlich § 816 I S. 2 BGB) kondiktionsfest ist, kann B von N Eigentum und Besitz am Fahrrad auch nicht kondizieren. Um den Eigentumsverlust zumindest zu mildern, kann B von A gem. § 816 I S. 1 BGB den erlangten Kaufpreis kondizieren. Selbstverständlich ist A der B auch zum Schadensersatz (vertrag-

[450] Vgl. BGH NJW 1999, 1026, 1027; a.A. *Jakobs*, ZIP 1999, 733, 734 ff.

[451] Eine mittelbare (unechte, indirekte, stillschweigende) Stellvertretung liegt vor, wenn jemand ein Rechtsgeschäft im eigenen Namen, aber im Interesse und für Rechnung eines anderen, des Geschäftsherrn, vornimmt.

lich aus §§ 598, 280 BGB, deliktisch aus § 823 I BGB, aus § 823 II BGB i.V.m. § 246 StGB und aus § 826 BGB) und nach § 687 II BGB (Geschäftsanmaßung) verpflichtet. Dagegen kommt ein sachenrechtlicher Anspruch aus §§ 989, 990 BGB wegen Nichtbestehens einer Vindikationslage nicht in Betracht (im maßgeblichen Zeitpunkt der Verletzungshandlung war A aufgrund des Leihvertrags berechtigte Besitzerin).

- Gemäß § 185 II S. 1 BGB führt die **Genehmigung** des Rechtsinhabers zur Wirksamkeit der Verfügung des Nichtberechtigten (selbstverständlich bleibt der Verfügende Nichtberechtigter; lediglich die Wirksamkeit der Verfügung wird erreicht).[452] **497**

**Beispiel:** Adelheid hat sich von ihrer Freundin Brunhilde das Mountainbike nicht geliehen, sondern von ihr gestohlen, bevor sie es dem redlichen Norbert unter Vorspiegelung, Eigentümerin des Fahrrads zu sein, für 100,- € verkauft und übergibt.

Hier konnte N trotz seiner Gutgläubigkeit kein Eigentum am Fahrrad erwerben (§§ 929 S. 1, 932 I, 935 I BGB). B kann das Fahrrad also bei N vindizieren (§ 985 BGB). Sollte das Fahrrad inzwischen aber beschädigt oder nicht mehr auffindbar sein, macht der Vindikationsanspruch regelmäßig keinen Sinn. Das Gleiche gilt, wenn B eher Interesse an den 100,- € hat (etwa weil das Fahrrad einen geringeren Wert hat). In Fällen dieser Art ist ihr zu empfehlen, das Geschäft zwischen A und N zu genehmigen (§ 185 II S. 1 BGB). Die Genehmigung hat zur Folge, dass die Verfügung der A wirksam wird und diese den Verkaufserlös gem. § 816 I S. 1 BGB an B herausgeben muss. Da eine Genehmigung auch konkludent erfolgen kann, genügt die schlichte Aufforderung gegenüber A, das Geld herauszugeben. Selbstverständlich ist A der B auch in diesem Fall zum Schadensersatz (deliktisch aus § 823 I BGB, aus § 823 II BGB i.V.m. § 242 StGB und aus § 826 BGB; sachenrechtlich aus §§ 989, 990 BGB) und nach § 687 II BGB (Geschäftsanmaßung) verpflichtet.
Im Verhältnis zu N ist jedoch zu beachten, dass sie durch die Genehmigung selbstverständlich den Vindikationsanspruch aus § 985 BGB verliert.

Problematisch wird die grundsätzliche Möglichkeit der Genehmigung, wenn der „Genehmigende" **zwischenzeitlich seine Rechtsinhaberschaft verloren hat**. Das ist etwa für den Fall anzunehmen, dass die veräußerte Sache verarbeitet worden ist und der Verarbeitende aufgrund eines **gesetzlichen Erwerbstatbestands** (z.B. § 950 BGB) Eigentum daran erwerben konnte. **498**

**Beispiel**[453]**:** Edelgard betreibt eine Hummerfarm. Eines Nachts bricht der halbseidene Dietrich in die Farm ein und stiehlt 50 dieser Schalentiere. Am nächsten Morgen verkauft er sie für 500,- € an den redlichen Fischfabrikanten Fridolin. Dieser verarbeitet die Hummer zu Crabmeat in Konserven und verkauft diese an den Feinkosthändler Konrad. Als E die ganze Sache in Erfahrung bringt, ist sie über den „guten" Preis, den ihre Hummer erzielt haben, hoch erfreut und verlangt von D den Verkaufserlös heraus. **499**

In Betracht kommt ein Anspruch gem. § 816 I S. 1 BGB. D war nichtberechtigt. Auch hat er verfügt, indem er die Hummer an F übereignete. Für einen Anspruch der E aus § 816 I S. 1 BGB müsste die Verfügung des D aber auch wirksam gewesen sein. Das war sie zunächst nicht, da F wegen § 935 I BGB kein Eigentum an den Hummern erwerben konnte. In Betracht kommt aber eine Genehmigung der E mit der Folge, dass die Verfügung des D wirksam geworden ist. Durch das Herausgabeverlangen hat E zumindest eine Genehmigung (konkludent) erklärt. E müsste aber auch berechtigt gewesen sein, eine Genehmigung zu erteilen. Eine Genehmigung kann zwar vom Rechtsinhaber erteilt werden, E war im Zeitpunkt ihrer „Genehmigung" aber nicht mehr Rechtsinhaberin, denn sie hatte bereits zuvor wegen der Verarbeitung der Hummer zu Crabmeat in Konserven das Eigentum an F verloren (§ 950 BGB). Gleichwohl lässt die h.M.[454] in Fällen dieser Art eine Genehmigung zu. Zwar sei die Gesetzeslage an sich eindeutig,

---

[452] Vgl. dazu BGHZ 107, 340, 341 f.
[453] Variante des viel zitierten Jungbullenfalls (BGHZ 55, 176 ff.).
[454] Vgl. BGHZ 56, 131, 133 ff.; *Sprau*, in: Palandt, § 816 Rn 9.

mit Blick auf die gleiche Interessenlage sei aber nicht einzusehen, warum in dem Fall, dass der Rechtsinhaber (nur) die tatsächliche Verfügungsmacht verloren habe, eine Genehmigung möglich sein solle, wohingegen in dem Fall, dass er aufgrund der §§ 946 ff. BGB zwischenzeitlich das Eigentum und damit auch die Rechtsinhaberschaft verloren habe, sich die Rechtsfolge des § 816 I S. 1 BGB nicht zunutze machen dürfe.
Selbstverständlich ist D der E auch zum Schadensersatz (deliktisch aus § 823 I BGB, aus § 823 II BGB i.V.m. § 242 StGB und aus § 826 BGB; sachenrechtlich aus §§ 989, 990 BGB) und nach § 687 II BGB (Geschäftsanmaßung) verpflichtet.
Im Verhältnis zu K hat E keine Ansprüche. Denn F konnte K aufgrund des § 950 BGB wirksam das Eigentum an den Konserven übertragen. Das auf diese Weise erlangte Eigentum ist auch kondiktionsfest.

### dd. Erlangtes Etwas/Entgeltlichkeit der Verfügung

**500** Die Verfügung des Nichtberechtigten i.S.d. § 816 I S. 1 BGB muss entgeltlich erfolgt sein. Das geht zwar nicht unmittelbar aus dem Wortlaut des § 816 I S. 1 BGB hervor, ergibt sich aber aus einem Vergleich mit § 816 I S. 2 BGB, der von einer unentgeltlichen Verfügung spricht. Entgeltlich ist die Verfügung, wenn sie mit Rücksicht auf den Erhalt einer Gegenleistung erfolgt.

**501** Selbstverständlich stammt das Erlangte (i.d.R. ein Entgelt) nicht aus der Verfügung selbst. Gemeint sind der Erlös bzw. der Gegenstand, der aus dem der Verfügung zugrunde liegenden Kausalgeschäft (etwa der Kauf bzw. der Tausch) stammt. Dazu sogleich.

### ee. Herausgabe des durch die Verfügung Erlangten

**502** Auf der Rechtsfolgenseite gewährt § 816 I S. 1 BGB dem Berechtigten (dem Kondiktionsgläubiger) das Recht, vom Nichtberechtigten (dem Kondiktionsschuldner) das durch die Verfügung Erlangte herauszuverlangen. Entspricht das Erlangte dem objektiven Wert der Sache, über die verfügt wurde, ist es vollumfänglich herauszugeben. Dasselbe gilt, wenn das Erlangte unter dem objektiven Wert der Sache steht. Strittig ist hingegen, ob auch ein **Mehrerlös**, der etwa durch die Geschäftstüchtigkeit des Verfügenden erlangt worden ist, herausgegeben werden muss.

**503**

**Beispiel:** Jurastudent Willi leiht sich von seiner Kommilitonin Emelie deren *Schmidt, Schuldrecht BT II*, um sich – wie er sagt – für die nächste BGB-Klausur, die von gesetzlichen Schuldverhältnissen handeln soll, vorzubereiten. Doch weil er lieber ins Kino gehen möchte, veräußert er das Buch an den wissbegierigen und redlichen Kommilitonen Konrad für 14,- €. Objektiv war das Buch infolge von Gebrauchsspuren jedoch nur noch 10,- € wert.
Da E aufgrund der Lektüre des Buches die Klausur bereits mit 14 Punkten bestanden hatte und über den „guten" Preis, der für das stark gebrauchte Buch bezahlt wurde, auch im Übrigen hoch erfreut ist, verlangt sie den Verkaufserlös in voller Höhe von W heraus. Dieser sieht zwar ein, dass das mit dem Buch nicht in Ordnung war, meint aber, E stünden lediglich 10,- € zu. Mit Recht?[455]

E könnte ihren Anspruch zunächst auf § 816 I S. 1 BGB stützen. W hat als Nichtberechtigter verfügt. Diese Verfügung ist auch gegenüber E wirksam (§ 932 BGB auf Seiten des K). Fraglich ist allein, ob E 14,- € oder 10,- € verlangen kann.

⇨ Teilweise wird dem Rechtsinhaber nur der **objektive (Verkehrs-)Wert** der veräußerten Sache zugesprochen (sog. „Werthaftung"). Der Mehrerlös sei ausschließlich das Verdienst des Verfügenden. Auch bei § 818 II BGB sei schließlich anerkannt, dass ein objektiver Maßstab gelte.[456]

---

[455] Zu den anderen Aspekten des Falls vgl. bereits Rn 37.
[456] So vertreten von *Larenz/Canaris*, § 72 I 2 a; *Schwab*, in: MüKo, § 816 Rn 44 ff.; *Medicus/Petersen*, BR, Rn 723.

⇨ Dieser Auffassung wird der klare Wortlaut des § 816 I S. 1 BGB entgegengehalten, der von „Herausgabe des durch die Verfügung Erlangten" spricht. Erlangt hat W nun einmal 14,- €, sodass er dem Wortlaut zufolge auch den **Mehrerlös** an E herausgeben muss (sog. „Gewinnhaftung").[457]

Stellungnahme: An dem klaren Wortlaut des § 816 I S. 1 BGB kommt auch die zuerst genannte Auffassung nicht vorbei. Für die Herausgabe auch des Mehrerlöses (Gewinns) spricht darüber hinaus ein Vergleich zu § 285 BGB: Wird ein schuldrechtlicher (aber nicht bereicherungsrechtlicher) Anspruch durch Veräußerung des geschuldeten Gegenstands an einen Dritten vereitelt, kann der Berechtigte auch den Mehrerlös (*commodum ex negotiatione cum re*) herausverlangen. Dass etwas anderes hinsichtlich des ebenfalls im Schuldrecht verankerten § 816 I S. 1 BGB gelten soll, ist nicht ersichtlich.

Im vorliegenden Fall ist W zudem auch in keiner Weise schützenswert. Immerhin hat er in den Zuweisungsgehalt eines fremden Rechts eingegriffen und sich darüber hinaus auch schadensersatzpflichtig (vertraglich aus §§ 598, 280 BGB; deliktisch aus § 823 I BGB, aus § 823 II BGB i.V.m. § 246 StGB und aus § 826 BGB) gemacht. Schließlich ist er nach § 687 II BGB (Geschäftsanmaßung) verpflichtet.

E kann also von W die Herausgabe der 14,- € verlangen. Dagegen kommt ein sachenrechtlicher Anspruch aus §§ 989, 990 BGB wegen Nichtbestehens einer Vindikationslage nicht in Betracht (im maßgeblichen Zeitpunkt der Verletzungshandlung hatte W aufgrund des Leihvertrags ein Recht zum Besitz).

### b. Unentgeltliche Verfügung eines Nichtberechtigten - § 816 I S. 2 BGB

§ 816 I S. **2** BGB hat mit § 816 I S. **1** BGB gemeinsam, dass eine wirksame Verfügung eines Nichtberechtigten vorliegen muss. Anders als bei § 816 I S. 1 BGB muss bei § 816 I S. 2 BGB die Verfügung aber **unentgeltlich** erfolgt sein (vgl. dazu und zur Verfügung infolge **gemischter Schenkung** bereits Rn 419 f.). Einen unmittelbar rechtlichen (und wirtschaftlichen) Vorteil erhält also lediglich der Verfügungsempfänger (nicht auch der Verfügende). Daher ist Kondiktionsschuldner (Anspruchsgegner) auch nicht der Verfügende, sondern der Dritte (der Erwerber), der aufgrund der unentgeltlichen Verfügung des Nichtberechtigten unmittelbar einen rechtlichen Vorteil erlangt hat. Mit dieser Regelung bringt das Gesetz zum Ausdruck, dass derjenige, der unentgeltlich etwas erworben hat, weniger schutzwürdig ist als derjenige, der für den Erwerb des Gegenstands eine Gegenleistung (zumeist Kaufpreis) erbracht hat.[458] Daher trifft die soeben bei § 816 I S. 1 BGB genannte Kondiktionsfestigkeit des Gutglaubenserwerbs auf § 816 I S. 2 BGB gerade nicht zu. Bei § 816 I S. 2 BGB ist der Beschenkte zwar Eigentümer der Sache geworden, das Eigentum ist aber kondizierbar. 504

§ 816 I S. 2 BGB ist aber auch von der Leistungskondiktion nach **§ 822 BGB** abzugrenzen. Beiden ist gemeinsam, dass sich der Bereicherungsanspruch direkt gegen den Dritten richtet, der wirksam etwas durch Leistung, aber unentgeltlich von dem Verfügenden erlangt hat. Beide Anspruchsgrundlagen beruhen auf der Erwägung, dass der unentgeltliche Erwerb weniger schutzwürdig ist als der entgeltliche. Der entscheidende Unterschied besteht aber darin, dass § 816 I S. 2 BGB eine wirksame Verfügung eines *Nichtberechtigten* voraussetzt, wohingegen nach § 822 BGB die unentgeltliche Verfügung eines *Berechtigten* vorliegen muss. Mithin lässt sich folgender Befund aufstellen: 505

---

[457] So die h.M., vgl. nur BGHZ 29, 157, 159 f.; BGH NJW 1997, 190, 191; *Hadding*, in: Soergel, § 816 Rn 18; *Sprau*, in: Palandt, § 816 Rn 10; *Martinek*, in: jurisPK, § 816 Rn 24; *Brox/Walker*, § 42 Rn 22.

[458] St. Rspr. vgl. nur BGHZ 37, 363, 368 f.

506 ▪ § 816 I S. 1 BGB: **entgeltliche**, dem Berechtigten gegenüber wirksame Verfügung eines **Nichtberechtigten** ⇒ Kondiktionsanspruch des Bereicherungsgläubigers gegen den Verfügenden

507 ▪ § 816 I S. 2 BGB: **unentgeltliche**, dem Berechtigten gegenüber wirksame Verfügung eines **Nichtberechtigten** ⇒ Kondiktionsanspruch des Bereicherungsgläubigers direkt gegen den beschenkten Empfänger (den Dritten), obwohl dieser Eigentümer der Sache geworden ist (das Eigentum ist in diesem Fall also kondizierbar; der Beschenkte ist nicht schützenswert)

508 ▪ § 822 BGB: **unentgeltliche**, dem Gläubiger gegenüber wirksame Verfügung eines **Berechtigten** ⇒ Kondiktionsanspruch des Bereicherungsgläubigers ebenfalls direkt gegen den Empfänger (den Dritten) mit der gleichen Begründung wie bei § 816 I S. 2 BGB. Voraussetzung ist nur eine Entreicherung auf Seiten des Verfügenden.

509 **Beispiel zu § 816 I S. 2 BGB:** Willi des obigen Beispiels verkauft das Buch nicht an Konrad, sondern schenkt und übereignet es ihm (§§ 516, 518 II, 929 S. 1 BGB).

Auch hier war W zur Eigentumsübertragung selbstverständlich nicht berechtigt. Da K aber gutgläubig hinsichtlich der Eigentumsverhältnisse war, konnte er gem. §§ 929 S. 1, 932 BGB Eigentum an dem Buch erwerben. E kann das Buch also nicht gem. § 985 BGB vindizieren. Im Gegensatz zu § 816 I S. 1 BGB ist bei § 816 I S. 2 BGB Bereicherungsschuldner aber nicht der Verfügende (W hat ja auch nichts erlangt), sondern der Dritte, der – wie vorliegend K – aufgrund der Verfügung unmittelbar einen rechtlichen Vorteil erlangt hat. E kann das Buch von K gem. § 816 I S. 2 BGB kondizieren, obwohl dieser zuvor gutgläubig Eigentum daran erwerben konnte.

510 **Beispiel zu § 822 BGB:** Adelheid hat von ihrer Freundin Eusebia eine antike Brosche käuflich erworben (§§ 433, 929 S. 1 BGB). Schon am nächsten Tag verschenkt sie sie an Johanna. Als sich nun herausstellt, dass E sich hinsichtlich des Werts der Brosche geirrt hat, ficht sie erfolgreich ihre Willenserklärung bzgl. des Kaufvertrags mit A an und verlangt gleichzeitig von J die Brosche heraus.

Auch in diesem Fall konnte der Dritte – hier die J – Eigentum erwerben (§ 929 S. 1 BGB). Dass der Kaufvertrag zwischen A und E rückwirkend nichtig ist, ändert daran nichts. Denn im Zeitpunkt der Übereignung der Brosche an J war A Eigentümerin und zur Eigentumsübertragung berechtigt. Es liegt ein Fall des § 822 BGB vor. Da A an E nichts herausgeben kann (diesen Umstand setzt § 822 BGB vorrangig voraus!), kann E Eigentum und Besitz an der Brosche von J kondizieren. Freilich ist sie ggf. gem. § 122 BGB zum Schadensersatz (Vertrauensschaden) verpflichtet.

511 Ein besonderes Problem bereitet die Frage, ob ein (Direkt-)Anspruch aus § 816 I S. 2 BGB auch dann angenommen werden kann, wenn die Verfügung zwar nicht unentgeltlich, dafür aber rechtsgrundlos erfolgt (**Gleichstellung von Unentgeltlichkeit und Rechtsgrundlosigkeit**).

512 **Beispiel:** Adelheid leiht sich von ihrer Freundin Karla einen goldenen Ring. Als die gutgläubige Hiltraut den Ring bei A erblickt und dieser gegenüber den Wunsch äußert, auch einmal ein solches Schmuckstück zu besitzen, bekommt sie den Ring von A kurzerhand für 50,- € verkauft und übereignet (§§ 433 I S. 1, 929 S. 1 BGB). Später stellt sich heraus, dass der Kaufvertrag nichtig ist.

Auch hier war A zur Eigentumsübertragung selbstverständlich nicht berechtigt. Da H aber gutgläubig hinsichtlich der Eigentumsverhältnisse war, konnte sie gem. §§ 929 S. 1, 932 BGB Eigentum an dem Ring erwerben. K kann den Ring also nicht gem. § 985 BGB von H vindizieren.

Ist K an den 50,- € interessiert, ist ihr zu empfehlen, gegen A vorzugehen und von dieser die Herausgabe der 50,- € gem. § 816 I S. 1 BGB zu verlangen.

Möchte K hingegen ihren Ring wiederbekommen, ist zu prüfen, ob sie von H Rückübereignung und Herausgabe des Rings gem. § 816 I S. 2 BGB verlangen kann. Zwar setzt §

816 I S. 2 BGB eine unentgeltliche Verfügung des Nichtberechtigten voraus, vorliegend hat H den Ring aber rechtsgrundlos erhalten. Würde man die Vorschrift des § 816 I S. 2 BGB also auf den rechtsgrundlosen Erwerb ausdehnen, könnte K direkt gegen H vorgehen und von dieser Rückübereignung und Herausgabe des Rings verlangen.

**Weiterführender Hinweis:** Bereits diese Überlegung sollte verdeutlicht haben, worum es geht: Nur wenn man § 816 I S. 2 BGB heranzieht und den rechtsgrundlosen Erwerb dem unentgeltlichen gleichsetzt, gelangt K über eine Direktkondiktion gegenüber H unmittelbar an ihren Ring (ansonsten müsste sie den „Umweg" über A gehen und sich von dieser den Herausgabeanspruch, den diese gegen H hat, abtreten lassen (§ 398 BGB) bzw. den Kondiktionsanspruch kondizieren – sog. Kondiktion der Kondiktion). Von praktischer Bedeutung ist die Frage auch unter dem Aspekt, dass bei Zulassung einer Direktkondiktion H die von ihr an A erbrachte Gegenleistung (Kaufpreiszahlung) nicht gegenüber K in Anrechnung bringen kann (H müsste den Ring also an K herausgeben und wäre hinsichtlich der Erstattung des Kaufpreises auf die Zahlungsfähigkeit/-willigkeit der A angewiesen). Geht man hingegen den „Umweg" über A, bleiben der H deren Einwendungen erhalten (§ 404 BGB).
Ob der genannten Gleichsetzung rechtsgrundlos/unentgeltlich gefolgt werden kann, soll im Folgenden untersucht werden.

⇨ Die Befürworter einer Gleichstellung des rechtsgrundlosen mit dem unentgeltlichen Erwerb (**Einheitskondiktionslehre**) begründen ihren Standpunkt mit dem Erst-recht-Schluss: Wenn schon derjenige, der *mit* Rechtsgrund unentgeltlich etwas erworben habe, der direkten Kondiktion des Rechtsinhabers ausgesetzt sei, müsse dies erst recht für den rechtsgrundlosen Erwerber gelten.[459]

⇨ Der Gedanke, der hinter der Einheitskondiktionslehre steht, ist also, dass der rechtsgrundlose Erwerber noch weniger schützenswert ist als der unentgeltliche. Das ist zwar grundsätzlich begrüßenswert, zu beachten ist aber auch, dass der Erwerber, auch wenn er die Sache rechtsgrundlos erworben hat, nun einmal eine Gegenleistung (Kaufpreis etc.) erbracht hat, die er dem direkt kondizierenden Rechtsinhaber nicht entgegenhalten kann. Die heute im Schrifttum herrschende Gegenauffassung lehnt daher die Gleichstellung von Rechtsgrundlosigkeit und Unentgeltlichkeit ab mit dem Argument einer nicht vergleichbaren Interessenlage (**Doppelkondiktionslehre**). Vertrete man das Gegenteil, sei eine Kondiktion möglich, die vom Gesetz so nicht vorgesehen sei. Die vom Gesetzgeber vorgesehenen Direktkondiktionen seien bewusst auf Ausnahmefälle beschränkt und daher nicht analogiefähig.[460]

⇨ Der BGH hat zu dieser Konstellation noch keine grundsätzliche Stellung bezogen. Für einen anderen, ausdrücklich als Sonderfall bezeichneten Sachverhalt (Angestellter unterschlägt Geld des Geschäftsherrn, verspielt es bei einem illegalen Glücksspiel – Spielvertrag war nach § 134 BGB nichtig) hat er eine Direktkondiktion des Geschäftsherrn gegen den Glücksspielveranstalter zugelassen, weil dieser keine Gegenleistung von wirtschaftlichem Wert erbracht habe, sodass die Interessenlage vergleichbar mit einer unentgeltlichen Zuwendung sei.[461]

Stellungnahme: Ob die Auffassung des BGH zutrifft, kann dahinstehen, weil die Entscheidung auf den vorliegenden Fall nicht übertragbar ist. H hatte gegenüber A eine Gegenleistung von wirtschaftlichem Wert erbracht (Kaufpreiszahlung).

Nach der hier vertretenen Auffassung ist der Doppelkondiktionslehre zu folgen. Insbesondere im vorliegenden Fall besteht nämlich unabhängig von der problematischen Frage der Direktkondiktion ein Kondiktionsanspruch der A gegen H aus § 812 I S. 1 Var. 1 BGB (*condictio indebiti* – fehlender Rechtsgrund wegen Nichtigkeit des Kaufvertrags).

---

[459] Vgl. *Grunsky*, JZ 1962, 207 ff.
[460] Vgl. etwa *Medicus/Petersen*, BR, Rn 390; *Schwab*, in: MüKo, § 816 Rn 44 f. u. 52; *Stadler*, in: Jauernig, § 816 Rn 22; *Brox/Walker*, § 42 Rn 27.
[461] Vgl. BGHZ 37, 363, 368; 47, 393, 395 f.

K kann sich also an A halten und sich von dieser deren Kondiktionsanspruch gegen H abtreten lassen (§ 398 BGB) bzw. den der A zustehenden Kondiktionsanspruch gegen H gem. § 812 I S. 1 Var. 1 BGB kondizieren (sog. Kondiktion der Kondiktion). Auf jeden Fall behält H ihre Einwendungen, die ihr gegenüber A zugestanden haben (§ 404 BGB).

### c. Annahme einer Leistung durch einen Nichtberechtigten - § 816 II BGB

513 Den dritten und letzten Fall der speziellen Eingriffskondiktion nach § 816 BGB bildet die **Drittempfangskondiktion** nach § 816 II BGB. Diese Vorschrift gibt dem Berechtigten einen Bereicherungsanspruch gegen einen Nichtberechtigten, wenn dieser vom Schuldner **wirksam** eine Leistung empfangen hat.

514 **Beispiel:** Vanessa schuldet Bella 700,- € aus einem Werkvertrag. Da sie andererseits gegen Karla noch einen Anspruch von 500,- € aus einem Kaufvertrag hat, tritt sie diesen Anspruch an B gem. § 398 S. 1 BGB ab. Diese Abtretung hat gem. § 398 S. 2 BGB zur Folge, dass B an die Stelle der V tritt und nun einen Kaufpreisanspruch gegen K in der genannten Höhe hat. Wird K nicht über diesen Gläubigerwechsel informiert und überweist den Kaufpreis auf das Konto der V in der Annahme, damit ihre Schuld gegenüber V zu tilgen, hat sie zwar an sich an eine falsche Person geleistet, da sie über die Abtretung aber nicht informiert wurde, kann ihr die „Falschüberweisung" nicht zum Nachteil gereichen. § 407 I BGB stellt dies klar. Nach dieser Vorschrift muss der neue Gläubiger eine Leistung an den bisherigen Gläubiger gegen sich gelten lassen, wenn der Schuldner die Abtretung nicht kannte. Die Zahlung des Kaufpreises an V wirkt für K also **schuldbefreiend**. Mithin kann B von K den Kaufpreis nicht mehr fordern. Da andererseits V ungerechtfertigt bereichert ist, gewährt § 816 II BGB der B das Recht, den Kaufpreis bei V zu kondizieren.

515 Voraussetzung für einen bereicherungsrechtlichen Anspruch aus § 816 II BGB ist also, dass die Leistung des Schuldners an den Nichtberechtigten schuldbefreiend wirkt. Das BGB nennt eine Reihe von Fällen, in denen der Schuldner, der gutgläubig den Nichtberechtigten für seinen Gläubiger hält und an diesen leistet, frei wird. Neben dem genannten § 407 BGB kommen insbesondere auch die §§ 408 und 409 BGB (die allesamt auch bei der Forderungspfändung gem. §§ 829, 835 ZPO entsprechend angewendet werden) sowie ferner bspw. die §§ 893, 2367 BGB und §§ 25 ff. HGB in Betracht. Auch bei einer nachträglichen Zustimmung (**Genehmigung** – vgl. § 185 II BGB i.V.m. § 362 II BGB) kommt ein Anspruch aus § 816 II BGB in Betracht.

516 **Beispiel:** Kriemhild kauft beim Getränkelieferanten Gisbert eine Kiste Sekt und lässt sich diese gegen Rechnung nach Hause liefern. Am nächsten Tag überweist sie den Kaufpreis irrtümlich auf das Konto des Getränkehändlers Helmut. Als sie einen Monat später von G eine Mahnung erhält, bemerkt sie ihren Fehler, ist mittlerweile aber zahlungsunfähig. Wie kann G zu seinem Geld kommen?

Zunächst ist an einen Anspruch *G gegen K* auf Abtretung von deren Forderung gegen H (§ 398 BGB) zu denken. Auch ist ein Anspruch *G gegen K* auf Herausgabe des Kondiktionsanspruchs, den K gegen H hat, in Betracht zu ziehen (Kondiktion der Kondiktion). Möglicherweise kann G aber auch direkt gegen H vorgehen und von diesem die Herausgabe des Geldes verlangen. Als Anspruchsgrundlage kommt § 816 II BGB in Betracht. Diese Vorschrift setzt voraus, dass die Leistung des Schuldners an den Nichtberechtigten für den Schuldner schuldbefreiend wirkt, mithin gegenüber dem Berechtigten wirksam ist. Hätte vorliegend ein Gläubigerwechsel durch Forderungsabtretung stattgefunden, wäre dies wegen § 407 I bzw. § 408 BGB der Fall gewesen. Doch eine Abtretung fand nicht statt.

Die Wirksamkeit der Leistung *K an H* kann aber dadurch erreicht werden, dass G die Zahlung genehmigt. Die Genehmigung hat vorliegend gem. §§ 362 II, 185 II BGB zur

Folge, dass K von ihrer Verbindlichkeit gegenüber G befreit wird. Damit verliert G zwar seine Kaufpreisforderung gegen K, erreicht aber das Vorliegen der Voraussetzungen eines Anspruchs aus § 816 II BGB gegen H.

Er kann also von H die Herausgabe des Kaufpreises verlangen.

Ein besonderes (und damit im Gegensatz zum vorherigen Beispiel) examenstypisches Problem stellt das **Zusammentreffen** einer **Globalzession** mit einem **verlängerten Eigentumsvorbehalt**[462] dar. **517**

- **Verlängerter Eigentumsvorbehalt:** Bei einem (einfachen) Eigentumsvorbehalt (vgl. § 449 BGB) bleibt der Verkäufer so lange Eigentümer der Kaufsache, bis der Käufer den Kaufpreis restlos bezahlt hat. Die Übereignung der Sache (d.h. die dingliche Einigung) wird also aufschiebend bedingt durch die Kaufpreiszahlung (§§ 929, 158 I[463] BGB). Sinn und Zweck des Eigentumsvorbehalts ist, dass der Verkäufer die Sache schlicht nach § 985 BGB vindizieren kann, wenn der Käufer seiner Zahlungsverpflichtung nicht nachkommt. Bei einem verlängerten Eigentumsvorbehalt gestattet der (Vorbehalts-)Verkäufer dem (Vorbehalts-)Käufer die Verarbeitung oder die Weiterveräußerung der Kaufsache an einen Dritten. Dafür tritt der (Vorbehalts-)Käufer schon in diesem Zeitpunkt die bei künftiger Weiterveräußerung erwirtschafteten Kaufpreisforderungen an den ursprünglichen (Vorbehalts-)Verkäufer ab. Diese Vorausabtretung (künftiger Forderungen) durch verlängerten Eigentumsvorbehalt ist zulässig, sofern der Vorbehalt nur hinreichend bestimmt ist. Das ist bei einer Vertragsformulierung wie „bei Weiterveräußerung der Waren werden die Forderungen gegen den jeweiligen Kunden aus dieser Warenlieferung in (maximaler) Höhe des Rechnungswerts unserer Lieferung im Voraus abgetreten" der Fall.[464] **518**

- Bei einer **Globalzession** lässt sich der Gläubiger von seinem Schuldner sämtliche, auch zukünftige, Forderungen, die dieser gegenüber Dritten hat bzw. haben wird, im Voraus abtreten. Eine Globalzession wird oftmals von Kreditinstituten zur Sicherung von Darlehen verlangt und stellt sich insbesondere für Jungunternehmer häufig als das einzige Mittel dar, überhaupt ein Darlehen zu bekommen. Nach der nicht ganz unumstrittenen, aber ständigen Rechtsprechung des BGH ist auch die Globalzession wirksam, sofern sie nur bestimmbar ist.[465] **519**

Trifft eine Globalzession mit einem verlängerten Eigentumsvorbehalt zusammen, hat der BGH entschieden, dass eine Globalzession künftiger Kundenforderungen an ein Kreditinstitut **ohne dingliche (Teil-)Verzichtsklausel** i.d.R. **sittenwidrig** sei, soweit sie auch Forderungen umfassen soll, die der Schuldner seinen Lieferanten aufgrund verlängerten Eigentumsvorbehalts künftig abtreten muss und abtritt.[466] **520**

**Beispiel 1**[467]**:** Camilla hat ein Internetversandhandelsgeschäft gegründet. Da sie zunächst einen Lagerbestand anlegen und diesen auch vorfinanzieren muss, erhält sie von ihrer Hausbank B ein Darlehen i.H.v. 20.000,- €, zu deren Sicherung sich diese alle Forderungen aus künftigen Geschäftsbeziehungen im Voraus abtreten lässt. Einige Wochen später bekommt sie Ware vom Großhändler Virgilius geliefert. Im Kaufvertrag ist ein Eigentumsvorbehalt vereinbart. Weiter ist dort bestimmt, dass bei Weiterveräußerung der Waren die Forderung gegen den jeweiligen Kunden „aus dieser Warenlieferung" im Voraus an V abgetreten werde. Gleichzeitig wird C eine Ermächtigung (§ 185 I BGB) er- **521**

[462] Umfassend *Hefermehl*, in: Soergel, § 138 Rn 176 ff.; *Roth/Kieninger*, in: MüKo, § 398 Rn 140 ff.; *Haertlein*, JA 2001, 808, 812 f.; *Habersack/Schürnbrand*, JuS 2002, 833 ff.
[463] Geht man bei § 158 BGB davon aus, dass sich die dort genannte „Bedingung" auf ein objektiv ungewisses künftiges Ereignis bezieht, dürfte man im Fall des Eigentumsvorbehalts streng genommen § 158 I BGB lediglich analog anwenden, weil der „Bedingungseintritt" i.d.R. allein vom Verhalten des Vorbehaltskäufers abhängt. In der Sache ändert sich dadurch aber nichts. Zum Eigentumsvorbehalt vgl. *R. Schmidt*, BGB AT, Rn 1226; *Hütte/Hütte*, SachenR I, Rn 846 ff.
[464] Vgl. BGH NJW 1998, 303, 312.
[465] Vgl. nur BGH NJW 2000, 276.
[466] Vgl. BGH NJW 1999, 940.
[467] In Anlehnung an BGH NJW 1999, 940.

teilt, die Forderungen im eigenen Namen einzuziehen, solange sie ihre Verpflichtungen gegenüber V erfüllt.
Obwohl C bereits verschiedene Kunden beliefert hat (u.a. auch Dietwald in Höhe eines Rechnungswerts von 2.000,- €), gerät sie in finanzielle Schwierigkeiten. Sie informiert die B. Diese zeigt daraufhin dem D an, dass dieser den Rechnungsbetrag an sie zahlen solle. D folgt dieser „Anweisung". Als kurze Zeit später auch V informiert wird, fordert er von B Herausgabe der von D erhaltenen 2.000,- €.

V könnte seinen geltend gemachten Anspruch auf **§ 816 II BGB** stützen. Diese Vorschrift setzt eine Leistung des Schuldners (hier des D) an einen Nichtberechtigten (hier an B) voraus, die dem Berechtigten (hier dem V) gegenüber wirksam ist. Fraglich ist, ob B bei der Entgegennahme der Zahlung durch D Nichtberechtigter war. Das ist der Fall, wenn ihr die Forderung, die sie D gegenüber zuvor geltend gemacht hat, nicht zustand.

**1.** Jedenfalls ist die Forderung, die sie gegenüber D geltend gemacht hat, nicht dadurch nichtig, dass sie im Zeitpunkt der Abtretung nicht bestand. Auch eine Vorausabtretung ist wirksam, wenn sie bestimmbar ist. Das ist vorliegend anzunehmen. Dasselbe gilt hinsichtlich des verlängerten Eigentumsvorbehalts, der zwischen V und C vereinbart wurde.

**2.** Problematisch ist allein, dass C ihre Forderung gegen D letztlich zweimal abgetreten hat, nämlich einmal im Rahmen der Globalzession an B und dann noch ein weiteres Mal im Rahmen des verlängerten Eigentumsvorbehalts an V.
Treffen zwei Abtretungen der gleichen Forderung zusammen, gilt grundsätzlich das sog. **Prioritätsprinzip**, wonach die zuerst vorgenommene Abtretung wirksam ist und die zweite leerläuft. Das gilt auch für das Zusammentreffen von Globalzession und verlängertem Eigentumsvorbehalt. Demzufolge wäre vorliegend die Vorausabtretung an B wirksam und die an V liefe leer. D hätte also an einen Berechtigten geleistet. Da § 816 II BGB aber eine Leistung an einen Nichtberechtigten voraussetzt, würde V demzufolge seinen geltend gemachten Anspruch nicht auf § 816 II BGB stützen können.

**3.** Allerdings besteht bei einer Globalzession stets die Möglichkeit, dass sie wegen Übersicherung gegen § 138 I BGB verstößt und damit nichtig ist. Nach der zwar nicht ganz unumstrittenen, aber bestätigten Rechtsprechung ist eine solche Globalzession häufig deswegen nichtig, weil sie den Abtretenden zum Vertragsbruch gegenüber seinen Lieferanten verleite, sog. **Vertragsbruchtheorie**. Da Lieferungen unter verlängertem Eigentumsvorbehalt üblich seien und der Abnehmer, der nicht bar zahlen kann, häufig auch keine andere Möglichkeit habe, an neue Ware zu kommen, sei er praktisch gezwungen, seinen Lieferanten gegenüber die Unwahrheit zu sagen. Er müsse ihnen das Nichtvorliegen einer Globalzession vortäuschen. Wenn die Bank so etwas bei ihrem Handeln aber in Kauf nehme, sei dies sittenwidrig.

**4.** Die Sittenwidrigkeit der Globalzession tritt nach der Rechtsprechung allerdings nicht ein, wenn der Abtretungsvertrag eine sog. **dingliche Verzichtsklausel** enthält. Damit ist der Fall gemeint, dass bei einem Zusammentreffen mit einem verlängerten Eigentumsvorbehalt die Forderung durch die Bank automatisch freigegeben, also erklärt wird, dass sie in diesem Falle nicht der Bank zustehen solle. Dagegen verhindert eine lediglich *schuldrechtliche* Teilverzichtsklausel, die dem Vorbehaltsverkäufer nur einen schuldrechtlichen Anspruch auf Freigabe einräumt, die Sittenwidrigkeit wegen Übersicherung nicht.[468]
Vorliegend ist noch nicht einmal eine schuldrechtliche Verzichtsklausel ersichtlich. Daher war die Abtretung an B wegen Übersicherung sittenwidrig und nichtig (§ 138 I BGB). B war bei der Entgegennahme der Zahlung durch D also Nichtberechtigter.

**5.** Die Leistung an B müsste auch V gegenüber wirksam gewesen sein. Das BGB nennt eine Reihe von Fällen, in denen der Schuldner, der gutgläubig den Nichtberechtigten für seinen Gläubiger hält und an diesen leistet, wirksam leistet und damit frei wird. Neben § 407 BGB kommen insbesondere auch die §§ 408 und 409 BGB (die alle-

[468] BGH NJW 1999, 940, 941.

samt auch bei der Forderungspfändung gem. §§ 829, 835 ZPO entsprechend angewendet werden) sowie ferner die §§ 566c ff., 807, 808 I S. 1, 851, 893, 969, 1056, 1275, 2041, 2367 BGB und §§ 25 ff. HGB in Betracht. Auch bei einer nachträglichen Zustimmung (Genehmigung – vgl. § 185 II BGB i.V.m. § 362 II BGB) kommt ein Anspruch aus § 816 II BGB in Betracht.

Vorliegend greift keiner der genannten Fälle ein. Insbesondere greift § 408 BGB (zumindest direkt) nicht ein, da D an den Erstzessionar geleistet hat, nicht aber an den Zweitzessionar. Mit Verweis auf die gleiche Interessenlage wendet die Rechtsprechung jedoch §§ 408, 407 BGB analog an. Demnach war die Leistung *D an B* gegenüber V wirksam. Selbst wenn man diese Auffassung nicht teilt, liegt im Herausgabeverlangen eine konkludente Genehmigung (§§ 362 II, 185 II BGB).

**6.** Ergebnis: Der von V gegen B geltend gemachte Anspruch auf Herausgabe der von D an B überwiesenen 2.000,- € besteht also.

Ähnlich schwierig wie das Zusammentreffen von Globalzession und verlängertem Eigentumsvorbehalt ist das **Zusammentreffen von Factoring und verlängertem Eigentumsvorbehalt**.[469] Als **Factoring** wird der Verkauf von Forderungen durch einen Gewerbetreibenden bzw. ein Unternehmen an ein darauf spezialisiertes Unternehmen (den Factor) bezeichnet, der auf dinglicher Ebene durch die Abtretung gem. § 398 BGB erfüllt wird.[470] Gegenleistung des Factors ist der Wert der Forderungen abzgl. einer Provision. Darüber hinaus übernimmt der Factor oft weitere Dienstleistungen für den Unternehmer, etwa die gesamte Debitorenbuchhaltung und das Mahnwesen. Der Vorteil des Factorings besteht darin, dass der Unternehmer schon einmal die beschriebene Gegenleistung (also den Wert der Forderungen abzüglich einer Provision des Factors) vom Factor überwiesen bekommt und mit diesem Geld arbeiten kann. Er muss also keine großen Außenstände vor sich herschieben. Das erhöht die Liquidität des Unternehmens. In verfahrenstechnischer Hinsicht ist das Factoring so ausgestaltet, dass ein Gewerbetreibender bzw. ein Unternehmen noch offene Forderungen gegen seine Schuldner an ein Factoring-Unternehmen (den Factor) überträgt. Dafür schreibt ihm der Factor den Gegenwert der abgetretenen Forderungen abzüglich bestimmter Gebühren und Risikoabschläge gut und zieht anschließend die Forderung im eigenen Namen bei den Schuldnern ein. 522

**Beispiel 2:** Unternehmer U hat gegen seinen Kunden K eine Forderung aus einem Werkvertrag (§ 631 BGB). Diese verkauft U als *Factoringgläubiger* an den *Factor F* (Verpflichtungsgeschäft bzw. Kausalgeschäft). In Erfüllung seiner Verpflichtung aus §§ 453, 433 I S. 1 BGB tritt U die Forderung, die er gegenüber K hat, gem. § 398 BGB an F ab (Verfügungsgeschäft). F zahlt U den Kaufpreis, der sich aus der Höhe der Forderung abzüglich der Rechnungsposten für die Leistungen und Risiken des Factors zusammensetzt. Anschließend zieht F, wenn die Forderung fällig ist, die gekaufte und auf ihn übertragene Forderung bei K ein. 523

Vor allem hinsichtlich des Risikos der Forderungen sind mit dem BGH[471] zwei Arten des Factorings zu unterscheiden: 524

- Beim **echten Factoring** verkauft der Gewerbetreibende bzw. Unternehmer (Factoringgläubiger) Forderungen, die gegenüber Kunden bestehen, an den Factor und tritt diese an ihn ab, wobei der Factor das volle Ausfallrisiko trägt, d.h. er übernimmt vollständig und endgültig das Risiko des Forderungsausfalls (also das Delkredererisiko).[472] Der Factor kauft die Forderung zum Preis des entsprechenden Nennwerts, wobei der Factoringgläubiger dem Factor einen sog. Risikoabschlag zahlen muss, der sich auf den Kaufpreis 525

[469] Vgl. auch BGHZ 69, 254 ff.; 82, 50, 61; *Medicus/Petersen*, BR, Rn 526.
[470] Siehe etwa BGH NJW 2018, 2254, 2256.
[471] Vgl. aus jüngerer Zeit BGH NJW 2018, 2254, 2256.
[472] BGH NJW 2018, 2254, 2256.

bzgl. der Forderung auswirkt. Nach dem Erwerb der Forderungen zieht der Factor diese bei den Schuldnern ein. Er wird damit also nicht in fremder, sondern ausschließlich in eigener Angelegenheit tätig.[473] Der Verkäufer haftet dem Wesen eines Kaufvertrags entsprechend gem. §§ 453 I, 433 BGB nur für den rechtlichen Bestand der Forderung und nicht auch für die Durchsetzbarkeit („Verität, nicht Bonität").

526 **Beispiele:**

**(1)** Wurde in Beispiel 2 (Rn 523) zwischen U und F diese Art von Factoring vereinbart, trägt F das volle Risiko der Zahlungsunfähigkeit des K. Dieses Risiko wird F freilich mit der Höhe der von U zu tragenden Factoringgebühr ausgleichen.

**(2)** Hätte in Beispiel 1 (Rn 521) die Bank sich die Forderungen der C nicht im Wege der Globalzession, sondern im Rahmen eines echten Factorings abtreten lassen, hätte der Anspruch des V nicht bestanden. Anders als bei der Globalzession, die ohne dingliche Verzichtsklausel vereinbart wird, begeht der Unternehmer bei einem echten Factoring keinen Vertragsbruch gegenüber dem Vorbehaltsverkäufer. Denn bei einem echten Factoring erhält der Unternehmer (vorliegend C) ja sofort den Gegenwert der Forderung und kann das Erhaltene sofort an den Vorbehaltsverkäufer (vorliegend V) auszahlen.

527 ▪ Beim **unechten Factoring** verbleibt hingegen das Delkredererisiko des Schuldners beim Gläubiger (d.h. beim Factoringkunden). Der Factor nimmt die Forderung lediglich erfüllungshalber nach § 364 II BGB an und zieht diese im Rahmen einer Inkassozession ein. Sollte sich eine Forderung als uneinbringbar erweisen (etwa weil der Schuldner nicht zahlungsfähig ist oder sich schlicht weigert, der Forderung nachzukommen), wird der Factoringgläubiger mit dem zunächst nur vorschussweise gutgeschriebenen Betrag wieder belastet. Rechtlich stellt sich das unechte Factoring damit als *atypischer Darlehensvertrag* dar. Zur Sicherung der Forderung können aber auch andere, im Wege der Global- oder Mantelzession abgetretene, Forderungen dienen.

528 **Beispiele:**

**(1)** Wurde in Beispiel 2 (Rn 523) zwischen U und F ein unechtes Factoring vereinbart, kann F die von U gekaufte Forderung gegen K an U zurückgeben (rechtlich eine Rückübertragung gem. § 398 BGB). Das Risiko der Zahlungsunfähigkeit des K bleibt also bei U. Daher ist in diesem Fall auch die Factoring-Gebühr wesentlich geringer.

**(2)** Wäre Grundlage des Beispiels 1 (Rn 521) ein unechtes Factoring gewesen, hätte auch hier der Fall anders gelegen. Denn dadurch, dass die B nicht durchsetzbare Forderungen an C zurückgeben kann (und dies auch tun wird), wäre ein Vertragsbruch gegenüber V anzunehmen gewesen. Ihm hätte dann der gegen B geltend gemachte Anspruch aus § 816 II BGB zugestanden.

---

[473] BGH NJW 2018, 2254, 2256 mit Verweis auf BT-Drs. 16/3655, S. 36.

## C. Rechtsfolgenseite – Umfang des Bereicherungsanspruchs

Ist der (Bereicherungs-)Schuldner ungerechtfertigt bereichert, hat er – wie die einzelnen bereicherungsrechtlichen Tatbestände es formulieren – das „Erlangte" bzw. das „Geleistete" herauszugeben (vgl. §§ 812 I S. 1 Var. 1 und Var. 2, 816 I S. 1 und S. 2, II, 817 S. 1, 822 BGB). § 818 I BGB erweitert die Herausgabepflicht auf die gezogenen Nutzungen sowie auf dasjenige, was der Empfänger aufgrund eines erlangten Rechts oder als Ersatz für die Zerstörung, Beschädigung oder Entziehung des erlangten Gegenstands erworben hat. Sofern eine Herausgabe nicht möglich ist, hat der Bereicherungsschuldner gem. § 818 II BGB Wertersatz zu leisten. Ist der Bereicherungsschuldner nicht mehr bereichert (also entreichert), ist die Verpflichtung zur Herausgabe oder zum Wertersatz grundsätzlich ausgeschlossen (§ 818 III BGB). Auf Entreicherung kann sich der Bereicherungsschuldner aber nicht berufen, wenn die Voraussetzungen der §§ 819 I, 818 IV, 819 II oder 820 I BGB vorliegen. **529**

### I. Herausgabe des „Erlangten" bzw. „Geleisteten"

Die primäre Herausgabepflicht besteht in der Herausgabe des „Erlangten" bzw. des „Geleisteten" (also des **Bereicherungsgegenstands**). Damit ist **jeder vermögenswerte Vorteil**, den der Bereicherungsschuldner durch den Bereicherungsvorgang erworben hat, gemeint. Da die in Betracht kommenden Bereicherungsgegenstände bereits ausführlich im Rahmen der Einführung bei Rn 253 ff. beschrieben wurden, sei insoweit auf diese Darstellung verwiesen. An dieser Stelle soll daher lediglich eine Zusammenfassung genügen: **530**

- **Rechte aller Art:** Zu den Rechten i.S. des Bereicherungsgegenstands gehört zunächst der Erwerb eines **dinglichen Rechts** (z.B. Eigentum, Pfandrecht). Dabei braucht es sich nicht um ein Vollrecht zu handeln; auch ein Anwartschaftsrecht oder die bloße Verstärkung eines Rechts (z.B. Vorrangeinräumung für eine Hypothek) stellen einen Vermögensvorteil dar. Der Besitz ist nach der hier vertretenen Auffassung vom Begriff der vorteilhaften Rechtsstellung umfasst. **531**
- Auch **persönliche Rechte** (z.B. Forderung, vertragliches Schuldanerkenntnis gem. § 812 II BGB) gehören zu den Rechten i.S. des Bereicherungsgegenstands. Auch **Geldforderungen** gehören hierher, etwa wenn Erstattung des (infolge Anfechtung des Kaufvertrags) rechtsgrundlos gezahlten Kaufpreises verlangt wird. Der Anspruch ist dann auf die Zahlung der Geldsumme gerichtet. **532**
- Eine **vorteilhafte Rechtsstellung** bedeutet zunächst der **Besitz**, sofern man ihn nicht schon als dingliches Recht qualifiziert. Dabei macht es keinen Unterschied, ob der Besitz unmittelbar (§ 854 I BGB) oder mittelbar (§ 868 BGB) ausgeübt wird. Lediglich die Besitzdienerschaft (§ 855 BGB) stellt keine vorteilhafte Rechtsstellung dar. **533**
    - ⇨ Hinsichtlich der **Kondiktion** des Besitzes ist zu beachten, dass dieser nach h.M. grundsätzlich nur Gegenstand einer Leistungskondiktion, nicht auch einer Eingriffskondiktion sein kann. Denn ließe man eine Eingriffskondiktion am Besitz zu, bestünde die Gefahr, dass die speziellen Besitzschutzvorschriften der §§ 858 ff. BGB unterlaufen würden.[474] Vgl. dazu den „Eisdielenfall" bei Rn 258.
    - ⇨ Die Wertungen des Besitzrechts können aber dann nicht umgangen werden, wenn der Besitz **nicht mehr vorhanden ist**. Das ist bei **Verarbeitung** (§ 950 BGB) oder **Vermischung** (§ 948 BGB) der Fall, aber auch dann, wenn die Sache (wie im obigen „Whiskey-Fall" bei Rn 209/441) **konsumiert** worden ist.
- Zu den vorteilhaften Rechtsstellungen i.S.d. Bereicherungsrechts gehört schließlich auch die bloße **Buchposition** wie etwa die unrichtige Eintragung als Eigentümer oder Grundpfandinhaber im **Grundbuch**. Der Vorteil besteht hier darin, dass von dem **534**

---

[474] *Sprau*, in: Palandt, § 812 Rn 9; *Herrler*, in: Palandt, § 861 Rn 12; *Pajunk*, JuS 2001, 42, 45.

Grundbuch ein Rechtsschein ausgeht mit der Folge, dass der Eingetragene – auch wenn er nichtberechtigt ist – wirksam über das betreffende Recht verfügen kann (vgl. §§ 891, 892 BGB).[475]

535 ▪ Auch die **Befreiung von Verbindlichkeiten** kann das fremde Vermögen mehren und zu einem bereicherungsrechtlichen Herausgabeanspruch führen. Zu nennen sind etwa **Schulderlass** (§ 397 BGB), **negatives Schuldanerkenntnis** (§ 812 II BGB), Befreiung des Schuldners von einer Verbindlichkeit gem. § 267 BGB[476] oder einer dinglichen Last (z.B. Verzicht des Gläubigers auf sein Pfandrecht) sowie die Befreiung von der gesetzlichen Unterhaltungspflicht oder der Barzahlungspflicht des § 817 II ZPO.

536 ▪ Schließlich kann jemand aufgrund von erlangten **Gebrauchsvorteilen** und erbrachten **Dienstleistungen** bzw. **ersparten Aufwendungen** bereichert sein. Man denke an die Ausnutzung fremder Arbeit (z.B. Ausschachten eines Grundstücks aufgrund nichtigen Vertrags). Ohne die Leistung des anderen hätte der Schuldner Geld ausgeben, eine andere Leistung erbringen oder eine Schuld begründen müssen. Generell geht die h.M. davon aus, dass Gebrauchsvorteile sowie geleistete Dienste immer als – nicht gegenständlicher – Vermögensvorteil i.S.d. § 812 I S. 1 Var. 1 BGB anzusehen sind.[477] Ob Aufwendungen erspart wurden, spiele erst beim Umfang des Bereicherungsanspruchs (§ 818 BGB) eine Rolle.

537 **Hinweis für die Fallbearbeitung:** Macht der Bereicherungsgläubiger einen Kondiktionsanspruch geltend, ist genau zu untersuchen, *was* erlangt wurde. Denn grds. ist nur *dieses* herauszugeben.

- Hat der Bereicherungsgläubiger dem Bereicherungsschuldner zuvor das **Eigentum** an dem Bereicherungsgegenstand verschafft, besteht ein Anspruch auf **Rückübereignung**. Beispiel: A verkauft an B ein Smartphone (§ 433 BGB). Übereignung und Übergabe finden statt (§ 929 S. 1 BGB). Später ficht A den Kaufvertrag wegen Erklärungsirrtums an. ⇨ Hier ist das Kausalgeschäft, der Kaufvertrag, nichtig (§ 142 I BGB). Das sachenrechtliche Verfügungsgeschäft bleibt von der Nichtigkeitsfolge unberührt (vgl. Trennungs- und Abstraktionsprinzip). Folge der Anfechtung ist aber, dass der Rechtsgrund der Verfügung weggefallen ist (§ 812 I S. 2 Var. 1 BGB). Gemäß § 812 I S. 1 BGB muss B das Smartphone an A zurückübereignen und an ihn herausgeben.
- Wurde dagegen „nur“ der **Besitz** verschafft, kann auch nur dieser (also die **tatsächliche Sachherrschaft**) herausverlangt werden (dazu sogleich). Beispiel: A verkauft an B ein Smartphone (§ 433 BGB). Übereignung und Übergabe finden statt (§ 929 S. 1 BGB). Später ficht A den Kaufvertrag und die dingliche Einigung wegen arglistiger Täuschung des B an. ⇨ Hier sind infolge der Fehleridentität der Kaufvertrag sowie die dingliche Einigung nichtig (§ 142 I BGB). Das Abstraktionsprinzip wird durchbrochen. Folge der Anfechtung auch der dinglichen Einigung ist, dass A Eigentümer geblieben ist. Zwar steht A für diesen Fall der Vindikationsanspruch aus § 985 BGB zu, dieser schließt jedoch einen Kondiktionsanspruch nicht aus. Gemäß § 812 I S. 1 BGB muss B das Smartphone an A herausgeben (Besitzkondiktion).
- Besteht die Bereicherung in einer **Forderung**, hat der Bereicherungsgläubiger einen Anspruch auf **Rückabtretung**. Beispiel: A verkauft an B eine gegenüber C bestehende Forderung (§ 433 BGB). Eine Abtretung findet statt (§ 398 BGB). Später ficht A den Kaufvertrag wegen Inhaltsirrtums an. ⇨ Hier ist der Kaufvertrag nichtig (§ 142 I BGB). Die Abtretung bleibt von der Nichtigkeitsfolge unberührt. Folge der Anfechtung ist aber, dass der Rechtsgrund der Abtretung weggefallen ist (§ 812 I S. 2 Var. 1 BGB). Gemäß § 812 I S. 1 BGB muss B die Forderung an A rückabtreten.

---

[475] *Sprau*, in: Palandt, § 812 Rn 9.
[476] Vgl. dazu BGH NJW 2000, 3492 f.; *Herbert*, JA 2001, 358, 359 f.
[477] Vgl. BGH NJW 2002, 612, 613 f.; *Voit/Geweke*, JuS 2001, 358, 360 f.

## II. Herausgabe der gezogenen Nutzungen, § 818 I Var. 1 BGB

Neben dem Bereicherungsgegenstand selbst müssen auch die aus ihm gezogenen **Nutzungen** herausgegeben werden (§ 818 I Var. 1 BGB). Unter „Nutzungen" sind gem. § 100 BGB die Früchte einer Sache oder eines Rechts sowie Gebrauchsvorteile (insoweit liegt eine Überschneidung zum Bereicherungsgegenstand vor) zu verstehen, soweit sie wirtschaftlich nutzbar sind.[478] 538

- **Früchte einer Sache** (§ 99 I BGB) sind zum Beispiel Tier- und Bodenprodukte. Hat der Bereicherungsschuldner also rechtsgrundlos das Eigentum und/oder den Besitz an Hühnern erlangt, muss er nicht nur die Hühner, sondern auch die gelegten Eier herausgeben. Können die Eier nicht herausgegeben werden (etwa weil sie konsumiert worden sind), ist diesbezüglich Wertersatz zu leisten. 539

- **Früchte eines Rechts** (§ 99 II BGB) sind zum Beispiel Zinserträge von Spar- und Kontoguthaben, Forderungen etc.[479] Hat der Bereicherungsschuldner das rechtsgrundlos erhaltene (Bank-)Guthaben allerdings nicht zinswirksam angelegt, sondern zur Tilgung eigener Verbindlichkeiten eingesetzt, ist fraglich, ob der daraus entstandene Vermögensvorteil (**ersparte Darlehenszinsen**) herauszugeben ist. 540

  **Beispiel:** Der Gebrauchtwagenhändler Hendrik (H) macht in seinen Verkaufsgesprächen Angaben über den jeweiligen Kraftstoffverbrauch der von ihm angebotenen Gebrauchtwagen. Bei einem Camaro 5,7 V8 Bj. 79 gibt er einen Kraftstoffverbrauch von 12 Lit./100 km an. Konrad, ein begeisterter Classic-Fan, kauft daraufhin den Wagen für einen angemessenen Preis von 5.000 €. P gleicht mit diesem Geld sein überzogenes Girokonto aus. Als K schon nach kurzer Zeit feststellen muss, dass der Wagen tatsächlich 22 Lit./100 km verbraucht, ficht er erfolgreich seine Willenserklärung hinsichtlich des Kaufvertrags wegen arglistiger Täuschung an.

  Hier kann K jedenfalls gem. § 812 I S. 2 Var. 1 BGB die Herausgabe des Kaufpreises (d.h. einen summenmäßigen Ausgleich) verlangen. Da H ohne das Geld Überziehungszinsen für sein überzogenes Bankkonto hätte zahlen müssen und diese – zumindest für einen bestimmten Zeitraum – gespart hat, ist fraglich, ob K von H diesbezüglich einen entsprechenden Gegenwert fordern kann.

  Hätte H das Geld gewinnbringend angelegt, hätte er unstreitig auch die erwirtschafteten Zinserträge bzw. die Rendite herausgeben müssen. § 818 I i.V.m. § 100 i.V.m. § 99 II BGB stellt dies klar. Hinsichtlich ersparter Aufwendungen treffen diese Vorschriften keine Aussage. Bei einer wirtschaftlichen Betrachtungsweise kann es aber keinen Unterschied machen, ob der Bereicherungsschuldner mit dem ihm nicht zustehenden Kapital Zinserträge erwirtschaftet oder eigene Aufwendungen erspart. Mit dem BGH[480] ist daher § 818 I BGB analog anzuwenden und die Herausgabepflicht auf ersparte Aufwendungen (hier: Darlehenszinsen) zu erstrecken.

  K kann von H also auch die Zahlung desjenigen Betrags verlangen, den H als Überziehungszinsen an die Bank hätte zahlen müssen.

- Herauszugeben sind auch **mittelbare Sach- und Rechtsfrüchte** (§ 99 III BGB). Mittelbare Sachfrüchte sind zum Beispiel Zinserträge von Vermietungen und Verpachtungen. Zu den mittelbaren Rechtsfrüchten gehören bspw. Gebühren für die Überlassung einer Lizenz oder eines sonstigen Rechts. 541

Streitig ist, ob § 818 I BGB hinsichtlich des Nutzungsersatzes überhaupt anwendbar ist, wenn der Sachverhalt bereits von den Vorschriften der §§ 987 bis 1004 BGB über das **Verhältnis zwischen dem Eigentümer und dem Besitzer** einer Sache (EBV) erfasst wird. Denn diese Vorschriften enthalten bestimmte Schutzvorschriften zuguns- 542

---

[478] Vgl. BGH NJW 1998, 2529, 2530; BGHZ 102, 41, 47 f. Vgl. auch BGH NJW 2013, 2021, 2023.
[479] Vgl. BGH NJW 2000, 1637, 1638.
[480] Vgl. BGHZ 138, 160, 164 ff.; BGH NJW 1999, 1194; OLG Hamm FGPrax 2001, 90.

ten des unrechtmäßigen, aber **redlichen Besitzers**, die durch das Bereicherungsrecht (aber auch durch das Deliktsrecht) nicht einfach unterlaufen werden dürfen. Das gilt insbesondere hinsichtlich des Anspruchs des Eigentümers auf **Nutzungsersatz** (§§ 987, 988 BGB), der einen weitergehenden Anspruch – etwa aus §§ 812 ff. BGB – ausschließt (§ 993 I a.E. BGB). Da auch diese Problematik ausführlich bereits bei Rn 130 ff. behandelt wurde, sei darauf verwiesen. Ein Nutzungsersatz nach § 818 I BGB ist regelmäßig auch dann ausgeschlossen, wenn ein Anspruch nach § 951 BGB gegeben ist.

### III. Herausgabe der Surrogate, § 818 I Var. 2 BGB

**543** § 818 I BGB bezieht sich nicht nur auf die gezogenen Nutzungen, sondern in einer 2. Variante auch auf „dasjenige, was der Empfänger aufgrund eines erlangten Rechts oder als Ersatz für die Zerstörung, Beschädigung oder Entziehung des erlangten Gegenstands erworben hat". Damit sind Surrogate, also Gegenstände etc. gemeint, die **an die Stelle des Erlangten getreten sind**.

**Beispiele: (1)** Geldsumme, die infolge einer kondizierten Forderung herauszugeben ist; **(2)** Versicherungsforderung, Versicherungssumme oder Schadensersatzforderung als Ersatz für die Zerstörung, Beschädigung oder Entziehung des erlangten Gegenstands.

**544** Da der Bereicherungsanspruch nur das ursprünglich Erlangte und dessen Nutzungen erfasst, gehört das, was der Bereicherungsschuldner durch ein von **ihm getätigtes Rechtsgeschäft** (Kauf, Tausch etc.) erworben hat, nach h.M.[481] **nicht** zu den Surrogaten. Bei ihnen ist i.d.R. aber Wertersatz gem. § 818 II BGB zu leisten.

**Beispiel:** Im obigen Gebrauchtwagenfall (Rn 540) wäre selbstverständlich auch K verpflichtet, das Erlangte, also den Camaro, an P herauszugeben. Hätte K nun zwischenzeitlich den Camaro gegen einen Ford Mustang Bj. 68 getauscht, wäre er nicht verpflichtet gewesen, den Mustang an P herauszugeben. Hier hätte K aber Wertersatz gem. § 818 II BGB verlangen können, der sich in seiner Höhe an dem objektiven Wert des Camaro orientiert hätte.

Auch wenn K den Camaro für 5.000,- € weiterveräußert hätte, hätte er das Geld nicht gem. §§ 812 I S. 2 Var. 1, 818 I Var. 2 BGB an P herausgeben müssen. Denn der Verkaufserlös stellt kein Surrogat dar. Die Herausgabeverpflichtung hätte gem. § 818 II BGB bestanden.

Hätte K sogar 6.000,- € für den Wagen bekommen, wäre die Frage zu beantworten gewesen, ob er auch den Mehrbetrag von 1.000,- € an P hätte herausgeben müssen. Jedenfalls stellt auch der Mehrerlös kein Surrogat für den Wagen dar. Aber auch hinsichtlich des dann in Betracht kommenden Wertersatzes aus § 818 II BGB hätte K den Mehrbetrag nicht herausgeben müssen, da in diesem Zusammenhang lediglich der objektive Wert geschuldet wird (dazu sogleich unter IV.).

### IV. Wertersatz, § 818 II BGB

**545** Können weder das Erlangte in natura noch dessen Surrogate herausgegeben werden (Unmöglichkeit der Herausgabe), wird **Wertersatz** geschuldet (§ 818 II BGB). Im Gegensatz zu § 816 I S. 1 BGB, bei dem sich die Herausgabepflicht auch auf den Mehrerlös erstreckt (Rn 502 f.), wird bei § 818 II BGB (lediglich) der objektive Wert (Verkehrswert) geschuldet.[482] Bei der Bestimmung des objektiven Werts ist aus Gründen des Verkehrsschutzes auf den Zeitpunkt des Entstehens des bereicherungsrechtlichen Primäranspruchs abzustellen.[483] Die (durch den Einsatz des Bereicherungsgegen-

[481] BGH NJW 2014, 1314; *Brox/Walker*, § 43 Rn 4; *Hadding*, in: Soergel, § 818 Rn 28; *Sprau*, in: Palandt, § 818 Rn 12.
[482] BGH ZIP 2002, 531, 533; *Larenz/Canaris*, § 72 III 2; *Sprau*, in: Palandt, § 818 Rn 19; *Brox/Walker*, § 43 Rn 5.
[483] *Schwab*, in: MüKo, § 818 Rn 42; *Sprau*, in: Palandt, § 818 Rn 26.

stands ermöglichte) Geschäftstüchtigkeit des Schuldners kann hier also nicht vom Bereicherungsgläubiger abgeschöpft werden.

**Beispiel:** Adele hat von Birte für 2.500,- € ein antikes Gemälde gekauft und übereignet bekommen. Nachdem sie umfangreiche und kostenintensive Restaurationsarbeiten vorgenommen hat, verkauft und übereignet sie es für 4.000,- € weiter an den privaten Sammler Graf von Hardenberg. Nun stellt sich heraus, dass der Kaufvertrag zwischen A und B nichtig ist (Irrtumsanfechtung durch B). B fordert die Rückübertragung des Gemäldes. Ein unabhängiges Gutachten bescheinigt dem restaurierten Gemälde einen objektiven Wert von 3.500,- €.

Hier bezog sich der Irrtum der B nur auf das Kausalgeschäft, nicht auch auf das Verfügungsgeschäft (= Erfüllungs- bzw. Übereignungsgeschäft). Diesbezüglich lag auch gar kein Anfechtungsgrund vor. A konnte also Eigentum an dem Bild erwerben und wirksam auf H übertragen. Ein Vindikationsanspruch der B aus § 985 BGB kommt daher nicht in Betracht.
In Betracht kommt aber ein bereicherungsrechtlicher Anspruch auf Rückübereignung und Herausgabe des Gemäldes. A hat „etwas" erlangt, nämlich das Eigentum und den Besitz an dem Gemälde. Bezüglich dieses Eigentums- und Besitzerwerbs ist der rechtliche Grund für das Behaltendürfen aufgrund der Anfechtung des Kausalgeschäfts (des Kaufvertrags) später weggefallen. B könnte also Eigentum und Besitz am Gemälde gem. § 812 I S. 2 Var. 1 BGB von A kondizieren. Doch da A das Gemälde weiter an H veräußert hat und diese Veräußerung wirksam ist, ist A nicht mehr Eigentümer und kann dem A das Eigentum am Gemälde daher nicht mehr verschaffen.

Bei Unmöglichkeit der Herausgabe ist gem. § 818 II BGB Wertersatz zu leisten (insbesondere stellt der erzielte Kaufpreis kein Surrogat i.S.d. § 818 I BGB dar, s.o.). Fraglich ist, welche Summe A an B zu zahlen hat. A hat durch ihre Restaurationsarbeiten dem Gemälde zu einer nicht unwesentlichen Wertsteigerung verholfen. Dass dieser Umstand bei der Rückabwicklung berücksichtigt werden muss, ist klar. A schuldet der B daher lediglich den Wert des Gemäldes, wie er im Zeitpunkt der Übertragung von B auf A bestanden hat. In Ermangelung anderer Angaben ist dabei vom gezahlten Kaufpreis auszugehen. B kann von A daher (lediglich) 2.500,- € kondizieren. Da sie andererseits aber auch zur Rückzahlung des ursprünglich erhaltenen Kaufpreises verpflichtet ist, reduziert sich ihr Anspruch auf Null (B behält also im Ergebnis ihre ursprünglich als Kaufpreis erhaltenen 2.500,- €). Gemäß § 122 I BGB ist B aber zum Ersatz des Vertrauensschadens verpflichtet.

Etwas anderes hätte nur dann gegolten, wenn das Bild im Zeitpunkt des Kaufs *B-A* objektiv bspw. 3.000,- € wert gewesen wäre. Dann hätte B den Differenzbetrag von 500,- € herausverlangen können.

**Variante:** B des obigen Beispiels ist von A über die Herkunft des Gemäldes arglistig getäuscht worden. A verkauft und übereignet das Bild weiter an den gutgläubigen C. Hier ist zu differenzieren:

⇨ **Vindikationsanspruch gem. § 985 BGB:**
B könnte gegen C einen Herausgabeanspruch gem. § 985 BGB haben. Dazu müsste sie Eigentümerin des Gemäldes sein und C dürfte kein Recht zum Besitz haben. Ursprünglich war B Eigentümerin. Dieses Eigentum könnte sie aber durch die Übereignung an A verloren haben. Allerdings konnte sie das Übereignungsgeschäft mit A erfolgreich anfechten mit der Folge der Rückwirkung gem. § 142 I BGB. B wird diesbezüglich also so behandelt, als wäre sie Eigentümerin geblieben. Folge ist, dass A nachträglich zur Nichtberechtigten i.S.d. § 816 I S. 1 BGB wird. In dieser Funktion hat sie das Bild an C veräußert. Da dieser wiederum gutgläubig hinsichtlich der Eigentümerstellung der A war, konnte er gem. §§ 929 S. 1, 932 I BGB Eigentum an dem Gemälde erwerben. B hat im Ergebnis also keinen Vindikationsanspruch.

⇨ **Kondiktionsanspruch gem. § 816 I S. 1 BGB:**
Fraglich ist, ob B wenigstens das Eigentum an dem Bild kondizieren kann. Gegen A kommt ein Kondiktionsanspruch, der auf die Rückübertragung des Eigentums gerichtet ist, nicht in Betracht, da A insoweit wegen des Gutglaubenserwerbs durch C entreichert ist. Auch gegen C besteht ein solcher Anspruch nicht. Der Gutglaubenserwerb ist (zumindest hinsichtlich des entgeltlichen Erwerbs vom Nichtberechtigten) kondiktionsfest.
Damit ist zu prüfen, ob ein bereicherungsrechtlicher Wertersatzanspruch gegen A angenommen werden kann. An sich wäre § 812 I S. 2 Var. 1 BGB i.V.m. § 818 II BGB einschlägig. Da A aber als Nichtberechtigte verfügt hat, ist sie gem. *§ 816 I S. 1 BGB* zur Herausgabe des durch die Verfügung Erlangten verpflichtet. Sie muss also den Kaufpreis, den sie von C erhalten hat (nach h.M. auch den Mehrerlös, soweit erzielt), an B herausgeben (also 4.000,- €). Selbstverständlich ist A der B auch zum Schadensersatz (deliktisch aus § 823 I BGB, aus § 823 II BGB i.V.m. § 263 StGB und aus § 826 BGB; sachenrechtlich aus §§ 989, 990 BGB) und nach § 687 II BGB (Geschäftsanmaßung) verpflichtet.

546 Zum Wertersatz gehören auch **Gebrauchsvorteile**. Denn Vorteile etwa aus der Nutzung eines Pkw können nicht in natura herausgegeben werden.

**Beispiel:** Im obigen Gebrauchtwagenfall (Rn 540) wäre K nicht nur verpflichtet, das Erlangte, also den Camaro in Form von Rückübereignung und Besitzverschaffung an P herauszugeben, sondern es stellt sich auch die Frage, wie mit den gezogenen Nutzungen zu verfahren ist. Besonders virulent wird diese Frage, wenn K bspw. erst nach knapp einem Jahr angefochten hätte und zwischenzeitlich 30.000 km mit dem Fahrzeug gefahren wäre, also Nutzungen gezogen hätte. Obwohl P den Anlass für die Anfechtung des Kaufvertrags gegeben hat, scheint es unbillig, wenn der Vorteil auf Seiten des K ohne Ausgleich bliebe. Daher stellt sich die Frage, ob die Rechtsordnung eine Möglichkeit eröffnet, dass K einen Ausgleich für die gefahrenen Kilometer leisten (d.h. einen bestimmten Betrag pro gefahrenen Kilometer zahlen) muss.

Dies könnte dadurch zu erreichen sein, dass K sich im Rahmen seines auf §§ 812, 818 I, II BGB zu stützenden Herausgabeanspruchs in Bezug auf den Kaufpreis ein (fiktives) Entgelt anrechnen lassen müsste.

K war aber redlich i.S.d. EBV und fällt daher nicht unter §§ 992, 823 I, 252 BGB. Wegen § 993 I a.E. BGB (Sperrwirkung des EBV) darf P die Nutzungen daher trotz tatbestandlich gegebener §§ 812 I, 818 I, II BGB an sich nicht einbehalten.[484] Vielmehr verbleiben sie grds. bei dem redlichen Besitzer (vorliegend also bei K). Gerade aber dies scheint unbillig. Daher erweitert die h.M. den Anwendungsbereich des § 988 BGB auf entgeltliche, aber unwirksame Geschäfte und überwindet damit die Sperrwirkung des EBV. Die Begründung für diesen Schritt besteht in folgender Überlegung[485]: Wenn beim kaufweisen Erwerb einer Sache nur der Kauf unwirksam ist, der Eigentumserwerb dagegen wirksam, entsteht zwischen dem Veräußerer und dem Erwerber keine Vindikationslage. Daher kann der Veräußerer seine Leistung nicht nach § 985 BGB vindizieren, sondern nur nach § 812 BGB kondizieren, und dabei muss der Erwerber nach § 818 I BGB auch die gezogenen Nutzungen herausgeben. Erfasst die Unwirksamkeit dagegen auch den Eigentumserwerb, hat der Veräußerer die Möglichkeit der Vindikation nach § 985 BGB. Bei dieser scheint der redliche Erwerber die vor Rechtshängigkeit gezogenen Nutzungen nach §§ 993 I a.E., 987, 990 I BGB behalten zu dürfen. Das aber ist sinnwidrig, weil die Unwirksamkeit auch der Übereignung in der Regel gerade den Veräußerer schützen und nicht seine Position verschlechtern soll. Mit der Erweiterung des § 988 BGB kann man diesen Wertungswiderspruch zwischen Bereicherungsrecht und Vindikationsrecht beseitigen: Der rechtsgrundlose Erwerber bloß des Besitzes soll nicht besser stehen, als wenn er rechtsgrundlos sogar auch das Eigentum erworben hätte. Wenn also der Besit-

[484] Vgl. dazu ausführlich Rn 130 ff.
[485] *Baldus*, in: MüKo, § 988 Rn 7 f.

zer die Sache vom Eigentümer erhalten hat und jedenfalls keine weitere Person an der Rückabwicklung beteiligt ist, führt diese Erweiterung des § 988 BGB nach ganz h.M. zum richtigen Ergebnis.[486]

Daher muss K dem P Wertersatz für die gefahrenen Kilometer leisten.

## V. Wegfall der Bereicherung, § 818 III BGB

### 1. Voraussetzungen für den Einwand der Entreicherung

Da der Zweck des Bereicherungsrechts darin besteht, materiell nicht gerechtfertigte Vermögenswerte, die der Empfänger erhalten hat, an den Berechtigten zurückzuführen, kann sich die Herausgabepflicht (auch die nach § 818 II BGB) folgerichtig grundsätzlich nur auf solche Bereicherungsgegenstände beziehen, die beim Empfänger als Bereicherung noch vorhanden sind bzw. fortbestehen. Ist der Schuldner nicht mehr bereichert, steht ihm unter bestimmten Voraussetzungen der Einwand (bzw. die Einrede) der Entreicherung zu. Voraussetzungen der Entreicherungseinrede sind[487]: **547**

- Der Bereicherungsschuldner **darf nicht mehr bereichert sein**. Das ist v.a. dann anzunehmen, wenn der erlangte Gegenstand nicht mehr existiert oder an einen Dritten übereignet wurde. Bei Vorhandensein eines Surrogats beim Schuldner ist indes keine Entreicherung gegeben. Das Gleiche gilt, wenn eine Gegenleistung vorhanden ist. **548**

  **Beispiele**[488]**:**

  **(1)** Hat der Schuldner die ohne Rechtsgrund erlangte Sache **weiterveräußert**, ist das Vermögen des Schuldners um den Veräußerungserlös vergrößert. Diesen hat er an den Gläubiger herauszugeben. Eine Entreicherung liegt nicht vor.

  **(2)** Hat der Schuldner die erlangte Sache **verbraucht** oder an einen Dritten infolge einer Schenkung **übereignet**, kommt eine Entreicherung nicht in Betracht, sofern er dadurch **Aufwendungen erspart** hat.

  **(3)** Bei **Luxusaufwendungen** (also bei Aufwendungen, die der Schuldner sonst nicht gemacht hätte – Beispiel: Luxusreise, die er sonst nicht unternommen hätte[489]) ist ein Bereicherungsanspruch wegen Entreicherung gem. § 818 III BGB ausgeschlossen. Der mit der Luxusreise erlangte Vermögensvorteil ist nämlich nicht mehr im Vermögen des Schuldners vorhanden, weil dieser keine Aufwendungen erspart hat.

- Der Schuldner muss **schutzwürdig** sein. Daran fehlt es, wenn der Bereicherungsanspruch bereits **rechtshängig** ist (§ 818 IV BGB) oder der Schuldner den **Mangel** des rechtlichen Grundes **kennt** (§ 819 I BGB). In diesen Fällen haftet der Bereicherungsschuldner verschärft (Rn 564 ff.). Nicht schutzwürdig ist auch derjenige, der als **Nichtberechtigter** i.S.d. § 816 I S. 1 BGB verfügt. Da der Nichtberechtigte gem. § 816 I BGB „das durch die Verfügung Erlangte" herauszugeben hat, muss er nach h.M. auch den erzielten Erlös herausgeben (denn auch dieser ist letztlich „durch die Verfügung erlangt").[490] Im Gegenteil, der Berechtigte ist darüber hinaus auch zum Schadensersatz (deliktisch aus § 823 I BGB, aus § 823 II BGB i.V.m. § 242, 246 oder 263 StGB und aus § 826 BGB; sachenrechtlich aus §§ 989, 990 BGB) und nach § 687 II BGB (Geschäftsanmaßung) verpflichtet. **549**

  **Beispiel:** Gustav handelt mit maritimen Antiquitäten. Eines Tages kauft er von der halbseidenen Dora einen Schiffskompass für 250,- €. Nachdem er diesen an den redlichen Kunden Konrad für 300,- € weiterveräußert hat, stellt sich heraus, dass D den Kompass von Eleonore gestohlen hatte. Diese verlangt nun von G den Kaufpreis heraus, den dieser von K erhalten hat. Mit Recht?

---

486 *Baldus*, in: MüKo, § 988 Rn 7 f.
487 *Brox/Walker*, § 43 Rn 7.
488 Nach *Brox/Walker*, § 43 Rn 7.
489 Vgl. BGHZ 55, 128 ff. (Flugreisefall).
490 BGH NJW 1970, 2059; 1971, 612, 615; *Brox/Walker*, § 43 Rn 10.

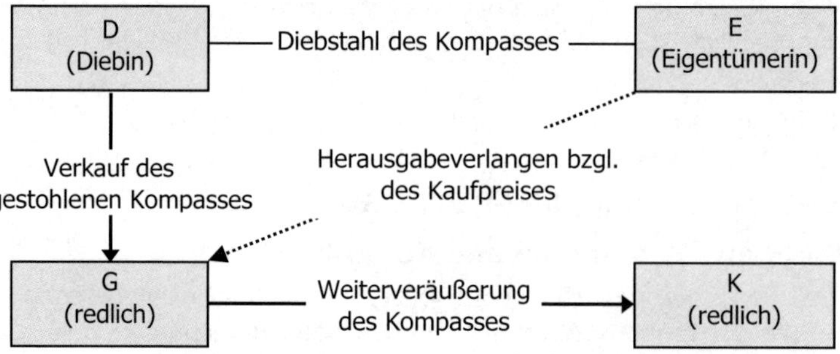


Möglicherweise kann E ihren Anspruch auf § 816 I S. 1 BGB stützen. G war Nichtberechtigter, denn wegen § 242 StGB i.V.m. § 935 I BGB konnte er kein Eigentum an dem Kompass erwerben. Die Verfügung im Verhältnis *G-K* war also nicht wirksam. § 816 I S. 1 BGB setzt aber die Wirksamkeit der Verfügung des Nichtberechtigten gegenüber dem Berechtigten voraus. Eine Möglichkeit, die Verfügung wirksam zu machen, besteht in der Genehmigung (§ 185 II BGB). Diese kann auch konkludent erteilt werden, etwa in der Aufforderung, den Kaufpreis herauszugeben.
Fraglich ist, ob G an E 300,- € oder nur 250,- € herausgeben muss, ob er also den an D gezahlten Kaufpreis als Wegfall der Bereicherung abziehen kann.

⇨ Teilweise wird dem Rechtsinhaber nur der **objektive (Verkehrs-)Wert** der veräußerten Sache zugesprochen. Der Mehrerlös sei ausschließlich das Verdienst des Verfügenden. Auch bei § 818 II BGB sei schließlich anerkannt, dass ein objektiver Maßstab gilt.[491]

⇨ Dieser Auffassung wird der klare Wortlaut des § 816 I S. 1 BGB entgegengehalten, der von „Herausgabe des durch die Verfügung Erlangten" spricht. Erlangt hat G nun einmal 300,- €, sodass er dem Wortlaut zufolge auch den **Mehrerlös** an E herausgeben muss[492] (zur Begründung vgl. Rn 503).

## 2. Berücksichtigung der Gegenleistung/Saldotheorie

550 Bei der Nichtigkeit eines synallagmatischen Vertrags stellt sich insbesondere dann ein Problem, wenn der Bereicherungsschuldner für das von ihm Erlangte eine Gegenleistung an den Bereicherungsgläubiger erbracht hat, aber die Gegenleistung bei diesem nicht mehr vorhanden ist.

551 **Beispiel:** A verkauft und übereignet für 750,- € an B ein Gemälde. Später stellt sich heraus, dass B sich hinsichtlich der Herkunft des Gemäldes geirrt hat. Tatsächlich ist dieses nur 500,- € wert. Er kann gegenüber A wirksam die Anfechtung erklären (§§ 119 II, 143 I, 142 I BGB).

Auf der Grundlage des § 812 I S. 2 Var. 1 BGB scheint der Fall klar zu sein: Da der Kaufvertrag nichtig gewesen ist, kann jede Partei von der anderen die Rückübertragung des jeweils Geleisteten verlangen. A kann also die Rückübereignung des Bildes und B kann die Rückzahlung des Kaufpreises verlangen (**Zweikondiktionentheorie**).

552 Die Zweikondiktionentheorie kann dann zu ungerechten Ergebnissen führen, wenn bei einem nichtigen gegenseitigen Vertrag die Bereicherung einer Partei gem. § 818 III BGB bspw. wegen Vernichtung der Kaufsache weggefallen ist und diese Partei weder verschärft haftet noch wegen Vernichtung der Kaufsache einen Ersatzanspruch erworben hat. Dann geht nämlich die andere Partei leer aus.

---

[491] So vertreten von *Larenz/Canaris*, § 72 I 2 a; *Hadding*, in: Soergel, § 816 Rn 28 f.; *Medicus/Petersen*, BR, Rn 722 f.
[492] So die h.M., vgl. nur BGHZ 29, 157, 159 ff.; BGH NJW 1997, 190, 191; *Schwab*, in: MüKo, § 816 Rn 29; *Sprau*, in: Palandt, § 816 Rn 24; *Brox/Walker*, § 42 Rn 22; wohl auch *Musielak/Hau*, GK, Rn 748.

**Beispiel:** Sollte im obigen Beispiel das Gemälde bei B gestohlen worden und nicht mehr auffindbar sein, muss nach der Zweikondiktionentheorie A den erhaltenen Kaufpreis an B zurückzahlen, wohingegen B wegen des Diebstahls (sofern er keinen Ersatzanspruch aus einer Versicherung hat) entreichert ist. Solche unbilligen Ergebnisse können nach der Zweikondiktionentheorie nur dann vermieden werden, wenn dem Bereicherungsschuldner analog §§ 819 I, 818 IV BGB eine Berufung auf den Wegfall der Bereicherung versagt wird. Doch eine analoge Anwendung der genannten Vorschriften kann vermieden werden, wenn sich auf andere Weise gerechte Ergebnisse erzielen lassen. **553**

Die Schwächen der Zweikondiktionentheorie will die überwiegend von der Rechtsprechung vertretene **Saldotheorie** vermeiden.[493] Danach werden bei der bereicherungsrechtlichen Rückabwicklung nichtiger gegenseitiger Verträge die gegenseitigen Ansprüche saldiert. Es wird trotz Nichtigkeit des Vertrags ein „faktisches Synallagma" angenommen, das bereicherungsrechtlich gewahrt werden soll. Kann also der Bereicherungsschuldner seine Leistung nicht zurückgewähren (z.B. weil sie nicht mehr existiert), wird ihm der Wert von seinem Anspruch abgezogen. Demzufolge ist die Berufung auf den Wegfall der Bereicherung also nur hinsichtlich des Überschusses zulässig. Anders ausgedrückt: Ist eine Partei nicht mehr zur Rückgewähr der von ihr empfangenen Leistung imstande, muss der Wert dieser Leistung bei der Kondiktion der eigenen Leistung als „Abzugsposten" in Rechnung gestellt, mithin „saldiert" werden. Auf diese Weise wird gewährleistet, dass dem Bereicherungsschuldner kein Nachteil entstehen kann, wenn seine eigene Leistung beim Gläubiger ersatzlos weggefallen ist. Einer Erklärung der Geltendmachung des Zurückbehaltungsrechts gem. § 273 BGB bedarf es dabei nicht. **554**

Für das vorliegende **Beispiel** gilt somit: Würde der von B gezahlte Kaufpreis dem objektiven Wert des Gemäldes entsprechen, hätte B aufgrund seiner eigenen Entreicherung auch keinen bereicherungsrechtlichen Ausgleichsanspruch gegen A. Tatsächlich war das Gemälde aber weniger wert als der erzielte Kaufpreis. Diese Differenz muss als Abzugsposten bei der Ermittlung des Ausgleichsanspruchs in Rechnung gestellt werden, sodass B den Saldo (also 250,- €) verlangen kann. A hat keinen Kondiktionsanspruch. **555**

Die bisherigen Ausführungen hatten zur Grundlage, dass sich bei der Rückabwicklung eines fehlgeschlagenen gegenseitigen Vertrags zwei **gleichartige** Leistungen (Geldbeträge verschiedener Höhe, die einander saldiert werden) gegenüberstanden. Stehen sich aber nicht Geldbeträge, sondern **ungleichartige** Leistungen gegenüber (z.B. nichtiger Tausch eines Mountainbikes gegen ein Trekkingbike oder nichtiger Kaufvertrag, bei dem nunmehr die Rückübereignung und Rückgabe der Kaufsache auf der einen Seite und der Anspruch auf Rückzahlung des Kaufpreises auf der anderen Seite sich gegenüberstehen), ist eine Saldierung im dargestellten Sinn nicht möglich. Hier bleibt es dabei, dass jede Vertragspartei den Anspruch auf Rückgewähr ihrer Leistung hat, jedoch nur Zug um Zug gegen Rückgewähr der Gegenleistung. Hinsichtlich des „Zug um Zug" gilt, dass der Bereicherungsgläubiger von sich aus die Rückgewähr der von ihm empfangenen ungleichartigen (Gegen-)Leistung Zug um Zug anbieten muss.[494] Einer Erklärung der Geltendmachung des Zurückbehaltungsrechts gem. § 273 BGB bedarf es dabei zwar nicht, allerdings muss der Kläger dies bereits im Klageantrag formulieren (Klage auf Herausgabe des Geleisteten Zug um Zug gegen Rückgabe des Erlangten).[495] **556**

Die Saldotheorie gelangt also nur dann zur Anwendung, wenn es möglich ist, sich auf § 818 III BGB zu berufen, also nicht in Fällen des § 818 IV BGB oder § 819 BGB.[496] Anders ausgedrückt: Immer wenn die mit der Anwendung der Saldotheorie erstrebten **557**

---

[493] BGHZ 126, 105, 108; BGH NJW 1995, 454, 455; NJW 1999, 1181; NJW 2000, 3064; NJW 2000, 3562; NJW 2001, 1863, 1864; ZIP 2001, 747, 751; JZ 2002, 299 f.; *Musielak/Hau*, GK, Rn 731; *Brox/Walker*, § 43 Rn 12.
[494] BGHZ 146, 298, 307; BGH WM 1995, 159, 160; *Wandt*, § 12 Rn 35.
[495] *Wandt*, § 12 Rn 35.
[496] BGHZ 146, 298, 307.

gerechten Ergebnisse ausbleiben, ist der Ausgleich wieder nach der Zweikondiktionentheorie vorzunehmen. So ist die Saldotheorie überhaupt **nicht anzuwenden** bei einer **Insolvenz** eines Vertragspartners, weil die Saldotheorie hier zu unbilligen Ergebnissen führte. Auch wenn sich bei Anwendung der Saldotheorie **Nachteile** für **Geschäftsunfähige** oder **beschränkt Geschäftsfähige** ergeben, wird sie außer Betracht gelassen. Denn §§ 104 ff. BGB wollen denjenigen, der nicht (voll) geschäftsfähig ist, vor den Folgen seines rechtsgeschäftlichen Handelns schützen. Diese gesetzliche Wertung würde unterlaufen, wenn der Bereicherungsanspruch um den Wert der Gegenleistung gekürzt würde.[497]

558 **Beispiel:** A verkauft und übereignet an B für 750,- € einen antiken Maschinentelegraphen. Bei diesem wird der Telegraph am nächsten Tag gestohlen. Der Diebstahl kann nicht aufgeklärt werden. Später stellt sich nicht nur heraus, dass der Telegraph objektiv nur 500,- € wert gewesen ist, sondern auch, dass B im Zeitpunkt des Kaufvertrags und der Übereignung geschäftsunfähig (vgl. § 104 BGB) war.

In diesem Fall ist nicht nur der Kaufvertrag, sondern auch die Übereignung des Telegraphen nichtig (vgl. § 105 BGB)[498]. A bleibt also Eigentümer. Da er aber den Telegraphen wegen des unaufgeklärten Diebstahls faktisch nicht gem. § 985 BGB vindizieren kann (der Ort, an dem sich der Telegraph befindet, ist unbekannt), kommt ausschließlich ein bereicherungsrechtlicher Ausgleich gem. § 812 I S. 1 Var. 1 BGB auf Wertersatz in Betracht.
Würde man hier die Saldotheorie anwenden, wäre A lediglich zur Zahlung des Differenzbetrags (also 250,- €) verpflichtet. B würde also im Ergebnis so behandelt, als sei er geschäftsfähig gewesen. Dieses Ergebnis wäre mit der in den §§ 104 ff. BGB getroffenen Wertung (Schutz Minderjähriger bzw. Geschäftsunfähiger) nicht vereinbar. Unter Anwendung der **Zweikondiktionentheorie** gilt somit: B kann von A die Rückzahlung des an diesen geleisteten Kaufpreises verlangen (also 750,- €). A geht leer aus.

559 Die Saldotheorie führt auch dann zu unangemessenen Ergebnissen, wenn der Bereicherungsgläubiger durch **arglistige Täuschung** oder **widerrechtliche Drohung** zum Vertragsabschluss bestimmt worden ist. Auch hier ist der Ausgleich über die **Zweikondiktionentheorie** vorzunehmen.[499]

560 **Beispiel:** V hat unter Vorspiegelung der Unfallfreiheit dem K ein Kfz verkauft und übereignet. Am nächsten Tag wird der Wagen durch Blitzeinschlag so stark beschädigt, dass ein Totalschaden angenommen werden muss. In diesem Zusammenhang wird auch der Unfallschaden aufgedeckt. K ficht erfolgreich alle Geschäfte an (§§ 123 I Var. 1, 142 I BGB).

Würde hier der Wert der Gegenleistung bei der Berechnung der Bereicherung des V abgezogen, würde man K den gesetzlichen Schutz nehmen.[500] Der kriminelle Vertragspartner darf nicht besser stehen, als er bei einem Rücktritt stünde. Beim gesetzlichen Rücktrittsrecht schuldet der Berechtigte keinen Wertersatz, wenn der empfangene Gegenstand durch Zufall untergegangen ist (§ 346 III S. 1 Nr. 3 BGB). Nur eine tatsächlich verbleibende Bereicherung ist herauszugeben (§ 346 III S. 2 BGB). Da V zudem die Anfechtbarkeit wegen arglistiger Täuschung kannte, muss er sich gem. § 142 II BGB so behandeln lassen, als habe er bereits bei Empfang der Leistung den Mangel des rechtlichen Grundes gekannt. Dann sind die Voraussetzungen des § 819 I BGB erfüllt und V haftet gem. dieser Voraussetzung verschärft. V kann also auf jeden Fall von K lediglich die Herausgabe des Wagens in dem Zustand, in dem dieser sich nun befindet, verlan-

---

[497] BGHZ 126, 105, 108; BGH NJW 2000, 3562; *Brox/Walker*, § 43 Rn 14. Vgl. aber nun den am 1.8.2002 in Kraft getretenen § 105a BGB, wonach ein vollzogenes Geschäft des täglichen Lebens eines volljährigen Geschäftsunfähigen als wirksam behandelt wird mit der Folge, dass eine bereicherungsrechtliche Rückabwicklung nicht in Betracht kommt.
[498] Es ist davon auszugehen, dass kein Geschäft des täglichen Lebens i.S.v. § 105a BGB vorliegt.
[499] BGHZ 57, 137, 146 ff.; *Brox/Walker*, § 43 Rn 15; *Wandt*, § 12 Rn 37.
[500] Vgl. BGHZ 53, 144, 147 f.; 146, 298, 306 ff.; *Brox/Walker*, § 43 Rn 15.

gen. Umgekehrt kann K den vollen Kaufpreis, den er zuvor an V geleistet hat, von diesem herausverlangen.

Etwas anderes hätte nur dann gegolten, wenn der Wagen durch **grobe Fahrlässigkeit** des arglistig getäuschten K untergegangen wäre. Eine solche Tatsache darf nach Auffassung des BGH auch bei der anzuwendenden Zweikondiktionentheorie nicht außer Betracht bleiben. In derartigen Fällen sei von dem zurückzuzahlenden Kaufpreis unter Anwendung des § 242 BGB ein Betrag abzuziehen, dessen Höhe sich nach den Umständen des Einzelfalls richte.[501] Da dann allerdings kaum ein Unterschied zur Saldotheorie besteht, wonach von dem Anspruch auf Rückzahlung des geleisteten Kaufpreises der Wert des Kaufgegenstands abzuziehen ist, stellt sich die Frage, warum der BGH es nicht bei der Anwendung der Saldotheorie belässt. Insbesondere ist ein Wertungswiderspruch zum Rücktrittsrecht nicht vorhanden.

Weiterhin belässt es der BGH bei der Zweikondiktionentheorie, wenn der Bereicherungsgläubiger eines **wucherähnlichen** bzw. sonst **sittenwidrigen Geschäfts** bei Anwendung der Saldotheorie benachteiligt würde.[502] Denn würde man hier die Saldotheorie anwenden, bevorzugte man auch in diesem Fall den Bereicherungsschuldner, weil dieser dann lediglich zur Herausgabe des Saldos statt der vollen Leistung des Bereicherungsgläubigers verpflichtet wäre. Dies wäre unbillig. Die benachteiligte Partei kann deshalb ihren Bereicherungsanspruch geltend machen und sich im Hinblick auf den Bereicherungsanspruch der anderen Partei auf Entreicherung gem. § 818 III BGB berufen. 561

Schließlich offenbart die Saldotheorie in den sog. **Vorleistungsfällen** Schwächen. Mit „Vorleistungsfällen" sind Fälle gemeint, in denen sich eine Partei verpflichtet, in Vorleistung zu treten, etwa wenn der Verkäufer dem Käufer den Kaufgegenstand vor Erhalt des Kaufpreises überlässt. Geht in diesem Fall der Gegenstand durch ein Verhalten des Käufers unter, stellt sich die Frage nach der bereicherungsrechtlichen Rückabwicklung, wenn der Kaufvertrag etwa infolge einer Anfechtung nichtig ist. Wendete man die Saldotheorie an, ginge der Verkäufer leer aus, weil eine Saldierung nicht möglich ist. In Vorleistungsfällen, aber auch im Allgemeinen, wird zur Vermeidung von Unbilligkeiten daher nicht auf die Saldotheorie abgestellt, sondern es wird auf der Grundlage der Zweikondiktionentheorie eine unmittelbare normative Einschränkung des Wegfalls der Bereicherung (§ 818 III BGB) unter risikozuweisenden Aspekten vorgenommen. Das Risiko wird grundsätzlich der Person aufgebürdet, bei der der betreffende Gegenstand untergegangen ist bzw. verschlechtert wurde (**eingeschränkte Zweikondiktionentheorie**). § 818 III BGB wird demnach normativ eingeschränkt mit der Folge einer bereicherungsunabhängigen Wertersatzpflicht nach § 818 II BGB.[503] Ob derjenige, bei dem der Gegenstand untergegangen ist oder verschlechtert wurde, sich auf § 818 III BGB berufen kann, hängt demnach davon ab, wer das Risiko des Untergangs der Sache zu tragen hat. Es wird damit also grundsätzlich von der Zweikondiktionentheorie ausgegangen mit der Besonderheit, dass in bestimmten Fällen dem Bereicherungsschuldner, in dessen Vermögen sich die untergegangene oder verschlechterte Sache befindet, der (an sich einschlägige) Einwand des § 818 III BGB versagt ist. Hinsichtlich der risikozuweisenden Kriterien wird auf die Wertung des § 346 II S. 1 Nr. 3, III S. 1 Nr. 3 BGB abgestellt.[504] Vgl. dazu auch das Beispiel bei Rn 560. 562

[501] BGHZ 57, 137, 149 ff.

[502] Vgl. BGHZ 146, 298, 306 ff. (extrem niedriger Preis für ein verkauftes Grundstück); zustimmend *Bork*, JZ 2001, 1138 ff.; kritisch *Flume*, ZIP 2001, 1621 ff.; vgl. auch *Brox/Walker*, § 43 Rn 16; *Wandt*, § 12 Rn 37.

[503] *Schwab*, in: MüKo, § 818 Rn 241 ff.

[504] *Wandt*, § 12 Rn 39.

563 **Zusammenfassung:** Ist ein gegenseitiger Vertrag nichtig, kann – streng nach dem Wortlaut des § 812 I BGB – jede Partei von der anderen die Rückübertragung des jeweils Geleisteten verlangen (**Zweikondiktionentheorie**). Die Zweikondiktionentheorie kann dann zu ungerechten Ergebnissen führen, wenn bei einem nichtigen gegenseitigen Vertrag die Bereicherung einer Partei gem. § 818 III BGB bspw. wegen Vernichtung der Kaufsache weggefallen ist und diese Partei weder verschärft haftet noch wegen Vernichtung der Kaufsache einen Ersatzanspruch erworben hat. In einem solchen Fall wird überwiegend (noch) die sog. **Saldotheorie** vertreten: Ist eine Partei nicht mehr zur Rückgewähr der von ihr empfangenen Leistung imstande, muss der Wert dieser Leistung bei der Kondiktion der eigenen Leistung als „Abzugsposten" in Rechnung gestellt, mithin „saldiert" werden. Auf diese Weise wird gewährleistet, dass dem Bereicherungsschuldner kein Nachteil entstehen kann, wenn seine eigene Leistung beim Gläubiger ersatzlos weggefallen ist. Einer Erklärung der Geltendmachung des Zurückbehaltungsrechts gem. § 273 BGB bedarf es dabei nicht. Da die Saldotheorie jedoch nicht stets zu gerechten Ergebnissen führt, muss sie in folgenden Fällen unberücksichtigt bleiben:

- Die bisherigen Ausführungen hatten zur Grundlage, dass sich bei der Rückabwicklung eines fehlgeschlagenen gegenseitigen Vertrags zwei **gleichartige** Leistungen (Geldbeträge verschiedener Höhe, die einander saldiert werden) gegenüberstanden. Stehen sich aber nicht Geldbeträge, sondern **ungleichartige** Leistungen gegenüber (z.B. nichtiger Tausch eines Mountainbikes gegen ein Trekkingbike, ist eine Saldierung im dargestellten Sinn nicht möglich. Hier bleibt es dabei, dass jede Vertragspartei den Anspruch auf Rückgewähr ihrer Leistung hat, allerdings nur Zug um Zug gegen Rückgewähr der Gegenleistung.
- Die Saldotheorie ist auch nicht anzuwenden bei einer **Insolvenz** eines Vertragspartners, weil sie hier zu unbilligen Ergebnissen führte.
- Die Saldotheorie führt auch dann zu unangemessenen Ergebnissen, wenn der Bereicherungsgläubiger durch **arglistige Täuschung** oder **widerrechtliche Drohung** zum Vertragsabschluss bestimmt worden ist. Auch hier ist der Ausgleich über die Zweikondiktionentheorie vorzunehmen.
- Weiterhin belässt es der BGH bei der Zweikondiktionentheorie, wenn der Bereicherungsgläubiger eines **wucherähnlichen** bzw. sonst **sittenwidrigen Geschäfts** bei Anwendung der Saldotheorie benachteiligt würde.
- Auch ist die Saldotheorie unanwendbar, wenn durch sie ein **Geschäftsunfähiger** oder ein **beschränkt Geschäftsfähiger** einen Nachteil erleiden würde (vgl. Rn 557).
- Schließlich kann die Saldotheorie in den sog. **Vorleistungsfällen** zu unangemessenen Ergebnissen führen.

In Fällen dieser Art muss bei Anwendung der Zweikondiktionentheorie aber stets die Wertung der §§ 346 ff. BGB (insbesondere § 346 II S. 1 Nr. 3 und III S. 1 Nr. 3 BGB) beachtet werden (**eingeschränkte Zweikondiktionentheorie**).

## VI. Verschärfte Haftung nach §§ 819 I i.V.m. 818 IV BGB

Unter den Voraussetzungen des § 818 IV BGB bzw. des § 819 I BGB i.V.m. § 818 IV BGB kann sich der Bereicherungsschuldner trotz Entreicherung nicht auf den Einwand der Entreicherung berufen. Dabei spielt § 818 IV BGB in seiner unmittelbaren Anwendung eine weniger große Rolle als über die Verweisung in § 819 I BGB. **564**

### 1. Kenntnis des Empfängers von der Rechtsgrundlosigkeit

Gemäß § 819 I BGB i.V.m. § 818 IV BGB haftet der Bereicherungsschuldner von dem Zeitpunkt an, in dem er **den Mangel des rechtlichen Grundes kennt**, verschärft (d.h. nach den allgemeinen Vorschriften, siehe Rn 570 ff.). Hinsichtlich § 819 I BGB wird positive Kenntnis der Tatsachen verlangt, aus denen sich die Rechtsgrundlosigkeit oder der Anfechtbarkeit (vgl. auch § 142 II BGB) ergibt. Fahrlässige Unkenntnis genügt nicht.[505] **565**

### 2. Verschärfte Haftung bei Minderjährigen

Ist der Empfänger **geschäftsunfähig**, kommt es stets auf die Kenntnis des gesetzlichen Vertreters an. Bei **beschränkter Geschäftsfähigkeit** des Minderjährigen ist dagegen strittig, ob auf seine Kenntnis oder auf die des gesetzlichen Vertreters abzustellen ist. Richtigerweise ist zwischen Leistungskondiktion und Nichtleistungskondiktion zu unterscheiden: **566**

- **Leistungskondiktion:** Wird eine Leistung an einen Minderjährigen erbracht, ist wegen der **Rechtsgeschäftsähnlichkeit** der Leistungskondiktion analog §§ 166 I, 106 ff. BGB nicht auf die Kenntnis des Minderjährigen, sondern auf die des **gesetzlichen Vertreters** abzustellen. Anderenfalls unterliefe man den gesetzlichen Minderjährigenschutz. **567**

  **Beispiel:** Der 15-jährige Frederik kauft vom 19-jährigen Roland dessen Moped für 300,- €. Bei Übergabe zahlt er 100,- € an. Der Rest soll in zwei Raten jeweils zum Ersten der nächsten beiden Monate gezahlt werden. Als das Moped bei einem von F nicht verursachten Verkehrsunfall so stark beschädigt wird, dass sich eine Reparatur nicht mehr lohnt, beruft sich F auf die Unwirksamkeit aller Rechtsgeschäfte. Die Eltern erfahren erst jetzt von dem Kauf. Hinsichtlich des F ist davon auszugehen, dass dieser durchaus wusste, dass Geschäfte von Minderjährigen zu ihrer Wirksamkeit der Zustimmung der Eltern bedürfen.

  Stellte man auf die Kenntnis des F ab, würde dieser verschärft haften. Er könnte sich wegen §§ 819 I, 818 IV, 292 I, 990 II, 286 I S. 2, IV, 287 S. 2 BGB also nicht auf den Wegfall der Bereicherung gem. § 818 III BGB berufen. Damit würde eine Rechtsfolge eintreten, die von den §§ 106 ff. BGB gerade vermieden werden soll. Daher kann eine verschärfte Haftung des F erst von dem Zeitpunkt an angenommen werden, in dem die Eltern Kenntnis von den Geschäften hatten.

- **Nichtleistungskondiktion:** Hat der Minderjährige die Bereicherung in sonstiger Weise (insbesondere durch **Eingriffskondiktion**) erlangt, ist streitig, ob analog §§ 166 I, 106 ff. BGB im Rahmen des § 819 I BGB auf die Kenntnis des gesetzlichen Vertreters oder analog § 828 III BGB bei Deliktsfähigkeit des Minderjährigen auf dessen Kenntnis abzustellen ist.[506] Im **Flugreisefall** (dazu Rn 85, 266, 281) hatte der BGH § 828 III BGB (damals allerdings noch § 828 II BGB) analog zumindest dann bejaht, wenn der Minderjährige den Bereicherungsgegenstand durch eine vorsätzliche unerlaubte Handlung erlangt hat. Folgt man dieser Auffassung, kommt es bei dem Minderjährigen also darauf an, ob er bei der Vornahme seiner Handlung die zur Erkenntnis der Verantwortlichkeit erforderliche Einsicht hatte. Zunehmend wird jedoch auch im Fall der Nichtleistungskondiktion vertreten, zum Schutz des Minderjährigen unabhängig von dessen Einsichts- **568**

[505] BGHZ 133, 246, 249 f.; *Sprau*, in: Palandt, § 819 Rn 2; *Brox/Walker*, § 43 Rn 18; *Wandt*, § 12 Rn 37.
[506] *Brox/Walker*, § 43 Rn 19.

fähigkeit stets die §§ 106 ff. BGB anzuwenden und auf die Kenntnis des gesetzlichen Vertreters abzustellen. Zudem ist die analoge Anwendung des § 828 III BGB schon deshalb zweifelhaft, weil es im Bereicherungsrecht nicht um den Ausgleich von Schäden geht, die der Minderjährige verschuldet hat. Jedenfalls geht es zu weit, über § 828 III BGB eine Einstandspflicht des Minderjährigen anzunehmen, wenn es an einem Schaden fehlt.[507]

### 3. Rechtshängigkeit des Bereicherungsanspruchs

**569** Wie sich aus §§ 819 I, 818 IV BGB ergibt, steht die Rechtshängigkeit des Bereicherungsanspruchs der positiven Kenntnis gleich. Die Rechtshängigkeit richtet sich nach §§ 253 I, 261 I ZPO. Rechtshängig ist der Anspruch somit, wenn dem Beklagten etwa die Klageschrift zugestellt worden ist. Die Gleichstellung der Rechtshängigkeit mit der positiven Kenntnis resultiert daraus, dass der Bereicherungsschuldner von diesem Zeitpunkt an damit rechnen muss, dass er zur bereicherungsrechtlichen Rückabwicklung verurteilt wird. Im Mahnverfahren ist § 696 III ZPO zu beachten.

### 4. Rechtsfolgen

**570** Liegt eine der genannten Voraussetzungen vor, haftet der Empfänger trotz Wegfalls der Bereicherung nach den **allgemeinen Vorschriften** (§ 818 IV BGB). Was unter „allgemeinen Vorschriften" zu verstehen ist, erläutert die Vorschrift nicht. Nach allgemeiner Auffassung sind darunter jedenfalls die Vorschriften des allgemeinen Schuldrechts wie die §§ 291 ff. BGB mit ihren weiteren Verweisungen zu verstehen.[508] Das bedeutet:

**571** ▪ Kommt als „allgemeine Vorschrift" § 292 I BGB in Betracht, ist insbesondere die Verweisung auf das **Eigentümer-Besitzer-Verhältnis** zu beachten. Ergibt sich nach diesen Vorschriften, dass die Voraussetzungen eines **Schadensersatzanspruchs** gem. §§ 989, 990 BGB fehlen, ist auch die Berufung auf den Wegfall der Bereicherung möglich. Aufgrund der Rechtshängigkeitsfiktion des § 819 I BGB ist allerdings zu beachten, dass nach h.M. gem. §§ 990 II, 280, 286 I S. 2, IV, 287 S. 2 BGB (Schuldnerverzug) auch für **Zufallsschäden** gehaftet wird.[509] Hierbei gilt wiederum die (Gegen-)Ausnahme, dass es gem. den Vorschriften über den Gläubigerverzug (§§ 293 ff. BGB) doch wieder zu einer Haftungserleichterung gem. § 300 BGB und zum Wegfall der Bereicherung kommen kann.

**572** **Beispiel:** Der 18-jährige Malwin bekommt vom 19-jährigen Roland ebenfalls für 300,- € ein Moped verkauft und übereignet, kann den Kaufvertrag später dann aber erfolgreich anfechten. Nun fordert er R auf, den Kaufvertrag rückabzuwickeln. Doch dieser verweigert die Rückabwicklung, weil er der Meinung ist, der Vertrag sei wirksam. Durch einen unaufklärbaren Einbruchdiebstahl wird das Moped gestohlen. Kann sich M auf Entreicherung berufen?

Da M den Mangel des rechtlichen Grundes kannte, kann er sich nach § 819 I i.V.m. § 818 IV BGB eigentlich nicht auf Entreicherung berufen. Demzufolge müsste er R Schadensersatz nach §§ 819 I, 818 IV, 292, 989, 990 BGB leisten, zumal gem. §§ 819 I, 818 IV, 286 I S. 2, IV, 287 S. 2 BGB auch eine Verantwortlichkeit für Zufallsschäden besteht. Da andererseits R sich jedoch im Gläubigerverzug befand, haftet M gem. § 300 I BGB nur für Vorsatz und grobe Fahrlässigkeit. Da beides nicht angenommen werden kann, kann M sich im Ergebnis trotz Bösgläubigkeit i.S.d. § 819 I BGB auf Entreicherung berufen.

---

[507] *Medicus/Petersen*, BR, Rn 176; *Brox/Walker*, § 43 Rn 19; *Musielak/Hau*, GK, Rn 750; *Wandt*, § 12 Rn 35
[508] Vgl. BGHZ 75, 203, 205 ff.; 83, 293, 298 ff.; *Sprau*, in: Palandt, § 818 Rn 52; *Wandt*, § 12 Rn 54/55.
[509] *Buck-Heeb*, in: Erman, § 819 Rn 5; *Baldus*, in: MüKo, § 990 Rn 17; a.A. *Larenz/Canaris*, § 73 II 4 c.

- Der Bereicherungsschuldner hat nicht nur für die gezogenen, sondern auch für die schuldhaft nicht gezogenen **Nutzungen** einzustehen (§§ 292 II, 987 II BGB; beachte auch hier § 820 II BGB). 573
- Andererseits kann der Bereicherungsschuldner nur **notwendige Verwendungen** auf den Gegenstand nach den Vorschriften über die GoA vom Bereicherungsgläubiger fordern (§§ 292 II, 994 II, 995 BGB). 574
- Wird schließlich **Geld** geschuldet, ist zu beachten, dass der Bereicherungsschuldner für seine finanzielle Leistungsfähigkeit stets einzustehen hat („Geld hat man zu haben")[510]; er kann sich also nicht auf unvorhersehbare Ereignisse berufen, die seine finanzielle Leistungsfähigkeit ausschließen. Er hat seine Geldschulden sogar nach § 291 BGB zu verzinsen (beachte auch § 820 II BGB). 575

## VII. Verschärfte Haftung nach §§ 819 II i.V.m. 818 IV BGB

Verstößt der Empfänger durch die Annahme der Leistung gegen ein gesetzliches Verbot oder gegen die guten Sitten, ist er in gleicher Weise zur Herausgabe verpflichtet, ohne sich auf den Einwand der Entreicherung berufen zu können. 576

## VIII. Verschärfte Haftung bei ungewissem Erfolgseintritt, § 820 BGB

Der Empfänger haftet auch dann verschärft, wenn mit der Leistung ein Erfolg bezweckt war, dessen Eintritt nach dem Inhalt des Rechtsgeschäfts als ungewiss angesehen wurde und dieser Erfolg nicht eingetreten ist (§ 820 I S. 1 BGB). Dem steht der Fall gleich, dass die Leistung aus einem Rechtsgrund erfolgt, dessen Wegfall nach dem Inhalt des Rechtsgeschäfts als möglich angesehen wurde und der Rechtsgrund tatsächlich wegfällt (§ 820 I S. 2 BGB). 577

## IX. Bereicherungseinrede, § 821 BGB

Auch das Eingehen einer Verbindlichkeit ist eine Leistung i.S.d. Bereicherungsrechts. Erfolgt das Eingehen einer Verbindlichkeit, wozu z.B. das abstrakte Schuldversprechen oder das Schuldanerkenntnis gehören, ohne Rechtsgrund, kann gem. § 821 BGB der Bereicherungsschuldner die Erfüllung der Verbindlichkeit verweigern.[511] Diese Einrede steht dem Bereicherungsschuldner auch dann zu, wenn der Bereicherungsanspruch auf Befreiung von der Verbindlichkeit bereits verjährt ist (§ 821 i.V.m. § 195 BGB).[512] 578

[510] Vgl. BGH NJW 1982, 1585, 1587.
[511] Vgl. dazu BGH ZIP 2000, 1260, 1261 f.; *Musielak/Hau*, GK, Rn 755; *Brox/Walker*, § 43 Rn 24; *Wandt*, § 12 Rn 63.
[512] *Brox/Walker*, § 43 Rn 24.

# 5. Kapitel – Recht der unerlaubten Handlungen

## A. Einführung und Anwendbarkeit der Bestimmungen

579 Schadensersatzansprüche haben nicht nur für die Rechtspraxis, sondern auch für die Fallbearbeitung eine überragende Bedeutung.[513] Für ein erfolgreiches Studium sind fundierte Kenntnisse daher unabdingbar. Schadensersatzansprüche können ihren Rechtsgrund in Vertragsverletzungen, aber auch in gesetzlichen Bestimmungen finden. Solche gesetzlichen Bestimmungen stellen insbesondere die §§ 823 ff. BGB dar. Bei dem im Folgenden dargestellten Recht der unerlaubten Handlungen (auch Deliktsrecht[514] genannt) geht es folgerichtig um die **Wiedergutmachung eines Schadens**. Die Schadensersatzpflicht wird ausgelöst, wenn unerlaubte Eingriffe in einen fremden Rechtskreis unter den Voraussetzungen der §§ 823 ff. BGB oder einiger Sondertatbestände (z.B. § 18 I StVG) erfolgen. Rechtsdogmatisch lässt sich das Deliktsrecht in drei Gruppen von Tatbeständen einteilen:[515]

- Haftung für **verschuldetes Unrecht**. Beispiele sind § 823 I, § 823 II, §§ 824-826, § 7 III S. 1 Hs. 2 StVG, Art. 34 GG i.V.m. § 839 BGB
- Haftung für (widerlegbares) **vermutetes Verschulden**. Beispiele sind §§ 831, 832, 833 S. 2, 834, 836-838 BGB; § 18 StVG; §§ 44 und 45 LuftVG
- Haftung aus **Gefährdung** ohne Rücksicht auf Unrecht und Verschulden (z.B. Betrieb eines Kraftfahrzeugs oder Kernkraftwerks ⇒ allein der Betrieb genügt für die Begründung der Verantwortlichkeit; auf ein Verschulden kommt es nicht an). Beispiele sind § 833 S. 1 BGB; § 7 I StVG; § 7 III S. 1 Hs. 1 StVG; §§ 1 und 2 HaftpflG; § 33 I LuftVG, §§ 33 II S. 1 und S. 3, 53 f. LuftVG; §§ 25, 26 AtomG; § 89 WHG; § 1 ProdHaftG; § 84 AMG; § 1 UmwHaftG und § 32 GentechnikG

### I. Verhältnis zu vertraglichen Schadensersatzansprüchen

580 Verwirklicht der Anspruchsgegner die Voraussetzungen einer der o.g. Bestimmungen, so wird ein **gesetzliches Schuldverhältnis** zwischen ihm und dem Geschädigten begründet. Schadensersatzpflichten kommen allerdings auch dann in Betracht, wenn Pflichten aus einem Schuldverhältnis (z.B. **Vertrag**) verletzt werden (vgl. § 280 I BGB). Regelmäßig bestehen die Ansprüche nebeneinander (echte **Anspruchskonkurrenz**).[516] Jede Anspruchsgrundlage ist also eigenständig zu prüfen.

581 **Hinweis für die Fallbearbeitung:** Kommen hinsichtlich ein und derselben Handlung sowohl vertragliche als auch deliktische Schadensersatzansprüche in Betracht, sind trotz echter Anspruchskonkurrenz die vertraglichen Ansprüche zuerst zu prüfen. Denn nicht selten enthalten vertragliche Anspruchsinstitute Regelungen, die auch auf deliktische Ansprüche Einfluss ausüben (z.B. Verschuldensmaßstab und Verjährungsfristen).

**Beispiele[517]:**

**(1)** Geht es um Ansprüche wegen unerlaubter Handlung, trägt grds. der Verletzte die Beweislast hinsichtlich des Vorliegens der haftungsbegründenden Voraussetzungen, worunter regelmäßig auch das Verschulden des Schädigers fällt (vgl. dazu auch Rn 749a). Geht es um die Haftung wegen Pflichtverletzung aus dem Schuldverhältnis, nimmt § 280 I S. 2 BGB hinsichtlich des Vertretenmüssens eine Umkehrung der Beweislast vor.

---

[513] Vgl. bereits die 1. Aufl. 2002; später auch *Armbrüster*, JuS 2007, 411 und 508.
[514] Entstammt dem lateinischen Wort delictum, was mit Fehler, Vergehen oder auch Schuld übersetzt werden kann.
[515] Vgl. *Medicus/Petersen*, BR, Rn 604; *Deutsch/Ahrens*, Rn 5 ff.; *Brox/Walker*, § 44 Rn 2 ff.
[516] Vgl. *Sprau*, in: Palandt, Einf v § 823 Rn 4; *Timme*, JuS 2000, 1154.
[517] *Brox/Walker*, § 52 Rn 38.

**(2)** Bei einer vertraglichen Haftung findet eine Zurechnung von Pflichtverletzungen, die von Erfüllungsgehilfen ausgehen, über § 278 BGB statt. Im Deliktsrecht haftet der Geschäftsherr aus eigenem Verschulden bei der Auswahl und Überwachung von Verrichtungsgehilfen (§ 831 BGB), wenn diese in Ausübung der Verrichtung ein Rechtsgut i.S.d. § 823 BGB verletzen. Anders als § 278 BGB sieht § 831 BGB die Möglichkeit eines Entlastungsbeweises vor.

**(3)** Schließlich können sich die Verjährungsfristen für Ansprüche aus unerlaubter Handlung (§§ 195, 199 BGB) von denen aus Vertrag (z.B. § 438 BGB bei Mängelansprüchen im Kaufrecht) unterscheiden.

In Fällen der genannten Art ist stets zu prüfen, ob die Regelungen der Sonderverbindung *Vertrag* Einfluss auf die deliktische Haftung ausüben.

- So entfällt wegen fehlender Rechtswidrigkeit auch ein Anspruch aus Delikt, wenn nach dem Vertrag der vorgenommene Eingriff erlaubt bzw. rechtmäßig ist.
- Besteht beim vertraglichen Anspruch kraft Vereinbarung oder kraft Gesetzes eine mildere Haftung (z.B. nur für Vorsatz und grobe Fahrlässigkeit; vgl. etwa §§ 521, 599 BGB, jeweils i.V.m. § 276 I S. 1 BGB), schlägt diese Privilegierung auf Ansprüche aus unerlaubter Handlung durch, weil anderenfalls die Haftungsmilderung unterlaufen würde.[518]

## II. Verhältnis zum Eigentümer-Besitzer-Verhältnis (EBV)

Demgegenüber sind die §§ 823 ff. BGB grundsätzlich **nicht anwendbar**, wenn ein **Eigentümer-Besitzer-Verhältnis** (§§ 987 ff. BGB) vorliegt, wenn also im Zeitpunkt der Verletzungshandlung die Voraussetzungen des § 985 BGB vorliegen. Grundgedanke der §§ 987 ff. BGB ist nämlich die **Privilegierung des unverklagten und redlichen Besitzers**, also desjenigen Besitzers, der sich in den Grenzen seines vermeintlichen (tatsächlich jedoch nicht bestehenden) Besitzrechts gehalten hat. Um diese Privilegierung nicht zu unterlaufen, stellt das EBV innerhalb seines Regelungsbereichs auch grundsätzlich eine **abschließende Regelung** dar. Andere Ansprüche des *Eigentümers* bezüglich **Schadensersatz** (etwa aus §§ 823 ff. BGB) und Nutzungsherausgabe (etwa aus §§ 812 ff. BGB) sind neben denen aus §§ 987 ff. BGB also grundsätzlich ausgeschlossen („**Sperrwirkung des EBV**“ – das ergibt sich aus §§ 992, 993 I a.E. BGB). Bestand während des schadensbegründenden Ereignisses also ein EBV, sind die §§ 823 ff. BGB (mit Ausnahme des § 826 BGB – hier ist der Besitzer in keiner Weise schützenswert) in ihrer Anwendbarkeit grds. gesperrt.[519] Eine Ausnahme ist nur in zwei Fällen zu machen: 582

- **§ 992 BGB** erklärt die §§ 823 ff. BGB neben dem EBV für anwendbar, wenn sich der Besitzer die Sache durch **verbotene Eigenmacht** (vgl. § 858 BGB) oder durch eine **strafbare Handlung** verschafft hat. 583
- Auch im Fall des sog. **Fremdbesitzerexzesses** wendet die h.M. die §§ 823 ff. BGB neben den §§ 987 ff. BGB (teilweise sogar an deren Stelle) an.[520] Ein Fremdbesitzerexzess liegt vor, wenn derjenige, der eine Sache für einen anderen besitzt (bspw. Miete oder Leihe), sein vermeintliches Besitzrecht bspw. dadurch überschreitet, dass er eine unerlaubte Handlung begeht. 584

  **Beispiel:** Der 17-jährige Lars hat sich ohne Zustimmung seiner Eltern von seinem Freund Fridolin das Moped ausgeliehen. Als es dann zu einem heftigen Streit zwischen den beiden kommt, schubst L das Moped einen Abhang hinunter. F verlangt Schadensersatz.

---

[518] Vgl. *Brox/Walker*, § 52 Rn 39.
[519] Vgl. BGH NJW 1980, 2353, 2354; NJW 1990, 242, 244.
[520] Vgl. nur BGHZ 46, 140, 146; *Herrler*, in: Palandt, Vorbem v § 987 Rn 3-5.

In Betracht kommt zunächst ein Schadensersatzanspruch wegen Verletzung des Leihvertrags (§§ 598, 280 I BGB). Doch wegen der verweigerten Zustimmung der Eltern ist der Leihvertrag unwirksam, sodass im Ergebnis auch kein vertraglicher Schadensersatzanspruch angenommen werden kann.

Möglicherweise hat F aber einen Schadensersatzanspruch aus §§ 990 I, 989 BGB. Dazu müsste zunächst ein EBV vorliegen. F ist nach wie vor Eigentümer des Mopeds und L war im Zeitpunkt der Verletzungshandlung Besitzer. Er hatte aufgrund des unwirksamen Leihvertrags auch kein Recht zum Besitz. Ein EBV liegt damit vor. Ein Schadensersatzanspruch aus §§ 990 I, 989 BGB setzt weiterhin voraus, dass der Besitzer hinsichtlich des Besitzrechts unredlich war. L war jedoch redlicher Besitzer, sofern man auf seine Sicht abstellt und davon ausgeht, dass er dachte, der Leihvertrag sei wirksam gewesen, sodass im Ergebnis auch ein Schadensersatzanspruch aus §§ 990 I, 989 BGB ausscheidet. Da der redliche Besitzer im Übrigen aufgrund der Regelung in § 993 I a.E. BGB auch nicht nach den §§ 823 ff. BGB haftet, käme an sich auch kein Schadensersatzanspruch des F wegen unerlaubter Handlung (§§ 823 ff. BGB) in Betracht. L würde im Ergebnis somit überhaupt nicht haften. Dass diese Rechtsfolge trotz der Minderjährigkeit des L unbillig erscheint, liegt auf der Hand. Wäre der Leihvertrag wirksam gewesen, hätte F gegen L sowohl einen vertraglichen als auch einen deliktischen Schadensersatzanspruch. Dass L als unrechtmäßiger Besitzer besser stehen soll, als wenn er im Rahmen eines wirksamen Vertrags rechtmäßiger Besitzer gewesen wäre, ist nicht einzusehen. Daher ist trotz der Regelung des § 993 I a.E. BGB in Fällen der vorliegenden Art § 823 BGB anwendbar. Da auch dessen Voraussetzungen vorliegen, hat F gegen L im Ergebnis einen Anspruch auf Schadensersatz.

585 **Weiterführender Hinweis:** Das Problem hätte sich nicht gestellt, wenn L berechtigter Besitzer gewesen wäre. Denn in diesem Fall hätten kein EBV und damit keine Konkurrenzsituation vorgelegen. Auch wenn ein **Dreipersonenverhältnis** bestanden hätte, hätte sich das Problem so nicht gestellt, denn dann wäre die Lösung über **§ 991 II BGB** vorzunehmen gewesen (vgl. dazu Rn 180 f.).

## III. Verhältnis zur Geschäftsführung ohne Auftrag (GoA)

586 Auch hinsichtlich der **Geschäftsführung ohne Auftrag** (GoA) sind Konkurrenzverhältnisse zu beachten.

- Da die **berechtigte GoA** nicht rechtswidrig ist, kommt ein Schadensersatzanspruch des Geschäftsherrn gegen den Geschäftsführer wegen **unerlaubter Handlung** nach §§ 823 ff. BGB nicht in Betracht. Das gilt allerdings nur, soweit es um eine durch die *Geschäftsübernahme* verursachte Rechtsgutverletzung geht. Verletzt der Geschäftsführer im Rahmen der *Geschäftsausübung* schuldhaft seine Pflichten aus § 677 oder § 681 BGB und entsteht aus dieser Pflichtverletzung ein adäquat kausaler Schaden des Geschäftsherrn, haftet der Geschäftsführer nach den allgemeinen Regeln (§§ 280 ff., 823 ff. BGB) auf Schadensersatz (sog. Ausführungsverschulden).
- Die **unberechtigte GoA** unterscheidet sich von der berechtigten dadurch, dass ein Berechtigungsgrund fehlt. Ein Berechtigungsgrund fehlt, wenn die Übernahme des Geschäfts nicht dem wirklichen oder mutmaßlichen Willen des Geschäftsherrn entspricht, § 679 BGB nicht eingreift und auch eine Genehmigung nicht vorliegt. Als Rechtsfolge sieht das Normengefüge der §§ 677 ff. BGB nicht nur einen Schadensersatz nach § 678 BGB vor, sondern es kommen auch Schadensersatzansprüche wegen unerlaubter Handlung nach den §§ 823 ff. BGB in Betracht.
- Im Falle der **irrtümlichen Eigengeschäftsführung** (§ 687 I BGB) ist das gesamte Normengefüge der §§ 677 ff. BGB unanwendbar, sodass sich schon deshalb keine Konkurrenzprobleme stellen können.

- Bei der **angemaßten Eigengeschäftsführung** (§ 687 II BGB) kann sich der Geschäftsherr aussuchen, ob er aus §§ 687 II, 678 BGB oder aus §§ 823 ff. BGB Schadensersatz verlangt.

## IV. Unerlaubte Handlungen und kollektive Sicherungen

Neben oder anstelle der individuellen Verpflichtung zum Schadensersatz findet sich für bestimmte Bereiche ein System kollektiver Sicherungen. Das ist der Fall, wenn der Schädiger (freiwillig oder aufgrund gesetzlicher Verpflichtung) Haftpflichtversicherungsschutz genießt. Hierbei besteht i.d.R. der Grundsatz, dass die Haftpflichtversicherung immer dann eingreift, wenn der Versicherte (d.h. der Schädiger) dem Geschädigten zum Schadensersatz verpflichtet ist (sog. Trennungsprinzip: Die Versicherung folgt der Haftung). Schädiger und Versicherer haften dann i.d.R. gesamtschuldnerisch. Die in bestimmten Fällen obligatorische (d.h. gesetzlich angeordnete) Haftpflichtversicherung soll gewährleisten, dass im Schadensfall der Schadensersatzanspruch nicht von der Leistungsfähigkeit und/oder dem Verschulden des Schädigers abhängt. Der Schaden wird dann von der Versichertengemeinschaft (dem Kollektiv) getragen. 587

**Beispiel:** Für Kfz, die auf öffentlichen Straßen bewegt werden (sollen), besteht nach dem Pflichtversicherungsgesetz eine obligatorische Haftpflichtversicherung. Durch sie wird gewährleistet, dass einem geschädigten Verkehrsteilnehmer, der ohne eigenes Verschulden in einen Unfall involviert wird, nicht auf seinen Ansprüchen sitzen bleibt, etwa infolge von Zahlungsunfähigkeit des Unfallverursachers. Sinn und Zweck der Kfz-Haftpflichtversicherung ist also, den Versicherungsnehmer gegen eventuelle Ansprüche Dritter finanzieller Natur abzusichern und dem Geschädigten einen zahlungsfähigen Anspruchsgegner gegenüberzustellen.

Kollidiert nun Fahrzeugführer T, der gleichzeitig Halter des Fahrzeugs und Versicherungsnehmer der Kfz-Haftpflichtversicherung ist, aus Unachtsamkeit mit dem Fahrzeug des O, an dem ein Sachschaden i.H.v. 3.000,- € entsteht, stellt sich die Frage nach einem Schadensersatzanspruch des O.

T haftet zunächst auf Schadensersatz aus § 823 I BGB. Daneben greift zugunsten des O die verschuldensunabhängige straßenverkehrsrechtliche Halterhaftung nach § 7 I StVG, aufgrund welcher O einen Direktanspruch gegen den Versicherer hat (§ 115 VVG), sowie die (wiederum verschuldensabhängige) Fahrerhaftung aus § 18 I StVG.

Zwischen diesen Anspruchsgrundlagen besteht Anspruchskonkurrenz, d.h. sie bestehen nebeneinander. O wird jedoch die für ihn günstigste Anspruchsgrundlage wählen, namentlich die Halterhaftung nach § 7 I StVG, da hier die Verschuldensfrage nicht geklärt werden muss. Zudem kommt es hier nicht auf die Leistungsfähigkeit des T an, da Anspruchsgegner die Versicherungsgesellschaft ist. Zur Streitgenossenschaft vgl. Rn 1005.

Wählt O daher den Weg über § 7 I StVG, stellt sich die Frage, ob die Versicherungsgesellschaft wegen der bestehenden Gesamtschuld (§ 115 I S. 4 VVG) im Rahmen des Innenausgleichs (§ 426 I BGB) gegenüber T Regress nehmen kann. Dies ist gem. § 116 I S. 1 VVG jedoch ausgeschlossen, soweit sie dem Versicherungsnehmer aus dem Versicherungsverhältnis zur Leistung verpflichtet ist. Das wiederum ist der Fall, solange sich der Versicherungsnehmer nicht vertragswidrig verhalten hat bzw. die Versicherungsgesellschaft nicht von der Leistungspflicht befreit war, etwa weil ein Fall einer Gefahrerhöhung gem. § 26 VVG vorlag.

Wie das Beispiel gezeigt hat, besteht also die Notwendigkeit einer Zusammenschau aller Anspruchsinstitute und aller jeweiligen Gegenrechte/Leistungsverweigerungsrechte. Die nachfolgenden Ausführungen sollen diese Zusammenhänge erläutern. 588

Ferner ist zu beachten, dass einige Rechtsinstitute Versicherungsschutz bieten, der eine Haftung vollständig ersetzt. Das trifft z.B. auf die gesetzliche Unfallversicherung nach dem SGB VII hinsichtlich Arbeitsunfälle zu. Erleidet ein Arbeitnehmer einen Arbeitsunfall, haftet 589 grds. nicht der Arbeitgeber, sondern ausschließlich der Versicherungsträger (die Solidargemeinschaft), hier die Berufsgenossenschaft. Anders als bei der Kfz-Haftpflichtversicherung hat der Anspruchsteller also von vornherein nur einen Schuldner, was aber nicht weiter von Belang ist, da der Versicherungsträger in jedem Fall zahlungsfähig ist.

## B. Verschuldenshaftung

590 Die mit Abstand wichtigsten Bestimmungen der außervertraglichen Verschuldenshaftung sind die **§§ 823 I, 823 II und 826 BGB**[521], die als „System dreier kleiner Generalklauseln des deutschen Deliktsrechts" bezeichnet werden[522]:

- Die Voraussetzungen des **§ 823 I BGB** sind objektiv eng (Haftung nur bei Verletzung eines in der Vorschrift genannten absoluten Rechtsguts; grds. kein Ersatz für reine Vermögensschäden) und subjektiv weit (Haftung für jede Form des Verschuldens).
- Demgegenüber sind die Voraussetzungen des **§ 826 BGB** subjektiv eng (Vorsatz) und objektiv weit (Schutz des Vermögens schlechthin).
- Eine Zwischenstellung nimmt **§ 823 II BGB** ein. Bei diesem Haftungstatbestand richten sich die objektiven und subjektiven Haftungsvoraussetzungen nach dem Schutzgesetz; der durch dieses Gesetz beabsichtigte Schutz wird durch einen Schadensersatzanspruch ergänzt. Sofern das Schutzgesetz allerdings ohne Verschulden verwirklicht werden kann, verlangt § 823 II S. 2 BGB zusätzlich mindestens leichte Fahrlässigkeit.[523]

### I. Der Haftungstatbestand des § 823 I BGB

591 Für die Prüfung eines Schadensersatzanspruchs aus § 823 I BGB empfiehlt sich folgender Aufbau[524]:

**Haftungsvoraussetzungen des § 823 I BGB**

**Vorprüfung:** Kein Ausschluss wegen §§ 987 ff. oder §§ 677, 683 S. 1 BGB

**I. Tatbestand**

**1. Rechtsgutverletzung**

Eine Haftung nach § 823 I BGB setzt die Verletzung eines in der Bestimmung genannten (und damit geschützten) Rechtsguts oder Rechts voraus.

- Die **Rechtsgüter**, nämlich *Leben*, *Körper*, *Gesundheit* und *Freiheit*, werden abschließend aufgezählt und können dementsprechend nicht durch Analogie vermehrt werden.
- Dagegen sind die aufgezählten **Rechte** ergänzungsfähig ausgestaltet. Das Gesetz nennt das *Eigentum* und *sonstige Rechte* nach Art des Eigentums („Eigentum oder ein sonstiges Recht"). Als solche sonstigen Rechte kommen daher nur Rechte in Betracht, die wie das Eigentum absoluten Charakter haben. Solche Rechte sind etwa das *Pfandrecht*, das *Jagdrecht*, das *Urheberrecht* und der *Besitz* (str.). Darüber hinaus werden als sonstige Rechte auch Rahmenrechte angesehen, die erst in der Rechtsanwendung ihre tatbestandliche Abgrenzung erfahren, wie das *Recht am Gewerbebetrieb* und das *allgemeine Persönlichkeitsrecht*.

**2. Tatbestandsverwirklichung durch menschliches Verhalten**

Die Rechtsgutverletzung muss durch ein bestimmtes **Verhalten** des in Anspruch Genommenen verursacht worden und diesem zuzurechnen sein. Das haftungsbegründende Verhalten kann in einem positiven Tun (= Handlung), aber auch in einem Unterlassen liegen.

- Als **Handlung** ist ein menschliches Verhalten anzusehen, das der Bewusstseinskontrolle und Willenslenkung unterliegt und somit beherrschbar ist. Damit scheiden Reflexe und

---

521 *Medicus/Petersen*, BR, Rn 605.

522 *Lange/Schmidbauer*, in: juris-PK, § 823 Rn 1/166; *Spickhoff*, in: Soergel, Vor § 823 Rn 12.

523 *Medicus/Petersen*, BR, Rn 605.

524 Sowohl der gesetzlich formulierte Tatbestand des § 823 I BGB als auch rechtsmethodische Überlegungen legen den vorliegend gewählten Aufbau nahe.

Körperreaktionen (etwa Stolpern oder Bewegungen im Schlaf), aber auch Handlungen von Kleinkindern und Volltrunkenen (sofern sie einer willentlichen Handlung noch nicht oder nicht mehr fähig sind) als mögliche Handlungen aus.

- Der juristische Handlungsbegriff umfasst auch das **Unterlassen**. Denn für die Verwirklichung eines haftungsbegründenden Tatbestands kann es keinen Unterschied machen, ob die Verletzung einer geschützten Rechtsposition durch ein aktives Tun im Sinne eines nach außen erkennbaren Tätigwerdens oder durch das Unterlassen einer Handlung herbeigeführt wird. Ein haftungsrechtlich relevantes Unterlassen liegt allerdings nur dann vor, wenn der Schädiger es unterlassen hat, **eine bestimmte, rechtlich geforderte Tätigkeit** vorzunehmen. Welche Tätigkeit in der konkreten Situation zu fordern ist, ist objektiv zu bestimmen und hängt von den Umständen des Einzelfalls ab. Handlungspflichten können sich aus *Vertrag*, *Gesetz*, *Ingerenz* (= pflichtwidriges Vorverhalten), aber auch aus *Verkehrssicherungspflichten* ergeben. Rechtlich gefordert ist aber nur das, was dem in Anspruch Genommenen physisch-real bzw. rechtlich möglich ist.

#### 3. Haftungsbegründende Kausalität/objektive Zurechnung

Zwischen dem Verletzungsverhalten und der Rechtsgutverletzung muss ein **Kausalzusammenhang** bestehen.

- Dabei ist zunächst vom naturwissenschaftlichen Kausalzusammenhang auszugehen, wonach jede Handlung kausal (i.S.v. ursächlich) für die Rechtsgutverletzung ist, wenn sie nicht hinweggedacht werden kann, ohne dass die Rechtsgutverletzung in ihrer konkreten Form entfiele (***conditio sine qua non***). Da diese Formel den Ursachenkreis jedoch sehr weit fasst und dadurch auch ganz atypische, unwahrscheinliche Kausalverläufe zur Bejahung der Kausalität führen, bedarf es einer Korrektur.
- Nach der (im Zivilrecht herrschenden) **Adäquanztheorie** ist eine Rechtsgutverletzung nur dann verursacht (und dem Verletzer zuzurechnen), wenn mit deren Eintritt nach *allgemeiner menschlicher Lebenserfahrung* vom Standpunkt des kundigen, nachträglich urteilenden Richters gerechnet werden konnte (objektiv-nachträgliche Prognose). Die Rechtsgutverletzung muss also der gesetzten Bedingung angemessen (adäquat) sein. **Verneint** wird demnach der adäquate Kausalzusammenhang, wenn die Rechtsgutverletzung auf einem **regelwidrigen, atypischen Kausalverlauf** beruht, mit dem nach **allgemeiner Lebenserfahrung** nicht zu rechnen war. Da aber auch Fälle denkbar sind, in denen der Eintritt einer bestimmten Rechtsgutverletzung nicht ganz unwahrscheinlich ist, gleichwohl aber außerhalb des Schutzzwecks der Norm liegt, bedarf es einer weiteren Einschränkung des Ursachenzusammenhangs.
- Daher geht die Lehre vom **Schutzzweck der Norm** davon aus, dass das Gesetz den Rechtsgütern und deren Trägern keinen absoluten Schutz, sondern nur Schutz vor bestimmten Arten von Beeinträchtigungen gewährt. Einer besonderen Diskussion bedarf die objektive Zurechnung der Rechtsgutverletzung, wenn **Verkehrssicherungspflichten** bestehen, deren Nichtbeachtung zu einer Rechtsgutverletzung geführt hat. Dasselbe gilt hinsichtlich der **Produzentenhaftung**.

### II. Rechtswidrigkeit

Nach der herrschenden Lehre vom Erfolgsunrecht ist die Rechtswidrigkeit durch die Verwirklichung des Tatbestands **indiziert**. Etwas anderes gilt lediglich bei der Verletzung von Rahmenrechten (eingerichteter und ausgeübter Gewerbebetrieb; allgemeines Persönlichkeitsrecht). Dort ist aufgrund der tatbestandlichen Weite eine Rechtswidrigkeitsprüfung anhand einer Güterabwägung vorzunehmen.

Die Rechtswidrigkeit ist zu verneinen, wenn ein **Rechtfertigungsgrund** eingreift. Die wichtigsten Rechtfertigungsgründe sind Notwehr (§ 227 BGB), Defensivnotstand (§ 228 BGB), Aggressivnotstand (§ 904 BGB), Selbsthilfe (§§ 229, 230 BGB), berechtigte GoA (§§ 677, 683 S. 1 BGB), Festnahmerecht (§ 127 StPO), Einwilligung und Wahrnehmung berechtigter Interessen (§ 193 StGB, § 824 II BGB).

### III. Schadensverantwortlichkeit/Deliktsfähigkeit

Der Schädiger muss für die von ihm verursachten Schäden verantwortlich sein (sog. Schadensverantwortlichkeit). Das setzt Verschuldensfähigkeit und Verschulden voraus.

- Der Verletzer muss zunächst **verschuldensfähig** (zurechnungsfähig) sein. Denn ist er bereits etwa wegen zu geringen Alters oder psychischer Mängel verschuldensunfähig, kommt es auf die Frage des Verschuldens (also darauf, ob er vorsätzlich gehandelt oder zumindest die im Verkehr erforderliche Sorgfalt missachtet hat) nicht mehr an. Bei der Verschuldensfähigkeit ist zwischen verschuldensunfähigen, beschränkt verschuldensfähigen und verschuldensfähigen Personen zu unterscheiden (§§ 827, 828 BGB). Trotz fehlender Verschuldensfähigkeit kann im Einzelfall ausnahmsweise die (subsidiäre) Billigkeitshaftung nach § 829 BGB eingreifen.
- Steht die Verschuldensfähigkeit fest, muss des Weiteren das **Verschulden** des Schädigers geprüft werden. Dieses muss sich auf die Verletzungshandlung, die Rechtsgutverletzung und die haftungsbegründende Kausalität beziehen. Grundsätzlich genügt Fahrlässigkeit (vgl. § 276 I S. 1 BGB). Lediglich bei § 826 BGB ist Vorsatz erforderlich.
  - ⇨ **Vorsatz** liegt vor, wenn der Verletzer den für möglich gehaltenen Erfolg „gebilligt" oder „**billigend in Kauf**" genommen hat.
  - ⇨ **Fahrlässig** handelt, wer die **im Verkehr erforderliche Sorgfalt** außer Acht lässt (§ 276 II BGB). Mit der Formulierung „im Verkehr erforderliche ..." wird klargestellt, dass – anders als im Strafrecht – ein objektiver Sorgfaltsmaßstab anzulegen ist. Maßstab ist die Sorgfalt, die von einem durchschnittlichen und gewissenhaften Vertreter der Gruppe, der der Schädiger angehört, erwartet werden kann. Maßgeblich dürfte sein, ob die Gefahr, die zum Schadenseintritt geführt hat, vorhersehbar war.

Besteht bei einem vertraglichen Anspruch kraft Vereinbarung oder kraft Gesetzes eine **mildere Haftung** (z.B. nur für Vorsatz und grobe Fahrlässigkeit; vgl. etwa §§ 521, 599 BGB, jeweils i.V.m. § 276 I S. 1 BGB), muss das auch beim Anspruch aus unerlaubter Handlung gelten; anderenfalls würde die Haftungsmilderung unterlaufen. Gesetzliche Haftungsmilderungen, die im Rahmen des Deliktsrechts zu beachten sind, ergeben sich vor allem aus §§ 708, 1359 und 1664. Hier besteht jeweils eine Haftung nur für eigenübliche Sorgfalt (vgl. § 277 BGB – *diligentia quam in suis*).

### IV. Schaden

Durch die Rechtsgutverletzung muss ein **Schaden** entstanden sein. Schaden ist jeder Nachteil, der an den Rechtsgütern einer Person entsteht. Zum Inhalt von Schadensersatzansprüchen vgl. §§ 249 ff. BGB. Als Schaden kommt zunächst jeder **Vermögensschaden** (etwa Reparaturkosten bei Beschädigung einer Sache; Heilbehandlungskosten bei Körperverletzung) in Betracht, **nicht jedoch das Vermögen als solches**. Ersatzfähig sind aber auch sog. **immaterielle Schäden** (z.B. durch Verkehrsunfall verursachte Schmerzen, Schlaflosigkeit, Depression), § 253 II BGB.

### V. Haftungsausfüllende Kausalität

Ebenso wie das Verhalten für die Rechtsgutverletzung kausal sein muss (haftungsbegründende Kausalität), muss auch zwischen der Rechtsgutverletzung und dem Schaden ein adäquater Kausalzusammenhang bestehen (sog. haftungsausfüllende Kausalität). Hinsichtlich der Anforderungen gelten die gleichen Kriterien.

### VI. Rechtsfolge: Schadensersatz

Liegen die Haftungsvoraussetzungen vor, ist der in Anspruch Genommene grundsätzlich zum Schadensersatz verpflichtet. Da Inhalt und Umfang dieser Pflicht dem Grunde nach für alle Haftungstatbestände gleichermaßen gelten, werden die Rechtsfolgen der Haftung im Anschluss an die Haftungstatbestände behandelt. Vgl. Rn 1062 ff.

### VII. Ausschluss und Herabsetzung der Haftung

Unter best. Voraussetzungen kann die Schadensersatzpflicht herabgesetzt oder ausgeschlossen sein: Dazu zählen das **Mitverschulden** (vgl. § 254 BGB), das **Handeln auf eigene Gefahr** (= schuldhafte Selbstgefährdung), die **Freizeichnung** und die **Verjährung**.

### VIII. Beweislast

Im Grundsatz trägt der Geschädigte und Anspruchsteller die Beweislast für die Pflichtverletzung des Schädigers. Jedoch erleichtert die Rspr. die Beweisführung ggf. durch eine Beweislastumkehr (vgl. dazu Rn 605) und durch Annahme eines Anscheinsbeweises. Letzterer vermittelt dem Gericht die Überzeugung, dass ein Geschehnis so verlaufen sei, wie es nach der Lebenserfahrung für gleichartige Geschehnisse typisch ist (vgl. dazu Rn 749a).

## 1. Tatbestand

### a. Verletzung eines in § 823 I BGB genannten Schutz- bzw. Rechtsguts

Nicht jede Verletzung eines fremden Rechtsguts führt zu einer Schadensersatzpflicht. **592** Eine Haftung nach § 823 I BGB wird nur durch die Verletzung eines in der Bestimmung genannten (und damit geschützten) Rechtsguts oder Rechts begründet. Dabei geht das Gesetz im Hinblick auf Güter und Rechte unterschiedlich vor:

- Die **Rechtsgüter**, nämlich Leben, Körper, Gesundheit und Freiheit, werden abschließend aufgezählt und können dementsprechend nicht durch Analogie vermehrt werden.
- Dagegen sind die aufgezählten **Rechte** ergänzungsfähig ausgestaltet. Denn das Gesetz nennt das Eigentum und sonstige Rechte nach Art des Eigentums („Eigentum oder ein sonstiges Recht"). Als solche sonstigen Rechte kommen daher nur Rechte in Betracht, die wie das Eigentum absoluten Charakter haben. Solche Rechte sind etwa das Pfandrecht, das Jagdrecht, das Urheberrecht und der Besitz (str.). Darüber hinaus werden als sonstige Rechte auch Rahmenrechte angesehen, die erst in der Rechtsanwendung ihre tatbestandliche Abgrenzung erfahren, wie das Recht am Gewerbebetrieb und das allgemeine Persönlichkeitsrecht. Im Einzelnen gilt:

#### aa. Rechtsgüter *Leben*, *Körper*, *Gesundheit* und *Freiheit*

Das Gesetz nennt vier Rechtsgüter, deren Verletzung Schadensersatzansprüche auslö- **593** sen können, namentlich Leben, Körper, Gesundheit und Freiheit.

##### a.) Leben

Mit Verletzung des **Lebens** ist die Tötung eines Menschen gemeint, also dessen physi- **594** sche Vernichtung. Die Schadensersatzpflicht wird (wie auch die Strafbarkeit wegen eines Tötungsdelikts) grds. auch nicht dadurch ausgeschlossen, dass der Getötete zuvor in seine Tötung eingewilligt, diese möglicherweise sogar verlangt hat. Denn das menschliche Leben ist das höchste Rechtsgut überhaupt und grds. jeder Disposition entzogen (vgl. Art. 1 I i.V.m. Art. 2 II S. 1 GG sowie § 216 StGB).[525] Lediglich bei der **Sterbehilfe** kann etwas anderes gelten. Hier ist folgendermaßen zu unterscheiden: Die **positiv geleistete Sterbehilfe** (auch aktive Euthanasie genannt) ist, wenn sie die Lebensverkürzung zum Ziel hat (direkte Euthanasie), strafbar (§§ 211, 212, 216 oder 217 StGB) und führt zivilrechtlich zu einer Ersatzpflicht (nach §§ 844, 845 BGB). Das gilt auch für den Fall, dass das Opfer seine Tötung verlangt hat (s.o.). Demgegenüber wird die Sterbehilfe überwiegend für zulässig gehalten, wenn sie zur **Erleichterung des Sterbens** nur eine Schmerzlinderung bezweckt und der Täter dabei eine Lebensverkürzung als mögliche oder sogar unvermeidbare Folge lediglich in Kauf nimmt (indirekte Euthanasie oder echte Sterbebegleitung).[526] Das Unterlassen der Schmerzlinderung kann sogar eine Strafbarkeit des Arztes nach §§ 223, 13 oder §§ 212, 13 StGB und eine Schadensersatzpflicht wegen Verletzung des Lebens bzw. der Gesundheit nach sich ziehen, wenn dadurch eine Lebensverkürzung eintritt. Im Todesfalle ersatzberechtigt sind freilich nur bestimmte, mittelbar geschädigte Personen, vgl. § 844 BGB bzw. §§ 823 I, 1922 BGB.

Von der positiv geleisteten Sterbehilfe ist die **durch Unterlassen geleistete Ster-** **595** **behilfe** (sog. passive Euthanasie) zu unterscheiden. Passive Euthanasie bedeutet zumeist den Verzicht auf lebensverlängernde Maßnahmen und kann straf- wie schadensersatzrechtlich immer dann relevant werden, wenn durch Aufnahme/Fortführung

---

[525] Eine Vorschrift, die die aktive Sterbehilfe unter Strafe stellt, verstößt nach der Rspr. des Europäischen Gerichtshofs für Menschenrechte nicht gegen die EMRK (vgl. EGMR NJW 2002, 2851 ff.). Aus dem Recht auf Leben folge kein Recht zu sterben und somit kein Recht auf Sterbehilfe.

[526] Vgl. BGHSt 42, 301, 305; *Fischer*, StGB, Vor § 211 Rn 17.

von Behandlungsmaßnahmen (Beatmung, künstliche Ernährung, Bluttransfusionen etc.) der Todeszeitpunkt (wenn auch nur für kurze Zeit) hinausgezögert worden wäre und dem Unterlassenden eine Erfolgsabwendungspflicht (Garantenpflicht) i.S.d. § 13 StGB obliegt.[527]

**596** Die bloße **Beihilfe** zur Selbsttötung stellt auf jeden Fall *keinen* Haftgrund dar. Zum einen fehlt es schon an einer (beihilfefähigen) Haupttat und zum anderen überwiegt das Selbstverschulden des Suizidenten. Lediglich bei geschäftsmäßiger Förderung kommen eine Strafbarkeit nach § 217 StGB und eine zivilrechtliche Haftung in Betracht. Eine Strafbarkeit und eine Schadensersatzpflicht kommen auch dann in Betracht, wenn die Einflussnahme des Täters so groß wird, dass – strafrechtlich gesprochen – eine **mittelbare Täterschaft** vorliegt. Dann ist der Einflussnehmende in Wirklichkeit der Täter und hat den Tod überwiegend verschuldet.[528]

### b.) Körper und Gesundheit

**597** Die Schutzgüter **Körper** bzw. **Gesundheit** sind bei jedem Eingriff in die körperliche Unversehrtheit bzw. bei einer Störung der inneren Lebensvorgänge betroffen.

**Beispiel:** Verletzt ein Autofahrer im Straßenverkehr ein Kind, ist er diesem gegenüber zum Schadensersatz verpflichtet (im Todesfall besteht eine Schadensersatzpflicht nach §§ 844, 845 BGB).

Erleidet noch dazu die Mutter des Kindes bei dessen Anblick einen „Nervenzusammenbruch"[529] („**Schock**"), besteht ggf. ihr gegenüber eine Schadensersatzpflicht. Vgl. dazu Rn 695.

**598** Hinsichtlich vom Körper **abgetrennter Körperteile** (Gliedmaßen, Organe, Blut etc.) ist fraglich, inwieweit eine Körperverletzung und damit eine Verwirklichung des § 823 I BGB angenommen werden können. Ist ein Körperteil dauerhaft vom Körper abgetrennt (z.B. ein amputiertes Bein), sind der Begriff „Körper" und damit eine Verwirklichung des § 823 I BGB jedenfalls nicht mehr zu bejahen. Etwas anderes gilt hinsichtlich nur vorübergehend entnommener Körperbestandteile (z.B. Blut zwecks späterer Eigenblutspende; Eizelle und Sperma zwecks In-vitro-Fertilisation). Diese bilden nach Auffassung des BGH auch während der Lagerung außerhalb des Körpers mit diesem eine funktionale Einheit. Ihre Beschädigung oder Vernichtung sei daher Körperverletzung i.S.d. § 823 I BGB und begründeten einen Schadensersatzanspruch.[530]

**599** Eine Verletzung der körperlichen Integrität stellt auch die **Züchtigung** durch die Eltern dar. Bereits das Kindschaftsreformgesetz vom 1.7.1998 statuierte mit der Schaffung eines § 1631 II BGB die Unzulässigkeit entwürdigender Erziehungsmaßnahmen, insbesondere körperlicher und seelischer Misshandlungen. Später ist die Vorschrift des § 1631 II BGB durch das am 8.11.2000 in Kraft getretene Gesetz zur Ächtung der Gewalt in der Erziehung (BGBl I 2000, S. 1479) erneut geändert worden. Danach haben „Kinder ein Recht auf gewaltfreie Erziehung. Körperliche Bestrafungen, seelische Verletzungen und andere entwürdigende Maßnahmen sind unzulässig".

**600** Mit den Formulierungen „Recht auf gewaltfreie Erziehung" und „Unzulässigkeit körperlicher Bestrafung und *anderer* entwürdigender Maßnahmen" in § 1631 II BGB n.F. hat der Gesetzgeber ausdrücklich klargestellt, dass eine körperliche Bestrafung *stets* entwürdigend

---

[527] Vgl. dazu ausführlich *R. Schmidt*, StrafR BT I, 20. Aufl. 2018, Rn 177 ff.
[528] Vgl. ausführlich *R. Schmidt*, StrafR AT, 20. Aufl. 2018, Rn 949 ff.
[529] Medizinisch korrekt ausgedrückt handelt es sich um eine akute Belastungsreaktion, die zu massiven psychischen Beeinträchtigungen führt, die sich ihrerseits in Form von Wutanfällen, Weinkrämpfen, depressiven Stimmungslagen, Erschöpfungszuständen und anderen psychischen und physischen Symptomen zeigen.
[530] Vgl. BGHZ 124, 52, 54; *Sprau*, in: Palandt, § 823 Rn 5.

und damit auch unzulässig ist.[531] Dieser Befund entspricht auch der gesetzgeberischen Intention, wonach eine körperliche Bestrafung, auch wenn sie in ihrer Intensität unterhalb der Schwelle der körperlichen Misshandlung liegt, für das Kind eine Demütigung bedeute und daher unzulässig sein müsse.[532]
Damit dürfte endgültig geklärt sein, dass *jede* körperliche Züchtigung, sofern sie das Kind in seinem körperlichen Wohlbefinden oder in seiner körperlichen Unversehrtheit nicht nur unerheblich beeinträchtigt, tatbestandsmäßig ist und zu einem Schadensersatzanspruch führt. Erlaubt sind damit lediglich Züchtigungshandlungen, die nicht die Schwelle der Körperverletzung erreichen wie bspw. ein „leichter Klaps auf den Po" (dieser beeinträchtigt das körperliche Wohlbefinden nur unerheblich).
Wird das Recht der körperlichen Bestrafung („Züchtigung") schon für Eltern abgelehnt, muss dies erst recht für **Erzieher** in **Jugendheimen** oder **Internaten** gelten. **Schullehrern** verbieten die Schulgesetze fast aller Bundesländer eine körperliche Züchtigung ausdrücklich.

Insbesondere hinsichtlich deliktischer **Arzthaftung** gilt: Soweit ein Arzt einen **fremdnützigen Eingriff** (also einen Eingriff, der einem anderen als dem Betroffenen zugutekommt) vornimmt, erfüllt er unstreitig die Tatbestände des § 823 I BGB und des § 823 II BGB i.V.m. §§ 223 ff. StGB, kann aber durch **Einwilligung** gerechtfertigt sein.[533] **601**

**Beispiele:**

**(1)** A möchte seinem Zwillingsbruder eine Niere spenden. Hierzu beauftragt er den Arzt X, die Organentnahme auszuführen.

**(2)** B hat von dem bestehenden Engpass bei den Blutkonserven gehört und geht zur Blutspende. Dort entnimmt ihm die Ärztin Y eine übliche Menge Blut.

In beiden Fällen liegt eine entsprechende Einwilligung vor, den jeweiligen Eingriff vorzunehmen. X und Y sind gerechtfertigt.

Geht es um Heilbehandlungsmaßnahmen, die dem Betroffenen selbst zugutekommen sollen (ärztliche **Heileingriffe**), zu denen neben operativen Eingriffen und medikamentösen Behandlungen auch somatisch-psychische Einwirkungen wie Betäubung, Bestrahlung, Elektroschock, Psychotherapie und dergleichen gehören, stellt sich die Frage, ob man in solchen Fällen überhaupt von einer tatbestandlichen Körperverletzung sprechen kann. Jedoch sieht insbesondere die Rspr.[534] in *jedem* ärztlichen (Heil-)Eingriff eine objektiv-tatbestandsmäßige Körperverletzung. Dabei spielt es keine Rolle, ob die betreffende Maßnahme zu Heilzwecken angezeigt (indiziert) ist, sachgerecht ausgeführt wird sowie erfolgreich verläuft. Bei einer indizierten und nach den Regeln der Kunst vorgenommenen Behandlung (und nur für diese!) soll aber aufgrund einer wirksam erteilten bzw. mutmaßlichen **Einwilligung** die Rechtswidrigkeit entfallen. Dementsprechend fehlt es an einer wirksamen Einwilligung, wenn die Heilbehandlung **überflüssig** oder dem behandelnden Arzt ein **Behandlungsfehler** bzw. **Therapiefehler** unterlaufen ist.[535] In diesen Fällen macht er sich nicht nur strafbar (§§ 223 ff. oder § 212 StGB), sondern auch schadensersatz- und schmerzensgeldpflichtig (deliktisch: § 823 I i.V.m. §§ 249 ff. BGB; vertraglich: §§ 630a ff. i.V.m. § 280 I BGB i.V.m. §§ 249 ff. BGB). **602**

---

[531] Wie hier *Hoyer*, FamRZ 2001, 521; *Kellner*, NJW 2001, 796; *Deutsch/Ahrens*, Rn 179.
[532] Vgl. BT-Drs. 14/1247, S. 8.
[533] Vgl. nur BGHZ 29, 46, 49; *Eser/Sternberg-Lieben*, in: Sch/Sch, StGB, § 223 Rn 50c; *Gründel*, NJW 2002, 2987 ff. Zur Einwilligungsfähigkeit schmerzbeeinträchtigter Patienten vgl. OLG Koblenz NJW 2015, 79 f.; zur Einwilligungsfähigkeit von Patienten, die sich in einer „schwierigen" Lage befinden, vgl. OLG Köln 16.1.2019 – 5 U 29/17.
[534] Vgl. nur BGH NJW 2000, 885, 886; BGHZ 29, 176, 179; aber auch *Jäger*, JuS 2000, 31, 35; *Deutsch/Ahrens*, Rn 180.
[535] Vgl. aus jüngerer Zeit BGH NJW 2003, 2311, 2312 f.; ZMGR 2009, 334, 335; OLG Hamm ArztR 2018, 292, 293; OLG Frankfurt a.M. GesR 2009, 575; LG Darmstadt ZMGR 2009, 250; OLG Zweibrücken GesR 2009, 405; OLG Hamm GesR 2009, 247. Vgl. auch die Übersicht bei *Spickhoff*, NJW 2010, 1718 ff.

**Beispiele:**

**(1)** Führt der Arzt eine medizinisch nicht indizierte Operation an einer Niere durch (etwa infolge einer Links/rechts-Verwechselung), ist eine vorherige Einwilligung unbeachtlich, da der Rechtsgutträger kaum in eine solche Operation eingewilligt hätte; es liegt ein zum Schadensersatz führender (schwerer) Behandlungsfehler vor.

**(2)** Auch wenn der Arzt bei einer Operation einen Tupfer oder ein Operationsinstrument in der Bauchhöhle zurücklässt, liegt ein Fall der Arzthaftung vor. Das Gleiche gilt, wenn bei einem Patienten, der sich einer Kniegelenksoperation unterzogen hat, die Metallspitze des Operationsinstrumentes im Knie verbleibt.[536] Denn ein Arzt ist im Rahmen seiner Behandlung verpflichtet, die Vollständigkeit und Unversehrtheit seiner Instrumente nach der Behandlung seines Patienten zu kontrollieren, um zu gewährleisten, dass keine Teile bzw. Fremdkörper im Körper des Patienten zurückgeblieben sind.[537]

**(3)** Injiziert der Arzt infolge einer Unachtsamkeit oder unterlassenen Überprüfung eine falsche, schädliche Substanz oder verabreicht ein falsches Medikament, wodurch der Gesundheitszustand des Patienten verschlechtert wird, macht er sich ebenfalls schadensersatzpflichtig.

**603** Eine Schadensersatzpflicht besteht auch dann, wenn der Arzt den Patienten vor dem Eingriff **nicht ordnungsgemäß aufgeklärt** hat i.S.d. § 630e BGB und der Patient dadurch an der Ausübung seines Selbstbestimmungsrechts gehindert wurde.[538] Verletzt der Arzt seine Aufklärungspflicht, haftet er deliktisch aus § 823 I BGB, und zwar auch dann, wenn er nicht selbst den fehlerhaften Eingriff vorgenommen hat[539] oder der Eingriff sogar erfolgreich verlaufen ist; sofern es in einem solchen Fall an einem materiellen Schaden fehlt, kommt immer noch ein Anspruch auf Entschädigung wegen immaterieller Schäden (Schmerzensgeld) nach § 253 II BGB in Betracht. Daneben haftet der Arzt vertraglich aus §§ 630a ff. i.V.m. § 280 I i.V.m. §§ 249 ff. BGB.[540]

**604** Letztlich wird man bei fehlerhafter Aufklärung auch die **Wirksamkeit der Einwilligung** i.S.d. § 630d BGB in Frage stellen müssen. Denn wurde der Patient nicht hinreichend über alle Aspekte aufgeklärt, fehlt ihm möglicherweise die Entscheidungsgrundlage für die Einwilligung. Generell muss der Patient einwilligungsfähig sein und die Einwilligung muss frei von Willensmängeln erfolgen. Eine Einwilligung ist daher unwirksam, wenn sie von einem Patienten erteilt wird, der nicht in der Lage ist, die Bedeutung und Tragweite seiner Entscheidung zu erkennen, angemessen zu beurteilen und danach zu handeln, bzw., wenn sie in einem Zustand abgegeben wird, der die freie Willensbestimmung ausschließt. Bei Minderjährigen ist auf die Einsichtsfähigkeit und Reife, nicht auf die bürgerlich-rechtliche Geschäftsfähigkeit nach §§ 2, 106 BGB abzustellen (str.). Bei einwilligungsunfähigen Volljährigen scheidet eine Patientenverfügung gem. § 1901a BGB aus bzw. es ist die Entscheidung eines Berechtigten einzuholen (§ 630d I S. 2 BGB). Auch bei einwilligungsfähigen Patienten ist vor operativen Eingriffen zwischen Aufklärung und Einwilligung eine den Umständen nach angemessene Bedenkzeit zu gewähren, damit der Patient die erhaltenen Informationen verarbeiten und das Für und Wider des Eingriffs abwägen und sich gegebenenfalls anders entscheiden kann[541] (siehe § 630e I S. 1 BGB). Wird also der Patient aufgefordert, unmittelbar im Anschluss an die Aufklärung die vorgedruckte Einwilligungserklärung zu unterschrei-

[536] OLG Oldenburg MDR 2019, 32.
[537] OLG Köln NJW-RR 2001, 91 f.
[538] Vgl. BGH NJW 2015, 477, 478. Zur Aufklärungspflicht des Arztes über Nebenwirkungen von Medikamenten vgl. BGH NJW 2005, 1716 f. Zur Aufklärungspflicht des Arztes über alternative bzw. neuartige Behandlungsmethoden vgl. BGH NJW 2005, 1718 f. bzw. BGH NJW 2006, 2477, 2478 f. Zur Aufklärungspflicht bei Lebendorganspende (wenn also ein Organ oder Organteil von einem lebenden Menschen auf einen Patienten übertragen wird) vgl. BGH 29.1.2019 – VI ZR 495/16 und 318/17.
[539] BGH NJW 2015, 477, 478.
[540] Vgl. dazu OLG Koblenz NJW 2015, 79 f.
[541] OLG Köln 16.1.2019 – 5 U 29/17: Aufklärung i.d.R. mindestens einen Tag vor der geplanten Operation.

ben, wird dadurch seine Entscheidungsfreiheit unzulässig verkürzt und die Einwilligung ist unwirksam, was selbst dann zu Schadensersatz- und Schmerzensgeldansprüchen führen kann, wenn die Operation als solche ordnungsgemäß verlaufen ist.[542]

Zur haftungsbegründenden und haftungsausfüllenden **Kausalität** für Ansprüche aus § 823 I BGB vgl. die Ausführungen bei Rn 691 ff. und Rn 744 ff. **604a**

Aus rein deliktsrechtlicher Sicht trägt grds. der Patient die **Beweislast** für das Vorliegen eines Behandlungsfehlers.[543] Das folgt aus der im Zivil(prozess)recht geltenden (unausgesprochenen) Grundregel („*Rosenbergsche Formel*" [544]), wonach bei einem non liquet („es ist nicht klar") jede Partei die Voraussetzungen der anspruchsbegründenden Rechtsnorm, auf die sie sich stützt, beweisen muss und somit das Risiko der Nichterweislichkeit einer Beweisbehauptung trägt (**Beweislast**, die im Rahmen des § 286 ZPO zu berücksichtigen ist).[545] So heißt es in einem Urteil des BGH hinsichtlich der Geltendmachung von Schadensersatz wegen illegalen Filesharings, dass nach den allgemeinen Grundsätzen die Klägerin als Anspruchstellerin die Darlegungs- und Beweislast dafür trage, dass die Voraussetzungen des geltend gemachten Anspruchs auf Schadensersatz erfüllt seien. Sie habe darzulegen und im Bestreitensfall nachzuweisen, dass die Beklagten für die von ihr behauptete Urheberrechtsverletzung als Täter verantwortlich seien.[546] Eine solche Beweislast kann im Rahmen der Arzthaftung aber unbillig sein, weil die Schadensursache im Gefahrenbereich des Arztes liegt und der Patient kaum Einblick in die einzelnen Behandlungsabläufe erhält. Deshalb stellt sich die Frage, ob dem Patienten eine solche Beweislastregel überhaupt zugemutet werden kann.[547] Bei einem **groben Behandlungsfehler** bzw. wenn es um einen für den Arzt oder das Klinikpersonal **voll beherrschbaren Bereich** geht, nimmt der BGH daher schon seit geraumer Zeit eine **Umkehr der Beweislast** vor, wenn der Behandlungsfehler geeignet war, den eingetretenen Gesundheitsschaden herbeizuführen; dass der Fehler den Schaden nahegelegt oder wahrscheinlich gemacht habe, sei nicht erforderlich.[548] Die Beweislastumkehr greift trotz groben Behandlungsfehlers aber nicht, wenn der Patient in vorwerfbarer Weise ärztliche Anordnungen oder Empfehlungen missachtet, hierdurch eine mögliche Mitursache für seinen Gesundheitsschaden setzt und dazu beiträgt, dass der Verlauf des Behandlungsgeschehens nicht mehr aufgeklärt werden kann.[549] **605**

**Beispiel**[550]**:** O wurde wegen einer Angina pectoris in ein Krankenhaus eingewiesen, wo er sich vorstellte und einen Termin zur kardiologischen Abklärung vereinbarte. Eine unmittelbare stationäre Aufnahme lehnte er – entgegen des mehrmaligen Anratens der Klinik – ab. Noch vor dem vereinbarten Termin verstarb er jedoch. Der Notarzt stellte als Todesursache „Herzversagen" fest. Eine Obduktion erfolgte nicht. Mit der Begründung, dass O im Krankenhaus fehlerhaft behandelt worden sei, verlangte die Witwe W 2.000 € Schmerzensgeld, 4.550 € Beerdigungskosten sowie Unterhalt für sich und die beiden Kinder der Eheleute i.H.v. monatlich 5.000 €. Sie stützte ihre Ansprüche auf die Feststellungen eines medizinischen Sachverständigengutachtens, wonach unter Zugrun-

---

[542] OLG Köln 16.1.2019 – 5 U 29/17.
[543] BGH NJW 1969, 553 f. Vgl. auch *Spickhoff*, NJW 2005, 1694, 1700 f.
[544] *Rosenberg*, Die Beweislast, 5. Aufl. (1965), S. 98 f.
[545] Vgl. etwa NJW 2018, 65; BGH NJW 2012, 3774, 3775; ferner *Gsell*, JuS 2005, 967 ff.; *Wolf/Neuner*, AT, § 7 Rn 34 ff.; *Muthorst*, JuS 2014, 686, 688; *Schärtl*, NJW 2014, 3601 ff.
[546] BGH NJW 2018, 65 (mit Verweis u.a. auf BGH NJW 2017, 78; NJW 2016, 953; NJW 2013, 1441; BGHZ 200, 78). Siehe dazu ausführlich *R. Schmidt*, BGB AT, Rn 64 ff.
[547] BGH NJW 1998, 2337; 1984, 1403 f.; BVerfGE 52, 131, 146; *Brox/Walker*, § 45 Rn 63. Vgl. auch *Spindler/Rieckers*, JuS 2004, 272, 275.
[548] BGH NJW 2012, 2653 f., BGHZ 159, 48, 53 f.; 88, 248, 257; BGH VersR 2007, 541; NJW 1995, 1618; 1994, 1594, 1595; 1991, 1541, 1542; 1991, 1540, 1541. Vgl. auch OLG Hamm MDR 2018, 1120 (Schwere Hirnschädigung wegen groben Behandlungsfehlers); OLG Hamm NZS 2014, 543 f. Zur Übertragung dieser Grundsätze auf die grob fahrlässige Verletzung von Verkehrssicherungspflichten vgl. Rn 908.
[549] OLG Hamm ArztR 2018, 292, 293.
[550] Nach OLG Hamm ArztR 2018, 292 (abgewandelt, um das Problem des Falls zu fokussieren).

delegung der Dokumentation des Krankenhauses im Rahmen der Anamnese versäumt worden war, bei O den Troponinwert im Blut zu bestimmen[551] und ein weiteres EKG zu machen. Hinzu komme die versäumte, bei Herzerkrankungen aber angezeigte Gabe eines blutverdünnenden Arzneimittels.

Aus deliktsrechtlicher Sicht könnten sich die geltend gemachten Ansprüche u.a. aus § 823 I BGB ergeben. Jedoch ist trotz der schweren Behandlungsfehler das Entstehen der Ansprüche zweifelhaft, da O ein ganz erhebliches Mitverschulden (§ 254 BGB) traf. Davon unbeschadet ist die Beweiserbringung schwierig. Zwar entspricht es ständiger Rechtsprechung, dass bei groben Behandlungsfehlern einem Patienten eine Beweislastumkehr zugutekommt. Das gilt nach Auffassung des OLG Hamm allerdings nicht, wenn der Patient in vorwerfbarer Weise ärztliche Anordnungen oder Empfehlungen missachtet, hierdurch eine mögliche Mitursache für seinen Gesundheitsschaden setzt und dazu beiträgt, dass der Verlauf des Behandlungsgeschehens nicht mehr aufgeklärt werden kann. O habe sich – entgegen mehrmaligem ärztlichem Rat – nicht in stationäre Behandlung begeben, sondern habe lediglich einen Termin zur kardiologischen Abklärung vereinbart. Dadurch habe er in erheblichem Maße dazu beigetragen, dass sein Herzleiden nicht weiter abgeklärt und behandelt werden konnte.

Greift danach also keine Umkehr der Beweislast, muss W die haftungsbegründenden Umstände einschließlich der Kausalität beweisen. Kann W also nicht beweisen, dass O überhaupt an einem Herzinfarkt verstarb und dass die festgestellten Behandlungsfehler hierfür mitursächlich waren, hat sie trotz festgestellter schwerer Behandlungsfehler keine Schadensersatzansprüche.

**606** Im Bereich der **Vertragshaftung** hat der Gesetzgeber daran angeknüpft und geregelt, dass im Rahmen eines Behandlungsvertrags (§§ 630a ff. BGB) gem. § 630h II BGB der Behandelnde zu beweisen hat, dass er eine Einwilligung gemäß § 630d BGB eingeholt und entsprechend den Anforderungen des § 630e BGB aufgeklärt hat.[552] Hinsichtlich **(grober) Behandlungsfehler** hat der Gesetzgeber **widerlegliche Vermutungen** (vgl. dazu *R. Schmidt*, BGB AT, Rn 55 ff.) in § 630h I, III, IV, V S. 1 BGB angeordnet („wird vermutet..."). [553] Insoweit besteht also eine Kohärenz zwischen deliktischer und vertraglicher Haftung.

**606a** In allen Fällen der Arzthaftung gilt aber: Wäre die Einwilligung auch bei ordnungsgemäßer Aufklärung erteilt worden, besteht unter dem Aspekt der „**hypothetischen Einwilligung**" bzw. des „**rechtmäßigen Alternativverhaltens**" die Möglichkeit, dass von den Gerichten die unzureichende Aufklärung für unbeachtlich erklärt wird. Das gilt nach der Rechtsprechung des BGH jedoch nicht, wenn ein spezielles Regelungsregime existiert, das ein streng formalisiertes Aufklärungsverfahren vorschreibt, so etwa das Transplantationsgesetz (TPG) hinsichtlich der Lebendorganspende, wenn also ein Organ oder Organteil von einem lebenden Menschen auf einen Patienten übertragen wird. Angesichts des vom Gesetzgeber im Transplantationsgesetz geschaffenen besonderen Verfahrens ließen sich die zum Arzthaftungsrecht entwickelten Grundsätze der hypothetischen Einwilligung nicht auf die Lebendorganspende übertragen. Der Einwand der hypothetischen Einwilligung sei auch nicht nach dem allgemeinen schadensersatzrechtlichen Gedanken des rechtmäßigen Alternativverhaltens be-

---

[551] Kardiales Troponin ist ein Eiweiß, das bei abgestorbenem Herzmuskelgewebe (also bei einem Herzinfarkt) ins Blut gelangt. Ein erhöhter Troponinwert deutet daher auf einen Herzinfarkt hin.

[552] Die hier angesprochene Aufklärungspflicht betrifft die Risiko- oder Selbstbestimmungsaufklärung des Patienten. Diese dient dazu, dem Patienten die Entscheidung zu ermöglichen, ob und welcher ärztlichen Behandlung er sich unterzieht (OLG Hamm 23.3.2018 – 26 U 125/17). Die Beweislast der ordnungsgemäßen Erfüllung trifft den behandelnden Arzt. Davon zu unterscheiden ist die therapeutische Aufklärung. Diese soll – wie das OLG Hamm entschieden hat – den Heilerfolg gewährleisten und einen Schaden abwenden, der dem Patienten durch ein falsches Verhalten nach der Behandlung entstehen könnte. Sie setze regelmäßig erst nach der ärztlichen Behandlung ein. Ihre Unzulänglichkeit habe der Patient zu beweisen, wenn der Arzt eine vollständige und richtige therapeutische Aufklärung darlege (OLG Hamm 23.3.2018 – 26 U 125/17).

[553] §§ 630a ff. BGB eingefügt durch Gesetz zur Verbesserung der Rechte von Patientinnen und Patienten vom 20.2.2013 (BGBl I S. 277).

achtlich, weil dies dem Schutzzweck der erhöhten Aufklärungsanforderungen bei Lebendspenden (§ 8 II S. 1 und 2 TPG) widerspräche.[554]

**Beispiel**[555]**:** F spendete ihrem an einer chronischen Niereninsuffizienz leidenden Vater eine Niere. Einige Monate später kam es zum Transplantatverlust beim Vater. F behauptete, infolge der Organspende an einem chronischen Fatigue-Syndrom (chronisches Erschöpfungssyndrom) und an Niereninsuffizienz zu leiden, und machte eine formal wie inhaltlich ungenügende Aufklärung geltend. Auch M spendete eine Niere, und zwar seiner an Niereninsuffizienz leidenden und dialysepflichtigen Ehefrau. M behauptete, die Organentnahme sei wegen eigener Vorerkrankung kontraindiziert gewesen. Seit der Organentnahme leide er an einem chronischen Fatigue-Syndrom. Die Risikoaufklärung sei formal wie inhaltlich unzureichend gewesen. F und M machen jeweils Schadensersatz und Schmerzensgeld geltend.

Anspruchsgrundlagen sind § 823 I BGB bzw. §§ 630a ff. i.V.m. § 280 I i.V.m. §§ 249 ff. BGB. Die jeweils erforderlichen Pflichtverletzungen könnten in den behaupteten formal wie inhaltlich ungenügenden (Risiko-)Aufklärungen liegen.

Der BGH hat entschieden, dass die vom Gesetzgeber bewusst streng formulierten und in § 19 I Nr. 1 TPG gesondert strafbewehrten Aufklärungsvorgaben den potentiellen Organspender davor schützen sollen, sich selbst einen größeren persönlichen Schaden zuzufügen; sie dienten dem „Schutz des Spenders vor sich selbst“. Jedenfalls bei der Spende eines nicht regenerierungsfähigen Organs (wie einer Niere), die nur für eine besonders nahestehende Person zulässig ist (§ 8 I S. 2 TPG), befinde sich der Spender in einer besonderen Konfliktsituation, in der jede Risikoinformation für ihn relevant sein könne. Die echte Freiwilligkeit der Spende sei zudem vorab durch eine Kommission zu verifizieren (§ 8 III TPG). Könnten die behandelnden Ärzte vor diesem Hintergrund mit dem Einwand des rechtmäßigen Alternativverhaltens eine Haftung abwenden, bliebe die rechtswidrige Organentnahme insoweit sanktionslos, was die gesonderten Aufklärungsanforderungen des Transplantationsgesetzes unterliefe. Dies erschütterte das notwendige Vertrauen potentieller Lebendorganspender in die Transplantationsmedizin. Denn die Einhaltung der Vorgaben des Transplantationsgesetzes sei unabdingbare Voraussetzung, wenn – um des Lebensschutzes willen – die Bereitschaft der Menschen zur Organspende langfristig gefördert werden solle.

Damit erteilt der BGH den sonst im Arzthaftungsrecht anerkannten Einwänden der „hypothetischen Einwilligung“ bzw. des „rechtmäßigen Alternativverhaltens“ eine klare Absage. So schwer diese Folge für die betreffenden Ärzte auch sein mag (wobei hinsichtlich des Schadensersatzes sicherlich die Berufshaftpflichtversicherung eingreifen wird), so ist dem BGH doch zuzustimmen, gerade in Anbetracht der weit reichenden Folgen, die eine Lebendorganspende für die betroffenen Menschen hat.

Exkurs: Hinsichtlich der Haftung bei **tierärztlichen Behandlungsfehlern** hat der Gesetz- **606b**
geber keine Regelung getroffen. Teilweise wird vertreten, in analoger Anwendung des § 630h I, III, IV, V S. 1 BGB eine Beweislastumkehr bzw. eine widerlegliche gesetzliche Vermutung auch bei schweren tierärztlichen Behandlungsfehlern anzunehmen.[556] Ob die für eine Analogie erforderliche unbeabsichtigte Regelungslücke[557] aber vorliegt, ist zweifelhaft. Das OLG Oldenburg[558] und der es bestätigende BGH[559] haben zutreffend darauf hingewiesen, dass der Gesetzgeber bewusst nicht auch die veterinärmedizinische Beweislastumkehr geregelt hat[560]. So heißt es im Regierungsentwurf, dass tierärztliche Behandlungsverträge nicht von §§ 630a ff. BGB geregelt werden sollen. Die §§ 630a ff. BGB seien hinsichtlich ihrer Informations-, Aufklärungs- und Dokumentationspflichten speziell auf die besonderen

---

[554] BGH 29.1.2019 – VI ZR 495/16 und 318/17.
[555] Nach BGH 29.1.2019 – VI ZR 495/16 und 318/17.
[556] LG Osnabrück 12.9.2014 – 3 O 1494/11.
[557] Zu den Voraussetzungen einer Analogie vgl. *R. Schmidt*, BGB AT, Rn 39 ff.
[558] OLG Oldenburg 26.3.2015 – 14 U 100/14.
[559] BGH NJW 2016, 2502, 2503 f.
[560] BT-Drs. 17/10488 v. 15.8.2012.

Bedürfnisse des Menschen und des Schutzes seines Selbstbestimmungsrechts, nicht aber auf die Behandlung von Tieren zugeschnitten. Gleichwohl gebe es auch Gemeinsamkeiten. So sei die Tätigkeit des Tierarztes mit derjenigen eines Humanmediziners vergleichbar, soweit es um die Heilung und Erhaltung eines lebenden Organismus gehe. Nach der Rechtsprechung des BGH würden deshalb die im Bereich der Humanmedizin entwickelten Grundsätze zur Beweislastverteilung auch im Bereich der Veterinärmedizin angewendet.[561] Die Rechtsprechung bleibe durch die gesetzlichen Regelungen zum Behandlungsvertrag insoweit nicht gehindert, hieran festzuhalten.[562]

Da der Gesetzgeber bewusst keine Beweislastumkehr und keine Vermutung des Vertretenmüssens im Hinblick auf tierärztliche Behandlungsfehler geregelt hat und somit keine planwidrige Regelungslücke vorliegt, ist daher mit dem OLG Oldenburg und dem BGH eine analoge Anwendung des § 630h I, III, IV, V S. 1 BGB auf tierärztliche Behandlungsfehler nicht möglich. Gleichwohl ist dies nicht ergebnisrelevant, wenn man die einst von der Rechtsprechung zu den ärztlichen Behandlungsfehlern entwickelten Kriterien, die zu einer Beweislastumkehr bei schweren Behandlungsfehlern im humanmedizinischen Bereich geführt haben, auf schwere tierärztliche Behandlungsfehler überträgt.[563]

**Beispiel**[564]**:** Das Reitpferd der H erlitt infolge eines Tritts eines anderen Pferdes eine äußerlich erkennbare Platzwunde am linken hinteren Unterschenkel. Der herbeigeholte Tierarzt Dr. T empfahl, das Pferd für 3 Tage ruhig zu stellen. Danach könne es sich wieder hinlegen und auch wieder geritten werden. H stellte beim ersten Beritt leichte Taktunreinheiten im Bereich des verletzten Beines fest und stellte daraufhin das Reiten ein. Weitere drei Tage später diagnostizierte T eine Fraktur des verletzten Beines. Die Operation der Fraktur gelang nicht, das Pferd wurde noch am selben Tag getötet. Wie sich nach Einholung eines Sachverständigengutachtens herausstellte, hatte sich das Pferd durch den Tritt nicht nur eine äußerliche Wunde zugezogen, sondern auch eine Fissur des Knochens. Diese Fissur hatte sich aufgrund des Aufstehens nach dem Hinlegen zu einer vollständigen Fraktur entwickelt. H begehrt von T Schadensersatz i.H.v. 100.000 €.

Ein schwerer Behandlungsfehler liegt vor. Fraglich ist allein, ob dieser schwere Behandlungsfehler ursächlich für die Fraktur war. Der Sachverständige konnte dies nicht sagen, weshalb es bei der Frage nach dem Schadensersatz darauf ankommt, ob H als Anspruchstellerin oder T als Anspruchsgegner die Beweislast trägt. Grundsätzlich liegt die Beweislast beim Anspruchsteller. Eine Umkehr der Beweislast kann nur angenommen werden, wenn Gesetzgeber (durch Beweislastzuordnung oder durch Rechtsvermutung) oder Rechtsprechung dies anordnen bzw. zulassen.

Bezüglich ärztlicher Behandlungsfehler hat der Gesetzgeber eine Beweislastumkehr nur bei humanmedizinischen Behandlungsfehlern angeordnet (§ 630h II BGB). Eine widerlegliche Rechtsvermutung bei Behandlungsfehlern hat er in § 630h I, III, IV, V S. 1 BGB bestimmt. Da man eine analoge Anwendung dieser Regelungen auf veterinärmedizinische Behandlungsfehler mit der Begründung ablehnen muss, der Gesetzgeber habe den Anwendungsbereich der §§ 630a ff. BGB bewusst auf humanmedizinische Behandlungsverträge beschränkt, bleibt es bei dem Grundsatz, dass vorliegend H den Beweis dafür erbringen müsste, dass der schwere Behandlungsfehler ursächlich für die Fraktur war, es sei denn, man wendet die einst von der Rechtsprechung entwickelten Grundsätze zur Beweislastumkehr bei schweren ärztlichen Behandlungsfehlern in der Humanmedizin auf tierärztliche Behandlungsfehler an. Die Umkehr der Beweislast beruht auf der Überlegung, dass die Schadensursache im Gefahrenbereich des Arztes liegt und der Patient kaum Einblick in die einzelnen Behandlungsabläufe erhält. Deshalb hat die Rechtspre-

[561] BT-Drs. 17/10488, S. 18 mit Verweis auf BGH NJW 1982, 1327; OLG Hamm VersR 2009, 691 ff.; OLG Celle OLG Report Nord 23/2011, 406.
[562] BT-Drs. 17/10488, S. 18.
[563] Das nimmt auch BGH NJW 2016, 2502, 2503 f. an. Vgl. auch OLG Köln AUR 2017, 62, 63.
[564] Nach OLG Oldenburg 26.3.2015 – 14 U 100/14 (und BGH NJW 2016, 2502). Zur Haftung eines Hufschmieds unter Annahme einer Beweislastumkehr vgl. OLG Köln AUR 2017, 62, 63.

chung bei einem groben (humanmedizinischen) Behandlungsfehler eine Umkehr der Beweislast angenommen, wenn der Behandlungsfehler geeignet war, den eingetretenen Gesundheitsschaden herbeizuführen. Eine Übertragung dieser Kriterien auf veterinärmedizinische Behandlungsfehler ist sachgerecht, weil auch ein Tierhalter kaum Einblick in die einzelnen Behandlungsabläufe erhält. Da vorliegend der schwere Behandlungsfehler geeignet war, die Fraktur zu ermöglichen, muss also T den Nachweis erbringen, dass die Fraktur auch bei ordnungsgemäßer Behandlung eingetreten wäre. Soweit ihm dieser Nachweis nicht gelingt, muss er Schadensersatz leisten.[565]

Für den Fall, dass der Patient im Krankenhaus stationär behandelt wird, kann neben die deliktische Haftung des Arztes eine Schadensersatzpflicht des Krankenhausträgers für vermutetes eigenes Verschulden gem. § 831 BGB treten, wenn der Arzt Verrichtungsgehilfe des Trägers ist.[566] Anderenfalls kommen §§ 31, 89 I BGB in Betracht (dazu Rn 852 ff. und Rn 874 f.). 607

Auch das **werdende Leben** im Mutterleib (der Nasciturus) ist Schutzgut der §§ 823 ff. BGB. In seinen beiden Urteilen zum Schwangerschaftsabbruch hat das BVerfG den Schutz des Nasciturus aus Art. 2 II S. 1 GG (Recht auf Leben und körperliche Unversehrtheit) und aus Art. 1 I GG (Menschenwürde) bejaht und zugleich die staatliche Pflicht betont, sich schützend vor das ungeborene menschliche Leben zu stellen.[567] Dabei hat das Gericht allerdings die Frage, ob der Nasciturus Grundrechtsfähigkeit besitzt oder ob er mangels Grundrechtsträgerfähigkeit „nur" von den objektiven Normen der Verfassung in seinem Recht auf Leben geschützt wird, unbeantwortet gelassen. Denn die Grundrechtsnormen enthielten nicht nur subjektive Abwehrrechte des Einzelnen gegen den Staat, sondern sie verkörperten zugleich eine objektive Wertordnung, die alle staatliche Gewalt binde. Ob und gegebenenfalls in welchem Umfang der Staat zu rechtlichem Schutz des noch ungeborenen Lebens von Verfassungs wegen verpflichtet sei, könne deshalb schon aus dem objektiv-rechtlichen Gehalt der grundrechtlichen Normen erschlossen werden.[568] Jedenfalls sei der Nasciturus ab dem 14. Tag nach der Empfängnis (d.h. ab der Nidation) objektiv-rechtlich dem Schutz des Art. 2 II S. 1 GG unterstellt.[569] In beiden Urteilen zum Schwangerschaftsabbruch hat das BVerfG aber klar formuliert, dass auch dem ungeborenen menschlichen Leben Menschenwürde zukommt.[570] Davon unbeschadet ist der Nasciturus jedenfalls dem Schutz der §§ 823 ff. BGB unterstellt. 608

**Beispiele:**

**(1)** Die schwangere S bekommt im Rahmen einer Heilbehandlung eine Bluttransfusion. Dabei werden sowohl sie als auch der *Nasciturus* N aufgrund eines Behandlungsfehlers des Arztes A mit Lues (= Syphilis) infiziert.

Da auch die **Ansteckung** mit einer **Infektionskrankheit** (jedenfalls dann, wenn der Infizierte um die Infektion nicht weiß) eine Gesundheitsschädigung darstellt und eine Schadensersatzpflicht auslöst, erwirbt S sofort einen entsprechenden Anspruch gegen A (u.U. auch gegen das Klinikum bzw. die Praxis). N erwirbt erst bzw. nur dann einen Schadensersatzanspruch, wenn er lebend zur Welt kommt (§ 1 BGB).[571] Dabei hätte es auch keine Rolle gespielt, wenn S die Transfusion bereits vor der Zeugung des N bekommen hätte; erforderlich ist nur, dass N ohne diese Handlung gesund (d.h. ohne Lues) zur Welt gebracht worden wäre.[572]

[565] OLG Oldenburg 26.3.2015 – 14 U 100/14; BGH NJW 2016, 2502, 2503 f.
[566] Vgl. BGH NJW 1986, 776 f.; *Brox/Walker*, § 45 Rn 64.
[567] BVerfGE 39, 1, 37 (Schwangerschaftsabbruch I); E 88, 203, 251 f. (Schwangerschaftsabbruch II).
[568] BVerfGE 39, 1, 41 f. Für Grundrechtsfähigkeit *Kunig*, Jura 1991, 415 ff.; *Höfling*, in: Sachs, GG, Art. 1 Rn 51.
[569] BVerfGE 39, 1, 37 (Schwangerschaftsabbruch I).
[570] BVerfGE 39, 1, 41 (Schwangerschaftsabbruch I); 88, 203, 251 (Schwangerschaftsabbruch II).
[571] Vgl. BGHZ 58, 48, 50 f.
[572] BGHZ 8, 243, 246 ff.; *Deutsch/Ahrens*, Rn 182.

**(2)** Wenn eine Schwangere bei der Nachricht von der lebensbedrohlichen Verletzung eines nahen Angehörigen einen Schock erleidet (vgl. dazu Rn 695) und deshalb das Kind mit einem **Gesundheitsschaden** zur Welt kommt, haftet der Verletzer auch für den Gesundheitsschaden des Kindes.[573]

**609** Nach dem BGH[574] liegt auch in einer **HIV-Infizierung** als solcher schon eine (Schadensersatzansprüche auslösende) Gesundheitsschädigung, da sich die Zusammensetzung von Körperflüssigkeit und Erbmasse verändere, der todbringende Ausbruch der Immunschwächekrankheit bereits prädeterminiert und insofern aktiviert ist, als der Infizierte gezwungen sei, seine Lebensführung zu ändern.

**610** Auch reichen auch bei einer Vielzahl von **Röntgenstrahlen** die Zerstörung von Zellstrukturen und die damit verbundene Erhöhung des Schadensrisikos zur Annahme einer (Schadensersatzansprüche auslösenden) Gesundheitsschädigung aus. Das gilt selbst dann, wenn klinisch erkennbare Schäden nicht sogleich wahrnehmbar sind und sich der Eintritt von Langzeitschäden nicht sicher voraussagen lässt.[575] Schließlich wird durch Anwendung von **Dopingmitteln**[576] oder durch unbegründetes Verschreiben von **Betäubungs-** oder sonst **suchtfördernden Mitteln** nicht selten eine Gesundheitsschädigung bewirkt.

### c.) Freiheit

**611** Mit der in § 823 I BGB genannten Freiheit ist die **körperliche Bewegungsfreiheit** gemeint.[577] Damit besteht Übereinstimmung zum objektiven Tatbestand der Freiheitsberaubung (§ 239 StGB), der die Freiheit der Person zur **Veränderung des Aufenthaltsortes** schützt. Schadensersatzberechtigt ist also derjenige, der einen bestimmten Ort **verlassen** möchte und hieran **gehindert** wird. Wird umgekehrt eine Person gezwungen, den gegenwärtigen Aufenthaltsort zu verlassen, oder wird sie daran gehindert, einen bestimmten Ort aufzusuchen, ist § 239 StGB und damit auch § 823 I BGB nicht einschlägig.

**Beispiele**[578]**:** Wer einen anderen Menschen einschließt, fesselt oder hypnotisiert, um eigene Zwecke zu verfolgen, mögen sie finanzieller oder sexueller Art sein, beraubt ihn seiner Freiheit. Ein Fall mittelbarer Freiheitsberaubung liegt vor, wenn jemand einen anderen Menschen einer Straftat bezichtigt (§ 164 StGB) und dadurch bei der Strafverfolgungsbehörde eine (wenn auch vorläufige) Inhaftnahme bewirkt.

## bb. Absolute Rechte

**612** Das Gesetz schützt neben den genannten Rechtsgütern das Eigentum und sonstige Rechte nach Art des Eigentums („Eigentum oder ein sonstiges Recht").[579] Als solche sonstigen Rechte kommen daher nur Rechte in Betracht, die wie das Eigentum absoluten Charakter haben. Solche Rechte sind etwa das Pfandrecht, das Jagdrecht und das Urheberrecht. Darüber hinaus werden als sonstige Rechte auch Rahmenrechte angesehen, die erst in der Rechtsanwendung ihre tatbestandliche Abgrenzung erfahren, wie das Recht am Gewerbebetrieb und das allgemeine Persönlichkeitsrecht.

---

[573] BGHZ 93, 351, 355.
[574] Vgl. nur BGHZ 114, 284 ff.
[575] Vgl. BGHSt 43, 346, 353; *Jerouschek*, JuS 1999, 746; *Wolfslast*, NStZ 1999, 133. Zur Körperverletzung durch Gammastrahlen vgl. BGHSt 43, 306 ff.
[576] Vgl. dazu das Gesetz zur Bekämpfung von Doping im Sport (Anti-Doping-Gesetz) v. 10.12.2015 (BGBl I S. 2210).
[577] *Spickhoff*, in: Soergel, § 823 Rn 28; *Wagner*, in: MüKo, § 823 Rn 82; *Sprau*, in: Palandt, § 823 Rn 6; *Lange/Schmidbauer*, in: juris-PK, § 823 Rn 8; *Brox/Walker*, § 45 Rn 4; *Deutsch/Ahrens*, Rn 185.
[578] *Brox/Walker*, § 45 Rn 4; vgl. auch *Musielak/Hau*, GK, Rn 747; *Deutsch/Ahrens*, Rn 185.
[579] Die ganz h.M. bezieht das Wort „sonstiges" nur auf das Eigentum, nicht auch auf die davorstehenden Rechtsgüter, vgl. nur *Sprau*, in: Palandt, § 823 Rn 11.

## a.) Eigentum

Der Begriff des Eigentums ist identisch mit dem des Sachenrechts. Nach § 903 BGB kann der Eigentümer mit der (beweglichen oder unbeweglichen) Sache grds. nach Belieben verfahren und andere von jeder Einwirkung ausschließen. Wird also ein nach § 903 BGB gewährtes Recht verletzt, liegt gleichzeitig eine Verletzung des Eigentums gem. § 823 I BGB vor. Als eigentumsverletzende Handlungen kommen dabei nicht nur substanzbeeinträchtigende und funktionsbeeinträchtigende Einwirkungen auf die Sache in Betracht, sondern auch eine dauernde oder zeitweilige Sachentziehung (z.B. durch Wegnahme) und eine Gebrauchsbeeinträchtigung (z.B. durch Immissionen). Schließlich kann eine Eigentumsverletzung durch Zuordnungsverletzung begangen werden, etwa wenn ein Nichtberechtigter über die Sache verfügt (§ 816 I S. 1 BGB) oder einem Dritten ein Pfandrecht bestellt (vgl. §§ 892, 1138, 1207 BGB).[580] Auch der berechtigte Besitz ist von § 823 I BGB geschützt (Rn 642).[581] Im Einzelnen gilt: 613

### aa.) Substanzverletzung

Die wichtigsten Rechtsverletzungen in Bezug auf das Eigentum/den Besitz sind die Zerstörung, Beschädigung und Verunstaltung einer fremden Sache (= Sachbeschädigung i.S.d. § 303 StGB). Hierher gehören insbesondere Fahrzeugkollisionen im Straßenverkehr. Da auch unbewegliche Sachen geschützt sind, ist eine Eigentumsverletzung ebenso anzunehmen, wenn z.B. ein 40 Tonnen schwerer Lkw eine Straße befährt, die nur für Fahrzeuge bis 14 Tonnen Gesamtgewicht zugelassen ist, und dabei die Fahrbahndecke beschädigt. Zu beachten ist, dass – anders als im Strafrecht – auch die *fahrlässige* Substanzverletzung zur Haftung führt. 614

### bb.) Funktionsverletzung/Nutzungsbeeinträchtigung

Da auch die Benutzung und der Genuss einer Sache weitere Befugnisse des Eigentümers/Besitzers darstellen, kann eine Schadensersatzpflicht nach § 823 I BGB auch dadurch ausgelöst werden, dass sich die Sache infolge einer entsprechenden Einwirkung nicht nach der Verkehrserwartung entwickelt oder genutzt werden kann. 615-620

> Wenn z.B. ein **Futtermittelhersteller** herbizidbelastete Ökofuttermittel an Betriebe der biologischen Tierhaltung veräußert und diese ihre Produkte (etwa Bioeier) nicht mehr oder nicht mehr als biologisch hergestellte verkaufen können, macht er sich (bei gegebenen übrigen Voraussetzungen) schadensersatzpflichtig.[582]

### cc.) Sachentziehung/Zuordnungsverletzung

Das Eigentum an einer Sache wird auch dadurch verletzt, dass die Sache dem Eigentümer entzogen wird. Denn dadurch wird der Eigentümer gehindert, das ihm zustehende Eigentümerrecht, mit der Sache nach Belieben zu verfahren (§ 903 BGB), auszuüben. Dies kann nicht nur durch Wegnahme geschehen, sondern auch dadurch, dass die Sache wirksam an einen gutgläubigen Dritten übereignet (§§ 929, 932, 816 I S. 1 BGB) bzw. gem. §§ 946 ff. BGB vermischt oder verarbeitet oder dass die Sache zugunsten eines Gutgläubigen mit einem Pfandrecht (§§ 892, 1138, 1207 BGB) belastet wird. 621

### dd.) „Weiterfressender" Mangel

Eine Eigentumsverletzung i.S.d. § 823 I BGB kann grundsätzlich erst dann angenommen werden, wenn die Einwirkung auf die Sache zu einem Zeitpunkt erfolgt, in der die 622

---

[580] *Brox/Walker*, § 45 Rn 5.
[581] BGH NJW 2015, 1174, 1175 mit Verweis u.a. auf BGHZ 137, 89, 98.
[582] Vgl. dazu BGHZ 105, 346, 350 – Verbot des Verkaufs von Forellen, die mit verunreinigtem Fischfutter (pharmakologische Zusätze) gefüttert wurden.

Sache bereits im Eigentum des Geschädigten steht. Daher kann eine Sache, die mangelhaft geliefert wurde, grundsätzlich keine Eigentumsverletzung i.S.d. § 823 I BGB begründen. Denn in diesem Fall erhielt der Erwerber ja nie eine mangelfreie Sache, die durch ein Verhalten eines anderen hätte beschädigt werden können. Fraglich ist aber, ob eine Eigentumsverletzung i.S.d. § 823 I BGB dann angenommen werden kann, wenn eine mangelhafte Kaufsache geliefert worden ist, bei der der Mangel zunächst nur ein Teilstück betrifft, dann aber nach der Eigentumsübertragung einen weiteren Schaden an der gesamten Sache hervorruft (sich sozusagen innerhalb der Sache „weiterfrisst"). Diese Frage ist durch das Schuldrechtsmodernisierungsgesetz 2002 nicht beantwortet worden. Auch in der Folgezeit hat der BGH entschieden, dass er an seiner bisherigen Rechtsprechung festhalte.[583] Daher muss nach wie vor auf die einst vom BGH entschiedenen Fälle eingegangen werden.

623 **Schwimmerschalterfall**[584]**:** Eine Reinigungs- und Entfettungsanlage gerät in Brand, weil ein Schwimmerschalter, der eine automatische Stromabschaltung in Fällen der Überhitzung bewirken soll, von Anfang an defekt ist.

624 **Reifenfall**[585]**:** Der Käufer eines gebrauchten Sportwagens verunglückt mit dem Fahrzeug, weil es mit nicht zugelassenen Reifen ausgestattet ist. Der Verkäufer, ein Gebrauchtwagenhändler, hatte einwandfreien technischen Zustand zugesichert.

625 **Gaszugfall**[586]**:** Der Käufer eines Pkw verursacht mit dem Fahrzeug wiederholt Unfälle. Als Grund wird ein defekter Gaszug ermittelt, der dazu führt, dass der Pkw auch dann beschleunigt, wenn das Gaspedal nicht betätigt wird. Der Käufer verlangt vom Hersteller Ersatz der Unfallschäden.

626 **Kompressorfall**[587]**:** Der Dieselmotor eines Kompressors wird erheblich beschädigt, weil der Motor einige Zeit ohne Schmierung läuft. Die Ursache dafür liegt in einem Bruch der Ölleitung, der durch die mangelhafte Befestigung der Leitung verursacht worden ist.

627 **Transistorenfall**[588]**:** Ein Zulieferbetrieb des Kfz-Gewerbes produziert Zentralverriegelungen für Kraftfahrzeuge. Bestandteil dieser Zentralverriegelungen sind Steuergeräte, in die u.a. Transistoren eingebaut sind. Diese Transistoren werden wiederum von einem weiteren Subunternehmer hergestellt. In der Folgezeit kommt es bei ausgelieferten Fahrzeugen zu Ausfällen der Zentralverriegelungen, die auf mangelhafte Transistoren zurückzuführen sind. Der Zulieferbetrieb möchte vom Transistorenhersteller den Schaden ersetzt bekommen, den er dadurch erlitten hat, dass er dem Fahrzeughersteller Schadensersatz leisten musste.

628 In Fällen des „weiterfressenden Mangels" unterscheidet der BGH in ständiger Rechtsprechung zwischen dem Interesse des Käufers, eine mangelfreie Sache zu bekommen (sog. „**Nutzungs- und Äquivalenzinteresse**"), und dem Interesse des Eigentümers an der Erhaltung der Sache (sog. „**Integritätsinteresse**"). **Nur das Integritätsinteresse werde durch das Deliktsrecht geschützt**, während das Nutzungs- und das Äquivalenzinteresse durch die Vorschriften über die Sachmängelhaftung ausgeglichen würden.[589] Die Abgrenzung zwischen beiden Interessen nimmt der BGH danach vor, ob der später eintretende Schaden sich mit dem Unwert der Sache aufgrund des im Zeitpunkt des Eigentumsübergangs vorhandenen Mangels decke, mit ihm „**stoffgleich**" sei. Ist der später an der ganzen Sache aufgetretene Schaden demnach „stoffgleich" mit dem eigentlichen Sachmangel, liegt nach Auffassung des BGH ledig-

---

[583] BGH NJW 2004, 1032 f. Vgl. auch *Lange/Schmidbauer*, in: juris-PK, § 823 Rn 14.
[584] BGHZ 67, 359 ff.
[585] BGHZ NJW 1978, 2241 ff. Vgl. nunmehr auch BGH NJW 2004, 1032 f. – dazu sogleich.
[586] BGHZ 86, 256 ff.
[587] BGH NJW 1985, 2420 f. (dazu *Reinicke/Tiedtke*, NJW 1986, 10 ff.; *Foerste*, VersR 1989, 455 ff.).
[588] BGHZ 138, 230 ff. (dazu *Brüggemeier*, JZ 1999, 99, 100; *Franzen*, JZ 1999, 702 f.; *Timme*, JuS 2000, 1154). Vgl. auch OLG Stuttgart NJW-RR 2002, 25, 26.
[589] Auf diese Unterscheidung geht der BGH in NJW 2004, 1032 f. zwar nicht ausdrücklich ein, setzt deren Gültigkeit aber stillschweigend und selbstverständlich voraus, indem er konstatiert, dass er an seiner bisherigen Rspr. festhalte.

lich eine Beeinträchtigung des Nutzungs- und Äquivalenzinteresses, **nicht** aber eine Eigentumsverletzung i.S.d. § 823 I BGB vor.[590] Raum für einen deliktischen Schadensersatzanspruch bleibt demnach nur für einen darüber hinausgehenden Schaden, der zwar durch den Sachmangel verursacht wurde, sich von diesem aber dadurch unterscheidet, dass sich der Mangel zunächst auf Teile der Sache beschränkt, später dann aber weiterfrisst und zur Zerstörung oder Beschädigung anderer, zunächst unversehrter Teile führt.

Formelhaft lässt sich sagen: Bei einem „weiterfressenden Mangel" greift das Deliktsrecht nur dann, wenn sich der Unwert des Mangels mit dem später dadurch eintretenden Schaden an der Gesamtsache nicht deckt, mit diesem also nicht stoffgleich ist. Das ist der Fall, wenn sich der Mangel zunächst auf Teile der Sache beschränkt, später dann aber weiterfrisst und zur Zerstörung oder Beschädigung anderer, zunächst unversehrter Teile führt.

In allen o.g. Fällen hat der BGH ein deliktisch geschütztes Integritätsinteresse angenommen **629** und damit einen Schadensersatzanspruch aus § 823 I BGB bejaht. Die besondere Bedeutung dieser Entscheidungen liegt darin, dass entsprechende vertragliche Ansprüche verjährt waren (vgl. § 477 BGB a.F. – heute § 438 BGB), der BGH den Geschädigten sozusagen „über die Hintertür" doch noch zu einem Ersatzanspruch verholfen hat.[591] Außerdem konnte der BGH auf diese Weise mit der im Rahmen der **Produzentenhaftung** geschaffenen **Beweislastumkehr** arbeiten: Nicht der Geschädigte braucht das schuldhafte Handeln des Unternehmers zu beweisen, sondern *dieser* muss den Beweis erbringen, dass ihn keine Pflichtverletzung und kein Verschulden treffen.[592] Daher verwundert es nicht, dass die BGH-Entscheidung von Teilen der Literatur kritisiert wurde.

So wurde hinsichtlich des **Transistorenfalls** die Auffassung vertreten, es sei ein Fehl- **629a** schluss, die wirtschaftliche Entwertung der Bestandteile mit einer tatbestandlichen Gebrauchsbeeinträchtigung gleichzusetzen. Dass das Produkt Steuergerät wegen der fehlerhaften Transistoren funktionsunfähig und damit wertlos werden könne, sei das genuine Unternehmerrisiko des Geschädigten. Wolle er sich gegen dieses wirtschaftliche Risiko absichern, müsse er versuchen, dies durch eine entsprechende vertragliche Vereinbarung zu tun.[593] Diese Ansicht überzeugt nicht. Denn da auch der Hersteller der fehlerhaften Transistoren Unternehmer ist, könnte man genauso gut argumentieren, *dieser* trage das unternehmerische Risiko hinsichtlich der Schäden, die von seinen fehlerhaften Vorprodukten verursacht werden.
Eine andere Literaturmeinung sieht im Transistorenfall zwar das Integritätsinteresse des Geschädigten verletzt, bezweifelt aber, ob diese Verletzung dem Hersteller der defekten Vorprodukte zugerechnet werden kann. Dies sei – wie im Kondensatorfall (dazu sogleich) – dann zu verneinen, wenn diese Vorprodukte nur funktionsunfähig seien und auch nicht bestimmungsgemäß zur Abwehr von Gefahren für die betroffenen Rechtsgüter dienten.[594]

Anders hat der BGH entschieden, wenn der Käufer ein von vornherein mangelhaftes **630** (weil mit nicht raumbeständiger **Schlacke aufgefülltes**) **Grundstück** erwirbt und darauf ein Gebäude errichtet, das wegen des Grundstückmangels später beschädigt wird.

---

[590] Vgl. BGH NJW 2004, 1032 f.

[591] Da im Zuge der Schuldrechtsreform 2002 die Gewährleistungsfristen verlängert wurden, stellt sich die Frage, ob diese Rechtsprechung noch Geltung beanspruchen kann. Da jedoch weiterhin Unterschiede bestehen (zwei Jahre ab Ablieferung der Sache bei Gewährleistung - § 438 I Nr. 3, II; drei Jahre ab Kenntnis vom Anspruch bei deliktischen Ansprüchen - §§ 195, 199 BGB), hat der BGH entschieden (NJW 2004, 1032 f.), dass er an seiner bisherigen Rspr. festhalte. Vgl. auch *Lange/Schmidbauer*, in: juris-PK, § 823 Rn 14.

[592] Zur Produzentenhaftung vgl. ausführlich Rn 923 ff.

[593] So *Brüggemeier*, JZ 1999, 99, 100.

[594] So *Franzen*, JZ 1999, 702, 710. Vgl. auch die Erwiderung von *Foerste*, JZ 1999, 1046 und das Schlusswort wiederum von *Franzen*, JZ 1999, 1047.

Hier sei der Schaden des Gebäudes bereits bei dessen Errichtung angelegt, sodass der Bauherr niemals Eigentümer eines mangelfreien Gebäudes gewesen sei.[595]

631 Eine Sonderstellung nimmt der sog. **Kondensatorfall**[596] ein: Der Verkäufer V liefert an den Käufer K Kondensatoren (Stückpreis einige Cent). K lötet diese in Regler ein, die von einem weiteren Hersteller H in Antiblockiersysteme (ABS) für Kraftfahrzeuge eingebaut werden. Diese Systeme funktionieren nicht. Daher muss K die Regler von H zurücknehmen und die angeblich fehlerhaften Kondensatoren auswechseln. Dabei entstehen nicht nur hohe Arbeitskosten, sondern auch erhebliche Schäden an den Gehäusen der Regler. K verlangt von V Ersatz.
In diesem Fall hat der BGH einen nach Deliktsrecht (§ 823 I BGB) zu ersetzenden Eigentumsschaden nicht schon in der Fehlerhaftigkeit der Kondensatoren gesehen: Insoweit gehe es nur um das Nutzungs- oder Äquivalenzinteresse, dessen Ersatz bloß aus dem Kaufvertrag verlangt werden könne (solche Ansprüche waren – wie soll es anders sein – nach § 477 BGB a.F. verjährt). Allein um dieses Interesse handele es sich auch bei dem Nichtfunktionieren der mit den Kondensatoren bestückten Regler. Dagegen sei das Eigentum des K an den mangelfreien Teilen dieser Regler verletzt worden, weil diese Teile beim Ausbau der mangelhaften Kondensatoren hätten beschädigt werden müssen. In der Literatur stieß diese Entscheidung teilweise auf Ablehnung mit der Begründung, derartige Schäden fielen grundsätzlich nicht mehr in den Schutzbereich der deliktischen Verkehrssicherungspflicht des Herstellers nach § 823 I BGB.[597]

632 Beim sog. **Chipfall**[598] wurden fehlerhaft programmierte Chips irreversibel mit Leiterplatten verbunden und zusammen mit anderen Bauteilen zu einem Modul verarbeitet, das in Digitalschaltuhren eingebaut wurde.
Nach Auffassung des OLG Stuttgart umfasst der Schadensersatzanspruch wegen Eigentumsverletzung nur die Kosten des Materials, das nach dem Ausbau nicht mehr verwendet werden kann, also den Wert der zuvor einwandfreien Teile, nicht dagegen die Kosten, die durch den Ausbau der fehlerhaften Zulieferteile entstanden sind. Diese letzteren Kosten seien nur dem verletzten Äquivalenzinteresse zuzuordnen.

633 Schließlich sei der nach Inkrafttreten der Schuldrechtsreform 2002 entschiedene **Ferrari-Reifenfall**[599] genannt: H, ein Ferrari-Vertragshändler, verkaufte einen gebrauchten Ferrari an einen Kunden, nachdem er auf dessen Wunsch an dem Fahrzeug von einer Reifenhandelsfirma bezogene vier neue Reifen „P Zero" der Marke Pirelli montiert hatte. Dabei übersah H in der Hektik des täglichen Händlerlebens, dass die montierten Reifen ein Profil aufwiesen, das seit über zwei Jahren – im Zusammenhang mit der Umstellung auf den Reifentyp „P Zero Asimmetrico" – nicht mehr verwendet wurde. Auch auf die an der Reifenflanke befindliche DOT-Nr., die Angaben über Herstellungsmonat und -jahr enthält, hatte H nicht geschaut. Einige Monate später kaufte H den Wagen, der in der Zwischenzeit etwa 2.000 Kilometer gefahren worden war, zurück und veräußerte ihn wiederum am 12.3.2019 mit einem Kilometerstand von ca. 20.000 an die K-GmbH für 80.000,- €. Das Fahrzeug wurde G, Geschäftsführer der K, ausgeliefert. Dem Kaufvertrag lagen die AGB des H für den Verkauf gebrauchter Kraftfahrzeuge zugrunde, die in § 10 einen Gewährleistungsausschluss und in § 11 eine Begrenzung der Haftung für leichte Fahrlässigkeit unter anderem auf solche Schäden vorsahen, die nicht durch eine Fahrzeugversicherung oder – bei Drittschäden – durch die Haftpflichtversicherung gedeckt sind. Am 2.4.2019 kam es auf der Autobahn zu einem Verkehrsunfall, bei dem der Ferrari einen Totalschaden erlitt. Ursache des Unfalls war ein Platzen des linken Hinterreifens bei einer Geschwindigkeit von 245 km/h. Bei dem von G anschließend eingeholten Sachverständigengutachten stellte sich heraus, dass der Reifen bereits vor sechs Jahren hergestellt worden und für den normalen Betrieb des Ferrari, dessen Höchstge-

[595] BGH NJW 2001, 1346 ff.; *Medicus/Petersen*, BR, Rn 650i.
[596] BGHZ 117, 183 ff.
[597] So *Brüggemeier/Herbst*, JZ 1992, 801, 803; *Hinsch*, VersR 1992, 1953, 1056 ff.; *Franzen*, JZ 1999, 702.
[598] OLG Stuttgart NJW-RR 2002, 25 f.; vgl. auch *Kullmann*, NJW 2002, 30, 31.
[599] Vgl. BGH NJW 2004, 1032 f. in Fortführung zu BGH NJW 1978, 2241 ff. - Datumsangaben geändert.

schwindigkeit 302 km/h beträgt, aufgrund seines Alters nicht mehr geeignet war. G verlangt im Namen der K Schadensersatz von H. Mit Recht?

**1.** Der von G geltend gemachte Schadensersatz ist zunächst gem. §§ 433, 434 I S. 2 Nr. 2, 437 Nr. 3 i.V.m. §§ 280 I, III, 283 BGB begründet. Insbesondere ist der Haftungsausschluss AGB-rechtswidrig und damit unwirksam.

**2.** Möglicherweise besteht auch ein entsprechender Schadensersatzanspruch aus § 823 I BGB. Voraussetzung ist die rechtswidrige und schuldhafte Verletzung eines von § 823 I BGB geschützten Rechts oder Rechtsguts.
In Betracht kommt eine Eigentumsverletzung. Fraglich ist jedoch, wie es sich auswirkt, dass G im Namen der K den Pkw bereits in mangelhaftem Zustand erworben hat, K also niemals Eigentümerin eines mangelfreien Fahrzeugs geworden ist. Nach st. Rspr. des BGH hängt in Fällen dieser Art das Vorliegen einer Eigentumsverletzung davon ab, ob durch das schädigende Ereignis auch das gegenüber jedermann bestehende Integritätsinteresse des Erwerbers, dass unversehrt vorhandenes Eigentum nicht beschädigt wird, verletzt wird. Decke sich der später eintretende Schaden hingegen mit dem Unwert der Sache aufgrund des im Zeitpunkt des Eigentumsübergangs vorhandenen Mangels, sei der geltend gemachte Sachschaden „stoffgleich" mit dem Unwert, welcher der Sache wegen ihrer Mangelhaftigkeit schon bei ihrem Erwerb anhafte. Dann liege eine bloße Beeinträchtigung des Nutzungs- und Äquivalenzinteresses vor, die ausschließlich über das Vertragsrecht geschützt sei, sodass eine Eigentumsverletzung i.S.d. § 823 I BGB ausscheide.
Im vorliegenden Fall ist der BGH der überzeugenden Auffassung, dass der geplatzte Reifen zuvor ohne weiteres hätte gewechselt werden können und daher der eingetretene Schaden sich nicht mit dem Unwert der Sache aufgrund des im Zeitpunkt des Eigentumsübergangs vorhandenen Mangels gedeckt habe. Mithin liege keine Stoffgleichheit vor, sodass eine Eigentumsverletzung i.S.d. § 823 I BGB bezüglich des Fahrzeugs gegeben sei.[600]

Haftungsbegründende und haftungsausfüllende Kausalität sowie Rechtswidrigkeit und Schuld liegen vor, sodass der K-GmbH der geltend gemachte Schadensersatzanspruch auch aus § 823 I BGB zusteht.

## b.) Absolute sonstige Rechte

§ 823 I BGB stellt dem Eigentum das „sonstige Recht" gleich. Bei der Beantwortung der Frage, was unter „sonstiges Recht" zu verstehen ist, muss man sich wegen des systematischen Zusammenhangs mit dem ausdrücklich in der Vorschrift genannten Rechtsgut *Eigentum* wiederum an diesem orientieren. Als solche „sonstigen Rechte" kommen daher nur Rechte in Betracht, die wie das Eigentum **absoluten Charakter** haben (sei es materieller oder immaterieller Art). 634

- Solche Rechte sind etwa die **beschränkt dinglichen Rechte** wie die Hypothek, die Grundschuld, die Rentenschuld, das Erbbaurecht, aber auch das Pfandrecht an beweglichen Sachen und Rechten. 635
- Auch **dingliche Aneignungsrechte**, etwa das Jagdrecht, das Fischereirecht und das Bergrecht, sind geschützt. So kann bspw. der Jagdpächter vom Wilderer Ersatz für das Wildbret verlangen.[601] 636
- Zu den „sonstigen Rechten" zählen auch **geistige Rechte** wie Patent-, Urheber-, Warenzeichen- und Gebrauchsmusterrechte. 637
- Auch das **Anwartschaftsrecht** des Vorbehaltskäufers wird wegen seiner Qualifizierung als „wesensgleiches Minus" zum Vollrecht *Eigentum* als sonstiges Recht angesehen.[602] 638

---

[600] BGH NJW 2004, 1032 f. Vgl. auch *Gsell*, NJW 2004, 1913 ff.
[601] *Deutsch/Ahrens*, Rn 190.
[602] Vgl. BGHZ 55, 20, 26; *Sprau*, in: Palandt, § 823 Rn 12.

Übereignet also der Vorbehaltsverkäufer die Sache wirksam an einen Dritten (vgl. §§ 930, 931 BGB), so ist er dem Vorbehaltskäufer nicht nur vertraglich, sondern auch deliktisch zum Schadensersatz verpflichtet. Jedoch ist der Schadensersatzanspruch dem Umfang nach beschränkt, d.h. lediglich in der Höhe geltend zu machen, wie das Eigentum überhaupt (noch) valutiert ist.

639 ▪ Als „sonstige Rechte" sind auch **Mitgliedschaftsrechte** wie Geschäftsanteile an einer GmbH, einer AG oder an einem Verein anerkannt. Verweigert bspw. ein eingetragener Segelverein einem Mitglied die Teilnahme an einer vom Verein ausgetragenen Regatta mit dem Argument, dessen Segelboot sei regelwidrig, kann das Mitglied einen Schadensersatzanspruch gegen den Verein erheben, wenn die Entscheidung rechtswidrig war.[603]

640 ▪ Bei **Familienrechten** ist zu differenzieren: Das **elterliche Sorgerecht** stellt unstreitig ein „sonstiges Recht" i.S.d. § 823 I BGB dar.[604] Wird bspw. ein Kind entführt, sind die mit der Wiedererlangung des Kindes verbundenen Kosten und Aufwendungen (z.B. Detektivkosten) als Schaden anzusehen und somit ersatzfähig.[605] Ein „sonstiges Recht" stellt auch das **Umgangsrecht** des nicht sorgeberechtigten Elternteils gegenüber dem sorgeberechtigten Elternteil hinsichtlich der Kinder dar. So kann im Falle einer Ehescheidung der nicht umgangsberechtigte Elternteil von dem anderen Elternteil Schadensersatz verlangen, wenn ihm der andere Elternteil den Umgang nicht in der vom Familiengericht vorgesehenen Art und Weise gewährt und ihm daraus Mehraufwendungen entstehen.[606] Hinsichtlich des Rechts der **Ehegatten** untereinander ist anerkannt, dass der eine Ehegatte dem anderen gem. §§ 1004, 823 I BGB untersagen darf, den Ehestörer (früher: Ehebrecher) ins Haus oder in den gemeinsam geführten Betrieb zu lassen.[607] Dagegen gibt es nach ständiger Rechtsprechung kein Recht auf ungestörte Ausübung der ehelichen Gemeinschaft. So wäre eine Klage auf Fortsetzung der ehelichen Gemeinschaft („Wiederherstellungsklage") für den Fall, dass der andere Ehegatte mit dem Ehestörer eine separate Wohnung bezieht, (wegen § 120 III FamFG) ebenso erfolglos wie eine Schadensersatzklage.[608] Rechte und Pflichten aus der familienrechtlichen Sonderverbindung dürfen nicht durch das Deliktsrecht unterlaufen werden. Andererseits kann es nicht Aufgabe des Familienrechts sein, einen Ehepartner, der den anderen vorsätzlich und sittenwidrig schädigt, zu privilegieren. Daher kann trotz familienrechtlicher Sonderverbindung ein Fall des § 823 I BGB (bzw. des § 826 BGB) auch innerhalb einer ehelichen Beziehung vorliegen, wenn weitere schädigende Umstände hinzukommen.[609] Das ist etwa der Fall, wenn ein Kind bei einem Ehebruch der Frau gezeugt wird und die Ehefrau ihren Ehemann täuscht, indem sie unzutreffende Angaben über die Abstammung des Kindes macht bzw. Zweifel des Ehemanns durch ausdrückliches Leugnen des Ehebruchs zerstreut und ihn dadurch an der Anfechtung der Vaterschaft hindert. An das Kind geleistete Unterhaltszahlungen sind dann durchaus ersatzfähig nach § 823 I BGB bzw. § 826 BGB.[610]

641 ▪ Darüber hinaus werden als sonstige Rechte auch **Rahmenrechte** angesehen, die erst in der Rechtsanwendung ihre tatbestandliche Abgrenzung erfahren, wie das **Recht am eingerichteten und ausgeübten Gewerbebetrieb** und das **allgemeine Persönlichkeitsrecht**. Aufgrund deren Komplexität werden diese Rechte separat behandelt. Vgl. dazu Rn 645 ff. und Rn 655 ff.

---

[603] Vgl. BGHZ 110, 323, 328; *Wagner*, in: MüKo, § 823 Rn 152; *Deutsch/Ahrens*, Rn 196.
[604] Vgl. BGH NJW 2002, 2566; *Deutsch/Ahrens*, Rn 194.
[605] BGHZ 111, 168, 172; *Deutsch/Ahrens*, Rn 194.
[606] Der BGH (NJW 2002, 2566) konnte die Frage nach der deliktischen Haftung offenlassen, weil er den Schadensersatzanspruch bereits wegen Verletzung des zwischen den Elternteilen bestehenden gesetzlichen Schuldverhältnisses *Recht zum Umgang mit dem Kind* (vgl. § 1684 I Halbs. 2 BGB) unter dem Aspekt der allgemeinen Pflichtverletzung (§ 280 I BGB) für begründet ansah.
[607] BGHZ 6, 360, 366. Vgl. auch BGHZ 34, 80, 87. Ausführlich *Lange/Schmidbauer*, in: juris-PK, § 823 Rn 21.
[608] BGH NJW 2013, 2108, 2109 mit Verweis auf BGH FamRZ 1990, 367, 368.
[609] BGH NJW 2013, 2108, 2109 mit Verweis auf BGH FamRZ 1990, 367, 369.
[610] BGH NJW 2013, 2108, 2109 mit Verweis auf BGH NJW 2012, 1443.

- Schließlich ist nach h.M. der **Besitz** zumindest dann als „sonstiges Recht" anzusehen, wenn der Besitzer die Sache ähnlich einem Eigentümer nutzen und gebrauchen darf.[611] Eine solche eigentümerähnliche Position kommt z.B. dem Mieter, Leasingnehmer, Pächter, Verwahrer oder Nießbraucher zu. Wird hier das Besitzrecht gestört, kommen nicht nur die possessorischen Besitzschutzrechte aus §§ 859 I und III, 861, 862 BGB in Betracht, sondern es kann auch, etwa in dem Fall, dass die Sache beschädigt wird, ein Schadensersatzanspruch aus § 823 I BGB gegeben sein.[612] Liegt keine Substanzverletzung, sondern lediglich eine Nutzungseinschränkung vor, ist Voraussetzung für einen Schadensersatzanspruch aus § 823 I BGB, dass die Beeinträchtigung der bestimmungsgemäßen Verwendung der Sache ihren Grund in einer unmittelbaren Einwirkung auf die Sache selbst hat. Erleidet etwa der Pächter einer Autobahnrastanlage Einnahmeausfälle infolge einer unfallbedingten Sperrung der Autobahn, hat er gegen den Unfallverursacher keinen Schadensersatzanspruch.[613] Dem **deliktischen** Besitzer ist von vorneherein kein Schadensersatzanspruch zuzubilligen. Es leuchtet ein, dass z.B. der von einem Dieb ausgeübte Besitz an der Sache nicht noch den Schutz der Rechtsordnung beanspruchen kann. Daher sind nicht nur etwaige Besitzschutzrechte nach §§ 858 ff. BGB, sondern auch Schadensersatzansprüche nach § 823 I BGB dem Dieb zu verwehren.[614] 642

- **Forderungen** sind nicht als absolutes Recht i.S.d. § 823 I BGB anerkannt, weil sie nur zwischen den Parteien gelten und damit relative Rechte darstellen.[615] 643

- Grundsätzlich **nicht** von § 823 I BGB geschützt ist auch das **Vermögen als solches**, d.h. die Summe aller geldwerten Güter und Rechte einer Person; reine Vermögensschäden sind grds. nicht ersatzfähig i.S.d. § 823 I BGB.[616] Denn diese Vorschrift schützt nur die dort genannten Güter und Rechte. Wird aber ein solches Gut oder Recht verletzt, ist der Ersatzanspruch auf den Ausgleich der gesamten Schäden einschließlich vermögensmäßiger Einbußen gerichtet, soweit sie vom Schutzbereich der Vorschrift umfasst werden. Verletzt also jemand den Körper eines anderen, ist er, sofern er rechtswidrig und schuldhaft handelt, auch verpflichtet, den Verlust zu ersetzen, den der Verletzte dadurch erleidet, dass er seiner Erwerbstätigkeit nicht in dem Maße nachgehen kann, wie dies ohne die schädigende Handlung der Fall gewesen wäre. Es handelt sich dabei um Schadens*folgen*, die mit der Verletzung verbunden sind und die der Schädiger daher ebenfalls ersetzen muss. Insofern wäre es falsch zu sagen, Vermögensschäden würden generell nicht nach § 823 I BGB ersetzt.[617] 644

## aa.) Recht am eingerichteten und ausgeübten Gewerbebetrieb

Das Recht am eingerichteten und ausgeübten Gewerbebetrieb[618] ist als Rahmenrecht i.S.d. § 823 I BGB anerkannt, um Lücken im gewerblichen Rechtsschutz zu schließen.[619] Daher ist es subsidiär gegenüber ausdrücklich geregelten Sondertatbeständen des UWG, GWB und UrhG, aber auch gegenüber den in den §§ 823 ff. BGB ausdrücklich geregelten Rechten.[620] 645

**Hinweis für die Fallbearbeitung:** Liegt also eine Rechtsverletzung nach einer dieser Bestimmungen vor, darf in der Fallbearbeitung das Recht am eingerichteten und 646

---

[611] BGH NJW 2015, 1174, 1175; BGHZ 137, 89, 98; *Sprau*, in: Palandt, § 823 Rn 13; *Larenz/Canaris*, BT II 2, § 76 II 4 f; *Medicus/Petersen*, BR, Rn 607; *Brox/Walker*, § 45 Rn 13; *Deutsch/Ahrens*, Rn 192; *Musielak/Hau*, GK, Rn 750.
[612] BGH NJW 2015, 1174, 1175 mit Verweis u.a. auf BGHZ 137, 89, 98.
[613] BGH NJW 2015, 1174, 1175 f.
[614] *Brox/Walker*, § 45 Rn 13.
[615] *Deutsch/Ahrens*, Rn 195; *Medicus/Petersen*, BR, Rn 610; *Musielak/Hau*, GK, Rn 749; *Brox/Walker*, § 45 Rn 9; *Sprau*, in: Palandt, § 823 Rn 31; a.A. *Larenz/Canaris*, BT II 2, § 76 II 4 g.
[616] BGHZ 41, 123, 126 f.; BGH NJW 2015, 1174, 1175.
[617] Vgl. *Musielak/Hau*, GK, Rn 749; *Brox/Walker*, § 45 Rn 9.
[618] Zur verfassungs- und verwaltungsrechtlichen Dimension dieses Rechts (Art. 14 GG) vgl. ausführlich *R. Schmidt*, AllgVerwR, 21. Aufl. 2018, Rn 1054 ff.
[619] Vgl. nur die bereits zitierte Rechtsprechung (insb. BGHZ 36, 252, 256 f.; 38, 200, 204; 43, 359, 360; 45, 296, 307; BGH NJW 1999, 1028, 1029) sowie aus der Literatur *Medicus/Petersen*, BR, Rn 611 ff.; *Deutsch/Ahrens*, Rn 198 f.; *Brox/Walker*, § 45 Rn 18; *Sprau*, in: Palandt, § 823 Rn 19 ff.
[620] Vgl. auch *Lange/Schmidbauer*, in: juris-PK, § 823 Rn 36/41.

ausgeübten Gewerbebetrieb nicht mehr geprüft werden. Allerdings sollte ein kurzer Hinweis, dass es auf das Recht am eingerichteten und ausgeübten Gewerbebetrieb nicht mehr ankomme, nicht fehlen.

**647** Kommt aber eine Verletzung dieses Rechts in Betracht, müssen dessen Voraussetzungen geprüft werden.

**648** **Gewerbe** ist nach dem Gewerberecht jede erlaubte, auf Gewinnerzielung gerichtete selbstständige Tätigkeit, die fortgesetzt und nicht nur gelegentlich ausgeübt wird, mit Ausnahme der Urproduktion, der Verwaltung eigenen Vermögens, wissenschaftlicher, künstlerischer und schriftstellerischer Berufe sowie persönlicher Dienstleistung höherer Art (freie Berufe).

**649** Dieser Formel zufolge sind Gewerbe insbesondere das Handelsgewerbe (Einzelhandel, Großhandel, Außenhandel, Versandhandel, Telehandel) einschließlich seiner Hilfsgewerbe (Vermittler, Banken), Industrie und Handwerk, das Verkehrsgewerbe (Personen- und Güterbeförderung), das Versicherungsgewerbe, das Hotel- und Gaststättengewerbe sowie das Dienstleistungsgewerbe und das Informations- und Mediengewerbe, nicht jedoch die freien Berufe höherer Art wie die des Arztes, Rechtsanwalts, Steuerberaters oder Architekten. Da diese Berufe aber ebenfalls auf Erwerb ausgerichtet sind, müssen sie, obwohl sie entsprechend den Gesetzen – kein Gewerbe darstellen, gleichwohl unter das Recht am eingerichteten und ausgeübten Gewerbebetrieb i.S.d. § 823 I BGB subsumiert werden.[621]

**650** Liegt ein Gewerbebetrieb vor, muss in diesen auch **eingegriffen** worden sein. Um das Recht am eingerichteten und ausgeübten Gewerbebetrieb nicht ausufern zu lassen, verlangt der BGH in st. Rspr. die **Betriebsbezogenheit** des Eingriffs.

**651** **Betriebsbezogen** ist der Eingriff, wenn er gegen den Betrieb als solches gerichtet ist („gezielter Eingriff in den betrieblichen Organismus oder in die unternehmerische Entscheidungsfreiheit") und nicht irgendwelche vom Betrieb ohne weiteres ablösbare Rechte oder Rechtsgüter betrifft.[622]

**652** Nicht betriebsbezogen ist daher bspw. der bei Rn 642 genannte Fall, dass der Inhaber einer Autobahnrastanlage Einnahmeausfälle infolge einer unfallbedingten Sperrung der Autobahn erleidet.

**653** **Hinweis für die Fallbearbeitung:** Die Grenze zwischen der Verletzung des *Eigentums* (das ja schon vom Wortlaut des § 823 I BGB her geschützt ist), dem *Recht am eingerichteten und ausgeübten Gewerbebetrieb* (der als „sonstiges Recht" i.S.d. § 823 I BGB geschützt ist) und dem nur *mittelbar betriebsbezogenen Eingriff* (der nicht von § 823 I BGB erfasst wird) ist fließend und nicht immer klar. Als „Entscheidungshilfe" können folgende Fallgruppen herangezogen werden:

- Wird ein **Produktionsmittel** (Maschine, Werkzeug etc.) beschädigt oder zerstört, ist bereits das Schutzgut *Eigentum* verletzt und (bei gegebenen übrigen Voraussetzungen) ein Schadensersatzanspruch begründet. Insoweit bedarf es nicht des Eingehens auf das Recht am eingerichteten und ausgeübten Gewerbebetrieb. Das gilt auch hinsichtlich des mit der Beschädigung des Produktionsmittels verbundenen Produktionsausfalls.
- Wird ein **Stromkabel** beschädigt und verderben infolge des Stromausfalls Nahrungsmittel etc., liegt hinsichtlich des beschädigten Rechtsguts ebenfalls eine Eigentumsverletzung vor. Auch hier bedarf es dann keines Eingehens auf das Recht am eingerichteten und ausgeübten Gewerbebetrieb. Verursacht das Beschädigen des Stromkabels dagegen „nur" einen Produktionsausfall, kann eine Eigentums-

[621] OLG Hamburg NJW-RR 1999, 1060; *Wagner*, in: MüKo, § 823 Rn 488 m.w.N.
[622] BGHZ 29, 65, 74; 69, 128, 139; 86, 152, 156; *Sprau*, in: Palandt, § 823 Rn 21; *Lange/Schmidbauer*, in: juris-PK, § 823 Rn 39.

verletzung i.e.S. nicht angenommen werden. In diesem Fall ist dann auf das Recht am eingerichteten und ausgeübten Gewerbebetrieb einzugehen. Allerdings ist ein diesbezüglicher Schadensersatzanspruch im Ergebnis regelmäßig unbegründet, weil es nach Auffassung des BGH an der (unmittelbaren) Betriebsbezogenheit der schädigenden Handlung fehlt.

- An der Betriebsbezogenheit des Eingriffs fehlt es bspw. auch dann, wenn der Betriebsinhaber oder ein Mitarbeiter körperlich verletzt wird und es dadurch zu Produktions- bzw. Einnahmeausfällen kommt oder wenn der Inhaber einer Autobahnrastanlage (mittelbar) Einnahmeausfälle infolge einer unfallbedingten Sperrung der Autobahn erleidet.

Schließlich ist zu beachten, dass beim Recht am eingerichteten und ausgeübten Gewerbebetrieb die für einen Schadensersatzanspruch nach § 823 I BGB erforderliche **Rechtswidrigkeit** des Eingriffs **nicht** (wie sonst) durch die Verwirklichung des Tatbestands **indiziert** ist. Denn dadurch, dass das Recht am eingerichteten und ausgeübten Gewerbebetrieb als Rahmenrecht i.S.d. § 823 I BGB und damit als offener Auffangtatbestand konzipiert ist, muss die Rechtswidrigkeit (ähnlich wie bei §§ 240, 253 StGB) positiv und **mit Hilfe einer umfassenden Interessen- und Güterabwägung festgestellt werden.**[623] So können insbesondere im Falle einer Blockadeaktion bzw. Demonstration die Grundrechte aus Art. 5 I und 8 I GG (Meinungsfreiheit, Versammlungsfreiheit) die Rechtswidrigkeit des Eingriffs ausschließen.[624] **654**

## bb.) Allgemeines Persönlichkeitsrecht

Auch das in Art. 2 I i.V.m. Art. 1 I GG verankerte allgemeine Persönlichkeitsrecht[625] ist als „sonstiges Recht" i.S.d. § 823 I BGB anerkannt; es stellt ein umfassendes (ideelles und kommerzielles) **Recht auf Achtung und Entfaltung der Persönlichkeit** dar, das über das reine Abwehrrecht des Art. 2 I GG hinausgeht.[626] Dem Einzelnen muss das Recht zustehen, seine Individualität selbstbestimmt zu entwickeln und zu wahren.[627] Dazu gehört etwa der Schutz vor herabsetzenden, fälschlichen und unerbetenen öffentlichen Darstellungen, aber auch vor unerbetenen (heimlichen) Wahrnehmungen seiner Person bzw. vor der Erhebung und der Offenbarung seiner persönlichen Daten.[628] Auch die geschlechtliche Intimität und die geschlechtliche Identität als konstituierende Bestandteile der Persönlichkeit sind geschützt.[629] Art. 2 I GG allein wird diesem Schutzbedürfnis nicht gerecht. Daher haben der BGH und das BVerfG im Zuge einer Verfassungsinterpretation den Schutz des Art. 2 I GG um Elemente der Menschenwürde (Art. 1 I GG) angereichert und auf diese Weise ein allgemeines Persönlichkeitsrecht (APR) entwickelt, das Elemente der Persönlichkeit schützt, die nicht bereits von besonderen Freiheitsrechten erfasst sind.[630] **655**

---

[623] Vgl. BGHZ 138, 311, 313 ff.; *Sprau*, in: Palandt, § 823 Rn 19; *Deutsch/Ahrens*, Rn 200.

[624] Vgl. BVerfG NJW 2002, 1031 (mit Bespr. v. *Sinn*, NJW 2002, 1024) sowie ausführlich *R. Schmidt*, StrafR BT I, 20. Aufl. 2018, Rn 783 ff.

[625] Zur verfassungs- und verwaltungsrechtlichen Dimension dieses Rechts (Art. 1 I und Art. 2 I GG) vgl. ausführlich *R. Schmidt*, Grundrechte, 24. Aufl. 2019, Rn 266 ff.

[626] Vgl. BGHZ 13, 334, 337 ff. (Leserbrief); 30, 7, 12 ff. (Caterina Valente); BVerfGE 35, 202, 220 ff. (Soldatenmord von Lebach). Aus jüngerer Zeit vgl. etwa BVerfG NJW 2017, 3643, 3644 (geschlechtliche Identität); BGH NJW 2016, 1094, 1095 (geschlechtliche Intimität).

[627] Vgl. nur BVerfG NJW 2017, 3643, 3644 (geschlechtliche Identität); NJW 2015, 3158, 3159 (Körperliche Durchsuchung bei nacktem Körper).

[628] Vgl. (aus jüngerer Zeit) BVerfG NVwZ 2016, 53 f. (Bildaufnahmen von Polizisten); NJW 2015, 1506, 1507 ff. (kein Auskunftsanspruch Scheinvater gegen Mutter auf Nennung des Namens des biologischen Vaters); NJW 2006, 3409, 3410 (Marlene Dietrich); NJW 2006, 2836, 2837 u. 2838 (Veröffentlichung von Luftbildaufnahmen von Feriendomizilen Prominenter); NJW 2011, 511 (Bundeszentrale für politische Bildung); BVerfGE 114, 339, 346 (Mehrdeutige Meinungsäußerungen); 101, 361 ff. (Caroline von Hannover); 99, 185, 193 f. (Scientology); 82, 236, 269 (Schubart).

[629] BGH NJW 2016, 1094, 1095 (geschlechtliche Intimität); BVerfG NJW 2017, 3643, 3644 (geschlechtliche Identität).

[630] Vgl. nur BVerfG NJW 2017, 3643, 3644 (geschlechtliche Identität); NJW 2016, 1939, 1940 (isolierte Klärung der Abstammung); BVerfGE 120, 180, 197 (Caroline von Hannover); BGH NJW 2018, 1820, 1821 f. (Christian Wulff beim Einkaufen); BGH NJW 2016, 1094, 1095 (geschlechtliche Intimität). Damit gehört das APR zu den unbenannten Freiheitsrechten (sog. Innominatfreiheitsrechte), vgl. BVerfG NJW 2001, 594 (Willy-Brandt-Gedenkmünze); NJW 2000, 2734

656 In Bezug auf § 823 I BGB spielt das allgemeine Persönlichkeitsrecht insofern eine (wichtige) Rolle, als es um **Geldentschädigung** für erlittene materielle, aber auch immaterielle Schäden geht. In die Rechtsgeschichte eingegangen ist die sog. Herrenreiter-Entscheidung des BGH, die die Grundlage heutiger Dogmatik bildet, wenn es um Geldentschädigungen für Verletzungen des allgemeinen Persönlichkeitsrechts geht.

**Herrenreiter-Fall[631]:** H war Mitinhaber einer Brauerei. In seiner Freizeit betätigte er sich als „Herrenreiter" auf Turnieren. P war Herstellerin eines pharmazeutischen Präparats, das nach der Vorstellung weiter Bevölkerungskreise auch der Hebung der sexuellen Potenz diente. Sie verbreitete zur Werbung für dieses Mittel ein Plakat mit der Abbildung eines Turnierreiters. Dem Plakat lag ein Originalfoto des H zugrunde, das von einem Presseverlag auf einem Reitturnier aufgenommen worden war und H posierend auf seinem Pferd zeigte, als sich dieses gerade mit den Vorderläufen erhob. Unter das Bild setzte P folgenden Werbetext: „Reiten Sie wie ein Herrenreiter dank ...". Eine Einwilligung zur Verwendung seines Bildes hatte H nicht erteilt. Nachdem H Kenntnis von der Verwendung seines Abbildes erlangt hatte, verlangte er von P Ersatz des entstandenen Schadens, und zwar in Form einer fiktiven Lizenzgebühr, die er erhalten hätte, wenn er der Verbreitung seines Bildes zugestimmt hätte.

Der BGH anerkannte das allgemeine Persönlichkeitsrecht aus Art. 2 I GG i.V.m. Art. 1 I GG als „sonstiges Recht" i.S.d. § 823 I BGB, dessen widerrechtliche Beeinträchtigung zu einem Geldentschädigungsanspruch führe. Widerrechtlich sei die Beeinträchtigung, wenn eine Abwägung ergebe, dass das Persönlichkeitsrecht höher wiege als die gegenläufigen Interessen (hier die kommerziellen Interessen der P). Das sei vorliegend der Fall. H stehe daher eine Geldentschädigung zu.

Anm.: Der BGH nahm eine Analogie zu § 847 BGB a.F. vor: Heute greift § 253 II BGB, der (auch) über § 823 I BGB Anwendung findet, siehe dazu Rn 1115 ff. Geht es weniger um Geldentschädigung als um Löschungs-, Beseitigungs- und Unterlassungsansprüche, greift § 1004 I BGB analog[632], siehe dazu Rn 1151. Zugunsten einer ganzheitlichen Darstellung sollen Fragen des Löschungs-, Beseitigungs- und Unterlassungsanspruchs aber an dieser Stelle mitbehandelt werden.

657 In der heutigen Zeit spielen Ansprüche wegen Verletzung des allgemeinen Persönlichkeitsrechts aufgrund des Internets eine immense Rolle. Gerade im Internetzeitalter ist aufgrund der Breitenwirkung und Dauerhaftigkeit der Einträge in diesem Medium daher eine nähere Beschäftigung damit vonnöten. Paradigmatisch sind zunächst sog. „Bewertungsportale".

**Beispiel[633]:** P betreibt ein Internetportal, auf dem u.a. Informationen zu Gesundheitsthemen vermittelt und Ärztinnen und Ärzte auch gegen ihren Willen zumindest mit den Basisdaten (akademischer Grad, Name, Fachrichtung, Praxisanschrift, weitere Kontaktdaten sowie Sprechzeiten und ähnliche praxisbezogene Informationen), soweit diese P bekannt sind, darstellt werden. Daneben sind im Portal Bewertungen abrufbar, die Nutzer in Form eines Notenschemas, aber auch von Freitextkommentaren, abgegeben haben. Ärztinnen und Ärzten bietet P zudem die Möglichkeit, sich zu registrieren und einen kostenpflichtigen „Premiumservice" zu buchen. Dabei handelt es sich um einen Service, bei dem das Profil – anders als das Basisprofil der nichtzahlenden Ärztinnen und Ärzte – mit einem Foto und zusätzlichen Informationen versehen wird. Weiterhin können Ärztinnen und Ärzte, die den „Premiumservice" gebucht haben, Werbebanner schalten, die

(Werbung für Zahnklinik); BVerfGE 101, 361 ff. (Caroline von Hannover); 65, 1 ff. (Volkszählung); 35, 202, 220 ff. (Soldatenmord von Lebach); 30, 174 ff. (Mephisto). Grundlegend BGHZ 13, 334, 337 ff. (Leserbrief); 30, 7, 12 ff. (Caterina Valente).

631 BGHZ 26, 349 ff. (Sachverhalt gekürzt und leicht verändert, um das Kernproblem zu fokussieren).

632 Die lediglich analoge Anwendung des § 1004 BGB ergibt sich aus dem Umstand, dass § 1004 BGB direkt nur auf Eigentumsbeeinträchtigungen anwendbar ist.

633 Vgl. BGH NJW 2015, 489 ff. (jameda.de I); BGH NJW 2018, 1884 ff. (jameda.de II). Siehe auch BGH NJW 2017, 2029 ff. (klinikbewertungen.de).

dann auch auf den Profilen nichtzahlender Ärztinnen und Ärzte erscheinen. Dementsprechend werden beim Aufruf des Profils eines nichtzahlenden Arztes als „Anzeige" gekennzeichnet die Profilbilder unmittelbarer Konkurrenten gleicher Fachrichtung im örtlichen Umfeld mit Entfernungsangaben und Noten eingeblendet. In weiterer Folge dieses Geschäftsmodells blendet P bei Ärztinnen und Ärzten, die sich bei ihr kostenpflichtig registriert und den „Premiumservice" gebucht haben, keine Konkurrenten auf deren Profil ein.

**Variante 1**[634]**:** Arzt Dr. A wurde in das Arztbewertungsportal von P aufgenommen und dort von medizinischen Laien negativ bewertet. Nachdem A davon erfahren hat, begehrt er von P die Löschung der betreffenden Bewertungen.

**Variante 2**[635]**:** Auch die Dermatologin Dr. B wurde gegen ihren Willen in das Arztbewertungsportal von P aufgenommen. Entsprechend dem „Basiseintrag" für Nichtzahler erscheinen bei Abruf ihres Profils unter der Rubrik „Hautärzte (Dermatologen) in der Umgebung" weitere Ärztinnen und Ärzte mit demselben Fachbereich und mit einer Praxis in der Umgebung der Praxis der B. Dargestellt wird neben der Note des jeweiligen anderen Arztes die jeweilige Distanz zwischen dessen Praxis und der Praxis der B. Diese verlangt nunmehr von P die vollständige Löschung ihres Eintrags und ihrer auf der Internetseite von P veröffentlichten Daten. P hält dem entgegen, dass nur „vollständige Arztlisten" dem Recht der Patienten auf freie Arztwahl gerecht würden. Außerdem sei die Werbung der Premiumkunden klar als solche erkennbar.

Hier ist es nachvollziehbar, wenn A und B sich u.a. in ihrem Persönlichkeitsrecht verletzt sehen und gegen P gerichtlich vorgehen (⇨ vgl. Rn 673).

Einen wichtigen Teilaspekt des allgemeinen Persönlichkeitsrechts stellt das **Recht am eigenen Bild** dar[636], das seine Relevanz gerade im Verhältnis zwischen Privaten entfaltet. Die Rspr. versteht darunter das Recht, die bildliche Darstellung der eigenen Person anderen gegenüber grundsätzlich selbst zu bestimmen.[637] **658**

**Beispiele:**

**(1)** Auf einer Party, bei der auch O anwesend ist, werden mit Smartphones Fotos gemacht. Am nächsten Tag entdeckt O auf der Facebook-Seite eines „Freundes" ein Foto, auf dem sie in einer Weise abgebildet ist, dass sie dies auf keinen Fall dulden kann. Sie begehrt daher Löschung des Fotos oder zumindest Unkenntlichmachung ihrer Person. ⇨ vgl. Rn 661.

**(2)** Während einer außerehelichen intimen Liebesbeziehung mit T, der von Beruf Fotograf ist, ließ O von diesem zahlreiche Bild- und Filmaufnahmen fertigen, auf denen sie unbekleidet und teilweise bekleidet sowie vor, während und nach dem Geschlechtsverkehr mit T zu sehen ist. Nachdem die Beziehung beendet worden war, verlangte O Löschung der Bild- und Filmaufnahmen. T verweigerte die Löschung mit dem Argument, O habe seinerzeit eingewilligt, sodass die Aufnahmen nicht rechtswidrig erstellt worden seien.[638] ⇨ vgl. Rn 670.

**(3)** Um ein mögliches Unfallgeschehen rekonstruieren und Beweis für einen etwaigen Unfallhergang erbringen zu können, hat F an der Frontscheibe seines Lkw eine sog. Dashcam („Frontscheibenkamera") installiert. Diese ist so konfiguriert, dass die Auf-

---

[634] Nach BGH NJW 2015, 489 ff. (jameda.de I).

[635] Nach BGH NJW 2018, 1884, 1885 ff. (jameda.de II).

[636] Vgl. nur BVerfGE 35, 202, 224 (Lebach); 54, 148, 154 f. (Eppler); 101, 361, 380 f. (Caroline von Hannover); BVerfG NJW 2001, 594, 595 (Willy-Brandt-Gedenkmünze); NJW 2005, 3271, 3272 f. (Vorstandsvorsitzender der Deutschen Telekom); NVwZ 2016, 53 f. (Bildaufnahmen von Polizisten); BGH NJW 2000, 2195, 2196 f. (Marlene Dietrich I); NJW 2000, 2201 („Der Blaue Engel" – Marlene Dietrich II); NJW 2015, 2500 f. (Ablichtung Unbeteiligter im Bikini am Strand als „Beiwerk"); NJW 2016, 1094, 1095 (geschlechtliche Intimität); BGH NJW 2018, 1820, 1821 f. (Christian Wulff beim Einkaufen); OLG Nürnberg NJW 2017, 3597, 3598 f. (Verwertbarkeit einer Dashcam-Aufzeichnung im Zivilprozess). Vgl. auch EGMR NJW 2014, 3291 ff. (in Bezug auf Art. 8 EMRK).

[637] BVerfGE 97, 228, 268 f. (Kurzberichterstattung); 101, 361, 381 (Caroline von Hannover); BVerfG NJW 2017, 1376 f.; NJW 2017, 1377, 1378 (jeweils Kachelmann); BGH NJW 2018, 1820, 1821 f. (Christian Wulff beim Einkaufen); BGH NJW 2004, 596 f. (Vorstandsvorsitzender der Telekom AG – aufgehoben von BVerfG NJW 2005, 3271).

[638] BGH NJW 2016, 1094, 1095 f. (Löschungsanspruch in Bezug auf Intimfotos).

nahmen automatisch wieder gelöscht werden, wenn nicht innerhalb von 30 Sekunden eine deutliche Erschütterung am Auto wahrgenommen wird. In diesem Fall wird das Aufzeichnungssegment aus dem Zwischenspeicher dauerhaft auf die eingesetzte SD-Karte gespeichert. Als es nun tatsächlich zu einem Unfall mit dem Pkw des T gekommen war, ließ sich aufgrund der Aufzeichnung nachvollziehen, dass T ein höchst gefährliches Fahrmanöver durchgeführt hatte, indem er von der linken Fahrspur der dreispurigen Autobahn auf die äußerst rechte Fahrspur gewechselt, vor dem Lkw des F eingeschert war und dort eine sehr starke Bremsung eingeleitet hatte. Aus der Aufzeichnung geht klar hervor, dass sich vor dem Fahrzeug des T auf der rechten Spur keine abbremsenden Fahrzeuge befanden, die T seinerseits Anlass für eine Bremsung hätten geben können. Ohne die Dashcam-Aufzeichnung hätte der Beweis der Unfallverursachung nicht geführt werden können. T macht daher geltend, dass die Dashcam-Aufzeichnung wegen Verletzung seines Persönlichkeitsrechts (hier: Recht am eigenen Bild) nicht verwertbar sei.[639] ⇨ vgl. Rn 670.

**659** Das allgemeine Persönlichkeitsrecht kann nicht nur der Veröffentlichung, sondern bereits der *Fertigung* von Bildaufnahmen entgegenstehen. Wird das allgemeine Persönlichkeitsrecht durch die Fertigung von Bildaufnahmen verletzt, besteht hinsichtlich des dann rechtswidrigen Besitzes der Bildaufnahmen ein Löschungsanspruch (aus § 823 I BGB i.V.m. § 1004 I BGB analog). Zur rechtstechnischen Prüfung der mittelbaren Grundrechtsgeltung im Rahmen dieser zivilrechtlichen Vorschriften vgl. Rn 664 ff.

**660** In Bezug auf die *Veröffentlichung* von Bildaufnahmen ist zu beachten, dass der Bildnisschutz – was das Verbreiten und Zur-Schau-Stellen betrifft – als spezielles Persönlichkeitsrecht einfachgesetzlich im KUG geregelt ist, und zwar in §§ 22, 23 KUG (mit der Strafvorschrift nach § 33 KUG). Der Träger des Persönlichkeitsrechts hat allerdings kein grundsätzliches Recht darauf, von Dritten nur so wahrgenommen zu werden, wie er sich selbst gerne sehen oder nicht sehen möchte.[640] Wenn er aber schon die Veröffentlichung von Bildaufnahmen dulden muss, kann er erwarten, dass sein Bildnis nicht manipulativ (etwa durch eine Fotomontage oder digitale Veränderung) entstellt und veröffentlicht wird. Lediglich, wenn die Abwägung mit Grundrechten (i.d.R. die Kunstfreiheit, aber auch Meinungsäußerungsfreiheit) des Beeinträchtigenden oder Allgemeininteressen ergibt, dass diese Interessen höher wiegen, ist die Veröffentlichung zu dulden (vgl. dazu Rn 664 ff.).

**661** In allen Fällen gilt aber: Ist die Veröffentlichung mit dem allgemeinen Persönlichkeitsrecht unvereinbar (zur Prüfung siehe Rn 664 ff.), ist sie zu unterlassen und sogar gem. § 201a StGB bzw. § 33 I KUG strafbar.

**Beispiel:** Im obigen Facebook-Fall gilt: Überwiegen die Interessen der O (d.h. ihr allgemeines Persönlichkeitsrecht), hat sie gegen den Poster einen Anspruch auf Beseitigung (d.h. Herausnahme des Fotos oder zumindest Unkenntlichmachung ihrer Person) analog § 1004 I BGB (siehe dazu Rn 1151). Zur Zulässigkeit des Fertigens und Besitzens von Intimfotos vgl. Rn 670. Zur Zulässigkeit und Verwertbarkeit von Dashcam-Aufzeichnungen vgl. ebenfalls Rn 670.

**662** Weitere Teilbereiche des allgemeinen Persönlichkeitsrechts sind das **Recht am eigenen Wort**[641], das **Namensrecht** (vgl. § 12 BGB) und das **Urheberpersönlichkeitsrecht** (§§ 12 ff. UrhG). Auch der Schutz der **Vertraulichkeitssphäre** gehört hierher.[642] Da das allgemeine Persönlichkeitsrecht und seine Teilbereiche nicht nur dem

---

[639] Nach BGH NJW 2018, 2883. Siehe auch OLG Nürnberg NJW 2017, 3597; LG Magdeburg 5.5.2017 - 1 S 15/17 (allesamt zur Frage nach der Verwertbarkeit einer Dashcam-Aufzeichnung im Zivilprozess).
[640] Vgl. nur BVerfG NJW 2012, 756, 757 (Caroline von Hannover); BVerfG NJW 2017, 1376 f.; NJW 2017, 1377, 1378 (jeweils Kachelmann). Siehe auch BGH NJW 2018, 1820, 1821 f. (Christian Wulff beim Einkaufen).
[641] LG Köln NJW 2015, 801 f. (Kohl-Protokolle).
[642] Vgl. dazu LG Köln NJW 2015, 801 f. (Kohl-Protokolle).

Schutz ideeller, sondern auch kommerzieller Interessen der Persönlichkeit dienen, steht dem Träger des allgemeinen Persönlichkeitsrechts hinsichtlich der kommerziellen Verwertung ein Entschädigungsanspruch aus § 823 I BGB (und u.U. auch ein Bereicherungsanspruch aus § 812 I S. 1 Var. 2 BGB[643]) zu, wenn diese vermögenswerten Bestandteile des Persönlichkeitsrechts durch eine unbefugte Verwendung des Bildnisses, des Namens des Urheberrechtsinhabers oder anderer kennzeichnender Persönlichkeitsmerkmale schuldhaft und in schwerwiegender Weise verletzt werden.[644] Geht es (lediglich) um die Verhinderung (weiterer) Rechtsverletzungen, bietet der Unterlassungsanspruch aus § 1004 I BGB analog Schutz (Rn 1146 ff.). Geht es um Unterlassungs- und Schadensersatzansprüche bzgl. des Urheberpersönlichkeitsrechts, ist die spezielle Regelung in § 97 UrhG zu beachten.

Oft geht es um eine Beeinträchtigung des allgemeinen Persönlichkeitsrechts etwa durch **Wort- oder Bildberichterstattung** seitens der Presse zulasten Prominenter bzw. (anderer) **Personen der Zeitgeschichte** (Politiker, Sportler etc.)[645], **abfällige Äußerungen** eines Privaten, die die Ehre eines anderen Privaten betreffen, oder durch **Bewertungen** im Internet. **663**

Hinsichtlich der Frage nach der **Rechtmäßigkeit** von Beeinträchtigungen ist zunächst zu beachten, dass das allgemeine Persönlichkeitsrecht als Rahmenrecht i.S.d. § 823 I BGB und damit als offener Tatbestand konzipiert ist, was im Grundsatz das führt, dass die Rechtswidrigkeit nicht durch die Verwirklichung des Tatbestands indiziert ist, sondern **mit Hilfe einer umfassenden Interessen- und Güterabwägung** festgestellt werden muss.[646] Sofern nicht der absolut geschützte (und damit keiner Abwägung zugängliche) Kernbereich des Persönlichkeitsrechts betroffen ist, muss unter Heranziehung der Figur der mittelbaren Geltung der Grundrechte im Privatrecht eine Abwägung i.S. einer praktischen Konkordanz zwischen den Grundrechten des Eingreifenden und dem allgemeinen Persönlichkeitsrecht des Betroffenen vorgenommen werden. Es müssen das Grundrecht auf Meinungs- bzw. Presse-, aber auch Kunstfreiheit auf Seiten des Eingreifenden sowie das Informationsinteresse der Öffentlichkeit (jeweils Art. 5 I GG oder Art. 5 III GG) einerseits mit dem allgemeinen Persönlichkeitsrecht bzw. dem Recht auf informationelle Selbstbestimmung des Betroffenen andererseits gegeneinander und untereinander abgewogen werden.[647] Dabei sind auch die Gewährleistungen der EMRK zu berücksichtigen.[648] **664**

Da es im vorliegenden Zusammenhang um Beeinträchtigungen des allgemeinen Persönlichkeitsrechts durch private Dritte[649] geht (etwa durch Romanschreiber, Satiriker, Zeitungsreporter, Journalisten, Fotografen, Dashcam-Benutzer, Rundfunkveranstalter, User in Internetforen oder sozialen Netzwerken wie Facebook, Bewerter auf Internet- **665**

---

[643] Zum Anspruch des Namensträgers aus Eingriffskondiktion vgl. BGH NJW 2008, 3782 f.

[644] BGHZ 143, 214, 219 (Marlene Dietrich); OLG Jena OLG-NL 2005, 171 ff. (Recht auf ungestörte Trauer); grundlegend BGHZ 26, 349, 351 ff. (Herrenreiter) – siehe dazu Rn 656/1115.

[645] Ob es sich bei einer Person um eine solche der Zeitgeschichte handelt, muss unter Bezug auf die dargestellte Person (ihren Bekanntheitsgrad, Stellung in der Gesellschaft etc.) und unter Berücksichtigung des Informationsinteresses der Öffentlichkeit nach dem Verständnis des Durchschnittspublikums beantwortet werden (allg. Linie der Rspr.). So werden Personen als Personen der Zeitgeschichte angesehen, die aus der Masse der Mitmenschen herausragen und deswegen dauerhaft im Blickpunkt der Öffentlichkeit stehen. Die Rechtsprechung hat dies bei Politikern, Sportlern, Schauspielern, Musikern, Adligen und hohen Persönlichkeiten der Wirtschaft angenommen, siehe dazu näher BGH NJW 2015, 2500 f. Das gilt auch, wenn die betreffende Person nicht mehr aktiv in ihrer ursprünglichen Rolle ist, aber nach wie vor durch ihr Auftreten im Interesse der Öffentlichkeit steht, siehe BGH NJW 2018, 1820, 1821 f. (Christian Wulff beim Einkaufen).

[646] BGH NJW 2010, 2728; NJW 2014, 2029, 2031; LG Köln NJW 2015, 801 f. (Kohl-Protokolle). Siehe auch EGMR NJW 2019, 741, 742 f. (Verbreitung von Fotos, die Kachelmann auf dem Gefängnishof zeigen).

[647] Vgl. auch BGH NJW 2015, 489 ff. (Bewertungen in einem Internetbewertungsportal – jameda.de I); NJW 2015 782 ff. (Veröffentlichung von privaten Inhalten rechtswidrig erlangter E-Mails); NJW 2014, 768 ff. (Veröffentlichung von Informationen über Prominententochter); OLG Stuttgart AfP 2014, 352 ff. (Amoklauf von Winnenden); LG Köln NJW 2015, 801 f. (Kohl-Protokolle).

[648] Vgl. dazu EGMR NJW 2014, 3291 ff. und BGH NJW 2015, 489 ff.; BGH NJW 2018, 1884 ff.

[649] Zur Grundrechtsbeeinträchtigung durch staatliche Stellen vgl. *R. Schmidt*, Grundrechte, 24. Aufl. 2019, Rn 275.

bewertungsportalen oder durch deren Betreiber, durch Vertreter der Werbewirtschaft etc., die persönliche Inhalte oder Daten veröffentlichen), ist zunächst zu beachten, dass Private grundsätzlich nicht grundrechtsverpflichtet sind und daher auch nicht – zumindest nicht unmittelbar – Grundrechte anderer Privater verletzen können. Dies kann (wegen Art. 1 III GG) nur der Staat. Da andererseits die Grundrechte aber auch eine objektive Wertordnung darstellen, können sie ihre Wirkung zumindest mittelbar über die zwischen Privaten geltenden Zivilrechtsnormen entfalten.[650] Das ändert aber nichts daran, dass auf beiden Seiten ein Privatrechtssubjekt steht und daher eine privatrechtliche Streitigkeit vorliegt, für die der **Zivilrechtsweg** einzuschlagen ist.[651] Das Zivilgericht nimmt unter Zugrundelegung der streitentscheidenden Norm (etwa §§ 242, 823 I, II, 1004, 826 BGB, §§ 22 f. KUG, § 26 BDSG, Art. 6 DSGVO) dann eine Abwägung zwischen dem allgemeinen Persönlichkeitsrecht des Betroffenen und den Rechten des Dritten (etwa der Meinungsäußerungs- oder Pressefreiheit, der Kunstfreiheit (wenn es etwa um Satire geht), aber auch vermögensrechtlichen Interessen und Interessen der Wahrheitsfindung bzw. der Aufklärung eines Sachverhalts) vor.[652] Dabei ist selbst das vertraulich gesprochene Wort nicht vor einer Veröffentlichung sicher, solange nicht die Intimsphäre betroffen ist.[653] Geht es um eine ehrrührige Aussage, die dem Tatbestand der Beleidigung (§ 185 StGB) unterfallen könnte, sind im Rahmen eines **strafgerichtlichen Verfahrens** ebenfalls die Meinungsäußerungsfreiheit (aber auch die Kunstfreiheit, wenn es etwa um eine Satire geht) und das allgemeine Persönlichkeitsrecht gegeneinander abzuwägen.[654]

**666** Hinsichtlich der Abwägung hatte das BVerfG seinerzeit die sog. **Sphärentheorie** entwickelt. Danach unterteilt sich der Lebensbereich des Einzelnen in drei Sphären[655]:

- Die **Intimsphäre** kennzeichnet den unantastbaren Kernbereich der Persönlichkeit. Nach allgemeiner Auffassung zählen dazu innere Vorgänge wie Empfindungen und Gefühle sowie Überlegungen, Ansichten und Erlebnisse höchstpersönlicher Art. Selbstverständlich ist auch die Sexualität erfasst. Die Intimsphäre markiert den Wesensgehalt des allgemeinen Persönlichkeitsrechts. Dieser Bereich ist absolut geschützt und somit jeglicher öffentlichen Gewalt (und Eingriffen Privater[656]) verschlossen; eine Abwägung mit den Interessen des Eingreifenden bzw. der Öffentlichkeit ist nicht möglich[657] (zu den damit verbundenen Problemen vgl. sogleich Rn 667 f. und Rn 670).

---

[650] Zur Grundrechtsbindung zwischen Privaten vgl. *R. Schmidt*, Grundrechte, 24. Aufl. 2019, Rn 105 ff.

[651] Die Klage ist hier – sofern sie auf Unterlassung gerichtet ist – auf § 1004 I S. 2 BGB ggf. i.V.m. den Vorschriften des UrhG und des KUG bzw. des Art. 17 DSGVO zu stützen. Vgl. dazu aus jüngerer Zeit etwa EGMR NJW 2019, 741, 742 f. (Verbreitung von Fotos, die Kachelmann auf dem Gefängnishof zeigen); BVerfG NJW 2017, 1376 f.; NJW 2017, 1377, 1378 (jeweils Kachelmann); NJW 2016, 3362 f. (Nennung des Namens des Schuldners auf einem Internetbewertungsportal und Hinweis auf dessen schleppende Zahlungsmoral); NJW 2012, 756 f. (Caroline von Hannover); NJW 2010, 1587 f. (Veröffentlichung eines nicht für die Allgemeinheit bestimmten Briefes); BGH NJW 2017, 2029, 2030 ff. (klinikbewertungen.de); MDR 2017, 879, 880 (Berichterstattung über Liebesbeziehung); NJW 2015, 489 ff. (Bewertungsportal im Internet – dazu Rn 673); NJW 2015, 782 ff. (Veröffentlichung von privaten Inhalten rechtswidrig erlangter E-Mails); NJW 2013, 1681 (Kachelmann); NJW 2005, 2844, 2845 ff. (Roman „Esra“ – teilweise erfolgreich angegriffen vor dem BVerfG, vgl. E 119, 1, 29 ff.); NJW 2005, 497, 498 (DNA-Vaterschaftstest); NJW 2005, 592 (Bekanntgabe der Abtreibungspraxis eines Gynäkologen); LG Augsburg 17.8.2017 – 22 O 560/17.

[652] Vgl. aus jüngerer Zeit etwa BVerfG NJW 2015, 1506, 1507 ff.; NJW 2015, 782 ff.; BGH NJW 2015, 2500 f. Vgl. auch EGMR NJW 2014, 3291 ff. (in Bezug auf eine Abwägung zwischen den Rechten aus Art. 8 EMRK und denen aus Art. 10 EMRK). Auf Art. 8 und 10 EMRK gehen erfreulicherweise auch BGH NJW 2015, 489 ff. und BGH NJW 2018, 1884 ff. (jeweils jameda.de) ein (dazu Rn 673). Vgl. auch BGH NJW 2016, 870, 871 ff. und NJW 2018, 3506, 3507 (jeweils Zusendung von E-Mail mit werbendem Inhalt eines Unternehmers an einen Verbraucher, was dessen APR verletzt, wenn er nicht zuvor zugestimmt hat); LG Hamburg AfP 2017, 177 und OLG Hamburg AfP 2018, 335 (Böhmermanns Schmähgedicht – dazu *R. Schmidt*, Grundrechte, 24. Aufl. 2019, Rn 524/536); OLG Nürnberg NJW 2017, 3597, 3599 (Verwertbarkeit einer Dashcam-Aufzeichnung im Zivilprozess – dazu Rn 658/670).

[653] LG Köln NJW 2015, 801 f. (Kohl-Protokolle).

[654] Siehe dazu *R. Schmidt*, StrafR BT I, 20. Aufl. 2018, Rn 944 ff.

[655] Vgl. grundlegend etwa BVerfGE 27, 1, 6 (Mikrozensus); 27, 344, 350 f. (Scheidungsakten); 32, 373, 379 (Arztkartei); 34, 238, 245 f. (heimliche Tonbandaufnahme); 47, 46, 73 (Sexualkundeunterricht); 49, 286, 298 (Transsexuelle); 54, 148, 154 (Eppler); 80 367, 373 (Tagebuchaufzeichnungen).

[656] Siehe etwa nur BGH NJW 2016, 1094, 1095 ff. (Löschungsanspruch in Bezug auf Intimfotos).

[657] BVerfGE 6, 32, 41 (Elfes); 34, 238, 245 (Tonband); 35, 202, 220 (Soldatenmord von Lebach); 80, 367, 373 f. (Verwertung tagebuchähnlicher Aufzeichnungen); 109, 279, 313 f. (akustische Wohnraumüberwachung); 119, 1, 29 f. (Sexualität). Vgl. aus jüngerer Zeit auch BGH NJW 2015, 782, 784; BGH NJW 2016, 1094, 1095 ff. (Löschungsanspruch in

- Die **Privatsphäre** kennzeichnet den engeren persönlichen Lebensbereich, insbesondere innerhalb der Familie und im eigenen häuslichen Bereich, und ist daher ebenfalls durch Art. 2 I GG i.V.m. Art. 1 I GG geschützt. Allerdings ist das Schutzniveau nicht so hoch wie bei der Intimsphäre. Eingriffe in die Privatsphäre zugunsten von Grundrechten Dritter oder der Allgemeinheit sind daher zulässig, allerdings unter strengen Voraussetzungen, die an den Verhältnismäßigkeitsgrundsatz gestellt werden. So erklärt sich, dass unter den genannten Voraussetzungen z.B. das heimliche Abhören von Gesprächen während eines Spaziergangs durchaus möglich ist.
- Die dritte Sphäre ist die **Sozial- oder Öffentlichkeitssphäre**. Mit dieser Sphäre ist das (persönliche und berufliche) Ansehen (die soziale Achtung) des Einzelnen in der Gesellschaft gemeint. Wegen des Bezugs nach außen sind Eingriffe unter weniger strengen Voraussetzungen zulässig.[658] Das betrifft in erster Linie Sachverhalte, die nicht durch Abschottung der Allgemeinheit entzogen sind, etwa den Einkauf im Supermarkt[659], Gespräche in der U-Bahn, auf der Parkbank oder auf dem Gehweg[660] (generell: den Aufenthalt im öffentlichen Verkehrsraum)[661]. Auch das Betroffensein von Bewertungen auf Internetbewertungsportalen gehört ebenso hierher[662] wie die identifizierende Berichterstattung darüber, dass ein „Promifriseur" einen Filialleiter beschäftigt, gegen den wegen des Verdachts eines Verbrechens im Rockermilieu ermittelt wird[663]. Auch wenn nicht der Intim- oder Privatsphäre zuzuordnende Inhalte einer E-Mail bzw. einer persönlichen Nachricht („PN") bei sozialen Netzwerken veröffentlicht bzw. preisgegeben werden, liegt (über die Figur der mittelbaren Drittwirkung der Grundrechte) eine Beeinträchtigung des allgemeinen Persönlichkeitsrechts vor. Denn der Betroffene darf davon ausgehen, dass persönliche Daten, die nicht für Dritte bzw. die Öffentlichkeit bestimmt sind, auch dann nicht offenbart werden, wenn diese lediglich der Sozialsphäre zugeordnet sind.[664]

Im Einzelfall kann es schwierig sein, einen Sachverhalt zweifelsfrei einer bestimmten Sphäre zuzuordnen. So macht es einen Unterschied, ob jemand von der Presse in einem vom öffentlichen Raum nur eingeschränkt einsehbaren Innenhof oder auf dem Gehweg einer öffentlichen Straße fotografiert wird und die Fotos anschließend veröffentlicht werden.[665] Hier erscheint eine Zuordnung zu einer Sphäre schwierig. Möchte man aber gleichwohl an der Sphärentheorie festhalten[666], ist eine Zuordnung des betreffenden Lebenssachverhalts zu einer der Stufen unvermeidlich. Gelegentlich ist die Rechtsprechung dabei jedoch nicht konsequent, wenn es etwa um sichergestellte Tagebücher geht, in denen z.B. Sexualstraftaten, Steuerhinterziehungen, Morde etc. gestanden werden. Bei solchen Tagebüchern soll dann nur – trotz der höchstpersönlichen oder zumindest geheimen Angelegenheit – die schlichte Privatsphäre betroffen sein.[667] Dass eine solche Betrachtungsweise ergebnisorientiert ist, liegt auf der Hand. Denn nähme man die Intimsphäre an, gelangte man zur Unverwertbarkeit der gewonnenen Erkenntnisse. So aber schafft sich die Rechtsprechung Raum für eine Abwägung. **667**

Bezug auf Intimfotos). Siehe aber auch OLG Nürnberg NJW 2017, 3597, 3599 (Verwertbarkeit einer Dashcam-Aufzeichnung im Zivilprozess), wo es heißt: „In die Intimsphäre sind Eingriffe nahezu ausgeschlossen." Demnach wäre die Intimsphäre also nicht per se Eingriffen entzogen.

658 Vgl. dazu etwa BGH NJW 2018, 1820, 1821 f. (Christian Wulff beim Einkaufen); BGH NJW 2017, 482, 484 (Verdachtsberichterstattung); OLG Nürnberg NJW 2017, 3597, 3599 (Verwertbarkeit einer Dashcam-Aufzeichnung im Zivilprozess).

659 BGH NJW 2018, 1820, 1821 f. (Christian Wulff beim Einkaufen).

660 BVerfG NJW 2017, 1376 f.; NJW 2017, 1377, 1378 (jeweils Kachelmann). Siehe auch EGMR NJW 2019, 741, 742 f. (Verbreitung von Fotos, die Kachelmann auf dem Gefängnishof zeigen).

661 Vgl. nur OLG Nürnberg NJW 2017, 3597, 3599 (Verwertbarkeit einer Dashcam-Aufzeichnung im Zivilprozess).

662 Vgl. dazu aus jüngerer Zeit etwa BVerfG NJW 2016, 3362 f. (Nennung des Namens des Schuldners auf einem Internetbewertungsportal und Hinweis auf dessen schleppende Zahlungsmoral seien vom Betroffenen zu dulden, da dadurch kein unverhältnismäßiger Verlust an sozialer Achtung drohe).

663 BGH NJW 2016, 776, 777.

664 LG Saarbrücken AfP 2018, 80 (mit Verweis auf *Härting*, Internetrecht, 6. Aufl. 2017, Rn 536).

665 BVerfG NJW 2017, 1376 f.; NJW 2017, 1377, 1378 (jeweils Kachelmann).

666 So wie etwa BGH NJW 2017, 482, 484 (Verdachtsberichterstattung).

667 So etwa BGHSt 19, 325, 334.

668 Da die Sphärentheorie letztlich nichts anderes darstellt als der Versuch einer Kategorisierung des allgemeinen Grundsatzes der Verhältnismäßigkeit, aufgrund ihrer Starrheit nicht flexibel genug auf atypische Konstellationen reagieren kann und – wie gesehen – ihre Anwendung oft nicht frei von Ungereimtheiten erfolgt, unterscheidet das BVerfG in einigen jüngeren Entscheidungen[668] nicht mehr ausdrücklich zwischen den Sphären, sondern stellt vielmehr darauf ab, ob die fragliche Maßnahme[669] in den unantastbaren Kernbereich des allgemeinen Persönlichkeitsrechts eingreift oder dem (relativen) Bereich des privaten Lebens zuzuordnen ist, bei dem ein Eingriff unter bestimmten Voraussetzungen zulässig ist. Dazu hat das Gericht folgende Kriterien aufgestellt:

- Zunächst ist danach zu fragen, ob der Betroffene überhaupt einen **Geheimhaltungswillen** gebildet hat, denn willigt er in den Eingriff in sein Persönlichkeitsrecht ein oder gibt dieses preis, ist eine Verletzung desselben ausgeschlossen.[670]
- Nur wenn *keine* Einwilligung vorliegt, ist in einem zweiten Schritt danach zu fragen, ob in den **Kernbereich** oder lediglich in den **Randbereich** des allgemeinen Persönlichkeitsrechts eingegriffen worden ist.
- Ist in den **Kernbereich** des allgemeinen Persönlichkeitsrechts eingegriffen worden, folgt aus der Absolutheit des Schutzes die Rechtswidrigkeit des Eingriffs, wobei auch hier nicht zweifelsfrei beantwortet werden kann, welche Gegenstände den Kernbereich ausmachen.
- Ist dagegen lediglich in den **Randbereich** (also den relativen Bereich) eingegriffen worden, findet eine **Abwägung** statt. Geht es um eine Beeinträchtigung des allgemeinen Persönlichkeitsrechts durch Private, bedarf es regelmäßig einer **praktischen Konkordanz** zwischen den Grundrechten des Eingreifenden (insbesondere Art. 5 I und 5 III GG, aber auch Vermögensinteressen) und denen des Betroffenen (Art. 2 I i.V.m. Art. 1 I GG) bzw. den Belangen der Allgemeinheit[671] (dazu näher Rn 664 ff.). Dabei sind auch die Gewährleistungen der EMRK zu berücksichtigen.[672]

669 Geht es speziell um die **Intimsphäre**, die **Privatsphäre** sowie die **Ehre**, können zur Orientierung folgende Fallgruppen herangezogen werden:

670
- **Beeinträchtigungen der Privatsphäre/Intimsphäre:** Zur Privatsphäre gehört das Recht, sich der Öffentlichkeit zu entziehen. Dieses Recht steht auch Personen der Zeitgeschichte zu (siehe Rn 663). Die Privatsphäre endet auch nicht an der Haustür, wenn sie auch zunächst den räumlich inneren Hausbereich umfasst. Eine schützenswerte Privatsphäre besteht außerhalb des häuslichen Bereichs in gleicher Weise bspw. auch dann, wenn jemand bei einer Grabtrauer (Verlust eines nahen Angehörigen wie etwa des eigenen Kindes) ungestört sein möchte.[673] Generell gilt dies, wenn sich jemand in eine örtliche Abgeschiedenheit zurückgezogen hat, in der er objektiv erkennbar für sich allein sein will.[674] Danach ist ein umfriedetes Grundstück jedenfalls dann der Privatsphä-

---

[668] Vgl. BVerfG NJW 2006, 2836, 2837 (Veröffentlichung von Luftbildaufnahmen von Feriendomizilen Prominenter); NJW 2005, 3271 ff. (Vorstandsvorsitzender der Telekom AG); BVerfG NJW 2008, 1793 ff. (Caroline von Hannover); NJW 2001, 594, 595 (Willy-Brandt-Gedenkmünze); BVerfGE 101, 361 ff.; BVerfG NJW 2015, 3158, 3159 (Körperliche Durchsuchung eines Strafgefangenen bei nacktem Körper). Vgl. aber auch BGH NJW 2014, 768 und BGH NJW 2015, 782, 784, der an der Sphärentheorie festhält.

[669] Etwa – bei Maßnahmen der Staatsanwaltschaft oder der Polizei – insb. die Datenerhebung nach der StPO oder den Polizeigesetzen oder – bei Maßnahmen durch private Dritte – das Urteil des Fachgerichts, das über das Verhalten des privaten Dritten zu entscheiden hatte.

[670] Selbstverständlich kann eine Einwilligung in ihrer Reichweite begrenzt sein und unter einer Bedingung erteilt werden. So kann sich die Einwilligung zur Fertigung von Intimfotos auf den Bestand der partnerschaftlichen Beziehung begrenzen und darauf, dass die Fotos nicht (im Internet) veröffentlicht werden (vgl. BGH NJW 2016, 1094, 1095 ff. – Löschungsanspruch in Bezug auf Intimfotos) – siehe dazu unten Rn 670.

[671] Vgl. zu dieser Abwägung auch BVerfG NJW 2016, 3362 f. (Nennung des Namens des Schuldners auf einem Internetbewertungsportal und Hinweis auf dessen schleppende Zahlungsmoral); NJW 2011, 740 ff. (Caroline von Hannover); BVerfGE 119, 1, 29 ff.; BVerfG NJW 2008, 1793 ff.; BGH NJW 2011, 744 ff.; NJW 2011, 746 ff.; NJW 2008, 3134, 3135 f.; NJW 2005, 2844; 2005, 592 f.; 2005, 497 f.; 2004, 596 f. (aufgehoben von BVerfG NJW 2005, 3271 ff.); OLG Köln ZUM 2008, 869, 870 ff.

[672] Siehe dazu *R. Schmidt*, Grundrechte, 24. Aufl. 2019, Rn 4b ff.

[673] OLG Jena OLG-NL 2005, 171 ff. (Recht auf ungestörte Trauer).

[674] BVerfGE 101, 361, 382 ff.; BGHZ 131, 332, 338 ff.

re zuzurechnen, wenn es dem Nutzer die Möglichkeit gibt, frei von öffentlicher Beobachtung zu sein.

Sonstige **Beispiele** des Eindringens in die Privatsphäre sind: heimliches Fotografieren im privaten Bereich[675], unbefugtes Öffnen fremder Post[676], Abhören von Telefongesprächen[677], heimliche Aufnahme von Gesprächen[678].

Geht es um die Frage nach der Zulässigkeit und Verwertbarkeit von Aufzeichnungen einer im Frontbereich eines Fahrzeugs installierten **Dashcam** über einen Verkehrsunfall (zum Sachverhalt vgl. Rn 658 Bsp 3), ist entscheidend, dass es nicht um die Fertigung von Bildnissen geht, sondern um die Aufzeichnung eines Verkehrsgeschehens, bei dem lediglich die Sozial- oder Öffentlichkeitssphäre betroffen ist. Mit Urteil v. 15.5.2018 hat der BGH nach Maßgabe des bis zum 24.5.2018 geltenden Rechts entschieden, dass Dashcam-Aufnahmen als Beweismittel im Unfallhaftpflichtprozess auch dann verwertbar sein können, wenn die Aufnahmen rechtswidrig erfolgten. Entscheidend sei eine Abwägung zwischen dem Interesse des Beweisführers (hier: des Geschädigten) an der Durchsetzung seiner zivilrechtlichen Ansprüche, seinem im Grundgesetz verankerten Anspruch auf rechtliches Gehör in Verbindung mit dem Interesse an einer funktionierenden Zivilrechtspflege einerseits und dem allgemeinen Persönlichkeitsrecht des von der Filmaufnahme Betroffenen (hier: des Beweisgegners) in seiner Ausprägung als Recht auf informationelle Selbstbestimmung und ggf. als Recht am eigenen Bild andererseits. Der BGH sprach dem zuerst genannten Interesse das höhere Gewicht zu.[679]

Stellungnahme: Der BGH unterscheidet zutreffend zwei Ebenen, die erste Ebene der Beweiserhebung und die zweite Ebene der (prozessualen) Beweisverwertung. Diese Unterscheidung ist dem deutschen (Prozess-)Recht generell nicht fremd.

⇨ Beweiserhebung: Der BGH gelangt zu Recht zu der Annahme, dass eine permanente Videoüberwachung des öffentlichen (Verkehrs-)Raums gegen Datenschutzbestimmungen verstößt. Er lässt allerdings offen, ob das auch gilt, wenn eine Dashcam so konfiguriert ist, dass die Aufnahmen automatisch wieder gelöscht werden, wenn nicht innerhalb einer bestimmten Zeit (30 Sekunden?) eine deutliche Erschütterung am Auto wahrgenommen wird. Denn nur in diesem Fall wird das Aufzeichnungssegment aus dem Zwischenspeicher dauerhaft auf die eingesetzte SD-Karte gespeichert. Für diese Art der Konfiguration lässt der BGH deutlich durchklingen, dass er von einer rechtmäßigen Datenerhebung ausgeht.[680]

⇨ Die Frage nach der Verwertbarkeit von Dashcam-Aufzeichnungen entscheidet sich nach Maßgabe einer umfassenden Rechtsgüterabwägung. Dabei ist jedoch zunächst zu beachten, dass Private nicht unmittelbar Grundrechte anderer Privater beeinträchtigen können (siehe Rn 664 ff.). Es kommt aber die Figur der mittelbaren Drittwirkung zur Anwendung. Geht es um eine Beeinträchtigung des allgemeinen Persönlichkeitsrechts durch Private, bedarf es regelmäßig einer praktischen Konkordanz zwischen den Grundrechten des Eingreifenden (hier: u.a. Art. 14 I GG wegen der

---

675 BVerfG NJW 2000, 1021, 1022; BGH NJW 2004, 762 ff.

676 BGH WM 1990, 1167.

677 BGHZ 73, 120, 122.

678 Vgl. bereits BGHZ 27, 284, 286.

679 BGH NJW 2018, 2883 ff. Siehe auch OLG Nürnberg NJW 2017, 3597; LG Magdeburg 5.5.2017 – 1 S 15/17 (allesamt zur Frage nach der Verwertbarkeit einer Dashcam-Aufzeichnung im Zivilprozess).

680 Anm.: Nach der seit dem 25.5.2018 geltenden EU-Datenschutz-Grundverordnung (DSGVO) richtet sich die Rechtmäßigkeit nach deren Art. 6. So ist der Dashcam-Einsatz nicht erforderlich für die Erfüllung eines Vertrags, dessen (mögliche) Vertragspartei die betroffene Person ist, Art. 6 I S. 1 lit. b) DSGVO, da kein (möglicher) Vertragspartner existiert. Insbesondere ist der spätere Unfallgegner kein (möglicher) Vertragspartner. Es besteht auch keine rechtliche Verpflichtung zum Einsatz einer Dashcam, Art. 6 I S. 1 lit. c) DSGVO. Auch ist ein Dashcam-Einsatz nicht erforderlich, um lebenswichtige Interessen der betroffenen Person oder einer anderen natürlichen Person zu schützen, Art. 6 I S. 1 lit. d) DSGVO. Die mit dem Dashcam-Einsatz verbundene Datenverarbeitung ist auch nicht für die Wahrnehmung einer Aufgabe erforderlich, die im öffentlichen Interesse liegt oder in Ausübung öffentlicher Gewalt erfolgt, die dem Verantwortlichen übertragen wurde, Art. 6 I S. 1 lit. e) DSGVO. Allenfalls lässt sich begründen, dass die Verarbeitung zur Wahrung der berechtigten Interessen des Verantwortlichen oder eines Dritten erforderlich ist, sofern nicht die Interessen oder Grundrechte und Grundfreiheiten der betroffenen Person, die den Schutz personenbezogener Daten erfordern, überwiegen, Art. 6 I S. 1 lit. f) DSGVO. Dies wäre dann mittels umfassender Güterabwägung festzustellen, dürfte aber ebenfalls zu verneinen sein.

Vermögensinteressen an der Aufklärung des Unfallhergangs) und denen des Betroffenen (Art. 2 I i.V.m. Art. 1 I GG). Der mit der Aufzeichnung verbundene Eingriff in das allgemeine Persönlichkeitsrecht betrifft lediglich die Sozial- oder Öffentlichkeitssphäre bzw. den Randbereich des Grundrechts und ist daher durch berechtigte Interessen des Geschädigten (bzw. der Allgemeinheit) bereits dann gerechtfertigt, wenn anderenfalls eine Aufklärung des Unfallhergangs bzw. einer Straftat unmöglich oder unzumutbar erschwert würde. Daher sind nach dem hier vertretenen Ansatz Dashcam-Aufzeichnungen auch dann verwertbar, wenn durch sie die Person des Unfallverursachers identifizierbar ist.[681] Daran hat auch die DSGVO nichts geändert.

In den Fokus der Öffentlichkeit geriet auch der Einsatz von **Keyloggern** durch einen Arbeitgeber, mittels derer er den (gesamten) Internetverkehr und die Benutzung der Computersysteme überwachte. Auf der einen Seite leuchtet es zwar ein, dass der Arbeitgeber auf Dienstrechnern ein Programm installieren möchte, das sämtliche Tastatureingaben protokolliert und zudem regelmäßig Bildschirmfotos fertigt, um auf diese Weise das (Privat-)Nutzungsverhalten der Beschäftigten insbesondere während der Arbeitszeit in Erfahrung zu bringen. Auf der anderen Seite ist mit einer solchen (verdeckten) Überwachung und Kontrolle der Arbeitnehmer ein nicht unerheblicher Eingriff in deren Recht auf informationelle Selbstbestimmung verbunden. Streitentscheidende Norm ist § 26 I BDSG, die in Abwägung widerstreitender Grundrechtspositionen Tatbestandsvoraussetzungen nennt und von Erforderlichkeit und Verhältnismäßigkeit der Datenerhebung spricht. Bei der Frage nach deren Vorliegen sind dann die widerstreitenden Grundrechtspositionen (Art. 12 I GG auf Seiten des Arbeitgebers; Art. 2 I i.V.m. Art. 1 I GG auf Seiten der Arbeitnehmer) miteinander und gegeneinander abzuwägen. Ergibt die Abwägung ein Überwiegen der Schutzinteressen des Arbeitnehmers oder der Arbeitnehmer, ist die Informationsgewinnung nicht nach § 26 I BDSG zulässig und es stellt sich die Frage nach der Verwertungsmöglichkeit gleichwohl erhobener Daten.

**Beispiel**[682]**:** K ist seit 3 Jahren bei der G-GmbH als Web-Entwickler tätig. Im Zusammenhang mit der Freigabe eines Netzwerks teilte die Geschäftsführung allen Beschäftigten mit, dass der private Gebrauch der Dienstcomputer unzulässig sei und dass zukünftig der gesamte „Internettraffic" und die Benutzung der PC-Systeme „mitgeloggt" würden. Die Installation einer Software, die alle Tastatureingaben protokolliert und in regelmäßigen Abständen Bildschirmfotos von aufgerufenen Websites erstellt, erfolgte kurz darauf. Nach Auswertung der mittels des „Keyloggers" gefertigten Dateien stellte sich heraus, dass K den Dienst-PC auch zu privaten Zwecken nutzte, und zwar auch während der Arbeitszeit. Daraufhin kündigte G das Arbeitsverhältnis fristlos, hilfsweise ordentlich, da sie aufgrund der Auswertung der Dateien zu dem Schluss kam, dass K den Dienst-PC während der Arbeitszeit in erheblichem Umfang privat genutzt hatte.

Bei der Frage nach der Rechtmäßigkeit der Kündigung ist nach einem schwerwiegenden Pflichtverstoß zu fragen, der es rechtfertigt, das Arbeitsverhältnis außerordentlich ohne Einhaltung einer Kündigungsfrist zu kündigen. Ein Pflichtverstoß liegt vor, da K unerlaubt während der Arbeitszeit das Computersystem privat nutzte. Ob dieser Pflichtverstoß schwerwiegend genug war, um eine fristlose Kündigung zu rechtfertigen, ist unklar. Die Frage kann jedoch dahinstehen, wenn die Beweiserhebung rechtswidrig war und zu einem Beweisverwertungsverbot führte.

Die Rechtmäßigkeit der Datenerhebung richtet sich vorliegend nach § 26 I S. 2 BDSG. Diese Vorschrift setzt in Abwägung widerstreitender Grundrechtspositionen einen auf Tatsachen beruhenden Verdacht einer Straftat voraus. G hatte beim Einsatz der Software gegenüber K jedoch keinen solchen Verdacht. Die von G generalisierend vorgenommene Arbeitnehmerüberwachung war daher rechtswidrig.

---

[681] Siehe bereits *R. Schmidt*, Grundrechte, 23. Aufl.; später auch BGH NJW 2018, 2883 ff.

[682] Nach BAG NJW 2017, 3258, 3259 f. Zur Überwachung des E-Mail-Verkehrs bzw. der Nutzung von Messenger-Diensten siehe auch EGMR NZA 2017, 1443 ff.

Diese rechtswidrige Beweiserhebung wog so schwer, dass das BAG zutreffend ein Beweisverwertungsverbot annahm.[683] Die Kündigung war daher rechtswidrig.

Ähnlich hat der EGMR hinsichtlich der Überwachung des **E-Mail-Verkehrs** bzw. der Nutzung von **Messenger-Diensten** entschieden. Zwar stellte der EGMR fest, dass es nicht von vornherein gegen Art. 8 I EMRK verstoße, wenn Unternehmen die Kommunikation ihrer Mitarbeiter überprüften. Allerdings bedürfe es eines legitimen Grunds für die Überwachung und mildere Kontrollmaßnahmen dürften nicht zur Verfügung stehen oder keinen Erfolg versprechen. Schließlich müssten Mitarbeiter über die Möglichkeit und das Ausmaß von Kontrollen vorab informiert werden.[684]

**Kein Schutz bei Preisgabe des Persönlichkeitsrechts:** Selbstverständlich besteht kein Schutz, wenn der Rechteinhaber sein Recht preisgegeben hat. Ist das der Fall, entfällt die Notwendigkeit einer Rechtfertigung. Auch in Bezug auf die **Intimsphäre**, die den absolut geschützten und keiner Abwägung zugänglichen Kernbereich des Persönlichkeitsrechts ausmacht und insbesondere angesprochen ist, wenn es um Sexualität geht, ist – trotz der Inbezugnahme der Menschenwürde – eine Einwilligung nicht ausgeschlossen, da das allgemeine Persönlichkeitsrecht dogmatisch in Art. 2 I GG verankert ist.

So ist im Beispiel (2) von Rn 658 Anspruchsgrundlage für den geltend gemachten Löschungsanspruch § 823 I BGB i.V.m. § 1004 I BGB analog, in deren Rahmen die jeweiligen Grundrechte Beachtung finden („mittelbare Drittwirkung"). Jedoch besteht keine Notwendigkeit einer Grundrechtsabwägung, wenn einer der Beteiligten seinen Grundrechtsschutz preisgegeben hat. So kann der Grundrechtsträger etwa durch die Erlaubnis zur Fertigung von Bildaufnahmen vor, während und nach dem Geschlechtsverkehr Einblick in seine Intimsphäre gewähren und damit über den Grundrechtsschutz disponieren. Zutreffend führt der BGH aus, dass sich niemand auf den Schutz seiner Intim- oder Privatsphäre hinsichtlich solcher Tatsachen berufen könne, die er selbst preisgegeben habe.[685] Ist diese Einwilligung aber bspw. begrenzt auf den Nutzerkreis oder die Dauer der Beziehung zu dem die Bildaufnahmen Anfertigenden (was i.d.R. anzunehmen ist, auch wenn dies nicht explizit ausgesprochen wurde), erlischt die Einwilligung mit der absprachewidrigen Nutzung bzw. mit der Beendigung der Beziehung und der Schutz lebt wieder auf. In diesem Fall kann allein schon das Innehaben der Verfügungsmacht über Bildaufnahmen durch einen Dritten gegen den Willen des Abgebildeten, sei es nur durch Behalten und Betrachten, dessen Persönlichkeitsrecht verletzen.[686] Das gilt insbesondere für die Intimsphäre. Wie der BGH zutreffend ausführt, wird die zur Anregung des gemeinsamen Sexuallebens erbrachte Entblößung als demütigend wahrgenommen, wenn das gemeinsame Erleben entfällt, die Entblößung aber dauerhaft sichtbar bleibt und die abgebildete Person gegen ihren Willen zum reinen Objekt des Bildbetrachters wird. Das damit verbundene Ausgeliefertsein und die Fremdbestimmung führen dazu, dass die Menschenwürde betroffen ist und damit der unantastbare Kernbereich des Persönlichkeitsrechts verletzt wird.[687]

Stellungnahme: Dem Urteil des BGH ist beizupflichten. Man darf i.d.R. davon ausgehen, dass die Einwilligung zur Fertigung von Nackt-, Intim- und/oder Aktfotos konkludent nur für die Dauer der Beziehung erteilt wurde und dass nach Beendigung der Beziehung allein das Innehaben der Verfügungsmacht über die Bildaufnahmen durch den Ex-Partner gegen den Willen des Abgebildeten dessen Persönlichkeitsrecht verletzt mit der Folge, dass ein Herausgabe-, Löschungs-, Beseitigungs- bzw. Unterlassungsanspruch besteht. Freilich ist damit noch nicht die Durchsetzbarkeit eines solchen Anspruchs geklärt. Die Fotodateien könnten auf verschiedenen Medien, auch bspw. in der sog. „Cloud" gespeichert sein. Eine Kontrolle der Löschung dürfte rechtlich und tatsächlich nahezu ausgeschlossen sein.

---

[683] BAG NJW 2017, 3258, 3259 f.
[684] EGMR NZA 2017, 1443 ff.
[685] BGH NJW 2016, 1094, 1095 ff. (Löschungsanspruch in Bezug auf Intimfotos).
[686] BGH NJW 2016, 1094, 1096 (Löschungsanspruch in Bezug auf Intimfotos).
[687] BGH NJW 2016, 1094, 1096 (Löschungsanspruch in Bezug auf Intimfotos).

Nach Auffassung des BVerfG und des BGH ist die Sexualität aber nicht stets der Intimsphäre zuzuordnen. Das erstaunt, aber anderenfalls hätten die Gerichte nicht billigen können, dass die Presse über einen Sexualstraftäter nach Verbüßung seiner Haftstrafe unter voller Namensnennung[688] oder über einen kommerziellen Pornodarsteller unter voller Namensnennung[689] berichtet. Jedenfalls bei der Veröffentlichung des Namens eines Pornodarstellers durch die Medien ist die Entscheidung des BGH, dass bei einer Abwägung der widerstreitenden Interessen die Presse- und Informationsfreiheit höher wiege als das allgemeine Persönlichkeitsrecht (hier: das Geheimhaltungsinteresse), nachvollziehbar, wenn man bedenkt, dass der Pornodarsteller zuvor bewusst seine Sexualität der interessierten Öffentlichkeit preisgegeben hat und dass die Öffentlichkeit angesichts der Tatsache, dass es sich bei dem Pornodarsteller um den gegenwärtigen Lebensgefährten einer bekannten Schauspielerin handelt, ein erhöhtes Informationsinteresse hat. Von diesen „Besonderheiten" aber abgesehen, wird man bei der Abwägung der widerstreitenden Güter der sexuellen Selbstbestimmung einen hohen Wert beimessen müssen.[690] Daher überzeugt die Entscheidung des BGH im Fall Kachelmann nicht. In der Entscheidung ging es um die Frage nach der Zulässigkeit der Medienberichterstattung über Details aus dem Sexualleben des wegen Vergewaltigung angeklagten Jörg Kachelmann, die während der öffentlichen Strafgerichtsverhandlung zur Sprache kamen. Der BGH hat entschieden, dass Details über sexuelle Vorlieben in den Medien verbreitet werden dürften, weil bei einer Berichterstattung aus öffentlichen Strafgerichtsverhandlungen das Informationsinteresse der Bevölkerung das Geheimhaltungsinteresse des Prominenten überwiege.[691] Das ist sehr bedenklich, da das Sexualleben auch bei Prominenten an sich der unantastbaren Intimsphäre zuzuordnen ist und man zudem die Medienöffentlichkeit nicht mit der Saalöffentlichkeit gleichsetzen kann. Denn während im Gerichtssaal nur wenige Personen anwesend sind, kann eine Medienberichterstattung Millionen Menschen erreichen[692], gerade in Zeiten des Internets. Die Grundrechtsbeeinträchtigung ist also um ein Vielfaches größer.

Außerhalb des Kernbereichs des Persönlichkeitsrechts ist dagegen Raum für eine Abwägung. Hier muss infolge der mittelbaren Drittwirkung der Grundrechte im Privatrecht eine umfassende Güterabwägung i.S. einer praktischen Konkordanz vorgenommen werden zwischen den Grundrechten des Agierenden und dem allgemeinen Persönlichkeitsrecht des Betroffenen. Es müssen bspw. das Grundrecht auf Meinungsäußerungs- bzw. Presse-, aber auch Kunstfreiheit auf Seiten des Agierenden sowie das Informationsinteresse der Öffentlichkeit (jeweils Art. 5 I GG oder Art. 5 III GG) einerseits mit dem allgemeinen Persönlichkeitsrecht bzw. dem Recht auf informationelle Selbstbestimmung des Betroffenen aus Art. 2 I i.V.m. Art. 1 I GG andererseits gegeneinander und untereinander abgewogen werden[693], wobei auch die Gewährleistungen der EMRK (hier: Art. 10 I EMRK vs. Art. 8 I EMRK) zu berücksichtigen sind[694]. Eingebettet wird diese Abwägung regelmäßig in der zivilrechtlichen Norm, auf die sich der geltend gemachte Löschungs-, Unterlassungs- oder Beseitigungsanspruch stützt. Das ist in aller Regel § 1004 I BGB, der bei Beeinträchtigungen des allgemeinen Persönlichkeitsrechts analog anwendbar ist. Das führt zu einer differenzierten Prüfung.

---

688 BVerfG NJW 2009, 3357, 3359.
689 BGH NJW 2012, 767 f.
690 Vgl. BVerfG NJW 2011, 909 (Transsexueller).
691 BGH NJW 2013, 1681 ff. (Kachelmann).
692 Vgl. dazu auch *Mäsch*, JuS 2014, 73 ff.
693 Vgl. auch BGH NJW 2015, 489 ff. (Bewertungen in einem Internetbewertungsportal – jameda.de I); BGH NJW 2018, 1884 ff. (jameda.de II); BGH NJW 2015, 782 ff. (Veröffentlichung von privaten Inhalten rechtswidrig erlangter E-Mails); NJW 2014, 768 ff. (Veröffentlichung von Informationen über Prominententochter); OLG Stuttgart AfP 2014, 352 ff. (Amoklauf von Winnenden); LG Hamburg AfP 2017, 177 und OLG Hamburg AfP 2018, 335 (Böhmermanns Schmähgedicht). Sollte (wie teilweise z.B. bei dem Schmähgedicht Böhmermanns) ein Angriff auf die Ehre vorliegen und damit eine strafbare **Beleidigung** in Betracht kommen, hat das Strafgericht bei der Prüfung des § 185 StGB die Meinungsäußerungsfreiheit mit dem Ehrschutz abzuwägen (BVerfG NJW 2015, 2022 f. – Tragen eines Ansteckers mit der Aufschrift „FCK CPS", was für „Fuck Cops" steht). Im **Zivilrechtsstreit** ist regelmäßig § 1004 BGB streitentscheidend (siehe etwa LG Hamburg AfP 2017, 177 und OLG Hamburg AfP 2018, 335 – Böhmermanns Schmähgedicht, dazu *R. Schmidt*, Grundrechte, 24. Aufl. 2019, Rn 536).
694 Siehe etwa BGH NJW 2018, 1884, 1886 (jameda.de II). Zu Rechtsnatur und Bindungswirkung der EMRK siehe einführend *R. Schmidt*, Grundrechte, 24. Aufl. 2019, Rn 4b ff.

**Beispiel**[695]**:** Verteilt K vor einer Tagesklinik, die u.a. Schwangerschaftsabbrüche durchführt, Flugblätter, auf denen unter Nennung des vollständigen Namens des behandelnden Arztes Dr. A angegeben ist, in der Klinik würden „rechtswidrige Abtreibungen" durchgeführt, und verweisen die Flugblätter zudem auf die Internetseite des K, auf der in einer Adressliste von „Abtreibungsärzten" auch der vollständige Name des Dr. A genannt wird, müsste das von A angerufene Zivilgericht unter analoger Anwendung des § 1004 I BGB über den Beseitigungs- und Unterlassungsanspruch entscheiden. Die Prüfung erfolgt dabei in folgenden Teilen:

1. Beseitigung der Beeinträchtigung (§ 1004 I S. 1 BGB analog)

Hier ist zunächst zu prüfen, ob durch die Äußerung des K unter Nennung des Namens des A sowie durch die Aufnahme des vollständigen Namens des A in die im Internet veröffentlichte Adressliste von „Abtreibungsärzten" das allgemeine Persönlichkeitsrecht des A aus Art. 2 I i.V.m. Art. 1 I GG beeinträchtigt wurde. Hierzu ist in einem ersten Schritt der Schutzbereich des allgemeinen Persönlichkeitsrechts darzustellen und in einem zweiten Schritt festzustellen, dass die genannten Handlungen des K das allgemeine Persönlichkeitsrecht des A beeinträchtigen. Dabei sind auch die Gewährleistungen der EMRK zu berücksichtigen. Es ist ein gerechter Ausgleich zwischen dem Recht des K auf Meinungsäußerungsfreiheit (Art. 10 I EMRK) und dem Persönlichkeitsrecht der Ärzte (Art. 8 EMRK) herzustellen.[696]

Sodann ist darauf einzugehen, dass gem. § 1004 II BGB analog der Beseitigungsanspruch des A ausgeschlossen ist, wenn er zur Duldung verpflichtet ist. Bei der Frage, ob eine Duldungspflicht besteht, ist dann darzulegen, dass sich diese aus dem Grundrecht der Meinungsäußerung aus Art. 5 I S. 1 Var. 1 GG ergeben könnte. Sodann ist zu prüfen, ob zugunsten des K der Schutzbereich der Meinungsäußerungsfreiheit eröffnet ist. Nach Bejahung des Schutzbereichs ist schließlich eine umfassende Güterabwägung vorzunehmen. Dabei ist zu berücksichtigen, dass bei A wohl lediglich die Sozialsphäre[697] betroffen ist und Äußerungen, die diese Sphäre betreffen, eher zu dulden sind, solange mit den Äußerungen keine stigmatisierenden Wirkungen, sozialen Ausgrenzungen oder Prangerwirkungen verbunden sind.[698]

2. Unterlassung weiterer Beeinträchtigungen (§ 1004 I S. 2 BGB analog)

Wurde im 1. Teil eine Grundrechtsverletzung auf Seiten des A verneint, kann sich auch kein Unterlassungsanspruch ergeben.

- **Weitergabe von Angelegenheiten aus fremder Privatsphäre/Intimsphäre:** 671
Hierzu gehören bspw. die Weitergabe von Informationen über den Gesundheitszustand des Betroffenen[699] und die Veröffentlichung von Privatbriefen/Privataufzeichnungen[700] oder von privaten E-Mails, insbesondere im Internet[701]. Besonders gewichtig ist die Beeinträchtigung des Persönlichkeitsrechts, wenn es um die Veröffentlichung von Informationen aus der Intimsphäre (Nacktfotos; Fotos vom Geschlechtsverkehr etc.) geht.[702] Da die Intimsphäre absolut geschützt ist, sind Beeinträchtigungen nicht rechtfertigungsfähig (s.o.).

Bedenklich ist die Auffassung des LG Saarbrücken, das Geheimhaltungsinteresse des Verfassers einer nicht für Dritte bzw. die Öffentlichkeit bestimmten privaten Nachricht („PN") in einem sozialen Netzwerk (hier: Facebook) trete i.d.R. hinter dem Informationsinteresse der Öffentlichkeit zurück, wenn der vom Empfänger der PN (hier: Til

---

[695] Nach EGMR NJW 2016, 1867 ff. (Annen/Deutschland).

[696] Zum Ausgleich zwischen Art. 10 I EMRK und Art. 8 EMRK, der über Art. 10 II EMRK zu berücksichtigen ist, vgl. auch EGMR NJW 2017, 3501 ff.

[697] Zu den Sphären vgl. Rn 666.

[698] Siehe BGH NJW 2015, 489, 493 (jameda.de I) und BGH NJW 2018, 1884, 1885 ff. (jameda.de II) – dazu sogleich Rn 673. Zu beachten ist, dass dabei auch die Gewährleistungen der EMRK zu berücksichtigen sind (vgl. dazu einführend *R. Schmidt*, Grundrechte, 24. Aufl. 2019, Rn 4b ff.).

[699] BGHZ 24, 72, 75 ff.; BGH NJW 1996, 984, 985.

[700] LG Köln NJW 2015, 801 f. (Kohl-Protokolle).

[701] BGH NJW 2015, 782, 783 f. (Veröffentlichung von privaten Inhalten rechtswidrig erlangter E-Mails).

[702] BGH NJW 2016, 1094, 1095 (Löschungsanspruch in Bezug auf Intimfotos).

Schweiger) veröffentlichte Inhalt politisch brisante Angelegenheiten betreffe oder einen sonstigen Beitrag zum „geistigen Meinungskampf" leiste.[703] Insbesondere überzeugt die Begründung des Gerichts nicht, die Veröffentlichung sei zu dulden, weil die betreffende Person sich ihrerseits nicht neutral verhalten, sondern Kritik an dem die PN Veröffentlichenden geäußert und sich zudem auf eine vom ihm getätigte Behauptung gestützt habe, die nicht erwiesen werden konnte (es ging um die angebliche Äußerung von Til Schweiger, er werde bei einem Einzug der AfD in den Deutschen Bundestag das Land verlassen), sodass sich die die PN verfassende Person ebenfalls der öffentlichen Diskussion und der in diesem Zusammenhang geäußerten Kritik, etwa durch Kommentare auf Facebook, habe stellen und auch die Nennung ihres Namens habe dulden müssen. Das Hauptargument des LG, maßgeblich hierfür sei, dass die die PN verfassende Person ihrerseits vor der Veröffentlichung durch den Empfänger der PN unter Angabe von dessen vollständigem Namen an die Öffentlichkeit gegangen sei, nämlich in einem Internetforum mit ca. 25.000 Mitgliedern[704], geht schon deshalb fehl, weil Prominente, die sich unter ihrem Klarnamen der öffentlichen Diskussion stellen, indem sie sich öffentlich zu gesellschaftlichen und politischen Themen äußern, eher öffentliche Kritik dulden müssen als Privatpersonen. Hinzu kommt, dass die die PN verfassende Person ihre Aussage gerade nur in Form einer PN (und nicht im öffentlichen Forum) getätigt hat. Die Veröffentlichung der PN stellt daher eine überzogene bzw. unverhältnismäßige Reaktion dar und ist von der PN-Verfasserin nicht zu dulden.

672 ▪ **Verwendung von Bildern, Wappen, Namen zu Werbezwecken (soweit nicht bereits von §§ 22 f. KUG erfasst):** Hierzu zählen bspw. das Fotografieren einer Person der Zeitgeschichte und das zweckwidrige Verwerten dieses Fotos im Rahmen kommerzieller Werbung.[705] Siehe auch schon oben Rn 656 („Herrenreiter-Fall").

673 ▪ **Verletzung der Ehre und rufschädigendes Verhalten:** Da auch die Ehre Teil des Persönlichkeitsrechts ist, führen Ehrverletzungen nicht nur zu einem Unterlassungsanspruch, sondern begründen auch einen Schadensersatz. Wird also z.B. eine Fernsehansagerin als ausgemolkene Ziege bezeichnet, bei deren Anblick den Zuschauern die Milch sauer werde[706], führt dies ohne weiteres zu einem Unterlassungs- und Schadensersatzanspruch. Auch die Beeinträchtigung der **beruflichen Ehre** bzw. des **Rufs** gehört hierher, etwa wenn Lehrer, Professoren, Restaurantbetreiber, Ärzte, Kliniken, Frisöre etc. bspw. in **Internetbewertungsportalen** „bewertet" werden. Der BGH hat entschieden, dass solche Bewertungen in aller Regel lediglich die Sozialsphäre beträfen. Im Bereich der Sozialsphäre müsse sich der Einzelne wegen der Wirkungen, die seine Tätigkeit hier für andere habe, von vornherein auf die Beobachtung seines Verhaltens durch eine breite Öffentlichkeit und auch auf Kritik an seinen Leistungen einstellen.[707] Dass Bewertungen zudem anonym abgegeben werden können, ändere nichts an dem grundsätzlichen Vorrang der Meinungsäußerungsfreiheit. Denn die Möglichkeit zur anonymen Nutzung sei dem Internet immanent.[708] Letztlich ist diese Argumentation rechtsmethodisch zweifelhaft. Zwar gewährt § 13 VI S. 1 TMG grds. das Recht auf Anonymität der Internetnutzer, bei der Abwägung zwischen den widerstreitenden Grundrechten ist aber *verfassungsrechtlich* zu argumentieren. Hinzu kommt, dass die (anonym abgegebene) rufschädigende Bewertung praktisch dauerhaft im Internet verbleibt, was bei der Abwägung ebenfalls hätte einfließen müssen. Immerhin sieht der BGH in einem späteren Urteil durchaus die Missbrauchsgefahr, die mit der Möglichkeit der anonymen oder pseudonymen Bewertung verbunden ist.[709]

---

[703] LG Saarbrücken AfP 2018, 80 (mit Verweis auf *Härting*, Internetrecht, 6. Aufl. 2017, Rn 531).
[704] LG Saarbrücken AfP 2018, 80 (mit Verweis auf *Härting*, Internetrecht, 6. Aufl. 2017, Rn 531).
[705] BGHZ 20, 345, 374 ff. (Paul Dahlke); 26, 349, 351 (Herrenreiter); 143, 214, 217 ff. (Marlene Dietrich); OLG Köln 21.2.2019 – 15 U 46/18 (Jan Böhmermann).
[706] BGHZ 39, 124, 127 ff. (Dagmar Berghoff).
[707] BGH NJW 2015, 489, 493 (Bewertungen in einem Internetbewertungsportal – jameda.de I).
[708] BGH NJW 2015, 489, 493.
[709] BGH NJW 2016, 2106, 2107 f. (Prüfungsaufwand des Providers bei Ärztebewertungen).

In der **Variante 1** des **Beispiels** von Rn 657 könnte sich ein Anspruch des A auf Löschung Art. 17 I d) DSGVO ergeben, wonach personenbezogene Daten unverzüglich zu löschen sind, wenn ihre Verarbeitung unrechtmäßig war.[710] Zulässig und damit rechtmäßig ist die Speicherung von Daten gem. Art. 6 I S. 1 f) DSGVO aber, wenn nicht die Interessen oder Grundrechte und Grundfreiheiten der betroffenen Person, die den Schutz personenbezogener Daten erfordern, überwiegen.[711] Das Überwiegen des Schutzes personenbezogener Daten wiederum ergibt sich aus einer umfassenden Abwägung der widerstreitenden Grundrechtspositionen[712], vorliegend zunächst zwischen dem Grundrecht auf informationelle Selbstbestimmung aus Art. 2 I i.V.m. Art. 1 I GG auf Seiten des A und dem Kommunikationsgrundrecht aus Art. 5 I S. 1 GG (hier: Meinungs- und Medienfreiheit) auf Seiten des P und der Meinungsäußerungsfreiheit auf Seiten der Bewerter. Art. 12 I GG kommt sowohl A als auch P zugute.

Nach Auffassung des BGH überwiegen die Interessen des P und der Bewerter. Die Wirkungen von veröffentlichten Bewertungen seien der Sozialsphäre[713] zugeordnet und im Bereich dieser Sphäre müsse der Bewertete Kritik an seinen Leistungen hinnehmen, solange – wie im vorliegenden Fall – mit den Bewertungen keine stigmatisierenden Wirkungen, sozialen Ausgrenzungen oder Prangerwirkungen verbunden seien.[714]

Bewertung: Es ist absolute Tendenz in der Rechtsprechung, dass die Meinungsäußerungsfreiheit (auch, wenn sie anonym oder pseudonym im Internet ausgeübt wird) den Vorrang vor den Interessen des Betroffenen genießt, sofern nur dessen Öffentlichkeits- oder Sozialsphäre bzw. der Randbereich des Persönlichkeitsrechts betroffen sei. Lediglich bei Vorliegen von Schmähkritik, Beleidigung oder Anprangerung gelte etwas anderes.[715] Dem ist mit Blick auf die Bedeutung der Meinungsäußerungsfreiheit für eine Demokratie insoweit zuzustimmen. Auf die interessante Frage, ob aufgrund des Umstands, dass das Internet „nichts vergisst" und die gegenüber A abgegebenen Bewertungen diesen ggf. daher „sein Leben lang begleiten", ein anderer Blick auf die Zumutbarkeit der Duldung zu werfen sein könnte, geht der BGH nicht ein. Im BGH-Urteil keine genügende Erwähnung findet auch die große Missbrauchsgefahr. So wurde von Ärzten berichtet, Kunden hätten „gedroht", sie im Internet „fertigzumachen", wenn sie nicht die gewünschte Krankschreibung ausstellten oder das gewünschte Medikament verschrieben. Ähnliches Kundenverhalten wurde hinsichtlich Restaurantbewertungen oder Hotelbewertungen gemeldet. Man habe mit schlechter Bewertung gedroht, falls man keinen Rabatt erhalte oder die Kinder nicht kostenlos speisen dürften. Insgesamt steckt also ein hohes Spannungspotential in Internetbewertungsportalen.[716] Das am 1.10.2017 in Kraft getretene Netzwerkdurchsetzungsgesetz kann jedenfalls keine Abhilfe schaffen oder nicht zumindest für Eindämmung sorgen, weil Bewertungsportale zur Verbreitung lediglich spezifischer Inhalte bestimmt sind, was wiederum gem. § 1 I S. 3 Netzwerkdurchsetzungsgesetz vom Anwendungsbereich des Gesetzes ausgenommen ist. Immerhin bestehen Auskunftsansprüche gegen den Betreiber gem. § 14 III, IV TMG, um zivilrechtlich gegen den Bewerter vorgehen zu können. Auch kommen **Unterlassungs- und Beseitigungsansprüche** gem. § 1004 I BGB analog (sowohl gegen Portalbetreiber als auch gegen Bewerter) in Betracht.[717]

Anm.: Dagegen besteht (mangels gesetzlicher Grundlage) ein auf Herausgabe von (Anmelde-)Daten der Rechteverletzer gerichteter zivilrechtlicher **Auskunftsanspruch** gegenüber dem Portalbetreiber **nicht**[718]. Dem Portalbetreiber ist es sogar untersagt, An-

---

[710] Der BGH stellte insofern noch auf die seinerzeit geltende Vorschrift des § 35 II S. 2 Nr. 1 BDSG a.F. ab.
[711] Der BGH stellte insofern noch auf die seinerzeit geltende Vorschrift des § 29 I S. 1 Nr. 1 BDSG a.F. ab.
[712] Zur mittelbaren Geltung der Grundrechte auch im Verhältnis zwischen Privaten vgl. Rn 106 ff.
[713] Zu den Sphären siehe oben Rn 666.
[714] BGH NJW 2015, 489, 493. In diese Richtung geht auch OVG Münster K&R 2018, 140 zu einem Fahrerbewertungsportal im Internet.
[715] Siehe dazu *R. Schmidt*, Grundrechte, 24. Aufl. 2019, Rn 428 ff.
[716] Immerhin sieht – wie erwähnt – auch der BGH in einem späteren Urteil durchaus die Missbrauchsgefahr, die mit der Möglichkeit der anonymen oder pseudonymen Bewertung verbunden ist (BGH NJW 2016, 2106, 2107 f. – Prüfungsaufwand des Providers bei Ärztebewertungen).
[717] So etwa in den bei Rn 657 dargestellten Fällen.
[718] Vgl. BGH NJW 2014, 2651, 2652.

meldedaten außerhalb eines Strafverfahrens und ohne richterlichen Beschluss herauszugeben (siehe § 12 II TMG). Das Netzwerkdurchsetzungsgesetz auferlegt den Betreibern von sozialen Netzwerken zwar bestimmte Prüf- und Löschungspflichten, enthält aber ebenfalls keine Herausgabepflicht oder -erlaubnis. Für den Bereich von **Urheberrechtsverletzungen** gewährt § 101 UrhG Auskunfts- und Herausgabeansprüche gegenüber dem Portalbetreiber.[719] Zu den nach § 101 UrhG herauszugebenden Daten gehört nach OLG Frankfurt a.M.[720] auch die E-Mail-Adresse des Rechteverletzers. „Anschrift" und „Adresse" seien gleichbedeutend und dazu gedacht, jemanden „anzuschreiben". Aufgrund veränderter Kommunikationsgewohnheiten umfasse die „Adresse" auch die E-Mail-Adresse. Nicht vom Auskunftsanspruch erfasst seien Telefonnummer und IP-Adresse. Während Anschrift und Telefonnummer verschiedene Kontaktdaten verkörperten, sei die Bekanntgabe der IP-Adresse ausgeschlossen, weil ihr keinerlei Kommunikationsfunktion zukomme. Der BGH als Revisionsinstanz hat ein Vorabentscheidungsverfahren nach Art. 267 AEUV eingeleitet und dem EuGH die Frage vorgelegt, ob die in Art. 8 II lit. a) der Richtlinie 2004/48/EG geregelte Auskunftspflicht auch E-Mail-Adressen, Telefonnummern und IP-Adressen umfasst.[721] Der Fortgang bleibt also abzuwarten.

Zur **Variante 2:** Wie bei der Variante 1 könnte sich ein Anspruch auf Löschung aus Art. 17 I d) DSGVO ergeben, wonach personenbezogene Daten unverzüglich zu löschen sind, wenn ihre Verarbeitung unrechtmäßig war. Aber auch wie bei der Variante 1 ist die Speicherung von Daten gem. Art. 6 I S. 1 f) DSGVO zulässig, wenn nicht die Interessen oder Grundrechte und Grundfreiheiten der betroffenen Person, die den Schutz personenbezogener Daten erfordern, überwiegen. Das Überwiegen des Schutzes personenbezogener Daten wiederum ergibt sich aus einer umfassenden Abwägung der widerstreitenden Grundrechtspositionen, vorliegend zwischen dem Grundrecht auf informationelle Selbstbestimmung aus Art. 2 I i.V.m. Art. 1 I GG auf Seiten der B und dem Kommunikationsgrundrecht aus Art. 5 I S. 1 GG auf Seiten des Portalbetreibers und der Bewerter. Art. 12 I GG kommt wiederum sowohl B als auch dem Portalbetreiber zugute.

Nach Auffassung des BGH überwiegen die Interessen der B. Denn P sei nicht lediglich als „neutraler Mittler" von Kommunikations- und/oder Informationsinhalten aufgetreten. Vielmehr habe P Kommunikation und Information „gelenkt", indem er bei nichtzahlenden Ärztinnen und Ärzten dem ein Arztprofil aufsuchenden Internetnutzer die „Basisdaten" nebst Bewertung des betreffenden Arztes angezeigt und ihm mittels eines eingeblendeten Querbalkens Informationen zu örtlich konkurrierenden Ärzten angeboten habe. Auf Profilen von „Premiumkunden" habe er indes – ohne dies dort den Internetnutzern hinreichend offenzulegen – solche über die örtliche Konkurrenz unterrichtenden werbenden Hinweise nicht zugelassen. In diesem Fall sei P nicht mehr lediglich „neutraler" Kommunikations- und Informationsmittler und könne sich daher auf das ihm zustehende Grundrecht der Meinungs- und Medienfreiheit (Art. 5 I S. 1 GG, Art. 10 I EMRK) auch nur mit geringerem Gewicht stützen. In einem solchen Fall überwiege der im Recht auf informationelle Selbstbestimmung (Art. 2 I i.V.m. Art. 1 I GG, Art. 8 I EMRK) verankerte Schutz der personenbezogenen Daten der B. Das führe hier dazu, dass der Schutz der personenbezogenen Daten der B i.S.v. Art. 6 I S. 1 f) DSGVO überwiege.[722] Das Profil der B sei daher zu löschen.

Bewertung: Dem Urteil des BGH ist zuzustimmen. Mit der Möglichkeit, dass zahlende „Premiumkunden" Werbebanner schalten können, die auf den Profilen nichtzahlender Konkurrenten erscheinen, findet eine erhebliche Wettbewerbsverzerrung statt, die nicht mehr von der Meinungs- und Medienfreiheit (Art. 5 I S. 1 GG, Art. 10 I EMRK) gedeckt ist. Zudem ist P nicht „Sachwalter" des Rechts der Patientinnen und Patienten auf freie Arztwahl. Dieses Recht steht Patientinnen und Patienten im Verhältnis zur Krankenversi-

---

[719] Siehe dazu BGH NJW 2012, 2958 ff.

[720] OLG Frankfurt a.M. GRUR 2017, 1116. Im Fall geht es um die gegen YouTube LLC und deren Muttergesellschaft, die Google Inc., gerichtete Auskunft, die Daten eines Users, der urheberrechtlich geschütztes Filmmaterial hochgeladen hatte, herauszugeben.

[721] BGH 21.2.2019 – I ZR 153/17.

[722] Der BGH stellte insofern aber noch auf die seinerzeit geltende Vorschrift des § 29 I S. 1 Nr. 1 BDSG a.F. ab.

cherung und Praxis bzw. Klinik zu. Dessen Sicherung ist nicht Aufgabe von P. Insofern gibt es am Urteil des BGH nichts auszusetzen. Zu kurz kommt aber eine Auseinandersetzung mit Art. 12 I GG. Denn kann sich P mit dem Argument, dass er nicht mehr lediglich „neutraler" Kommunikations- und Informationsmittler sei, nur noch mit geringerem Gewicht auf das ihm zustehende Grundrecht der Meinungs- und Medienfreiheit (Art. 5 I S. 1 GG, Art. 10 I EMRK) stützen, gerät Art. 12 I GG in den Vordergrund, auch wenn dieses Grundrecht bei einer Abwägung mit dem allgemeinen Persönlichkeitsrecht und der Berufsfreiheit der B ebenfalls zurücktreten würde.

Weiterführender Hinweis: Wenn P es daraufhin unterlässt, Anzeigen der „Premiumkunden" in den Profilen der nichtzahlenden Ärztinnen und Ärzte anzuzeigen, und im Übrigen die Nutzer nunmehr transparent darüber aufklärt, ob es sich bei den Profilen jeweils um solche von „Premiumkunden" (also von Vertragspartnern des P) oder von anderen Ärztinnen und Ärzten handelt, dürfte er (in Bezug auf andere Fälle) einer Löschungspflicht entgehen und so sein Geschäftsmodell, wenngleich modifiziert, erhalten. Denn der BGH hat das Geschäftsmodell von P nicht grundsätzlich in Frage gestellt, sondern nur die Möglichkeit beanstandet, dass zahlende „Premiumkunden" Werbebanner schalten können, die auf den Profilen nichtzahlender Konkurrenten erscheinen.

Zum **Netzwerkdurchsetzungsgesetz**, das den Betreibern von sozialen Netzwerken bestimmte Prüf- und Löschungspflichten auferlegt und damit mittelbar auch die Meinungsäußerungsfreiheit betrifft, vgl. *R. Schmidt*, Grundrechte, 24. Aufl. 2019, Rn 804.

**Unwahre Tatsachenbehauptungen** muss der Betroffene indes von vornherein nicht dulden. Unwahr ist bspw. eine von einem (früheren) Patienten in einem Klinikbewertungsportal getätigte Behauptung, es habe septische Komplikationen bei einem Standardeingriff gegeben, wenn tatsächlich die Sepsis erst drei Wochen nach der Operation aufgetreten ist.[723] Bzgl. derartiger Äußerungen besteht ein Beseitigungs- und Unterlassungsanspruch.[724]

Bei (sonstigen) **ehrrührigen Äußerungen** muss die Frage, ob im Einzelfall ein **Unterlassungs- und/oder Schadensersatzanspruch** besteht, das Ergebnis einer Abwägung der widerstreitenden Rechtsgüter sein. Je verletzender die Äußerung ist, desto eher überwiegt das Persönlichkeitsrecht.[725]

Bei **Schmähkritik**, also bei einer Äußerung, bei der nicht mehr die Auseinandersetzung in der Sache, sondern die Diffamierung der Person im Vordergrund steht[726], entscheidet das BVerfG uneinheitlich hinsichtlich der Frage, ob bereits der Schutzbereich des Art. 5 I GG nicht eröffnet ist oder ob die Schmähkritik bei der Prüfung der verfassungsrechtlichen Rechtfertigung hinter den Ehrschutz zurücktritt. Jedenfalls seien bei der Frage, ob es sich bei einer kritischen Äußerung um eine nicht von der Meinungsäußerungsfreiheit gedeckte **Schmähkritik** handelt, sämtliche Umstände des Einzelfalls, wie Anlass und Kontext der Äußerung, zu berücksichtigen.[727] So sind selbst geschmacklose und anprangernde Äußerungen nicht als Schmähkritik erachtet worden, sofern sie nur einen sachlichen Bezug hätten und einer themenbezogenen Auseinandersetzung dienten.[728] Auch wurde die Bezeichnung eines Staatsanwalts als „durchgeknallt" nicht als Beleidigung

---

[723] Vgl. BGH NJW 2017, 2029, 2030 ff. (klinikbewertungen.de).

[724] In der Regel besteht der Anspruch (nur) gegen den „Bewerter", nicht (auch) gegen den Portalbetreiber, dem insoweit die Haftungsprivilegierung gem. § 10 S. 1 TMG zugutekommt. Sollte sich der Portalbetreiber die Einträge aber zu eigen gemacht haben (etwa, indem er textliche Änderungen an den Einträgen vorgenommen hat), greift die Haftungsprivilegierung aus § 10 S. 1 TMG nicht. Denn dann verlässt er seine „neutrale Vermittlerrolle" und haftet selbst wie ein „Störer", vgl. BGH NJW 2017, 2029, 2030 ff. (klinikbewertungen.de).

[725] Vgl. BVerfG NJW 2014, 764, 765 bezüglich der Bezeichnung einer ehemaligen Landrätin als „durchgeknallt" und dass ihre Hormone dermaßen durcheinander seien, dass sie nicht mehr wisse, was Liebe, Sehnsucht, Orgasmus, Feminismus und Vernunft sei.

[726] Vgl. etwa aus BVerfG NJW 2016, 2870 (Bezeichnung einer Staatsanwältin als „widerwärtig, boshaft, dümmlich und geisteskrank") mit Verweis auf BVerfGE 82, 272, 283 f.; 85, 1, 16; 93, 266, 294.

[727] BVerfG NJW 2005, 3274; GRUR 2008, 81; NVwZ-RR 2008, 330; DVBl 2009, 243, 244 f.; NJW 2013, 3021, 3022.

[728] BVerfG NJW 2013, 3021, 3022 (Bezeichnung einer Rechtsanwaltskanzlei als „Winkeladvokatur" keine Schmähkritik); BVerfG NJW 2012, 3712, 3713 (Bezeichnung eines Rechtsanwalts als „rechtsextrem").

bzw. Schmähung angesehen, weil Anlass und Kontext der Äußerung nicht auf eine beabsichtigte persönliche Kränkung hätten schließen lassen.[729] Und die Bezeichnung eines Politikers als „Obergauleiter" sei keine Schmähkritik, wenn der für die Verneinung des Sachbezugs erforderliche Umstand fehle.[730] In diesen Fällen besteht also weder ein Unterlassungs- noch ein Schadensersatzanspruch.

Zweifelhaft ist daher auch die Auffassung des BVerfG in einem Fall, bei dem es um einen Delinquenten ging, der nach Abschluss einer Wohnungsdurchsuchung äußerte, der an der Wohnungsdurchsuchung beteiligte Polizist P habe die Wohnungsdurchsuchung genutzt, um unerlaubte Substanzen zu deponieren. Dies stelle zwar eine „erhebliche Diffamierung" dar (weil P ja einer Straftat bezichtigt wird), sei jedoch keine Schmähkritik.[731] Mit der vom BVerfG sonst aufgestellten Definition von Schmähkritik, wonach diese immer dann vorliege, wenn nicht mehr die Auseinandersetzung in der Sache, sondern die Diffamierung der Person im Vordergrund stehe[732], ist dies schwerlich zu vereinbaren. Richtig ist es daher, wenn das BVerfG feststellt, dass die strafgerichtliche Verurteilung wegen Beleidigung für den Fall des „ostentativen" und „nachgerade paradierenden" Zur-Schau-Stellens eines mit „A. C. A. B." bedruckten Stoffbeutels vor Polizeikräften keinen verfassungsrechtlichen Bedenken begegne.[733]

674 ▪ **Wort- oder Bildberichterstattung seitens der Presse zulasten Prominenter bzw. Personen der Zeitgeschichte:** Auch bei Personen der Zeitgeschichte (zum Begriff siehe Rn 663) muss – sofern nicht bereits die absolut geschützte Intimsphäre betroffen ist – infolge der mittelbaren Geltung der Grundrechte im Privatrecht eine Abwägung i.S. einer praktischen Konkordanz vorgenommen werden zwischen den Grundrechten des Pressevertreters und dem allgemeinen Persönlichkeitsrecht des Betroffenen (siehe Rn 664 ff.).[734] Im Rahmen des Bildnisschutzes sind als streitentscheidendes einfachgesetzliches Regelungswerk die §§ 22, 23 KUG heranzuziehen. Bei der Auslegung der dort genannten unbestimmten Rechtsbegriffe sind dann die widerstreitenden Grundrechte zu berücksichtigen. Stets sind auch die Gewährleistungen der EMRK zu berücksichtigen.[735]

Insgesamt betont das BVerfG die Pflicht der Fachgerichte, das allgemeine Persönlichkeitsrecht und die Meinungsäußerungs- bzw. Pressefreiheit einer echten Abwägung zu unterziehen und zu praktischer Konkordanz zu verhelfen.[736] So kann bei der Abwägung zwischen der Meinungsäußerungs- bzw. Pressefreiheit und dem allgemeinen Persönlichkeitsrecht des Betroffenen, über den in einem Presseartikel über Aspekte des Privatlebens berichtet wird, von Bedeutung sein, ob

⇨ es sich „nur" um eine Bildberichterstattung handelt, für die bei Personen der Zeitgeschichte eine grundsätzliche Duldungspflicht für den Bereich der Sozial- oder Öffentlichkeitssphäre besteht (siehe § 23 I Nr. 1 KUG),
⇨ es sich bei der Person um einen *Politiker* handelt, bei dem wegen des gesteigerten Informationsinteresses an Aspekten auch des Privatlebens unter dem Gesichtspunkt demokratischer Transparenz und Kontrolle eine Berichterstattung eher zu dulden sein kann[737] [738],

---

[729] BVerfG NJW 2009, 3016 f. (dazu *Muckel*, JA 2010, 672 f.).
[730] BVerfG NJW 2017, 1460 f. (Bezeichnung eines Politikers als „Obergauleiter" keine Schmähkritik).
[731] BVerfG 31.1.2017 – 1 BvR 2454/16 (keine Schmähkritik bei Äußerung, Polizist habe Drogen „untergeschoben").
[732] Vgl. etwa BVerfG NJW 2016, 2870 (Bezeichnung einer Staatsanwältin als „widerwärtig, boshaft, dümmlich und geisteskrank") mit Verweis auf BVerfGE 82, 272, 283 f.; 85, 1, 16; 93, 266, 294.
[733] BVerfG NJW 2017, 2607.
[734] Vgl. etwa BVerfG NJW 2014, 2019; OLG Stuttgart AfP 2014, 352 ff. (Amoklauf von Winnenden).
[735] Auf Art. 8 und 10 EMRK geht erfreulicherweise auch BGH NJW 2015, 489 ff. (Bewertungsportal im Internet) ein.
[736] Vgl. BVerfG NJW 2008, 1793 ff.; NJW 2012, 756 f.; 2011, 740 ff., wo das Gericht dem allgemeinen Persönlichkeitsrecht bei der Wortberichterstattung eine geringere Schutzweite zuerkennt als bei einer Bildveröffentlichung. Aktuell auch BGH NJW 2012, 767 ff.; 2014, 2029, 2031). Vgl. insgesamt auch *R. Schmidt*, Grundrechte, 24. Aufl. 2019, Rn 517 ff.
[737] BGH MDR 2017, 879, 880 (Berichterstattung über Liebesbeziehung).
[738] Das gilt auch, wenn die betreffende Person nicht mehr aktiv in ihrer ursprünglichen Rolle ist, aber nach wie vor durch ihr Auftreten im Interesse der Öffentlichkeit steht, siehe BGH NJW 2018, 1820, 1821 f. (Christian Wulff beim Einkaufen).

⇨ es sich um eine andere prominente Person (*Schauspieler*, *Musiker*, *Sportler* etc.) handelt, bei der sich die öffentliche Meinungsbildung als nicht ganz so gewichtig zeigt (und möglicherweise eher der Befriedigung von Neugier dient)[739],
⇨ es sich um eine *Privatperson* handelt, die nicht in der Öffentlichkeit auftritt, und die Allgemeinheit daher kaum ein berechtigtes Informationsinteresse haben kann,
⇨ die fragliche Äußerung den *Schwerpunkt* des Artikels bildet oder nur im Rahmen eines allgemeinen Berichts über ein Thema, über das ein Informationsinteresse besteht, dargestellt wird[740],
⇨ der Betroffene sich *regelmäßig der Öffentlichkeit präsentiert* und sich damit in gewisser Weise seines Schutzes begibt[741],
⇨ der Betroffene den Umstand, über den berichtet wird, *zuvor geheim gehalten* hat[742],
⇨ die Person von der Presse bspw. in einem vom öffentlichen Raum nur eingeschränkt einsehbaren Innenhof oder auf dem Gehweg einer öffentlichen Straße fotografiert wird und die Fotos anschließend veröffentlicht werden[743].

Sind die genannten Kriterien bei der Abwägung der widerstreitenden Interessen maßgeblich, kann es entscheidend sein, ob sich der Betroffene (hier: ein Prominenter) auf privatem Gelände befindet und die berechtigte Erwartung hegen darf, nicht in den Medien abgebildet zu werden, oder er sich in einem öffentlichen Bereich (Straße, Parkplatz, Supermarkt etc.) aufhält, in dem er aufgrund der Gesamtumstände damit rechnen muss, (von der Presse) wahrgenommen zu werden.[744]

- Geht es um das **Recht am eigenen Wort**, hat der Betroffene grundsätzlich ein Recht darauf, dass Sprachaufnahmen, die von ihm gefertigt wurden, bzw. Inhalte seines nicht öffentlich gesprochenen Wortes nicht ohne seine Zustimmung veröffentlicht werden.[745] 675

**Rechtsfolgen:** Ist der Eingriff in das allgemeine Persönlichkeitsrecht rechtswidrig, kann der Verletzte **Beseitigung** der Beeinträchtigung, aber auch **Unterlassung** weiterer Beeinträchtigungen verlangen (dazu Rn 1146 ff.). In positiver Hinsicht ist neben einem **Schadensersatzanspruch** auch ein Anspruch auf **Herausgabe** des durch den rechtswidrigen Eingriff in das allgemeine Persönlichkeitsrecht Erlangten denkbar.[746] Unter bestimmten Voraussetzungen ist auch ein Anspruch auf **Geldentschädigung** möglich. Vgl. dazu Rn 1115 ff. Auch ein **Recht auf Gegendarstellung** ist denkbar. So ist z.B. dem Betroffenen, über den rechtswidrig (d.h. ehrverletzend) in einer Fernsehsendung oder einem Zeitschriftenartikel berichtet wird, das Recht zu gewähren, die Veröffentlichung einer Gegendarstellung in demselben Medium zu verlangen.[747] Verletzungen des Rechts am eigenen Wort führen u.U. zum **Recht auf Richtigstellung**. So kann nach einer Verdachtsberichterstattung, deren Inhalte sich nachträglich aber als unzutreffend erwiesen haben, der Betroffene u.U. eine Richtigstellung verlangen.[748] 676

## b. Tatbestandsverwirklichung durch menschliches Verhalten

Die Rechtsgutverletzung muss durch ein bestimmtes **Verhalten** des in Anspruch Genommenen verursacht worden und diesem zuzurechnen sein. Das haftungsbegründende Verhalten kann in einem positiven Tun, aber auch in einem Unterlassen liegen. 677

---

[739] BGH MDR 2017, 879, 880 (Berichterstattung über Liebesbeziehung).
[740] BVerfG NJW 2012, 756 f.
[741] Siehe BGH NJW 2018, 1820, 1821 f. (Christian Wulff beim Einkaufen).
[742] BGH MDR 2017, 879, 880 (Berichterstattung über Liebesbeziehung eines Musikers).
[743] BVerfG NJW 2017, 1376 f.; NJW 2017, 1377, 1378 (jeweils Kachelmann).
[744] BVerfG NJW 2017, 1376 f.; NJW 2017, 1377, 1378 (jeweils Kachelmann).
[745] LG Köln NJW 2015, 801 f. (Kohl-Protokolle).
[746] BGH NJW 2008, 3782 f. (Namensnennung von Prominenten in der Werbung).
[747] BVerfGE 63, 131, 142 f. (Gegendarstellung); BVerfGE 97, 125, 146 f.; BVerfG NJW 2008, 1654, 1655 f. (jeweils Berichtigung durch Gegendarstellung). Vgl. auch *Dörr*, JuS 2008, 927 f.; *Seitz*, NJW 2001, 579; LG München I NJW 2004, 606 ff.
[748] BGH NJW 2015, 778, 779 ff. (Berichtigungsanspruch nach zulässiger Verdachtsberichterstattung).

### aa. Positives (aktives) Tun

678 Als **Handlung** ist ein menschliches Verhalten anzusehen, das der Bewusstseinskontrolle und Willenslenkung unterliegt und somit beherrschbar ist.[749]

679 Mit dem Erfordernis der „Beherrschbarkeit" ist gemeint, dass nur eine vom Willen getragene Handlung des in Anspruch Genommenen haftungsrechtlich relevant sein kann. Damit scheiden **Reflexe** und **Körperreaktionen** (etwa Stolpern oder Bewegungen im Schlaf), aber auch Handlungen von **Kleinstkindern und Volltrunkenen** (sofern sie einer willentlichen Handlung noch nicht oder nicht mehr fähig sind) als mögliche Handlungen i.S.d. § 823 I BGB aus.

680 **Hinweis für die Fallbearbeitung:** In der Fallbearbeitung sind derartige „Nichthandlungen" vorab – zumeist nur gedanklich – zu prüfen. Die Suche nach einzelnen Tatbeständen erübrigt sich dann. Eine Schadensersatzpflicht kann lediglich aus Billigkeitserwägungen in Betracht gezogen werden (vgl. § 829 BGB).

681 Von diesen genannten „Nichthandlungen" sind durch ***vis absoluta*** („willensausschließende" Gewalt) erzwungene Bewegungen zu unterscheiden. Bei diesen kann ein Wille zwar gebildet, jedoch nicht betätigt werden. Auch diesbezüglich muss von einer „Nichthandlung" ausgegangen werden.

**Beispiel:** A stößt B mit voller Wucht gegen C. Dieser stürzt daraufhin zu Boden und erleidet einen Armbruch.

Hier liegt bei B kein betätigter Wille zum Handeln vor, sodass er sich nicht schadensersatzpflichtig machen kann. In zurechenbarer Weise gehandelt hat aber A, sodass dieser nach § 823 I BGB (und auch nach § 823 II BGB i.V.m. § 223 StGB) schadensersatzpflichtig ist.

682 Davon zu unterscheiden sind jedoch etwaige „**vorgelagerte**" Handlungen, die den Anknüpfungspunkt für ein vorwerfbares Verhalten bilden können.

**Beispiel:** D raucht abends im Bett und schläft dabei ein. Aufgrund der herunterfallenden Zigarette entzündet sich dann nicht nur das Bett, sondern das ganze Haus (das dem Vermieter V gehört).

Hier kann man D nicht vorwerfen, er habe die Zigarette fallen lassen. Denn das Fallenlassen war nicht willensgetragen (D schlief ja bereits zu diesem Zeitpunkt). Das vorwerfbare (und auch willensgetragene) Verhalten besteht aber je nach Auffassung in dem Rauchen im Bett (§ 823 I BGB bzw. § 823 II BGB i.V.m. § 306d StGB) oder in dem Nichtauslöschen der brennenden Zigarette (§ 823 I BGB bzw. § 823 II BGB i.V.m. dem Unterlassungsdelikt aus §§ 306d, 13 StGB).

683 Auch sog. **Automatismen** wird man wohl als „Handlung" ansehen müssen. Wird z.B. ein Autofahrer von einer Wespe gestochen und reißt dabei das Steuer herum, wodurch ein Fußgänger tödlich verletzt wird, ist an eine Schadensersatzpflicht aus § 823 I, § 823 II i.V.m. § 222 StGB sowie aus §§ 7 u. 18 StVG zu denken.

### bb. Unterlassen einer Handlung

684 Eine Handlung im Rechtssinne kann auch (wie bereits angedeutet) in einem **Unterlassen** liegen. Denn für die Verwirklichung eines haftungsbegründenden Tatbestands kann es keinen Unterschied machen, ob die Verletzung einer geschützten Rechtsposition durch ein aktives Tun im Sinne eines nach außen erkennbaren Tätigwerdens oder durch das Unterlassen einer Handlung herbeigeführt wird.

---

[749] Vgl. BGHZ 39, 103, 106; OLG Köln NJW-RR 1994, 1052; *Deutsch/Ahrens*, Rn 26.

Unterlassen bedeutet nicht etwa passives „Nichtstun", sondern die **Nichtvornahme einer bestimmten rechtlich geforderten Tätigkeit**. Welche Tätigkeit in der konkreten Situation zu fordern ist, ist objektiv zu bestimmen und hängt von den Umständen des Einzelfalls ab. Handlungspflichten können sich (wie im Strafrecht[750]) aus *Vertrag*, *Gesetz*, *Ingerenz* (= pflichtwidriges Vorverhalten), aber auch aus ***Verkehrssicherungspflichten*** ergeben. Das sind Pflichten, die denjenigen treffen, der eine Gefahrenquelle schafft oder unterhält und damit auch verpflichtet ist, diese zu beherrschen und Schäden Dritter zu verhindern[751] (dazu ausführlich Rn 885 ff.). Bei sämtlichen Formen des Unterlassens ist aber zu beachten: Rechtlich gefordert ist nur das, was dem in Anspruch Genommenen physisch-real bzw. rechtlich möglich ist (insoweit besteht Übereinstimmung zum unechten Unterlassungsdelikt i.S.d. § 13 StGB). So ist es dem in Anspruch Genommenen beispielsweise tatsächlich unmöglich, Hilfe herbeizuholen, wenn er im verunfallten Kraftfahrzeug eingeklemmt ist oder ihm in einem anderen Fall die notwendigen Rettungsmittel fehlen. Ist er sogar bewusstlos, liegt bereits eine „Nichthandlung" im oben dargestellten Sinn vor. Eine rechtliche Unmöglichkeit besteht dann, wenn der in Anspruch Genommene aus juristischen Gründen nicht in der Lage ist, den Erfolg abzuwenden. 685

**Beispiel:** Die Ehefrau E des T hatte einen Airedale-Terrier von einem Dritten geschenkt bekommen. T war zunächst mit der Aufnahme des Tieres in den gemeinsamen Haushalt einverstanden. Als der Hund dann jedoch begann, andere Personen anzugreifen, forderte T seine Frau auf, den Hund wieder abzugeben. E widersetzte sich jedoch. Bereits zwei Tage später biss der Hund den Passanten P so schwer, dass dieser sich stationär behandeln lassen musste. P verlangt von T die Kosten der Heilbehandlung erstattet sowie Schmerzensgeld (E ist vermögenslos). 686

Hier ist fraglich, ob T aus juristischen Gründen überhaupt in der Lage gewesen ist, seine Frau zur Abgabe des Hundes zu zwingen. Die Ehefrau ist Eigentümerin des Hundes. Sie hat daher das grundsätzliche Recht, andere von jeder Einwirkung auszuschließen (vgl. § 903 BGB). Da hier keine entgegenstehenden Rechte des T ersichtlich sind, war dieser zu einer Fortgabe des ihm nicht gehörenden Hundes gegen den Willen seiner Frau als Eigentümerin des Hundes rechtlich nicht in der Lage. P hat gegen T also keine Ansprüche aus § 823 I BGB bzw. aus § 823 II BGB i.V.m. § 229 StGB. Aus diesen Vorschriften sowie aus § 833 S. 1 BGB[752] haftungsrechtlich verantwortlich ist aber E. Der Schmerzensgeldanspruch stützt sich auf §§ 249, 253 II BGB.

**Hinweis für die Fallbearbeitung:** In der Fallbearbeitung wäre es auch möglich, den gesamten Komplex der *Rechtspflicht zum Handeln* im Rahmen der Rechtswidrigkeit zu prüfen. Da sie aber in unmittelbarem Zusammenhang mit der Tathandlung (d.h. dem Unterlassen) steht, wurde sie vorliegend beim Tatbestand geprüft (zur „richtigen" Einordnung in den Fallaufbau siehe Rn 885 ff.). 687

Problematisch ist es, wenn sich jemand durch sein Vorverhalten (*actio praecedens*) seiner Erfolgsabwendungsmöglichkeit vorsätzlich oder fahrlässig begibt. In Fällen dieser Art (***omissio libera in causa***[753]) wird in Anlehnung an die ebenfalls vom Strafrecht her bekannte *actio libera in causa* trotz fehlender Erfolgsabwendungsmöglichkeit in der unmittelbaren Tatsituation auf das Vorverhalten des Unterlassenden abgestellt und dieser haftungsrechtlich zur Verantwortung gezogen.[754] 688

**Beispiel:** B ist Bademeister und trinkt während seiner Aufsicht eine Flasche Wodka. Als plötzlich die 5-jährige M zu ertrinken droht, ist B noch nicht einmal mehr in der Lage, sich von seinem Stuhl zu erheben.

---

[750] Ausführlich *R. Schmidt*, StrafR AT, 20. Aufl. 2018, Rn 774 ff.
[751] St. Rspr. seit RGZ 52, 373 ff.; RGZ 54, 53 ff.; aus jüngerer Zeit vgl. BGH NJW 2014, 2104 f.
[752] Zur Tierhalterhaftung wegen Stolperns eines Joggers über einen nicht angeleinten Dackel vgl. OLG Koblenz NJW 2003, 2834.
[753] = eine vom Entstehensgrund her zu verantwortende Unterlassung.
[754] Vgl. auch hierzu ausführlich *R. Schmidt*, StrafR AT, 20. Aufl. 2018, Rn 773 ff.

Hier hat sich B zumindest fahrlässig seiner Erfolgsabwendungsmöglichkeit und -pflicht begeben (auf *diesen* Zeitpunkt ist abzustellen, nicht auf den späteren Zeitpunkt, in dem er handlungs- bzw. schuldunfähig ist). Ertrinkt das Kind, hat B sich in Abhängigkeit von seiner subjektiven Seite entweder wegen (bedingt) vorsätzlicher oder fahrlässiger Tötung (§ 212 oder § 222 StGB) strafbar gemacht. Zivilrechtlich ist er aus § 823 I BGB bzw. aus § 823 II BGB i.V.m. den genannten Strafrechtsnormen zum Schadensersatz sowie aus § 844 BGB verpflichtet.

**689** Eine Rechtspflicht zum Handeln kann sich insbesondere aus **Verkehrssicherungspflichten** ergeben (s.o.). Da diese ebenfalls bei der Frage der objektiven Zurechnung und des Verschuldens eine Rolle spielen, wurde ihnen aus Gründen der Übersichtlichkeit ein eigener Abschnitt gewidmet. Vgl. hierzu ausführlich Rn 885 ff. Zur ebenfalls wichtigen **Produzentenhaftung** vgl. Rn 923 ff.

### cc. Probleme bei Fehlverhaltensweisen von Gehilfen

**690** § 823 I BGB setzt, wie aufgezeigt, am Schädiger an. Daher ist die Haftung desjenigen, der sich Personen zur Verrichtung seiner Tätigkeit bedient, aus § 823 I BGB jedenfalls dann zweifelhaft, wenn die unerlaubte Handlung von einem dieser Verrichtungsgehilfen ausgeht. Zwar stellt § 831 BGB eigens für Fälle dieser Art eine eigenständige Haftungsgrundlage in Bezug auf den Geschäftsherrn dar, die Vorschrift enthält jedoch eine wichtige Exkulpationsmöglichkeit (d.h. die Möglichkeit des Führens eines Entlastungsbeweises), was in der Praxis die Reichweite des § 831 BGB doch sehr beschränkt (dazu Rn 867 ff.). Bedeutsam kann daher die Frage sein, ob eine Zurechnung des Fehlverhaltens von Verrichtungsgehilfen möglich ist. § 278 BGB, der die Zurechnung des Fehlverhaltens von Erfüllungsgehilfen regelt, kann zwar greifen, wenn die vom Erfüllungsgehilfen ausgehende unerlaubte Handlung zugleich einen Verstoß gegen eine schuldrechtliche Verpflichtung des Schuldners darstellt.[755] Allerdings setzt diese Vorschrift ein bereits zwischen dem Geschädigten und dem Anspruchsgegner bestehendes (vertragliches oder vorvertragliches) Schuldverhältnis voraus und greift auch nur innerhalb dieses Schuldverhältnisses, ist also bereits deshalb nicht geeignet, (außervertragliches oder außervorvertragliches) deliktisches Fehlverhalten zuzurechnen.

Bei Fehlverhalten von verfassungsmäßig berufenen Vertretern von juristischen Personen (insb. AG, GmbH) greift § 31 BGB. Danach ist eine zum Schadensersatz verpflichtende Handlung eines verfassungsmäßig berufenen Vertretungsorgans der juristischen Person zuzuweisen[756]; diese haftet also gegenüber dem Geschädigten (aus einem der Tatbestände der §§ 823 ff. BGB i.V.m. § 31 BGB). Bei anderen Vereinigungen wie bspw. der OHG und der KG, aber auch der GbR, ist § 31 BGB analog anwendbar.[757] Im Anwendungsbereich des § 31 BGB ist der Zugriff auf § 278 BGB stets ausgeschlossen.

Aber auch die (ggf. analog angewendete) Zurechnungsnorm des § 31 BGB ist gemäß ihrem Wortlaut auf „verfassungsmäßig berufene Vertreter" beschränkt, was die Frage aufwirft, inwieweit eine deliktische Haftung der juristischen Person möglich ist, wenn das Fehlverhalten von Personen ausgeht, die unterhalb dieser Position stehen. Die Rechtsprechung hilft dem Geschädigten auch insofern, als sie den Begriff des „verfassungsmäßig berufenen Vertreters" derart weit auslegt (wobei man streng genommen nicht mehr von Auslegung sprechen kann, da der Wortlaut eindeutig überschritten ist, sondern man von „richterlicher Rechtsfortbildung"[758] sprechen müsste), dass auch

[755] *Grüneberg*, in: Palandt, § 278 Rn 2.

[756] § 31 BGB ist keine Zurechnungsnorm wie § 278 BGB; vielmehr haftet die juristische Person schlicht für das Fehlverhalten ihrer Organe. Das Verschulden der Organe gilt als Verschulden der juristischen Person (*Grüneberg*, in: Palandt, § 278 Rn 6). Für Organe gilt ausschließlich § 31 BGB, niemals § 278 BGB (*Grüneberg* a.a.O.).

[757] Vgl. *Ellenberger*, in: Palandt, § 31 Rn 3 mit Verweis u.a. auf BGH NJW 1952, 538 (bzgl. OHG und KG) und BGH NJW 2003, 1445 (bzgl. OHG). Für juristische Personen des öffentlichen Rechts gilt § 31 BGB über § 89 I BGB entsprechend.

[758] Siehe dazu *R. Schmidt*, BGB AT, Rn 38 ff.

andere Personen davon erfasst sind, solange ihnen nur „bedeutsame wesensmäßige Funktionen zur selbstständigen und eigenverantwortlichen Erfüllung zugewiesen sind".[759] Sollte eine Zuweisung dann noch immer nicht möglich sein, wendet sie die Figur des Organisationsversagens (Haftung wegen Organisationsmängel) an. Danach ist eine juristische Person (nach dem oben Gesagten auch OHG, KG und GbR) verpflichtet, den Gesamtbereich ihrer Tätigkeit so zu organisieren, dass für alle wichtigen Aufgabenbereiche ein verfassungsmäßig berufener Vertreter zuständig ist, der die wesentlichen Entscheidungen selbst trifft. Genügt die Organisation diesen Anforderungen nicht, muss sie sich so behandeln lassen, als wäre der die unerlaubte Handlung begehende Verrichtungsgehilfe ein verfassungsmäßig berufener Vertreter.[760] Damit dürfte die Schwäche des § 831 BGB, die in der Möglichkeit des Entlastungsbeweises begründet ist, überaus kompensiert sein. Virulent wird diese Erkenntnis bei den Schadensersatzansprüchen im Zusammenhang mit dem sog. „Diesel-Abgasskandal".

**Beispiel[761]:** K ist Eigentümer eines vom Diesel-Abgasskandal betroffenen Kfz. Der Diesel-Abgasskandal basiert auf dem Umstand, dass bspw. Mitarbeiter der X-AG, ein Hersteller von Kraftfahrzeugen, bei bestimmten Dieselfahrzeugen eine Steuerungssoftware eingesetzt hatten, die zwei unterschiedliche Betriebsmodi zur Steuerung der Abgasrückführung kannte. In Modus 1 kam es zu einem geringeren Ausstoß von Stickoxiden als in Modus 0. Der Modus 1 war allerdings nur beim Durchfahren des Testzyklus aktiv. Im normalen Straßenverkehr wurde der in den betreffenden Fahrzeugen verbaute Motor nur im Modus 0 betrieben. In diesem Modus wurden die maximal zulässigen Grenzwerte für den Schadstoffausstoß um ein Vielfaches überschritten. Nach Aufdeckung dieses „Diesel-Abgasskandals" verpflichtete sich die X-AG, bei den betroffenen Fahrzeugen ein Software-Update zu installieren, welches dafür sorgen sollte, die Motoren durchgängig in einem angepassten Modus 1 zu betreiben und damit auch im Normalbetrieb die öffentlich-rechtlichen Grenzwerte einzuhalten.

K gibt sich damit jedoch nicht zufrieden und begehrt gegen den Verkäufer V, einen Vertragshändler des Herstellers, die X-AG, die Rückabwicklung eines Kaufvertrags über sein Dieselfahrzeug und begehrt gegenüber X als Hersteller des Fahrzeugs die Feststellung der Einstandspflicht für aus der Beschaffenheit der Abgasreinigungseinrichtungen des Fahrzeugs resultierende Schäden. K macht geltend, dass er das Fahrzeug aufgrund von Angaben des X zu Schadstoffausstoß und Kraftstoffverbrauch erworben habe. Die Fahrzeugeinrichtungen zur Abgasreinigung seien jedoch mit Wissen und Billigung von X werkseitig so programmiert worden, dass sie im normalen Fahrbetrieb außer Betrieb gesetzt würden.

K hat Sachmängelrechte gegen V unter dem Aspekt des § 437 Nr. 2 Var. 1 BGB.[762] Gegen X hat er keine Sachmängelrechte, da X nicht Verkäufer ist.[763] Ein Schadensersatzanspruch gegen X aus § 823 I BGB scheidet von vornherein aus, da es an einer Rechtsgutverletzung fehlt (K erwarb bereits mangelhaftes Eigentum); reine Vermögensschäden sind nicht von § 823 I BGB erfasst.

K könnte gegen X aber einen Schadensersatzanspruch aus § 823 II BGB haben. Der Schaden hat seine Ursache darin, dass Mitarbeiter von X eine illegale Abschaltvorrichtung installiert bzw. programmiert haben, die zur Erlöschung der Betriebserlaubnis des Fahrzeugs führen kann. Es darf unterstellt werden, dass K bei Kenntnis dieses Umstands den Wagen nicht oder nicht zu dem Preis gekauft hätte. Dadurch, dass K einen Vertrag über ein mangelfreies Fahrzeug abgeschlossen hatte, jedoch das vorbezeichne-

---

[759] Vgl. *Ellenberger*, in: Palandt, § 31 Rn 6 mit Verweis u.a. auf BGH NJW 1998, 1854, 1856.

[760] Vgl. *Ellenberger*, in: Palandt, § 31 Rn 7 mit Verweis auf BGHZ 24, 200, 213; BGH NJW 1980, 2810. Zum Organisationsverschulden vgl. auch BGH NJW-RR 2002, 1108.

[761] Vgl. BGH NJW 2018, 2200 (allerdings nur hinsichtlich der Frage nach der Streitgenossenschaft von Verkäufer und Hersteller).

[762] Zum Rücktritt aufgrund des Sachmangels vgl. etwa OLG Oldenburg 5.12.2018 – 4 U 60/18; LG Bremen 12.12.2018 – 1 O 1632/17.

[763] Etwas anderes könnte gelten, wenn es sich bei V um eine Niederlassung von X handelte. Dann wäre X selbst möglicherweise der Verkäufer, so wie etwa im Fall OLG Oldenburg 5.12.2018 – 4 U 60/18.

te mangelhafte Fahrzeug erhielt, das sowohl einen technischen (höherer Verbrauch, geringere Lebenserwartung) als auch wirtschaftlichen (Anhaftung des Makels des „Dieselskandals") Minderwert[764] hat, liegt ein Schaden vor.[765] X als Haftungsgegner müsste aber auch ein Schutzgesetz verletzt haben. Dieses kann in § 263 StGB (Betrug) gesehen werden. Abzustellen ist auf das Verhalten der Mitarbeiter, die die Programmierung vorgenommen haben. Ob aber X dieses Verhalten über § 831 BGB wie eigenes Verschulden zu verantworten hat, ist angesichts der Exkulpationsmöglichkeit nach § 831 I S. 2 BGB zweifelhaft. Es bliebe ein Abstellen auf die Zuweisungsnorm des § 31 BGB, da man davon ausgehen muss, dass ein Fehlverhalten dieses Ausmaßes nicht ohne Kenntnis und Billigung von Vorstandsmitgliedern erfolgt sein kann. In der Praxis leiten die Instanzgerichte Schadensersatzansprüche – offenbar wegen der weiterreichenden Rechtsfolgen (siehe Rn 770) – aber über § 826 BGB her und stellen dabei auf das schädigende Verhalten des Vorstands ab.[766] Siehe dazu Rn 773.

### c. Haftungsbegründende Kausalität/objektive Zurechnung

#### aa. Grundlagen der Zurechnung

691 Es leuchtet ein, dass nur derjenige haften muss, dessen Verhalten für die bei Geschädigten eingetretene Rechtsgutverletzung kausal war. Zwischen dem Verletzungsverhalten (Tun oder Unterlassen) und der Rechtsgutverletzung muss also ein **Kausalzusammenhang** bestehen.[767]

Diese **haftungsbegründende** Kausalität ist ein Merkmal des Tatbestands der haftungsbegründenden Norm und ist strikt von der **haftungsausfüllenden** Kausalität zu unterscheiden. Bei dieser geht es um den Kausalzusammenhang zwischen der Rechtsgutverletzung und dem zu ersetzenden Schaden.[768]

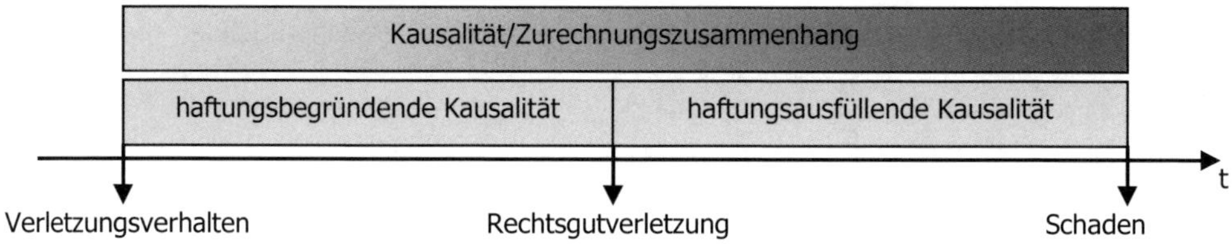


Die Graphik geht von einer zeitlichen Trennung zwischen Verletzungshandlung, Rechtsgutverletzung und Schadenseintritt aus. Das ist zwar regelmäßig, jedoch nicht zwingend der Fall. In jedem Fall sollte die dogmatische und rechtstechnische Trennung klar geworden sein. Zur haftungsausfüllenden Kausalität vgl. Rn 744 ff.

#### a.) Äquivalenztheorie

692 Bei der Prüfung der haftungsbegründenden Kausalität ist zunächst vom naturwissenschaftlichen Kausalzusammenhang auszugehen: Danach ist jede Handlung kausal (i.S.v. ursächlich) für die Rechtsgutverletzung, wenn sie nicht hinweggedacht werden kann, ohne dass die Rechtsgutverletzung in ihrer konkreten Form entfiele (***conditio***

---

[764] Siehe LG Erfurt 18.1.2019 – 9 O 490/18.

[765] Siehe auch LG Oldenburg 29.5.2018 – 1 O 427/17, LG Kiel 18.5.2018 – 12 O 371/17 und LG Erfurt 18.1.2019 – 9 O 490/18.

[766] Siehe etwa LG Oldenburg 29.5.2018 – 1 O 427/17 und LG Kiel 18.5.2018 – 12 O 371/17.

[767] Siehe BGH NJW 2009, 3787, 3790 (Brandschadensausgleich wegen „Abdriftens" verspäteter Silvesterrakete). Zu den besonderen Formen der Kausalität wie *kumulative Kausalität, alternative Kausalität, abgebrochene Kausalität, überholende Kausalität* (Reserveursache) und zum *rechtmäßigen Alternativverhalten* vgl. ausführlich *R. Schmidt*, StrafR AT, 20. Aufl. 2018, Rn 144 ff.

[768] Vgl. auch *Musielak*, JA 2013, 241.

***sine qua non***).[769] Kennzeichnend für diese Ursächlichkeit ist, dass alle Bedingungen gleichwertig (äquivalent) sind, wenn sie für die konkrete Rechtsgutverletzung auch nur **mitursächlich** sind (daher auch **Äquivalenztheorie** bzw. Bedingungstheorie genannt). Auch wenn Umstände einen Schaden verursachen, wobei jeder für sich allein ausgereicht hätte, den ganzen Schaden zu verursachen, sind beide Umstände als ursächlich anzusehen (sog. Doppelkausalität).[770] Konsequenz der Äquivalenztheorie ist, dass der Ursachenkreis sehr weit gefasst ist und auch ganz atypische, unwahrscheinliche Kausalverläufe zur Bejahung der Kausalität führen.

**Beispiel:** Wenn Autofahrer A den Fußgänger F aufgrund eines Verkehrsunfalls tödlich verletzt, ist nicht nur das Autofahren des A für die Rechtsgutverletzung bei F äquivalent kausal, sondern auch das Verhalten der Eltern des A, nämlich dass sie A gezeugt bzw. geboren haben. Dass im vorliegenden Fall die Eltern des A haftungsrechtlich verantwortlich sein sollen, kann ersichtlich nicht angehen.

### b.) Adäquanztheorie

Die Äquivalenztheorie greift daher zu weit und bedarf einer **Korrektur**. Nach der (im Zivilrecht herrschenden) **Adäquanztheorie** ist eine Rechtsgutverletzung nur dann verursacht (und dem Verletzer zuzurechnen), wenn mit deren Eintritt nach *allgemeiner menschlicher Lebenserfahrung* vom Standpunkt des kundigen, nachträglich urteilenden Richters gerechnet werden konnte (objektiv-nachträgliche Prognose). Die Rechtsgutverletzung muss also der gesetzten Bedingung angemessen (adäquat) sein. **Verneint** wird demnach der adäquate Kausalzusammenhang, wenn die Rechtsgutverletzung auf einem **regelwidrigen, atypischen Kausalverlauf** beruht, mit dem nach **allgemeiner Lebenserfahrung** nicht zu rechnen war.[771] Bei genauer Betrachtung geht es bei der Adäquanztheorie aber letztlich um eine Zurechnung, nicht um eine Kausalität. **693**

**Beispiele:**

**(1)** Nach einer heftigen Diskussion zwischen S und O gehen S die Argumente aus. Erzürnt schlägt er dann mit seiner rechten Hand gegen die linke Schläfe des O. Dieser taumelt daraufhin und bricht anschließend bewusstlos zusammen. Der herbeigerufene Notarzt kann nur noch den Tod feststellen. Die spätere gerichtsmedizinische Obduktion ergibt, dass durch den Schlag des S bei O eine Blutader der weichen Hirnhäute gerissen ist, was letztlich zum Tod geführt hat. Die Wahrscheinlichkeit einer solchen Verletzung liegt bei 1:1000. ⇨ Bei Anwendung der Adäquanztheorie müsste man hier wohl den Ursachenzusammenhang verneinen, da mit der eingetretenen Folge nach allgemeiner Lebenserfahrung kaum zu rechnen war.

**(2)** Nicht ganz so unwahrscheinlich ist es, dass ein Hundehalter, dessen Hund von einem anderen Hund schwer verletzt wird, aufgrund der darin begründeten Aufregung einen Herzinfarkt erleidet. Gleichwohl hat die Rspr. auch hier den Ursachenzusammenhang verneint, da mit der eingetretenen Folge nach allgemeiner Lebenserfahrung kaum zu rechnen gewesen sei.[772]

### c.) Schutzzweck der Norm

Wie die Beispiele gezeigt haben, liefert die Adäquanztheorie einen durchaus brauchbaren, aber (wie bei Bsp. 2 von Rn 693 gesehen) nicht unangreifbaren Ansatz, um eine **694**

---

[769] Ein Unterlassen ist dann ursächlich, wenn die unterlassene Handlung nicht hinzugedacht werden kann, ohne dass die Rechtsgutverletzung mit an Sicherheit grenzender Wahrscheinlichkeit entfiele, sog. Quasi-Kausalität (vgl. *Grüneberg*, in: Palandt, Vorbem v § 249 Rn 57).

[770] BGH NJW 2015, 468, 470; NJW 2013, 2018, 2019; NJW-RR 2012, 728, 730; NJW 2004, 2526, 2528.

[771] Allgemeine Auffassung seit RGZ 133, 126, 127, vgl. nur BGHZ 137, 11, 19; BGH NJW 2002, 2232 ff.; NJW 2004, 1945 f.; NJW 2005, 1420, 1421; OLG Celle OLGR 2002, 259 f.; *Deutsch/Ahrens*, Rn 51; *Grüneberg*, in: Palandt, Vorbem v § 249 Rn 58 ff.; *Medicus*, JuS 2005, 289, 290.

[772] OLG Karlsruhe NJW-RR 1992, 1120, 1121. Vgl. auch BGH NJW 2012, 1730 (dazu Rn 747).

unerträgliche Ausweitung der Schadensersatzpflicht zu verhindern. Gerade in Fällen, in denen der Eintritt einer bestimmten Rechtsgutverletzung nicht ganz unwahrscheinlich ist, gleichwohl aber außerhalb des **Schutzbereichs der anspruchsbegründenden Norm** fällt, bedarf es einer weiteren Einschränkung des Ursachenzusammenhangs. So geht der Ansatz vom **Schutzzweck der Norm** davon aus, dass das Gesetz den Rechtsgütern und deren Trägern keinen absoluten Schutz, sondern nur Schutz vor bestimmten Arten von Beeinträchtigungen gewährt.[773]

**695** Wenngleich die eigentliche Bedeutung der Lehre vom Schutzzweck der Norm bei der haftungsausfüllenden Kausalität liegt, muss sie doch auch bei der haftungsbegründenden Kausalität beachtet werden. Eine besondere Fallgruppe stellen insoweit auch die **Schockschäden** dar. Das sind (psychische) Gesundheitsbeeinträchtigungen als Folge einer **akuten Belastungsreaktion**[774], die eine Person aufgrund des Miterlebens der Verletzung oder Tötung einer anderen Person erleidet. Sie fallen grundsätzlich unter das allgemeine Lebensrisiko und sind daher nicht als ersatzfähige Schäden anzusehen.[775]

> **Beispiel:** A fährt mit seinem Auto auf der Autobahn und sieht, wie ein Lkw vor ihm unvermittelt die Spur wechselt und ein anderes Kfz rammt, welches sich daraufhin überschlägt. Als A die Unfallstelle erreicht, bekommt er durch den Anblick der im Wagen getöteten und verletzten Personen einen Schock und muss sich in psychische Behandlung begeben. Die Kosten dafür möchte er ersetzt haben.
>
> Hier liegt ein sog. Schockschaden vor, der aber lediglich durch die Verwirklichung des allgemeinen Lebensrisikos aufgetreten und somit nicht ersatzfähig ist. Zwar ist die psychische Beeinträchtigung des A äquivalent und adäquat kausal durch den Lkw-Fahrer herbeigeführt worden, es mangelt aber an einer Zurechenbarkeit, weil der Schaden nicht vom Schutzzweck der Norm erfasst wird. Es unterliegt vielmehr dem allgemeinen Lebensrisiko, dass man auf einer Autobahn einen Unfall und die durch den Unfall verletzten oder getöteten Menschen sieht, sodass nicht davon auszugehen ist, dass sich das spezifische Risiko der verletzten Vorschriften niedergeschlagen hat.

Die Schockschäden sind aber unter engen Voraussetzungen gleichwohl **ersetzbar**.[776] So können nach der Rechtsprechung des BGH **nahe Angehörige, der Verlobte oder der Lebenspartner** des verletzten oder getöteten Menschen einen Schockschaden geltend machen, wenn die psychische Beeinträchtigung sowohl pathologisch fassbar sei als auch über die gesundheitlichen Beeinträchtigungen hinausgehe, denen Hinterbliebene bei der Benachrichtigung vom tödlichen Unfall eines Angehörigen erfahrungsgemäß ausgesetzt seien.[777] Damit sind akute Belastungsreaktionen, seien sie auch noch so stark ausgeprägt, offenbar nicht entschädigungsfähig, wenn der die akute Belastungsreaktion Erleidende den Unfall nicht selbst miterlebt hat, sondern die akute Belastungsreaktion lediglich im Rahmen der Entgegennahme der Todesnachricht erlitten hat. In diesem Fall hat sich lediglich das **allgemeine Lebensrisiko** verwirklicht.[778]

> **Beispiel:** A geht mit seinem Kollegen B zum Mittagessen in die Gerichtskantine. Auf dem Weg überqueren die beiden eine Straße, auf der B von einem Kfz erfasst und getö-

---

[773] St. Rspr., vgl. nur BGHZ 27, 137, 140 f.; BGH NJW 1999, 3203, 3203; NJW 2005, 1429, 1421 f.; NJW 2014, 2190 f.; aus der Lit. *Grüneberg*, in: Palandt, Vorbem v § 249 Rn 29 f.; *Brox/Walker*, § 45 Rn 31; *Deutsch/Ahrens*, Rn 56.

[774] Medizinisch korrekt ausgedrückt handelt es sich um eine akute Belastungsreaktion gemäß ICD (International Statistical Classification of Diseases and Related Health Problems) F43.0, d.h. um neurotische, Belastungs- und somatoforme Störungen, die zu massiven psychischen Beeinträchtigungen führen, die sich ihrerseits in Form von Wutanfällen, Weinkrämpfen, depressiven Stimmungslagen, Erschöpfungszuständen und anderen psychischen und physischen Symptomen zeigen.

[775] Vgl. auch BGH NJW 2015, 1451 f.

[776] Vgl. BGH NJW 2015, 1451 f.; *Grüneberg*, in: Palandt, Vorb. v. § 249 Rn 40.

[777] BGH NJW 2015, 1451, 1452.

[778] Vgl. dazu grundlegend BGHZ 27, 137, 140 f. sowie aktuell BGH NJW 2014, 2190 f.

tet wird. A erleidet aufgrund dieses Ereignisses einen Schock, d.h. eine akute Belastungsreaktion. Auch die Ehefrau des B erleidet eine akute Belastungsreaktion, als sie eine halbe Stunde später von der Polizei über den Tod ihres Mannes informiert wird.

A kann in diesem Fall von vornherein keinen Ersatz für seinen Schockschaden vom Fahrer des Kfz verlangen, da er nicht zu dem geschützten Personenkreis gehört. Für ihn hat sich das allgemeine Lebensrisiko verwirklicht.[779] Aber auch der Ehefrau steht wohl kein Ersatzanspruch zu, da sie bei dem Unfall nicht anwesend war. Es ist nach der aktuellen Rechtsprechung des BGH entscheidungserheblich, ob der schockgeschädigte nahe Angehörige den Unfall selbst miterlebt hat oder (lediglich) hierüber informiert wurde.[780]

Ein Schadensersatzanspruch unter dem Aspekt der akuten Belastungsreaktion steht u.U. auch dem **Unfallgegner** oder dem **Führer einer Bahn**, vor die sich ein Suizidwilliger geworfen hat, zu. Zeigen sich beim Unfallgegner bzw. beim Zugführer aufgrund dieses Erlebnisses Symptome einer akuten Belastungsreaktion oder leidet er anschließend an einer posttraumatischen Belastungsstörung, ist ein Schadensersatzanspruch gegeben.[781] Die unterschiedliche Behandlung im Vergleich zum bloß anwesenden Fahrgast oder Fußgänger kann damit begründet werden, dass der Unfallgegner bzw. Bahnführer unmittelbar am Unfall beteiligt war, mitunter den Tod verursacht hat und *deswegen* eine akute Belastungsstörung erleidet.

Einen Schockschaden hat der BGH aber verneint im Zusammenhang mit der Verletzung oder Tötung eines **Tieres**.[782] Zum Schockschaden vgl. auch Rn 747.

Die Lehre vom Schutzzweck der Norm hat wesentliche Bedeutung bei § 823 II BGB i.V.m. **Schutzgesetzen**, die deutlich einen bestimmten Zweck verfolgen. In der Literatur wird häufig § 21 II StVO genannt, der es grundsätzlich verbietet, dass Personen auf der offenen Ladefläche von Lastwagen oder Anhängern befördert werden. Schutzzweck dieser Norm ist die Verhinderung des Herunterfallens, nicht aber die Vermeidung etwa von Erkältungen, die durch die Zugluft verursacht werden; anderenfalls müssten auch Cabriolets verboten werden, in denen man sich bei offener Fahrt gleichfalls erkälten kann.[783] Zieht sich also der unberechtigt auf der Ladefläche eines Lkw beförderte Fahrgast G eine Erkältung zu, hat er gegen den Fahrer keinen Anspruch auf Schadensersatz (Kosten der Heilbehandlung, Schmerzensgeld etc.) aus § 823 II BGB i.V.m. § 21 II StVO, da die bei G eingetretene Rechtsgutverletzung außerhalb des Schutzzwecks des § 21 II StVO steht. Ob ein Anspruch wenigstens aus § 823 I BGB oder aus dem Beförderungsvertrag bzw. -verhältnis besteht, ist ebenso fraglich und wird unter dem Aspekt des Eigenverantwortlichkeitsprinzips gleichsam zu verneinen sein. 696

Auch bei der **Arzthaftung** ist stets nach dem Schutzzweck der Haftungsnorm zu schauen. Informiert bspw. ein von seiner Schweigepflicht entbundener Arzt die geschiedene Ehefrau seines Patienten, dass dieser an Chorea Huntington, einer unheilbaren, vererblichen und zum Tode führenden Erkrankung des Gehirns, leide und dass die beiden gemeinsamen, noch minderjährigen Kinder die genetische Anlage der Erkrankung mit einer Wahrscheinlichkeit von 50% geerbt hätten, woraufhin die Frau eine (wegen der Ungewissheit über den Eintritt der Krankheit auch bei ihren Kindern zur vorübergehenden Erwerbsunfähigkeit führende) reaktive Depression erleidet, steht dies außerhalb des Schutzzwecks des § 823 I BGB.[784] Der Arzt haftet also nicht wegen geltend gemachter materieller und immaterieller 697

---

[779] Vgl. BGH NJW 2007, 2764, 2765.
[780] BGH NJW 2015, 1451, 1452: „Rechtsfehlerhaft hat das Berufungsgericht auch nicht berücksichtigt, dass der Senat stets dem Umstand maßgebliche Bedeutung beigemessen hat, ob die von dem „Schockgeschädigten" geltend gemachten psychischen Beeinträchtigungen auf seine direkte Beteiligung an einem Unfall oder das Miterleben eines Unfalls zurückzuführen oder ob sie durch den Erhalt einer Unfallnachricht ausgelöst worden sind".
[781] AG München 27.6.2014 – 122 C 4607/14 (Gewährung von Schmerzensgeld nach Suizidversuch).
[782] BGH NJW 2012, 1730.
[783] *Medicus*, JuS 2005, 289, 291.
[784] BGH NJW 2014, 2190 f.

Schäden. Für die Frau hat sich das allgemeine Lebensrisiko verwirklicht.[785] Zum Schadensersatz (in Form der Gewährung von Schmerzensgeld), wenn eine Frau in einer Reproduktionsklinik aufgrund einer Verwechselung mit „falschem" Spendersamen befruchtet wird und dies zu einer behandlungsbedürftigen psychischen Fehlverarbeitung mit wiederkehrenden depressiven Episoden führt[786], vgl. Rn 1106.

### d.) Psychisch vermittelte Kausalität

698 Zwar beruht die Kausalität i.d.R. auf logisch-naturwissenschaftlichen Zusammenhängen, allerdings können die Rechtsgutverletzung bzw. der Schaden auch mit der menschlichen Psyche zusammenhängen. Genannt seien das *selbstschädigende Verhalten* des Verletzten, die sog. *Herausforderungs-* bzw. *Verfolgungsfälle*, die *Rettungs-* bzw. *Heilbehandlungsfälle*, die *Zweitunfälle* sowie das *Miterleben von schweren (Verkehrs-)Unfällen*. Eine Auseinandersetzung mit diesen Fallgruppen ist für eine gute Prüfungsvorbereitung unerlässlich.

### aa.) Selbstschädigendes Verhalten des Verletzten

699 Der Zurechnungszusammenhang ist bei einem **selbstschädigenden Verhalten des Verletzten** fraglich. Springt bspw. der Geliebte der Ehefrau aus dem Fenster eines im 2. Stock gelegenen Zimmers, weil er körperliche Übergriffe durch den die Zimmertür eintretenden Ehemann befürchtet, und zieht sich dabei Verletzungen zu, ist der Zurechnungszusammenhang nicht etwa deshalb zu verneinen, weil der Geliebte „freiwillig" aus dem Fenster gesprungen ist. Denn ein selbstschädigendes Verhalten des Verletzten lässt den haftungsrechtlichen Zurechnungszusammenhang dann nicht entfallen, wenn die Handlung des Verletzten auf einer billigenswerten Motivation beruht und seine Verletzung infolge des durch eine Herausforderung gesteigerten Risikos entstanden ist.[787] Konnte der Geliebte also aufgrund gesicherter Sachlage davon ausgehen, dass es zu körperlichen Übergriffen kommen würde, durfte er sich „herausgefordert" fühlen. Der vermeintliche Angreifer ist dann zum Schadensersatz (Heilbehandlungskosten, Schmerzensgeld) verpflichtet (str.).

### bb.) Sog. Herausforderungs- bzw. Verfolgungsfälle

700 Damit sind auch schon die sog. „Herausforderungsfälle" angesprochen. Bei diesen geht es darum, dass das Handeln des Schädigers nicht unmittelbar zur Rechtsgutverletzung auf Seiten des Geschädigten führt, sondern **mittelbar** auf dem Umweg über einen vom Schädiger nicht gewollten Entschluss des Geschädigten oder eines Dritten. Bekannt geworden sind insbesondere folgende Fälle[788]:

**Beispiele:**

701 (1) **Verfolgungsfall:** Als eine Polizeistreife am Wagen des S ein defektes Rücklicht entdeckte, wollten die Beamten S anhalten und diesen darauf aufmerksam machen. Da S aber zuvor eine Bank ausgeraubt hatte und nun befürchtete, festgenommen zu werden, entschloss er sich zu flüchten. Mit hoher Geschwindigkeit raste er mit seinem Wagen davon. Bei der anschließenden wilden Verfolgungsjagd verunglückte das Polizeifahrzeug. Am Einsatzwagen entstand erheblicher Sachschaden. Ist S zum Ersatz des Schadens verpflichtet?

702 (2) **Randstreifenfall:** Durch einen von S verursachten Verkehrsunfall wurde die Fahrbahn gesperrt. Einige Autofahrer warteten nicht auf die Räumung der Unfallstelle,

---

[785] BGH NJW 2004, 2190, 2191.

[786] OLG Hamm NJW 2019, 523, 524.

[787] BGH NJW 2002, 2232 ff.

[788] Vgl. zu Beispiel (1) BGH JZ 1967, 639 ff., zu Beispiel (2) BGHZ 58, 162 ff. und zu Beispiel (3) BGHZ 63, 189 ff., jeweils dargestellt auch bei *Medicus/Petersen*, BR, Rn 653 und *Medicus*, JuS 2005, 289, 291 f. Vgl. auch BGHZ 132, 164, 166; OLG Köln OLG Report 2001, 77; BGH NJW 2012, 1951 f.; *Lange/Schmidbauer*, in: juris-PK, § 823 Rn 54 ff.

sondern fuhren seitlich über das neben der Fahrbahn befindliche Privatgrundstück des G an der Unfallstelle vorbei. Dabei entstand am Grundstück des G ein erheblicher Sachschaden. Ist S zum Ersatz des Schadens verpflichtet?

(3) **Toilettenfensterfall:** Aufgrund eines Vergehens sollte der 17-jährige S einen Jugendarrest antreten. Um ihn abzuholen, suchten ihn zwei Polizeibeamte zu Hause auf. S flüchtete durch das Toilettenfenster. Einer der beiden Polizeibeamten sprang hinterher, fiel aber in eine Ausschachtung unter dem Fenster. Dabei erlitt er einen Beinbruch. Ist S zum Ersatz des Schadens verpflichtet? **703**

In allen Fällen liegt eine Rechtsgutverletzung vor. Fraglich ist allein die Zurechnung. Der BGH hat eine Zurechnung nicht schon deshalb bejaht, weil das Handeln des S adäquat kausal für die Rechtsgutverletzung war. Vielmehr sei eine Zurechnung nur dann zu bejahen, wenn der jeweilige Verfolger sich zu seinem Entschluss habe „herausgefordert" fühlen dürfen. Allgemeingültige Kriterien für die Annahme einer „Herausforderung" hat der BGH allerdings nicht herausgearbeitet. Dementsprechend verwundert es nicht, dass der BGH einzelfallbezogen entscheidet und mitunter zu erstaunlichen Ergebnissen gelangt. **704**

So hat der BGH in **Beispiel (1)** entschieden, dass die Flucht des S den (berechtigten) Anschein habe erwecken müssen, es liege Schlimmeres vor. Daher habe sich die Polizei zur Verfolgung „herausgefordert" fühlen dürfen. Dem ist zuzustimmen, denn S war den Beamten nicht bekannt. Dessen Fluchtverhalten musste daher zur berechtigten Annahme führen, S wolle sich seiner Festnahme entziehen. Der BGH hat jüngst an diese Rspr. angeknüpft und einen Fall ebenso entschieden, in dem der Fahrer des verfolgenden Polizeifahrzeugs zum Zwecke der Gefahrenabwehr eine Kollision mit dem Fluchtfahrzeug herbeiführte, um den Täter zum Anhalten zu bewegen.[789] **705**

In **Beispiel (2)** hat der BGH eine Haftung des S verneint. Das ist richtig. Insbesondere ist nicht ersichtlich, aus welchem Grund sich die Autofahrer von S „herausgefordert" fühlen durften, über fremde Privatgrundstücke zu fahren. Es muss im Risikobereich des Geschädigten liegen, ob der Schädiger ermittelt werden kann oder nicht. S zur Verantwortung zu ziehen überdehnt die Möglichkeiten der Zurechnung. **706**

In **Beispiel (3)** hat der BGH wiederum eine Haftung angenommen, was jedoch nicht überzeugt. Es leuchtet nicht ein, warum sich der Polizeibeamte herausgefordert fühlen durfte, S hinterher zu springen. Denn anders als in Beispiel (1) war S den Strafverfolgungsbehörden bekannt. Die Beamten konnten also nicht davon ausgehen, dass Gewichtigeres vorliege. Daher ist es falsch, S das Verfolgungsrisiko aufzubürden.[790] **707**

## cc.) Rettungsfälle

Die gerade behandelten Fälle waren dadurch gekennzeichnet, dass sich das Eingreifen des (später) Verletzten gegen den Verletzer (den Verfolgten) richtete. Bei den im Folgenden zu erörternden Fällen ist die Konstellation umgekehrt: Das Eingreifen soll einen anderen begünstigen, insbesondere dessen Leben retten.[791] **708**

**Beispiel:** Jurastudent S hat für die BGB-Klausur schon wieder nur 2 Punkte erhalten. Um sich das Leben zu nehmen, springt er von einer Brücke in die Elbe. Der zufällig vorbeikommende Repetitor R erkennt die Sachlage und springt – nicht zuletzt, um einen zahlenden Kunden nicht zu verlieren – dem S nach. Er kann diesen zwar noch retten, ruiniert dabei aber seinen teuren Armani-Anzug, den er sich von der letzten Provisionszahlung gekauft hatte. Später verlangt er von S Ersatz. Doch dieser denkt nicht daran. **709**

---

[789] BGH NJW 2012, 1951 f. In diesem Fall bestünde an sich zwar eine Haftung des Halters des Polizeifahrzeugs aus § 7 I StVG, die der BGH aber wegen § 17 III StVG ausgeschlossen hat, vgl. Rn 1008.

[790] Ebenso wenig überzeugend ist es, dass der BGH in vergleichbaren Fällen umgekehrt entschieden hat (vgl. BGH NJW 1971, 1982 f.; NJW 1976, 5698 f.).

[791] Vgl. *Medicus*, JuS 2005, 289, 292.

R sei selber schuld, wenn er gemeint habe, in die Elbe springen zu müssen. Zudem habe R das ganze Desaster verursacht, weil er ihn nur unzureichend auf die Klausur vorbereitet habe.

Vorüberlegung: Eine sachgerechte Lösung lässt sich unter Anwendung des Rechts der Geschäftsführung ohne Auftrag (§§ 677 ff. BGB) finden: Der Retter kann nach §§ 677, 683 S. 2, 679, 670 BGB als Geschäftsführer einen Anspruch gegen den Geschäftsherrn (meist den Geretteten) auf Ersatz der angemessenen Aufwendungen erhalten. Als solche Aufwendungen werden auch die aus der Geschäftsführung naheliegenden Schäden angesehen. Daher kann der Retter eines vom Ertrinken Bedrohten Ersatz wegen seines Anzugs verlangen, der bei der Rettung beschädigt worden ist.

Zum vorliegenden Fall: R könnte einen Anspruch auf Aufwendungsersatz gem. §§ 677, 683 S. 2, 679, 670 BGB haben.
Dazu müsste er ein Geschäft des S geführt haben. Ein solches mag bezweifelt werden, denn R oblag ohnehin die allgemeine Hilfspflicht aus § 323c I StGB, das Leben des S zu retten, solange er nur sein eigenes Leben nicht gefährdete. Ein fremdes Geschäft i.S.d. § 677 BGB liegt nach Auffassung des BGH aber auch dann vor, wenn die Geschäftsübernahme zugleich im eigenen und im fremden Interesse liegt (sog. auch-fremdes Geschäft). Besteht für den Geschäftsführer eine allgemeine öffentlich-rechtliche Pflicht, für einen anderen tätig zu werden (etwa wie vorliegend für R die allgemeine Hilfspflicht aus § 323c I StGB), sollte man den Fremdgeschäftsführungswillen auch bei einem auch-fremden Geschäft bejahen. Denn bei einer lebensnahen Betrachtungsweise wird es dem Pflichtigen kaum darum gehen, ausschließlich eigene Interessen zu verfolgen.
R hat gegenüber S auch ohne Auftrag oder sonstige Berechtigung gehandelt. Insbesondere besteht die Hilfspflicht aus § 323c I StGB – soweit man diese vorliegend annimmt – nur gegenüber der Allgemeinheit. Die Rettungsaktion lag mithin im objektiven Interesse des S.
Fraglich ist jedoch, wie es sich auswirkt, dass die Rettungsaktion dem Willen des S widersprach. Das Vorliegen der Voraussetzungen des § 679 BGB ist nicht ohne weiteres ersichtlich. Es könnte somit ein Fall des § 678 BGB vorliegen mit der Folge, dass dem R der von ihm geltend gemachte Aufwendungsersatzanspruch nicht zusteht.[792]
Im Ergebnis ist man sich einig, dass einem Lebensretter die Aufwendungen, die er zur Rettung des anderen macht, erstattet werden sollen. Fraglich ist nur die rechtliche Konstruktion des Anspruchs. Teilweise wird vorgeschlagen, § 679 BGB direkt anzuwenden.[793] Dagegen spricht aber zum einen der klare Wortlaut des § 679 BGB, zum anderen aber auch die Tatsache, dass eine Rechtspflicht des Suizidenten zum Weiterleben wohl kaum angenommen werden kann. Es gibt keine allgemeine Pflicht, im öffentlichen Interesse am Leben zu bleiben. Es handelt sich hier allenfalls um eine sittliche Pflicht, die jedoch für § 679 BGB nicht genügt. Daher scheidet § 683 BGB zur Begründung eines Ersatzanspruchs aus. Deshalb wird verbreitet erwogen, § 679 BGB analog heranzuziehen. Wieder andere qualifizieren den entgegenstehenden Willen des Suizidenten als sittenwidrig und damit nichtig (§ 138 BGB).[794] Schließlich wird vertreten, den Willen des Suizidenten analog §§ 104 Nr. 2, 105 BGB für unbeachtlich zu erklären.[795] Im Ergebnis sind alle Auffassungen vertretbar. R hat gegen S einen Anspruch gem. §§ 677, 683 S. 2, 679, 670 BGB.[796]

---

[792] Wie hier nun auch *Medicus*, JuS 2005, 289, 292.

[793] Vgl. zum Problem *Martinek/Theobald*, JuS 1998, 27, 31.

[794] *Bergmann*, in: Staudinger, § 679 Rn 10; *Vollkommer*, in: Jauernig, § 679 Rn 2.

[795] *Seiler*, in: MüKo, § 679 Rn 13; *Dornis*, in: Erman, § 679 Rn 3; *Brox/Walker*, § 35 Rn 30.

[796] Zu beachten ist, dass sich das Problem um § 679 BGB nicht gestellt hätte, wenn es sich nicht um einen Suizidenten, sondern um einen (unfreiwillig) Ertrinkenden gehandelt hätte. Dann wäre der ausdrückliche Wille des Geschäftsherrn zur Geschäftsführung eindeutig gewesen. Und wieder anders wäre es gewesen, wenn S bereits bewusstlos gewesen wäre, als R ihn entdeckte. Dann wäre auf den mutmaßlichen Willen abzustellen gewesen. Bei diesem ist danach zu fragen, ob der Geschäftsherr bei objektiver Beurteilung der Gesamtumstände der Geschäftsübernahme zugestimmt hätte. Wenn man davon ausgeht, dass es im objektiven Interesse liegt, das Menschenleben zu erhalten, und dass der mutmaßliche Wille zur Geschäftsübernahme i.d.R. mit dem objektiven Interesse übereinstimmt, wäre der mutmaßliche Wille des S gegeben. Aber auch wenn man mit der neueren Suizidforschung davon ausginge, dass ein ursprünglich ernsthafter Selbsttötungswille nach Beendigung des Suizidversuchs häufig entfiele, ergäbe sich nichts anderes. Es läge eine berechtigte GoA vor. R könnte Ersatz seiner Aufwendungen verlangen, §§ 677, 683, 670 BGB.

Unabhängig von diesem Meinungsstreit könnte R ein Schadensersatzanspruch nach § 823 I BGB unter dem Gesichtspunkt der „Herausforderung" zustehen: Es lässt sich gut vertreten, die Kausalität bzw. den Zurechnungszusammenhang zu bejahen, weil R sich zu seinem Entschluss, S zu retten, „herausgefordert" fühlen durfte. Dies gilt allein schon deshalb, weil er riskiert, bei Unterlassung der Hilfeleistung sich nach § 323c I StGB strafbar zu machen. Zwar liegt eine Strafbarkeit nicht vor, wenn er sich in erhebliche eigene Gefahr begeben müsste, um S zu retten (vgl. § 323c I StGB a.E.), jedoch ist dies eine Tatfrage und hängt letztlich von der richterlichen Entscheidung ab. Allein das Risiko, wegen unterlassender Hilfeleistung verurteilt zu werden, genügt, um eine „Herausforderung" zu bejahen.

Sofern S schuldfähig ist (§§ 827 f. BGB) und auch schuldhaft gehandelt hat, muss er also den Schaden ersetzen, den R an seinen durch § 823 I BGB geschützten Rechtsgütern erlitten hat. Nicht in Betracht kommt der Ersatz reiner Vermögensschäden, etwa wenn dem Retter wegen seines Zeitverlustes ein gewinnbringender Geschäftsabschluss entgangen ist. Reine Vermögensschäden, die nicht im Zusammenhang mit der Verletzung absolut geschützter Rechtsgüter stehen, sind nicht von § 823 I BGB erfasst[797] (Rn 742).

**Weiterführender Hinweis:** Das Beispiel veranschaulicht das Zusammentreffen verschiedener Rechtsinstitute des BGB und ist paradigmatisch für eine Examensklausur. Eine isolierte Darstellung, wie sie in den gängigen Lehrbüchern anzutreffen ist, greift zu kurz und wird den Anforderungen, die an eine Examensklausur gestellt werden, nicht gerecht. Das wird insbesondere dann virulent, wenn man zudem an Fälle denkt, in denen der Retter den maßgeblichen Willen des Geretteten falsch eingeschätzt hat. Denn dann fehlt es an einer Voraussetzung von § 683 BGB. Ein Beispiel bildet etwa der in der Literatur häufig genannte Bergsteiger, der nach einer Bergtour nicht zu seinem Quartier zurückkehrt, weil er nach der anderen Seite hin abgestiegen ist, und dadurch eine gefährliche Suchaktion auslöst. Verletzt sich dabei einer der „Retter", haftet der Bergsteiger nach § 823 I BGB: Er hat durch sein auf einen Unfall hindeutendes Verhalten den gefährlichen Rettungseinsatz und damit die Verletzung eines Retters herausgefordert. Hinsichtlich reiner Vermögensschäden gilt auch hier, dass diese jedenfalls dann nicht über § 823 I BGB ersatzfähig sind, wenn sie nicht im Zusammenhang mit der Verletzung absolut geschützter Rechtsgüter stehen. Nicht über § 823 I BGB ersatzfähig sind daher die allgemeinen Kosten der Rettungsaktion, etwa für den Verdienstausfall der „Retter" (vgl. Rn 742). Deren Kosten wären aber über § 826 BGB ersatzfähig, etwa wenn die unnötige Suchaktion vorsätzlich herausgefordert worden wäre. Schließlich ist zu beachten, dass Ersatzansprüche hinsichtlich reiner Vermögensschäden auch aus Spezialgesetzen außerhalb des BGB bestehen können. **709a**

### dd.) Heilbehandlungsfälle

Äußerst kompliziert ist auch die Rechtslage in den **Heilbehandlungsfällen**, wenn dem behandelnden Arzt ein Kunstfehler unterläuft oder wenn sonstiges ärztliches Versagen stattfindet. Berühmt geworden ist in diesem Zusammenhang der sog. Nierenfall. **710**

**Nierenfall**[798]**:** Die über die Eltern privat krankenversicherte 13-jährige O erleidet einen Sportunfall und wird in das von K privatrechtlich betriebene Krankenhaus eingeliefert. Im Rahmen der Heilbehandlung entfernt ihr Dr. T die vermeintlich unheilbar geschädigte linke Niere. O hatte jedoch nur diese eine Niere; die andere wurde ihr bereits vor Jahren entfernt, was Dr. T entgangen war. Um O zu retten, spendete ihr ihre Mutter M eine ihrer beiden Nieren. Im Nachhinein stellt heraus, dass die bei O entfernte Niere mit an Sicherheit grenzender Wahrscheinlichkeit hätte erhalten werden können. **711**

Es steht außer Frage, dass O gegen T Schadensersatzansprüche und Schmerzensgeldansprüche zustehen, und zwar sowohl aus § 823 I BGB, § 823 II BGB i.V.m. §§ 223 ff. StGB als auch aus § 280 I BGB i.V.m. § 328 BGB i.V.m. dem zwischen M und T bzw. K

[797] Vgl. dazu BGHZ 27, 137, 140; 41, 123, 126.
[798] Vgl. BGHZ 101, 215 ff. Vgl. auch *Medicus*, JuS 2005, 289, 290 ff.; *Spickhoff*, NJW 2005, 1694 ff.

geschlossenen Behandlungsvertrag gem. § 630a BGB, weil T die O schuldhaft falsch behandelt hat (in der Fallbearbeitung müssten diese Ansprüche im Einzelnen gutachterlich durchgeprüft werden).

Fraglich ist, ob auch M Ansprüche zustehen. In Betracht kommen deliktische Ansprüche gegen T selbst, aber auch gegen den Krankenhausbetreiber aus §§ 31, 89 I BGB oder aus § 831 BGB.

**Exkurs:** In der Regel wird der Anspruchsteller seinen Anspruch nicht gegen den Verletzer, sondern gegen die Institution geltend machen, weil diese i.d.R. zahlungskräftiger ist als der Verletzer. Der Anspruch wird dann wiederum nicht auf § 831 BGB, sondern auf §§ 31, 89 I BGB gestützt, weil die Rspr. (m.E. in bedenklicher Weise) den Begriff des verfassungsmäßig berufenen Vertreters weit auslegt, um den Anwendungsbereich des § 831 BGB und die damit verbundene Möglichkeit eines Entlastungsbeweises zurückzudrängen. So sei es nicht erforderlich, dass die Tätigkeit des Vertreters in der Satzung vorgesehen ist. Er brauche auch keine rechtsgeschäftliche Vertretungsmacht zu haben. Es genüge, dass ihm durch die allgemeine Betriebsregelung und Handhabung bedeutsame wesensmäßige Funktionen zur selbstständigen, eigenverantwortlichen Erfüllung zugewiesen seien und er die Einrichtung insoweit repräsentiere.[799] So fielen der Chefarzt und sein Vertreter (nicht aber ein Assistenzarzt) unter § 31 BGB, wenn sie im medizinischen Bereich weisungsfrei arbeiteten.[800] Gleiches gelte für Leitende Angestellte i.S.d. Arbeitsrechts.

Geht man davon aus, dass Dr. T nicht nur Assistenzarzt ist, ist Anspruchsgrundlage der M gegen K §§ 31, 89 I BGB wegen des ihr selbst entstandenen Schadens. Nach der Rspr. ist der Anspruch auch begründet: T habe durch seinen Fehler eine Gefahrenlage geschaffen, die „Aufforderungscharakter" gehabt habe. Dass M sich in dieser Situation zur Spende einer ihrer Nieren entschlossen habe, sei sittlich hoch zu bewerten und von der Rechtsordnung deshalb zu billigen und anzuerkennen. Auch bestehe zwischen dem Opfer der M und dem Vorteil für O ein angemessenes Verhältnis. An dem gegebenen Zurechnungszusammenhang ändere auch der Umstand nichts, dass M ihre Niere nicht spontan gespendet habe, sondern erst nach Beratung mit den Ärzten. Ebenso unerheblich sei, dass M sich nicht bloß in Gefahr begeben, sondern ihre Niere ganz bewusst geopfert habe. Schließlich wirke auch die Einwilligung der M in die Entfernung ihrer Niere nicht entlastend: Damit sei zwar der Eingriff in ihren Körper gerechtfertigt, nicht aber die Schaffung der Gefahr durch T, derentwegen der Krankenhausträger hafte.

Demnach hat Dr. T also deliktisches Unrecht sowohl gegen O als auch gegen M begangen. Das ist nicht unbillig, betrachtet man die inhaltliche Nähe zu den bisher behandelten Herausforderungsfällen.

Ergebnis: O hat gegen T deliktische Schadensersatzansprüche und Schmerzensgeldansprüche aus § 823 I BGB und 823 II BGB i.V.m. §§ 223 ff. StGB. Gegen den Krankenhausbetreiber hat O deliktische Ansprüche aus §§ 31, 89 I BGB (wegen der von T verwirklichten §§ 823 I BGB und 823 II BGB i.V.m. §§ 223 ff. StGB) und vertraglich aus §§ 280 I, 278 BGB jeweils i.V.m. § 328 BGB i.V.m. dem zwischen K und M geschlossenen Behandlungsvertrag.

M hat ebenfalls gegen T deliktische Schadensersatz- und Schmerzensgeldansprüche aus §§ 823 I BGB und 823 II BGB i.V.m. §§ 223 ff. StGB, gegen den Krankenhausbetreiber deliktische Schadensersatz- und Schmerzensgeldansprüche aus §§ 31, 89 I BGB (wegen der von T verwirklichten §§ 823 I und 823 II BGB i.V.m. §§ 223 ff. StGB). Vertragliche Ansprüche bestehen aus §§ 280 I, 278 BGB jeweils i.V.m. dem zwischen K und M geschlossenen Behandlungsvertrag (§ 630a BGB). Schadensersatz und Schmerzensgeld wären aber an O zu leisten, was nicht ausschließt, dass M im Namen der O (vgl. §§ 1626, 1629 BGB) die Leistung an sich ausbezahlen lässt. Zur **Aufklärungspflicht** und

799 BGHZ 49, 19, 20 ff.; BGH NJW 1998, 1854, 1856.
800 BGHZ 77, 74, 75 ff.; 101, 215, 222 f.

zur **Einwilligung** vgl. Rn 602 ff.; zur **Beweislast** bei (groben) Behandlungsfehlern vgl. Rn 606 f.

## ee.) Zweitunfälle

Ob die Zurechnung unter dem Aspekt der psychisch vermittelten Kausalität in sog. Zweitunfällen (d.h. in Fällen, in denen ein Verkehrsunfall einen weiteren verursacht) noch möglich ist, soll im Folgenden geklärt werden. **712**

**Beispiel**[801]**:** A und B befuhren mit ihren Autos bei Dunkelheit und Regen die Autobahn und kollidierten, weil B beim Spurwechsel das Fahrzeug des A übersehen hatte. Beide Fahrzeuge standen quer auf der dreispurigen Autobahn und versperrten den mittleren und den linken Fahrstreifen. Der nachfolgende O erkannte den Unfall rechtzeitig und hielt seinen Wagen etwa 20 m vor der Unfallstelle auf dem mittleren Fahrstreifen an. Er schaltete das Fernlicht und die Warnblinkanlage ein und aktivierte durch Einlegen des Rückwärtsgangs die Rückfahrscheinwerfer. Zudem stellte er 150 m entfernt ein Warndreieck auf. Daraufhin fuhren einige Fahrzeuge auf dem freien rechten Fahrsteifen an der Unfallstelle vorbei. Dann fuhr jedoch T mit seinem Wagen ungebremst in den Wagen des O. T verlangte von B teilweise (§ 254 BGB) Schadensersatz, weil B den Erstunfall verursacht bzw. verschuldet habe. **713**

<u>Vorüberlegung:</u> Für Verkehrsunfälle enthält das **StVG** spezielle Regelungen. Die Halterhaftung richtet sich nach § 7 I StVG, die Fahrerhaftung nach § 18 I StVG. Sind – wie vorliegend – Halter und Fahrer identisch, besteht echte Anspruchskonkurrenz zwischen § 7 I StVG und § 18 I StVG. In der Fallbearbeitung sind also beide Ansprüche nebeneinander zu prüfen. Zu beachten ist jedoch, dass sich der Haftungsausschluss wegen höherer Gewalt nur auf § 7 I StVG bezieht und dass es umgekehrt nur bei § 18 I StVG auf ein Verschulden ankommt.

Wegen § 16 StVG werden aber nicht die allgemeinen Schadensersatzansprüche nach dem BGB oder nach anderen Gesetzen ausgeschlossen.[802] Trifft den Halter oder Fahrer also ein Verschulden, kommt neben der Haftung nach dem StVG eine Schadensersatzpflicht aus §§ 823 ff. BGB[803] und u.U. auch aus § 280 I BGB in Betracht.[804] Diese Erkenntnis ist nicht nur für die Fallbearbeitung wichtig (weil dort alle Ansprüche zu prüfen sind), sondern auch dann, wenn die in den Gefährdungshaftungstatbeständen fixierten Haftungshöchstgrenzen überschritten werden (§ 823 BGB kennt keine Haftungshöchstgrenze).

Schließlich ist zu beachten, dass – um das Risiko der Zahlungsunfähigkeit des Halters im Schadensfall zu vermeiden und den Verkehrsopfern eine Mindestversorgung zu garantieren – der Halter verpflichtet ist, eine **Haftpflichtversicherung** abzuschließen, § 1 PflVG. Der Verletzte hat einen Direktanspruch auch gegen den Versicherer, **§ 115 I S. 1 Nr. 1 VVG** (vgl. dazu ausführlich Rn 1005).

<u>Zum vorliegenden Fall:</u> Der von T gegen B geltend gemachte Anspruch könnte sich zunächst auf § 7 I StVG stützen. Bedenken am Vorliegen von dessen haftungsbegründenden Merkmalen bestehen allein bei der haftungsbegründenden Kausalität. Ohne den Erstunfall wäre es nicht zu dem Zweitunfall gekommen. Insofern war das Fehlverhalten des B äquivalent kausal für den Zweitunfall. Auch steht es nicht völlig außerhalb der allgemeinen Lebenserfahrung, dass ein Erstunfall auf der Autobahn einen Zweitunfall verursacht; Adäquanz liegt demnach auch vor. Dennoch muss nach Auffassung des BGH bei der gebotenen wertenden Betrachtung der Umstände des Einzelfalls ein Zurechnungszusammenhang zwischen beiden Unfällen verneint werden: Wegen der guten Absicherung der Unfallstelle sei es für den Zweitunfall letztlich gleichgültig gewesen, ob

[801] Nach BGH NJW 2004, 1375. Vgl. auch *Medicus*, JuS 2005, 289, 294 f.
[802] Das gilt im Übrigen auch hinsichtlich anderer Gefährdungshaftungstatbestände (vgl. etwa §§ 12 HaftpflG, 42 LuftVG, 15 II ProdHaftG, 18 I UmwHaftG). Ausnahmen finden sich nur in § 48 LuftVG sowie im AtomG.
[803] Vgl. insbesondere § 823 II BGB i.V.m. Schutzgesetz aus StVO (Vorfahrtnahme).
[804] Vgl. BGH NJW 2003, 1929, 1030; *Däubler*, JuS 2002, 625, 628.

das Hindernis auf einem früheren Unfall oder auf anderen Gründen beruht habe. Für die Verneinung der Zurechnung bedürfe es nicht des vorsätzlichen Eingreifens eines Dritten.[805] Vielmehr könne schon ein (unvorsätzliches) eigenständiges Verhalten eines Dritten ausreichen, dem gegenüber das durch den Erstunfall gesetzte Risiko für den Zweitunfall „von völlig untergeordneter Bedeutung" gewesen sei.

Bewertung und Ergebnis: Die Auffassung des BGH überzeugt. Es ist nicht einzusehen, dass aufgrund der guten Absicherung der Unfallstelle durch O das Risiko eines späteren Auffahrunfalls (als Zweitunfall) auf B abgewälzt werden soll. T hat eigenverantwortlich gehandelt. Es lag in seinem Verantwortungsbereich, wenn er bei Dunkelheit und Regen – offenbar bedingt durch eine unangemessene Geschwindigkeit – eine ordnungsgemäß abgesicherte Unfallstelle zu spät bemerkt und auffährt. T hat also keine Ansprüche gegen B (und im Übrigen auch nicht gegen O – im Gegenteil, dieser hat einen Schadensersatzanspruch gegen T).

#### ff.) Miterleben von schweren Unfällen

713a Vor nicht allzu langer Zeit musste sich der BGH mit der Frage beschäftigen, ob ein „Herausforderungsfall" bzw. eine psychisch vermittelte Kausalität vorliegt, wenn ein unbeteiligter Autofahrer bei einem schweren Verkehrsunfall auf der Autobahn miterlebt, dass Personen in ihren brennenden Pkw ums Leben kommen, und er dadurch traumatisch bedingt psychische Schäden davonträgt. Um die Zurechnung von (Gesundheits-)Schäden in Fällen, in denen eine psychische Gesundheitsschädigung auf das Miterleben eines schweren Unfalls zurückzuführen ist, nicht in ausufernder Weise auszudehnen, hat der BGH entschieden, dass durch ein Unfallgeschehen ausgelöste, traumatisch bedingte psychische Störungen von Krankheitswert zwar eine Verletzung des geschützten Rechtsguts *Gesundheit* i.S.d. § 823 I BGB darstellen könnten, eine Haftung des Schädigers i.d.R. jedoch nicht in Betracht komme, wenn der Geschädigte nicht selbst unmittelbar an dem Unfall beteiligt gewesen sei (Grundsatz des Gläubigerinteresses: Nur Rechtsgüter des Anspruchstellers sollen grds. geschützt sein).[806]

### bb. Zurechnung bei Verkehrssicherungspflicht und Produzentenhaftung

714 Einer besonderen Diskussion bedarf die objektive Zurechnung der Rechtsgutverletzung, wenn **Verkehrssicherungspflichten** bestehen, deren Nichtbeachtung zu einer Rechtsgutverletzung geführt hat. Dasselbe gilt hinsichtlich der **Produzentenhaftung**. Vgl. dazu Rn 885 ff./923 ff.

### cc. Zusammenfassung

715

**Zusammenfassung zur objektiven Zurechnung:**

- Bei der sog. **haftungsbegründenden** Kausalität geht es um die Zurechnung der Rechtsgutverletzung zum Verhalten des in Anspruch Genommenen.
- Die sog. **haftungsausfüllende** Kausalität betrifft dagegen die Frage nach der Zurechnung des Schadens zur Rechtsgutverletzung.

Hinsichtlich der (haftungsbegründenden) **Zurechnungskriterien** gilt:

- Erforderlich ist zunächst ein naturwissenschaftlicher Kausalzusammenhang. Danach ist jede Handlung kausal (i.S.v. ursächlich) für die Rechtsgutverletzung, wenn sie nicht hinweggedacht werden kann, ohne dass die Rechtsgutverletzung in ihrer konkreten Form entfiele (*conditio sine qua non* – sog. **Äquivalenztheorie**).

[805] Damit nimmt der BGH offenbar – ohne sie explizit zu nennen – Bezug auf die Randstreifenfälle.
[806] BGH NJW 2007, 2764, 2765.

- Da durch diesen naturwissenschaftlichen Kausalzusammenhang der Ursachenkreis sehr weit gefasst ist und daher auch ganz atypische, unwahrscheinliche Kausalverläufe zur Bejahung der Kausalität führen, müssen einschränkende Kriterien herangezogen werden. Nach der im Zivilrecht herrschenden **Adäquanztheorie** ist eine Rechtsgutverletzung nur dann verursacht (und dem Verletzer zuzurechnen), wenn mit deren Eintritt nach *allgemeiner menschlicher Lebenserfahrung* gerechnet werden konnte. Verneint wird demnach der adäquate Kausalzusammenhang, wenn die Rechtsgutverletzung auf einem regelwidrigen, atypischen Kausalverlauf beruht, mit dem nach allgemeiner Lebenserfahrung nicht zu rechnen war.
- Da aber auch Fälle denkbar sind, in denen der Eintritt einer bestimmten Rechtsgutverletzung nicht ganz unwahrscheinlich ist, gleichwohl aber außerhalb des Schutzzwecks der Norm fällt, bedarf es einer weiteren Einschränkung des Ursachenzusammenhangs. So geht der Ansatz vom **Schutzzweck der Norm** davon aus, dass das Gesetz den Rechtsgütern und deren Trägern keinen absoluten Schutz, sondern nur Schutz vor bestimmten Arten von Beeinträchtigungen gewähren will. Danach haftet der Anspruchsgegner nur, wenn die Rechtsgutverletzung bzw. der Schaden vom Schutzzweck der Haftungsnorm erfasst wird, nicht aber, wenn sich lediglich das „allgemeine Lebensrisiko" des Verletzten realisiert hat.
- Schließlich ist die **psychisch vermittelte Kausalität** zu beachten: Zwar beruht die Kausalität i.d.R. auf logisch-naturwissenschaftlichen Zusammenhängen, allerdings können die Rechtsgutverletzung bzw. der Schaden auch mit der menschlichen Psyche zusammenhängen. Genannt seien das *selbstschädigende Verhalten* des Verletzten, die sog. *Herausforderungs-* bzw. *Verfolgungsfälle*, die *Rettungs-* bzw. *Heilbehandlungsfälle* sowie die *Zweitunfälle*.

## 2. Rechtswidrigkeit

§ 823 I BGB verlangt ausweislich seines Wortlauts, dass der Verletzer mindestens eines der genannten Rechtsgüter **„widerrechtlich"** verletzt hat. Folgt man der auch hier vertretenen **Lehre vom Erfolgsunrecht** (vgl. Rn 892), braucht die Rechtswidrigkeit allerdings nicht gesondert festgestellt zu werden; diese ist vielmehr durch die Verwirklichung des Tatbestands **indiziert**. Etwas anderes gilt lediglich bei der Verletzung von Rahmenrechten (eingerichteter und ausgeübter Gewerbebetrieb; allgemeines Persönlichkeitsrecht). Dort ist aufgrund der tatbestandlichen Weite eine Rechtswidrigkeitsprüfung anhand einer Güterabwägung vorzunehmen (vgl. Rn 645 ff. und 655 ff.).[807] 716

Die Rechtswidrigkeit ist zu verneinen, wenn ein **Rechtfertigungsgrund** eingreift. Einen abschließenden Katalog an Rechtfertigungsgründen gibt es nicht.[808] Die wichtigsten Rechtfertigungsgründe sind allerdings Notwehr (§ 227 BGB), Defensivnotstand (§ 228 BGB), Aggressivnotstand (§ 904 BGB), Selbsthilfe (§§ 229, 230 BGB), berechtigte GoA (§§ 677, 683 S. 1 BGB), Festnahmerecht (§ 127 StPO), Einwilligung[809] und Wahrnehmung berechtigter Interessen (§ 193 StGB, § 824 II BGB).[810] Aber auch die Selbsthilferechte aus § 859 BGB können greifen.[811] 717

[807] Vgl. dazu auch ausführlich *Lange/Schmidbauer*, in: juris-PK, § 823 Rn 59 ff.
[808] BGHZ 24, 21, 25.
[809] Dieser Rechtfertigungsgrund kommt (in Übereinstimmung mit dem Strafrecht) etwa bei medizinischen oder kosmetischen Eingriffen, bei Tätowierungen, beim Piercing etc. in Betracht. Wesentliche Voraussetzung für die Wirksamkeit der Einwilligung ist, dass die Behandlung mangelfrei ist und nach den Regeln der Kunst erbracht wird (siehe dazu etwa AG München 13.4.2017 – 132 C 17280/16). Bei Sportkämpfen (mit Personenkontakt) ist die Einwilligung i.d.R. nur dann beachtlich, wenn die Sportregeln eingehalten werden.
[810] Vgl. näher *Schreiber*, Jura 1997, 29 ff.; *Pawlik*, Jura 2002, 26 ff.
[811] Siehe dazu *Hütte/Hütte*, SachenR I, Rn 224.

### 3. Schadensverantwortlichkeit/Deliktsfähigkeit

718 Während es bei der Geschäftsfähigkeit um die Fähigkeit geht, Rechtsgeschäfte selbstständig und wirksam einzugehen (siehe §§ 104 ff. BGB), und bei der Strafmündigkeit um die Frage nach der strafrechtlichen Verantwortlichkeit (siehe §§ 19, 20 StGB), handelt es sich bei der Deliktsfähigkeit um die zivilrechtliche Verantwortlichkeit wegen Schäden, die aufgrund unerlaubter Handlungen verursacht worden sind. Der Schädiger muss für die von ihm verursachten Schäden verantwortlich sein (sog. Schadensverantwortlichkeit). Das setzt *Verschuldensfähigkeit* und *Verschulden* voraus.

#### a. Grundsatz: Schadensverantwortlichkeit des Schädigers

719 Um schadensverantwortlich zu sein, muss der Verletzer zunächst **verschuldensfähig** (zurechnungsfähig) sein. Denn ist er bereits etwa wegen zu **geringen Alters** oder **psychischer Mängel** nicht für den Schaden verantwortlich, kommt es auf die Frage des Verschuldens (also darauf, ob er vorsätzlich gehandelt oder zumindest die im Verkehr erforderliche Sorgfalt missachtet hat) nicht mehr an. Bei der Schadensverantwortlichkeit ist zwischen verschuldensunfähigen, beschränkt verschuldensfähigen und verschuldensfähigen Personen zu unterscheiden (§§ 827, 828 BGB).

##### aa. Verschuldensunfähigkeit, § 828 I BGB

720 Gemäß **§ 828 I BGB** sind Kinder bis zum vollendeten **7. Lebensjahr** für einen von ihnen zugefügten Schaden **nicht verantwortlich**. Aus dieser pauschalen Formulierung folgt, dass eine Verantwortlichkeit selbst bei Vorsatz ausgeschossen ist.

##### bb. Haftung bei gegebener Einsichtsfähigkeit, § 828 III BGB

721 Gemäß **§ 828 III BGB** (früher § 828 II BGB) sind Jugendliche von **7 bis 18 Jahren** für Verletzungen nicht verantwortlich, wenn sie bei Begehung der schädigenden Handlung nicht die **zur Erkenntnis der Verantwortlichkeit erforderliche Einsicht** haben. Diese negative Formulierung ist nicht zufällig, sondern bringt zum Ausdruck, dass die Beweislast für das Vorliegen nicht gegebener Verschuldensfähigkeit der Jugendliche trägt. Die Einsicht ist dann gegeben, wenn der Jugendliche nach seinem Entwicklungsstand von der rechtlichen Verantwortlichkeit weiß und diese auf den aktuellen Fall projizieren kann. Dabei genügt die laienhafte Vorstellung, Unrecht zu begehen und dafür rechtlich zur Verantwortung gezogen zu werden. Die Fähigkeit, nach dieser Einsicht zu handeln, ist – anders als im Strafrecht – nicht erforderlich. Dieses volitive Element wird erst im Rahmen der (subjektiven) Fahrlässigkeit relevant.

721a Aber auch wenn bei einem Jugendlichen die erforderliche Einsichtsfähigkeit gegeben ist, ist die Rspr. bemüht, die Haftung auszuschließen. Dass sie dabei nicht stets überzeugt, verdeutlicht folgender Fall: Die Eltern hatten eine Ferienwohnung gemietet und diese mit ihrem 13-jährigen Sohn S bezogen. Während die Eltern unten im Wohnzimmer ein Gesellschaftsspiel spielten, ließ S oben im Badezimmer ein Bad ein. Weil er nicht neben der Wanne warten wollte, setzte er sich zwischenzeitlich zu seinen Eltern und beteiligte sich am Spiel. Erst als das Wasser die Treppe herunterlief, fiel ihm der geöffnete Wasserhahn wieder ein. Später stellt sich heraus, dass der in die Badewanne integrierte Überlaufschutz – für S unerkennbar – verstopft war. Am Haus entstand erheblicher Schaden.

S könnte gem. § 823 I BGB schadensersatzpflichtig sein. Der Ausschlusstatbestand des § 828 III BGB liegt nicht vor. S müsste aber auch mindestens fahrlässig gehandelt haben. Nach Auffassung des AG Prüm war das jedoch nicht der Fall. S habe sich darauf verlassen dürfen, dass der Überlaufschutz funktioniere. Er habe daher zwar nachlässig gehandelt, nicht aber fahrlässig i.S.v. § 276 II BGB.

Diesem Urteil zu Folge haben die Eigentümer der Ferienwohnung den Schaden selbst zu tragen. Denn ein Anspruch gegen die Eltern gem. § 832 I S. 1 BGB scheidet von vornherein aus, da eine Verletzung ihrer Aufsichtspflicht (vgl. § 832 I S. 2 BGB) nicht angenommen werden kann. Und weil diese nicht wegen Verletzung ihrer Aufsichtspflicht haften, wird der Schaden auch nicht von einer eventuell vorhandenen Haftpflichtversicherung übernommen (diese haftet nur dann, wenn der Versicherungsnehmer haftet). Von diesen Umständen hat sich wohl das AG Prüm bei seiner Urteilsfindung leiten lassen und schlicht die Fahrlässigkeit verneint, um eine Schadensersatzpflicht des S auszuschließen. Eine solche liegt aber gerade vor. Es ist allgemein bekannt, dass geschaffene Gefahrenquellen nicht unbeobachtet gelassen werden dürfen. Auch der Umstand, dass der Überlaufschutz verstopft war, spricht eher *gegen* S. Wer in einer fremden Umgebung eine Gefahrenquelle schafft, darf sich gerade nicht darauf verlassen, dass Sicherheitsmechanismen funktionieren. Vielmehr ist erhöhte Aufmerksamkeit geboten.

Rechtsdogmatisch korrekt wäre es gewesen, bei S Fahrlässigkeit anzunehmen. Das hätte freilich nicht ausgeschlossen, dem Eigentümer eine Mitschuld gem. § 254 BGB einzuräumen. Vgl. auch Rn 731 und 882.

### cc. Spezialfall Haftung bei Verkehrsunfällen, § 828 II BGB

Einen speziellen altersbedingten Zurechnungsausschluss der **7 bis 9-Jährigen** für **unvorsätzliche** Verletzungen im **Straßen-, Schienen- und Schwebebahnverkehr** stellt **§ 828 II BGB** auf. Danach sind Kinder unter 10 Jahren bei Unfällen mit einem Kfz, einer Schienenbahn oder einer Schwebebahn für den Schaden, den sie unvorsätzlich einem anderen zufügen, nicht verantwortlich. Ein Schadensersatzanspruch aus § 823 I BGB scheidet aus. Mit dieser Regelung soll neueren Erkenntnissen der Entwicklungspsychologie Rechnung getragen werden, nach denen Kinder frühestens ab Vollendung des 10. Lebensjahres imstande sind, die besonderen Gefahren des Straßenverkehrs zu erkennen oder sich den Erkenntnissen entsprechend zu verhalten, insbesondere weil die Fähigkeit zur richtigen Einschätzung von Entfernungen und Geschwindigkeiten fehlt sowie kindliche Eigenheiten einem verkehrsgerechten Verhalten entgegenstehen. Maßgeblich für den Haftungsausschluss gem. § 828 II BGB ist also die **besondere Überforderungssituation**, in der sich Kinder unter 10 Jahren befinden können. Hat sich also umgekehrt keine typische Überforderungssituation des Kindes durch die spezifischen Gefahren des (Straßen-)Verkehrs realisiert, nimmt der BGH eine **teleologische Reduktion** der Vorschrift vor mit der Folge von deren Unanwendbarkeit. Die Haftung des Minderjährigen richtet sich dann nach § 828 III BGB.[812] So hat der BGH die Haftungsfreistellung aus § 828 II BGB etwa in Fällen verneint, in denen Kinder der privilegierten Altersgruppe mit einem Kickboard oder Fahrrad gegen ein ordnungsgemäß geparktes Fahrzeug gestoßen sind und dieses beschädigt haben.[813] Demgegenüber hat der BGH eine typische Überforderungssituation für einen achtjährigen Jungen bejaht, der mit dem Fahrrad gegen einen in einer Straßeneinmündung anhaltenden Pkw stieß, wobei die Sicht für ihn durch eine Hecke beeinträchtigt war.[814] Dasselbe gilt hinsichtlich eines Zusammenstoßes zwischen dem führungslos rollenden Fahrrad eines achtjährigen Jungen und dem Fahrzeug des Geschädigten, das in diesem Augenblick vorbeifuhr[815], und für das Fahren mit dem Fahrrad gegen die geöffneten hinteren Türen eines am Straßenrand stehenden Pkw.[816] Der BGH stellt dabei klar, dass für das Eingreifen des Haftungsprivilegs nicht etwa zwischen dem fließenden und dem ruhenden Verkehr zu unterscheiden sei. Zwar greife das Haftungsprivileg im fließenden Verkehr häufiger als im ruhenden Verkehr, in besonders gelagerten Fällen könne sich aber auch im ruhenden Verkehr eine spe- 722

[812] Vgl. aus jüngerer Zeit BGH NJW 2009, 3231; NJW 2010, 944.
[813] Vgl. BGH NJW 2009, 3231; NJW 2005, 356; NJW-RR 2005, 327; BGHZ 161, 180, 185.
[814] Vgl. BGH NJW 2009, 3231; BGHZ 172, 83.
[815] Vgl. BGH NJW 2009, 3231; NJW 2008, 147.
[816] Vgl. BGH NJW 2009, 3231; NJW-RR 2009, 95.

zifische Gefahr des motorisierten Verkehrs verwirklichen.[817] Maßgeblich sei, ob eine typische Fallkonstellation der Überforderung des Kindes durch die Schnelligkeit, die Komplexität und die Unübersichtlichkeit der Abläufe im motorisierten Straßenverkehr vorliege.[818]

723 Die **vorsätzliche** Verletzung von Rechtsgütern ist hingegen schon vom Wortlaut her aus dem Privilegierungstatbestand des § 828 II BGB herausgehalten worden, weil die genannten Ausschlussgründe bspw. bei einem 9-Jährigen, der schwere Steine von einer Autobahnbrücke wirft, nicht vorliegen.[819] Dies ist im Grundsatz zu begrüßen, kann allerdings dazu führen, dass durch einen „Jugendstreich" die wirtschaftliche Existenz des Täters für einen Zeitraum von mehr als 30 Jahren vernichtet ist: Wird er z.B. 3 Jahre nach dem Vorfall rechtskräftig zu Schadensersatz verurteilt, tritt nach § 197 I Nr. 3 BGB n.F. die Verjährung erst nach 30 Jahren ein.[820]

**Beispiel**[821]**:** Der 9-jährige Kevin (K) lässt auf dem Bürgersteig sein Fahrrad los, damit es von alleine weiterrollt. Dabei prallt das führungslose Fahrrad gegen das am Straßenrand ordnungsgemäß geparkte Fahrzeug des F. Dieser macht Schadensersatz geltend.

**Variante 1**[822]**:** Das führungslose Fahrrad gerät auf die Fahrbahn und prallt gegen das zu diesem Zeitpunkt vorbeifahrende Kfz des O. Dieser macht Schadensersatz geltend.

**Variante 2**[823]**:** K fährt mit seinem Fahrrad frontal gegen den Pkw des O. Das Fahrzeug steht dabei in Fahrtrichtung gesehen am linken Fahrbahnrand (also auf der falschen Seite). K macht geltend, er sei durch einen Zuruf des A abgelenkt gewesen. Außerdem habe das Fahrzeug des O im Bereich eines Park- und Halteverbots gestanden. Er sei daher mit der Verkehrssituation überfordert gewesen, sodass seine Haftung wegen § 828 II BGB ausscheide.

Zum Ausgangsfall: Der von F geltend gemachte Schadensersatzanspruch könnte sich auf § 823 I BGB bzw. auf § 823 II BGB i.V.m. § 1 II StVO stützen. K hat durch fahrlässiges Verhalten das Eigentum des F an dem Pkw rechtswidrig verletzt. Fraglich ist jedoch, ob K wegen seines Alters überhaupt deliktsfähig war.
§ 828 II S. 1 BGB bestimmt, dass derjenige, der das siebte, aber nicht das zehnte Lebensjahr vollendet hat, für den Schaden, den er bei einem Unfall mit einem Kraftfahrzeug, einer Schienenbahn oder einer Schwebebahn einem anderen unvorsätzlich zufügt, nicht verantwortlich ist.

Nach dem Normzweck des § 828 II BGB, wonach Kinder im Alter zwischen dem siebten und dem zehnten Lebensjahr grundsätzlich noch nicht in der Lage sind, die besonderen Gefahren des motorisierten Straßen- und Bahnverkehrs zu erkennen und sich entsprechend zu verhalten, bedarf der Tatbestand des § 828 II BGB einer Einschränkung im Wege der **teleologischen Reduktion** dahingehend, dass Unfälle, die ihren Ursache nicht in einer Überforderungssituation haben, nicht erfasst werden. Das ist z.B. der Fall, wenn der Unfall ohne Beteiligung des *fließenden* Verkehrs stattfindet. Denn für die Einbeziehung von Kollisionen mit geparkten Pkw in den Schutzbereich der Vorschrift besteht – ohne Beteiligung des fließenden Verkehrs – grds. kein erkennbares Bedürfnis. Die Fehlleistung eines Kindes mag bei einem fahrlässigen Zusammenstoß mit einem stehenden Hindernis auf einer Fehleinschätzung eigener Fähigkeiten und altersbedingten Defiziten beruhen. Nichts anderes würde aber auch in den Fällen gelten, in denen eine solche Kollision außerhalb des Verkehrsbereichs stattfindet und sich das Kraftfahr-

[817] Vgl. BGH NJW 2009, 3231; BGHZ 161, 180, 185.
[818] So BGH NJW 2010, 944. Vgl. aber auch BGHZ 161, 180, 185 (bestätigt von BGH NJW 2007, 2113, 2114), wo das Gericht pauschal entschieden hat, dass die Haftungsprivilegierung des § 828 II BGB nur für Unfälle im fließenden Verkehr gelte. Für Beschädigungen von parkenden Kfz sei § 828 I und III BGB maßgeblich.
[819] Vgl. BT-Drs. 14/7752, S. 27.
[820] Vgl. *Däubler*, JuS 2002, 625, 628; *Wagner*, NJW 2002, 2049, 2060.
[821] Vgl. BGH NJW 2005, 354; LG Koblenz NJW 2004, 858.
[822] Vgl. BGH NJW 2008, 147.
[823] Vgl. BGH NJW 2010, 944.

zeug nicht in Betrieb befindet. Eine solche Konstellation unterfiele unzweifelhaft nicht der Regelung des § 828 II BGB. Die Vorschrift bezwecke nicht den umfassenden Schutz Minderjähriger im Hinblick auf altersbedingte entwicklungspsychologische Defizite. Sie bezwecke den Schutz von Minderjährigen im Hinblick auf die besonderen Gefahren des motorisierten Verkehrs.[824]

Demnach wird die Kollision des Fahrrads des K mit dem im Verkehrsraum geparkten Kraftfahrzeug des F nicht von § 828 II BGB erfasst. Insoweit richtet sich die Haftung des K nach § 828 III BGB.

Entscheidend für eine Haftung des K nach § 828 III BGB ist, ob dieser die zur Erkenntnis der Verantwortlichkeit erforderliche Einsicht besaß, die ihn befähigte, das Unrecht seiner Handlung und zugleich die Verpflichtung zu erkennen, in irgendeiner Weise für die Folgen seiner Handlung selbst einstehen zu müssen. Freilich ist die Beweislastregelung des § 828 III BGB zu berücksichtigen, wonach der Jugendliche darlegen und beweisen muss, dass er im Zeitpunkt der Schadensverursachung die zum Schadensersatz verpflichtende Einsichtsfähigkeit (noch) nicht besaß. Wenn K also nicht darlegen und beweisen kann, dass er aufgrund seiner altersmäßigen Entwicklung noch nicht die Fähigkeit besaß, beim Fahrradfahren entsprechende Gefahren zu erkennen, kommt es für die Haftung aus § 823 I BGB darauf an, ob er die objektiv erforderliche Sorgfalt i.S.d. § 276 II BGB verletzt hat. Kann K aber die gesetzliche Vermutung des § 828 III BGB widerlegen, kommt keine Haftung nach § 823 I BGB, sondern nur eine Billigkeitshaftung nach § 829 BGB in Betracht. Hierfür ist maßgebend, ob die Billigkeit eine Haftung des K „erfordert" (dazu sogleich). Freilich eine andere Frage ist es, ob die Eltern wegen Verletzung ihrer Aufsichtspflicht originär aus § 832 BGB haften, vgl. dazu Rn 876 ff.

Zur Variante 1: Lässt ein 9-jähriges Kind auf dem Bürgersteig sein Fahrrad los, damit es von alleine weiterrollt, und rollt das führungslose Fahrrad auf die Fahrbahn gegen ein zu diesem Zeitpunkt vorbeifahrendes Kfz, liegt ein „Unfall mit einem Kraftfahrzeug" i.S.d. § 828 II BGB vor. Denn hier hat sich gerade die Gefahr verwirklicht, die dadurch bedingt ist, dass Kinder in dem entsprechenden Alter oft zu einem verkehrsgerechten Verhalten nicht in der Lage sind. Mithin ist die Deliktsfähigkeit des K ausgeschlossen. Ein Anspruch des O gem. § 823 I BGB bzw. gem. §§ 823 II BGB i.V.m. § 1 II StVO scheidet aus.

Zur Variante 2: Nunmehr ist auch vom BGH entschieden worden, ob eine teleologische Reduktion des § 828 II S. 1 BGB (= Anwendung grds. nur auf Unfälle im fließenden Verkehr) auch in Betracht kommt, wenn ein Kind der privilegierten Altersklasse ein *nicht* ordnungsgemäß abgestelltes Kfz beschädigt. Kollidiere ein 9-jähriger Fahrradfahrer mit einem Pkw, der in Fahrtrichtung am linken Fahrbahnrand geparkt sei, könne bereits das verkehrswidrige Linksparken eine generelle verkehrstypische Überforderungssituation des Kindes begründen, weil ein links geparktes Fahrzeug erhöhte Aufmerksamkeit verlange, um sich zu vergewissern, ob das Fahrzeug unbesetzt ist und keine weitere Gefahr darstelle oder ob mit einem plötzlichen Anfahren in die eigene Fahrtrichtung gerechnet werden müsse.[825]

### dd. Psychische Mängel, Bewusstlosigkeit und Missbrauch, § 827 BGB

§ 827 BGB regelt die Zurechnungs(un)fähigkeit von Personen mit psychischen Mängeln (etwa Geisteskrankheit), von Bewusstlosen sowie von Personen, die sich vorsätzlich oder fahrlässig im Hinblick auf die spätere Verletzungshandlung zurechnungsunfähig gemacht haben. 724

[824] BGHZ 161, 180, 185; BGH NJW 2007, 2113, 2114; LG Koblenz NJW 2004, 858.
[825] BGH NJW 2010, 944 f.

### b. Ausnahme: Billigkeitshaftung trotz fehlender Verschuldensfähigkeit

725 Trotz fehlender Verschuldensfähigkeit kann im Einzelfall ausnahmsweise die (subsidiäre) **Billigkeitshaftung** nach **§ 829 BGB** eingreifen („Millionärsparagraph").

- Voraussetzung ist zunächst, dass der Handelnde einen der **Tatbestände der §§ 823 bis 826 BGB** verwirklicht, insbesondere **rechtswidrig** handelt. Auf eine Schuldfähigkeit i.S.v. §§ 827, 828 BGB kommt es indes nicht an. Unklar ist aber, ob der Schädiger vorsätzlich oder fahrlässig (dazu Rn 733 ff.) gehandelt haben muss. Dies wird man bejahen müssen. Denn hätte ein Schuldfähiger anstelle des Schuldunfähigen gehandelt und könnte man ihm keinen Schuldvorwurf machen, scheidet auch die Haftung des Schuldunfähigen nach § 829 BGB aus.[826] Davon unabhängig gilt, dass eine etwaige allgemeine Haftpflichtversicherung zugunsten des Schädigers in diesem Zusammenhang nicht zu berücksichtigen ist.[827]
- Des Weiteren darf gem. § 829 BGB Schadensersatz nicht von einem aufsichtspflichtigen Dritten erlangt werden. Das folgt allein schon aus dem Charakter der Billigkeitshaftung.
- Schließlich muss es die Billigkeit erfordern, dass der Schädiger trotz Schuldunfähigkeit haftet. Das richtet sich nach den Umständen, insbesondere nach den Verhältnissen der Beteiligten. Dem Schuldunfähigen dürfen jedoch nicht die Mittel entzogen werden, derer er zum angemessenen Unterhalt sowie zur Erfüllung seiner gesetzlichen Unterhaltspflichten bedarf.[828] Vgl. dazu sowie zur Einbettung des § 829 BGB in die Klausurprüfung Rn 723.

### c. Verschulden des Schädigers

726-734 Steht die Verschuldensfähigkeit fest, muss des Weiteren das **Verschulden** des Schädigers geprüft werden. Das Verschulden bezieht sich nur auf die Merkmale des objektiven Tatbestands, regelmäßig also auf die Tatbestandsmerkmale und die haftungsbegründende Kausalität, nicht jedoch auf den Schaden und die haftungsausfüllende Kausalität. Das hat seinen Grund darin, dass Schaden und haftungsausfüllende Kausalität nicht die Grundlage für die Verantwortlichkeit sind, sondern lediglich Folge eines Fehlverhaltens.

**Beispiel:** Der Arzt, der bei einer Blinddarmoperation einen Tupfer im Bauchraum zurücklässt, wodurch eine Bauchrauminfektion hervorgerufen wird, verwirklicht (u.a.) die Tatbestandsmerkmale des § 823 I BGB und verursacht adäquat kausal eine Rechtsgutverletzung. Ihn müsste aber auch ein Verschulden treffen.

735 Grundsätzlich genügt Fahrlässigkeit (vgl. § 276 I S. 1 BGB). Lediglich bei § 826 BGB ist Vorsatz erforderlich.[829]

- Unter **Vorsatz** ist der Wille zur Verwirklichung eines Verletzungstatbestands in Kenntnis aller seiner objektiven Tatumstände und der Rechtswidrigkeit zu verstehen. Es genügt allerdings, wenn der Verletzer den für möglich gehaltenen Erfolg „gebilligt" oder „billigend in Kauf" genommen hat, auch wenn er ihm an sich unerwünscht war (Einwilligungs- oder Billigungstheorie).
- **Fahrlässig** handelt, wer die *im Verkehr erforderliche* Sorgfalt außer Acht lässt (§ 276 II BGB). Mit der Formulierung „im Verkehr erforderliche ..." wird klargestellt, dass – anders als im Strafrecht – ein **objektiver Sorgfaltsmaßstab** anzulegen ist. Maßstab ist die Sorgfalt, die von einem durchschnittlichen und gewissenhaften Vertreter der Gruppe, der der Schädiger angehört, erwartet werden kann.[830] Maßgeblich dürfte sein, ob

---

[826] *Brox/Walker*, § 45 Rn 9.
[827] Vgl. BGH NJW 1995, 452.
[828] Vgl. *Sprau*, in: Palandt, § 829 Rn 3 ff.; *Deutsch/Ahrens*, Rn 139 ff.; *Brox/Walker*, § 41 Rn 9.
[829] Vgl. dazu BGH NJW-RR 2000, 393, 394.
[830] Vgl. BGH NJW 2002, 2232 f.

die Gefahr, die zum Schadenseintritt geführt hat, für einen „durchschnittlichen und gewissenhaften" Vertreter dieses Personenkreises erkennbar und vermeidbar war. Auch das Lebensalter kann im Einzelfall zu berücksichtigen sein, indem man die zu stellenden Anforderungen an den Standards misst, die für jugendliche Personen oder Personen hohen Alters gelten. Allerdings können sich solche Personen (obwohl sie sich im Vergleich zu anderen ihrer Gruppe bei der Ausführung der Aktion nicht pflichtwidrig verhalten haben) dem Vorwurf aussetzen, eine Tätigkeit übernommen zu haben, der sie nicht gewachsen sind (sog. Übernahmeverschulden).[831]

Im obigen **Beispiel** hat der Arzt fahrlässig gehandelt, indem er sich vor dem Schließen des Bauchraumes nicht vergewisserte, keine Gegenstände zurückzulassen. Mithin hat er sein Verhalten zu vertreten.[832]

Ein Problem bereitet die Frage des Verschuldens in den sog. „**Verfolgungsfällen**", also in Fällen, in denen sich der Verletzte bspw. durch waghalsige Fluchtversuche **selbst schädigt** (vgl. Rn 700 und 1175). Springt bspw. der Geliebte der Ehefrau aus dem Fenster eines im 2. Stock gelegenen Zimmers, weil er körperliche Übergriffe durch den die Wohnungstür eintretenden Ehemann befürchtet, und zieht sich dabei Verletzungen zu, ist zumindest der Zurechnungszusammenhang zwischen dem Verhalten des Ehemanns und der eingetretenen Rechtsgutverletzung nicht zu verneinen. Bei der Frage, ob der Ehemann die Rechtsgutverletzung bzw. den Schaden auch verschuldet hat, ist im Rahmen des § 276 II BGB darauf abzustellen, ob der Ehemann **damit rechnen musste, bei dem Geschädigten eine Schreck- bzw. Panikreaktion auszulösen**. Wer die Wohnungstür des Geliebten der Ehefrau eintrete – so der BGH – , müsse die Verletzung einer im Zimmer befindlichen Person in Betracht ziehen.[833] Der Ehemann ist daher zum Schadensersatz gem. §§ 249 ff. BGB (Ersatz der Heilbehandlungskosten sowie Zahlung eines Schmerzensgeldes gem. § 253 II BGB) verpflichtet. Freilich trifft den Geliebten ein gewisses Maß an **Mitverschulden**, das anspruchsmindernd zu berücksichtigen ist.[834] **736**

## d. Gemilderter Verschuldensmaßstab

Bestehen vertragliche oder gesetzliche **Beschränkungen der Haftung** (z.B. Haftung nur für Vorsatz und grobe Fahrlässigkeit - etwa in §§ 521, 599 BGB jeweils i.V.m. § 276 I S. 1 BGB), wird man diese Haftungsprivilegierung auf Anspruch aus unerlaubter Handlung übertragen müssen, weil man anderenfalls die Haftungsmilderung unterlaufen würde.[835] **737**

Ausnahmsweise können also vertragliche Haftungsmilderungen auch auf das Deliktsrecht einwirken, wenn anderenfalls der Sinn und Zweck dieser Privilegierung unterlaufen würde. *Gesetzliche* Haftungsmilderungen, die im Rahmen des Deliktsrechts zu beachten sind, ergeben sich vor allem aus § 708 BGB (Gesellschafter untereinander), § 1359 BGB (Ehegatten untereinander) und § 1664 BGB (Eltern gegenüber ihren Kindern). Es besteht jeweils eine Haftung **nur für eigenübliche Sorgfalt** (vgl. § 277 BGB – *diligentia quam in suis*). Dieser Haftungsmaßstab gilt bspw. auch für Schadenszufügungen bei unentgeltlicher Verwahrung (§ 690 BGB).[836] **738**

Soweit es jedoch um unerlaubte Handlungen im Straßenverkehr geht, besteht für eine individuelle Sorglosigkeit kein Raum, sodass eine Haftungsmilderung nicht in Betracht kommt. Problematisch ist es, wenn die Rechtsgutverletzung von zwei Personen herbeige- **739**

---

[831] Vgl. dazu *Deutsch/Ahrens*, Rn 123 ff.
[832] Zum Verschulden bei Behandlungsfehlern vgl. auch BGH NJW 2012, 225 f.
[833] BGH NJW 2002, 2232 f. unter Verweis auf BGHZ 57, 25, 33; 57, 328, 329 f.
[834] Vgl. BGHZ 132, 164, 172; offengelassen von BGH NJW 2002, 2232 f.
[835] Vgl. OLG Zweibrücken OLG Report 2002, 366 f.; *Sprau*, in: Palandt, Einf v § 823 Rn 5a.
[836] OLG Zweibrücken OLG Report 2002, 366 f.

führt wird, von denen eine haftungsprivilegiert ist (sog. gestörte Gesamtschuld). Vgl. dazu *R. Schmidt*, Schuldrecht AT, Rn 1132 ff.

## 4. Schaden

740 Durch die Rechtsgutverletzung muss ein **Schaden** entstanden sein. Schaden ist jeder Nachteil, der an den Rechtsgütern einer Person entsteht. Als solcher kommt zunächst jeder **Vermögensschaden** (etwa Reparaturkosten bei Beschädigung einer Sache[837]; Heilbehandlungskosten bei Körperverletzung[838]) in Betracht, **nicht** jedoch das **Vermögen als solches** (dieses ist aber nach § 823 II BGB bzw. § 826 BGB ersatzfähig).

**Beispiel** (erkaufter Ehrendoktortitel): D zahlte an V einen Betrag von 25.000,- €, damit dieser ihm über Hintermänner einen Ehrendoktortitel „verschaffe", den er (D) auch in Deutschland in legaler Weise führen dürfe. V hatte das Geld verabredungsgemäß an einen Hintermann weitergeleitet. Dieser verschwand jedoch, ohne den entsprechenden Titel zu besorgen. Daraufhin klagte D gegen V auf Rückzahlung des Geldes.[839]

Es steht außer Frage, dass Geschäfte über die Verschaffung öffentlicher Ämter und Titel als sittenwidrig i.S.v. § 138 I BGB anzusehen und damit nichtig sind.[840] Nichtige Vertragsbeziehungen sind nach der Systematik des BGB über das Recht der ungerechtfertigten Bereicherung abzuwickeln. Da jedoch *beide* Parteien sittenwidrig gehandelt haben, greift der Ausschlusstatbestand des § 817 S. 2 BGB, der eine Rückforderung des Geleisteten ausschließt. Ein anderes Ergebnis vermag auch das Schadensersatzrecht nicht herbeizuführen. Zwar erstreckt sich die Sperrwirkung des § 817 S. 2 BGB nach ganz h.M. nicht auf §§ 823-853 BGB. Vorliegend fehlt es aber an der haftungsbegründenden Rechtsgutverletzung bzw. an einem ersatzfähigen Schaden. D hat nur eine wirtschaftliche Einbuße – einen reinen Vermögensschaden – erlitten. Ein solcher ist nach § 823 I BGB gerade nicht ersatzfähig. Hinsichtlich § 826 BGB, der auch reine Vermögensschäden erfasst, müsste D vor Gericht beweisen, dass er von V vorsätzlich und sittenwidrig geschädigt worden ist. Dieser Beweis wird ihm jedoch kaum gelingen, da V wird glaubhaft machen können, er sei besten Willens gewesen, die vereinbarte Gegenleistung zu erbringen. Außerdem wird er einwenden, dass es stets ein äußerst riskantes Geschäft sei, sich Ehrentitel und Auszeichnungen über Hintermänner zu besorgen. Aus demselben Grund scheitert auch ein Anspruch aus § 823 II BGB i.V.m. § 263 StGB.

741 Ersatzfähig sind auch sog. **immaterielle Schäden** (z.B. durch Verkehrsunfall verursachte Schmerzen, Schlaflosigkeit, Depression), § 253 II BGB.

742 Wie bereits bei Rn 709/709a angesprochen, sind reine Vermögensschäden grds. nicht erfasst; § 823 I BGB schützt **nicht das Vermögen als solches**.

**Beispiel:** X ist auf dem Weg zu einem Geschäftsabschluss, als er vom Wagen des T erfasst und verletzt wird. Dadurch kann er den Geschäftstermin nicht wahrnehmen und verliert den Auftrag, der ihm 100.000,- € Gewinn eingebracht hätte. Auch Autofahrer Y ist betroffen: Dadurch, dass er die Unfallstelle nicht passieren kann, entgeht auch ihm ein lukrativer Vertragsabschluss.

Bei der Frage nach den ersatzfähigen Schäden ist zu differenzieren: X, der am Eigentum und an der Gesundheit als einem jeweils absoluten Recht geschädigt wurde, erhält Schadensersatz in Bezug auf die genannten Rechtsgüter. Ob er auch den entgangenen Gewinn ersetzt verlangen kann, ist unklar. Zwar ist dieser für ihn ein Vermögensschaden, überwiegend wird aber vertreten, dieser sei i.S.d. Schutzzwecks des § 823 I BGB kein reiner Vermögensschaden, da er im Zusammenhang mit der Verletzung absolut ge-

---

[837] Vgl. etwa LG Coburg v. 5.9.2003 – 32 S 67/03.
[838] Vgl. etwa OLG Bamberg OLG NL 2005, 97 ff.
[839] Vgl. OLG Stuttgart NJW 1996, 665 f.
[840] St. Rspr. seit BGH NJW 1994, 187, 187 f. und OLG Stuttgart NJW 1996, 665. Vgl. auch *Falk*, JuS 2003, 833, 834.

schützter Rechtsgüter stehe.[841] Nach der hier vertretenen Auffassung überschreitet man damit den Schutzzweck des § 823 I BGB. Auch in praktischer Hinsicht besteht keine Notwendigkeit, den Schutzzweck des § 823 I BGB auszudehnen, da bloße Vermögensschäden von § 823 II BGB abgedeckt sind (dazu Rn 750). Jedenfalls aber kann Y keinen ersatzfähigen Vermögensschaden geltend machen, weil sein Verdienstausfall bzw. sein entgangenes Geschäft weder im Zusammenhang mit absolut geschützten Rechten steht noch dem T zuzurechnen ist. Das gilt auch für § 823 II BGB. Zwar kommt als Schutzgesetz § 229 StGB (fahrlässige Körperverletzung) in Betracht, jedoch nur gegenüber X, nicht gegenüber Y. Für diesen hat sich das allgemeine Lebensrisiko verwirklicht.

Da den Rechtsfolgen einer unerlaubten Handlung, zu denen auch die Schadensbestimmung/Schadensberechnung gehört, ein eigener Abschnitt gewidmet ist, sei auf die Ausführungen bei Rn 1062 ff. verwiesen. **743**

## 5. Haftungsausfüllende Kausalität

Ebenso wie das Verhalten für die Rechtsgutverletzung kausal sein muss (haftungsbegründende Kausalität), muss auch zwischen der Rechtsgutverletzung und dem Schaden ein adäquater Kausalzusammenhang bestehen (sog. haftungsausfüllende Kausalität). Dabei gelten die gleichen Kriterien wie bei der haftungsbegründenden Kausalität (vgl. Rn 691 ff.). Hauptproblemfall der haftungsausfüllenden Kausalität sind die **Folgeschäden**: Erleidet jemand durch die Handlung eines anderen einen Schaden, sind grundsätzlich auch die Folgeschäden, also solche Schäden, die sich nur mittelbar aus der Verletzungshandlung ergeben, dem Schädiger zuzurechnen. Dabei macht es keinen Unterschied, ob es sich um organisch oder psychisch bedingte Folgewirkungen handelt.[842] Bei der Zurechnung wegen **psychischer Folgeschäden** (psychosomatische Beschwerden wie Angstzustände, Traumata, Depressionen, etc.) sind allerdings einige Besonderheiten zu beachten: **744**

- Hinsichtlich der Zurechnung von psychischen Folgeschäden ist nicht die Adäquanztheorie entscheidend; vielmehr muss eine **hinreichende Gewissheit** bestehen, dass die psychisch bedingten Ausfälle ohne das schadensbegründende Ereignis nicht eingetreten wären. Nicht erforderlich ist, dass die aus der Verletzungshandlung resultierenden Folgeschäden für den Schädiger vorhersehbar waren.[843] **745**
- Beruht der psychische Folgeschaden auf einer **konstitutionellen Schwäche** des Geschädigten, wäre der Schaden ohne diese **Veranlagung** kaum eingetreten. Das wirft die Frage auf, ob dieser Umstand dem Schädiger entlastend zugutekommt. Da aber andererseits der Folgeschaden auch nicht ohne das schädigende Ereignis eingetreten wäre, können Prädispositionen des Geschädigten den Schädiger grundsätzlich nicht entlasten. So hat auch der BGH entschieden, dass jemand, der einen gesundheitlich schon geschwächten Menschen verletzt, nicht verlangen könne, so gestellt zu werden, als wenn der Betroffene gesund gewesen wäre.[844] **746**
    - ⇨ Die Zurechnung findet aber ihre Grenzen, wenn das Opfer **degenerativ vorgeschädigt** ist und das haftungsbegründende Ereignis nur **zufälliger Auslöser** eines psychischen Folgeschadens ist.[845]
    - ⇨ Abgelehnt wird eine Haftung auch dann, wenn der Geschädigte das schadensbegründende Ereignis zum Anlass nimmt, durch neurotisches Streben nach Versorgung und Sicherheit den Schwierigkeiten und Belastungen des täglichen Berufslebens aus dem Weg zu gehen (sog. **Renten- und Begehrungsneurosen**).[846]

---

[841] Vgl. dazu BGHZ 27, 137, 140; 41, 123, 126; *Grüneberg*, in: Palandt, § 252 Rn 6.
[842] BGHZ 132, 341, 344; BGH MDR 2000, 267.
[843] BGHZ 132, 341, 344; 137, 142, 145.
[844] BGHZ 20, 137, 139; 132, 341, 345; 137, 143, 145; vgl. auch OLG Celle OLG Report 2001, 280, 281; OLG Hamm OLG Report 2001, 362, 363; OLG Hamm NJW-RR 2001, 1677, 1678.
[845] Vgl. OLG Hamm MDR 2002, 334.
[846] BGHZ 132, 341, 346; 137, 142, 148; BGH MDR 2000, 267, 268; OLG Hamm OLG Report 2002, 15.

⇨ Schließlich kann eine Zurechnung des psychischen Folgeschadens ausgeschlossen sein, wenn das schädigende Ereignis **zu unbedeutend** für den späteren psychischen Folgeschaden ist. So sind schwere Angstzustände des Geschädigten in Bezug auf das Autofahren kaum dem Schädiger zuzurechnen, wenn dieser nur leicht das Auto des Geschädigten touchiert hat.[847] Etwas anderes kann aber dann gelten, wenn das schädigende Ereignis gerade eine spezielle Schadensanlage des Geschädigten getroffen hat und nicht nur dessen allgemeine Anfälligkeit für neurotische Fehlentwicklungen.[848]

**747** ▪ Schwierig ist die Frage nach der Zurechnung von sog. **Schockschäden**. Unter Schock im vorliegenden Sinne ist nicht der physische Schock gemeint, den ein Schwerverletzter infolge seiner Verletzungen erleidet, sondern der psychische Schock, den ein anderer durch den Anblick des Opfers erleidet. Ein solcher sog. **Nervenschock** liegt vor, wenn es zu medizinisch feststellbaren, pathologischen Folgewirkungen kommt, die das Maß an Erregung, Bestürzung und Betroffenheit überschreiten, mit dem normalerweise gerechnet werden muss. Siehe dazu bereits Rn 695.

**747a** Weiterhin kann im Rahmen der haftungsausfüllenden Kausalität die **Zufallshaftung** eine Rolle spielen. § 848 BGB bestimmt, dass derjenige, der zur Rückgabe einer Sache verpflichtet ist, die er einem anderen durch eine unerlaubte Handlung entzogen hat, auch für

- den zufälligen Untergang,
- die zufällige anderweitige Unmöglichkeit der Herausgabe oder
- die zufällige Verschlechterung der Sache

Schadensersatz zu leisten hat, es sei denn, dass der Untergang, die anderweitige Unmöglichkeit der Herausgabe oder die Verschlechterung auch ohne die Entziehung der Sache eingetreten wäre.

Die Formulierung: „es sei denn..." stellt eine Beweislastregel dar: Hintergrund ist die im deutschen Zivilprozess allgemein anerkannte sog. *Rosenbergsche Formel*, wonach jede Partei die Beweislast für das Vorhandensein aller Voraussetzungen der für sie günstigen Normen trägt.[849] Grundsätzlich obliegt also dem Anspruchsteller die Beweislast für die anspruchsbegründenden Tatbestandsmerkmale, was im Rahmen des § 286 ZPO zu berücksichtigen ist. Demgegenüber trägt der Anspruchsgegner die Beweislast für die Einwendungen. Eine Ausnahme von diesen Beweislastregeln besteht dann, wenn der Gesetzgeber eine Beweislastumkehr vorsieht. Das ist z.B. bei den Formulierungen: „Der Besitzer kann die Herausgabe verweigern, wenn..." in § 986 BGB oder: „Der Schuldner kommt nicht in Verzug, solange..." in § 286 IV BGB der Fall. Auch die Formulierungen in §§ 287 BGB und 848 BGB: „es sei denn" stellen gesetzliche Beweislastumkehrregelungen dar. Auf § 848 BGB bezogen, trägt nach diesen allgemeinen Grundsätzen also der anspruchsberechtigte Gläubiger die Beweislast für alle Voraussetzungen der Norm mit Ausnahme der hypothetischen Kausalität; insoweit ist der rückgabeverpflichtete Deliktsschuldner aufgrund des Wortlauts des § 848 BGB („es sei denn") darlegungs- und beweisbelastet. Der Schuldner muss also nachweisen, dass jeglicher anderweitiger Zufall die gleichen Folgen hervorgerufen hätte. Dieses Beweiserfordernis ist im Zivilprozess im Rahmen von § 287 ZPO zu berücksichtigen.

**Hinweis für die Fallbearbeitung:** § 848 BGB wird bei der Anspruchsprüfung von § 823 I bzw. II BGB im Rahmen der haftungsausfüllenden Kausalität geprüft, wobei sich folgende Klausurformulierung empfiehlt: „Ausgehend von dem Grundsatz, dass der Schuldner einer unerlaubten Handlung für jeden adäquat-kausal entstandenen

[847] Vgl. BGHZ 137, 142, 147; BGH MDR 2000, 267, 268; vgl. auch OLG Hamm OLG Report 2002, 14, 15.
[848] BGHZ 137, 142, 148.
[849] *Rosenberg*, Die Beweislast, 5. Aufl. (1965), S. 98 f.; vgl. dazu auch *Gsell*, JuS 2005, 967 ff.; *Wolf/Neuner*, AT, § 7 Rn 34 ff.; *Muthorst*, JuS 2014, 686, 688; *Schärtl*, NJW 2014, 3601 ff. Siehe auch schon oben Rn 605.

Schaden haftet, kann die Beweisfrage dahinstehen, wenn die Voraussetzungen des § 848 BGB gegeben sind." Diese sind sodann zu prüfen.

### 6. Rechtsfolge: Schadensersatz

Liegen die Haftungsvoraussetzungen vor, ist der in Anspruch Genommene grundsätzlich zum Schadensersatz verpflichtet. Da Inhalt und Umfang dieser Pflicht dem Grunde nach für alle Haftungstatbestände gleichermaßen gelten, werden die Rechtsfolgen der Haftung im Anschluss an die Haftungstatbestände bei Rn 1062 ff. behandelt. **748**

### 7. Ausschluss und Herabsetzung der Haftung

Unter bestimmten Voraussetzungen kann die an sich bestehende Schadensersatzpflicht herabgesetzt oder gar ausgeschlossen sein. **749**

- Hat bei der Entstehung des Schadens ein Verschulden des Geschädigten mitgewirkt, hängen die Verpflichtung zum Ersatz sowie der Umfang des zu leistenden Ersatzes von den Umständen, insbesondere davon ab, inwieweit der Schaden vorwiegend von dem einen oder dem anderen Teil verursacht oder verschuldet worden ist (sog. **Mitverschulden**, vgl. § 254 I BGB). Unter diesem Aspekt sind auch die Herausforderungsfälle anspruchsmindernd zu behandeln.
- Auch wer **auf eigene Gefahr** handelt, muss mit einer Anspruchskürzung rechnen. Auf eigene Gefahr handelt, wer in die Rechtsgutverletzung einwilligt mit der Hoffnung, dass die Gefährdung sich nicht verwirklicht (**schuldhafte Selbstgefährdung**).
- Einschränkungen und Ausschlüsse können sich auch aufgrund vertraglicher Vereinbarung ergeben (sog. **Freizeichnung**).
- Schließlich unterliegt der Schadensersatzanspruch der **Verjährung**.

Vgl. näher zu diesen Aspekten der Rechtsfolgen der Haftung Rn 1062 ff.

### 8. Beweislast

Wie bereits gesagt, gilt im Zivil(prozess)recht die (unausgesprochene) Grundregel, dass jede Partei die Voraussetzungen der anspruchsbegründenden Rechtsnorm, auf die sie sich stützt, beweisen muss und das Risiko der Nichterweislichkeit einer Beweisbehauptung zu tragen hat (sog. Beweislast, vgl. dazu Rn 605/747a). So trägt grds. der Geschädigte und Anspruchsteller die Beweislast für die Pflichtverletzung des Schädigers. Kann er diesen Beweis nicht erbringen, basiert der Schadensverlauf aber auf bestimmten Wahrscheinlichkeitsüberlegungen, billigt die h.M. dem Geschädigten jedenfalls im Rahmen *vertraglicher* Rechtsbeziehungen bestimmte Beweiserleichterungen zu, etwa in dem Fall, dass die Schadensursache ausschließlich aus dem Verantwortungsbereich des Schädigers hervorgegangen ist. Für den Bereich des Deliktsrechts geht die h.M. (außer in den Fällen der deliktischen Produzentenhaftung, vgl. Rn 923 ff., und der Arzthaftung, vgl. Rn 605 f.) indes einen anderen Weg, um eine Änderung der Beweislast zu erreichen. Sie erleichtert die Beweisführung durch die Annahme eines **Anscheinsbeweises**. Dieser basiert auf der (widerleglichen) Vermutung, dass ein Geschehnis so verlaufen sei, wie es nach der Lebenserfahrung für gleichartige Geschehnisse typisch ist.[850] Bei Verkehrsunfällen impliziert § 9 V StVO („... muss sich ... so verhalten, dass eine Gefährdung anderer Verkehrsteilnehmer ausgeschlossen ist") einen solchen Anscheinsbeweis. Wenn also im Straßenverkehr andere Verkehrsteilnehmer gefährdet werden, spricht der in § 9 V StVO zum Ausdruck kommende Anscheinsbeweis dafür, dass der Gefährdende bzw. der den Verkehrsverstoß Bege- **749a**

---

[850] Vgl. auch BGH NJW 2016, 1098, 1099; NJW 2016, 1100, 1101; OLG Oldenburg 26.10.2017 – 1 U 60/17; OLG Köln AUR 2017, 62, 63; OLG München NJW 2015, 1892, 1893.

hende den Unfall, in den er verwickelt ist, auch verursacht hat.[851] So spricht beim Auffahren auf den vorausfahrenden Wagen der Anschein dafür, dass der Auffahrende unaufmerksam war oder einen zu geringen Abstand einhielt.[852] Auch wenn jemand nach links in eine Nebenstraße oder in eine Grundstückseinfahrt einbiegt und mit einem überholenden Fahrzeug kollidiert, spricht der Anscheinsbeweis für ein Verschulden des Abbiegenden.[853]

**749b** Entkräftet wird der Anscheinsbeweis durch die Darlegung von Tatsachen, die einen atypischen Verlauf ernsthaft möglich erscheinen lassen.[854] So wird der Anscheinsbeweis, dass grds. der Auffahrende der Unfallverursacher ist, entkräftet, wenn das vorausfahrende Fahrzeug scharf abgebremst wurde, ohne dass dies verkehrsbedingt gewesen wäre („Vollbremsung aus dem Nichts").[855] Das wiederum kann etwa der Fall sein, wenn sich der Fahrer des vorausfahrenden Autos durch einen Überholversuch des „Hintermanns" provoziert fühlte und diesen durch das plötzliche Abbremsen maßregeln wollte.[856] Das Gleiche gilt, wenn dem Fahrer des vorausfahrenden Autos plötzlich „einfällt", nach rechts in eine Einfahrt einfahren zu wollen, und er daher scharf abbremst.[857] Die Entkräftung des Anscheinsbeweises kann insbesondere durch Hinzuziehung eines Sachverständigengutachtens erfolgen.[858]

**749c** Ob Tatsachen, die den Anscheinsbeweis in Frage stellen bzw. entkräften, dazu führen, dass die Haftung ganz oder teilweise entfällt, ist eine Frage des Einzelfalls. Sofern die Haftung nicht gänzlich entfällt, ist ein Mitverschulden auf Seiten des Geschädigten vorstellbar.[859]

---

[851] OLG München NJW 2015, 1892, 1893.
[852] Vgl. etwa OLG Hamm DAR 2014, 206, 207.
[853] Vgl. auch OLG München NJW 2015, 1892, 1893.
[854] Vgl. dazu BGHZ 8, 239, 240; BGH NJW 2012, 608 f.; NJW 2016, 1098, 1099; NJW 2016, 1100, 1101; OLG Stuttgart NJW 2014, 3317 f.; OLG München NJW 2015, 1892, 1893; *Prütting*, in: MüKo-ZPO, § 286 Rn 48 ff.
[855] OLG Stuttgart NJW 2014, 3317 f.
[856] Vgl. OLG Oldenburg 26.10.2017 – 1 U 60/17.
[857] Vgl. abermals OLG Oldenburg 26.10.2017 – 1 U 60/17.
[858] Vgl. auch OLG Köln AUR 2017, 62, 63.
[859] Vgl. OLG Oldenburg 26.10.2017 – 1 U 60/17: Mitverschulden von 1/3 für den Fall, dass sich der Fahrer durch einen Überholversuch seines Hintermannes provoziert gefühlt habe und diesen durch das plötzliche Abbremsen habe maßregeln wollen.

## II. Verletzung eines Schutzgesetzes, § 823 II BGB

§ 823 II BGB begründet die Schadensersatzpflicht desjenigen, der rechtswidrig und schuldhaft „gegen ein den Schutz eines anderen bezweckendes Gesetz verstößt" und dadurch bei dem anderen einen Schaden verursacht. Mit dieser Haftungsnorm möchte der Gesetzgeber v.a. solche Fälle erfassen, in denen der Täter gerade kein Rechtsgut oder Recht i.S.d. § 823 I BGB verletzt, sondern das Vermögen (auch als solches) eines anderen dadurch schädigt, dass er ein „Schutzgesetz" verletzt. In diesem Fall hat § 823 II BGB als Anspruchsgrundlage eine eigenständige Bedeutung und wird zur zentralen Anspruchsgrundlage, wenn es um den Ersatz von bloßen, d.h. abstrakten Vermögensschäden geht.[860] Verletzt der Schädiger aber ein Rechtsgut, das auch von § 823 I BGB geschützt ist, besteht zwischen § 823 II BGB und § 823 I BGB grds. Anspruchskonkurrenz (Rn 762). 750

Gesetze, die den Schutz eines anderen bezwecken, können nicht nur im Zivilrecht, sondern auch im öffentlichen Recht und im Strafrecht verankert sein. So dienen der zivilrechtliche Nachbarschutz (§§ 905 ff. BGB), die Vorschriften des BImSchG und die Straftatbestände zum Schutz des Vermögens (insbesondere die §§ 263 ff. StGB) gleichermaßen dem Schutz eines anderen.

**Beispiel:** Autoverkäufer T verkauft dem gutgläubigen O wider besseres Wissen einen wiederhergestellten Unfallwagen als unfallfrei, um einen höheren Preis zu erzielen.

Hier verwirklicht T den Tatbestand des Betrugs (§ 263 StGB). Bei der Frage, ob O gegen T auch einen zivilrechtlichen Anspruch auf Schadensersatz hat, ist zunächst auf § 823 I BGB einzugehen. Jedoch erleidet O keine Verletzung eines in § 823 I BGB genannten Rechtsguts. Insbesondere ist nicht das Rechtsgut Eigentum verletzt, weil die eigentumsbeeinträchtigende Handlung nicht zu einem Zeitpunkt vorgenommen wurde, in dem O bereits Eigentümer war. O erlitt lediglich einen Vermögensschaden, der nicht von § 823 I BGB erfasst ist und daher auch nicht darüber geltend gemacht werden kann. O hilft aber insofern § 823 II BGB. T hat ein „den Schutz eines anderen bezweckendes" Gesetz, nämlich § 263 StGB (Betrug, dazu Rn 754), verletzt und ist deshalb dem O nach § 823 II BGB i.V.m. § 263 StGB schadensersatzpflichtig.

Weiterführender Hinweis: Weiterhin ist T unter dem Gesichtspunkt des § 826 BGB schadensersatzpflichtig. Auch eine c.i.c.-Haftung aus §§ 311 II, 241 II, 280 I BGB ist gegeben. Wenn O den Vertrag anficht, ist T unter dem Aspekt der ungerechtfertigten Bereicherung gem. § 812 i.V.m. § 142 I i.V.m. § 123 I Var. 1 (arglistige Täuschung) BGB zur Rückzahlung des Kaufpreises verpflichtet. Mängelrechte (Kaufpreisminderung, Rücktritt, Schadensersatz, siehe § 437 BGB) wären ebenfalls möglich, setzen aber voraus, dass O nicht anficht, weil er sich sonst (wegen § 142 I BGB) die Basis dafür entzöge.

### Haftungsvoraussetzungen des § 823 II BGB

**Vorprüfung:** Kein Ausschluss wegen §§ 987 ff. oder §§ 677, 683 S. 1 BGB

**I. Tatbestand: Verletzung eines Schutzgesetzes**

Eine Haftung nach § 823 II BGB setzt die Verletzung eines Schutzgesetzes voraus.

- Mit Gesetz ist **jede materielle Rechtsnorm** gemeint (vgl. Art. 2 EGBGB). Dazu zählen Gesetze im formellen Sinne (Parlamentsgesetze) ebenso wie Gesetze im nur-materiellen Sinne (Rechtsverordnungen und Satzungen). Selbst Gewohnheitsrecht ist erfasst. Keine Rolle spielt es, ob es sich um ein Bundes-, Landes- oder Kommunalgesetz handelt. Das Gesetz muss lediglich im Zeitpunkt des Verstoßes wirksam gewesen sein.
- Das Gesetz muss den Schutz eines anderen **bezwecken**. Das ist der Fall, wenn es **auch dazu dienen soll, dem Einzelnen Schutz vor Verletzung seiner Rechte, Rechts-**

[860] Vgl. dazu auch BGH NJW 2015, 1174 f.

**güter oder rechtlich geschützten Interessen zu gewähren**. Als Schutzgesetze kommen insbesondere Strafnormen wie §§ 123, 142, 164, 185 ff., 223 ff., 211 ff., 232 ff., 257, 259, 242 ff. und 263 ff. StGB in Betracht. Schutzgesetze können auch Vorschriften der Verfassung, des sonstigen öffentlichen Rechts, des bürgerlichen Rechts, des Handels- und Arbeitsrechts sowie des Prozessrechts sein.

- Der Täter muss das in Betracht kommende Schutzgesetz in objektiver und subjektiver Hinsicht auch **verwirklicht** haben. Soweit hierzu ein vorsätzliches Handeln erforderlich ist, muss auch dies bejaht werden können. Handelt es sich bei dem Schutzgesetz um ein Strafgesetz, ist nach den Regeln des Strafrechts zu prüfen, ob der Täter den objektiven und subjektiven Tatbestand der Strafnorm erfüllt hat und ob Rechtswidrigkeit sowie Schuld gegeben sind.
- Durch den Verstoß gegen das Schutzgesetz muss adäquat kausal ein **Schaden** verursacht worden sein. Schaden ist jeder Nachteil, der an den Rechtsgütern einer Person entsteht. Als solcher kommt zunächst jeder **Vermögensschaden** (etwa Reparaturkosten bei Beschädigung einer Sache; Heilbehandlungskosten bei Körperverletzung) in Betracht. Ersatzfähig sind aber auch sog. **immaterielle Schäden** (z.B. durch Verkehrsunfall verursachte Schmerzen, Schlaflosigkeit, Depression), § 253 II BGB.
- Hinsichtlich der adäquaten **Verursachung** des Schadens ist – da der Schutz des § 823 II BGB nicht weiter geht, als das Schutzgesetz schützen soll – stets zu prüfen, ob der Anspruchsteller in *persönlicher* und *sachlicher* Hinsicht vom **Schutzbereich** der durch den Anspruchsgegner verletzten Norm umfasst ist.

**II. Rechtswidrigkeit und Verantwortlichkeit**

I.d.R. sind Rechtswidrigkeit und Verantwortlichkeit schon im Rahmen des Tatbestands (Verletzung des Schutzgesetzes) zu prüfen. Handelt es sich bei dem Schutzgesetz bspw. um ein Strafgesetz, ist nach den Regeln des Strafrechts zu prüfen, ob der Täter den objektiven und subjektiven Tatbestand der Strafnorm erfüllt hat und ob Rechtswidrigkeit sowie Schuld gegeben sind. Einer erneuten Prüfung bedarf es – wie sich aus § 823 II S. 2 BGB ergibt – insoweit nicht. Lediglich für den Fall, dass das Schutzgesetz auch ohne Verschulden verletzt werden kann, ist gem. § 823 II S. 2 BGB (separat) zu prüfen, ob den Täter ein Verschulden, also mindestens Fahrlässigkeit, trifft. Das Verschulden braucht sich aber nur auf den Verstoß gegen das Schutzgesetz zu beziehen, nicht jedoch auf den dadurch verursachten Schaden.

**III. Rechtsfolge: Schadensersatz**

Liegen die Haftungsvoraussetzungen vor, ist der in Anspruch Genommene grundsätzlich zum Schadensersatz verpflichtet. Da Inhalt und Umfang dieser Pflicht dem Grunde nach für alle Haftungstatbestände gleichermaßen gelten, werden die Rechtsfolgen der Haftung im Anschluss an die Haftungstatbestände behandelt. Vgl. Rn 1062 ff.

**IV. Ausschluss und Herabsetzung der Haftung**

Unter bestimmten Voraussetzungen kann die an sich bestehende Schadensersatzpflicht herabgesetzt oder gar ausgeschlossen sein: Dazu zählen **Mitverschulden**, **Handeln auf eigene Gefahr** (= schuldhafte Selbstgefährdung), **Freizeichnung** und **Verjährung**.

## 1. Tatbestand

751 Der (objektive) Tatbestand des § 823 II BGB setzt voraus, dass der Täter durch Verstoß gegen ein Schutzgesetz einen Schaden verursacht hat.

### a. Schutzgesetz

#### aa. Jede materielle Rechtsnorm

752 Mit Gesetz ist **jede materielle Rechtsnorm** gemeint (vgl. Art. 2 EGBGB). Dazu zählen Gesetze im formell-materiellen Sinne (Parlamentsgesetze) ebenso wie Gesetze im nur-materiellen Sinne (Rechtsverordnungen und Satzungen). Keine Rolle spielt es, ob es sich um ein Bundes-, Landes- oder Kommunalgesetz handelt.[861]

[861] Vgl. auch ausführlich *Lange/Schmidbauer*, in: juris-PK, § 823 Rn 168.

**Beispiele:** Zu den *formell-materiellen* Gesetzen gehören beispielsweise das BGB, das Vereinsgesetz, das Straßenverkehrsgesetz und das Strafgesetzbuch. *Nur-materielle* Gesetze sind beispielsweise die Straßenverkehrsordnung, die Straßenverkehrszulassungsordnung, die Fahrzeugzulassungsverordnung und Fahrerlaubnisverordnung (allesamt Rechtsverordnungen) und die Gemeindesatzungen über die winterliche Streupflicht.

### bb. Zweck der Norm: *Schutz eines anderen*

Das Gesetz muss den Schutz eines anderen bezwecken. Die Rechtsprechung bejaht dies bei Gesetzen, die **auch dazu dienen sollen, dem Einzelnen Schutz vor Verletzung seiner Rechte, Rechtsgüter oder rechtlich geschützten Interessen zu gewähren.**[862] Keine Schutzgesetze sind danach solche Normen, die *nur* die Allgemeinheit, insbesondere den Staat, schützen sollen. Dazu zählen die meisten Bestimmungen über Ordnungswidrigkeiten sowie einige Strafbestimmungen, etwa die über den Hoch- und Landesverrat und über die Strafvereitelung). Der Umstand, dass sie *mittelbar* auch dem Einzelnen zugutekommen können, ändert daran nichts.[863] In der Regel sind die meisten Strafvorschriften jedoch Schutzgesetze i.S.d. § 823 II BGB. 753

**Beispiele von Schutzgesetzen aus dem Strafrecht:** Hausfriedensbruch (§ 123 StGB), unerlaubtes Entfernen vom Unfallort (§ 142 StGB), falsche Verdächtigung (§ 164 StGB), Beleidigungsdelikte (§§ 185 ff. StGB), Tötungsdelikte (§§ 211 ff. StGB), Körperverletzungsdelikte (§§ 223 ff. StGB), Beteiligung an einer Schlägerei (§ 231 StGB), Delikte gegen die persönliche Freiheit (§§ 232 ff. StGB), Begünstigung und Hehlerei (§§ 257, 259 StGB), Vermögensdelikte (§§ 242 ff., 263 ff. StGB).[864] Sogar die unterlassene Hilfeleistung (§ 323c I StGB) ist nach verbreiteter, aber nicht unumstrittener Auffassung ein Schutzgesetz i.S.v. § 823 II BGB.[865] Denn der Schutz der Individualrechtsgüter des durch einen Unglücksfall Betroffenen ist nicht nur Rechtsreflex, sondern auch Ziel der Norm. Dagegen ist die Urkundenfälschung kein Schutzgesetz. Aufgabe des § 267 StGB ist es ausschließlich, die Sicherheit und Zuverlässigkeit des Rechtsverkehrs mit Urkunden zu schützen. Nach Auffassung des BGH sind auch die Vorschriften des Geldwäschegesetzes kein Schutzgesetz i.S.v. § 823 II BGB, da die Vorschriften keinen Individualschutz bezweckten.[866] 754

Aber auch Bestimmungen des Grundgesetzes, des sonstigen öffentlichen Rechts, des bürgerlichen Rechts, des Handels- und Arbeitsrechts sowie des Prozessrechts können Schutzgesetze sein.[867] 755

**Beispiele von Schutzgesetzen aus dem Straßenverkehrsrecht:** Geschwindigkeitsbeschränkung, Rechtsfahrgebot, Verbot der Benutzung eines nicht zugelassenen Kraftfahrzeugs. Auch ein Halteverbot (§§ 12, 41 Nr. 283/286, 45 StVO) ist als Schutzgesetz angesehen worden. So hat das LG München I einem Bauunternehmer, der infolge eines in einer Halteverbotszone abgestellten Pkw erst Stunden später mit der Arbeit beginnen konnte, einen Schadensersatz gegen die Fahrerin des rechtswidrig abgestellten Pkw zugesprochen.[868] Der BGH hat diese Rechtsauffassung verworfen. Nach seiner Auffassung schützen Halteverbote im Rahmen von Baustellen nicht das Vermögen eines Bauunternehmers und seien daher keine Schutzgesetze i.S.d. § 823 II BGB.[869] Folge der 756

---

[862] Vgl. BGHZ 12, 146, 148; 100, 13, 14; 103, 197, 199; 116, 7, 13; 122, 1, 3; BGH NJW-RR 2005, 247, 248; NJW 2010, 3651, 3652; NJW 2015, 1174; *Sprau*, in: Palandt, § 823 Rn 141; *Brox/Walker*, § 46 Rn 3.

[863] *Brox/Walker*, § 46 Rn 4; *Deutsch/Ahrens*, Rn 212 ff.; *Lange/Schmidbauer*, in: juris-PK, § 823 Rn 171.

[864] Zu § 266 StGB als Schutzgesetz i.S.v. § 823 II BGB vgl. BGH NJW 1999, 2817; zu § 266a StGB vgl. BGHZ 134, 304, 306; BGH NJW-RR 2010, 701.

[865] Dafür OLG Düsseldorf NJW 2004, 3640; *Wagner*, in: MüKo, § 823 Rn 366; *Wilhelmi*, in: Erman, § 823 Rn 160; dagegen *Spindler*, in: Bamberger/Roth, 3. Aufl. 2012, § 823 Rn 176.

[866] BGH NJW 2008, 2245 f.

[867] *Brox/Walker*, § 46 Rn 6. Vgl. auch die umfangreiche Zusammenstellung bei *Sprau*, in: Palandt, § 823 Rn 145 ff.; *Wagner*, in: MüKo, § 823 Rn 162 ff., 191 ff.; *Lange/Schmidbauer*, in: juris-PK, § 823 Rn 168.

[868] LG München I NJW 1983, 288.

[869] BGH NJW-RR 2005, 247, 248.

BGH-Auffassung ist, dass ein Fahrer, der seinen Pkw in einer baustellenbedingten Halteverbotszone abstellt, zwar die Kosten für die behördlich angeordnete Abschleppmaßnahme (= Ersatzvornahme nach dem Landesvollstreckungsrecht) tragen muss, nicht aber dem Bauunternehmer, der die Bauarbeiten durchführen soll, derentwegen die Halteverbotszone eingerichtet wurde, zum Schadensersatz verpflichtet ist. Soweit aber Vorschriften der StVO nach ihrem Sinn und Zweck allein den Straßenverkehr vor Störungen schützen wollen, dienen sie dem öffentlichen Interesse und nicht auch den Vermögensinteressen derjenigen, die von einer Verkehrsstörung und der daraus folgenden Beschränkung der Nutzbarkeit der Straße besonders betroffen sind. Daher hat z.B. der Inhaber einer Autobahnrastanlage, der infolge einer unfallbedingten Sperrung der Autobahn Einnahmeausfälle erleidet, keinen Schadensersatzanspruch gegen den Unfallverursacher, nur weil dieser den Unfall unter Missachtung von Vorschriften der StVO verursacht hat.[870]

757 **Beispiele von Schutzgesetzen aus dem sonstigen öffentlichen Recht:** Koalitionsfreiheit (Art. 9 III GG), Pressefreiheit (Art. 5 GG), Vorschriften des Produktsicherheitsgesetzes und des Arzneimittelgesetzes (insbesondere Bestimmungen, die den Verkauf von Arzneimitteln Apotheken vorbehalten; so macht sich ein Drogist schadensersatzpflichtig, wenn er Aspirin verkauft, da dieses dem Arzneimittelgesetz unterfällt), Anleinpflicht für Hunde, Anzeigepflicht nach dem Tiergesundheitsgesetz. Keine Schutzgesetze zugunsten der einzelnen Abnehmer sind jedoch die Bestimmungen der Landesbauordnungen, welche Versorgungsleitungen (Stromkabel, Wasserleitung) betreffen.[871]

758 **Beispiele von Schutzgesetzen aus dem bürgerlichen Recht:** Verbot der Überpfändung in der Zwangsvollstreckung (§ 803 I S. 2 ZPO), Besitzentziehung (§ 861 BGB), verbotene Eigenmacht (§ 858 BGB)[872]. So beschränkt sich der Schadensersatzanspruch des Grundstücksbesitzers, dessen Grundstück durch ein widerrechtlich abgestelltes Kfz (verbotene Eigenmacht, § 858 I BGB) gestört wird, nicht auf den reinen Ersatz der Abschleppkosten, sondern umfasst auch die Kosten für die Überprüfung des illegal abgestellten Kfz, die Halterermittlung und die Eruierung eines geeigneten Abschleppdienstes.[873] Dagegen stellen nach ständiger Rechtsprechung familienrechtliche Normen keine Schutzgesetze i.S.d. § 823 II BGB dar. Wegen ihres besonderen persönlichen Charakters seien die Rechtsfolgen abschließend im Familienrecht (§§ 1297-1921 BGB) geregelt.[874] Auch § 34a I S. 1 WpHG a.F. (jetzt: § 84 WpHG) hat der BGH den Schutzgesetzcharakter versagt.[875]

759 **Hinweis für die Fallbearbeitung:** Die vorangestellten Beispiele können allenfalls ein „Gespür" dafür vermitteln, welche Gesetze als Schutzgesetze i.S.d. § 823 II BGB in Betracht kommen. In keinem Fall können sie ein eigenes Judiz ersetzen. In jedem Einzelfall muss der Fallbearbeiter ein Gesetz aufsuchen, gegen das der Anspruchsgegner verstoßen haben könnte. Sodann muss er anhand der anerkannten Auslegungsmethoden[876] die Norm darauf hin untersuchen, ob sie gerade dem Schutz eines anderen (nicht notwendigerweise dem Anspruchsteller; dies ist eine Frage der haftungsausfüllenden Kausalität) zu dienen bestimmt ist. Nur dann liegt ein Schutzgesetz i.S.d. § 823 II BGB vor. Tendenziell kann man aber sagen, dass die meisten Ordnungswidrigkeitentatbestände keine Schutzgesetze sind, dies aber für die meisten Strafgesetze zutrifft.

---

870 BGH NJW 2015, 1174 f. (dazu bereits oben Rn 642/652).
871 Vgl. BGHZ 66, 388, 389 ff.
872 BGHZ 181, 233, 238 (unberechtigtes Parken auf Privatgrundstück).
873 BGH NJW 2012, 528 f.
874 BGHZ 23, 215, 217 ff.; 80, 235, 237 ff.
875 BGH NJW 2010, 3651, 3652.
876 Vgl. dazu ausführlich *R. Schmidt*, StrafR AT, 20. Aufl. 2018, Rn 39 ff.

### b. Verstoß gegen ein Schutzgesetz

Ein Schadensersatzanspruch nach § 823 II BGB setzt eine Verwirklichung des in Betracht kommenden Schutzgesetzes voraus. Soweit hierzu ein vorsätzliches Handeln erforderlich ist, muss der entsprechende Vorsatz beim Schädiger vorliegen. Handelt es sich bei dem Schutzgesetz um ein Strafgesetz, ist nach den Grundsätzen des Strafrechts zu prüfen, ob der Täter den objektiven und subjektiven Tatbestand der Strafnorm erfüllt hat und ob Rechtswidrigkeit sowie Schuld gegeben sind.[877] 760

**Beispiele:** 761

**(1)** Kundin Karla lässt in einem Geschäft in äußerst ungeschickter Weise eine Glaskaraffe fallen. Diese zerschellt auf dem Marmorboden.

In Betracht kommt zunächst ein Schadensersatzanspruch aus § 823 II BGB i.V.m. § 303 StGB (Sachbeschädigung). Doch da K lediglich fahrlässig handelte, § 303 StGB jedoch Vorsatz voraussetzt, ist ein diesbezüglicher Schadensersatzanspruch im Ergebnis abzulehnen. Ein Schadensersatzanspruch ist jedoch nach § 823 I BGB begründet, weil K rechtswidrig und schuldhaft (Fahrlässigkeit genügt) das Eigentum des Geschäftsinhabers verletzt hat.

**(2)** Als Gast Gustav das Restaurant verlässt, nimmt er an der Garderobe einen fremden Mantel an sich in der Annahme, dass es sich um seinen handele.

G hat den objektiven Tatbestand des § 242 StGB (Diebstahl) verwirklicht. Doch weil er dachte, der Mantel gehöre ihm, fehlt ihm die für den Diebstahl erforderliche *Absicht*, sich eine fremde Sache zuzueignen. § 242 StGB ist also nicht verwirklicht, sodass auch kein Schadensersatzanspruch aus § 823 II BGB gegeben ist. In Betracht kommt aber auch hier ein Schadensersatzanspruch aus § 823 I BGB, sofern G den Mantel bspw. beschädigt oder verschmutzt hat.

Sollte es sich bei dem verwirklichten Straftatbestand um ein Antragsdelikt handeln und wurde ein entsprechender Strafantrag nicht gestellt, so ist dies für einen Schadensersatz nach § 823 II BGB unschädlich. Denn ein Strafantrag stellt eine Prozessvoraussetzung dar und übt keinen Einfluss auf das Vorliegen einer materiellen Straftat aus.

**Hinweis für die Fallbearbeitung:** Wie die beiden Beispiele verdeutlicht haben, kann das verletzte Schutzgesetz Rechtspositionen schützen, die auch von § 823 I BGB erfasst werden. In solchen Fällen konkurrieren die Ansprüche nach § 823 I und § 823 II BGB regelmäßig miteinander. In der Fallbearbeitung sind dann *beide* Anspruchsgrundlagen zu prüfen. Zu beachten ist aber, dass bei Verletzung von Gesetzen zum Schutz des eingerichteten und ausgeübten Gewerbebetriebs die sich dann ergebenden Ansprüche aus § 823 II BGB solchen aus § 823 I BGB vorgehen. Denn in Bezug auf § 823 I BGB hat ein Schadensersatzanspruch wegen Eingriffs in den eingerichteten und ausgeübten Gewerbebetrieb lediglich subsidiären Charakter (vgl. Rn 645 ff.). 762

### c. Schaden und haftungsausfüllende Kausalität

Durch den Verstoß gegen das Schutzgesetz muss *adäquat kausal ein* **Schaden** verursacht worden sein. Schaden ist jeder Nachteil, der an den Rechtsgütern einer Person entsteht. Als solcher kommt zunächst jeder **Vermögensschaden** (etwa der Minderwert einer Sache) in Betracht. Ersatzfähig sind aber auch sog. **immaterielle Schäden** (z.B. durch Verkehrsunfall verursachte Schmerzen, Schlaflosigkeit, Depression), § 253 II BGB. Zum Begriff des Schadens vgl. ausführlich Rn 1064 ff. 763

Hinsichtlich der **adäquaten Verursachung** des Schadens ist – da der Schutz des § 823 II BGB nicht weiter geht, als das Schutzgesetz schützen soll – stets zu prüfen, 764

[877] Vgl. *Brox/Walker*, § 46 Rn 7; BGH NJW 2002, 1643.

ob der Anspruchsteller in persönlicher und sachlicher Hinsicht vom Schutzbereich der durch den Anspruchsgegner verletzten Norm umfasst ist.[878]

765 ▪ Durch die Bestimmung des **persönlichen Schutzbereichs** wird festgelegt, ob die geschädigte Person oder Personengruppe durch das Schutzgesetz geschützt wird.

**Beispiel:** T nimmt unberechtigt das Moped seines Nachbarn N, um in die nahegelegene Diskothek zu fahren. Auf dem Weg dorthin kollidiert er mit dem Fußgänger F, der ordnungsgemäß auf einem Fußgängerüberweg die Straße überquerte. F verlangt später von T Ersatz der Heilbehandlungskosten sowie Schmerzensgeld. Da auch das Moped beschädigt wurde, macht N ebenfalls einen Schadensersatzanspruch geltend.

Der geltend gemachte Anspruch des F gegen T könnte sich auf § 823 II BGB i.V.m. § 248b StGB stützen. Doch diese Norm will den *Gebrauchsberechtigten* (vorliegend N) vor dem unbefugten Gebrauch des Fahrzeugs schützen, nicht aber andere *Verkehrsteilnehmer*.[879] Das ergibt sich aus dem Wortlaut und der Stellung dieser Norm im Gesetz.[880] Deshalb kann nur N, nicht aber auch F von T Schadensersatz aus § 823 II BGB i.V.m. § 248b StGB verlangen. Selbstverständlich bleibt im Fall F gegen T ein Anspruch aus § 823 I BGB und § 823 II BGB i.V.m. § 229 StGB unberührt. Im Fall N gegen T ergibt sich darüber hinaus ein Schadensersatzanspruch aus § 823 I BGB.

766 ▪ Die Bestimmung des **sachlichen Schutzbereichs** dient der Feststellung, vor welchen Gefahren die Norm schützen soll.

**Beispiel:** Autofahrer A kommt infolge überhöhter Geschwindigkeit von der Fahrbahn ab und verletzt den Fußgänger F. Als dieser sich daraufhin stationär behandeln lassen muss, wird eine Arterienverkalkung festgestellt. F wird frühzeitig in den Ruhestand versetzt. Nun macht F gegen A einen Schadensersatzanspruch in Höhe des Differenzbetrags zwischen der Pension und den Bezügen, die er bei einer Weiterbeschäftigung für die Zeit bis zur regulären Pensionsgrenze erhalten hätte, geltend.

In Betracht kommt neben einem Schadensersatzanspruch aus § 823 I BGB auch ein solcher aus § 823 II BGB i.V.m. §§ 223 ff. StGB. Doch ob man in diesem Fall eine haftungsausfüllende Kausalität der Körperverletzung für den eingetretenen Vermögensschaden bejahen kann, scheint bereits mit Blick auf die Adäquanztheorie fraglich. Unabhängig davon ist es jedoch abzulehnen, den wegen der frühzeitigen Pensionierung entstandenen Vermögensschaden unter den Schutzzweck der §§ 223 ff. StGB zu subsumieren. Das Verbot, einen anderen in dessen körperlicher Integrität zu verletzen, soll nicht davor schützen, dass verborgene Krankheiten des Verletzten entdeckt werden.[881]

## 2. Rechtswidrigkeit und Verantwortlichkeit

767 In der Regel sind Rechtswidrigkeit und Verantwortlichkeit schon im Rahmen des Tatbestands (Verletzung des Schutzgesetzes) zu prüfen. Handelt es sich bei dem Schutzgesetz beispielsweise um ein Strafgesetz, ist nach den Grundsätzen des Strafrechts zu prüfen, ob der Täter den objektiven und subjektiven Tatbestand der Strafnorm erfüllt hat und ob Rechtswidrigkeit sowie Schuld gegeben sind.[882] Einer erneuten Prüfung bedarf es – wie sich aus § 823 II S. 2 BGB ergibt – insoweit nicht. Lediglich für den Fall, dass das Schutzgesetz auch ohne Verschulden verletzt werden kann, ist gem. § 823 II S. 2 BGB (separat) zu prüfen, ob den Täter ein Verschulden, also mindestens Fahrlässigkeit, trifft. Das Verschulden braucht sich aber nur auf den Verstoß gegen das Schutzgesetz zu beziehen, nicht jedoch auf den dadurch verursachten Schaden.[883]

---

[878] *Brox/Walker*, § 46 Rn 10.
[879] BGHZ 22, 293, 295 ff.
[880] Vgl. *Brox/Walker*, § 46 Rn 11.
[881] BGH NJW 1968, 2287 f.
[882] *Brox/Walker*, § 46 Rn 13.
[883] *Brox/Walker*, § 46 Rn 14.

Problematisch können in Zusammenhang mit der Haftung nach § 823 II BGB **Zurechnungsfragen** sein. Das betrifft namentlich den Fall, in dem der in Haftung Genommene die schädigende Handlung nicht selbst vorgenommen hat, sondern diese von Mitarbeitern begangen wurde. Da auf deliktischer Ebene eine Zurechnung über § 278 BGB ausscheidet, gewinnt § 31 BGB (analog) an Bedeutung. Oder man beschreitet den Weg über § 831 I S. 1 BGB, der allerdings die Schwäche der Exkulpationsmöglichkeit gem. § 831 I S. 2 BGB in sich birgt.

> **Beispiel[884]:** K ist Eigentümer eines vom Diesel-Abgasskandal betroffenen Kfz. Er begehrt daher gegen den Verkäufer V, einen Vertragshändler des Herstellers, die X-AG, die Rückabwicklung eines Kaufvertrags über sein Dieselfahrzeug und begehrt gegenüber X als Hersteller des Fahrzeugs die Feststellung der Einstandspflicht für aus der Beschaffenheit der Abgasreinigungseinrichtungen des Fahrzeugs resultierende Schäden. K macht geltend, dass er das Fahrzeug aufgrund von Angaben des X zu Schadstoffausstoß und Kraftstoffverbrauch erworben habe. Die Fahrzeugeinrichtungen zur Abgasreinigung seien jedoch mit Wissen und Billigung von X werkseitig so programmiert worden, dass sie im normalen Fahrbetrieb außer Betrieb gesetzt würden.
>
> ⇨ Siehe dazu Rn 773.

[884] Vgl. BGH NJW 2018, 2200.

### III. Vorsätzliche sittenwidrige Schädigung, § 826 BGB

768 Einen weiteren Haftungstatbestand bildet § 826 BGB. Nach dieser Bestimmung macht sich schadensersatzpflichtig, wer in einer gegen die guten Sitten verstoßenden Weise einem anderen vorsätzlich Schaden zufügt.

769 **Hinweis für die Fallbearbeitung:** Ebenso wie § 823 I und II BGB setzt auch § 826 BGB Tatbestandsmäßigkeit, Rechtswidrigkeit und Verantwortlichkeit voraus.

- Der **Tatbestand** ist verwirklicht, wenn der Täter durch eine vorsätzliche sittenwidrige Handlung einem anderen in zurechenbarer Weise Schaden zufügt.
- Hinsichtlich der **Rechtswidrigkeit** ist zu beachten, dass eine sittenwidrige Schadenszufügung stets rechtswidrig sein dürfte. Daher erübrigt es sich, im Rahmen des § 826 BGB die Rechtswidrigkeit separat neben der (auf Tatbestandsebene zu prüfenden) Sittenwidrigkeit eines Verhaltens zu prüfen. Da das Verhalten des in Anspruch Genommenen aber nicht sittenwidrig ist, wenn dieser sich auf einen anerkannten Rechtfertigungsgrund stützen kann, fehlt es bei Vorliegen eines Rechtfertigungsgrundes folgerichtig an der Sittenwidrigkeit, also am Tatbestand. Daraus folgt, dass bei der Prüfung der Sittenwidrigkeit bereits auf Rechtfertigungsgründe einzugehen ist, sofern der Sachverhalt Anlass dazu bietet.
- Da es sich bei § 826 BGB um einen Verschuldenstatbestand handelt, ist schließlich auf dritter Ebene die **Verantwortlichkeit** zu prüfen. Der Täter muss zunächst deliktsfähig sein. Anders als § 823 BGB, der auch Fahrlässigkeit genügen lässt, verlangt § 826 BGB Vorsatz. Ein „fahrlässiges sittenwidriges Verhalten" wäre ohnehin nicht denkbar.

#### 1. Objektiver Tatbestand

#### a. Schadenszufügung

770 Nach allgemeiner Auffassung schützt § 826 BGB vor jeder nachteiligen Einwirkung auf die Vermögenslage, aber auch vor jeder Beeinträchtigung eines rechtlich anerkannten Interesses oder vor einer Belastung mit einer ungewollten Verpflichtung.[885] Unter „Schaden" i.S.v. § 826 BGB ist also nicht nur die Vermögenseinbuße (auch der **reine Vermögensschaden** ist – im Gegensatz zu § 823 I BGB – erfasst), sondern auch der immaterielle Schaden zu verstehen.[886] Unter den Voraussetzungen des § 253 II BGB ist daher auch Schmerzensgeld zu zahlen. Schließlich gewährt die Rechtsprechung u.U. auch Rückabwicklungsansprüche, d.h. ein Lösen von vertraglichen Verpflichtungen, was sonst nur über §§ 346 ff. BGB möglich wäre.[887]

#### b. Sittenwidrige Handlung

771 Wie gesagt, gewährt § 826 BGB Schadensersatz bei einer vorsätzlichen sittenwidrigen schadensverursachenden Handlung des Täters. Darüber, was unter „sittenwidrig" zu verstehen ist, besteht Unklarheit. Nach der Rechtsprechung ist eine Handlung sittenwidrig, wenn sie gegen das „Anstandsgefühl aller billig und gerecht Denkenden" verstößt.[888] Doch mit dieser Formel ist das Problem nicht wirklich gelöst. Im Gegenteil ist nun die Frage zu beantworten, was unter „Anstandsgefühl aller billig und gerecht Denkenden" zu verstehen ist. Klar dürfte jedenfalls sein, dass es nicht auf die moralisch besonders hochstehende Auffassung bestimmter Kreise ankommt. Das zur Entscheidung angerufene Gericht darf bei der Beurteilung daher nicht einfach von seinem ei-

---

[885] BGH NJW 2004, 2664, 2466.

[886] Vgl. BGHZ 29, 344, 347; vgl. auch BGH NJW 1969, 316, 317; 105, 306 ff.; *Sprau*, in: Palandt, § 826 Rn 1; *Deutsch/Ahrens*, Rn 235; *Brox/Walker*, § 47 Rn 2. Zum Begriff des Schadens vgl. ausführlich Rn 1064 ff.

[887] Siehe OLG Köln MDR 2019, 222 f. – dazu Rn 773 a.E.

[888] BGHZ 10, 228, 232; 69, 295, 297; 141, 357, 361; BGH NJW 2005, 1490 f.; BGH NJW 2014, 1380.

genen Anstandsgefühl ausgehen. Es hat vielmehr auf das Anstandsgefühl des „anständigen Durchschnittsmenschen" abzustellen. Doch wie muss sich der Durchschnittsmensch verhalten, um „anständig" zu sein? Insgesamt scheint es weniger auf ein rechtliches als auf ein gesellschaftliches, insbesondere soziologisches Verständnis anzukommen. Da die herrschenden sozialen und ethischen Wertvorstellungen oft aber nur schwer feststellbar sind, ist fraglich, ob die Einbeziehung der Sittenwidrigkeit in einen Haftungstatbestand nicht zu einer **Verfassungswidrigkeit** (Verstoß gegen den Bestimmtheitsgrundsatz) desselben führt. Wenn man aber von einer **restriktiven** Interpretation dieses Tatbestandsmerkmals ausgeht und darüber hinaus bedenkt, dass der Täter den Schaden auch **vorsätzlich** verursacht haben muss, kann das Verdikt der Verfassungswidrigkeit vermieden werden. Das Verwerfliche kann dann in dem *Zweck* der Handlung (z.B. Existenzgefährdung) sowie in dem angewandten *Mittel* (z.B. Täuschung) liegen. Aber auch aus der *Verknüpfung* eines an sich erlaubten Mittels mit einem nicht zu beanstandenden Zweck (sog. Mittel-Zweck-Relation) kann sich die Sittenwidrigkeit ergeben.

Eine Entscheidungshilfe für die Bestimmung der Sittenwidrigkeit kann das Studieren von Fallgruppen bieten. Allerdings ist zu beachten, dass die Kenntnis von Fallgruppen das eigene Judiz des Fallbearbeiters nicht ersetzen kann. Ohnehin kommt es für eine gute Fallbearbeitung kaum auf die (unreflektierte) Wiedergabe von Fremdauffassungen an; entscheidend ist vielmehr die methodisch korrekte, mit Argumenten untermauerte eigene Auffassung. Freilich soll dies nicht bedeuten, dass die Kenntnis von Fallgruppen nicht nützlich sein kann. Daher seien einige wichtige vorgestellt.[889] 772

- **Arglistiges Verhalten zwecks Abschlusses eines Vertrags (Täuschung)** 773
  Eine arglistige Täuschung etwa durch Irreführung, Hinterhältigkeit und Doppelspiel ist ethisch verwerflich und sittenwidrig.[890] Beispiele sind: Abgabe einer bewusst falschen Rechtsauskunft; unrichtige Testierung eines Jahresabschlusses durch einen Wirtschaftsprüfer; wider besseres Wissen aufgestellte konkludente Behauptung der Leistungsfähigkeit einer GmbH durch deren Geschäftsführer gegenüber Vertragspartnern; Verschleiern des Verlustrisikos bei Terminoptionsgeschäften[891]; Vorspiegelung geringerer als der gefahrenen Kilometerzahl beim Verkauf eines Autos; Erteilung einer Falschauskunft auf Anfragen, ob es sich bei dem zu verkaufenden Auto um einen unfallfreies handelt. Die Täuschung eines Minderjährigen über seine Geschäftsfähigkeit ist wohl nicht als sittenwidrig anzusehen (insoweit kommt aber eine Haftung aus § 823 II BGB i.V.m. § 263 I StGB in Betracht).
  Das **Verschweigen** von Umständen ist sittenwidrig, wenn sie dem Vertragspartner unbekannt sind, nach Treu und Glauben aber bekannt sein müssen, weil sein Verhalten bei den Vertragsverhandlungen und die von ihm zu treffende Entscheidung davon wesentlich beeinflusst werden; dazu gehört etwa die eigene Zahlungsunfähigkeit (bei Kapitalgesellschaften die Überschuldung), aber auch bspw. der Umstand, dass es sich bei dem zu verkaufenden Auto um einen wiederhergestellten Unfallwagen handelt.
  Wird jemand durch eine arglistige Täuschung zum Abschluss eines Vertrags veranlasst, kann er nach § 826 i.V.m. § 249 S. 1 BGB die Befreiung von der sich aus dem Vertrag ergebenden Verbindlichkeit verlangen. Dieser Anspruch besteht unabhängig von einem Anfechtungsrecht nach § 123 I BGB, was insbesondere dann von Bedeutung ist, wenn die Anfechtungsfrist (§ 124 BGB) versäumt wurde. Darüber hinaus kann der Geschädigte nach § 826 BGB auch den Ersatz eines Schadens verlangen, der ihm z.B. dadurch entstanden ist, dass er ein günstiges anderweitiges Angebot ausgeschlagen hat. Konkurrieren kann ein Anspruch aus § 826 BGB auch mit dem aus § 823 II BGB, wenn nämlich ein Betrug (§ 263 StGB) vorliegt.

---

[889] Vgl. auch die umfangreichen (inhaltlich übereinstimmenden) Zusammenstellungen der Judikatur bei *Sprau*, in: Palandt, § 826 Rn 20 ff.; *Deutsch/Ahrens*, Rn 237 ff.; *Brox/Walker*, § 47 Rn 5 ff.; *Musielak/Hau*, GK, Rn 800.
[890] *Deutsch/Ahrens*, Rn 237.
[891] BGHZ 124, 151, 162.

**Beispiel**[892]**:** K ist Eigentümer eines vom Diesel-Abgasskandal betroffenen Kfz. Mitarbeiter der betreffenden Unternehmen hatten bei bestimmten Dieselfahrzeugen eine Steuerungssoftware eingesetzt, die zwei unterschiedliche Betriebsmodi zur Steuerung der Abgasrückführung kannte. In Modus 1 kam es zu einem geringeren Ausstoß von Stickoxiden als in Modus 0. Der Modus 1 war allerdings nur beim Durchfahren des Testzyklus aktiv. Im normalen Straßenverkehr wurde der in den betreffenden Fahrzeugen verbaute Motor nur im Modus 0 betrieben. In diesem Modus wurden die maximal zulässigen Grenzwerte für den Schadstoffausstoß um ein Vielfaches überschritten. K begehrt daher gegen den Verkäufer V, einen Vertragshändler des Herstellers, die X-AG, die Rückabwicklung eines Kaufvertrags über sein Dieselfahrzeug und begehrt gegenüber X als Hersteller des Fahrzeugs die Feststellung der Einstandspflicht für aus der Beschaffenheit der Abgasreinigungseinrichtungen des Fahrzeugs resultierende Schäden. K macht geltend, dass er das Fahrzeug aufgrund von Angaben des X zu Schadstoffausstoß und Kraftstoffverbrauch erworben habe. Die Fahrzeugeinrichtungen zur Abgasreinigung seien jedoch mit Wissen und Billigung von X werkseitig so programmiert worden, dass sie im normalen Fahrbetrieb außer Betrieb gesetzt würden.

K hat Sachmängelrechte gegen V unter dem Aspekt des § 437 Nr. 2 Var. 1 BGB.[893] Gegen X hat er keine Sachmängelrechte, da X nicht Verkäufer ist.[894] Ein Schadensersatzanspruch gegen X aus § 823 I BGB scheidet von vornherein aus, da es an einer Rechtsgutverletzung fehlt (K erwarb bereits mangelhaftes Eigentum); reine Vermögensschäden sind nicht von § 823 I BGB erfasst.

K könnte gegen X aber einen Schadensersatzanspruch aus § 823 II BGB haben. Der Schaden hat seine Ursache darin, dass Mitarbeiter von X eine illegale Abschaltvorrichtung installiert bzw. programmiert haben, die zur Erlöschung der Betriebserlaubnis des Fahrzeugs führen kann. Es darf unterstellt werden, dass K bei Kenntnis dieses Umstands den Wagen nicht oder nicht zu dem Preis gekauft hätte. Dadurch, dass K einen Vertrag über ein mangelfreies Fahrzeug abgeschlossen hatte, jedoch das vorbezeichnete mangelhafte Fahrzeug erhielt, das sowohl einen technischen (höherer Verbrauch, geringere Lebenserwartung) als auch wirtschaftlichen (Anhaftung des Makels des „Dieselskandals") Minderwert[895] hat, liegt ein Schaden vor.[896] X als Haftungsgegner müsste aber auch ein Schutzgesetz verletzt haben. Dieses kann möglicherweise in § 263 StGB (Betrug) gesehen werden. Abzustellen ist auf das Verhalten der Mitarbeiter, die die Programmierung vorgenommen haben. Ob aber X dieses Verhalten über § 831 BGB wie eigenes Verschulden zu verantworten hat, ist angesichts der Exkulpationsmöglichkeit nach § 831 I S. 2 BGB zweifelhaft. Es bliebe ein Abstellen auf die Zuweisungsnorm des § 31 BGB, da man davon ausgehen muss, dass ein Fehlverhalten dieses Ausmaßes nicht ohne Kenntnis und Billigung von Vorstandsmitgliedern erfolgt sein kann. Teilweise wird in der Rechtsprechung aber die Auffassung vertreten, dass der Einbau der unzulässigen Abschaltvorrichtung keine Vorschriften verletzt habe, die den individuellen Schutz der Vermögensinteressen der Kläger bezweckten.[897] Das ist nicht gerade überzeugend, da insbesondere § 263 StGB Vermögensinteressen des Geschädigten zu dienen bestimmt ist.

Immerhin leiten andere Gerichte Schadensersatzansprüche über § 826 BGB her und stellen dabei auf das schädigende Verhalten des Vorstands ab.[898] Dessen Fehlverhalten sei der juristischen Person dann gem. § 31 BGB zuzuweisen.

---

[892] Nach BGH NJW 2018, 2200 und OLG Köln MDR 2019, 222. Siehe auch LG Erfurt 18.1.2019 – 9 O 490/18.

[893] Zum Rücktritt aufgrund des Sachmangels vgl. etwa OLG Oldenburg 5.12.2018 – 4 U 60/18; LG Bremen 12.12.2018 – 1 O 1632/17.

[894] Etwas anderes könnte gelten, wenn es sich bei V um eine Niederlassung von X handelte. Dann wäre X selbst möglicherweise der Verkäufer, so wie etwa im Fall OLG Oldenburg 5.12.2018 – 4 U 60/18.

[895] Siehe LG Erfurt 18.1.2019 – 9 O 490/18.

[896] Siehe auch LG Oldenburg 29.5.2018 – 1 O 427/17, LG Kiel 18.5.2018 – 12 O 371/17 und LG Erfurt 18.1.2019 – 9 O 490/18.

[897] So etwa OLG Braunschweig 19.2.2019 – 7 U 134/17.

[898] Siehe etwa LG Oldenburg 29.5.2018 – 1 O 427/17; LG Kiel 18.5.2018 – 12 O 371/17; OLG Köln MDR 2019, 222 f. (dazu Rn 875); LG Erfurt 18.1.2019 – 9 O 490/18. Siehe dazu auch *Heese*, NJW 2019, 257 ff.

Der für den Schadensersatzanspruch erforderliche Schaden sei unabhängig davon eingetreten, ob das Fahrzeug durch die verwendete Software einen Wertverlust erlitten habe oder nicht. Allein die fehlende Konformität mit den gesetzlichen Abgasbestimmungen begründe den Schaden. Die Schadenszufügung sei zudem sittenwidrig erfolgt, weil hier eine bewusste Täuschung des Käufers durch Mitarbeiter der Beklagten geschehen sei. Auch läge diesbezüglich Vorsatz vor, weil die Abgassoftware einzig zum Zweck eingebaut worden sei, die Abgaswerte zu beschönigen. Diese Handlungen der Mitarbeiter seien X nach dem Gesagten zuzurechnen.[899]

Hinweis: Das OLG Köln hat vollumfänglich die Vorinstanz bestätigt, die den Anspruchsgegner dazu verurteilt hatte, K Zug um Zug gegen Übergabe und Übereignung des Fahrzeugs im Wege des Schadensersatzes rund 17.000 € zu bezahlen. Dabei zog es für die von K gefahrenen rund 54.000 km einen Betrag von rund 4.500 € vom Kaufpreis ab und legte dabei eine Gesamtlaufleistung von 300.000 km zugrunde. Daran wird deutlich, wie weit die Rechtsprechung jedenfalls bei § 826 BGB den Begriff des Schadens auslegt und welch weit reichende Rechtsfolgen sie anordnet.

- **Kollusion zum Nachteil Dritter** 774
  Einen Unterfall der Täuschung stellt die Kollusion dar. Bei dieser werden Unwahrhaftigkeit und Irrtumserregung noch durch das konspirative Element verstärkt: Zwei oder mehr Personen verbinden sich, um einen anderen durch Täuschung zu schädigen.[900] Ein klassischer Fall der Kollusion liegt im Rahmen der Stellvertretung vor, wenn der Vertreter und der Geschäftsgegner bewusst zum Nachteil des Vertretenen zusammenwirken. In diesen Fällen ist das Vertretergeschäft nach allgemeiner Ansicht schon nach § 138 I BGB nichtig mit der Folge, dass der Geschäftsherr nicht gebunden wird. Entsteht dem Geschäftsherrn aus dem kollusiven Zusammenwirken ein Schaden, so haften ihm der Vertreter und der Geschäftsgegner als Gesamtschuldner nach §§ 826, 840 BGB auf Schadensersatz.

  **Beispiel:** Geschäftsherr G will seinen Laptop verkaufen, weil er damit nicht zurechtkommt. Mangels Fachwissens bevollmächtigt er seinen „Freund" V, dies für ihn zu erledigen. V und dessen Freund D haben mit G (ohne dass der dies ahnt) noch eine Rechnung offen. Um G zu schädigen, verkauft V den Computer einverständlich an D zu einem Spottpreis. Hier verwirklichen beide mittäterschaftlich den Tatbestand des § 826 BGB.

- **Verleiten zum Vertragsbruch** 775
  Zwar können Schuldrechte nur von den am Schuldverhältnis Beteiligten, nicht von Dritten verletzt werden, ein Dritter handelt jedoch sittenwidrig, wenn er den Schuldner in besonders beeinflussender Weise zum Vertragsbruch verleitet.[901] Bewegt bspw. jemand den Eigentümer einer bereits an einen anderen verkauften Sache, diese ihm zu überlassen, reicht das allein für die Bejahung der Sittenwidrigkeit noch nicht aus (a.A. möglich), da die Erfüllung eines abgeschlossenen Kaufvertrags nur Sache des Verkäufers, nicht aber des Dritten ist. Dessen Verhalten ist jedoch anstößig, wenn besondere Umstände (verwerfliche Mittel, verwerflicher Zweck) hinzukommen.[902]

- **Erteilen wissentlich falscher Auskünfte oder Machen unzutreffender Angaben** 776
  Auch die Erteilung wissentlich falscher Auskünfte kann den Tatbestand der vorsätzlichen sittenwidrigen Schädigung erfüllen. Das gilt bspw. für den Fall, dass einem Kreditinstitut eine bewusst unrichtige Auskunft über die Kreditwürdigkeit gegeben wird und dieses daraufhin einen Kredit gewährt. Auch das falsche Gutachten über ein Gemälde beeinflusst den Inhalt eines Kaufvertrags über das Bild. Die Ausstellung eines Dienst- oder Arbeitszeugnisses, in dem bewusst unwahre Angaben über die Leistungen des Arbeit-

[899] Siehe etwa LG Oldenburg 29.5.2018 – 1 O 427/17; LG Kiel 18.5.2018 – 12 O 371/17; OLG Köln MDR 2019, 222 f. (dazu Rn 875).
[900] *Deutsch/Ahrens*, Rn 238.
[901] Vgl. BGH NJW-RR 1999, 1186; *Deutsch/Ahrens*, Rn 243.
[902] BGH FamRZ 1992, 1401, 1402; *Wilhelmi*, in: Erman, § 826 Rn 28; *Brox/Walker*, § 41 Rn 80.

nehmers gemacht werden und das zur Einstellung bei einem anderen Arbeitgeber führt, kann ebenfalls den Tatbestand des § 826 BGB gegenüber dem Gläubiger verwirklichen.

Fraglich ist, ob innerhalb einer Ehe Schadensersatzansprüche infolge vermögensrechtlich relevanter Rechtsverletzungen geltend gemacht werden können. Hier ist zu beachten, dass die Vorschriften des Eherechts familienrechtliche Sondervorschriften darstellen und in ihrem Anwendungsbereich allgemeine Deliktsansprüche grundsätzlich ausschließen, weil die Ehe (jedenfalls in ihrem Kern) außerhalb der Rechtsverhältnisse steht, deren Verletzung allgemeine Ansprüche auf Ersatz von Vermögensschäden auslösen kann.[903] Eine die Lebens- und Geschlechtsgemeinschaft der Ehegatten beeinträchtigende Ehestörung – wie insbesondere ein Ehebruch – stellt einen innerehelichen Vorgang dar, der allein nach Maßgabe der eherechtlichen Vorschriften zu beurteilen ist und deliktische Ansprüche aus §§ 823 ff. BGB grundsätzlich ausschließt.[904] Dennoch kann es nicht Aufgabe des Familienrechts sein, einen Ehepartner, der den anderen vorsätzlich und sittenwidrig schädigt, zu privilegieren. Daher kann trotz familienrechtlicher Sonderverbindung ein Fall des § 826 BGB auch innerhalb einer ehelichen Beziehung vorliegen, wenn weitere schädigende Umstände hinzukommen.[905] Das ist etwa der Fall, wenn ein Kind bei einem Ehebruch der Frau gezeugt wird und die Ehefrau ihren Ehemann täuscht, indem sie unzutreffende Angaben über die Abstammung des Kindes macht bzw. Zweifel des Ehemanns durch ausdrückliches Leugnen des Ehebruchs zerstreut und ihn dadurch an der Anfechtung der Vaterschaft hindert. An das Kind geleistete Unterhaltsansprüche sind dann durchaus ersatzfähig nach § 826 BGB.[906]

777 ▪ **Ausnutzen einer formalen Rechtsstellung zur Schädigung**
Bereits aus § 226 BGB (Sittenwidrigkeit einer Handlung, die nur den Zweck hat, einen anderen zu schädigen) ergibt sich, dass die Ausübung eines Rechts nicht stets zulässig sein kann. Wer etwa eine ihm eingeräumte Vertretungsmacht zur Schädigung des Vertretenen missbraucht, handelt sittenwidrig (s.o.). Den Tatbestand des § 826 BGB erfüllt auch, wer als Kläger in einem Zivilprozess gegen den Beklagten ein rechtskräftiges, aber unrichtiges Urteil erstritten hat und daraus in Kenntnis der Unrichtigkeit die Zwangsvollstreckung betreibt. Zwar hat die ZPO die Beseitigung falscher rechtskräftiger Urteile in den Bestimmungen über die Wiederaufnahme des Verfahrens geregelt, allerdings ist die Durchbrechung der Rechtskraft im Interesse der Rechtssicherheit an enge Voraussetzungen geknüpft (vgl. §§ 580 ff. ZPO). Daneben ist in solchen Fällen auch die Anwendung des § 826 BGB weitgehend anerkannt.[907] Der daraus resultierende Anspruch kann auf Herausgabe des Urteils, Unterlassen der Zwangsvollstreckung oder Ersatz des durch die Vollstreckung erlittenen Schadens gerichtet sein.

778 ▪ **Missbrauch einer wirtschaftlichen Machtstellung/Monopolstellung**
In der Bundesrepublik Deutschland besteht grundsätzlich Vertragsfreiheit, wonach sich jeder nicht nur seinen Vertragspartner aussuchen, sondern sich auch weigern kann, einen Vertrag zu schließen. Das folgt schon aus Art. 2 I GG. Besteht jedoch ein rechtliches oder faktisches Monopol (etwa in Ermangelung eines Mitanbieters), kann die Weigerung des Vertragsschlusses sittenwidrig sein. Es besteht dann ein Kontrahierungszwang, sofern kein wichtiger Grund für die Ablehnung vorliegt. So kann bspw. die Ablehnung eines Vertragsangebots auf Versorgung mit lebenswichtigen Gütern (Wasser, Elektrizität) durch den Unternehmer nach § 826 BGB zum Schadensersatz verpflichten und zum Abschlusszwang führen. Aber auch wenn ein Unternehmer infolge Fehlens von Konkurrenten die Kunden nur zu außerordentlich ungünstigen Bedingungen beliefert, ist regelmäßig der Tatbestand des § 826 BGB erfüllt.[908]

---

[903] BGH NJW 2013, 2108, 2109.
[904] BGH NJW 2013, 2108, 2109 mit Verweis auf BGH FamRZ 1990, 367, 368.
[905] BGH NJW 2013, 2108, 2109 mit Verweis auf BGH FamRZ 1990, 367, 369.
[906] BGH NJW 2013, 2108, 2109 mit Verweis auf BGH NJW 2012, 1443.
[907] Vgl. BGHZ 13, 71, 72; 26, 391, 394 ff.; 50, 115, 116 ff.; BGH NJW 1999, 1257, 1258; *Deutsch/Ahrens*, Rn 247; *Brox/Walker*, § 47 Rn 9.
[908] Vgl. *Deutsch/Ahrens*, Rn 245; *Brox/Walker*, § 47 Rn 12; *Sprau*, in: Palandt, § 826 Rn 41 und 41a.

## 2. Vorsatz

§ 826 BGB verlangt, dass der Täter den Schaden **vorsätzlich** herbeiführt. Der Vorsatz muss sich – im Gegensatz zu § 823 BGB – also **auch auf den Schaden beziehen**, wobei es allerdings nicht erforderlich ist, dass der Täter die genaue Höhe des Schadens vorhergesehen hat.[909] Eine lediglich vage oder allgemeine Vorstellung von möglichen Schäden genügt allerdings nicht, um den Vorsatz zu bejahen. Im Übrigen genügt es nach mittlerweile gesicherter Rechtsauffassung, dass der sittenwidrig Handelnde **Art und Richtung der Schadensfolgen vorausgesehen** und **gewollt** oder jedenfalls **billigend in Kauf genommen** hat.[910] Eine **Schädigungsabsicht** (i.S. einer Zielgerichtetheit) ist **nicht** erforderlich. Nicht erforderlich ist auch das Bewusstsein der Sittenwidrigkeit. Der Täter muss nur die **Umstände** gekannt haben, die sein Verhalten als sittenwidrig erscheinen lassen. **779**

[909] BGH NJW 2000, 2896, 2897.
[910] BGH NJW 2000, 2896, 2897.

## IV. Amtshaftungsanspruch, § 839 BGB i.V.m. Art. 34 GG

**780-851** Verletzt ein Beamter schuldhaft die ihm einem Dritten gegenüber obliegende Amtspflicht, hat er gem. § 839 BGB diesem den daraus entstandenen Schaden zu ersetzen. Art. 34 S. 1 GG erweitert den Anwendungsbereich der einfachgesetzlichen Amtshaftung auf alle Fälle der Ausübung öffentlicher Gewalt. Im staatshaftungsrechtlichen Sinn ist demnach Beamter „jeder", der ein ihm anvertrautes öffentliches Amt ausübt. Darunter fallen alle Bediensteten, die der Bund, ein Land oder eine andere öffentlich-rechtliche Körperschaft mit öffentlicher Gewalt ausgestattet hat.[911] Weiterhin ordnet Art. 34 GG an, dass die Haftung auf den Staat übergeht. Es handelt sich demnach um eine befreiende Schuldübernahme. Die Voraussetzungen der Amtshaftung ergeben sich mithin aus einer Gesamtschau aus § 839 BGB und Art. 34 GG; sie sind ausführlich bei *R. Schmidt*, AllgVerwR, 21. Aufl. 2018, Rn 1062 ff. erläutert, weshalb darauf verwiesen werden kann.

[911] BGH NJW 2005, 286, 287; NVwZ 2006, 966.

## V. Sonstige Haftungstatbestände, §§ 831, 832, 833 BGB

### 1. Haftung für Verrichtungsgehilfen, § 831 BGB

Unter den Voraussetzungen des § 831 BGB (**Anspruchsgrundlage**!) haftet derjenige, der einen anderen zu einer Verrichtung bestellt hat, für den Schaden, den dieser in Ausführung der Verrichtung einem Dritten widerrechtlich zufügt (§ 831 I S. 1 BGB). **852**

Ebenso wie die §§ 823 I, 823 II und 826 BGB setzt auch § 831 BGB eine tatbestandsmäßige und rechtswidrige Verletzungshandlung voraus. Bei § 831 BGB wird diese aber nicht von dem in Anspruch Genommenen begangen, sondern von dem Verrichtungsgehilfen (§ 831 I S. 1 BGB). Der Geschäftsherr muss sich diese aber nicht zurechnen lassen, sofern er sich entlasten kann (§ 831 I S. 2 BGB). Diese Negativformulierung statuiert eine Beweislastumkehr: Anders als bei den §§ 823 I, 823 II und 826 BGB braucht der Geschädigte das Verschulden des in Anspruch Genommenen nicht zu beweisen (vgl. dazu Rn 749a); vielmehr muss im Fall des § 831 BGB *dieser* nachweisen, dass ihn kein Verschulden trifft. Wenn also eine tatbestandsmäßige, rechtswidrige Handlung vorliegt, wird vom Gesetz ein Verschulden des in Anspruch Genommenen vermutet; es ist Sache des in Anspruch Genommen, sich durch Entlastungsbeweis zu exkulpieren. Die Negativformulierung in § 831 I S. 2 BGB gewährt also nicht nur die Möglichkeit des Entlastungsbeweises, sondern nimmt auch eine Beweislastumkehr vor. Der Geschäftsherr des Verrichtungsgehilfen haftet insoweit für **vermutetes eigenes Verschulden**. Dabei bezieht sich das eigene Verschulden auf die **unzureichende Auswahl oder Überwachung des Verrichtungsgehilfen**. Hiervon unberührt bleibt die **eigene Ersatzpflicht der Hilfsperson** nach § 823 BGB gegenüber dem Geschädigten.[912] Insoweit besteht eine gesamtschuldnerische Haftung nach § 840 I BGB[913], während im Innenverhältnis die Hilfsperson gegenüber dem Geschäftsherrn gem. § 840 II BGB allein haftet. Zu beachten ist jedoch, dass der persönlich in Anspruch genommene Mitarbeiter nach den arbeitsrechtlichen Grundsätzen der betrieblich veranlassten Tätigkeit regelmäßig einen **Freistellungsanspruch** gegen das Unternehmen hat (vgl. dazu auch das Beispiel bei Rn 872). **853**

#### a. Voraussetzungen

Die Gehilfenhaftung nach § 831 BGB greift zunächst nur dann ein, wenn der Täter zur Verrichtung bestellt worden ist. **854**

**Verrichtungsgehilfe** ist, wer vom Geschäftsherrn in dessen Interesse eine Tätigkeit übertragen bekommen hat und von Weisungen des Geschäftsherrn abhängig ist.[914] **855**

Zu Bejahung des Kriteriums der Weisungsgebundenheit genügt es, wenn der Geschäftsherr die Tätigkeit des Handelnden beschränken, entziehen oder nach Zeit und Umfang bestimmen kann.[915] Das ist regelmäßig der Fall, wenn der Handelnde in die Hierarchie des Geschäftsherrn eingebunden ist. Als Verrichtung kommt jede Tätigkeit für einen anderen in Betracht. Die Tätigkeit kann tatsächlicher (Mauern einer Wand) oder rechtlicher (Abschluss eines Vertrags) Natur sein, sie kann entgeltlich oder unentgeltlich erfolgen, auf Dauer (als Arbeitnehmer) oder vorübergehend (einmalige Besorgung) angelegt, niederer (Wischen des Fußbodens) oder höherer (Operation durch einen Arzt; Prozessvertretung durch einen Rechtsanwalt) Art sein.[916] Insbeson- **856**

---

[912] Zur Außenhaftung von Mitarbeitern und Organen vgl. ausführlich Rn 952.

[913] Zu beachten ist, dass § 840 I BGB keine Anspruchsgrundlage darstellt, sondern (lediglich) eine gesamtschuldnerische Haftung der nebeneinander Verantwortlichen anordnet (vgl. *Becker/Weidt*, JuS 2016, 481, 488). Auch bei einer deliktischen Gesamtschuld kann als Anspruchsgrundlage immer nur eine haftungsbegründende Vorschrift (wie bspw. § 823 I BGB) fungieren (vgl. *Wagner*, in: MüKo, § 840 Rn 2).

[914] OLG Köln NJW 2000, 2905; *Sprau*, in: Palandt, § 831 Rn 6.

[915] BGHZ 45, 311, 313.

[916] Vgl. aus jüngerer Zeit etwa BGH NJW 2000, 2737, 2738 (Haftung des Krankenhausträgers für Hebammen); BGH NJW 1988, 2298, 2299 (Haftung des Krankenhausträgers für Ärzte); BGH WM 1998, 257, 259 (Haftung des Verlegers für einen Testesser in einem Restaurant); OLG Köln NJW 2000, 2905 (Haftung der abwesenden Eltern für die mit der Beaufsichtigung des Hauses betraute 18-jährige Tochter). Vgl. auch *Brox/Walker*, § 48 Rn 3.

dere ist nicht Voraussetzung, dass der Gehilfe den Geschäftsherrn rechtsgeschäftlich vertritt. Maßgeblich ist allein, dass die Tätigkeit in einer organisatorisch abhängigen Stellung vorgenommen wird.[917] Ob die Beschäftigung legal (Arbeitsvertrag) oder illegal (Schwarzarbeit) ist, spielt für die Haftung nach § 831 BGB schon deshalb keine Rolle, weil die Illegalität der Beschäftigung den Verpflichteten nicht entlasten kann.

Da die Haftung des Geschäftsherrn darauf beruht, dass er den Gehilfen nicht sorgfältig ausgesucht bzw. überwacht hat, muss der Geschäftsherr auf die Handlungsweise des Gehilfen Einfluss nehmen können. Das ist vor allem beim Arbeitsverhältnis gegeben. Bei Werkverträgen mit selbstständigen Handwerkern und Unternehmern sowie bei Generalvertretern ist in jedem Einzelfall zu prüfen, ob diese weisungsunterworfen sind.[918]

**857** Der Verrichtungsgehilfe muss dem Wortlaut des § 831 BGB zufolge gegenüber einem Dritten einen der Tatbestände der §§ 823 ff. BGB rechtswidrig und in zurechenbarer Weise erfüllt haben. Ein **Verschulden der Hilfsperson** ist **nicht** erforderlich, weil § 831 BGB eine Haftung des Geschäftsherrn für *eigenes* Verschulden begründet.

**858** **Beispiel**[919]**:** Patient Poldi wird in der Privatklinik des Dr. K behandelt, wo die rechte Niere operativ entfernt werden soll. Der mit der Operation beauftragte Assistenzarzt Dr. A entfernt infolge einer Links/rechts-Verwechselung die linke Niere. P verlangt von K Schadensersatz, insbesondere Schmerzensgeld.

A hat den Körper des P rechtswidrig verletzt und adäquat kausal den Schaden bei P verursacht. Die Frage, ob A auch schuldhaft gehandelt hat, spielt im Rahmen des § 831 BGB (zur Abgrenzung § 831/§§ 31, 89 I BGB vgl. Rn 874) keine Rolle. Sie wäre aber selbstverständlich dann zu beantworten gewesen, wenn P einen Schadensersatzanspruch gegen A gem. § 823 BGB geltend gemacht hätte, vgl. auch Rn 864, 866, 868 und 873.

**859** Das vorstehende Beispiel ist paradigmatisch für die Darstellung in der Ausbildungsliteratur. Doch einem Leistungsnachweis (Klausur, Hausarbeit) kann durchaus ein höheres Niveau zugrunde liegen.

**860** **Beispiel**[920]**:** Die Eltern der 18-jährigen T waren Silvester nicht zu Hause. Mit ihrem Wissen und ihrer Billigung veranstaltete T im Elternhaus eine Silvesterparty, bei der ein Gast der T unsachgemäß Feuerwerkskörper zündete. Dadurch wurde am Haus ein erheblicher Brandschaden verursacht. Die Eltern verlangen vom Gast Schadensersatz.

Der geltend gemachte Anspruch könnte sich auf § 823 I BGB stützen. Dessen Voraussetzungen liegen vor. Allerdings hat der BGH angenommen, der sich daraus ergebende Ersatzanspruch sei anteilig zu kürzen, weil der Schaden von T mitverursacht worden sei (§§ 831, 254 BGB). T sei für die Zeit der Abwesenheit der Eltern vom Hausgrundstück als ihre Verrichtungsgehilfin anzusehen. Ob dieser Auffassung gefolgt werden kann, ist zweifelhaft. Sicherlich war T mit Blick auf die Beaufsichtigung des Hauses weisungsgebunden und *insoweit* Verrichtungsgehilfin. Auch hat sie eine Verkehrssicherungspflicht verletzt, indem sie ihrer Aufsichtspflicht nicht genügend nachgekommen ist. Das OLG Köln setzt sich aber nicht mit dem Umstand auseinander, dass § 831 BGB auch voraussetzt, dass der Verrichtungsgehilfe *einem Dritten* einen Schaden zufügt. Im zu entscheidenden Fall waren die geschädigten Eltern jedoch nicht „Dritter" i.S.d. § 831 BGB, sondern „Geschäftsherr". § 831 BGB hätte also nicht oder zumindest nicht direkt angewendet werden dürfen (von einer analogen Anwendung spricht das Gericht nicht; auch prüft es nicht die Voraussetzungen einer Analogie). Da das OLG Köln aber offenbar darum bemüht war, das Fehlverhalten der T schadensersatzmindernd zu berücksichtigen (die

[917] BGH NJW 2009, 1740, 1741 (Notfallarzt kann Verrichtungsgehilfe des niedergelassenen Arztes sein).
[918] Vgl. dazu BGHZ 34, 310, 311; *Brox/Walker*, § 42 Rn 3; *Deutsch/Ahrens*, Rn 318.
[919] In Anlehnung an BGHZ 101, 215 ff.; vgl. auch *Brox/Walker*, § 48 Rn 1.
[920] Nach OLG Köln NJW 2000, 2905.

Haftung des Gastes im Verhältnis zu den Eltern also zu begrenzen), hat es schlicht eine Tatbestandsvoraussetzung des § 831 BGB unerwähnt gelassen. Auch hat es – wie gesagt – eine Analogieprüfung nicht durchgeführt. Würde man in der Fallbearbeitung so vorgehen, wäre die Arbeit kaum ausreichend. Erforderlich wäre die Prüfung einer analogen Anwendung des § 831 BGB. Es würde sich auch die Überlegung anbieten, T gesamtschuldnerisch mit dem betreffenden Gast haften zu lassen. Es wäre dann folgende Konstruktion denkbar:

⇨ G hat durch das unsachgemäße Zünden eines Feuerwerkskörpers den Eltern der T Schadensersatz zu leisten.

⇨ T hat an der Entstehung des Schadens mitgewirkt, indem sie die ihr obliegende Verkehrssicherungspflicht verletzt hat.

⇨ G und T haften gesamtschuldnerisch gem. § 840 BGB.

Weitere Haftungsvoraussetzung des § 831 BGB ist, dass der Gehilfe den Schaden *in Ausführung der Verrichtung* verursacht hat. **861**

**In Ausführung der Verrichtung** verursacht der Gehilfe den Schaden, wenn zwischen der aufgetragenen Verrichtung und der Schadenszufügung ein innerer Zusammenhang besteht.[921] **862**

Keine Voraussetzung ist, dass gerade die Handlung, die den Schaden verursacht hat, dem Gehilfen aufgetragen war; es genügt, dass die schädigende Handlung in den Kreis der Maßnahmen fällt, welche die Ausführung der Verrichtung darstellen.[922] **863**

Daher handelt auch Dr. A von Rn 858 in Ausführung der Verrichtung, wenn er anstelle der kranken rechten Niere irrtümlich die gesunde linke Niere entfernt. **864**

Selbst bewusstes und eigenmächtiges Zuwiderhandeln gegen Weisungen des Geschäftsherrn stellt das Handeln des Gehilfen nicht ohne weiteres außerhalb des Kreises der ihm aufgetragenen Verrichtung.[923] Auszuscheiden haben jedoch solche Schäden, die lediglich *bei Gelegenheit der Ausführung* zugefügt werden. Solche sog. *Ultra-vires-Handlungen* sind insbesondere Diebstähle und Spritztouren, soweit nicht eine besondere Pflicht zu ihrer Verhinderung besteht. **865**

Hätte im Fall von Rn 858 Dr. A bei P *absichtlich* die gesunde Niere entfernt, würde dies nicht notwendigerweise die Haftung des Dr. K aus § 831 BGB ausschließen (zur Exkulpation vgl. sogleich). Würde Dr. A im Rahmen der ihm übertragenen Behandlung des P diesen jedoch bestehlen, wäre auf keinen Fall eine Zurechnung gegeben. **866**

### b. Ausschluss der Haftung

#### aa. Entlastungsbeweis durch Widerlegung der Verschuldensvermutung

Gemäß § 831 I S. 2 Var. 1 BGB tritt die Ersatzpflicht nicht ein, wenn der Geschäftsherr bei der Auswahl der bestellten Person und, sofern er Vorrichtungen oder Gerätschaften zu beschaffen oder die Ausführung der Verrichtung zu leiten hat, bei der Beschaffung oder der Leitung die im Verkehr erforderliche Sorgfalt beobachtet oder wenn der Schaden auch bei Anwendung dieser Sorgfalt entstanden sein würde. Es geht also um Mängel bei der Auswahl bzw. Überwachung von Verrichtungsgehilfen. Welche Anforderungen an die Person des Verrichtungsgehilfen zu stellen sind, bestimmt sich nach seinem Pflichtenkreis und den näheren Umständen. Im Grundsatz lässt sich sagen: Je größer die mit der Verrichtung verbundenen Gefahren sind, desto größere Anforderungen sind an die Sorgfaltspflichten des Geschäftsherrn bei Auswahl und Überwa- **867**

[921] BGHZ 11, 151, 152 ff.; BGH NJW-RR 1989, 723 ff.; *Sprau*, in: Palandt, § 831 Rn 10.
[922] BGH MDR 1955, 282; WM 1977, 1169; *Brox/Walker*, § 48 Rn 5; vgl. auch *Sprau*, in: Palandt, § 831 Rn 10.
[923] BGHZ 49, 12, 22.

chung des Verrichtungsgehilfen zu stellen.[924] Andererseits ist es dem Geschäftsherrn bei größeren Betrieben bzw. Organisationen oft nicht möglich oder jedenfalls nicht zumutbar, seine Mitarbeiter selbst auszuwählen und zu überwachen. Hier muss es genügen, wenn der Geschäftsherr seinen Betrieb sorgfältig organisiert und die zur Auswahl und Überwachung bestellten „Zwischenpersonen" (z.B. Abteilungsleiter, Meister) sorgfältig auswählt und überwacht (sog. **dezentralisierter Entlastungsbeweis**)[925]; diese Zwischenpersonen können aber nach § 831 BGB selbst ersatzpflichtig sein (§ 831 II BGB).[926]

**868** Im Krankenhausfall von Rn 858 würde es zur Entlastung des Dr. K nicht genügen, dass Dr. A bspw. sein Staatsexamen mit „sehr gut" bestanden hätte; zumindest müsste Dr. A auch die Facharztqualifikation haben.[927] Darüber hinaus hat Dr. K den Dr. A darüber zu belehren, dass er vor der Operation – um Verwechselungen auszuschließen – die zu entfernende Niere zu kennzeichnen hat. Ferner hat Dr. K durch geeignete Maßnahmen zu überwachen, ob derartige Sicherungsvorkehrungen eingehalten werden. Er hat Dr. A von Operationen auszuschließen, wenn er feststellt, dass dieser in letzter Zeit bspw. häufiger angetrunken zum Dienst erschienen ist oder seinen Dienst unkonzentriert verrichtet. Trifft Dr. K infolge von Fahrlässigkeit eine solche Feststellung nicht, ist die Entlastung misslungen. In diesem Fall haftet er dem P gegenüber auf Schadensersatz gem. § 831 BGB.

Und in Bsp (2) von Rn 1123 gelang A der Beweis nicht, dass der Twitter-Kommentar nicht von ihm stamme, sondern von seinem Mitarbeiter verfasst wurde, den A zuvor damit beauftragt hatte, eigenverantwortlich unter Verwendung des Accounts des A Tweets abzusetzen, ohne diese vorher einer inhaltlichen Kontrolle durch A zu unterziehen. Das LG zog insoweit die vom BGH für die Haftung eines Verlegers und Herausgebers von Beiträgen mit schwerwiegenden Persönlichkeitsrechtsverletzungen entwickelten Grundsätze heran und übertrug diese auf den vorliegenden Fall. Somit hafte A für das Verschulden seines Mitarbeiters ohne eine Entlastungsmöglichkeit, also auch dann, wenn sich sein Mitarbeiter weisungswidrig an der Diskussion auf einem anderen Twitter-Account beteiligt und dort unter Verwendung des Twitter-Accounts des A einen Kommentar abgegeben habe. A hafte daher – selbst wenn er den Tweet nicht selbst verfasst habe – wegen zurechenbaren Verhaltens seines Mitarbeiters, weil er diesen als Verrichtungsgehilfen i.S.v. § 831 BGB zur Absetzung von Twitter-Nachrichten bestellt habe.[928]

**869** Die Formulierung in § 831 I S. 2 BGB, dass die Ersatzpflicht nicht eintritt, wenn der Geschäftsherr bei der Auswahl und Überwachung des Verrichtungsgehilfen usw. die im Verkehr erforderliche Sorgfalt beobachtet hat, bedeutet rechtstechnisch eine **Beweislastumkehr**: Nicht der Geschädigte muss die Pflichtverletzung (wohl aber die Rechtsgutverletzung) beweisen, sondern der in Anspruch Genommene hat die Tatsachen, die gegen sein Verschulden sprechen, zu behaupten und bei Bestreiten des Geschädigten auch zu beweisen. Deshalb spricht man vom *Exkulpationsbeweis* oder *Entlastungsbeweis* des Geschäftsherrn; dieser hat die Verschuldensvermutung des § 831 I S. 1 BGB zu widerlegen. Da vor allem bei Großbetrieben der Entlastungsbeweis häufig gelingt, wird die Regelung des § 831 I S. 2 BGB dem Schutzbedürfnis des Geschädigten nicht (mehr) gerecht. Deshalb sind verschiedene Bemühungen erkennbar, den Entlastungsbeweis auszuschließen oder doch zumindest erheblich zu erschweren.[929] Diese sind auch in der Fallbearbeitung stets zu berücksichtigen:

[924] *Brox/Walker*, § 48 Rn 6.
[925] *Brox/Walker*, § 48 Rn 6; *Sprau*, in: Palandt, § 831 Rn 12/15.
[926] OLG Köln NJW-RR 1997, 471 f.; *Sprau*, in: Palandt, § 831 Rn 21; *Brox/Walker*, § 48 Rn 6.
[927] *Brox/Walker*, § 48 Rn 6.
[928] LG Berlin 15.1.2019 – 27 O 265/18 (Noah Becker).
[929] *Brox/Walker*, § 48 Rn 7.

- Zunächst sind bei der Prüfung des Anspruchs gegen den Geschäftsherrn nach § 831 BGB **höhere Anforderungen an die Auswahl- und Überwachungspflichten** zu stellen.
- Da der Anspruch nach § 831 BGB den direkten Anspruch gegen den Geschäftsherrn nach § 823 BGB nicht ausschließt, werden die in diesem Rahmen zu prüfenden **Verkehrssicherungspflichten** des Geschäftsherrn verschärft.
- Schließlich ist danach zu fragen, ob die ebenfalls im Rahmen des § 823 I BGB zu beachtende sorgfältige Auswahl und Überwachung des Verrichtungsgehilfen infolge mangelhafter Organisation unterblieben sind (sog. **Organisationsverschulden**).[930]

Zu weit geht es aber, durch eine weite Auslegung des Begriffs „verfassungsgemäßer Vertreter" i.S.d. § 31 BGB diese Vorschrift anzuwenden und damit die Entlastungsmöglichkeit nach § 831 BGB auszuschließen.[931] Vgl. dazu Rn 874 f. **870**

### bb. Entlastungsbeweis durch Widerlegung der Ursächlichkeitsvermutung

Neben dem o.g. Entlastungsbeweis kann der Geschäftsherr auch den Beweis dafür antreten, dass es an der erforderlichen Ursächlichkeit (Kausalität) zwischen der angeblichen Sorgfaltspflichtverletzung und dem Schaden fehle, dass nämlich der Schaden auch bei Anwendung der erforderlichen Sorgfalt entstanden wäre (§ 831 I S. 2 Var. 2 BGB). **871**

### c. Verhältnis zu § 278 BGB (Erfüllungsgehilfe)

Während § 831 BGB die Haftung für vermutetes *eigenes* Verschulden bei der Auswahl und Überwachung von Verrichtungsgehilfen begründet (eigene deliktische Anspruchsgrundlage, s.o.), ordnet § 278 BGB die Zurechnung *fremden* Verschuldens an (schuldrechtliche Zurechnungsnorm). Erfüllungsgehilfe ist, wer nach den tatsächlichen Gegebenheiten des Falls mit dem Willen des Schuldners bei der Erfüllung einer diesem obliegenden Verbindlichkeit als seine Hilfsperson tätig wird.[932] Es ist deswegen (anders als beim Verrichtungsgehilfen i.S.d. § 831 BGB) nicht erforderlich, dass der Erfüllungsgehilfe *weisungsgebunden*, also wirtschaftlich abhängig vom Schuldner ist.[933] Daher können auch selbstständige Unternehmer zwar Erfüllungsgehilfen, nicht aber Verrichtungsgehilfen sein. **872**

Erfüllungsgehilfe und Verrichtungsgehilfe können grds. jedoch dieselben Personen sein. Die Haftung für den Erfüllungsgehilfen folgt aus dem Schuldrecht, die für den Verrichtungsgehilfen aus dem Deliktsrecht.

> **Beispiel:** Auftraggeber A bringt seinen Wagen in die Kfz-Werkstatt des M und beauftragt diesen, die vorderen Bremsen instand zu setzen. M wiederum weist seinen Gesellen G an, die Reparatur vorzunehmen. Während der Instandsetzungsarbeiten beschädigt G fahrlässig den Kotflügel.
>
> Hier hat A gegen M einen vertraglichen Schadensersatzanspruch wegen einer Pflichtverletzung im Schuldverhältnis (Werkvertrag, §§ 631 ff. BGB) aus § 280 I BGB. Denn es ist pflichtwidrig, während der Vertragsdurchführung Rechtsgüter des Vertragspartners zu verletzen. M muss sich das Verschulden des G gem. § 278 BGB zurechnen lassen.
>
> Aus deliktsrechtlicher Sicht kommt ein Schadensersatzanspruch des A gegen M aus § 831 BGB in Betracht. Anders als bei § 278 BGB, der lediglich eine schuldrechtliche Zu-

---

[930] Zum Organisationsverschulden vgl. BGH NJW-RR 2002, 1108.
[931] Die Rechtsprechung verfährt hier höchst unterschiedlich und trägt zu einer extremen Rechtsunsicherheit bei (vgl. näher *Renner*, Die deliktische Haftung für Hilfspersonen in Europa, 2002, S. 68 ff., 82 ff.).
[932] BGHZ 13, 111, 113; 100, 117, 122; BGH NJW 2007, 428; *Lorenz*, JuS 2007, 983 f.
[933] BGH NJW 1996, 451, 451.

rechnungsnorm darstellt für das Verschulden des Erfüllungsgehilfen bei der Ausführung des Schuldverhältnisses, handelt es sich bei § 831 BGB um eine eigene Anspruchsgrundlage des Geschädigten gegen den Geschäftsherrn für vermutetes *eigenes* Verschulden bei der Auswahl und Überwachung von dessen Verrichtungsgehilfen. G ist gegenüber M weisungsgebunden und hat in Ausführung der Verrichtung fahrlässig das Eigentum des A beschädigt, mithin einen Schadensersatzanspruch aus § 823 I BGB ausgelöst, für den M grds. gem. § 831 BGB einstehen muss. Dennoch haftet M nicht aus § 831 BGB, wenn er den Entlastungsbeweis nach § 831 I S. 2 BGB führen kann. Hiervon unberührt bleibt die Frage nach der Haftung des G gem. § 823 I BGB gegenüber A. Diesbezüglich kommt aber der von der Rspr. entwickelte sog. Freistellungsanspruch zum Tragen, der besagt, dass ein Arbeitnehmer von seinem Arbeitgeber die Haftungsfreistellung für leichte Fahrlässigkeit und eine Haftungserleichterung für mittlere Fahrlässigkeit verlangen kann.

Fazit: Kennzeichen des § 831 BGB ist, dass eine Weisungsunterworfenheit des Verrichtungsgehilfen besteht; bei § 278 BGB ist diese nicht erforderlich, sodass nicht nur ein Weisungsunterworfener, sondern z.B. auch ein freier und selbstständiger Subunternehmer Erfüllungsgehilfe sein kann. Zudem kann die Zurechnungsnorm des § 278 BGB schon systematisch nicht im Rahmen des § 823 BGB herangezogen werden. Ein Konkurrenzverhältnis zwischen § 831 BGB und § 278 BGB kann es daher nicht geben.

873 Würde im **Beispiel** von Rn 858 (Krankenhausfall) Dr. K der Entlastungsbeweis gelingen, wäre zwar eine deliktische Haftung gem. § 831 BGB ausgeschlossen. Davon unberührt bleibt aber die Haftung wegen Vertragsverletzung für das Verschulden des Dr. K gem. §§ 611, 278, 249, 280 I BGB (bei Schmerzensgeld § 253 II BGB). Selbstverständlich hat P auch gegen Dr. A entsprechende Ansprüche.

### d. Verhältnis zu §§ 31, 89 I BGB (verfassungsmäßiger Vertreter)

874 Nach §§ 31, 89 I BGB haften juristische Personen ohne die Möglichkeit eines Entlastungsbeweises für Schäden aus Vertragsverletzung oder unerlaubter Handlung, die ihr Vorstand oder andere verfassungsmäßig berufene Vertreter in Ausführung der ihnen zustehenden Verrichtungen einem Dritten zufügen. §§ 31, 89 I BGB sind Zuweisungsnormen[934] und knüpfen an ein zum Schadensersatz verpflichtendes Verhalten des verfassungsmäßig berufenen Vertreters an.[935] Auf welchen haftungsbegründenden Tatbestand sich die Schadensersatzpflicht bezieht, ist gleichgültig. §§ 31, 89 I BGB greifen daher bei einer Haftung wegen unerlaubter Handlungen (§§ 823 ff. BGB), Vertragsverletzungen (§ 280 BGB), Rechtsgutverletzungen im vorvertraglichen Bereich (§ 311 II, III BGB, § 311a II BGB) und bei Schadensersatzpflicht nach erklärter Anfechtung (§ 122 BGB).[936]

Da es bei §§ 31, 89 I BGB um die Zuweisung von einem zum Schadensersatz verpflichtenden Verhalten des verfassungsmäßig berufenen Vertreters geht, ist im Anwendungsbereich der §§ 31, 89 I BGB eine Haftung der juristischen Person nach § 831 BGB ausgeschlossen, da § 831 BGB an eigenes Verschulden anknüpft; zudem sind Organe keine „Verrichtungsgehilfen". Anders stellt sich die Rechtslage dar, wenn der Vorstand oder andere verfassungsmäßig berufene Vertreter Dienstaufträge an andere (Arbeitnehmer oder Dritte) erteilen. Für diese haftet die juristische Person ausschließlich nach § 831 BGB.

---

[934] BGHZ 20, 149, 153; 41, 282, 287; 99, 298, 302; 109, 327, 332; 132, 30, 37. Danach ist § 31 BGB also keine Zurechnungsnorm wie § 278 BGB; vielmehr haftet die juristische Person schlicht für das Fehlverhalten ihrer Organe. Das Verschulden der Organe gilt als Verschulden der juristischen Person (*Grüneberg*, in: Palandt, § 278 Rn 6). § 278 BGB gilt nicht im Anwendungsbereich des § 278 BGB (*Grüneberg* a.a.O.).

[935] BGHZ 109, 327, 332; *Ellenberger*, in: Palandt, § 31 Rn 6.

[936] *Ellenberger*, in: Palandt, § 31 Rn 3 (mit Verweis auf BGHZ 109, 327).

Im Übrigen legt die Rechtsprechung den Begriff des verfassungsmäßig berufenen Vertreters weit aus, um den Anwendungsbereich des § 831 BGB und die damit verbundene Möglichkeit eines Entlastungsbeweises zurückzudrängen.[937] Es sei nicht erforderlich, dass die Tätigkeit des Vertreters in der Satzung vorgesehen sei. Er brauche auch keine rechtsgeschäftliche Vertretungsmacht zu haben. Es genüge, dass ihm durch die allgemeine Betriebsregelung und Handhabung bedeutsame wesensmäßige Funktionen zur selbstständigen, eigenverantwortlichen Erfüllung zugewiesen seien und er die Einrichtung insoweit repräsentiere.[938] So hat die Rechtsprechung einen Chefarzt und seinen Vertreter (nicht aber einen Assistenzarzt) unter § 31 BGB subsumiert, wenn sie im medizinischen Bereich weisungsfrei arbeiten.[939] Gleiches gilt für Leitende Angestellte i.S.d. Arbeitsrechts und erst recht für Vorstände und Geschäftsführer, da diese bereits „verfassungsmäßig berufen" sind. **875**

**Beispiel**[940]**:** Mitarbeiter der X-AG, ein Hersteller von Kraftfahrzeugen, hatten bei bestimmten Dieselfahrzeugen eine Steuerungssoftware eingesetzt, die zwei unterschiedliche Betriebsmodi zur Steuerung der Abgasrückführung kannte. In Modus 1 kam es zu einem geringeren Ausstoß von Stickoxiden als in Modus 0. Der Modus 1 war allerdings nur beim Durchfahren des Testzyklus aktiv. Im normalen Straßenverkehr wurde der in den betreffenden Fahrzeugen verbaute Motor nur im Modus 0 betrieben. In diesem Modus wurden die maximal zulässigen Grenzwerte für den Schadstoffausstoß um ein Vielfaches überschritten. Nach Aufdeckung dieses „Diesel-Abgasskandals" verpflichtete sich die X-AG, bei den betroffenen Fahrzeugen ein Software-Update zu installieren, welches dafür sorgen sollte, die Motoren durchgängig in einem angepassten Modus 1 zu betreiben und damit auch im Normalbetrieb die öffentlich-rechtlichen Grenzwerte einzuhalten. K, Eigentümer eines der betroffenen Fahrzeuge, gab sich damit jedoch nicht zufrieden und machte geltend, dass er das Fahrzeug nicht gekauft hätte, wenn er bei Vertragsschluss den tatsächlichen Schadstoffausstoß gekannt hätte. Das Software-Update sei nicht geeignet, den Mangel zu beheben. Zudem seien schädliche Auswirkungen auf den Motor und ein Mehrverbrauch zu befürchten.

Als Anspruchsgrundlage kommt v.a. § 826 BGB in Betracht (siehe dazu Rn 773). Das schädigende sittenwidrige Verhalten kann darin gesehen werden, dass die Käufer bewusst über die Konformität der Abgaswerte mit den öffentlich-rechtlichen Bestimmungen getäuscht wurden. Auch der erforderliche Vorsatz lag vor, weil die Manipulationssoftware einzig zum Zweck eingebaut wurde, die Abgaswerte zu beschönigen. Die Mitarbeiter mussten auch davon ausgehen, dass der Einsatz der Software zu Schwierigkeiten hinsichtlich der Typengenehmigung und der Betriebszulassung der Fahrzeuge hätte führen können und dass potentielle Kunden Fahrzeuge, die derart mit rechtlichen Unsicherheiten belastet waren, nicht ohne weiteres erworben hätten. Es darf auch unterstellt werden, dass K bei Kenntnis dieser Umstände den Wagen nicht oder nicht zu dem Preis gekauft hätte, gerade wegen des merkantilen Minderwerts. Dadurch, dass K einen Vertrag über ein mangelhaftes Fahrzeug abgeschlossen hatte, jedoch das vorbezeichnete erhielt, das sowohl einen technischen (höherer Verbrauch, geringere Lebenserwartung) als auch wirtschaftlichen (Anhaftung des Makels des „Dieselskandals") Minderwert[941] hat, liegt auch ein Schaden vor.

Da Entwicklung und Installation einer solchen Manipulationssoftware nicht ohne Kenntnis und Billigung Leitender Angestellter oder sogar der Vorstände möglich erscheinen, sind deren Kenntnisse und Vorstellungen der X-AG nach § 31 BGB zuzuweisen.[942]

Weiterführender Hinweis: Das LG Osnabrück hat entschieden, dass Schadensersatzansprüche gegen den Kfz-Hersteller (aus § 823 II BGB bzw. § 826 BGB) nicht bestehen,

---

[937] BGHZ 49, 19, 20 ff.; *Ellenberger*, in: Palandt, § 31 Rn 6.
[938] BGHZ 49, 19, 20 ff.; BGH NJW 1998, 1854, 1856; *Ellenberger*, in: Palandt, § 31 Rn 6.
[939] BGHZ 77, 74, 75 ff.; 101, 215, 216 ff.; *Ellenberger*, in: Palandt, § 31 Rn 11.
[940] Nach OLG Köln MDR 2019, 222.
[941] Siehe LG Erfurt 18.1.2019 – 9 O 490/18.
[942] OLG Köln MDR 2019, 222 f. Siehe auch LG Erfurt 18.1.2019 – 9 O 490/18.

wenn der Käufer das Fahrzeug erwarb, nachdem ein Softwareupdate bereits installiert worden war. Denn aufgrund der breiten öffentlichen Berichterstattung könne das Problem keinem Käufer verborgen geblieben sein.[943] Richtig daran ist, dass es an der Schutzwürdigkeit fehlt, wenn jemand ein vom „Abgasskandal" betroffenes Dieselfahrzeug kauft. Problematisch ist es indes, wenn das LG den Schaden mit dem Argument verneint, das Fahrzeug sei nach dem Software-Update gesetzeskonform. Denn es liegt durchaus ein Vermögensschaden darin, dass das Fahrzeug sowohl einen technischen (höherer Verbrauch, geringere Lebenserwartung) als auch wirtschaftlichen (Anhaftung des Makels des „Dieselskandals") Minderwert[944] hat (s.o.). Freilich verdient ein Käufer, der ein solches Fahrzeug erwirbt, keinen Schutz, wenn es um die Geltendmachung eines Minderwerts geht.

## 2. Haftung für Aufsichtsbedürftige, § 832 BGB

876 Eine Haftung für vermutetes Verschulden mit der Möglichkeit der Entlastung statuiert auch § 832 BGB. Nach dieser Bestimmung haftet der kraft Gesetzes oder Vertrags zur Aufsicht Verpflichtete für den Schaden, den der zu Beaufsichtigende einem Dritten widerrechtlich zufügt. Der Normzweck liegt also darin, Dritte vor Schäden zu schützen, die durch unerlaubte Handlungen der zu beaufsichtigenden Personen entstehen.[945]

### a. Voraussetzungen

877 Der Tatbestand des § 832 BGB setzt voraus, dass ein Minderjähriger oder eine wegen ihres geistigen oder körperlichen Zustands der Beaufsichtigung bedürftige Person einem anderen einen Schaden zugefügt hat (§ 832 I S. 1 BGB). Damit ist die widerrechtliche und adäquat kausal verursachte Verwirklichung einer der objektiven Tatbestände der §§ 823 ff. BGB gemeint.

878 **Beispiel:** Die 6-jährige Tochter T fährt auf dem Radweg mit dem Fahrrad vom Kindergarten nach Hause. Sie wird von ihrem Vater V begleitet, der mit seinem Fahrrad links neben T auf der stark befahrenen Straße fährt. Als sich von hinten ein anderes Kind rasch nähert und T überholen möchte, weicht T nach rechts aus und das andere Kind überholt T. Während des Überholvorganges streift das andere Kind mit seinem Schulranzen jedoch den Lenker des Fahrrads der T, sodass diese ins Schleudern gerät. T verliert die Kontrolle über ihr Fahrrad und streift ein abgestelltes Fahrzeug. Der Fahrzeugeigentümer E macht gegenüber T bzw. V einen Schaden i.H.v. 400,- € geltend.

T hat den Tatbestand des § 823 I BGB verwirklicht. Ob T auch fahrlässig gehandelt hat, ist unklar. Jedenfalls fehlt die Verschuldensfähigkeit (§ 828 I BGB: Nichtvollendung des 7. Lebensjahres). T trifft daher kein Verschulden und haftet nicht aus § 823 I BGB.

Ob V aus § 832 I S. 1 BGB haftet, hängt davon ab, ob er die Aufsichtspflicht verletzt hat. Vgl. dazu Rn 881.

879 Schadensersatzpflichtig nach § 832 BGB ist der kraft Gesetzes (Abs. I) oder Vertrags (Abs. 2 II) zur Aufsicht Verpflichtete.

- Kraft *Gesetzes* aufsichtspflichtig sind bei Minderjährigen die Inhaber des Sorgerechts, also regelmäßig die Eltern (§§ 1626 ff. BGB) und der Vormund (§§ 1773 ff. BGB); bei Volljährigen bspw. der Betreuer (§§ 1896 ff. BGB).
- Kraft *Vertrags* sind diejenigen aufsichtspflichtig, bei denen ein rechtsgeschäftlicher Übernahmewille besteht.[946] So können zur Aufsicht bspw. Stiefeltern, Pflegeeltern und Aufsichtspersonen eines Kindergartens, Heims, Internats oder einer Grund- bzw. Sonderschule verpflichtet sein (bei beamteten Aufsichtspersonen ist § 839 BGB zu beach-

[943] LG Osnabrück 30.1.2019 – 2 O 2190/18.
[944] Siehe LG Erfurt 18.1.2019 – 9 O 490/18.
[945] BGH NJW 1996, 53; OLG Oldenburg 17.7.2014 – 1 U 3/14; *Brand*, JuS 2012, 673, 674.
[946] *Medicus/Lorenz*, SchuldR BT II, Rn 1355.

ten, der als Spezialvorschrift die Anwendung des § 832 BGB ausschließt[947]). Auch der Meister eines Ausbildungsbetriebs kann gegenüber minderjährigen Auszubildenden aufsichtsverpflichtet sein. Personen, die nur tatsächlich die Aufsicht übernehmen (etwa Nachbarn oder Großeltern), sind nicht erfasst. Allerdings ist in diesen Fällen stets zu prüfen, ob durch die Übernahme der Aufsicht nicht ein entsprechender rechtsgeschäftlicher Übernahmewille vorliegt bzw. zumindest konkludent ein entsprechender Vertrag geschlossen wurde. Bei kurzfristiger Aufsicht durch Verwandte wird dies vom BGH jedoch abgelehnt.[948] Nach h.M. müssen der rechtsgeschäftliche Übernahmewille bzw. der Übernahmevertrag wirksam sein.[949] Ist die Person, die sich zur Übernahme der Aufsicht verpflichtet, z.B. minderjährig (Beispiel: eine 16-Jährige aus der Nachbarschaft wird beauftragt, das Kind auf den Spielplatz zu begleiten – Babysitterin), stellt sich daher die Frage, ob die Vorschriften des Minderjährigenrechts (§§ 104 ff. BGB) der Haftung aus § 832 II BGB entgegenstehen. Richtigerweise wird man dies bejahen müssen. Der Minderjährigenschutz, den die §§ 104 ff. BGB entfalten, würde unterlaufen, wenn ein Minderjähriger trotz Unwirksamkeit des Übernahmevertrags über § 832 II BGB zum Schadensersatz verpflichtet würde.

### b. Entlastungsbeweis

Der Aufsichtspflichtige kann sich gem. § 832 I S. 2 BGB entlasten, wenn er beweist, dass er seiner Aufsichtspflicht genügt hat (Widerlegung der gesetzlichen Verschuldensvermutung) oder dass der Schaden auch bei gehöriger Aufsichtsführung entstanden wäre (Widerlegung der gesetzlichen Ursächlichkeitsvermutung). Wenn man berücksichtigt, dass (heutzutage) oft beide Elternteile berufstätig sind und auch die Erziehung freier gestaltet ist, dürften dementsprechend auch die Anforderungen an den Entlastungsbeweis deutlich geringer sein als bei der Haftung für Verrichtungsgehilfen gem. § 831 BGB. Zu weit ginge es jedoch, die Eltern von jeder Aufsichtspflicht freizusprechen. Als Faustformel lässt sich sagen: Je gefährlicher das Verhalten des Aufsichtspflichtigen ist, desto höher sind die Anforderungen an die Aufsichtspflicht. **880**

Die Beantwortung der Frage, ob der Aufsichtspflichtige die erforderliche Sorgfalt angewandt hat, hängt im Übrigen von den Umständen des Einzelfalls ab.[950] Die erforderlichen Maßnahmen differieren nach der Art der Gefahr (gefährliche Spiele sind zu verbieten oder zumindest mit hoher Kontrolldichte streng zu überwachen) und der Person des zu Beaufsichtigenden (Alter[951], Reife, Unarten des zu Beaufsichtigenden etc.). Bei der elterlichen Aufsichtspflicht richtet sich die Grenze der erforderlichen und zumutbaren Maßnahmen danach, was verständige Eltern nach vernünftigen Anforderungen in der konkreten Situation tun würden, um Schädigungen Dritter durch ihr Kind zu verhindern.[952] Verneint hat die Rechtsprechung die Aufsichtspflichtverletzung in Fällen, in denen[953] **881**

- ein 11-jähriges Kind in der Wohnung allein gelassen wird,
- einem normal entwickelten 8-jährigen Kind das Spielen im Freien ohne Aufsicht auch in einem räumlichen Bereich gestattet wird, der den Eltern ein sofortiges Eingreifen nicht ermöglicht,
- einem 8-jährigen Kind, das bereits mehrere Jahre zusammen mit seinen Eltern längere Strecken mit dem Fahrrad zurückgelegt hat und dabei niemals Schwierigkeiten hatte,

---

[947] Vgl. BGHZ 13, 25, 27 ff.; *Brox/Walker*, § 48 Rn 16.
[948] BGH NJW 1968, 1874 f.
[949] *Belling*, in: Staudinger, § 832 Rn 40; *Brand*, JuS 2012, 673, 676; a.A. *Wagner*, in: MüKo, § 832 Rn 18 ff. (tatsächliche Übernahme genügt).
[950] BGH NJW 1980, 1044 f.; OLG Oldenburg 17.7.2014 – 1 U 3/14; *Brox/Walker*, § 48 Rn 17.
[951] Das Alter des Aufsichtsbedürftigen ist das in der Rechtsprechung wohl wichtigste Kriterium (siehe etwa LG Saarbrücken NJW-RR 2015, 720). Vgl. auch *Heß/Burmann*, NJW 2016, 1138, 1139.
[952] BGHZ 111, 282, 285; BGH NJW 1993, 1003.
[953] Vgl. die Nachweise zu den meisten der folgenden Fälle bei *Sprau*, in: Palandt, § 832 Rn 9.

mit seinem Fahrrad zurechtzukommen, erlaubt wurde, in der Sackgasse im Umfeld der Wohnung unbeaufsichtigt zu radeln.

- einem 5-jährigen Kind das Spielen auf dem Bürgersteig oder das Radfahren auf einer weniger befahrenen Straße nach vorheriger Belehrung und Übertragung der Aufsicht an einen Verwandten gestattet wird,
- ein normal veranlagtes 6-jähriges Kind beim Spielen außerhalb der Wohnung nur gelegentlich beobachtet wird,
- ein 6-jähriges Schulkind auf dem Schulweg nach häufiger Belehrung und Begleitung nicht ständig beaufsichtigt wird,
- ein 6-jähriges, im Radfahren geübtes Kind in vertrauter Umgebung ohne Begleitung Rad fahren darf,
- die Tennis spielende Mutter ihr 4½-jähriges Kind auf dem den Tennisplatz umgebenden Freizeitgelände nicht dauernd beaufsichtigt.

Demgegenüber liegt sehr wohl eine Verletzung der Aufsichtspflicht vor, wenn eine aufsichtspflichtige Person nicht verhindert, dass ein zweieinhalbjähriges Kind vom Spielplatz auf die Straße läuft. Das gilt jedenfalls dann, wenn der Spielplatz nicht abgeschlossen ist.[954] Eine Aufsichtspflichtverletzung kann aber auch bei älteren Kindern vorliegen, etwa, wenn eine Mutter ihr (13-jähriges) Kind an einem Paintball-Spiel teilnehmen lässt und das Kind aufgrund mangelnder strenger Aufsicht ein anderes mit einer Softair-Waffe verletzt.[955]

Im **Beispiel** von Rn 878 würde V der Entlastungsbeweis nicht gelingen, wenn er seine noch sehr junge Tochter zuvor lediglich generell über die Gefährlichkeit des Straßenverkehrs belehrt hätte. Denn bei einer stark befahrenen Straße kann sich der Aufsichtspflichtige nur dann entlasten, wenn er hinreichend Vorsorge getroffen hat, dass unerwartetes Ausscheren des Kindes weitgehend verhindert wird. Dies kann bei V aber angenommen werden, indem er flankierend neben dem Radweg fuhr und ein Ausscheren der T auf die Straße verhinderte. Dass T infolge des Fehlverhaltens des anderen Kindes die Kontrolle über ihr Fahrrad verlor, kann keine Verletzung der Aufsichtspflicht bei V begründen. Mithin hat E gegen V keinen Schadensersatzanspruch aus § 832 I S. 1 BGB.

E helfen kann dann nur noch eine Billigkeitshaftung der T nach § 829 BGB, sofern dessen Voraussetzungen vorliegen.

Zu dem Fall, dass ein schadensauslösendes Fehlverhalten von einem nicht deliktsfähigen Kind ausgeht und auch keine höhere Gewalt i.S.d. § 7 II StVG darstellt, vgl. auch den **Anwendungsfall** bei Rn 723 und 732.

**882** Kann der Aufsichtspflichtige den Entlastungsbeweis erbringen und haftet der zu Beaufsichtigende auch nicht aus § 823 BGB (vgl. Rn 720 ff.) bzw. aus § 829 BGB (Billigkeitshaftung), hat der Geschädigte keinen Schadensersatzanspruch. Insbesondere entfaltet § 832 BGB eine Sperrwirkung, sodass im Verhältnis zum Aufsichtspflichtigen nicht subsidiär auf § 823 BGB zurückgegriffen werden kann. Dementsprechend muss eine Privathaftpflichtversicherung, die an die bestehende Haftung des Versicherungsnehmers anknüpft, nicht zahlen. Diese Rechtsfolge wird von Eltern insbesondere dann als misslich angesehen, wenn das Kind einen Schaden im Bekanntenkreis verursacht hat. Daher ist es (menschlich) nachvollziehbar, wenn – um trotzdem den Schaden über die Versicherung zu regulieren – die Eltern bei der Schadensmeldung den Sachverhalt so schildern, dass eine Verletzung der Aufsichtspflicht angenommen werden muss. Da dies jedoch eine Straftat darstellt (§ 265 oder § 263 StGB), kann eine solche Vorgehensweise nicht empfohlen werden. Vgl. dazu auch Rn 721a und 731.

---

[954] OLG Koblenz r+s 2015, 569. Vgl. auch *Heß/Burmann*, NJW 2016, 1138, 1139.
[955] OLG Oldenburg 17.7.2014 – 1 U 3/14.

### 3. Tierhalterhaftung, § 833 BGB

§ 833 BGB beschreibt einen Unterfall der unerlaubten Handlung. Die Vorschrift enthält zwei voneinander unabhängige Haftungstatbestände: **883**

- § 833 **S. 1** BGB normiert eine **Gefährdungshaftung**, also eine verschuldensunabhängige und keinem Entlastungsbeweis zugängliche Haftung des Tierhalters unter der Voraussetzung, dass das von ihm gehaltene Tier einem Dritten an bestimmten Rechtsgütern einen Schaden zufügt. Unter „Tier" i.S.d. § 833 S. 1 BGB sind alle Tiere gemeint, also Haustiere und andere Tiere (etwa Wildtiere), gleichgültig, ob sie als Nutztiere oder Luxustiere eingesetzt werden.
- Dagegen betrifft § 833 **S. 2** BGB die Haftung für vermutetes Verschulden mit der Möglichkeit des Entlastungsbeweises: Wird durch ein **Haustier**, das dem Beruf, der Erwerbstätigkeit oder dem Unterhalt des Tierhalters zu dienen bestimmt ist (**Nutztier**), ein Mensch getötet oder der Körper oder die Gesundheit eines Menschen verletzt oder eine Sache beschädigt, ist der Tierhalter grundsätzlich zum Schadensersatz verpflichtet. Ähnlich den §§ 831 und 832 BGB ist aber der **Entlastungsbeweis** statthaft: Gemäß der Negativformulierung des § 833 S. 2 BGB haftet der Tierhalter nicht, wenn er beweisen kann, dass entweder er bei der Beaufsichtigung des Tieres die im Verkehr erforderliche Sorgfalt beobachtet hat (Widerlegung der Verschuldensvermutung) oder dass der Schaden auch bei Anwendung dieser Sorgfalt entstanden wäre (Widerlegung der Ursächlichkeitsvermutung).[956] Unter „Haustiere" sind unter Zugrundelegung des gewöhnlichen Sprachgebrauchs insbesondere domestizierte Tiere wie Pferde, Kühe, Rinder, Schweine, Ziegen, Schafe, Hunde, Katzen, Geflügel, Kaninchen etc. zu verstehen.[957] Gezähmte Wildtiere wie Rehe, Hirsche oder Wildtiere in Gehegen sollen jedenfalls nicht unter den Begriff „Haustier" fallen, wenn sie zur Fleischerzeugung gehalten werden.[958] Aber auch Tiere in Zoos sind keine „Haustiere".[959] Bei Bienen fehlt die „Haustiereigenschaft" schon deshalb, weil die menschliche Verfügungsgewalt nicht gegeben ist.[960] Auf die Person des Halters kommt es nicht an. Daher können auch juristische Personen jedenfalls dann Halter i.S.d. § 833 BGB sein, wenn das Tier in ihrem Aufgabenbereich eingesetzt wird.[961]

  **Beispiel**[962]**:** E ist Eigentümer eines Hofanwesens im Außenbereich der Gemeinde G. Er hält u.a. einige Wildschweine in einem mit dem Nebengebäude verbundenen Gehege. Dieses wurde nachts von Unbekannten aufgeschnitten, sodass die Tiere entliefen und in der unmittelbaren Nachbarschaft erhebliche Schäden in den Gemüsegärten anrichteten. Die Nachbarn verlangen von E daraufhin Schadensersatz nach § 833 S. 1 BGB. E wiederum beruft sich auf die Haftungserleichterung des § 833 S. 2 BGB für die Halter von Haustieren.

  § 833 S. 1 BGB normiert eine Gefährdungshaftung, also eine verschuldensunabhängige und keinem Entlastungsbeweis zugängliche Haftung des Tierhalters unter der Voraussetzung, dass das von ihm gehaltene Tier einem Dritten an bestimmten Rechtsgütern einen Schaden zufügt. Mit „Tier" i.S.d. § 833 S. 1 BGB sind alle Tiere gemeint, also Haustiere und andere Tiere (etwa Wildtiere), gleichgültig, ob sie als Nutztiere oder Luxustiere eingesetzt werden. Demnach würde E durchaus auf Schadensersatz haften, weil sich die spezifische Tiergefahr, vor der § 833 S. 1 BGB schützen soll, realisiert hat und es insbesondere nicht auf ein Verschulden (i.S.d. § 276 BGB) ankommt.

  Möglicherweise kommt E aber die Haftungsprivilegierung des § 833 S. 2 BGB zugute. Wird nämlich durch ein Haustier, das dem Beruf, der Erwerbstätigkeit oder dem Unterhalt des Tierhalters zu dienen bestimmt ist (Nutztier), ein Mensch getötet oder der Kör-

---

[956] Vgl. dazu OLG Düsseldorf NJW-RR 2001, 390, 391.
[957] Wohl einhellige Auffassung, vgl. nur *Sprau*, in: Palandt, § 833 Rn 16.
[958] Vgl. *Sprau*, in: Palandt, § 833 Rn 16. Vgl. insgesamt dazu *Bocianiak*, VersR 2011, 981, 984.
[959] *Werner*, NJW 2012, 1048 f.
[960] RGZ 158, 388 f. („Überfall" eines Bienenschwarms auf ein Pferdefuhrwerk).
[961] OLG Frankfurt VersR 1985, 646. Vgl. auch OVG Berlin-Brandenburg NVwZ 2012, 1496.
[962] In Anlehnung an RGZ 158, 388 f. („Überfall" eines Bienenschwarms auf ein Pferdefuhrwerk).

per oder die Gesundheit eines Menschen verletzt oder eine Sache beschädigt, ist der Tierhalter zwar nach wie vor zum Schadensersatz verpflichtet. Ähnlich den §§ 831 und 832 BGB ist aber der Entlastungsbeweis statthaft: Gemäß der Negativformulierung des § 833 S. 2 BGB haftet der Tierhalter nicht, wenn er beweisen kann, dass entweder er bei der Beaufsichtigung des Tieres die im Verkehr erforderliche Sorgfalt beobachtet hat (Widerlegung der Verschuldensvermutung) oder der Schaden auch bei Anwendung dieser Sorgfalt entstanden wäre (Widerlegung der Ursächlichkeitsvermutung).[963]

Maßgeblich für die Anwendbarkeit des § 833 S. 2 BGB ist also, ob es sich bei den von E gehaltenen Wildschweinen um „Haustiere" i.S.d. § 833 S. 2 BGB handelt. Darunter sind unter Zugrundelegung des allgemeinen Wortsinns und des gewöhnlichen Sprachgebrauchs insbesondere domestizierte Tiere wie Pferde, Kühe, Rinder, Schweine, Ziegen, Schafe, Hunde, Katzen, Geflügel, Kaninchen etc. zu verstehen.[964] Gezähmte Wildtiere wie Rehe, Hirsche oder Wildtiere in Gehegen sollen jedenfalls nicht unter den Begriff „Haustier" fallen, wenn sie zur Fleischerzeugung gehalten werden.[965] Aber auch Tiere in Zoos sind keine „Haustiere".[966]

Letztlich wird man bei der Frage, ob ein Tier ein „Haustier" ist, darauf abstellen müssen, ob es in der Hauswirtschaft zwecks dauernder Nutzung oder Dienstleistung gezüchtet und gehalten wird und dabei aufgrund von Erziehung und Gewöhnung an die Beaufsichtigung dem beherrschenden Einfluss des Halters untersteht[967] (Domestiziertheit). Ob die (generelle) Möglichkeit der Domestikation bei Wildschweinen besteht, ist zweifelhaft, kann für den vorliegenden Fall aber dahinstehen, weil E die Wildschweine im Gehege ganz offenbar als Nutztiere hält.

Ergebnis: Zwar ist unter Zugrundelegung des allgemeinen Wortsinns und des allgemeinen Sprachgebrauchs zweifelhaft, ob Wildschweine, auch wenn sie in Gehegen gehalten werden, „Haustiere" i.S.d. § 833 S. 2 BGB sind. Da E die Tiere jedoch als Nutztiere einsetzt, kommt ihm die Haftungsprivilegierung des § 833 S. 2 BGB zugute. Durch die Einzäunung hat er die für die Beaufsichtigung der Tiere erforderliche Sorgfaltspflicht eingehalten und kann damit die Verschuldensvermutung widerlegen. E haftet daher nicht.

**883a** Daraus folgt: Von § 833 S. 2 BGB sind als Nutztiere eingesetzte Haustiere erfasst. Alle anderen Haustiere (**Luxustiere**) sowie gehaltene Tiere, die keine Haustiere sind, unterfallen damit der Garantiehaftung des Halters aus **§ 833 S. 1 BGB**. Somit hat die Einordnung eines Tieres zu einem der Tatbestände mitunter gravierende haftungsrechtliche Folgen. Gerade weil sich auch die Gerichte dessen bewusst sein müssten, wissen deren Zuordnungen nicht immer zu überzeugen.

**Beispiel**[968]**:** So hat das OLG Stuttgart entschieden, dass ein Kamel, das als Reittier auf einem Kamelhof eingesetzt wird, weder ein Haus- noch ein Nutztier ist. Somit könne der Kamelführer sich nicht gem. § 833 S. 2 BGB auf das Privileg des Haustierhalters berufen, sich durch Nachweis pflichtgemäßen Verhaltens von der Haftung befreien zu können.

Stellungnahme: Folge der Auffassung des OLG Stuttgart ist also, dass der Halter eines Kamels, das er kommerziell als Reittier auf seinem Kamelhof einsetzt, der Garantiehaftung des § 833 S. 1 BGB untersteht. Auch wenn diese Folge für die geschädigte Reiterin überaus begrüßenswert ist (die Reiterin erlitt schwerste Kopfverletzungen infolge eines Sturzes, der von einem durch Hundegebell aufgescheuchten Kamel herrührte), darf die rechtsmethodische Schwäche der Entscheidung nicht übersehen werden. So ist nicht ersichtlich, warum z.B. Pferde, Kühe, Rinder, Schweine, Ziegen, Schafe, Hunde, Katzen, Geflügel, Kaninchen etc. als domestizierbar und damit als „Haustiere" gelten, die im Fall

---

[963] Vgl. dazu OLG Düsseldorf NJW-RR 2001, 390, 391.
[964] Wohl einhellige Auffassung, vgl. nur *Sprau*, in: Palandt, § 833 Rn 16.
[965] Vgl. *Sprau*, in: Palandt, § 833 Rn 16. Vgl. insgesamt dazu *Bocianiak*, VersR 2011, 981, 984.
[966] *Werner*, NJW 2012, 1048 f.
[967] RGZ 158, 388 f.
[968] OLG Stuttgart MDR 2018, 1183.

ihrer Haltung als Nutztiere der Haftungsprivilegierungsmöglichkeit des § 833 S. 2 BGB unterfallen, dies bei Kamelen, die gezähmt und als Reittiere auf einem Kamelhof eingesetzt werden, jedoch nicht gelten soll.

Bei der Abgrenzung zwischen Nutztier und Luxustier kommt es in erster Linie auf den Zweck an, derentwegen das Tier gehalten wird („Widmung").[969] Als **Nutztiere** i.S.v. § 833 S. 2 BGB sind jedenfalls landwirtschaftliche Tiere anzusehen. Auch ein Wachhund eines Objektschutzunternehmens dient zweifellos Erwerbszwecken. Dasselbe dürfte für einen Hund gelten, der vom Inhaber eines Gewerbebetriebs zur (nächtlichen) Bewachung des Betriebsgeländes eingesetzt wird. Auch der Jagdhund eines Försters/Jägers und Diensthunde[970] oder Pferde der Polizei sind Nutztiere i.S.d. § 833 S. 2 BGB. Dagegen müssen bei einem Wachhund einer Privatperson schon besondere Gründe vorliegen, um nicht ein sog. **Luxustier** i.S.v. § 833 S. 1 BGB anzunehmen. Tiere auf „Tierfarmen" und auf „Reiterhöfen" etc. stellen, sofern sie kommerziell eingesetzt werden, Nutztiere dar. Das gilt auch für als Reittiere eingesetzte Kamele. Sie gleichwohl dem Garantiehaftungstatbestand des § 833 S. 1 BGB zu unterstellen, erscheint, wenn man selbst Schweine, Ziegen und Schafe als „Haustiere" i.S.d. § 833 S. 2 BGB einstuft, überaus zweifelhaft. **883b**

Um die von § 833 S. 1 BGB begründete Gefährdungshaftung zu rechtfertigen, ist eine **spezifische Tiergefahr** erforderlich. Gerade das der Natur eines Tieres entsprechende unberechenbare und selbstständige Verhalten muss die Rechtsgutverletzung hervorgerufen haben (Ursächlichkeit).[971] **883c**

**Beispiele:** Ausbrechen eines Pferdes aus der Koppel, insbesondere, wenn das Tier danach ein gefährliches Verkehrshindernis bildet[972]; Benutzung einer Fahrbahn durch einen Hund ohne Rücksicht auf den Verkehr; Anspringen, Beißen, Umrennen durch einen Hund[973], auch rasches Heranlaufen[974] und Zu-Fall-Bringen[975]. Auch wenn ein Kunde über den im Eingangsbereich eines Ladengeschäfts ruhenden Hund einer Verkäuferin stolpert und sich eine Verletzung zufügt, greift die Tierhalterhaftung gem. § 833 S. 1 (neben der aus § 823 I BGB wegen Verletzung einer Verkehrssicherungspflicht).[976]

Geht die Rechtsgutbeeinträchtigung von einem Tier unter menschlicher Leitung aus, ist eine Haftung aus § 833 S. 1 BGB nicht gegeben, wenn das Tier dem Willen seines Halters bzw. Führers gehorchte und der Schaden daher allein durch diesen verursacht wurde.[977] Anders ist es aber, wenn das Tier entgegen der Intention des Führers reagiert, z.B. willkürliche Bewegungen unternimmt wie Losrennen, Durchgehen, Beißen, Schlagen, Ausrutschen, Ausbrechen oder Losgaloppieren und es dadurch einen Schaden verursacht. Hier liegt dann ein Fall des § 833 S. 1 BGB vor[978], sofern nicht die Voraussetzungen von § 833 S. 2 BGB (hier insbesondere die Eigenschaft als Nutztier) erfullt sind. **883d**

Die Tierhalterhaftung aus § 833 S. 1 BGB greift grundsätzlich auch für Schäden aus einer gewöhnlichen Schreckreaktion[979], die sein Tier verursacht, nicht aber bei einer **883e**

---

969 BGH NJW-RR 2005, 1183; NJW 2011, 1961.
970 Vgl. dazu etwa OLG Karlsruhe NVwZ-RR 2016, 45; LG Hildesheim 10.2.2017 – 7 S 144/16.
971 BGHZ 67, 129, 130; BGH NJW-RR 2006, 813, 814; NJW 2014, 2434; NJW 2016, 1589, 1590 f.; BGH NJW 2018, 3439, 3439; OLG München NJW 2017, 3664; OLG Hamm MDR 2013, 908; AG Coburg 28.8.2013 – 12 C 766/13.
972 OLG Saarbrücken NJW-RR 2006, 893.
973 Zur Tierhalterhaftung wegen Stolperns eines Joggers über einen nicht an der Leine geführten Dackel vgl. OLG Koblenz NJW 2003, 2834.
974 OLG München NJW 2017, 3664.
975 OLG Oldenburg 9.10.2015 – 5 U 94/15.
976 OLG Hamm MDR 2013, 908.
977 BGH NJW-RR 2006, 813.
978 Vgl. etwa OLG München NJW 2017, 3664.
979 Siehe nur OLG München NJW 2017, 3664 für den Fall, dass eine Fahrradfahrerin infolge des Heranlaufens eines Hundes scharf abbremste und stürzte.

Überreaktion des Geschädigten.[980] Die spezifische Tiergefahr scheidet auch aus, wenn ein Tier so sehr der Wirkung durch äußere Kräfte ausgesetzt ist, dass ihm keine andere Möglichkeit als die des schädigenden Verhaltens bleibt, z.B. Stolpern aufgrund eines Hindernisses. Dass ein äußeres Ereignis auf Körper oder Sinne des Tieres reizauslösend einwirkt, z.B. Schallsignale eines Zuges, Motorengeräusch oder Hundegebell, genügt zum Haftungsausschluss nach § 833 S. 1 BGB aber nicht.[981]

**883f** **Tierhalter** i.S.d. § 833 BGB ist, wem – unabhängig von den Eigentumsverhältnissen – die Bestimmungsmacht über das Tier zusteht und wer aus eigenem Interesse für die Kosten des Tieres aufkommt sowie das wirtschaftliche Risiko des Verlustes trägt.[982] Entscheidend ist aber nicht die kumulative Erfüllung aller drei genannten Voraussetzungen, sondern eine Gesamtschau. Danach kann Tierhalter i.S.d. § 833 BGB auch sein, wer ein Tier lediglich zur Pflege hat, solange ihm nur die Bestimmungsmacht über das Tier zusteht und er aus eigenem Interesse für die Kosten des Tieres aufkommt sowie das wirtschaftliche Risiko des Verlustes trägt. Bei jemandem, der lediglich kurzzeitig ein Tier in Obhut hat, dürfte die Haltereigenschaft hingegen zu verneinen ein.

**Beispiel:** Nimmt A für die Dauer von 14 Tagen den Hund des Nachbarn B in Obhut, während dieser sich auf einer Urlaubsreise befindet, wird A dadurch nicht zum Halter. Zwar übt er in der Zeit die Bestimmungsmacht über das Tier aus und trägt ggf. auch das wirtschaftliche Risiko des Verlustes (in Form von Schadensersatz), er kommt jedoch nicht aus eigenem Interesse für die Kosten auf.

**883g** Ist für einen Schaden das Verhalten *mehrerer* Tiere ursächlich, kann aber nicht festgestellt werden, welches der Tiere den Schaden verursacht hat, kommt eine Haftung nach § 833 BGB i.V.m. § 830 I S. 2 BGB in Betracht, vgl. dazu Rn 971. Anderenfalls haften die Tierhalter haften gesamtschuldnerisch aus § 833 BGB i.V.m. § 840 I BGB i.V.m. § 421 BGB.[983] Auch können mehrere Personen Halter *eines* Tieres sein. Auch sie haften dann i.d.R. gesamtschuldnerisch aus § 833 BGB i.V.m. § 840 I BGB i.V.m. § 421 BGB.

**Beispiel:** Betreiben die beiden Geschwister B und S gemeinsam ein Gestüt, das sie von ihren Eltern geerbt haben, und sind die o.g. Kriterien der Halterhaftung erfüllt, haften sie gesamtschuldnerisch aus § 833 BGB i.V.m. § 840 I BGB i.V.m. § 421 BGB.

**883h** Fraglich ist, ob die Grundsätze der Halterhaftung auch bei Minderjährigen greifen. Zweifel daran bestehen, wenn man bedenkt, dass ein Minderjähriger nicht aus § 823 BGB haftet, wenn er gem. § 828 I, III BGB nicht deliktsfähig ist. Wäre also ein Minderjähriger ein Tierhalter i.S.d. § 833 BGB, müsste er mitunter verschuldensunabhängig haften, was die Wertung des § 828 BGB konterkarieren könnte. Richtigerweise wird man eine Halterhaftung trotz Vorliegens der Voraussetzungen des § 833 BGB nur dann annehmen dürfen, wenn der Minderjährige deliktsfähig ist. Zwar greift die Vorschrift des § 828 III BGB nicht direkt, da sie sich auf die Verschuldenshaftung bezieht, jedoch entspricht eine analoge Anwendung der Interessenlage. Auf die Vorschriften der §§ 104 ff. BGB kann es hingegen von vornherein nicht ankommen, da es nicht um eine rechtsgeschäftliche, sondern um eine deliktische Haftung geht.

**Beispiel:** „Hält" der 15-jährige M mit Einverständnis seiner Eltern einen Hund, kommt es trotz Vorliegens der Tatbestandsvoraussetzungen des § 833 S. 1 BGB bei der Frage

---

[980] AG Coburg 28.8.2013 – 12 C 766/13; LG Coburg 29.11.2013 – 32 S 47/13. Hier wich ein Radfahrer einem bellenden, aber an kurzer Leine gehaltenen Hund aus und stürzte dabei.

[981] *Sprau*, in: Palandt, § 833 Rn 7.

[982] BGH NJW-RR 1988, 655, 656; OLG Schleswig 8.7.2004 - 13 O 146/03; OLG Saarbrücken NJW-RR 2006, 893; *Dietlein/Peters*, AL 2014, 39, 48.

[983] Insoweit klarstellend OLG München NJW 2017, 3664, 3665.

nach der Haftung auf die Deliktsfähigkeit analog § 828 III BGB an. Sollte diese verneint werden müssen, kommt eine Aufsichtspflichtverletzung der Eltern gem. § 832 BGB in Betracht, die daran anknüpft, dass die Eltern einem einsichtsunfähigen bzw. unreifen Kind einen Hund überlassen haben.

Schließlich kann eine juristische Person (des Privatrechts oder auch des öffentlichen Rechts) Tierhalter i.S.d. § 833 BGB sein. Wegen der Anerkennung der Rechtsfähigkeit der GbR[984] kann die Haltereigenschaft auch bei dieser angenommen werden. **883i**

Ein Ausschluss der Haftung wegen **Handelns auf eigene Gefahr** (Fall: der Geschädigte, bspw. ein Tiertrainer, Tierarzt, Tierpfleger oder Inhaber einer Tierpension, setzt sich eigenverantwortlich der Tiergefahr aus) kommt i.d.R. nicht in Betracht; es kann aber eine Anspruchskürzung wegen **Mitverschuldens** gem. § 254 BGB vorliegen.[985] Generell ist ein anspruchsminderndes Mitverschulden gem. § 254 BGB gegeben, wenn der Geschädigte pflichtwidrig zur Schadensverursachung beigetragen hat. **883j**

**Beispiel**[986]**:** Bremst eine Fahrradfahrerin aufgrund eines schnell heranlaufenden Hundes abrupt ab, stürzt daraufhin und zieht sich nur deshalb eine Schädelfraktur zu, weil sie keinen Schutzhelm trug, mindert sich gem. § 254 BGB ihr Anspruch auf Schadensersatz.[987] Zwar ist das Tragen eines Fahrradhelms nicht gesetzlich vorgeschrieben, entgegen der Auffassung des BGH ist aber auch das Nichttragen eines Schutzhelms bei Freizeitradlern eine Obliegenheitsverletzung (siehe dazu Rn 1001).

Ist der Geschädigte ebenfalls Tierhalter (Beispiel: Der Hund des B wird vom Hund des A gebissen), gilt eine Besonderheit infolge der vom Tier des Geschädigten ausgehenden **Tiergefahr** („Betriebsgefahr"). Diese generell aus der Gefährdungshaftung bekannte Figur besagt, dass derjenige, der eine Betriebsgefahr schafft, sich allein durch Schaffung dieser Betriebsgefahr einer Mitverantwortung in Form einer Anspruchsminderung stellen muss. Die damit angesprochene Anrechnung der Tiergefahr des eigenen Tieres erfolgt bei § 833 S. 1 BGB unter analoger Anwendung des § 254 BGB[988] aufgrund der genannten Zwecksetzung der Gefährdungshaftung auch dann, wenn der Geschädigte selbst keinerlei Gebote des eigenen Interesses verletzt hat. Darauf muss sich jeder geschädigte Halter eines Luxustieres einstellen. Voraussetzung ist aber, dass die typische Tiergefahr des Tieres des Geschädigten bei der Schadensentstehung adäquat mitursächlich geworden ist.[989] Daran fehlt es, wenn sich die Tiergefahr im konkreten Fall nicht realisiert hat, was wiederum angenommen werden kann, wenn der Schadenseintritt für den Tierhalter unabwendbar war (siehe Rn 1000). **883k**

**Beispiel**[990]**:** G ging mit seinem Hund, einem Labrador, auf einem öffentlichen Weg spazieren, der an dem Grundstück des S vorbeiführt. Seinen Hund führte er an kurzer Leine, die um sein linkes Handgelenk gewickelt war. Auf dem Grundstück des S befand sich dessen Hund, ein Golden Retriever. Dieser zwängte sich durch die etwa einen Meter hohe Hecke, durch die das Grundstück von dem Weg abgegrenzt war, und rannte auf G und dessen Hund zu. Es kam zu einem Gerangel und einem Kampf zwischen den Hunden, wobei der Hund des S immer wieder an G hochsprang. Zwischen den Hunden stehend und mit der sein Handgelenk umwickelnden Leine war G in seiner Abwehr eingeschränkt und konnte sich nicht befreien. In dieser Situation wurde er von dem Hund des S gebissen. Er trug blutende Wunden davon.

---

[984] Siehe grundlegend BGHZ 146, 341 ff.
[985] BGH VersR 2009, 693, 694; NJW 2014, 2434.
[986] OLG München NJW 2017, 3664.
[987] Das OLG München (NJW 2017, 3664, 3665) beanstandete ein Mitverschulden, das zu einer Anspruchsminderung i.H.v. 30% führte, nicht.
[988] Vgl. etwa BGH NJW 2016, 2737, 2738.
[989] BGH NJW 2016, 2737, 2738.
[990] Nach BGH NJW 2016, 2737.

Ein Anspruch des G gegen den S aus § 833 S. 1 BGB ist dem Grunde nach gegeben: Der Hundebiss war kausal für die Rechtsgutverletzung bei G. Wegen der Gefährdungshaftung, die § 833 S. 1 BGB statuiert, kommt es auf ein etwaiges Verschulden des S zudem nicht an. Insbesondere gehören Heilbehandlungskosten zu den erstattungsfähigen Positionen i.S.d. § 249 II S. 1 BGB.

Fraglich ist allein, ob und inwieweit sich G die von seinem Hund ausgehende Tiergefahr anspruchsmindernd anrechnen lassen muss. Der BGH ist der Auffassung, dass G sich entsprechend § 254 I BGB die von seinem Hund ausgehende Tiergefahr anspruchsmindernd anrechnen lassen muss, da für die Entstehung eines Schadens auch die Tiergefahr des eigenen Tieres mitursächlich gewesen sei. Allein die von seinem Tier ausgehenden und auf den Hund des S einwirkenden Reize stellten eine für seinen Schaden mitursächliche Tiergefahr dar. Zwar sei es möglich, dass bei einem rein passiven Verhalten eines Tieres eine bei der Entstehung des Schadens mitwirkende Tiergefahr zu verneinen sei, jedoch habe sich das Verhalten des Hundes des G nicht darauf beschränkt, an der Leine geführt zu werden. Vielmehr hätten ein Gerangel und ein Kampf zwischen den Hunden stattgefunden; hiervon habe sich der zwischen den Hunden stehende G nicht entfernen können, wodurch er im weiteren Verlauf von dem Hund des S gebissen worden sei. Das Gerangel sei eine Interaktion zwischen den beiden Hunden gewesen, die ihrer tierischen Natur entsprechend aufeinander eingewirkt hätten, bis es schließlich zu der Schädigung des G gekommen sei. Damit habe sich in der Bissverletzung die von beiden Hunden ausgehende Tiergefahr adäquat mitursächlich verwirklicht. Insofern sei der Schadensersatzanspruch entsprechend § 254 I BGB reduziert.[991]

Stellungnahme: Die Auffassung des BGH überzeugt nicht. Denn der BGH differenziert nicht zwischen der äquivalenten und der adäquaten Kausalität. Sicherlich waren die vom Hund des G ausgehenden Reize äquivalent kausal für die späteren Bisse des Hundes des S. Jedoch fehlt es an der Adäquanz. G befand sich auf einem öffentlichen Weg und führte seinen Hund an kurzer Leine. Das Herbeieilen des anderen Hundes war für G unabwendbar. Dass sich der Hund des G einem Gerangel nicht verschlossen hat, kann kein Argument für die Annahme eines adäquat mitursächlichen Beitrags sein. Jeder Hund, der eine Abwehrchance sieht, wird diese wahrnehmen und sich den Attacken eines anderen Hundes zur Wehr setzen. Hierin eine Tiergefahr zu sehen, die sich G anspruchsmindernd anrechnen lassen muss, wenn er durch Bisse des herbeieilenden Hundes des S verletzt wird, muss daher abgelehnt werden. Es war allein Sache des S, dafür Sorge zu tragen, dass weder Tiere noch Menschen von seinem Hund geschädigt werden. Ihm oblag die Pflicht, sein Grundstück so zu sichern, dass sein Hund dieses nicht hätte verlassen können. G hingegen ließ weder seinen Hund frei herumlaufen, noch befand er sich auf dem Grundstück des S. Ein adäquater Verursachungsbeitrag ist daher entgegen der Auffassung des BGH abzulehnen. G muss sich keine Tiergefahr seines Hundes anspruchsmindernd anrechnen lassen.

Immerhin sieht auch der BGH, dass die Tiergefahr des Hundes des G nicht anspruchsmindernd berücksichtigt werden dürfe, wenn S dem G nicht nur gem. § 833 S. 1 BGB, sondern auch gem. § 823 I BGB zum Schadensersatz verpflichtet wäre, weil anderenfalls die Wertung des § 840 III BGB unterlaufen würde. § 823 I BGB setzt – anders als § 833 S. 1 BGB – ein Verschulden voraus, wobei gem. § 276 I, II BGB Fahrlässigkeit genügt. Dies kann bei S sicherlich angenommen werden. Denn er hat ganz offensichtlich eine Verkehrssicherungspflicht verletzt, indem er sein Grundstück nicht hinreichend vor der Möglichkeit eines Ausbruchs seines Hundes gesichert hatte. Eine anspruchsmindernde Anrechnung der Tiergefahr ist daher zu verneinen.

Ergebnis: Zwar überzeugt die Auffassung des BGH nicht, wonach der Halter sich die Tiergefahr des eigenen Hundes auch dann anspruchsmindernd anrechnen lassen muss, wenn er und sein Hund sich völlig ordnungsgemäß verhalten haben. Liegt beim Halter des Hundes, von dem die Bissverletzung ausging, aber ein Verschulden vor (was im-

[991] BGH NJW 2016, 2737, 2738.

merhin in den meisten Fällen angenommen werden kann), verneint auch der BGH eine Anrechnung der Tiergefahr des eigenen Hundes.

Handelt es sich bei dem beschädigten Gut um ein Tier, ist § 251 II S. 2 BGB zu beachten. Diese Vorschrift bestimmt, dass die Kosten für die Heilbehandlung nicht schon dann unverhältnismäßig sind, wenn sie den Wert des Tieres erheblich übersteigen. Damit trägt das Gesetz zum einen dem Umstand Rechnung, dass es sich bei Tieren nicht um Sachen, sondern um Mitgeschöpfe und schmerzempfindliche Lebewesen handelt[992], die zudem den Schutz der Verfassung (Art. 20a GG) genießen, und zum anderen berücksichtigt es das gesteigerte ideelle Interesse des Tierhalters an der Existenz seines Tieres. Wann die Heilbehandlungskosten den Wert des Tieres erheblich übersteigen und wann die (den Wert des Tieres erheblich übersteigenden) Heilbehandlungskosten unverhältnismäßig sind, ist allerdings höchstrichterlich bislang noch nicht geklärt. Der BGH hat lediglich entschieden, dass es zur Ermittlung der noch verhältnismäßigen Heilbehandlungskosten stets einer wertenden Gesamtbetrachtung aller Umstände des konkreten Einzelfalls seitens des Tatrichters bedürfe. Dabei könne auch das individuelle Verhältnis zwischen dem Geschädigten und dem verletzten Tier von Bedeutung sein.[993] Als unverhältnismäßig hat der BGH aber die (durch Hundebiss entstandenen) Heilbehandlungskosten von rund 4.200 € bei einem Hund angesehen, dessen Wert im unteren dreistelligen Bereich lag.[994] Demgegenüber hat das LG Hildesheim der Eigentümerin eines 14 Jahre alten Katers Schadensersatz in Höhe der Heilbehandlungskosten von über 4.000 € wegen der Bissverletzung durch einen Polizeihund zugesprochen.[995] Zu Recht weist das LG darauf hin, dass sich eine streng wirtschaftliche Betrachtungsweise verbiete und überdies der Schädiger das Risiko trage, die Behandlungskosten vorab nicht genau bestimmen zu können.[996] **883l**

**Beispiel**[997]**:** Als O mit seinem kleinen Mischlingshund spazieren geht, springt der Wolfshund des T über den Zaun und verletzt den Hund des O schwer. O verlangt von T Ersatz der Tierarztkosten i.H.v. 4.200,- €. T wendet ein, O habe sich die von seinem Hund ausgehende Betriebsgefahr anspruchsmindernd anrechnen zu lassen. Zudem hätten die Tierarztkosten außer Verhältnis zum Wert des Tieres, den T (zutreffend) mit maximal einigen hundert Euro annimmt, gestanden.

Ein Anspruch O gegen T aus § 833 S. 1 BGB ist dem Grunde nach gegeben. Fraglich ist aber zunächst, ob die Heilbehandlungskosten nicht unverhältnismäßig hoch waren. Bei Sachen hält der BGH mit Blick auf das Integritätsinteresse des Geschädigten an dem Erhalt seiner Sache Reparaturkosten bis zu 130% des Wiederbeschaffungswerts für noch verhältnismäßig (siehe dazu Rn 1136). Vorliegend geht es aber um die Verletzung eines Tieres, das als fühlendes Mitgeschöpf trotz § 90a S. 3 BGB nicht wie eine Sache behandelt werden darf. Folgerichtig sind gem. § 251 II S. 2 BGB die aus der Heilbehandlung eines verletzten Tieres entstandenen Aufwendungen nicht bereits dann unverhältnismäßig, wenn sie dessen Wert erheblich übersteigen. Im vorliegenden Fall überstiegen die Heilbehandlungskosten den Wert des Hundes wohl mehr als nur erheblich. Unklar ist aber, wo letztlich die Grenze zu ziehen ist. Der BGH hat die Auffassung des Berufungsgerichts, verhältnismäßig seien Heilbehandlungskosten bis zur dreifachen Höhe der jährlichen Unterhaltskosten des fraglichen Tieres, gestützt.[998] Geht man (mit dem Berufungsgericht) von jährlichen Unterhaltskosten i.H.v. 1.000,- € aus, ist die Grenze demnach bei 3.000,- € anzusiedeln. Der darüber hinausgehende Betrag ist dann von O zu tragen.

---

[992] So in erfreulicher Weise BGH NJW 2016, 1589, 1590.
[993] BGH NJW 2016, 1589, 1590 f.
[994] BGH NJW 2016, 1589, 1590 f.
[995] LG Hildesheim 10.2.2017 – 7 S 144/16.
[996] LG Hildesheim 10.2.2017 – 7 S 144/16.
[997] Nach BGH NJW 2016, 1589.
[998] Vgl. BGH NJW 2016, 1589, 1590 f.

Unabhängig von dieser Problematik muss O sich grundsätzlich analog § 254 BGB die spezifische Tiergefahr („Betriebsgefahr") seines Hundes (§ 833 S. 1 BGB) anrechnen lassen. Diese ist in der gerichtlichen Praxis regelmäßig bei 20-25% anzusiedeln.[999] Demzufolge ist der angenommene Anspruch i.H.v. 3.000,- € grundsätzlich um 20-25% zu kürzen (der BGH nahm für den vorliegenden Fall 20% an).

Hinsichtlich der grundsätzlichen Anspruchskürzung wegen (unterstellter) „Betriebsgefahr" könnte sich vorliegend aber etwas anderes ergeben, wenn O der Nachweis gelänge, dass der Schadenseintritt für ihn unabwendbar war. Hier kann man darauf abstellen, ob O das Verhalten des Wolfshundes provoziert hat oder ob T schlicht seine Verkehrssicherungspflicht (Treffen ausreichender Schutzvorkehrungen) verletzt hat. Von Letzterem ist auszugehen. Wer seinen Hund auf seinem Grundstück frei herumlaufen lässt, hat dafür Sorge zu tragen, dass das Tier nicht das Grundstück verlassen kann. Dass O das Verhalten des Wolfshundes provoziert haben könnte, ist zudem nicht ersichtlich. Auch der BGH hat im vorliegenden Fall keine Anspruchskürzung angenommen[1000] (allerdings mit nicht überzeugender Begründung unter Anwendung von § 840 III BGB, statt auf § 823 I BGB abzustellen).

Ergebnis: Auf der Basis des BGH-Urteils ergibt sich ein Schadensersatzanspruch des O gegen den T (bzw. dessen Tierhalterhaftpflichtversicherung) i.H.v. 3.000,- €.

**883m** Ein um die vom eigenen Tier ausgehende Tiergefahr anteilig gekürzter Anspruch auf Schadensersatz (und Schmerzensgeld) kann nach der Rechtsprechung auch dann vorliegen, wenn eine **Hundehalterin** in die **Beißerei** zweier Hunde eingreift, um ihr eigenes Tier zu schützen, und dabei von dem fremden Hund gebissen und verletzt wird.[1001] Als Argument wird vorgebracht, das Eingreifen in eine Hundebeißerei stelle ein nicht unerhebliches Verletzungsrisiko dar, was dazu führe, dass der gegen den Halter des fremden Hundes gerichtete Schadensersatz- und Schmerzensgeldanspruch trotz Vorliegens eines Verteidigungsnotstands (§ 228 BGB) um den Mitverschuldensanteil gekürzt werden könne. Freilich negiert die Rechtsprechung damit gerade den Umstand, dass Tiere Mitgeschöpfe sind und ein Hundehalter durchaus ein Interesse daran hat, seinen zur Familie gehörenden Hund vor mitunter tödlichen Bissen eines angreifenden Hundes zu schützen. Trägt der Gesetzgeber auf der einen Seite dem Stellenwert des Tieres mit § 251 II S. 2 BGB und §§ 17, 18 TierSchG Rechnung und auferlegt auch die Rechtsprechung dem Hundehalter die Pflicht, eine notwendige tierärztliche Behandlung grds. nicht wegen der Kosten zu verweigern, mutet es nahezu widersprüchlich an, wenn nun ein geschädigter Hundehalter zusehen muss, wie sein Hund mitunter tödlichen Bissen ausgesetzt ist, und dabei nicht eingreifen darf, möchte er verhindern, dass sein „selbstschädigendes" Verhalten anspruchsmindernd wirkt.

**883n** Sollte auf dem Boden der Rechtsprechung aber eine Kürzung anzunehmen sein, ist bei der Feststellung der Haftungsquote die Größe der Tiergefahr entscheidend. Diese ist bei einem großen, nicht angeleinten Hund größer. Das heißt: Greift ein Halter ein, um seinen Hund vor (tödlich wirkenden) Verletzungen eines anderen Hundes zu schützen, und wird dabei von dem anderen Hund verletzt, ist sein Mitverschuldensanteil umso höher, je größer (und gefährlicher) der andere Hund ist. Allgemeingültige Haftungsquoten existieren aber nicht; es kommt stets auf die Einzelfallumstände an.

### 4. Tierhüterhaftung, § 834 BGB

**884** Schließlich ist die sog. **Tierhüterhaftung** (§ 834 BGB) zu nennen. Danach trifft denjenigen die gleiche vermutete Verschuldenshaftung wie bei § 833 S. 2 BGB, der die Aufsicht über das Tier durch Vertrag übernommen hat.

[999] Grundsätzlich bestätigt von BGH NJW 2016, 1589, 1590 f.
[1000] BGH NJW 2016, 1589, 1590 f.
[1001] OLG Hamm 17.10.2011 - 6 U 72/11, I-6 U 72/11: Mitverschuldensquote 50%.

## VI. Verletzung von Verkehrssicherungspflichten

### 1. Begriff und Einordnung in den Prüfungsaufbau

Bei Rn 684 ff. wurde beschrieben, dass der Tatbestand des § 823 I BGB auch durch ein **Unterlassen** verwirklicht werden kann und dass sich die Rechtspflicht zum Handeln nicht nur aus Vertrag, Gesetz oder Ingerenz ergeben kann, sondern auch aus einer Verkehrssicherungspflicht (auch Verkehrspflicht genannt). Die Behandlung dieses Problemkreises ist Gegenstand der nachfolgenden Darstellung. Einer besonderen Diskussion bedarf auch die **objektive Zurechnung** der Rechtsgutverletzung, wenn Verkehrssicherungspflichten bestehen, deren Nichtbeachtung zu einer Rechtsgutverletzung geführt hat. **885**

**Beispiel:** T betreibt einen Schrottplatz. Dieser ist zwar umzäunt, T versäumt es aber, das Tor abzuschließen. Daher dringen Kinder ein und spielen unbeaufsichtigt mit den Schrottteilen. Dabei verletzt sich eines der Kinder (B) so schwer, dass es stationär heilbehandelt werden muss. Die Eltern fordern nicht nur Ersatz der Heilbehandlungskosten, sondern auch Schmerzensgeld, weil T den Schrottplatz nicht hinreichend vor unbefugtem Betreten gesichert habe. Mit Recht? (zur Lösung vgl. Rn 895).

Verkehrssicherungspflichten sind gesetzlich nicht oder kaum geregelt. Entwickelt wurden sie von der Rechtsprechung, soweit ersichtlich vom Reichsgericht in dem Fall, dass ein morscher Baum eines Grundstückseigentümers umfiel und das Gebäude des Nachbarn beschädigte.[1002] Die Entstehungsgründe der Verkehrssicherungspflichten fußen auf mehreren Aspekten. Im Ergebnis ist man sich aber weithin einig, dass Prinzipien der Gefahrverursachung, der Gefahrerhöhung, der Gefahrbeherrschung, des Vertrauens (d.h. der „Verkehrserwartung") und des Interesses der beteiligten Personen ineinandergreifen. Mithin hat sich folgende Definition durchgesetzt: **886**

**Verkehrssicherungspflicht** (VSP) bedeutet, dass derjenige, der eine Gefahr für andere schafft oder unterhält, verpflichtet ist, alle erforderlichen und zumutbaren Maßnahmen zu treffen, um Schäden von den Betroffenen abzuwenden.[1003] **887**

Da von niemandem Unmögliches verlangt werden kann, erfordert die Verkehrssicherungspflicht folgerichtig keine Verhinderung aller denkbaren Gefahren. Sie umfasst lediglich den Schutz vor Gefahren, die über das allgemeine Risiko hinausgehen und vom Schutzberechtigten nicht vorhersehbar und nicht ohne weiteres erkennbar sind.[1004] Es sind diejenigen Sicherheitsvorkehrungen zu treffen, die ein verständiger, umsichtiger, vorsichtiger und gewissenhafter Angehöriger der betroffenen Verkehrskreise für **erforderlich und ausreichend** halten darf, um für ihn in persönlich und wirtschaftlich **zumutbarer** Weise andere Personen vor Schäden zu bewahren.[1005] Insbesondere sind das **Verletzungsrisiko** bzw. das **Gefährdungspotential** sowie **Wahrscheinlichkeit und Schwere eines möglichen Schadenseintritts** zu beachten, die die Anforderungen an die Überwachung und Beherrschung der Gefahrenquelle konkretisieren. Muss also eine verständige, umsichtige, vorsichtige und gewissenhafte Person in der konkreten Situation mit einer Gefahr rechnen, kann die Verantwortung des die Gefahrenquelle Schaffenden eingeschränkt oder ausgeschlossen sein.[1006] **888**

---

[1002] RGZ 52, 373 ff. Vgl. auch *Mergner/Matz*, NJW 2014, 186; *Förster*, JA 2017, 721 ff.

[1003] Vgl. BGH NJW 2014, 2104 f.; NZV 2014, 167 f.; NJW 2013, 48, 49; NJW 2008, 3775, 3776; NJW 2004, 3328; OLG Hamm NJW 2018, 1890, 1891; OLG Celle AUR 2016, 221, 222; OLG Hamm NZV 2016, 523, 524; OLG Jena NJW 2006, 624 f.; OLG Celle NJW 2003, 2544; Vgl. auch OLG Frankfurt 2.12.2018 – 2 Ws 7/18; *Larenz/Canaris*, BT II 2 § 76 III 2a; *Deutsch/Ahrens*, Rn 255; *Mäsch*, JuS 2013, 258, 259. Ursprünglich RGZ 52, 373 ff.; 54, 53 ff.

[1004] OLG Schleswig DAR 2015, 266.

[1005] Vgl. etwa BGH NZV 2014, 167 f.; OLG Hamm NJW 2018, 1890, 1891; OLG Stuttgart VersR 2012, 1535; OLG Hamm NJW 2010, 2591, 2592.

[1006] Siehe OLG Hamm NJW 2018, 1890, 1891.

**Beispiele:**

**(1)** So ist auf einem Bahnsteig das Vorhandensein jeglicher Glättestellen, insbesondere im Bereich der Bahnsteigkante, durch entsprechend häufige Kontrollen, gründliche Räumarbeiten und – gegebenenfalls auch wiederholte – Verwendung geeigneten Streugutes im Rahmen eines ordnungsgemäßen Winterdienstes zu vermeiden, damit keine auf dem Bahnsteig befindlichen Personen ins Gleisbett rutschen und von einem Zug erfasst werden.[1007]

**(2)** Andererseits ist nicht erforderlich, in einem Baustellenbereich einen Notweg für Fußgänger offen zu halten, wenn sich auf der gegenüberliegenden Straßenseite ein Gehweg befindet. Verletzt sich ein Fußgänger bei winterlichen Verhältnissen in diesem Baustellenbereich, ist dies dem allgemeinen Lebensrisiko zuzuordnen.[1008]

**(3)** Bei einer Wettbewerbsveranstaltung im Motorsport ist wiederum eine ausreichende Zahl an Streckenposten zu platzieren, die bei einem Zwischenfall den nachfolgenden Verkehr warnen. Es leuchtet aber ein, dass z.B. bei einem freien Training nur abgeschwächte Sicherheitsvorkehrungen getroffen werden müssen.[1009] Unfälle sind dann eher dem allgemeinen Verletzungsrisiko zuzuordnen.

Zu beachten ist stets: Ob eine Verkehrssicherungspflicht besteht, ist eine Frage des Einzelfalls und unter Berücksichtigung des Verletzungsrisikos bzw. des Gefährdungspotentials und der berechtigten Verkehrserwartung zu beurteilen (allgemeine Auffassung). Zu den hierzu entwickelten Fallgruppen vgl. Rn 897 ff.

**889** Verkehrssicherungspflichten knüpfen i.d.R. an ein Unterlassen einer rechtlich gebotenen Handlungspflicht an (z.B. Streuen von Salz im Winter; Anbringung von Schildern, die auf bestehende Gefahren hinweisen[1010]). Was die Frage der dogmatischen Einordnung der Verkehrssicherungspflichten in die deliktische Haftung und das damit einhergehende Problem des richtigen Prüfungsstandorts betrifft, sind folgende Überlegungen anzustellen:

**890** ▪ Zunächst spielen die VSP im Rahmen des **Handlungsbegriffs** eine Rolle. Denn zum Unterlassen wurde gesagt, dass ein solches nur dann zu einer Verantwortlichkeit führen könne, wenn eine Rechtspflicht zum Handeln (d.h. zur Erfolgsabwendung) bestehe. Als eine solche Handlungspflicht kommt die Pflicht in Betracht, Gefahrenquellen so abzusichern, dass niemand anderes zu Schaden kommt.

**891** ▪ Sodann werden sie regelmäßig bei der Frage nach der (innerhalb der haftungsbegründenden Kausalität zu prüfenden) **objektiven Zurechnung** des Taterfolgs eine Rolle spielen. Denn es ist klar, dass völlig unwahrscheinliche Kausalverläufe und weit entfernte Ursachen dem in Anspruch Genommenen nicht zugerechnet werden dürfen. Anderenfalls würde die haftungsrechtliche Verantwortlichkeit für das Fehlverhalten anderer ins Unermessliche ausgedehnt. Wäre T des Beispiels von Rn 885 also nicht verpflichtet, den Schrottplatz vor unbefugtem Betreten zu sichern, könnte man ihm auch nicht die Körperverletzung des Kindes zurechnen.

**892** ▪ Schließlich sind die VSP bei der (anschließend zu prüfenden) **Rechtswidrigkeit** zu beachten. Denn vorwiegend die Rechtsprechung geht aufgrund der Beschreibung der unerlaubten Handlung in den einzelnen Tatbeständen der §§ 823 ff. BGB davon aus, dass die Verwirklichung der jeweiligen Tatbestandsvoraussetzungen die Rechtswidrigkeit des Verhaltens indiziere und dass diese – bis auf die genannten Rahmenrechte – daher nicht separat festgestellt werden müsse (**Lehre vom Erfolgsunrecht**).[1011] Da-

---

[1007] OLG Frankfurt 2.12.2018 – 2 Ws 7/18.

[1008] Siehe BGH NJW 2014, 2104 f.

[1009] OLG Schleswig DAR 2015, 266.

[1010] Vgl. zum Letzteren etwa OLG Hamm NJW 2010, 2591, 2592 (fehlendes Warnschild vor einer Wasserrutsche); OLG Hamm NJW 2018, 1890 (fehlendes Warnschild bzw. fehlende Absicherung bzgl. Entwässerungsgrabens in Naturpark).

[1011] Vgl. etwa *Spindler*, in: Bamberger/Roth, 3. Aufl. 2012, § 823 Rn 9; *Teichmann*, in: Jauernig, § 823 Rn 50; *Wagner*, in: MüKo, § 823 Rn 5 ff. Auf diesem Standpunkt steht auch die heutige Rspr.; vgl. nur BGH NJW 1996, 3205 ff.

nach ist also die Verletzung von VSP regelmäßig rechtswidrig. Ein Ausschluss der Haftung ist danach nur durch Verneinung des Verschuldens möglich, etwa, weil der in Anspruch Genommene die im Verkehr erforderliche Sorgfaltspflicht beachtet hat. Diesem Ansatz steht die **Lehre vom Handlungsunrecht**[1012] gegenüber, der zufolge – zumindest bei fahrlässigem Handeln – der Tatbestand nicht die Rechtswidrigkeit indiziert, sondern die Rechtswidrigkeit zu verneinen ist, wenn sich der in Anspruch Genommene pflichtgemäß verhalten hat. Das heißt: Nach dieser Auffassung ist das Verhalten des in Anspruch Genommenen nicht rechtswidrig, wenn er z.B. Verkehrssicherungspflichten beachtet hat.

**Beispiel:** In Abwandlung zum Beispiel von Rn 885 verschließt T das Schrottplatzgelände ordnungsgemäß. Die Kinder klettern über den Zaun. Gleichwohl machen die Eltern des B einen Anspruch auf Schadensersatz gem. § 823 I BGB geltend. **893**

Auf der Basis der Lehre vom Erfolgsunrecht wäre zumindest die Rechtswidrigkeit auf Seiten des T zu bejahen. Da er das Gelände aber vor unbefugtem Betreten hinreichend abgesichert hat, trifft ihn kein Verschulden. Folgt man demgegenüber der Lehre vom Handlungsunrecht, scheidet ein Schadensersatzanspruch gegen T bereits deshalb aus, weil T durch die Beachtung der im Verkehr erforderlichen Sorgfalt nicht rechtswidrig gehandelt hat. Der BGH spricht insoweit von „verkehrsrichtigem Verhalten“.[1013]

Wie aus dem Beispiel ohne weiteres hervorgeht, besteht – jedenfalls bei den Verschuldenshaftungstatbeständen – zwischen den beiden Ansätzen im Ergebnis kaum ein Unterschied. Eine Entscheidung kann insoweit dahinstehen. Kommt es bei der Frage nach der deliktischen Haftung aber auf ein Verschulden nicht an (z.B. bei der Garantiehaftung nach § 833 S. 1 BGB oder bei der Haftung für Verrichtungsgehilfen gem. § 831 BGB), ist die Entscheidung ergebnisrelevant. Unterschiede können sich auch beim Notwehrrecht (§ 227 BGB) ergeben.

Stellungnahme: Da § 823 I BGB deutlich zwischen Tatbestandsmäßigkeit, Rechtswidrigkeit und Schuld unterscheidet, wird auch vorliegend die Lehre vom Erfolgsunrecht vertreten. Denn wie sich aus den §§ 823 I, 276 I und II BGB ergibt, darf die Frage, ob die im Verkehr erforderliche Sorgfalt beachtet oder außer Acht gelassen worden ist, nicht bei der Rechtswidrigkeit, sondern erst bei der Schuld des Täters geprüft werden.
Wer also trotz Beachtung von Verkehrssicherungspflichten ein durch § 823 I BGB geschütztes Rechtsgut (durch Unterlassen) verletzt, handelt rechtswidrig. Da aber die Beachtung der im Verkehr erforderlichen Sorgfaltspflicht nicht fahrlässig (§ 276 II BGB) sein kann, scheidet mangels Verschuldens ein Anspruch aus § 823 I BGB aus.[1014]

Hinsichtlich der im vorliegenden Zusammenhang zu behandelnden Verkehrssicherungspflichten gilt daher Folgendes: Folgt man der Lehre vom Erfolgsunrecht, spielen die VSP bei der Rechtswidrigkeit keine Rolle. Denn wurden sie missachtet, sind der Tatbestand der unerlaubten Handlung verwirklicht und die Rechtswidrigkeit indiziert. Lediglich im Rahmen des Verschuldens bedarf es ggf. einer erneuten Auseinandersetzung. Wer dagegen der Lehre vom Handlungsunrecht folgt, muss die VSP bei der Rechtswidrigkeit prüfen.

**Hinweis für die Fallbearbeitung:** Folgt man der auch hier vertretenen Lehre vom Erfolgsunrecht, bietet sich hinsichtlich der Prüfung von Verkehrssicherungspflichten folgende Vorgehensweise an: **894**

- Besteht die tatbestandliche Verletzungshandlung in einem **Unterlassen**, kommt man nicht umhin, bei der Prüfung der (unterlassenen) Handlungspflicht die VSP zu prüfen. Denn diese gebieten in Bezug auf das Unterlassen gerade die Vornahme einer bestimmten Handlung. Dabei ist bei der Prüfung der **objektiven Zurechnung** danach zu fragen, ob die Einhaltung der VSP den Eintritt des Ver-

[1012] Vgl. etwa BGHZ 24, 21, 26; *Nipperdey*, NJW 1957, 1777, 1778 f.; *Kupisch/Krüger*, Deliktsrecht (1983), § 5.
[1013] BGHZ 24, 21, 26.
[1014] Vgl. auch *Brox/Walker*, § 45 Rn 49.

letzungserfolgs nach dem gewöhnlichen Verlauf der Dinge und der allgemeinen Lebenserfahrung verhindert hätte. Bei **grober Verletzung** einer Handlungspflicht nimmt der BGH eine **Beweislastumkehr** hinsichtlich des ursächlichen Zusammenhangs zwischen der Verletzung der Verkehrssicherungspflicht und dem Schaden vor. So hat der Verkehrssicherungspflichtige bzw. der Organisationspflichtige zu beweisen, dass der Schaden auch bei Beachtung der Verkehrssicherungspflicht eingetreten wäre.[1015] Siehe dazu auch Rn 908.

- Kommt man nach entsprechender Prüfung zu dem Ergebnis, dass die Nichteinhaltung der VSP den Verletzungserfolg adäquat kausal verursacht hat und dem Verletzer auch zugerechnet werden kann bzw. muss, ist der Tatbestand der unerlaubten Handlung verwirklicht und die Rechtswidrigkeit indiziert. Die VSP sind bei der **Rechtswidrigkeit** also **nicht** mehr zu erwähnen.[1016]
- Im Rahmen der **Verschuldensprüfung** sind die VSP grds. als Maßstab für das Verschulden heranzuziehen. Da die Tathandlung jedoch in einem Unterlassen bestand und die VSP bereits zur Begründung der Handlungspflicht herangezogen werden mussten, kann im Wesentlichen nach oben verwiesen werden.

**895** Im **Beispiel** von Rn 885 gilt daher Folgendes: Zunächst muss hinsichtlich der Verwirklichung des Tatbestands des § 823 I BGB die im Schutzbereich der Norm liegende Körperverletzung festgestellt werden. Anschließend muss geprüft werden, ob dieser „Erfolg" durch ein Unterlassen des T (Nichtabschließen des Tores) verursacht worden ist. Sodann ist zu untersuchen, ob dieser „Erfolg" dem T auch zuzurechnen ist. Das ist der Fall, wenn eine Handlungspflicht bestand, bei deren Beachtung die Verletzung des Kindes nach dem gewöhnlichen Verlauf der Dinge und der allgemeinen Lebenserfahrung verhindert worden wäre (objektive Zurechnung). Bei dieser Prüfung der Handlungspflicht ist auf die Verkehrssicherungspflichten einzugehen und darzulegen, dass derjenige, der eine Gefahrenquelle schafft, auch alle notwendigen und zumutbaren Vorkehrungen treffen muss, damit Schäden anderer verhindert werden, die sich aus der Gefahrenquelle ergeben können. Bejaht man demzufolge die Pflicht des T, das Tor abzuschließen, und rechnet man ihm die Körperverletzung des Kindes zu, ist auf der Basis der Lehre vom Erfolgsunrecht die Rechtswidrigkeit indiziert. Im Rahmen des Verschuldens wäre dann die Fahrlässigkeit zu bejahen, denn die Beachtung der im Verkehr erforderlichen Sorgfalt (§ 276 I S. 2 BGB) deckt sich weitgehend mit dem Inhalt der VSP (dazu sogleich bei Rn 897 ff.). Etwas anderes hätte sich nur dann ergeben, wenn es dem T zwar objektiv, nicht aber subjektiv möglich gewesen wäre, die im Verkehr erforderliche Sorgfalt anzuwenden. Doch hierzu bietet der Sachverhalt keine Anhaltspunkte. Die geltend gemachten Ansprüche der Eltern sind also begründet. Für die Abwandlung von Rn 893 gilt dies nicht, da dort T nicht sorgfaltspflichtwidrig gehandelt hat.

**896** Fraglich ist ferner, ob eine VSP auch gegenüber einer anderen Person bestehen kann, die an derselben Sache eine VSP hat. Da dies namentlich das Miteigentum an einem Grenzbaum betrifft, sei auf die Ausführungen bei *R. Schmidt*, SachenR II, Rn 89 ff. verwiesen.

## 2. Inhalt und Umfang von Verkehrssicherungspflichten

**897** Da die Verkehrssicherungspflichten nicht in den Tatbeständen der §§ 823 ff. BGB positivrechtlich geregelt sind, sondern in erster Linie richterrechtlich entwickelt wurden (Rn 886), verwundert es nicht, dass die Frage der Verortung und das damit einhergehende Problem des richtigen Prüfungsstandorts umstritten sind und dass auch Unklarheit über genauen Inhalt und Umfang von Verkehrssicherungspflichten besteht. Die Kasuis-

[1015] BGH NJW 2018, 301, 303.

[1016] Die Gegenauffassung würde im Rahmen des Tatbestands schlicht das Unterlassen dem Tun gleichstellen, die Rechtswidrigkeit aber nur dann bejahen, wenn eine Rechtspflicht zum Handeln bestand. Bei der Prüfung dieser Rechtspflicht wäre dann auf die VSP einzugehen.

tik ist schier unüberschaubar. Die vorliegende Darstellung kann daher nur exemplarisch einige wichtige Fallgruppen herausarbeiten, wobei gewisse Überschneidungen unumgänglich sind.[1017] In keinem Fall kann ein eigenes Judiz ersetzt werden, zumal (auch im Rahmen einer Prüfung) überzeugende Argumentation ohnehin wichtiger ist.

## a. Straßenverkehr

Wer den Verkehr auf einer Straße eröffnet, haftet grds. auch für deren verkehrssicheren Zustand.[1018] Das betrifft insbesondere die Straßenbau- und Straßenverkehrsbehörden. Aus §§ 44, 45 StVO ergibt sich die Pflicht der Straßenverkehrsbehörden, für die Sicherheit und Leichtigkeit des Straßenverkehrs zu sorgen. So darf kein Straßenbelag vorhanden sein, der bei Nässe zu außergewöhnlicher Fahrbahnglätte führt[1019]. Im Übrigen müssen die Straßenverkehrsbehörden den Straßenverkehr durch Verkehrszeichen und Verkehrseinrichtungen so regeln, dass der Verkehr erleichtert wird und Unfälle vermieden werden.[1020] Dazu gehören auch Hinweispflichten, etwa wenn eine Baustelle errichtet oder an einer unfallträchtigen Stelle eine Änderung der bisherigen Verkehrsregelung durchgeführt wurde[1021] (zur Verkehrssicherung insbesondere im Baustellenbereich vgl. bereits Rn 888). Eine Verkehrssicherungspflicht besteht auch hinsichtlich der Überprüfung der Standfestigkeit von Verkehrsschildern[1022] und Straßenbäumen[1023]. So muss ein erkennbar schadhafter Straßenbaum (Beispiel: 200 Jahre alte Linde) abgestützt, gestutzt oder gefällt werden. Ein Verkehrsspiegel muss auf seine Funktionalität überprüft werden.[1024] Da es aber stets auf die Umstände ankommt, wäre es andererseits unzumutbar (und technisch kaum zu realisieren), eine Passstraße (z.B. Großglockner) vollständig gegen herabstürzende Felsbrocken zu sichern. Auch wäre es überzogen, vom verkehrssicherungspflichtigen Bahnbetreiber zu verlangen, dass er an Bahnübergängen Radfahrer auf die Gefahr hinweist, sie könnten beim Überfahren der kreuzenden Bahnschienen verunfallen.[1025] **898**

Hinsichtlich der Haftungsgrundlage ist zu differenzieren: Die schuldhafte Verletzung der (Straßen-)Verkehrssicherungspflicht für *öffentliche* Verkehrsflächen löst auch für öffentliche Körperschaften, insbesondere für Staat und Gemeinden, **privatrechtliche Schadensersatzansprüche** nach den §§ 823 ff. BGB aus.[1026] Soweit die (Straßen-) Verkehrssicherungspflicht jedoch (etwa durch Gesetz) **öffentlich-rechtlich** ausgestaltet ist[1027], greift nicht das Haftungsinstitut nach §§ 823 ff. BGB, sondern die **Amtshaftung** nach § 839 BGB i.V.m. Art. 34 GG.[1028]

Auch die *Benutzer* der Straße (Straßenverkehrsteilnehmer) müssen Sicherheitsvorkehrungen treffen. So muss ein am Straßenrand abgestelltes Kfz ausreichend beleuchtet sein. Dafür sind der Grad der Dämmerung und die bestehenden Verhältnisse des Abstellortes maßgeblich, sofern sie für die Erkennbarkeit des Kfz von Bedeutung sind. Vor einer Unfallstelle müssen Warnhinweise angebracht werden.

---

[1017] Vgl. zu den Fallgruppen auch *Wagner*, in: MüKo, § 823 Rn 210 ff.; *Sprau*, in: Palandt, § 823 Rn 64 ff.; *Lange/Schmidbauer*, in: juris-PK, § 823 Rn 85/88 ff.; *Deutsch/Ahrens*, Rn 262 ff.; *Brox/Walker*, § 41 Rn 34 ff.; *Medicus/Petersen*, BR, Rn 648 ff.; *Mergner/Matz*, NJW 2014, 186 ff. und NJW 2015, 197 ff.

[1018] *Deutsch/Ahrens*, Rn 262 sowie ausführlich *Lange/Schmidbauer*, in: juris-PK, § 823 Rn 145 ff. Vgl. auch *Mergner/Matz*, NJW 2014, 186 ff.

[1019] Insbesondere dürfte allein das Aufstellen des Schildes „Schleudergefahr" nicht genügen, um der Verkehrssicherungspflicht nachzukommen. Erforderlich dürfte zumindest eine zusätzliche Geschwindigkeitsbeschränkung (auf 30 km/h) sein, vgl. OLG Hamm NZV 2016, 523, 524. Am sichersten wäre natürlich ein zeitnaher Austausch des nicht griffigen Fahrbahnbelags.

[1020] Vgl. BGH NVwZ 2000, 1209; NJW 1966, 1456 ff.; NJW 1971, 2220 ff.; JZ 1987, 822; NVwZ 1990, 898.

[1021] BGH NVwZ 2000, 1209 f. Vgl. dazu auch *Mergner/Matz*, NJW 2014, 186, 188.

[1022] OLG Nürnberg NJW 2000, 3075.

[1023] BGHZ 123, 102 ff.

[1024] Vgl. OLG Saarbrücken NJW 2010, 3104 f.

[1025] OLG Naumburg NJW 2015, 1396 f.

[1026] Siehe BGHZ 9, 373 ff.; 60, 54, 55.

[1027] Vgl. die Straßengesetze der Länder.

[1028] Vgl. OLG Saarbrücken NJW 2010, 3104 f. Zur Amtshaftung vgl. eingehend *R. Schmidt*, AllgVerwR, 21. Aufl. 2018, Rn 1062 ff.

### b. Behördlicher Winterdienst

899 Die behördliche (Straßen-)Verkehrssicherungspflicht umfasst grundsätzlich auch die winterliche Räum- und Streupflicht auf den öffentlichen Straßen. Bezüglich des Inhalts und des Umfangs der winterlichen Räum- und Streupflicht ist aber ebenfalls stets auf den Einzelfall abzustellen.[1029] Stets entscheiden die Wichtigkeit des Verkehrswegs sowie die Art und die Gefährlichkeit der winterlichen Straßenverhältnisse.[1030] So besteht eine Räum- und Streupflicht grds. nur an verkehrswichtigen und gefährlichen[1031] Straßenstellen und in Bereichen, die typischerweise von Fußgängern benutzt werden[1032]. Auf wenig befahrenen Straßen besteht dagegen grds. keine Räum- und Streupflicht, sofern nicht besonders gefährliche Stellen bekannt sind, auf die sich der Straßennutzer nicht einstellen kann.[1033] In jedem Fall setzt eine Streupflicht eine *allgemeine* Straßenglätte voraus; das Vorhandensein vereinzelter Glättestellen löst keine allgemeine Räum- und Streupflicht aus[1034]. Stets zu beachten ist auch die Zumutbarkeit für den Verkehrssicherungspflichtigen. Kriterien sind Tageszeit, Wichtigkeit und Benutzungshäufigkeit der betreffenden Straßen.[1035]

900 Eine Amtshaftung scheidet i.d.R. auch aus, wenn unter rechtsfehlerfreier Abwägung zugunsten des Naturschutzes auf das Streuen von Salz o.Ä. verzichtet wurde.[1036] Auch wenn sich der Geschädigte in vorwerfbarer Weise nicht auf die winterlichen Verhältnisse eingestellt hat (falsche Bereifung, unangepasste Geschwindigkeit, zu geringer Sicherheitsabstand etc.), kann eine Haftung der öffentlichen Hand ausscheiden. In derartigen Fällen ist stets an eine Anspruchskürzung gem. § 254 BGB zu denken. Davon unabhängig gilt aber, dass die Amtspflichten im Bereich der Straßenverkehrsregelung und Verkehrssicherung in aller Regel auch drittgerichtet sind.[1037]

901 Zum Winterdienst von **Privatleuten** vgl. Rn 902/909/915.

### c. Wege, Zugänge, Flächen sowie Winterdienst

902 Auch wer einen Weg oder einen Zugang (zu einem Grundstück) anderen Personen eröffnet bzw. eine Fläche zur Benutzung freigibt, hat die Pflicht, in notwendigem und zumutbarem Maße dafür zu sorgen, dass keine Rechtsgüter anderer zu Schaden kommen. Starre Regeln hinsichtlich des Umfangs der Maßnahmen lassen sich allerdings nicht aufstellen; vielmehr sind die konkreten Umstände des Einzelfalls entscheidend. Kriterien sind das **Gefährdungspotential** bzw. die **Wahrscheinlichkeit** und die **Schwere eines möglichen Schadenseintritts**, das **Verletzungsrisiko** etc. Wenn allgemein zu lesen ist, der Verantwortliche habe für ihn in persönlich und wirtschaftlich **zumutbarer** Weise andere Personen vor Schäden zu bewahren[1038], darf dies freilich nicht so verstanden werden, als stünden Verkehrssicherungspflichten unter dem Vorbehalt des wirtschaftlich Vertretbaren. Sind erforderliche Verkehrssicherungspflichten wirtschaftlich unverhältnismäßig, muss der Verantwortliche im Zweifel auf die Durchführung gefahrbegründender Unternehmungen verzichten. Das gilt jedenfalls, wenn eine Verletzung bedeutsamer Rechtsgüter wie Leben und Gesundheit droht. Lediglich, wenn Aspekte der Eigenverantwortlichkeit eine Rolle spielen und niederschwelligere

---

[1029] St. Rspr., vgl. nur OLG Hamm 18.11.2016 – 11 U 17/16.
[1030] Vgl. erneut OLG Hamm 18.11.2016 – 11 U 17/16. Vgl. auch KG DWW 2017, 383, 384.
[1031] Eine gefährliche Straßenstelle liegt grds. nur dort vor, wo unvermutete Gefahren auftreten können, die auch bei einer den winterlichen Bedingungen angepassten Fahrweise nicht beherrschbar sind (OLG Jena NZV 2001, 87). Vgl. auch BGH MDR 2015, 1001.
[1032] KG DWW 2017, 383, 384.
[1033] OLG Hamm 18.11.2016 – 11 U 17/16 (m.w.N.).
[1034] OLG Hamm 18.11.2016 – 11 U 17/16 (mit Verweis auf BGH NJW 2009, 3302).
[1035] Vgl. auch dazu OLG Hamm 18.11.2016 – 11 U 17/16 (m.w.N.).
[1036] Vgl. dazu näher BGH NVwZ-RR 1998, 334; *Schlick/Rinne*, NVwZ 1997, 1065, 1070.
[1037] Zum Amtshaftungsanspruch vgl. eingehend *R. Schmidt*, AllgVerwR, 21. Aufl. 2018, Rn 1062 ff.
[1038] Vgl. etwa BGH NZV 2014, 167 f.; OLG Hamm NJW 2018, 1890, 1891; OLG Stuttgart VersR 2012, 1535; OLG Hamm NJW 2010, 2591, 2592.

Rechtsgüter gefährdet sind, können wirtschaftliche und organisatorische Zumutbarkeitsfragen eine Abschwächung der Verkehrssicherungspflichten begründen. So sind zwar Gehwege, die dem Verkehr geöffnet sind, bei Schnee oder überfrierender Nässe (Glatteis) mit Streusalz oder abstumpfenden Mitteln (Sand, Split o.Ä.) zu behandeln. Jedoch kann von einem Hausbewohner nicht verlangt werden kann, dass er nachts um 3 Uhr aufsteht und den frisch gefallenen Schnee von der Hofeinfahrt räumt. Diese Verpflichtung trifft ihn erst am Morgen, wenn mit dem ersten Personenverkehr (Zeitungszusteller etc.) zu rechnen ist.[1039] Zeichnen sich im Laufe des Tages Schneefall und/oder unter den Gefrierpunkt sinkende Temperaturen und damit die Gefahr einer abendlichen Glättebildung ab, trifft den Pflichtigen die Pflicht zu vorbeugendem Streuen noch vor Eintritt des Schneefalls bzw. vor Sonnenuntergang. Ein Warnschild mit der Aufschrift: „Vorsicht Glättegefahr" reicht zur Haftungsfreistellung grds. nicht aus (Rn 914). Dem Geschädigten ist allerdings ein Mitverschulden (§ 254 BGB) anzulasten, wenn er unter diesen Umständen eine erkennbar glatte und nicht abgestreute Fläche in den Abendstunden betritt.[1040] Bei dem allgemeinen Publikumsverkehr zugänglich gemachten Flächen sind indes ungleich strengere Vorkehrungen für die Gefahrenabwehr zu treffen.

(Weitere) Typische Fälle, bei denen sich die Haftungsfrage wegen Verletzung von Ver- **902a**
kehrssicherungspflichten stellt, sind die auf dem Boden eines Fleischerladens liegende Wurstpelle oder das nasse Blatt einer Blume im Blumengeschäft. Im zuletzt genannten Fall ist es dem Ladeninhaber weniger zuzumuten, ständig den Boden von herabgefallenen Blättern zu reinigen; häufiger hingegen ist der Boden eines Supermarktes auf herumliegende Obst- oder Gemüsereste zu kontrollieren[1041]. Auch ist derjenige, der eine Baustelle errichtet hat, verpflichtet, u.U. Geländer anzubringen oder die Gefahrenquelle auf andere Weise abzusichern.[1042] Und selbstverständlich ist auf einem Bahnsteig das Vorhandensein jeglicher Glättestellen, insbesondere im Bereich der Bahnsteigkante, durch entsprechend häufige Kontrollen, gründliche Räumarbeiten und – ggf. auch wiederholte – Verwendung geeigneten Streugutes im Rahmen eines ordnungsgemäßen Winterdienstes zu vermeiden, damit keine auf dem Bahnsteig befindlichen Personen ins Gleisbett rutschen und von einem Zug erfasst werden.[1043]

Dagegen ist der Betreiber einer SB-Autowaschanlage auch bei winterlichem Betrieb **902b**
nicht ohne weiteres verpflichtet, vor den Gefahren der Glatteisbildung zu warnen. Zwar trifft auch ihn grds. eine Verkehrssicherungspflicht im Hinblick auf betriebsbedingte Gefahrenquellen, an deren Erfüllung insbesondere im Winter erhöhte Anforderungen zu stellen sind. Allerdings stellt sich die Frage, ob auch eine Pflicht zur Warnung vor Glatteisbildung besteht, die ihre Ursache nicht im gefrierenden Regen oder Schnee hat, sondern im überfrierenden Waschwasser. Das OLG Hamm verneint diese Frage. Nach seiner Auffassung muss ein Kunde einer SB-Autowaschanlage nicht auf die Gefahr hingewiesen werden, dass es beim winterlichen Betrieb durch betriebsbedingt verspritztes Wasser zu einer Glättebildung kommen kann, da diese Gefahr allgemein bekannt sei.[1044] Das überzeugt. Wer sein Auto bei winterlichen Verhältnissen im Freien wäscht, muss mit Glatteisbildung rechnen. Rutscht man dann aus und verletzt sich infolge des Sturzes, realisiert sich das allgemeine Lebensrisiko, wofür man andere jedenfalls dann nicht verantwortlich machen kann, wenn diesen das Ergreifen von Sicherungsmaßnahmen nicht zugemutet werden kann. Aber auch wer neben der Straße auf der Wiese eine Werbeanlage aufstellt, muss auf Standsicherheit achten und

---

[1039] Vgl. dazu OLG Köln VersR 1997, 507; OLG Jena NVZ 2009, 600; LG Berlin GE 2010, 272.
[1040] Vgl. OLG Hamm NJW 2004, 386, 387.
[1041] OLG Köln VersR 1999, 861; *Deutsch/Ahrens*, Rn 263.
[1042] Vgl. LG Rostock OLG-NL 2001, 9 (zur Zumutbarkeit der Ausbesserung schadhafter Stellen einer Strandpromenade).
[1043] OLG Frankfurt 2.12.2018 – 2 Ws 7/18.
[1044] OLG Hamm MDR 2015, 1133.

gewährleisten, dass Straßenverkehrsteilnehmer nicht abgelenkt werden; der Aufsteller braucht allerdings keine weitergehenden Sicherheitsvorkehrungen etwa zum Schutz stürzender Kradfahrer zu treffen. Verliert also ein Motorradfahrer in einer Kurve die Kontrolle über sein Krad und prallt gegen ein sechs Meter von der Fahrbahn entferntes hölzernes Werbeschild, kann er den Aufsteller nicht für die erlittenen Schäden verantwortlich machen, jedenfalls sofern von dem Schild keine die Verkehrssicherheit beeinträchtigende Ablenkungswirkung ausging. Zutreffend stellt das OLG Hamm klar, dass derartige Sicherungen nicht üblich seien und auch nicht der Verkehrserwartung entsprächen. Sie könnten vernünftigerweise auch nicht von Kradfahrern erwartet werden. Diese müssten auch mit sonstigen potenziell (ungesicherten) Hindernissen im Umfeld einer Straße wie z.B. Bäumen o.Ä. rechnen.[1045] Anders sieht es wiederum aus, wenn eine Gemeinde der Absperrung dienende Betonpoller aufstellt und es dabei versäumt, diese mit Reflektoren oder anderen Warnhinweisen zu versehen. Fährt nun bei Dunkelheit ein Autofahrer auf einen (40 cm aus dem Boden ragenden) Betonpoller auf, haftet die Gemeinde jedenfalls dann ganz überwiegend unter dem Aspekt der Verletzung einer Verkehrssicherungspflicht, wenn die Poller unabhängig von der Geschwindigkeit und selbst bei Tageslicht für einen in die Straße einbiegenden Kraftfahrzeugfahrer nicht erkennbar waren.[1046]

902c Abzugrenzen ist die vorstehende Konstellation von derjenigen, in der das **Gesetz** dem Eigentümer die Pflicht auferlegt, das unbeschränkte Betreten seines Eigentums durch Dritte zu dulden. In diesem Fall wäre es für den Eigentümer unverhältnismäßig, wenn ihn unbeschränkt Verkehrssicherungspflichten träfen.

> **Beispiel**[1047]**:** § 14 I S. 1 BWaldG gestattet es grds. jedermann, den Wald zum Zweck der Erholung zu betreten. Der Waldeigentümer kann also z.B. Wanderern nicht das Betreten des Waldes verbieten. Würde er also uneingeschränkt für Schäden haften, die z.B. durch herabfallende Äste verursacht werden, wäre dies nicht zu rechtfertigen. Daher sieht § 14 I S. 3 BWaldG vor, dass das Betreten auf eigene Gefahr geschieht. Das gilt gem. § 14 I S. 4 BWaldG insbesondere hinsichtlich „waldtypischer" Gefahren. Damit sind Gefahren gemeint, die sich aus der Natur oder der ordnungsgemäßen Bewirtschaftung des Waldes unter Beachtung der jeweiligen Zweckbestimmung ergeben.[1048] Der Waldeigentümer hat also keine Pflicht, Bäume zu kontrollieren, morsche Äste zu beseitigen etc.

### d. Sportveranstaltungen

903 Hinsichtlich der bereits bei Rn 888 erwähnten Haftung bei Sportveranstaltungen müssen zwei verschiedene Fallkonstellationen voneinander getrennt werden.

904
- Einmal geht es um die Haftung der Veranstalter und Teilnehmer gegenüber **Dritten**, in erster Linie also gegenüber den Zuschauern, z.B. bei Autorennen oder Eishockeyspielen. Wegen der großen Gefahren, die aus verschiedenen Sportarten für die Zuschauer resultieren, gelten hier die denkbar strengsten Verkehrssicherungspflichten. Veranstalter und Teilnehmer müssen alles nur Denkbare, Mögliche und Zumutbare tun, um Gefährdungen der Zuschauer auszuschließen.[1049] So ist bspw. eine Skipiste vor Betreten zu sichern; bei einem Eishockeyspiel sind Netze vor der Zuschauertribüne zu errichten, um diese vor abirrenden Pucks zu schützen[1050]; der Betreiber eines Freizeitbades muss eine Badeaufsicht organisieren, damit Ertrinkende rechtzeitig bemerkt werden[1051]; eine

---

[1045] OLG Hamm 15.3.2016 – 9 U 134/15.
[1046] OLG Braunschweig 10.12.2018 – 11 U 54/18.
[1047] Nach BGH NJW 2013, 48 ff.
[1048] So BGH a.a.O. S. 49.
[1049] Vgl. grundlegend BGHZ 63, 140, 142 ff. und aus jüngerer Zeit BGH NJW 2003, 2018, 2019 f.; LG Regensburg 18.3.2015 – 3 O 1702/10 (4); OLG Nürnberg MDR 2015, 1132.
[1050] BGH NJW 1984, 801; LG Regensburg 18.3.2015 – 3 O 1702/10 (4); OLG Nürnberg MDR 2015, 1132.
[1051] BGH VersR 2000, 984; OLG Koblenz NJW-RR 2001, 318.

Rennstrecke des Motorsports ist ebenfalls hinreichend zu sichern[1052]. Lediglich wer Sicherheitsabsperrungen überwindet und sich in den unmittelbaren Gefahrenbereich begibt, kann seinen Anspruch wegen *Handelns auf eigene Gefahr* verwirken. Ein Anspruch ist auch bei höherer Gewalt ausgeschlossen.

- Anders stellt sich die Situation dar, soweit es um Verletzungen der **Teilnehmer selbst** geht. Freilich muss auch hier die Haftung der Veranstalter, etwa für mangelhafte Anlagen oder unterlassene Sicherheitsvorkehrungen, von der Haftung der Teilnehmer untereinander unterschieden werden. 905

  ⇨ In der zuerst genannten Beziehung bleibt es ebenfalls bei der genannten uneingeschränkten deliktischen und vertraglichen **Haftung des Veranstalters**, soweit eine Verletzung der Verkehrssicherungspflicht vorliegt[1053] und nicht im Einzelfall ein wirksamer Haftungsausschluss greift, wie er sich gelegentlich in den sog. Teilnahmebedingungen findet[1054].

  ⇨ Höchst problematisch ist hingegen die **Haftung der Teilnehmer untereinander**. Sofern es sich bei der Sportart um sog. friedlichen Sport handelt, dürften die allgemeinen Regeln gelten. Bei Risiko- und v.a. bei Kampfsportarten ist die h.M. hinsichtlich der Haftung hingegen deutlich zurückhaltender. Denn derartige Sportarten bergen naturgemäß die Gefahr in sich, dass Teilnehmer verletzt werden. Eine uneingeschränkte Haftung trotz ordnungsgemäßen Verlaufs wäre unzumutbar. Das gilt jedenfalls bei regelkonformer Sportausübung.[1055] Aber auch, wenn Teilnehmer geringfügig aus Spieleifer, Unüberlegtheit, teilweisem Versagen, Übermüdung oder aus sonstigen Gründen gegen eine dem Schutz des Betroffenen dienende Regel verstoßen, muss eine Haftung grds. ausgeschlossen werden. Jeder Teilnehmer kennt im Allgemeinen die Gefahr, nimmt sie aber wegen des sportlichen Vergnügens, der Spannung oder auch der Freude in Kauf. Daher darf jeder Teilnehmer der Risikosportart darauf vertrauen, nicht wegen solcher einem Mitbewerber zugefügten Schäden in Anspruch genommen zu werden, die er ohne nennenswerte Regelverletzung aufgrund der typischen Risikolage des Wettbewerbs verursacht.[1056] Rechtsdogmatisch ergibt sich der Haftungsausschluss aus dem Verbot treuwidrigen Verhaltens nach § 242 BGB[1057], das zu einem konkludenten tatbestandsausschließenden Einverständnis oder zur Verneinung der Rechtswidrigkeit führt.

**Übungsfall**[1058]**:** A und B nahmen an einem vom Porsche-Club Stuttgart veranstalteten Autorennen auf dem Hockenheimring teil. Dabei kam es zu einer Kollision, als A versuchte, B zu überholen. B verlangt jetzt von A und dessen Haftpflichtversicherer Ersatz des bei der Kollision entstandenen erheblichen Schadens an seinem Rennsportwagen. A wendet unter anderem ein, dass in derartigen Fällen kein Versicherungsschutz bestehe und dass es eigenes Risiko sei, an Rennsportveranstaltungen teilzunehmen. Mit Recht? 906

**1. Anspruch des B gegen den Versicherer**

Anspruchsgrundlage ist § 115 I S. 1 Nr. 1 VVG i.V.m. § 1 PflVG i.V.m. §§ 7 I, 18 I StVG und § 823 BGB. Die Haftung des Haftpflichtversicherers ist jedoch in bestimmten Fällen nach § 4 PflVG i.V.m. § 4 Nr. 4 KfzPflVV i.V.m. den Geschäftsbedingungen für die Kraftverkehrsversicherung, den sog. AKB, ausgeschlossen. Zu diesen Fällen gehören u.a. Autorennen, worunter sämtliche Wettbewerbe fallen, bei denen es auf die Erzielung einer Höchstgeschwindigkeit mit den teilnehmenden Kraftfahrzeugen ankommt, weil dadurch die Risiken so gesteigert werden, dass sie mit einem norma-

---

[1052] BGH NJW 2003, 2018.
[1053] Vgl. dazu OLG Schleswig DAR 2015, 266 – oben Rn 888.
[1054] Vgl. dazu BGH NJW 2008, 3775 (Haftung des Betreibers einer Freizeitanlage wegen unterlassener Hinweispflichten auf Gefahren, die von Saltosprüngen auf Trampolin hervorgehen – dazu Rn 908).
[1055] Vgl. nur BGH NJW 2010, 537 ff. Vgl. auch *Kreutz*, JA 2011, 337, 339 f.
[1056] BGHZ 154, 316, 325.
[1057] BGHZ 63, 140, 145; 154, 316, 325.
[1058] Nach BGHZ 154, 316 ff. Vgl. auch *Emmerich*, JuS 2003, 1026 f.; *Hager*, JA 2008, 650.

len Versicherungsschutz nicht mehr erfasst werden können.[1059] Folglich greift auch im vorliegenden Fall der Haftungsausschluss, sodass sich der geltend gemachte Schadensersatzanspruch nur noch unmittelbar gegen A richten kann.

**2. Anspruch des B unmittelbar gegen A**

Anspruchsgrundlagen sind hier § 823 I BGB, § 7 I StVG und § 18 I StVG. Allerdings ist fraglich, wie es sich auswirkt, dass der Unfall während eines Autorennens verursacht wurde. Die bisherige Rechtsprechung ist zu der Frage, ob und gegebenenfalls unter welchen Voraussetzungen in solchen Fällen eine Haftung einzelner Teilnehmer gegenüber anderen zu bejahen ist, unklar und widersprüchlich. Der BGH hat in einer Reihe von Fällen jede Haftungsbeschränkung abgelehnt, insbesondere bei der Verletzung von Teilnehmern an einem Lehrgang für Rennfahrer[1060] sowie für das Verhältnis der Teilnehmer einer Zuverlässigkeitsfahrt untereinander[1061]. Dagegen hat er bei der Teilnahme an **Kampfsportarten** wie insbesondere Boxen, Fußball oder Basketball eine **Haftung der Teilnehmer im Falle einer Verletzung durch „sportgerechtes" Verhalten verneint**, wobei er die Tendenz erkennen ließ, zu diesem „sportgerechten" Verhalten auch ***leichte* Regelverstöße** zu zählen, wie sie immer vorkommen können und offenbar von den Teilnehmern von vornherein einkalkuliert werden, in erster Linie mit der Begründung, unter solchen Voraussetzungen sei die Forderung von Schadensersatz zwischen den Teilnehmern treuwidrig, weil jeder in die Situation kommen könne, unter solchen Voraussetzungen einen anderen zu verletzen.[1062] Im Schrifttum ist überhaupt keine Linie ersichtlich; nahezu alle denkbaren Lösungsansätze werden vertreten.[1063] Der BGH überträgt im vorliegenden Fall die oben dargestellten Grundsätze zu den Kampfsportarten einschließlich der Begünstigung leichter Regelverstöße auf ähnliche, ebenfalls sehr gefährliche Sportarten wie Autorennen. Zur Begründung führt er an, dass die zu den Kampfsportarten entwickelten Regeln verallgemeinerungsfähig und auch bereits in einer Vielzahl von Urteilen anderer Gerichte speziell auf die Verletzung von Teilnehmern bei **Autorennen** und vergleichbaren Veranstaltungen übertragen worden seien. Es sei daher folgerichtig, dass die **Haftung der Teilnehmer untereinander** selbst bei **leichten Regelverstößen ausgeschlossen** sein könne. Solche Wettkämpfe seien durch ein erhebliches Gefahrenpotential gekennzeichnet, da bei ihnen typischerweise bereits geringfügige Verstöße gegen die Regeln die Gefahr erheblicher Schäden begründe. Jeder Teilnehmer kenne dieses Risiko und nehme es deshalb im Falle seiner Teilnahme bewusst in Kauf, woraus folge, dass jeder darauf vertraue, nicht wegen solcher Schäden in Anspruch genommen zu werden, die er ohne nennenswerte Regelverletzung aufgrund der typischen Risikolage des Wettbewerbs verursacht habe. In solchen Fällen verstoße daher die Verfolgung von Ersatzansprüchen gegen andere Teilnehmer jedenfalls dann gegen Treu und Glauben, wenn kein Versicherungsschutz bestehe. Der von B geltend gemachte Schadensersatzanspruch bestehe daher nicht.[1064]

907

**Hinweis für die Fallbearbeitung:** In der Fallbearbeitung verbietet sich eine Vorgehensweise, wie sie dem BGH-Urteil zugrunde liegt. Vielmehr muss systematisch korrekt vorgegangen werden:

- Nachdem die **Anspruchsgrundlage(n)** benannt wurde(n), ist zunächst die Verwirklichung der **Rechtsgutverletzung** durch den Schädiger zu prüfen. In diesem Zusammenhang ist zu diskutieren, ob ein (stillschweigendes) **tatbestandsausschließendes Einverständnis** des Geschädigten angenommen werden kann.

[1059] Vgl. BGH NJW-RR 1991, 472, 473; BVerwGE 104, 154, 156.
[1060] BGHZ 96, 18, 27.
[1061] BGHZ 39, 156, 160 f.
[1062] BGHZ 63, 140, 142 ff.; BGH VersR 1975, 155, 156; NJW 1976, 957, 958; NJW 1976, 2161; NJW-RR 1995, 857, 858.
[1063] Vgl. *Oetker*, in: MüKo, § 254 Rn 67.
[1064] BGHZ 154, 316, 325.

- Sollte man dennoch eine objektive Tatbestandsverwirklichung annehmen, ist im Rahmen der Rechtswidrigkeit die **rechtfertigende Einwilligung** des Geschädigten zu prüfen.
- Sollte man auch diese verneinen, muss im Rahmen des **Verschuldens** unter dem Gesichtspunkt einer sportspezifischen Definition der im Verkehr erforderlichen Sorgfalt diskutiert werden, einen **eingeschränkten Fahrlässigkeitsbegriff** zugrunde zu legen, der möglicherweise zum Ausschluss des Verschuldens führt.
- Für den Fall, dass man dennoch ein Verschulden annimmt, ist schließlich im Rahmen des **Mitverschuldens** (§ 254 BGB) unter dem Aspekt des **Handelns auf eigene Gefahr** zu untersuchen, ob eine Herabsetzung oder gar ein Ausschluss der Haftung vorliegt.

### e. Sonstige Veranstaltungen/Freizeiteinrichtungen

Auch bei sonstigen Veranstaltungen bzw. Freizeiteinrichtungen wie Erlebnisparks, **908**
Bergwanderwegen, Indoor-Spielplätzen, Vergnügungsparks, Schwimmbädern, Skater- oder Quad-Anlagen, Tennis- und Turnhallen etc. müssen die Veranstalter die ihnen zumutbaren Sicherheitsvorkehrungen treffen, um Schäden an den Rechtsgütern der Benutzer möglichst zu vermeiden. Dabei richtet sich der Aufwand, den der Verkehrssicherungspflichtige zu betreiben hat, nach den möglichen Verletzungsfolgen, die den Benutzern der Einrichtung drohen. Je schwerwiegender diese sind, desto strenger sind die Anforderungen an die Verkehrssicherungspflichten.[1065] Zwar braucht der Betreiber einer Sport- oder Spielanlage nicht allen denkbaren Gefahren vorzubeugen, doch erfordert die Verkehrssicherungspflicht regelmäßig den Schutz vor solchen Gefahren, die über das übliche Risiko bei der Anlagenbenutzung hinausgehen, vom Benutzer nicht vorhersehbar und für ihn nicht ohne weiteres erkennbar sind.[1066]

**Beispiele:** So hat nach Auffassung des BGH der Betreiber einer Trampolinanlage z.B. die Verkehrssicherungspflicht, auf die möglichen Folgen schwieriger Sprünge (Saltos) bei der Benutzung eines Trampolins hinzuweisen.[1067] Aufsichtspersonen in Schwimmbädern sind zwar nicht zur lückenlosen Beobachtung eines jeden Schwimmers verpflichtet, sie müssen aber den Badebetrieb fortlaufend beobachten und kontrollieren, ob Gefahrensituationen für die Badegäste vorliegen.[1068] Tritt ein Notfall ein, hat die Badeaufsicht für rasche und wirksame Hilfeleistung zu sorgen; bei grob fahrlässiger Aufsichtspflichtverletzung trifft die Aufsicht führende Person zudem die Beweislast, dass bei ordnungsgemäßer Aufsicht der Schaden nicht eingetreten wäre.[1069] Eine Gemeinde hat in einem gemeindlich betriebenen Freizeitbad dafür Sorge zu tragen, dass sich Kinder nicht an durch Sonneneinstrahlung erhitzten Metallrampen Verbrennungen an den Fußsohlen zuziehen.[1070] Der Konzertveranstalter hat die Verkehrssicherungspflicht, die Konzertbesucher vor Gehörschäden durch übermäßige Lautstärke der dargebotenen Musik zu schützen.[1071] Der Betreiber eines Schwimmbades muss eine Aufsichtsperson abstellen[1072] und

---

[1065] Vgl. BGH NJW 2008, 3775 f. (mit Bespr. von *Wesser*, NJW 2008, 3761 ff.); NJW 2008, 3778 f.; NJW 2004, 1449 f. Vgl. auch *Mergner/Matz*, NJW 2015, 197, 201 f.

[1066] BGH NJW 2008, 3775, 3776.

[1067] BGH NJW 2008, 3775, 3776. Hier zog sich ein Benutzer eine Querschnittslähmung zu, als er kopfüber in das Trampolin sprang und sich dabei einen Halswirbel brach. Der BGH sah eine Verletzung der Verkehrssicherungspflicht, weil der Betreiber es unterlassen hatte, auf derartige (nach Auffassung des BGH für den Benutzer nicht vorhersehbare) Folgen hinzuweisen.

[1068] BGH NJW 2018, 301, 303.

[1069] BGH a.a.O. Damit wendet der BGH also die im Arzthaftungsrecht entwickelte Beweislastumkehr an. Hier wie dort handele es sich um Pflichten, die spezifisch auf den Schutz von Leben und Gesundheit gerichtet seien. Nicht anders als bei ärztlichen Pflichtverstößen sei die Verletzung der Schutzpflichten der Schwimmaufsicht, wenn ein Badegast einen Gesundheitsschaden erleide, dazu geeignet, aufgrund der komplexen, im Nachhinein nicht mehr exakt rekonstruierbaren Vorgänge im menschlichen Organismus erhebliche Aufklärungserschwernisse in das Geschehen hineinzutragen, sodass es der Billigkeit entspreche, für den Fall einer groben Pflichtverletzung dem Geschädigten die regelmäßige Beweislastverteilung nicht mehr zuzumuten. Dem ist uneingeschränkt zuzustimmen. Siehe bereits Rn 894.

[1070] LG Coburg 13.12.2016 – 23 O 457/16 – dazu Rn 914.

[1071] BGH ZIP 2001, 931; OLG Koblenz NJW-RR 2001, 1604 f.

bei Zurverfügungstellung einer Wasserrutsche muss er zudem durch Installation bestimmter Vorrichtungen (etwa Ampelanlage) gewährleisten, dass ein ausreichender Abstand der auf der Rutsche befindlichen Personen eingehalten wird, damit eine Kollision verhindert wird[1073]. Auch müssen in einer Diskothek herumstehende Gläser und Flaschen beiseite geräumt und der Boden gewischt werden, wenn ein Gast ein Getränk verschüttet hat.[1074] Und der Betreiber eines Bergwanderwegs muss die Steilkanten mit einem (wirksamen) Geländer sichern.[1075]

Bei einem renaturierten Landschaftspark besteht zwar auch die berechtigte Erwartungshaltung eines verständigen, umsichtigen, vorsichtigen und gewissenhaften Betroffenen in der konkreten Situation, dass er während des Besuchs im Park keinen Schaden erleidet.[1076] Verlässt der Besucher aber gesicherte (Rad-)Wege, um über die vorhandenen Grünflächen seinen Weg abzukürzen, hat er – insbesondere, wenn das Parkgelände erkennbar angesichts seiner Bodenstruktur, der Unebenheiten und des Bewuchses nicht für das Durchfahren mit einem Fahrrad angelegt ist – mit unterschiedlichen Bepflanzungen, Bodenunebenheiten, auf dem Boden liegenden Ästen, Maulwurfshügeln, aber auch mit Entwässerungsgräben zu rechnen und ist daher für einen etwaigen Sturz (in einen Entwässerungsgraben) selbst verantwortlich, auch wenn ein gesonderter Hinweis auf im Bereich der Grünflächen verlaufende Entwässerungsgräben fehlt.[1077] Es hat sich das allgemeine Lebensrisiko verwirklicht.

### f. Treppe, Aufzug, Haus und Garten

909 Treppen, Aufzugsanlagen, automatische Türen und andere (technische) Einrichtungen müssen zunächst den einschlägigen Bestimmungen der Bauordnung, der technischen Regelwerke (DIN, VDI, Betriebssicherheitsverordnung), des Produktsicherheitsgesetzes etc. entsprechen, was durch periodisch wiederkehrende technische Prüfungen durch anerkannte technische Prüforganisationen (TÜV, KÜS, DEKRA etc.) nachzuweisen ist.[1078] Wer Menschen den Zutritt zu diesen Bereichen gewährt, hat zudem Gefahrenquellen zu beseitigen oder zumindest abzusichern. Zu den diesbezüglich erforderlichen Maßnahmen gehören etwa die Instandhaltung, Beleuchtung, Reinigung und (im Außenbereich) das Streuen bei Glatteis[1079] (s.o.). Auch das Verhindern von Dachlawinen[1080] und das Absichern oder Fällen eines (alternden) (Grenz-)Baums gehören hierher, um Personen und/oder Sachen vor herabstürzenden Schneemassen zu schützen bzw. ein Umstürzen eines Baums zu verhindern.[1081] Allerdings geht es auch nach Auffassung des BGH zu weit, die Folgen eines natürlichen Astbruchs dem Verkehrssicherungspflichtigen zuzurechnen. Vielmehr unterfalle natürlicher Astbruch bei einem gesunden Baum dem allgemeinen Lebensrisiko.[1082] Auch wenn der Verletzte die Gefahr ohne weiteres hätte erkennen können, besteht trotz Fehlens entsprechender Hinweisschilder wegen Mitverschuldens (§ 254 BGB) kein oder ein zumindest der Höhe nach

---

[1072] OLG Hamm NJW-RR 2014, 985; ausführlich dazu *Mergner/Matz*, NJW 2015, 197, 201 f.
[1073] Vgl. OLG Hamm NJW 2010, 2591, 2592 (Warnschild und Ampel vor einer Wasserrutsche).
[1074] OLG Karlsruhe NJOZ 2010, 661; dazu *Mergner/Matz*, NJW 2015, 197, 202.
[1075] OLG Saarbrücken 30.11.2017 – 4 U 19/17.
[1076] OLG Hamm NJW 2018, 1890, 1891.
[1077] OLG Hamm NJW 2018, 1890, 1891.
[1078] Vgl. dazu *Mergner/Matz*, NJW 2015, 197 ff. Zu beachten ist, dass die genannten Vorschriften im konkreten Fall auch anwendbar sein müssen. Greifen etwa die Vorschriften der Landesbauordnung nicht für Anlagen des öffentlichen Verkehrs, sind z.B. öffentliche Wege und Treppen auch nicht am Maßstab der Vorschriften der Landesbauordnung zu messen. Selbstverständlich müssen dann aber die allgemeinen Verkehrssicherungspflichten beachtet werden (siehe OLG Koblenz 5.7.2018 – 1 U 1069/17).
[1079] Vgl. OLG Jena NJW 2006, 624 f.; OLG Celle NJW-RR 2004, 1251; OLG Düsseldorf JP 2001, 22. Vgl. dazu auch *Mergner/Matz*, NJW 2014, 186, 189, die die von der Rechtsprechung aufgestellten Voraussetzungen einer Streu- und Räumpflicht näher beschreiben.
[1080] Vgl. dazu *Hitpaß/Kappus*, NJW 2013, 565, 568. Nach Auffassung des AG Hannover (15.7.2014 – 438 C 12642/13) besteht keine generelle Pflicht zur Anbringung von Schneefallgittern, sondern nur dann, wenn in der Region Dachlawinen nicht unüblich seien.
[1081] BGH NJW 2004, 3328 ff.; OLG Düsseldorf MDR 2014, 145. Vgl. auch *Löhnig*, JA 2005, 85 f.; *Mergner/Matz*, NJW 2015, 197, 200.
[1082] BGH NJW 2014, 1588 f.

stark geminderter Schadensersatzanspruch. Das ist etwa der Fall, wenn jemand auf einer frisch gewischten Treppe ausrutscht, obwohl das Treppenhaus gut beleuchtet ist und sehr stark nach dem benutzten Reinigungsmittel riecht. Wäre es dem Verletzten in diesem Fall möglich gewesen, die Gefahr zu erkennen, und ohne weiteres zumutbar gewesen, sich am Treppengeländer festzuhalten, um der Gefahr des Ausrutschens wirksam zu begegnen, kann ein 100%iges Mitverschulden anzunehmen sein, was zu einem gänzlichen Ausschluss des Schadensersatzanspruchs führt.[1083] Auch benötigt eine zu einem öffentlichen Weg gehörende Treppe nur dann ein Geländer oder einen Handlauf, wenn Gefahren ausgeräumt werden müssen, die für einen sorgsamen Benutzer nicht oder nicht rechtzeitig erkennbar sind und auf die er sich nicht oder nicht rechtzeitig einstellen kann.[1084]

Die Verkehrssicherungspflicht kann durch Mietvertrag (auch durch AGB oder Hausordnung)[1085] auf den Mieter delegiert werden. Sie bedarf einer klaren Absprache, die die Sicherung der Gefahrenquelle verlässlich garantiert.[1086] Nach wirksam erfolgter Übertragung der Verkehrssicherungspflicht verengt sich die Verkehrssicherungspflicht des ursprünglich allein Verantwortlichen auf eine Kontroll- und Überwachungspflicht.[1087] Diese Pflicht besteht darin, regelmäßig, aber unangekündigt Kontrollgänge durchzuführen, deren Datum, Uhrzeit und Dauer aus Gründen der Beweissicherung dokumentiert werden sollten; auch (via Smartphone) erstellte Beweisfotos sind vorteilhaft.[1088] Welche Vorkehrungen im Übrigen erforderlich und zumutbar sind, richtet sich nach dem Einzelfall (Größe der Gefahr, örtliche und zeitliche Verhältnisse). Mangelnde finanzielle Leistungsfähigkeit schließt die Zumutbarkeit nicht aus.

### g. Gewerbebetrieb oder Beruf

Wer einen Gewerbebetrieb oder Beruf ausübt, kann sich daraus ergebende, besondere 910
Verkehrssicherungspflichten haben. So verletzt ein Landwirt seine Verkehrssicherungspflicht, wenn er beim Bewässern seiner Ackerflächen auch eine daneben liegende Pferdeweide beregnet, wodurch aufgrund des Wasserstrahls ein Pferd in Panik gerät und auf seiner Flucht einen tödlichen Unfall erleidet.[1089] Ein Bewachungsunternehmen muss sich vor der Einstellung eines Wachmannes, dem für die Arbeitszeit eine Waffe ausgehändigt wird, einen lückenlosen Lebenslauf des Bewerbers vorlegen und belegen lassen, um die Zuverlässigkeit des Bewerbers überprüfen zu können.[1090] Der Inhaber eines Verbrauchermarktes (Einkaufszentrum; Supermarkt) hat die Verkehrssicherungspflicht, Rutschgefahren zu vermeiden. So muss er nicht nur rutschfestes Bodenmaterial verwenden, damit die Stand- und Trittsicherheit auch bei Nässe (etwa, wenn bei Regen oder Schneefall Kunden den Markt betreten und dabei den Boden einnässen) gewährleistet ist[1091], sondern er muss auch dafür Sorge tragen, dass im Kundenbereich heruntergefallene Salatblätter, vergossene bzw. auf den Boden getropfte Molkereiprodukte oder fallen gelassene Wurstscheiben beseitigt werden[1092]. Die diesbezüglichen Anforderungen an eine Verkehrssicherungspflicht sind besonders streng und implizieren, dass in kurzen zeitlichen Abständen (15-20 Minuten) der Boden kontrolliert

---

[1083] AG München 12.9.2013 – 454 C 13676/11.
[1084] OLG Koblenz 5.7.2018 – 1 U 1069/17.
[1085] Vgl. dazu *Hitpaß/Kappus*, NJW 2013, 565, 570.
[1086] OLG Celle NJW-RR 2011, 106, 108. Vgl. auch BGH NJW 2013, 3022, 3023; *Wietfeld*, NJW 2014, 1206, 1207.
[1087] BGH NJW 2008, 1440; OLG Dresden OLG Report 1997, 3; OLG Hamm OLG Report 2001, 314; OLG Köln NJW-RR 1996, 655; *Hitpaß/Kappus*, NJW 2013, 565, 570.
[1088] *Horst*, NZM 2012, 513, 518; *Hitpaß/Kappus*, NJW 2013, 565, 570.
[1089] OLG Celle AUR 2016, 221, 222.
[1090] BGH NJW 2001, 2023 f.; *Brox/Walker*, § 45 Rn 37.
[1091] OLG Koblenz MDR 2013, 783 f. Vgl. auch *Mergner/Matz*, NJW 2014, 186, 187.
[1092] Vgl. dazu AG München 11.11.2011 – 271 C 18055/11 (Fettfleck infolge heruntergefallener Wurstscheibe) und AG München 9.2.2016 – 158 C 21362/15 (Rotweinreste aufgrund zerbrochener Rotweinflasche).

und ggf. gereinigt wird.[1093] Podeste oder Stufen müssen farblich oder auf andere geeignete Weise gekennzeichnet werden, damit eine Stolpergefahr ausgeschlossen wird.[1094] Auch muss der Marktinhaber bzw. -leiter dafür Sorge tragen, dass herumstehende Einkaufswagen auf dem Parkplatz eingesammelt (und abgesichert) werden, damit durch sie nicht Fahrzeuge beschädigt werden.[1095] Dagegen braucht eine Brauerei nicht auf ihren Bierflaschen vor den Gefahren übermäßigen Alkoholkonsums zu warnen, denn diese Gefahren sind allgemein bekannt[1096] und daher dem Verantwortungsbereich des Konsumenten zuzuordnen. Davon unberührt ist die Möglichkeit des Gesetzgebers, den Herstellern die Pflicht aufzuerlegen, Warnhinweise auf den Produktschachteln aufzudrucken. Der Betreiber einer Autowaschanlage haftet nicht generell für Schäden an Fahrzeugen, die während des Waschvorgangs entstehen, sondern grds. nur dann, wenn die Schäden durch mangelhafte Wartung oder durch Missachtung von herstellerseitigen Betriebsvorschriften verursacht wurden.[1097] Zur SB-Autowaschanlage vgl. bereits Rn 902a.

Letztlich steht bei allen genannten Beispielen im Vordergrund, dass alle möglichen und zumutbaren Vorkehrungen getroffen werden müssen, wobei insbesondere auf die Wahrscheinlichkeit und die Schwere eines möglichen Schadenseinritts abzustellen ist. Ist dem Verkehrssicherungspflichten hiernach kein Vorwurf zu machen, hat sich im Schadensfall für den Betroffenen lediglich das allgemeine Lebensrisiko verwirklicht.

Zur **Produzentenhaftung**, die wegen Verletzung einer Verkehrssicherungspflicht bestehen kann, vgl. Rn 923 ff. (insbesondere Rn 939 f.).

In allen genannten Fällen ist jedoch stets zu prüfen, ob nicht ein anspruchsminderndes **Mitverschulden** (§ 254 BGB) des Geschädigten vorliegt (dazu Rn 915) oder sich das anspruchsausschließende **allgemeine Lebensrisiko** des Geschädigten oder das Eigenverantwortlichkeitsprinzip verwirklicht hat.[1098]

### h. Spielplätze

911 Bei Spielplätzen ist die Verkehrssicherungspflicht dem besonderen Risiko der Benutzung durch junge Personen anzupassen.[1099] Dabei ist auch der Gefahr durch möglichen Missbrauch entgegenzuwirken. So ist z.B. ein Ballspielplatz für Kinder so zu sichern, dass in der Nähe liegende Gebäude nicht durch Bälle beschädigt werden und auch das Zurückholen der Bälle durch Kinder keinen Schaden hervorruft. Jedoch ist eine gewisse Gefahr in Kauf zu nehmen, besonders bei einem Abenteuerspielplatz.[1100]

### i. Missbrauch/Fehlgebrauch

912 Gebraucht der Empfänger eines Gegenstands diesen in nicht vorgesehener Weise, löst dies im Allgemeinen keine Haftung des Überlassenden wegen verletzter Verkehrssicherungspflicht aus.[1101] Anders liegt der Fall jedoch, wenn *bei der Überlassung* die Gefahr besteht, dass der Gegenstand zweckwidrig verwendet wird und der Benutzer oder Dritte gegen Missbrauch geschützt werden müssen.[1102] So darf man keine giftigen

---

[1093] Vgl. aus jüngerer Zeit etwa OLG Köln 6.1.2012 – 10 U 16/11; LG Mannheim 7.12.2012 – 11 O 53/12 sowie *Mergner/Matz*, NJW 2014, 186, 187.
[1094] AG Spandau 7.12.2012 – 15 C 186/12; *Mergner/Matz*, NJW 2014, 186, 187.
[1095] So nun auch OLG Hamm NJW 2016, 505 f.
[1096] OLG Hamm NJW 2001, 1654 f.; *Brox/Walker*, § 45 Rn 37.
[1097] Grundlegend BGH 1975, 685 ff. Vgl. auch *Mergner/Matz*, NJW 2014, 186, 191. Zum AGB-mäßigen Haftungsausschluss vgl. *R. Schmidt*, BGB AT, Rn 1579.
[1098] Vgl. dazu BGH NJW 2014, 1588 f.
[1099] *Deutsch/Ahrens*, Rn 269. Vgl. auch OLG Naumburg NJW-RR 2014, 664 und ausführlich *Lange/Schmidbauer*, in: juris-PK, § 823 Rn 87.
[1100] Vgl. BGHZ 103, 38; OLG Köln OLG Report 2001, 150; *Deutsch/Ahrens*, Rn 269.
[1101] *Deutsch/Ahrens*, Rn 270.
[1102] BGHZ 139, 43, 47 (Tolle Biene). Vgl. auch *Deutsch/Ahrens*, Rn 270.

Pflanzen anbauen, wenn man erkennen kann, dass sie von Tieren auf der benachbarten Weide gefressen werden.[1103] Giftige (ätzende) Flüssigkeiten darf man nicht in Getränkeflaschen aufbewahren, damit sie nicht infolge einer Verwechselung getrunken werden. Die Beschriftung „Lauge" oder „Säure" reicht nicht aus, da sie erfahrungsgemäß nicht gelesen wird.[1104]

### j. Unbefugte

Da Verkehrssicherungspflichten insbesondere für denjenigen bestehen, der Flächen **913**
dem Betreten durch Dritte öffnet und dabei (abstrakte) Gefahren für andere schafft oder unterhält, ist derjenige verpflichtet, alle erforderlichen und zumutbaren Maßnahmen zu treffen, um Schäden von den Betroffenen abzuwenden. Daraus folgt umgekehrt, dass an Verkehrssicherungspflichten abgeschwächte Anforderungen zu stellen sind, wenn das Grundstück, Gelände, Gebäude oder eine Anlage in unbefugter Weise betreten wird. Klettern bspw. Unbefugte nachts über einen Zaun, um auf das Gelände eines Freizeitmarktes zu gelangen, um dort Waren zu stehlen, leuchtet es ein, dass der Eigentümer des Geländes nicht für Verletzungen, die sich die Diebe während des Überkletterns des Zaunes zuziehen, verantwortlich ist. Auch gegenüber einem Einbrecher, der auf dem rutschigen Küchenboden ausrutscht und sich einen Knochenbruch zuzieht, besteht keine Haftung aus Verkehrssicherungspflicht. Eine solche kann aber hinsichtlich Objekte bestehen, die Kinder und Jugendliche auf den Plan einer unbefugten Benutzung rufen. So muss der Betreiber eines Schrottplatzes dafür Sorge tragen, dass nicht Kinder und Jugendliche ohne weiteres das Gelände betreten können (dazu Rn 885/895). Energieversorgungsunternehmen haben Hochspannungsmasten so zu sichern, dass etwa 9-jährige Kinder sie nicht ohne weiteres erklettern können.[1105] Dagegen hat die Deutsche Bahn AG nicht die Pflicht, ihre Bahngleise vor unbefugtem Betreten zu sichern. Es würde die Anforderungen an die Sorgfaltspflicht überspannen, forderte man die Sicherung des gesamten Bahnstreckennetzes vor unbefugtem Betreten auch von Kindern.

### k. Hinweis auf Gefahr und Freizeichnung von der Haftung

Geht von dem Objekt nur eine geringe oder mittlere Gefahr aus, genügt zur Erfüllung **914**
der VSP oft ein Warnhinweis („Vorsicht Verletzungsgefahr"). So genügt es, dass bei einem Nichtschwimmerbecken vor Kopfsprüngen gewarnt wird.[1106] Besteht die Gefahr einer größeren Verletzung oder ist die Wahrscheinlichkeit einer Verletzung höher, sind allgemeine Warnhinweise i.d.R. nicht ausreichend. So muss der Betreiber einer Trampolinanlage konkret auf die Möglichkeit hinweisen, dass es bei einem Salto zu einem Halswirbelbruch und damit zu einer Querschnittslähmung kommen kann (siehe Rn 908). Dagegen genügt selbst die Aufschrift „Vorsicht Lebensgefahr, Gift" auf einer Getränkeflasche nicht, um die Anforderungen an die Verkehrssicherungspflicht zu erfüllen (Rn 912). Auch das Blitzpfeilkennzeichen an einem abgestellten Güterwaggon, dessen Steigleiter spielende Kinder zum Klettern anlockt, warnt nicht ausreichend vor der Gefahr durch Stromüberschlag in der Nähe der Oberleitung.[1107] Sehr problematisch ist, ob eine durch gemeindliche Satzung vorgenommene Haftungsbegrenzung auf Vorsatz und grobe Fahrlässigkeit wirksam ist. § 276 III BGB scheint es zu ermöglichen, die Haftung für Fahrlässigkeit auszuschließen, da die Vorschrift nur den Ausschluss der Vorsatzhaftung explizit untersagt; nach § 278 S. 2 BGB kann sogar die Haftung für vorsätzliches Verhalten von Hilfspersonen ausgeschlossen werden. Da derartige Haftungsausschlüsse jedoch die Bezieher von kommunalen Leistungen, insbesondere auf

---

[1103] *Deutsch/Ahrens*, Rn 270.
[1104] *Deutsch/Ahrens*, Rn 270 m.w.N.
[1105] Vgl. dazu OLG Brandenburg OLG-NL 2000, 147.
[1106] BGH NJW 1980, 1159.
[1107] BGH VersR 1995, 672; *Deutsch/Ahrens*, Rn 272.

dem Gebiet der Daseinsvorsorge, über Gebühr benachteiligen, haben Rspr. und Lit. die Zulässigkeit eines satzungsmäßigen Haftungsausschlusses unter Heranziehung der Vorschriften über die AGB-Kontrolle (§§ 305 ff. BGB) nur unter strengen Voraussetzungen bejaht[1108]:

**(1)** die Haftung für Vorsatz/grobe Fahrlässigkeit dürfe nicht ausgeschlossen werden,
**(2)** die Haftungsbeschränkung müsse sachlich gerechtfertigt sein,
**(3)** die Haftungsbeschränkung müsse erforderlich und verhältnismäßig sein
**(4)** und die Haftungsbeschränkung dürfe nicht im Widerspruch zu den allgemeinen Aufgaben der kommunalen Daseinsvorsorge stehen.

So sei der für ein gemeindliches Freizeitbad geltende satzungsmäßige Ausschluss der Haftung für mittlere und leichte Fahrlässigkeit unwirksam für den Fall, dass sich ein dreijähriges Kind auf einer durch Sonneneinstrahlung erhitzten Metallrampe, die den Zugang zu den sanitären Einrichtungen ermöglicht, Verbrennungen an den Fußsohlen zuziehe. Zwar sei allgemein bekannt, dass sich Metall bei Sonneneinstrahlung erhitze und dass für solche offensichtlichen Gefahren keine Verkehrssicherungspflicht bestehe, das gelte jedoch nicht für Bereiche, die ausdrücklich auch der Benutzung durch Kleinkinder offenstünden.[1109]

## I. Mitverschulden als Anspruchsminderung?

**915** Fraglich ist, ob sich der Geschädigte ein Mitverschulden (§ 254 BGB) entgegenhalten lassen muss, wenn er sich waghalsig bzw. äußerst unvorsichtig verhält und zum Schadenseintritt mit beiträgt. Man denke neben den etwa bei Rn 910 behandelten Fallgruppen an den Fall, dass ein 37-Jähriger kopfüber in ein Trampolin springt und sich dabei eine Halswirbelfraktur zuzieht, die zu einer Querschnittslähmung führt (siehe Rn 908/914). Auch denke man an den Fall, dass eine Radfahrerin trotz überfrierender Nässe mit dem Fahrrad zum Einkaufen fährt und auf dem Weg dorthin stürzt.[1110] Ein Mitverschulden setzt jedoch voraus, dass die Gefahr für den Geschädigten erkennbar war.[1111] Im Trampolin-Fall war der BGH der Meinung, dass es dem Anlagenbenutzer in der konkreten Situation nicht möglich gewesen sei, sich unabhängig von den (im konkreten Fall unzureichenden) Hinweisen des Anlagenbetreibers über die mit der Anlagenbenutzung verbundenen Gefahren zu informieren. Von demjenigen, der die Anlage gewerbsmäßig zur Nutzung bereitstelle, könne Sachkunde hinsichtlich dieser Gefahren erwartet werden, von demjenigen, der die Anlage benutze in der Annahme, es handele sich um kindersicheres Spielgerät (im konkreten Fall war die Anlage für Personen ab 4 Jahre freigegeben), nicht.[1112] Und im Fahrradsturz-Fall hat das AG München gemeint, dass zur fraglichen Zeit allgemein der Winter in München und Umgebung noch nicht vorbei gewesen sei, weshalb es auch zu Schnee und Eisglätte habe kommen können. Bei der konkreten Temperatur an diesem Tag sei auch nicht von vornherein ausgeschlossen gewesen, dass es an einzelnen Stellen glatt sein könne, weshalb die beklagte Gemeinde verpflichtet gewesen sei, an diesem Tag eine Kontrolle an dieser Stelle durchzuführen und bei Feststellung der Glättestelle zu streuen.[1113]

**916** Derartige Überlegungen überzeugen nicht. Es ist für einen 37-jährigen, halbwegs gebildeten Menschen durchaus vorhersehbar, dass Saltos und Kopfsprünge in ein Trampolin zu Halswirbelbrüchen führen können. Wer dennoch eine derart waghalsige

---

[1108] Vgl. BGHZ 61, 7, 12 f.; *Geis*, NVwZ 2002, 385, 386; *Maurer/Waldhoff*, AllgVerwR, § 29 Rn 7.
[1109] LG Coburg 13.12.2016 – 23 O 457/16.
[1110] Siehe den Fall AG München 8.8.2018 – 154 C 20100/17.
[1111] Vgl. BGH NJW-RR 2006, 965; *Grüneberg*, in: Palandt, § 254 Rn 9; *Schiemann*, in: Staudinger, § 254 Rn 53 ff.; *Wesser*, NJW 2008, 3761, 3764.
[1112] BGH NJW 2008, 3775, 3776 f.
[1113] AG München 8.8.2018 – 154 C 20100/17.

Akrobatik vollzieht, handelt im bestimmten Umfang eigenverantwortlich und darf sich nicht uneingeschränkt auf unterlassene Warnhinweise des Anlagenbetreibers stützen, sondern trägt zumindest eine Mitschuld. Dem Anlagenbetreiber hier eine Alleinschuld zuzuschreiben, ist sachunangemessen und wieder einmal Ausdruck dafür, dass der BGH jenseits von methodischen Strukturen in vermeintlicher Einzelfallgerechtigkeit entscheidet. Denn auch sonst konstatiert der BGH in ständiger Rspr., dass Verkehrssicherungspflichten für den Pflichtigen zumutbar sein müssten und nicht die Eigenverantwortlichkeit des Betroffenen beiseiteschöben. Der Betreiber einer Sport- oder Freizeitanlage kann nicht antizipiert alle denkbaren Fehlverhaltensweisen der Benutzer in seine Warnhinweise aufnehmen. Das wäre nicht nur kaum möglich, sondern führte auch dazu, dass die Warnhinweise so komplex würden, dass sie kaum von einem Anlagenbenutzer beachtet werden würden. Dann aber machen sie wenig Sinn. Derart intransparente Hinweise würden – gemessen an § 309 Nr. 7a BGB[1114] (dazu Rn 921) – von den Gerichten wohl für unwirksam erklärt werden. Und im obigen Fahrradsturz-Fall hätte man die vom AG München angeführten Argumente genauso auf die Radfahrerin anwenden können. Auch dieser hätte bei der winterlichen Jahreszeit und der konkreten Temperatur an diesem Tag klar sein müssen, dass es an einzelnen Stellen glatt sein könne, weshalb sie vom Fahrradfahren hätte Abstand nehmen müssen oder halt ihren Sturz hätte selbst verantworten müssen. Daher lag durchaus ein Mitverschulden vor und es wäre eine Haftungsquotelung angemessen gewesen.

Überzeugender erscheint daher der bereits bei Rn 909 angesprochene Fall, in dem jemand auf einer frisch gewischten Treppe ausrutscht, obwohl das Treppenhaus gut beleuchtet ist und sehr stark nach dem benutzten Reinigungsmittel riecht. In diesem Fall kann durchaus davon ausgegangen werden, dass die Gefahr für den Geschädigten erkennbar war. Wäre es dem Verletzten in diesem Fall ohne weiteres möglich gewesen, sich am Treppengeländer festzuhalten, liegt sogar ein 100%iges Mitverschulden vor, das zum gänzlichen Ausschluss des Schadensersatzanspruchs führt.[1115] **917**

### m. Abwälzung und Entlastungsbeweis

Es ist nicht unüblich, dass Verkehrssicherungspflichten vertraglich auf andere übertragen werden (vgl. nur oben zur Schnee- und Eisräumpflicht des Mieters). Die vertragliche Abwälzung der Verkehrssicherungspflichten ist grds. zulässig (Rn 909). Bei Missachtung der Verkehrssicherungspflicht haftet daher grds. *nur* der Übernehmende. Etwas anderes kann aber gelten, wenn der ursprünglich Verantwortliche seine immerhin noch bestehende Kontroll- und Überwachungspflicht verletzt hat.[1116] Setzt der an sich Pflichtige einen Gehilfen ein und beauftragt diesen, die Verkehrssicherungspflichten auszuüben, kommt – bei Verletzung der Verkehrssicherungspflicht und Verursachung eines Schadens – eine Haftung des Geschäftsherrn aus § 831 I S. 1 BGB in Betracht. Dieser wird dann möglicherweise versuchen, den Entlastungsbeweis gem. § 831 I S. 2 BGB zu führen, sich also zu „exkulpieren". Hat der Geschäftsherr den zur Ausübung der Verkehrssicherungspflicht bestellten Gehilfen ordnungsgemäß belehrt und sich über die Erfüllung der Verkehrssicherungspflicht besonders informiert[1117] (d.h. den Gehilfen überwacht), wobei auch Stichproben genügen können[1118], kann sich der Geschäftsherr entlasten und haftet nicht aus § 831 I S. 1 BGB (vgl. auch Rn 922). **918**

---

[1114] Zwar ist das AGB-Recht nicht unmittelbar auf das Deliktsrecht anwendbar, der BGH würde aber wohl aufgrund der Komplexität und Intransparenz die Vorhersehbarkeit auf Seiten des Anlagenbenutzers verneinen, um zum gewünschten Ergebnis zu gelangen.

[1115] AG München 12.9.2013 – 454 C 13676/11.

[1116] Vgl. BGH NJW 2008, 1440; OLG Hamm OLG Report 2001, 314; OLG Köln NJW-RR 1996, 655; *Hitpaß/Kappus*, NJW 2013, 565, 570.

[1117] Vgl. *Sprau*, in: Palandt, § 823 Rn 62; *Deutsch/Ahrens*, Rn 273.

[1118] OLG Celle OLGR 2004, 209.

919 **Hinweis für die Fallbearbeitung:** Da die Rspr. insgesamt sehr schwankt und ähnliche Fälle ganz unterschiedlich entscheidet, sollte man sich im Rahmen einer Fallbearbeitung keineswegs damit genügen, sich einfach an einer bestimmten Fallgruppe zu orientieren und eine bestimmte Auffassung der Rechtsprechung zugrunde zu legen. Vielmehr sollte man ein eigenes Judiz entwickeln und sachgerecht argumentieren. Oben genannte Kriterien können aber der Orientierung dienen.

### 3. Verkehrssicherungspflichten und Schmerzensgeld

920 Gemäß § 253 II BGB kann bei Verletzung bestimmter Rechtsgüter prinzipiell ohne Rücksicht auf den Haftungsgrund, also sowohl aus Deliktsrecht (Verletzung von Verkehrssicherungspflichten) als auch aus Vertragsrecht (Verletzung von Vertragspflichten, § 280 I BGB), ein **angemessenes Schmerzensgeld** verlangt werden. Das betrifft in erster Linie den Arzt und den Personenbeförderer, weil sich hier am ehesten Verletzungen derjenigen Rechtsgüter ergeben können, die von der Aufzählung in § 253 II BGB erfasst sind. Aber auch derjenige, der in (sonstiger) vertraglicher Beziehung zum Geschädigten steht, kann sowohl aus Deliktsrecht (insbesondere wegen Verletzung von Verkehrssicherungspflichten) als auch aus Vertragsrecht schadensersatz- und damit schmerzensgeldpflichtig sein. So haftet etwa der Betreiber eines Bergwanderwegs, der die Steilkanten nicht mit einem (wirksamen) Geländer gesichert hat, auf Schadensersatz, Schmerzensgeld, Beerdigungskosten und auf Unterhaltsschaden, wenn durch den Sturz eine unterhaltspflichtige Person zu Tode kommt.[1119] Auch haftet eine Gemeinde, die ein Freizeitbad betreibt, auf Schmerzensgeld wegen Verletzung einer Verkehrssicherungspflicht, wenn sich ein Kind an einer durch Sonneneinstrahlung erhitzten Metallrampe Verbrennungen an den Fußsohlen zuzieht.[1120]

### 4. Verkehrssicherungspflichten und AGB

921 Hinsichtlich der Vertragshaftung ist zu beachten, dass sie **„AGB-fest“** ist: Nach § 309 Nr. 7a BGB sind „ein Ausschluss oder eine Begrenzung der Haftung“ bei schuldhafter, mindestens leicht fahrlässiger Verletzung von Körper und Gesundheit in Allgemeinen Geschäftsbedingungen unwirksam. Mit dem Hinweis „Benutzung auf eigene Gefahr“ kann sich der Verkehrssicherungspflichtige (etwa der Betreiber einer Trampolinanlage, siehe Rn 908, 914, 915) wegen § 309 Nr. 7a BGB also i.d.R. nicht freizeichnen.[1121] Er haftet daher vertraglich aus § 280 I BGB, wenn er es pflichtwidrig unterlässt, auf die Gefahren, die mit der Benutzung der gefährlichen Anlage verbunden sind, hinzuweisen. Möglicherweise trifft den Geschädigten aber ein Mitverschulden (§ 254 BGB), wenn er selbstschädigend handelt (etwa waghalsige Sprünge kopfüber auf ein Trampolin unternimmt). Aus vertragsrechtlicher Sicht ist über die Frage des Mitverschuldens bislang gerichtlich (soweit ersichtlich) noch nicht entschieden worden, nach der hier vertretenen Auffassung ist sie aber zu bejahen. Davon unbeschadet haftet der Veranstalter nach Auffassung des BGH aus § 823 I BGB wegen Verletzung einer Verkehrssicherungspflicht, und zwar ohne Rücksicht auf waghalsige Manöver des Geschädigten. § 254 BGB sei in diesem Fall nicht anwendbar, weil die Gefahr für den Benutzer der Anlage nicht erkennbar sei. Diese Auffassung überzeugt nicht. Denn dass man sich auf einem Trampolin – gerade bei einem Salto bzw. Kopfsprung – Verletzungen bis hin zu einer Querschnittslähmung zuziehen kann, dürfte allgemein bekannt sein.

922 Die Gewährung von Schadensersatz und Schmerzensgeld im Rahmen vertraglicher Haftung ist von praktischer Bedeutung, wenn die Schädigung durch einen Erfüllungsgehilfen i.S.d. § 278 BGB erfolgte und die deliktische Haftung daran scheitert, dass die „Hilfsperson“ mangels Weisungsabhängigkeit kein Verrichtungsgehilfe nach § 831 I S.

[1119] OLG Saarbrücken 30.11.2017 – 4 U 19/17.
[1120] LG Coburg 13.12.2016 – 23 O 457/16 – dazu Rn 914.
[1121] Vgl. BGH NJW 2008, 3775 ff. (dazu oben Rn 908).

1 BGB ist oder der andere Teil den Entlastungsbeweis nach § 831 I S. 2 BGB erbringen kann. Die Betreiber von Supermärkten, Schwimmbädern, Freizeitparks und Musikhallen haften ihren Kunden bzw. Gästen daher schon vertraglich (bzw. vorvertraglich) auf Schadensersatz und ggf. auch auf Schmerzensgeld, wenn diese z.B. auf Gemüseblättern, Wurstscheiben[1122], Rotweinresten[1123] oder Bananenschalen ausrutschen.[1124] Die vertragliche (oder vorvertragliche) Pflichtverletzung (§ 280 I BGB ggf. i.V.m. §§ 241 II, 311 II BGB) ergibt sich dabei aus der unterlassenen Pflicht, auf derartige (für den Benutzer nicht vorhersehbare) Gefahren hinzuweisen.[1125] Damit wirken die Grundsätze der Verkehrssicherungspflichten letztlich auch in den vertraglichen bzw. vorvertraglichen Bereich hinein und sind bei der Pflichtverletzung i.S.d. § 280 I BGB zu prüfen.

[1122] Vgl. dazu AG München 11.11.2011 – 271 C 18055/11.

[1123] Vgl. dazu AG München 9.2.2016 – 158 C 21362/15.

[1124] Vgl. *Wagner*, NJW 2002, 2049, 2056 mit (den) Nachweisen aus der Rechtsprechung. Zu den „Supermarktfällen" vgl. bereits oben Rn 910.

[1125] Der BGH, der diesen Fall entschieden hat (vgl. NJW 2008, 3775), hat allerdings rein deliktsrechtlich entschieden, obwohl sich – auf der Basis seiner Argumentation – auch eine Schadensersatzpflicht aus Vertrag ergeben hätte. Dass der BGH nicht auch vertragliche Ansprüche geprüft hat, liegt daran, dass die Klage allein auf Deliktsrecht gestützt war.

## VII. Produzentenhaftung und Abgrenzung zur Produkthaftung

923 Seit Jahrzehnten besteht die Tendenz, unter **Einschränkung** oder gar **Umkehr der Beweislast** die Rechtsstellung Produktgeschädigter zu verbessern und ihnen gegen denjenigen, der das schadhafte Produkt hergestellt oder importiert und es anderen überlassen („es in den Verkehr gebracht") hat, unter dem Gesichtspunkt der **Verletzung von Verkehrs(sicherungs-)pflichten** Schadensersatz- und Schmerzensgeldansprüche zu gewähren (sog. **Produzentenhaftung**). Verkürzt kann man sagen: Erleidet jemand durch die Benutzung eines schadhaften Produkts einen Schaden, muss derjenige, der das Produkt in den Verkehr gebracht hat, (gem. **§ 823 I BGB**) für den entstandenen Schaden aufkommen, sofern er nicht die Einhaltung der erforderlichen Sorgfaltspflichten beweisen kann.

924 Der Leser mag sich fragen, warum es einer Produzentenhaftung überhaupt bedarf. Dem Käufer eines mangelhaften Produkts stehen regelmäßig doch Sachmängelansprüche gem. §§ 434 ff. BGB gegen den Verkäufer zu. Die Beantwortung der Frage fällt nicht schwer, wenn man bedenkt, dass für kaufrechtliche Ansprüche (auch nach der Schuldrechtsreform) zumeist kürzere Verjährungsfristen gelten (vgl. § 438 BGB im Gegensatz zu §§ 195 ff. BGB) und dass es bei der Produzentenhaftung nicht um Gestaltungsrechte wie Minderung oder Rücktritt geht, sondern um Schadensersatz. Zwar bietet auch das Gewährleistungsrecht Schadensersatzansprüche gegen den Verkäufer, dies allerdings nur unter den Voraussetzungen der §§ 434, 437 Nr. 3 i.V.m. §§ 440, 280, 281, 283 und 311a BGB. Da einem Verkäufer jedoch kaum die Pflicht obliegt, ein fabrikneues Produkt auf Fehler hin zu untersuchen, ist er mangels Verschuldens regelmäßig keinen Schadensersatzansprüchen nach §§ 280 I, 282, 241 II BGB ausgesetzt; insoweit kommt auch ein Rückgriff des Verkäufers gegenüber dem Produzenten (vgl. nur §§ 445a, 478 BGB für Verbrauchsgüter) nicht in Betracht. Sofern der Verkäufer auch nicht Schadensersatzansprüchen wegen zugesicherter Eigenschaften (vgl. §§ 442 I, 444 BGB) oder eines Garantieversprechens (§ 443 BGB) ausgesetzt ist, hat der Käufer keinen Anspruch auf Schadensersatz gegen den Verkäufer. Schließlich ist der Hersteller auch nicht Erfüllungsgehilfe des Verkäufers, sodass sich dieser das Fehlverhalten des Herstellers auch nicht gemäß § 278 BGB zurechnen lassen muss. Unter den genannten Voraussetzungen hat der Käufer eines neuen Produkts also keinen Anspruch gegen den Verkäufer auf Schadensersatz. Da im Ergebnis zumeist auch keine Ansprüche

- aus einem eigenständigen Garantievertrag zwischen dem Produzenten und dem Verbraucher,
- aus Drittschadensliquidation,
- aus Schutzwirkung zugunsten Dritter des zwischen dem Produzenten und dem Verkäufer geschlossenen Vertrags (vgl. §§ 280 I, 241 II, 311 III BGB) sowie
- aus § 253 II BGB (Schmerzenzgeld auch bei Vertragshaftung)

bestehen, war die Rechtsprechung daher schon frühzeitig bemüht, einen hinsichtlich des Verschuldens modifizierten direkten Anspruch gegen den Hersteller (den Produzenten) zu gewähren und dabei eine gewisse Beweislastumkehr zugrunde zu legen: Nicht der Geschädigte braucht das schuldhafte Handeln und die Pflichtverletzung des Unternehmers zu beweisen, sondern der Produzent muss beweisen, dass das Produkt nicht fehlerhaft ist. Begründet wurde und wird die modifizierte Beweisregel mit dem

- in der technisierten Welt erheblich gesteigerten Produktrisiko,
- mit der besonderen Schutzbedürftigkeit der Warenabnehmer, denen angesichts der Komplexität und Unüberschaubarkeit industrieller Massenproduktion der Nachweis konkreter Verantwortlichkeit für Schädigungen wesentlich erschwert, in vielen Fällen praktisch unmöglich ist, sowie
- damit, dass dem Hersteller das Produktrisiko nach dem Nutzen-Nachteil-Prinzip eher anzulasten sei als dem einzelnen Verbraucher und er es leichter versichern sowie die

dadurch entstehenden Prämienkosten über die Preise auf die Gesamtheit der Produktbenutzer abwälzen könne.[1126]

Im Wesentlichen liegt der heutigen Rechtslage folgende Entwicklung zugrunde:

Die **Grundsatzentscheidung** für die Produzentenhaftung bildet BGHZ 51, 91 ff. Dieser Entscheidung lag der Sachverhalt zugrunde, dass ein Tierarzt die Hühner eines Bauern gegen **Hühnerpest** geimpft hatte. Diese verendeten jedoch. Das vom beklagten Impfstoffhersteller bezogene Serum war nämlich durch eine bakterielle Verunreinigung – verursacht durch eine manuelle Umfüllung des Serums durch eine Mitarbeiterin des Herstellers – wieder aktiv geworden. Dass diese Verunreinigung auf ein Verschulden des Impfstoffherstellers zurückging, ließ sich jedoch nicht beweisen. Trotzdem hat der BGH zu Schadensersatz aus § 823 I BGB verurteilt mit der Begründung, dass wenn eine Person oder Sache bei der bestimmungsgemäßen Verwendung eines Industrieerzeugnisses durch einen **Fertigungs- oder Kontrollfehler** verletzt würden, sie kaum die objektive Pflichtverletzung oder das Verschulden des Herstellers nachweisen könnten. Daher müsse der *Hersteller* die Einhaltung seiner objektiven Pflichten und seine Schuldlosigkeit an dem Fehler beweisen. Da dies dem Impfstoffwerk nicht gelungen sei, sei es zum Schadensersatz verpflichtet. Faktisch bedeutet das (entgegen der sonst geltenden Beweislastregel, wonach jede Partei die Voraussetzungen der ihr günstigen Norm zu beweisen hat[1127]) eine **Beweislastumkehr**, die der BGH mit einer Analogie zu den §§ 831-834, 836 BGB und bestimmten Fällen der positiven Vertragsverletzung (jetzt § 280 I BGB) begründet hat.[1128] 925

In späteren Entscheidungen wurde die Produzentenhaftung ausgeweitet. In BGHZ 59, 303 ff. ging es um die Lieferung verunreinigten Wassers durch eine Gemeinde. Die Haftung für **Anleitungsfehler (Instruktionsfehler)** wurde in BGH NJW 1972, 2217 f. erweitert. Mit BGH NJW 1973, 1602 ff. wurde die Haftung für **Organisationsverschulden** festgelegt. Seitdem muss der Produzent beweisen, dass weder ihn noch einen verfassungsmäßig berufenen Vertreter oder ein Organ ein Verschulden treffen, dass kein Organisationsmangel vorliegt und dass jeder einzelne Bedienstete, der mit der Herstellung des fehlerhaften Produkts befasst war, sorgfältig ausgewählt und überwacht worden ist.[1129] 926

Eine kleine Einschränkung erfuhr die neu geschaffene Beweislastumkehr jedoch mit BGHZ 80, 186 ff., wo es um die Produzentenhaftung für **Konstruktionsfehler** (also für Fehler, die allen Produkten anhaften) ging. In diesem Fall hat der BGH die bis dahin praktizierte Beweislastumkehr als zu weitgehend angesehen und gefordert, dass der Anspruchsteller zumindest Tatsachen beweisen müsse, aus denen sich für den Hersteller ein Anlass zu einer Warnung ergeben habe. 927

Von dieser Einschränkung ist wiederum nichts in dem Urteil des LG Köln, NJW 2005, 1199 f. zu lesen, bei dem es um einen ungünstig platzierten **Getränkebecherhalter** in einem Fahrzeug ging. Dieser war so platziert, dass herüberschwappende Flüssigkeit das unter dem Getränkebecherhalter befindliche Bedienteil für die Klimaautomatik beschädigte. Das LG Köln hat entschieden, dass ein Getränkebecherhalter so zu konstruieren bzw. so zu platzieren sei, dass entweder keine empfindlichen Bedienteile unterhalb des Getränkehalters angebracht werden oder aber die Bedienteile durch herabtropfende oder überschwappende Flüssigkeit nicht beschädigt werden könnten. Fehle es an einer solchen Konstruktion, sei von einem Eigenverschulden des Fahrzeugbenutzers nur dann auszugehen, wenn er in geeigneter Form auf die Gefahr der Beschädigung des Klimaanlagenbedienteils durch überschwappende Flüssigkeit hingewiesen worden sei, sodass sich die Verwendung bspw. von Becherdeckeln gerade aufdrängen musste.[1130] 928

---

[1126] Vgl. BGH NJW 2009, 1080, 1081 f.; *Katzenmeier*, JuS 2003, 943 f.; *Faust*, JuS 2009, 377 f.
[1127] St. Rspr., vgl. nur BGHZ 113, 222, 224.
[1128] Zuletzt bestätigt in BGH NJW 1999, 1028 f. (Torfsubstrat).
[1129] Zum Organisationsverschulden vgl. aus jüngerer Zeit BGH NJW-RR 2002, 1108.
[1130] LG Köln NJW 2005, 1199, 1200.

929 Nach dem heutigen Stand der Rechtsprechung lassen sich für die Produzentenhaftung somit folgende Regeln aufstellen:

930 ▪ **Haftung für Schäden am Produkt selbst:** Zunächst kann der Benutzer eines Produkts dadurch Schäden erleiden, dass das vom Produzenten in Verkehr gebrachte Produkt selbst fehlerhaft ist. In diesem Fall ist der Produzent zum Schadensersatz verpflichtet, sofern ein in § 823 I BGB genanntes Rechtsgut verletzt ist und er den Beweis des Nichtvertretenmüssens nicht erbringen kann. Dabei macht es keinen Unterschied, ob der Fehler **konstruktionsbedingt** (z.B. mangelhafte Bremsanlage bei einer bestimmten Kfz-Serie oder fehlerhafter Airbag[1131]), **materialbedingt** (z.B. Verwendung abfärbenden Leders) oder **fabrikationsbedingt** (z.B. schadhafte Isolation einzelner elektrischer Haushaltsgeräte aus sonst fehlerfreier Produktion) ist. Vgl. auch den Fall bei Rn 948a. Die deliktische Verantwortung für Fabrikationsfehler besteht darin, dass der verantwortliche den Fertigungsprozess nicht ordnungsgemäß überwacht.

931 ▪ Dem ist der Fall gleichzustellen, dass das Produkt selbst zwar unschädlich, aber **wirkungslos** und damit ungeeignet ist, seinen Zweck zu erfüllen, sodass der Verwender bzw. Benutzer einen Schaden erleidet. Der Schaden kann beispielsweise darin bestehen, dass der Verwender eines wirkungslosen Medikaments noch stärker erkrankt oder der Verwender eines wirkungslosen Pflanzenschutzmittels einen Ernteausfall erleidet.[1132]

932 ▪ **Haftung für Schäden durch das Produkt:** Eine Produzentenhaftung ist auch dann anzunehmen, wenn durch das Produkt Schäden an Rechtsgütern des Anspruchstellers entstehen, insbesondere wenn der Geschädigte den Produktionsprozess kaum einsehen und daher auch das Verschulden des Produzenten bei der Verletzung der Verkehrssicherungspflicht regelmäßig nicht nachweisen kann. In diesem Fall wird nach mittlerweile gefestigter Rechtsprechung (s.o.) die **Beweislast umgekehrt**: Nicht der Geschädigte muss das schuldhafte Handeln des Unternehmers beweisen, sondern *dieser* hat den Beweis zu erbringen, dass ihn keine Pflichtverletzung und kein Verschulden treffen.[1133] Dabei ist ein strenger Maßstab anzulegen. Der Produzent muss beweisen, dass weder ihn noch einen verfassungsmäßig berufenen Vertreter oder ein Organ ein Verschulden trifft, dass kein Organisationsmangel vorliegt und dass jeder einzelne Bedienstete, der mit der Herstellung des fehlerhaften Produkts befasst war, sorgfältig ausgewählt und überwacht worden ist (s.o.).

933 **Beispiel Hochzeitsessen[1134]:** Gastronom G betreibt eine Gaststätte. Die Kläger bestellten dort für sich und 30 Gäste ihr Hochzeitsessen. Der Nachtisch (eine Eierkremspeise) war von F (der Ehefrau des G) zubereitet worden. Die Kläger und weitere Gäste erkrankten an Salmonellen, die bei G in den Nachtisch gelangt waren. Die Kläger fordern von G und F Ersatz wegen der verschobenen Hochzeitsreise, ein Schmerzensgeld sowie die Rückzahlung der für das Essen gezahlten 2.000,- €.

*Schmerzensgeldanspruch:* Da F nicht Inhaberin der Gaststätte und daher nicht im Rechtssinn „Produzentin", sondern nach Auffassung des BGH nur Hilfskraft des G war, bleibt es bei der gewöhnlichen Beweislastverteilung: Sofern die Kläger kein Verschulden nachweisen können, ist ihre Klage gegen F abzuweisen. Dagegen hat der BGH die Grundsätze der deliktischen Produzentenhaftung mit der Umkehr der Beweislast gegen G angewendet: Dass es sich bloß um einen Kleinbetrieb handele und die Herstellung des Nachtischs leicht überschaubar sei, mache nichts aus. Denn auch hier fehle dem Abnehmer der Produkte der Einblick in den Produktionsprozess. G hat also zu beweisen, dass die salmonellenverseuchten Eier ohne sein Verschulden in die Eierspeise gelangen konnten.

---

[1131] BGHZ 181, 253 ff.

[1132] BGHZ 80, 186 ff.; 80, 199 ff. (beide Entscheidungen betreffen wirkungslose Pflanzenschutzmittel); *Medicus/Petersen*, BR, Rn 650c; *Brox/Walker*, § 45 Rn 39; *Deutsch/Ahrens*, Rn 290.

[1133] BGHZ 51, 91, 103 ff. (Hühnerpest); 104, 323, 325 ff. (Mehrwegflasche); 116, 60, 70 ff. (Milupa-Babynahrung); 116, 104, 107 ff. (Hochzeitsessen); BGH NJW 1993, 528; NJW 1999, 1028 f. (Torfsubstrat).

[1134] BGHZ 116, 104 ff. (dazu *Brüggemeier*, ZIP 1992, 415 ff.; *Giesen*, JZ 1993, 675 ff.; *Medicus/Petersen*, BR, Rn 650h).

*Verschobene Hochzeitsreise:* Hinsichtlich der verschobenen Hochzeitsreise hat der BGH unter Berufung auf BGHZ 86, 212 ff. einen ersatzfähigen Vermögensschaden überhaupt ausgeschlossen. Unerwähnt gelassen hat der BGH jedoch die ansonsten anerkannte Möglichkeit des Ersatzes von bloßen Vermögensschäden, wenn ein Schutzgesetz i.S.d. § 823 II BGB verletzt wurde; als Schutzgesetze kommen gerade die Vorschriften des Lebensmittel- und Arzneimittelgesetzes und die Körperverletzungsdelikte des StGB in Betracht. Problematisch ist hier jedoch, ob die Vorschriften des LFGB, des AMG und erst recht die §§ 223 ff. StGB vor derartigen Vermögensfolgeschäden bewahren wollen (Schutzzweck der Norm!). Im Ergebnis ist daher der Auffassung des BGH zu folgen.

*Rückzahlung der für das Essen gezahlten 2.000,- €:* Hinsichtlich dieses Klagebegehrens hat der BGH die Klage unter dem Gesichtspunkt der Minderung (§§ 631, 633, 634 Nr. 3, 638 BGB n.F.) für begründet erachtet. Zwar seien die übrigen Teile des Essens mangelfrei gewesen und es seien auch nicht alle Gäste erkrankt, aber die rasche Erkrankung vieler Gäste habe doch „das Fest als solches geradezu zerstört". Daher sei die Leistung des G im Ganzen unbrauchbar gewesen.

- **Haftung für Weiterfresserschäden:** Ein besonderes Problem betrifft die Frage, ob eine Eigentumsverletzung i.S.d. § 823 I BGB auch dann vorliegt, wenn eine mangelhafte Kaufsache geliefert worden ist, bei der der Mangel zunächst nur ein Teilstück betrifft, dann aber nach der Eigentumsübertragung einen weiteren Schaden an der gesamten Sache hervorruft (sog. Weiterfresserschaden). Da die damit zusammenhängenden Fragen jedoch bereits bei Rn 622 ff. erörtert wurden, sei insoweit darauf verwiesen. **934-938**

- **Produktbeobachtung und Warnung bzw. Rückruf:** Auch bei Fehlerlosigkeit eines bereits in den Verkehr gebrachten Produkts kann sich eine Schädigung des Verbrauchers ergeben. Das ist insbesondere der Fall, wenn das Produkt trotz sachgerechter oder zumindest naheliegender Benutzung **Gefahren** aufweist, die der Verwender **nicht ohne weiteres erkennen kann**. Auf diese Gefahren muss der Produzent hinweisen (sog. **Produktbeobachtungspflicht**).[1135] Gegebenenfalls trifft ihn auch eine Verpflichtung zum Rückruf des Produkts.[1136] Das gilt beispielsweise für Arzneimittel oder Impfstoffe, aber auch für Kraftfahrzeuge[1137] und Lebensmittel. **939**

**Hondafall**[1138]**:** S war mit einer Honda Goldwing bei hoher Geschwindigkeit tödlich verunglückt. Unfallursache war die Instabilität des Motorrads infolge einer erst vom Vorbesitzer angebrachten, nicht von Honda produzierten oder freigegebenen Lenkradverkleidung. Der Vater des S verklagte die Fa. Honda und deren Importeur. Er warf ihnen vor, die Benutzer der Honda-Motorräder nicht rechtzeitig vor den Gefahren der Lenkradverkleidung gewarnt zu haben. **940**

Die Besonderheit dieses Falles besteht darin, dass das von den Beklagten produzierte bzw. vertriebene Motorrad an sich nicht gefährlicher war, als es Motorräder nun einmal sind. Zu entscheiden war also, ob sich ein Schadensersatzanspruch wegen Verletzung einer Produktbeobachtungspflicht ergab. Dies scheint zweifelhaft, weil die Verkleidung von einem Dritten produziert und vom Hersteller des Motorrads nicht freigegeben war. Die Vorinstanz (OLG München) hatte eine Produktbeobachtungspflicht nur für solches Zubehör bejaht, das der Produzent der Hauptsache selbst empfahl oder zumindest freigab. Der BGH (a.a.O. S. 174 ff.) ging jedoch darüber hinaus, indem er die Beobachtungspflicht auf **sämtliches übliches Zubehör** erstreckte, insbesondere wenn dessen Anbringung (z.B. durch Ösen an dem Produkt) vorbereitet sei und das Hauptsachenprodukt ohnehin an der Grenze der „Sicherheitserwartungen der Benutzer" liege. Diese Rechtsauffassung ist äußerst bedenklich. Denn sie legt dem Hersteller eines Fahrzeugs die Pflicht auf, sämtliches übliches, auf dem Weltmarkt befindliches Zubehör zu be-

---

[1135] Vgl. BGHZ 116, 60, 65 (Milupa-Babynahrung); BGH NJW 1995, 1286 (Kindertee und Kinderfruchtsaft). Vgl. auch ausführlich *Lange/Schmidbauer*, in: juris-PK, § 823 Rn 130.

[1136] Vgl. BGH NJW 1990, 2560, 2017 f.

[1137] Siehe dazu *Lüftenegger*, NJW 2018, 2087 ff.

[1138] Nach BGHZ 99, 167 ff. (dazu *Kullmann*, BB 1987, 1957 ff.; *Schmidt-Salzer*, BB 1987, 721 f.; *Medicus/Petersen*, BR, Rn 650e). Vgl. auch *Körber/Effer-Uhe*, JuS 2006, 1003 ff.

schaffen und daraufhin zu testen, ob es bei Anbringung an das eigene Produkt zu negativen Fahreigenschaften führt (welcher Testfahrer wollte sich auch dafür bereit erklären?). Richtigerweise hätte den *Hersteller der Verkleidung* die Schadensersatzpflicht treffen müssen. Aber dieser war im zu entscheidenden Fall insolvent, was letztlich den BGH auch veranlasste, so zu entscheiden, wie er entschieden hat. Die Motive des BGH mochten daher zwar ehrenwert sein, waren mit geltendem Recht aber nicht vereinbar. Davon unabhängig gilt: Sofern bei der Montage eines vom Hersteller des Fahrzeugs nicht zugelassenen Zubehörs auch keine Allgemeine Betriebserlaubnis (ABE) oder EG-Typgenehmigung für dieses Zubehör vorliegt, muss schließlich derjenige, der das nicht zugelassene Zubehör montiert, für Schäden aufkommen. Wiederum eine andere Frage ist es, ob auch den *Letztverkäufer* eines Produkts (also der Einzelhändler; vorliegend der Verkäufer der Verkleidung, der diese an den Vorbesitzer des Motorrads verkauft hat) eine Pflichtverletzung trifft. Klar ist, dass auch *ihn* die Verkehrssicherungspflicht trifft, nur sichere Produkte zu verkaufen, d.h. in den Verkehr zu bringen. Liegen ihm aber keinerlei Anhaltspunkte für das Bestehen einer Mangelhaftigkeit des Produkts vor, wäre es sicherlich rechtsfehlerhaft, ihm eine Verkehrssicherungspflichtverletzung vorzuwerfen.

Die Instruktions- und Warnpflichten des Herstellers sind jedenfalls beim Inverkehrbringen *solcher* Produkte deutlich herabgesetzt, die nur von Fachpersonal bedient werden (können).[1139]

941 **Milupa- und Kinderteefall[1140]:** Ein Lebensmittelhersteller stellt Säuglingsnahrung her, u.a. ein mit Zucker gesüßtes Instant-Tee-Getränk, zudem sog. Nuckel-Flaschen. K verlangt Schadensersatz, weil er infolge jahrelangen Nuckelns Zähne durch Karies verloren habe.

942 In dieser Entscheidung betont der BGH zunächst die Pflicht des Herstellers zur **Produktbeobachtung und Warnung** der Verbraucher. Diese Warnung müsse deutlich erfolgen; sie dürfe nicht zwischen anderen Informationen versteckt sein und müsse den Grund von Gesundheitsgefahren plausibel machen. Daran fehle es, wenn die Warnung (lediglich) in den Zubereitungshinweisen stehe: Eine über die Zubereitung bereits informierte Mutter werde diese Hinweise kaum lesen. Hinsichtlich der Beweislast hat der BGH in Anlehnung an die bereits vorgestellte Entscheidung *BGHZ 80, 186 ff.*, in der es um die Produzentenhaftung für Konstruktionsfehler geht, entschieden, dass der Geschädigte den Kausalzusammenhang zwischen dem Dauernuckeln und der Karies zu beweisen habe. Vgl. auch den Fall bei Rn 948a.

943 ▪ **Instruktions- und Informationsfehler:** Eng verwandt mit der Pflicht zur Produktbeobachtung ist die Pflicht zur pflichtgemäßen Instruktion: Der Hersteller eines Produkts und auch der Hersteller und Vertreiber von Zubehör sind grundsätzlich auch zum Ersatz solcher Schäden verpflichtet, die dadurch eintreten, dass sie die Verwender des Produkts pflichtwidrig nicht auf Gefahren hingewiesen haben, die sich trotz einwandfreier Herstellung aus der Verwendung ergeben können.

944 **Aktenvernichter[1141]:** Ein Hersteller von Aktenvernichtern (**Papierreißwölfen**) wurde auf Schadensersatz und Zahlung eines Schmerzensgeldes verklagt, weil ein 2-jähriges Mädchen im Arbeitszimmer des Wohnungsnachbarn mit einer Hand in den Papiereinführungsschlitz eines Aktenvernichters gefasst hatte. Durch das Hineinfassen wurde eine Lichtschranke durchbrochen und der Aktenvernichter in Betrieb gesetzt. Das Mädchen erlitt schwerste Verletzungen an den Fingern.

Der BGH hat eine Verletzung der Informationspflicht mit der Begründung bejaht, dass die Gefahrenquelle für den Benutzer (und erst recht für spielende Kleinkinder) nicht er-

---

[1139] BGH NJW 1992, 2016, 2017 f.

[1140] BGHZ 116, 60 ff. (Milupa-Babynahrung – dazu *Damm*, JZ 1992, 637 ff.; *Graf von Westphalen*, ZIP 1992, 18 ff.; *Medicus/Petersen*, BR, Rn 650 g); BGH NJW 1995, 1286 (Kindertee und Kinderfruchtsaft). Vgl. auch BGH NJW 2001, 964 f.

[1141] BGH NJW 1999, 2815 ff. (dazu *Kullmann* NJW 2000, 1912 ff.; *Möllers*, VersR 2000, 1177 ff.; *Littbarski*, NJW 2000, 1161 ff.).

kennbar gewesen sei. Der Hersteller habe auch nicht erwarten können, dass das Gerät nur in die Hand von Personen gelange, die mit der Gefahr vertraut gewesen seien. Erforderlich sei die Anbringung eines auf die Gefahr hinweisenden Warnschildes gewesen. Das Nichtanbringen eines solchen Warnschildes sei ursächlich für die Verletzung des Mädchens gewesen, weil anderenfalls der Nachbar über die Gefahr informiert gewesen wäre und das Gerät zuvor vom Netz genommen hätte.

Die Intention des BGH liegt auch hier auf der Hand: Hätte er den Hersteller nicht verantwortlich gemacht, wären ein Schadensersatz- und Schmerzensgeldanspruch nur gegen den Nachbarn in Betracht gekommen. Dann wäre aber der argumentative Aufwand hinsichtlich des Fehlverhaltens größer gewesen.

Fazit: Aus den genannten Beispielen sollte deutlich geworden sein, dass der BGH generell dazu tendiert, die Anforderungen an die Instruktions- und Informationspflichten des Herstellers anzuheben, auch wenn er sich damit über geltendes Recht stellt. Die Instanzgerichte haben neuerdings jedoch einige Fälle zu entscheiden gehabt, in denen es selbst nach der Rspr. des BGH wohl zu weit gegangen wäre, eine Verletzung von Informationspflichten anzunehmen:

**Feuerzeugnachfüllflaschen**[1142]**:** Die Anforderungen an die allgemeine Aufklärungs- **945**
und Informationspflicht sind stark herabgesetzt, wenn das Produkt bewusst zweckentfremdet und missbräuchlich verwendet wird. So muss der Hersteller von Feuerzeugnachfüllflaschen nicht vor den Gesundheitsrisiken warnen, die durch die bewusste und missbräuchliche Inhalation des Gases als Rauschmittel auftreten.

**Raucherschäden**[1143]**:** Anders als im angloamerikanischen Raum sind dem deutschen **946**
Rechtssystem (horrende) Schadensersatz- und Schmerzensgeldansprüche in Bezug auf Raucherschäden (noch) fremd. Denn nach dem in Deutschland vertretenen Dogma können die beteiligten Verkehrskreise nicht ernsthaft erwarten, dass Zigaretten die Gesundheit nicht gefährden und nicht süchtig machen. Es gehört zum allgemeinen Erfahrungswissen, dass das Einatmen von Zigarettenrauch schwere, u.U. sogar tödliche Gesundheitsschäden hervorrufen kann (dazu näher, auch unter dem Aspekt der Produkthaftung, Rn 1029 ff.). Das Gleiche gilt hinsichtlich **Schokolade** oder **Fastfood**. Auch hier liegt nach hiesigem Verständnis ein Fall der **eigenverantwortlichen Selbstgefährdung** vor, wenn jemand auf Dauer ungesunde Nahrungs- oder Genussmittel zu sich nimmt und daran erkrankt. Fehlende Hinweise auf die gesundheitsschädliche Wirkung bei Dauerkonsum führen also nicht – wie in den USA – zu einem horrenden Schadensersatz- oder Schmerzensgeldanspruch.

**Exkurs zum angloamerikanischen Recht:** Schadensersatz- bzw. Schmerzens- **947**
geldansprüche über horrende Summen, die in den USA gewährt werden, sorgen auch diesseits des Atlantiks immer wieder für Schlagzeilen. Das Zusprechen immens hoher Beträge hat den Hintergrund, dass das zivilgerichtlich verurteilte Unternehmen zugleich „bestraft" werden soll (sog. „punitive damages" – Strafschadensersatz). Allerdings bahnt sich in den USA nunmehr eine leichte Trendwende an, weil auch die Richter offenbar erkannt haben, dass die Strafcharakter besitzenden Verurteilungen zu horrenden Schadensersatzzahlungen einen erheblichen Kostenfaktor und damit Standortnachteil für die Unternehmen bedeuten. Dennoch bleiben die Reize einer (Sammel-)Klageerhebung beträchtlich, wie die Prozesse gegen die Bayer-AG wegen möglicher Schäden durch das Präparat Lipobay, gegen die Deutsche Bahn AG wegen des Zugunglücks von Eschede oder gegen die Betreiber der Kapruner Gletscherbahn gezeigt haben. Denn ein Abrücken der US-Gerichte von ihren sehr weit reichenden Zuständigkeitserklärungen ist nicht ersichtlich, leisten sie doch prozessuale Schützenhilfe bei der (hegemonialen) weltweiten Verbreitung amerikanischen Rechts, dortiger Interessen und Rechtsvorstellungen.[1144]

---

[1142] OLG Karlsruhe OLG Report 2001, 253.

[1143] OLG Hamm NJW 2005, 295 f.; LG Arnsberg NJW 2004, 232, 233; OLG Frankfurt NJW-RR 2001, 1471.

[1144] vgl. *Katzenmeier*, JuS 2003, 943, 950; zur internationalen Zuständigkeit, die amerikanische Gerichte schon bei „minimum contacts" zu einem Forum bejahen können, und zur Entwicklung „long-arm statutes" vgl. *Schack*, Internatio-

Jedenfalls sind Fälle der folgenden Art im Rechtskreis der Bundesrepublik Deutschland undenkbar und führen bisweilen zu völligem Unverständnis:

Mr. Chris Jepsen aus Sacramento (California) verklagte den Wohnmobilhersteller „Living Motorhomes" auf Schadensersatz und Schmerzensgeld. Auf dem Heimweg von einem Footballspiel hatte Mr. Jepsen die Geschwindigkeitsregelanlage („Cruise Control") seines Gefährts auf 110 km/h eingestellt und danach den Fahrersitz verlassen, um sich im hinteren Teil des Wohnmobils einen Kaffee aufzubrühen. Das Wohnmobil kam prompt von der Straße ab und überschlug sich. Mr. Jepsen begründete seine Forderung mit der Tatsache, dass in der Bedienungsanleitung des Wohnmobils nicht darauf hingewiesen worden sei, dass man auch bei eingeschalteter „Cruise Control" den Fahrerplatz nicht verlassen dürfe. Das Gericht verurteilte den Hersteller nicht nur zur Lieferung eines neuen Wohnmobils, sondern auch zu 1.750.000,- $ Schmerzensgeld.[1145]

948 **Bierflaschen**[1146]**:** Die genannte Wertung lässt sich auch auf Warnhinweise bezüglich alkoholischer Getränke übertragen. Auch hier gehört es zum allgemeinen Erfahrungswissen, dass übermäßiger Alkoholkonsum zu schweren Gesundheitsschäden führen kann.

948a **Pflegebetten**[1147]**:** Eine Einschränkung der in der Tendenz großzügigen Handhabung des Instituts der deliktischen Produzentenhaftung hat der BGH in einer jüngeren Entscheidung vollzogen: Aufgrund von Konstruktionsfehlern wiesen elektrisch verstellbare Pflegebetten Sicherheitsrisiken auf. Eine Pflegeeinrichtung verlangte vom Hersteller, die Kosten für die Mängelbeseitigung zu übernehmen. Dieser vertritt die Ansicht, seinen Verpflichtungen durch eine entsprechende Warnung, die er zuvor ausgesprochen hatte, nachgekommen zu sein.

Vertragliche Ansprüche kommen nicht in Betracht, da die Pflegeeinrichtung die Betten nicht direkt beim Hersteller gekauft hat. Dieser hat auch keine Herstellergarantie gegeben oder eine solche ist wegen Zeitablaufs nicht (mehr) gegeben. Auch Schadensersatzansprüche nach dem Produkthaftungsgesetz (ProdHaftG) liegen nicht vor, da keine Verletzung eines durch das ProdHaftG geschützten Rechtsguts vorliegt.

Der geltend gemachte Anspruch kann sich daher nur auf die deliktische Produzentenhaftung stützen. Ein solcher Anspruch wird in der vorliegenden Konstellation von einem Teil der Literatur befürwortet, weil der Hersteller anderenfalls starke Anreize hätten, bei den Entwicklungs- und Herstellungskosten zu sparen, die Vermarktung fehlerhaft konstruierter oder hergestellter Produkte in Kauf zu nehmen und sich der Einstandspflicht für etwaige Schäden durch Nachschieben einer Warnung zu entledigen.[1148] Der BGH ist dem entgegengetreten. Die Literaturauffassung verkenne, dass der Hersteller aufgrund der deliktischen Produzentenhaftung und damit auch seiner etwaigen Pflichten zum Produktrückruf regelmäßig nur die von dem fehlerhaften Produkt ausgehenden Gefahren für die in § 823 I BGB genannten Rechtsgüter so effektiv wie möglich und zumutbar ausschalten müsse, nicht aber dem Erwerber oder Nutzer ein fehlerfreies, in jeder Hinsicht gebrauchstaugliches Produkt zur Verfügung zu stellen und so sein Interesse an dessen ungestörter Nutzung und dessen Wert oder die darauf gerichtete Erwartung des Erwerbers (Nutzungs- und Äquivalenzinteresse) zu schützen habe. Der Schutz solcher

nales Zivilverfahrensrecht, 7. Aufl. 2017, § 8 ff. und *Schütze*, Die Allzuständigkeit amerikanischer Gerichte, 2003, S. 12 ff.

1145 Für eine Übernahme der „punitive damages" in das deutsche Rechtssystem plädiert *Mörsdorf-Schulte*, NJW 2006, 1184 ff., die jedoch unerwähnt lässt, dass damit das Zusprechen horrender Summen der richterlichen Willkür unterfallen würde. Zudem geht sie von der irrigen Vorstellung aus, die deutschen Gerichte würden unternehmerfreundlich judizieren. Wer sich in der Rechtspraxis auskennt, weiß, dass das Gegenteil der Fall ist.

1146 OLG Hamm NJW 2001, 1654.

1147 BGH NJW 2009, 1080, 1081 f.

1148 *Wagner*, in: MüKo, § 823 Rn 653 f.; *Wilhelmi*, in: Erman, § 823 Rn 119; *Hager*, in: Staudinger, § 823 Rn F 26. Ablehnend auch *Hager*, JA 2009, 387, 388.

Interessen müsse vielmehr grundsätzlich, abgesehen etwa von Sonderfällen vorsätzlicher Schädigung i.S.v. § 826 BGB, der Vertragsordnung vorbehalten bleiben.[1149] Dem ist zuzustimmen. Denn die rechtliche Behandlung von Sachmängeln ist allein Aufgabe der Sachmängelhaftung. Zudem ist nicht zu befürchten, dass bei Ablehnung einer (deliktsrechtlichen) Reparaturpflicht Anreize für Produzenten entstünden, nicht ausgereifte oder schlampig produzierte Waren in den Verkehr zu bringen, da die Sachmängelhaftung gegenüber dem jeweiligen Vertragspartner, die eine Pflicht zur Nacherfüllung umfasst (§§ 437 Nr. 1, 439 BGB) und bei letztlich von einem Verbraucher erworbenen Waren durch §§ 475-479 BGB noch erheblich verschärft wird, hinreichende Anreize für sorgfältiges Verhalten setzt.

Die bloße Warnung des Herstellers vor Konstruktions- und Fabrikationsfehlern reicht völlig aus, um eine Gefährdung zu vermeiden. Nur wenn eine Reparatur hierzu das einzige Mittel ist, muss er sie vornehmen.[1150] Das ist vorliegend jedoch nicht der Fall.

Neben der Produzentenhaftung aus unerlaubter Handlung kann auch ein Anspruch **949** nach dem **Produkthaftungsgesetz** (ProdHaftG) bestehen. Dieses bestimmt in § 1 I S. 1 eine **verschuldensunabhängige Ersatzpflicht** für die verletzenden Folgen eines Fehlers, der einem Produkt anhaftet. Da dieses Gesetz im Abschnitt über die Gefährdungshaftung ausführlich behandelt wird, sei auf Rn 1029 ff. verwiesen.

**Zusammenfassung:** Die Produzentenhaftung stellt – anders als die Produkthaftung – **950** kein eigenes Rechtsinstitut dar. Gemeint ist vielmehr, dass derjenige, der durch ein pflichtwidriges und grds. schuldhaftes Verhalten eines Herstellers einen Schaden erleidet, den **Hersteller** auf Schadensersatz in Anspruch nehmen kann. Da der Geschädigte i.d.R. den Produktionsprozess kaum einsehen und daher auch regelmäßig weder die **Pflichtverletzung** noch das **Verschulden** des Produzenten bei der Verletzung der Verkehrssicherungspflicht nachweisen kann, wird nach mittlerweile gefestigter Rechtsprechung für diesen Bereich die **Beweislast umgekehrt**: Nicht der Geschädigte braucht das schuldhafte Handeln des Unternehmers zu beweisen, sondern *dieser* muss den Beweis erbringen, dass ihn keine Pflichtverletzung und kein Verschulden treffen. Dabei ist ein strenger Maßstab anzulegen. Der **Produzent muss beweisen**, dass weder ihn noch einen verfassungsmäßig berufenen Vertreter oder ein Organ ein **Verschulden** trifft, dass kein Organisationsmangel vorliegt und dass jeder einzelne Bedienstete, der mit der Herstellung des fehlerhaften Produkts befasst war, sorgfältig ausgewählt und überwacht wurde. Demnach hat der **Geschädigte** (lediglich, aber immerhin) den **Mangel**, den **Schaden** und die **Kausalität** darzulegen und zu **beweisen**.

**Hinweis für die Fallbearbeitung:** Hat der Sachverhalt eine Produzentenhaftung **951-952** zum Gegenstand, wird der Klausurbearbeiter zumeist auf die Konstellation treffen, in der ein Verbraucher ein Produkt von einem Händler kauft, der es seinerseits von dem Produzenten bezogen hat. Ist dieses Produkt fehlerhaft und wird der Verbraucher dadurch geschädigt, greifen in aller Regel Schadensersatzansprüche gegen den Händler nicht ein: Zwar kommt ein vertraglicher Schadensersatzanspruch in Betracht, ein solcher besteht aber nur unter den Voraussetzungen der §§ 434, 437 Nr. 3 i.V.m. §§ 440, 280, 281, 283 bzw. 311a BGB. Da einem Verkäufer jedoch kaum die Pflicht obliegt, ein fabrikneues Produkt auf Fehler hin zu untersuchen, ist er regelmäßig keinen Schadensersatzansprüchen nach § 280 BGB ausgesetzt; insoweit kommt auch ein Rückgriff des Verkäufers gegenüber dem Produzenten (vgl. nur §§ 445a, 478 BGB für Verbrauchsgüter) nicht in Betracht. Sofern der Verkäufer auch nicht Schadensersatzansprüchen wegen zugesicherter Eigenschaften oder eines Garantieversprechens (§ 443 BGB) ausgesetzt ist, hat der Käufer keinen Anspruch auf

---

[1149] BGH NJW 2009, 1080, 1081 f.

[1150] *Faust*, JuS 2009, 377, 379.

Schadensersatz gegen den Verkäufer. Schließlich ist der Hersteller auch nicht Erfüllungsgehilfe des Verkäufers, sodass sich dieser das Fehlverhalten des Herstellers auch nicht gem. § 278 BGB zurechnen lassen muss. Unter den genannten Voraussetzungen hat der Käufer eines neuen Produkts also keinen Anspruch gegen den Verkäufer auf Schadensersatz. Da im Ergebnis zumeist auch keine Ansprüche

- aus einem eigenständigen Garantievertrag zwischen dem Produzenten und dem Verbraucher,
- aus Drittschadensliquidation,
- aus Schutzwirkung zugunsten Dritter des zwischen dem Produzenten und dem Verkäufer geschlossenen Vertrags (vgl. § 280 I, 241 II, 311 III BGB) sowie
- aus § 253 II BGB (Schmerzensgeld bei Vertragshaftung)

bestehen, muss sodann geprüft werden, ob ein direkter Anspruch gegen den Hersteller (den Produzenten) besteht. Da im Verhältnis Verbraucher-Hersteller kein Vertragsverhältnis besteht, kommen ausschließlich deliktische Schadensersatzansprüche (insbesondere aus § 823 I BGB, aus § 823 II BGB i.V.m. einem Schutzgesetz wie z.B. dem AMG, dem LMBG oder dem StGB und aus § 831 BGB) in Betracht. Bei deren Prüfung müssen dann die „Besonderheiten" der Produzentenhaftung inkorporiert werden:

**1. § 823 I BGB:**

- Bei der Prüfung der **Rechtsgutverletzung** kann es Probleme geben, wenn es um die Frage geht, ob eine Eigentumsverletzung i.S.d. § 823 I BGB auch dann vorliegt, wenn eine mangelhafte Kaufsache geliefert worden ist, bei der der Mangel zunächst nur ein Teilstück betrifft, dann aber nach der Eigentumsübertragung einen weiteren Schaden an der gesamten Sache hervorruft (sog. „**weiterfressender**" Mangel). Vgl. dazu Rn 622 ff. und 934 ff.
- Die **Verletzungshandlung** ist in dem Inverkehrbringen des Produkts zu sehen, also in einem *positiven Tun*. Auf die Verkehrssicherungspflichten des Produzenten braucht daher an dieser Stelle noch nicht eingegangen zu werden.
- Beim **Verschulden** ist zu prüfen, ob der Produzent – da ein Vorsatz kaum angenommen werden kann – fahrlässig gehandelt, also die im Verkehr erforderliche Sorgfalt außer Acht gelassen hat (§ 276 II BGB). Dies ist der Fall, wenn er seine Verkehrssicherungspflichten verletzt hat: Der Produzent hat die Pflicht, *Konstruktion, Fabrikation und Instruktion* nach dem neuesten Stand der Technik auszurichten; er muss seinen Betrieb so organisieren, dass Konstruktions-, Fabrikations- und Gebrauchsfehler möglichst vermieden werden. Dagegen hat er für nach dem Stand der Technik unvermeidbare Fehler nicht einzustehen. Außerdem trifft ihn nach In-Verkehr-Bringen des Produkts die sog. Produktbeobachtungspflicht. Da in allen diesen Fällen der Geschädigte den Produktionsprozess kaum einsehen und daher auch regelmäßig weder die Pflichtverletzung noch das Verschulden des Produzenten bei der Verletzung der Verkehrssicherungspflicht nachweisen kann, wird nach mittlerweile gefestigter Rechtsprechung für diesen Bereich die **Beweislast umgekehrt**: Nicht der Geschädigte braucht das schuldhafte Handeln und die Pflichtverletzung des Unternehmers zu beweisen, sondern *dieser* muss beweisen, dass weder ihn noch einen verfassungsmäßig berufenen Vertreter oder ein Organ ein Verschulden trifft, dass kein Organisationsmangel vorliegt und dass jeder einzelne Bedienstete, der mit der Herstellung des fehlerhaften Produkts befasst war, sorgfältig ausgewählt und überwacht wurde. Kann der Unternehmer nicht darlegen, dass er seinen Betrieb ordnungsgemäß organisiert hat, gilt der Fehler als verschuldet. Für den Nachweis des **Fehlers**, des **Schadens** und der **Ursächlichkeit** des Fehlers für den Schaden bleibt es allerdings bei dem Grundsatz, dass der Anspruchsteller (= **Geschädigter**) die anspruchsbegründenden Tatsachen **zu beweisen hat**.
- Eine Entlastung für **Konstruktionsfehler** ist praktisch kaum möglich, da diese regelmäßig auf einem Organisationsmangel beruhen.

- Dagegen kann der Produzent bei **Fabrikationsfehlern** i.d.R. einwenden, es handele sich um einen „Ausreißer", d.h. der Fehler sei trotz ordnungsgemäßer Organisation entstanden. In diesen Fällen scheidet also eine Haftung des Produzenten regelmäßig aus.
- Bei **Anleitungsfehlern** (**Instruktionsfehlern**) kann sich der Hersteller entlasten, wenn er beweist, dass er keine Erkenntnismöglichkeit hatte oder sich verschaffen musste, aus denen sich objektive Tatsachen für eine Warnung oder einen Hinweis ergaben.

**2. § 823 II BGB i.V.m. einem Schutzgesetz**

Sofern hinsichtlich der Herstellung von bestimmten Produkten Schutzgesetze bestehen, ist eine Haftung nach § 823 II BGB möglich. In Betracht kommen insbesondere Verstöße gegen das AMG, das LMBG und gegen §§ 211 ff. und 223 ff. StGB.

**3. § 831 BGB**

Für das Fehlverhalten von Verrichtungsgehilfen haftet der Produzent nach § 831 BGB (Haftung für vermutetes eigenes Verschulden infolge mangelhafter Auswahl oder Überwachung von Verrichtungsgehilfen); er hat jedoch die Möglichkeit des Entlastungsbeweises (§ 831 I S. 2 BGB).

## C. Gefährdungshaftung

### I. Einleitung und Voraussetzungen einer Gefährdungshaftung

953 In einigen Gesetzen hat der Gesetzgeber **unabhängig von Unrecht und Schuld** des Verursachers eine Ersatzpflicht für solche Schäden angeordnet, die durch eine für andere mit besonderen **Gefahren** verbundene Betätigung verursacht werden (sog. Gefährdungshaftung). Die Notwendigkeit einer Gefährdungshaftung besteht in folgender Überlegung: Wenn schon jemand eine übermäßige Gefahr für einen anderen schaffen, unterhalten oder ausnutzen darf, muss er wenigstens dem anderen den aus der Gefahrverwirklichung resultierenden Schaden abnehmen, und zwar unabhängig von Unrecht und Verschulden. Anderenfalls wäre das gefährliche Handeln mit dem Schutzbedürfnis der Mitmenschen nicht zu rechtfertigen.

954 Da nicht selten der Kreis der Gefährdeten groß und damit sehr schnell die Leistungsfähigkeit des zum Schadensersatz Verpflichteten überschritten ist (man denke nur an einen Flugzeugabsturz, ein Bahnunglück oder einen atomaren „Super-GAU"), sind die meisten Wagnisse **zwangshaftpflichtversichert** (vgl. etwa das Fahrzeughaftpflichtrisiko - § 1 PflVG). Insbesondere der Halter eines Kfz kann bei einem Unfall sehr schnell an die Grenze seiner (finanziellen) Leistungsfähigkeit geraten. Ein entsprechender Schadensersatzanspruch der Geschädigten wäre u.U. nicht realisierbar. Um diese Folge zu verhindern, hat der Gesetzgeber die Kfz-Haftpflichtversicherung geschaffen.[1151]

955 Um andererseits den mit der Statuierung einer Gefährdungshaftung verbundenen **Grundrechtseingriff** zu Lasten des Pflichtigen zu legitimieren (dieser haftet ja gerade ohne Rücksicht auf sein Verschulden), bedarf es stets einer **formell-gesetzlichen Rechtsgrundlage** (Vorbehalt des Gesetzes, vgl. Art. 20 III GG), die zudem die ebenfalls verfassungsrechtlich verankerten Grundsätze der Bestimmtheit und der Verhältnismäßigkeit beachten muss.

> **Beispiele:** Haftung des Halters eines sog. Luxustieres (§ 833 S. 1 BGB – dazu Rn 883 ff.), des Kraftfahrzeughalters (§ 7 I StVG – dazu Rn 972 ff.), des Bahnbetriebsunternehmers (§ 1 HaftpflG – dazu Rn 1022 ff.), des Inhabers einer Atomenergieanlage (§ 25 AtomG), des Herstellers eines Produkts (§ 1 ProdHaftG – dazu Rn 1029 ff.) etc.

956 Der **Grundsatz vom Vorbehalt** des Gesetzes verbietet es, außerhalb der gesetzlich angeordneten Gefährdungshaftung eine verschuldensunabhängige Haftung zu statuieren. Und der **Bestimmtheitsgrundsatz** stünde der Einführung von Generalklauseln entgegen. Daher unterliegen andere, ebenfalls gefährliche Verhaltensweisen (etwa Fallschirmspringen, Rennbootbetrieb oder Schusswaffengebrauch) nicht der Gefährdungshaftung; diese unterstehen folgerichtig der Verschuldenshaftung.

957 Damit daher die verschuldensunabhängige Haftungsverpflichtung für den Verpflichteten tragbar ist und letztlich dem **Grundsatz der Verhältnismäßigkeit** entspricht, bedarf die Gefährdungshaftung einer Begrenzung. Es wäre unverhältnismäßig, den Halter oder Betriebsunternehmer für alle Unglücksschäden haften zu lassen, die irgendwie in einem Zusammenhang mit der Gefahrenquelle stehen. Die Haftungstatbestände sind daher einerseits mit Blick auf das Schutzbedürfnis der Allgemeinheit zwar weit auszulegen, andererseits ist die Haftung aber auch inhaltlich und/oder summenmäßig zu **begrenzen** (vgl. etwa die Haftungshöchstgrenzen in § 12 StVG, 10 HaftpflG oder in § 15 I UmwHaftG, die es dem Pflichten zudem überhaupt erst ermöglichen, zu akzeptablen Konditionen Haftpflichtversicherungsverträge abzuschließen). In vielen Fällen ist die Haftung daher auch auf die **dem Betriebskreis eigenen Risiken beschränkt** und besteht in der Regel **nicht**, wenn der Schaden durch eine **betriebs-**

---

[1151] Vgl. dazu auch BGH NJW 2016, 1162, 1164 f. sowie Rn 906 (Autorennen-Fall).

**fremde Ursache** hervorgerufen wurde.[1152] Der Gesetzgeber beschreibt die betriebsfremde Ursache häufig mit der sog. „**höheren Gewalt**" (vor dem 1.8.2002 im Rahmen der Kfz-Halterhaftung gem. § 7 StVG: unabwendbares Ereignis).

**Beispiele:** Die Haftung des **Kraftfahrzeughalters** besteht nicht, wenn der Unfall durch höhere Gewalt verursacht wurde (§ 7 II StVG). Gleiches gilt hinsichtlich des **Bahnbetriebsunternehmers**. Auch bei diesem ist die Gefährdungshaftung ausgeschlossen, wenn der Schaden durch höhere Gewalt verursacht wurde (§ 1 II HaftpflG). Der grundsätzliche Ausschluss der Haftung muss schließlich auch dort bestehen, wo der Gesetzgeber die „Abwesenheit von höherer Gewalt" nicht in den Tatbestand aufgenommen hat, etwa bei der **Tierhalterhaftung** gem. § 833 S. 1 BGB. Denn wurde der Schaden nicht durch eine spezifische Tiergefahr verursacht, hat sich das haftungsbegründende Halterrisiko gerade nicht verwirklicht.[1153] Umgekehrt gibt es eine Reihe von Gefährdungen, die so erheblich sind, dass auch höhere Gewalt die Haftung nicht ausschließen soll, etwa beim Absturz eines Flugzeugs oder beim Herabfallen von Hochspannungsleitungen.[1154]

**Zum Begriff der „höheren Gewalt":** Vor dem 1.8.2002 hatte der Gesetzgeber die Haftung auf die dem Betriebskreis eigenen Risiken durch das sog. „**unabwendbare Ereignis**" (vgl. etwa § 7 II StVG a.F.) beschränkt. Man rechnete dazu etwa das unvermeidbare Aufschleudern von Steinen durch das Kfz oder das unvorhersehbare Laufen eines Kindes auf die Fahrbahn (etwa weil es durch ein parkendes Fahrzeug verdeckt war). Gelang dem Halter des Kfz der Beweis, dass der Unfall ein „unabwendbares Ereignis" darstellte, hatte dies z.B. zur Folge, dass die Haftung gegenüber deliktsunfähigen Kindern völlig wegfallen konnte. Dies wurde allgemein als unbillig angesehen, was den Gesetzgeber zu einer Änderung des § 7 II StVG veranlasste (Rn 960). **958**

War der im Zusammenhang mit dem Betrieb eines Kfz verursachte Schaden aber auf einen Fehler in der Beschaffenheit des Kfz (z.B. verdeckter Materialfehler) oder auf ein Versagen seiner Vorrichtungen (z.B. der Lenkung oder der Bremsanlage) zurückzuführen, wurde ein „unabwendbares Ereignis" verneint; der Halter hatte in diesen Fällen also auch dann einzustehen, wenn ihn oder den Fahrer kein Verschulden traf (§ 7 II S. 1 StVG a.F.). **959**

Mit dem am 1.8.2002 in Kraft getretenen Schadensersatzrechtsänderungsgesetz (SchÄndG) ist die bei Rn 958 genannte Rechtslage geändert worden. In Anlehnung an die schon vor dem 1.8.2002 verwendete Formulierung in § 1 II S. 1 HaftpflG a.F. wird seit dem 1.8.2002 auch in § 7 II StVG nicht mehr auf das „unabwendbare Ereignis", sondern auf die „**höhere Gewalt**" abgestellt. Damit ist nicht nur eine terminologische Änderung, sondern eine **Haftungsverschärfung** verbunden. Denn als „höhere Gewalt" wurde in Bezug auf § 1 II S. 1 HaftpflG a.F. nur ein betriebsfremdes, von außen durch **elementare Naturkräfte** (Orkanböe etc.) oder durch **Handlungen dritter Personen** (Anschlag, Sabotage etc.) herbeigeführtes Ereignis anerkannt, das nach menschlicher Einsicht und Erfahrung **unvorhersehbar** ist, mit wirtschaftlich erträglichen Mitteln auch durch die äußerste nach der Sachlage vernünftigerweise zu erwartende Sorgfalt **nicht verhütet** oder **unschädlich gemacht** werden kann und auch nicht wegen seiner Häufigkeit **in Kauf zu nehmen ist**.[1155] Bei der straßenverkehrsrechtlichen Halterhaftung nach § 7 I StVG wird man gefährdungshaftungsausschließende „höhere Gewalt" i.S.v. § 7 II StVG annehmen müssen, wenn das Schadensereignis so außergewöhnlich und betriebsfremd ist, dass man es nicht mehr zu dem Betriebsrisiko eines Kfz zählen kann (vgl. dazu Rn 991). **960**

---

[1152] *Brox/Walker*, § 54 Rn 2; *Wandt*, § 21 Rn 3.
[1153] Vgl. dazu AG Coburg 28.8.2013 – 12 C 766/13.
[1154] Vgl. dazu BGHZ 7, 338, 339; 62, 351, 354.
[1155] BT-Drs. 14/7752, S. 30 unter Bezugnahme auf BGHZ 7, 338, 339; 62, 351, 354 (jeweils zu § 1 II S. 1 HaftpflG a.F.). Vgl. zur neuen Rechtslage *Däubler*, JuS 2002, 625, 628; *Wagner*, NJW 2002, 2049, 2060; BGH VersR 2006, 706; OLG Oldenburg ZGS 2005, 33, 36; LG Kaiserslautern NJW 2008, 2786, 2787.

961 **Beispiele für „höhere Gewalt"/keine „höhere Gewalt":**

**(1)** Entgleist ein Zug wegen einer Flutwelle bei einer Überschwemmung, handelt es sich nach der genannten Begriffsbestimmung um „höhere Gewalt"; entgleist er aber wegen eines gebrochenen Rades, fußt das Ereignis nicht auf „höherer Gewalt", sondern auf menschlichem Versagen bzw. auf einem Materialfehler.

**(2)** Läuft ein durch ein parkendes Fahrzeug verdecktes Kind auf die Straße und wird von einem vorschriftsmäßig fahrenden Pkw erfasst wird, ist dies von den genannten Definitionsmerkmalen der „höheren Gewalt" nicht erfasst, sodass auch hier kein Haftungsausschluss gem. § 7 II StVG zugunsten des Halters vorliegt. Denn es hat sich gerade die Betriebsgefahr eines Kfz verwirklicht. Der Halter haftet gem. § 7 I StVG. Generell stellt ein schadensauslösendes Fehlverhalten nicht deliktsfähiger Kinder keine höhere Gewalt i.S.d. § 7 II StVG dar (vgl. dazu den Anwendungsfall bei Rn 723). Bei grob unbilligen Ergebnissen kann immerhin § 829 BGB korrigierend eingreifen.[1156] Davon unabhängig ist immer an ein Mitverschulden gem. § 254 BGB zu denken, sodass die Betriebsgefahr mit dem Verschuldensanteil des Geschädigten abgewogen und gequotelt werden muss.[1157] Höhere Gewalt liegt aber vor, wenn sich jemand in Selbsttötungsabsicht vor einen Zug oder ein Auto stürzt.

**(3)** Des Weiteren kann eine Ölspur auf der Straße zwar auch für einen „Idealfahrer" unerkennbar sein und deshalb ein unabwendbares Ereignis darstellen; als höhere Gewalt lässt sie sich aber schwerlich qualifizieren.

**(4)** Auch wenn ein am Stauende haltendes Kfz von einem auffahrenden Fahrzeug nach vorne in ein anderes Fahrzeug geschoben wird, liegt kein Fall von höherer Gewalt vor. Denn ein solches Schadensereignis ist nicht so außergewöhnlich und betriebsfremd, dass man es nicht mehr zu dem Betriebsrisiko eines Kfz zählen könnte. Der Halter des Fahrzeugs, das von hinten in das vor ihm stehende Fahrzeug geschoben wird, haftet aus § 7 I StVG.

962 Das SchÄndG hat den Begriff des „unabwendbaren Ereignisses" jedoch nicht ganz abgeschafft. Es bildet nach **§ 17 III StVG** n.F. die Haftungsgrenze, wenn es um die Haftung **mehrerer Kraftfahrzeughalter** oder um Ansprüche **zwischen motorisierten Verkehrsteilnehmern** geht (dazu Rn 973/1008). Ein Ereignis ist nicht nur dann „**unabwendbar**" i.S.v. § 17 III StVG, wenn es absolut unvermeidbar ist, sondern bereits dann, wenn der Halter bzw. Fahrer alle erforderlichen und zumutbaren Sicherheitsvorkehrungen getroffen hat, den Unfall zu verhindern.[1158]

**Beispiel[1159]:** Rechts neben einer Straße führte ein Mitarbeiter des Landesbetriebs Straßenbau des Landes X mit einem Traktor Mäharbeiten durch. In dem Moment, als K mit seinem Auto die Stelle passierte, schleuderte das Mähwerk ein Holzstück auf die Fahrbahn, durch welches der Wagen des K beschädigt wurde. Der Schaden beträgt ca. 680 €, den K von X ersetzt verlangt.

Der geltend gemachte Schadensersatzanspruch könnte sich zunächst auf § 823 I BGB unter dem Aspekt der Verletzung einer Verkehrssicherungspflicht stützen.

Verkehrssicherungspflicht bedeutet: Derjenige, der eine Gefahr für andere schafft oder unterhält, ist verpflichtet, alle erforderlichen und zumutbaren Maßnahmen zu treffen, um Schäden von den Betroffenen abzuwenden.[1160] Welche Maßnahmen im Einzelfall erforderlich und zumutbar sind, ist unter Berücksichtigung des Verletzungsrisikos bzw. des Gefährdungspotentials zu beurteilen. Als Faustformel gilt: Je größer das Verletzungsrisiko bzw. das Gefährdungspotential ist, desto höher sind die Anforderungen an die Verkehrssicherungspflicht.

---

[1156] Vgl. BT-Drs. 14/7752, S. 16; *Däubler*, JuS 2002, 625, 628; *Wagner*, NJW 2002, 2049, 2060.
[1157] Vgl. dazu etwa OLG Köln MDR 2012, 906; OLG Oldenburg DAR 2015, 94; OLG Hamm NJW-RR 2016, 1043, 1044 f.; OLG München 5.8.2016 – 10 U 4616/16.
[1158] Vgl. dazu OLG Hamm NJW-RR 2015, 1370; LG Nürnberg-Fürth NJW-RR 2017, 730.
[1159] Nach OLG Hamm NJW-RR 2015, 1370.
[1160] Vgl. nur BGH NJW 2014, 2104 f.; NZV 2014, 167 f.; NJW 2013, 48, 49; ausführlich oben Rn 885 ff.

Auch bei Mäharbeiten an einer Straße hat der Verantwortliche zum Schutz der Verkehrsteilnehmer die erforderlichen und zumutbaren Maßnahmen zu treffen, um Schäden anderer Verkehrsteilnehmer abzuwenden. Das OLG Hamm steht auf dem Standpunkt, dass beim Einsatz von Mähgeräten, die selbst über Sicherheitseinrichtungen verfügen, nach denen ein Schadenseintritt unwahrscheinlich ist, auch bei der Ausführung von umfangreichen Mäharbeiten grundsätzlich keine weitergehenden Sicherungsmaßnahmen vorzunehmen seien.

Ausgehend von diesen Grundsätzen habe das beklagte Land die infrage stehenden Mäharbeiten mit dem eingesetzten Mähgerät durchführen dürfen, ohne weitergehende Sicherungsmaßnahmen zu ergreifen.

Vorliegend sei von dem Mähgerät selbst nur ein sehr geringes Schadensrisiko für andere Verkehrsteilnehmer ausgegangen. Das Mähgerät habe über Sicherheitseinrichtungen verfügt, die die Gefahr des Hinausschleuderns eines Gegenstands aus dem Mähmechanismus auf seltene Ausnahmefälle reduziere. Zudem habe der Traktor den seitlich neben ihm ausgeführten Mähvorgang zur Straße hin abgeschirmt. Die zu mähende Fläche habe auch keine Besonderheiten aufgewiesen, durch welche das mit Mäharbeiten verbundene Gefahrenpotenzial erhöht worden sei. Bei dieser Sachlage seien dem Verantwortlichen mit Rücksicht auf den Umfang der durchzuführenden Mäharbeiten keine weitergehenden Sicherungsmaßnahmen zuzumuten gewesen.

Liegt demnach keine Verletzung einer Verkehrssicherungspflicht vor, hat K keinen Anspruch gegen X auf Schadensersatz aus § 823 I BGB.

Fraglich ist, ob sich etwas anderes ergibt, wenn man den geltend gemachten Anspruch auf § 7 I StVG (sog. Halterhaftung) i.V.m. § 17 I StVG stützt. Dazu müsste der Schaden durch den Betrieb eines Kfz verursacht worden sein. Daran könnte es fehlen, da der Traktor als Mähgerät eingesetzt wurde und somit eine Sonderfunktion zum Einsatz kam. Dominiert der Einsatz der Sonderfunktion, verneint die Rspr. das Merkmal „bei dem Betrieb" (vgl. dazu Rn 985 ff.). Ob vorliegend der Einsatz der Sonderfunktion dominierte, kann angesichts der aktuellen Rspr. des BGH, wonach die Funktion als Arbeitsmaschine dominiert und der Schutzzweck des § 7 I StVG nicht greift, wenn etwa ein Traktor eine landwirtschaftliche Fläche bearbeitet, nicht sicher gesagt werden. In der Praxis besteht also eine große Unsicherheit.

Diese Frage kann allerdings dahinstehen, wenn die Halterhaftung aus einem anderen Grund ausgeschlossen ist. So ist die Verpflichtung zum Schadensersatz ausgeschlossen, wenn der Unfall durch ein unabwendbares Ereignis verursacht worden ist, § 17 III StVG. Ein Ereignis ist nicht nur dann „unabwendbar", wenn es absolut unvermeidbar ist, sondern bereits dann, wenn der Halter bzw. Fahrer alle erforderlichen und zumutbaren Sicherheitsvorkehrungen getroffen hat, um den Unfall zu verhindern.[1161] Die Annahme eines unabwendbaren Ereignisses i.S.v. § 17 III StVG setzt also keine absolute Unvermeidbarkeit voraus. Ein Schadensereignis (d.h. ein Unfall) ist bereits dann unvermeidbar, wenn es auch bei größtmöglicher Sorgfalt nicht abgewendet werden kann.

Im vorliegenden Fall hat das OLG Hamm entschieden, dass die größtmögliche Sorgfalt angewendet worden sei (zur Argumentation siehe oben zur Verkehrssicherungspflicht).

War das Schadensereignis daher unabwendbar, hat K auch keinen Anspruch gegen X auf Schadensersatz aus § 7 I StVG i.V.m. § 17 I StVG. Für ihn hat sich das allgemeine Lebensrisiko verwirklicht.

Das Gleiche gilt für den Fall, dass ein auf der Autobahn liegender Stein durch einen Lkw aufgewirbelt und in die Frontscheibe eines dahinterfahrenden Autos geschleudert wird. Auch dies ist i.d.R. für den Fahrer „unabwendbar". Lediglich dann, wenn mit einem auf der Fahrbahn liegenden Stein gerechnet werden muss (etwa im Baustellenbereich), kann etwas anderes gelten und das „unabwendbare" Ereignis verneint werden.[1162]

[1161] Vgl. dazu OLG Hamm NJW-Spezial 2015, 617; LG Nürnberg-Fürth NJW-RR 2017, 730.
[1162] Siehe LG Nürnberg-Fürth NJW-RR 2017, 730.

963 Ein Schadensereignis (d.h. ein Unfall) ist z.B. aber dann i.d.R. vermeidbar, wenn ein auf der Autobahn fahrender Fahrzeugführer die Richtgeschwindigkeit von 130 km/h überschreitet und in einen Verkehrsunfall verwickelt wird.[1163] Kann der betroffene Fahrzeugführer aber den Nachweis erbringen, dass der Unfall auch bei Einhaltung der Richtgeschwindigkeit verursacht worden wäre, ist das Unabwendbarkeitskriterium erfüllt (sog. Unabwendbarkeitsnachweis).[1164]

964 Der verfassungsrechtlich gebotenen Begrenzung des Haftungsrisikos des Halters oder Betriebsunternehmers gegenüber anderen dient weiterhin die Beschränkung einer Schadensersatzpflicht auf solche Schäden, die durch **Tötung oder Verletzung eines Menschen** oder durch **Beschädigung einer Sache** entstanden sind.

965 Der Beachtung des Grundsatzes der Verhältnismäßigkeit und damit der verfassungsrechtlichen Legitimation der Gefährdungshaftung dient schließlich auch die Beschränkung der Haftung auf bestimmte **Höchstbeträge** (vgl. etwa §§ 12, 12a StVG, §§ 9, 10 HaftpflG, § 88 AMG, § 10 ProdHaftG, § 33 GentechnikG, § 15 I UmwHaftG). Diese Begrenzung der Schadensersatzpflicht ermöglicht es dem Halter oder Betriebsinhaber auch nach Anhebung der Höchstgrenzen durch das SchÄndG, zu akzeptablen Bedingungen eine Haftpflichtversicherung abzuschließen.[1165] Im Bereich des Atomrechts besteht die Besonderheit, dass zwar keine Haftungshöchstgrenze besteht (§ 31 I S. 1 AtomG: „summenmäßig unbegrenzt"), jedoch der Staat eine Haftungsfreistellung i.H.v. 2,5 Mrd. € übernimmt (§ 34 I S. 2 AtomG). Angesichts der immensen Personen- und Umweltschäden, die mit einem Atomunfall verbunden wären, ist die genannte summenmäßige Begrenzung der Haftungsfreistellung nicht gerade zufriedenstellend.

966 Sämtliche Gesetze, in denen eine Gefährdungshaftung vorgesehen ist, verweisen direkt oder indirekt auf § 253 II BGB. Mit der Gefährdungshaftung ist also auch stets die generelle Möglichkeit der Gewährung von **Schmerzensgeld** verbunden. Auch wird **Hinterbliebenengeld** gewährt (vgl. dazu Rn 1071, 1074a, 1127).

967 Schließlich ist der Gefährdungshaftung eigentümlich, dass es **allein** auf die **Verwirklichung der Gefahr** ankommt. Nicht erforderlich, obwohl im Falle des Vorhandenseins auch nicht schädlich, sind daher folgende (im Rahmen der Verschuldenshaftung erforderliche) Voraussetzungen:

968 - **Rechtswidrigkeit:** Da der Betrieb, der mit der Gefährdungshaftung belegt wird, grundsätzlich erlaubt ist und der Verantwortliche allein für die Gefahrverwirklichung haftet, kommt es auf die Widerrechtlichkeit nicht an. Handelt der Verantwortliche aber rechtswidrig, tritt die Gefährdungshaftung neben die Verschuldenshaftung.

969 - **Verschulden:** Da das Eigentümliche der Gefährdungshaftung gerade darin besteht, dass allein für die Gefahrverwirklichung gehaftet wird, kommt es auf das Verschulden des Verantwortlichen nicht an. Subjektive Haftungsausschlüsse wie die fehlende Zurechnungsfähigkeit gelten deshalb nicht.

970 - **Kausalität/objektive Zurechnung:** Um die Schadenszurechnung überschaubar zu halten und letztlich die Gefährdungshaftung zu rechtfertigen, kommt es nach der Rechtsprechung im Rahmen der *haftungsbegründenden Kausalität* darauf an, dass sich die besondere Gefahr, die mit der Gefährdungshaftung belegt ist, in der Rechtsgutverletzung realisiert. [1166] Insofern besteht eine Vergleichbarkeit mit dem tatbestandsspezifischen Gefahrzusammenhang bei den erfolgsqualifizierten Delikten im Strafrecht, dem auch eine begrenzende Funktion zukommt. Hingegen wird die *haftungsausfüllende Kau-*

---

[1163] Vgl. etwa BGH NJW 1992, 1684; LG Aachen NJW-RR 2016, 276, 277.

[1164] BGH NJW 1992, 1684.

[1165] Vgl. *Brox/Walker*, § 54 Rn 2; *Deutsch/Ahrens*, Rn 365.

[1166] Vgl. BGHZ 79, 259, 260 ff.

*salität* von den allgemeinen Zurechnungsmaßstäben der Verschuldenshaftung beeinflusst, denn hier spielen auch Erwägungen allgemeiner Gefahr, wie sie der Adäquanz eigen sind, eine Rolle. Man denke etwa an besondere Eigenschaften des Opfers, bspw. eine Allergieneigung bei Hautabschürfungen. Hier kommt es nicht auf die besondere Gefahr, sondern die allgemeine Zurechnung des Schadens an (Adäquanz; Schutzzweck der Norm).

- **Täterschaft und Teilnahme:** Nach § 830 I S. 1 BGB ist für den Fall, dass mehrere **971**
durch eine gemeinschaftlich begangene unerlaubte Handlung einen Schaden verursacht haben, jeder für den Schaden verantwortlich. Soweit es um eine verschuldenshaftungsrechtliche Zurechnung geht, ist klar, dass eine Haftung nach § 830 I S. 1 BGB nicht in Betracht kommen kann, wenn dem in Anspruch Genommenen kein Verschulden zur Last gelegt werden kann. § 830 I S. 1 BGB ist insoweit also nicht auf gefährdungshaftungsrechtliche Tatbestände anwendbar. Jedoch beschränkt der BGH den Anwendungsbereich des § 830 I S. 2 BGB (die sog. Alternativtäterschaft) nicht auf die Verschuldenshaftung, sondern erstreckt die Vorschrift auf die Gefährdungshaftung, insbesondere die Tierhalterhaftung nach § 833 BGB.[1167] Mit dieser Regelung soll dem Geschädigten der Kausalitätsnachweis erspart werden, d.h. der Nachweis, wer von denjenigen, die eine unerlaubte Handlung begangen haben, den in Rede stehenden Schaden verursacht hat.

**Beispiel[1168]:** A ist Halterin einer Stute, B Halterin eines anderen Pferdes. Beide Pferde waren auf dem Hof des H untergestellt. H brachte die Pferde – wie an anderen Tagen auch – zusammen mit zwölf weiteren Pferden auf einen eingezäunten, unbeobachteten Sand- und Grasplatz, einen sog. Paddock. Als die Pferde am Abend in den Stall geholt wurden, lahmte die Stute der A. Am rechten hinteren Bein wurde eine leicht blutende Wunde festgestellt, die von der herbeigerufenen A versorgt wurde. Über Nacht trat eine starke Schwellung auf. Eine daraufhin durchgeführte tierärztliche Untersuchung zeigte eine erhebliche Beinverletzung. Im Wesentlichen mit der Behauptung, ihre Stute sei vor dem Zurückholen in den Stall von einem anderen Pferd getreten worden, als die Herde im Paddock in Unruhe geraten sei, nimmt A die B auf Schadensersatz gem. § 833 S. 1 BGB in Anspruch. Sie ist der Auffassung, der Umstand, dass nicht feststehe, ob das Pferd der Bekl. ihre Stute getreten habe, sei gem. § 830 I S. 2 BGB unerheblich.

Anspruchsgrundlage könnte, wie von A geltend gemacht, § 833 S. 1 i.V.m. § 830 I S. 2 BGB sein. Auch wenn man davon ausgeht, dass der Schaden durch eines der anderen Pferde verursacht wurde, ist doch unklar, welches der Pferde den Schaden verursacht hat. So kann A nicht den Nachweis erbringen, dass der zum Schaden führende Tritt vom Pferd der B ausging. Darauf kommt es aber auch nicht an, wenn man die Regelung des § 830 I S. 2 BGB heranzieht. Diese Vorschrift erspart dem Geschädigten die Erbringung des Kausalitätsnachweises für den Fall, dass sich nicht ermitteln lässt, wer von mehreren Beteiligten den Schaden durch seine Handlung verursacht hat.

Allerdings müsste B auch „Beteiligte" gewesen sein. Das ist nach der Rechtsprechung des BGH derjenige, dessen Tatbeitrag zu einer rechtswidrigen Gefährdung (bzw. Verletzung) der Schutzsphäre des Geschädigten geführt hat und zur Herbeiführung der Verletzung geeignet war.[1169] Der Umstand allein, dass die Rechtsgüter des Geschädigten im örtlichen und zeitlichen Zusammenhang mit dem Verhalten des Beteiligten verletzt worden sind, genügt dem BGH nicht.

Kann demnach im vorliegenden Fall nicht ausgeschlossen werden, dass das Pferd der B zum Zeitpunkt des verletzungsursächlichen Vorgangs unbeteiligt abseits stand, ist B nicht „Beteiligte" i.S.d. § 830 I S. 2 BGB. Allein der Umstand, dass das Pferd der B mit im Paddock stand, genügt nicht. A hat mithin keinen Schadensersatzanspruch gegen B.

- **Gesamtschuld:** Sind mehrere Personen unter dem Aspekt der Gefährdungshaftung **971a**
verantwortlich (Beispiele: Zwei Tiere, die jeweils einem Halter zugeordnet sind, ver-

[1167] BGH NJW 2018, 3439 mit Verweis u.a. auf BGHZ 55, 96, 98 f.
[1168] Nach BGH NJW 2018, 3439.
[1169] BGH NJW 2018, 3439, 3440 mit Verweis auf BGH NJW 1989, 2943, 2944.

letzen eine Person; ein Tier, das zwei Haltern zugeordnet ist, verletzt eine Person), haften diese i.d.R. gesamtschuldnerisch aus § 833 BGB i.V.m. § 840 I BGB i.V.m. § 421 BGB[1170] (siehe dazu bereits Rn 883g in Bezug auf Tierhalterhaftung).

**971b** **Fazit und Hinweis für die Fallbearbeitung:** Die vorstehenden Ausführungen haben das Spannungsverhältnis zwischen einer engen, d.h. haftungsbegrenzenden Auslegung der Gefährdungshaftung, die gerade wegen der verschuldensunabhängigen Verantwortlichkeit des betreffenden Anlagenbetreibers, Fahrzeughalters etc. angezeigt ist, und einer weiten Auslegung, die zum Schutz der Allgemeinheit vor den Betriebsgefahren zu fordern ist, verdeutlicht. Mit diesem Spannungsverhältnis muss jeder Klausurbearbeiter, der die Tatbestandsmerkmale einer Gefährdungshaftungsnorm auszulegen hat, umgehen können. Ob also eine Haftung wegen Verwirklichung der Betriebsgefahr vorliegt, muss das Ergebnis einer interessengerechten Auslegung sein. Man wird sagen können: Je unbeherrschbarer das Risiko und je größer die Breitenwirkung der Betriebsgefahr sind, desto weiter sind die Gefährdungshaftungstatbestände auszulegen, um den Schutzinteressen der Allgemeinheit Rechnung zu tragen. Denn in derartigen Fällen hat der Betreiber einer gefährlichen Anlage i.d.R. auch einen großen Nutzen, der eine weite Handhabung der Gefährdungshaftung rechtfertigt. Eine Haftungsbegrenzung ist aber bei der haftungsbegründenden Kausalität bzw. der Schadenszurechnung vorzunehmen: Gerade die besondere Gefahr, die mit der Gefährdungshaftung belegt ist, muss sich in der Rechtsgutverletzung realisiert haben. Haftungsbegrenzend wirkt auch ein etwaiges Mitverschulden des Geschädigten.

**971c** Im Folgenden sollen die ausbildungs- und prüfungsrelevantesten Gefährdungshaftungstatbestände näher erläutert werden. Dazu zählen die Haftung des **Kraftfahrzeughalters**, die Haftung nach dem **Haftpflichtgesetz** sowie die Haftung nach dem **Produkthaftungsgesetz**. Auf die **Tierhalterhaftung** wurde bereits bei Rn 883 ff. eingegangen.

[1170] Insoweit klarstellend OLG München NJW 2017, 3664, 3665.

## II. Haftung des Kraftfahrzeughalters

Zur generellen Notwendigkeit und zur Rechtfertigung einer verschuldensunabhängigen Haftung vgl. bereits Rn 953 ff. In Prüfungsarbeiten, bei denen es um Schadensersatz geht, ist nicht selten die Haftung des Kraftfahrzeughalters zu untersuchen.[1171] 972

### 1. Anspruchsgrundlage des Geschädigten: § 7 I StVG

Rechtsgrundlage für die **Halterhaftung** bildet **§ 7 I StVG**. Nach dieser Vorschrift hat der Halter eines **Kraftfahrzeugs** oder **Anhängers** ohne Rücksicht auf sein Verschulden die Schäden zu ersetzen, die dadurch entstanden sind, dass bei dem Betrieb des Fahrzeugs oder Anhängers ein Mensch getötet oder der Körper oder die Gesundheit eines Menschen verletzt oder eine Sache beschädigt worden sind. Die Schadensersatzpflicht des Halters tritt nur dann **nicht** ein, wenn 973

- der Unfall durch **höhere Gewalt** (**§ 7 II StVG** – Rn 960 f./990 f.) oder durch ein **unabwendbares Ereignis** (**§ 17 III StVG** – Rn 962/1008) verursacht wurde,
- wenn jemand, der weder beim Halter angestellt ist noch das Fahrzeug oder den Anhänger von diesem überlassen bekommen hat, das Fahrzeug oder den Anhänger ohne Wissen und Wollen des Fahrzeughalters benutzt (sog. **Schwarzfahrt**) und dieser die Fremdnutzung auch nicht durch sein Verschulden (Steckenlassen des Schlüssels o.Ä.) ermöglicht hat (vgl. **§ 7 III StVG**)[1172]
- oder wenn einer der Ausschlusstatbestände des **§ 8 StVG** vorliegt.

Streng zu trennen ist die (verschuldensunabhängige) Halterhaftung von der (verschuldensabhängigen) **Fahrerhaftung** gem. **§ 18 I StVG**. Nach dieser Vorschrift hat auch der Fahrer die Schäden (gem. §§ 8 bis 15 StVG) zu ersetzen, die dadurch entstanden sind, dass bei dem Betrieb des Fahrzeugs oder Anhängers ein Mensch getötet oder der Körper oder die Gesundheit eines Menschen verletzt oder eine Sache beschädigt worden sind. Gemäß § 18 I S. 2 StVG ist die Ersatzpflicht jedoch **ausgeschlossen**, wenn der Schaden nicht durch ein **Verschulden** des Fahrers verursacht wurde. Diese Negativformulierung bedeutet nichts anderes, als es sich um eine Haftung für vermutetes Verschulden handelt: Nicht der Geschädigte trägt die Beweislast, sondern der Fahrer muss beweisen, dass ihn kein Verschulden trifft (widerlegliche gesetzliche Vermutung). 974

**Hinweis für die Fallbearbeitung:** Sind Halter und Fahrer personenidentisch, besteht echte **Anspruchskonkurrenz** zwischen § 7 I StVG und § 18 I StVG. In der Fallbearbeitung sind also beide Ansprüche nebeneinander zu prüfen.[1173] Zu beachten ist jedoch, dass sich der Haftungsausschluss wegen höherer Gewalt nur auf § 7 I StVG bezieht und dass es umgekehrt nur bei § 18 I StVG auf ein Verschulden ankommt. Allerdings ist bei Vorliegen von höherer Gewalt regelmäßig auch ein Verschulden i.S.d. § 18 I StVG ausgeschlossen. 975

Ferner ist zu beachten, dass die Gefährdungshaftung aus § 7 I StVG auch nicht ausgeschlossen ist, wenn z.B. der Schaden durch eine öffentlich-rechtliche Stelle beseitigt wird. Beseitigt etwa die Feuerwehr ausgelaufenes Öl von der Straße, bleibt die Halterhaftung auch dann bestehen, wenn die Feuerwehr eine öffentliche Aufgabe wahrnimmt.[1174] Denn es kann nicht den Halter (bzw. dessen Kfz-Haftpflichtversiche-

---

[1171] Die erhöhte Prüfungsrelevanz wird nunmehr auch von *Schulz-Merkel/Meier*, JuS 2015, 201 gesehen.

[1172] Nach dieser Norm haftet also der *Fahrer* eines Fahrzeugs anstelle des Halters, wenn er das Fahrzeug ohne Wissen und Wollen des Halters benutzt. Das bedeutet, dass der Fahrer im Falle einer Rechtsgutverletzung verschuldensunabhängig nur in dem Umfang haftet, wie das beim Halter der Fall wäre. In der Fallbearbeitung müssen also inzident die Voraussetzungen der Halterhaftung geprüft werden. Selbstverständlich trifft den Fahrer auch eine Haftung nach § 18 StVG, wenn Verschulden vorliegt (Anspruchskonkurrenz).

[1173] Vgl. bereits die 1. Aufl. 2002; später auch *Wille*, JA 2008, 210; *Schulz-Merkel/Meier*, JuS 2015, 201.

[1174] BGH NZV 2011, 595 f.

rung, vgl. Rn 976) entlasten, wenn eine Behörde eine öffentliche Aufgabe der Gefahrenabwehr wahrnimmt.

976 Um das Risiko der Zahlungsunfähigkeit des Halters im Schadensfall zu vermeiden und den Verkehrsopfern eine Mindestversorgung zu garantieren, ist der Halter verpflichtet, eine **Haftpflichtversicherung** abzuschließen, § 1 PflVG.[1175] Der Verletzte hat einen **Direktanspruch** gegen den Versicherer, **§ 115 I S. 1 Nr. 1 VVG** (Rn 1005).

## 2. Voraussetzungen der Halterhaftung

977 Bei der Anspruchsprüfung der Halterhaftung nach § 7 StVG ist zunächst zu untersuchen, ob eine Haftung dem Grunde nach besteht. Dabei ist zu klären, ob der Haftungstatbestand des § 7 I StVG erfüllt ist und kein Haftungsausschluss greift. Erst wenn diese Fragen bejaht wurden, geht es um die Haftungsquote. Bei deren Bestimmung ist im Rahmen einer Abwägung nach § 9 bzw. § 17 StVG (jeweils i.V.m. § 254 BGB) zu prüfen, ob und gegebenenfalls zu welchem Anteil der geschädigte Anspruchsteller für seinen Schaden selber verantwortlich ist. Wurde danach die Haftungsquote bestimmt, ist die Berechtigung der geltend gemachten Schadenspositionen zu prüfen: Von der Gesamtsumme der festgestellten Schadensposten erhält der Geschädigte den prozentualen Anteil als konkreten Schadensersatzanspruch, welcher der zuvor ermittelten Haftungsquote des Kfz-Halters entspricht. Folgender Aufbau ist zu empfehlen:

978

**Anspruchsvoraussetzungen und Rechtsfolge der Halterhaftung**

**I. Verwendung eines Kraftfahrzeugs**

Der Unfall muss unter Verwendung eines **Kraftfahrzeugs** verursacht worden sein. Der Begriff des Kraftfahrzeugs ist in § 1 II StVG legaldefiniert. Danach sind Kraftfahrzeuge alle Landfahrzeuge, die mit Maschinenkraft bewegt werden und nicht an Bahngleise gebunden sind.

**II. Anspruchsverpflichteter: Fahrzeughalter**

Anspruchsverpflichteter ist der **Fahrzeughalter**. Nach Auffassung des BGH ist Halter derjenige, der die tatsächliche Verfügungsgewalt über das Fahrzeug besitzt und es für eigene Rechnung gebraucht. Die Eintragung in der Zulassungsbescheinigung II (früher: Fahrzeugbrief) ist nur ein Indiz.

**III. Vorliegen eines Personen- oder Sachschadens**

Des Weiteren muss ein **Personen- oder Sachschaden** verursacht worden sein. Ein reiner Vermögensschaden begründet somit keine Ersatzpflicht des Halters. Aber auch Personen- und Sachschäden sind nicht stets zu ersetzen. Vgl. dazu die Ausschlusstatbestände.

**IV. Schadensverursachung „bei dem Betrieb eines Kraftfahrzeugs"**

Der Personen- oder Sachschaden muss **„bei dem Betrieb des Kraftfahrzeugs"** verursacht worden sein. Dieses Kriterium beschreibt die besondere Betriebsgefahr, die die verschuldensunabhängige Haftung legitimiert, und ist zum Schutz der Verkehrsteilnehmer weit auszulegen. Als Betriebsgefahr des Kraftfahrzeugs sind zunächst die **Entfaltung von Geschwindigkeit** und der **Bremsweg** anzusehen. Angesichts der Zunahme des Kraftfahrzeugverkehrs ist die Rechtsprechung jedoch dazu übergegangen, nicht nur das bewegte Fahrzeug, sondern auch das **ruhende Fahrzeug** als gefährlich anzusehen, jedenfalls solange ein Zusammenhang mit einer Betriebseinrichtung besteht. Entgegen der Rspr. ist eine Kfz-Halterhaftung sogar dann anzunehmen, wenn eine Sonderfunktion dominiert (Beispiel: Hauptmotor eines stehenden Traktors treibt lediglich eine Güllepumpe an).

**V. Nichtvorliegen eines Ausschlusstatbestands**

Die grundsätzliche Haftung gem. § 7 I StVG besteht nicht, wenn ein **Ausschlusstatbestand** vorliegt. Ausschlusstatbestände sind in § 7 II und III, § 17 III und § 8 StVG enthalten. Liegt einer dieser Tatbestände vor, ist die verschuldensunabhängige Halterhaftung nach

[1175] Vgl. dazu auch BGH NJW 2016, 1162, 1164.

§ 7 I StVG ausgeschlossen. Möglich ist dann nur noch eine Haftung aus Vertrag (sofern nicht durch Vereinbarung ausgeschlossen) oder aus deliktischer Verschuldensverantwortlichkeit. Aus dem Schutzzweck der Halterhaftung folgt auch, dass wenn der Betroffene durch das eigene bzw. das von ihm selbst geführte Kfz geschädigt wird, ihm die Ansprüche gem. §§ 7, 18 StVG nicht zustehen. Damit können zwischen Fahrer und Halter nur Ersatzansprüche aus Vertrags- oder Deliktshaftung bestehen. Der Halter, der als Mitfahrer durch sein eigenes Kfz verletzt wird, hat gegen den Fahrer daher nur vertragliche oder deliktische Ansprüche (aus § 823 BGB), nicht jedoch solche aus §§ 7, 18 StVG.

**VI. Mitverschulden**

Ist der Geschädigte jemand, der sich keine Betriebsgefahr zurechnen lassen muss (Fußgänger, Radfahrer), bestimmt sich sein Mitverschulden bei den Ansprüchen aus §§ 7, 18 StVG nach **§ 9 StVG** i.V.m. § 254 BGB. Ist der Geschädigte aber selbst **Fahrzeughalter** oder **Fahrer**, richtet sich sein Mitverschulden nach der Spezialvorschrift des **§ 17 StVG**, wonach die beteiligten Halter gesamtschuldnerisch haften. § 17 I StVG regelt den Ausgleich zwischen mehreren beteiligten Kfz-Haltern, wenn durch den Betrieb ihrer Pkws eine dritte Person (Radfahrer, Fußgänger oder Mitfahrer) geschädigt wurde. § 17 II StVG betrifft die praktisch bedeutsamere Ausgleichspflicht zwischen mehreren beteiligten Kfz-Haltern für selbst erlittene Schäden.

## a. Verwendung eines Kraftfahrzeugs

Um die Halterhaftung gem. § 7 I StVG auszulösen, muss der Unfall zunächst unter **979**
Verwendung eines **Kraftfahrzeugs** verursacht worden sein. Der Begriff des Kraftfahrzeugs ist in § 1 II StVG legaldefiniert. Danach sind Kraftfahrzeuge alle Landfahrzeuge, die mit Maschinenkraft bewegt werden und nicht an Bahngleise gebunden sind.

Als Kraftfahrzeuge gelten auch Kfz-Anhänger, d.h. Fahrzeuge, die nicht selbstständig mit **980**
Motorkraft bewegt werden, sondern dazu bestimmt sind, als Teil eines Kfz von diesem mitgeführt zu werden. Die Haftung besteht dabei unabhängig davon, ob der Anhänger zum Zeitpunkt des Unfalls mit einem Kfz verbunden war.[1176] Die Halterhaftung aus § 7 I StVG ist jedoch ausgeschlossen für Kraftfahrzeuge und deren Anhänger, die auf ebener Strecke nicht schneller als 20 km in der Stunde fahren können (§ 8 Nr. 1 StVG).

## b. Anspruchsverpflichteter: Fahrzeughalter

Anspruchsverpflichteter ist der **Fahrzeughalter**. Eine Legaldefinition des Begriffs **981**
„Halter" besteht nicht. In der Regel ist es derjenige, der in den Fahrzeugpapieren (d.h. in der Zulassungsbescheinigung I und II) eingetragen ist. Die Annahme, der in den Fahrzeugpapieren Eingetragene sei stets der Halter, stellt jedoch einen weit verbreiteten Rechtsirrtum dar. Erst recht wäre die Annahme falsch, den Eigentümer zwingend als Halter anzusehen. Nach Auffassung des BGH ist – ohne Rücksicht auf die Eigentumsverhältnisse – Halter derjenige, der die tatsächliche Verfügungsgewalt über das Fahrzeug innehat, es für eigene Rechnung gebraucht und auch den unmittelbaren Nutzen aus dem Gebrauch zieht.[1177] Schließlich geht auch der Gesetzgeber davon aus, dass Halter, Eigentümer und Fahrer personenverschieden sein können (vgl. § 1 PflVG).

Tatsächliche Verfügungsgewalt hat inne, wer Anlass, Zeit, Dauer und Ziel der Fahrten **982**
bestimmen kann.[1178] Wer in diesem Sinne verfügungsberechtigt ist, ist nach dem o.g. Ansatz auch dann Halter, wenn das Fahrzeug auf eine andere Person zugelassen ist.[1179] Eintragung in den Fahrzeugpapieren (Zulassungsbescheinigung I und II) und Haltereigenschaft können also auseinanderfallen. Da es aber letztlich um die straßen-

---

[1176] BT-Drs. 14/7752, S. 50.

[1177] Vgl. BGHZ 13, 351, 354; 116, 200, 205 f.; siehe auch OVG Münster NJW 2014, 2811 und VGH Mannheim NJW 2017, 3734.

[1178] BGHZ 32, 331, 333; VGH Mannheim NJW 2017, 3734; OVG Münster NJW 2014, 2811; VGH München 30.10.2012 – 11 ZB 12.1608; OVG Berlin-Brandenburg NJW 2010, 2743.

[1179] OLG Hamm NZV 1990, 363; KG VRS 113, 209; OVG Münster NJW 2014, 2811.

verkehrsrechtliche Zuordnung eines Kfz zu einer Person geht (so hat bspw. die in § 6 I S. 2 FZV i.V.m. § 33 I S. 1 Nr. 2 StVG zum Ausdruck kommende Registerpflicht den Zweck, die Person, der das Fahrzeug zugeordnet ist, zu identifizieren, etwa, um Straßenverkehrsverstöße ahnden zu können), besteht ein starkes Indiz dafür, dass der in den Fahrzeugpapieren Eingetragene auch Halter des Fahrzeugs ist[1180]. Dagegen stellt – wie deutlich geworden sein sollte – die Eigentümereigenschaft nur ein schwaches Indiz dar.

**983** Sind demnach die Eigentumsverhältnisse am Fahrzeug für die Haltereigenschaft nicht entscheidend, ergibt sich das Phänomen, dass die Bank, die das Fahrzeug finanziert und sich zur Sicherung des Darlehens das Fahrzeug sicherungsübereignen lässt (§ 930 BGB), zwar Eigentümer, nicht aber Halter ist.[1181] Gleiches gilt für den Leasinggeber (Rn 983b). Umgekehrt ist es aufgrund der obigen Ausführungen auch möglich, dass der Eigentümer Halter ist, obwohl er nicht in den Fahrzeugpapieren eingetragen ist.

> **Beispiel:** Großvater G verfügt über einen sehr hohen Schadensfreiheitsrabatt; das Fahrzeug seiner 18-jährigen Enkelin E wird daher auf seinen Namen zugelassen.
>
> Hier ist E Eigentümerin; auch ist sie Halterin, wenn sie die laufenden Kosten übernimmt und allein die Verfügungsgewalt innehat, obwohl das Fahrzeug auf den Großvater zugelassen ist.

**983a** Es ist also stets zu unterscheiden zwischen dem Eigentümer, dem Halter und dem in den Fahrzeugpapieren Eingetragenen. Diese Eigenschaften können in einer Person vereint sein. Es kann aber auch vorkommen, dass von drei Personen jede nur eine dieser Eigenschaften erfüllt. Da die Haltereigenschaft u.a. für die Straßenverkehrshaftung (Haftung gem. § 7 I StVG), die Steuerpflicht und die Versicherungspflicht (§ 1 PflVG: obligatorische Haftpflichtversicherung) ausschlaggebend ist, ist das oben dargestellte, von der Rspr. als möglich erachtete Dreipersonenverhältnis in der Praxis aber insofern entschärft, als der Steuerbescheid an denjenigen adressiert ist, der in der Zulassungsbescheinigung I und II eingetragen ist, auf den das Fahrzeug also zugelassen ist. Auch als Versicherungsnehmer der Kfz-Haftpflichtversicherung wird von der Versicherungsgesellschaft i.d.R. nur akzeptiert, wer in den Fahrzeugpapieren eingetragen ist. Daher kann es in der Praxis zwar vorkommen, dass Eigentümer und Halter personenverschieden sind, i.d.R. ist aber als Halter anzusehen, wer als solcher in den Fahrzeugpapieren eingetragen ist.

**983b** Da die formale Eintragung in der Zulassungsbescheinigung I und II nach st. Rspr. für die Haltereigenschaft nicht entscheidend ist, können auch Mieter, Nießbraucher und Entleiher Halter eines Fahrzeugs sein, obwohl jemand anderes in den Fahrzeugpapieren eingetragen ist. Voraussetzung hierfür ist eine Überlassung auf längere Zeit[1182] (wenige Stunden oder nur ein Tag reichen hierfür regelmäßig nicht aus), sodass das Fahrzeug dem Einflussbereich des Überlassenden entzogen ist und der Mieter/Entleiher alle mit der Fahrzeughaltung anfallenden Kosten trägt. Auch der Leasingnehmer ist i.d.R. Halter.[1183] Bei einer Veräußerung eines Kfz wird der Erwerber richtigerweise zum Zeitpunkt der Übergabe Halter i.S.v. § 7 I StVG. Insofern wird der Veräußerer aus seiner Halterhaftung entlassen.[1184] Bis zum Neuabschluss einer Haftpflichtversicherung für das veräußerte Kfz ist aber die Versicherung des Veräußerers eintrittspflichtig, da

---

[1180] So im Ergebnis auch OVG Münster NJW 2014, 2811.
[1181] Vgl. bereits die 1. Aufl. 2002; später auch *Neumann*, JA 2016, 167, 168 (mit Verweis auf *Schulz-Merkel/Meier*, JuS 2015, 201).
[1182] BGHZ 32, 331, 333.
[1183] So bereits die 1. Aufl. 2002 sowie BGH NJW 2007, 3120, 3121; NJW 2011, 996 f.; OVG Münster NJW 2014, 2811 (Leasingnehmer auch dann Halter, wenn Fahrzeug auf Leasinggeber zugelassen).
[1184] OLG Köln VersR 1996, 248.

der Erwerber in den Vertrag eintritt, es sei denn der Vertrag gilt wegen Abschlusses einer neuen Versicherung als gekündigt (vgl. §§ 122 i.V.m. 95-98 VVG).

Unabhängig von etwaigen Schwierigkeiten bei der Halterbestimmung können natürliche und juristische Personen Halter sein. Typische juristische Personen sind die AG und die GmbH; aber auch (teilrechtsfähige) Personengesellschaften wie die KG und die OHG können Halter sein.[1185] Überträgt man schließlich die handelsrechtliche[1186] und grundbuchrechtliche[1187] Rechtsprechung zur Rechtsfähigkeit der GbR, wird man auch dieser die Kfz-Halterfähigkeit zuerkennen müssen. 983c

### c. Vorliegen eines Personen- oder Sachschadens

Des Weiteren muss ein **Personen- oder Sachschaden** verursacht worden sein. Ein reiner Vermögensschaden ist damit also nicht im Rahmen der Halterhaftung ersatzpflichtig. Aber auch bezüglich Personen- und Sachschäden gibt es Einschränkungen. Vgl. dazu die bei Rn 898 ff. erläuterten Ausschlusstatbestände. 984

### d. Schadensverursachung „bei dem Betrieb eines Kraftfahrzeugs"

Der Personen- oder Sachschaden muss **„bei dem Betrieb des Kraftfahrzeugs"** verursacht worden sein. Dieses Kriterium beschreibt die besondere Betriebsgefahr, die die verschuldensunabhängige Haftung legitimiert, und ist zum Schutz der Verkehrsteilnehmer grds. weit auszulegen.[1188] 985

Wie noch aufzuzeigen sein wird, orientiert sich die weite Interpretation des Begriffs „bei dem Betrieb des Kraftfahrzeugs" am ebenfalls weit auszulegenden Schutzzweck der Kfz-Halterhaftung und entspricht der Richtlinie 2009/103/EG über Kraftfahrzeug-Haftpflichtversicherung[1189], die insbesondere in den Erwägungsgründen 12, 22 und 31 die Wichtigkeit des Schutzes der (nicht motorisierten) Unfallopfer betont und den Schutz auf Kraftfahrzeugunfälle aller Art erstreckt (siehe dazu Rn 987b).

Nach der **verkehrstechnischen Auffassung** sind als Betriebsgefahr zunächst die Entfaltung von Geschwindigkeit und der Bremsweg anzusehen. Angesichts der Zunahme des Kraftfahrzeugverkehrs ist die Rechtsprechung jedoch dazu übergegangen, nicht nur das bewegte Fahrzeug, sondern auch das ruhende Fahrzeug als gefährlich anzusehen, jedenfalls solange es sich im öffentlichen Straßenverkehrsraum in verkehrsbeeinflussender Weise befindet.[1190] Denn bspw. kann ein auf der Hauptstraße liegen gebliebenes Fahrzeug eine größere Gefahr (Auffahrunfall etc.) darstellen als ein im fließenden Verkehr befindliches Stadtfahrzeug. Das Gleiche gilt hinsichtlich des Be- und Entladens von Kfz.[1191] Eine Berührung des Verursacherfahrzeugs mit dem Geschädigtenfahrzeug ist nicht erforderlich.[1192] Denn auch wenn keine Berührung stattgefunden hat, kann es sich um einen Unfall beim Betrieb eines Fahrzeugs gehandelt haben, etwa wenn ein Motorradfahrer einem die Vorfahrt missachtenden Autofahrer ausweichen muss und dabei stürzt. Das Gleiche gilt, wenn der Beifahrer eines am Straßenrand stehenden Pkws unvorsichtig die Tür öffnet und dadurch einen Unfall verursacht.[1193] In Fällen dieser Art haftet gem. § 7 I StVG der Halter, denn der Scha- 986

[1185] VGH Mannheim NJW 2017, 3734, 3735 f.
[1186] Vgl. das Grundsatzurteil BGHZ 146, 341 ff. (dazu *R. Schmidt*, BGB AT, Rn 131a).
[1187] Vgl. BGH NJW 2009, 594 ff. und nunmehr § 899a BGB.
[1188] Vgl. BGHZ 105, 65, 66; 107, 359, 366; 115, 84, 86; BGH NJW 2012, 1951, 1952; NJW 2013, 1679; NJW 2014, 1182; NJW 2015, 1681; NJW 2016, 1162, 1163; *Brox/Walker*, § 54 Rn 7; *Heß/Burmann*, NJW 2014, 1154. Zu den folgenden Fallgruppen vgl. *Deutsch/Ahrens*, Rn 382; *Medicus/Petersen*, BR, Rn 633; *Brox/Walker*, § 54 Rn 8 f.
[1189] Zu Rechtsnatur und Bindungswirkung von EU-Richtlinien sowie zur richtlinienkonformen Auslegung nationalen Rechts siehe *R. Schmidt*, Staatsorganisationsrecht, 20. Aufl. 2019, Rn 346 ff.
[1190] Vgl. LG Bochum NJW-RR 2004, 824.
[1191] Vgl. etwa BGH NJW 2016, 1162, 1163 f.
[1192] Vgl. BGH NJW 1973, 44 ff.; NJW 1988, 2802 f.
[1193] Vgl. etwa LG Saarbrücken NJW-RR 2016, 356.

den wurde in zurechenbarer Weise „beim Betrieb des Kfz“ verursacht.[1194] Auch durch ein nur vorübergehendes Abstellen des Kfz wird noch nicht die Betriebsgefahr, die den Anknüpfungspunkt für die verschuldensunabhängige Halterhaftung darstellt, beendet. Man kann also insgesamt sagen, dass der Betrieb eines Kfz mit dem Ingangsetzen des Motors beginnt und mit dem Abstellen des Motors außerhalb des öffentlichen Verkehrs endet.

**987** Um einen Schadensersatzanspruch aus § 7 I StVG auch dann zu gewähren, wenn das schädigende Ereignis außerhalb des öffentlichen Straßenverkehrsraums (etwa auf einem Fabrik-, Baustellen- oder sonstigen abgegrenzten Privatgelände, in der Tiefgarage, aber auch auf einem Feld- oder Ackergrundstück) stattfindet, wird die **maschinentechnische Auffassung** vertreten. Danach ist ein auch außerhalb des öffentlichen Straßenverkehrsraums befindliches Kfz jedenfalls dann „in Betrieb“, wenn es als Fortbewegungsmittel verwendet wird.[1195]

Demnach könnte es sich *nicht* mehr um den Betrieb eines Kfz handeln, wenn ein Pkw ordnungsgemäß auf einer dafür vorgesehenen Stellfläche (oder gar in einer Garage oder Tiefgarage) abgestellt (d.h. geparkt) wird.[1196] Der BGH hat diesbezüglich aber anders entschieden und eine Halterhaftung für den Fall angenommen, dass ein in einer Tiefgarage bzw. auf einem Anwesen abgestelltes Fahrzeug in Brand gerät und einen Schaden am daneben abgestellten Fahrzeug verursacht. Es genüge, wenn ein Zusammenhang mit einer Betriebseinrichtung bestehe.[1197]

> **Beispiel**[1198]**:** H hat seinen Wagen auf einem Privatparkplatz abgestellt. Infolge eines technischen Defekts an der Elektrik geriet das Fahrzeug kurze Zeit später in Brand, wodurch das daneben abgestellte Fahrzeug des S stark beschädigt wurde. S macht gegen H einen Schadensersatzanspruch geltend.
>
> Hier könnte ein Schadensersatzanspruch S gegen H aus § 7 I StVG bestehen. H ist Halter. Der bei S verursachte Schaden müsste „bei dem Betrieb“ des Kfz des H entstanden sein. Das ist zweifelhaft. Allein schon die Wortlautinterpretation spricht gegen die Bejahung dieses Kriteriums, weil der Wagen des H außerhalb des Straßenverkehrsraums abgestellt war. Denn in diesem Fall hat sich bei der Schadensentstehung nicht das Gefahrenpotential manifestiert, das mit der physikalischen Natur des Fahrvorgangs verbunden ist. Gleichwohl hat der BGH entschieden, dass bei der gebotenen wertenden Betrachtung zu berücksichtigen sei, dass die Gefahr, die von einem Kfz ausgehe, auch dann vorliegen könne, wenn sich das Fahrzeug außerhalb des Fahrbetriebs befinde. Komme es zu einem Fahrzeugbrand, genüge es, wenn der Brand oder dessen Übergreifen in einem ursächlichen Zusammenhang mit einem technischen Defekt einer Betriebseinrichtung des Kfz stehe.[1199]
>
> Stellungnahme: Eine Ausdehnung des Begriffs „bei dem Betrieb“ auf Situationen, die lediglich im Zusammenhang mit einer Betriebseinrichtung (nicht aber mit dem Fahrbetrieb) stehen, könnte als Überdehnung des Wortlauts „bei dem Betrieb“ angesehen werden und mit der Natur einer Gefährdungshaftung unvereinbar sein. Man könnte argumentieren, von dem Kriterium „bei dem Betrieb“ bliebe praktisch nichts mehr übrig, würde man die Betriebsgefahr sogar von einem außerhalb des Straßenverkehrsraums abgestellten Kfz annehmen. Folgerichtig könnte man vertreten, die sich dadurch ergebende Schutzlücke sei gesetzlich gewollt und dürfe nicht durch Überdehnung des Wortlauts geschlossen werden mit der Folge, dass kein Fall der Halterhaftung nach § 7 I StVG vorliege. Andererseits sind gefahrenabwehrrechtliche Aspekte – und auch die Inte-

---

[1194] Vgl. LG Saarbrücken NJW-RR 2016, 356.
[1195] BGH NJW 1975, 1886; OVG Münster NZV 1995, 88; *Grüneberg*, NZV 2001, 110.
[1196] So OLG München NZV 1996, 199 f.; OLG Nürnberg NZV 1997, 482; AG München 21.11.2012 – 322 C 17013/12.
[1197] BGH NJW 2014, 1182, 1183. Vgl. auch BGH NJW 2015, 1681, 1682; OLG Nürnberg r+s 2016, 150.
[1198] Nach BGH NJW 2014, 1182.
[1199] BGH NJW 2015, 1681, 1682; NJW 2014, 1182, 1183. Vgl. bereits zuvor OLG Düsseldorf NJW-RR 2011, 317, 318 und *Dresenkamp*, JA 2012, 527, 531.

ressen des Geschädigten – zu berücksichtigen, was für eine weite Interpretation des Kriteriums „bei dem Betrieb" spricht. Die verschuldensunabhängige Halterhaftung ist eben der Preis dafür, dass durch die Verwendung eines Kfz eine Gefahrenquelle eröffnet und unterhalten werden darf.[1200] Daher ist es methodisch nicht zu beanstanden, den Begriff der Betriebsgefahr auf Gefahren auszuweiten, die von einer Betriebseinrichtung des abgestellten Kfz ausgehen, sofern der dadurch verursachte Schaden nur im unmittelbaren örtlichen und zeitlichen Zusammenhang mit den Betriebsvorgängen oder mit bestimmten Betriebseinrichtungen des Fahrzeugs steht (vgl. auch Rn 987b und 988).

S hat daher gegen H einen Schadensersatzanspruch aus § 7 I StVG (bzw. einen Direktanspruch gegen den Versicherer aus § 115 I Nr. 1 VVG). Sollte H ein Verschulden treffen, haftet er als Fahrer zudem gem. § 18 I StVG und generell nach § 823 I BGB.

Eine Halterhaftung anzunehmen, geht aber selbst nach der Rechtsprechung zu weit in dem **987a**
Fall, dass ein Einkaufswagen, der vom Fahrer eines Pkw neben seinem Kofferraum abgestellt worden ist, während des Einladens der Ware in den Kofferraum auf einem abschüssigen Gelände ins Rollen kommt und ein Fahrzeug beschädigt. In diesem Fall sei der Schaden nicht durch die dem Kfz-Betrieb typisch innewohnende Gefährlichkeit verursacht.[1201] Die verschuldensunabhängige Halterhaftung greift auch dann nicht, wenn das Kfz ohne eigene Motorkraft durch eine automatische Waschanlage gezogen wird. Denn in diesem Fall hat sich bei der Schadensentstehung keine Betriebsgefahr manifestiert.

Besondere Probleme bestehen, wenn das Fahrzeug über eine **Sonderfunktion** ver- **987b**
fügt und der Einsatz dieser Sonderfunktion zum Schaden führte, wenn das Fahrzeug beim Schadensereignis also nicht als Fortbewegungsmittel eingesetzt war, sondern als Arbeitsmaschine (Beispiele: Tankwagen füllt Heizöl in einen Tank; Traktor mäht im Stand; Traktor steht auf Feldweg mit laufendem Motor, um eine Pumpe zum Verspritzen eines Pflanzenschutzmittels zu betreiben[1202]). In diesen Fällen könnte man meinen, eine Halterhaftung auszuschließen, da der Schaden an sich nicht „durch den Betrieb eines Kraftfahrzeugs" verursacht wurde.[1203] Der BGH betont in aktuellen Entscheidungen jedoch stets die Notwendigkeit, auf den Einzelfall abzustellen. Er fragt danach, ob der Schutzzweck des § 7 I StVG greift. Bearbeite etwa ein Traktor eine landwirtschaftliche Fläche, dominiere die Funktion als Arbeitsmaschine und der Schutzzweck des § 7 I StVG greife nicht.[1204] Auf diesem Standpunkt steht auch der EuGH (mit Blick auf die Richtlinie 2009/103/EG über Kraftfahrzeug-Haftpflichtversicherung). Im zu entscheidenden Fall ging es um einen Traktor, der mit laufendem Motor auf einem Feldweg stand, um eine Pumpe zum Versprühen eines Pflanzenschutzmittels zu betreiben.[1205] Der EuGH entschied, dass in diesem Fall die Verwendung des Traktors in erster Linie an seine Funktion als Arbeitsmaschine anknüpfe, nämlich als Generator für die Antriebskraft, die erforderlich gewesen sei, um die Pumpe der Sprühvorrichtung für das Pflanzenschutzmittel zu betreiben, mit der der Traktor versehen gewesen sei, um das Pflanzenschutzmittel in dem Weinberg des landwirtschaftlichen Betriebs auszubringen. Folglich falle diese Verwendung nicht unter den Begriff „Benutzung eines Fahrzeugs" im Sinne der Richtlinie.[1206]

Bewertung: Die einschränkende Auslegung ist offenbar dem Umstand geschuldet, dass die Haftung nach § 7 I StVG unabhängig vom Verschulden des Halters bzw. Fahrers greift. Das ist grundsätzlich legitim. Andererseits muss dem Schutzbedürfnis der ge-

---

[1200] BGH NJW 2016, 1162, 1163. Zuvor bereits BGHZ 105, 65, 66 f.; 107, 359, 366; BGH NJW 2015, 1679, 1680.
[1201] AG München 5.2.2014 – 343 C 28512/12. Freilich haftet der Schädiger unter den Voraussetzungen des verschuldensabhängigen § 823 BGB.
[1202] EuGH VersR 2018, 156, 157 – dazu sogleich sowie Rn 988.
[1203] So noch BGH NJW 1978, 1582; BGH VersR 1975, 945 f.; BGH NJW 1993, 2740; OLG Köln VersR 1994, 108. Vgl. aber nunmehr BGH NJW 2016, 1162, 1163 (dazu Rn 988). Siehe auch EuGH VersR 2018, 156, 157.
[1204] BGH NJW 2015, 1681, 1682.
[1205] EuGH VersR 2018, 156, 157.
[1206] EuGH VersR 2018, 156, 157.

fährdeten Personen Rechnung getragen werden. Mit Blick auf die von einem Kraftfahrzeug ausgehende Gefahr erscheint es daher angebracht, die Garantiehaftung auch dann anzunehmen, wenn das Kraftfahrzeug lediglich als Arbeitsmaschine eingesetzt wird. Damit bestünde zudem ein Gleichklang mit den Fällen, in denen der BGH eine Halterhaftung annimmt, wenn ein in einer Tiefgarage bzw. auf einem Anwesen abgestelltes Fahrzeug in Brand gerät und einen Schaden am daneben abgestellten Fahrzeug verursacht (s.o., Rn 987). Bejaht der BGH in derartigen Fällen eine Halterhaftung mit dem Argument, es bestehe ein Zusammenhang mit einer Betriebseinrichtung[1207], kann bspw. für den Fall, dass der Hauptmotor eines Traktors als Antriebsmaschine für eine Pumpe genutzt wird, nichts anderes gelten. Insofern ist der Schutzzweck der Kfz-Halterhaftung nicht danach auszurichten, ob die Sonderfunktion dominiert, sondern danach, ob ein Zusammenhang mit einer Betriebseinrichtung besteht. Ist das der Fall, haftet der Halter (bzw. dessen Kfz-Haftpflichtversicherung) auch dann für an Rechtsgütern Dritter verursachte Schäden, wenn das Kfz nicht als Fortbewegungsmittel eingesetzt wurde, sondern allein dessen Sonderfunktion in Betrieb war. Ein derart weites Verständnis des Schutzzwecks entspricht im Übrigen auch den Erwägungsgründen 12, 22 und 31 der Richtlinie 2009/103/EG, die die Wichtigkeit des Schutzes der (nicht motorisierten) Unfallopfer betonen und den Schutz auf Kraftfahrzeugunfälle aller Art erstrecken. Und Art. 12 der Richtlinie stellt allein auf die aus der Nutzung eines Fahrzeugs resultierenden Personenschäden ab. Dass dieser Schutz nur greifen soll, wenn das Fahrzeug als Fortbewegungsmittel eingesetzt wurde, lässt sich weder dem Wortlaut noch dem Schutzzweck der Richtlinie entnehmen. Dass sich der EuGH dem verschließt, überzeugt nicht.

Jedenfalls ist der erforderliche Bezug zum Betrieb als Kraftfahrzeug nicht unterbrochen, wenn eine fahrbereite Arbeitsmaschine gerade während der Fahrt bestimmungsgemäß Arbeiten verrichtet.[1208] Ohne weiteres greift daher die Halterhaftung gem. § 7 I StVG, wenn Streugut aus einem Streukraftfahrzeug ausgeworfen wird[1209] oder wenn ein Unimog (oder Traktor) der Straßenmeisterei beim Mähvorgang auf der Straße am Seitenrand entlangfährt (und etwa Steine oder andere Gegenstände wegschleudert)[1210]. In diesen Fällen fungieren die Fahrzeuge nicht nur als Arbeitsmaschinen, sondern auch als Fortbewegungs- und Transportmittel, und der Schutzzweck der Kfz-Halterhaftung greift auch dann, wenn man das Merkmal „bei dem Betrieb" eng auslegt. Vgl. auch die Beispiele bei Rn 963/995a.

**988** Ist nach den o.g. Maßstäben die Betriebsgefahr zu bejahen, muss diese sich auch (ähnlich dem tatbestandsspezifischen Gefahrzusammenhang bei den erfolgsqualifizierten Delikten im Strafrecht) gerade im Schadenseintritt verwirklicht haben. Anderenfalls wäre die verschuldensunabhängige Haftung kaum zu rechtfertigen. Der Unfall muss in einem **unmittelbaren örtlichen und zeitlichen Zusammenhang** („Schutzzweckzusammenhang") mit den Betriebsvorgängen oder mit bestimmten Betriebseinrichtungen des Fahrzeugs stehen.[1211] Werden beim Entladen von Heizöl aus einem Tanklastwagen wegen einer Undichtigkeit des zur Schlauchtrommel des Wagens führenden Verbindungsschlauches die Straße und das Hausgrundstück des Bestellers beschädigt, steht dies im Schutzzweckzusammenhang mit § 7 I StVG und ist daher dem Betrieb des Kraftfahrzeugs zuzurechnen.[1212] Der unmittelbare örtliche und zeitliche Zusam-

---

[1207] BGH NJW 2014, 1182, 1183. Vgl. auch BGH NJW 2015, 1681, 1682; OLG Nürnberg r+s 2016, 150.

[1208] BGH NVwZ-RR 2005, 381; BGHZ 105, 65, 67; OLG Saarbrücken NJW-RR 2006, 748; LG Kaiserslautern NJW 2008, 2786, 2787; OLG Hamm NJW-Spezial 2015, 617.

[1209] BGHZ 105, 65, 66; *Deutsch/Ahrens*, Rn 382; *Medicus/Petersen*, BR, Rn 633.

[1210] OLG Hamm NJW-Spezial 2015, 617; OLG Saarbrücken NJW-RR 2006, 748. Vgl. auch LG Kaiserslautern NJW 2008, 2786 f.

[1211] Wie hier *Brox/Walker*, § 46 Rn 8. Auch der BGH stellt neuerdings auf den Schutzzweck des § 7 I StVG ab, betont aber die Notwendigkeit einer Einzelfallbetrachtung (vgl. BGH NJW 2016, 1162, 1163). Vgl. dazu auch Rn 953 ff., insb. Rn 971a.

[1212] BGH NJW 2016, 1162, 1163.

menhang mit den Betriebsvorgängen oder mit bestimmten Betriebseinrichtungen des Fahrzeugs ist aber wohl nicht mehr gegeben, wenn bei einem in einer Reparaturwerkstatt befindlichen Kfz Kraftstoff auf das Abgasrohr tropft und sich dabei entzündet, wodurch ein Brand in der Werkstatt verursacht wird.[1213] Das gilt auch bei einem mit laufendem Motor auf einem Feldweg stehenden Traktor, dessen Hauptmotor lediglich die Pumpe zum Verspritzen eines Pflanzenschutzmittels antreibt.[1214]

### 3. Ausschluss der Halterhaftung

Die grundsätzliche Haftung gem. § 7 I StVG besteht nicht, wenn ein **Ausschlusstatbestand** vorliegt. Ausschlusstatbestände sind in § 7 II und III, § 17 III und § 8 StVG enthalten (vgl. Rn 973 sowie sogleich). Liegt einer dieser Tatbestände vor, ist die verschuldensunabhängige Halterhaftung nach § 7 I StVG ausgeschlossen. Möglich ist dann nur noch eine Haftung aus Vertrag (sofern nicht durch Vereinbarung ausgeschlossen) oder aus deliktischer Verschuldensverantwortlichkeit, § 823 BGB. 989

### a. Haftungsausschluss aufgrund höherer Gewalt, § 7 II StVG

Die Gefährdungshaftung des Kraftfahrzeughalters ist zunächst ausgeschlossen, wenn der Unfall durch **höhere Gewalt** verursacht wurde, § 7 II StVG. Zum Begriff und zu seiner Herleitung vgl. Rn 958 ff. Hinsichtlich der Kfz-Halterhaftung sollte der Begriff der höheren Gewalt wie folgt verstanden werden: 990

**Höhere Gewalt** ist ein betriebsfremdes, von *außen* durch elementare Naturkräfte (wie Unwetter, Überschwemmungen etc.) oder durch Handlungen dritter Personen (Terroranschläge, Sabotage, Suizide etc.) herbeigeführtes Ereignis, das nach menschlicher Einsicht und Erfahrung *unvorhersehbar* ist und daher nicht mehr dem Betriebsrisiko von Kraftfahrzeugen zugerechnet werden kann.[1215] 991

Die Beweislast für das Vorliegen von „höherer Gewalt" liegt beim Kfz-Halter.[1216] Diesem wird der Entlastungsbeweis jedoch nur selten gelingen, da höhere Gewalt i.d.R. bei Verkehrsvorgängen nicht vorliegen wird. In Frage kommen nur verkehrsfremde Eingriffe wie z.B. Steinwürfe von einer Autobahnbrücke, oder das Sich-Überfahrenlassen eines Suizidenten, wobei in diesem Zusammenhang zu diskutieren wäre, ob nicht eher ein Fall der „Unvorhersehbarkeit" vorliegt. Kein Fall der höheren Gewalt liegt jedenfalls vor, wenn z.B. bei Dunkelheit ein Kind zwischen geparkten Autos auf die Straße läuft und von einem Pkw erfasst wird. Hier ist die Haftung des Halters nicht gem. § 7 II StVG ausgeschlossen, da es sich bei dem Unfall nicht um ein verkehrsfremdes Geschehen handelt und daher keine höhere Gewalt vorliegt. Dasselbe gilt auch bei einer Kollision mit einem „Geisterfahrer" (Falschfahrer) auf der Autobahn.[1217] Auch bei Überschreiten der Autobahn-Richtgeschwindigkeit von 130 km/h versagt die Rspr. den Entlastungsbeweis des § 7 II StVG.[1218] Vgl. auch die Beispiele bei Rn 961 sowie das Beispiel bei Rn 995a. 992

Liegt ein Haftungsausschluss wegen höherer Gewalt vor, gilt dieser selbstverständlich auch für die (verschuldensabhängige) Fahrerhaftung nach § 18 StVG. Denn bei Vorliegen von höherer Gewalt wird der Unfall kaum verschuldet sein. 993

---

[1213] OLG Hamm NJW-RR 2013, 974.
[1214] EuGH VersR 2018, 156, 157.
[1215] BGH NJW 1986, 2319; OLG Saarbrücken NJW-RR 2006, 748; *König*, in: Hentschel/König/Dauer, Straßenverkehrsrecht, 45. Aufl. 2019, § 7 StVG Rn 32; *Heiß/Burmann*, NJW 2012, 1042, 1043. Vgl. auch *Haertlein/Kohl*, JuS 2014, 427, 429.
[1216] Vgl. dazu *Lange/Schmidbauer*, in: juris-PK, § 823 Rn 92.
[1217] OLG Nürnberg NZV 2011, 538.
[1218] Vgl. dazu *Lange/Schmidbauer*, in: juris-PK, § 823 Rn 92.

### b. Haftungsausschluss aufgrund Schwarzfahrt, § 7 III StVG

994 Die Halterhaftung ist gleichfalls ausgeschlossen, wenn jemand, der weder beim Halter angestellt ist noch das Fahrzeug oder den Anhänger von diesem überlassen bekommen hat, das Fahrzeug oder den Anhänger ohne Wissen und Wollen des Fahrzeughalters benutzt (sog. **Schwarzfahrt**) und dieser die Fremdnutzung auch nicht durch sein Verschulden (Steckenlassen des Schlüssels o.Ä.) ermöglicht hat (vgl. § 7 III StVG). In diesem Fall trifft den Fahrer (zusätzlich zur Fahrerhaftung nach § 18 I StVG) die Halterhaftung nach § 7 I StVG (vgl. dazu bereits Rn 973). Aber auch im Fall des § 7 III StVG folgt aus § 3 PflVG, dass der Geschädigte seinen gegenüber gegen dem Fahrzeugführer bestehenden Anspruch direkt gegenüber dem Haftpflichtversicherer des Fahrzeugs geltend machen kann. Die Haftung des Versicherers reicht aber nicht weiter, als sie im Fall des § 7 I StVG reichen würde.[1219]

### c. Haftungsausschluss aufgrund weiterer Einschränkungen, § 8 StVG

995 Des Weiteren ist die Gefährdungshaftung nach § 7 I StVG in folgenden, gesetzlich festgelegten Fällen ausgeschlossen:

- Das Verursacherfahrzeug (und der mit ihm verbundene Anhänger) hat nur eine **Höchstgeschwindigkeit** von **20 km/h** (§ 8 Nr. 1 StVG). Maßgeblich für die Anwendung dieses Ausnahmetatbestands ist die konstruktionsbedingte Beschaffenheit des Fahrzeugs (Beispiel: Gabelstapler). Vgl. auch das Beispiel bei Rn 995a.
- Der Verletzte war bei dem Betrieb des Kraftfahrzeugs oder Anhängers **tätig** (§ 8 Nr. 2 StVG - z.B. als Arbeitnehmer, aber auch als freiwilliger Helfer; auch Personen, die beim Tanken, Reparieren etc. tätig werden, fallen ebenso hierunter wie der Fahrer, der nicht mit dem Halter personenidentisch ist). Hintergrund für diesen Haftungsausschluss ist, dass derjenige, der sich durch seine Tätigkeit oder freiwillig den erhöhten Gefahren des Kfz-Betriebs aussetzt, nicht vom Schutz der Gefährdungshaftung erfasst sein soll.[1220]
- Beschädigt worden ist eine Sache, die durch das Kfz oder durch den Anhänger **befördert** worden ist, es sei denn, dass eine beförderte Person die Sache an sich trägt oder mit sich führt (§ 8 Nr. 3 StVG).
- Der Verletzte hat den Unfall bzw. Schaden **nicht rechtzeitig** beim Ersatzpflichtigen **angezeigt** (§ 15 StVG).

995a **Beispiel**[1221]**:** F befuhr mit seinem Pkw eine Landstraße. Am gegenüberliegenden Straßenrand führten Mitarbeiter des Straßenbauamts mit einem Unimog, an dem ein Zusatzmähgerät angebracht war, Mäharbeiten am Bankett der Landstraße durch. F hielt mit dem Pkw an, um entgegenkommenden Fahrzeugen ein problemloses Überholen des Mähfahrzeugs zu ermöglichen. Dabei wurde durch das Mähgerät ein Stein mit einem Durchmesser von etwa 10 cm hochgeschleudert; dieser schlug mit voller Wucht in die Windschutzscheibe des Wagens des F ein und zerstörte diese. F begehrt Schadensersatz. Das Land erwidert, die vor Ort tätigen Bediensteten hätten sich vor Beginn der Mäharbeiten in Form einer Sichtkontrolle davon überzeugt, dass keine größeren Steine oder sonstigen Gegenstände im Mähbereich vorhanden gewesen seien. Jedenfalls treffe F ein Mitverschulden, weil er nicht verkehrsbedingt angehalten habe.

Da sowohl eine Amtspflichtverletzung als auch ein Verschulden i.S.v. § 839 BGB i.V.m. Art. 34 GG ausscheiden, kommt ein Amtshaftungsanspruch nicht in Betracht. Der von F geltend gemachte Anspruch könnte sich aber aus § 7 I StVG, der neben sämtlichen verschuldensabhängigen Schadensersatzansprüchen anwendbar ist, ergeben.

Ein Schaden liegt vor; die Windschutzscheibe ist zerstört.

---

[1219] Klarstellend BGH NJW 2016, 1162, 1164 f.

[1220] BGH NZV 2010, 609, 610 f. Vgl. auch unten Rn 997.

[1221] Nach OLG Saarbrücken NJW-RR 2006, 748. Vgl. auch LG Kaiserslautern NJW 2008, 2786 f.; OLG Hamm NJW-RR 2014, 281 (Mähdrescher).

Diese Sachbeschädigung müsste auch bei dem Betrieb des Fahrzeugs (des Landes) entstanden sein. Dieses Kriterium beschreibt die besondere Betriebsgefahr, die die verschuldensunabhängige Haftung legitimiert und ist zum Schutz der Verkehrsteilnehmer weit auszulegen. Folgerichtig genügt es, dass das Schadensgeschehen durch das Kraftfahrzeug mitgeprägt worden ist. Eine Haftung entfällt erst dann, wenn die Fortbewegungs- und Transportfunktion des Kraftfahrzeugs keine Rolle mehr spielt und das Fahrzeug nur noch als Arbeitsmaschine eingesetzt wird. Demgemäß wird die erforderliche Verbindung mit dem „Betrieb" als Kraftfahrzeug nicht unterbrochen, wenn eine fahrbereite Arbeitsmaschine gerade während der Fahrt bestimmungsgemäß Arbeiten verrichtet.[1222]

Im vorliegenden Fall benutzte der Unimog seine Motorkraft nicht lediglich für den Antrieb des Mähwerks, sondern fuhr beim Mähvorgang auf der Straße am Seitenrand entlang. Damit fungierte der Unimog nicht nur als Arbeitsmaschine, sondern auch als Fortbewegungs- und Transportmittel.

Die Gefährdungshaftung ist jedoch nach § 8 Nr. 1 StVG ausgeschlossen, wenn der Unfall durch ein Kfz verursacht wurde, das auf ebener Bahn mit keiner höheren Geschwindigkeit als 20 km/h fahren konnte. In diesem Zusammenhang kommt es darauf an, ob eine Überschreitung der 20 km/h-Grenze bauartbedingt schlechthin ausgeschlossen ist oder – sofern die Bauart eine höhere Geschwindigkeit theoretisch zuließe – das Erreichen einer höheren Geschwindigkeit durch bestimmte – herstellerseits angebrachte – Vorrichtungen oder Sperren verhindert wird.[1223] Demgegenüber ist es nicht erheblich, ob das Kfz zum Unfallzeitpunkt tatsächlich mit einer geringeren Geschwindigkeit als 20 km/h gefahren ist. Entscheidend ist vielmehr, dass das Kfz konstruktionsbedingt mit einer höheren Geschwindigkeit als 20 km/h zu fahren war, was bei dem Unimog, der im vorliegenden Fall verwendet wurde, nicht zweifelhaft ist.

Somit ist die Gefährdungshaftung nicht nach § 8 Nr. 1 StVG ausgeschlossen.

Möglicherweise ist die Halterhaftung aber gem. § 7 II StVG ausgeschlossen. „Höhere Gewalt" i.S.d. § 7 II StVG liegt vor, wenn der Schadensfall durch ein betriebsfremdes, von *außen* durch elementare Naturkräfte (wie Unwetter, Überschwemmungen etc.) oder durch Handlungen dritter Personen (Terroranschläge, Sabotage etc.) herbeigeführtes Ereignis verursacht wurde, das nach menschlicher Einsicht und Erfahrung *unvorhersehbar* ist und daher nicht mehr dem Betriebsrisiko von Kraftfahrzeugen zugerechnet werden kann.

Im vorliegenden Fall löste sich der Stein nicht schicksalhaft, sondern er wurde von der Bewegung des Mähwerks erfasst. Daher ist der Schaden weder durch elementare Naturereignisse herbeigeführt worden noch durch ein unvorhersehbares Ereignis. Vielmehr hat sich die dem Betrieb des Mähfahrzeugs innewohnende, typische Gefahr verwirklicht, für die der Halter einstehen muss.

Somit ist die Haftung auch nicht nach § 7 II StVG ausgeschlossen.[1224]

Schließlich ist zu diskutieren, ob F sich gem. § 17 I, II StVG die **Betriebsgefahr** seines Fahrzeugs bzw. gem. § 9 StVG i.V.m. § 254 BGB ein Mitverschulden anspruchsmindernd anrechnen lassen muss. Gerade beim Betrieb von Kraftfahrzeugen geht die Rspr. tendenziell von einem Mitverschulden aus, das **allein mit der Betriebsgefahr begründet wird**.[1225]

Zum Zeitpunkt des schadensbegründenden Ereignisses hat sich die Betriebsgefahr des Fahrzeugs des F aber nicht verwirklicht, da sich sein Fahrzeug nicht in Bewegung befand. Zwar befand sich F mit einem fahrbereiten Kfz im öffentlichen Verkehrsraum, bei der Schadensentstehung hat sich jedoch nicht das Gefahrenpotential manifestiert, das mit der physikalischen Natur des Fahrvorgangs verbunden ist (a.A. vertretbar).

[1222] BGH NVwZ-RR 2005, 381; BGHZ 105, 65, 67; OLG Saarbrücken NJW-RR 2006, 748.
[1223] BGH NVwZ-RR 2005, 381; BGHZ 136, 69, 72 ff.
[1224] Vgl. nunmehr auch LG Kaiserslautern NJW 2008, 2786, 2787.
[1225] Vgl. aus jüngerer Zeit BGH NJW 2010, 927 ff. und BGH NJW 2010, 930 f. – dazu Rn 1010.

Auch der Umstand, dass F das Fahrzeug nur deshalb anhielt, um entgegenkommenden Fahrzeugen ein problemloses Überholen des Mähfahrzeugs zu ermöglichen, rechtfertigt den Mitverschuldensvorwurf nicht (auch hier a.A. vertretbar).

Ergebnis: Nach der hier vertretenen Auffassung besteht der von F geltend gemachte Anspruch gem. § 7 I StVG. Er kann Ersatz der Reparaturkosten verlangen.

Hinweis: Liegt ein Ausschlusstatbestand des § 8 StVG vor, bedarf es keiner Prüfung, ob die Halterhaftung nach § 7 I StVG auch wegen Vorliegens von höherer Gewalt (§ 7 II StVG) oder Unabwendbarkeit (§ 17 III StVG) ausgeschlossen wäre. Das Gleiche gilt für die Fahrerhaftung nach § 18 StVG. Im Übrigen ist zu beachten, dass auch bei Ausschluss der Halterhaftung ein (freilich verschuldensabhängiger) Anspruch aus § 823 I BGB gegeben sein kann.

### d. Vertraglich vereinbarter Haftungsausschluss

**996** Schließlich enthält das Gesetz die Möglichkeit eines vertraglich vereinbarten Haftungsausschlusses:

- Aus dem Umkehrschluss aus § 8a S. 1 StVG ergibt sich, dass die Halterhaftung aus § 7 I StVG auch gegenüber Insassen besteht (es sei denn, diese waren beim Betrieb des Kfz tätig, Rn 995). War der Verletzte aber ein Insasse des Kfz und handelte es sich um eine **unentgeltliche, nicht geschäftsmäßige** Personenbeförderung, kann die Verpflichtung zum Schadensersatz durch Vereinbarung ausgeschlossen oder beschränkt werden (ebenfalls Umkehrschluss aus § 8a S. 1 StVG). Bei **Gefälligkeitsfahrten** ist ein konkludenter Haftungsausschluss bzw. eine konkludente Vereinbarung einer Beschränkung des Verschuldens von Fahrer und Halter auf Vorsatz und grobe Fahrlässigkeit (vgl. dazu § 276 III BGB) denkbar.[1226]
- Demgegenüber kann die Haftung des Halters wegen Tötung oder Verletzung **entgeltlich** oder **geschäftsmäßig** beförderter Personen nicht durch Vereinbarung ausgeschlossen oder beschränkt werden (§ 8a S. 1 StVG).

### e. Haftungsausschluss zwischen Fahrer und Halter

**997** Wie erwähnt, bestehen Ansprüche aus § 7 I StVG nur, wenn der Geschädigte seinen Schaden beim Betrieb eines Kfz erlitten hat. Ob es sich bei dem Kfz um ein fremdes handeln muss oder ob der verschuldensunabhängige Anspruch auch besteht, wenn der Schaden beim Betrieb des eigenen Kfz entsteht, ist anhand der Formulierung unklar. Stellt man jedoch auf die Schutzrichtung der Gefährdungshaftung ab, wonach andere Verkehrsteilnehmer vor den Gefahren geschützt werden sollen, die von dem Betrieb eines Kfz ausgehen, sind Personen, die die Gefahrenquelle geschaffen haben oder für ihre Betriebsgefahr verantwortlich sind, vom Schutzzweck nicht umfasst. Wird der Betroffene also durch das eigene bzw. das von ihm selbst geführte Kfz geschädigt, stehen ihm die Ansprüche gem. §§ 7, 18 StVG nicht zu.[1227] Damit können zwischen Fahrer und Halter nur Ersatzansprüche aus Vertrags- oder Deliktshaftung bestehen. Der Halter, der als Mitfahrer durch sein eigenes Kfz verletzt wird, hat gegen den Fahrer daher nur vertragliche oder deliktische Ansprüche (aus § 823 BGB), nicht jedoch solche aus §§ 7, 18 StVG.

### f. Keine Halterhaftung gegenüber dem Eigentümer

**997a** Wie bei Rn 981 ff. erläutert, können Eigentümer und Halter personenverschieden sein. Das wirft die Frage auf, ob der Halter (etwa der Leasingnehmer) dem Eigentümer (etwa dem Leasinggeber) aus § 7 I StVG haftet. Dafür spricht der Wortlaut des § 7 I StVG, wonach sich eine Haftung für Schäden ergibt, die durch den Betrieb eines Kfz

[1226] Vgl. dazu BGH NJW 2006, 1004, 1006 f.; OLG Hamm NJW-RR 2007, 1517, 1518 f.
[1227] BGH NZV 2010, 609, 610 f.; *Garbe/Hagedorn*, JuS 2004, 287, 290; *Lemcke*, zfs 2002, 318, 327.

hervorgerufen werden. Verursacht nun der Halter (etwa der Leasingnehmer) am Fahrzeug (des Leasinggebers) einen Schaden, wäre dies an sich ein Fall des § 7 I StVG.[1228] Dagegen spricht aber der Schutzzweck des § 7 I StVG. Dieser erstreckt die Haftung des Halters nach § 7 I StVG nicht auf das von ihm gehaltene Fahrzeug selbst. Unter der „Sache", für deren Beschädigung der Halter bei Vorliegen der tatbestandlichen Voraussetzungen des § 7 I StVG haftet, ist nur eine vom Fahrzeug verschiedene Sache zu verstehen, nicht dagegen das Fahrzeug selbst. Die Garantiehaftung des Fahrzeughalters bezweckt nur, Dritte vor den ihnen aufgezwungenen Gefahren des Kraftfahrzeugbetriebs zu schützen. Damit wäre z.B. eine Haftung des Leasingnehmers gegenüber dem Leasinggeber alleine aufgrund dessen Eigentums nicht zu vereinbaren.[1229]

## 4. Haftungsumfang, Mitverschulden und Direktanspruch

Wurde die Haftung des Halters gem. § 7 StVG dem Grunde nach festgestellt, ist nunmehr für die Ermittlung seines konkreten Haftungsumfangs zu klären, ob und inwieweit die Schadensverursachung auch dem Geschädigten zuzurechnen ist. Die Verantwortlichkeit des Verletzten für den Unfall kann dabei einen so hohen Grad erreichen, dass diejenige des in Anspruch genommenen Halters dahinter völlig zurücktritt. Es ist daher auch möglich, dass zunächst eine grundsätzliche Haftung des Halters bejaht, diese aber in der anschließenden Abwägung der Verursachungsanteile bis auf Null reduziert wird. **998**

Die Schadenszurechnung zu Lasten des Geschädigten erfolgt je nach Art seiner Unfallbeteiligung über **§ 17 StVG** oder über **§ 9 StVG** i.V.m. § 254 BGB. Hauptsächlich zwei Fallgruppen sind voneinander zu unterscheiden: **999**

- **Betriebsgefahr gegen Betriebsgefahr**

  Haben sowohl der Schädiger als auch der Geschädigte eine Betriebsgefahr[1230] zu verantworten, was namentlich bei einer Kollision zwischen zwei (oder mehreren) Fahrzeugen der Fall sein kann, greift die Sonderregelung des **§ 17 StVG**. Gemäß Abs. 2 dieser Vorschrift hängen im Verhältnis der Fahrzeughalter zueinander die Verpflichtung zum Ersatz sowie der Umfang des zu leistenden Schadensersatzes von den Umständen, insbesondere davon ab, inwieweit der Schaden vorwiegend von dem einen oder dem anderen Teil verursacht worden ist. Dabei nimmt die Rechtsprechung allein wegen Realisierung der Betriebsgefahr an, dass auch der Geschädigte, den nach allgemeinen Grundsätzen kein Verschulden trifft, grds. einen gewissen Haftungsbeitrag zu leisten hat, der anspruchsmindernd wirkt. Dem liegt die Überlegung zugrunde, dass derjenige, der eine Betriebsgefahr schafft, sich eine Mitverantwortung zurechnen lassen muss. Die Höhe der Anspruchsminderung richtet sich dabei nach dem Anteil der realisierten Betriebsgefahr, beträgt aber im Regelfall 20-25%. Lediglich, wenn dem Geschädigten der Nachweis gelingt, dass sich die Betriebsgefahr, die von seinem Fahrzeug ausgeht, im konkreten Fall nicht realisiert hat, besteht keine Anspruchsminderung. Das ist etwa der Fall, wenn er nachweisen kann, dass der eingetretene Unfall für ihn unabwendbar i.S.v. § 17 III StVG) war. Vgl. dazu Rn 958 ff./1009 ff. **1000**

- **Betriebsgefahr gegen Verschuldenshaftung**

  Für **§ 9 StVG** bleibt aber typischerweise Raum in Fällen, bei denen es um eine Schadensverursachung geht im Verhältnis zwischen einem Inhaber einer Betriebsgefahr und einer Person, die keine Betriebsgefahr zu verantworten hat. Typisch sind Kollisionen zwischen Pkw und Fußgänger bzw. Pkw und Radfahrer. Der nach § 7 StVG anspruchs- **1001**

---

[1228] So die ältere Rspr., vgl. BGHZ 87, 133, 138.

[1229] So die aktuelle Rspr. des BGH (NJW 2011, 996 f.) in Übereinstimmung mit der h.L., vgl. etwa *Nagel*, NZV 2009, 313, 315; *König*, in: Hentschel/König/Dauer, Straßenverkehrsrecht, 45. Aufl. 2019, StVG, § 7 Rn 16.

[1230] Zum Begriff vgl. Rn 1010.

berechtigte Fußgänger bzw. Radfahrer muss wegen § 9 StVG (und § 18 StVG) bei Mitverschulden eine Minderung der Höhe seines Schadensersatzanspruchs hinnehmen.[1231]

**Beispiele:**

**(1)** Radfahrer R benutzt den Radweg auf der **falschen Straßenseite** und kollidiert mit dem aus einer Grundstücksausfahrt kommenden Pkw des Halters H. Inwieweit kann R seinen Schaden von H ersetzt verlangen?

R hat gegen H einen Schadensersatzanspruch aus § 7 I StVG (bzw. einen Direktanspruch gegen dessen Versicherer, § 115 I S. 1 VVG). In dem Unfall hat sich die Betriebsgefahr des Kfz realisiert. Möglicherweise wirkt sich aber R´s Fehlverhalten anspruchsmindernd aus. In Betracht kommt eine Anspruchsminderung nach § 17 StVG oder nach § 9 StVG. Da § 17 StVG in seinem Anwendungsbereich § 9 StVG verdrängt, ist § 9 StVG wegen § 17 I, IV StVG nicht einschlägig, wenn der Geschädigte seinerseits selbst als Kfz-Halter (gem. § 7 I StVG), als Eisenbahnbetreiber (§ 1 HaftpflG) oder als Tierhalter (§ 833 BGB) einer Gefährdungshaftung unterliegt.[1232] § 9 StVG erfasst daher nur die Unfälle, bei denen ein nicht motorisierter Verkehrsteilnehmer (Fußgänger, Radfahrer, Mitfahrer) durch den Betrieb eines Kfz zu Schaden kommt. Das ist bei R der Fall. Dieser muss sich seine Mitverantwortlichkeit gem. § 9 StVG i.V.m. § 254 BGB anspruchsmindernd entgegenhalten lassen.[1233]

**(2)** Fußgängerin F versuchte, mit einer großen Plakatwand die vier Fahrbahnen einer breit ausgebauten Straße zu überqueren. Sie wollte das Plakat auf einem Grünstreifen aufstellen, der sich zwischen den ersten vier Fahrbahnen und den folgenden drei Fahrbahnen befand. Nur wenige Meter von ihrem geparkten Pick-up entfernt hätte F an einer Ampelanlage gefahrlos die Straße überqueren und zu dem Grünstreifen gelangen können. Sie wollte jedoch unmittelbar am Ausladeort mit dem großen Plakat in den Händen die Straße überqueren, wobei sie insgesamt vier Spuren hätte überqueren müssen. Autofahrer A, der mit seinem Pkw den zweiten Fahrstreifen befuhr, erfasste jedoch die F, die schwere Verletzungen erlitt. F verlangt von A Schadensersatz für aufgewendete Heilbehandlungskosten.[1234]

F könnte gegen A einen Schadensersatzanspruch aus § 7 I StVG (bzw. einen Direktanspruch gegen dessen Versicherer, § 115 I S. 1 VVG) haben. In dem Unfall hat sich die Betriebsgefahr des Kfz des A realisiert. Der Schadensersatzanspruch der F besteht daher dem Grunde nach. Jedoch wirkt sich F´s Fehlverhalten anspruchsmindernd aus gem. § 9 StVG i.V.m. § 254 BGB. Fraglich ist allein die Höhe des Mitverschuldens und damit der Anspruchsminderung. Während die Vorinstanz den Mitverschuldensanteil der F bei 66,6% angesetzt hatte, setzte das OLG Nürnberg den Verschuldensanteil der F sogar bei 100% an. Es habe für A ferngelegen, damit zu rechnen, dass jemand mit einer mannshohen Plakatwand nicht den 15 m entfernten ampelgeregelten Fußgängerüberweg nehmen würde, sondern versuchen könnte, die vier Fahrbahnen zu dem bewachsenen Trennstreifen in einem Zug zu überqueren. A habe deshalb auch nicht schon beim ersten Schritt der F auf die Fahrbahn mit einer Vollbremsung reagieren müssen. Zwar hätte er bremsen müssen, als F weiter auf die Fahrbahn gelaufen sei, da sei der Unfall aber selbst mit einer Vollbremsung nicht mehr vermeidbar gewesen. F habe sich grob verkehrswidrig verhalten. Sie hätte die mehrspurige Straße nur an der Ampel überqueren dürfen. Zudem habe sie sich auch beim Überqueren der Straße nicht richtig verhalten, weil das sich annähernde Fahrzeug des A für sie erkennbar gewesen sei und sie deshalb hätte stehen bleiben müssen, zumal sie ein sperriges Plakat mit sich geführt habe.[1235]

---

[1231] Vgl. dazu BGH NJW 2004, 772 ff., OLG Saarbrücken Schaden-Praxis 2014, 40 (Radfahrer), OLG Naumburg NJW-RR 2014, 918 und BGH NJW 2014, 217 f. (Fußgänger) – zusammengefasst von *Heß/Burmann*, NJW 2015, 1152, 1153.

[1232] Vgl. dazu auch den Fall BGH NJW 2013, 3235 (zu § 4 HaftpflG) – dazu Rn 1026. Vgl. auch OLG Oldenburg DAR 2015, 94; OLG Hamm NJW-RR 2016, 1043, 1044 f.

[1233] Zu § 254 BGB im Bereich der Halterhaftung vgl. BGH NJW 2014, 217; OLG Köln MDR 2012, 906, OLG Saarbrücken Schaden-Praxis 2014, 40; OLG Oldenburg DAR 2015, 94; OLG Schleswig NJOZ 2013, 1494; OLG Celle DAR 2014, 199.

[1234] Beispiel (2) nach OLG Nürnberg 31.1.2018 – 4 U 1386/17.

[1235] OLG Nürnberg 31.1.2018 – 4 U 1386/17.

Virulent wird das Mitverschulden auch dann, wenn ein Fahrradfahrer bei Dunkelheit **ohne Licht** fährt (Verstoß gegen das auch für Radfahrer geltende Sichtfahrgebot) und daher von einem Autofahrer übersehen wird. Hier ist von einem Mitverschulden sogar dann auszugehen, wenn der Fahrradfahrer eine Vorfahrtstraße befuhr.[1236]

Ob auch das **Nichttragen eines Fahrradhelms** anspruchsmindernd wirkt, ist hingegen äußerst problematisch, weil das Tragen eines Fahrradhelms nicht gesetzlich vorgeschrieben ist. So hat der BGH entschieden, dass sich ein Radfahrer, der ohne Helm fährt, bei einem unverschuldeten Unfall kein anspruchsminderndes Mitverschulden bzgl. erlittener Kopfverletzungen anrechnen lassen müsse, da in dem Nichttragen eines Fahrradhelms keine Obliegenheitsverletzung liege. Etwas anderes könne lediglich bei gefahrerhöhendem Verhalten (sportlicher Betätigung) gelten.[1237] Mit diesem Argument hat denn auch das LG Bonn[1238] ein zu einer 50%igen Anspruchsminderung führendes Mitverschulden bejaht bei dem Fahrer eines Speed-Pedelecs, der bei einer Geschwindigkeit von ca. 35-40 km/h mit einem Pkw kollidiert war und dabei Kopfverletzungen erlitt, die er beim Tragen eines Helms nicht erlitten hätte.

Nach der hier vertretenen Auffassung stellt das Nichttragen eines Fahrradhelms durchaus eine anspruchsmindernde Obliegenheitsverletzung dar. Allein aus dem Umstand, dass der Gesetzgeber das Tragen eines Fahrradhelms nicht angeordnet hat, folgt nicht die Ungefährlichkeit des Fahrens ohne Schutzhelm. Der Gesetzgeber hat ja auch bspw. nicht verboten, mit Flip-Flops Auto zu fahren. Dass hier bei einem Unfall mit Personenschaden, der auf ein Abrutschen des Fußes vom Bremspedal und/oder von der Kupplung zurückzuführen ist, (trotzdem) strafrechtlich ein Fahrlässigkeitsdelikt (§§ 229 oder 222 StGB) vorliegt, wird nicht ernsthaft bezweifelt. Richtig daher OLG Schleswig, OLG Celle und OLG München, die bei einem Fahrradunfall ein zivilrechtliches Mitverschulden annehmen, wenn nachgewiesen wurde, dass die Verletzungsfolgen bei Tragen eines Fahrradhelms geringer ausgefallen wären.[1239] Wirkt sich richtigerweise also das Nichttragen von bestimmter Schutzausrüstung (obwohl das Tragen gesetzlich nicht vorgesehen ist) anspruchsmindernd aus, stellt sich die Frage auch beim Nichttragen von Protektorenschutzkleidung bei Mofas etc.[1240] oder beim Tragen von einfachen Sportschuhen anstelle von Motorradstiefeln beim Motorradfahren[1241]. Gleiches gilt, wenn ein Motorradfahrer keine Schutzkleidung an den Beinen trägt (sondern lediglich eine Jeans). Auch dies wird man als Verschulden gegen sich selbst und damit als anspruchsmindernde Obliegenheitsverletzung werten müssen, auch wenn das LG Frankfurt meint, das Nichttragen von Motorradschutzkleidung sei dann nicht anspruchsmindernd, wenn dies den Gepflogenheiten entspreche (hier: Fahren mit Harley-Davidson ohne Beinschutzkleidung).[1242]

Die Beweislast für den Mitverschuldensanteil des Radfahrers bzw. Fußgängers in Fällen der genannten Art trägt i.d.R. aber der Kfz-Halter.[1243] Sind der Halter (§ 7 I StVG) oder der Fahrer (§ 18 I StVG) aber wegen Vorliegens von höherer Gewalt bzw. wegen Nichtvorliegens eines Verschuldens nicht ersatzpflichtig, greifen § 9 StVG und damit § 254 BGB von vornherein nicht. Bei Nichtverschulden ist auch keine Haftung nach § 823 I, II BGB, in dessen Rahmen § 254 BGB direkt anwendbar wäre, gegeben.

Zu beachten ist schließlich: Bei extrem grobem Fehlverhalten des nicht motorisierten Verkehrsteilnehmers (Fahrradfahrer schert plötzlich aus und fährt unvermittelt auf die Straße) kann die Betriebsgefahr sogar gänzlich zurücktreten[1244] (dazu Rn 1010).

---

[1236] Siehe etwa OLG Naumburg VersR 2013, 776.
[1237] BGH NJW 2014, 2493, 2494 f.
[1238] LG Bonn NJW-Spezial 2015, 234 f.
[1239] OLG Schleswig 5.6.2013 - 7 U 11/12; OLG Celle DAR 2014, 199; OLG München NJW 2017, 3664, 3665.
[1240] Siehe dazu LG Heidelberg NZS 2014, 383, 384.
[1241] OLG Nürnberg NJW 2013, 2908; OLG Düsseldorf NZV 2006, 415; OLG Brandenburg NJW-RR 2010, 538; *Heß/Burmann*, NJW 2014, 1154, 1156.
[1242] LG Frankfurt/M NJW 2019, 531 f.
[1243] BGH NJW 2014, 217 f.
[1244] OLG Hamm NJW-RR 2016, 1043, 1044 f. Vgl. auch OLG Oldenburg DAR 2015, 94. Dagegen nahm das OLG München 5.8.2016 – 10 U 4616/16 in einem ähnlichen Fall (Radfahrer fuhr auf einem kombinierten Geh- und Radweg ent-

Hinsichtlich der Frage nach dem Mitverschulden von **Kindern** gilt: Ist das den Unfall mitverschuldende Kind zwar 7, aber noch keine 10 Jahre alt, ist der Haftungsausschluss (und somit auch der Ausschluss des Mitverschuldens nach § 254 BGB) nach **§ 828 II BGB** zu berücksichtigen (vgl. dazu Rn 722). Außerhalb dieser Spezialregelung greift § 828 III BGB, wonach Kinder bzw. Jugendliche von 7 bis 18 Jahren für Verletzungen nicht verantwortlich sind, wenn sie bei Begehung der schädigenden Handlung nicht die zur Erkenntnis der Verantwortlichkeit erforderliche Einsicht haben.[1245]

**1002** **Fazit:** Hinsichtlich des Mitverschuldens beim Verkehrsunfall müssen also zwei verschiedene Fallkonstellationen voneinander getrennt werden:

- Ist der Geschädigte selbst **Fahrzeughalter**, richtet sich sein „Mitverschulden" bei den Ansprüchen aus §§ 7, 18 StVG nach der Spezialvorschrift des **§ 17 StVG**.
- Ist der Geschädigte ein **nicht motorisierter Verkehrsteilnehmer** (Fußgänger, Radfahrer), bestimmt sich sein Mitverschulden bei den Ansprüchen aus §§ 7, 18 StVG nach **§ 9 StVG**. Danach findet die Vorschrift des § 254 BGB mit der Maßgabe Anwendung, dass im Fall der Beschädigung einer Sache das Verschulden desjenigen, der die tatsächliche Gewalt über die Sache ausgeübt hat, dem Verschulden des Geschädigten gleichsteht. Bei einem Anspruch aus § 823 BGB greift § 254 BGB direkt.

Zum **Mitverschulden** und zum **Grundsatz des Vertrauensschutzes** siehe auch die Ausführungen zu 6. (Rn 1007 ff.) und den Übungsfall unter 7. (Rn 1021). Zum **Umfang des Reparaturkostenersatzes** bei Kfz-Schäden vgl. sogleich sowie Rn 1133 ff.

**1003** Hinsichtlich des **Haftungsumfangs** ist es im allgemeinen Schadensrecht grundsätzlich so, dass die §§ 249 ff. BGB Anwendung finden. Der Umfang des straßenverkehrsrechtlichen Schadensersatzanspruchs bei Personenschäden ist jedoch speziell in §§ 10 ff. StVG geregelt (und begrenzt). Das gilt nicht nur für die Gefährdungshaftung nach § 7 I StVG, sondern kraft Verweisung auch für die (verschuldensabhängige) Fahrerhaftung nach § 18 I StVG. Im Verschuldensfall ist jedoch die unbegrenzte Haftung nach § 823 BGB i.V.m. §§ 249 ff. BGB nicht ausgeschlossen (§ 16 StVG); insoweit besteht Anspruchskonkurrenz (vgl. Rn 1006). Der Geschädigte wird daher regelmäßig Ersatz nach diesen Vorschriften geltend machen, wenn die Verschuldensfrage geklärt ist.

**1004** Nach §§ 10, 11 StVG sind bei Tötung oder Verletzung eines Menschen nur bestimmte, in den Bestimmungen beschriebene Schäden zu ersetzen. Gemäß § 11 S. 2 StVG besteht auch bei der Gefährdungshaftung nach § 7 I StVG ein Entschädigungsanspruch für immaterielle Schäden; § 253 II BGB wird insoweit verdrängt. Der Entschädigungsanspruch ist insbesondere auf **Schmerzensgeld** gerichtet (dazu ausführlich Rn 1107 ff.). Auch besteht gem. § 10 III StVG die Möglichkeit eines **Hinterbliebenengeldes** (vgl. dazu Rn 1071, 1074a, 1127). Im Übrigen sind die Schadensersatzansprüche nach dem StVG auf **Höchstbeträge** beschränkt (vgl. § 12 StVG für die „normale" Halterhaftung und § 12a StVG für Gefahrguttransporte). Wurden bei einem Kraftfahrzeugunfall mehrere geschädigt und übersteigen die Ansprüche zusammen die Haftungssumme, sind die Ansprüche der Geschädigten verhältnismäßig herabzusetzen (vgl. § 12 II StVG).

**Beispiel:** B ist Berufskraftfahrer und transportiert mit seinem Lkw Gefahrgüter (insbesondere Heizöl). Als er während der Fahrt plötzlich und unerwartet ohnmächtig wird, rast der Lkw ungebremst in einen Vorgarten und kippt auf die Seite. Aus dem Tank entweichen 5.000 Liter Heizöl, die in das Erdreich sickern. Die Entsorgungs- und Wiederherstellungskosten belaufen sich auf 550.000,- €.

---

gegengesetzt zur Fahrtrichtung und achtete im Mündungsbereich nicht auf den Straßenverkehr) allein wegen Realisierung der Betriebsgefahr eine 25%ige Haftung des Kfz-Halters an.

[1245] Vgl. dazu etwa OLG Naumburg NJW-RR 2013, 1187; OLG Karlsruhe NJW 2012, 3042; OLG Hamm NZV 2010, 464.

B ist als Halter gem. § 7 I StVG haftbar. Der Umfang des zu leistenden Schadensersatzes richtet sich nach § 12a I S. 1 Nr. 2 StVG. Da diese Vorschrift eine Haftungshöchstgrenze von 6 Mio. € vorsieht und sich der vorliegende Schaden unterhalb dieser Grenze bewegt, ist Schadensersatz in der geltend gemachten Höhe zu leisten. Sollte B ein Verschulden treffen, ist er kumulativ aus § 18 StVG und § 823 BGB haftbar (in Bezug auf § 823 BGB insoweit klarstellend § 16 StVG).

Eine Besonderheit bildet der **Direktanspruch** des Verletzten gegen den Kraftfahrzeugversicherer nach **§ 115 I S. 1 Nr. 1 VVG**. Diese Vorschrift, die Art. 18 der bereits bei Rn 985 und 987b erwähnten Richtlinie 2009/103/EG über Kraftfahrzeug-Haftpflichtversicherung entspricht, steht im Zusammenhang mit **§ 1 PflVG**, wonach der Halter verpflichtet ist, eine **Haftpflichtversicherung** abzuschließen.[1246] Während die Versicherungspflicht das Risiko der Zahlungsunfähigkeit des Halters im Schadensfall vermeiden soll, dient der Direktanspruch einer effizienten und raschen Regulierung von Schadensfällen und der weitestmöglichen Vermeidung kostenaufwändiger Rechtsverfahren (siehe Erwägungsgrund 30 der Richtlinie 2009/103/EG). Da der Direktanspruch des Geschädigten gegen den Versicherer zudem die Ansprüche gegen Halter und Fahrer nicht ausschließt, stellt der Direktanspruch einen Fall des gesetzlich angeordneten Schuldbeitritts dar.[1247] Halter bzw. Fahrer und Versicherer haften als Gesamtschuldner, § 115 I S. 4 VVG. Jedoch wird in der Praxis in erster Linie der Schadensersatzanspruch gegen den Versicherer geltend gemacht. Schließlich hat der Geschädigte, um seine Rechte gegenüber dem Versicherer geltend machen zu können, gegenüber dem Schädiger einen **Auskunftsanspruch** hinsichtlich Name, Gesellschaft und Sitz des Versicherers und der Versicherungsvertragsnummer. 1005

## 5. Konkurrenzen

§ 16 StVG stellt klar, dass *Schadensersatzansprüche nach dem BGB* oder aus anderen Gesetzen durch die Ansprüche nach dem StVG *nicht ausgeschlossen* werden.[1248] Für den Fall, dass den Halter bzw. Fahrer also ein Verschulden (i.S.d. § 276 BGB) trifft, kann neben der Haftung nach dem StVG eine Schadensersatzpflicht aus §§ 823 ff. BGB[1249] und u.U. auch aus § 280 I BGB treten.[1250] Diese Erkenntnis ist nicht nur für die Fallbearbeitung wichtig (weil dort i.d.R. alle Ansprüche zu prüfen sind), sondern auch dann, wenn die in den Gefährdungshaftungstatbeständen fixierten Haftungshöchstgrenzen (vgl. etwa § 12 StVG bzgl. der Haftung u.a. aus § 7 StVG) überschritten werden. § 823 BGB kennt keine Haftungshöchstgrenze. Hinsichtlich der grundsätzlichen Gewährung von Schmerzensgeld (§ 253 II BGB) ist die Frage nach einer Verschuldenshaftung nicht ganz so wichtig, da auch alle Gefährdungshaftungstatbestände die Gewährung von Schmerzensgeld vorsehen (bzgl. des StVG vgl. § 11 S. 2 StVG), wenngleich die Frage nach dem Verschulden bei der Höhe des zu gewährenden Schmerzensgeldes von Bedeutung sein kann (dazu Rn 1107 ff.). 1006

## 6. Ausgleichspflicht mehrerer Haftpflichtiger

Wird ein Schaden durch mehrere Kraftfahrzeuge verursacht und sind alle Halter zum Ersatz gem. § 7 StVG verpflichtet, haften diese unter den Voraussetzungen des **§ 17 StVG** als **Gesamtschuldner** i.S.v. § 421 BGB jeweils im vollen Umfang für den gesamten Unfallschaden. Der innere Ausgleich zwischen den Gesamtschuldnern wird 1007

[1246] Vgl. dazu auch BGH NJW 2016, 1162, 1164 f.
[1247] Vgl. bereits die 1. Auflage 2002; später auch BGH NJW 2006, 2179, 2180; NJW 2012, 1951 f.
[1248] Das gilt im Übrigen auch hinsichtlich anderer Gefährdungshaftungstatbestände (vgl. etwa §§ 12 HaftpflG, 42 LuftVG, 15 II ProdHaftG, 18 I UmwHaftG). Ausnahmen finden sich nur in § 48 LuftVG sowie im AtomG.
[1249] Vgl. insbesondere § 823 II BGB i.V.m. Schutzgesetz aus StVO (Vorfahrtnahme).
[1250] Vgl. BGH NJW 2003, 1929, 1030; *Brox/Walker*, § 54 Rn 18; *Däubler*, JuS 2002, 625, 628.

allerdings nicht gem. § 426 I BGB, sondern gem. § 17 StVG vorgenommen. § 17 I und II StVG betreffen dabei unterschiedliche Fallgestaltungen:

- § 17 I StVG regelt den Ausgleich zwischen mehreren beteiligten Kfz-Haltern, wenn durch den Betrieb ihrer Pkws eine dritte Person (Radfahrer, Fußgänger oder Mitfahrer) geschädigt wurde.
- § 17 II StVG betrifft die praktisch bedeutsamere Ausgleichspflicht zwischen mehreren beteiligten Kfz-Haltern für selbst erlittene Schäden (dazu bereits Rn 1000).[1251]

1008 **§ 17 III StVG** bestimmt den Ausschluss der Halterhaftung, wenn der Unfall für den Halter ein **„unabwendbares" Ereignis** war.[1252] Hierbei handelt es sich dogmatisch um einen neben § 7 II StVG tretenden Ausschlusstatbestand, der aber aus praktischen Gründen als Grenze der nach § 17 I und II StVG möglichen Abwägung behandelt werden sollte (dazu sogleich).

### a. Abwägung gem. § 17 I und II StVG

1009 Unterstellt, an einem Unfall sind zwei Kfz-Halter beteiligt und keiner der beiden kann sich gem. § 7 II StVG von seiner grundsätzlichen Haftung entlasten, ist der Gesamtschaden zwischen ihnen im Rahmen einer **Abwägung** nach § 17 I und II StVG entsprechend ihrer jeweiligen Verursachungsbeiträge aufzuteilen. Der Haftungsanteil ergibt sich dabei aus einer Gesamtbetrachtung der aus § 7 I StVG folgenden, grundsätzlich bestehenden Betriebsgefahr sowie aus gefahrerhöhenden Umständen, die sich der Kfz-Halter im konkreten Fall zurechnen lassen muss.[1253] Hierbei bildet er eine Haftungseinheit mit dem Fahrer seines Fahrzeugs, d.h. er muss sich dessen (Fehl-)Verhalten zurechnen lassen.

#### aa. Betriebsgefahr als Ausgangspunkt

1010 Mit Betriebsgefahr wird die Haftung bezeichnet, die sich aus der grundsätzlichen Gefährlichkeit des Kfz ergibt. Diese kann je nach Fahrzeugart verschieden sein; so ist beispielsweise die Betriebsgefahr eines Lastzugs regelmäßig höher als diejenige eines Pkw. Wenn keine relevanten Unterschiede zwischen den beteiligten Kfz bestehen, ist die Betriebsgefahr zunächst gleich groß anzusetzen. Bei einem Unfall zwischen zwei Pkw haftet dann demnach jeder Halter aufgrund seiner Betriebsgefahr zu 50%.[1254]

Die Betriebsgefahr findet vor den Gerichten sehr häufig dergestalt Beachtung, dass grds. allein aufgrund der von einem Kraftfahrzeug ausgehenden (abstrakten) Betriebsgefahr (einfache Betriebsgefahr) ein gewisser prozentualer Anteil der Schadenshöhe vom Geschädigten selbst getragen werden muss. Das sind i.d.R. 20-25%.[1255] Der Halter des geschädigten Fahrzeugs läuft also stets Gefahr, i.H.v. 20-25% zu haften. Eine Haftung des Halters für die von seinem Fahrzeug ausgehende einfache Betriebsgefahr ist nur dann zu verneinen, wenn die Umstände des Falles Veranlassung geben, die Betriebsgefahr hinter den Verursachungsbeitrag des Schädigers gänzlich zurücktreten zu lassen. Das ist der Fall, wenn der Unfall für den Geschädigten unabwendbar (vgl. § 17 III StVG) war[1256] bzw. ein eindeutiger und alleiniger Verkehrsverstoß des Geschädigten vorliegt[1257].

---

[1251] Vgl. dazu auch OLG Frankfurt/M NJW 2016, 79 (Haftungsausschluss bei Motorradfahren im Pulk).

[1252] Zur „Unabwendbarkeit" vgl. Rn 959/962. In dem Fall, dass der Fahrer eines Polizeifahrzeugs das Fluchtfahrzeug rammt, um den Fahrer des Fluchtfahrzeugs zum Anhalten zu bewegen (Rn 701/705), hat der BGH einen Kunstgriff angewendet, um die Unabwendbarkeit" zu bejahen: Er hat eine Unabwendbarkeit aus „Rechtsgründen" angenommen, vgl. BGH NJW 2012, 1951 f.

[1253] Vgl. dazu BGH NJW 2010, 927 ff.; NJW 2010, 930 f.; NJW 2004, 1375 f.; *Wille*, JA 2008, 210, 218.

[1254] *Lemcke*, zfs 2002, 318, 323; *Brögelmann*, JA 2003, 872, 877; *Garbe/Hagedorn*, JuS 2004, 287, 291.

[1255] Vgl. etwa BGH NJW 2010, 927 ff.; BGH NJW 2010, 930 f.; OLG Hamm NJW-RR 2014, 411; OLG Oldenburg DAR 2015, 94; OLG Hamm NJW 2016, 505 f. OLG München 5.8.2016 – 10 U 4616/16.

[1256] Vgl. dazu OLG Hamm NJW-Spezial 2015, 617; OLG Hamm NZV 2016, 523, 524.

[1257] OLG Oldenburg DAR 2015, 94. Dagegen nahm das OLG München 5.8.2016 – 10 U 4616/16 in einem Fall, in dem ein Radfahrer auf einem kombinierten Geh- und Radweg entgegengesetzt zur Fahrtrichtung fuhr und im Mündungsbereich

### bb. Erhöhung der Haftung aufgrund besonderer Umstände

Die genannte gleichmäßige Haftung allein aufgrund der Betriebsgefahr gilt dann nicht, wenn zu der abstrakten Betriebsgefahr der beteiligten Kfz noch besondere Umstände hinzutreten, die den Verursachungsanteil eines Halters im konkreten Fall erhöhen und damit eine Haftungsverschiebung zu seinen Ungunsten bewirken. Insbesondere folgende Umstände können zu einer Haftungserhöhung führen[1258]: 1011

- Versagen oder Mangelhaftigkeit der Vorrichtungen des Kfz: Die Betriebsgefahr erhöht sich ohne Rücksicht auf ein Verschulden, wenn eine Vorrichtung des Kfz nicht einwandfrei funktioniert hat, z.B. die Fahrzeugbeleuchtung mangelhaft war oder die Bremsen versagten.
- Fehlerhafte oder verkehrswidrige Fahrweise: Verstößt der Fahrer eines Kfz gegen Vorschriften der StVO, führt dies zu einer Erhöhung des Verursachungsanteils, wenn sich der Verkehrsverstoß im Unfallgeschehen auswirkt.
- Verschuldensgrad: Eine weitere Haftungserhöhung kann sich daraus ergeben, dass dem Fahrer bzgl. einer Pflichtverletzung ein besonders grobes Verschulden anzulasten ist.
- Risikobehafteter Verkehrsvorgang: Auch wenn dem Fahrer kein Verkehrsverstoß vorzuwerfen ist, kann letztlich allein das erhöhte Risiko seines – erlaubten – Fahrmanövers (z.B. hohes Tempo auf der Autobahn[1259], Überholen) zu einer Erhöhung der konkreten Betriebsgefahr führen.[1260]

Die genannten Umstände führen allerdings nur dann zu einer Erhöhung des Verursachungsanteils, wenn sie sich auf die Schadensentstehung oder -höhe ausgewirkt haben. Daher führt z.B. Trunkenheit am Steuer dann nicht zu einer Erhöhung der Haftungsquote, wenn der Unfall bei Nüchternheit ebenso geschehen wäre. Zur Haftungsquote vgl. Rn 1016 ff. 1012

### cc. Beweislast

Während die Beweislast für das Vorliegen von „höherer Gewalt" zur Abwendung der grundsätzlichen Haftungspflicht nach § 7 I StVG beim Halter liegt und die Beweislast für einen Mitverschuldensanteil des mit dem Kfz kollidierenden Radfahrers bzw. Fußgängers i.d.R. ebenfalls der Kfz-Halter trägt[1261], gilt im Rahmen der Abwägung nach § 17 I und II StVG dagegen der Grundsatz, dass die andere Partei die Umstände beweisen muss, die zuungunsten des anderen Halters berücksichtigt werden sollen.[1262] Dies führt bei Unaufklärbarkeit des Unfallgeschehens hinsichtlich derselben Tatsache zu wechselnden Beweislastentscheidungen. 1013

**Beispiel**[1263]**:** A überholt den vor ihm fahrenden B, als dieser plötzlich nach links abbiegt und mit seinem Wagen den Wagen des A rammt. Es lässt sich nicht feststellen, ob B sich bereits vor dem Abbiegen nach links eingeordnet und geblinkt hatte. 1014

Kann A nicht beweisen, dass B nicht nach links geblinkt hat, geht dies hinsichtlich der Frage des Haftungsausschlusses wegen höherer Gewalt bzw. unabwendbaren Ereignisses zu seinen Lasten. A kommt nicht in den Genuss eines Haftungsausschlusses und bleibt verantwortlich i.S.v. § 7 I StVG. Im Rahmen der Haftungsverteilung nach § 17

---

nicht auf den Straßenverkehr achtete, allein wegen Realisierung der Betriebsgefahr eine 25% Haftung des Kfz-Halters an.

[1258] Vgl. BGH NJW 2003, 1929, 1931; NJW 2002, 1643; NJW 2000, 3069, 3071; NJW 2000, 217, 219; NJW 2000, 280, 281 f.; *König*, in: Hentschel/König/Dauer, Straßenverkehrsrecht, 45. Aufl. 2019, § 17 StVG Rn 15; *Heß/Burmann*, NJW 2014, 1154, 1157; *Garbe/Hagedorn*, JuS 2004, 287, 292.

[1259] Vgl. etwa BGH NJW 1992, 1684; LG Aachen NJW-RR 2016, 276, 277.

[1260] BGH NJW 2011, 685; OLG Koblenz NJW-RR 2014, 142: Allein das deutliche Überschreiten der Richtgeschwindigkeit von 130 km/h auf der (nicht mit einer Geschwindigkeitsbegrenzung versehenen) BAB bedingt eine deutliche Erhöhung der abstrakten Betriebsgefahr und ein erhöhtes Mitverschulden (hier: 40%).

[1261] BGH NJW 2014, 217 f.

[1262] *Brögelmann*, JA 2003, 965, 967 f.

[1263] Nach *Garbe/Hagedorn*, JuS 2004, 287, 292.

StVG ist eine Abwägung vorzunehmen. Dabei gilt der Grundsatz, dass die Partei die Umstände beweisen muss, die zuungunsten des anderen Halters berücksichtigt werden sollen. Demnach ist B dafür beweispflichtig, dass A einen erkennbaren Linksabbieger unter Verstoß gegen § 5 VII StVO nicht rechts überholt hat. Da B dieser Beweis aufgrund der konkreten Schäden an den Fahrzeugen nicht gelingt, muss sich A nicht vorwerfen lassen, den nach links blinkenden B überholt zu haben. Demnach haften A und B aufgrund der Beweislage jeweils zu 50%.

**1015** Bei einer Reihe von Verkehrsverstößen wird die Beweisführung durch die Annahme eines **Anscheinsbeweises** erleichtert. Dieser vermittelt dem Gericht die widerlegbare Überzeugung, dass ein Geschehnis so verlaufen sei, wie es nach der Lebenserfahrung für gleichartige Geschehnisse typisch ist. Bei Verkehrsunfällen betrifft dies Konstellationen, die typischerweise auf einem Verkehrsverstoß oder auf einem gefährdenden Verhalten beruhen. Vgl. dazu bereits Rn 963 f. Zur Beweislast bei Hinterbliebenengeld vgl. Rn 1074a.

### dd. Haftungsquote

**1016** Liegt kein Beweisergebnis vor, das den Verursachungsanteil der anderen Seite erhöht, wird der Unfallschaden aufgrund der jeweiligen Betriebsgefahr nach einer Quote von 50:50 aufgeteilt. Dabei ist der Gesamtschaden zu teilen. Es wäre daher falsch zu sagen, jeder der beiden Halter trage seinen Schaden.

**Beispiel:** A und B kollidieren mit ihren Fahrzeugen. Die Verursachungsbeiträge sind gleichmäßig. Am Wagen des A liegt ein Schaden i.H.v. 2.000,- € vor, am Wagen des B i.H.v. 3.000,- €.

Hier liegt ein Gesamtschaden i.H.v. 5.000,- € vor, der gem. der hälftigen Quotierung dazu führt, dass A und B jeweils 2.500,- € zu tragen haben.

**1017** Liegen zu Lasten eines Halters gefahrerhöhende Umstände vor, erhöht sich seine Haftungsquote, während sich diejenige der anderen Seite entsprechend verringert. Die konkrete Gewichtung der jeweiligen Verursachungsanteile steht dabei im Ermessen des Gerichts. Verlässliche Maßstabe oder einheitliche Regeln gibt es hierfür kaum, die Kasuistik ist unüberschaubar. Überwiegend anerkannt sind folgende Faustregeln[1264]:

**1018**
- Besteht auf der einen Seite lediglich eine „einfache Betriebsgefahr", auf der anderen Seite jedoch eine durch erheblichen Verkehrsverstoß erhöhte Betriebsgefahr, ist auf Seiten der „einfachen Betriebsgefahr" eine Haftungsquote von 20-25% anzusetzen.[1265]

  **Beispiel:** A überholt eine Kolonne. Als er – kurz nachdem er B überholt – wieder einschert, entdeckt er vor ihm den extrem langsam fahrenden C und muss scharf abbremsen. B kann nicht so schnell bremsen und fährt auf das Fahrzeug des A auf. Am Wagen des A liegt ein Schaden i.H.v. 2.000,- € vor, am Wagen des B i.H.v. 3.000,- €.

  A hat beim Überholen gegen § 5 IV StVO verstoßen. Ein Anscheinsbeweis für ein Verschulden des aufgefahrenen B liegt nicht vor. Daher bietet es sich an, B eine Haftungsquote von 20% aufzuerlegen. B hat somit einen Schaden i.H.v. 1.000,- € zu tragen, A i.H.v. 4.000,- €.

**1019**
- Überwiegt der Verursachungsanteil einer Partei weit, soll nach der Rechtsprechung die Betriebsgefahr der anderen Partei völlig zurücktreten. Eine Haftungsquote unter 20% wird regelmäßig nicht ausgesprochen; die Haftung entfällt dann völlig.

---

[1264] Vgl. auch die zahlreichen Beispiele aus der Rspr., dargestellt bei *Heß/Burmann*, NJW 2014, 1154, 1157 f. und NJW 2015, 1152, 1153 ff.
[1265] Vgl. die Nachweise bei Rn 1010.

**Beispiel:** A überholt eine Kolonne. Plötzlich schert auch B aus der Kolonne aus, übersieht jedoch den von hinten herankommenden A, da er weder über seine linke Schulter schaut noch über einen Panoramaaußenspiegel verfügt. B rammt den Wagen des A. Am Wagen des A liegt ein Schaden i.H.v. 2.000,- € vor, am Wagen des B i.H.v. 3.000,- €.

Indem B vor dem Ausscheren nicht auf den rückwärtigen Verkehr geachtet hat, hat er gegen § 5 IV S. 1 StVO verstoßen. Dieser Verkehrsverstoß kann als so gravierend angesehen werden, dass die von A ausgehende „einfache Betriebsgefahr" einen Verursachungsanteil von unter 20% ausmacht und daher hinter die durch den erheblichen Verkehrsverstoß erhöhte Betriebsgefahr auf Seiten des B vollständig zurücktritt. B hat somit einen Schaden i.H.v. 5.000,- € zu tragen.

## b. Umfang des Reparaturkostenersatzes

Zum Umfang des Reparaturkostenersatzes bei Kfz-Schäden vgl. Rn 1133 ff. **1020 -1021**

## III. Haftung nach dem Haftpflichtgesetz

### 1. Haftung des Bahnbetriebsunternehmers

1022 § 1 HaftpflG regelt die verschuldensunabhängige Haftung des Betriebsunternehmers einer **Schienenbahn** oder einer **Schwebebahn** für den Fall, dass bei dem Betrieb der Bahn ein Mensch getötet oder verletzt oder eine Sache beschädigt wird. Dem Grunde nach entspricht diese Gefährdungshaftung der des Kraftfahrzeughalters, jedoch bestehen hinsichtlich der Voraussetzungen doch deutliche Unterschiede zur Kfz-Halterhaftung.

- **Bahnbetriebsunternehmer** ist, wer die Bahn auf eigene Rechnung betreibt und wer die Verfügungsgewalt über den Bahnbetrieb innehat.[1266]
- Unter **Schienen- oder Schwebebahnen** fallen alle dem öffentlichen Verkehr dienenden Bahnen. Es kommt nicht darauf an, ob die Bahn als Schienenbahn auf Schienen verkehrt oder als Schwebebahn an Schienen – Schienenschwebebahn – oder an Seilen – Seilschwebebahn – „schwebend" verkehrt.[1267] Für die dem privaten Verkehr dienenden Bahnen (z.B. Werksbahnen) gilt das HaftpflG, wenn mit ihrem Betrieb die gleichen Gefahren verbunden sind wie mit dem öffentlicher Bahnen.[1268]
- Der Unfall muss sich **bei dem Betrieb der Bahn** ereignet haben. Der *Betriebsbegriff* ist weit auszulegen, weil der Betrieb einer Bahn mit besonderen Gefahren verbunden ist. Diese verwirklichen sich in typischer Weise im *verkehrlichen* (bahntechnischen) Teil des Bahnunternehmens, vornehmlich bei den Beförderungen und den sie unmittelbar vorbereitenden und abschließenden Vorgängen, wozu insbesondere das Ein- und Aussteigen gehören. Gerade hier begünstigen die Eigentümlichkeiten des Bahnverkehrs erfahrungsgemäß das Entstehen von Unfällen. Denn die Bindung an Schienen oder Seile machen ein Ausweichen unmöglich. Hohe Geschwindigkeit und Bewegung schwerer Massen erschweren ein rechtzeitiges Anhalten und bewirken bei Zusammenstößen mit Hindernissen (wozu auch ein Pkw zählen kann) eine starke Aufprallwucht.[1269] Sehr unfallträchtig sind gerade bei Massenbeförderungen (meistens) im Rahmen eines Fahrplans v.a. auch das Ein-, Aus- und Umsteigen mit Eile, Hast und Gedränge.[1270] *Beim Bahnbetrieb* ist ein Unfall dann entstanden, wenn ein unmittelbarer zeitlicher und örtlicher Zusammenhang mit den Betriebsvorgängen oder Einrichtungen der Bahn besteht („bahntypische" Gefahr). Es muss stets ein Zusammenhang zwischen dem Unfall und einem *bestimmten* Betriebsvorgang, d. h. einer Betriebstätigkeit oder einer Betriebseinrichtung bestehen. Dass der Unfall *allgemein* auf den Beförderungsbetrieb der Bahn zurückzuführen ist, genügt nicht [1271] Unfälle, die sich *unmittelbar* beim Ein- oder Aussteigen ereignen, zählen aber stets zum „Betrieb" der Bahn.[1272] Unmittelbar mit dem Ein- oder Aussteigen verbunden sind daher z.B. Unfälle, die sich bei der Betätigung von Türschließvorrichtungen ereignen[1273], durch Verfehlen oder Abgleiten von den Trittstufen[1274] oder durch Hängenbleiben mit Schuhen oder Kleidung.[1275] An der Unmittelbarkeit fehlt es aber bspw., wenn ein Fahrgast auf dem Bahnsteig oder auf der Treppe zum und vom Bahnsteig ausrutscht. Dagegen steht das Hinauswerfen von Gegenständen aus der Bahn durch Fahrgäste durchaus in einem unmittelbaren Zusammenhang mit dem Bahnbetrieb.

---

[1266] *Filthaut*, HaftpflG, § 1 Rn 33-35.
[1267] *Filthaut*, HaftpflG, § 1 Rn 5. Vgl. auch den Fall BGH NJW 2013, 3235.
[1268] *Brox/Walker*, § 54 Rn 21.
[1269] Vgl. BGH NJW 2013, 3235.
[1270] *Filthaut*, HaftpflG, § 1 Rn 67.
[1271] *Filthaut*, HaftpflG, § 1 Rn 75.
[1272] *Filthaut*, HaftpflG, § 1 Rn 105.
[1273] OLG Düsseldorf NZV 1994, 195.
[1274] OLG Celle VersR 1981, 1059.
[1275] *Filthaut*, HaftpflG, § 1 Rn 105.

Wurde der Unfall durch **höhere Gewalt** verursacht, ist die Haftung des Betriebsunternehmers grds. **ausgeschlossen** (§ 1 II HaftpflG). Zum Begriff vgl. Rn 958 f. Es muss also ein *Ereignis von außerhalb auf den Bahnbetrieb eingewirkt* haben, das nicht mit den Betriebsvorgängen in ursächlichem Zusammenhang steht (z.B. Erdbeben, Überschwemmung, Blitzschlag).[1276] Im Kern geht es um eine Einwirkung von *außen,* die *außergewöhnlich* und *nicht abwendbar* ist.[1277] Das Versagen von technischen Einrichtungen (Bruch eines Rades etc.) ist somit niemals höhere Gewalt.[1278] Läuft aber ein Fußgänger in Suizidabsicht vor eine Straßenbahn, ist eine Haftung des Bahnbetriebsunternehmens wegen höherer Gewalt ausgeschlossen.[1279] Handlungen dritter Personen können betriebsfremde Ereignisse sein (und somit höhere Gewalt darstellen), soweit diese Personen nicht am eigentlichen Bahnbetrieb beteiligt sind[1280] (terroristischer Anschlag, Attentat etc.). **1023**

Die Ersatzpflicht ist ferner **ausgeschlossen**, wenn eine zur Aufbewahrung angenommene (§ 1 III Nr. 1 HaftpflG) oder wenn eine beförderte Sache beschädigt wurde, es sei denn, dass ein Fahrgast sie an sich getragen oder mit sich geführt hat (§ 1 III Nr. 2 HaftpflG). **1024**

Durch **Vereinbarung** kann die Ersatzpflicht für Sachschäden nur unter den strengen Voraussetzungen des § 7 HaftpflG **ausgeschlossen** oder **beschränkt** werden. Hinsichtlich Personenschäden ist überhaupt keine Beschränkung zulässig. **1025**

Ähnlich § 9 StVG (dazu Rn 999 f.) ordnet auch § 4 HaftpflG die Geltung des § 254 BGB (**Mitverschulden**) an, ebenfalls mit der Besonderheit, dass bei Beschädigung einer Sache das Verschulden desjenigen, der die tatsächliche Gewalt über die Sache ausübt, dem Verschulden des Geschädigten gleichsteht. **1026**

Das betrifft z.B. den Fall der Kollision einer (Straßen-)Bahn mit einem Pkw, wobei hinsichtlich der Anwendung des § 4 HaftpflG unterschieden werden muss:

⇨ Als Ausgangspunkt der Überlegung gilt, dass bei einer Mitverursachung des Unfalls durch den Fahrer des beschädigten Kfz § 4 HaftpflG i.V.m. § 254 BGB greifen kann, und dass die Betriebsgefahr, die von dem Pkw ausging, bei dem Schadensersatzanspruch aus § 1 I HaftpflG gegen den (Straßen-)Bahnbetreiber anspruchsmindernd wirkt.[1281]

⇨ Allerdings gelten § 4 HaftpflG (wie § 9 StVG) und § 254 BGB grds. nicht im Verhältnis zu einem Geschädigten, der, würde er aus dem Unfall selbst in Anspruch genommen, seinerseits der Gefährdungshaftung unterläge.[1282] Das ist namentlich der Fall, wenn es sich auf Seiten des Geschädigten um den Halter bzw. Fahrer des Kfz handelt. Denn dann besteht eine Halterhaftung aus § 7 I StVG (Gefährdungshaftung) und der Verursacherbeitrag ist über § 17 IV i.V.m. § 17 I-III StVG festzustellen.

Unbeschadet dieser speziellen Regelung kann im Anwendungsbereich des § 4 HaftpflG i.V.m. § 254 BGB die Berücksichtigung des Mitverschuldens bei einem Fehlverhalten eines Fahrgastes im Einzelfall so weit gehen, dass die Haftung aus Betriebsgefahr gegenüber dem Eigenverschulden des Fahrgastes vollständig zurücktritt, d.h. bis zum vollständigen Ausschluss führt. Klettert bspw. ein Fahrgast aus dem Fenster eines anfahrenden Zuges und kommt dabei zu Schaden, stehen ihm regelmäßig wegen seines alleinigen Verursachungsbeitrags Schadensersatzansprüche gegen den Bahnbetreiber

---

[1276] *Brox/Walker,* § 54 Rn 25.
[1277] *Filthaut,* HaftpflG, § 1 Rn 158.
[1278] *Brox/Walker,* § 54 Rn 25.
[1279] LG Leipzig NZV 2013, 79, 90.
[1280] *Brox/Walker,* § 54 Rn 25.
[1281] So im Fall BGH NJW 2013, 3235.
[1282] *Mäsch,* JuS 2014, 268.

nicht zu.[1283] Das Gleiche gilt, wenn ein Fahrgast, der seit über 30 Jahren die S-Bahn benutzt, beim Aussteigen in den 14 cm breiten Spalt zwischen S-Bahn und Gleis tritt und sich dabei verletzt.[1284] Auch muss der Fahrgast einer Straßenbahn jederzeit mit einem scharfen Bremsen des Fahrzeugs rechnen und ist deshalb verpflichtet, sich im Fahrzeug festen Halt zu verschaffen.[1285]

**1027** Der Umfang des Ersatzanspruchs (einschließlich des **Schmerzensgeldanspruchs**) ist in den §§ 5 und 6 HaftpflG (i.V.m. § 253 II BGB) geregelt.[1286] Einen Anspruch auf **Hinterbliebenengeld** gewährt § 5 III HaftpflG (vgl. dazu Rn 1071, 1074a, 1127). Schließlich ist die Garantiehaftung (wie diejenige nach § 7 I StVG) auf **Höchstbeträge** begrenzt (§§ 9, 10 HaftpflG).

## 2. Haftung bei Energieanlagen

**1028** Das HaftpflG sieht eine verschuldensunabhängige Haftung auch für den Inhaber einer Energieanlage vor (§ 2 HaftpflG). Der Unfall muss auf den Wirkungen der Elektrizität, der Gase, Dämpfe oder Flüssigkeiten beruhen, die von einer Anlage zur Fortleitung der Elektrizität oder von einer Rohrleitung ausgehen. Einen Haftungsausschluss enthält § 2 III HaftpflG.

---

[1283] OLG Nürnberg NZV 2012, 284, 285 f.
[1284] AG München 25.4.2017 – 173 C 27106/16.
[1285] OLG Bremen 15.7.2011 - 1 U 24/11.
[1286] Vgl. dazu im Einzelnen *Filthaut*, HaftpflG, § 6 Rn 7 ff.

## IV. Haftung nach dem Produkthaftungsgesetz

### 1. Haftungsvoraussetzungen

Neben der (verschuldensabhängigen) Produzentenhaftung aus unerlaubter Handlung (Rn 923 ff.) kann auch ein Anspruch nach dem **Produkthaftungsgesetz** (ProdHaftG) bestehen. Dieses auf die Richtlinie 85/374/EG zurückzuführende Gesetz bestimmt in § 1 I S. 1 eine **verschuldensunabhängige Ersatzpflicht** für die verletzenden Folgen eines **Fehlers**, der einem Produkt anhaftet. Auf Rechtswidrigkeit und Verschulden kommt es nicht an. Produzentenhaftung und Produkthaftung stehen selbstständig nebeneinander (vgl. § 15 II ProdHaftG). 1029

**Haftungsvoraussetzungen und Rechtsfolge der Produkthaftung**

Entgegen der nachfolgenden systematischen Darstellung sollte ein Anspruch nach dem ProdHaftG folgendermaßen geprüft werden:

**I. Vorliegen einer Rechtsgutverletzung**
Die (verschuldensunabhängige) Haftung wird ausgelöst durch die fehlerbedingte **Tötung** oder **Verletzung** eines **Menschen** oder **Beschädigung einer Sache** (§ 1 I S. 1 ProdHaftG – Anspruchsgrundlage!), die auf ein Produkt i.S.d. § 2 ProdHaftG zurückzuführen sind.

**II. Vorliegen eines Produkts i.S.d. ProdHaftG**
Unter **Produkt** i.S.d. ProdHaftG ist *jede bewegliche Sache* zu verstehen, auch wenn sie Teil einer anderen (beweglichen oder unbeweglichen) Sache ist, sowie ausnahmsweise Elektrizität (§ 2 ProdHaftG).

**III. Fehlerhaftigkeit des Produkts**
Ein Produkt ist **fehlerhaft**, wenn es nicht die Sicherheit bietet, die unter Berücksichtigung aller Umstände berechtigterweise erwartet werden kann (§ 3 I ProdHaftG).

**IV. Kausalität des Fehlers für die Rechtsgutverletzung**
Nach der im Zivilrecht herrschenden **Adäquanztheorie** ist eine Rechtsgutverletzung nur dann verursacht (und dem Verletzer zuzurechnen), wenn mit deren Eintritt nach *allgemeiner menschlicher Lebenserfahrung* vom Standpunkt des kundigen, nachträglich urteilenden Richters gerechnet werden konnte (objektiv-nachträgliche Prognose). Des Weiteren muss die Rechtsgutverletzung vom **Schutzzweck** des ProdHaftG erfasst sein.

**V. Herstellereigenschaft des Anspruchsgegners**
**Hersteller** ist, wer das Endprodukt, einen Grundstoff oder ein Teilprodukt (ganz oder teilweise) hergestellt hat (sog. **tatsächlicher Hersteller**, § 4 I S. 1 ProdHaftG). Als Hersteller ist auch anzusehen, wer sich durch das Anbringen seines Namens, seiner Marke oder eines anderen unterscheidungskräftigen Kennzeichens als Hersteller ausgibt (sog. **Quasi-Hersteller**, § 4 I S. 2 ProdHaftG). Des Weiteren ist der **Importeur** als Hersteller anzusehen (§ 4 II ProdHaftG). Kann der Hersteller oder Quasi-Hersteller eines Produkts nicht festgestellt werden, kommt die als Ausfallhaftung konzipierte **Lieferantenhaftung** (§ 4 III ProdHaftG) zum Tragen.

**VI. Nichtvorliegen eines Ausschlusstatbestands**
Unter den Voraussetzungen des § 1 II, III ProdHaftG ist die Produkthaftung ausgeschlossen.

**VII. Beweislast**
Für den Fehler, den Schaden und den ursächlichen Zusammenhang zwischen Fehler und Schaden trägt der Geschädigte die Beweislast (§ 1 IV S. 1 ProdHaftG). Für das Vorliegen eines Haftungsausschlusstatbestands trägt der Hersteller die Beweislast (§ 1 IV S. 2 ProdHaftG).

**VIII. Umfang der Ersatzpflicht**
Gemäß § 7 I S. 1 ProdHaftG sind bei der **Tötung eines Menschen** Kosten der Krankenhausbehandlung, Schäden wegen Minderung der Erwerbsfähigkeit und Vermehrung der Bedürfnisse während der Zeit bis zum Todeseintritt ersatzfähig. Bei **Verletzung des Kör-**

**pers oder der Gesundheit** sind gem. § 8 S. 1 ProdHaftG die Heilungskosten sowie die Vermögensnachteile wegen Aufhebung oder Minderung der Erwerbstätigkeit und wegen Vermehrung der Bedürfnisse zu ersetzen. Darüber hinaus ist gem. § 8 S. 2 ProdHaftG i.V.m. § 253 II BGB **Schmerzensgeld** zu zahlen.

**IX. Haftungshöchstgrenzen**

Zum Haftungshöchstbetrag bei Personenschäden (85 Mio. €) vgl. § 10 ProdHaftG; hinsichtlich Sachschäden vgl. § 11 ProdHaftG.

**X. Mitverschulden des Geschädigten**

Hat bei der Entstehung des Schadens ein Verschulden des Geschädigten mitgewirkt, ist gem. § 6 I Halbs. 1 ProdHaftG die Vorschrift des § 254 BGB anwendbar. Gemäß § 6 I Halbs. 2 ProdHaftG steht bei einer Sachbeschädigung (in Übereinstimmung mit § 9 StVG) dem Verschulden des Geschädigten das Verschulden dessen gleich, der die tatsächliche Gewalt über die fehlerhafte Sache ausübt.

**XI. Erlöschen und Verjährung des Anspruchs**

Unter den Voraussetzungen des § 13 ProdHaftG erlischt der Schadensersatzanspruch. Eine Verjährungsregelung enthält § 12 ProdHaftG.

**XII. Gesamtschuldnerische Haftung**

Sind für denselben Schaden mehrere Hersteller nebeneinander zum Schadensersatz verpflichtet, haften sie dem Geschädigten gegenüber als **Gesamtschuldner** (§ 5 S. 1 ProdHaftG).

**XIII. Konkurrenzen**

Im Bereich des Arzneimittelgesetzes (§ 15 I ProdHaftG) und des Atomgesetzes sind Ansprüche nach dem ProdHaftG ausgeschlossen. Im Übrigen besteht Anspruchskonkurrenz zu den Schadensersatzansprüchen des BGB aus **Vertrag** oder **Delikt** oder zu den Schadensersatzansprüchen aus anderen Gesetzen (§ 15 II ProdHaftG).

1030 Unter **Produkt** i.S.d. ProdHaftG ist *jede bewegliche Sache* zu verstehen, auch wenn sie Teil einer anderen (beweglichen oder unbeweglichen) Sache ist, sowie ausnahmsweise Elektrizität (§ 2 ProdHaftG), etwa für den Fall der Geräteschädigung durch Überspannung. Die Vorschrift des § 2 S. 2 ProdHaftG a.F., wonach unverarbeitete Produkte aus Landwirtschaft, Fischerei und Jagd vom Begriff des „Produkts" ausgenommen waren, ist im Jahre 2000 aufgrund einer EG-Richtlinie vom Mai 1999 aufgehoben worden.

1031 Da der Schutzzweck des ProdHaftG nicht in der Sanktionierung einer mangelnden Gebrauchstauglichkeit des Produkts besteht, sondern in dem Schutz des Verbrauchers in seiner körperlichen Integrität und in seinem persönlichen Eigentum, definiert das ProdHaftG den Begriff des Fehlers anders als das Gewährleistungsrecht. Gemäß § 3 I ProdHaftG ist ein Produkt **fehlerhaft**, wenn es nicht die Sicherheit bietet, die unter Berücksichtigung aller Umstände berechtigterweise erwartet werden kann.[1287] Dabei ist auch auf einen nicht vorgesehenen Gebrauch abzustellen, mit dem billigerweise gerechnet werden kann: Besteht für den Hersteller die erkennbare Gefahr, dass das Produkt unsachgemäß verwendet werden könnte („erkennbarer Fehlgebrauch"), muss er auf die möglichen Folgen eines unsachgemäßen Gebrauchs hinweisen.[1288] Ist aber das Gefahrenpotential allgemein bekannt, dann gilt das nicht.

**Beispiel**[1289]**:** Zigaretten sind Produkte i.S.v. §§ 1 und 2 ProdHaftG. Trotz ihrer gesundheitsschädlichen Eigenschaften sind sie (sofern kein „echter" Mangel vorliegt) nicht fehlerhaft, da kein Konstruktions- oder Instruktionsfehler vorliegt. Denn die Gesundheitsge-

[1287] Vgl. dazu BGH NJW 2015, 3096, 3097; NJW 2013, 1302 f.; NJW 2009, 2952 f.; OLG Nürnberg NJW-RR 2014, 1304; OLG Köln NJW 2006, 2272 f.; OLG Hamm NJW 2005, 295 f.; OLG Hamm NJW-RR 2001, 1248; *Klindt/Handorn*, NJW 2010, 1105 ff.; *Teichmann*, in: Jauernig, § 823 Rn 148.

[1288] Vgl. OLG Nürnberg NJW-RR 2014, 1304 (erkennbarer Fehlgebrauch eines Mountainbikes).

[1289] Vgl. OLG Hamm NJW 2005, 295 f.

fahren sind dem Zigarettenrauchen immanent und im Übrigen seit den 1960er Jahren allgemein bekannt. Der Hersteller ist auch nicht verpflichtet, über die gesetzlichen Vorschriften hinaus vor den Gefahren des Rauchens zu warnen. Eine Haftung der Zigarettenhersteller wegen Gesundheitsschäden ist daher sowohl aus dem ProdHaftG als auch aus § 823 BGB ausgeschlossen.[1290]

Weitere **Beispiele:** Erleidet jemand einen Gebissschaden, weil er auf eine überharte, mit Schokolade überzogene Erdnuss beißt, kann er seinen Schadensersatzanspruch nicht auf einen Produktfehler des Herstellers der „Schokonüsse" stützen. Denn bei Nüssen handelt es sich um Naturprodukte. Bis auf das Entfernen der Schalen und die Röstung durchlaufen sie unverändert den Produktionsprozess und werden lediglich mit Schokolade überzogen. Der Verbraucher kann daher an den Zustand der Nüsse keine höheren Erwartungen knüpfen als die, dass sie sich – von den genannten Veränderungen abgesehen – in dem von der Natur gegebenen Zustand befinden. Daher liegt kein Produktfehler vor.[1291] Dasselbe gilt hinsichtlich eines Steaks, wenn ein Gast beim Verzehr einen Gebissschaden erleidet, weil er auf ein Knochenstück gebissen hat.[1292] Auch bei einem Gebäckstück mit Kirchfüllung („Kirschtaler") verwirklicht sich das allgemeine Lebensrisiko, wenn der Kunde auf einen in der Kirschfüllung enthaltenen Kirschstein beißt und sich Schäden am Gebiss zuzieht. Denn ein Verbraucher kann bei einer typischen Steinfrucht nicht erwarten, dass diese absolut frei von Kirschsteinen oder Teilen davon ist. Etwas anderes gilt nur dann, wenn dem Verbraucher zugesichert wird, das Gebäckstück enthalte ausschließlich vollkommen entsteinte Kirschen. Ob das der Fall ist, ist eine Tatfrage.[1293]

**Gegenbeispiel**[1294]**:** Bricht bei einem Mountainbike beim Wiederaufsetzen des Vorderrades auf die Straße nach dem Fahren auf dem Hinterrad der Rahmen und zieht sich der Fahrer beim Sturz bspw. Zahnverletzungen zu, haftet der Hersteller gem. § 1 I i.V.m. § 3 Ib ProdHaftG. Es stellt nach der Rspr. einen Instruktionsfehler dar, wenn der Hersteller eines Mountainbikes in der Bedienungsanleitung nicht auf die mangelnde Eignung für eine unsachgemäße, aber naheliegende Benutzung (hier: „Stoppies", „Wheelies", „Slides", Treppenfahren etc.) hinweist, bei der es zu einem Rahmenbruch kommen kann.[1295] Die berechtigte Sicherheitserwartung gehe dahin, dass von einem Produkt bei vorhersehbarer üblicher Verwendung unter Beachtung der Gebrauchsanleitung keine erheblichen Gefahren für Leib und Leben der Nutzer ausgehen, das Produkt also so konzipiert sei, dass es unter Beachtung der Gebrauchsanleitung bei bestimmungsgemäßem Gebrauch oder vorhersehbarem Fehlgebrauch gefahrlos benutzt werden könne.[1296]

Im Übrigen kann ein Fehler auch dann vorliegen, wenn sich zwar nicht der konkrete Gegenstand (ein Gerät) bislang als fehlerhaft erwiesen hat, eine Fehlfunktion jedoch bei Gegenständen der Gruppe oder Baureihe festgestellt wurde und dadurch ein hohes Gefahrenpotential auch dafür besteht, dass das bislang noch nicht betroffene Gerät Funktionsstörungen aufweisen oder ausfallen könnte.[1297]

**Beispiel**[1298]**:** Erweisen sich Herzschrittmacher aus einer Produktion als unzuverlässig, weil bereits bei einigen Geräten Funktionsstörungen aufgetreten sind, können aufgrund der besonderen Zuverlässigkeitsanforderungen, die an Herzschrittmacher zu stellen sind, alle Geräte dieser Produktion bzw. Serie als fehlerhaft eingestuft werden, ohne dass ein Fehler des betreffenden Geräts nachgewiesen zu werden braucht. ⇨ Hier stellt also das erhöhte Ausfallrisiko den Produktfehler dar.

---

[1290] Zu den angloamerikanischen *punitive damages* vgl. Rn 947.
[1291] Vgl. OLG Köln NJW 2006, 2272 f.
[1292] AG München 12.2.2015 – 213 C 26442/14.
[1293] BGH NJW 2009, 1669, 1670.
[1294] OLG Nürnberg NJW-RR 2014, 1304 (erkennbarer Fehlgebrauch eines Mountainbikes).
[1295] OLG Nürnberg NJW-RR 2014, 1304.
[1296] BGH NJW 2013, 1302 f.; OLG Nürnberg NJW-RR 2014, 1304.
[1297] BGH NJW 2015, 3096, 3097.
[1298] BGH NJW 2015, 3096, 3097.

1032 **Hersteller** ist, wer das Endprodukt, einen Grundstoff oder ein Teilprodukt (ganz oder teilweise) hergestellt hat (sog. **tatsächlicher Hersteller**, § 4 I S. 1 ProdHaftG). Als Hersteller ist auch anzusehen, wer sich durch das Anbringen seines Namens, seiner Marke oder eines anderen unterscheidungskräftigen Kennzeichens als Hersteller ausgibt (sog. **Quasi-Hersteller**, § 4 I S. 2 ProdHaftG). Die Gleichsetzung mit dem tatsächlichen Hersteller hat seinen Grund darin, dass der Quasi-Hersteller durch sein Verhalten den Eindruck erweckt, als sei er selbst Hersteller.[1299]

**Beispiel:** X ist Hersteller von Computerfestplatten. Das Unternehmen verkauft die Festplatten an verschiedene Elektronikkonzerne (u.a. an F), die diese jeweils durch „Umlabelung" mit ihrem Logo und Schriftzug versehen. ⇨ Hier sind die Elektronikkonzerne (und damit auch F) Quasi-Hersteller i.S.v. § 4 I S. 2 ProdHaftG.

1032a Der Quasi-Hersteller haftet grds. neben dem Hersteller. Das gilt auch dann, wenn sich der Hersteller problemlos ermitteln lässt.[1300] Problematisch ist hingegen, ob ein Unternehmen auch dann als Quasi-Hersteller anzusehen ist, wenn es nicht selbst den eigenen Namen oder Markennamen oder Produktnamen an das Produkt anbringt.

**Beispiel**[1301]**:** Freizeitartikelhersteller F vertreibt unter der Bezeichnung *G-Grillanzünder* einen Grillanzünder auf Paraffin-Basis. Nachdem das Konkurrenzunternehmen K, das ebenfalls einen Grillanzünder mit der Bezeichnung *G-Grillanzünder* vertreibt, in wirtschaftliche Schwierigkeiten geraten ist, kauft F von K ein Kontingent von 10.000 Flaschen und verkauft diese an Freizeitmärkte. Auf diesen Flaschen ist angegeben, dass ein Nachsprühen auf bereits glühende Holzkohle ungefährlich sei. Auch Verbraucher V kauft eine dieser Flaschen. Als er dann das Aufheizen seines Grills etwas beschleunigen möchte und in die bereits glühende Holzkohle flüssigen Grillanzünder sprüht, explodiert die Flamme. V erleidet erhebliche Verbrennungen und macht nunmehr gegenüber F Schadensersatz geltend. F macht geltend, die von K bezogenen Flaschen hätten ohne seine Kenntnis nicht das schwer entflammbare Paraffin, sondern hoch entzündlichen Brennspiritus enthalten.

Da F nicht tatsächlicher Hersteller ist (das war K), kommt ein Anspruch V gegen F aus § 1 ProdHaftG aber in Betracht, wenn F als **Quasi-Hersteller** i.S.v. § 4 I S. 2 ProdHaftG anzusehen ist. Das ist der Fall, wenn er den alten, von K hergestellten Warenbestand übernommen, aus diesem die in Rede stehende Flasche über den Freizeitmarkt an V veräußert und sich als Quasi-Hersteller dieser Flasche ausgegeben hat. Nach Auffassung des BGH ist für die Qualifikation eines Veräußerers als Quasi-Hersteller nicht erforderlich, dass dieser selbst seinen Namen oder sein Markenzeichen angebracht hat. Es genüge, dass dies ein anderer bewirkt hat, solange nur der als Quasi-Hersteller in Betracht kommende Unternehmer dem vor oder nach Anbringung auf dem Produkt zugestimmt hat. Ob dies der Fall sei, müsse im Rahmen einer Beweislastverteilung festgestellt werden. Auszugehen sei dabei von der Regelung in § 1 IV S. 1 ProdHaftG, wonach der Geschädigte die Voraussetzungen für eine Haftung des als Quasi-Hersteller in Betracht kommenden Unternehmers darlegen und beweisen müsse. Weiterhin habe der Geschädigte die Umstände darzulegen und zu beweisen, aus denen sich die Eigenschaft des in Anspruch Genommenen als Quasi-Hersteller ergäben. Erst wenn der in Anspruch Genommene geltend mache, das fragliche Produkt sei ohne seinen Willen in den Verkehr gebracht worden, obliege ihm die Darlegungs- und Beweislast.[1302]

Sollte F danach nicht als Quasi-Hersteller anzusehen sein, ist fraglich, ob auf die **Lieferantenhaftung** gem. § 4 III ProdHaftG abgestellt werden darf (dazu Rn 1034).

---

[1299] Vgl. dazu BGH NJW 2005, 2695 f.
[1300] *Wagner*, in: MüKo, Bd. 5, § 4 ProdHaftG, Rn 20; *Fischer/Schmehl*, JA 2008, 498, 499 f.; *Kötz/Wagner*, Deliktsrecht, Rn 649.
[1301] In Anlehnung an BGH NJW 2005, 2695 ff.
[1302] BGH NJW 2005, 2695, 2697.

Des Weiteren ist der **Importeur** als Hersteller anzusehen. Importeur ist derjenige, der ein Produkt zum Zwecke des Vertriebs (Verkauf, Vermietung, Leasing), im Rahmen seiner geschäftlichen Tätigkeit in den Geltungsbereich des Abkommens über den Europäischen Wirtschaftsraum einführt oder verbringt (§ 4 II ProdHaftG). Die Erstreckung des Herstellerbegriffs auf den Importeur soll dem Geschädigten die Rechtsverfolgung erleichtern, weil diese in Drittstaaten regelmäßig unüberwindbare Probleme bereitet.[1303] 1033

Kann der Hersteller oder Quasi-Hersteller eines Produkts nicht festgestellt werden, kommt die als Ausfallhaftung konzipierte **Lieferantenhaftung** (§ 4 III ProdHaftG) zum Tragen. Diese setzt voraus, dass der nach § 4 I ProdHaftG eigentlich Verantwortliche nicht feststellbar ist und der Lieferant (i.d.R der Verkäufer) dem Geschädigten nicht binnen eines Monats nach Aufforderung den wahren Hersteller oder seinen Vorlieferanten nennt. Zweck der Lieferantenhaftung ist der Schutz des Verbrauchers vor der Anonymität der Produkte oder der Verschleierung des Herstellers. Der Geschädigte soll davor geschützt werden, dass die Produzentenhaftung durch die Verwendung anonymer Produkte unterlaufen wird. Folgerichtig haftet der Lieferant (i.d.R. der Verkäufer) wie ein Hersteller, wenn Letzterer nicht festgestellt werden kann.[1304] Der Lieferant kann sich jedoch entlasten, indem er binnen eines Monats, nachdem ihm die entsprechende Aufforderung zugegangen ist, den Hersteller oder den Vorlieferanten bzw. bei importierten Waren den Importeur benennt. Gerade der zuletzt genannte Aspekt soll den Verbraucher davor schützen, dass er sich an einen Hersteller außerhalb des europäischen Wirtschaftsraums halten muss. 1034

Insgesamt ist die Lieferantenhaftung als Druckmittel gedacht, um den Lieferanten zu bewegen, den Hersteller oder zumindest den Vorlieferanten zu nennen, damit der Verbraucher die Rechtsverfolgung aufnehmen kann.

Sollte es dem Anspruchsteller aufgrund der ihm gem. § 1 IV S. 1 ProdHaftG obliegenden Beweislast (dazu Rn 1053) also nicht möglich sein, die anspruchsbegründenden Voraussetzungen der Produkthaftung gem. § 1 I i.V.m. § 4 I S. 2 ProdHaftG, d.h. den Fehler, den Schaden und den Ursachenzusammenhang zwischen dem Fehler und dem Schaden, darzulegen und zu beweisen, darf nicht auf die Lieferantenhaftung gem. § 4 III ProdHaftG zurückgegriffen werden. Denn wie bereits erwähnt, ist Zweck dieser Haftung der Schutz des Verbrauchers vor der Anonymität der Produkte oder der Verschleierung des Herstellers, nicht die Risikoabwälzung auf den Lieferanten für den Fall, dass der Anspruchsteller die haftungsbegründenden Voraussetzungen für die Herstellerhaftung nicht beweisen kann. Der Lieferant haftet nur dann wie ein Hersteller, wenn Letzterer nicht festgestellt werden kann, insbesondere, wenn der Lieferant sich weigert, den Hersteller bzw. den Importeur oder den Vorliefanten zu benennen.

Im **Beispiel** von Rn 1032a haftet daher F wie ein Quasi-Hersteller, wenn er nicht die Firmendaten über K preisgibt.

**Hinweis für die Fallbearbeitung:** Aus der klaren Formulierung in § 4 III S. 1 ProdHaftG folgt auch für die Fallbearbeitung, dass auf die Lieferantenhaftung nur dann eingegangen werden darf, wenn der Hersteller bzw. Quasi-Hersteller nicht feststellbar ist und *aus diesem Grund* die Herstellerhaftung nicht greift. Auf keinen Fall greift die Lieferantenhaftung bereits dann, wenn z.B. die haftungsbegündenden Voraussetzungen für die Herstellerhaftung gem. § 1 I ProdHaftG i.V.m. § 4 I oder II ProdHaftG nicht vorliegen oder wenn deren Vorliegen unklar ist.

---

[1303] *Brox/Walker*, § 54 Rn 34; *Deutsch/Ahrens*, Rn 294.

[1304] Vgl. dazu auch OLG Naumburg 21.11.2013 – 1 U 38/12.

1035 Schwierigkeiten bestehen dort, wo der als Hersteller zum Schadensersatz Verklagte keiner der o.g. Personengruppen zuzuordnen ist.

**Holzbalkenfall**[1305]**:** Im Rahmen des Baus eines Wohnhauses hatte der Zimmermann Z die Zimmerarbeiten bezüglich der im Wohnzimmer zu errichtenden und sichtbaren Holzbalken übernommen. Der Maler M war vom Bauträger B beauftragt worden, die Balken noch vor dem Einbau in das Wohnzimmer im Betrieb des Z zu streichen. M strich die Balken jedoch mit einer nur für den Außenbereich zugelassenen Holzschutzlasur. Danach baute Z sie in das Haus ein. Der Hauseigentümer erkrankte wenig später an den giftigen Substanzen und verklagte sowohl Z als auch M.

Das OLG Stuttgart hat den Zimmermann nur als Hersteller der „zugesägten und gehobelten" Balken angesehen und den Maler als Hersteller der „angestrichenen Balken". Folgerichtig hat es daher die Klage gegen Z abgewiesen und M zum Schadensersatz und zur Beseitigung der Schadstoffbelastung verurteilt (daneben wäre auch ein Schmerzensgeldanspruch gem. § 8 S. 2 ProdHaftG begründet gewesen, doch dieser war im Originalfall nicht Gegenstand der Klage, da es die Anspruchsgrundlage des § 8 S. 2 ProdHaftG im maßgeblichen Zeitpunkt noch nicht gab).

1036 Die (verschuldensunabhängige) Haftungspflicht wird ausgelöst durch die fehlerbedingte **Tötung** oder **Verletzung** eines **Menschen** oder **Beschädigung einer Sache** (§ 1 I S. 1 ProdHaftG).

1037 ▪ Aufgrund der undifferenzierten Nennung des Geschädigten als „**Menschen**" macht es keinen Unterschied, ob dieser etwa ein gewerblicher oder privater Käufer, ein mit dem Produkt arbeitender Arbeitnehmer oder gar ein zufällig betroffener Dritter ist.

1038 ▪ Dagegen schränkt § 1 I S. 2 ProdHaftG die Haftung wegen **Sachbeschädigung** mehrfach ein:

- ⇨ Zunächst muss **eine andere Sache** als das fehlerhafte Produkt beschädigt worden sein. Anders als bei dem sog. Weiterfresserschaden im Rahmen der deliktischen Produzentenhaftung oder des Gewährleistungsrechts tritt die Ersatzpflicht nach dem ProdHaftG also nicht bei solchen Schäden ein, die an dem Produkt selbst eintreten.
- ⇨ Die Sache muss darüber hinaus gewöhnlich **für den privaten Ge- oder Verbrauch** bestimmt und hierzu von dem Geschädigten hauptsächlich verwendet worden sein. Bei einem Gebrauch im beruflichen oder gewerblichen Bereich kann der Geschädigte also keinen Schadensersatzanspruch nach dem ProdHaftG geltend machen. Hiervon unberührt bleibt selbstverständlich der Schadensersatzanspruch nach der deliktischen Produzentenhaftung (vgl. § 15 II ProdHaftG). Freilich setzt dieser Verschulden voraus.
- ⇨ Schließlich sieht § 11 ProdHaftG eine **Selbstbeteiligung** des Geschädigten bis zu einer Höhe von 500,- € vor. Diese Regelung bezweckt, dass die verschuldensunabhängige Haftung auf große Schäden beschränkt bleibt. Auch hier bleibt wegen § 15 II ProdHaftG selbstverständlich der Schadensersatzanspruch nach der (verschuldensabhängigen) deliktischen Produzentenhaftung möglich und kommt immer dann in Betracht, wenn der Schaden 500,- € unterschreitet.

[1305] OLG Stuttgart VersR 2001, 465.

## 2. Haftungsausschluss

Die Haftung des Herstellers nach dem ProdHaftG ist **ausgeschlossen**, wenn dieser behauptet und bei Bestreiten beweist (vgl. § 1 IV S. 2 ProdHaftG), dass[1306] 1039

- nicht *er* das Produkt *in den Verkehr gebracht* hat (§ 1 II Nr. 1 ProdHaftG). Denn wurde ihm das Produkt gestohlen oder auf andere Weise seiner Verfügungsmacht entzogen, ist ihm die Schädigung nicht zurechenbar. 1040

- obwohl *er* das Produkt in den Verkehr gebracht, es aber *beim Inverkehrbringen noch nicht den Fehler* hatte, der den Schaden verursacht hat (§ 1 II Nr. 2 ProdHaftG). Beweist also der Hersteller, dass bspw. eine Gasflasche fehlerfrei hergestellt und der Schaden erst nach dem Inverkehrbringen etwa durch unsachgemäße Behandlung von einem Dritten oder dem Geschädigten verursacht wurde, haftet er nicht. Weil dieser Beweis oft schwer zu erbringen ist, genügt der Nachweis einer überwiegenden Wahrscheinlichkeit, dass der Fehler beim Inverkehrbringen der Sache noch nicht vorlag. 1041
- er das Produkt *weder* für einen Vertrieb *mit wirtschaftlichem Zweck noch im Rahmen seiner beruflichen Tätigkeit hergestellt oder vertrieben* hat (§ 1 II Nr. 3 ProdHaftG). Der Ausschlusstatbestand ist aufgrund der Formulierung „weder ... noch" also nur dann erfüllt, wenn keines der beiden Merkmale vorliegt. Das ist etwa der Fall, wenn eine Mutter selbstgebackenen Kuchen für das Sommerfest des Kindergartens stiftet. Stellt dagegen ein Konditor Kuchen für diesen Zweck zur Verfügung, erfolgt die Herstellung im Rahmen seiner beruflichen Tätigkeit, sodass die Haftung nach dem ProdHaftG (zumindest unter dem Gesichtspunkt des § 1 II Nr. 3 ProdHaftG) nicht ausgeschlossen ist. 1042

- der *Fehler des Produkts auf einer zwingenden Rechtsvorschrift beruht* (§ 1 II Nr. 4 ProdHaftG). Wenn der Hersteller eine solche Norm befolgt und infolgedessen fehlerhaft produziert, kann ihm kein Vorwurf pflichtwidrigen Verhaltens gemacht werden. Allerdings kommen als Rechtsvorschriften nur materielle Normen in Betracht, nicht Normen der deutschen Industrie (DIN). 1043

- der Fehler bei dem von ihm in den Verkehr gebrachten Produkt nach dem *damaligen Stand von Wissenschaft und Technik nicht erkannt werden konnte* (§ 1 II Nr. 5 ProdHaftG). Damit ist das Entwicklungsrisiko gemeint, das der Hersteller (anders als der Hersteller von Arzneimitteln gem. §§ 84 ff. AMG) nicht tragen soll. § 1 II Nr. 5 ProdHaftG schließt also nur die Haftung für sog. Entwicklungsrisiken (= Konstruktionsfehler), nicht dagegen für Fabrikationsfehler aus.[1307] In seinem Urteil zur Haftung eines Fahrzeugherstellers für die **Fehlauslösung von Airbags** hat der BGH jedoch klargestellt, dass jedes Produkt schon in der Konzeptions- und Planungsphase dem neuesten Stand von Wissenschaft und Technik entsprechen muss, um einen Konstruktionsfehler zu vermeiden.[1308] Mit Ausnahme des seltenen Entwicklungsfehlers gibt es damit keinen Spielraum mehr für die bloße Orientierung an der hinter dem neuesten Stand von Wissenschaft und Technik zurückbleibenden „Branchenüblichkeit". 1044

Handelt es sich bei dem Verantwortlichen um den Hersteller eines **Teilprodukts**, ist die Haftung **ausgeschlossen**, wenn der Fehler *durch die Konstruktion des Produkts, in welches das Teilprodukt eingearbeitet wurde,* oder *durch die Anleitungen des Endherstellers* des Produkts verursacht worden ist (§ 1 III S. 1 ProdHaftG). Im ersten Fall haftet der Teilehersteller nicht, weil sein Teilprodukt nicht fehlerhaft ist, und im zweiten Fall ist der Hersteller des Endprodukts für den Fehler des Teilprodukts verantwortlich. Entsprechendes gilt für den Hersteller eines Grundstoffs in Bezug auf das Teilprodukt (§ 1 III S. 2 ProdHaftG).[1309] 1045

---

[1306] Vgl. zu den folgenden, in § 1 II Nr. 1-5 und § 1 III S. 1 ProdHaftG aufgeführten Ausschlusstatbeständen auch *Brox/Walker*, § 54 Rn 41 und *Deutsch/Ahrens*, Rn 296.
[1307] Vgl. BGHZ 129, 353, 355 ff. (Mineralwasserflasche), wiedergegeben auch von *Brox/Walker*, § 54 Rn 44 und *Deutsch/Ahrens*, Rn 296 a.E.
[1308] BGH NJW 2009, 2952 ff.; vgl. auch *Klindt/Handorn*, NJW 2010, 1105 ff.
[1309] *Brox/Walker*, § 54 Rn 45.

### 3. Umfang der Ersatzpflicht

1046 Hinsichtlich des Umfangs der Ersatzpflicht ist zwischen der Tötung eines Menschen, der Verletzung eines Menschen und der Beschädigung einer Sache zu unterscheiden.

- Bei der **Tötung eines Menschen** entstehen regelmäßig Kosten der Krankenhausbehandlung, Schäden wegen Minderung der Erwerbsfähigkeit und Vermehrung der Bedürfnisse während der Zeit bis zum Todeseintritt. Diese Positionen sind gem. § 7 I S. 1 ProdHaftG ersatzfähig; hieraus resultierende Ansprüche gehen nach Eintritt des Todes auf die Erben über (§ 1922 I BGB). Auch sind die Beerdigungskosten dem zu ersetzen, der diese Kosten zu tragen hat (§ 7 I S. 2 ProdHaftG). Wesentlicher ist aber die Regelung des § 7 II ProdHaftG, wonach den Personen, denen der Getötete kraft Gesetzes unterhaltspflichtig war (z.B. Ehegatte, Kinder), ein Schadensersatzanspruch wegen Entziehung des gesetzlichen Unterhaltsanspruchs) zusteht. Dieser Schadensersatz ist durch eine Geldrente zu leisten (§ 9 I ProdHaftG).[1310]
- Im Falle der **Verletzung des Körpers oder der Gesundheit** ist gem. § 8 S. 1 ProdHaftG Ersatz der Kosten der Heilung sowie des Vermögensnachteils zu leisten, den der Verletzte dadurch erleidet, dass infolge der Verletzung zeitweise oder dauernd seine Erwerbsfähigkeit aufgehoben oder gemindert ist. Darüber hinaus ist gem. § 8 S. 2 ProdHaftG i.V.m. § 253 II BGB wegen des Schadens, der nicht Vermögensschaden ist, billige Entschädigung in Geld zu zahlen (sog. **Schmerzensgeld**).

### 4. Haftungshöchstgrenzen

1047 Die Haftung für **Personenschäden**, die durch ein Produkt oder durch gleiche Produkte mit demselben Fehler verursacht worden sind, ist gem. § 10 I ProdHaftG auf einen **Höchstbetrag** von insgesamt 85 Mio. € begrenzt. Sind mehrere Personen geschädigt und überschreitet die Gesamtschadenssumme den Höchstbetrag, verringern sich die Ansprüche der einzelnen Geschädigten verhältnismäßig (§ 10 II ProdHaftG).

1048 Für **Sachbeschädigungen** gilt die Höchstbetragsregelung des § 10 ProdHaftG nicht; jedoch sieht § 11 ProdHaftG eine **Selbstbeteiligung** des Geschädigten bis zu einer Höhe von 500,- € vor. Der Zweck dieser Regelung besteht darin, die verschuldensunabhängige Haftung auf große Schäden zu beschränken. Auch hier bleibt wegen § 15 II ProdHaftG selbstverständlich der Schadensersatzanspruch nach der (verschuldensabhängigen) deliktischen Produzentenhaftung möglich und kommt immer dann in Betracht, wenn der Schaden 500,- € unterschreitet (s.o.).

### 5. Mitverschulden des Geschädigten

1049 Hat bei der Entstehung des (Personen- oder Sach-)Schadens ein Verschulden des Geschädigten mitgewirkt, ist gem. § 6 I Halbs. 1 ProdHaftG die Vorschrift des § 254 BGB anwendbar. Im Falle der Sachbeschädigung steht das Verschulden desjenigen, der die tatsächliche Gewalt über die Sache ausübt, dem Verschulden des Geschädigten gleich (§ 6 I Halbs. 2 ProdHaftG). Insoweit besteht Übereinstimmung mit § 9 StVG.

### 6. Erlöschen und Verjährung des Anspruchs

1050 Der Anspruch nach dem ProdHaftG **erlischt** 10 Jahre nach dem Inverkehrbringen des Produkts (§ 13 I S. 1 ProdHaftG). Das gilt jedoch nicht, wenn über den Anspruch ein Rechtsstreit oder ein Mahnverfahren anhängig ist (§ 13 I S. 2 ProdHaftG) oder wenn die Voraussetzungen des § 13 II ProdHaftG vorliegen.

1051 Mit dem soeben genannten Erlöschen des Anspruchs nicht zu verwechseln ist die Anspruchsverjährung gem. § 12 I ProdHaftG, wonach der Anspruch nach dem ProdHaftG

[1310] *Brox/Walker*, § 54 Rn 48.

in 3 Jahren nach dem Zeitpunkt, in dem der Ersatzberechtigte von dem Schaden, dem Fehler und der Person der Ersatzpflichtigen Kenntnis erlangt hat oder hätte erlangen müssen, verjährt. Insoweit besteht Kongruenz zur regelmäßigen Verjährungsfrist nach § 195 BGB (insoweit klarstellend § 12 III ProdHaftG). Anders als bei § 199 I BGB beginnt die Verjährung nicht erst mit Ablauf des Kalenderjahres, sondern bereits bei Kenntniserlangung von Schaden, Fehler und Ersatzpflichtigen (§ 12 I ProdHaftG).

## 7. Ausgleichspflicht mehrerer Hersteller

Sind für denselben Schaden mehrere Hersteller nebeneinander zum Schadensersatz **1052**
verpflichtet, haften sie dem Geschädigten gegenüber als **Gesamtschuldner** (§ 5 S. 1 ProdHaftG). Im Verhältnis der Hersteller untereinander hängen der Ausgleich und die Höhe des Ausgleichsanspruchs von den Umständen, insbesondere davon ab, inwieweit der Schaden vorwiegend von dem einen oder anderen Teil verursacht worden ist (§ 5 S. 2 ProdHaftG).

## 8. Darlegungs- und Beweislast

Hinsichtlich der (verschuldensabhängigen) **Produzentenhaftung** nach § 823 I BGB **1053**
wurde bei Rn 923 ff. gesagt, dass der *Geschädigte* den Mangel, den Schaden und die Kausalität darzulegen und zu beweisen habe. Lediglich beim Verschulden bestünden Beweislasterleichterungen bzw. eine Beweislastumkehr zu Lasten des *Schädigers*.

Im Rahmen der (verschuldens<u>un</u>abhängigen) **Produkthaftung** kann hinsichtlich des Mangels, des Schadens und der Kausalität nichts anderes gelten; dort trägt der Geschädigte für diese Bereiche erst recht die **Darlegungs- und Beweislast** (§ 1 IV S. 1 ProdHaftG). Anderenfalls wäre die verschuldensunabhängige Haftung kaum zu rechtfertigen. Zur Beweislast bzgl. des nach § 7 III ProdHaftG zu gewährenden **Hinterbliebenengeldes** vgl. Rn 1074a.

## 9. Konkurrenzen

Greift die **Arzneimittelhaftung** nach dem AMG ein, ist das ProdHaftG nicht anwend- **1054**
bar (§ 15 I ProdHaftG). Das ProdHaftG ist ebenfalls nicht anwendbar, wenn eine Haftung nach dem **Atomgesetz** gegeben ist (insoweit liegt schon kein „Produkt" i.S.d. ProdHaftG vor).

Demgegenüber lässt das ProdHaftG Schadensersatzansprüche des BGB aus **Vertrag** **1055**
oder **Delikt** oder Schadensersatzansprüche aus anderen Gesetzen unberührt (§ 15 II ProdHaftG: **Anspruchskonkurrenz**). In Betracht kommt ein Anspruch wegen Verletzung einer Vertragspflicht (§ 280 I BGB), aus §§ 823 ff. BGB (und damit auch aus Produzentenhaftung) sowie aus einer anderen Gefährdungshaftung.[1311]

Insbesondere die nicht gesperrte Anwendbarkeit der §§ 280 I, 823 ff. BGB gewinnt **1056**
ihre Bedeutung dann, wenn das ProdHaftG ausscheidet, weil z.B. die durch ein fehlerhaftes Produkt beschädigte Sache zum nichtprivaten Bereich des Geschädigten gehört (§ 1 I S. 2 ProdHaftG), Ersatz in Höhe des Selbstbeteiligungsbetrags von 500,- € verlangt wird (§ 11 ProdHaftG) oder bei der Körperverletzung der Schaden die Haftungshöchstgrenze des § 10 ProdHaftG übersteigt.[1312]

---

[1311] *Brox/Walker*, § 54 Rn 51.
[1312] *Brox/Walker*, § 54 Rn 51.

### V. Sonstige Tatbestände der Gefährdungshaftung

1057 Neben den genannten Gefährdungshaftungstatbeständen kennt die Rechtsordnung noch eine Reihe weiterer Fälle der Gefährdungshaftung. Dazu zählen neben der bereits bei Rn 883 ff. dargestellten **Tierhalterhaftung** gem. § 833 S. 1 BGB etwa

- die **Luftverkehrshaftpflicht**,
- die Haftung nach dem **Atomgesetz**,
- die Haftung nach dem **Wasserhaushaltsgesetz**,
- die Haftung nach dem **Umwelthaftungsgesetz**,
- die Haftung nach dem **Gentechnikgesetz** und
- die Haftung nach dem **Arzneimittelgesetz**.

1058-1061 Da die Haftungsvoraussetzungen und die Rechtsfolgen (insbesondere auch **Schmerzensgeld und Hinterbliebenengeld**) dem Grunde nach denen der bisher dargestellten Haftungstatbestände gleichen und die Gesetze im Übrigen nur aus sehr wenigen Vorschriften bestehen und übersichtlich strukturiert sind, sollten Klausuren, die ausnahmsweise einen dieser Fälle der Gefährdungshaftung zum Gegenstand haben, allein aufgrund der Gesetzeslektüre souverän gelöst werden können. Insbesondere würde eine Darstellung, die sich im Wesentlichen auf die Wiedergabe des Gesetzestextes beschränkt, den Leser dazu verleiten, etwas zu lernen, was er ohne Mühe während der Fallbearbeitung dem Gesetzestext selbst entnehmen kann.

# D. Rechtsfolgen der Haftung

## I. Ersatz des materiellen und immateriellen Schadens

Ist eines der durch das Deliktsrecht geschützten Rechtsgüter verletzt, hat der Geschädigte gegen den Schädiger dem Grunde nach einen Anspruch auf Schadensersatz. **Art und Umfang des Schadensersatzes** richten sich – gemäß der gesetzlichen Systematik – jedoch nicht nach der jeweiligen haftungsbegründenden Norm, sondern nach den allgemeinen Vorschriften der **§§ 249 ff. BGB.**[1313] Teilweise treffen jedoch Spezialvorschriften (etwa §§ 10 ff. StVG) oder die **§§ 842-851 BGB** Sonderregelungen. Demgemäß ist zwischen unmittelbaren und mittelbaren Schäden sowie zwischen Ansprüchen wegen Personen- und wegen Sachschäden zu unterscheiden (§§ 10 ff. StVG, §§ 842-846 BGB bzw. §§ 848-851 BGB). Weitere Besonderheiten des deliktischen Schadensersatzanspruchs ergeben sich aus den **§§ 852, 853 BGB** und aus dem Zusammenhang mit anderen Ansprüchen (= Anspruchsgrundlagenkonkurrenz). Insgesamt bietet sich daher an, zunächst allgemein den Begriff des Schadens zu definieren, um sodann auf die Besonderheiten bei Personen- und Sachschäden einzugehen. **1062**

Da das Schadensersatzrecht sehr stark fallgruppenorientiert ist und sich mittlerweile eine unübersehbare Kasuistik ergeben hat, kann sich die vorliegende Darstellung nur auf die Erklärung systematischer Zusammenhänge und die rechtsmethodische Herleitung beschränken. Gleichwohl werden zur Konkretisierung die wichtigsten Fallgruppen erläutert. **1063**

### 1. Begriff des Schadens

Schaden ist jeder (unfreiwillig eingetretene) Nachteil, der an den Rechtsgütern einer Person entsteht. Als Rechtsgüter kommen sowohl Vermögensgüter als auch Persönlichkeitsgüter in Betracht. Dementsprechend umfasst der Schadensbegriff **materielle Schäden** (Vermögensschäden) und **immaterielle Schäden** (Nichtvermögensschäden).[1314] **1064**

- Von einem **Vermögensschaden** (materiellen Schaden) spricht man, wenn der Geschädigte eine in Geld bezifferbare Einbuße an seinen Vermögensgütern erlitten hat. **1065**
- Dagegen liegt ein **Nichtvermögensschaden** (immaterieller Schaden) vor, wenn der Geschädigte durch die Verletzung seines Körpers oder seiner Psyche Schmerzen oder Aufregung erleiden muss. Werden durch die Art der Verletzungshandlung jedoch weitere Folgen bewirkt (Heilbehandlungskosten, Verdienstausfall etc.), stellen diese wiederum Vermögensschäden dar. **1066**

  Nichtvermögensschäden werden nicht ohne weiteres gewährt, sondern nur nach Maßgabe des **§ 253 II BGB**. Danach kann der Geschädigte eine billige (d.h. angemessene) Entschädigung in Geld (i.d.R. **Schmerzensgeld**) verlangen, wenn er Ersatzansprüche wegen Verletzung des Körpers, der Gesundheit, der Freiheit oder der sexuellen Selbstbestimmung geltend machen kann (dazu Rn 1104 ff.). Reine, über das Integritätsinteresse hinausgehende **Affektionsinteressen**, d.h. Interessen, die an die emotionale Bindung zu der beschädigten oder zerstörten Sache anknüpfen, sind **nicht** geschützt. Für insoweit erlittene Einbußen kann kein Schmerzensgeld verlangt werden. **1067**

  Wird infolge einer unerlaubten Handlung ein Mensch getötet, haben bestimmte Hinterbliebene unter bestimmten Voraussetzungen einen Anspruch auf angemessene Entschädigung (§ 844 III S. 1 BGB). Diese Entschädigung ist weder Nichtvermögensschaden noch Schmerzensgeld, sondern eine billige Entschädigung für erlittene Trauer und erlittenes Leid (dazu sogleich Rn 1074a).

---

[1313] Vgl. dazu ausführlich *R. Schmidt*, SchuldR AT, Rn 862 ff.
[1314] Vgl. *Oetker*, in: MüKo, § 249 Rn 25.

1068 Quer zur Unterscheidung zwischen Vermögens- und Nichtvermögensschäden liegt die Unterscheidung zwischen unmittelbaren und mittelbaren Schäden.

1069 ▪ Ein **unmittelbarer Schaden** (Verletzungsschaden) liegt vor, wenn der Schaden am Rechtsgut selbst entsteht, etwa wenn bei einem Verkehrsunfall der Körper verletzt oder das Fahrzeug beschädigt wird.

1070 ▪ Demgegenüber spricht man von einem **mittelbaren Schaden** (Folgeschaden), wenn sich der Schaden lediglich als Folge der Rechtsgutverletzung darstellt, indem Kosten für die Heilbehandlung oder Reparatur- und Anwaltskosten hinsichtlich der beschädigten Sache entstehen.

Beide Formen des Schadens sind prinzipiell ersatzfähig.

1071 Schließlich ist mit Blick auf Bestimmung und Ersatzfähigkeit des Schadens zwischen **Personenschaden** und **Sachschaden** zu unterscheiden. Bei einem Personenschaden ist allerdings nicht nur **Schadensersatz** denkbar, sondern auch **Entschädigung** wegen eines Nichtvermögensschadens und Entschädigung wegen des Verlusts eines Menschen. Auf diese Differenzierung wird im Folgenden geachtet.

1072 ▪ Ein **Personenschaden** kann in der Verletzung oder Tötung eines Menschen gesehen werden. Allerdings ist der Schaden, der durch die **Tötung** eines Menschen selbst entsteht – anders als im angloamerikanischen Recht –, nach deutschem Recht nicht schadensersatzfähig. Lediglich in der Zeit zwischen der Verletzungshandlung und dem Todeseintritt kommt ein Schadensersatzanspruch unter dem Gesichtspunkt des Selbstschadens nur in Form eines Schmerzensgeldes in Betracht.[1315] Auch der Erbe kann keinen Schadensersatzanspruch geltend machen, weil er nicht der Verletzte ist. Denn nach §§ 823 ff. BGB hat grds. allein der Verletzte einen Schadensersatzanspruch. Eine Ausnahme gilt nur bei mittelbaren Schäden und wird durch §§ 844, 845 BGB statuiert. Bei diesen Bestimmungen handelt es sich um Spezialregelungen, die nur für den Bereich der unerlaubten Handlungen nach §§ 823 ff. BGB und nur für die in §§ 844, 845 BGB genannten Personen und Rechtsgüter gelten. Sie sind jedoch in verschiedenen Fällen für entsprechend anwendbar erklärt (z.B. in § 618 III BGB).

1073 **Beerdigungskosten:** Nach § 844 I BGB hat im Fall einer Tötung der Ersatzpflichtige die Beerdigungskosten demjenigen zu ersetzen, der diese Kosten zu tragen hat. Soweit ein Erbe vorhanden ist, wird dieser i.d.R. die Beerdigungskosten zu tragen haben (§ 1968 BGB). Dann hat er einen Anspruch gegen den Schädiger aus § 844 I BGB.

1074 **Unterhalt:** Wurde durch eine unerlaubte Handlung jemand getötet, der einem anderen gegenüber aufgrund Gesetzes unterhaltspflichtig war oder werden konnte, muss der Ersatzpflichtige dem Dritten, dem durch die Tötung das Recht auf Unterhalt entzogen ist, gem. § 844 II S. 1 BGB Schadensersatz in Form einer **Rente** leisten.[1316]

Eine gesetzliche Unterhaltspflicht sehen z.B. § 1360 BGB für den Ehegatten und §§ 1601 ff. BGB für Verwandte in gerader Linie vor. Musste etwa der Getötete seinem Kind wegen dessen Bedürftigkeit Unterhalt leisten, hat gem. § 844 II S. 1 BGB statt seiner jetzt der Schädiger für den Unterhalt aufzukommen.[1317] So haftet etwa der Betreiber eines Bergwanderwegs, der die Steilkanten nicht mit einem (wirksamen) Geländer gesichert hat, auf Schadensersatz, Schmerzensgeld, Beerdigungskosten und auf Unterhaltsschaden, wenn durch den Sturz eine unterhaltspflichtige Person zu Tode kommt.[1318]

[1315] Hat die schädigende Handlung aber unmittelbar den Tod herbeigeführt, besteht ein Schmerzensgeldanspruch (der gem. § 1922 BGB auf die Erben übergehen könnte) nicht, vgl. BGH NJW 1976, 1147, 1148; KG OLG Report 2001, 245, 246; OLG Karlsruhe OLG Report 2000, 192.
[1316] Vgl. dazu näher *Diederichsen*, NJW 2013, 641 ff.
[1317] *Brox/Walker*, § 52 Rn 23.
[1318] OLG Saarbrücken 30.11.2017 – 4 U 19/17.

Brauchte der Getötete seinem Kind wegen Fehlens der Bedürftigkeit im Zeitpunkt der Verletzung keinen Unterhalt zu gewähren, wird der Schädiger erst dann ersatzpflichtig, wenn das Kind bedürftig wird (auch dies geht aus § 844 II S. 1 BGB hervor).[1319]

Die Unterhaltspflicht muss im Zeitpunkt der Verletzung bestanden haben; der Augenblick des Todes ist also nicht entscheidend. War jedoch zu diesem Zeitpunkt bereits ein Kind gezeugt, bestimmt § 844 II S. 2 BGB, dass zugunsten des Kindes dennoch Ersatz zu leisten ist. Dabei spielt es keine Rolle, ob der verletzte Elternteil vor oder nach der Geburt des Kindes stirbt. Der Anspruch nach § 844 II BGB steht daher nicht dem Kinde zu, das erst nach der Verletzung gezeugt wurde, und auch nicht der Ehefrau, die der Verletzte nach der Verletzung geheiratet hat.

Die Höhe des in Form einer Rente zu leistenden Schadensersatzes richtet sich danach, welche Unterhaltsleistungen der Verpflichtete mit einer gewissen Wahrscheinlichkeit erbracht hätte. Obere Grenze ist die gesetzliche Unterhaltspflicht.[1320] Schließlich bestimmt § 844 II S. 1 a.E. BGB, dass § 843 II-IV BGB entsprechend anwendbar ist.

Ist durch die Verletzungshandlung ein Mensch getötet worden und erleidet ein Hinter- **1074a**
bliebener, der zur Zeit der Verletzung zu dem Getöteten in einem besonderen persönlichen Näheverhältnis stand, durch den Verlust ein seelisches Leid, hat der Schädiger diesem eine angemessene Entschädigung in Geld zu leisten (§ 844 III S. 1 BGB). Dieses sog. **Hinterbliebenengeld** soll der Gesetzesbegründung zufolge Trauer und Leid aufseiten der betreffenden Hinterbliebenen lindern.[1321] Das besondere Näheverhältnis, das zum Anspruch auf Hinterbliebenengeld berechtigt, wird beim Ehegatten, dem Lebenspartner, den Eltern und den Kindern des Getöteten vermutet (§ 844 III S. 2 BGB). Diese Vermutungsregel kann der Anspruchsverpflichtete jedoch dadurch entkräften, dass er Tatsachen vorträgt, die darauf schließen lassen, dass trotz der engen familienrechtlichen Stellung keine tatsächlich gelebte soziale Beziehung bestand.[1322] Bestreitet der Schädiger also das besondere Näheverhältnis, kann wiederum den Anspruchsteller die sekundäre Beweislast treffen.[1323] Das heißt, dass dieser dem insoweit beweisbelasteten Schädiger, der das Nichtbestehen eines tatsächlich gelebten Näheverhältnisses beweisen muss, die erforderlichen Informationen über das Näheverhältnis zu verschaffen hat.[1324]

Bei anderen Personen ist die Anspruchsberechtigung zwar nicht ausgeschlossen, unter Zugrundelegung allgemeiner Beweisgrundsätze müssen *diese* allerdings den Nachweis erbringen, dass sie in einem besonderen Näheverhältnis zum Getöteten gestanden haben.

In der Rechtsfolge gewährt § 844 III S. 1 BGB eine angemessene Entschädigung für die erlittene Trauer und das erlittene Leid. Es geht also nicht um Schadensersatz oder Schmerzensgeld, sondern um eine Entschädigung, die sich insbesondere nach dem Ausmaß der Trauer und des Leids richtet, was sich wiederum an den zum Tode führenden Umständen, der Intensität der Beziehung, den Lebensumständen etc. orientiert.[1325]

**Beispiel:** Ist durch ein illegales Straßenrennen ein unbeteiligter Familienvater getötet worden, dürfte die Entschädigung für die hinterbliebene Ehefrau und die hinterbliebenen Kinder sicherlich deutlich höher ausfallen als in dem Fall, dass die Tötung durch ein Augenblicksversagen eines sich ansonsten pflichtgemäß verhaltenden Autofahrers verursacht worden wäre und sich die Familie bereits vor einiger Zeit von dem Verstorbenen abgewandt hatte.

**Entgangene Dienste:** § 845 BGB regelt Ersatzansprüche wegen entgangener Dienste. **1075**
Im Gegensatz zu § 844 BGB lösen bei § 845 BGB auch eine Körper- oder Gesundheits-

---

[1319] *Brox/Walker*, § 52 Rn 23.
[1320] *Brox/Walker*, § 52 Rn 23.
[1321] BT-Drs. 18/11397, S. 8.
[1322] Vgl. BT-Drs. 18/11397, S. 13-15.
[1323] *Sprau*, in: Palandt, § 844 Rn 23 mit Verweis auf *Jaeger*, VersR 2017, 1041, 1052.
[1324] Zur sekundären Beweislast vgl. *R. Schmidt*, BGB AT, Rn 65.
[1325] *Sprau*, in: Palandt, § 844 Rn 25 mit Verweis u.a. auf *Jaeger*, VersR 2017, 1041, 1054.

verletzung oder eine Freiheitsentziehung den Ersatzanspruch aus. Die nach § 845 BGB zu leistende Geldrente kann nur dem zustehen, dem gegenüber der Verletzte aufgrund Gesetzes zur Leistung von Diensten verpflichtet war. Gemeint sind damit jedenfalls die zum elterlichen Hausstand gehörenden Kinder (vgl. § 1619 BGB). Ob Ehegatten gegenseitig zur Leistung von Diensten verpflichtet sind, wird unterschiedlich beantwortet: Die *Haushaltstätigkeit der Ehefrau* ist vom BGH mit der Begründung, dass nach §§ 1356, 1360 BGB die Haushaltstätigkeit des Ehegatten einen Beitrag zum Unterhalt der Familie darstelle, nicht als Dienstleistung i.S.d. § 845 BGB angesehen worden.[1326] Der *Ehemann* kann im Fall der Tötung seiner Frau aber einen Anspruch aus § 844 BGB geltend machen.[1327] Wurde die Ehefrau nicht getötet, sondern nur verletzt, hat allein sie einen Anspruch aus § 843 BGB.[1328] Nach § 845 S. 1 BGB ist der Wert der entgangenen Dienste in Form einer **Geldrente** zu ersetzen; gem. § 845 S. 2 BGB gilt die Regelung des § 843 II-IV BGB entsprechend. Bei der Bemessung der Rente kommt es nicht auf die tatsächlich geleisteten, sondern auf die vom Verletzten gesetzlich geforderten Dienste an.[1329]

1076 Typischer mittelbarer (und nach § 249 II S. 1 BGB zu ersetzender) Schaden bei der **Verletzung** des **Körpers** oder der **Gesundheit** sind die **Heilbehandlungskosten**, auch die einer versuchten Heilung, wenn sie nur objektiv sinnvoll sind.[1330] Dazu gehören die Arzt- und Krankenhauskosten, aber auch die Kosten einer Reise des Verletzten zu einem weiter entfernten Spezialisten, die vom Verletzten geltend gemacht werden können. Auch der **Mehrbedarf** zählt dazu. Darunter sind Aufwendungen bspw. für ein Fortbewegungsmittel für den Gelähmten, Spezialschuhe, Schutzkleidung und Stärkungsmittel zu verstehen. Auch die Bereitstellung eines Kfz kann dazugehören.

1077 Die Kosten der **Krankenhausbesuche „nächster" Angehöriger** des Verletzten sind nach Auffassung des BGH ausnahmsweise als *eigener* Schaden des Verletzten ersatzfähig, wenn und soweit die Besuche für die Gesundheit des Verletzten nach seiner Befindlichkeit notwendig sind. Ist dies der Fall, sind die mit den Besuchen zwangsläufig verbundenen Aufwendungen, insbesondere die Fahrtkosten der wirtschaftlichsten Beförderungsart einschließlich eventuell notwendiger Übernachtungskosten und der erhöhte Verpflegungsaufwand zu ersetzen. Ein eventueller Verdienstausfall des Angehörigen ist nur dann zu ersetzen, wenn er nicht durch Vor- oder Nacharbeit aufgefangen werden kann. Im Übrigen sind Einkommensnachteile nicht ersatzfähig.[1331]

Sind eine Heilung des Verletzten oder eine Verbesserung des Gesundheitszustands jedoch ausgeschlossen, sind die Besuche für die Gesundheit des Verletzten nach seiner Befindlichkeit nicht notwendig. In diesem Fall können die Besuchskosten nicht als „Heilungskosten" erstattet verlangt werden.[1332] Sie können dann aber nach § 843 I Var. 2 BGB als vermehrte Kosten bei der persönlichen Betreuung ersatzfähig sein. Im Fall der Verletzung einer Person stellt § 842 BGB klar, dass sich die Schadensersatzpflicht wegen eines Vermögensschadens auch auf die **Nachteile für Erwerb oder Fortkommen** erstreckt. Voraussetzung ist zunächst, dass persönliche Rechtsgüter (z.B. Gesundheit, Ehre, Freiheit, Persönlichkeitsrecht) verletzt werden. Trotz der Formulierung „gerichtet" in § 842 BGB ist es nicht erforderlich, dass die Handlung des Schädigers auf eine Verletzung der Person abzielt; daher fällt auch die fahrlässige Begehung einer unerlaubten Handlung unter § 842 BGB. Unter „Nachteile für den Erwerb oder das Fortkommen" ist zu verstehen, dass eine Körper- oder Gesundheits-, aber auch Freiheitsverletzung zur Aufhebung oder Minderung der Erwerbsfähigkeit oder zur Vermehrung der Bedürfnisse des Verletzten geführt haben.

---

[1326] BGHZ 50, 304, 305 f.; vgl. auch BGHZ 51, 109, 110 ff.; *Brox/Walker*, § 52 Rn 27; *Sprau*, in: Palandt, § 845 Rn 2.
[1327] *Brox/Walker*, § 52 Rn 27.
[1328] BGHZ 38, 55, 56; 50, 304, 305; *Brox/Walker*, § 52 Rn 27; *Deutsch/Ahrens*, Rn 439; *Sprau*, in: Palandt, § 834 Rn 2.
[1329] *Brox/Walker*, § 52 Rn 28.
[1330] Sofern die Heilbehandlungskosten vom Sozialversicherungsträger (oder einer privaten Krankenversicherung) übernommen werden, ändert dies nichts an der Ersatzpflicht des Schädigers (s.o.).
[1331] Vgl. BGH NJW 1991, 2340; OLG Hamburg OLG Report 2000, 95; OLG Nürnberg OLG Report 2001, 248.
[1332] OLG Bremen VersR 2001, 595.

Wird infolge einer Verletzung des Körpers oder der Gesundheit die Erwerbsfähigkeit des Verletzten aufgehoben oder gemindert oder tritt eine Vermehrung seiner Bedürfnisse ein, hat der Schädiger dem Verletzten gem. § 843 I BGB Schadensersatz in Form einer **Rente** zu leisten. Dem Geschädigten ist es allerdings anheimgestellt, nach § 843 III BGB bei wichtigem Grund eine Kapitalisierung der Rente zu verlangen. Bei der Feststellung der Rentenhöhe wegen Beeinträchtigung des Erwerbs oder Fortkommens ist zu fragen, welches Einkommen der Verletzte ohne das schadensbegründende Ereignis nach dem regelmäßigen Verlauf der Dinge jetzt und künftig gehabt haben würde.[1333] Im Prozess erfolgt hier zumeist eine Schätzung nach § 287 I ZPO.[1334] Von der ermittelten Summe sind die tatsächlich erzielten oder – wegen der Schadensminderungspflicht nach § 254 II BGB – zumutbarerweise erzielbaren Einnahmen abzuziehen.[1335] **1078**

**Beispiel**[1336]**:** Ist die Erwerbsfähigkeit des Verletzten abstrakt auf 60% vermindert, erhält er nach § 843 BGB dennoch keine Rente, wenn er bei gleichem Verdienst und zu gleichen Bedingungen weiterhin tätig ist.

Zum **Schmerzensgeldanspruch** vgl. unten Rn 1104 ff.

- Beim **Sachschaden** sind die Erscheinungsformen der Schädigung vielgestaltiger. Sie reichen von der Beschädigung über die Zerstörung bis hin zur Überführung der Sache in das eigene Vermögen. **1079**

Eine Sache ist nicht nur dann **zerstört**, wenn ihre Substanz aufgehoben wurde, sondern auch dann, wenn sie derart beschädigt wird, dass sie für ihren Zweck völlig unbrauchbar wird. Eine Sache gilt auch dann als zerstört, wenn die Reparatur nicht mehr rentabel ist.

**Beispiele für das Zerstören** sind das Töten eines Tieres oder das Verbrennen, Einschmelzen oder Zertrümmern von Sachen. Werden funktionswesentliche Teile einer Sache vernichtet, kann dies für die ganze Sache eine Zerstörung bedeuten.

**Beispiel:** Nina tritt bei ihrem Freund Heiko auf den auf dem Boden liegenden Bilderrahmen. Hierbei zerbricht die Scheibe. Der Rahmen ist noch intakt.

Ein Sachschaden liegt auch dann vor, wenn eine Sache **beschädigt** wird, was jedenfalls dann anzunehmen ist, wenn die stoffliche Unversehrtheit aufgehoben wird, etwa beim Zerkratzen oder Verbeulen. Man wird aber fordern müssen, dass die Substanzbeeinträchtigung mehr als nur geringfügig bzw. unerheblich ist, weil anderenfalls die Annahme eines „Schadens" problematisch wäre. Die Erheblichkeit ist stets in Relation zum Wiederherstellungs- und Renovierungsaufwand zu setzen. Anzuwendende Kriterien sind hier der Aufwand an Zeit, Kosten und Mühe. Demnach ergibt sich für das Merkmal Beschädigen folgende Definition:

Eine Sache wird **beschädigt**, wenn ihre Substanz nicht unerheblich verletzt oder wenn auf sie körperlich derart eingewirkt wird, dass dadurch ihre bestimmungsgemäße Brauchbarkeit mehr als nur geringfügig beeinträchtigt wird.

Insbesondere beim Besprühen einer Oberfläche mit Farbe oder beim Bekleben mit einem Aufkleber kann eine Sachbeschädigung i.S.v. § 303 I StGB auch dann anzunehmen sein, wenn die **Wiederherstellung** des ursprünglichen Zustands (insbesondere durch Reinigung) zwangsläufig zu einer nicht unerheblichen Beschädigung der Oberfläche führt bzw. führen würde. Denn für den Eigentümer kann es keinen Unterschied machen, ob die Oberfläche bereits unmittelbar durch die Farbe bzw. den Aufkleber beschädigt wird oder erst durch das zwangsläufige Entfernen. Aus diesem Grund werden auch **mittelbare Beschädigungen**, also solche, die erst durch Bemühungen des Betroffenen entstehen, den Ursprungszustand wiederherzustellen, unter dem Begriff der

---

[1333] Zur Berechnung BGH NJW 1999, 3711, 3712.
[1334] *Brox/Walker*, § 52 Rn 5 mit Verweis auf BGH NJW 2009, 206.
[1335] *Brox/Walker*, § 52 Rn 5.
[1336] Nach *Brox/Walker*, § 52 Rn 5.

Substanzverletzung i.S.v. § 303 I StGB subsumiert. Voraussetzung für eine Strafbarkeit unter dem Aspekt der Substanzverletzung ist aber, dass sich der ursprüngliche Zustand auch mit teuren Spezialmitteln nicht spurenlos und rückstandsfrei wiederherstellen lässt.[1337]

**Beispiel:** O gibt seine drei Monate alte Harley zur 1000-km-Inspektion in die Werkstatt. Werkstattmitarbeiter T klebt einen Aufkleber „Lichttest 2017" auf die Kunststoffverkleidung. Der Aufkleber ist mit einem solch starken Kleber versehen, dass er später von O nur mit großer Mühe entfernt werden kann; trotz äußerster Vorsicht wird beim Entfernen die Oberfläche der Verkleidung zerkratzt.

Hier wird man durch das Anbringen des Aufklebers eine Substanzverletzung i.S.v. § 303 I StGB bejahen können, weil sich der ursprüngliche Zustand nicht spurenlos und rückstandsfrei wiederherstellen ließ.

## 2. Ermittlung des Schadens nach der Differenzhypothese

1080 Den Ausgangspunkt für die Ermittlung eines Vermögensschadens bildet die sich aus dem Wortlaut des § 249 S. 1 BGB ergebende **Differenzhypothese**. Danach wird das Vermögen in seinem Zustand nach dem schädigenden Ereignis mit der (hypothetischen) Vermögenslage verglichen, wie sie bestanden hätte, wenn das schadensverursachende Ereignis nicht eingetreten wäre.[1338] Die Differenz zwischen diesen beiden Vermögenslagen ergibt den zu ersetzenden Schaden.[1339]

**Beispiel:** Der Wagen des O hat einen objektiven Verkehrswert von 5.000,- €. Wird der Wagen vom Wagen des T gerammt und ist dadurch nur noch 1.500,- € wert, hat O gegen T einen Schadensersatzanspruch i.H.v. 3.500,- €.

1081 Bei der Berechnung des Schadens sind jedoch auch Vermögensvorteile zu berücksichtigen, die der Geschädigte durch das die Schadensersatzpflicht auslösende Ereignis erlangt hat (**Vorteilausgleichung**).

Die Vorteilsausgleichung ergibt sich aus den Grundsätzen der Differenzhypothese und des Bereicherungsverbots, denn Zweck des Schadensersatzes ist es, lediglich den nachteiligen Rechtsgüterstand des Geschädigten auszugleichen. Hat der Geschädigte neben dem Nachteil auch einen Vorteil erlangt (etwa dadurch, dass die Reparatur der beschädigten Sache zu einer Wertsteigerung geführt hat), ist dieser **anzurechnen**. Insbesondere in der Versicherungsbranche wird dies als **„Abzug neu für alt"** bezeichnet. Fraglich ist nur, von welchen Voraussetzungen eine solche Vorteilsausgleichung abhängig ist. Eine schematische Anrechnungsregel verbietet sich. Auch der BGH entscheidet stets einzelfallbezogen. So seien die vom Geschädigten ersparten Aufwendungen (etwa ersparte häusliche Verpflegungskosten oder ersparte Fahrtkosten zur Arbeitsstätte, wenn er sich in stationäre Heilbehandlung begeben muss) diesem anzurechnen. Dagegen komme eine Anrechnung nicht in Betracht, wenn bspw. Dritte freiwillig Vermögensopfer erbrächten, um dem Geschädigten zu helfen, oder wenn der Geschädigte Versicherungsleistungen erhalte. Zweck der erbrachten Leistungen ist nicht die Entlastung des Schädigers.[1340]

1082 Ein sehr praktisches Problem des Vorteilsausgleichs ergibt sich beim **gemieteten Ersatzwagen** nach einem Verkehrsunfall, wenn sich der eigene Wagen zur Reparatur in der Werkstatt befindet. Vgl. dazu Rn 1087/1102.

---

[1337] Vgl. (zur alten Rechtslage) BGHSt 41, 47, 55; 29, 129, 133; OLG Düsseldorf NJW 1999, 1199; StV 1999, 567 ff.; KG NJW 1999, 1200; OLG Oldenburg JR 1984, 35; Sch/Sch-*Stree*, § 303 StGB, Rn 8c.
[1338] BGHZ 27, 181, 183; 75, 366, 371.
[1339] *Deutsch/Ahrens*, Rn 427; *Ebert*, in: Erman, Vorb § 249 Rn 24; *Grüneberg*, in: Palandt, Vor § 249 Rn 8; *Homann*, JuS 2002, 554, 556 f.
[1340] Vgl. BGHZ 55, 329, 334; *Oetker*, in: MüKo, § 249 Rn 238; *Medicus/Petersen*, BR, Rn 854 ff.

### 3. Entgangene Gebrauchsvorteile/Kommerzialisierung

Ebenso schwierig ist die Beantwortung der Frage, ob *sämtliche* Verletzungsfolgen einen Vermögenswert besitzen oder ob einige der Schadensersatzpflicht entgehen. Das betrifft in erster Linie die entgangenen Gebrauchsvorteile einer beschädigten Sache (sog. **Nutzungsausfall**). Hier stellt sich die Frage, ob es einen ersatzfähigen Vermögensschaden darstellt, wenn der Eigentümer einer von ihm selbst genutzten Sache diese vorübergehend nicht nutzen kann, ohne dass ihm hierdurch zusätzliche Kosten entstehen oder Einnahmen entgehen. Ob in diesem Fall Schadensersatz (gem. § 251 BGB) zu leisten ist, richtet sich nach der Verkehrsauffassung. Dabei kommt es im Wesentlichen darauf an, ob es sich um Gegenstände des täglichen Bedarfs oder um höhere Ansprüche handelt.[1341] **1083**

- Der Ausfall von **Luxusgütern** ist dem allgemeinen Lebensrisiko zugeordnet und nicht ersatzfähig. So wurde der Geldanspruch für den Entzug eines privaten Schwimmbades als unbegründet angesehen.[1342] Auch hat es der BGH abgelehnt, dem Käufer eines Pelzmantels im Rahmen eines Schadensersatzanspruchs auch Ersatz für die entgangenen Gebrauchsvorteile zuzusprechen.[1343] Hinsichtlich des Pelzmantels hat der BGH seine ablehnende Haltung allerdings nicht wegen der Eigenschaft als Luxusgut, sondern damit begründet, dass nach der Verkehrsauffassung die Benutzbarkeit eines Pelzmantels keinen selbstständigen, vom Substanzwert zu trennenden, Vermögenswert bilde.[1344] **1084**
- Bei **Gebrauchsgütern des täglichen Lebens** hat die Rechtsprechung einen ersatzfähigen Nutzungsausfall zumindest bei **Kraftfahrzeugen** schon frühzeitig anerkannt. Das betrifft insbesondere den Fall, dass der Geschädigte für die Zeit der Reparatur auf sein Kfz verzichten muss. Hier entschied der BGH seinerzeit, dass der Eigentümer eines reparaturbedürftigen Kfz die Kosten für den Nutzungsausfall für die Zeit liquidieren könne, in welcher sich der Wagen in der Werkstatt befinde.[1345] **1085**

  Bei anderen Verkehrsmitteln als Kraftfahrzeugen war der BGH in der Anerkennung eines ersatzfähigen Nutzungsausfalls unter Berücksichtigung der Verkehrsauffassung nicht so großzügig. So hat er den Ausfall eines privat genutzten **Motorsportbootes** nicht als entschädigungsfähig angesehen.[1346] Nachdem der *Große Senat* des BGH in Zivilsachen[1347] jedoch entschieden hat, dass ein Nutzungsausfall immer dann als zu ersetzender Vermögensschaden anzusehen sei, wenn es sich um einen Gegenstand handele, auf dessen ständige Verfügbarkeit der Berechtigte für die eigenwirtschaftliche Lebensführung typischerweise angewiesen sei, richtet sich die Ersatzfähigkeit des Schadens allein nach folgender Maßgabe:

  - ⇨ Handelt es sich bei der beschädigten Sache um einen Gegenstand, auf dessen **ständige Verfügbarkeit der Berechtigte für die eigenwirtschaftliche Lebensführung typischerweise angewiesen ist**, ist der Nutzungsausfall gem. § 251 BGB zu ersetzen.
  - ⇨ Handelt es sich bei der beschädigten Sache um ein **Luxusgut**, kann Nutzungsausfallentschädigung nicht verlangt werden.

  Ist also der Gebrauch eines **privat genutzten Kfz** innerhalb und außerhalb des Berufslebens geeignet, Zeit und Kraft zu sparen, sodass die durch die Verfügbarkeit gewonnenen Vorteile Geldwert besitzen, ist gem. § 251 BGB Nutzungsausfallentschädi- **1086**

[1341] Vgl. *Medicus*, NJW 2000, 2921, 2923 f. und nun auch *Benecke/Pils*, JA 2007, 241 ff.
[1342] BGHZ 76, 179, 186 f.
[1343] BGHZ 63, 393, 395 ff.
[1344] BGHZ 63, 393, 397 ff.
[1345] BGHZ 40, 345, 347 ff.; 45, 212, 214 ff.; 56, 214, 215 ff.; 66, 239, 249; 85, 11, 12 ff. Vgl. auch BGH NJW 2008, 913, 914, der wohl so zu verstehen ist, dass eine Nutzungsausfallentschädigung für *gewerblich* genutzte Kfz nicht in Betracht kommt, da Gewerbetreibende nicht auf die ständige Verfügbarkeit eines bestimmten Kfz angewiesen seien. Sie könnten aber einen entgangenen Gewinn bzw. die Kosten für einen Ersatzwagen als Schadensersatz geltend machen.
[1346] BGHZ 89, 60, 64.
[1347] BGHZ 98, 212, 215.

gung zu leisten.[1348] Die Höhe des Schadensersatzes wegen Nutzungsausfalls richtet sich abstrakt nach der alljährlich der NJW beiliegenden Nutzungsausfalltabelle, die von der Rechtsprechung als verbindlich angesehen wird.[1349] Dagegen kann die Höhe des Nutzungsausfalls eines **gewerblich genutzten Kfz** i.d.R. nicht abstrakt ermittelt werden; er bemisst sich vielmehr nach dem entgangenen Gewinn (§ 252 BGB), den Vorhaltekosten eines Reservefahrzeugs (§ 251 BGB) oder der Miete eines Ersatzwagens.[1350]

1087 Mietet der Geschädigte aber einen Unfallersatzwagen, sind die **Mietwagenkosten** grundsätzlich als Schadensposten im Rahmen des § 249 II S. 1 BGB erstattungsfähig (vgl. dazu Rn 1102).

1088 Auch der Nutzungsausfall eines **Wohnmobils** ist ersatzfähig, wenn die o.g. Kriterien erfüllt sind.[1351] Dient das Wohnmobil reinen Freizeitzwecken, ist eine Entschädigung für den Nutzungsausfall nicht gegeben.[1352] Gleiches dürfte für einen **Wohnwagen** gelten. Beim Nutzungsausfall von **Wohnraum** hat der BGH entschieden, dass der Erwerber einer Eigentumswohnung bei verspäteter Übergabe aufgrund einer Verzögerung bei der Errichtung des Gebäudes/der Wohnung einen Nutzungsausfallschaden jedenfalls dann geltend machen kann, wenn der Bauträger für die Zeit des Verzugs keinen gleichwertigen Ersatzwohnraum zur Verfügung stellen kann.[1353] Auch ein nur vorübergehender *Entzug* der Nutzungsmöglichkeit sei ersatzfähig, wenn der Wohnraum für die Lebensführung von zentraler Bedeutung gewesen sei und der Geschädigte ihn auch selbst habe nutzen wollen.[1354] Jedenfalls begründet die vorübergehende *Gebrauchsbeeinträchtigung* eines eigengenutzten Hauses keinen ersatzfähigen Vermögensschaden, sofern der Berechtigte den Wohnraum weiterhin, wenn auch nur eingeschränkt, benutzen kann.[1355] Bei einem nicht mehr benutzbaren **Fahrrad** ist Nutzungsausfallentschädigung zu zahlen für die Zeit bis zum Erhalt eines neuen bzw. bis zur erfolgten Reparatur des beschädigten Fahrrads.[1356] Bei Beschädigung eines **Privatflugzeugs** müssen schon gewichtige Gründe vorgetragen werden, dass der Berechtigte auf die ständige Verfügbarkeit des Flugzeugs angewiesen ist, wenn Schadensersatz geleistet werden soll.[1357] Beim Ausfall von **Telefon, Fax und Internet** ist die Ersatzfähigkeit gegeben, wenn das Kommunikationsmittel ein für die Lebenshaltung signifikantes Mittel darstellt, was sich nach der Verkehrsauffassung beurteilt.[1358]

## 4. Verlust der Arbeitskraft

1089 Verliert jemand durch eine unerlaubte Handlung zeitweise[1359] seine Arbeitskraft, kann der Schaden nicht allein an dem Verlust festgemacht werden. Vielmehr stellt erst die negative Auswirkung des Ausfalls der Arbeitsleistung im Vermögen des Betroffenen einen Schaden dar.

- Ist durch eine unerlaubte Handlung ein **Arbeitnehmer** ausgefallen, kann der **Arbeitgeber** hinsichtlich der Schadensberechnung nicht einfach einen Schaden in Höhe des Gehalts einer gleichwertigen Ersatzkraft geltend machen; entscheidend für die Höhe des Ausfallschadens ist vielmehr, ob sich der Ausfall in der Vermögensbilanz des Unternehmens ausgewirkt hat.[1360]

---

[1348] Kritisch *Däubler*, JuS 2002, 625, 629. Vgl. aber auch *Benecke/Pils*, JA 2007, 241 ff.
[1349] Zur Nutzungsausfallentschädigung bei älteren Kfz vgl. BGH NJW 2005, 1044 f.
[1350] Vgl. OLG Hamm JP 2001, 190; OLG Köln VersR 1997, 506.
[1351] OLG Düsseldorf JP 2001, 191; a.A. LG Bochum JP 2001, 254.
[1352] BGH MDR 2008, 969, 970.
[1353] BGH NJW 2014, 1374 f.
[1354] BGHZ 98, 212, 215; 117, 260, 262; BGH NJW 1987, 771, 772; OLG Stuttgart JP 2001, 249.
[1355] BGH NJW 1980, 775; OLG Köln MDR 1992, 943, 944.
[1356] KG NJW-RR 1993, 1438; AG Frankfurt NJW-RR 1990, 1308; AG Paderborn zfs 1999, 195.
[1357] Vgl. OLG Oldenburg NJW-RR 1993, 1437, 1438; AG Rendsburg VersR 2000, 67.
[1358] BGH NJW 2013, 1072 ff. (vgl. dazu auch *Jaeger*, NJW 2013, 1031 ff.; *Zwirlein*, JuS 2013, 487 ff.).
[1359] Bei dauerhaftem Verlust ist der bereits behandelte § 843 BGB einschlägig.
[1360] Vgl. BGHZ 54, 45, 53; 106, 28, 31; BGH NJW-RR 1992, 852; BGH NJW 2001, 1640, 1641; OLG Celle OLG Report 2000, 254. Zur Berechnung des entschädigungspflichtigen Verdienstausfallschadens eines Arbeitnehmers vgl. BGHZ 127, 391, 394.

- Ist durch eine unerlaubte Handlung ein **Selbstständiger** ausgefallen, sind in erster Linie die erwarteten Gewinne, die sich infolge des Ausfalls nicht ergeben konnten, zu berücksichtigen. Prozessual kann sich der Anspruchsteller der Beweiserleichterung des § 252 BGB oder des § 287 ZPO bedienen. Er muss die erwarteten Gewinne aber durch eine konkrete und glaubhafte Erfolgsprognose darlegen.[1361]
- Dagegen kann ein Privatmann, der ohnehin **keiner Erwerbstätigkeit** nachgegangen wäre, selbstverständlich keinen Schadensersatzanspruch wegen Verlustes der Arbeitskraft geltend machen.

## 5. Frustrationsschaden

Die Problematik der Kommerzialisierung entgangener Vorteile setzt sich fort, wenn es um **entgangene Freizeit- bzw. Urlaubsfreuden** geht. Auch hier stellt sich die Frage, ob die Frustration, die man erfährt, wenn man geplante und im Voraus bezahlte Freizeit (insbesondere Urlaub) nicht antreten bzw. nur eingeschränkt genießen kann, als Schaden anzusehen ist. **1090**

**Beispiel**[1362]**:** Ein Fabrikant flog mit einem Reiseveranstalter für zwei Wochen an die rumänische Schwarzmeerküste. Die Reiseleistungen hatten schwerwiegende Mängel, die eine „Quelle ständigen Ärgers" bedeuteten.

Der BGH hat dem Fabrikanten nicht nur eine Minderung des dem Veranstalter zu zahlenden Entgelts zuerkannt, sondern auch die Urlaubszeit als solche für kommerzialisiert erklärt. Das gelte nicht nur für einen Arbeitnehmer, sondern auch für einen selbstständigen Gewerbetreibenden: Dieser erkaufe sich die Urlaubszeit durch einen Verzicht auf Einnahmen oder durch die Einstellung einer Ersatzkraft. Wenn der mit diesem Opfer verfolgte Erholungszweck „gänzlich oder in erheblichem Umfang" verfehlt werde, müsse auch eine Entschädigung für die verdorbene Urlaubszeit gezahlt werden. Gleichzeitig betonte der BGH aber ausdrücklich, dass Mängel der Reiseleistungen regelmäßig den Urlaub nicht schon als „vertan" erscheinen lassen könnten und daher allein durch Minderung der Gegenleistung auszugleichen seien.

In einer späteren Entscheidung erstreckte der BGH[1363] den Ersatzanspruch auf den Fall der einfachen Nichtleistung (der Urlaub wurde zu Hause verbracht) und die nicht berufstätige Ehefrau.

Aus vertraglicher Sicht hat sich der Gesetzgeber bemüht, mit dem am 1.10.1979 in Kraft getretenen § 651f II BGB das Problem der Kommerzialisierung entgangener Urlaubsfreuden zu lösen. Nach dieser Vorschrift kann der Reisende bei Vereitelung oder erheblicher Beeinträchtigung der Reise auch wegen der nutzlos aufgewendeten Urlaubszeit eine „angemessene Entschädigung in Geld" verlangen. Doch mit dieser Bestimmung hat der Gesetzgeber weitere Probleme aufgeworfen. Denn es ist fraglich, ob diese Norm eine gesetzliche Ausnahme zu § 253 I BGB bildet. Bejaht man dies[1364], kann die (vertragliche) Schadensberechnung ohne Berücksichtigung der Höhe des Arbeitsentgelts vorgenommen werden; auch können dann Personen ohne Arbeitseinkommen entschädigungsberechtigt sein.[1365] **1091 -1093**

[1361] Vgl. BGHZ 54, 45, 53; 86, 212, 214.
[1362] Vgl. BGHZ 63, 98 ff. - wiedergegeben auch bei *Medicus/Petersen*, BR, Rn 830.
[1363] BGHZ 72, 116 ff.
[1364] So jetzt auch *Grüneberg*, in: Palandt, § 253 Rn 3.
[1365] Zu Fragen des Schadensersatzes bei entgangenen Urlaubsfreuden vgl. allgemein *R. Schmidt*, SchuldR AT, Rn 940.

## 6. Arten des Schadensausgleichs

1094 Die Frage, in welcher Form der Schaden ersetzt werden muss, ist anhand der §§ 249 ff. BGB zu beantworten. In Bezug auf materielle Schäden kennt das allgemeine Schadensersatzrecht zwei Arten des Schadensausgleichs:

**(1)** die das Integritätsinteresse darstellende **Naturalrestitution**

- ⇨ Schadensersatz durch **Herstellung eines gleichwertigen Zustands** – § 249 I BGB
- ⇨ Schadensersatz durch Zahlung **der zur Herstellung erforderlichen Kosten** – § 249 II BGB
- ⇨ Geld für Herstellung nach **Fristsetzung** – § 250 BGB

**(2)** Ausgleich des Vermögensschadens durch **Geldentschädigung** (§ 251 BGB)

### a. Herstellung eines gleichwertigen Zustands, § 249 I BGB

1095 Grundsätzlich hat der Schädiger den Schaden dadurch auszugleichen, dass er den **gleichen wirtschaftlichen Zustand herstellt, der ohne das schädigende Ereignis bestehen würde**[1366] (**§ 249 I BGB**).

1096 Teilweise wird Naturalrestitution als „Wiederherstellung des ursprünglichen Zustands" verstanden. Das ist nicht richtig. Wie soll bspw. ein durch Unfall beschädigtes Kfz wieder zu einem unfallfreien Fahrzeug gemacht werden? Selbst wenn der Schaden aufgrund einer fachgerechten Reparatur nicht mehr erkennbar ist, wird das Fahrzeug nicht mehr zu einem unfallfreien Fahrzeug. Naturalrestitution kann daher nur bedeuten, dass die Sache durch Reparatur in einen Zustand gebracht wird, der demjenigen, der ohne das schädigende Ereignis bestehen würde, (wirtschaftlich) entspricht. Bei Zerstörung oder Verlust *vertretbarer* Sachen (§ 91 BGB) besteht die Naturalrestitution in der Lieferung gleichartiger Sachen und bei *ehrverletzenden Behauptungen* im Widerruf, sofern nicht ein weiterer auszugleichender Schaden besteht. Im Übrigen ist zu unterscheiden:

- Soweit eine Naturalrestitution i.S.d. § 249 I BGB technisch oder rechtlich **möglich** ist, kann der Gläubiger sie vom Schuldner stets fordern. In diesem Fall kann der Schuldner nicht einfach Geldersatz leisten.
- Lediglich für den Fall, dass die Wiederherstellung nur mit **unverhältnismäßigen** Aufwendungen durchführbar ist, hat der Schuldner das Recht, den Gläubiger allein in Geld zu entschädigen (**§ 251 II BGB** – Ersetzungsbefugnis des Schuldners). Die Frage, ob die zur Herstellung erforderlichen Aufwendungen unverhältnismäßig sind, beantwortet sich nach dem Wert des beeinträchtigten Rechtsguts, wobei die Kosten diesen Wert durchaus in einem angemessenen Rahmen übersteigen können, um dem Integritätsinteresse gerecht zu werden. Vgl. dazu zusammenfassend Rn 1100.
- Hiervon zu unterscheiden ist der Fall, dass die Naturalrestitution **unmöglich** ist (Verlust, Diebstahl etc.) oder zur Entschädigung des Gläubigers nicht genügt. Hier kann der Gläubiger vom Schuldner nach **§ 251 I BGB** ausschließlich Geldersatz verlangen. Sollte die Naturalrestitution nur teilweise unmöglich sein, ergibt sich aus dem Wort „soweit" in § 251 I BGB, dass diese geschuldet wird und nur im Übrigen gem. § 251 I BGB Ersatz in Geld zu leisten ist.

1097 **Beispiel:** Verursacht ein Autofahrer einen Verkehrsunfall und beschädigt dadurch den Wagen eines anderen, hat er gem. § 249 II BGB nicht nur die Reparaturkosten und die sonstigen erforderlichen Folgekosten (Mietwagen, Gutachterkosten, Rechtsanwaltskosten des Geschädigten etc.) zu ersetzen, sondern gem. § 251 I BGB auch die merkantile Wertminderung (den sog. **merkantilen Minderwert**, der dadurch entsteht, dass es sich bei dem reparierten Fahrzeug nun um einen – wenn auch wiederhergestellten –

---

[1366] BGH NJW 2004, 1943, 1944; BGHZ 154, 395, 397 f.; *Grüneberg*, in: Palandt, § 249 Rn 1.

Unfallwagen handelt, der am Markt weniger wert ist als ein entsprechendes unfallfreies Fahrzeug). Denn bei einem wiederhergestellten Unfallwagen sind verborgene Mängel nicht auszuschließen. Außerdem besteht das Risiko höherer Schadensanfälligkeit infolge nicht fachgerechter Reparatur. Aber auch wenn der Wagen ordnungsgemäß repariert wurde, haftet dem Wagen der Makel an, ein Unfallwagen zu sein, was sich in der Höhe des Wiederverkaufswerts niederschlägt. Dieser merkantile Minderwert stellt daher einen unmittelbaren Sachschaden dar und ist in Geld zu entschädigen.[1367] Das Problematische am merkantilen Minderwert ist dessen Ermittlung. I.d.R. wird der Minderwert durch einen **Kfz-Sachverständigen** ermittelt.[1368] Jedoch besteht in der Praxis eine große Unsicherheit, da Gutachter und Gerichte mitunter verschiedene Berechnungsmethoden heranziehen, die aufgrund verschiedener Eingangsparameter zu unterschiedlichen Ergebnissen führen (können). Folgende Berechnungsmodelle sind vorherrschend[1369]:

⇨ Die Marktrelevanz- und Faktorenmethode (MFM) berücksichtigt Schadensumfang, vorhandene Vorschäden und Marktgängigkeit ebenso wie mögliche Marktveränderungen, Fahrzeugbesonderheiten und fortschreitende technische Entwicklungen.

⇨ Das Wertminderungsmodell des Bundesverbands der freiberuflichen und unabhängigen Sachverständigen für das Kraftfahrzeugwesen e.V. (BVSK) berücksichtigt Schadensintensität, vorhandene Vorschäden, Marktgängigkeit und Wiederbeschaffungswert des beschädigten Kfz.

⇨ Nach der Berechnungsmethode von Ruhkopf und Sahm[1370] werden Fahrzeugalter, Neupreis, Veräußerungswert und Reparaturkosten in Relation gesetzt.

⇨ Das Hamburger Modell[1371] stellt die Reparaturkosten (ohne USt) in Relation zur Laufleistung des Fahrzeugs. Anhand der Laufleistung wird eine Quote ermittelt.

Beispiel zur Ermittlung des merkantilen Minderwerts: Alter des beschädigten Fahrzeugs: 16 Monate; Laufleistung: 32.000 km; Neupreis: 31.000 €; Veräußerungswert: 22.000 €; Wiederbeschaffungswert: 23.000,- €; Reparaturkosten: 6.000,- €; Schadensumfang: 0,8; Schadensintensität: 2 (Skala 1-7); Marktgängigkeit: mittel; Vorschaden: keiner (1,0). Nach dem Rechner von minderwert.de ergibt sich folgender Minderwert:

⇨ Berechnung nach MFM: 929,- €
⇨ Berechnung nach Ruhkopf und Sahm: 1.120,- €
⇨ Berechnung nach BVSK: 460,- €
⇨ Berechnung nach Hamburger Modell: 1.200,- €

Das Berechnungsbeispiel sollte verdeutlicht haben, zu welchen Unterschieden die Berechnungsmethoden führen können.

Bei **älteren Fahrzeugen** bzw. bei solchen mit **extrem hoher Laufleistung** ist unklar, ob ein merkantiler Minderwert noch angenommen werden kann, da der Marktwert solcher Fahrzeuge ohnehin gering ist und im Schadensrecht das Bereicherungsverbot besteht (der Geschädigte soll nur so gestellt werden, wie er ohne das schädigende Ereignis stünde, darf sich aber nicht am Schaden bereichern).[1372] Da moderne Kfz durchaus eine Laufleistung von mehreren Hunderttausend Kilometern erreichen, hat der BGH es (zu Recht) abgelehnt, darüber zu entscheiden, bis zu welchem Alter eines Fahrzeugs bzw. bis zu welcher Laufleistung ein merkantiler Minderwert zuerkannt werden kann.[1373] Dennoch erscheint es interessengerecht, einen mit Alter und Laufleistung (linear) abnehmenden Minderwert anzunehmen.

---

[1367] St. Rspr. seit BGHZ 27, 181, 182 ff.; vgl. aus jüngerer BGH NJW 2005, 277, 279; NJW 2005, 1044 f.; NJW 2006, 2179, 2180; BGHZ 181, 242, 247.
[1368] Vgl. etwa OLG Hamm NJW 2016, 505 f.
[1369] Die Berechnungsmethoden werden nur in den wesentlichen Aspekten dargestellt. Ausführlich vgl. minderwert.de.
[1370] Das ist die vom BGH seinerzeit favorisierte Methode, vgl. BGH NJW 1980, 281 ff. Aufgrund moderner Reparaturmethoden („Tauschen statt Richten") und des damit verbundenen geringeren Minderwerts findet diese Methode in den Instanzgerichten kaum noch Anwendung.
[1371] OLG Hamburg VersR 1981, 1186 f.; NZV 2012, 142 f.
[1372] Vgl. dazu allgemein etwa BGH NJW 2015, 468 ff.
[1373] BGHZ 35, 396, 399; BGH VersR 1980, 46, 47; NJW 2005, 277, 279.

### b. Geld für Herstellung, § 249 II BGB

1098 **§ 249 II BGB** stellt auf die Person des *Geschädigten* ab und gewährt diesem die Befugnis, bei **Verletzung seiner Person** oder wegen **Beschädigung** (nicht Zerstörung!) **einer Sache** vom Schädiger **statt der Herstellung eines gleichwertigen Zustands** den dazu objektiv erforderlichen **Geldbetrag** zu fordern (Ersetzungsbefugnis des Gläubigers). In diesem Fall hat der Schuldner dem Gläubiger also die erforderlichen Kosten für den Ersatz oder die Reparatur zu erstatten, und zwar nach Maßgabe des Wiederbeschaffungsaufwands (das ist der Wiederbeschaffungswert, d.h. der Wert, der aufgewendet werden müsste, um eine vergleichbare Ersatzsache zu beschaffen, abzüglich des Restwerts der beschädigten Sache, vgl. dazu Rn 1133 ff.).

Zweck dieser Regelung ist es, es dem Gläubiger zu überlassen, das verletzte Rechtsgut dem Schädiger zur Naturalrestitution anzuvertrauen oder schlicht einen Geldbetrag zu verlangen, der zur Herstellung eines dem ursprünglichen Zustand gleichwertigen Zustands erforderlich ist. Verlangt der Gläubiger Geldersatz, ist er nicht verpflichtet, den erhaltenen Geldbetrag zur Wiederherstellung einzusetzen. Er kann ihn auch sparen oder für etwas anderes verwenden. Entschließt er sich später, die Sache doch noch reparieren zu lassen, und sind die tatsächlichen Reparaturkosten geringer als die bei der Geldzahlung veranschlagten, kann er aber verpflichtet sein, den Differenzbetrag zurückzuzahlen (vgl. Rn 1135c).

1099 Auch die Kosten eines **Ersatzwagens**, der infolge der Beschädigung des eigenen (privat oder kommerziell genutzten) Wagens **angemietet** werden muss, sind grundsätzlich als Schadensposten im Rahmen des § 249 II BGB erstattungsfähig. Der Unfallgeschädigte kann also ohne Verstoß gegen seine Schadensminderungspflicht (jedenfalls für den Zeitraum der Reparatur seines Wagens) einen Ersatzwagen mieten. Das gilt jedenfalls insoweit, als sich die Anmietung eines Ersatzwagens nicht als unwirtschaftlich erweist (vgl. § 249 II S. 1 BGB: „den dazu *erforderlichen* Geldbetrag" – dazu sogleich Rn 1100-1102 sowie Rn 1135 ff.).

1100 Mietwagenkosten müssen also angemessen sein. Problematisch ist dabei, dass Mietwagenunternehmer einem Geschädigten, der nach einem Unfall ein Ersatzfahrzeug benötigt, oft einen sog. Unfallersatztarif anbieten, der den Normaltarif, den Selbstzahler zu entrichten haben, erheblich übersteigt. Nach aktueller Rspr. des BGH ist der Unfallersatztarif nur dann ein ersatzfähiger Schaden i.S.v. § 249 II BGB, wenn dieser besondere Tarif im konkreten Fall objektiv oder subjektiv erforderlich ist. Objektiv erforderlich sei der gegenüber dem Normaltarif höhere Unfallersatztarif, wenn er sich mit Rücksicht auf die Unfallsituation aus betriebswirtschaftlicher Sicht rechtfertige, weil er auf Leistungen des Vermieters beruhe, die durch die besondere Unfallsituation veranlasst und daher zur Schadensbehebung erforderlich seien, z.B. Vorfinanzierung durch den Vermieter oder sein Verzicht auf Sicherheitsleistung und das damit verbundene Ausfallrisiko. Sei die objektive Erforderlichkeit nicht gegeben, sei der Unfallersatztarif nur dann ersatzfähig, wenn dem Geschädigten ein günstigerer Normaltarif nicht ohne weiteres zugänglich gewesen sei. Der Geschädigte müsse jedoch darlegen und beweisen, dass ihm unter Berücksichtigung seiner individuellen Erkenntnis- und Einflussmöglichkeiten sowie der gerade für ihn bestehenden Schwierigkeiten unter zumutbaren Anstrengungen auf dem in seiner Lage zeitlich und örtlich relevanten Markt kein wesentlich ortsüblich günstigerer Tarif zugänglich gewesen sei. Dabei könne es auch erforderlich sein, dass er Vergleichsangebote bei anderen Autovermietern einhole. Gelinge ihm dieser Beweis nicht, sei der Unfallersatztarif nicht ersatzfähig; der Geschädigte bekomme lediglich den Normaltarif erstattet. Dann aber könne er ggf. den Autovermieter hinsichtlich des Differenzbetrags in Anspruch nehmen. Denn diesen treffe wegen seines Wissensvorsprungs eine vertragliche Aufklärungspflicht: Er müsse den Mieter deutlich und unmissverständlich darauf hinweisen, dass die (gegnerische) Haftpflichtversicherung den angebotenen Tarif möglicherweise nicht in vollem Umfang erstattet. Verletze der Autovermieter diese Aufklärungspflicht, hafte er dem Mieter auf Schadensersatz aus c.i.c. (§§ 280 I, 311 II, 241 II BGB).[1374]

Die aktuelle Tendenz der Instanzgerichte geht dahin, nicht mehr stets den Schwacke-Automietpreisspiegel anzuerkennen[1375], sondern entweder die Studie des Fraunhofer-Instituts für Arbeitswirtschaft und Organisation (IAO)[1376], die die Ortsüblichkeit genauer bemisst, oder den (arithmetischen) Mittelwert aus Schwacke-Automietpreisspiegel und Fraunhofer-Studie[1377]. So hat das OLG Hamm entschieden, dass als Schätzungsgrundlage für die nach einem Verkehrsunfall zu erstattenden Mietwagenkosten auf den Mittelwert der Marktpreiserhebungen nach der Schwacke-Liste und dem Fraunhofer-Marktpreisspiegel abzustellen (Modell „Fracke") sei.[1378] 1101

Auch wenn (überhaupt) die Anmietung des Ersatzwagens für einen wirtschaftlich denkenden Geschädigten **unvertretbar** ist, muss in Anlehnung an die Zumutbarkeitsgrenze des § 251 II S. 1 BGB eine **Unverhältnismäßigkeit** angenommen werden mit der Folge, dass die Kosten des Ersatzwagens nicht anerkannt oder zumindest entsprechend gekürzt werden. 1102

**Beispiel**[1379]**:** S verursacht einen Verkehrsunfall, bei dem der Wagen des G stark beschädigt wird. G mietet für die 14 Tage, in denen der eigene Wagen von einer Fachwerkstatt repariert wird, einen Ersatzwagen. Die Gesamtkosten für den Mietwagen betragen 1.050 €. Mit diesem Mietwagen ist G aber nur 167 km gefahren. Wäre dieser geringe Fahrbedarf mit einem Taxi abgedeckt worden, hätten weniger als 200 € aufgewendet werden müssen. Die Anmietung eines Ersatzfahrzeugs sei daher unwirtschaftlich gewesen und habe das Schadensminderungsgebot verletzt.

Das OLG Hamm hat entschieden, dass die um 850 € höheren Mietwagenkosten im Vergleich zu den Taxikosten unverhältnismäßig waren. G könne daher nur fiktive Taxikosten von 200 € geltend machen. Selbstverständlich bleibe es ihm unbenommen, Nutzungsausfallentschädigung nach dem entsprechenden Tagessatz (also unabhängig von dem Umfang der sonst erfolgten Nutzung) zu verlangen.

Das ist grds. richtig. Ist aber der Geschädigte ständig auf die Verfügbarkeit eines Kfz angewiesen (etwa wegen Bereitschaftsdienstes), kann auch unabhängig von der Fahrleistung ein Anspruch auf Mietwagen bestehen. In diesem Fall wäre der Verweis auf die Möglichkeit, ein Taxi zu nehmen, rechtsfehlerhaft.[1380]

Nicht zu beanstanden ist es aber, wenn die Rspr. für den Fall, dass der beschädigte Wagen noch verkehrssicher ist und daher bis zur Reparatur noch genutzt werden könnte, für die Zeitspanne bis zur Reparatur die Anmietung eines Ersatzwagens i.d.R. für nicht erforderlich hält.[1381]

Zum Schadensausgleich nach § 249 II BGB bei **Personenschäden** wurde bereits Stellung genommen (Rn 1072). Zur Schadensberechnung bei **Kfz-Schäden** vgl. Rn 1133 ff. Allgemein zu §§ 249 ff. BGB vgl. *R. Schmidt*, SchuldR AT, Rn 862 ff.

---

[1374] Vgl. BGH NJW 2008, 2910, 2911; NZV 2009, 23 f.; NJW 2009, 58, 59.
[1375] So aber OLG Rostock MRW 2014, 51; OLG Dresden Schaden-Praxis 2014, 272.
[1376] OLG Frankfurt/M NJOZ 2015, 171; OLG Koblenz NJW 2015, 1615; OLG Koblenz 13.4.2015 – 12 U 390/14.
[1377] OLG Köln Schaden-Praxis 2014, 230; OLG Zweibrücken zfs 2014, 619; KG MRW 2014, 58; OLG Hamm DAR 2016, 331, 332 f.
[1378] OLG Hamm DAR 2016, 331, 332 f. In diesem Fall war nach der Schwacke-Liste ein Tarif von 1.142,52 € und nach dem Fraunhofer-Marktpreisspiegel ein Wert von 490,51 € zu ermitteln. Der Mittelwert hieraus (816,52 €) weiche nur unerheblich von den angefallenen Mietwagenkosten (828 €) ab, sodass diese als ersatzfähig anzusehen seien (OLG Hamm a.a.O.).
[1379] Nach OLG Hamm OLG Report 2002, 5. Vgl. auch BGH NJW 2013, 1149, wo der Geschädigte für die Reparaturdauer von 93 Tagen einen Mietwagen nahm, was Kosten i.H.v. 5.390 € verursachte, obwohl er in dieser Zeit nur durchschnittlich 6 km pro Tag gefahren war. Die gegnerische Versicherung war nur bereit, die fiktiven Taxikosten von 1.395 € zu ersetzen, und verwies dabei auf das Schadensminderungsgebot.
[1380] Vgl. dazu wiederum BGH NJW 2013, 1149.
[1381] OLG Hamm SVR 2018, 224.

### c. Geld für Herstellung nach Fristsetzung, § 250 BGB

1103 In anderen Fällen als der Körperverletzung oder Sachbeschädigung kann der Geschädigte den für die Herstellung erforderlichen Geldbetrag erst dann verlangen, wenn die Herstellung trotz Fristsetzung nicht erfolgt. § 250 BGB hat aber eine nur sehr geringe (praktische) Bedeutung, da bei Körperverletzung und Sachbeschädigung regelmäßig bereits § 249 II BGB eingreift, der zudem keine Fristsetzung erfordert.

### d. Schadenskompensation, § 251 BGB

1104 Verlangt der Gläubiger vom Schuldner die Herstellung eines gleichwertigen Zustands (Naturalrestitution), kann der Schuldner seiner Verpflichtung zum Schadensersatz also nicht einfach durch Zahlung eines bestimmten Geldbetrags nachkommen. Lediglich für den Fall, dass die Wiederherstellung nur mit **unverhältnismäßigen** Aufwendungen durchführbar ist, hat der Schuldner das Recht, den Gläubiger auch in Geld zu entschädigen (**§ 251 II S. 1 BGB** – Ersetzungsbefugnis des Schuldners, s.o.). Die Frage, ob die zur Herstellung erforderlichen Aufwendungen unverhältnismäßig sind, beantwortet sich nach dem Wert des beeinträchtigten Rechtsguts, wobei die Kosten diesen Wert durchaus in einem angemessenen Rahmen übersteigen können. Nach der Rechtsprechung (die den Schadensausgleich allerdings über § 249 II S. 1 BGB vornimmt, vgl. Rn 1133 ff.) ist bei Gegenständen des täglichen Gebrauchs mit natürlicher Abnutzung (etwa bei Teppichböden, Sitzmöbeln, aber auch bei einem Auto) ein **den Zeitwert der beschädigten Gegenstände um mehr als 30% übersteigender Aufwand der Naturalrestitution unverhältnismäßig**, weil ein verständiger und wirtschaftlich denkender Eigentümer solche Gegenstände nicht mit derart hohen Aufwendungen pflege und ein besonderes **Integritätsinteresse** (Erhaltungsinteresse), das solche Investitionen begründen könnte, hier nicht zu erkennen sei.[1382]

> **Beispiel:** A ist bei B zu Besuch. Aufgrund einer Unachtsamkeit stößt er sein Glas Rotwein um. Am ca. vier Jahre alten Teppichboden und dem ebenso alten Sofa entstehen nicht mehr zu beseitigende Farbflecken.
>
> In diesem Fall richtet sich der Schadensersatzanspruch nicht nach den Kosten der Neuverlegung bzw. Neuanschaffung unter „Abzug neu für alt", sondern ist auf **Wertausgleich** beschränkt, weil Neuverlegung und Neuanschaffung den Zeitwert um ein Vielfaches (jedenfalls mehr als 30%) überschreiten würden.[1383]

1105 Zum **merkantilen Minderwert**, der ebenfalls über § 251 I BGB ausgeglichen wird, vgl. bereits Rn 1097, aber auch Rn 1135 ff.

## 7. Gewährung von Schmerzensgeld

### a. Schmerzensgeldanspruch nach allgemeinem Schuldrecht

1106 Wie bereits bei Rn 1067 ausgeführt, kann gem. § 253 II BGB der Geschädigte im Falle der Verletzung des Körpers, der Gesundheit oder der sexuellen Selbstbestimmung sowie im Falle der Freiheitsentziehung für einen Schaden, der nicht Vermögensschaden ist, eine billige (d.h. angemessene) Entschädigung in Geld verlangen. Mit „angemessener Entschädigung" ist Schmerzensgeld gemeint. Es dient dem **Ausgleich für erlittene Schmerzen und Leiden** sowie der **Genugtuung**.[1384] Gerade die Genugtuung bedeutet, dass erlittenes Leid, das aus der Verletzung des Rechtsguts entstanden ist, „ausgeglichen" werden soll. So ist etwa für den Fall, dass aufgrund einer unterbliebenen Zählkontrolle nach einer urologischen Operation eine 1,9 cm lange Nadel

---

[1382] Vgl. OLG Hamm MDR 2001, 632, 633 und nun auch *Armbrüster*, JuS 2007, 411, 412. Grundsätzlich dazu BGHZ 162, 161 ff.

[1383] Zum Integritätsinteresse bei Kfz-Sachschäden („130%-Grenze") vgl. Rn 1133 ff.

[1384] BGHZ 18, 149, 157 f.; 212, 48, 50 ff.; OLG Frankfurt MDR 2018, 1492; OLG Oldenburg MDR 2019, 32.

im Bauchraum der Patientin zurückgeblieben ist, ein (erhöhtes) Schmerzensgeld unter dem Aspekt der Genugtuung angezeigt.[1385] Das Gleiche gilt, wenn bei einem Patienten, der sich einer Kniegelenksoperation unterzogen hatte, die Metallspitze des Operationsinstrumentes im Knie verblieb. Das hier zu bemessende Schmerzensgeld erhöht sich sogar noch, wenn der Arzt am Abend der Operation das Fehlen der Metallspitze bemerkt und sich zunächst einmal damit abfindet, dass einer seiner Patienten hierdurch erheblich verletzt werden könne. Wenn er dann weder beim späteren Verbandswechsel noch beim Fädenziehen es für nötig befindet, abzuklären, ob die Metallspitze im Knie des Patienten verblieben war, sondern erst tätig wird, nachdem die Spitze bereits Schäden verursacht hat und der Patient mit erheblichen Schmerzen erneut vorstellig geworden ist, ist das grobe Fehlverhalten besonders virulent.[1386] Auch, wenn eine Frau in einer Reproduktionsklinik aufgrund einer Verwechselung mit „falschem" Spendersamen befruchtet wird, kann dies Schmerzensgeldansprüche auslösen, etwa, wenn dies zu einer behandlungsbedürftigen psychischen Fehlverarbeitung mit wiederkehrenden depressiven Episoden führt.[1387]

Wenn aber jemand im Straßenverkehr verletzt wird, ohne dass den Schädiger ein Ver- **1107**
schulden trifft (bspw. weil unvorhersehbar ein Reifen platzt), wird der Verletzte mit Erhalt eines Schmerzensgeldes zwar einen Ausgleich für erlittenes Leid verspüren, kaum aber Genugtuung. Aus dieser Überlegung folgt zugleich, dass § 253 II BGB keine eigenständige Anspruchsgrundlage darstellt, sondern stets im Zusammenhang mit der haftungsbegründenden Norm zu sehen ist, die einen Schadensersatzanspruch gewährt. Das folgt letztlich auch aus dem Wortlaut des § 253 II BGB („ist ... Schadensersatz zu leisten"), der zudem davon ausgeht, dass ein Schmerzensgeldanspruch zwar neben einem Schadensersatzanspruch bestehen kann, nicht aber ohne Verletzung eines in § 253 II BGB genannten Rechtsguts.

Nicht in § 253 II BGB erwähnt wird das Rechtsgut „Leben". Dies führt dazu, dass bei tödli- **1108**
chen Unfällen nur das Leiden in der Zeit zwischen der Verletzung und dem Tod „ausgleichsfähig" ist, wobei die Gerichte zu sehr unterschiedlichen Beträgen kommen. Der entstandene Schmerzensgeldanspruch geht nach dem Tod des Verletzten auf die Erben über (§ 1922 BGB) und kann von diesen geltend gemacht werden.[1388]

Mit der seit 2002 im allgemeinen Schuldrecht verorteten Bestimmung hat der Gesetz- **1109**
geber klargestellt, dass Schmerzensgeld nicht nur (wie davor) im Rahmen von bestimmten unerlaubten Handlungen und der Tierhalterhaftung nach § 833 S. 1 BGB, sondern generell bei Verschuldenshaftung, Gefährdungshaftung und auch bei Vertragsverletzungen in Betracht kommt. Das ist deshalb besonders relevant, wenn dem Schädiger z.B. der deliktische Entlastungsbeweis gem. § 831 I S. 2 BGB gelingt. Besteht in diesem Fall noch ein vertragliches oder quasi-vertragliches Schuldverhältnis, greift die Schadensersatzpflicht aus § 280 I BGB. Schädigende Handlungen von Erfüllungsgehilfen werden dem Anspruchsgegner zugerechnet (§ 278 BGB), ohne dass ein Entlastungsbeweis möglich wäre. Daher muss der Geschäftsherr gem. §§ 280, 278, 249 ff., 253 II BGB Schmerzensgeld gewähren, sofern die Voraussetzungen vorliegen.

## b. Schmerzensgeld bei Gefährdungshaftung

Da der Gesetzgeber im Falle einer Schadensersatzpflicht mit § 253 II BGB auch einen **1110**
Anspruch auf Schmerzensgeld gewährt, gilt dies auch für Gefährdungshaftungstatbestände (s.o.). Sämtliche Gesetze, in denen eine Gefährdungshaftung vorgesehen ist,

---

[1385] OLG Stuttgart 20.12.2018 – 1 U 145/17. Das OLG hielt ein Schmerzensgeld i.H.v. 10.000,- € für angemessen. Sollten sich weitere materielle und nicht vorhersehbare immaterielle Schäden zeigen, seien auch diese zu ersetzen.
[1386] OLG Oldenburg MDR 2019, 32.
[1387] OLG Hamm NJW 2019, 523, 524 – siehe dazu *R. Schmidt*, Schuldrecht AT, Rn 948.
[1388] Vgl. BGHZ 138, 388, 391.

verweisen auf § 253 II BGB, indem sie Formulierungen enthalten wie: „Wegen eines Schadens, der nicht Vermögensschaden ist, kann auch eine billige Entschädigung in Geld gefordert werden". Mit dieser Regelung möchte der Gesetzgeber die Gewährung von Schmerzensgeld von der Verschuldensfrage weitgehend unabhängig machen und die Gerichte von einer u.U. äußerst zeitaufwendigen Ermittlung der Verschuldensfrage entlasten. Gleichwohl spielen Verschuldensfragen bei der Bemessung der Höhe des Schmerzensgeldes eine Rolle (Rn 1112).

**1111** Vgl. etwa § 11 S. 2 StVG, § 6 S. 2 HaftpflG, § 36 S. 2 LuftVG, § 32 V S. 2 GentechnikG, § 8 S. 2 ProdHaftG, § 87 S. 2 AMG, § 13 S. 2 UmwHaftG, § 29 II AtomG, § 12 II S. 1 PflVG, § 52 II BundesPolG.

**1112** Erfolgt also im Rahmen der Gefährdungshaftung die grundsätzliche Gewährung von Schmerzensgeld verschuldensunabhängig, hängt die Höhe des zu gewährenden Schmerzensgeldes durchaus davon ab, ob der Schädiger vorsätzlich, grob fahrlässig oder nur leicht fahrlässig gehandelt hat.[1389] Denn die Gewährung von Schmerzensgeld dient – wie ausgeführt – dem Ausgleich für erlittenes Leid und der Genugtuung (s.o.). So ist etwa für den bereits geschilderten Fall, dass ein Arzt sich tagelang nicht um das Ergebnis einer histologischen Untersuchung kümmert und daher die Operation einer Bauchfellentzündung und Öffnung der Naht nach einem zweiten Kaiserschnitt viel zu spät erfolgt, ein (erhöhtes) Schmerzensgeld unter dem Aspekt der Genugtuung angezeigt.[1390] Wenn aber jemand im Straßenverkehr verletzt wird, ohne dass den Schädiger ein Verschulden trifft (bspw. weil unvorhersehbar ein Reifen platzt), wird der Verletzte mit Erhalt eines Schmerzensgeldes zwar einen Ausgleich für erlittenes Leid verspüren, kaum aber Genugtuung. Muss man also auch bei der Gefährdungshaftung ein Schmerzensgeld gewähren, kommt man nicht umhin, bei der Bemessung der Höhe des Ausgleichs den Grad des Verschuldens des Schädigers zu ermitteln. Der vom Gesetzgeber beabsichtigte Vereinfachungszweck ist somit zu relativieren.

**1113** Berücksichtigt man also die Funktionen des Schmerzensgeldes (Ausgleichs- und Genugtuungsfunktion), kann die Bemessung des Schmerzensgeldes auch in Fällen der Gefährdungshaftung nicht ohne Klärung der Verschuldensfrage erfolgen.

### c. Schmerzensgeld bei Vertragsverletzungen

**1114** Durch die Verankerung der Bestimmung über den Schmerzensgeldanspruch im Allgemeinen Schuldrecht wird ein angemessenes Schmerzensgeld auch im Rahmen vertraglicher Haftung geschuldet (vgl. bereits Rn 1106). Das betrifft in erster Linie den Arzt und den Personenbeförderer, weil sich bei ihnen am ehesten Verletzungen derjenigen Rechtsgüter ergeben können, die von der Aufzählung in § 253 II BGB erfasst sind. Hinsichtlich der Gewährung eines Schmerzensgeldanspruchs bedarf es also nicht des „Rückgriffs" auf das Deliktsrecht, sofern eine Vertragshaftung besteht und ein in § 253 II BGB aufgezähltes Rechtsgut verletzt wurde. Hinzu kommt, dass sich die Vertragshaftung als „AGB-fest" erweist: Gemäß § 309 Nr. 7a BGB sind „ein Ausschluss oder eine Begrenzung der Haftung" bei schuldhafter, mindestens leicht fahrlässiger Verletzung von Körper und Gesundheit durch Allgemeine Geschäftsbedingungen unwirksam. Vgl. dazu sowie zu den Folgen Rn 921.

---

[1389] Grundlegend dafür der *Große Senat* in Zivilsachen BGHZ 18, 149, 157 f.; dem folgend BGHZ 128, 117, 120 f.; BGH NJW 1993, 1531, 1532; 1995, 1438; vgl. auch *Müller*, VersR 1993, 909, 914 f.

[1390] OLG Koblenz MedR 1994, 405; *Deutsch/Ahrens*, Rn 475.

## 8. Geldentschädigung bei Verletzung des allg. Persönlichkeitsrechts

Ist wegen einer Verletzung des Körpers, der Gesundheit, der Freiheit oder der sexuellen Selbstbestimmung Schadensersatz zu leisten, kann gem. § 253 II BGB auch wegen des Schadens, der nicht Vermögensschaden ist, eine billige Entschädigung in Geld gefordert werden. Gemeint ist Schmerzensgeld für das Erleiden von immateriellen Einbußen. Dazu zählen auch Verletzungen des allgemeinen Persönlichkeitsrechts (APR, vgl. Rn 655, 1157-1160), obwohl dieses Recht in § 253 II BGB nicht erwähnt ist. Da die Nichtanerkennung eines Entschädigungsanspruchs bei Verletzung des allgemeinen Persönlichkeitsrechts aber unbillig wäre, hat der BGH schon frühzeitig über den Wortlaut des § 253 II BGB hinaus einen Anspruch auf Geldentschädigung auch bei Verletzung des allgemeinen Persönlichkeitsrechts anerkannt.[1391] Das BVerfG hat dies in seiner Soraya-Entscheidung bestätigt. Es sah hierin eine zulässige, durch Art. 2 I i.V.m. Art. 1 I GG sogar gebotene „Ergänzung und Weiterführung des geschriebenen Gesetzes"[1392]. Rechtsdogmatisch ist die Gewährung von Geldentschädigung wegen Verletzung des allgemeinen Persönlichkeitsrechts als verfassungskonforme Interpretation des § 823 I BGB einzuordnen. Die wegen Art. 2 I i.V.m. Art. 1 I GG anzuerkennende Geldentschädigung wegen Verletzung des APR ist in § 823 I BGB als Rahmenrecht hineinzuinterpretieren.[1393] Jedoch fordert die Rechtsprechung sowohl bei deliktischen als auch vertraglichen Schmerzensgeldansprüchen eine **schwerwiegende** Verletzung des Persönlichkeitsrechts; zudem dürfe die Beeinträchtigung nicht in anderer Weise befriedigend ausgeglichen werden können.[1394] 1115-1123

**Beispiele**[1395]**:** 1124

**(1)** S, der damalige Biograf Helmut Kohls (K), und sein Mitautor J verfassten ein Buch mit dem Titel „Vermächtnis – die Kohl-Protokolle", das im R-Verlag erschien. In diesem Buch wurden Tonbandmitschnitte, die S während Interviews, die er seinerzeit mit K geführt hatte, mit teils pikanten Äußerungen über andere Politiker („...konnte ja nicht richtig mit Messer und Gabel essen"; „...ist eine Null") unerlaubt veröffentlicht. Die beanstandeten Aussagen stammen aus Gesprächen, die K mit S geführt hatte, damit S als Ghostwriter die Biografie des Altkanzlers verfassen konnte. S hatte die Gespräche auf Kassette aufgenommen, jedoch auch eine Geheimhaltungsabrede unterzeichnet. K sah sich durch die Veröffentlichung der Zitate in seinen Persönlichkeitsrechten verletzt und verklagte S, J und R auf Unterlassung, Beseitigung und Geldentschädigung wegen Verletzung des allgemeinen Persönlichkeitsrechts.

Bejaht man eine Verletzung des allgemeinen Persönlichkeitsrechts, ist der geltend gemachte Unterlassungs- und Beseitigungsanspruch auf Grundlage des § 97 I S. 1 UrhG (dazu Rn 1146 ff.) gegeben. Fraglich ist lediglich, ob K auch eine Geldentschädigung verlangen kann. Folgt man dem Wortlaut des § 253 II BGB, kann K keine Geldentschädigung verlangen, weil das allgemeine Persönlichkeitsrecht nicht von den in § 253 II BGB abschließend aufgezählten Rechtsgütern erfasst ist, was jedoch unbillig erscheint. Die Rspr. hat dies schon frühzeitig erkannt und zunächst § 847 BGB a.F. (jetzt: § 253 II BGB) analog angewendet. Später wurde der Anspruch auf Geldentschädigung in Abweichung von § 253 I BGB unmittelbar aus § 823 BGB i.V.m. Art. 1 I und 2 I GG abgeleitet. Erforderlich ist allerdings nach gängiger Rechtsprechung, dass es sich um eine **schwerwiegende** Verletzung handelt und die Be-

---

[1391] Vgl. BGHZ 26, 349, 351 ff. (Herrenreiter); 30, 7, 12 ff. (Caterina Valente); 35, 363, 365 ff. (Ginsengwurzel); 143, 214, 219 (Marlene Dietrich); BGH NJW 2002, 2317, 2318 (Marlene Dietrich).

[1392] BVerfGE 34, 269, 282 ff.

[1393] Allgemeine Auffassung, vgl. die 1. Aufl. 2002, S. 311 sowie *Wagner*, NJW 2002, 2049, 2056 und *Däubler*, JuS 2002, 625, 627. Später auch *Glasmacher/Pache*, JuS 2015, 303, 306.

[1394] BGHZ 132, 13, 27; gebilligt von BVerfG NJW 2004, 591 f. BVerfG NJW 2006, 595 f. Vgl. auch BGH NJW 2005, 215, 216; NJW 2014, 2029, 2031 (Persönlichkeitsrechtsverletzung im Internet); NJW 2015, 2500 f.; OLG Jena OLG-NL 2005, 171 ff. (Recht auf ungestörte Trauer); OLG Jena 21.2.2018 – 7 U 471/17 (Keine Geldentschädigung für Gastronomen wegen Mafia-Bericht des MDR); OLG Karlsruhe AfP 2014, 458 ff.; OLG Köln FamRZ 2018, 1266 („Kohl-Tonbänder"); LG Berlin 15.1.2019 – 27 O 265/18 (Noah Becker).

[1395] Bsp (1) nach LG Köln 27.4.2017 - 14 O 323/15; 14 O 261/16; 14 O 286/14; OLG Köln FamRZ 2018, 1266 („Kohl-Tonbänder"); Bsp (2) nach LG Berlin 15.1.2019 – 27 O 265/18 (Noah Becker).

einträchtigung **nicht in anderer Weise angemessen ausgeglichen** werden kann. Einen solchen anderen angemessenen Ausgleich bejaht die Rechtsprechung bei Ehrverletzungen, insbesondere in Presseveröffentlichungen, wenn die Behauptung durch Widerruf wirksam beseitigt werden kann.[1396]

Im vorliegenden Fall nahm das LG – vom OLG insoweit nicht beanstandet – eine schwerwiegende Persönlichkeitsverletzung an, die auch nicht durch Widerruf beseitigt werden könne. Es verurteilte S, J und R gesamtschuldnerisch zur Zahlung einer Geldentschädigung i.H.v. insgesamt 1.000.000 €.[1397]

**(2)** In einem Interview äußerte sich N, Sohn des ehemaligen Profitennisspielers Boris Becker, zu rassistischen Attacken wegen seiner Hautfarbe. Im Zusammenhang mit diesen Äußerungen erschien kurze Zeit später im Rahmen einer Konversation („Thread") auf dem Twitter-Account eines Dritten ein von A stammender Tweet mit dem Inhalt: „Dem kleinen Halbneger scheint einfach zu wenig Beachtung geschenkt worden zu sein, anders lässt sich sein Verhalten nicht erklären."

Zutreffend führt das LG aus, dass es sich bei der fraglichen Äußerung um einen schwerwiegenden Eingriff in das allgemeine Persönlichkeitsrecht des N gehandelt habe. Dieser Eingriff begründe aufgrund der gesamten Umstände des Einzelfalls einen Anspruch auf Geldentschädigung, da die von N erlittene Beeinträchtigung nicht in anderer Weise befriedigend ausgeglichen werden könne. Dabei sei u.a. die enorme Außenwirkung zu berücksichtigen, die die ehrverletzende Äußerung erzielt habe.

Anm.: Im Originalfall machte A geltend, dass nicht er, sondern sein Mitarbeiter den Tweet verfasst habe. Dann aber griff die Zurechnungsnorm des § 831 BGB, vgl. dazu Rn 868.

1125 Zu beachten ist, dass der Anspruch auf Geldentschädigung wegen Verletzung des Persönlichkeitsrechts grds. **nicht vererblich** ist, da der Genugtuungsgedanke, der zur Anerkennung einer Geldentschädigung führt, nicht gegenüber Erben greift.[1398] Lediglich, wenn der Entschädigungsanspruch **rechtskräftig** zuerkannt worden ist, bevor der Anspruchsinhaber verstirbt, kann eine Vererblichkeit angenommen werden.[1399] Verstirbt der Anspruchsinhaber vor Rechtskraft, kann nach der Rechtsprechung eine Vererblichkeit nur in Ausnahmefällen angenommen werden, etwa bei bewusster Prozessverzögerung mit dem Ziel einer Verschleppung einer rechtskräftigen Entscheidung oder bei einer schadensbegründenden Handlung zu einem Zeitpunkt, bei dem ein baldiges Ableben des Betroffenen zu erwarten sei („Kalkül mit dem Tod"). Auch für den Fall, dass der Kern der Menschenwürde des Verstorbenen schwer verletzt sei, könne ausnahmsweise eine Vererblichkeit eines Geldentschädigungsanspruchs anzunehmen sein.[1400]

1126

**Geldentschädigung wegen Verletzung des allg. Persönlichkeitsrechts**

Die Rspr. stützt den Entschädigungsanspruch („Schmerzensgeld") wegen Verletzung des APR auf § 823 I BGB i.V.m. § 253 II BGB i.V.m. Art. 2 I i.V.m. 1 I GG

**I. Voraussetzungen**

**1. Anspruchsgrundlage**

Anspruchsgrundlage ist § 823 I BGB i.V.m. § 253 II BGB i.V.m. Art. 2 I i.V.m. 1 I GG.

---

[1396] Vgl. BGHZ 35, 363, 365 ff.; *Brox/Walker*, § 52 Rn 19; *Deutsch/Ahrens*, Rn 470; vgl. aber auch BGHZ 66, 182, 187. Zum Recht auf Gegendarstellung gem. Art. 10 BayPresseG vgl. LG München I NJW 2004, 606 ff.

[1397] Zur Frage der Vererblichkeit der Entschädigungsanspruch siehe sogleich Rn 1125.

[1398] BGH NJW 2014, 2871 f.; ablehnend *Hager*, JA 2014, 627, 629; kritisch *Mäsch*, JuS 2014, 1037, 1038.

[1399] OLG Köln FamRZ 2018, 1266 („Kohl-Tonbänder").

[1400] OLG Köln FamRZ 2018, 1266 („Kohl-Tonbänder").

**2. Schwerwiegende Verletzung des allgemeinen Persönlichkeitsrechts**
Der Schädiger muss in schwerwiegender Weise das allgemeine Persönlichkeitsrecht (APR) rechtswidrig und schuldhaft verletzt haben. Für die Fallbearbeitung bietet es sich an, zunächst die Verletzung des APR anhand des Schemas zu § 823 BGB zu prüfen. Sodann ist zu prüfen, ob die Rechtsverletzung „schwerwiegend" ist. Diese Einschränkung ist erforderlich, da der Tatbestand der Persönlichkeitsverletzung viel unbestimmter ist als etwa der einer Körperverletzung, sodass Grenzfälle häufiger auftreten werden. Schwerwiegend ist die Beeinträchtigung, wenn den Schädiger schwere Schuld trifft oder wenn er das Persönlichkeitsrecht in erheblichem Grade verletzt.[1401] Um dies festzustellen, sind die gesamten Umstände des Einzelfalls, d.h. Bedeutung, Ausmaß, Tragweite, Nachhaltigkeit der Fortdauer der Interessen- und Rufschädigung sowie die Beweggründe des Verletzers zu würdigen. So stellt z.B. die ungenehmigte Veröffentlichung von Nacktfotos (insbesondere im Internet) einen schwerwiegenden Eingriff dar.[1402]

**3. Kein Ausschluss wegen anderweitiger Kompensation**
Der Anspruch auf Geldentschädigung ist ausgeschlossen, wenn der Geschädigte auf andere Weise ausreichend Genugtuung vom Schädiger erlangen kann.[1403]

**4. Anspruchsgegner: Verletzer**
Der Anspruch richtet sich gegen den Verletzer, d.h. Störer (Mitstörer genügt), wobei ggf. zwischen Handlungs- und Zustandsstörer zu unterscheiden ist.

**II. Rechtsfolge**
Zu gewähren ist eine billige Entschädigung in Geld.

## 9. Geldentschädigung für Hinterbliebene („Hinterbliebenengeld")

Wird durch eine unerlaubte Handlung ein Mensch getötet, hat gem. § 844 III S. 1 **1127**
BGB der Ersatzpflichtige den Hinterbliebenen, die zur Zeit der Verletzung zu dem Getöteten in einem besonderen persönlichen Näheverhältnis standen, für das ihnen zugefügte seelische Leid eine **angemessene Entschädigung** in Geld zu leisten.[1404] Diese Geldentschädigung stellt weder einen Schadensersatz wegen eines immateriellen Schadens noch ein Schmerzensgeld dar, sondern ein Entschädigung, die mit dem Verlust eines besonders nahestehenden Menschen verbunden sind. Zu den Voraussetzungen, den Beweisregeln und den Rechtsfolgen siehe Rn 1071, 1074a.

## 10. Familienplanungsschaden („Kind als Schaden")

Fraglich ist, ob die **unerwünschte Geburt** eines (gesunden) Kindes und die (uner- **1128**
wünschte) **Geburt eines behinderten Kindes** Schadensqualität haben können. Ausgangspunkt der Überlegung ist, dass die ungewünschte bzw. übermäßige Belastung der Eltern mit einem gesetzlichen Unterhaltsanspruch (§ 1601 BGB) einen unterhaltsrechtlichen (Mehr-)Bedarf begründet, was wiederum als „Schaden" (i.S.d. §§ 823, 831 und 280 BGB) anzusehen sein könnte. Dabei versteht es sich von selbst, dass aufgrund der unantastbaren Menschenwürde nicht das Kind als Schaden gelten kann, sondern nur die wirtschaftlichen Belastungen, die mit der Versorgung des Kindes verbunden sind, als Schaden gelten können.[1405] So stellt das BVerfG in überzeugender

[1401] BGHZ 35, 363, 369 f.; OLG Jena OLG-NL 2005, 171 ff.; *Brox/Walker*, § 52 Rn 18.
[1402] LG München I NJW 2004, 617, 618.
[1403] BGHZ 132, 13, 27; *Brox/Walker*, § 52 Rn 18.
[1404] Zu beachten ist, dass die gleiche Verpflichtung nach dem Arzneimittelgesetz (§ 86 III AMG), dem Gentechnikgesetz (§ 32 IV S. 5 GentechnikG), dem Produkthaftungsgesetz (§ 7 III ProdHaftG), dem Umwelthaftungsgesetz (§ 12 III UmwHaftG), dem Atomgesetz (§ 28 III AtomG), dem Straßenverkehrsgesetz (§ 10 III StVG), dem Haftpflichtgesetz (§ 5 III HaftpflG) und dem Luftverkehrsgesetz (§ 35 III LuftVG) besteht. Eine Überleitungsvorschrift findet sich in Art. 229 § 43 EGBGB.
[1405] BVerfGE 88, 203, 296 (Schwangerschaftsabbruch II). Siehe auch BGHZ 76, 249 ff. (missglückte Sterilisation); 124, 128 ff. (Unterhaltsschaden bei fehlgeschlagenem Schwangerschaftsabbruch); BGH NJW 2002, 886 ff. (Unterhaltsschaden bei unterbliebenem Schwangerschaftsabbruch); BGH NJW 2002, 2636 ff. (Geburt eines schwerbehinderten Kindes);

Weise fest, dass eine Schadensersatzpflicht des Arztes gegenüber dem Kind wegen Schädigungen, die diesem bei einem nicht kunstgerecht ausgeführten, misslungenen Schwangerschaftsabbruch zugefügt worden seien, bestehen könne.[1406] Allerdings ist die Rechtsprechung schon sehr bald nach ihrer Anerkennung der grundsätzlichen Schadensersatzpflicht dazu übergegangen, den Umfang des Schadensersatzes zu begrenzen und auch tatbestandliche Einschränkungen vorzunehmen.

**1129** ▪ Hinsichtlich des Umfangs des Schadensersatzanspruchs wegen Unterhaltsverpflichtung hat der BGH entschieden, dass anders als im Familienrecht der Schadensersatz nicht an dem Lebenszuschnitt der Familie bemessen werden dürfe; vielmehr würden die Sätze der RegelbedarfsVO gelten.[1407] Der Verdienstausfall, den die Eltern durch die Betreuung eines Kindes erlitten, sei nicht ersatzfähig.[1408]

**1130** ▪ Die tatbestandliche Einschränkung nimmt der BGH dadurch vor, dass er den Schutzzweck der Haftungsnorm begrenzt. Wenn bspw. ein Kind geschädigt geboren wird und der Fehler des Arztes in der **falschen Beratung** während der Schwangerschaft oder bei dem **Abbruch der Schwangerschaft** liege, bestehe kein Ersatzanspruch, wenn der Mutter schon keine Indikation zum Schwangerschaftsabbruch zur Seite gestanden habe.[1409] Beziehe sich der Fehler des Arztes jedoch gerade auf die Schädigung des Kindes, etwa darauf, dass er die Mutter **nicht auf ein genetisches Leiden hingewiesen habe**, könne auch der Mehrbedarf verlangt werden.[1410] Schließlich umfasst der vertragliche Schadensersatzanspruch gegen einen Arzt, der für eine **misslungene Sterilisation** verantwortlich ist, nach ständiger Rechtsprechung des BGH auch den Unterhaltsaufwand für ein Kind, das infolge dieses Fehlers gezeugt oder geboren wird.[1411] Denn der Vertrag war gerade darauf ausgerichtet, die Geburt eines (weiteren) Kindes zu verhindern.

**1131**

**Hinweis für die Fallbearbeitung:**

- **Anspruchsgrundlage** ist § 280 I BGB (ggf. i.V.m. § 328 BGB) i.V.m. § 630a BGB i.V.m. §§ 249 ff. BGB wegen Verletzung des Behandlungsvertrags.
- **Voraussetzung** ist allerdings, dass Gegenstand des Vertrags der Schutz vor Geburt eines ungewollten Kindes und der dadurch begründeten Unterhaltspflicht war.[1412]
- Daneben sind die Ansprüche zumindest beim fehlgeschlagenen Schwangerschaftsabbruch regelmäßig auch **deliktsrechtlich** begründet. Die unerwünschte und entgegen der Vereinbarung fortbestehende Schwangerschaft ist eine von § 823 I BGB erfasste Körperverletzung.
- Sind die in Betracht kommenden Ansprüche begründet, ergibt sich ein **Freistellungsanspruch**: Der Arzt muss die Eltern von ihrer Unterhaltspflicht gegenüber dem Kind freistellen.[1413]
- Hinsichtlich der **Beweislast** gilt das bei Rn 605 ff. Gesagte.

**1132** Im Rahmen einer Fallbearbeitung geht es zumeist um den Schadensersatzanspruch, der vom Kind (vertreten von dessen Eltern) gegen Arzt, Krankenhaus oder Medikamentenhersteller erhoben wird, weil es **geschädigt geboren** ist. Regelmäßig verlangen auch die Eltern Schadensersatz wegen des Unterhaltsaufwands.

---

OLG Saarbrücken ZfL 2005, 20 und BGH NJW 2006, 751 ff. (Unterhaltsschaden bei unterbliebener Aufklärung während der Schwangerschaft).

[1406] BVerfGE 88, 203, 296 (Schwangerschaftsabbruch II).

[1407] BGHZ 76, 259, 265. Heute gilt das Regelbedarfs-Ermittlungsgesetz.

[1408] BGHZ 124, 128, 145; BGH NJW 1997, 1638, 1640.

[1409] BGHZ 89, 95, 98; 129, 178, 185; BGH NJW 2002, 886, 887; NJW 2002, 1489, 1490.

[1410] BGHZ 86, 240, 247 f. Vgl. auch BGH NJW 2006, 751 ff.

[1411] BGH NJW 1995, 2407, 2409; OLG Hamm NJW 2002, 2649, 2650; *Gehrlein*, NJW 2000, 1771, 1772.

[1412] BGH NJW 2000, 1782, 1783 (mit Bespr. v. *Gehrlein*, NJW 2000, 1771).

[1413] BGHZ 129, 178, 185; BGH NJW 2002, 886, 887; NJW 2002, 1489, 1490; NJW 2002, 2636, 2638.

## 11. Schadensberechnung bei (Kfz-)Sachschäden

Da der Halter eines Kfz aus Gründen des Geschädigtenschutzes gem. § 1 PflVG gezwungen ist, eine Kfz-Haftpflichtversicherung abzuschließen, und gem. § 115 I S. 1 Nr. 1 VVG i.V.m. § 1 PflVG ein Direktanspruch des Geschädigten gegenüber dem Versicherer besteht, ist **Anspruchsgrundlage** bei einem Verkehrsunfall, der durch ein Kfz verursacht wurde und bei dem der Geschädigte den Versicherer in Anspruch nimmt, **§ 115 I S. 1 Nr. 1 VVG i.V.m. § 1 PflVG**. Danach hat der Kfz-Haftpflichtversicherer des Schädigers für dessen Schadensersatzpflicht nach §§ 7, 18 StVG sowie nach § 823 I, § 823 II BGB i.V.m. §§ 1 ff. StVO einzustehen und Schadensersatz in Geld zu leisten, § 115 I S. 3 VVG. Es besteht eine gesamtschuldnerische Haftung von Versicherung und ersatzpflichtigem Versicherungsnehmer (§ 115 I S. 4 VVG). Schädiger bzw. Halter und Versicherer treten daher i.d.R. vor Gericht als Streitgenossen auf (Rn 587, 1005). 1133

Hat der Schädiger bzw. dessen Kfz-Haftpflichtversicherung wegen Beschädigung einer Sache Schadensersatz zu leisten, kann der Geschädigte gem. § 249 I BGB **Naturalrestitution** oder gem. § 249 II BGB Zahlung **der zur Herstellung erforderlichen Kosten** verlangen (vgl. Rn 1098 ff.). Lediglich, wenn die Herstellung unmöglich bzw. nur mit unverhältnismäßigen Aufwendungen durchführbar ist, hat der Schuldner das Recht, den Gläubiger auch in Geld zu entschädigen (§ 251 BGB). Insoweit haben also die Naturalrestitution (§ 249 I BGB) bzw. die Zahlung der zur Herstellung erforderlichen Kosten (§ 249 II BGB) Vorrang vor einer Kompensation nach § 251 BGB.[1414] 1134

Geht es um den Ausgleich von Kfz-Sachschäden[1415], hat der BGH in Abhängigkeit des Verhältnisses von Reparaturaufwand und Wiederbeschaffungsaufwand ein **„4-Stufen-Modell"** entwickelt[1416], wobei 1135

- unter Reparaturaufwand die Reparaturkosten zzgl. der merkantilen Wertminderung zu verstehen sind,
- und unter Wiederbeschaffungsaufwand der Wiederbeschaffungswert abzgl. des Restwerts.[1417] Wiederbeschaffungswert ist der Betrag, den der Geschädigte bezahlen muss, um bei einem seriösen Händler ein vergleichbares Fahrzeug zu beschaffen; Restwert ist der Wert, den der Wagen nach dem Unfall noch hat.[1418]

Im Wesentlichen geht es bei dem 4-Stufen-Modell des BGH um folgende Abstufung der Möglichkeiten des Schadensersatzes: 1135a

- Reparaturaufwand ist geringer als der Wiederbeschaffungsaufwand
- Reparaturaufwand ist höher als der Wiederbeschaffungsaufwand, aber niedriger als der Wiederbeschaffungswert („100%-Bereich")
- Reparaturaufwand ist höher als der Wiederbeschaffungswert, aber niedriger als 130% des Wiederbeschaffungswerts („130%-Bereich")
- Reparaturaufwand ist höher als 130% des Wiederbeschaffungswerts

**Stufe 1:** Liegt der **Reparaturaufwand unter dem Wiederbeschaffungsaufwand**, sind eine Reparatur und deren Kostenersatz **unproblematisch**: Der Geschädigte kann wahlweise den Wagen reparieren lassen und gem. § 249 II BGB Ersatz der Reparaturkosten verlangen („konkrete Abrechnung") oder (ebenfalls gem. § 249 II 1135b

---

[1414] BGHZ 154, 395, 397 f.; 143, 189, 193; 115, 364, 367. Vgl. auch BGH NJW 2004, 1943, 1944; BGHZ 162, 161, 163 ff.; BGH NJW 2006, 2179, 2180; BGH NJW 2007, 589.

[1415] Zum Ausgleich von Personenschäden vgl. Rn 1003 f. und Rn 1072 ff.

[1416] Vgl. dazu auch *Grüneberg*, in: Palandt, § 249 Rn 24 ff.

[1417] Siehe nur BGH NJW 2017, 3588, 3589.

[1418] BGH NJW 1992, 903.

BGB) schlicht auf Basis des Sachverständigengutachtens (also „fiktiv") abrechnen.[1419] Auch steht ihm ein (nach § 251 I BGB zu gewährender) Ausgleich für die unfallbedingte merkantile Wertminderung (merkantiler Minderwert) zu. Der merkantile Minderwert ergibt sich daraus, dass es sich trotz modernster Reparaturtechnik um einen wiederhergestellten Unfallwagen handelt, der am Markt einen geringeren Preis erzielt. § 251 I BGB ist dafür die Anspruchsgrundlage, weil Naturalrestitution in Bezug auf die Wertminderung unmöglich ist (vgl. dazu Rn 1097).

**Beispiel:** Der 18 Monate alte Wagen des G wurde durch einen von S verursachten Unfall beschädigt. Der von G beauftragte Sachverständige[1420] hat unter Zugrundelegung der Stundenverrechnungssätze einer markengebundenen Fachwerkstatt Reparaturkosten i.H.v. 10.700 € (inkl. USt[1421]) ermittelt. Den Wiederbeschaffungswert hat er mit 21.900 € angesetzt, den Restwert mit 8.500 €. Trotz ordnungsgemäß durchgeführter Reparatur hätte der Wagen einen merkantilen Minderwert i.H.v. 1.300 € im Vergleich zu einem unfallfreien Wagen desselben Typs.

Dieser Fall ist unproblematisch: Der Reparaturaufwand (12.000 €) liegt unterhalb des Wiederbeschaffungsaufwands (13.400 €). Lässt G daher den Wagen (nach Maßgabe des Sachverständigengutachtens) reparieren, kann er Reparaturkostenersatz i.H.v. 10.700 € und Ausgleich des merkantilen Minderwerts i.H.v. 1.300 € verlangen.

Achtung: Ist der Geschädigte gegenüber der Finanzverwaltung umsatzsteuervorabzugsberechtigt, kann er bei der Abrechnung lediglich den Netto-Betrag (im Beispiel also 8.991,60 €) geltend machen, da insoweit ja keine USt anfällt. Vom merkantilen Minderwert ist dagegen keine USt abzuziehen.

1135c **Beachtung des Wirtschaftlichkeitsgebots und des Bereicherungsverbots:** Stehen dem Geschädigten mehrere Möglichkeiten der Naturalrestitution zur Verfügung (etwa Reparatur oder Ersatzbeschaffung), hat er grds. diejenige zu wählen, die in einer ihm zumutbaren Weise den geringsten Aufwand erfordert[1422] (sog. Wirtschaftlichkeitsgebot). Diese Einschränkung ergibt sich schon aus dem Begriff des Schadens. Denn die Einbuße des Geschädigten ist, auch unter Berücksichtigung des Erhaltungs- und Affektionsinteresses, nicht größer als das, was er aufwenden muss, um den beschädigten oder zerstörten Vermögensbestandteil in einen dem früheren wirtschaftlich gleichwertigen Zustand zu versetzen. Gesetzlich niedergelegt ist das Wirtschaftlichkeitsgebot im Tatbestandsmerkmal der Erforderlichkeit des § 249 II S. 1 BGB.[1423] Der zu gewährende Schadensausgleich wird außerdem begrenzt durch das schadensrechtliche Bereicherungsverbot, das besagt, dass der Geschädigte zwar vollen Ersatz verlangen kann, an dem Schadensfall aber nicht „verdienen" soll.[1424]

Um das Wirtschaftlichkeitsgebot und das Bereicherungsverbot zu beachten, könnte man annehmen, dass der Geschädigte eine günstigere Reparaturwerkstatt beauftragen muss, statt eine teurere Markenwerkstatt zu wählen. Grundsätzlich braucht sich der Geschädigte nicht auf eine günstigere freie Werkstatt verweisen zu lassen, sondern hat Anspruch auf Reparatur in einer (teureren) markengebundenen Fachwerkstatt.[1425] Das gilt jedenfalls bei Fahrzeugen, die nicht älter als 3 Jahre sind. Sollte es sich bei dem beschädigten Kfz aber um ein älteres Fahrzeug handeln (also älter als 3 Jahre), das zudem nicht regelmäßig in einer markengebundenen Fachwerkstatt gewartet wurde, muss sich der Geschädigte unter dem Aspekt des Wirtschaftlichkeitsgebots mitunter doch auf eine günstigere markenunge-

---

[1419] Vgl. grundlegend BGHZ 155, 1, 4 ff. („Porsche-Urteil"). Zur fiktiven Abrechnung vgl. unten Rn 1135d, 1135h.
[1420] Zum Recht des Geschädigten, zur Schadensermittlung einen Sachverständigen seiner Wahl hinzuzuziehen, vgl. Rn 1140.
[1421] Umsatzsteuer (umgangssprachlich auch als „Mehrwertsteuer" bezeichnet). Zur USt vgl. unten Rn 1135e und 1141 f.
[1422] BGHZ 162, 161, 163 ff. („VW-Urteil").
[1423] Insoweit klarstellend BGH NJW 2015, 2110 f.
[1424] BGHZ 162, 161, 163 ff. Vgl. auch BGH NJW 2015, 468 ff.
[1425] Vgl. das bereits genannte „Porsche-Urteil" BGHZ 155, 1, 4 ff.

bundene Werkstatt mit gleichwertiger Reparaturmöglichkeit verweisen lassen.[1426] Das ist nicht ganz unproblematisch angesichts fortschreitender Technologie gerade im Fahrzeugbau. Unzumutbar ist der Verweis auf eine freie Fachwerkstatt jedenfalls dann, wenn diese nur deshalb kostengünstiger ist, weil der Versicherer mit ihr eine vertragliche Rahmenvereinbarung über niedrigere Stundensätze geschlossen hat[1427]. Lässt der Geschädigte den Wagen gleichwohl von einer kostengünstigeren (freien) Werkstatt reparieren, kann er wegen des schadensrechtlichen Bereicherungsverbots selbstverständlich nicht den Differenzbetrag zu den Reparaturkosten verlangen, den der Kfz-Sachverständige zuvor unter Zugrundelegung der höheren Stundenverrechnungssätze einer markengebundenen Fachwerkstatt ermittelt hat.[1428]

Das Wirtschaftlichkeitsgebot und das schadensrechtliche Bereicherungsverbot dürfen allerdings das **Integritätsinteresse** des Geschädigten, nicht verkürzen, vgl. dazu Rn 1136 f. („**130%-Bereich**"). Zur Frage nach der Möglichkeit der Verringerung des Schadensersatzanspruchs durch Heraufsetzung des Restwerts vgl. Rn 1135i.

Alternativ zur Reparaturkostenerstattung kann der Geschädigte auch „**fiktiv**" abrechnen (**Abrechnung auf Gutachtenbasis**). Es kann durchaus sinnvoll sein, dass der Geschädigte auf eine Reparatur verzichtet und schlicht den zur Reparatur erforderlichen Geldbetrag verlangt. Insbesondere zwingt § 249 II BGB den Geschädigten nicht, den beschädigten Wagen tatsächlich reparieren zu lassen. Vielmehr besteht der Anspruch des Geschädigten auf Ersatz der anfallenden Reparaturkosten grds. unabhängig davon, ob er den Wagen tatsächlich voll, minderwertig oder überhaupt nicht reparieren lässt und das Geld bspw. spart oder davon etwas ganz anderes kauft.[1429] Verzichtet der Geschädigte auf die Reparatur, erfolgt die Abrechnung über die sog. „fiktiven Reparaturkosten", d.h. es findet eine „fiktive Schadensabrechnung" gemäß der vom Kfz-Sachverständigen durchgeführten Berechnung statt.[1430] Bei dieser „Abrechnung auf Gutachtenbasis" kann der Geschädigte die vom Gutachter ermittelten Reparaturkosten (allerdings ohne USt, vgl. § 249 II S. 2 BGB) verlangen. **1135d**

**Beispiel:** Im Beispiel von Rn 1135b kann G statt den Wagen (nach Maßgabe des Sachverständigengutachtens) reparieren zu lassen, auch fiktiv abrechnen, d.h. schlicht die vom Sachverständigen ermittelten Reparaturkosten ersetzt verlangen. Wegen § 249 II S. 2 BGB (dazu sogleich) sind aber lediglich die Netto-Reparaturkosten zu erstatten, da bei fiktiver Abrechnung ja insoweit keine USt anfällt. G kann also (lediglich) 8.991,60 € verlangen. Der (zusätzliche) Anspruch auf Ausgleich des merkantilen Minderwerts i.H.v. 1.300 € bleibt davon aber unberührt.

§ 249 II S. 2 BGB betrifft also lediglich den Fall, dass bei Reparatur, Ersatzbeschaffung oder bei sonstigen Aufwendungen im Zusammenhang mit der Schadensabwicklung USt angefallen ist. Bei den für die Ermittlung des Wiederbeschaffungsaufwands maßgeblichen Werten (Reparaturkosten, Wiederbeschaffungswert, Restwert) sind nach dem BGH demgegenüber grds. jeweils die Brutto-Beträge (also inkl. USt) gegenüberzustellen.[1431] Denn in diesem Zusammenhang ja erstmal nur um die Ermittlung der **1135e**

---

[1426] BGH NJW 2013, 2817; NJW 2010, 606, 607 f.; BGH NJW 2015, 2110, 2111 mit Verweis auf BGH NJW 2010, 2951; 2010, 2727.

[1427] BGH NJW 2015, 2110, 2111.

[1428] BGH NJW 2014, 535 f. mit Verweis u.a. auf BGH NJW 2013, 1151; NJW 2012, 50; NJW 2009, 3713. Vgl. auch BGH NJW 2015, 2110 f.

[1429] BGH NJW 2014, 535 f.; BGHZ 155, 1, 4 ff.; 66, 239, 241. Zu beachten ist, dass die Möglichkeit der fiktiven Abrechnung außerhalb von Kfz-Schäden nicht (ohne weiteres) gilt. Bei Gebäude- oder Hausratversicherungsfällen z.B. müssen die Versicherer lediglich angefallene erforderliche Reparaturkosten erstatten. In der Praxis lässt sich aber durchaus „verhandeln", d.h. der Geschädigte verzichtet auf eine Reparaturkostenerstattung und die Versicherung zahlt einen Teil der im Schadensgutachten berechneten Reparaturkosten, ohne auf die Ausführung von Reparaturarbeiten zu bestehen.

[1430] BGHZ 54, 82, 86 f.; 61, 56, 58; 61, 346, 347; 63, 182, 184; 66, 239, 241; BGH NJW 1997, 520; NJW 1989, 3009; NJW 2006, 2179, 2180; *Bollweg*, zfs-Sonderheft 2002, 1, 3; *Wagner*, NJW 2002, 2049, 2058.

[1431] BGH NJW 2009, 1340. Vgl. auch OLG München NJW 2018, 960, 961. Die Netto-Werte sind aber dann anzusetzen, wenn der Geschädigte vorsteuerabzugsberechtigt ist (OLG München a.a.O.).

Methode, nach der abgerechnet werden kann (konkret, fiktiv, auf Totalschadensbasis oder auf Basis des Integrationsinteresses), nicht um (nicht) anfallende USt.

**Beispiel:** Der Sachverständige hat voraussichtliche Reparaturkosten i.H.v. 15.000 € (inkl. USt) ermittelt. Den Wiederbeschaffungswert hat er mit 30.000 € (inkl. USt) angesetzt, den Restwert mit 12.000 €. Den merkantilen Minderwert beziffert er mit 2.000 €.

Hier liegt der Reparaturaufwand (17.000 € brutto) unter dem Wiederbeschaffungsaufwand (18.000 € brutto). Daher kann der Geschädigte unproblematisch auch fiktiv abrechnen. Wegen § 249 II S. 2 BGB kann er bei fiktiver Abrechnung aber lediglich die Netto-Reparaturkosten abrechnen, also 12.605,04 €. Daneben hat der Geschädigte aber einen Anspruch auf Ausgleich für den merkantilen Minderwert (vorliegend 2.000 €), insgesamt vorliegend also auf 14.605,04 €.

1135f Auch bei der fiktiven Abrechnung kann der Geschädigte verlangen, dass bei der Ermittlung der (fiktiven) Reparaturkosten die üblichen Stundenverrechnungssätze einer markengebundenen Fachwerkstatt in seiner Region zugrunde gelegt werden.[1432] Vgl. dazu Rn 1135b, 1135c. Im Übrigen existieren auf der Stufe 1 weder Haltefristen (Rn 1135h f.) noch Verpflichtungen zu Reparaturnachweisen (Rn 1135g). Zur Frage nach der Möglichkeit der Verringerung des Schadensersatzanspruchs durch Heraufsetzung des Restwerts vgl. Rn 1135i.

1135g **Stufe 2:** Ist der **Reparaturaufwand höher als der Wiederbeschaffungsaufwand, aber niedriger als der Wiederbeschaffungswert („100%-Bereich")**, kann gem. § 249 II BGB der Geschädigte die Brutto-Reparaturkosten bis zur Höhe des Wiederbeschaffungswerts ohne Abzug des Restwerts ersetzt verlangen. Voraussetzung ist aber, dass der Wagen tatsächlich repariert wird[1433], wobei die Qualität der Reparatur ebenso wenig eine Rolle spielt, wie der Umstand, dass der Geschädigte den Wagen (unmittelbar) nach der Reparatur veräußert[1434]. Es gibt also (wie bei Stufe 1, aber anders als bei fiktiver Abrechnung in Stufe 2 und im „130%-Bereich" der Stufe 3, dazu Rn 1136 f.) keine „Haltefrist". Allerdings ist auf Verlangen der Nachweis zu erbringen, dass der Wagen zumindest verkehrssicher wiederhergestellt worden ist.

**Beispiel:** Der 18 Monate alte Wagen des G wurde durch einen von S verursachten Unfall beschädigt. Der Sachverständige hat unter Zugrundelegung der Stundenverrechnungssätze einer markengebundenen Fachwerkstatt Reparaturkosten i.H.v. 10.700 € (inkl. USt) ermittelt. Den Wiederbeschaffungswert hat er mit 21.900 € angesetzt, den Restwert mit 12.750 €. Trotz ordnungsgemäß durchgeführter Reparatur hat der Wagen einen merkantilen Minderwert i.H.v. 1.300 €.

Hier ist der Reparaturaufwand (12.000 €) höher als der Wiederbeschaffungsaufwand (9.150 €), aber niedriger als der Wiederbeschaffungswert (21.900 €). G kann daher von S (bzw. von dessen Versicherung) Reparaturkostenersatz i.H.v. 10.700 € und Ausgleich des merkantilen Minderwerts i.H.v. 1.300 €, insgesamt also 12.000 € verlangen. Ob er den Wagen nach erfolgter Reparatur sogleich veräußert, spielt keine Rolle.

1135h Alternativ kann der Geschädigte auch hier **fiktiv** abrechnen. Er kann die vom Gutachter ermittelten Reparaturkosten (ohne USt, vgl. § 249 II S. 2 BGB) bis zur Höhe des Wiederbeschaffungswerts ohne Abzug des Restwerts verlangen, allerdings nur, wenn er das Fahrzeug mindestens **6 Monate** weiter nutzt (sog. „Haltefrist") und zu diesem Zweck – falls erforderlich – verkehrssicher (teil-)reparieren lässt.

**Beispiel:** Veräußert der Geschädigte das verunfallte Fahrzeug also erst nach Ablauf von sechs Monaten, hat er Anspruch auf Erstattung der fiktiven Reparaturkosten (allerdings

[1432] BGH NJW 2014, 535 f.; grundlegend BGHZ 155, 1, 4 ff. („Porsche-Urteil").
[1433] BGH NJW 2003, 2085; NJW 2009, 1340.
[1434] BGH NJW 2007, 588.

netto) bis zur Höhe des Wiederbeschaffungswerts ohne Abzug des Restwerts, im Beispiel von Rn 1135g also 8.991,60 €. Zu welchem Preis er den Wagen nach Ablauf der Haltefrist veräußert, oder ob er ihn behält, ist irrelevant. Hinzu kommt der Ausgleich für den merkantilen Minderwert (1.300 €). G kann also 10.291,60 € verlangen.

Bei fiktiver Abrechnung ist nur dann der Restwert des beschädigten Wagens vom Wiederbeschaffungswert abzuziehen (und damit auf Totalschadenbasis abzurechnen), wenn der Geschädigte den Wagen innerhalb von 6 Monaten veräußert.

**Beispiel:** Veräußert der Geschädigte das verunfallte Fahrzeug also innerhalb von 6 Monaten, hat er nur Anspruch auf Abrechnung auf Totalschadenbasis, also auf Erstattung des Wiederbeschaffungsaufwands (= Wiederbeschaffungswert abzgl. des Restwerts), im Beispiel von Rn 1135g also von 9.150 €. Da zudem ein merkantiler Minderwert bei einem Totalschaden nicht anfällt, wird deutlich, welche Relevanz die Nichteinhaltung der Haltefrist haben kann.

Da die fiktive Abrechnung bei einem wirtschaftlichen Totalschaden lediglich bis zum Wiederbeschaffungsaufwand möglich ist, hat die Versicherung des Schädigers im Rahmen eines „aktiven Schadensmanagements" ein Interesse daran, den Restwert möglichst hoch anzusetzen, um auf diese Weise einen wirtschaftlichen Totalschaden annehmen und so den Schadensersatzanspruch verringern zu können Denn unter den o.g. Voraussetzungen ist die Versicherung berechtigt, dem Geschädigten ein (höheres) Restwertangebot zu unterbreiten; der Geschädigte ist grds. verpflichtet, sich darauf einzulassen bzw. diesen höheren Restwert zu akzeptieren.[1435] Der Geschädigte steht sich dadurch mitunter schlechter. **1135i**

Gelänge es der Versicherung, im **Beispiel** von Rn 1135h (über eine Restwertbörse im Internet) einen Restwert von 15.000 € zu ermitteln und böte sie dem Geschädigten den Ankauf des verunfallten Fahrzeugs zu diesem Restwert an, ergäbe sich bei fiktiver Abrechnung lediglich ein Schadensersatzanspruch i.H.v. 6.900 € (21.900 € abzüglich 15.000 €). Da bei einem Totalschaden kein merkantiler Minderwert auszugleichen ist (s.o.), stünde die Versicherung im Falle des Beispiels von Rn 1135h also um 3.390,60 € besser.

Möchte der Geschädigte das Fahrzeug aber für mindestens **6 Monate** weiter benutzen, braucht er sich auf das höhere Restwertangebot nicht einzulassen und darf weiterhin den vom Sachverständigen ermittelten Restwert zugrunde legen.[1436] Denn bei einer so langen Weiternutzung hat er sein Integritätsinteresse unter Beweis gestellt und der Abzug ist nicht gerechtfertigt, zumal die fiktive Abrechnung bis zum differenzbesteuerten Wiederbeschaffungswert möglich ist. **1135j**

Möchte im obigen **Beispiel** von Rn 1135i der Geschädigte also mindestens 6 Monate das Fahrzeug weiter benutzen, kann er unter Zugrundelegung des vom Sachverständigen ermittelten Restwerts fiktiv abrechnen, von der Versicherung also die berechneten Reparaturkosten verlangen, wegen § 249 II S. 2 BGB allerdings nur netto, d.h. ohne USt, im Ergebnis also 8.991,60 €. Daneben kann er den merkantilen Minderwert (1.300 €) ersetzt verlangen, insgesamt also 10.291,60 €. Insoweit ergibt sich also kein Unterschied zur Berechnung wie bei Rn 1135h.

**Stufe 3:** Auch wenn der **Reparaturaufwand höher ist als der Wiederbeschaffungswert, aber noch niedriger als 130% dieses Werts** („**130%-Bereich**"), kann der Geschädigte grds. frei wählen, auf welche Weise er abrechnet („Dispositionsfreiheit"). In diesem Fall hat er aber das sich aus dem Tatbestandsmerkmal der Erfor- **1136**

[1435] BGH NJW 2010, 2722 f.
[1436] BGH NJW 2007, 1674, 1675 f.; NJW 2006, 2179, 2180. Vgl. auch BGH VersR 2008, 134 f.; VersR 2008, 135, 136; NJW 2011, 667, 668; *Wellner*, NJW 2012, 7, 8.

derlichkeit des § 249 II S. 1 BGB ergebende **schadensrechtliche Bereicherungsverbot** bzw. das **Wirtschaftlichkeitsgebot** (dazu bereits Rn 1135b, 1135c) in besonderer Weise zu beachten: Danach hat der Geschädigte nur Anspruch auf solchen Schadensersatz, der vom Standpunkt eines verständigen, wirtschaftlich denkenden Menschen in der Lage des Geschädigten zur Behebung des Schadens zweckmäßig und angemessen erscheint.[1437] Kommen also mehrere Möglichkeiten des Schadensausgleichs in Betracht, hat der Geschädigte grundsätzlich diejenige Möglichkeit zu wählen, die **den geringsten wirtschaftlichen Aufwand** erfordert.[1438] Da das Schadensersatzrecht aber auch das Interesse des Geschädigten am Erhalt der Sache (**sog. Integritätsinteresse**) schützt, wird dem Geschädigten eines Kfz zugebilligt, dass er seinen Wagen auch dann reparieren lassen kann, wenn die Kosten höher liegen als beim Kauf eines gleichwertigen Ersatzfahrzeugs. Da das Integritätsinteresse aber mit dem Bereicherungsverbot bzw. mit dem Wirtschaftlichkeitspostulat kollidiert und daher nicht grenzenlos geschützt sein kann, ist die von der Rechtsprechung entwickelte 130%-Grenze zu beachten: Übersteigen die Reparaturkosten zzgl. der merkantilen Wertminderung den Wiederbeschaffungswert um mehr als 30%, kann der Geschädigte nicht mehr sein Integritätsinteresse durchsetzen, sondern muss sich auf den Wiederbeschaffungsaufwand verweisen lassen (sog. wirtschaftlicher Totalschaden).[1439] Liegen die Reparaturkosten hingegen innerhalb der 130%-Grenze, kann der Geschädigte die Reparaturkosten und Ersatz des merkantilen Minderwerts verlangen.

**1136a** Integritätsinteresse bedeutet also, dass trotz an sich vorliegender „Reparaturunwürdigkeit" aufgrund zu hoher Reparaturkosten im Verhältnis zum Wiederbeschaffungswert des Fahrzeugs der Geschädigte die Reparaturkosten gleichwohl erstattet verlangen kann, etwa, weil das Fahrzeug für ihn einen ideellen Wert darstellt, er die Kosten und Mühen, die mit dem Finden eines anderen Fahrzeugs einhergehen, vermeiden möchte, oder er einfach das Risiko, das mit dem Kauf eines Gebrauchtwagens verbunden ist, nicht eingehen möchte. Daher hat der BGH entschieden, dass der Geschädigte zum Ausgleich des durch einen Unfall verursachten Fahrzeugschadens die Reparaturkosten **bis zur Höhe von 130% des Wiederbeschaffungswerts ohne Abzug des Restwerts** verlangen kann, wenn er das Fahrzeug **tatsächlich und nach den Vorgaben des Sachverständigengutachtens reparieren** lässt[1440] und **weiter benutzt**.[1441] Eine **fiktive** Abrechnung ist im 130%-Bereich also **nicht möglich**, da hier kein Integritätsinteresse denkbar ist.

> **Beispiel:** Der Wagen des G wurde durch einen von S verursachten Unfall beschädigt. Der Sachverständige hat Reparaturkosten i.H.v. 18.500 € (inkl. USt) ermittelt. Den Wiederbeschaffungswert hat er mit 21.900 € angesetzt, den Restwert mit 9.500 €. Trotz ordnungsgemäß durchgeführter Reparatur hat der Wagen einen merkantilen Minderwert i.H.v. 2.500 €.
>
> Hier liegt an sich eine Reparaturunwürdigkeit vor, weil die Reparaturkosten (18.500 €) zzgl. der merkantilen Wertminderung (2.500 €) den Wiederbeschaffungswert des Fahrzeugs (21.900 €) abzgl. des Restwerts (9.500 €) übersteigen. Macht O aber ein Integritätsinteresse geltend, kann er Ersatz der Reparaturkosten bis zur Höhe von 130% des Wiederbeschaffungwerts verlangen. Da der Wiederbeschaffungswert vorliegend 21.900 € beträgt, liegt die 130%-Grenze bei 28.470 €. G könnte also maximal diesen Betrag erstattet bekommen. Da der tatsächliche Reparaturaufwand bei 21.000 € (18.500 € zzgl. 2.500 €) liegt, ist die 130%-Grenze beachtet. G kann also von S (bzw. von dessen Versicherung) Ersatz der Reparaturkosten i.H.v. 18.500 € zzgl. der merkantilen Wertminderung i.H.v. 2.500 € verlangen. Er muss nur die nach den Vorgaben des Sachverständigengutachtens durchgeführte Reparatur (durch Vorlage der Reparatur-

---

[1437] BGHZ 115, 364, 368.
[1438] BGHZ 154, 395, 397 f.; 115, 364, 368. Vgl. auch BGH NJW 2014, 535, 536; NJW 2015, 2958.
[1439] BGHZ 154, 395, 397 f.; 115, 364, 371; 115, 375, 380; BGH MDR 1999, 293; OLG Hamm VersR 2001, 257; OLG Koblenz VersR 2001, 997; OLG Dresden OLG Report 2001, 341; OLG Frankfurt OLG Report 2002, 81.
[1440] BGH NJW 2005, 1108; NJW 2015, 2958.
[1441] BGH NJW 2006, 2179, 2180; NJW 2007, 589. Vgl. auch *Armbrüster*, JuS 2007, 411, 412 f.

rechnung) sowie das Integritätsinteresse (durch weitere Nutzung für mindestens 6 Monate) nachweisen (vgl. dazu Rn 1104, 1135h ff.).

Weiterführender Hinweis: Die Durchsetzung des Integritätsinteresses ist auch bei einer „Eigenreparatur" möglich. Allerdings hat der Geschädigte eine ordnungsgemäße (d.h. sach- und fachgerechte) Instandsetzung nachzuweisen. Das kann namentlich durch Vorlage einer Bescheinigung eines Kfz-Sachverständigen über die ordnungsgemäß durchgeführte Instandsetzung („Reparaturbestätigung") erfolgen. Anderenfalls bleibt nur die Möglichkeit einer Abrechnung des Fahrzeugschadens auf Totalschadenbasis. Hierzu ist der Wiederbeschaffungsaufwand (d.h. der Wiederbeschaffungswert abzüglich des Restwerts) maßgeblich.

Lässt der Geschädigte den Wagen reparieren, darf er die 130%-Grenze nicht durch **1137**
„Trickserei" unterlaufen, indem er teilweise Gebrauchtteile verbauen lässt, v.a. aber auf den Anbau von Teilen verzichtet. Maßgeblich ist allein das Sachverständigengutachten. Liegen dort die Kosten einer ordnungsgemäßen Reparatur oberhalb von 130% des Wiederbeschaffungswerts, kommt ein voller Reparaturersatz nicht in Betracht.[1442]

**Beispiel**[1443]**:** Der ältere Mercedes 200 D der Geschädigten G erlitt infolge eines von einem Dritten verursachten Verkehrsunfalls einen nicht unerheblichen Sachschaden. Die voraussichtlichen Reparaturkosten bei dem Wagen sollten dem Kfz-Sachverständigengutachten zufolge 186% des Wiederbeschaffungswerts betragen. Gleichwohl ließ G den Wagen reparieren. Weil sie jedoch u.a. eine gebrauchte Fahrertür einbauen ließ und auf den Austausch von Zierleisten und anderen (Klein-)Teilen verzichtete, konnten die Reparaturkosten auf unter 130% des Wiederbeschaffungswerts reduziert werden. Die Kfz-Haftpflichtversicherung des Unfallverursachers lehnte die Übernahme der Reparaturrechnung ab mit dem Argument, die Einhaltung der 130%-Grenze sei nur durch „Trickserei" erreicht worden, indem die Geschädigte teilweise Gebrauchtteile habe verbauen lassen, v.a. aber auf den Anbau von Teilen verzichtete. Maßgeblich sei allein die Berechnung im Sachverständigengutachten, wonach die Kosten einer ordnungsgemäßen Reparatur bei 186% des Wiederbeschaffungswerts lägen.

Der BGH teilte im Wesentlichen die Rechtsauffassung der Versicherung. Reparaturen seien nach den Vorgaben des Sachverständigen durchzuführen. Geschädigte dürften dann zwar auch altersentsprechende Gebrauchtteile einbauen lassen, um Kosten zu sparen. Teile weglassen dürften sie aber nicht, weil ansonsten die Berechnungsgrundlage des Gutachtens unterlaufen werde. Zudem drohe eine Manipulationsgefahr seitens der Werkstatt durch eine versteckte Rabattgewährung, zum Beispiel durch Herunterrechnen von Arbeitszeiten und nicht auf der Rechnung ausgewiesene Positionen.

Stellungnahme: Die 130%-Grenze hat sich bewährt; sie ist Ausfluss des Wirtschaftlichkeitspostulats und verhindert, dass zulasten des Schädigers bzw. von dessen Haftpflichtversicherung unrentable Reparaturen durchgeführt werden. Die Berechnungsgrundlage des Sachverständigengutachtens darf nicht dadurch unterlaufen werden, dass der Geschädigte Teile weglässt, um die 130%-Grenze einzuhalten.

**Stufe 4:** Liegt der (voraussichtliche) Reparaturaufwand über 130% des Wiederbe- **1138**
schaffungswerts, ist kein Integritätsinteresse ersichtlich, das geschützt werden könnte. Das beschädigte Fahrzeug ist schlicht nicht reparaturwürdig („wirtschaftlicher Totalschaden"); eine Reparatur wäre unverhältnismäßig. Es greift der Rechtsgedanke des § 251 II S. 1 BGB („unverhältnismäßig"): Statt einer Reparaturkostenübernahme kommt lediglich eine Geldentschädigung in Betracht, die sich nach dem Wiederbeschaffungswert abzgl. des Restwerts, und nicht nach den (höheren) noch verhältnis-

[1442] BGH NJW 2015, 2958.
[1443] Nach BGH NJW 2015, 2958.

mäßigen Reparaturkosten richtet.[1444] Ein Ersatz für merkantile Wertminderung scheidet aus.

1139 **Anschaffung eines Ersatzwagens:** Unabhängig, auf welcher Stufe der Schaden einzuordnen ist, kann der Geschädigte sich aber auch einen (gleichwertigen) Wagen anschaffen und (gem. § 249 II BGB) Ersatz des Anschaffungspreises verlangen. Hinsichtlich der maximalen Höhe des erstattungsfähigen Betrags wird der Wiederbeschaffungsaufwand hinsichtlich des beschädigten Kfz zugrunde gelegt.[1445]

Im **Beispiel** von Rn 1135b liegt der Wiederbeschaffungsaufwand bei 13.400 €. Bis zu dieser Höhe sind also die Kosten für ein Ersatzfahrzeug zu erstatten. Das benachteiligt G nicht, da er ja den verunfallten Wagen behält bzw. veräußert und den Veräußerungserlös behalten darf. Die erstattungsfähige USt des Ersatzfahrzeugs ist aber auf den USt-Anteil des Wiederbeschaffungswerts des verunfallten Fahrzeugs begrenzt. Da der Wiederbeschaffungswert 21.900 € beträgt, sind dies 3.496,64 €. Zur Frage nach der Möglichkeit der Verringerung des Schadensersatzanspruchs durch Heraufsetzung des Restwerts vgl. auch hier Rn 1135i.

1140 **Hinzuziehung eines Sachverständigen:** Oft kann die Schadenshöhe erst durch einen Sachverständigen ermittelt werden. Daher ist es allgemein anerkannt, dass der Geschädigte bei einem Unfall jedenfalls dann einen (von ihm selbst auszuwählenden) Sachverständigen heranziehen darf, wenn der Schaden eine Bagatellgrenze von 700-750 € übersteigt[1446] und der Geschädigte die Einholung eines Gutachtens im Zeitpunkt der Beauftragung zur Rechtsverfolgung auch im Übrigen für erforderlich halten durfte[1447]. Die Kosten für die Erstellung eines Sachverständigengutachtens sind dann (wie die **Rechtsanwaltskosten**, wenn der Geschädigte die Hinzuziehung eines Anwalts für erforderlich halten durfte) als Kosten der Rechtsverfolgung erstattungsfähig.[1448] Hinsichtlich der Erstattungsfähigkeit der (auch vorprozessualen) Rechtsanwaltskosten ist jedoch zu beachten, dass die Forderung selbstverständlich objektiv berechtigt sein muss.[1449] Geht es um die Geltendmachung von Ansprüchen aus einem Verkehrsunfall, ist das regelmäßig der Fall, da die Beurteilung der Rechtslage für einen juristischen Laien kaum möglich ist. Die Höhe der erstattungsfähigen Rechtsanwaltskosten ist aber auf die berechtigten ersatzfähigen Kosten beschränkt.

**Beispiel**[1450]**:** Wie bereits bei Rn 1135 ff. ausgeführt, kann der Geschädigte, der von der Ersetzungsbefugnis des § 249 II S. 1 BGB Gebrauch macht und den Schaden an seinem Fahrzeug nicht im Wege der Reparatur, sondern durch Beschaffung eines Ersatzfahrzeugs beheben will, nur den Wiederbeschaffungswert abzüglich des Restwerts, also den Wiederbeschaffungsaufwand ersetzt verlangen.[1451] Berechneten sich in diesem Fall die Rechtsanwaltskosten nach dem vollen Wiederbeschaffungswert, wären sie insoweit nicht erstattungsfähig, als sie auf dem unberechtigten Mehrbetrag beruhten.

1141 **USt-Ersatzpflicht:** Wie bereits bei Rn 1135d ausgeführt, kann gem. § 249 II S. 2 BGB die USt nur dann verlangt werden, wenn sie tatsächlich angefallen ist. Dies gilt nach der amtlichen Begründung immer dann, wenn eine Restitution durch Herstellung der beschädigten Sache selbst oder durch Beschaffung einer gleichwertigen Ersatzsa-

---

[1444] BGH NJW 2007, 2917.

[1445] OLG Frankfurt/M OLG Report 2002, 81; OLG Köln zfs 2002, 74; OLG Hamm VersR 2000, 1122; OLG Karlsruhe MDR 2000, 697; OLG Saarbrücken MDR 1998, 1346; OLG Düsseldorf NZV 1995, 232; OLG München zfs 1991, 303. Vgl. auch *Heinrichs*, NJW 2004, 1916 ff.

[1446] Unterhalb dieser Bagatellgrenze werden von den Versicherungen i.d.R. Reparaturrechnungen oder Kostenvoranschläge akzeptiert.

[1447] Vgl. dazu *Vuia*, NJW 2013, 1197, 1200; *Alexander/Rauschenbach*, JA 2019, 85, 94.

[1448] BGH NJW 2005, 356; NJW 2014, 1947; *Grüneberg*, in: Palandt, § 249 Rn 58; *Dresenkamp*, JA 2012, 527, 532; *Vuia*, NJW 2013, 1197, 1200; *Buller/Figgener*, NJW 2015, 2913, 2915.

[1449] Vgl. BGH NJW 2017, 3588, 3589.

[1450] BGH NJW 2017, 3588.

[1451] St. Rspr., vgl. nur BGH NJW 2017, 3588, 3589.

che möglich ist (BT-Drs 14/7752 S. 13, 23). Nach diesem Ansatz gilt § 249 II S. 2 BGB auch, wenn für ein zerstörtes, entwendetes oder total beschädigtes Kfz Schadensersatz zu leisten ist und der Geschädigte Ersatz beschafft. Denn auch die Ersatzbeschaffung ist eine Art der Naturalrestitution.[1452] Ist also für eine **Reparatur** oder die **Beschaffung einer Ersatzsache** USt zu zahlen, ist diese zu **ersetzen**, allerdings nur bis zur Höhe des Brutto-Wiederbeschaffungswerts des verunfallten Fahrzeugs.[1453]

> **Beispiel:** Vom Sachverständigen wird der Wiederbeschaffungswert des verunfallten Wagens mit 10.000 € ermittelt. Beschafft sich der Geschädigte ein Ersatzfahrzeug bspw. für 12.000 €, kann er lediglich die im Wiederbeschaffungswert von 10.000 € enthaltene USt von 1.596,64 € ersetzt verlangen (das gilt auch dann, wenn die Rechnung über das Ersatzfahrzeug die USt nicht ausweist).

**Keine USt-Ersatzpflicht:** Bei konkreter Schadensberechnung ist die USt-Ersatzpflicht ausgeschlossen, wenn der Geschädigte zum Vorsteuerabzug berechtigt ist. Denn dann hat er auch zuvor keine Umsatzsteuer gezahlt. Bei Ankauf eines Ersatzfahrzeugs von einem privaten Anbieter fällt ebenfalls keine USt an, die zu erstatten wäre. Die USt ist weiterhin nicht zu ersetzen, wenn der Geschädigte fiktiv auf Gutachtenbasis abrechnet (s.o.). Denn auch in diesem Fall fällt die USt nicht an; der Geschädigte bekommt nur den Netto-Betrag (d.h. den Schadensbetrag ohne USt) des durch den Kfz-Sachverständigen in dessen Gutachten ermittelten Sachschadens ersetzt.[1454] 1142

Entsprechendes gilt, wenn der Geschädigte zwar auf Gutachtenbasis abrechnet, dann aber doch repariert und bei der Reparatur keine USt anfällt, so etwa bei Selbstreparatur oder Reparatur durch einen Schwarzarbeiter (vgl. BT-Drs 14/7752 S. 23). Fällt bei der Selbstreparatur aber infolge des Kaufs von Ersatzteilen USt an, ist diese selbstverständlich erstattungsfähig.

Die genannten Ausschlusstatbestände gelten auch beim sog. wirtschaftlichen Totalschaden, also wenn die (voraussichtlichen) Reparaturkosten zzgl. der merkantilen Wertminderung höher sind als der Wiederbeschaffungswert (Rn 1136 ff.). Wird in diesem Fall kein Ersatz beschafft oder keine Reparatur vorgenommen, fällt auch keine restitutionsbedingte USt an, die ersetzt werden könnte.[1455]

**Schadensregulierung auf Neuwagenbasis:** Wurde ein *neuwertiges* Fahrzeug beschädigt, kann der Geschädigte Schadensersatz auf Neuwagenbasis verlangen, selbst wenn eine Reparatur billiger wäre.[1456] Demnach hat der Geschädigte einen Schadensersatzanspruch in Höhe des Neupreises gegen Herausgabe des beschädigten Fahrzeugs. Voraussetzung ist, dass der Geschädigte tatsächlich ein Ersatzfahrzeug anschafft und dass das Unfallfahrzeug einen erheblichen Schaden erlitten hat. Die Beantwortung der Frage, wann ein Gebrauchtwagen als neuwertig gilt, hängt von verschiedenen Faktoren ab. Hinsichtlich der gefahrenen Kilometer wird die Neuwertigkeitsgrenze allgemein bei ca. 1.000 km gezogen, hinsichtlich des Alters bei ca. einem Monat. Erheblich ist der Schaden, wenn z.B. Richtarbeiten an tragenden Teilen (Rahmen, Säulen etc.) vorgenommen werden müssen oder wenn der Schaden auch von einer Fachwerkstatt nicht vollständig beseitigt werden kann. Bloße „Unlustgefühle" des Eigentümers, etwa dergestalt, dass er nicht mit einem wiederhergestellten Unfallwa- 1143

[1452] BGH NJW 2008, 2430 f.; BGHZ 154, 395, 397 f.; 115, 364, 368, 66, 239, 241.
[1453] Vgl. BGH NJW 2004, 1943, 1944.
[1454] Vgl. bereits sämtliche Vorauflagen; wie hier nun auch BGH NJW 2009, 3713 f.
[1455] BGH NJW 2004, 1943, 1944; LG Rottweil DAR 2003, 422; LG Hildesheim NJW 2003, 3355; LG Magdeburg NZV 2003, 536; LG Bochum NJW 2004, 235; a.A. (noch) AG Hameln NJW 2003, 1615 f. Vgl. auch *Heinrichs*, NJW 2004, 1916 ff.; *Tomson*, NJW 2013, 3690 ff.
[1456] BGH MDR 1982, 433; OLG Hamm MDR 2002, 89 (zurückgehend auf BGH NJW 1976, 1202, 1203).

gen fahren möchte, genügen zur Schadensregulierung auf Neuwertbasis nicht.[1457] Bei Nutzfahrzeugen scheidet eine Schadensregulierung auf Neuwertbasis generell aus.[1458]

1144 **Glossar:** Terminologisch gilt es zu unterscheiden:

- **Wiederbeschaffungswert:** Das ist der Betrag, den der Geschädigte bezahlen muss, um bei einem seriösen Händler ein vergleichbares Fahrzeug zu beschaffen.
- **Restwert:** Das ist der verbleibende Wert eines Kfz nach erlittenem Unfallschaden. Der Restwert wird i.d.R. von einem Kfz-Sachverständigen ermittelt.
- **Wiederbeschaffungsaufwand:** Das ist der Wiederbeschaffungswert abzgl. des Restwerts des beschädigten Kfz. Maßgeblich bei der Berechnung sind grds. die Brutto-Werte (also Werte inkl. USt). Die Netto-Werte sind aber dann anzusetzen, wenn der Geschädigte vorsteuerabzugsberechtigt ist (OLG München NJW 2018, 960, 961).
- **Merkantiler Minderwert:** Das ist der Schaden, der dadurch entsteht, dass es sich bei dem reparierten Fahrzeug nun um einen (wenn auch wiederhergestellten) Unfallwagen handelt, der weniger wert ist als ein entsprechendes unfallfreies Fahrzeug. Denn bei einem wiederhergestellten Unfallwagen sind verborgene Mängel nicht auszuschließen. Aber auch bei fachgerechter Reparatur (Teileaustausch statt Ausbeulen und Richten) haftet dem Wagen der (psychisch wirkende) Makel an, ein Unfallwagen zu sein, was sich in der Höhe des Wiederverkaufswerts niederschlägt. Dieser merkantile Minderwert ist (gem. § 251 I BGB) in Geld zu entschädigen. Zum merkantilen Minderwert vgl. Rn 1097/1135b.
- **Reparaturaufwand:** Das sind die Reparaturkosten zzgl. des merkantilen Minderwerts.
- **Totalschaden:** Kann der Wagen infolge Art und Umgang der Beschädigung nicht mehr repariert werden, spricht man von einem technischen Totalschaden. Wäre der Wagen zwar aus technischer Sicht reparaturfähig, liegt gleichwohl ein sog. wirtschaftlicher Totalschaden vor, wenn eine Reparatur wirtschaftlich außer Verhältnis zum Wert des Wagens stünde. Das ist der Fall, wenn die (voraussichtlichen) Reparaturkosten zzgl. der merkantilen Wertminderung höher sind als der Wiederbeschaffungswert abzüglich des Restwerts.
- Zur **130%-Grenze**, die das Integritätsinteresse aufgrund des im Schadensrecht geltenden Wirtschaftlichkeitspostulats und des Bereicherungsverbots begrenzt, vgl. Rn 1136 f.

1145 Bei einer fiktiven Abrechnung von Unfallschäden in der **Fahrzeugkaskoversicherung** sind unter bestimmten Voraussetzungen die Aufwendungen, die bei Durchführung der Reparatur in einer markengebundenen Fachwerkstatt anfallen würden, ersatzfähig und der Versicherungsnehmer muss sich nicht von seinem Versicherer auf die niedrigeren Kosten einer nicht markengebundenen, also „freien" Werkstatt verweisen lassen.[1459] Voraussetzung ist das Vorliegen mindestens einer der folgenden, vom BGH genannten Voraussetzungen:

- ⇨ Eine vollständige und fachgerechte Instandsetzung des Fahrzeugs ist nur in einer markengebundenen Fachwerkstatt möglich.
- ⇨ Es handelt sich um ein neueres Fahrzeug (hier wird man in Anlehnung an die Rechtsprechung des BGH zur Abrechnung von Kfz-Haftpflichtschäden von einem Fahrzeugalter bis 3 Jahre ausgehen müssen).
- ⇨ Es handelt sich um ein Fahrzeug, das der Versicherungsnehmer bisher stets in einer markengebundenen Fachwerkstatt hat warten und reparieren lassen.

[1457] Vgl. dazu OLG Hamm MDR 2002, 89.
[1458] OLG Naumburg JP 2001, 28.
[1459] Vgl. BGH NJW 2016, 314 f.

## II. Unterlassungs- und Beseitigungsansprüche

### 1. Notwendigkeit eines Unterlassungsanspruchs

Da die Ersatzansprüche nach §§ 823 ff. BGB bezwecken, einen *eingetretenen* Schaden wiedergutzumachen, bieten sie mithin keine Möglichkeit, den Eintritt *drohender* Verluste oder weiterer Schäden bereits vor dem schädigenden Ereignis abzuwehren. 1146

**Beispiel „Kohl-Protokolle"**: Wie bei Rn 1124 ausgeführt, bejahte das LG Köln wegen der unerlaubten Veröffentlichung der Zitate eine Verletzung des allgemeinen Persönlichkeitsrechts. Es untersagte den Beklagten, die betreffenden Zitate aus dem Buch wörtlich oder sinngemäß (weiterhin) zu veröffentlichen oder zu verbreiten. Außerdem verurteilte es S, Auskunft über Art, Umfang und Verbleib von Kopien der Tonbänder zu erteilen.

Hier würde ein Entschädigungsanspruch aus § 823 I BGB wegen Verletzung des allgemeinen Persönlichkeitsrechts zwar erlittene Rechtseinbußen kompensieren, nicht aber vor weiterer Verwendung des Fotos schützen. Das Gesetz gibt daher, um weiteren Schadenseintritt zu verhindern, in verschiedenen Fällen einen Unterlassungsanspruch gegen drohendes gefährdendes Verhalten. Derart geschützt sind etwa der Name (§ 12 S. 2 BGB), der Besitz (§ 862 I S. 2 BGB), das Eigentum (§ 1004 I S. 2 BGB) und andere Rechte. Da auch ein Bedürfnis besteht, den Schutz, welchen die Unterlassungsklage bietet, auch auf die gesetzlich nicht geregelten Fälle (etwa drohende Gesundheits-, Ehr-, Persönlichkeitsverletzung) zu erstrecken, ist ein Unterlassungsanspruch daher auch dann zu gewähren, wenn eine rechtswidrige Verletzung *aller* durch §§ 823 ff. BGB geschützten Rechte, Rechtsgüter oder rechtlichen Interessen droht (etwa des allgemeinen Persönlichkeitsrechts - § 1004 I BGB analog i.V.m. §§ 22 f. KUG, § 823 I BGB und § 823 II BGB i.V.m. §§ 186, 188 I StGB). Hier kann der Rechtsinhaber, sofern eine künftige Beeinträchtigung seines Rechts zu befürchten ist, (analog § 1004 I BGB) auf **Unterlassung** klagen (negatorische Klage).[1460] Bei Verletzung des Urheberpersönlichkeitsrechts ist die Spezialregelung des § 97 UrhG zu beachten.[1461] 1147

Im **Beispiel** von Rn 1124/1146 (Kohl-Protokolle) hatte K mit der gegen S, J und R gerichteten Klage auf Unterlassung weiterer Veröffentlichung der Zitate Erfolg (§ 97 I S. 1 UrhG). Folge der stattgebenden Klage ist, dass das Gericht die Beklagten zu einer Geldstrafe oder Haft verurteilen kann, wenn diese wieder in gleicher Weise die Zitate des K veröffentlichen (§ 890 ZPO). 1148

Begrifflich wird zumeist zwischen dem *negatorischen* und dem *quasinegatorischen* Unterlassungsanspruch unterschieden. Während man bei der drohenden Beeinträchtigung absoluter Rechte vom negatorischen Unterlassungsanspruch spricht, handelt es sich bei dem Anspruch zur Vermeidung weiterer Beeinträchtigung von Rechtsgütern und rechtlich geschützten Interessen um einen quasinegatorischen Unterlassungsanspruch. Abgesehen von dieser Verschiedenheit des Schutzobjektes sind die Voraussetzungen und Folgen jedoch gleich.[1462] 1149

---

[1460] Vgl. dazu auch OLG Dresden K&R 2015, 412, 413 ff.; BGH NJW 2012, 2345 f.; NJW 2012, 148.

[1461] Vgl. etwa LG Köln NJW 2015, 801 f.; LG Köln 27.4.2017 - 14 O 323/15; 14 O 261/16; 14 O 286/14 (jeweils Kohl-Protokolle bzw. „Kohl-Tonbänder").

[1462] *Brox/Walker*, § 53 Rn 2/6.

1150

**Unterlassungs- und Beseitigungsanspruch nach § 1004 I BGB**

**I. Voraussetzungen**

**1. Eigentum oder sonstiges von § 1004 I BGB (analog) geschütztes Recht**
Der Anspruchsteller muss grundsätzlich Eigentümer der beeinträchtigten Sache sein. Darüber hinaus findet § 1004 BGB aber auch bei einigen anderen Rechten Anwendung, und zwar entweder aufgrund einer Verweisungsnorm (z.B. § 1027 BGB) oder aufgrund einer analogen Anwendung der Vorschrift (z.B. beim Persönlichkeitsrecht).

**2. Beeinträchtigung**
Weiterhin muss eine Beeinträchtigung der Sache (oder des anderen Rechts) vorliegen. Das ist z.B. der Fall bei Eingriffen in die Sachsubstanz (beachte aber die Abgrenzungsprobleme zwischen Schäden und Beeinträchtigungen), bei Immissionen oder bei der unberechtigten Benutzung der Sache. Hinsichtlich des allgemeinen Persönlichkeitsrechts liegt eine Beeinträchtigung vor, wenn in eine der geschützten Rechtspositionen (Recht am eigenen Bild oder Wort, Eindringen in die Privatsphäre etc.) eingegriffen wird. Zum Schutzbereich und zum Eingriff vgl. Rn 655 ff.

**3. Fortdauer der Beeinträchtigung oder drohende Beeinträchtigung**
Ein Beseitigungsanspruch aus § 1004 I S. 1 BGB erfordert darüber hinaus, dass die Beeinträchtigung *fortdauert*, während der Unterlassungsanspruch gem. § 1004 I S. 2 BGB eine *drohende* Beeinträchtigung voraussetzt.

**4. Keine Duldungspflicht i.S.d. § 1004 II BGB**
Schließlich darf der Anspruch nicht aufgrund einer Duldungspflicht i.S.d. § 1004 II BGB ausgeschlossen sein. Solche Duldungspflichten können aus einem Vertrag, einer Einwilligung, aus einem beschränkten dinglichen Recht (§ 1018 BGB), aus dem Gesetz (z.B. §§ 904 ff., 227, 229 BGB, §§ 22, 23 KUG), oder aus Grundrechten[1463] resultieren. I.d.R. ist **abzuwägen** zwischen den Rechten des Eingreifenden bzw. der Allgemeinheit und den Rechten des Anspruchstellers. Das betrifft insbesondere das allgemeine Persönlichkeitsrecht.

**5. Anspruchsgegner: Störer**
Der Anspruchsgegner muss Störer (Mitstörer genügt) sein, wobei ggf. zwischen dem Handlungs- und Zustandsstörer zu unterscheiden ist.

**II. Rechtsfolgen**
Der Anspruch aus § 1004 I S. 1 BGB ist dem Wortlaut nach auf die Beseitigung der Störungsquelle für die Zukunft gerichtet, nicht auch auf die Behebung der durch die Beeinträchtigung verursachten Schäden. Allerdings gleicht der BGH den Umfang der verschuldensunabhängigen Beseitigung an den – verschuldensabhängigen – Schadensersatzanspruch aus § 823 I BGB an und bejaht durchaus einen Anspruch auf Wiederherstellung des ursprünglichen Zustands (dazu die Anwendungsfälle bei *R. Schmidt*, SachenR II, Rn 89 ff.). Gemäß § 1004 I S. 2 BGB kann – ggf. neben dem Anspruch aus § 1004 I S. 1 BGB – die Unterlassung einer drohenden Beeinträchtigung verlangt werden.

[1463] Zwar gelten die Grundrechte nicht unmittelbar zwischen Privaten, da Private keine Grundrechtsadressaten sein können, jedoch können Grundrechte aufgrund der objektiven Wertordnung, die sie bilden, auch im Privatrecht zur Auslegung unbestimmter Rechtsbegriffe herangezogen werden (Drittwirkung der Grundrechte), vgl. dazu BGH NJW 2006, 1054 sowie *R. Schmidt*, Grundrechte, 24. Aufl. 2019, Rn 105.

## 2. Voraussetzungen und Rechtsfolgen eines Unterlassungsanspruchs

Der Störer muss in ein durch § 1004 I S. 1 BGB geschütztes Recht eingegriffen haben. **1151 -1154** Ausdrücklich bezieht sich § 1004 I S. 1 BGB nur auf das **Eigentum an beweglichen und unbeweglichen Sachen**. Allerdings ist der Anwendungsbereich der Norm wesentlich weiter, da das Gesetz an vielen Stellen auf § 1004 BGB verweist (vgl. etwa § 1027 BGB, § 1065 BGB, §§ 1090 II, 1027 BGB, § 1227 BGB und § 11 I ErbbauRG).[1464] Daneben wird § 1004 I BGB **analog** auf alle absoluten Rechte und rechtlich geschützten Stellungen angewendet wie z.B. auf den Schutz des Persönlichkeits-[1465] und Namensrechts, des „eingerichteten und ausgeübten Gewerbebetriebs", der „privaten" und „geschäftlichen Ehre", des „Kredits" etc.

> **Beispiele:** Leben, Gesundheit, Freiheit, Eigentum (= Rechtsgüter des § 823 I BGB); eingerichteter und ausgeübter Gewerbebetrieb und allgemeines Persönlichkeitsrecht (= sonstige Rechte des § 823 I BGB). Bei Verletzung des Urheberpersönlichkeitsrechts greift die bereits genannte Spezialregelung des § 97 UrhG.

Sodann muss hinsichtlich der Beeinträchtigung eine **Wiederholungs- oder Erstbegehungsgefahr** bestehen. **1155** Zwar sprechen die §§ 1004 I, 862 I und 12 S. 2 BGB davon, dass „weitere Störungen oder Beeinträchtigungen zu besorgen" sein müssen (Wiederholungsgefahr). Es ist jedoch nicht einzusehen, warum der vorbeugende Rechtsschutz vor Beeinträchtigungen nur dann möglich sein soll, wenn die Rechtsverletzung bereits einmal stattgefunden hat. Deshalb kann auch eine Erstbegehungsgefahr einen Unterlassungsanspruch auslösen.[1466] Allerdings sind dann höhere Anforderungen an die Annahme einer drohenden Rechtsgutverletzung zu stellen.

Der Eingriff in das Rechtsgut muss auch **rechtswidrig** sein (d.h., es darf keine Duldungspflicht nach § 1004 II BGB bzw. §§ 22, 23 KUG bestehen). **1156** Die Rechtswidrigkeit ist bei den sog. Rahmenrechten des § 823 I BGB (Recht am eingerichteten und ausgeübten Gewerbebetrieb; allgemeines Persönlichkeitsrecht) nicht durch die Verwirklichung des Tatbestands indiziert. Vielmehr muss sie gerade wegen der tatbestandlichen Offenheit der Rahmenrechte positiv festgestellt werden. Im Rahmen der Prüfung der Rechtswidrigkeit ist daher regelmäßig **abzuwägen** zwischen dem allgemeinen Persönlichkeitsrecht des Betroffenen und den widerstreitenden Grundrechten (insbesondere Art. 5 GG) des Anspruchsgegners – sog. **praktische Konkordanz**.[1467] Vgl. dazu bereits ausführlich Rn 664 ff.

> **Hinweis für die Fallbearbeitung:** An dieser Stelle wird noch einmal die Ausstrahlungswirkung der Grundrechte überdeutlich. Sollte das Zivilgericht bei seiner Urteilsfindung die Bedeutung der Grundrechte verkannt oder bei der Abwägung zwischen den kollidierenden Grundrechten die Bedeutung eines der Grundrechte nicht hinreichend gewürdigt haben, eröffnet dies die Möglichkeit einer Verfassungsbeschwerde vor dem BVerfG. Die Rüge bezieht sich dann auf die Verletzung spezifischen Verfassungsrechts durch das Urteil.[1468]

---

[1464] Dagegen handelt es sich bei dem Unterlassungs- bzw. Beseitigungsanspruch aus § 97 UrhG um einen eigenständigen Anspruch.

[1465] Vgl. BGH NJW 2006, 603 ff.; NJW 2012, 2345 f.; NJW 2012, 148; NJW 2014, 768; NJW 2015, 489, 493; OLG Dresden K&R 2015, 412, 413 ff.; BVerfG NJW 2013, 3021, 3022; BGH NJW 2016, 1094, 1095 f. (Löschungsanspruch in Bezug auf Intimfotos).

[1466] Ständige Rechtsprechung seit RGZ 101, 135 ff.

[1467] Vgl. dazu aus jüngerer Zeit BVerfG NJW 2012, 756 f. (Caroline von Hannover); NJW 2010, 1587 f. (Veröffentlichung eines nicht für die Allgemeinheit bestimmten Briefes); BGH NJW 2015, 489 ff. (Bewertungsportal im Internet – dazu Rn 663/673); NJW 2015, 782 ff. (Veröffentlichung von privaten Inhalten rechtswidrig erlangter E-Mails); NJW 2013, 1681 (Jörg Kachelmann); NJW 2005, 2844, 2845 ff. (Roman „Esra" – teilweise erfolgreich angegriffen vor dem BVerfG, vgl. E 119, 1, 29 ff.); NJW 2005, 497, 498 (Heimlich eingeholter DNA-Vaterschaftstest); NJW 2005, 592 (Bekanntgabe der Abtreibungspraxis eines Gynäkologen); LG Köln NJW 2015, 801 f.; LG Köln 27.4.2017 - 14 O 323/15; 14 O 261/16; 14 O 286/14 (jeweils Kohl-Protokolle bzw. „Kohl-Tonbänder"); BGH NJW 2016, 1094, 1095 f. (Löschungsanspruch in Bezug auf Intimfotos).

[1468] Vgl. dazu ausführlich *R. Schmidt*, Grundrechte, 24. Aufl. 2019, Rn 1019 ff.

1157 Der Unterlassungsanspruch ist gegenüber dem **Störer** geltend zu machen. Bei einer Presseveröffentlichung richtet sich der Unterlassungsanspruch wegen Verletzung des allgemeinen Persönlichkeitsrechts grundsätzlich gegen den Verleger der beanstandeten Veröffentlichung sowie gegen den verantwortlichen Redakteur.[1469] Als (Mit-)Störer haftet - grundsätzlich unabhängig von Art und Umfang seines eigenen Tatbeitrags - aber auch **jeder**, der in irgendeiner Weise **willentlich** und **adäquat kausal** an der Herbeiführung der rechtswidrigen Beeinträchtigung **mitgewirkt** hat, wobei als Mitwirkung auch die Unterstützung oder die Ausnutzung der Handlung eines eigenverantwortlich handelnden Dritten genügt, sofern der in Anspruch Genommene die rechtliche Möglichkeit zur Verhinderung dieser Handlung hatte.[1470]

### 3. Voraussetzungen und Rechtsfolgen eines Beseitigungsanspruchs

1158 Eng verwandt mit dem Unterlassungsanspruch ist der Beseitigungsanspruch (§ 1004 I S. 1 BGB). Anders als der Unterlassungsanspruch richtet sich der Beseitigungsanspruch jedoch auf **nachtatliche Maßnahmen**, wenn auch um ihrer künftigen Wirkungen willen. Hinsichtlich der geschützten Rechtsgüter und der Anspruchsgrundlagen besteht volle Kongruenz zum Unterlassungsanspruch.

1159 Erforderlich ist, dass eine **Verletzung** vorliegt und noch andauert.[1471] Die Verletzung muss widerrechtlich (nicht schuldhaft) zugefügt worden sein. Voraussetzung ist weiter, dass die Verletzung noch nicht abgeschlossen ist, sondern fortwirkt. Abgeschlossene Verletzungen, die sich in einem Schaden niedergeschlagen haben, führen bei Verschulden zu einem Ersatzanspruch; Beseitigung wegen rechtswidriger Verletzung kommt nicht mehr in Betracht.[1472]

1160 Wie der Anspruch auf Unterlassung (weiterer) Rechtsverletzungen spielt auch der Anspruch auf Beseitigung des widerrechtlichen Zustands insbesondere bei Verletzungen des **allgemeinen Persönlichkeitsrechts** (siehe dazu ausführlich Rn 655 ff.) eine wichtige Rolle. Hier ist jedoch zu beachten, dass die *Formalbeleidigung* und das *Werturteil* von ihrer Natur her nicht Gegenstand eines Beseitigungsanspruchs sein können. Denn als Beseitigungsmaßnahme kommen lediglich Abbitte und Entschuldigung in Betracht. Doch diese sind höchstpersönliche Äußerungen, welche nicht durch das Recht auf Beseitigung dem Verletzer in den Mund gelegt oder von diesem verlangt werden können. Hinzu kommt: Müsste sich jemand von seinen wertenden Äußerungen lossagen, wäre das Grundrecht der freien Meinungsäußerung (Art. 5 GG) gefährdet.

> **Beispiel:** X postet in einem Internetforum, er halte die Geschäftspraktiken des Telekommunikationsunternehmens U für „Kundenabzocke". ⇨ Da dies eine Wertung darstellt, kann sich U wegen der geschäftsschädigenden Äußerung mit einer Schadensersatzklage oder mit strafrechtlichen Mitteln gegen U wenden. Eine Widerrufserklärung mit dem Inhalt, X halte die Geschäftspraktiken der U nicht für Kundenabzocke, kann U von X nicht verlangen. Es kommt aber ein Unterlassungsanspruch (gegen den Provider) in Betracht.[1473]

1161 Dagegen ist eine *Tatsachenbehauptung* widerrufbar. Steht fest, dass die gemachte Behauptung unrichtig ist, kann der Verletzer zum Widerruf verurteilt werden.[1474]

---

[1469] Dazu BGHZ 39, 124, 129; BGH NJW-RR 1994, 872, 873.
[1470] BGH NJW 2004, 762, 765.
[1471] Vgl. BGH NJW 2001, 1069.
[1472] *Deutsch/Ahrens*, Rn 503.
[1473] OLG Dresden K&R 2015, 412, 413 ff.; BGH NJW 2012, 2345 f.; NJW 2012, 148 f.
[1474] BGHZ 68, 331, 334 ff.

**Beispiel:** Behauptet X, er sei von U betrogen worden, und wird später das Telekommunikationsunternehmen D der Falschdarstellung überführt, kann U von X den Widerruf dieser Behauptung verlangen.

Lässt sich die ehrenrührige Behauptung (auch wenn sie wahr ist) jedoch nicht beweisen, ist der sog. eingeschränkte Widerruf gegeben. Der Täter muss dann (lediglich) erklären, an seiner Behauptung nicht mehr festzuhalten.[1475] Ihn zum Widerruf einer nicht als unrichtig festgestellten Behauptung zu verurteilen würde gerade wegen der nicht erwiesenen Unwahrheit der Behauptung umgekehrt den Täter in seinen Grundrechten verletzen. **1162**

Relevant ist der Beseitigungsanspruch schließlich auch im Rahmen einer **nachbarschaftlichen Eigentumsstörung**. Das betrifft namentlich die Fälle des **Hinüberwachsens von Bäumen oder Baumwurzeln auf das nachbarliche Grundstück**.[1476] **1163-1171**

1475 BGHZ 37, 187, 189. Waren jedoch nur die beiden Beteiligten Zeugen eines Vorfalls, kann nicht einmal ein eingeschränkter Widerruf verlangt werden (BGHZ 69, 181; *Deutsch/Ahrens*, Rn 505).

1476 Siehe dazu *R. Schmidt*, SachenR II, Rn 89 ff.

## III. Herabsetzung und Ausschluss der Haftung

### 1. Mitverschulden, § 254 BGB

1172 Hat bei der Entstehung des Schadens ein Verschulden des Geschädigten mitgewirkt, hängen die Verpflichtung zum Ersatz sowie der Umfang des zu leistenden Ersatzes von den Umständen, insbesondere davon ab, inwieweit der Schaden vorwiegend von dem einen oder dem anderen Teil verursacht oder verschuldet worden ist (§ 254 I BGB). Da die Rechtsordnung die Selbstgefährdung und Selbstschädigung nicht verbietet, kann Verschulden i.S.d. § 254 BGB nicht – wie sonst – eine vorwerfbare, rechtswidrige Verletzung einer gegenüber einem anderen oder der Allgemeinheit bestehenden Rechtspflicht bedeuten. Gemeint ist vielmehr eine **Obliegenheitsverletzung**, ein **Verschulden gegen sich selbst**: Derjenige, der die Sorgfalt außer Acht lässt, die nach Lage der Sache erforderlich erscheint, um sich selbst vor Schaden zu bewahren, muss den Verlust oder die Verkürzung eines Schadensersatzanspruchs hinnehmen.[1477] Allerdings wirkt sich das Verschulden des Geschädigten nur dann anspruchsmindernd aus, wenn es für die Schädigung mitursächlich i.S. der **Adäquanztheorie** gewesen ist. Des Weiteren setzt § 254 BGB voraus, dass die Zurechnung durch den **Schutzzweck der Norm** begrenzt wird. § 254 BGB verlangt daher, dass die vom Geschädigten verletzte Pflicht den Zweck hatte, Schäden wie den eingetretenen zu verhindern.[1478]

1173 **Beispiele:**

**(1)** Der Arzt kann bei einem Behandlungsfehler nicht geltend machen, der Patient habe die Behandlungsbedürftigkeit (etwa durch einen Suizidversuch) verschuldet.

**(2)** Der Abschleppunternehmer, der einen rechtswidrig abgestellten Pkw abschleppt, kann sich bei Beschädigung des Wagens nicht darauf berufen, den Halter treffe ein Mitverschulden, weil er falsch geparkt habe und der Wagen daher habe abgeschleppt werden müssen.

**(3)** Der Schadensersatzanspruch einer Radfahrerin, die beim Befahren eines Radwegs entgegen der Fahrtrichtung mit einem wartepflichtigen Pkw kollidiert, ist gemäß ihrem Verschuldensanteil zu mindern (hier: um 1/3).[1479]

**(4)** Der Schadensersatzanspruch eines Fußgängers, der die Straße nicht über den in unmittelbarer Nähe befindlichen Fußgängerweg überquert und in das Fahrrad eines verbotswidrig fahrenden Radfahrers läuft, ist um den Anteil seines Mitverschuldens (hier: 10%) zu mindern.[1480]

1174 Trifft den Geschädigten ein Mitverschulden oder ist ihm eine schuldhafte Mitverursachung anzurechnen, hängt der **Umfang der Ersatzpflicht** von einer Würdigung und **Abwägung** der Gesamtumstände des Falles ab. Kriterien der Abwägung sind der Grad der Verursachung und der Zurechnung.[1481]

1175 Ein wiederholt geprüftes Problem besteht in der Beantwortung der Frage nach dem Mitverschulden in den sog. „**Verfolgungsfällen**", also in Fällen, in denen sich der Verletzte bspw. durch waghalsige Fluchtversuche **selbst schädigt**. Springt bspw. der Geliebte der Ehefrau aus dem Fenster eines im 2. Stock gelegenen Zimmers, weil er körperliche Übergriffe seitens des die Wohnungstür eintretenden Ehemanns befürchtet, und zieht sich dabei Verletzungen zu, ist zumindest der Zurechnungszusammenhang zwischen dem Verhalten des Ehemanns und der eingetretenen Rechtsgutverletzung nicht zu verneinen. Bei der Frage, ob der Ehemann die Rechtsgutverletzung bzw. den Schaden auch verschuldet hat, ist

---

[1477] OLG Köln NJW 2000, 2905, 2906.

[1478] Vgl. BGHZ 3, 47; 132, 164, 172; BGH NJW 2002, 2232 f.; OLG Köln NJW 2000, 2905, 2906; *Grüneberg*, in: Palandt, § 254 Rn 14.

[1479] OLG Hamm ZfSch 2018, 14, 15.

[1480] OLG Frankfurt a.M. 9.5.2017 - 4 U 233/16.

[1481] BGHZ 132, 164, 172; BGH NJW 2002, 2232 f.; NJW 2003, 1929, 1930.

im Rahmen des § 276 II BGB darauf abzustellen, ob der Ehemann **damit rechnen musste, bei dem Geschädigten eine Schreck- bzw. Panikreaktion auszulösen**. Wer die Wohnungstür des Geliebten der Ehefrau eintrete – so der BGH – , müsse die Verletzung einer im Zimmer befindlichen Person in Betracht ziehen.[1482] Der Ehemann ist daher zum Schadensersatz gem. § 823 I i.V.m. §§ 249 ff. BGB (Ersatz der Heilbehandlungskosten sowie Zahlung eines Schmerzensgeldes gem. § 253 II BGB) verpflichtet. Freilich trifft den Geliebten ein gewisses Maß an **Mitverschulden**, das anspruchsmindernd zu berücksichtigen ist.[1483]

**c.** Im Übrigen wird gegenüber Vorsatz die Fahrlässigkeit nicht angerechnet; grobes Verschulden und ein gesteigertes Betriebsrisiko überwiegen deutlich leichtes Verschulden, verdrängen es jedoch nicht ganz. Im Zusammenhang mit der **Betriebsgefahr** (die regelmäßig eine – verschuldensunabhängige – Gefährdungshaftung begründet; Beispiel: Betrieb einer Bahn, eines Autos etc.) sind folgende Konstellationen typisch: 1176

- Schädiger ist allein für die Betriebsgefahr verantwortlich, handelt aber ohne Verschulden. Geschädigter handelt schuldhaft.
- Schädiger ist bereits für die Betriebsgefahr verantwortlich, hat den Schaden darüber hinaus auch verschuldet. Geschädigter handelt schuldhaft.

Bei der Schadensverursachung durch mehrere Kfz ist aber die Spezialregelung des § 17 StVG zu beachten, die § 254 BGB verdrängt.

Soweit **Verschulden** und **Gefährdungshaftung** auf einer Seite oder auf beiden Seiten **zusammenkommen**, werden sie miteinander verrechnet (saldiert) bzw. kumuliert. 1177

**Beispiele**[1484]**:**

**(1)** Das Abspringen von einem fahrenden Zug kann ein so hohes Mitverschulden sein, dass die von der Bahn ausgehende Betriebsgefahr zurücktritt.

**(2)** Kollidiert ein Fahrzeugführer mit einem stark alkoholisierten Radfahrer, zählt zu Lasten des Fahrzeugführers/-halters zwar die Betriebsgefahr, die allein in dem Halten bzw. Führen eines Kfz begründet ist, doch wirkt sich das Verschulden des Radfahrers gem. § 9 StVG i.V.m. § 254 BGB anspruchsmindernd aus. Trifft den Fahrzeugführer jedoch zusätzlich noch ein Verschulden, erhöhen sich relativ hierzu seine Verantwortlichkeit und damit auch sein Schadensanteil.[1485]

Die jeweiligen Anteile der Verantwortung werden in Relation zueinander gesetzt. So können das Mitverschulden und die mitwirkende Betriebsgefahr einerseits so gering sein, dass sie überhaupt nicht zu berücksichtigen sind. Sie können andererseits aber auch so stark wirken, dass sie allein das Geschehen gestalten mit der Folge, dass sie jeden Anspruch ausschließen. Dazwischen befindet sich der Bereich der Bruchteilsberechnung. So können das Mitverschulden und die Betriebsgefahr den Anspruch zum Teil (etwa zur Hälfte oder zu einem Viertel) ausschließen, wenn sie zwar bei der Schadensentstehung mitgewirkt, den Schaden aber nicht überwiegend verursacht haben. Im Rahmen der Schadensminderungsobliegenheit können auch subjektive Faktoren eine Anspruchsminderung begründen. So muss der Geschädigte, der es schuldhaft unterlässt, sich einer zumutbaren und Erfolg versprechenden Heilbehandlung zu unterziehen, mit einer Anspruchsminderung rechnen, wenn durch die (rechtzeitige) Behandlung der Schaden verringert worden wäre.[1486] Vgl. auch die Ausführungen zur Kfz-Halterhaftung sowie den diesbezüglichen Übungsfall bei Rn 1021. 1178

---

[1482] BGH NJW 2002, 2232 ff. unter Verweis auf BGHZ 57, 25, 33; 57, 328, 329 f.
[1483] Vgl. BGHZ 132, 164, 172; offengelassen von BGH NJW 2002, 2232 ff.
[1484] Vgl. *Deutsch/Ahrens*, Rn 164.
[1485] Vgl. dazu BGH NJW 2004, 772, 773; NJW 2000, 3069; 2000, 1040.
[1486] BGH VersR 1987, 408; NJW 1994, 1593; *Grüneberg*, in: Palandt, § 254 Rn 35.

1179 Hat der Geschädigte den Schaden zwar mitverursacht, ist er aber wegen zu geringen Alters oder wegen Störung der Geistestätigkeit **verschuldensunfähig** (also unzurechnungsfähig), ist fraglich, ob sich eine Anspruchskürzung überhaupt begründen lässt. Hinsichtlich der **Störung der Geistestätigkeit** beantwortet § 827 BGB diese Frage. Bei **Minderjährigen** ist gem. § 828 BGB zu unterscheiden, vgl. dazu ausführlich Rn 722.

## 2. Handeln auf eigene Gefahr

1180 Auch wer auf eigene Gefahr handelt, muss mit einer Anspruchskürzung rechnen. Was unter *Handeln auf eigene Gefahr* zu verstehen ist, ist unklar. Rechtsdogmatisch besteht eine Nähe zur Einwilligung. Doch während diese bereits die Rechtswidrigkeit auf Seiten des Schädigerhandelns ausschließt und es beim Handeln auf eigene Gefahr um eine Art *anspruchsminderndes Mitverschulden* geht, kann man das Handeln auf eigene Gefahr nur so beschreiben, dass der Geschädigte in die Rechtsgutverletzung einwilligt mit der Hoffnung, dass die Gefährdung sich nicht verwirklicht (**schuldhafte Selbstgefährdung**).[1487]

1181 **Beispiele:**

**(1)** Wer als Wanderer **einen öffentlichen Weg verlässt**, um sein Ziel schneller zu erreichen, handelt auf eigene Gefahr und hat keinen Anspruch, wenn er sich bspw. durch das Herabstürzen von einer Böschung eine Verletzung zuzieht.

**(2)** Dasselbe gilt für denjenigen, der durch **Überspringen eines Zaunes** ein fremdes Grundstück betritt und von einem Hund verletzt wird.

**(3)** Wer als **Beifahrer** zu jemandem ins Auto steigt, von dem er weiß, dass dieser keine Fahrerlaubnis besitzt oder aus anderen Gründen fahruntüchtig ist (Alkohol, Medikamente, extreme Übermüdung), handelt auf eigene Gefahr. Erleidet er aufgrund eines Unfalls einen Schaden, wirkt sich sein Verhalten anspruchsmindernd aus.[1488] Dasselbe gilt, wenn das Fahrzeug erkennbar nicht zugelassen war. Zum möglichen Haftungsausschluss bei Gefälligkeitsfahrten vgl. die Ausführungen zur Gefährdungshaftung des Kraftfahrzeughalters bei Rn 997 ff.

**(4)** Fahren Motorradfahrer einvernehmlich in wechselnder Reihenfolge als Gruppe ohne Einhaltung eines Sicherheitsabstands, führt dies sogar zu einem Haftungsausschluss, da sich die Mitverschuldensanteile nach §§ 7, 17 StVG gegenseitig ausgleichen.[1489]

**(5)** Ein Handeln auf eigene Gefahr soll auch bei dem **Besuch einer gefährlichen Veranstaltung** (Rennveranstaltung, Flugshow) vorliegen[1490] (Rn 906). Doch dies ist zumindest bei behördlich genehmigten Veranstaltungen abzulehnen. Wer eine solche Veranstaltung besucht, darf darauf vertrauen, dass die erforderlichen Sicherheitsstandards eingehalten werden. Lediglich wer Sicherheitsabsperrungen überwindet und sich in den unmittelbaren Gefahrenbereich begibt, kann seinen Anspruch verwirken. Dasselbe gilt bei höherer Gewalt.

**(6)** Unproblematisch scheint die Teilnahme als ***Spieler*** **an einem (gefährlichen) Sportgeschehen** (Boxen, Rugby etc.) zu sein. Hier ist, wenn nicht schon eine Einwilligung, zumindest ein Handeln auf eigene Gefahr zu bejahen. Etwas anderes gilt nur dann, wenn der Schädiger die **Spielregeln nicht nur leicht missachtet hat**.[1491]

---

[1487] Vgl. BGHZ 34, 355, 363; 43, 77; OLG Düsseldorf OLG Report 2000, 349, 350; *Oetker*, in: MüKo, § 254 Rn 64 ff.; *Deutsch/Ahrens*, Rn 168.

[1488] Vgl. BGHZ 34, 355, 363.

[1489] Vgl. OLG Frankfurt/M NJW 2015, 3522 f.

[1490] So *Deutsch/Ahrens*, Rn 169, unter Verweis auf die Rspr., jedoch ohne Belege (wohl aber unter Bezugnahme auf RGZ 130, 168).

[1491] BGH NJW 2003, 2018, 2019; BGHZ 63, 140, 142; OLG Düsseldorf NJW-RR 2000, 1116; OLG Frankfurt OLG Report 2000, 271; OLG Stuttgart MDR 2000, 1432. Vgl. dazu ausführlich Rn 903 ff.

Auch beim Handeln auf eigene Gefahr gilt, dass sich die besondere Gefahr verwirklicht haben muss, der sich der Betroffene selbst ausgesetzt hat. Wird bspw. bei einer Fuchsjagd ein Reiter durch ein anderes Pferd verletzt, ohne dass sich die spezifische Gefahr einer Fuchsjagd damit verwirklicht hat, bleibt die Haftung des Schädigers (insbesondere aus § 833 BGB) bestehen. 1182

## 3. Verjährung

Deliktsansprüche unterfallen den allgemeinen Verjährungsregeln der §§ 195 ff. BGB. Im Einzelnen gilt: 1183

- Nach der in **§ 195 BGB** geregelten regelmäßigen Verjährungsfrist beträgt auch für Ansprüche wegen unerlaubter Handlung die Verjährungsfrist **drei Jahre**. Die Frist beginnt grundsätzlich mit dem Schluss des Jahres, in dem der Anspruch entstanden ist und der Gläubiger von den anspruchsbegründenden Umständen und der Person des Schuldners Kenntnis erlangt oder ohne grobe Fahrlässigkeit erlangen müsste (**§ 199 I BGB**). 1184
    - ⇨ „Kenntnis" bedeutet, dass der Geschädigte alle Tatsachen kennt, die für eine erfolgreiche Schadensersatzklage (oder eine Klage auf Feststellung der Ersatzpflicht[1492]) vorliegen müssen. Dazu gehört auch die Kenntnis vom Vorliegen eines Schadens. Insoweit genügt es aber, dass der Geschädigte vom Vorliegen eines Schadens überhaupt weiß[1493]; die Kenntnis der Höhe des Schadens ist nicht erforderlich. Bei unvorhersehbaren Spätschäden beginnt die Verjährung erst, wenn der Geschädigte Kenntnis von diesen Schäden erlangt hat.[1494] Kenntnis von der Person des Schuldners hat der Anspruchsberechtigte dann, wenn ihm der Name und die ladungsfähige Anschrift des Schuldners bekannt sind.[1495]
    - ⇨ „Grob fahrlässige Unkenntnis" liegt vor, wenn der Gläubiger die im Verkehr erforderliche Sorgfalt in ungewöhnlich hohem Maße verletzt und dasjenige nicht beachtet hat, was im gegebenen Fall jedem hätte einleuchten müssen. Ist dem Gläubiger bspw. die Person des Schuldners nicht bekannt, obwohl er sich dessen Name und Anschrift ohne besondere Mühe und ohne langwierige Nachforschungen hätte besorgen können, liegt ein Fall der grob fahrlässigen Unkenntnis vor.[1496]
    - ⇨ Die Jahresschlussverjährung statt des taggenauen Verjährungsbeginns bedeutet eine Erleichterung für den Rechtsverkehr, weil eine ständige Fristenkontrolle während des gesamten Jahres unzumutbar wäre.
- Schadensersatzansprüche, die auf der Verletzung des Lebens, des Körpers, der Gesundheit oder der Freiheit beruhen, verjähren ohne Rücksicht auf ihre Entstehung und die Kenntnis oder grob fahrlässige Unkenntnis gem. **§ 199 II BGB** in **30 Jahren** von der Begehung der Handlung, der Pflichtverletzung oder dem sonstigen, den Schaden auslösenden Ereignis an. Diese Frist beginnt also nicht erst mit Jahresschluss, sondern bereits mit der Begehung der unerlaubten Handlung.[1497] 1185
- Für sonstige Schadensersatzansprüche aus unerlaubten Handlungen, die auf einer Verletzung anderer als der in § 199 II BGB genannten Rechtsgüter beruhen, beträgt nach § 199 III S. 1 Nr. 1 BGB die Verjährungshöchstfrist **10 Jahre** ab Entstehung des Anspruchs oder gem. § 199 III S. 1 Nr. 2 BGB **30 Jahre** ab Begehung der unerlaubten Handlung. Maßgeblich ist die früher endende Frist (§ 199 III S. 2 BGB). Diese Verjährungshöchstfristen beginnen ebenfalls nicht erst am Ende des Jahres, sondern taggenau.[1498] 1186

---

[1492] BGH DB 2000, 1512, 1513.
[1493] *Brox/Walker*, § 52 Rn 32.
[1494] BGH NJW 2000, 861, 862.
[1495] BGH NJW 1998, 988, 989.
[1496] BGH NJW 1999, 423, 424 f.; NJW 2000, 953, 954; *Brox/Walker*, § 52 Rn 32; *Deutsch/Ahrens*, Rn 513.
[1497] Vgl. dazu auch *Ebert*, NJW 2003, 3035, 3036.
[1498] Vgl. dazu *Kellner*, NVwZ 2002, 395, 399; *Mansel*, NJW 2002, 89, 91.

1187 Solange der Schuldner und der Gläubiger über den Anspruch aus unerlaubter Handlung Verhandlungen führen[1499], ist gem. § 203 BGB die Verjährung gehemmt. Gleiches gilt u.a. dann, wenn der Anspruch bei Gericht eingeklagt wird (§ 204 I BGB). Die Wirkung der Hemmung besteht darin, dass der Zeitraum, während dessen die Verjährung gehemmt ist, in die Verjährungsfrist nicht eingerechnet wird (§ 209 BGB).

1188 Eine Besonderheit hinsichtlich der Verjährung besteht bei Anspruchskonkurrenz, denn die Verjährungsfristen für Ansprüche aus unerlaubter Handlung (§§ 195, 199 BGB) und solche aus Vertrag (z.B. § 438 BGB bei Mängelansprüchen im Kaufrecht) können verschieden sein. In solchen Fällen ist stets zu prüfen, ob die Regelungen der Sonderverbindung *Vertrag* Einfluss auf die deliktische Haftung ausüben.

1189 ▪ Besteht beim vertraglichen Anspruch kraft Vereinbarung oder kraft Gesetzes eine mildere Haftung (z.B. nur für Vorsatz und grobe Fahrlässigkeit; vgl. etwa §§ 521, 599 BGB, jeweils i.V.m. § 276 I S. 1 BGB), muss das auch beim Anspruch aus unerlaubter Handlung gelten; anderenfalls würde die Haftungsmilderung unterlaufen.[1500]

1190 ▪ Auch wenn ein deliktischer Schadensersatzanspruch mit einem kaufrechtlichen Schadensersatzanspruch wegen eines Sachmangels konkurriert, stellt sich die Frage, ob die besondere Verjährungsregelung des § 438 BGB auch im Rahmen des deliktischen Anspruchs zu beachten ist und die Vorschriften über die Regelverjährung insoweit verdrängt.[1501] Diese Problematik stellt sich bspw. in den Fällen, in denen der deliktische Anspruch durch einen „**weiterfressenden**“ Mangel ausgelöst wird (vgl. dazu Rn 622 ff./ 934). Vor der Schuldrechtsreform 2002 wurde allgemein vertreten, dass Mängelansprüche und deliktische Ansprüche getrennt voneinander nach ihren eigenen Regeln verjährten.[1502] Da jedoch weiterhin Unterschiede bestehen (zwei Jahre ab Ablieferung der Sache bei Gewährleistung - § 438 I Nr. 3, II BGB; drei Jahre ab Kenntnis vom Anspruch bei deliktischen Ansprüchen - §§ 195, 199 BGB), ist es nur folgerichtig, dass der BGH auch unter der Geltung des neuen Schuldrechts an seiner bisherigen Rechtsprechung zum „weiterfressenden“ Mangel festhält.[1503]

1191 Schließlich ist auf den deliktischen Bereicherungsanspruch gem. § 852 BGB einzugehen, der eine Sonderregelung für die Verjährung eines Schadensersatzanspruchs aus unerlaubter Handlung enthält. Wenn der Ersatzpflichtige durch eine unerlaubte Handlung auf Kosten des Verletzten etwas erlangt hat, ist er nach § 852 S. 1 BGB auch nach Eintritt der Verjährung des Schadensersatzanspruchs zur Herausgabe nach den Vorschriften über die ungerechtfertigte Bereicherung verpflichtet. Der Geschädigte hat also einen „deliktischen Bereicherungsanspruch“. Dadurch soll verhindert werden, dass der Schädiger die Vorteile, die er aus einer unerlaubten Handlung gezogen hat, nach Eintritt der Verjährung behalten kann.

1192 ▪ Bei dem Anspruch nach § 852 S. 1 BGB handelt es sich trotz der Verweisung auf das Bereicherungsrecht um einen Schadensersatzanspruch aus unerlaubter Handlung. Die Vorschrift ist eine Rechtsfolgenverweisung. Die §§ 812 ff. BGB finden also nur hinsichtlich des Anspruchsumfangs Anwendung; ihre tatbestandlichen Voraussetzungen brauchen nicht vorzuliegen.

1193 ▪ Für den Anspruch aus § 852 BGB enthält Satz 2 eine eigene Verjährungsregelung, die von der Regelverjährung abweicht. Danach verjährt der Anspruch in 10 Jahren von seiner Entstehung an, ohne Rücksicht auf die Entstehung in 30 Jahren von der Begehung der Verletzungshandlung oder dem sonstigen, den Schaden auslösenden Ereignis an.

---

[1499] Zum Begriff der Verhandlungen vgl. BGH DB 2001, 2649.
[1500] Vgl. *Brox/Walker*, § 52 Rn 39.
[1501] *Brox/Walker*, § 52 Rn 36; *Mansel/Stürner*, in: NK-BGB, § 195 Rn 73 f.
[1502] Vgl. nur BGHZ 66, 315, 319.
[1503] BGH NJW 2004, 1032 f. Vgl. dazu auch *Gsell*, NJW 2004, 1913 ff.

Sehr geehrte Leserinnen und Leser,

an dieser Stelle möchte ich hinweisen auf die auf meiner Internetseite verlag-rolf-schmidt.de präsentierten aktuellen Entwicklungen in Form von Urteilsanmerkungen. Für den Bereich Zivilrecht ist z.B. folgende Entscheidung aufbereitet:

## 18.11.2018: Zur Frage, ob die Ehefrau der Kindsmutter (allein) aufgrund der Ehe Mitelternteil des Kindes wird

BGH, Beschluss v. 10.10.2018 – XII ZB 231/18

Mit Beschluss v. 10.10.2018 hat der XII. Zivilsenat des BGH (XII ZB 231/18) über die Frage entschieden, ob die Ehefrau der das Kind gebärenden Mutter (allein) aufgrund der bestehenden Ehe als weiterer Elternteil des Kindes in das Geburtenregister einzutragen ist. Er hat dies verneint, weil die bei verschiedengeschlechtlichen Ehepaaren geltende Abstammungsregelung des § 1592 Nr. 1 BGB bei gleichgeschlechtlichen Ehepaaren nicht gelte und auch eine analoge Anwendung der Vorschrift nicht in Betracht komme. Ob der Beschluss überzeugt, soll im Folgenden untersucht werden.

**Ausgangslage:** Nach der Legaldefinition in § 1591 BGB ist Mutter die Frau, die das Kind geboren hat. Die Vorschrift knüpft damit an den Grundsatz: "mater semper certa est" (sinngemäß: die Mutter ist immer gewiss) an, der auch in Zeiten von Eizellspende und Leihmutterschaft die Geburt als äußeres Beweiszeichen ansieht. Bei der Vaterschaft fehlt es an einem solchen sicheren Beweiszeichen. Denn die Geburt als äußeres Beweiszeichen für die Mutterschaft sagt nichts über die Vaterschaft aus. Eine (automatische) Zuordnung zum genetischen Vater hat die Rechtsordnung nicht vorgenommen. Die Vaterschaft muss daher juristisch bestimmt werden. Regelungen treffen die §§ 1592-1600d BGB. Ausgangslage ist § 1592 BGB, der drei Zurechnungsgründe nennt. Danach ist Vater eines Kindes,

- wer zum Zeitpunkt der Geburt mit der Mutter des Kindes verheiratet ist (Nr. 1),
- wer die Vaterschaft anerkannt hat (Nr. 2) oder
- dessen Vaterschaft nach § 1600d BGB gerichtlich festgestellt ist (Nr. 3).

Gemäß § 1592 Nr. 1 BGB ist Vater eines Kindes, wer im Zeitpunkt der Geburt mit der Mutter des Kindes verheiratet ist oder war. Bei dieser Regelung handelt es sich um eine gesetzliche Vermutung der Vaterschaft des Ehemanns, die immer dann eingreift, wenn im Zeitpunkt der Geburt des Kindes eine Ehe mit der Mutter bestanden hat. Mit dieser Regelung greift der Gesetzgeber den römischen Rechtsgrundsatz: "pater est, quem nuptiae Demonstrant" (Vater ist, wer durch die Heirat als solcher erwiesen ist) auf, um den Status des während der Ehe geborenen Kindes auf eine verlässliche Grundlage zu stellen: Unabhängig davon, wer aus biologischer (d.h. genetischer) Sicht Vater ist, gilt juristisch als Vater, wer zum Zeitpunkt der Geburt mit der Mutter verheiratet ist (siehe R. Schmidt, Familienrecht, 10. Auflage 2018, Rn. 469).

Für gleichgeschlechtliche Ehepartner (hier: die Ehefrau der Kindsmutter) greift § 1592 Nr. 1 BGB ausweislich seines Wortlauts jedenfalls nicht direkt, was die Frage nach einer analogen Anwendung aufwirft. Diese Frage war Gegenstand der BGH-Entscheidung, der folgender Sachverhalt zugrunde lag (leicht abgewandelt, um das Problem zu fokussieren): Die Kindsmutter und die Antragstellerin (deren heutige Ehefrau) lebten seit Mai 2014 in einer eingetragenen Lebenspartnerschaft. Nach Einführung der "Ehe für alle" (siehe dazu ausführlich R. Schmidt, Familienrecht, 10. Auflage 2018, Rn. 20a ff.) schlossen sie am 12.10.2017 durch Umwandlung dieser Lebenspartnerschaft die Ehe. Am 3.11.2017 wurde das Kind geboren, das aufgrund gemeinsamen Entschlusses der beiden Frauen durch medizinisch assistierte künstliche Befruchtung mit Spendersamen einer Samenbank gezeugt worden war. Im Geburtenregister wurde die Mutter eingetragen, nicht aber ihre Ehefrau als weiterer Elternteil. Diese beantragte daraufhin beim Standesamt, den Geburtseintrag dahingehend zu berichtigen, dass sie als weitere Mutter aufgeführt werde. Der Antrag blieb jedoch erfolglos. Daraufhin erhob die Ehefrau Klage beim Familiengericht. Dieses gab der Klage statt und wies den Standesbeamten an, sie "als weiteren Elternteil bzw. als weitere Mutter" einzutragen. Auf die hiergegen vom Standesamt und der Standesamtsaufsicht eingelegten Beschwerden hat das Oberlandesgericht den familiengerichtlichen Beschluss aufgehoben und den Antrag der Ehefrau zurückgewiesen. Die dagegen erhobene Rechtsbeschwerde der Antragstellerin vor dem BGH blieb ebenfalls erfolglos.

Die **Entscheidung** des BGH: Der BGH hat entschieden, dass die Ehefrau der Kindsmutter nicht mit der Geburt rechtlicher Elternteil des Kindes geworden sei. Die allein in Betracht zu ziehende Elternstellung gemäß oder entsprechend § 1592 Nr. 1 BGB scheide aus, weil diese Vorschrift weder unmittelbar noch analog auf die Ehe zweier Frauen anwendbar sei. Mit dem am 1.10.2017 in Kraft getretenen Gesetz zur Einführung des Rechts auf Eheschließung für Personen gleichen Geschlechts vom 20.7.2017 ("Ehe für alle") habe der Gesetzgeber zwar die gleichgeschlechtliche Ehe eingeführt, jedoch das Abstammungsrecht (noch) nicht geändert. Die direkte Anwendung des § 1592 Nr. 1 BGB komme bereits deshalb nicht in Betracht, weil die Norm nach ihrem klaren Wortlaut allein die Vaterschaft regele und diese aufgrund einer widerlegbaren Vermutung einem bestimmten Mann zuweise. Die Abstammungsregeln der §§ 1591 ff. BGB hätten nach wie vor die Eltern-Kind-Zuordnung zu einer Mutter und einem Vater zum Gegenstand. Das Gesetz nehme ausgehend davon, dass ein Kind einen männlichen und einen weiblichen Elternteil habe, eine Zuordnung des Kindes zu zwei Elternteilen unterschiedlichen Geschlechts vor. Die Vorschrift sei auch nicht entsprechend (d.h. analog) anwendbar, weil die Voraussetzungen für eine Analogie nicht vorlägen. Das Gesetz weise schon keine planwidrige Regelungslücke zu der Frage einer Mitelternschaft bei gleichgeschlechtlichen Ehepaaren auf. Zwar sei richtig, dass der Gesetzgeber mit der "Ehe für alle" bestehende Diskriminierungen von gleichgeschlechtlichen Lebenspartnern und von Menschen aufgrund ihrer sexuellen Identität habe beenden und hierzu rechtliche Regelungen, die gleichgeschlechtliche Lebenspartnerschaften schlechterstellen, habe beseitigen wollen. Er habe aber bislang von einer Reform des Abstammungsrechts bewusst Abstand genommen, wie der Umstand belege, dass das Bundesministerium der Justiz und für Verbraucherschutz einen Arbeitskreis eingesetzt habe, der eine umfassende Reform des Abstammungsrechts habe vorbereiten sollen und sich dabei auch intensiv mit der Frage gleichgeschlechtlicher Elternschaft befasst habe. Dieser habe seinen Abschlussbericht am 4.7.2017 und damit wenige Tage vor Erlass des Gesetzes zur "Ehe für alle" vorgelegt, sodass der Bericht nicht mehr in das Gesetz zur Neuregelung der Ehe vom 20.7.2017 habe einfließen können. Daneben fehle es auch an der für eine entsprechende Anwendung erforderlichen Vergleichbarkeit der gleichgeschlechtlichen Ehe zweier Frauen mit der von § 1592 Nr. 1 BGB geregelten Elternschaft des mit der Kindsmutter verheirateten Mannes. Denn die Vaterschaft kraft Ehe beruhe darauf, dass diese rechtliche Eltern-Kind-Zuordnung auch die tatsächliche Abstammung regelmäßig abbilde. Die der gesetzlichen Regelung zugrunde liegende widerlegbare Vermutung der Vaterschaft sei für die mit der Kindsmutter verheiratete Frau dagegen keinesfalls begründet.

Die bestehende Rechtslage verstoße auch nicht gegen das Grundgesetz oder die Europäische Menschenrechtskonvention (EMRK). Insbesondere stelle es keine (ungerechtfertigte) Ungleichbehandlung i.S.v. Art. 3 I GG dar, dass die Ehefrau der Kindsmutter anders als ein Ehemann nicht allein aufgrund der bei Geburt bestehenden Ehe von Gesetzes wegen rechtlicher Elternteil des Kindes sei. Vielmehr sei die Situation insoweit verschieden, als die Ehefrau rein biologisch nicht leiblicher Elternteil des Kindes sein könne. Dieser Unterschied rechtfertige die im Rahmen des Abstammungsrechts nach wie vor bestehende abweichende Behandlung von gleich- und verschiedengeschlechtlichen Ehepaaren und deren Kindern. Der Ehefrau einer Kindsmutter bleibe daher jedenfalls bis zu einer gesetzlichen Neuregelung nur die Möglichkeit einer Adoption nach § 1741 II S. 3 BGB, um in die rechtliche Elternstellung zu gelangen.

**Bewertung:** Handelt es sich bei den Ehepartnern um zwei Frauen und gebärt eine der beiden Frauen (durch natürliche oder künstliche Befruchtung) ein Kind, stellt sich - wie der BGH zu Recht aufzeigt - die Frage nach dem Verwandtschaftsverhältnis des Kindes zur Ehepartnerin der Mutter. § 1592 Nr. 1 BGB greift jedenfalls nicht direkt, da die Vorschrift allein die Vaterschaft regelt und die Ehefrau der Mutter nicht "Vater" sein kann. Eine analoge Anwendung lehnt der BGH - wie aufzeigt - ab. Folgt man dem, wäre mit dem BGH tatsächlich nur an eine Adoption zu denken, wobei aber jedenfalls weder eine Einzeladoption noch eine Stiefkind- oder Sukzessivadoption in Betracht kommen:

- Während eine Einzeladoption nur unverheirateten Personen möglich ist (§ 1741 II S. 1 BGB), muss für eine Stiefkindadoption der eine Ehegatte bereits zum Zeitpunkt der Eheschließung leiblicher Vater/leibliche Mutter eines Kindes sein, das dann der andere, adoptionswillige Ehegatte annehmen kann (§§ 1741 II S. 3, 1749 I S. 1 BGB – dazu R. Schmidt, Familienrecht, 10. Auflage 2018, Rn. 597). Die Annahme eines nach der Eheschließung geborenen Kindes ist danach also - entgegen dem BGH - nicht möglich. Denn § 1741 II S. 3 BGB knüpft - wie aufgezeigt - an den Umstand an, dass der Ehepartner des Adoptivwilligen bereits vor der Eheschließung leiblicher Elternteil war. § 1741 II S. 3 BGB passt also schlicht nicht für die vorliegende Konstellation (a.A. der BGH).
- Es scheidet aber auch eine Sukzessivadoption aus: Zum einen betrifft sie nur den Fall, dass der Ehegatte das bereits zuvor vom anderen Ehegatten adoptierte Kind annimmt, und zum anderen muss das vom anderen Ehegatten adoptierte Kind bereits vor der Eheschließung angenommen worden sein, wie sich aus § 1742 BGB ergibt – dazu ebenfalls R. Schmidt, Familienrecht, 10. Auflage 2018, Rn. 597). Nichts von dem trifft auf die vorliegende Konstellation zu.

Selbst wenn man die vom BGH für möglich gehaltene Adoption nach § 1741 II S. 3 BGB in Erwägung zieht, ist Voraussetzung, dass das (sozial zu verstehende) Eltern-Kind-Verhältnis zwischen dem Annehmenden und dem Kind entweder bereits besteht oder die ernsthafte Aussicht seiner Entstehung vorhanden ist. Das darüber entscheidende Familiengericht darf die Annahme erst aussprechen, wenn nach seiner Überzeugung diese Voraussetzungen feststehen (BT-Drs. 7/5087, S. 9). Um Fehlentscheidungen zu vermeiden, soll die Annahme als Kind i.d.R. erst ausgesprochen werden, wenn der Annehmende das Kind eine angemessene Zeit in Pflege gehabt hat (§ 1744 BGB). Weiterhin muss das Gericht bei seiner Entscheidung über das Vorliegen der Adoptionsvoraussetzungen alle (sonstigen) wesentlichen Umstände berücksichtigen. Dazu gehört insbesondere die Eignung des Bewerbers. Zu berücksichtigen sind: Alter und körperliche Leistungsfähigkeit, seelische Belastbarkeit, Charakter, Wohnungs- und Vermögensverhältnisse, berufliche und gesellschaftliche Stellung, Erziehungsfähigkeit und -willigkeit, Vorhandensein weiterer Kinder, Intaktheit der Ehe und sonstige (besondere) Eigenschaften.

Auf das alles kommt es aber nicht an, wenn ein Fall des § 1592 Nr. 1 BGB vorliegt. Denn dann besteht eine Elternschaft kraft Gesetzes ohne weitere Voraussetzungen. Eine direkte Anwendung kommt - wie aufgezeigt - allerdings nicht in Betracht, da die Ehefrau der Kindsmutter nicht Vater sein kann. Daher ist an eine **analoge Anwendung des § 1592 Nr. 1 BGB** zu denken (siehe bereits R. Schmidt, Familienrecht, 9. Auflage 2018, Rn. 462o und nunmehr auch BGH 10.10.2018 - XII ZB 231/18). Dazu müssten die Voraussetzungen einer Analogie vorliegen. Diese sind:

- Bestehen einer Regelungslücke (d.h. einer Unvollständigkeit im Gesetz),
- Bestehen einer Interessenlage, die es gebietet, die Lücke bzw. Unvollständigkeit i.S. der vorhandenen Regelung zu schließen (Interessengleichheit),
- Planwidrigkeit der Regelungslücke (d.h. eine versehentliche Unvollständigkeit im Gesetz)

(vgl. dazu auch BGHZ 105, 140, 143; 120, 239, 251 f.; 149, 165, 174; BGH NJW 2003, 1932, 1933; NJW 2016, 2502, 2503; ferner Koch, NJW 2016, 2461, 2463; Kuhn, JuS 2016, 104; R. Schmidt, BGB AT, 17. Auflage 2018, Rn. 40).

Eine **Regelungslücke** besteht. Auch das Gesetz zur Einführung des Rechts auf Eheschließung für Personen gleichen Geschlechts v. 20.7.2017 hat die vorliegende Konstellation nicht erfasst. Insoweit ist dem BGH Recht zu geben. Anders als der BGH meint, besteht jedoch durchaus eine **Interessenlage**, die es gebietet, die Lücke bzw. Unvollständigkeit i.S. der vorhandenen Regelung (hier: § 1592 Nr. 1 BGB) zu schließen. Denn lässt man die Ehe zwischen zwei Menschen gleichen Geschlechts (hier: zwei Frauen) zu und gebärt eine der beiden Frauen während der Ehe ein Kind, gebieten es sowohl die Interessen der Ehepartner als auch die des Kindes, dass eine juristische Elternschaft zu beiden Elternteilen unter denselben Voraussetzungen besteht, wie das bei einer Vaterschaft gem. § 1592 Nr. 1 BGB der Fall wäre. Der vom BGH vorgenommene Verweis auf die Adoptionsmöglichkeit nach § 1741 II S. 3 BGB (falls eine solche überhaupt besteht, s.o.) erscheint angesichts des zum Zeitpunkt der Geburt bereits bestehenden Eheverhältnisses zur Kindsmutter für die Beteiligten nicht zumutbar. Die Interessenlage ist dieselbe wie bei heterosexuellen Ehepaaren. Schließlich ist die vorhandene Regelungslücke auch **planwidrig**. Insbesondere ergeben sich aus der Gesetzesbegründung (BT-Drs. 18/6665, S. 7 f.) keine Hinweise darauf, dass der Gesetzgeber der Ehefrau der Kindsmutter bewusst die Elternschaft verwehren wollte. Selbst wenn man mit dem BGH ein plangemäßes Unterlassen (d.h. einen absichtsvollen Regelungsverzicht) annimmt, ist dem mit Blick auf den übergeordneten Verfassungskreis keine Beachtung zu schenken. Es stellt nicht nur eine Verletzung des Elternrechts aus Art. 6 II GG dar, sondern auch eine Diskriminierung wegen des Geschlechts (siehe Art. 3 III S. 1 GG), wenn der Ehemann der Kindsmutter kraft Gesetzes Elternteil wird und die Ehefrau der Kindsmutter auf den (ungewissen) Adoptionsweg verwiesen wird. Und selbst wenn man den Adoptionsweg als einigermaßen risikolos betrachtet, so stellt doch allein die Auferlegung dieses Verfahrens eine Diskriminierung dar. Entgegen der Auffassung des BGH liegt daher auch ein Verstoß gegen das Recht auf Achtung des Familienlebens gem. Art. 8 I EMRK und das Diskriminierungsverbot gem. Art. 14 EMRK vor (siehe dazu auch EGMR NJW 2011, 1421). Nach EGMR NJW 2013, 2173 diskriminiert die fehlende Möglichkeit der Stiefkindadoption für gleichgeschlechtliche Paare in Österreich diese im Vergleich zu unverheirateten heterosexuellen Paaren und verstößt gegen Art. 14 i.V.m. Art. 8 EMRK. Ein Ausschluss von Stiefkindadoptionen bei gleichgeschlechtlichen Paaren zum Schutz der Familie im traditionellen Sinne oder zum Wohl des Kindes sei nicht notwendig. Daraus folgt, dass der EGMR durchaus geneigt ist, im Sinne gleichgeschlechtlicher Paare zu entscheiden.

**Fazit:** Liegen damit die Voraussetzungen für eine analoge Anwendung des § 1592 Nr. 1 BGB vor, wird die mit der Kindsmutter verheiratete Frau zum Zeitpunkt der Geburt juristische Mutter. Terminologisch kann man (in Anlehnung an das norwegische Recht) von "Mitmutter" sprechen.

Von der Zulässigkeit (und Gebotenheit) einer analogen Anwendung des § 1592 Nr. 1 BGB abgesehen, ist selbstverständlich der Gesetzgeber gefordert, das Versäumnis einer gesetzlichen Regelung auszugleichen und eine entsprechende Regelung nachzuholen. Diese könnte etwa durch eine Änderung des § 1591 BGB erfolgen und lauten (siehe bereits R. Schmidt, Familienrecht, 9. Auflage 2018, Rn. 462o):

§ 1591 Mutterschaft

Mutter eines Kindes ist die Frau, die es geboren hat. Mutter eines Kindes ist auch die Frau, die zum Zeitpunkt der Geburt mit der Mutter des Kindes verheiratet ist.

*R. Schmidt* (18.11.2018)